Es una obra colectiva realizada por la Redacción de **Lefebvre**,
a iniciativa y bajo la coordinación de la Editorial

NIF: A79216651
C/Monasterios de Suso y Yuso, 34.28049 Madrid. Tfno.: 91 210 80 00
cliente@lefebvre.es
www.efl.es
Precio: 80,08 € (IVA incluido)

ISBN: 979-13-87925-19-2
Depósito legal: M-11573-2026

Impreso en España

Servicio Extras Mementos en papel

Este servicio te permite acceder a textos publicados con posterioridad al Memento (cuadros, novedades normativas de especial relevancia, rectificativos, etc.), para complementar su contenido.

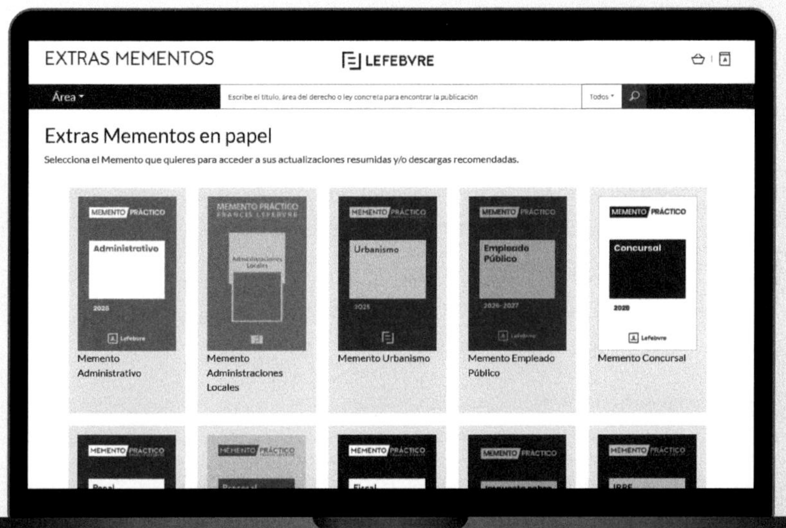

Accede a este servicio desde **https://extrasmementos.lefebvre.es**

Podemos mantenerte puntualmente informado de la aparición de cualquier "extra" que se publique con posterioridad al Memento por medio de un e-mail de alerta.

Escríbenos a **clientes@lefebvre.es** informando sobre tu interés en recibir esta información.

Por favor, indica en qué áreas del derecho estás interesado:

☐ Fiscal ☐ Mercantil ☐ Penal ☐ Procesal ☐ Concursal ☐ Administrativo
☐ Social ☐ Contable ☐ Civil ☐ Inmobiliario ☐ Actualidad

Información sobre el tratamiento de tus datos personales: el responsable del tratamiento de tus datos es Lefebvre el Derecho, S.A., su finalidad es poder gestionar tu solicitud y la legitimación para hacerlo es la propia ejecución del contrato y prestación de servicios. Los destinatarios de tus datos podrán ser entidades financieras para gestión de pago. Tienes derecho a acceder, rectificar y suprimir los datos, así como otros derechos que puedes consultar en la información adicional y detallada sobre Protección de Datos a tu disposición.

☐ No deseo el envío de comunicaciones comerciales de Lefebvre El Derecho, S.A.

MEMENTO PRÁCTICO

Defensa del Consumidor

2026-2027

Fecha de edición: 27 de abril de 2026

Plan general

Abreviaturas

AP	Audiencia Provincial
art.	Artículo/s
BE	Banco de España
CC	Código Civil
CCom	Código de Comercio
CC.AA.	Comunidades autónomas
CEC	Centro europeo del consumidor
Cir	Circular
CNMV	Comisión Nacional del Mercado de Valores
CP	Código Penal
DGC	Dirección General de Consumo
Dir	Directiva
disp.adic.	Disposición adicional
disp.derog.	Disposición derogatoria
disp.final	Disposición final
disp.trans.	Disposición transitoria
DOP	Denominación de origen protegida
EDJ	Referencia jurisprudencia Lefebvre-El Derecho
EEE	Espacio Económico Europeo
ETG	Especialidad tradicional garantizada
FEIN	Ficha Europea de Información Normalizada
FiAE	Ficha de Advertencias Estandarizadas
IGP	Identificación geográfica protegida
IPC	Índice de precios al consumo
JCA	Juzgado Contencioso-administrativo
JM	Juzgado Mercantil
JPI	Juzgado de Primera Instancia
L	Ley
LCCo	L 16/2011, de contratos de créditos al consumo
LCD	L 3/1991, de competencia desleal
LCGC	L 7/1998, sobre condiciones generales de la contratación
LDC	L 15/2007, de defensa de la competencia
LEC	L 1/2000, de enjuiciamiento civil
LGCA	L 7/2010, general de comunicación audiovisual
LGDCU	RDLeg 1/2007, general para la defensa de los consumidores y usuarios
LGPu	L 34/1988, general de publicidad
LMV	L 6/2023, de 17 de marzo, de los Mercados de Valores y de los Servicios de Inversión
LO	Ley Orgánica
LOCM	L 7/1996, de ordenación del comercio minorista
LOE	L 38/1999, de ordenación de la edificación
LPAC	L 39/2015, del procedimiento administrativo común
LVPBM	L 28/1998, de venta a plazos de bienes muebles
MASC	Medio adecuado de solución de controversias
OCU	Organización de consumidores y usuarios
OM	Orden Ministerial
OMI	Oficina municipal de información
p.e.	Por ejemplo
RAPEX	Sistema europeo de alerta rápida

RD	Real Decreto
RDLeg	Real Decreto Legislativo
RDL	Real Decreto Ley
Rgto	Reglamento
s.	Y siguientes
SOA	Seguro obligatorio de accidentes
SOV	Seguro obligatorio de viajeros
TAE	Tasa anual equivalente
TCo	Tribunal Constitucional
TJUE	Tribunal de Justicia de la Unión Europea
TS	Tribunal Supremo
TSJ	Tribunal Superior de Justicia
UE	Unión Europea

CAPÍTULO 1

Consideraciones generales

1. Conceptos generales del derecho de consumo

El denominado derecho de consumo o derecho de los consumidores es una **disciplina compleja** en la que se mezclan aspectos civiles, mercantiles, penales y administrativos, pero que tienen en común un elemento: la figura del consumidor como sujeto del mismo. Tiene como **finalidad** proporcionar a los ciudadanos (consumidores y usuarios) la protección que precisan ante los cambios económicos, técnicos y sociales que se dan en nuestros días. En particular, ante el fenómeno de la **contratación en masa**, por medio de los contratos de adhesión, y para los que no tienen una respuesta eficaz los viejos principios civiles y mercantiles basados en la igualdad entre los contratantes. 15

Consumidor (LGDCU art.3; Dir 2011/83/UE art.2) El concepto de consumidor no es unitario, existiendo distintos tipos en función del **ámbito de protección** de que se trate. Así, una misma persona puede ser considerada consumidor respecto a ciertas operaciones, y operador económico respecto a otras. La **concepción tradicional** se refiere al consumidor final privado que no participa en actividades comerciales o profesionales. 20

La existencia de una pluralidad de nociones de consumidor se refleja, por ejemplo, en el caso de la **responsabilidad por servicios defectuosos**, que considera consumidor a cualquier persona física que haya sufrido un perjuicio; o en el supuesto de los **viajes combinados**, que entiende por consumidor a cualquier persona en la que concurra la condición de contratante principal, beneficiario o cesionario; estos conceptos no se relacionan con el **concepto general**, esto es, consumo del uso o servicio en un ámbito ajeno a una actividad empresarial o profesional.

Además, existe el concepto de **consumidor vulnerable** por el que se entiende aquellas personas físicas que, de forma individual o colectiva, por sus características, necesidades o circunstancias (personales, económicas, educativas o sociales), se encuentran, aunque sea territorial, sectorial o temporalmente, en una especial situación de subordinación, indefensión o desprotección que les impide el ejercicio de sus derechos en condiciones de igualdad.

Precisiones 1) La dificultad por encontrar una noción única de consumidor se manifiesta también en la **jurisprudencia europea**, reconociendo que la protección del consumidor como parte considerada económicamente más débil solo engloban los contratos celebrados para satisfacer las necesidades de **consumo privado** de un individuo. Sin embargo, no se justifica en el caso de contratos cuyo objeto es una **actividad profesional**, aunque esta se prevea para un momento posterior, dado que el carácter futuro de una actividad no afecta en nada a su naturaleza profesional. Por ejemplo, realizar una serie de compras con la intención de abrir un negocio (TJUE 3-7-97, nº C-269/1195).

2) Se excluye la condición de consumidor, aunque la persona sea una **persona física**, cuando la **aplicación proyectada de un préstamo** obtenido sean profesionales o mercantiles (TS 18-7-23, EDJ 632547; 22-11-22, EDJ 745639; 18-1-22, EDJ 501101; 11-4-19, EDJ 555298).

3) Se rechaza la aplicación de normativa protectora de consumidores a las condiciones de un préstamo hipotecario en que los beneficiarios no fueron solo los prestatarios sino, fundamentalmente, unas sociedades mercantiles deudoras, por lo que los particulares intervinieron como **fiadores**.

4) El progenitor que celebra un contrato con un **colegio privado** tiene la consideración de consumidor al celebrar el contrato para la escolarización de sus hijos con un propósito ajeno a su actividad profesional. Sin embargo, los hijos, al no ser parte en el contrato, no pueden ser considerados consumidores. En cualquier caso, el padre no puede quedar exento del pago de la matrícula por no haber solicitado una asignatura específica o por insatisfacción con la calidad de la enseñanza (TJUE 30-4-25, nº C-429/24).

La definición de consumidor ha seguido los pasos marcados por el **derecho europeo** en este ámbito (p.e. Dir 2011/83/UE art.2; o la Dir 2008/48/UE posteriormente sustituida por la Dir (UE) 2023/2225) y se ha producido una **evolución del concepto**, limitando esta figura a toda **persona física** que actúe con un propósito ajeno a su actividad comercial, empresarial, oficio o profesión. Así, una misma persona puede ser considerada consumidor respecto de ciertas operaciones y operador económico respecto de otras (TJUE 25-1-18, nº C-498/2016). Es decir, el concepto de consumidor viene referido al **ámbito objetivo de la operación** y no a la personalidad 23

del contratante (TS 16-1-17, EDJ 534; 5-4-17, EDJ 37049; 7-11-17, EDJ 232881; 13-6-18, EDJ 103949, entre otras).
No obstante, aunque existe uniformidad en esta materia entre lo dispuesto por la normativa europea y la nacional, existe una **particularidad en el derecho español:** además de la persona física, puede ser consumidor la **persona jurídica**, y las **entidades sin personalidad jurídica**, por ejemplo, una comunidad de vecinos (TJUE 2-4-20, nº C 329/19; TS 14-4-21, EDJ 533262), siempre que actúen:
- sin ánimo de lucro;
- en el ámbito ajeno a una actividad comercial o empresarial.
Junto con estas referencias, no se pueden olvidar **otras definiciones** de consumidor comprendidas en **leyes especiales** que no han sido refundidas por la LGDCU:
- L 16/2011 art.2.1, de **contratos de crédito al consumo**, que restringe el concepto de consumidor a la persona física;
- L 34/1988 art.2, general de **publicidad**, que se refiere no tanto al consumidor sino al destinatario al que va dirigido el mensaje publicitario;
- L 3/1991 art.3, de **competencia desleal**, que declara la aplicación de la ley a los empresarios, profesionales y a cualesquiera otras personas físicas o jurídicas que participen en el mercado.

25 **Ánimo de lucro o actividad comercial** Aunque la **persona física** es la base de todo el sistema de protección, no basta con tener tal condición para ser consumidor, ya que es preciso que el individuo no actúe dentro de un ámbito productivo (lo que lleva a excluir de este concepto, por ejemplo, a los **autónomos o artesanos**, siempre que el contrato se lleve a cabo para integrar el bien o servicio en la propia actividad productiva). Asimismo, el **comprador de un despacho** para el ejercicio de una actividad profesional de prestación de servicios no se beneficia de la protección legal del consumidor (TS 28-5-14, EDJ 111197).
El ánimo de lucro del consumidor persona física debe referirse a la **operación concreta** en que tiene lugar, puesto que el consumidor puede actuar con afán de enriquecerse. El límite está en aquellos supuestos en que realice estas actividades con **regularidad** (comprar para inmediatamente revender sucesivamente inmuebles, acciones, etc.), ya que de realizar varias de esas operaciones asiduamente en un período corto de tiempo, puede considerarse que, con tales actos, realiza una actividad empresarial o profesional, dado que la habitualidad es una de las características de la cualidad legal de empresario (TS 19-7-18, EDJ 526211)
Así, la mera posibilidad de que la persona física **pueda lucrarse** no excluye su condición de consumidor (TJUE 10-4-08, nº C-412/2006; 25-10-05, nº C-350/2003; TS 30-1-18, EDJ 3687).
En el caso de las **personas jurídicas**, solo pueden ser consideradas consumidor, las asociaciones sin ánimo de lucro (ONG'S) y las fundaciones, excluyéndose por tanto todas las sociedades de capital o asociaciones con ánimo de lucro, y ello con independencia de que el **destino del bien o servicio** objeto del contrato esté o no destinado a la actividad comercial o empresarial desarrollado por la persona jurídica. De este modo, las sociedades de capital (SA, SRL y SComA), mercantiles por disposición legal (LSC art.2), tienen siempre la condición de empresario (CCom art.1), presumiéndose su ánimo de lucro (TS 30-1-17, EDJ 5821; 3-6-19, EDJ 600273; 20-1-20, EDJ 504541).
en el mercado.

Precisiones **1)** En el caso de la **persona jurídica**, su reconocimiento tiene carácter restrictivo, y por tanto, no tiene condición de consumidor una **asociación de empresarios**, en el supuesto de haberse colocado el ascensor en el edificio donde estos desarrollan su actividad comercial e industrial (AP Salamanca 13-7-12, EDJ 170715).
2) En el caso de un **Colegio de Abogados** que suscribió un préstamo para la reforma de su sede, donde se llevan a cabo actividades profesionales y representación institucional, se excluyó la condición de consumidor (TS 17-11-23, EDJ 752233).
3) Se entiende que la persona física que se constituye en **garante de una sociedad mercantil** tiene la condición de consumidor cuando la garantía no está relacionada con sus actividades comerciales, profesionales o empresariales o no se concede por razón de los vínculos funcionales que mantiene con la sociedad, por ser socio, administrador o apoderado; es decir, cuando actúa con fines de derecho privado a incluso aunque reúna la condición de pariente próximo de administradores o socios de la sociedad mercantil (AP Baleares 21-3-16, EDJ 73551; AP Alicante 30-6-16, EDJ 218776; AP Araba 10-9-15, EDJ 199637; AP Pontevedra 6-4-16, EDJ 58744). A efectos registrales, el hipotecante no deudor tiene la condición de consumidor cuando del documento notarial presentado a inscripción no resulte que la persona física se dedique al ejercicio profesional de la concesión de garantías ni guarde vinculación funcional con la sociedad prestataria (DGRN Resol 31-10-17).
4) Cuando un **préstamo hipotecario** tiene un **destino mixto**, tanto de consumo como profesional, la normativa de protección al consumidor solo se aplica si el destino profesional es marginal o insignificante; en caso contrario, el prestatario no ostenta la condición de consumidor y las cláusulas contractuales solo están sujetas a control de transparencia formal, no material (AP Navarra 9-6-25, EDJ 629939).

5) Debe excluirse de la protección de los consumidores y usuarios a los dos **fiadores** debido a la existencia de un **vínculo funcional** entre la administradora única y la sociedad y a la no demostración de que actuaran en un ámbito ajeno a su actividad empresarial (AP Barcelona 28-11-24, EDJ 783512).

Empresario (LGDCU art.4; Dir 2011/83/UE art.2.2) El concepto de empresario reviste de la **nota de generalidad** señalada para el concepto de consumidor (nº 20). Lo que le caracteriza es la **actividad económica** que desarrolla, siendo indiferente si se trata de una persona física o jurídica, pública o privada. Se extiende el concepto de empresario no solo a aquel que ejerce el comercio a través de una **forma societaria**, sino también a las personas físicas que actúan por su cuenta en el ámbito de la contratación, lo que permite incluir dentro de este concepto a los **autónomos**. 30

Es también indiferente el **sector económico** en el que se desenvuelva dicha actividad (seguros, productos financieros, valores, telecomunicaciones, etc). A nivel general, la **actividad empresarial** puede dividirse en: 33
- **industrial**: dirigida a la producción de bienes y servicios a través de la transformación de las materias primas y energía;
- **agrícola y ganadera**: dirigida a la elaboración y venta de sus productos;
- **artesanal**: constituye la elaboración de un producto u objeto producido de forma manual;
- **profesional**: se refiere a la prestación de servicios a través de las denominadas profesiones liberales.

Precisiones En cuanto a la **actividad agrícola y ganadera**, aun cuando la venta de los productos de estos profesionales no puede ser calificada de compraventa mercantil (CCom art.326); lo cierto es que la defensa del consumidor no está condicionada a la calificación del contrato como mercantil; sucede lo mismo en el caso de la actividad **artesanal**, cuya venta se excluye del carácter de mercantil, sin que ello afecte a su consideración como empresario. En el caso de la actividad **profesional**, su regulación ha tenido un fuerte impulso por la promulgación de la L 17/2009, del libre acceso a la actividad de servicios y su ejercicio, así como su desarrollo posterior por la L 25/2009.

Productor (LGDCU art.5; Dir (UE) 2011/83 art.2.2) El concepto general de productor engloba a varias figuras: 36
- al **fabricante** del bien o prestador del servicio o su intermediario;
- al **importador** del bien o servicio en el territorio de la UE;
- a **cualquier persona** que se presente como tal al indicar el bien, ya sea en el envase, en el envoltorio o cualquier elemento de protección o presentación, o servicio su nombre, marca u otro signo distintivo.

Junto a este concepto general, existe otro más específico para la **responsabilidad** por **productos defectuosos** (LGDCU art.138). Además de a las figuras incluidas en el concepto general, se extiende al fabricante o importador de la Unión Europea de:
- un producto terminado;
- cualquier elemento integrado en un producto terminado, y;
- una materia prima.

Precisiones **1)** En casos de responsabilidad civil por daños causados por una sobretensión en el suministro eléctrico, la **empresa distribuidora de electricidad** es considerada productora a efectos de la LGDCU (AP Baleares 7-1-25, EDJ 508480; TJUE 24-11-22, nº C-691/21).
2) Para mayor información sobre **responsabilidad** por **productos defectuosos** ver nº 290.

Se extiende la responsabilidad al **fabricante aparente**, esto es, aquel que sin haber llevado a cabo la fabricación del producto, sin embargo, y a través de medios externos situados en el propio bien (envase, envoltorio) se presenta como productor del mismo. Se le considera productor al generar una situación de apariencia y haber introducido el producto en el mercado. De este modo, el **suministrador** de un producto defectuoso puede ser considerado productor cuando la **marca** incorporada al producto **coincide total o parcialmente** con su nombre o con algún elemento distintivo, creando en el consumidor una percepción de responsabilidad y confianza equivalente a la del productor. Así ocurrió en el supuesto de un vehículo adquirido en un concesionario oficial en Italia, aunque fabricado por una empresa alemana del mismo grupo. Tras un accidente provocado por el fallo de un airbag, el distribuidor alegó que actuaba únicamente como suministrador. No obstante, la responsabilidad del productor se extiende al suministrador que se beneficia de la coincidencia entre su denominación social y la marca del producto, al generar una confianza equivalente en el consumidor, reforzando así su protección frente a productos defectuosos (TJUE 19-12-24, nº C-157/23). 40

43 **Producto** (LGDCU art.6) Se define el producto como un **bien mueble**; sin embargo, no excluye de la protección ni a los **servicios**, ya que los consumidores pueden serlo de servicios públicos o privados, ni a los **inmuebles**, al estar la vivienda específicamente protegida (LGDCU art.64, 81.2, 84 y 89.3).
De forma más concreta, el producto es cualquier bien mueble, aún cuando esté **unido o incorporado a** otro bien mueble o inmueble, así como el gas y la electricidad (LGDCU art.136).
En el ámbito específico de **vivienda**, la vía más sólida consiste en acreditar el encaje del adquirente en un uso final no profesional y, desde ahí, activar los remedios de protección frente a deficiencias contractuales o informativas, sin perjuicio de prever la objeción relativa a finalidades inversoras o empresariales cuando concurran indicios en esa dirección.
El **carácter defectuoso** del producto (nº 1522), al que se liga el nacimiento de la responsabilidad, responde a circunstancias de carácter objetivo, p.e., el producto no ofrece la seguridad que cabría legítimamente esperar, en función del uso razonable previsible del mismo y del momento de su puesta en circulación.

Precisiones **1)** El **Código Civil** define el bien mueble como aquel susceptible de apropiación, no comprendido en el CC art.334 (sobre los bienes inmuebles), y en general, el que se pueda transportar de un punto a otro sin menoscabo de la cosa inmueble a la que estuviese unido. Así, se distinguen dos **criterios**: a) **residual**, es bien mueble el que no sea bien inmueble; b) **de movilidad**, que resalta la presencia de una unión física a la que le falta la nota de inseparabilidad (CC art.335).
2) La **actividad médica** se excluye de la protección de la legislación de los consumidores, dado que es inherente a la misma la aplicación de criterios de responsabilidad fundados en la negligencia por incumplimiento de la *lex artis*. Solo es aplicable en relación con los aspectos organizativos o de prestación de **servicios sanitarios**; sin embargo, si se prueba que el servicio prestado es el adecuado, no se produce vulneración de los derechos del consumidor (TS 4-1-13, EDJ 1638).
3) El producto defectuoso no es solamente el **tóxico o peligroso**, sino también aquel que se pone en circulación sin las comprobaciones suficientes para excluir la existencia de dicha toxicidad o peligrosidad (TS 9-12-10, EDJ 269061).

50 **Concepto de proveedor** (LGDCU art.7) Se considera proveedor al empresario que **suministra o distribuye** productos en el mercado, cualquiera que sea el título o contrato en virtud del cual realiza tal distribución. Es un **concepto general** aplicable a todos los casos en los que se emplea este concepto (LGDCU art.88, 138 y 146).
Se establece una especie de **responsabilidad subsidiaria** del proveedor. Responde en los casos en los que no es posible identificar al productor del bien o al prestador del servicio. La responsabilidad se extiende con la finalidad real y eficaz de protección al consumidor, de manera que siempre haya una persona integrada dentro del proceso de fabricación y distribución que responda de los perjuicios o incumplimientos derivados del contrato de consumo.

55 **Otros conceptos de interés** Además de los indicados por la Ley, podemos destacar los siguientes:
• **Anticipo de crédito**: es la obligación que contrae un banco, dentro del límite pactado y mediante una comisión que percibe del cliente, de poner sumas de dinero en disposición de este y a medida de sus requerimientos.
• **Bienes elaborados conforme a especificaciones**: todo bien no prefabricado para cuya elaboración es determinante una elección o decisión individual por parte del consumidor y usuario.
• **Contrato de venta**: todo contrato en virtud del cual el empresario transmite o se compromete a transmitir a un consumidor la propiedad de ciertos bienes, a cambio de que el consumidor pague o se comprometa a pagar su precio, incluido cualquier contrato cuyo objeto esté constituido a la vez por bienes y servicios.
• **Contrato de servicios**: todo contrato, con excepción de un contrato de venta, en virtud del cual el empresario presta o se compromete a prestar un servicio al consumidor y usuario y este paga o se compromete a pagar su precio.

Precisiones La jurisprudencia del TS considera que una relación de **servicios profesionales** entre un **abogado** y un cliente que tiene la cualidad legal de consumidor está sujeta a la legislación protectora de los consumidores, con independencia de que no se haya documentado por escrito, pues la LGDCU art.2 no impone una determinada sujeción a forma (TS 8-4-11, EDJ 34612; 24-2-20, EDJ 511860).

60 • **Contrato complementario**: contrato por el cual el consumidor y usuario adquiere bienes o servicios sobre la base de otro contrato celebrado con un empresario, siempre que los bienes o servicios sean proporcionados por el empresario o por un tercero. Incluye los contratos a distancia o celebrados fuera del establecimiento.
• **Contenido digital**: son los datos producidos y suministrados en formato digital.

• **Coste total del crédito al consumo**: todos los gastos, incluidos los intereses, las comisiones, los impuestos y cualquier otro tipo de gastos que el consumidor deba pagar en relación con el contrato de crédito y que sean conocidos por el prestamista, con excepción de los gastos de notaría.
• **Descuento bancario**: es una operación de crédito en virtud de la cual la entidad anticipa al descontante el principal de un título valor (normalmente, un efecto cambiario), reteniendo cierta cantidad en concepto de comisión.
• **Establecimiento mercantil**: es toda instalación inmueble de venta al por menor en la que el empresario ejerce su actividad de forma permanente, o toda instalación móvil de venta al por menor, en la que el empresario ejerce su actividad de forma habitual (nº 1565 s.).

Precisiones **1)** El coste de los **servicios accesorios** relacionados con el contrato de crédito, en particular, las primas de seguro, se incluye también en este concepto, si la obtención del crédito en las condiciones ofrecidas está condicionada a la celebración del contrato de servicios.
2) Si se cumple la condición de **instalación permanente** para el desarrollo de la actividad empresarial, los puestos de mercado o los *stand* de ferias, pueden ser también considerados como tal, incluyendo aquellas instalaciones en las que se desarrolla la actividad empresarial de forma estacional. Sin embargo, no se considera establecimiento mercantil, los lugares en los que se desarrolla la actividad de forma excepcional o los domicilios privados.

• **Importe total adeudado por el consumidor**: es la suma del importe total del crédito más el coste total del crédito para el consumidor. **65**
• **Pago aplazado:** equivale a los denominados préstamos de financiación a consumidor, tratándose de una financiación concedida al comprador por un tercero, dependiente o no del vendedor.
• **Préstamo:** es el préstamo realizado por un prestamista a favor de un consumidor para que este lo destine a satisfacer necesidades personales. Es la operación de crédito más extendida. No es un préstamo civil, sino mercantil, por lo que se rige por la L 16/2011 de créditos al consumo (LCCo).
• **Soporte duradero**: es todo instrumento que permite al consumidor y usuario y al empresario almacenar información que se le haya dirigido personalmente de forma que en el futuro pueda consultarla durante un periodo de tiempo (p.e. papel, memoria USB, CD-ROM, DVD, tarjeta de memoria o disco duro, correos electrónicos y SMS).
• **Servicio financiero**: es todo servicio en el ámbito bancario, de crédito, de seguros, de pensión privada, de inversión o de pago.

• **Subasta pública**: es un procedimiento de contratación transparente y competitivo en virtud del cual el empresario ofrece bienes o servicios a los consumidores y usuarios que asistan o puedan asistir a la subasta en persona, dirigida por un subastador y en el que el adjudicatario está obligado a comprar los bienes o servicios. **70**
• **Tarjeta de crédito:** es una operación de crédito en virtud de la cual su titular legítimo puede llevar a cabo adquisiciones de bienes o servicios sin disponer en el momento de celebrar el contrato adquisitivo del numerario necesario para hacer frente a la obligación de pago que le corresponde. Esta circunstancia está presente tanto en las tarjetas bancarias como en las comerciales (p.e. las emitidas por las grandes superficies).
• **Tasa anual equivalente:** es el coste total del crédito para el consumidor, expresado en porcentaje anual del importe total del crédito concedido, más costes, si procede (nº 2805 s.). Constituye una pieza central del sistema de información y protección de los consumidores porque permite a estos conocer con precisión el coste del crédito facilitando la comparación de ofertas. Es el instrumento mediante el cual se iguala sobre una base anual el valor actual de todos los compromisos existentes o futuros asumidos por el prestamista y por el consumidor (LCCo art.32). Se calcula conforme a una fórmula matemática que figura en la LCCo Anexo I.
• **Tasa deudor fijo:** es el tipo deudor acordado por el prestamista y el consumidor en el contrato de crédito para la duración total del contrato de crédito o para periodos parciales. Se fija utilizando un porcentaje fijo específico.
• **Tipo deudor:** es el tipo de interés expresado como porcentaje fijo o variable aplicado con carácter anual al importe del crédito utilizado.

Precisiones Si en el contrato de crédito **no se establece** el tipo deudor fijo, este se considera establecido solo para los periodos parciales para que el tipo deudor se establezca exclusivamente mediante un porcentaje fijo específico acordado al celebrarse el contrato de crédito.

2. Normativa en defensa de los consumidores

75 El **Derecho comunitario** es el eje central para promover los intereses de los consumidores y garantizarles un alto nivel de protección. La UE pretende proteger la salud, la seguridad y los intereses económicos de los consumidores, así como promover su derecho a la información, a la educación y a organizarse para salvaguardar sus intereses.

Mediante las **directivas**, la UE obliga a los Estados miembros a armonizar sus legislaciones nacionales. Las directivas, no obligan a los ciudadanos sino a los Estados miembros de la UE a establecer normas o modificar las existentes para acomodarlas a sus directrices.

La **complejidad del sistema** normativo en materia de derecho de consumo en la que se mezclan normas tanto de derecho público como privado, opera también a **tres niveles**: europeo, nacional y autonómico.

78 **Normativa europea** En el ámbito de la Unión Europea, se garantiza al consumidor un **elevado nivel de protección**, promoviendo su derecho a la información, a la educación y a organizarse para salvaguardar sus intereses (Tratado FUE art.169).

La existencia de una **protección uniforme** permite que todos los consumidores europeos se beneficien de las mismas garantías y derechos, sin perjuicio de que las legislaciones nacionales prevean condiciones más beneficiosas.

La legislación nacional debe interpretarse conforme al contenido de las **directivas**, transpuestas al ordenamiento jurídico español en el desarrollo de sus leyes nacionales.

Directiva	Ley de transposición
- Dir 1997/55/CE, sobre **publicidad** engañosa; - Dir 1998/7/CE, referente al cálculo de la **TAE**	**L 39/2002**, de transposición al ordenamiento jurídico español de diversas directivas comunitarias en materia de protección de los intereses de los consumidores y usuarios
- Dir 1993/13/CEE, sobre **cláusulas abusivas** en contratos celebrados con consumidores; - Dir 2001/95/CE, relativa a la **seguridad** general de los productos (en vigor hasta el 13-12-2024 al ser sustituida por el Rgto (UE) 2023/988); - Dir 2005/29/CE, sobre **prácticas desleales** en las empresas	**L 44/2006**, de mejora de la protección de los consumidores y usuarios
Dir 2000/31/CE, relativa a determinados aspectos jurídicos de los servicios de la sociedad de la información, en particular el **comercio electrónico** en el mercado interior	**RDLeg 1/2007**, por el que se aprueba el texto refundido de la ley general para la defensa de los consumidores y usuarios y otras leyes complementarias
Dir 2006/123/CE, relativa a los **servicios** en el mercado interior	**L 17/2009**, sobre el libre acceso a las actividades de servicios y su ejercicio

También existen una serie de **reglamentos** europeos que son directamente aplicables en España como son:
- Rgto (UE) 2023/988 relativo a la seguridad general de los productos (efectivo desde el 13-12-2024);
- Rgto (UE) 2017/2394 sobre la cooperación entre las autoridades nacionales responsables de la aplicación de la legislación en materia de protección de los consumidores; o
- Rgto (UE) 2023/1230 relativo a las máquinas (efectivo desde el 20-1-2027).

Precisiones **1)** Desde que aparecen las **primeras directivas** (1984/85), se han aprobado y modificado diversas leyes nacionales con el objetivo de mejorar la protección de los consumidores y usuarios. La primera ley general, la **anterior L 26/1984**, es previa al ingreso de España en la UE, por lo que no pudo transponer las escasas directivas comunitarias dictadas hasta la fecha. La **vigente LGDCU** ha tenido en cuenta, al refundir las normas anteriores, las directivas aplicables.

2) Hay una serie de **Directivas** que aún **no han sido transpuestas** al Derecho español y que por tanto todavía no se han visto reflejadas en la legislación nacional como son la Dir (UE) 2024/825, por la que se modifican las Dir 2005/29/CE y 2011/83/UE en lo que respecta al empoderamiento de los consumidores para la transición ecológica mediante una mejor protección contra las prácticas desleales y mediante una mejor información, la Dir (UE) 2023/2673, por la que se modifica la Dir 2011/83/UE en lo relativo a los contratos de servicios financieros celebrados a distancia, la Dir (UE) 2023/2225 relativa a los contratos de crédito al consumo o la Dir (UE) 2020/1828 relativa a las acciones de representación para la protección de los intereses colectivos de los consumidores.

Normativa nacional La protección del consumidor no tiene rango de derecho fundamental, sino que constituye un **principio rector** de la política social y económica (Const art.51). Asimismo, debe ponerse en relación con **otros principios constitucionales**, como por ejemplo, la liberta de empresa en el marco de una economía de mercado (Const art.38). 80
El **desarrollo de las leyes** y el complemento de las mismas se llevan a cabo a través del ejercicio por el Gobierno, tanto en su vertiente nacional como en el ámbito autonómico respectivo, de la potestad reglamentaria.

Las **principales leyes** en materia de consumo son las siguientes: 83

Materia	Norma
General para la defensa de los consumidores y usuarios (LGDCU).	RDLeg 1/2007
Contratos de crédito al consumo.	L 16/2011
Contratos de crédito inmobiliario.	L 5/2019
Libre acceso a la actividad de servicios y su ejercicio.	L 17/2009
Servicios de atención a la clientela	L 10/2025
Contratación con los consumidores de préstamos o créditos hipotecarios y de servicios de intermediación.	L 2/2009
Servicios de pago.	RDL 19/2018
Protección de los consumidores en la contratación de bienes con oferta de restitución de precio.	L 43/2007
Comercialización a distancia de servicios financieros destinados a consumidores.	L 22/2007
Garantías y uso racional de los medicamentos y productos sanitarios.	RDLeg 1/2015
Servicios de la sociedad de la información y del comercio electrónico.	L 34/2002
Contratos de aprovechamiento por turno de bienes de uso turístico, de adquisición de productos vacacionales de larga duración, de reventa y de intercambio.	L 4/2012
Venta a plazos de bienes muebles.	L 28/1998
Competencia desleal.	L 3/1991
General de publicidad.	L 34/1988

Otras normas de carácter reglamentario que merecen ser reseñadas por su relevancia, son las siguientes:

Materia	Norma
Estatuto de la Agencia Española de Consumo, Seguridad Alimentaria y Nutrición.	RD 697/2022
Registro general sanitario de empresas alimentarias y alimentos.	RD 191/2011
Carta de derechos del usuario de los servicios de comunicaciones electrónicas.	RD 899/2009
Sistema arbitral de consumo.	RD 713/2024
Consejo de consumidores y usuarios.	RD 894/2005
Seguridad general de los productos.	RD 1801/2003
Indicación de los precios de los productos ofrecidos a los consumidores y usuarios.	RD 3423/2000
Actualiza los catálogos y servicios de uso común o generalizado.	RD 1507/2000
Derecho de representación, consulta y participación de consumidores y usuarios a través de sus asociaciones.	RD 448/2023
Etiquetado de los productos industriales.	RD 1468/1988
Transparencia y protección del cliente de servicios bancarios.	Orden EHA/2899/2011
Intervención del Ministerio Fiscal en el orden civil para la protección de los consumidores y usuarios.	Circ 2/2010

Precisiones Las principales **modificaciones de la LGDCU** desde su entrada en vigor se han producido por:
- la **L 25/2009**, de modificación de diversas leyes para su adaptación a la ley sobre el libre acceso a las actividades de servicios y su ejercicio, limitándose a reforzar las garantías de los consumidores de los servicios en materia de reclamaciones y obliga a los prestadores de servicios a actuar con transparencia;
- la **L 29/2009**, por la que se modifica el régimen legal de la competencia desleal y de la publicidad para la mejora de la protección de los consumidores, y que incorpora a nuestro derecho la Dir (CE) 2005/20 y la Dir (CE) 2006/114, regulando los efectos indeseables de las prácticas de competencia desleal y de publicidad;
- la **L 3/2014**, por la que se incorpora a nuestro derecho la Dir (UE) 2011/83, sobre derechos de los consumidores, reforzando el derecho de información precontractual y garantizando un mejor ejercicio del derecho de desistimiento;
- el RDL 23/2018 de transposición de directivas en materia de marcas, transporte ferroviario y viajes combinados y servicios de viaje vinculados;
- el RDL 7/2021 de transposición de directivas de la Unión Europea en las materias de competencia, prevención del blanqueo de capitales, entidades de crédito, telecomunicaciones, medidas tributarias, prevención y reparación de daños medioambientales, desplazamiento de trabajadores en la prestación de servicios transnacionales y defensa de los consumidores;
- el RDL 24/2021 de transposición de directivas de la Unión Europea en las materias de bonos garantizados, distribución transfronteriza de organismos de inversión colectiva, datos abiertos y reutilización de la información del sector público, ejercicio de derechos de autor y derechos afines aplicables a determinadas transmisiones en línea y a las retransmisiones de programas de radio y televisión, exenciones temporales a determinadas importaciones y suministros, de personas consumidoras y para la promoción de vehículos de transporte por carretera limpios y energéticamente eficientes;
- la L 4/2022 de protección de los consumidores y usuarios frente a situaciones de vulnerabilidad social y económica;
- la L 23/2022 por la que se modifica la L 13/2011, de regulación del juego;
- la L 10/2025 de servicios de atención a la clientela.

85 **Normativa autonómica** Las comunidades autónomas han asumido **competencias** en materia de consumo por dos vías:
- mediante sus estatutos de autonomía; o
- por leyes de transferencia.

A su vez, las comunidades autónomas han desarrollado estas normas con rango de ley por medio de **reglamentos propios**, creando un complejo sistema paralelo al nacional.

El **Tribunal Constitucional**, por su parte, ha tenido ocasión de ocuparse en diversas ocasiones de la delimitación de competencias entre el Estado y las comunidades autónomas en esta materia y también en algunas afines -ordenación del comercio, en particular-, por lo que se expone un resumen de los **criterios** que resultan de sus sentencias (TCo 88/1986; 71/1982; 37/1981; 15/1989; 62/1991; 264/1993):

• La Const art.51 no confiere ni distribuye **competencias**, si bien introduce un concepto de gran amplitud, no contemplado expresamente en el art.149.1 Const entre las competencias reservadas al Estado frente a las comunidades autónomas.

• La **defensa del consumidor**, como tal, es de la competencia exclusiva de la comunidad autónoma, por lo que la legislación estatal carece de aplicación directa, sin perjuicio de que determinadas normas de la ley estatal que disciplinen materias propias de otros títulos competenciales estatales hayan de aplicarse en la comunidad autónoma.

• La protección al consumidor puede regularse por normas que corresponden a sectores distintos, como por ejemplo el consumo, el comercio o la sanidad. Para determinar la **competencia que debe prevalecer** debe atenderse a otros datos, como el fin que se persigue al dictar la norma. Por otra parte, cuando una materia, como la disciplina sanitaria de los productos alimenticios, puede ser incluida en dos títulos competenciales distintos, como la sanidad y la defensa del consumidor, el carácter específico de la sanidad, respecto del plural de la defensa del consumidor, determina que su inclusión en la regla de más amplio alcance debe ceder ante la regla más especial, que es, por tanto, la de aplicación preferente.

86 • Son **competencias exclusivas del Estado**, a tener en cuenta de modo especial en materia de consumo, la garantía de uniformidad de las condiciones básicas en el ejercicio de los derechos, la unidad de mercado y otros extremos semejantes.

• La **determinación del contenido de los contratos** corresponde al Estado y su simple reproducción por la legislación autonómica, además de ser una peligrosa técnica legislativa, incurre en inconstitucionalidad por invasión de competencias en materias cuya regulación no corresponde a la comunidad autónoma.

• También compete al Estado, en aplicación de la Const art.149.1.8, lo que debe entenderse por **cláusulas abusivas** en la contratación, la legislación ordenada a la defensa de la **libertad de competencia**, la regulación de las obligaciones contractuales de **servicios posteriores a la venta** o de una **información** veraz y la **responsabilidad** por daños causados al consumidor. No obstante, la comunidad autónoma puede disponer acerca del compromiso de sus poderes públicos a orientar su actividad a la efectiva aplicabilidad de la normativa estatal en tales materias.
• Es de competencia estatal la normación de las **condiciones generales de contratación** o de las distintas modalidades contractuales, e igualmente la de la **responsabilidad** por los daños originados en la adquisición, utilización o disfrute por los consumidores de bienes, medios o servicios, ya que el régimen de unas y otras materias, incardinado en la legislación civil (Const art.149.1.8), debe ser uno y el mismo para todo el territorio del Estado.
• La comunidad autónoma puede imponerse la obligación de que los consumidores reciban una **información veraz** sobre características, calidades y condiciones de los bienes ofertados, con el resultado de que, si se celebrase el contrato, y se originara una lesión con imputación en la falta de información o en la información defectuosa, ello tendrá el tratamiento y los remedios que disponga la legislación común.
• El establecimiento de un sistema de **arbitraje** es materia atribuida a la competencia del Estado por los títulos competenciales de la Const art.149.1, 5 y 6, pues, siendo el arbitraje un «equivalente jurisdiccional», mediante el cual las partes pueden obtener los mismos objetivos que con la jurisdicción civil, es evidente que la creación de órganos de naturaleza arbitral y el establecimiento de dicho procedimiento heterocompositivo es materia propia de la legislación procesal civil.

Las **principales leyes** en materia de consumo en cada comunidad autónoma son: 88

Comunidad autónoma	Ley
Andalucía	L Andalucía 13/2003: defensa y protección de los consumidores y usuarios
Aragón	L Aragón 16/2006: protección y defensa de los consumidores y usuarios
Asturias	L Asturias 11/2002: consumidores y usuarios
Baleares	L Baleares 7/2014: de protección de las personas consumidoras y usuarias
Canarias	L Canarias 3/2003: estatuto de los consumidores y usuarios
Cantabria	L Cantabria 1/2006: defensa de los consumidores y usuarios
Castilla y León	L Castilla y León 2/2015: estatuto del consumidor
Castilla-La Mancha	L Castilla-La Mancha 3/2019: de estatuto de personas consumidoras
Cataluña	L Cataluña 22/2010: Código de consumo
Extremadura	L Extremadura 6/2019: Estatuto de las personas consumidoras
Galicia	L Galicia 2/2012: protección general de las personas consumidoras y usuarias
La Rioja	L La Rioja 5/2013: defensa de los consumidores
Madrid	L Madrid 11/1998: protección de los consumidores
Murcia	L Murcia 4/1996: estatuto de los consumidores y usuarios
Navarra	LF Navarra 34/2022: estatuto de las personas consumidoras y usuarias
País Vasco	L País Vasco 4/2023: estatuto de las personas consumidoras y usuarias
Comunidad Valenciana	DLeg C.Valenciana 1/2019: estatuto de las personas consumidoras y usurarias

Normativa local Por último, la Administración municipal tiene **competencia** en materia de ferias, abastos, mercados, lonjas y comercio ambulante y en protección de la salubridad pública (L 7/1985 art.25.2.i). Desarrolla funciones especialmente de información a los ciudadanos, y sus **competencias** específicas vienen fijadas por los Estatutos de Autonomía, las leyes autonómicas de desarrollo, así como de las propias posibilidades del ayuntamiento para asumir dichas funciones con sus medios propios. 90

3. Funciones de los poderes públicos

95 Además de la **función legislativa** por medio de la elaboración de leyes con incidencia directa en la protección de los consumidores (nº 75 s.), se atribuye a los poderes públicos una participación activa en la defensa de los derechos de los consumidores y usuarios. Así, por medio de la función **ejecutiva**, la Administración puede desarrollar actuaciones tendentes a la ordenación pública de las actividades privadas en las que participan los consumidores.

98 **Actuación preventiva y protectora de los derechos** En la estructura del gobierno, tanto a nivel estatal como de las comunidades autónomas, existe una completa red de **organismos públicos** creados a partir de la actividad legislativa y reglamentaria, a través de las cuales se cumplen diversas funciones, abarcando **materias** como:
- formación e información;
- servicios de control e inspección;
- prevención de riesgos;
- intervención directa.

Todas estas funciones son propias de la **actuación ejecutiva** de las diversas Administraciones competentes.

100 Precisiones La Agencia Española de Seguridad Alimentaria y Nutrición (AESAN) es el **organismo autónomo** encargado de la promoción y el fomento de los derechos de los consumidores y usuarios en bienes y servicios, así como la seguridad alimentaria y la nutrición saludable.
Fue el resultado de la **fusión** entre el Instituto Nacional del Consumo y la Agencia Española de Seguridad Alimentaria y Nutrición.
Sus **objetivos** son:
- ejercer la **promoción de los derechos** de los consumidores y usuarios, tanto en materia de seguridad de los productos como de sus intereses económicos;
- promover la **seguridad alimentaria**, ofreciendo garantías e información objetiva a los consumidores y agentes económicos del sector agroalimentario español;
- planificar, coordinar y desarrollar estrategias y actuaciones que fomenten la información, educación y promoción de la salud en el **ámbito de la nutrición**, y en particular, en la prevención de la obesidad.

Está formada por:
- Centro de Investigación y Control de Calidad (CICC);
- Centro Nacional de Alimentación (CNA);
- Laboratorio Nacional de Referencia de Biotoxinas Marinas; y
- Laboratorio Europeo de Referencia de Biotoxinas Marinas.

105 **Información** (LGDCU art.15.2) Las Administraciones pueden llevar a cabo una información pública para **alertar** a los consumidores y usuarios de los riesgos que un determinado producto o servicio pueden suponer para la población.
La actuación administrativa se enmarca en la **protección** de la **salud pública** o la **seguridad** de los consumidores, ante un riesgo o sospecha razonable de riesgo. La intervención se apoya en el **principio de precaución** y en indicios o soporte técnico suficiente, sin exigir una **prueba** plena del riesgo para adoptar medidas preventivas (TS 3-4-09, EDJ 19141; 19-6-18, EDJ 109136; TSJ Madrid 3-10-23, EDJ 725507).
Pueden utilizar los **medios más adecuados** para dicha publicidad, p.e. mediante el uso de los medios de comunicación (radio, prensa, etc).
La información **puede referirse** a:
- los riesgos o irregularidades del bien o servicio afectado;
- las medidas adoptadas por la Administración, en su caso;
- las medidas y precauciones a adoptar por el consumidor para la protección del riesgo y para conseguir su colaboración en la eliminación de las causas.

110 **Control e inspección** (LGDCU art.14.2) Las Administraciones competentes pueden establecer **medidas proporcionadas** de control, vigilancia e inspección en cualquiera de las fases de comercialización y producción.
Hay una serie de mecanismos a favor de las Administraciones en casos de **situaciones de riesgo** para la salud o la seguridad de los consumidores y usuarios. Incluso pueden solicitar la colaboración ciudadana para eliminar el concreto riesgo.
En la medida en que la actividad de Inspección de Consumo corresponde fundamentalmente a las comunidades autónomas, son estas las que organizan sus **servicios de inspección**, que actúan en coordinación con los servicios locales correspondientes.

Prevención de riesgos (LGDCU art.16) Dada la existencia de **diversas Administraciones** con competencia en materia de consumo, es necesaria una eficaz coordinación entre ellas por medio del **sistema europeo de alerta rápida (RAPEX)**, así como la necesaria colaboración con las autoridades aduaneras si el producto procede de un tercer país. 115
Ante situaciones de **extrema gravedad** que supongan una agresión indiscriminada a la salud y seguridad de los consumidores y usuarios en más de una comunidad, el Gobierno puede constituir, de manera excepcional, un órgano administrativo ad hoc integrado por las comunidades autónomas, con el fin de **garantizar**:
- la salud y seguridad de las personas y sus intereses económicos y sociales;
- la reparación de los daños sufridos;
- la exigencia de responsabilidades y la publicación de los resultados.

Precisiones El **sistema europeo de alerta rápida** ayuda a coordinar una reacción rápida entre las autoridades de protección de los consumidores para eliminar los productos peligrosos en toda Europa.
El sistema procede de la Dir 2001/95/CE, de seguridad general de los productos y entró en funcionamiento en 2004 (la Dir 2001/95/CE quedará derogada el 13-12-24 por el Rgto (UE) 2023/998).
Actualmente, **forman parte** de este sistema 31 países (la UE junto con Islandia, Liechtenstein y Noruega).
El RAPEX asegura que la información sobre estos productos retirados del mercado de un país europeo llega rápidamente a otros países para que se tomen las **medidas adecuadas** en toda la UE. Por ejemplo:
- la prohibición o suspensión de las ventas;
- la retirada de un producto peligroso del mercado o directamente de los consumidores; o
- la recuperación o denegación de la importación por las autoridades aduaneras.

El máximo órgano de cooperación institucional es la **Conferencia sectorial de consumo** presidida por el Ministro que asume las competencias de consumo, en la Administración general del Estado, e integrada por los Consejeros responsables del este área, en las comunidades autónomas, Ceuta y Melilla (LGDCU art.40). 118
Tiene, entre otras **funciones** (LGDCU art.41):
- servir de cauce de colaboración, comunicación e información entre las comunidades autónomas y la Administración general del Estado en materia de consumo;
- aprobar los criterios comunes de actuación y coordinación, así como las propuestas en relación con la política del sector;
- aprobar los planes, proyectos y programas conjuntos;
- hacer efectiva la participación de las comunidades autónomas en los asuntos comunitarios europeos en la materia;
- facilitar la información recíproca en materia de consumo, diseñar estadísticas comunes y poner a disposición de los ciudadanos los datos de las estadísticas estatales obtenidas por ella;
- cooperar e impulsar las campañas nacionales de inspección y control;
- promover la promulgación de la normativa oportuna en materia de consumo o su reforma e informar, en su caso, las disposiciones reglamentarias sobre la materia;
- establecer criterios de actuación cuando resulten competentes varias comunidades autónomas;
- programar el empleo racional de medios materiales de posible utilización común;
- articular un sistema de formación y perfeccionamiento del personal con tareas específicas en el ámbito de consumo;
- otras funciones que le atribuya la legislación vigente.

Intervención directa La intervención directa se produce cuando se da una **situación de riesgo** para la salud y seguridad que requiere la actuación por parte de cualquier Administración competente en materia de consumo. P.e. la prohibición de venta o retirada del mercado de alimentos o medicamentos en mal estado o que se comprueba que son perjudiciales para la salud (AN 11-11-09, EDJ 267995; TSJ Galicia 30-6-04, EDJ 271389). 120
Los **costes** derivados de esta intervención de la Administración son asumidos por el empresario que haya ocasionado el riesgo con su actuación. El pago de estos costes es independiente de la **sanción** que le pueda ser impuesta al empresario, cuya exacción se lleva a cabo a través de los procedimientos administrativos de apremio correspondientes.

Actuación sancionadora Las diversas Administraciones públicas asumen la labor de **control de cumplimiento** de las normas reglamentarias y legales de protección del consumidor, a través de una estructura administrativa completa, en la que se integra la **inspección de consumo** y que determina la apertura de expedientes sancionadores y la imposición de las correspondientes sanciones a las empresas que incumplan la normativa reguladora de consumo (nº 4500 s.). 125

130 **Actuación en resolución de conflictos** Para la resolución de conflictos en materia de consumo existe una administración específica, dirigida a fomentar y desarrollar el **sistema arbitral de consumo**, de marcado matiz administrativo (nº 5260 s.).

135 **Actuación promotora** Dentro de esta categoría se puede encuadrar la participación de la Administración en el fomento de la **información de los consumidores** (estructura de oficinas de información al consumidor), así como la defensa y promoción del asociacionismo en materia de consumo. En estos casos, la Administración actúa por medios persuasivos y no coactivos sobre los particulares, con el fin de que estos realicen las conductas que se consideren adecuadas al interés público general. P.e. la **concesión de subvenciones** a las asociaciones de consumidores para el cumplimiento por estas de sus fines (nº 5035).

4. Asociaciones de consumidores y usuarios

140

145 El derecho de participación de los consumidores no se articula como un derecho puramente individual, sino que se trata de un derecho colectivo que se ejercita a través de las asociaciones de consumidores y usuarios, en la que se integran los consumidores individuales como miembros de las mismas.

Son asociaciones de consumidores y usuarios las organizaciones sin ánimo de lucro que cumplen estos **requisitos** (LGDCU art.23.1):
- están **constituidas** conforme a lo previsto en la legislación sobre estas asociaciones;
- reunen los **requisitos específicos** exigidos por la LGDCU y sus normas de desarrollo y, en su caso, en la legislación autonómica que les resulte de aplicación;
- tienen como **finalidad** la defensa de los derechos e intereses legítimos de los consumidores, incluyendo su información, formación y educación, bien sea con carácter general, bien en relación con bienes o servicios determinados.

146 En cuanto a la **diferencia con otras figuras** (por ejemplo, sindicatos, comunidades de propietarios...) cabe destacar que las asociaciones de consumidores y usuarios:
- tienen propia **naturaleza** orgánica;
- ejercen sus **acciones** de forma colectiva, sin necesidad de mandato particular de cada uno de los reales o potenciales consumidores.

148 Las **asociaciones más representativas** son las asociaciones de **ámbito nacional** legalmente constituidas e inscritas en el Registro Estatal de Asociaciones de Consumidores y Usuarios (nº 160). Figuran en el Consejo de Consumidores y Usuarios (nº 195).

Su ámbito territorial debe superar el de una comunidad autónoma. Se excluyen del sistema las asociaciones de **ámbito autonómico**, que se rigen por su legislación correspondiente, sin perjuicio de la debida coordinación entre el Consejo estatal y los autonómicos (LGDCU art.38.3).

1. Constitución

150 Para que una **agrupación de consumidores** pueda ser considerada como asociación, es preciso que cumpla unos requisitos específicos exigidos en la LGDCU y en sus normas de desarrollo, así como en la legislación autonómica que le resulte de aplicación (nº 88).

Estos requisitos son (LGDCU art.23):
- carecer de **ánimo de lucro**;
- tener por **finalidad** la defensa de los derechos de los consumidores y usuarios, incluyendo su formación, información y educación (tanto de carácter general como en atención a bienes o servicios determinados);
- su **constitución** ha de ser en forma de asociación, sometida a la LO 1/2002, o de cooperativa, regida por la L 27/1999;
- sus **miembros** pueden ser tanto personas físicas como personas jurídicas.

Además, la norma autoriza la **agrupación de asociaciones** de consumidores en uniones, federaciones o confederaciones que tengan idénticos fines y cumplan los requisitos mencionados (LGDCU art.23.2).

Precisiones 1) El requisito de no tener **ánimo de lucro** constituye una garantía de los principios de independencia frente a los operadores del mercado y a los poderes públicos y de transparencia (nº 160).
2) Para que un grupo de consumidores pueda constituirse en **cooperativa** conforme a la ley se exige además que entre sus **fines** figure la información, formación y educación de sus socios, y que una de sus **obligaciones** sea la constitución de un fondo para tal fin.

Las asociaciones de consumidores pueden **participar en sociedades mercantiles** siempre que estas reúnan los siguientes requisitos: **153**
- tener un **objeto social** exclusivo que se corresponda con el desarrollo de actividades instrumentales que sirvan a los fines de información, formación y defensa de los consumidores y usuarios;
- estar **formadas por** una agrupación de diversas asociaciones de consumidores, de forma que sean estas las que aporten en exclusiva el capital social y las que se repartan los beneficios sociales;
- estar **sometidas a** las prohibiciones generales (nº 190) y al depósito de cuentas (nº 173).

Las asociaciones o cooperativas que no reúnen estos requisitos, solo pueden representar los **intereses individuales** de sus asociados o de la asociación, pero no los intereses generales, colectivos o difusos, de los consumidores (LGDCU art.24.1). **156**
Estas organizaciones tienen **prohibido** utilizar las expresiones consumidor o usuario, asociación de consumidores y usuarios, o cualquier otra similar que induzca a error o confusión sobre su naturaleza o su legitimidad para la defensa de los derechos e intereses de los consumidores y usuarios (LGDCU art.25).

2. Registro

Las asociaciones de consumidores y usuarios, de **ámbito estatal** y todas las que no desarrollen principalmente sus funciones en el ámbito de una comunidad autónoma, deben cumplir el **requisito imperativo** de que se lleve a cabo su inscripción en el Registro Estatal de Asociaciones de Consumidores y Usuarios (LGDCU art.33.1; RD 448/2023 art.2). **160**
El registro estatal depende de la Dirección General de Consumo y sus **funciones** son (RD 448/2023 art.y 8):
- la inscripción de las asociaciones y los actos relativos a ellas;
- ser depositario de la documentación preceptiva;
- dar publicidad a los asientos y a los documentos depositados, con arreglo a la normativa aplicable;
- verificar la exactitud de la información aportada; y
- cualquier otra que le sea atribuida legal o reglamentariamente.
Si una asociación de consumidores desempeña su actividad únicamente en el **ámbito de una comunidad autónoma**, su inscripción debe llevarse a cabo en los correspondientes **registros autonómicos** de acuerdo con las exigencias y requisitos de la legislación autonómica aplicable en cada comunidad.
A través del portal de internet del Ministerio de Consumo, puede consultarse la **información** relativa a la denominación de las asociaciones inscritas en el Registro, su número de identificación fiscal, su domicilio social y su página web (RD 448/2023 art.15).

Precisiones Se considera que las asociaciones, federaciones, confederaciones y uniones son de **ámbito estatal cuando** sus funciones se desarrollen en dos o más comunidades o ciudades autónomas y sumen un total de, al menos, 3.000 socios individuales de pleno derecho, o de 20.000 socios individuales de pleno derecho en el caso de las cooperativas de consumidores y usuarios (RD 448/2023 art.2.a).

Para **acceder al Registro** estatal, es condición indispensable cumplir las exigencias previstas en la LGDCU (nº 150). **163**
No se trata de un simple depósito, sino que el cumplimiento real y exacto de los requisitos está **sometido al control** del Registro, que, tanto para autorizar la inscripción como a lo largo de toda la vida de la asociación de consumidores **puede** (LGDCU art.34):
- solicitar a la asociación cualquier documentación e información precisa;
- realizar auditorías de cuentas destinadas a la comprobación del cumplimiento de los fines previstos en la Ley.
La inscripción no produce los meros efectos de publicidad de cara a terceros, sino que es un auténtico **requisito de legitimación procesal**. La **asociación no inscrita**, tiene personalidad jurídica y capacidad para defender los intereses de sus asociados, ya que la inscripción en el Registro ciertamente no es constitutiva, pero carece de legitimación activa para el **ejercicio de**

acciones colectivas para la defensa de los intereses generales de consumidores y usuarios (nº 180). La inscripción en el Registro es un requisito legal de obligatoria observancia para poder ejercitar dichas acciones (AP Sevilla 22-3-13, EDJ 133721).
La asociación puede ser **expulsada** del registro, previa tramitación del procedimiento administrativo correspondiente, si comete alguna de las **prohibiciones** indicadas en nº 160. La **resolución** de exclusión determina la pérdida de esta condición, en todo caso, y por un período no inferior a 5 años desde la fecha de la exclusión, sin perjuicio del mantenimiento de su personalidad jurídica con arreglo a la ley sobre asociaciones o cooperativas.

Precisiones Un **ejemplo de expulsión** del registro de una asociación lo encontramos en el caso de AUSBANC, al demostrarse que es un negocio financiado por la banca y diversas empresas, que se presenta de forma fraudulenta para lograr subvenciones y clientes que creen formar parte de una entidad sin ánimo de lucro.

3. Actuación

170 **Funciones** Las **funciones** de las asociaciones consumidores y usuarios son:
- prestar **asesoramiento jurídico** a los consumidores, o ayuda en temas de asesoría fiscal;
- interponer **reclamaciones** (nº 5015);
- prestar **asistencia legal** en tribunales o servicios de mediación (nº 5065);
- **informar** al consumidor, mediante análisis comparativos, encuestas y estudios, que les permiten comprar los mejores productos o contratar los mejores servicios;
- ofrecer **ventajas económicas** al consumidor en la compra de ciertos productos, o en compras colectivas que permiten la reducción de precios;
- colaborar en relación con los **servicios de atención a la clientela** y el mantenimiento de su calidad y eficacia (nº 408).

171 Las asociaciones tienen un importante papel de **defensa del interés público**, defendiendo a los consumidores frente a los abusos de ciertas empresas, mediante los siguientes procedimientos:
- la **denuncia** de prácticas ilegales **ante órganos administrativos** (p.e., ante la Comisión Nacional de los Mercados y de la Competencia, por el cobro excesivo en las facturas de la luz por parte de las compañías eléctricas), o **directamente contra empresas** por publicidad engañosa (p.e. por venta de productos adelgazantes milagrosos);
- la iniciación de **acciones judiciales**, consiguiendo importantes sentencias que protegen y defienden los intereses de sus asociados.
Así, las asociaciones de consumidores tiene legitimación para ejercitar acciones en defensa de los **intereses individuales de sus asociados**, siguiendo la doctrina del TJUE, no pueden imponerse restricciones a dicha legitimación basadas en la naturaleza, valor o complejidad del producto (TJUE 23-4-25).

Precisiones **1)** El Tribunal Supremo analizó extensamente la doctrina del TJUE y la jurisprudencia nacional sobre el **control de transparencia** en **acciones colectivas**, concluyendo que debe realizarse de manera abstracta desde la perspectiva del consumidor medio, normalmente informado y razonablemente atento y perspicaz, sin atender a circunstancias individuales (TS 16-6-25, EDJ 603756).
2) Una asociación de consumidores tiene legitimación para ejercitar acciones en defensa de los **intereses individuales** de sus asociados en relación con productos financieros complejos y de alto valor económico, siguiendo la doctrina del TJUE, no pueden imponerse restricciones a dicha legitimación basadas en la naturaleza, valor o complejidad del producto (TS 23-4-25, EDJ 553399).

173 **Deber de transparencia** Se impone a las asociaciones un deber de transparencia, dirigido a la **publicidad** de sus actuaciones y su control por parte del Registro.
Este deber incluye el **depósito** de (RD 448/2023 art.30, 31 y 32):
- los convenios y acuerdos de colaboración;
- las cuentas anuales complementándolas con la liquidación de ingresos y gastos;
- una memoria de actividades; y
- un presupuesto de ingresos y gastos previstos para el ejercicio.
Toda la **información** depositada por las asociaciones es pública.

175 **Derechos** (LGDCU art.37) El cumplimiento de los requisitos de constitución de una asociación de consumidores y usuarios, otorga a la misma una serie de derechos:
- utilizar su **denominación** con carácter exclusivo;
- promover **acciones colectivas** para la defensa de los intereses generales de los consumidores y usuarios;

- ejercer el derecho de **representación** por medio de la defensa de los intereses generales, colectivos o difusos, de los consumidores y usuarios (nº 180);
- ser declaradas de **utilidad pública**, con los efectos administrativos que esta declaración conlleva;
- percibir **ayudas y subvenciones públicas**, que nunca pueden afectar a su independencia (nº 190);
- integrarse en el **Consejo de Consumidores y Usuarios** (nº 195);
- ejercer la **acción de cesación** contra la utilización de cláusulas abusivas en los contratos celebrados con consumidores (nº 5200 s.);
- disfrutar del derecho de **asistencia jurídica gratuita** conforme a la L 1/1996;
- hacerse cargo de determinados **servicios públicos** relacionados con el consumo (p.e. oficinas municipales de información al consumidor);
- formar parte del **sistema arbitral de consumo** (nº 5260 s.);
- estar presentes en los **órganos de gobierno** de entidades como Cajas de ahorro, o en algunos trámites administrativos de audiencia pública.

Precisiones El contenido material del **derecho a la asistencia jurídica gratuita** incluye:
- el asesoramiento y orientación gratuitos previos al proceso;
- la defensa y representación gratuitas por abogado y procurador en el procedimiento judicial, cuando la intervención de estos profesionales es legalmente preceptiva o, cuando no siéndolo, es expresamente requerida por el juzgado o tribunal mediante auto motivado para garantizar la igualdad de las partes en el proceso;
- la inserción gratuita de anuncios o edictos;
- la exención del pago de depósitos necesarios para la interposición de recursos;
- la asistencia pericial gratuita;
- la obtención gratuita de copias, testimonios, instrumentos y actas notariales, y;
- la reducción del 80% de los derechos arancelarios.

Legitimación (LGDCU art.24; LEC art.11.3) La legitimación de las asociaciones de consumidores y usuarios es diferente según cual sea su forma de constitución: **180**
- las asociaciones **constituidas conforme a lo previsto en la Ley** y en la normativa autonómica que les resulte de aplicación, son las únicas legitimadas para actuar en nombre y representación de los **intereses generales** de los consumidores y usuarios;
- las asociaciones que **no reúnen estos requisitos**, solo pueden representar los intereses de sus asociados o de la asociación, pero no los intereses generales, colectivos o difusos, de los consumidores.

Cuando se trata de la defensa de los derechos de un **colectivo de consumidores y usuarios**, por ejemplo, la impugnación de condiciones generales de los contratos que puedan resultar abusivas, se distinguen dos supuestos: **182**

• **Defensa de intereses concretos**: los perjudicados por el hecho dañoso son un grupo de consumidores o usuarios cuyos componentes están perfectamente determinados o son fácilmente determinables. La legitimación de las asociaciones de consumidores y usuarios no se condiciona.

• **Defensa de intereses difusos**: los perjudicados por el hecho dañoso derivado del consumo de un bien, o de la utilización de un servicio, son una pluralidad de consumidores o usuarios indeterminada o de difícil determinación. La legitimación para demandar en juicio la defensa de estos intereses difusos corresponde exclusivamente a las asociaciones de consumidores y usuarios que, conforme a la Ley, sean representativas (nº 148). Si el conflicto tiene un **ámbito estrictamente autonómico**, el concepto de asociación de consumidores representativa exigido en el art.11.3 LEC es el que determine la correspondiente legislación autonómica al respecto (LEC art.11.3).

El concepto de **intereses difusos** es impreciso o indeterminado, indeterminación que se proyecta en tres planos:
- **subjetivo**: en cuanto se refieren a colectivos poco precisos en su composición, generalmente anónimos e indeterminados;
- **objetivo**: en cuanto el alcance de las prestaciones debidas y la determinación del sujeto que tiene a su cargo el deber correspondiente para la satisfacción del interés;
- **formal**, en cuanto la ambigüedad subjetiva y objetiva influyen en una accionabilidad o justicialidad también difusa o imprecisa.

La asociación tiene la **obligación** de comunicar previamente a todos los interesados el propósito de presentar una **demanda** a fin de que puedan intervenir en el proceso para hacer valer su derecho o interés individual.

Precisiones No es suficiente con que exista efectiva **posibilidad de identificar** a los consumidores del producto o usuarios del servicio que ostenten aquella condición, sino que es preciso que tal identificación pueda lograrse fácilmente. Así, en el caso de interponer una demanda contra una **compañía telefónica**, el hecho de no poder identificar adecuadamente a todos los perjudicados por la incidencia conlleva a la desestimación del recurso interpuesto (AP Barcelona auto 31-5-10, EDJ 164627).

183 Si se trata de un **interés individual** del consumidor o usuario para el ejercicio de acciones indemnizatorias por los daños ocasionados por el consumo de un producto o la utilización de un servicio, las asociaciones de consumidores y usuarios carecen de legitimación. Las acciones corresponden en exclusiva al consumidor.

185 **Participación y consulta** Los derechos de representación, participación y consulta de los consumidores derivan directamente de la Const art.51, conforme al cual, **corresponde a los poderes públicos**:
- garantizar la defensa de los consumidores y usuarios, protegiendo, mediante procedimientos eficaces, la seguridad, la salud y los legítimos intereses económicos de los mismos;
- promover la información y la educación de los consumidores y usuarios, fomentar sus organizaciones y oír a estas en las cuestiones que puedan afectar a aquellos, en los términos que la ley establezca.

De aquí se desprende la gran importancia de la participación y consulta de las asociaciones de consumidores y usuarios, que se plasma en un sistema de participación de carácter horizontal en el que, con independencia de la materia, han de ser escuchados en los procedimientos administrativos de **elaboración de normas** que les afecten.

188 Se tiene que regular por ley la **audiencia de los ciudadanos**, directamente o a través de las organizaciones y asociaciones reconocidas por la ley, en el procedimiento de elaboración de las disposiciones administrativas que les afecten (Const art.105).
Dada la efectividad inmediata de la Const art.105.a, la audiencia se configura como un caso de **participación funcional** en la elaboración de disposiciones de carácter general (TCo 61/1985). Es una audiencia de preceptiva observancia en el procedimiento de elaboración de disposiciones generales. En la práctica, su **exigibilidad** está en relación con varios conceptos jurídicos indeterminados que operan positiva o negativamente. **Es preceptivo** el informe cuando se trata de disposiciones que afectan directa o seriamente a los intereses de los administrados, a menos que el trámite no resulte posible o se opongan a él razones de interés público debidamente consignadas en el expediente (TS 17-10-91, EDJ 9816).
El **Consejo de Consumidores y Usuarios** (nº195) tiene que ser oído en consulta en el procedimiento de elaboración de disposición de carácter general, lo que incluye tanto a las leyes como a los reglamentos que las desarrollen, relativas a materias que afecten directamente a los consumidores y usuarios (LGDCU art.39).
Concretamente, se impone la preceptiva audiencia del Consejo en las normas que se correspondan con las **siguientes materias**:
- reglamentos de aplicación de la LGDCU;
- reglamentaciones sobre bienes o servicios de uso y consumo;
- ordenación del mercado interior y la disciplina de mercado;
- precios y tarifas de servicios que se encuentren legalmente sujetos a control de las Administraciones públicas y en cuanto afecten a los derechos de os consumidores;
- condiciones generales de los contratos o modelos autorizados por los poderes públicos;
- otros supuestos en los que la ley así lo establezca.

189 Con el objetivo de garantizar la excelencia en el **servicio de atención al cliente** (nº 350 s.), tras la aprobación de la L 10/2025, de servicios de atención a la clientela, se han introducido obligaciones adicionales en materia de relaciones institucionales. En este sentido, las empresas, deben establecer marcos estables de colaboración con las asociaciones de consumidores y usuarios más representativas en su ámbito territorial, bien de forma general, bien de forma sectorial, en relación con los servicios de atención a la clientela y el mantenimiento de su calidad y eficacia (L 10/2025 art.19).

190 **Prohibiciones** (LGDCU art.27) Para el cumplimiento de sus fines las asociaciones de consumidores y usuarios tienen que actuar con **independencia** frente a los operadores del mercado y a los poderes públicos. La **obtención de subvenciones** u otros recursos públicos concedidos en base a criterios de objetividad, no pueden mermar la independencia de estas asociaciones.
Además, las asociaciones de consumidores y usuarios se les prohíbe:
• Incluir como miembros a personas jurídicas con **ánimo de lucro**.
• Percibir **ayudas financieras** de empresas o grupos de empresas que suministran bienes o servicios a los consumidores y usuarios. No obstante, sí se permite una cierta aportación económica, tanto a través de donativos, cuotas de los asociados, honorarios por la prestación de servicios jurídicos o convenios o acuerdos de colaboración con empresas (LGDCU art.30), como por medio de los poderes públicos, a través de **subvenciones públicas** concedidas en base a criterios de objetividad (LGDCU art.23.3).

• Realizar **comunicaciones comerciales** de bienes o servicios. Se entiende por comunicaciones comerciales de bienes o servicios, todo acto, conducta o manifestación, incluida la publicidad, no meramente informativa, que se relacione directamente con la promoción de venta de bienes y servicios. Las asociaciones pueden informar sobre los productos que analizan, pero nunca desde un punto de vista comercial o lucrativo, pues ello iría en contra de sus fines.
• Autorizar el uso de la **denominación, imagen o signo** de la asociación con fines comerciales en la publicidad de los operadores del mercado. En el caso de que se utilice su nombre o imagen en publicidad, tienen el deber de ejercitar las acciones oportunas desde el momento en que tengan conocimiento de esta conducta.
• Dedicarse a **actividades distintas** de la defensa de los intereses de los consumidores.
• Incumplir las obligaciones de **transparencia** (nº 173).
• Actuar con manifiesta **temeridad**, judicialmente apreciada.
• Incumplir cualquier **otra obligación** legal o reglamentaria.

Desde un **punto de vista temporal**, estas prohibiciones pueden darse: **193**
- en el momento de la constitución (**incumplimiento originario**): la agrupación de consumidores no puede constituirse válidamente en asociación;
- después de la constitución (**incumplimiento sobrevenido**): ello conlleva la pérdida de la condición de asociación por un periodo no inferior a los 5 años siguientes desde que dejaron de concurrir tales circunstancias.

4. Consejo de consumidores y usuarios

(LGDCU art.38; RD 894/2005)

Se configura como un órgano nacional de consulta y representación institucional de consumidores y usuarios a través de sus organizaciones. Se **integra** por las asociaciones de ámbito nacional que, atendiendo a su implantación territorial, número de socios, trayectoria en el ámbito de la protección de consumidores y usuarios y programas de actividad a desarrollar, son más representativas. **195**

Precisiones El Consejo de Consumidores y Usuarios **se regula por** el RD 894/2005, anulado parcialmente por la TS 5-2-08, EDJ 35323 (Asunto AUSBANC).

Sus **funciones** son las siguientes: **196**
- informar con carácter preceptivo en el procedimiento de elaboración de disposiciones de carácter general de ámbito estatal relativas a materias que afecten directamente a los consumidores y usuarios;
- realizar el seguimiento de las alegaciones e informes emitidos en trámite de audiencia para evaluar su repercusión y efectividad;
- proponer y, en su caso, designar a los representantes de las asociaciones y cooperativas de consumidores y usuarios en órganos colegiados, organismos o entidades, públicas o privadas, de ámbito estatal o supranacional, en los que deben estar representadas;
- proponer a las Administraciones públicas, a través del Instituto Nacional de Consumo, cuantas cuestiones se consideren de interés para los consumidores y usuarios;
- formular al Instituto Nacional del Consumo, propuestas normativas o de actuación que se consideren de interés para la defensa de los consumidores y usuarios;
- colaborar en iniciativas públicas que se adopten en materia de protección de los consumidores y usuarios, prestando su apoyo y asesoramiento, así como emitir cuantos informes le sean solicitados en materia de su competencia;
- solicitar información de las Administraciones públicas competentes sobre materias de interés general o sectorial que afecten a los consumidores y usuarios;
- solicitar, proponer o realizar informes o estudios necesarios para el desarrollo de sus funciones;
- impulsar la colaboración y diálogo entre asociaciones de consumidores y usuarios y cooperativas de consumidores y usuarios de ámbito supraestatal, estatal, autonómico o local, así como entre sus órganos de representación;
- favorecer el diálogo social, en especial, potenciando la colaboración con las organizaciones empresariales y sindicales;
- otras funciones les sean atribuidas por otras disposiciones.

198 Cuenta con los siguientes **órganos**:
• **Pleno**: encargado de aprobar los dictámenes del Consejo, designar a los presidentes y vocales de las comisiones técnicas y dirigir su funcionamiento. Asimismo, puede convocar a expertos, seleccionados por razón de la materia a tratar, y a representantes de colectivos interesados o afectados por esta.
• **Comisiones Técnicas**: responsables de analizar las diferentes materias que se sometan al Consejo y de elaborar los correspondientes informes o dictámenes para su sometimiento al pleno.
Está **constituido por** las siguientes asociaciones y organismos:
- Asociación de Usuarios de Bancos, Cajas y Seguros (ADICAE);
- Asociación General de Consumidores (ASGECO);
- Asociación de Usuarios de la Comunicación (AUC);
- Confederación de Consumidores y Usuarios (CECU);
- Consumidores en Acción (FACUA);
- Federación de Usuarios-Consumidores Independientes (FUCI);
- Confederación Española de Cooperativas de Consumidores y Usuarios (HISPACOOP);
- Organización de Consumidores y Usuarios (OCU);
- Federación Unión Nacional de Consumidores y Amas de Hogar de España (UNAE).

CAPÍTULO 2

Derechos básicos de los consumidores

Los derechos básicos de todo consumidor y usuario son los siguientes (LGDCU art.8): 205
• Protección contra los riesgos que puedan afectar su **salud o seguridad** (nº 215).
• Protección de sus **legítimos intereses económicos y sociales**; en particular frente a las prácticas comerciales desleales y la inclusión de cláusulas abusivas en los contratos (nº 270).
• **Indemnización** de los daños y reparación de los perjuicios sufridos (nº 290).
• **Información** correcta sobre los diferentes bienes o servicios en formatos que garanticen su accesibilidad y la educación y divulgación para facilitar el conocimiento sobre su adecuado uso, consumo o disfrute, así como la toma de decisiones óptimas para sus intereses (nº 325).
• **Audiencia** en consulta y **participación** en el procedimiento de elaboración de las disposiciones generales que les afectan directamente y la representación de sus intereses, a través de las asociaciones, agrupaciones, federaciones o confederaciones de consumidores y usuarios legalmente constituidas (nº 185).
• Protección de sus derechos mediante **procedimientos eficaces**, en especial ante consumidores vulnerables (nº 5000 s.).

Todos los derechos de los consumidores están directamente **interrelacionados entre sí**, de forma que ninguno de ellos constituye por sí sólo un ente autónomo y aislado, sino que hay que ponerlo en contacto con los otros derechos. P. e., la información es adecuada para garantizar la seguridad de los productos o servicios así como para la protección de los intereses sociales y económicos de los consumidores, derechos Éstos últimos que sin una efectiva información al consumidor no serían exigidos o serían desconocidos para el usuario.

Precisiones Los derechos de los **consumidores vulnerables** han de gozar de una especial atención y los poderes públicos deben promocionar políticas y actuaciones tendentes a garantizar sus derechos en condiciones de igualdad, con arreglo a la concreta situación de vulnerabilidad en la que se encuentren, tratando de evitar, en cualquier caso, trámites que puedan dificultar el ejercicio de los mismos.

Protección de los derechos (LGDCU art.9) Los poderes públicos tienen un deber de **protección prioritaria** de estos derechos cuando guardan relación directa con bienes o servicios de uso común, ordinario y generalizado (TS 27-10-02, EDJ 59159). 208

Los bienes de protección prioritaria están descritos en un amplio **catálogo** de productos y servicios de uso o consumo ordinario y generalizado (RD 1507/2000). Incluye, sin ánimo exhaustivo:
- productos alimenticios y alimentarios;
- productos no alimentarios (por ejemplo, vivienda, medicamentos, muebles, instrumentos, productos de perfumería, etc.);
- servicios (entre los que se incluye, a título de ejemplo, los relativos a agua, electricidad o gas, médicos, de educación, de comunicaciones, financieros, etc.).

Precisiones 1) En el catálogo se incluyen los productos o servicios que habitualmente pueden ser objeto de un acto de consumo, con una **amplitud** y generalidad tal, que es difícil encontrar un ejemplo de bienes o servicios que no sean considerados como de uso común o generalizado a los efectos de la prioritaria protección por parte de los poderes públicos.
2) Aunque el RD 1507/2000 fue dictado en cumplimiento de la previsión del art.2.2 de la ley anterior (de idéntica redacción que el actual art.9 LGDCU), es **aplicable a la nueva norma**.

Carácter irrenunciable (LGDCU art.10) Los derechos que se reconocen por ley a los consumidores y usuarios son **irrenunciables**. Si una **cláusula** contractual incluye la renuncia previa al ejercicio de estos derechos en un contrato con consumidor, se considera legalmente **nula de pleno derecho**. 210

Las normas de protección de consumidores delimitan un marco jurídico que no puede ser alterado por la voluntad de las partes **en perjuicio del consumidor**, aun cuando cuente con el conocimiento y consentimiento de éste.

La nulidad afecta a la **renuncia previa** al derecho, pero como todo derecho, el mismo puede ser ejercitado o no por el consumidor. No cabe renunciar previamente al derecho a ser indemnizado por los daños sufridos como consumidores, pero una vez producido el daño, si cabe renunciar a ejercitar la acción de reparación.
Para evitar abusos, se declara la nulidad de todos los actos realizados en **fraude de ley**.

Precisiones 1) El consumidor es la parte más débil del contrato. Si fuera posible la renuncia a los derechos, al integrarse estas cláusulas dentro de **contratos de adhesión**, como es usual en la contratación de consumo, se estaría dejando en manos de los empresarios la vigencia o no del sistema general de protección del consumidor.
2) La nulidad de todos los actos realizados en **fraude de ley** del art.10 LGDCU es una mención innecesaria, dado que el fraude de ley y sus efectos ya están previstos en el CC art.6.4, pero en todo caso la reiteración de esta previsión refuerza tal nulidad.

A. Derecho a la protección de la salud y la seguridad

(LGDCU art.11 a 16)

215 Los problemas de salud y seguridad son de los más importantes que plantea la protección del consumidor, al extremo que, lo que ha impulsado un sistema específico de responsabilidad ha sido siempre la protección de la salud de los consumidores. En este ámbito, ambos términos suelen usarse como **equivalentes**; se dice que un producto es inseguro cuando presenta peligro de causar un daño a la vida, a la integridad física o al patrimonio del consumidor, a quien se le debe prestar tutela a través del Derecho público y del Derecho privado.
Es una cuestión íntimamente unida a la **responsabilidad por productos** (nº 1530 s.).

218 **Deber general de seguridad** (LGDCU art.11) Los **bienes o servicios** que se ponen en el mercado tienen que **ser seguros** (nº 1510 s.). El texto legal deja bien clara la **obligatoriedad** de la seguridad en todo producto o servicio puesto en el mercado, y no contiene ningún tipo de excepción a dicha exigencia de seguridad.
El **concepto de seguridad** que cabe legítimamente esperar, protege a los consumidores de las consecuencias dañosas que provengan de la toxicidad o peligrosidad de un producto puesto en el mercado. Tampoco responden a la exigencia de seguridad que cabe legítimamente esperar de su uso, aquellos productos que pueden ofrecer riesgos derivados de la **falta de comprobación** de falta de toxicidad o peligrosidad, cuando esta aparece como razonablemente posible en el momento de su puesta en circulación. En estos casos solamente queda **eximido de responsabilidad** el importador o fabricante cuando prueba que la ausencia de estas comprobaciones responde al hecho de no ser exigibles de acuerdo con el estado de los conocimientos científicos y técnicos existentes en el momento de la puesta en circulación (TS 9-12-10, EDJ 269061).
En suma, es **defecto de seguridad:**
- la **existencia de riesgos** derivados de la toxicidad o peligrosidad del producto puesto en el mercado;
- la **ausencia de las comprobaciones necesarias** para excluir dichos riesgos, pues esta ausencia constituye, por sí misma, un riesgo.

219 El **nivel de seguridad** que exige la norma no responde a criterios de normalidad, sino de alta protección. No basta con una protección ordinaria de la salud y seguridad del consumidor, sino que la misma debe responder a su **nivel más elevado** de protección (LGDCU art.11.2).
Qué debe entenderse por este **nivel elevado de protección** es algo que no se define en la norma. Para su concreción, hay que estar a las normas reglamentarias que la desarrollen.
La previsión normativa constituye:
- un **criterio de interpretación** en caso de duda, criterio que sin duda beneficia al consumidor;
- un **criterio legal** de mínimos para las diversas normas que se dicten.

240 **Derecho a la información sobre los riesgos en materia de salud y seguridad** (LGDCU art.12) Es una subespecie del derecho general del consumidor a la información (nº 325 s.). Consiste en el derecho del consumidor a ser informado sobre **todos los aspectos** del bien o servicio que consume.
Esta información debe:
- ser **facilitada por los empresarios** con los que contrate el consumidor;
- ser **previa** a la contratación;
- utilizar los **medios apropiados** o adecuados para que sea efectivamente conocida por su destinatario;
- ser lo suficientemente **clara** como para que sea comprensible por el consumidor;

- venir referida a los riesgos susceptibles de una **utilización previsible** de los bienes y servicios, en atención a su naturaleza, características, duración y personas a las que van destinadas;
- preferentemente debe ser facilitada en el propio **etiquetado** del producto (ver nº 1435 s.), pero sin que ello suponga que no sean posibles otros mecanismos, en especial en bienes o servicios en los que no procede su etiquetado.

Precisiones Por su **especial peligrosidad**, se establece una específica mención en relación a la información de riesgos en los **productos químicos** y aquellos que en su composición lleven **sustancias peligrosas**. Para ellos se establece un régimen de información basado por un lado en la existencia de un envasado especial con las adecuadas medidas de seguridad (lo que excluye otro tipo de envases) y por otro lado la necesidad de que tales envases lleven de forma especialmente visible indicaciones que adviertan del riesgo de su manipulación (Rgto (UE) 1272/2008 art.35 s.).

Las **Administraciones públicas**, cuando lo juzguen necesario para proteger la salud y seguri- 242
dad, dependiendo de la naturaleza y la gravedad del riesgo, **pueden informar** a los consumidores y usuarios potencialmente afectados, por los medios en cada caso más apropiados, de los riesgos o irregularidades existentes, de la identificación del producto y, en su caso, de las medidas adoptadas, así como de las precauciones procedentes tanto para que ellos mismos puedan protegerse del riesgo como para conseguir su colaboración en la eliminación de sus causas (ver nº 110).

Los **ciudadanos** tienen **derecho de acceso**, en general, a la información de que disponen los 245
órganos administrativos competentes con relación a los riesgos que los productos entrañan para la salud y la seguridad de los consumidores, de conformidad con las exigencias de transparencia y sin perjuicio de las restricciones necesarias para las actividades de control e investigación. En particular, los ciudadanos tienen acceso a la **información sobre**:
- la identificación del producto;
- la naturaleza del riesgo;
- las medidas adoptadas.

Salvo lo anterior, los órganos administrativos competentes pueden adoptar las medidas necesarias para que su personal no divulgue la **información protegida por el secreto comercial o industrial** obtenida en virtud de las facultades que se les atribuyen en relación con la seguridad de los productos.

B. Derecho a la protección en sus legítimos intereses económicos y sociales

(LGDCU art.19 a 21)

Principio general (LGDCU art.19.1) La protección de los intereses económicos y sociales es 270
uno de los derechos de mayor trascendencia, cuya protección se va desarrollando a lo largo de todo el articulado de la Ley. Todo el texto legal vigente se configura como un **sistema de protección de los intereses** económicos y sociales de los consumidores y usuarios.

Como principio general la ley establece el **deber** de respetar los legítimos intereses económicos y sociales de los consumidores y usuarios en los términos establecidos en ella, y en las normas civiles, mercantiles y demás normas comunitarias, estatales y autonómicas que resulten de aplicación.

Es un **principio puramente programático** de carácter general, sin especial incidencia jurídica por remitirse a otros textos legales para su propia eficacia.

Prácticas comerciales (LGDCU art.19.2) Para la protección de los legítimos intereses econó- 273
micos y sociales de los consumidores y usuarios, las prácticas comerciales de los empresarios dirigidas a ellos **están sujetas** a lo dispuesto en la LGDCU, en la LCD y en la LOCM.

Se consideran prácticas comerciales de los empresarios con los consumidores y usuarios todo acto, omisión, conducta, manifestación o comunicación comercial, incluida la publicidad y la comercialización, directamente relacionada con la promoción, la venta o el suministro de bienes o servicios, incluidos los bienes inmuebles, así como los derechos y obligaciones, con independencia de que sea realizada antes, durante o después de una operación comercial que se rigen por lo previsto para los contratos (nº 500 s.).

No se consideran prácticas comerciales las relaciones de naturaleza contractual entre consumidores y empresarios.

La Ley declara la **prevalencia** de sus normas, y las contenidas en determinada normativa sectorial (medicamentos, etiquetado, presentación y publicidad de los productos, etc.) sobre la legislación de carácter general aplicable a las prácticas comerciales desleales, en caso de **conflicto** (LGDCU art.19.4).
El **incumplimiento** de estas disposiciones es considerado, en todo caso, práctica desleal por engañosa.

275 **Visitas, excursiones y llamadas comerciales** (LGDCU art.19.7; L 11/2022 art.66) Para proteger en mayor medida los intereses legítimos de los consumidores y usuarios, la Administración puede restringir determinadas formas y aspectos de las **visitas no solicitadas** efectuadas por el empresario en el domicilio del consumidor y usuario o las **excursiones organizadas** por el mismo con el objetivo o efecto de promocionar o vender bienes o servicios.
Estas disposiciones necesariamente tienen que ser **proporcionadas y no discriminatorias** y, en ningún caso, pueden implicar la prohibición de los citados canales de venta, salvo cuando se basen en motivos distintos a la protección de los consumidores, tales como el interés público o el respeto de la vida privada de los mismos.
El **incumplimiento** de estas restricciones determina que puedan ser consideradas prácticas comerciales agresivas (LCD art.31.4).
En relación con las **comunicaciones no solicitadas**, los usuarios tienen derecho a no recibir llamadas:
• Automáticas sin intervención humana o mensajes de fax, con fines de comunicación comercial sin haber prestado su consentimiento previo para ello.
• No deseadas con fines de comunicación comercial, salvo que exista consentimiento previo del propio usuario para recibir este tipo de comunicaciones comerciales o salvo que la comunicación pueda ampararse en otra base de legitimación como:
- ser necesario para la ejecución de un contrato en el que el interesado es parte;
- cumplir una obligación legal;
- proteger intereses vitales del interesado o de otra persona física; ser una misión realizada en interés público o en el ejercicio de poderes públicos; o satisfacer intereses legítimos del responsable del tratamiento siempre que no prevalezcan los intereses o los derechos y libertades fundamentales del interesado (Rgto (UE) 2016/679 art.6.1).

278 **Sistema efectivo de comprobación, garantías, reclamación y atención al cliente** (LGDCU art.21) Son **criterios generales** que deben ser respetados como principios del sistema de garantía y reclamación (ver nº 595 s.):
- conocimiento sobre utilidad y características del bien o servicio;
- posibilidad de reclamar con eficacia en caso de error, defecto o deterioro;
- ejercicio efectivo de las garantías de calidad o nivel de prestación ofrecidos;
- devolución del precio en caso de incumplimiento o cumplimiento defectuoso del empresario.
En cuanto a los servicios de **quejas** y reclamaciones y servicios de **atención al cliente** que los empresarios ponen a disposición de los consumidores, se exige:
- que presten **atención directa y personal** cuando tales servicios se prestan a través de atención telefónica o electrónica, sin perjuicio del uso complementario a la atención personal de otros medios técnicos;
- que permitan asegurar que el consumidor tiene **constancia de las quejas y reclamaciones** que formula. El empresario está obligado a entregar una clave identificativa y un justificante por escrito, en papel o en soporte duradero;
- que se **separaren** nítidamente los servicios de atención al cliente de otras actividades de la empresa;
- que no se utilicen estos servicios para el desarrollo de actividades de **comunicación comercial**;
- que el uso de una línea telefónica por parte del empresario para este servicio no suponga un **coste para el consumidor** superior al coste de una llamada telefónica fija o móvil estándar; no obstante, en los supuestos de servicios de carácter básico de interés general, las empresas deben disponer de un teléfono de atención al consumidor gratuito.

Precisiones **1)** En el supuesto de utilizarse una línea telefónica de **tarificación especial** que suponga un coste para el consumidor o usuario, el empresario debe facilitar al consumidor información sobre un número geográfico o móvil alternativo.
2) Tienen la consideración de **servicios de carácter básico de interés general** los de suministro de agua, gas, electricidad, financieros y de seguros, postales, transporte aéreo, ferroviario y por carretera, protección de la salud, saneamiento y residuos, así como aquellos que legalmente se determinen.
3) Para mayor información sobre el **servicio de atención al cliente**, ver nº 350 s.

C. Derecho a la reparación de los daños sufridos como consumidores

(LGDCU art.128 a 134)

 280

El régimen de responsabilidad es expresamente **compatible con** cualquier otra acción que corresponda al perjudicado para ser indemnizados por los daños y perjuicios derivados de (LGDCU art.128.2)): 281
- **responsabilidad contractual**, por falta de conformidad, incumplimiento o cumplimiento defectuoso del contrato;
- responsabilidad **extracontractual** frente al responsable del daño.
Los daños contractuales o extracontractuales **se exigen** por las reglas generales de responsabilidad civil (CC art.1101 s.) o las específicas sobre garantía y conformidad (LGDCU art.114 a 127).

Derecho a compensación por retraso (LGDCU art.134) El perjudicado, beneficiario de las indemnizaciones correspondientes, tiene derecho a una compensación por el **retraso en su abono**, por el tiempo que transcurra desde la declaración judicial de responsabilidad (y la fijación por tanto del importe indemnizatorio) y su efectivo pago por parte del responsable. 283
La compensación **se fija** en el interés legal del dinero incrementado en dos puntos, sin perjuicio de que las partes hayan pactado un **sistema distinto** en el contrato o que éste venga previsto de forma expresa en una norma legal que pueda aplicarse (LEC art.576).

Prescripción de las acciones (LGDCU art.143) La **acción de reparación** de los daños y perjuicios prescribe a los 3 años, a contar desde la fecha en que el perjudicado sufrió el perjuicio, ya sea por defecto del producto o por el daño que dicho defecto le ocasionó, siempre que se conozca al responsable de dicho perjuicio. 286
La **acción de repetición** de quien que haya satisfecho la indemnización contra todos los demás responsables del daño prescribe al año, a contar desde el día del pago de la indemnización.
La interrupción de la prescripción se rige por lo establecido en el Código Civil (CC art.1973 s.).

1. Daños por prodcutos defectuosos

La LGDCU establece un único sistema de **responsabilidad civil** por productos defectuosos que determina el derecho a indemnización por los daños y perjuicios que el uso de los productos suponga para los consumidores (nº 615). 290
La **responsabilidad** del empresario por productos y servicios defectuosos está directamente **conectada** con el derecho de los consumidores a la reparación de los daños sufridos.
Se trata de una **responsabilidad extracontractual** diferente a la contractual que nace del propio contrato entre el consumidor y el vendedor debido a la falta de relación entre el fabricante y el consumidor. Es también una responsabilidad **objetiva** por el riesgo creado por poner en el mercado bienes o servicios susceptibles, por su naturaleza, de causar peligros (LGDCU art.135; AP Cádiz 7-6-11, EDJ 196779).
Deben concurrir los siguientes **elementos** para que se dé el derecho a la reparación:
• Debe existir un daño indemnizable atribuido al uso de un bien que no ofrece la seguridad legítimamente esperada y, por ello, es considerado defectuoso (nº 315).
• Debe existir nexo causal entre el producto y el daño (nº 320 s.).
• El perjudicado ha de acreditar daño y causalidad.
• Debe contemplarse la imputación al fabricante, importador o distribuidor, incluyendo supuestos de responsabilidad solidaria o asimilada en la cadena de suministro (nº 297 s.).
A los efectos de esta responsabilidad, se considera, por un lado, **producto** cualquier bien mueble aunque esté incorporado a otro bien (mueble o inmueble), así como el gas y la electricidad y, por otro lado, **defectuoso** si el producto no ofrece la seguridad esperada según las circunstancias, presentación, el uso razonable y el momento de su puesta en circulación.

Precisiones 1) La consecuencia de incluir en la responsabilidad por defectos de los **bienes muebles incorporados a inmuebles** (inmuebles por pertenencia o incorporación) supone que se considera producto al bien aunque su separación del inmueble suponga deterioro del propio producto (p.e. si se ha empotrado una barbacoa o un armario). Esto garantiza la responsabilidad del fabricante por los defectos con independencia del uso dado al producto por la persona que lo ha comprado (CC art.334 y 335).

2) En el caso de un **accidente aéreo**, la falta de funcionamiento adecuado (por un defecto de diseño, fabricación o información) del **sistema anticolisión aérea** supone que le sea imputable un carácter peligroso determinante de la aplicación del régimen de responsabilidad por productos defectuosos, con mayor razón cuando se trata de un peligro de riesgo catastrófico (TS 13-1-15, EDJ 5828).
3) Cuando el **resultado dañoso** ha sido causado por un defecto del producto, o por una deficiente instalación de un servicio, y es objetivamente **atribuible a la empresa** suministradora en función del alcance de sus obligaciones extracontractuales, contractuales e incluso legales y de la previsibilidad del resultado dañoso con arreglo a las reglas de la experiencia, procede la **indemnización** de los daños y perjuicios al perjudicado (AP Madrid 28-1-11, EDJ 63183).

a. Sujetos

295 **Protegidos** (LGDCU art.128.1) Se extiende la protección no solo a los consumidores y usuarios, sino a **todo perjudicado**. El término perjudicado es más amplio que el de consumidor o usuario final (AP Zamora 26-4-13, EDJ 99502). Se considera perjudicado a **quien sufre los daños** o perjuicios causados por los bienes o servicios defectuosos. Por ejemplo, se puede considerar el daño material sufrido por el dueño de un coche que se quema como consecuencia del incendio originado en un coche defectuoso perteneciente a diferente persona.
También se reconoce que la legitimación activa para reclamar daños derivados de responsabilidad civil extracontractual no se limita a la propiedad del bien, sino que también corresponde al **poseedor legítimo y efectivo** (AP A Coruña 6-6-23, EDJ 645681; AP Cantabria 11-5-20, EDJ 614391).

Precisiones Se reconoce la legitimación activa para reclamar daños por culpa extracontractual no solamente al propietario registrado de un inmueble, sino que también ampara al **arrendatario u ocupante** con interés directo (AP Cantabria 11-5-20, EDJ 614391).

297 **Responsables** De los **daños causados por productos defectuosos** responde el **productor** y una serie de sujetos equiparados a él (importador, fabricante aparente, distribuidor) con el fin de facilitar al consumidor la reclamación por daños y perjuicios.
Para los **daños causados por servicios**, la responsabilidad es de quien los presta. Así resulta de la regla general, conforme a la cual, los prestadores de servicios son responsables de los daños y perjuicios causados a los consumidores y usuarios, salvo que prueben que han cumplido las exigencias y requisitos reglamentariamente establecidos y los demás cuidados y diligencias que exige la naturaleza del servicio.
Cabe también que el daño sea causado por un **producto defectuoso** en el **marco de una prestación de servicios.** Es la hipótesis de un producto defectuoso producido por un sujeto A, del que se vale la persona B en la prestación de un servicio, sin que medie entre ambas relación alguna de dependencia.
Si el prestador del servicio **actúa con arreglo a la lex artis**, la responsabilidad es exclusiva del productor. El prestador del servicio **no responde** con arreglo al régimen de responsabilidad por productos, pues ni es productor ni suministra el producto a sabiendas de su defectuosidad (LGDCU art.147).
El prestador del servicio **no es responsable** aunque el producto sea defectuoso, cuando:
- lo adquirió regularmente en el mercado;
- no ha podido descubrir con una diligencia normal su carácter defectuoso.

Por excepción, **sí responde** de los daños originados, aunque se despliegue correctamente el servicio, cuando, por la propia naturaleza del servicio, o por estar así reglamentariamente establecido, se incluye la garantía de niveles determinados de eficacia o seguridad, y supongan controles técnicos, profesionales o sistemáticos de calidad, hasta llegar en debidas condiciones al consumidor y usuario (LGDCU art.148).
Se consideran **sometidos a este régimen** de responsabilidad los siguientes servicios:
- sanitarios;
- de reparación y mantenimiento de electrodomésticos, ascensores y vehículos de motor;
- de rehabilitación y reparación de viviendas;
- de revisión, instalación o similares de gas y electricidad;
- los relativos a medios de transporte.

La **responsabilidad del prestador del servicio** en cuanto que proveedor o suministrador del producto puede no derivar tanto del hecho de entregar un producto defectuoso, como de la **prestación defectuosa del servicio**. Si quien presta el servicio no sólo utiliza un producto que ya es defectuoso sino que, además, lo utiliza incorrectamente, no hay dificultad en que **responda solidariamente** junto al productor.

Precisiones En contratos de compraventa con consumidores, el **fabricante** que ofrece una garantía y publicita el producto no puede considerarse un tercero ajeno al contrato, por lo que responde solidariamente con el distribuidor o vendedor directo frente al consumidor por defectos de fabricación que afecten al bien adquirido (TS 24-6-24, EDJ 598803).

Responsabilidad solidaria (LGDCU art.132 y 133) En el caso de que **varias personas** sean **responsables** del mismo daño, tal responsabilidad tiene necesariamente el carácter de solidaria ante los perjudicados. 299

La regla de la responsabilidad solidaria es aplicable en los supuestos de **coautoría** en sentido estricto, así como también en los de **acción concertada** (por ejemplo, cuando son varios los sujetos que proporcionan la materia prima o que ponen su nombre en el producto acabado o cuando son varias personas las que participan en la fabricación de un producto defectuoso).

La responsabilidad por productos defectuosos se impone desde el fabricante hasta el vendedor, pudiendo el consumidor perjudicado **demandar a cualquiera** de ellos, pues todos responden de forma solidaria (TS 14-7-03, EDJ 50767).

La **finalidad** de la regla de la solidaridad es la de facilitar la reclamación de quien sufre el perjuicio por el producto o servicio defectuoso. El perjudicado puede dirigirse contra cualquiera de los agentes responsables del mismo daño para obtener íntegramente la indemnización. En el caso de que el perjudicado se dirija **contra uno solo** de los supuestos sujetos responsables del daño, no puede entenderse que está mal constituida la *litis*, ni que existe litisconsorcio pasivo necesario. Sin embargo, la sentencia **solo puede ejecutarse** contra aquel o aquellos de los responsables que hayan sido parte en el proceso (LEC art.542.1).

Compete al perjudicado la **determinación inicial de los posibles responsables** (por ejemplo, productor aparente y productor real; o productor de parte componente y del producto acabado; o, incluso, fabricante y suministrador).

Es fácilmente admisible la solidaridad del **fabricante** del producto acabado y del fabricante de la parte integrante defectuosa, o del fabricante real y el fabricante aparente.

El **suministrador**, en principio, no responde con arreglo al régimen de responsabilidad por productos, pero con su comportamiento ha podido desencadenar o agravar el defecto; por ejemplo, por una mala conservación. Si el defecto existía, el fabricante sigue respondiendo con arreglo a la LGDCU, pero la responsabilidad del suministrador debe basarse en las reglas generales de responsabilidad civil (CC art.1101 y 1902).

El que haya respondido ante el perjudicado tiene **derecho a repetir** frente a los otros responsables, según su participación en la causación del daño (LGDCU art.132).

La solidaridad se extiende al caso en que haya **intervenido un tercero** en la producción del daño, es decir, cuando el daño sea causado conjuntamente por un defecto del bien o servicio y por la intervención de un tercero. 301

La conducta de un tercero concurrente con el defecto del producto, no influye a la hora de **fijar la extensión o la cuantía** del resarcimiento a favor del perjudicado. Ello no significa que ese comportamiento no sea tenido en cuenta a la hora de mitigar las consecuencias patrimoniales que el carácter defectuoso del producto lesivo acarrea para su fabricante o importador (o para el suministrador o el intermediario, caso de ser responsables).

La responsabilidad resulta extensiva a los terceros que, respecto al producto defectuoso, han tenido una **intervención decisiva en la producción del daño**, por lo que este se debe a una actividad conjunta del fabricante y del tercero (TS 24-9-99, EDJ 27831).

El sujeto responsable que haya satisfecho la indemnización, puede **reclamar al tercero** la parte que corresponda a su intervención en la producción del daño (LGDCU art.133).

Precisiones 1) Como regla general, desde la perspectiva del perjudicado **es preferible que la demanda se dirija** contra el fabricante del producto y el productor o los productores de las partes integrantes de los productos terminados. Si se dirige la causa sólo contra el productor de la parte integrante, se corre el riesgo de que éste pruebe que no es responsable por ser el defecto imputable a las instrucciones dadas por el fabricante del producto, lo que puede hacer inviable el ejercicio de la acción de reclamación de responsabilidad frente al fabricante, si han transcurrido los plazos de prescripción.

2) En el caso de un consumidor que sufrió **quemaduras** durante una sesión de depilación, aunque la **máquina** fuera **manipulada por una persona ajena**, se produjeron en el marco de una prestación de servicios, lo que determina la responsabilidad solidaria de todos los intervinientes frente a la víctima (AP Cantabria 31-3-25, EDJ 550386).

Cabe la **liberación de responsabilidad** del fabricante, por ruptura total de la relación de causalidad, si el único culpable es el tercero, supuesto en que procede la aplicación de las reglas generales de la responsabilidad civil. 302

El **vínculo causa-efecto** entre el defecto del producto y el daño es esencial en la atribución de responsabilidad es requisito imprescindible para que nazca en el productor la obligación de indemnizar. Quien fabrica un producto defectuoso que ocasiona daños está obligado a repararlos, a no ser que realmente no los haya causado porque se ha **roto el nexo causal**, bien por la conducta del propio perjudicado, pero también por la acción de un tercero. El fabricante queda liberado de responsabilidad en el caso de que el tercero sea el único y exclusivo culpable.

303 **Exoneración o limitación de responsabilidad** (LGDCU art.130, 140 y 145) Las cláusulas de exoneración o limitación de responsabilidad son ineficaces frente al perjudicado. Expresamente se consideran como **cláusulas abusivas** por limitar los derechos básicos del consumidor (LGDCU art.86.2), con el efecto propio en relación a los consumidores de **nulidad de pleno derecho** y que se tengan por no puestas (LGDCU art.83.1; TS 20-1-10, EDJ 6375).
Este régimen de ineficacia debe ser puesto en relación con los principios que inspiran la normativa de protección del consumidor, que **excluye la renuncia previa** de los derechos reconocidos al consumidor (ver nº 210).
Se trata de este modo de evitar que los sujetos responsables según la Ley, mediante el recuso a los pactos o convenios de naturaleza contractual, puedan **rebajar el nivel de responsabilidad** impuesto imperativamente por la Ley.

305 Sin embargo existen una serie de **causas** de exención legales:
• **No puesta en circulación del producto**. La **entrada fraudulenta** al mercado de un producto que no era apto para uso generalizado exime al fabricante de toda responsabilidad (p.e. si alguien compra en el mercado negro un prototipo de un móvil que no ha salido todavía a la venta y este explota). En cualquier caso, desde el momento en que el fabricante pone a disposición de los distribuidores el producto ya ha entrado en el mercado, aunque no haya llegado todavía a los consumidores.
• **No existencia del defecto cuando el producto entró en el mercado**. Esta causa está pensada para los casos en que se **manipula** el producto por parte del distribuidor, el comerciante o incluso el propio consumidor, de tal manera que de esta manipulación se genera el defecto que produce el daño (p.e. si trucas el motor de una moto para darle más potencia y este se gripa y produce un accidente).
• **No fabricación del producto para su venta o distribución en el marco de actividad profesional o empresarial**. Esta exención se aplica si el producto se desarrolla sin fin económico en el marco de una actividad privada, lo fundamental es el fin del producto. De este modo, sí son responsables los fabricantes de las **muestras gratuitas** entregadas a los consumidores, que aunque no tienen coste, cumplen una finalidad económica de carácter publicitario para incitar su posterior compra.
• **Cumplimiento de las normas imperativas existentes**. Es un supuesto muy excepcional en el que se exonera de responsabilidad al empresario que ha fabricado un producto siguiendo las condiciones obligatorias impuestas en la normativa.
• **Imposibilidad de apreciar el defecto con los conocimientos científicos y técnicos del momento**. La investigación científica evoluciona con el tiempo y provoca cambios en la concepción de seguridad de los productos. Estos cambios posteriores a la salida del producto no pueden genera responsabilidad del fabricante que actuó de forma diligente según el **estado de la técnica** del momento (p.e. cuando no se sabía que el amianto era cancerígeno y se usaba masivamente en materiales de construcción). Esta causa no puede ser alegada en caso de medicamentos, alimentos o productos de consumo humano debido a que el derecho a la salud de los consumidores (ver nº 215 s.) es un derecho fundamental y los propios poderes públicos están interesados en evitar daños generalizados sobre la salud de los consumidores.
• **Cuando el defecto es imputable a otro productor en casos de fabricación vertical**. En los procesos de fabricación vertical, distintos empresarios aportan una o varias partes del producto final, o bien las materias primas con las que se elabora el producto definitivo. En estos casos, pueden darse 2 situaciones:
- que el defecto sea imputable a la concepción del producto final al que ha sido incorporada la parte o a las instrucciones dadas por el fabricante final, en cuyo caso sería responsable el productor final;
- que el defecto sea imputable a una de las partes del producto, en cuyo caso sería responsable el fabricante de esa parte.
• **Culpa del perjudicado**. Esta causa de extinción de la responsabilidad del empresario está determinada por el alcance de la intervención del propio perjudicado. La responsabilidad del fabricante puede reducirse mediante **concurrencia de culpas** o suprimirse (por culpa exclusiva del perjudicado) en función de las circunstancias del caso, si el daño es causado conjuntamente por un defecto en el producto y la propia actuación del consumidor (p.e. que arda un aparato eléctrico por un fallo en sus circuitos pero que además el consumidor lo sobrecargara o lo dejara sin vigilancia en contra de las recomendaciones del fabricante).

308 **Responsabilidad reforzada** (LGDCU art.148) Hay una serie de **ramos de actividad** económica que están sometidos a un régimen especial con una responsabilidad más intensa del empresario respecto al consumidor. Estas actividades con régimen especial son:
- servicios sanitarios;
- reparación y mantenimiento de electrodomésticos, ascensores y vehículos a motor;

- rehabilitación y reparación de viviendas;
- revisión e instalación de gas, electricidad y similares;
- medios de transporte;
- constructores y promotores de viviendas en el marco de una actividad empresarial (LOE art.17 s.).

En este tipo de servicios, el empresario responde por los **daños originados en el correcto uso** de los servicios cuando, por su propia naturaleza o por estar establecido legalmente, incluyan la garantía de determinados niveles de eficacia o seguridad mediante controles técnicos, profesionales o sistemáticos de calidad (p.e. que la instalación de gas pase unos controles de seguridad periódicos o las inspecciones especiales a las que debe someterse un avión de pasajeros).

Precisiones

1) La responsabilidad del prestador del servicio de **rehabilitación y reparación**, es objetiva conforme la LGDCU art.148. El nexo causal entre la rotura del latiguillo y el daño por inundación está suficientemente acreditado (AP Asturias 26-4-21, EDJ 603848).

2) En contratos de prestación de servicios entre un consumidor y un **taller de reparación de vehículos**, la carga de la prueba sobre el cumplimiento diligente del servicio recae en el taller, que debe acreditar haber cumplido con las exigencias reglamentarias y los cuidados propios de la naturaleza del servicio para exonerarse de responsabilidad por daños causados durante la reparación (AP Almería 8-10-24, EDJ 800512; AP Guadalajara 21-12-23, EDJ 846701).

3) Cuando se produce una **interrupción del suministro eléctrico** que causa daños en las instalaciones del consumidor, la empresa suministradora es responsable salvo que pruebe que actuó con diligencia y que la interrupción se debió a causas ajenas a ella, debiendo indemnizar al perjudicado por el valor de los daños siempre que no exista enriquecimiento injusto (AP Barcelona 16-3-23, EDJ 609070).

Servicios sanitarios En el caso de los servicios sanitarios, las deficiencias de funcionamiento y organización y las negligencias médicas se incluyen en esta responsabilidad especial. Esta responsabilidad especial debe ser entendida como una **obligación de medios**, no de resultados. Es decir, el tratamiento médico no puede garantizar un resultado concreto ya que el contrato que une al paciente con el médico, a cuyos cuidados se somete, es un arrendamiento de servicios y no uno de obra. La **ausencia de éxito** terapéutico o la aparición de **complicaciones** no determinan por sí mismas responsabilidad si no se demuestra mala praxis (TSJ Madrid 20-12-23, EDJ 825325). **311**

Así, el facultativo tiene la obligación de (TS 11-2-97, EDJ 258):
- **utilizar todos los medios** que conozca la ciencia médica de acuerdo a las circunstancias;
- **informar**, en cuanto sea posible, al paciente o a sus familiares del diagnóstico, pronóstico, tratamiento, riesgos, control de la enfermedad, etc.;
- continuar el **tratamiento** hasta el alta médica y sopesar e informar de los riesgos de su abandono.

En el caso de una **cirugía voluntaria o estética** se acentúa la obligación de informar sobre los riesgos y pormenores de la intervención para que el interesado preste su consentimiento valorando tales datos teniendo en cuenta la no necesidad de la operación (TS 20-11-09, EDJ 265694; 4-10-06, EDJ 275326).

Precisiones **1)** Salvo que el resultado se pacte o garantice, la **obligación del profesional sanitario** es de medios y no puede garantizar un resultado concreto. Así, en el caso de la fabricación de una prótesis dental, el informe pericial concluye que la prótesis original efectuada era válida e idónea y como la paciente dejó de acudir al dentista, se provoca la duda de si con un adecuado seguimiento no era precisa su sustitución (AP Baleares 14-2-24, EDJ 542154).

2) En el caso de un paciente que fue **intervenido** quirúrgicamente en varias ocasiones, **sin mejoría significativa**, presentando dolor persistente, la ausencia de prueba concluyente sobre deficiencia en el funcionamiento del servicio sanitario y la acreditación de que las intervenciones se realizaron conforme a la *lex artis* y protocolos médicos, excluye la existencia de daño desproporcionado y, por tanto, la obligación de indemnizar (TSJ Galicia contencioso 7-2-24, EDJ 516441).

3) Cuando una administración sanitaria incurre en un **retraso diagnóstico y asistencial** que vulnera la *lex artis ad hoc*, causando un perjuicio efectivo, evaluable económicamente e individualizado, debe responder patrimonialmente (TSJ Valencia contencioso 19-12-23, EDJ 855156).

4) En casos de reclamación de responsabilidad patrimonial por asistencia sanitaria, la administración no es responsable si se acredita que la atención médica se ajustó a la *lex artis* y que no existe **nexo causal suficiente** entre la actuación sanitaria y el daño sufrido, incluso cuando concurren complicaciones derivadas del paciente y la presencia de una infección viral que no pudo ser evitada pese a la aplicación de los protocolos adecuados (TSJ Cataluña contencioso 22-12-23, EDJ 837340).

312 **Agentes del proceso de edificación** (LOE art.17 y 18) Sin perjuicio de sus responsabilidades contractuales, los agentes que intervienen en el proceso de edificación deben responder de los siguientes daños materiales contados desde la recepción de las obra **sin reservas** o desde la subsanación de estas:

Tipo de defecto	Plazo de responsabilidad
Cimentación, soportes, vigas, forjados, muros de carga u otros elementos estructurales que comprometan la resistencia y estabilidad del edificio	10 años
Elementos constructivos o instalaciones que ocasionen incumplimiento de los requisitos de habitabilidad	3 años
Elementos de terminación o acabado de las obras	1 año

Responden **solidariamente:**
- los distintos agentes si no puede individualizarse la causa de los daños materiales o no queda debidamente probada la concurrencia o grado de culpas de intervención de cada agente en el daño producido;
- todos los proyectistas si se ha contratado conjuntamente a más de uno;
- el promotor con los demás agentes intervinientes por vicios o defectos de construcción.
- los técnicos cuando la dirección de obra contrate de manera conjunta a más de uno.

Las **acciones** para exigir la responsabilidad por daños materiales dimanantes de los vicios o defectos, **prescriben** en el **plazo** de dos años a contar desde que se produzcan dichos daños, sin perjuicio de las acciones que puedan subsistir para exigir responsabilidades por incumplimiento contractual.

Precisiones 1) El constructor responde directamente de los daños materiales causados en el edificio por vicios o defectos derivados de la impericia, falta de **capacidad profesional o técnica**, **negligencia** o incumplimiento de las obligaciones atribuidas al jefe de obra y demás personas físicas o jurídicas que de él dependan.
2) Cuando el **constructor subcontrata** la ejecución de determinadas partes o instalaciones de la obra, es directamente responsable de los daños materiales por vicios o defectos de su ejecución, sin perjuicio del derecho de repetición.
3) Las responsabilidades por daños **no son exigibles si** se prueba que fueron ocasionados por caso fortuito, fuerza mayor, acto de tercero o por el propio perjudicado por el daño.
4) Cuando un muro de sótano cumple una función estructural de **contención de cargas horizontales y verticales**, y presenta defectos constructivos que generan **daños continuados**, la acción de reclamación por dichos daños no prescribe mientras persistan, y la responsabilidad recae en la dirección facultativa que autorizó o consintió la ejecución incorrecta, debiendo indemnizarse conforme al coste de reparación conforme al proyecto original (AP Ciudad Real 5-6-25, EDJ 694307).
5) En casos de defectos constructivos en viviendas adquiridas, la **responsabilidad solidaria** recae sobre la constructora y el promotor que gestionó la comunidad de bienes, siendo aplicable tanto la acción de la LOE como la **acción contractual del Código Civil**, y el **plazo de prescripción** para la acción contractual es de 5 años desde que el adquirente tuvo conocimiento cabal de los daños, no pudiendo considerarse prescrita la acción si la demanda se presenta dentro de ese plazo (AP Madrid 24-3-25, EDJ 615333).
6) En casos de daños materiales derivados de vicios o defectos constructivos que afectan a la **habitabilidad** de un inmueble, el **plazo de prescripción** para ejercer la acción comienza a contar desde la manifestación puntual y conocimiento efectivo del daño, considerándose **daños permanentes** aquellos que se producen en un momento determinado y persisten en el tiempo, y **daños continuados** aquellos que se producen sucesivamente sin solución de continuidad (AP Pontevedra 25-3-24, EDJ 579966).

b. Daño indemnizable

(LGDCU art.129)

315 El régimen de responsabilidad previsto en la Ley comprende los siguientes daños:
• **Personales**, incluida la muerte. Entre éstos deben incluirse, necesariamente, los corporales, dolor físico, secuelas, perjuicios estéticos.
Los daños personales deben ser **resarcidos a favor de cualquier persona**, sea consumidor o no. Basta con que la utilización del servicio o producto defectuoso haya desembocado en alguna lesión corporal; con mayor razón, en caso de muerte del usuario, tenga o no la cualidad de consumidor.
La indemnización también puede extenderse a **daños patrimoniales** provocados por los daños personales (gastos de asistencia médica, sanitaria, farmacéutica, de entierro). También pueden dar lugar a **lucro cesante** (como consecuencia de las lesiones el perjudicado no puede trabajar).
• **Materiales**, siempre que estos afecten a bienes o servicios objetivamente destinados al uso o consumo privados y en tal concepto hayan sido utilizados principalmente por el perjudicado.

Se establecen dos **requisitos** complementarios:
- objetivo: que la cosa dañada se halle **destinada** al uso o consumo privado;
- subjetivo: que haya sido **utilizada** principalmente por el perjudicado en tal concepto.

Precisiones Para parte de la doctrina estos daños deben ser indemnizados con arreglo a este régimen de responsabilidad, porque **derivan de los daños personales** y no pueden considerarse incluidos en los daños materiales, que afectan a bienes o servicios destinados al uso o consumo privados.

Limitación de la responsabilidad (LGDCU art.129 y 141) Se establece una **doble limitación** al ámbito de protección del perjudicado: 318
• Únicamente cubre los daños personales y materiales; daños objetivamente apreciables y acreditables. **Excluye** la reclamación a través de estas acciones de los **daños morales** que puedan derivar de productos o servicios defectuosos. Para solicitar la indemnización por daños morales habría que acudir a la legislación civil general al estar excluidos de la LGDCU.
• El daño debe haber sido causado por un bien o servicio destinado al **consumo privado**. Es necesario que tales bienes o servicios hayan sido utilizados por el perjudicado en el ámbito privado de su actuación personal. Con este régimen de responsabilidad **no se cubren** los daños causados en bienes destinados al **uso o consumo profesional** o empresarial (una nave industrial, un local comercial, un despacho profesional, un vehículo destinado a taxi, elementos de la oficina, máquina industrial que se incendian o explotan, o alimentos congelados de un restaurante que se estropean).
También se excluye la reparación de los daños causados por **accidentes nucleares**, siempre que tales daños se encuentren cubiertos por convenios internacionales ratificados por los Estados miembros de la UE (LGDCU art.129.2).

Además, las indemnizaciones por daño tienen una serie de **límites legales a la cuantía**: 319
• **Daño material**, se deduce de la indemnización una cuantía (franquicia en término de la LGDCU) de 500 € que debe asumir el consumidor (p.e. si el daño material producido es de 700 €, la indemnización será de 200 €). La deducción de la franquicia se impone únicamente en la indemnización de los daños materiales comprendidos dentro del régimen de responsabilidad civil por productos defectuosos. Esto supone además que no son resarcibles los daños inferiores a 500 €. Este límite no implica que el consumidor tenga que conformarse a no ser indemnizado por los daños, pues siempre puede acudir a las reglas generales de la responsabilidad civil.
• **Muerte y lesiones**, se establece un límite total de las indemnizaciones por daños producidas por un mismo producto y defecto de 63.106.207,96 €. El límite opera para cada productor, no para todo el sector de fabricantes que haya comercializado productos defectuosos idénticos. Se aplica al conjunto de indemnizaciones de todos los afectados, no individualmente a cada indemnización por persona.
El **daño** producido en el mismo **producto defectuoso** (p.e. si se quema la batería de un portátil pero solo produce daños al mismo ordenador) debe reclamarse de acuerdo a la legislación civil o mercantil al no estar incluido en la responsabilidad extracontractual, sino en la contractual del propio contrato de consumo (estaría incluido en la responsabilidad extracontractual que al quemarse la batería produjera una lesión en las piernas, o un daño en una mesa).
El **perjudicado**, ya que tiene en su poder el producto que ha generado el daño y no le supone gran dificultad, debe **probar**:
- el defecto;
- el daño producido;
- la causalidad entre ambos.
Una vez probados estos tres extremos por el perjudicado, es el **productor** quien debe **probar** que existe alguna causa de exoneración de su responsabilidad.
La responsabilidad por productos defectuosos puede **resumirse** en el siguiente cuadro:

Tipo de daño	Tipo de responsabilidad	Sujeto protegido	Límite protección
Sobre el propio producto	Contractual	Consumidor	Valor del producto
Lesiones o muerte	Extracontractual	Cualquier persona	63.106.270,96 euros en total para todos los afectados*
Daños sobre otras cosas	Extracontractual	Consumidor	Deducción de 500 euros de franquicia

(*) El **límite por muerte y lesiones** de 63.106.270,96 euros que parece ser completamente arbitrario, responde en realidad a que en el texto original estaba expresado en pesetas (10.500.000.000 ptas) y es, por tanto, simplemente su conversión a euros (L 22/1994 art.11 derogada por la LGDCU).

c. Defecto y nexo causal

320 **Defecto** (LGDCU art.137) En consumo, un producto puede calificarse como defectuoso cuando **no es apto** para su uso normal o esperado, cuando frustra la finalidad económica del contrato o cuando presenta un defecto relevante de funcionamiento o diseño que impide alcanzar condiciones óptimas de uso, especialmente si la reparación no es viable o resulta irrazonable (AP Las Palmas 25-7-24, EDJ 782227).

La **existencia** de un defecto no se identifica con la bondad o calidad del producto, un bien puede ser de baja calidad y no ser defectuoso a efectos de producir responsabilidad. En los productos de **baja calidad** la responsabilidad del vendedor se solventa por las acciones derivadas del propio contrato de consumo, no por la acción de responsabilidad civil del productor por productos defectuosos.

El defecto que produce responsabilidad se centra en la **seguridad del consumidor**, en la posible producción de daños personales o materiales. Este concepto de seguridad protege al consumidor frente a las consecuencias dañosas de un producto por su **toxicidad o peligrosidad**. Que un producto sea peligroso o tóxico no significa necesariamente que sea defectuoso, p.e. un cuchillo es peligroso o una botella de lejía es tóxica, pero pueden cumplir con todas las normas de seguridad. En ese caso el productor no responde por los usos indebidos del mismo (p.e. si se usa el cuchillo para punzar una lata o se mezcla la lejía con otros productos y se produce una nube tóxica).

Un producto no puede ser considerado defectuoso por el simple hecho de que se ponga en circulación, posteriormente, una **forma perfeccionada** (y por tanto más segura) del mismo. P.e. si se incorpora un *airbag* mejor a un modelo de coche, el modelo anterior no puede ser considerado por eso como defectuoso.

Es defectuoso también el producto que no ofrece la **seguridad** que normalmente ofrecen los demás **ejemplares de su serie** fabricados por el mismo empresario, lo que permite considerar el defecto por comparación específica.

Precisiones **1)** En cuanto a la **prueba del defecto**, no es necesario probar el concreto defecto del producto, pues ante la complejidad de procesos técnicos de fabricación, el perjudicado podría encontrarse ante una prueba diabólica. Basta con acreditar su existencia (no la clase concreta) con indicios verosímiles de que el producto es inseguro (TS 19-2-07, EDJ 8508; 21-2-03, EDJ 3185).

2) Cuando un **producto tóxico**, comercializado conforme a la normativa vigente, causa daños irreversibles a la salud del consumidor por un **uso doméstico razonablemente previsible** y en condiciones normales de uso, se considera defectuoso si no ofrece la seguridad legítimamente esperada, y el fabricante es responsable por los daños causados, salvo que pruebe que el defecto no existía al poner el producto en circulación o que el daño se debió a un uso inadecuado no previsto en las instrucciones (AP Baleares 13-12-23, EDJ 841948).

322 **Nexo causal** Cuando un producto presenta un defecto que compromete la seguridad legítimamente esperada por el consumidor, existe nexo causal cuando dicho defecto es **causa directa y eficiente** de un daño. No es imprescindible individualizar el defecto concreto si se acredita la falta de seguridad y su eficacia causal, lo que refuerza la tesis de un régimen tuitivo que conecta producto inseguro, daño y deber de indemnizar (TS 30-4-08, EDJ 48883; AP Madrid 15-11-11, EDJ 294286).

La **ausencia de culpa del consumidor** y la **idoneidad del producto** son cuestiones relevantes para enjuiciar la responsabilidad derivada del defecto y la procedencia de la indemnización (AP Barcelona 15-9-09, EDJ 246144), aunque corresponde al suministrador **probar** que ha adoptado todas las medidas de cuidado y comprobación necesarias para garantizar que el producto no cause daño, y si no logra esta prueba, se presume su responsabilidad por el daño causado, salvo que se demuestre que el daño se debió a caso fortuito, fuerza mayor o mal uso por parte del usuario (TS 11-10-01, EDJ 33595).

Precisiones **1)** La **causalidad** entre defecto y daño es un requisito indispensable que debe basarse en una certeza probatoria y no en meras conjeturas o deducciones (TS 18-5-12, EDJ 89300).

2) Una masajista adquirió **velas** presentadas en **recipientes de vidrio no aptos** para resistir el calor, sin etiquetado ni información sobre riesgos. Al encender una vela en su domicilio, el recipiente de cristal reventó, desbordando material líquido inflamado que le causó quemaduras graves. La ausencia de etiquetado y la inidoneidad del envase constituyen defectos que generan responsabilidad objetiva (AP Barcelona 15-9-09, EDJ 246144).

3) Se considera responsable solidariamente a la empresa importadora y a la vendedora del calzado ante una persona adquirió un par de **botas** de material sintético en un establecimiento comercial, las cuales contenían un **conservante químico prohibido** que le causó una dermatitis alérgica, y demandó a la empresa importadora y a la vendedora por daños corporales derivados del uso del calzado (AP Cáceres 8-4-13, EDJ 69833).

4) En contratos de **arrendamiento de obra** con **suministro de materiales**, cuando se reclama por defectos en el producto instalado, la parte actora debe probar el defecto, el daño y la relación causal entre ambos, y la indemnización debe limitarse al valor del producto defectuoso y los daños directos derivados, sin extenderse a la totalidad del importe pagado inicialmente (AP Madrid 24-5-13, EDJ 111493).

2. Daños por prácticas desleales

(LGDCU art.20 bis)

Los daños a los consumidores y usuarios perjudicados por prácticas comerciales desleales puede darse en el caso de acciones (L 3/1991 art.32.1.1 a 4): **323**
- declarativas de deslealtad;
- de cesación de la conducta desleal o de prohibición de su reiteración futura;
- de remoción de los efectos producidos por la conducta desleal; o
- de rectificación de las informaciones engañosas, incorrectas o falsas;

se establecen los siguientes **principios**:
- considerar **acreditado**, salvo prueba en contrario, el uso de prácticas comerciales desleales contra los consumidores y usuarios que haya sido constatado en una resolución firme de una autoridad competente o de un órgano jurisdiccional;
- del resarcimiento de los **daños y perjuicios** ocasionados, responden solidariamente las personas que hayan realizado de forma conjunta la infracción;
- en ningún caso, la existencia de una práctica comercial desleal puede ser utilizada **en contra de los intereses de los consumidores** y usuarios.

Precisiones **1)** En el caso en que un fabricante sea sancionado administrativamente por su **participación en un cártel**, aunque no es aplicable la presunción legal de daño, las características del cártel permiten presumir judicialmente la existencia de un **sobrecoste** trasladado a los consumidores. Ante la dificultad de cuantificación, procede la estimación judicial del daño en un porcentaje prudente sobre el precio de adquisición (AP Barcelona 28-5-25, EDJ 600700).
2) La responsabilidad por prácticas comerciales desleales en páginas **web** recae no solo en el titular del dominio, sino también en la entidad mercantil que explota los servicios y en quienes gestionan el contenido, cuando la publicidad induce a **confusión sobre la oficialidad del servicio**, constituyendo una infracción grave sancionable conforme a la legislación de competencia desleal y protección al consumidor (TSJ Andalucía contencioso 14-12-23, EDJ 868149).
3) Una distribuidora de **productos** ofrecía palas de pádel de una marca **sin disponer de *stock*** suficiente para atender los pedidos y posteriormente se niega a suministrarlos, intentando sustituirlos por otros diferentes, dicha conducta constituye un acto de competencia desleal y genera la obligación de cesar en la conducta e indemnizar los daños (AP Murcia 13-9-23, EDJ 794201).

D. Derecho a la información, formación y educación

(LGDCU art.17 y 18)

La contratación en masa genera un **debilitamiento de la posición** del consumidor en el mercado debida, fundamentalmente, a la **falta de transparencia**, esto es, a la ausencia de una información adecuada y suficiente para el consumidor. **325**
La información de los consumidores es un **principio constitucional** rector de la política social y económica, dirigido a los poderes públicos para su desarrollo (Const art.51.2).
El derecho básico se desdobla en dos derechos diferenciados:
- el derecho de **información**, en fase precontractual y de ejecución del contrato, es un derecho dirigido **hacia el empresario** que contrata con el consumidor;
- el derecho de **educación y formación** del consumidor, constituye un **mandato a las Administraciones públicas** con competencia en materia de consumo, tanto local, como autonómica, como nacional, para que fomenten la formación de los consumidores, dediquen espacios y programas públicos a tal objetivo y alienten las organizaciones de este tipo.

Educación y formación de los consumidores (LGDCU art.17) A través de la educación y la información del consumidor se promueve una **mayor libertad en el consumo** de bienes y servicios, como consecuencia de la comprensión de la información y el conocimiento por parte de los consumidores de sus derechos y deberes como tales y los mecanismos necesarios para su ejercicio. Se pretende ofrecer al consumidor la adopción de una **decisión libre e informada** que le permita contratar en unas **mejores condiciones** frente al empresario que ofrece el producto o servicio. Actúa como mecanismo de corrección de la desigualdad inicial entre empresario y consumidor. **327**

329 Los **principales objetivos** cuyo fomento se estima necesario por parte de los poderes públicos son:

• El desarrollo de la **capacidad de ejercer una elección**, libre y racional de los bienes y servicios ofertados, así como un **uso** de los mismos más correcto y beneficioso.
• El **conocimiento de sus derechos** y la manera de ejercerlos.
• El **conocimiento de los riesgos** derivados del uso y consumo de bienes y servicios.
• La **adecuación de las pautas de consumo**, individuales y colectivas, hacia **un uso racional de los recursos**, incorporando valores ecológicos que conciencien a los consumidores de su corresponsabilidad en la conservación del medio ambiente y en la consecución de un desarrollo sostenible.

Los **medios de comunicación social** de titularidad pública deben dedicar espacios y programas, no publicitarios, a la información y educación de los consumidores y usuarios. En tales espacios y programas, de acuerdo con su contenido y finalidad, se tiene que facilitar el acceso o participación de las asociaciones de consumidores y usuarios representativas (nº 148) y los demás grupos o sectores interesados (LGDCU art.17.2).

Precisiones Se debe prestar especial atención a aquellos sectores que, debido a su complejidad o características propias, cuenten con mayor proporción de **consumidores vulnerables** entre sus clientes o usuarios, atendiendo de forma precisa a las circunstancias que generan la situación de concreta vulnerabilidad.

337 **Información a los consumidores** Los **empresarios** son los que están en mejores condiciones para facilitar información concreta sobre el producto o servicio que se ofrece a los consumidores.

Son **obligaciones** concretas a cargo del empresario:

• Ofrecer una **publicidad veraz** (nº 4000 s.). La oferta, promoción y publicidad de los bienes o servicios, ha de ajustarse a su naturaleza, características, utilidad o finalidad y a las condiciones jurídicas o económicas de la contratación (LGDCU art.61.1).
• La prohibición de que el **etiquetado y presentación** de los bienes y servicios pueda **inducir a error** al consumidor (LGDCU art.18.1). En especial en relación a las **características generales del bien o servicio**, la atribución al mismo de propiedades de las que carece o de cualidades generales que poseen todos los bienes similares. La elaboración del etiquetado es una obligación del empresario y desde un principio se quiere por la ley que no pueda servir como mecanismo de engaño al consumidor (nº 1442).

Está, además, prohibido ambigüedades sobre el contenido de los productos y, en especial, respecto a los alérgenos alimentarios, debiendo ser el etiquetado claro y riguroso en la información exacta del contenido.

• Informar de los medios de **atención a la clientela** (ver nº 375 s.).

Precisiones La Dir (UE) 2024/825 sobre empoderamiento de los consumidores para la **transición ecológica**, que tiene una fecha máxima de transposición de 27-3-2026. Entre otras cuestiones:

• Prohíbe afirmaciones medioambientales, en particular con el clima y la **neutralidad en carbono** si no están respaldadas por compromisos y metas claros disponibles públicamente y verificables.
• Prohíbe anunciar **beneficios irrelevantes** o no relacionados con el producto, por ejemplo, anunciar agua sin gluten.
• En caso de que se **comparen productos** en base a sus características medioambientales o sociales, exige que los comerciantes suministren información sobre los métodos de comparación y las medidas para mantener la información actualizada.
• Prohíbe la exhibición de **distintivos de sostenibilidad** que no se basen en un sistema de certificación o hayan sido establecidos por autoridades públicas.
• Se prohíben las **afirmaciones medioambientales genéricas** como «respetuoso con el medioambiente» o «verde» cuando no pueda demostrarse ningún comportamiento medioambiental excelente reconocido.
• Prohíbe hacer **afirmaciones medioambientales sobre la totalidad del producto** cuando solo se refiere a determinado aspecto, por ejemplo decir «fabricado con material reciclado», dando la impresión de que todo el producto está fabricado de material reciclado cuando solo el envase del producto está fabricado así.
• Considera publicidad engañosa el resaltar que un producto cumple con una **exigencia legal**, por ejemplo, que no contiene un químico, cuando dicho químico está prohibido por ley.
• Aborda las prácticas asociadas a la **obsolescencia programada** y prohíbe ocultar información sobre le hecho de que una **actualización de software** afectará negativamente al funcionamiento de los bienes o presentarla como necesaria cuando no lo son para el uso seguro del producto.
• Obliga a proporcionar información específica sobre la **durabilidad y reparabilidad** de los productos, así como la **disponibilidad de actualizaciones**.
• Debe exhibirse de manera destacada una etiqueta recordando la **garantía legal de conformidad** sin que otras informaciones sobre garantías comerciales y servicios posventa puedan confundir al consumidor.
• Debe informarse, antes del contrato, de los **servicios posventa** y sus condiciones, incluidos los servicios de reparación cuando se presten dichos servicios.

• Suministrar al consumidor una **información veraz, eficaz y suficiente** sobre las **características esenciales** del bien o servicio. Esta obligación no se reduce al simple cumplimiento de las disposiciones reglamentarias que puedan haberse establecido, sino que es una **obligación general** y por ello es indiferente que la misma tenga o no una expresa previsión reglamentaria a tal efecto, pues en todo caso se debe facilitar la citada información con las características descritas. 346

Tiene que facilitarse tanto en fase precontractual (nº 535), como durante la ejecución del contrato, si es necesario.

• Ofrecer la **información necesaria en la oferta comercial**. La Ley fija un **contenido mínimo** de dicha información que abarca los principales elementos de la contratación que deben ser **conocidos por el consumidor** para poder otorgar el contrato con plena libertad y sin consentimiento viciado. Son:

- identificación completa del empresario;
- características del bien o servicio;
- precio final debidamente desglosado;
- procedimiento de pago;
- plazos de entrega;
- sistema de tratamiento de las reclamaciones;
- en su caso, existencia del derecho de desistimiento (nº 657).

El **incumplimiento** de esta obligación, es decir, un contrato que carezca de este contenido mínimo, es considerado **práctica desleal** por engañosa.

Precisiones **1)** Si, debido a la naturaleza del bien o servicio, no puede fijarse con exactitud el **precio** en la oferta comercial, debe informarse sobre la base de cálculo que permita al consumidor o usuario comprobarlo. Igualmente debe de informarse sobre la existencia de **gastos adicionales** que no puedan ser calculados de antemano así como su importe estimado.

2) El precio de venta no debe incluir los **gastos de tramitación** que dependen de una compra mínima y que son calculados dependiendo del tamaño de la misma, siempre que se indiquen separadamente y que el importe mínimo no esté diseñado de modo que haga prácticamente inevitable su pago. Con una presentación separada, el consumidor medio -normalmente informado y razonablemente atento- puede calcular por sí mismo el coste total de su compra sin comprometer la comparabilidad entre productos. (TJUE 26-3-26, nº C-62/25).

• Para los bienes y servicios ofrecidos en **mercados en línea** (nº 2200 s.), a la información que se debe proporcionar al consumidor sobre las características del bien o servicio y su precio, se añade la especificación de si el tercero que ofrece el bien o servicio tiene la condición de empresario o no, con arreglo a su declaración al proveedor del mercado en línea (LGDCU art.20 redacc L 10/2025). 347

En las prácticas comerciales consistentes en ofrecer a los consumidores y usuarios la posibilidad de **buscar bienes y servicios ofertados por distintos empresarios** o consumidores y usuarios sobre la base de una consulta en forma de **palabra clave, expresión u otro tipo de dato** introducido, independientemente de dónde se realicen las transacciones en último término.

Deben **contener,** en una sección específica de la interfaz en línea que sea fácil y directamente accesible desde la página en la que se presenten los resultados de la búsqueda, **información general sobre**:

- los principales parámetros que determinan la clasificación de los bienes y servicios presentados al consumidor y usuario como resultado de la búsqueda;
- la importancia relativa de dichos parámetros frente a otros.

• Las prácticas comerciales en las que un empresario facilite el **acceso a las reseñas de los consumidores y usuarios** sobre bienes y servicios, deben contener información sobre el hecho de que el empresario garantice o no que dichas reseñas publicadas han sido efectuadas por consumidores y usuarios que han utilizado o adquirido realmente el bien o servicio.

Además, en contratos a distancia o fuera de establecimiento comercial, se exige al comerciante proporcionar de manera clara y comprensible la información sobre **precios personalizados** derivados de decisiones automatizadas. Tales personalizaciones no pueden resultar en **incrementos injustificados** del precio final en casos de aumento de la demanda por urgencia, riesgo o necesidad del consumidor (ver nº 1499).

CAPÍTULO 3

Servicio de atención al cliente

El servicio de atención a la clientela es **clave para** garantizar una buena imagen comercial de la empresa y determinar el grado de satisfacción de los consumidores y usuarios. Las carencias en la atención al cliente no solo generan insatisfacción, sino que desprestigian la imagen comercial de las empresas también, con el consecuente perjuicio reputacional y económico para las mismas. El servicio de atención al cliente funciona también como paso previo a la decisión de acudir a la vía judicial por parte de los consumidores. 351
La práctica administrativa demuestra que muchos **conflictos** relacionados con consumidores y usuarios pueden resolverse si los servicios de atención al cliente funcionan de manera óptima. Así lo señala el Defensor del Pueblo en su informe de año 2020 que resalta las quejas por el funcionamiento de los servicios de atención a la clientela.
Estas quejas y reclamaciones son reiterativas respecto a la **falta de formación** del personal de atención al cliente que llega a ofrecer información discrepante o contradictoria.
Debido a todo lo anterior, con el objetivo fundamental de mejorar la protección de los consumidores, se elaboró la L 10/2025 de servicios de atención a la clientela con la idea de abordar de manera integral la **regulación** de los servicios de atención a la clientela de las empresas, estableciendo unos parámetros mínimos de calidad y prestando una especial atención a los derechos e intereses de los consumidores vulnerables (L 10/2025 exposición de motivos).

Las empresas tienen la **obligación** de que sus oficinas y servicios de información y atención a la clientela aseguren la constancia de quejas y reclamaciones y garantizar una atención personal directa (LGDCU art.21). 352
En este aspecto, hay que prestar **especial atención a**:
- los consumidores y usuarios con vulnerabilidad social o económica (personas mayores, personas con minusvalías, etc.); y
- los servicios básicos y de especial trascendencia económica (suministros, servicios bancarios, etc.).

SECCIÓN 1

Normativa general sobre atención a la clientela

(L 10/2025)

El **objeto** de la L 10/2025 es el establecimiento de unos parámetros mínimos de calidad de los servicios de atención a la clientela de carácter obligatorio para las empresas (L 10/2025 art.1). 356
Aunque la L 10/2025 entró en **vigor** el 28-12-2025, contiene una **moratoria** de 12 meses para que las empresas se adapten a sus exigencias (L 10/2025 disp.trans.única).

Las **principales novedades** de la L 10/2025 son: 357
• Regula los **niveles mínimos de calidad** exigible a los servicios de atención a la clientela de las empresas, regulándose aspectos básicos de estos servicios tales como los medios mínimos que las empresas deben poner a disposición de su clientela.
• Contempla disposiciones específicas respecto de la atención telefónica al ser el medio más habitual de comunicación entre las partes.

• Establece los requisitos mínimos para la **tramitación y resolución de las consultas**, quejas, reclamaciones e incidencias.
• Regula las obligaciones a las que se deben ajustar las empresas respecto a la implantación de un sistema de **evaluación** del **nivel de calidad** del servicio conseguido.
• Contiene un régimen de **infracciones y sanciones**, previendo que el incumplimiento de las obligaciones impuestas en la L 10/2025 constituye infracción en materia de protección de los derechos e intereses de los consumidores y usuarios.

358 **Principio de especialidad** (L 10/2025 art.2.4, 5 y 6) Hay que tener en cuenta que hay sectores que cuentan con **normativa propia** que regula determinados aspectos de los servicios de atención a la clientela.
En particular:
- los **servicios financieros** que se rige por la L 44/2002, de medidas de reforma del sistema financiero; y
- los servicios de **comunicación electrónica** y **servicios telefónicos** que se rige por la L 11/2022, general de telecomunicaciones.
Esta normativa propia resulta de **aplicación preferente** en virtud del principio de especialidad, siendo, por tanto, la L 10/2025 de aplicación supletoria.

359 **Ámbito de aplicación** (L 10/2025 art.2.2) Respecto del ámbito de **aplicación** de la norma, es aplicable a todas las empresas o grupos de sociedades, salvo:
- que la empresa ocupe a menos de 250 trabajadores;
- su volumen de negocios anual sea inferior a 50 millones de euros; o
- su balance general anual no exceda de 43 millones de euros.
La L 10/2025 es de aplicación a todas aquellas empresas que cumplan alguno de dichos requisitos, **no** considerándolos de forma **cumulativa** (L 10/2025 exposición de motivos).
A los **servicios de carácter básico** de interés general, siempre les es de aplicación la L 10/2025.
Si la L 10/2025 **no es de aplicación** a la compañía, el marco normativo de referencia será la LGDCU.
La L 10/2025 es también aplicable a la **Administración General del Estado** y sus organismos y empresas dependientes.

Precisiones Existe un **grupo de sociedades** cuando una sociedad ostente o pueda ostentar, directa o indirectamente, el control de otra u otras (L 10/2025 art.2.2; CCom art.42).

1. Definiciones

365 En relación a la aplicación de la L 10/2025 es necesario conocer una serie de conceptos que se regulan en ella y que no tienen por qué coincidir con las definiciones incluidas en la demás normativa sectorial.

366 **Servicio básico de interés general** (L 10/2025 art.2.1) Tienen la consideración de servicios básicos de interés general los siguientes servicios:
- suministro y distribución de **agua, gas y electricidad**;
- **transporte** aéreo de pasajeros, de transporte de viajeros por ferrocarril, de transporte de pasajeros por mar o por vías navegables y de transporte de viajeros en autobús o autocar;
- **postales**;
- **comunicaciones electrónicas**, incluidos los servicios telefónicos que se regirán por su normativa sectorial; y
- **financieros**, que se regirán por su normativa sectorial.

367 **Cliente** (L 10/2025 art.3.1) Se entiende como cliente a los **consumidores o usuarios que**:
- compren un bien;
- se le haya dirigido una oferta comercial personalizada;
- hayan celebrado un contrato con una empresa prestadora de servicios y hagan uso efectivo del mismo;
- hayan sido dados de alta en un servicio sin su consentimiento;
- reciban facturas de un servicio para el que han solicitado la baja o que no han contratado o a las que se exija, de forma directa o indirecta, un pago; o
- adquirieran un producto cubierto todavía por la garantía legal (ver nº 598).

Consulta (L 10/2025 art.3.2) Se entiende por consulta la solicitud de **información o asesoramiento** realizada por un cliente en relación con el bien o servicio contratado u oferta comercial personalizada. 368
En el caso de suministros de **servicios energéticos**, se incluyen las consultas relacionadas con ahorro, eficiencia energética y energía renovable.
Se distinguen **dos tipos** de consultas:
- aquellas que se resuelven al momento; y
- aquellas para las que su resolución requiere de acciones posteriores, que se equiparan, salvo en lo relativo a la entrega del justificante y clave identificativa, a las quejas o reclamaciones.

Incidencia (L 10/2025 art.3.4) Se define incidencia como cualquier **gestión** relativa a la ejecución del contrato o de la oferta comercial realizada, tal como la comunicación de averías, la solicitud de baja del servicio en su conjunto o de alguna de las prestaciones o facilidades adicionales, el alta en una nueva oferta, el cambio de tarifas o del plan de precios y otras análogas. 369

Nivel mínimo de calidad (L 10/2025 art.3.5) Los niveles mínimos de calidad son los **parámetros objetivos** de calidad que tienen carácter imperativo para todas las empresas que vendan bienes o presten servicios. 370

Oferta comercial personalizada (L 10/2025 art.3.6) Se entiende como oferta comercial personalizada la **práctica comercial** dirigida de forma expresa a un consumidor o usuario, identificado mediante sus datos personales, que incluya información sobre las características del bien o servicio y su precio adaptado a sus circunstancias personales, de tal forma que le permita decidir sobre la contratación. 371

Queja o reclamación (L 10/2025 art.3.10) Se considera queja o reclamación cualquier **manifestación relativa a** la defectuosa provisión del producto o prestación del servicio objeto del contrato suscrito o del incumplimiento o cumplimiento defectuoso de la oferta realizada, comunicada por la clientela al servicio de atención, independiente de su calificación interna como queja, reclamación, incidencia u otras denominaciones análogas. 372

Servicio de atención a la clientela (L 10/2025 art.3.11) El servicio de atención a la clientela se define como la **organización** de medios materiales y personales que la empresa pone a disposición de los clientes cuya **finalidad** es la recepción de consultas, gestión y resolución de quejas o reclamaciones, averías o cualquier otra incidencia técnica, comercial o administrativa relativa a la venta de bienes o a la prestación de servicios, independientemente de que sean gestionados o no por un tercero. 373
Los **canales de comunicación** pueden incluir la comunicación presencial siempre que no esté expresamente prohibido y cualquier forma de comunicación a distancia para la interlocución (correo ordinario, atención telefónica, correo electrónico, formulario web u otras formas de comunicación electrónica).

2. Información sobre el servicio

(L 10/2025 art.5)

Los **canales de comunicación** de atención al cliente habilitados por la empresa deben figurar en: 375
- el propio contrato;
- las facturas que emita a los clientes o en su página web; o
- un apartado específico de fácil identificación.

Principio de accesibilidad La información debe ser accesible y de **fácil lectura**, incorporando también formato de lectura fácil y pictogramas y estar ubicada en un lugar destacado. Si está en la página web, la información debe estar en la página de inicio. 376
La **letra** debe tener un tamaño de, al menos, 2.5 milímetros, el espacio entre líneas no puede ser inferior a los 1.15 milímetros ni el contraste con el fondo hacer dificultosa la lectura (LGDCU art.80.1.b).
Cuando el contrato se formalice en un título de transporte o documento cuyo **tamaño imposibilita** que figuren los datos de atención al cliente, deben estar visibles en los lugares de venta, en las páginas web de las empresas y en el propio medio de transporte o documento de compra, con arreglo a las exigencias de accesibilidad universal.

377 **Formato lectura fácil** Según el Instituto de Lectura Fácil, este formato **consiste en** un método de redacción adaptado a las necesidades de todas las personas, especialmente a aquellas que tienen dificultades de comprensión lectora. Es un método para crear entornos comprensibles para todos, eliminando las barreras, fomentando el aprendizaje y la participación, favoreciendo así la igualdad de oportunidades.
La lectura fácil debe ir acompañado de la siguiente **imagen indicativa**:

Precisiones Puede verse **más información** sobre el formato lectura fácil en la dirección web https://administracion.gob.es/pag_Home/Lectura-Facil/

378 **Contenido mínimo** Además de las demás obligaciones de información que establece la LGDCU, así como la normativa sectorial que resulte de aplicación (ver nº 337), **antes** de que el consumidor o usuario quede vinculado por un contrato u oferta comercial, la empresa debe facilitar la siguiente información sobre el servicio de atención a la clientela:
• **Canales de comunicación** disponibles, incluyendo, como mínimo, los indicados en el nº 381.
• Mecanismo que garantice la **constancia de la formulación o presentación** y del contenido de las consultas, quejas o reclamaciones e incidencias.
• Medio que facilite el **seguimiento del estado de tramitación** del procedimiento y que no haya sido resuelto de forma telefónica o por medios telemáticos en la comunicación inicial del cliente.
• En el caso de los servicios básicos de interés general que se presten de forma continuada en el tiempo, el **tiempo máximo** previsto para la **resolución** de los distintos tipos de consultas, quejas, reclamaciones o incidencias posibles que, en ningún caso, podrá ser superior al establecido en la normativa general o sectorial de aplicación.

379 • Canales de **comunicación** disponibles para comunicar la **resolución** de las consultas, quejas, reclamaciones e incidencias que debe incluir, como mínimo, los indicados en el nº 381.
• Sistemas de **resolución extrajudicial de conflictos** a los que se puede tener acceso y cómo puede acceder a ellos. Las empresas que no estén adheridas a estos sistemas de resolución deben informar, en caso de conflicto, acerca de los organismos a los que pueden acudir para defender sus derechos y, al menos, acerca de los organismos sectoriales y de aquellos acreditados en su territorio en virtud de la L 7/2017.
• **Horario** del servicio.
• En caso de que el medio utilizado sea la **atención telefónica**, debe introducirse **locuciones informativas**, a las que se pueda acceder voluntariamente y sin coste adicional para facilitar nuevamente el acceso a la información y con sistemas de mensajería instantánea y videollamada que posibiliten la comunicación tanto de consumidores y usuarios con problemas de comunicación oral o auditivos como de personas con parálisis cerebral sin comunicación oral o disartria asociada. Además, debe ofrecerse un medio alternativo para que las personas con discapacidad, particularmente aquellas con problemas de audición y de expresión oral, puedan contactar con el servicio de atención a la clientela.

3. Quejas, reclamaciones o incidencias

a. Presentación

Canales de atención al cliente Los clientes pueden presentar consultas, quejas, reclamaciones o incidencias, garantizando siempre la accesibilidad universal **a través de** (L 10/2025 art.7.1): 381
- el mismo canal mediante el que se contrató;
- vía postal;
- teléfono;
- medio de comunicación electrónica; y
- presencialmente en los establecimientos fijos abiertos al público propios o franquiciados.

Si se facilita una **dirección postal distinta al domicilio social** de la empresa -que aparezca en su web-, también son válidas las consultas, quejas, reclamaciones o incidencias que se hagan al mismo (L 10/2025 art.7.3).

Precisiones Si se presenta la consulta, queja, reclamación o incidencia **presencialmente** en el establecimiento de la empresa, debe entregarse también la clave identificativa correspondiente (L 10/2025 art.7.4).

Lengua (L 10/2025 art.7.2) En las comunidades autónomas con lengua cooficial, **se debe asegurar que** el cliente pueda presentar las consultas, quejas, reclamaciones o incidencias en castellano o la lengua cooficial cuando el servicio sea dirigido a clientela sita en dichas comunidades autónomas. 382

Clave identificativa (L 10/2025 art.11) Cuando un cliente presente una consulta, queja, reclamación o incidencia, la empresa debe proporcionarle, durante la interlocución, una clave identificativa de modo que la simple referencia a este código permita seguir el **estado de la tramitación** de forma accesible y ágil. 383

Precisiones 1) En el caso de **consultas**, la clave identificativa únicamente es obligatoria cuando requieran de acciones posteriores o implique la apertura de una solicitud de información y tenga relación con un contrato previamente suscrito.
2) En el caso de **servicios de tracto sucesivo** (suministro de agua, electricidad, internet...), debe tenerse un método de identificación por usuario que permita identificar fácilmente el usuario y la consulta, queja, reclamación o incidencia transmitida.

Justificante (L 10/2025 art.12) En el transcurso de la comunicación con el cliente, además de la clave identificativa, si este lo solicita o se establece reglamentariamente, debe entregarse un **justificante** que permita la constancia del contenido y la fecha y la hora de recepción de la consulta, queja, reclamación o incidencia. 384

El cliente debe facilitar los **datos necesarios** para la entrega del justificante, pero, en cualquier caso, la empresa debe solicitar los mismos si no han sido facilitados directamente.

Si la consulta, queja, reclamación o incidencia se presenta por teléfono, videollamada o mensajería instantánea, la empresa debe **grabar la llamada**, si el cliente da su consentimiento, con la finalidad de que sirva como justificante, informando del medio para acceder a la grabación. La empresa además debe conservar una copia de la misma hasta que se haya resuelto la consulta, queja, reclamación o incidencia.

Precisiones En el caso de **consultas**, solamente es obligatorio entregar justificante cuando implique la apertura de una solicitud de información y tenga relación con un contrato previamente suscrito.

Subsanación (L 10/2025 13.3) En aquellos casos en los que el cliente no presenta de forma completa la consulta, queja, reclamación o incidencia, la empresa debe conceder un **plazo** no inferior a 10 días hábiles para su subsanación. En caso de no subsanación, la consulta, reclamación o incidencia, se considera resuelta. 385

b. Resolución y notificación

Motivación (L 10/2025 art.13.1) La resolución de las consultas, quejas, reclamaciones o incidencias debe estar debidamente **motivada** y dar contestación a todas las cuestiones expuestas por el cliente sin que quepan contestaciones genéricas. 388

389 **Plazo** (L 10/2025 art.17) Las consultas, quejas, reclamaciones o incidencias, independientemente del medio a través del que se presenten, deben ser resueltas en el plazo más breve posible en función de la naturaleza del problema y, en todo caso, en el plazo **máximo** de (L 10/2025 art.17):

	Plazo de resolución	Observaciones
Plazo general	15 días hábiles	Salvo que la normativa sectorial establezca plazo distinto (por ejemplo un mes en el sector financiero salvo proveedores de servicios de pago nº 451).
Facturación o cobros indebidos	5 días	
Continuidad del servicio en contratos de tracto sucesivo de carácter básico de interés general	2 horas	Debe proporcionarse la información de que se disponga y el plazo estimado para la restauración del servicio.

Nota de cuadro
Cuando se conceda plazo para **subsanación** al cliente, es a partir de esta cuando se inicia el plazo de resolución de la consulta, queja, reclamación o incidencia (L 10/2025 art.13.3).

390 **Medio de comunicación** (L 10/2025 art.13.5 y 6) La empresa debe comunicar la resolución de la consulta, queja, reclamación o incidencia por el mismo medio que se utilizó para su presentación o por aquel otro que el cliente hubiera elegido entre los dispuestos a su disposición.
Si la reclamación se cierra mediante una llamada telefónica, videollamada o mensajería instantánea y el cliente da su consentimiento expreso, la empresa debe **grabar la llamada** e informará del medio para acceder a ella en el justificante que se remita, tomando las debidas precauciones respecto a los datos de carácter personal.
La respuesta a la consulta, queja, reclamación o incidencia debe hacerse en la misma **lengua** en la que se haya presentado.

391 **Resolución desestimatoria y sometimiento a sistema extrajudicial** (L 10/2025 art.13.7 y 8) Si la resolución de la empresa no accede a las pretensiones del cliente, debe informar sobre los **sistemas de resolución extrajudicial** de conflictos a los que se puede tener acceso y cómo acceder a ellos.
Si la empresa **no está adherida** a ningún sistema de resolución, debe informar acerca de los organismos a los que pueden acudir para defender sus derechos y, al menos, acerca de los organismos sectoriales y de aquellos acreditados en su territorio.
El sometimiento a un sistema extrajudicial de resolución de conflictos da lugar a la **suspensión** de las acciones de **gestión de cobro o suspensión del servicio**, suspensión que debe mantenerse en tanto no tenga lugar la comunicación de la resolución expresa y motivada, salvo en aquellos casos en los que así lo determine la normativa sectorial aplicable.

4. Calidad del servicio

393

394 Los servicios de atención al cliente de las empresas afectadas por la L 10/2025 (ver nº 359) **deben garantizar** un nivel mínimo de calidad mediante la cumplimentación de una serie de parámetros.
El **personal** que preste atención al cliente, así como quien diseñe y gestione los medios automatizados que se puedan utilizar a tales efectos, debe contar con una **formación y capacitación** adecuada, en función del sector o de la actividad, que garantice la eficacia en la gestión que realice, incluyendo una formación específica previa en idiomas cooficiales y accesibilidad universal, en atención a consumidores vulnerables y, en especial, a personas con discapacidad o de edad avanzada (L 10/2025 art.9.2).
Cuando un consumidor o usuario en **situación de vulnerabilidad** formule una queja, reclamación o comunicación de incidencia de forma **presencial**, la empresa debe poner a su disposición los medios de apoyo y prestarle la asistencia individualizada y personal que pudiera requerir a tal efecto (L 10/2025 art.8.5).

a. Disponibilidad y accesibilidad

(L 10/2025 art.14 y 15)

El **horario** del servicio atención al cliente se debe ajustar al horario comercial de la empresa, independientemente de si la actividad económica se lleva a cabo a través de establecimientos físicos o por vía electrónica. 395

En todo caso, para los **servicios básicos de interés general** que se presten de forma continuada, el servicio de atención a la clientela estará disponible 24 horas al día, todos los días del año, para la comunicación de incidencias relativas a la continuidad del servicio.

Los servicios de atención al cliente deben ser diseñados siguiendo los principios de **accesibilidad universal**, igualdad de trato y no discriminación. Cuando excepcionalmente exista **imposibilidad técnica**, se deben prever medios complementarios para garantizar el acceso a los mismos, en igualdad de condiciones, a personas consumidoras vulnerables y, en especial, a personas con discapacidad o a personas de edad avanzada, al menos a través del mismo medio por el que se inició la relación contractual.

En el supuesto de que el servicio de atención a la clientela se preste de manera presencial, los **mostradores y puntos de atención** deben disponer de medidas que faciliten la accesibilidad a la información y a la comunicación.

Precisiones **1)** Son **servicios básicos de interés general** los que se prestan de forma continuada cuando el proveedor del servicio se obligue a realizar una sola prestación continuada en el tiempo o pluralidad de prestaciones sucesivas, periódicas o intermitentes, por tiempo determinado o indefinido, que se repiten, a fin de satisfacer intereses de la clientela de carácter sucesivo, periódico o intermitente de forma más o menos permanente en el tiempo.

2) Se presume la **existencia** de una **situación de vulnerabilidad** si esta se pone de manifiesto por el consumidor.

b. Atención telefónica

Debido a que la atención telefónica es la más común, se contiene una serie de especialidades para la misma. Así, en atención al **principio de independencia**, el servicio de atención telefónica debe tener un **número específico** y diferenciado del número utilizado para prestar servicios comerciales de manera que se pueda identificar claramente que este servicio tiene como finalidad resolver consultas, quejas, reclamaciones o incidencias (L 10/2025 art.16.3). 397

De este modo, no se puede aprovechar la formulación de consultas, quejas, reclamaciones o incidencias relacionadas con la continuidad o interrupción en los servicios básicos de interés para **ofrecer bienes, servicios u ofertas comerciales**, salvo que el cliente lo solicite o estén relacionadas con la resolución e impliquen una mejora en las condiciones de prestación del servicio o del precio.

Coste Las empresas deben poner a disposición de la clientela un servicio de atención telefónica que no suponga un **coste** superior al coste de una llamada a una línea telefónica fija o móvil estándar. También puede ponerse a disposición de los clientes un servicio de mensajería instantánea para resolver dudas al tiempo que se formaliza la prestación del servicio (L 10/2025 art.10.1). 398

En el supuesto de utilizarse una línea telefónica de **tarificación especial** que suponga un coste para el consumidor, el empresario debe facilitar, en igualdad de condiciones, información sobre un número geográfico o móvil alternativo, e informando sobre el coste del servicio asociado a cada numeración (L 10/2025 art.10.2).

De igual modo, se prohíbe la **derivación** de un teléfono gratuito a números que impliquen un coste para la clientela, ya sea vía telefónica, mediante mensajes de texto u otros análogos para la atención de consultas, quejas, reclamaciones e incidencias. El servicio de atención a la clientela en ningún caso puede proporcionar ingresos adicionales, ni directos ni indirectos, a la empresa a costa de la clientela (L 10/2025 art.10.4).

Precisiones La obligación de disponer de un **teléfono gratuito** de atención al consumidor se limita a atender a los clientes con vínculo contractual, no extendiéndose a consumidores en general, por lo que la ausencia de un teléfono gratuito para consumidores no clientes no constituye infracción sancionable (TSJ Madrid 31-10-25, EDJ 776851; 18-7-25, EDJ 695090).

Atención personalizada (L 10/2025 art.8) Las empresas deben garantizar una atención personalizada por lo que está prohibido el uso de **contestadores automáticos** u otros medios análogos (bots conversacionales, etc.) como medio exclusivo de atención al cliente. 399

Se **define** atención personalizada como la ofrecida por una persona física que contesta en tiempo real. Esa persona debe identificarse siempre al inicio de la conversación -respetando la protección sobre datos personales-.

La atención personalizada se debe prestar a la mayor brevedad posible, garantizando que el 95% de las solicitudes sean atendidas, de media, en un **plazo** inferior a 3 minutos.
Las empresas no pueden **cortar la comunicación** con el cliente por razón de tiempo de espera elevado.

400 **Personas con discapacidad o edad avanzada** (L 10/2025 art.10.5 y 6) En el supuesto de personas con **discapacidad auditiva**, el canal telefónico debe ser accesible y complementarse, a elección del cliente, con un sistema alternativo de mensajería escrita instantánea por aplicación de dispositivo móvil de uso generalizado o bien con un sistema de vídeo interpretación en lengua de signos u otro sistema de naturaleza análoga.
Tanto en el caso de personas de edad avanzada como con discapacidad, debe ofrecerse y garantizarse la **atención prioritaria** respecto de otras personas consumidoras y usuarias.

401 **Insatisfacción con la atención recibida** (L 10/2025 art.8.3) En caso de insatisfacción con la atención recibida por parte del operador, el cliente puede solicitar que se **transfiera la comunicación** a una persona física supervisora o a un departamento específico de calidad, que debe atenderle en el transcurso de esa misma comunicación. Cuando no sea posible dicha transferencia en un plazo inferior a 3 minutos, la empresa puede contactar con posterioridad, siempre dentro del mismo día laborable en que recibe la comunicación.

402 **Llamadas no deaseadas o spam** (L 10/2025 art.16.4; L 11/2022 art.66.1) Respecto a la protección de datos personales y la privacidad en relación con las comunicaciones no solicitadas los usuarios finales tienen **derecho** a no recibir llamadas:
• Automáticas sin intervención humana o mensajes de fax, con fines de comunicación comercial sin haber prestado su consentimiento previo para ello.
• No deseadas con fines de comunicación comercial, salvo que exista consentimiento previo o sea necesaria para (Rgto (UE) 2016/679 art.6.1):
- la ejecución de un contrato en el que el interesado es parte o para la aplicación a petición de este de medidas precontractuales;
- el cumplimiento de una obligación legal aplicable al responsable del tratamiento;
- para proteger intereses vitales del interesado o de otra persona física;
- el cumplimiento de una misión realizada en interés público o en el ejercicio de poderes públicos conferidos al responsable del tratamiento;
- la satisfacción de intereses legítimos perseguidos por el responsable del tratamiento o por un tercero, siempre que sobre dichos intereses no prevalezcan los intereses o los derechos y libertades fundamentales del interesado que requieran la protección de datos personales, en particular cuando el interesado sea un niño.
Las compañías de telefonía **deben bloquear** las llamadas que provengan de números de tarifas especiales o inteligentes atribuidos a servicios distintos a los de atención al cliente.
De igual modo, el operador que origina o recibe la llamada debe bloquear, por iniciativa propia o si lo solicita la autoridad competente, cualquier llamada desde un número de teléfono del que hubiera indicios de originar **llamadas comerciales** sin código numérico específico o sin cumplir con lo previsto anteriormente.
A tal efecto, los operadores deben elaborar sistemas y procedimientos técnicos que permitan **identificar** de forma objetiva y razonable las **llamadas comerciales**. Su utilización requerirá autorización expresa administrativa.

c. Satisfacción del cliente

(L 10/2025 art.18, 19, 21 y 22)

405 Para garantizar una buena atención a los clientes, las empresas deben implantar y documentar un **sistema de evaluación** que permita definir el grado de satisfacción y que permita identificar las causas de insatisfacción, especialmente si estas se derivan de la mala prestación del servicio y no de la atención al cliente.
Este sistema debe **actualizarse** todas las veces que sea necesario, para adecuarlo a las condiciones de prestación del servicio y de medición de los parámetros, así como para subsanar las deficiencias expresamente notificadas por la Administración o en auditoría.
Para medir esta satisfacción, las **encuestas a clientes** no pueden realizarse nunca antes de la resolución de la consulta, queja, reclamación o incidencia.
El **ámbito geográfico** de **medición** de los parámetros del sistema de evaluación debe ser la totalidad del territorio nacional o, en su caso, la parte de este en la que lleven a cabo su actividad.

Precisiones El sistema de evaluación debe diseñarse bajo los presupuestos de **accesibilidad universal**, atendiendo entre otros a criterios de accesibilidad cognitiva así como soportes accesibles que permitan el uso a los consumidores vulnerables (L 10/2025 art.18.1).

Documentación (L 10/2025 art.21.2, 3 y 4) Las empresas deben **poner a disposición** de la Administración, al finalizar el primer trimestre del año siguiente a la evaluación, una copia de la documentación. También deben **hacerla pública** a través de su página web y **conservarla durante** 5 años para permitir su inspección administrativa o por una entidad externa. 406

Auditoría del sistema de evaluación (L 10/2025 art.22) Las empresas deben contratar la realización de una auditoría anual para comprobar la fiabilidad y precisión de las mediciones publicadas por la empresa respecto a la calidad de sus servicios de atención a la clientela y **verificar que**: 407

- dispone y aplica un sistema de evaluación del nivel de calidad de servicio, implantado conforme a la ley, debidamente documentado y que coincide con la versión puesta a disposición de la Administración competente; y
- el sistema de evaluación asegura que el error cometido en la medición de cada parámetro no es superior al 5% con respecto a su valor real.

La auditoría debe ser realizada por una **empresa auditora** debidamente acreditada por la Entidad Nacional de Acreditación. A tal efecto, la empresa auditada debe proporcionar **acceso** a todas las personas, lugares, equipos y datos necesarios para la comprobación de todos los extremos, sin perjuicio de las limitaciones en materia de protección de datos.

Precisiones Las empresas que tengan menos de 250 empleados y cuyo volumen de negocio no exceda de 50 millones de euros o su balance anual sea inferior a 43 millones, pueden justificar, en atención al volumen de consultas, quejas, reclamaciones o incidencias recibidas, llevar a cabo la **auditoria** de forma **bienal** (L 10/2025 art.22.1).

Colaboración con las asociaciones de consumidores (L 10/2025 art.19) Las empresas deben establecer **marcos estables** de colaboración con las asociaciones de consumidores y usuarios más representativas en su ámbito territorial, bien de forma general, bien de forma sectorial, en relación con los servicios de atención a la clientela y el mantenimiento de su calidad y eficacia. 408

Estos marcos estables de colaboración **se regirán por** lo establecido en la LGDCU.

5. Infracciones y sanciones

(L 10/2025 art.23)

Los **incumplimientos** por parte de las empresas de las disposiciones de la L 10/2025, serán sancionadas como como infracción en materia de consumo, siendo de aplicación lo dispuesto en el régimen sancionador general sobre protección de las personas consumidoras y usuarias previsto en la LGDCU y por la normativa autonómica que resulte de aplicación (ver nº 4500). 410

Si el mismo hecho puede ser calificado como infracción con arreglo a la L 10/2025 y otras normas sancionadoras de carácter sectorial, se debe aplicar de forma preferente la **normativa sectorial**.

Este régimen de infracciones y sanciones tendrá en cuenta la **reincidencia** de la conducta, así como el **resarcimiento del daño**, a fin de proceder a la agravación o la atenuación de la sanción, respectivamente.

SECCIÓN 2

Servicios financieros

(L 44/2002 art.29 s.)

415

416 La naturaleza de las incidencias y consultas en el sector financiero hace que deba particularizarse su tratamiento en los servicios de atención a la clientela, es por ello que para las entidades que prestan servicios financieros, es de aplicación preferente la **normativa** contenida en la L 44/2002, siendo la L 10/2025 de aplicación solo supletoria (nº 358).
A nivel sectorial, la articulación del sistema de protección del consumidor financiero se apoya en **dos niveles** complementarios:
• El primero basado en la **amplia red de oficinas físicas** y de medios de comunicación electrónicos de que se dispone en el sector permite a los clientes resolver las posibles consultas e incidencias en relación con los servicios contratados o acudir a los servicios de atención a la clientela, que en este sector pueden resolver también las quejas y reclamaciones que se deriven de incidencias o consultas no resueltas satisfactoriamente por la oficina (nº 422).
• Además, si la **petición no fuera atendida** o fuera **desestimada**, el cliente puede acudir a los servicios de reclamaciones del BE, de la CNMV y de la DGSFP (nº 455).

Precisiones A pesar de que la L 10/2025 se aplica solo de forma supletoria, esta **modificó** muchos aspectos de la L 44/2002 para garantizar la máxima protección a la clientela y una elevada seguridad jurídica.

417 Ahora bien, un número sustancial de municipios españoles **carece de una oficina** bancaria y, en ocasiones, las alternativas de atención presencial no siempre están disponibles. En otros casos, los **canales digitales y telemáticos** no se adaptan al nivel de **familiaridad, uso y conocimiento** de algunos segmentos de la población, con respecto a estas tecnologías, impidiendo en la práctica su uso, como es el caso de las personas de más edad o menor renta.
Eso hace necesario aplicar también al ámbito del servicio de atención al cliente el principio de **prestación personalizada** (nº 424) exigiendo a las entidades financieras que aseguren que el canal que ponen a disposición del público para el servicio de atención a la clientela, ya sea presencial, telefónico o telemático, o una combinación de los mismos, es el más adecuado teniendo en cuenta dichas características.

418 En el sector financiero, están **obligados** a mantener un servicio de atención al cliente para resolver quejas y reclamaciones (L 44/2002 art.29.1 redacc L 10/2025):
- las entidades de crédito;
- los establecimientos financieros de crédito;
- las entidades de pago;
- las entidades acogidas al RDL 19/2018;
- las entidades de dinero electrónico;
- las sociedades gestoras de instituciones de inversión colectiva;
- las sociedades de correduría de seguros;
- los corredores de seguros;
- las entidades gestoras de fondos de pensiones;
- los prestamistas inmobiliarios que no sean entidades de crédito;
- los intermediarios de crédito, cuando operen en el ámbito geográfico superior al de una comunidad autónoma;
- las entidades financieras que operen en España en régimen de libre prestación de servicios;
- las entidades aseguradoras;
- las empresas de servicios de inversión; y
- las sucursales en España de estas sociedades con domicilio social en otro Estado.

Precisiones **1)** Las entidades que formen parte de un mismo **grupo económico** pueden disponer de un departamento o servicio de atención a la clientela único para todo el grupo.
2) Se entenderá por **queja o reclamación** cualquier manifestación relativa a la defectuosa prestación del servicio o del incumplimiento o cumplimiento defectuoso de la oferta realizada, comunicada por el cliente, independiente de su calificación interna como queja, reclamación u otras análogas. Igualmente, se entenderán como tales las que se deriven de incidencias o consultas no resueltas satisfactoriamente.

A. Información sobre el servicio

(L 44/2002 art.29.5 redacc L 10/2025)

Las entidades deben poner a disposición de su clientela, en todas y cada una de las **oficinas** abiertas al público y sus **páginas web**, en un apartado específico de fácil identificación, la siguiente información: **420**

• La existencia del departamento de atención al cliente y, en su caso, de un defensor de la clientela, con indicación de su dirección postal y electrónica.
• La obligación de atender y resolver las quejas y reclamaciones presentadas en plazo (nº 451).
• Los canales de comunicación disponibles, así como los mecanismos habilitados para asegurar el registro y constancia de la reclamación o queja presentada, y del contenido de la misma.
• Mecanismos para facilitar el seguimiento de la tramitación de las quejas y reclamaciones presentadas por el interesado.
• Medios elegidos para comunicar la resolución de las quejas y reclamaciones que debe realizarse por escrito.
• El reglamento de funcionamiento del servicio de atención a la clientela y, en su caso, del defensor de la clientela.
• Referencias a la normativa de transparencia y protección de la clientela de servicios financieros.
• Horario del servicio de atención a la clientela.

B. Canales de atención al cliente

 422

Las entidades **deben asegurar** a su clientela la disponibilidad de canales (L 44/2002 art.29.1): **423**
- presenciales, ya sea permanentes o intermitentes;
- telefónicos; o
- telemáticos.

Prestación personalizada El servicio de atención al cliente debe atender al principio de prestación personalizada que **se define como** aquella que tiene en consideración la edad, la situación de discapacidad, la condición de persona extranjera y su situación administrativa de la persona que se dirige al servicio de atención al cliente, las características de la zona geográfica en la que reside la persona en términos de población y el nivel de competencias digitales de dicha persona, entre otras cuestiones. **424**

Independencia del servicio (L 44/2002 art.29.3 redacc L 10/2025) Las entidades **deben separar** el departamento o servicio de atención al cliente de los restantes servicios comerciales u operativos de la organización. Así, se garantiza que el servicio de atención al cliente toma decisiones de manera autónoma y se evitan **conflictos de interés**. **425**
Esto **permite** a los clientes también identificar el servicio como aquel cuya finalidad es facilitar información o resolver, quejas o reclamaciones.
En ningún caso los servicios de atención al cliente pueden aprovechar la formulación de quejas o reclamaciones para **ofrecer bienes, servicios u ofertas comerciales**, salvo que estas estuvieran directa y claramente relacionadas con la resolución de la queja o reclamación, e implicara, en todo caso, una mejora en las condiciones de prestación del servicio o del precio.

Horario (L 44/2002 art.29.1 redacc L 10/2025) El horario de atención al cliente **debe ser** el mismo que el de atención comercial. No obstante, si el **servicio exige una prestación continuada**, se debe garantizar la prestación de un servicio de atención al cliente de forma continuada las 24 horas del día todos los días del año. **426**

1. Atención telefónica o electrónica

(L 44/2002 art.29.1 redacc L 10/2025)

430 El régimen de atención telefónica se recoge en la normativa sectorial, por su **importancia** en la mejora de las condiciones materiales del servicio de atención a la clientela, pero hay que destacar que **no cabe la presentación de quejas** y reclamaciones por esta vía debido a la necesaria información contractual que debe aportar el cliente a la hora de iniciar el proceso (nº 444).
Cuando el servicio de atención al cliente sea telefónico o electrónico, deben garantizarse una atención personalizada -con especial atención a los clientes vulnerables- a través de un **operador o agente** del mismo, que asegure una interacción fluida y que sea **supervisado por** un superior jerárquico que gestione las posibles quejas por la atención recibida.
De este modo, se prohíbe el empleo de **contestadores automáticos** u otros medios análogos como medio exclusivo de atención a la clientela, sin perjuicio de la presentación de la queja o reclamación en soporte papel o por medios informáticos, electrónicos o telemáticos.
La llamada debe ser atendida de forma efectiva por la empresa a la **mayor brevedad posible**, dentro de los medios técnicos y humanos de que disponga el servicio. No se considera que una comunicación ha sido **atendida de forma efectiva** si no se permite al cliente exponer el motivo de la comunicación y solicitar la atención personalizada por parte de un operador.
En el caso de personas con **discapacidad auditiva**, el telefónico debe ser accesible y complementarse con los mecanismos adecuados que garanticen una debida comunicación.

431 **Coste** El uso de la atención telefónica **no puede suponer** para el consumidor un coste superior al coste de una llamada a una línea telefónica fija o móvil estándar. En caso contrario, se le debe informar sobre un número fijo o móvil alternativo e informar sobre el coste del servicio asociado a cada numeración.
Está **prohibido derivar** de un teléfono gratuito a números que impliquen un coste para la clientela.

2. Defensor de la clientela

(L 44/2002 art.29.1 y 2 redacc L 10/2025)

435 Las entidades pueden **designar** un defensor de la clientela de forma individual o bien agrupadas por ramas de actividad, proximidad geográfica, volumen de negocio o cualquier otro criterio.
El defensor de la clientela **debe ser** una entidad o experto independiente de reconocido prestigio.
Sus **funciones** son las de atender y resolver los tipos de reclamaciones que se sometan a su decisión en el marco de lo que disponga su reglamento de funcionamiento, así como promover el cumplimiento de la normativa de transparencia y protección de la clientela y de las buenas prácticas y usos financieros.
La **decisión** del defensor de la clientela favorable a la reclamación vincula a la entidad. Esta vinculación no será obstáculo a la plenitud de tutela judicial, al recurso a otros mecanismos de solución de conflictos ni a la protección administrativa.

C. Quejas y reclamaciones

440

1. Presentadas ante la propia entidad

442

a. Presentación

(L 44/2002 art.29 ter)

443 La presentación de las quejas y reclamaciones **puede efectuarse**, personalmente o mediante representación, en soporte papel o por medios informáticos, electrónicos o telemáticos, siempre que permitan la lectura, impresión y conservación de los documentos, no pudiendo presentarse las quejas o reclamaciones por vía telefónica.
La presentación de quejas y reclamaciones puede realizarse en **lengua** castellana, así como en cualquiera de las lenguas cooficiales cuando el servicio de atención a la clientela se dirija a clientes en comunidades autónomas con lenguas cooficiales.

El cliente debe presentar un **documento** en el que debe constar: 444
- nombre, apellidos y domicilio del interesado y, en su caso, de la persona que lo represente, debidamente acreditada; número del documento nacional de identidad para las personas físicas y datos referidos al registro público para las jurídicas;
- motivo de la queja o reclamación, especificando las cuestiones sobre las que se solicita un pronunciamiento;
- oficina, departamento o servicio donde se hubieran producido los hechos objeto de la queja o reclamación;
- que la persona reclamante no tiene conocimiento de que la materia objeto de la queja o reclamación está siendo sustanciada a través de un procedimiento administrativo, arbitral o judicial; y
- lugar, fecha y firma.

Se deben aportar también las **pruebas** documentales que obren en su poder en que se fundamente su queja o reclamación.

Admisión (L 44/2002 art.29 quarter.1) Recibida la queja o reclamación, **se remite** al servicio de atención al cliente, quien, cuando proceda de acuerdo con el reglamento de funcionamiento, la remite, a su vez, al defensor de la clientela. 445

Si la queja o reclamación es presentada ante el defensor de la clientela y **no** es un asunto de su **competencia**, este lo remitirá al servicio de atención al cliente, informándose al cliente sobre la instancia competente para conocer su queja o reclamación.

Justificante y clave identificativa (L 44/2002 art.29 quarter.1) La entidad debe acusar recibo por escrito, en papel o en cualquier otro soporte duradero, y dejar constancia del contenido, la hora y la fecha de presentación a efectos del cómputo de dicho plazo. La entrega del **justificante** se debe realizar por la misma vía por la que se presente la queja o reclamación o por aquella que el cliente elija de entre las legalmente posibles. La entidad se debe asegurar de disponer de los datos necesarios para la entrega del justificante, solicitándolos al interesado cuando no hayan sido facilitados directamente por este. 446

Se debe asignar igualmente una **clave identificativa** a cualquier queja o reclamación interpuesta por el cliente. Esta clave permite el seguimiento por el cliente del estado de tramitación de su reclamación o queja.

Subsanación (L 44/2002 art.29 quarter.2) En caso de que haya dudas sobre la identidad de la persona reclamante o sobre la claridad los hechos objeto de la queja o reclamación, se debe requerir al cliente para que complete la documentación remitida en el **plazo** de 10 días naturales, advirtiendo de que si no lo hace se archivará la queja o reclamación sin más trámite. 447

Rechazo (L 44/2002 art.29 quarter.3) Las quejas y reclamaciones de los clientes **solo** pueden ser rechazadas por la entidad en **cuando**: 448
- se omitan datos esenciales para la tramitación no subsanables;
- se pretendan tramitar como queja o reclamación, recursos o acciones distintos, cuyo conocimiento sea competencia de los órganos administrativos, arbitrales o judiciales, o la misma se encuentre pendiente de resolución o litigio o el asunto haya sido ya resuelto en aquellas instancias;
- los hechos, razones y solicitud en que se concreten las cuestiones objeto de la queja o reclamación no se refieran a operaciones concretas;
- se formulen quejas y reclamaciones que reiteren otras anteriores resueltas, presentadas por el mismo cliente en relación a los mismos hechos;
- hubiera transcurrido el plazo para la presentación de quejas y reclamaciones que establezca el reglamento de funcionamiento; o
- haya transcurrido el plazo de prescripción de acciones o derechos o un plazo de 5 años desde la producción de los hechos sin que se haya presentado la reclamación o queja;

Cuando se entienda no admisible a trámite la queja o reclamación se le debe comunicar al cliente mediante **decisión motivada**, dándole un plazo de 10 días naturales para que presente sus **alegaciones**.

b. Resolución y notificación

La decisión de la entidad sobre la queja o reclamación debe estar debidamente **motivada** y contener unas conclusiones claras sobre la solicitud, contestando a todas las cuestiones expuestas por la clientela y fundándose en las cláusulas contractuales, las normas de transparencia y protección de la clientela aplicables, así como las buenas prácticas y usos financieros (L 44/2002 art.29 septies.2). 450

Si la decisión se aparta de los criterios manifestados en **expedientes anteriores similares**, debe aportarse las razones que lo justifiquen.
Si la resolución es **contraria a las pretensiones** del cliente, se debe indicar de forma expresa la posibilidad abierta al cliente de acudir a servicios de reclamaciones del Banco de España, la Comisión Nacional del Mercado de Valores y la Dirección General de Seguros y Fondos de Pensiones, así como el modo de hacerlo.

451 **Plazo** (L 44/2002 art.29 septies.1 redacc L 10/2025) La entidad debe contestar el expediente en el plazo máximo de un mes o en el plazo de 15 días hábiles en caso de los proveedores de servicios de pago (RDL 19/2018 art.69), a partir de la fecha en que la queja o reclamación fuera presentada por el cliente ante la entidad.
En los casos en los que **no es posible** resolver las quejas o reclamaciones en los plazos indicados, por motivos no imputables a la entidad, se debe informar al cliente de las medidas adoptadas para su resolución dentro de ese mismo plazo.

Precisiones **1)** La L 10/2025 **redujo el plazo máximo** a un mes para resolver el expediente, que anteriormente era de dos.
2) En caso de que se otorgue un plazo de **alegaciones** o de **subsanación** (nº 447), dicho plazo interrumpe el cómputo del plazo máximo de resolución (L 44/2002 art.29 quater.2 y 4 redacc L 10/2025).
3) En **contratos de línea de crédito** regulados por la LCC, el plazo para que la entidad financiera responda a reclamaciones extrajudiciales es de dos meses -actualmente de un mes- conforme a la L 44/2022 y no el plazo de 15 días previsto en el RDL 19/2018, por lo que no procede imponer costas especiales cuando el demandante no respeta dicho plazo (AP Zaragoza 30-10-25, EDJ 783135).

2. Presentadas ante el BE, la CNMV y la DGSFP

(L 44/2002 art.30 redacc L 10/2025)

455 Los servicios de reclamaciones del Banco de España, la Comisión Nacional del Mercado de Valores y la Dirección General de Seguros y Fondos de Pensiones, atenderán las quejas y reclamaciones que presenten los usuarios de servicios financieros, que estén relacionadas con sus intereses y derechos legalmente reconocidos, y que deriven de presuntos incumplimientos por las entidades reclamadas, de la normativa de transparencia y protección de la clientela o de las buenas prácticas y usos financieros. Sin embargo, los informes motivados de estos organismos no tienen el carácter de acto administrativo recurrible.
La organización y el funcionamiento de los servicios de reclamaciones de estos organismos se deben ajustar a los **principios** de independencia, transparencia, contradicción, eficacia, legalidad, libertad, representación y ventanilla única, debiendo remitir al competente las reclamaciones que no sean de su competencia.
Los servicios de reclamaciones deben informar a los servicios de supervisión correspondientes cuando aprecien indicios de incumplimientos graves o reiterados de las normas de transparencia y protección a la clientela o de las buenas prácticas y usos financieros por parte de una misma entidad.

a. Presentación

(L 44/2002 art.30.3 redacc L 10/2025; O ECC /2502/2012 art.5 y 6)

456 El procedimiento de presentación ante los servicios de reclamaciones del BE, la CNMV y la DGSFP debe ajustarse a las siguientes **reglas**:
• Para la admisión y tramitación de reclamaciones es imprescindible acreditar haberlas **formulado previamente**, por escrito, dirigido al departamento o servicio de atención a la clientela o, en su caso, al Defensor de la Clientela de la entidad contra la que se reclame.
• Si se cumplen los requisitos necesarios, se procede a la **apertura de expediente**, en el que se incluyen todas las actuaciones relacionadas con la misma; en caso contrario, se requiere a la persona reclamante para completar la información en el plazo de 10 días naturales, con apercibimiento de que si así no lo hiciese se le tendrá por desistido de su reclamación.
• Formulado el correspondiente informe, si es desfavorable a la entidad reclamada, esta está obligada a informar al servicio de reclamaciones competente si ha procedido a la **rectificación** voluntaria.

457 **Formulario** El procedimiento de presentación de reclamaciones ante los servicios de reclamaciones de estos organismos puede realizarse a través del **formulario** habilitado para ello:
- en soporte papel.
- por medios electrónicos, a través de los registros electrónicos habilitados a tal efecto.

Las entidades financieras deben **poner a disposición** de los usuarios de servicios financieros dicho formulario, tanto a solicitud de los mismos, como de oficio, en el momento de tramitar la reclamación o queja que estos hubieran planteado ante el departamento o servicio de atención al cliente o, en su caso, al defensor del cliente o partícipe de la entidad contra la que se reclame.
La interposición de las reclamaciones o quejas **no paraliza** la resolución y tramitación de los correspondientes procedimientos. No obstante, se suspenderán o interrumpirán los plazos establecidos para el ejercicio de acciones o derechos que, de conformidad con la normativa reguladora, puedan ejercitar quienes figuren en ellos como interesados.
Asimismo, la utilización por los usuarios de servicios financieros de los servicios de reclamaciones para atender sus quejas o reclamaciones se entiende sin perjuicio de la utilización de **otros sistemas de protección** previstos en la legislación vigente, en especial, en la normativa arbitral y de consumo.

Contenido (O ECC /2502/2012 art.6.1 y 2) Las reclamaciones o quejas deben tener el siguiente contenido: **458**
• **Datos identificativos** del reclamante, nombre y apellidos, o denominación social en el caso de personas jurídicas, domicilio a efectos de notificaciones y número de identificación de las personas físicas o entidades, o, en su caso, datos del registro público de la entidad de que se trate.
• **Identificación de la entidad reclamada**, así como de la oficina o sucursal a que se refiere en su caso la reclamación o queja.
• **Motivo** de la reclamación o queja, haciendo constar expresamente que no se encuentra pendiente de resolución o litigio ante órganos administrativos, arbitrales o jurisdiccionales. En ningún caso, pueden alegarse hechos distintos de los aducidos en la reclamación o queja previa con excepción de los hechos que se hubieran producido con posterioridad a su sustanciación.
• Acreditar que ha **transcurrido el plazo** de un mes desde la fecha de presentación de la reclamación o queja ante el departamento o servicio de atención al cliente o, en su caso, defensor del cliente o partícipe sin que haya sido resuelta, o que ha sido denegada la admisión o desestimada, total o parcialmente, su petición.
• **Lugar, fecha y firma**.
• Cuanta **documentación** resulte imprescindible para resolver las cuestiones planteadas.

Precisiones Aunque la O ECC /2505/2012 art.6 hable de que ha de haber transcurrido un **plazo** de dos meses desde la presentación de la queja al servicio de atención al cliente, tras la L 10/2025, este plazo se redujo a un mes al modificar la L 44/2002 art.30, normativa a la que la O ECC/2025/2012 desarrolla y no puede contravenir.

b. Resolución y notificación

(L 44/2002 art.30.3.b redacc L 10/2025)

Los servicios de reclamaciones del Banco de España, la Comisión Nacional del Mercado de Valores y la Dirección General de Seguros y Fondos de Pensiones resolverán las quejas y reclamaciones a las que se refiere el apartado anterior, mediante un **informe motivado**, que no tiene, en ningún caso, carácter de acto administrativo recurrible. **460**
El **plazo máximo** para la resolución del expediente es de 90 días naturales contados desde la fecha de la presentación de la reclamación o, en su caso, desde la fecha en que conste en soporte duradero que se ha recibido la documentación completa y necesaria para tramitar el procedimiento.

D. Calidad del servicio

(L 44/2002 art.29.4 y 6 redacc L 10/2025)

Los servicios de atención al cliente deben garantizar el **nivel mínimo** de calidad, seguir principios de accesibilidad universal, igualdad de trato y no discriminación y garantizando el acceso a personas con discapacidad o a personas de edad avanzada. **462**
Los departamentos o servicios de atención a la clientela deben estar dotados de los **medios** humanos, materiales, técnicos y organizativos adecuados para el cumplimiento de sus funciones.
En particular, el personal al servicio de dichos departamentos ha de contar con una **formación y capacitación especializada**, en función del sector o de la actividad, que garantice la eficacia en la gestión que realice, incluyendo una formación específica previa en atención a personas consumidoras vulnerables y, en especial, a personas con discapacidad o de edad avanzada,

proporcionando la formación y capacitación continuada que sea necesaria para adaptar sus conocimientos sobre la actividad a las variaciones tecnológicas y necesidades del mercado.
En aras de la proporcionalidad, reglamentariamente se adaptarán los requisitos en relación con los departamentos de atención a la clientela para su aplicación flexibilizada por parte de las **Cooperativas de Crédito** y **Cajas de Ahorro**.

SECCIÓN 3

Comunicación electrónica y telefonía

(L 11/2022)

465

466 En el sector de las telecomunicaciones, partiendo de la prevalencia de la normativa sectorial que recoge la L 11/2022 general de telecomunicaciones, esta fue reformada por la L 10/2025 -que es además de aplicación supletoria- en aras de garantizar la seguridad jurídica y en consideración de las particularidades del sector.
Los **operadores deben** disponer de un servicio de atención a la clientela, gratuito para los usuarios finales, que tenga por **objeto** facilitar información y atender y resolver las incidencias, consultas, quejas y reclamaciones de sus clientes (L 11/2022 art.65.2 redacc L 10/2025).

Precisiones Las entidades que formen parte del mismo **grupo económico** pueden disponer de un departamento o servicio de atención a la clientela único para todo el grupo (L 11/2022 art.65.2 redacc L 10/2025).

1. Definiciones

(L 11/2022 art.65.2 redacc L 10/2025)

468 A los efectos de la L 11/2022, es necesario conocer la definición de una serie de conceptos usados por esta ley y que se concretan en la misma y que no tienen por qué coincidir con la contenida en otra normativa.

469 **Incidencia** Se entiende por incidencia cualquier **gestión** relativa a la ejecución del contrato o de la oferta comercial realizada, tales como la solicitud de baja del servicio en su conjunto o de alguna de las prestaciones adicionales, el alta en una nueva oferta, el cambio de comisiones y otras análogas.

470 **Consulta** Una consulta se define como la **solicitud** de asesoramiento a la clientela en relación con el bien o servicio contratado o que sea ofertado por la empresa.

471 **Queja o reclamación** A los efectos de la L 11/2022, se considera queja o reclamación cualquier **manifestación** relativa a la defectuosa prestación del servicio o del incumplimiento o cumplimiento defectuoso de la oferta realizada, comunicada por la clientela al servicio de atención, independiente de su calificación interna como queja, reclamación, incidencia u otras análogas.

2. Canales de atención al cliente

(L 11/2022 art.65.2 redacc L 10/2025)

473 Los operadores pueden decidir si sus **oficinas y locales** comerciales abiertos al público, ya sean propios o mediante alguna modalidad de contratación mercantil, forman parte o no del servicio de atención al cliente para la presentación y resolución de las quejas y reclamaciones de sus clientes.
El operador debe admitir, en todo caso, la **misma vía** por la que se inició la **relación contractual**, así como la vía telefónica para la presentación de incidencias, consultas, quejas o reclamaciones, con incidencia contractual.

Lengua Toda la **información** recibida por los usuarios finales y consumidores de redes y servicios de comunicaciones electrónicos disponibles al público, así como todos los servicios de atención al cliente deben ser ofrecidos en castellano y en la lengua oficial de la comunidad autónoma correspondiente, si así lo solicita el consumidor. 474

Atención telefónica El operador puede prestar el servicio de atención a la clientela mediante el empleo de un **contestador automático** u otros medios análogos, si bien, en última instancia, debe garantizar una atención personalizada, sin que ello implique el derecho a acceder a un **supervisor**. 475

Se debe informar al consumidor de su derecho a solicitar un **documento que acredite** la presentación y contenido de la incidencia, consulta, queja o reclamación mediante cualquier soporte duradero que permita tal acreditación.

El operador, además, debe **grabar** el número de llamadas que se determine reglamentariamente.

Precisiones **1)** La empresa proveedora del servicio de consulta telefónica fue sancionada con una multa de 90.000 euros al no proporcionar una **locución informativa** conforme a la normativa, específicamente por no informar correctamente del **precio de la llamada** y añadir información no permitida, tras una inspección derivada de una denuncia que constató estas irregularidades en seis llamadas realizadas al número asignado a la empresa (AN contencioso 28-6-24, EDJ 631848).

2) La imposición de una **sanción** por vulneración grave de los derechos de los consumidores y usuarios finales en servicios de telecomunicaciones es procedente cuando la **locución informativa inicial** del servicio de consulta telefónica resulta **ininteligible**, afectando al derecho a la información veraz, suficiente y transparente, y la sanción será proporcionada si se sitúa dentro del límite mínimo establecido para infracciones graves, sin que la contratación de terceros exima de responsabilidad al operador (AN contencioso 26-6-23, EDJ 642354).

3. Quejas y reclamaciones

El operador estará obligado a comunicar al usuario final el **número de referencia** de las reclamaciones, quejas, peticiones o gestiones. 477

Son los **titulares del servicio** de atención al cliente quienes se relacionen con el servicio administrativo de solución de controversias y al que **deben** enviar la información que les sea requerida, con indicación del número de referencia asignado a la correspondiente reclamación.

Efectos de la presentación La presentación de una reclamación, no impide ni suspende: 478
• Las acciones de gestión de **cobro** que ejercite el operador.
• La **suspensión temporal del servicio**, previo aviso, en caso de retraso en el pago total o parcial por el usuario durante un período superior a un mes.
• La **suspensión indefinida del servicio** y **resolución del contrato** en caso de retraso en el pago total o parcial del servicio por un período superior a 3 meses o la suspensión temporal, en dos ocasiones, del contrato por mora en el pago de los servicios correspondientes, previo aviso al usuario.

4. Servicio administrativo de resolución de controversias

(L 11/2022 art.78)

Los usuarios finales personas físicas y las microempresas tienen derecho a acudir a un servicio administrativo de resolución de controversias gratuito para reclamaciones contra los operadores de telecomunicaciones, cuando tales controversias se refieran a sus derechos específicos como usuarios. 480

Los operadores y otros agentes que intervienen el mercado de las telecomunicaciones están **obligados a someterse** al procedimiento, así como a cumplir la resolución que le ponga fin.

El derecho a acudir al servicio administrativo de resolución de controversias se entiende no impide someter las controversias al conocimiento de las **Juntas arbitrales de consumo**, pero si estas inician un procedimiento, no es posible al servicio administrativo de resolución de controversias a no ser que la solicitud haya sido archivada sin entrar en el fondo del asunto o las partes hayan desistido del procedimiento arbitral.

Precisiones Aunque la L 11/2022 art.78 dice que se aprobará reglamentariamente el procedimiento para someter las controversias al servicio administrativo de resolución de controversias, no se ha dictado ninguna orden que lo desarrolle por lo que, en la práctica, se usa la **Oficina de Atención al Usuario de Telecomunicaciones** para tramitar las reclamaciones y el reglamento previsto en la O ITC/1030/2007 (anterior a la L 11/2022).

481 **Presentación de la reclamación** La **unidad administrativa** que tramita y propone la resolución de las reclamaciones que los usuarios de telecomunicaciones es la Oficina de Atención al Usuario de Telecomunicaciones.
El usuario final **puede presentar la solicitud** que da inicio el procedimiento **cuando** el operador no responda a su reclamación en el plazo de un mes o en supuesto de que la respuesta sea insatisfactoria para sus pretensiones (O ITC/1030/2007 art.4).
Las solicitudes as reclamaciones se pueden presentarse:
• **Por vía electrónica**, si dispone de certificado digital o firma electrónica reconocida en https://usuariosteleco.digital.gob.es/reclamaciones.
• **En papel**:
- a través de correo postal en cualquier oficina de Correos;
- de forma presencial en la Oficina en la dirección C/ Poeta Joan Maragall, nº41, 28071 Madrid; o
- en los registros de cualquier órgano administrativo estatal, autonómico o local.

482 **Procedimiento** Recibida la solicitud se sigue el siguiente **procedimiento**:
- la persona que ha presentado la reclamación recibe un escrito confirmando la recepción de la misma e informándole del procedimiento que se seguirá;
- se da traslado de la reclamación al operador para que informe acerca de los extremos contenidos en la reclamación en un plazo de 15 días (O ITC/1030/2007 art.5); y
- se da traslado del informe al reclamante para que aporte las alegaciones que estime oportunas en un plazo de 15 días (O ITC/1030/2007 art.6).

483 **Resolución** (O ITC/1030/2007 art.8 y 9) La resolución debe ser **motivada** y decidir sobre todas las cuestiones planteadas y aquellas otras derivadas de las mismas, aplicando los derechos que a los usuarios finales se les reconoce en la L 11/2022 y su normativa de desarrollo.
Para la resolución, se debe tener en cuenta, cuando proceda, la situación del operador en cuanto al cumplimiento de los requisitos sobre **calidad de la facturación**.
El **plazo** para resolver y notificar la resolución es de 6 meses desde la fecha en que la solicitud haya tenido entrada en el registro.
La resolución debe ser **notificada** a los operadores y los usuarios finales y puede ser **impugnada** en vía contencioso-administrativa.

SECCIÓN 4

Energía eléctrica

484 Debido a la **dispersión normativa** en el sector de actividad de comercialización y suministro de energía eléctrica, se aprobó el RD 88/2026, que entró en vigor el 12-2-2026, para dar respuesta a los distintos desafíos y objetivos de política energética definidos a nivel nacional y europeo.
En el marco actual marcado por una marcada transición a una economía sostenible, los **consumidores** tienen un **protagonismo primordial** y por tanto se deben regular ciertos aspectos como el cambio de comercialización o el marco de reclamaciones para asegurar un adecuado equilibrio entre la política energética y la protección del consumidor de energía eléctrica.
Debe prestarse especial atención a la protección del consumidor en la contratación telefónica en caso de llamadas no deseadas o *spam*.
El sector energético concentra un gran número de **quejas y reclamaciones** sin que los operadores estuvieran adoptando medidas proactivas para reducir ese número. La CNMV pone de manifiesto en sus informes la existencia de un problema estructural en torno a las reclamaciones relativas a la facturación de servicios energéticos y el Defensor del Pueblo resalta que falta, en ocasiones, voluntad por parte de las empresas para acudir a vías alternativas de resolución de conflictos omitiendo la información sobre las vías de reclamación disponibles.
Al suministro y distribución de electricidad, como **servicio de carácter básico** de interés general (nº 366), siempre les es de aplicación la L 10/2025 (ver nº 355 s.), pero el RD 88/2026 contiene una serie de especialidades que trataremos a continuación.

1. Definiciones

(RD 88/2026 art.2)

A los efectos del RD 88/2026, es necesario conocer la definición de una serie de conceptos usados por este en relación con las actividades minoristas del sector eléctrico. 485

Agregación Es la actividad realizada por personas físicas o jurídicas que combinan múltiples consumos o electricidad generada de consumidores para su venta o compra en el mercado eléctrico. 486
En relación a este concepto, se considera **agregador independiente** aquel que presta servicios de agregación y que no está relacionado con el comercializador del consumidor.

Comercializador de energía eléctrica Se define como la sociedad mercantil o cooperativa que, accediendo a las redes de transporte o distribución, adquiere energía para su venta a los consumidores, a otros sujetos del sistema o para realizar operaciones de intercambio internacionales. 487
Hay que **diferenciar** entre comercializador:
- entrante: es el que, en un proceso de cambio de comercializador, solicita al distribuidor el cambio a su favor; y
- saliente: es el que deja de suministrar al consumidor una vez se finaliza el proceso de cambio.

Consumidor Es la persona física o jurídica que adquiere energía para su propio consumo, para la prestación de servicios de recarga de vehículos eléctricos (L 24/2013 art.48) o de suministro eléctrico para embarcaciones, aeronaves o ferrocarriles (L 24/2013 disp.adicional 21ª). 488
Debe hacerse una **doble diferenciación** respecto al consumidor:
- activo: es un consumidor o grupo de consumidores que actúan conjuntamente consumiendo, almacenando electricidad, vendiendo electricidad autogenerada, siempre que la actividad no constituya su principal actividad profesional o comercial.
- directo: es el consumidor que adquiere energía de manera directa en los mercados de electricidad.

Suministro de energía eléctrica Se define como la entrega de electricidad a través de redes de transporte y distribución al consumidor para su propio consumo o para la reventa prestando servicios de recarga energética. 489

2. Quejas y reclamaciones

Ante comercializadora, prestadora de servicios de agregación o distribuidora 490
(RD 88/2026 art.55) Los clientes deben formular sus **quejas o reclamaciones previamente ante** el servicio de atención al consumidor de la empresa comercializadora, prestadora de servicios de agregación o distribuidora antes de acudir a otras vías de reclamación.
El **servicio de atención al consumidor** debe ser gratuito, eficaz, universalmente accesible, inclusivo, no discriminatorio y evaluable.
Debe facilitarse al consumidor un **número de referencia** para tener constancia de la reclamación queja o petición, con independencia del canal de presentación, además de poder conocer siempre el estado de la misma.
Si el método para presentar la queja, reclamación o incidencia es:
• **Telefónico:** la comercializadora, prestadora de servicios de agregación y la distribuidora están obligadas a informar al consumidor del derecho a solicitar un documento que acredite su presentación y contenido.
• **Electrónico:** se debe remitir acuse debidamente identificado y el plazo máximo de resolución a partir del cual se debe entender como desestimado.

Plazo El servicio de atención al consumidor debe contestar las quejas o reclamaciones en un plazo **máximo** de 15 días hábiles **salvo** las reclamaciones de consumidores de menos de 15 kW contratados en relación a la medida de consumo, facturas emitidas, cortes indebidos que es de 5 días hábiles (RD 1955/2000 art.103.2.D). 491
Si pasados 15 días, el consumidor **no ha obtenido respuesta satisfactoria**, puede acudir a las vías alternativas (defensor del cliente, sistemas alternativos de resolución de conflictos o remisión a la comunidad autónoma).

492 **Ante el defensor del cliente** (RD 88/2026 art.56) Las empresas comercializadoras, agregadores independientes y distribuidores pueden crear la figura del defensor del cliente. Se trata de un **mecanismo adicional de protección** al consumidor y su resolución es vinculante para la empresa sobre discrepancias en la facturación de los servicios contratados.

Como mecanismo adicional que es, su existencia **no limita ni sustituye** los cauces ordinarios de reclamación ni el acceso a los mecanismos de resolución de controversias.

En caso de crear esta figura, las empresas deben **comunicarlo** a la CNMV para que confirme que se cumplen los requisitos de calidad, transparencia y protección al consumidor. La CNMV identificará en su portal web todas las empresas que dispongan de este mecanismo, publicando los datos de contacto del defensor del cliente de cada entidad.

Además, la CNMV puede dirigirse a los principales operadores del sector para que **justifiquen por qué no han nombrado** un defensor del cliente.

493 **Ante un sistema alternativo de resolución de conflictos** (RD 88/2026 art.57) Los consumidores pueden reclamar ante las **juntas arbitrales de consumo** siguiendo su normativa reguladora (nº 5260 s.) o ante una **entidad de resolución alternativa** acreditada.

La **CNMV puede requerir** a las empresas para que le informen sobre los sistemas alternativos de resolución a los que están adheridos.

494 **Ante la comunidad autónoma** (RD 88/2026 art.58) Las comunidades autónomas y las ciudades autónomas de Ceuta y Melilla pueden establecer **procedimientos administrativos** en relación con reclamaciones en relación con los suministros, acceso a redes o facturación de suministros eléctricos realizados en su territorio.

Estos procedimientos administrativos serán sin perjuicio de las actuaciones que puedan producirse en **vía jurisdiccional**.

La CNMV colaborará con las comunidades y ciudades autónomas para lograr una mayor protección de los consumidores, pudiendo articular acciones de **cooperación**.

CAPÍTULO 4

Contratos con consumidores

500

SECCIÓN 1

Contrato de consumo

510

Se **define** un contrato de consumo como aquel contrato elaborado entre un consumidor o usuario (nº 20) y un empresario (nº 30). No se dice nada en cuanto sobre qué contenido debe versar el contrato, por lo que debe entenderse que el contrato de consumo es un concepto amplio que incluye cualquier contrato celebrado con un consumidor, cualquiera que sea su **objeto**. Esto no significa que no haya contratos con ciertas **particularidades** como pueden ser p.e. los contratos a distancia (nº 860 s.), los créditos al consumo (nº 1000 s.) o la compraventa a plazos (nº 1320 s.). 513

En general, la LGDCU es aplicable a los siguientes **contratos**:
- de **venta** (nº 55), en virtud del cual se transfiere al consumidor la propiedad de un bien a cambio del pago de un precio (p.e. la compra de un ordenador);
- de **servicios** (nº 55), por los que el empresario presta o se compromete a prestar un servicio al consumidor a cambio del pago de un precio (p.e. el transporte de mudanza);
- **complementario** (nº 60), por el que el consumidor adquiere bienes o servicios sobre la base de otro contrato y dichos bienes o servicios son prestados por el empresario o un tercero (p.e. la reparación de la línea telefónica).

La **definición de bien** es la de una cosa física y corporal; el agua, el gas y la electricidad son bienes cuando están envasados para su venta en un volumen limitado o en cantidades determinadas (p.e. una bombona de butano).

El consumidor, a la hora de contratar, suele encontrarse en **situación de desigualdad** respecto al empresario. Esto puede suponer una merma en los derechos de los derechos del consumidor que compra un bien, por lo que se debe garantizar un equilibrio entre las partes evitando cláusulas abusivas (ver nº 786 s.).

Con esta finalidad, las **garantías** de los contratos hechos con consumidores (o contratos de consumo) giran en torno a 4 bloques:
- **disposiciones comunes** para todos los contratos con consumidores (nº 520 s.);
- regulación del **derecho de desestimiento** (nº 640 s.);
- condiciones generales de la contratación en **contrato de adhesión** (nº 690 s.);
- **cláusulas abusivas** (nº 780 s.).

La LGDCU da primacía a las disposiciones legales sobre la **autonomía de la voluntad de las partes** y ello se debe a que se considera único medio de garantizar una efectiva protección del consumidor. Las disposiciones legales constituyen un esqueleto o armazón básico de protección del que no se puede prescindir.

Cuadro normativo (LGDCU art.59.2) El contrato de consumo se **rige jerárquicamente** por lo establecido en: 516
- la normativa sectorial europea;
- las leyes especiales (por ejemplo, la L 16/2011, de contratos de crédito al consumo);

- la LGDCU;
- el derecho común (CC o CCom).

El **Derecho europeo** tiene cierta prevalencia sobre el nacional en la protección de los consumidores y la propia LGDCU establece que se permite ampliar la protección del consumidor mediante leyes sectoriales, siempre que no contradigan a la normativa de la UE.

La aplicación de estas normas depende también del **tipo de cláusula** del contrato, así si la cláusula es:

- **Negociada individualmente**, se rige por el derecho común sin que se aplique la protección de los consumidores, puesto que la negociación individual entre empresario y consumidor anula la supuesta prevalencia del primero. En cualquier caso debe respetarse el contenido mínimo de protección de la LGDCU.
- **Predispuesta por el empresario**, se rigen plenamente por la legislación de protección a los consumidores y la LGDCU. Es una cláusula que no se aplica de forma generalizada a todos los contratos, pero que es impuesta por el empresario.
- **Condiciones generales de la contratación** (nº 690 s.), se someten a la L 7/1998 de condiciones generales de la contratación (a partir de ahora LCGC) y la LGDCU.

A. Disposiciones comunes

520

521 Para ver las diferentes **obligaciones, derechos y prohibiciones** relativas al contrato de consumo y facilitar su clasificación y comprensión, vamos a dividirlas, de forma más o menos flexible, en disposiciones que afectan a los consumidores antes del contrato, durante el perfeccionamiento del contrato y después del contrato.

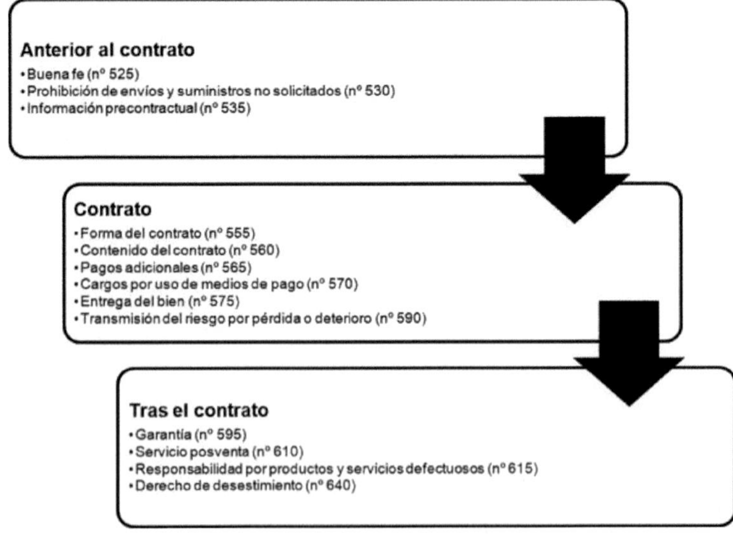

1. Buena fe

(LGDCU art.80.1.c; CC art.1258)

La exigencia de la buena fe contractual es un **fundamento común** a todo tipo de contratación que obliga a que las partes que inician negociaciones sobre un contrato deben facilitar todos los **datos** que la otra parte deba conocer a efectos de evitar un posible error de consentimiento. 525

En el **ámbito de consumo**, la exigencia de buena fe es especialmente intensa porque se presume que el consumidor carece de **conocimientos técnicos o profesionales** específicos, por lo que deposita una confianza en el profesional que, en calidad de experto, le debe informar de las condiciones y objeto del contrato.

Precisiones En derecho, una actuación de buena fe se **define** como la conciencia de no estar quebrantando ninguna norma o derecho ajeno. El que actúa de buena fe cree, con verdad o sin ella, que está actuando lícitamente. Donde hay buena fe no puede haber dolo o malicia pero sí puede haber ignorancia, desconocimiento o una falsa creencia.

2. Envíos y suministros no solicitados

(LGDCU art.66 quater)

Están prohibidos los envíos y suministros no solicitados. Esta prohibición tiene la **finalidad** de impedir prácticas engañosas por parte de empresas que envían bienes no solicitados y luego exigen su pago si el consumidor no los devuelve. 530

Está terminantemente **prohibido** el envío de bienes o suministro de servicios si no se ha solicitado expresamente por el consumidor. La falta de respuesta no puede ser considerada nunca como consentimiento tácito.

Está, sin embargo, **permitido** el envío de muestras o servicios gratuitos siempre que no se incluya la pretensión de pago de ninguna naturaleza.

Si, a pesar de la prohibición, el empresario **envía** bienes o suministros no solicitados (AP Baleares 15-9-09, EDJ 251882):

<table>
<tr><th>Consumidor</th><th>Empresario</th></tr>
<tr><td>No está obligado a devolver el bien ni a custodiarlo.</td><td>Puede ser sancionado administrativamente.</td></tr>
<tr><td>No es responsable de los daños sufridos por el bien si lo devuelve.</td><td rowspan="2">No puede reclamar pago alguno.</td></tr>
<tr><td>Puede pedir daños y perjuicios por los gastos o inconveniencias sufridas.</td></tr>
</table>

Precisiones **1)** Cuando un producto es entregado en **depósito para su examen** con un plazo determinado para prestar conformidad, y no se ha otorgado consentimiento expreso para la compraventa, el intento de devolución dentro o fuera del plazo no puede considerarse extemporáneo, y no existe un contrato de compraventa perfeccionado que obligue al pago (AP Madrid 2-4-07, EDJ 113327).
2) Cuando una empresa impone servicios adicionales no solicitados mediante **casillas preseleccionadas** en un proceso de contratación, se vulnera la normativa de protección al consumidor, siendo nula la sanción por no indicar el precio final completo si los cargos adicionales son claramente informados y opcionales, y la sanción será válida si se impone la contratación de servicios accesorios sin consentimiento expreso del consumidor (TSJ Baleares contencioso 30-4-13, EDJ 99944).
3) En el ámbito de la enseñanza en un **colegio privado**, no puede considerarse que la **enseñanza obligatoria de una asignatura**, impartida conforme a las normas nacionales, constituya un «suministro no solicitado» de servicios. Por tanto, el padre no puede quedar exento del pago de la matrícula por no haber solicitado una asignatura específica o por insatisfacción con la calidad de la enseñanza, siendo estas cuestiones reguladas por el Derecho contractual nacional (TJUE 30-4-25, nº C-429/24).

3. Información precontractual

Obtener información correcta sobre los bienes y servicios antes del contrato es un **derecho** básico del consumidor, por lo que los poderes públicos tienen la obligación de asegurar la eficacia de tal derecho (LGDCU art.8 y 17). 535

Este **deber** de información no es exclusivo de los contratos de consumo, sino que es una exigencia general de toda contratación, aunque en el ámbito de los consumidores se justifica una mayor protección con una información precontractual más intensa.

El empresario debe poner a disposición de todo consumidor la información relevante, veraz y suficiente sobre las **características esenciales del contrato**, en particular de (LGDCU art.60):
- el objeto del contrato (descripción del producto, clase de contrato, etc.);
- sus condiciones jurídicas (cláusulas, garantías, etc.);
- sus condiciones económicas (pago, gastos, etc.);

P.e. en un contrato de compra de un inmueble, las características esenciales serían el precio, forma de pago, consecuencias del impago, descripción del inmueble, su superficie, ubicación, materiales de construcción, etc.

Esta exigencia de información tiene como **finalidad** evitar vicios en el consentimiento del contrato (error y dolo), evitando, en lo posible, la nulidad de los contratos y el consiguiente daño en el tráfico mercantil. Además, también favorece la expulsión del mercado de aquellos productos que otorguen menor información al poder el consumidor optar por productos de mejor calidad.

Incumbe al empresario la **carga de la prueba** del cumplimiento de estos requisitos de información.

Al margen de las sanciones jurídico-públicas que se prevén en muchas normativas de consumo, el **incumplimiento** del deber de información, puede ser causa de anulación del contrato y acarrear responsabilidad para el empresario que incumple deliberadamente sus obligaciones legales. Por ejemplo, en el caso de adquisición de acciones de un banco, la información financiera del folleto era gravemente inexacta por lo que, al ser el folleto un elemento decisivo para evaluar los riesgos y la solvencia del banco, hay nulidad del contrato por error en el consentimiento (TS 3-2-16, EDJ 1990; 6-6-13, EDJ 119038).

Precisiones **1)** Con carácter general, se ha dicho (Torres Lana) que el derecho a la información tiene **eficacia jurídica** en un triple momento:

• En la **fase preparatoria** o de formación de la voluntad contractual. De un lado, por la posible responsabilidad in contrahendo por los tratos previos. De otro, porque el contenido de la oferta, promoción o publicidad se proyecta después sobre el eventual contenido del contrato.

• En el momento de **perfección del contrato**. La deficiente información puede provocar: la nulidad del contrato por vicios del consentimiento; la nulidad parcial (LGDCU art.83); o la resolución por incumplimiento (CC art.1124), en cuya categoría queda incluida la frustración de las expectativas del adquirente como contenido natural del contrato (LGDCU art.61).

• Finalmente, en fase de **ejecución contractual**, la eficacia del contrato queda teñida por la interpretación más favorable al consumidor del contenido contractual. Como consecuencia, la información proporcionada se transforma en exigible, según la regla de la integración contractual del CC art.1258 y LGDCU art.61.

2) Se considera cláusula abusiva el **incumplimiento** del deber de información precontractual por el empresario al consumidor (TS 12-12-11, EDJ 307889; 17-1-18, EDJ 1511; AP Asturias 6-3-24, EDJ 561393; AP Barcelona 17-3-23, EDJ 588314).

3) Un consumidor adquirió un **vehículo** ofertado con la expectativa de recibir **ayudas públicas** del programa MOVES III, reflejadas en un email que indicaba una concesión cierta, sin advertir que dichas ayudas dependían de normativas autonómicas y que en el ugar de residencia del consumidor, no estaban desarrolladas ni aplicables, lo que generó un déficit informativo relevante que genera responsabilidad indemnizatoria por daños y perjuicios. (AP Cantabria 13-2-23, EDJ 580064).

4) La Dir (UE) 2024/825 sobre empoderamiento de los consumidores para la **transición ecológica**, que tiene una fecha máxima de transposición de 27-3-2026. Entre otras cuestiones, obliga a:
- proporcionar información específica sobre la **durabilidad y reparabilidad** de los productos, así como la **disponibilidad de actualizaciones**; e
- informar, antes del contrato, de los **servicios posventa** y sus condiciones, incluidos los servicios de reparación cuando se presten dichos servicios.

538 **Características** (LGDCU art.60; AP Castellón 21-12-10, EDJ 329771) Partiendo de todo lo dicho, es evidente que la información previa al contrato no puede quedar al libre arbitrio de los profesionales o empresarios, por lo que debe fijarse legalmente el alcance y contenido de la obligación y velar por su cumplimiento. De este modo, la información previa debe cumplir una serie **requisitos** establecidos legalmente y ser:

• **Clara**, la redacción de la información debe ser clara visualmente y legible. La ilegibilidad puede ser considerada como un afán por ocultar el contenido de algún elemento (p.e. si se utiliza letra muy pequeña).

• **Comprensible**, se debe facilitar el entendimiento por parte del consumidor sobe la información que se presenta. Abarca la necesidad de estar redactada en un idioma comprensible al consumidor con palabras no técnicas y fácilmente entendibles por un profano.

• **Adaptada a las circunstancias**, no toda la información debe ser necesariamente igual aunque sean sobre un mismo producto. Puede tenerse en cuenta aspectos como las personas a las que va dirigida, el lugar en que se facilita, el tipo de producto, etc.

• **Veraz**, la información debe ser cierta y comprobable por el consumidor. Los datos facilitados no pueden ser sesgados y ocultar efectos perjudiciales que el producto puede ocasionar al consumidor (p.e. contraindicaciones de medicamentos o posible toxicidad).
• **Suficiente**, la información debe ser la necesaria para que el consumidor tenga en su poder todos los datos imprescindibles para llevar a cabo la elección.
• **Relevante**, la información no debe quedar limitada a los aspectos accesorios o secundarios del producto o servicio, sino que debe tener la amplitud para abarcar los aspectos esenciales y fundamentales para tomar la decisión. P.e. en el caso de compra de un coche, la información no puede limitarse a los diferentes colores en que puede ser comprado, sino que debe informarse de las características técnicas del vehículo y sus medidas de seguridad.
• **Gratuita**, la información debe proporcionarse de forma gratuita. Es una obligación del empresario y por tanto este debe asumir los costes de facilitarla al consumidor.
• **Previa**, debe facilitarse la información antes de celebrar el contrato. La información no puede confundirse con la publicidad del producto que lleve a cabo el empresario. La publicidad es de carácter general y dirigida a todo el mundo, mientras que la información debe ser puntual y dirigida al consumidor concreto que la solicita.
• **Esencial**, deben resaltarse las condiciones jurídicas y económicas de los bienes o servicios de los que se presta la información.
• **Accesible**, debe editarse en formatos que garanticen su comprobación.
Sin perjuicio de la normativa sectorial que en su caso resulte de aplicación, principalmente cuando se trata de **consumidores vulnerables**, la información se debe facilitar en un formato fácilmente accesible, garantizando en su caso la asistencia necesaria, de forma que aseguren su adecuada comprensión y permitan la toma de decisiones óptimas para sus intereses.

Contenido mínimo (LGDCU art.60.2) La información precontractual debe tener un contenido mínimo e imperativo e incluir: **540**
• **Nombre, razón social y domicilio** completo del responsable de la oferta y del comerciante por cuya cuenta se actúa.
• **Precio** completo, incluyendo impuestos y presupuestos. Debe desglosarse el importe de los incrementos o descuentos que sean de aplicación, los gastos que se repercutan al consumidor, gastos adicionales por servicios accesorios, financiación y condiciones de pago. P.e. en el caso de compra de un vehículo, si el traslado del coche desde la fábrica hasta el concesionario supone un coste, este debe incluirse en el precio de venta (TJUE 7-7-16, nº C-476/2014).
• **Fecha** de entrega, ejecución y duración del contrato.
• Procedimiento para la **extinción** el contrato.
• **Garantía** ofrecida al consumidor.
• **Lengua** o lenguas en las que puede formalizarse el contrato si no es en la que se ha ofrecido la información.
• **Funcionalidad** de los bienes con elementos digitales, el contenido digital y los servicios digitales, incluidas las medidas técnicas de protección aplicables, como son, entre otras, la protección a través de la gestión de los derechos digitales o la codificación regional.
• Toda **compatibilidad e interoperabilidad** relevante de los bienes con elementos digitales, el contenido digital y los servicios digitales conocidos por el empresario o que quepa esperar razonablemente que conozca, como son, entre otros, el sistema operativo, la versión necesaria o determinados elementos de los soportes físicos.
• Existencia del derecho de **desestimiento**, plazo y forma de ejercitarlo (LGDCU art.69).
• Dirección completa en la que el consumidor o usuario puede presentar **quejas y reclamaciones**, así como, en su caso, el sistema extrajudicial de resolución de conflictos.

Contratos especiales Existen **deberes específicos** de información atendiendo a tipos especiales de contratos. Estas especialidades pueden ser establecidas en la propia LGDCU o bien en leyes especiales. **542**

Tipo de contrato	Ley que contiene las especialidades	Marginal
Viaje combinado	LGDCU.	nº 3767
Crédito al consumo	L 16/2011, de contratos de créditos al consumo (LCCo).	nº 1077 s.
Compraventa de vivienda	RD 515/1989, de protección de los consumidores en cuanto a la información a suministrar en la compraventa y arrendamiento de viviendas.	nº 2557
Aprovechamiento por turnos de inmuebles	L 4/2012 de contratos de aprovechamiento por turno de bienes de uso turístico, adquisición de productos vacacionales de larga duración, reventa y de intercambio y normas tributarias.	nº 2900 s.

Tipo de contrato	Ley que contiene las especialidades	Marginal
Préstamo o crédito hipotecario	L 5/2019, de contratos de crédito inmobiliario.	nº 2744 s.
Intermediación para celebrar préstamo o crédito	L 5/2019, de contratos de crédito inmobiliario.	nº 2744 s.
Prestación de servicios	L 17/2009, de libre acceso a la actividad de servicios y su ejercicio.	nº 544
A distancia y fuera de establecimiento mercantil	LGDCU.	nº 891 s.
Electrónico	L 34/2002, de servicios de la sociedad de la información y de comercio electrónico.	nº 948
Bancario	OM EHA/2899/2011, de transparencia y protección del cliente de servicios bancarios.	nº 3313
Telecomunicaciones	RD 899/2009, de la carta de derechos del usuario de los servicios de comunicaciones electrónicas.	nº 3845 s.

544 **Información en los contratos de prestación de servicio** (L 17/2009 art.22) Los prestadores de servicios (p.e. un abogado, un arquitecto, un médico privado...) están obligados a poner a disposición de los consumidores de forma clara e inequívoca la siguiente **información mínima** sin petición previa del consumidor:
- **datos de identidad**, forma y régimen jurídico, número de identificación fiscal, dirección del establecimiento y datos que permitan ponerse en contacto con él de forma electrónica;
- **datos registrales** del prestador de servicios;
- datos de la autoridad que le haya otorgado **autorización** para operar;
- **cualificación profesional** y dónde fue otorgada, colegio profesional, asociación u organismo en el que esté inscrito el prestador (en las profesiones reguladas p.e. abogacía, medicina, etc.);
- las **condiciones y cláusulas** relativas a la legislación y jurisdicción aplicables al contrato;
- **garantías de posventa** adicionales exigidas por la ley (si es el caso);
- el **precio** completo del servicio, incluidos impuestos, si el prestador fija previamente un precio para determinado servicio;
- las principales **características del servicio** ofrecido;
- el **seguro** o garantía exigida (si es el caso) y los datos del asegurador cobertura del seguro;
- **lengua** o lenguas en que puede formalizarse el contrato si no es la lengua en la que se presta la información;
- la existencia del **derecho desestimiento**, el plazo y la forma de ejercitarlo.

La información obligatoria debe ponerse a **disposición**:
- en el **lugar** de prestación del servicio o de celebración del contrato;
- por **vía** electrónica mediante una página web;
- en **todo documento** que se facilite al destinatario y que detalle los servicios que se prestan.

Junto a esta información mínima, si el consumidor lo pide, el prestador debe informar **adicionalmente** sobre:
- el **precio** cuando no esté previamente fijado, y si no se puede indicar, el método para calcularlo o un presupuesto suficientemente detallado;
- **fecha de entrega**, ejecución del contrato y duración;
- normas de **acceso a la profesión** (en caso de profesiones reguladas);
- posibles **conflictos de interés** y las medidas para evitarlos;
- **códigos de conducta** a los que esté sometido el prestador; y
- condiciones para hacer uso de **medios extrajudiciales** de resolución de conflictos cuando se prevean.

Precisiones El contrato de servicios entre **abogado** y consumidor está sujeto a las **normas de consumo**. Aunque es imposible el control directo de abusividad sobre el precio, puede aplicarse un control de transparencia para comprobar si la información suministrada al cliente fue suficiente y transparente, permitiendo a un consumidor medio conocer o prever razonablemente el coste final del servicio contratado (AP Asturias 16-7-25, EDJ 642716).

Información en ofertas comerciales de bienes y servicios (LGDCU art.20) Las prácticas comerciales que, de un modo adecuado al medio de comunicación utilizado, incluyan información sobre las **características del bien o servicio** y su **precio** deben contener, al menos, la siguiente información: 545
- nombre, razón social y domicilio completo del empresario responsable de la oferta comercial y, en su caso, nombre, razón social y dirección completa del empresario por cuya cuenta actúa;
- las características esenciales del bien o servicio de una forma adecuada a su naturaleza y al medio de comunicación utilizado;
- el precio final completo, incluidos los impuestos, desglosando, en su caso, el importe de los incrementos o descuentos que sean de aplicación a la oferta y los gastos adicionales que se repercutan al consumidor o usuario.
- los procedimientos de pago y los plazos de entrega y ejecución del contrato, cuando se aparten de las exigencias de la diligencia profesional, entendiendo por tal el nivel de competencia y cuidados especiales que cabe esperar de un empresario conforme a las prácticas honestas del mercado;
- en su caso, existencia del derecho de desistimiento; y
- en el caso de bienes y servicios ofrecidos en mercados en línea, si el tercero que ofrece el bien o servicio tiene la condición de empresario o no, con arreglo a su declaración al proveedor del mercado en línea.

Precisiones **1)** Cuando debido a la naturaleza del bien o servicio, **no pueda fijarse con exactitud el precio** en la oferta comercial, deberá informarse sobre la base de cálculo que permita al consumidor o usuario comprobar el precio. Igualmente, cuando los gastos adicionales que se repercutan al consumidor o usuario no puedan ser calculados de antemano por razones objetivas, debe informarse del hecho de que existen dichos gastos adicionales y, si se conoce, su importe estimado.
2) Se impuso sanciones por prácticas comerciales desleales mediante publicidad que induce a error sobre el precio final de sus servicios y productos, pues el **precio** publicitado en **letra de mayor tamaño** no era el total, ya que a la cuota de fibra habría que sumar la cuota de línea, circunstancia que se indica en letra muy pequeña, de difícil lectura, que puede fácilmente pasar desapercibida, y ello a pesar de que el precio de la cuota de línea es superior al de la fibra (TSJ Cataluña contencioso 18-6-25, EDJ 659405).

La información necesaria a incluir en la oferta comercial **debe facilitarse** a los consumidores o usuarios, principalmente cuando se trate de personas consumidoras vulnerables, en términos claros, comprensibles, veraces y en un formato que garantice su accesibilidad, de forma que aseguren su adecuada comprensión y permitan la toma de decisiones óptimas para sus intereses. 546
Las prácticas comerciales consistentes en ofrecer a los consumidores y usuarios la **posibilidad de buscar bienes y servicios** ofertados por **distintos empresarios o consumidores** y usuarios sobre la base de una consulta en forma de palabra clave, expresión u otro tipo de dato introducido, independientemente de dónde se realicen las transacciones en último término, deberán contener, en una sección específica de la interfaz en línea que sea fácil y directamente accesible desde la página en la que se presenten los resultados de la búsqueda, la siguiente información:
- información general relativa a los **principales parámetros** que determinan la **clasificación** de los bienes y servicios presentados al consumidor y usuario como resultado de la búsqueda; y
- la **importancia relativa** de dichos parámetros frente a otros.
Cuando un empresario facilita el acceso a las **reseñas de los consumidores y usuarios** sobre bienes y servicios, deben especificarse si el empresario garantiza o no que las reseñas publicadas han sido efectuadas por consumidores y usuarios que han utilizado o adquirido realmente el bien o servicio.
La carga de la **prueba** en relación con el cumplimiento de los requisitos de información establecidos en este artículo incumbirá al empresario.
El **incumplimiento** de esta información es considerado una práctica desleal por engañosa (LCD art.7).

Precisiones Estas previsiones no se aplican a proveedores de **motores de búsqueda en línea** (LGDCU art.20.3; Rgto (UE) 2019/1150 art.2.6).

Incumplimiento del deber de información No se deriva de forma clara y expresa los **efectos derivados del incumplimiento** del empresario del deber de información precontractual, por lo que hay que acudir a las reglas generales diferenciando si el incumplimiento es total o parcal. 547

Para determinar el alcance del incumplimiento, se puede diferenciar entre:
• **Información falsa o inexacta**, en este caso, el empresario incumple de forma activa con la obligación, ya que aparenta cumplir con ella, pero traslada al consumidor una información incompleta, falsa, poco clara o inexacta. En este caso, el consumidor puede:
- entender que no se ha cumplido con la obligación y resolver el contrato reclamando daños y perjuicios (CC art.1124; AP Madrid 19-1-11, EDJ 31798);
- exigir el cumplimiento (incluso judicialmente) de la información facilitada por parte del empresario. La información se equipara a una oferta vinculante y el empresario está obligado a cumplir expresamente las condiciones facilitadas en la información (nº 550).
• **Omisión de la información**, esta puede ser:
- total (el empresario no informa de nada), en este caso el consumidor tiene la posibilidad de resolver el contrato y pedir daños y perjuicios (CC art.1124) o acreditar alguna publicidad externa para obligar al empresario a cumplirla (LGDCU art.61);
- parcial (el empresario solo informa de algunas de las materias previstas legalmente), en este caso, siempre que la omisión sea de tal alcance que afecte a elementos esenciales del contrato puede resolverse o anularse el contrato, en caso contrario entra en juego la previsión de las ofertas vinculantes de publicidad (nº 550).

Precisiones **1)** Se considera **cláusula abusiva** el incumplimiento del deber de información precontractual por el empresario al consumidor (TS 12-12-11, EDJ 307889; 17-1-18, EDJ 1511).
2) Cuando no se facilita al consumidor información clara, comprensible y previa sobre las características, precio y objeto de los bienes, y dicha falta de información induce a **error en el consentimiento**, los contratos son nulos por vicio en el consentimiento, con la consiguiente ineficacia de los contratos (AP Madrid 30-5-23, EDJ 641072; AP Ciudad Real 9-3-23, EDJ 576474).
3) En el caso de una compra de **vehículo de segunda mano** que se describía en la publicidad como que incorporaba el **sistema *start-stop***, aunque el sistema pudiera considerarse accesorio y con independencia de que el vehículo pueda circular sin dicho sistema, se considera una falta suficientemente grave para justificar la resolución del contrato de compraventa (AP Navarra 1-10-25, EDJ 716276).

550 **Publicidad** (LGDCU art.61) La publicidad se **define** como un mecanismo a través del cual el empresario da a conocer y ofrece a los consumidores interesados la adquisición de un bien o la prestación de un servicio o bien las características mismas de los mismos.
La publicidad supone una información otorgada, claramente, en fase precontractual y el consumidor puede exigir directamente el **contenido ofertado** aunque tal contenido no figure expresamente en el contrato. Supone una extensión de elementos, en principio, externos al contrato, a los pactos puramente contractuales. Esto comporta una mejora de la situación del consumidor al que no siempre le interesa anular el contrato, sino que muchas veces le interesa más exigir al empresario que cumpla con lo ofertado en la publicidad, ya que un incumplimiento de lo ofertado en publicidad tiene las mismas consecuencias que un incumplimiento contractual.
Esta obligación es de **aplicación** no solo a la denominada oferta publicitaria (aquella que contiene los elementos esenciales del futuro contrato), sino a toda publicidad, incluso la de simple reclamo (aquella para atraer la atención del consumidor hacia un determinado producto). Desde el mismo momento en que se publicita un producto o servicio con ciertas características, surge la obligación del empresario de proporcionar dichas características a los consumidores que contraten con él.
La eficacia vinculante de la publicidad tiene 2 **excepciones**:
- si el contrato firmado con el consumidor tiene cláusulas más beneficiosas que lo ofertado en la propia publicidad, estas prevalecen sobre la publicidad (la finalidad última es beneficiar al consumidor); o
- si el contrato firmado por el consumidor ha sido negociado y este ha aceptado las modificaciones sobre la publicidad (en caso contrario el consumidor estaría yendo en contra de sus propios actos).
Para ver **otros aspectos** de la publicidad relativa a los consumidores (publicidad subliminal, prohibiciones, etc.) ver nº 4000 s.

Precisiones **1)** La publicidad sobre **objetos todavía inexistentes** (p.e. sobre un piso que está por construir), también forma parte esencial de la oferta y origina responsabilidad en el oferente (TS 7-11-88, EDJ 8769).
2) La obligación de cumplir con lo ofertado en publicidad tiene su base y deriva del **principio de buena fe**. La publicidad no puede ser engañosa y llevar al error al consumidor, sino que debe ser objetiva y veraz (CC art.1258; AP Asturias 28-6-10, EDJ 148275).
3) Se declara la resolución del contrato de compraventa de vivienda por **incumplimiento** esencial de las **condiciones iniciales ofrecidas** en materia de memoria de calidades y aspectos exterior del conjunto residencial (AP Murcia 17-10-16, EDJ 208327).

4) La publicidad sobre un objeto, sobre todo si es un **objeto aún no existente**, forma parte esencial de la oferta. El comprador tiene derecho a ser indemnizada en caso de que el promotor incumpla con lo ofertado (AP Baleares 19-1-16, EDJ 8511).
5) No puede exigirse al comprador una diligencia tendente a **comprobar todos los datos técnicos, económicos y financieros** facilitados por el vendedor que suponga partir de un escenario de desconfianza. El tráfico mercantil descansa en la confianza negocial y en la buena fe. Cuando la información precontractual tiene por objeto, aun inconscientemente, conseguir que la contraparte se forme una opinión del objeto negocial distinto del manifestado contractualmente nos hallamos ante una divergencia entre la voluntad declarada y la voluntad real, lo que supone un vicio en el consentimiento, como elemento esencial del contrato, y su consecuencia es la posibilidad de impugnarlo, pretendiendo su anulabilidad, al tratarse de un error de los motivos, que conlleva a una apreciación errónea de los mismos que fueron determinantes para contratar (TS 6-6-13, EDJ 119038).
6) Junto a este régimen genérico de la conformidad del contenido de la oferta, promoción o publicidad con el contenido del contrato, existen otros **regímenes específicos** para determinados tipos de contratos, como:
- los contratos de seguros (L 50/1980 art.6 par.1);
- los contratos de compraventa o arrendamiento de vivienda (RD 515/1989 art.3);
- los contratos de aprovechamiento por turnos (L 4/2012 art.11.2); o
- los contratos de crédito al consumo (LCCo art.8 y 9).

4. Forma del contrato

(LGDCU art.62 redacc L 10/2025 y 63; CCom art.51)

En el derecho privado español se parte del principio de **libertad de forma** en la celebración de contratos, sin embargo hay **excepciones** relevantes a este principio (p.e. el contrato de afianzamiento). Tales excepciones se basan en la idea de garantizar la univocidad del contrato, la seriedad del negocio, la perdurabilidad de la prueba, etc. **555**
No existe una previsión general expresa en la LGDCU sobre la forma del contrato de consumo, si bien puede desprenderse que existe cierta primacía de la forma escrita. A pesar de esto, se entiende que, debido a la multitud de compraventas realizadas en ciertos establecimientos (p.e. unos grandes almacenes), es válida la forma oral, siempre que quede constancia escrita de la transacción.
Existe una serie de contratos, para los que se exige **forma escrita**, p.e. los contratos celebrados fuera de establecimiento mercantil (nº 860 s.), viajes combinados (nº 3740 s.), venta de bienes muebles a plazos (nº 1325), aprovechamiento por turno de inmuebles (nº 2871 s.), los contratos de seguros (nº 3955 s.), etc.
En cualquier caso, aunque sea necesaria la forma escrita en estos contratos, normalmente se cumplimentan mediante contrato privado y no a través de **escritura pública**, que no es exigida en ningún caso por la normativa de consumo. Contratos como el de compraventa de inmuebles sí exige escritura pública, pero ésa es exigida por el Código Civil, no por la LGDCU (CC art.1279 y 1280).
En caso de **incumplimiento** de la forma escrita, cuando esta se exige por la Ley, puede entenderse que priva de validez y eficacia al contrato al ser la forma escrita un requisito formal y solemne (AP A Coruña 22-9-10, EDJ 214161).
En cuanto a los **contratos telefónicos**, se presumirá que no existe voluntad de contratar, siendo por tanto nulo el contrato, cuando se incumpla la normativa relativa a **llamadas no solicitadas**. Como excepción, en la contratación de préstamos o créditos con entidades financieras en los que se haya perfeccionado el contrato y entregado las sumas prestadas, supondrá la aplicación al contrato de los intereses legales del dinero. Si el interés pactado fuese inferior al legal, se mantendrán los intereses pactados.

Precisiones No existe **consentimiento** para la realización de la **llamada telefónica** que da lugar a la contratación si este no ha sido obtenido o renovado de forma expresa en los dos años anteriores a la comunicación.

Confirmación documental de la contratación realizada (LGDCU art.63 y 64) El empresario, para que el consumidor pueda hacer valer sus derechos, tiene la obligación de confirmar documentalmente la contratación realizada, de acuerdo con las siguientes **reglas**: **556**
• Con **carácter general**, se debe entregar recibo, justificante, copia o documento acreditativo con las condiciones esenciales de la operación, incluidas las condiciones generales de la contratación, aceptadas y firmadas por el consumidor y usuario, cuando éstas sean utilizadas en la contratación.

• Con carácter específico, en la **primera transmisión de vivienda** se debe facilitar, además, la documentación prevista en la Ley de Ordenación de la Edificación, concretamente, la documentación de la obra ejecutada (denominada «Libro del Edificio») y de los seguros y garantías con que ésta cuenta (L 38/1999 art.7 y 16.1).
• Salvo lo previsto legalmente en relación con los contratos que deban formalizarse en escritura pública, la formalización del contrato debe ser **gratuita** para el consumidor, cuando legal o reglamentariamente deba documentarse éste por escrito o en cualquier otro soporte de naturaleza duradera.
• Por último, los consumidores y usuarios tienen derecho a recibir la **factura en papel**, derecho que en ningún caso puede quedar condicionado al pago de cantidad económica alguna. Para que el empresario pueda expedir una factura electrónica debe haber obtenido previamente el consentimiento expreso del consumidor. La solicitud del consentimiento debe precisar la forma en la que se procederá a recibir la factura electrónica, así como la posibilidad de que el destinatario que haya dado su consentimiento pueda revocarlo y la forma en la que podrá realizarse dicha revocación.
La inclusión en las condiciones generales de una cláusula que predispone la **facturación electrónica** como **opción general** no vulnera el derecho del consumidor a recibir la factura en papel, siempre que el consumidor pueda prestar su consentimiento previo y expreso para la facturación electrónica en el momento de la contratación y tenga la posibilidad real y gratuita de optar por la factura en papel desde ese momento o en cualquier momento posterior sin que ello impida la contratación del servicio (AP A Coruña 20-6-22, EDJ 677766).

Precisiones **1)** Deben documentarse **por escrito** o en cualquier otro soporte de naturaleza duradera, por ejemplo: el contrato de seguro (L 50/1980 art.5); los contratos de compraventa o arrendamientos de vivienda (RD 515/1989 art.10); el contrato de crédito al consumo (LCCo art.16); el contrato de venta de bienes muebles a plazos (L 28/1998 art.6.1); el contrato de aprovechamiento por turnos (L 4/2012 art.11); los contratos celebrados fuera de los establecimientos mercantiles (LGDCU art.111.1); el contrato de viaje combinado (LGDCU art.155.1).
2) En los **contratos** celebrados **a distancia** y los celebrados **fuera del establecimiento** (nº 860 s.), se admite la entrega de dichos contratos y la confirmación de la celebración de los mismos mediante «soporte duradero». El TJUE ha aclarado que para la validez de la «entrega de información mediante soporte duradero», deben cumplirse los siguientes requisitos:
- el sitio web debe permitir al consumidor almacenar la información que se le envía personalmente de manera que pueda acceder a ella y reproducirla sin cambios durante un período de tiempo adecuado y sin que sea posible ninguna modificación unilateral por el proveedor o cualquier otro profesional; y
- si el consumidor está obligado a consultar ese sitio web para tener conocimiento de dicha información, la transmisión de esta información se debe ver acompañada de un comportamiento activo del proveedor de servicios de pago destinado a poner en conocimiento del consumidor la existencia y disponibilidad de la información en ese sitio web (TJUE 25-1-17).
3) Telefónica Móviles España fue sancionada con una multa por incluir cláusulas abusivas en sus contratos, específicamente por imponer la **factura electrónica** sin obtener el consentimiento expreso del consumidor (TS contencioso 29-4-24, EDJ 555053).
4) En **contratos bancarios**, el cliente tiene derecho a solicitar y recibir **copia** de los contratos suscritos durante la vigencia de la relación contractual, y la entidad financiera está obligada a facilitar dicha copia, ya sea en soporte papel o electrónico, conforme a la normativa vigente (AP Palencia 12-11-24, EDJ 790593).
5) Un consumidor solicitó extrajudicialmente la entrega del **contrato de crédito al consumo** formalizado con una sociedad anónima que **no es entidad financiera**, sin obtener respuesta. En procedimientos ordinarios, la entrega de documentación contractual solicitada por una parte contratante es exigible conforme al CC art.1258 y principios de buena fe (AP Madrid 18-7-24, EDJ 692911).
6) Las compañías telefónicas deben **facilitar al usuario**, con carácter previo y por escrito, las **condiciones generales** cuando las mismas hayan sido pedidas expresamente, aun tratándose de contrataciones realizadas de forma telefónica, pudiendo hacerlo tanto en el formato papel tradicional como mediante sistemas de mensajería instantánea, SMS o correo electrónico, pudiendo la empresa de telecomunicaciones ser sancionada si no atiende a la petición (TS contencioso 14-6-21, EDJ 596719).

5. Contenido del contrato

560 La LGDCU contiene una serie de referencias al contenido del contrato de consumo que deben ser resaltadas. La delimitación del contenido tiene una **doble vertiente**: una positiva (lo que debe constar en el contrato) y otra negativa (lo que está prohibido expresamente).
Por un lado, en el contrato de consumo, sin perjuicio de las especialidades de ciertos contratos (p.e. préstamo hipotecario), hay una serie de asuntos que deben constar **obligatoriamente** (LGDCU art.62 y 69):
- la voluntad inequívoca del consumidor para contratar;

- el reconocimiento del derecho a extinguir el contrato de tracto sucesivo sin ninguna sanción ni carga;
- el proceso a través del cual poner fin al contrato de tracto sucesivo;
- información sobre el derecho de desestimiento;

Por otro lado, en el contrato de consumo está expresamente **prohibida** la inclusión de cláusulas que (LGDCU art.62, 65 y 66):
- impongan obstáculos onerosos o desproporcionados para el ejercicio de los derechos reconocidos al consumidor;
- establezcan plazos excesivos o limitaciones que dificulten poner fin a un contrato de tracto sucesivo;
- obliguen al consumidor a comparecer para la realización de cobros, pagos o trámites similares;
- atenten, en general contra la buena fe (nº 525).

Precisiones En caso de que el contrato incluya un **compromiso de permanencia** por parte del usuario, si este lo incumple, la penalización por baja debe ser proporcional al número de días no efectivos del compromiso de permanencia acordado (LGDCU art.62.5).

6. Pagos adicionales
(LGDCU art.60 bis)

565 No se define en la ley española ni europea qué es un pago adicional. No obstante, se puede **definir** como todo pago derivado de un contrato que exceda del precio pactado por la obligación principal y a través del cual se remuneren prestaciones no incluidas en la prestación contratada. P.e. pagar un extra por la elección de asiento en un tren.

Para poder aplicar pagos adicionales, es obligatorio que el **consentimiento del consumidor** al pago adicional sea:
- **anterior** a la celebración del contrato;
- **expreso**, excluyendo cualquier posibilidad de consentimiento tácito o deducido.

Como consecuencia de lo anterior, el empresario debe **comunicar los pagos** adicionales de una forma clara y comprensible e incluir una opción de consentimiento específica, lo que refuerza su carácter expreso.

En caso de **incumplimiento** de los requisitos de los pagos adicionales, el consumidor puede solicitar un reembolso por los conceptos abonados en contra de su voluntad. La carga de la **prueba** de la obtención del consentimiento del consumidor corresponde al empresario.

Precisiones **1)** La inclusión de los pagos adicionales en la LGDCU se hizo mediante la L 3/2014 que incorporó al derecho español las disposiciones de la **Dir 2011/83/UE**, aunque la normativa española incorporó novedades no incluidas en la normativa europea como son la carga de la **prueba** y la obligación del empresario de **comunicar los pagos** de forma clara y comprensible.
2) Cuando en un contrato de compraventa de **billetes de avión** a través de una página web, el consumidor realiza un primer pago tras confirmación telefónica del importe total, el contrato se considera perfeccionado en ese momento, vinculando a las partes al precio inicialmente comunicado, y no puede la empresa exigir un **sobreprecio posterior** derivado de circunstancias que debió verificar previamente, como la falta de convenio entre aerolíneas, salvo que se haya informado claramente y con antelación suficiente al consumidor (AP Madrid 10-10-11, EDJ 300921).
3) La imposición de un cargo adicional por **emisión de billete electrónico**, cuando dicho cargo no constituye un gasto de documentación legalmente atribuido al empresario y no corresponde a una prestación adicional claramente diferenciada y aceptada por el consumidor, puede ser declarado abusivo y, por tanto, nulo en contratos con consumidores, especialmente si no se ha cumplido el deber de información previa y transparencia sobre dicho cargo (TS 12-12-11, EDJ 307889).
4) En contratos de consumo, la **aceptación tácita** de modificaciones contractuales que impliquen un pago adicional no es válida; el empresario debe obtener el consentimiento expreso del consumidor para cualquier **incremento tarifario** posterior a la contratación inicial, y en ausencia de dicho consentimiento expreso, el consumidor tiene derecho al reembolso de las cantidades pagadas en exceso (AP Asturias 3-7-23, EDJ 670043).

7. Cargos por uso de medios de pago
(LGDCU art.60 ter)

570 Está **prohibido** que los empresarios carguen cobros al consumidor que excedan de sus costes soportados por ellos mismos por el uso de los medios de pago (p.e. la comisión que le cobra el banco al comercio por usar el pago con tarjeta de crédito).

Como consecuencia de lo anterior, es **requisito** indispensable para cargar el cobro es que el método de pago le suponga un coste extra al empresario. Si no le supone ningún coste, no puede reclamar cantidad alguna.

Esta previsión tiene la **finalidad** de que el consumidor no tenga que abonar necesariamente o completamente en metálico ni que el empresario deba soportar el coste añadido del uso del método de pago que pone a disposición del consumidor. También pretende evitar posibles abusos del empresario y que este no obtenga beneficios derivados del uso de medios de pago.
La carga de la **prueba** del importe de los gastos corresponde al empresario que debe acreditar el importe de los gastos que ha debido pagar por la aceptación de un determinado medio de pago. Esta carga de la prueba al empresario es lógica, puesto que solo él conoce los costes soportados por el empleo de tales métodos de pago, gastos que el consumidor desconoce.

Precisiones El LGDCU art.60 ter fue incluido por trasposición de la **Dir 2011/83/UE** art.19, sin embargo en la normativa española se añadió la carga de la **prueba** del empresario.

8. Entrega del bien comprado o suministro del contenido o servicio digital

(LGDCU art.66 bis)

575 Los principales **criterios para la entrega** de los bienes de consumo adquiridos mediante un contrato de venta son los siguientes:
Las partes tienen **libertad para pactar** lo que quieran, no existe limitación del plazo de entrega si las partes están de acuerdo. Si no se pacta nada, se aplica de forma supletoria la LGDCU.
La entrega se **define** como la transmisión material y efectiva de la posesión del bien, eliminándose así entregas simbólicas.
Se fija un **plazo** máximo de 30 días naturales para entregar el bien al consumidor, aunque la entrega debe darse sin demora, es decir que la voluntad del legislador es que tal plazo no se agote.
En caso de que se **exceda el plazo**, hay que distinguir si este es esencial o no:
Si el **plazo no es esencial**, el consumidor no tiene un derecho de resolución inmediato, sino que debe solicitar al empresario la entrega, otorgándose un plazo adicional, según las circunstancias. Este plazo adicional obligatorio no está tasado y queda al arbitrio del propio consumidor; pasado el plazo adicional, el consumidor puede resolver el contrato. El empresario debe justificar el incumplimiento y si se niega a la entrega sin motivo justificado, el consumidor puede resolver el contrato de forma inmediata.
Si el **plazo es esencial**, debido a las circunstancias o por la petición expresa del consumidor al empresario de entrega del bien antes de una fecha determinada, el incumplimiento del plazo da derecho inmediato a resolver el contrato sin necesidad de otorgar prórroga.
La **resolución del contrato** por incumplimiento del plazo se traduce en la obligación de reembolso inmediato del empresario al consumidor de todas las cantidades abonadas sin demora indebida. Si el empresario no abona la devolución, el consumidor puede:
- pedir el doble de la cantidad;
- pedir daños y perjuicios (si el doble de la cantidad es inferior a los daños sufridos).
La carga de la **prueba** del cumplimiento de los plazos corresponde al empresario, tanto en la entrega del bien como en la devolución de las cantidades recibidas a cuenta.

Precisiones **1)** Lo relativo al plazo de entrega de los bienes de consumo fue agregado en la LGDCU por transposición de la **Dir 2011/83/UE** art.18. La normativa europea no contempla ningún plazo para de **devolución de las cantidades** tras la resolución del contrato y la norma española usa la expresión «sin demora indebida» que no deja de ser una concepto bastante vago.
2) En un contrato de compraventa en el que las partes han fijado **expresamente** por escrito el **plazo de entrega**, dicho plazo se considera esencial, y su incumplimiento imputable al vendedor justifica la resolución del contrato y la devolución de las cantidades entregadas, con la obligación de retirar la mercancía entregada, sin que la falta de contestación o la rebeldía del demandado exima de esta responsabilidad (AP Ciudad Real 23-11-22, EDJ 809158).
3) Cuando en un contrato de compraventa se establece un plazo de entrega determinado con **posibilidad de ampliación** solo por causas de fuerza mayor o caso fortuito, el incumplimiento prolongado e injustificado de dicho plazo por parte del vendedor legitima al comprador para resolver el contrato y exigir la devolución de las cantidades entregadas a cuenta (AP Alicante 15-12-05, EDJ 284960).
4) Cuando un vehículo adquirido presenta una falta de conformidad significativa que impide su uso y la reparación no se realiza en un **plazo razonable** ni sin mayores inconvenientes para el consumidor, este puede optar por la resolución del contrato y exigir la restitución del precio pagado, sin que el vendedor pueda imponer un nuevo plazo para la entrega del bien ni exigir el pago de la reparación como condición para su devolución (AP Tarragona 7-7-22, EDJ 660818).

576 Si se trata de **contenidos o servicios digitales**, deben suministrarse sin demora indebida tras la celebración del contrato y se entiende cumplida cuando el contenido sea puesto a disposición del consumidor sea accesible para él o para la instalación física o virtual elegida por el

consumidor y usuario para ese fin o sea accesible para el consumidor o usuario o para la instalación física o virtual elegida por el consumidor o usuario a tal fin.
Si el **empresario no suministra** el contenido o servicio digital, el consumidor puede solicitar que le sean suministrados sin demora indebida o en un período de tiempo adicional acordado expresamente por las partes. Si el empresario continúa sin cumplir. el consumidor tiene derecho a resolver el contrato. El consumidor también tiene **derecho a resolver** el contrato en el momento en el que se dé alguna de las siguientes **situaciones**:
- el empresario rechace entregar los bienes o haya declarado, o así se desprenda claramente de las circunstancias, que no suministrará los contenidos o servicios digitales; o
- las partes hayan acordado o así se desprenda claramente de las circunstancias que concurran en la celebración del contrato, que para el consumidor o usuario es esencial que la entrega o el suministro se produzca en una fecha determinada o anterior a esta.

Precisiones En el caso de un consumidor que realizó un **pedido** a través de la página **web** y se le proporcionó un enlace para seguimiento, pero sin embargo, **no recibió** el producto, constatando además que otros clientes también habían sufrido la misma situación, se concluyó que no se trataba de un retraso, sino de un incumplimiento contractual (JPI Pamplona núm 6, 29-10-20, EDJ 836996).

Principio de conformidad El vendedor está **obligado** a entregar al consumidor un producto que sea conforme con el contrato, es decir, el empresario es responsable por cualquier falta de conformidad existente en el momento de entrega del bien (AP Granada 24-10-08, EDJ 274297; AP Tarragona 16-7-09, EDJ 227928; AP Baleares 10-11-09, EDJ 292266; AP Albacete 6-4-10, EDJ 92380). 578
El concepto de conformidad se articula en torno a 2 **características**:
Reúne en un **único concepto** todas las posibles anomalías que puede sufrir el bien entregado y aúna el régimen jurídico de la responsabilidad del vendedor por ellas. Implica la responsabilidad del vendedor por todas las altas de conformidad que se produzcan entre la perfección del contrato y la entrega con la finalidad de proteger al consumidor en relación a la transmisión de riesgos (ver nº 590). La falta de conformidad afecta a los vicios jurídicos y a los aspectos físicos y técnicos del producto y su adecuación al contrato.
La **responsabilidad objetiva** del vendedor que no se basa en la culpa. La entrega del bien debe cumplir las exigencias de calidad, nivel de prestación, idoneidad o funcionalidad que se tuviera en cuenta en el contrato, es una obligación de resultado (AP León 16-3-11, EDJ 50985).
Hay conformidad cuando hay adecuación o identidad entre el objeto entregado y las características pactadas (AP Albacete 6-4-10, EDJ 92380).
Para que exista conformidad, debe cumplirse una serie de **requisitos** subjetivos y adicionalmente, si se trata de servicios o contenidos digitales, una serie de requisitos objetivos.
1) Requisitos **subjetivos** (LGDCU art.115 bis):
- ajustarse a la descripción, tipo de bien, cantidad y calidad y poseer la funcionalidad, compatibilidad, interoperabilidad y demás características que se establezcan en el contrato;
- ser apto para los fines específicos para los que el consumidor o usuario los necesite y que este haya puesto en conocimiento del empresario como muy tarde en el momento de la celebración del contrato, y respecto de los cuales el empresario haya expresado su aceptación;
- ser entregados o suministrados junto con todos los accesorios, instrucciones, también en materia de instalación o integración, y asistencia al consumidor o usuario en caso de contenidos digitales según disponga el contrato; y
- ser suministrados con actualizaciones, en el caso de los bienes, o ser actualizados, en el caso de contenidos o servicios digitales, según se establezca en el contrato.

Precisiones **1)** La falta de funcionamiento del **sistema star-stop** constituye una falta de conformidad suficientemente grave para justificar la resolución del contrato de compraventa del **vehículo de segunda mano** (AP Navarra 1-10-25, EDJ 716276).
2) En el caso de una instalación de un sistema de **aireación central de tratamiento de aire**, el equipo presentaba un **consumo eléctrico excesivo** y era imposible su **conexión a interne**t. Estos defectos eran condiciones principales y determinantes en la decisión de contratar, sobre la base de la información previa y la oferta contractual. Estas condiciones incumplidas vicianban el consentimiento prestado (AP Cantabria 1-9-25, EDJ 680277).
3) El progenitor que celebra un contrato con un **colegio privado** tiene la consideración de consumidor, pero no puede quedar exento del pago de la matrícula por no haber solicitado una asignatura específica o por **insatisfacción** con la calidad de la enseñanza (TJUE 30-4-25, nº C-429/24).
4) El **concesionario** que actúa como vendedor ante el consumidor es responsable de la falta de conformidad del bien, independientemente de su relación con el verdadero propietario del vehículo que se vende (AP Barcelona 20-2-25, EDJ 510249).
5) Salvo que el resultado se pacte o garantice, la obligación del **profesional sanitario** es de medios y no puede garantizar un resultado concreto. El informe pericial concluye que la prótesis original efectuada era válida e idónea y como la paciente dejó de acudir al dentista, se provoca la duda de si con un adecuado seguimiento no era precisa su sustitución (AP Baleares 14-2-24, EDJ 542154).

579 2) Requisitos **objetivos** adicionales para servicios o contenidos digitales (LGDCU art.115 ter):

• Ser apto para los **fines** a los que normalmente se destinen bienes, contenidos o servicios del mismo tipo.

• Poseer la **calidad** y corresponder con la descripción de la muestra o modelo del bien o ser conformes con la versión de prueba o vista previa del contenido o servicio digital que el empresario hubiese puesto a disposición del consumidor o usuario antes de la celebración del contrato.

• Entregarse o suministrarse junto con los **accesorios**, en particular el embalaje, y las instrucciones que el consumidor y usuario pueda razonablemente esperar recibir.

• Presentar la cantidad y poseer las **cualidades** y otras características que presentan normalmente productos del mismo tipo y que el consumidor puede razonablemente esperar (durabilidad, accesibilidad, continuidad, funcionalidad, compatibilidad y seguridad) teniendo en cuenta cualquier declaración pública realizada por el empresario, o en su nombre, o por otras personas en fases previas de la cadena de transacciones, incluido el productor, especialmente en la publicidad o el etiquetado. El empresario **no queda obligado** por las **declaraciones públicas**, si demuestra que:

- desconocía y no cabía razonablemente esperar que conociera la declaración en cuestión;
- en el momento de la celebración del contrato, la declaración pública había sido corregida del mismo o similar modo en el que había sido realizada; o
- la declaración pública no pudo influir en la decisión de adquirir el bien o el contenido o servicio digital.

En cuanto a las **actualizaciones**, incluidas las relativas a la seguridad, el empresario debe velar por que se comuniquen y suministren las que sean necesarias para mantener la conformidad, durante el **período**:

- que el consumidor o usuario pueda razonablemente esperar habida cuenta del tipo y la finalidad y las circunstancias y la naturaleza del contrato, cuando el contrato establezca un único acto de suministro o una serie de actos de suministro separados, en su caso; o
- en el que deba suministrarse el contenido o servicio con arreglo al contrato de compraventa o de suministro. Cuando el contrato de compraventa de bienes con elementos digitales prevea un plazo de suministro continuo igual o inferior a 3 años, el período de responsabilidad es de 3 años a partir del momento de la entrega del bien.

Existe una **presunción** de que las faltas de conformidad que se manifiesten en los 2 años siguientes a la entrega del bien o en el año siguiente al suministro del contenido o servicio digital, ya existían cuando el bien se entregó o el contenido o servicio digital se suministró, excepto cuando para los bienes esta presunción sea incompatible con su naturaleza o la índole de la falta de conformidad. Esta presunción puede ser destruida también por prueba en contrario (LGDCU art.121.1; AP Madrid 15-1-08, EDJ 15447).

Precisiones **1)** En caso de que el consumidor **no instale** en un plazo razonable las **actualizaciones** proporcionadas, el empresario no es responsable de ninguna falta de conformidad causada por la ausencia de la correspondiente actualización, siempre que se hubiese informado al consumidor acerca de la disponibilidad de la actualización y de las consecuencias de su no instalación y si la falta de actualización no se debiera a deficiencias en las instrucciones facilitadas.

2) No hay **responsabilidad por faltas de conformidad cuando** se informe de manera específica de que una determinada característica de los bienes o de los contenidos o servicios digitales se apartaba de los requisitos objetivos de conformidad establecidos y el consumidor o usuario hubiese aceptado de forma expresa y por separado dicha divergencia.

581 Como hemos visto, la falta de conformidad con el producto es responsabilidad del empresario, pero cuando debido a la actividad o pasividad del consumidor, se contribuye a la falta de conformidad, el vendedor no es responsable. Nos referimos a los **vicios y defectos aparentes**, es decir, aquellos que el consumidor conociera o debiera conocer en el momento del contrato. El vendedor queda únicamente exonerado si el consumidor ha podido conocer el vicio y hacerse una idea de las consecuencias del mismo, puesto que un vicio puede ser aparente en el momento de la compra pero estar oculta la **gravedad** de sus consecuencias. P.e. en la compra de un coche de segunda mano, que se vea una abolladura sería un defecto aparente, pero el comprador podría no ser consciente de que el golpe afecta al motor.

En cualquier caso, quedan fuera de la exoneración los **vicios ocultos**, p.e. la compra de un coche cuyo motor comienza a padecer graves averías 3 meses después de la compra (CC art.1484; AP Las Palmas 14-5-12, EDJ 191104).

Precisiones Para valorar el carácter aparente del vicio o defecto se atiende a un **criterio subjetivo** como es la diligencia y los conocimientos medios del comprador.

Instalación del producto (LGDCU art.115 quater) En el caso de una incorrecta **instalación** del producto, la falta de conformidad respecto a la instalación se equipara a la falta de conformidad del producto mismo si: 584
- la instalación o integración incorrecta haya sido realizada por el empresario o bajo su responsabilidad y, en el supuesto de tratarse de una compraventa de bienes, su instalación esté incluida en el contrato; o
- en el contrato esté previsto que la instalación o la integración la realice el consumidor o usuario, haya sido realizada por este y la instalación o la integración incorrecta se deba a deficiencias en las instrucciones de instalación o integración proporcionadas por el empresario o, en el caso de bienes con elementos digitales, proporcionadas por el empresario.

Precisiones 1) En un contrato de compraventa de un aparato de **aire acondicionado** con instalación incluida, el equipo funcionaba pero su **rendimiento era inadecuado** al no producir un caudal adecuado de aire debido a una deficiente instalación que no fue advertida previamente al consumidor, se considera que existe inhabilidad del objeto adquirido y se justifica la resolución del contrato con indemnización (AP Málaga 30-6-23, EDJ 696585).
2) Si una instalación presenta defectos tanto de fabricación como de instalación, los **gastos necesarios** para subsanar las deficiencias ocasionadas por la instalación defectuosa deben ser abonados por el responsable de dicha instalación, incluso si la reparación o sustitución del producto defectuoso es gratuita para el consumidor (AP Baleares 26-9-22, EDJ 734654).
3) Un consumidor contrató la adquisición e instalación de un equipo de **aire acondicionado**. Un **roedor** se introdujo en el equipo causando una avería. El **manual de instalación advertía** sobre la necesidad de evitar que pequeños animales accedieran a la unidad y no se acreditó que la se cumpliera con estas medidas. La incorrecta instalación del equipo se considera como falta de conformidad (AP Castellón 27-4-22, EDJ 629662).

9. Pérdida o deterioro

(LGDCU art.66 ter)

Respecto a la pérdida o deterioro es importante determinar cuándo se produce la **transmisión del riesgo**. Por transmisión del riesgo, nos referimos al momento desde el cual el empresario deja de ser responsable por la pérdida o deterioro del bien comprado y pasa a serlo el consumidor. 590
Como **regla general**, el empresario es responsable del bien hasta que el consumidor (o un tercero autorizado) toma posesión real del mismo. Así, en caso de envío, el empresario responde desde el momento que este sale de sus instalaciones hasta que es entregado al consumidor (o tercero autorizado) por el transportista.
Este principio general tiene una **excepción**: aquellos casos en que el transporte es organizado por el propio consumidor o este elige un transportista diferente al indicado por el empresario. En estos casos, se entiende que la entrega de la posesión material se realiza en el domicilio del empresario y, por tanto, el riesgo de pérdida o deterioro del bien desde que sale de las instalaciones hasta que llega al domicilio del consumidor corresponde a este, quedando liberado el empresario de la responsabilidad. Por ejmplo, si se compra un mueble y lo transporta el propio consumidor, no será responsable el empresario, pero si el consumidor le solicita al empresario la entrega a domicilio, sí será responsable el vendedor si el mueble se deteriora durante el transporte.

10. Garantía

Aunque comúnmente por el público no se diferencia y se llama, generalmente, garantía a todo, en realidad hay 2 **tipos** de garantía, la legal y la comercial. 595
En cualquier caso, no hay que confundir la garantía con el **saneamiento por vicios ocultos** de la cosa vendida ya que ambas acciones son diferentes e incompatibles entre sí para evitar la reiteración de acciones sobre el mismo hecho. El régimen previsto en la garantía es más beneficioso para el consumidor ya que prevé plazos mucho más amplios que los 6 meses que contempla la acción de saneamiento (LGDCU art.116; CC art.1474).
Sí es, sin embargo, compatible la acción de garantía con la solicitud de una **indemnización** si la falta de conformidad del bien le produce al consumidor daños y perjuicios.

Garantía legal La garantía legal se basa en aplicación del principio de conformidad (ver nº 578). La acción de garantía puede **ejercerse ante**: 598
- el vendedor;
- el productor (nº 36) si al consumidor le resulta difícil o imposible ejercerla ante el vendedor (LGDCU art.125).

Cuando el consumidor manifiesta al vendedor o productor la falta de conformidad con el bien, tiene **derecho** a elegir entre (LGDCU art.118):

• **Reparar** el bien, esta opción obliga al vendedor a adecuar el bien entregado al contrato con el consumidor (por ejemplo, arreglar un electrodoméstico sustituyendo una pieza que funciona mal). Aunque le ley no dice nada, se entiende que si tras la reparación, esta no es satisfactoria se pueden pedir otras reparaciones posteriores, de lo contrario se pueden vulnerar los derechos del consumidor fácilmente no reparando adecuadamente la primera vez. Lo que no es posible es obligar al consumidor a una segunda o posterior reparación.

• **Sustituir** el bien. Con esta opción se obliga al vendedor a entregar otro bien sin la falta de conformidad que sufría el entregado (por ejemplo, cambiar un electrodoméstico por otro del mismo modelo).

• **Rebajar el precio o resolver el contrato**. Esta opción solo puede elegirse en caso en los siguientes supuestos (LGDCU art.119 y 119 bis):

- cuando la medida correctora para ponerlos en conformidad resulte imposible o desproporcionada en relación con bienes y los contenidos o servicios digitales;
- el empresario no ha llevado a cabo la reparación o la sustitución de los bienes o no lo ha realizado de acuerdo con lo dispuesto en la LGDCU o no lo ha hecho en un plazo razonable;
- el empresario no ha puesto los contenidos o servicios digitales en conformidad;
- aparece cualquier falta de conformidad después del intento del empresario de poner los bienes o los contenidos o servicios digitales en conformidad;
- la falta de conformidad es muy grave; o
- el empresario ha declarado, o así se desprende claramente de las circunstancias, que no pondrá los bienes o los contenidos o servicios digitales en conformidad en un plazo razonable o sin mayores inconvenientes para el consumidor o usuario.

Tanto la reparación como la sustitución deben hacerse en un **plazo** razonable y sin inconvenientes para el consumidor y su **gratuidad** incluye los costes de mano de obra, materiales y gastos de envío. Para saber si el plazo es razonable hay que atender a cada caso de forma individual.

La **resolución del contrato o la rebaja del precio**, en caso de no poder dirigirse contra el vendedor, **no puede ser exigida** al productor ya que él no ha participado en el contrato entre vendedor y consumidor.

Precisiones La **reducción del precio** ha de ser proporcional a la diferencia existente entre el valor que el bien o el contenido o servicio digital hubiera tenido en el momento de la entrega o suministro de haber sido conforme con el contrato y el valor que el bien o el contenido o servicio digital efectivamente entregado o suministrado tenga en el momento de dicha entrega o suministro (LGDCU art.119 bis).

599 **Reparación y sustitución** (LGDCU art.118.4) Si el producto no fuera conforme con el contrato, el consumidor y usuario **puede optar** entre exigir la reparación o la sustitución del producto, **salvo** que una de estas dos opciones resulte objetivamente imposible o desproporcionada.

La reparación y la sustitución se deben ajustar a las siguientes **reglas**:

• Deben ser **gratuitas** para el consumidor o usuario. Dicha gratuidad comprenderá los gastos necesarios en que se incurra para que los bienes sean puestos en conformidad, especialmente los gastos de envío, transporte, mano de obra o materiales.

• Deben llevarse a cabo en un **plazo razonable** a partir del momento en que el empresario haya sido informado por el consumidor o usuario de la falta de conformidad.

• Deben realizarse sin mayores **inconvenientes para el consumidor** o usuario, habida cuenta de la naturaleza de los bienes o de los contenidos o servicios digitales y de la finalidad que tuvieran para el consumidor o usuario.

• El consumidor y usuario no podrá exigir la sustitución en el caso de **productos no fungibles**, ni tampoco cuando se trate de productos de **segunda mano**.

Precisiones **1)** Acreditados los defectos en las **puertas** compradas, así como los **intentos de reparación o sustitución** instados por el consumidor y no atendidos por parte del vendedor e instalador, procede la resolución del contrato de compraventa como solución alternativa (AP Guadalajara 9-6-15, EDJ 120607).

2) Cuando un vehículo adquirido presenta defectos que no son subsanados por el vendedor en un plazo razonable, y el **comprador** notifica dichos defectos y **realiza las reparaciones necesarias** para evitar perjuicios mayores, el vendedor debe asumir el coste de dichas reparaciones (AP Málaga 13-3-24, EDJ 632808).

3) Se considera **desproporcionada** la **forma de saneamiento** que, en comparación con la otra, imponga al vendedor costes que no sean razonables, teniendo en cuenta el valor que tendría el producto si no hubiera falta de conformidad, la relevancia de la falta de conformidad y si la forma de saneamiento alternativa se pudiese realizar sin inconvenientes mayores para el consumidor y usuario (AP Cantabria 17-1-24, EDJ 551353).

4) En una compraventa de **vehículo de segunda mano** con garantía, si el bien presenta defectos desde la entrega y no es reparado por el vendedor ni por la entidad garante designada, el consumidor tiene derecho a resolver el contrato siendo el vendedor el responsable último de la conformidad del bien, independientemente de la **delegación en terceros para la reparación** (AP Badajoz 24-5-23, EDJ 638139).
5) En la compraventa de consumo, cuando el bien presenta una falta de conformidad grave que impide su uso y la reparación es imposible por **falta de piezas**, procede la resolución del contrato (AP Barcelona 15-3-23, EDJ 592512).
6) En contratos de compraventa de bienes de consumo con defectos de conformidad manifestados dentro del período de garantía, el consumidor puede ejercitar acción resolutoria contra el vendedor y, simultáneamente, acciones de devolución del precio e indemnización de daños contra el **importador**, quien **responde solidariamente**, especialmente cuando los defectos son de origen o fabricación y persisten tras reparaciones insatisfactorias (AP Pontevedra 14-6-12, EDJ 163607).

Plazo (LGDCU art.120) El plazo para ejercer el derecho de garantía legal es de: **601**

Contrato	Plazo
Producto nuevo	3 años
Producto de segunda mano	Mínimo 1 año
Contenido o servicio digital	• Suministrado en acto único: 3 años • Suministro continuo: durante el tiempo que deba suministrarse el bien o servicio con un mínimo de 3 años

El **plazo** constituye un tiempo de prueba de conformidad con el bien, no es por tanto un plazo de caducidad o de prescripción. El vendedor responde de las faltas de conformidad que se manifiesten durante el periodo de garantía y que existieran en el momento de la entrega. En cualquier caso, existe una **presunción** de que todo vicio que se manifieste en los 2 primeros años (un año en el caso de suministros de bienes o servicios digitales) se asume que existía en el momento de entrega, salvo que sea contrario a la naturaleza del bien (LGDCU art.121; AP Albacete 3-12-10, EDJ 303242; AP A Coruña 18-1-12, EDJ 4433).
El plazo se **computa desde** la entrega del bien, que se presupone, salvo prueba en contrario, que es la que figura en la factura, tique o albarán y queda en **suspenso** cuando el consumidor deja de tener la posesión del bien para que el empresario lo repare o lo sustituya para evitar que el empresario simplemente retenga el bien para que pase el plazo de garantía (LGDCU art.122.1).
En atención al **principio de buena fe** contractual (nº 525), el consumidor, con el fin de evitar acciones sorpresivas, debe informar al vendedor de la falta de conformidad en un plazo de 2 meses desde que tiene conocimiento de la misma. El incumplimiento de este aviso no priva al consumidor de sus derechos, pero puede responder por los daños y perjuicios ocasionados por el retraso de la comunicación.

Precisiones El plazo de garantía no puede **alargarse judicialmente**, un juez no puede alterar el plazo establecido en las leyes (AP A Coruña 2-9-10, EDJ 191338).

Exclusiones (LGDCU art.114.2) Quedan excluidos del régimen de garantía: **602**
• Los **animales** vivos.
• Los bienes de **segunda mano** adquiridos en **subasta administrativa** a la que los consumidores puedan asistir personalmente (p.e. cuando se subastan coches policiales pasada su vida útil).
• La prestación de **servicios distintos de los servicios digitales**, independientemente de que el empresario haya utilizado formas o medios digitales para obtener el resultado del servicio o para entregarlo o transmitirlo al consumidor o usuario.
• Los servicios de **comunicaciones electrónicas** prestados por lo general a cambio de una remuneración a través de redes de comunicaciones electrónicas, con la excepción de los servicios que suministren contenidos transmitidos mediante redes y servicios de comunicaciones electrónicas o ejerzan control editorial sobre ellos, y que incluyen:
- el servicio de acceso a internet;
- el servicio de comunicaciones interpersonales, excepto los servicios de comunicaciones interpersonales independientes de la numeración;
- los servicios consistentes, en su totalidad o principalmente, en el transporte de señales, como son los servicios de transmisión utilizados para la prestación de servicios máquina a máquina y para la radiodifusión.
• Los **contenidos o servicios digitales** relacionados con la **salud** prescritos o suministrados por un profesional sanitario a pacientes para evaluar, mantener o restablecer su estado de salud, incluidos la receta, dispensación y provisión de medicamentos y productos sanitarios.
• Los **servicios de juego** que impliquen apuestas de valor pecuniario en juegos de azar, incluidos aquellos con un elemento de destreza, como las loterías, los juegos de casino, los juegos

de póquer y las apuestas, por medios electrónicos o cualquier otra tecnología destinada a facilitar la comunicación y a petición individual del receptor de dichos servicios (ver nº 3985).
• Los **servicios financieros**.
• El programa de ***software*** ofrecido por el empresario bajo una licencia libre y de código abierto, cuando el consumidor o usuario no pague ningún precio y los datos personales facilitados por el consumidor o usuario sean tratados exclusivamente por el empresario con el fin de mejorar la seguridad, compatibilidad o interoperabilidad de ese software concreto.
• El suministro de los **contenidos digitales** cuando estos se pongan a disposición del público en general por un **medio distinto de la transmisión de señales** como parte de una actuación o acontecimiento, como las proyecciones cinematográficas digitales.
• El **contenido digital** sobre **reutilización de la información** del sector por organismos del sector público de cualquier Estado miembro de la Unión Europea.

604 **Garantía comercial** (LGDCU art.59 bis y 127) La garantía comercial se **define** como el compromiso asumido por el empresario o productor, adicional a la garantía legal, de reembolsar el precio pagado, sustituir, reparar o prestar un servicio de mantenimiento relacionado con el bien o el contenido o servicio digital. P.e. la garantía estética que incluyen muchas ópticas por la cual se tiene un tiempo determinado durante el cual puedes devolver las gafas si no te acaba de gustar la forma, color, etc.
Este compromiso se plasma en un **documento de garantía** o en la misma publicidad, que es directamente exigible por el consumidor (ver nº 550). El documento debe formalizarse por escrito o en soporte duradero, al menos en castellano, si lo solicita el consumidor para los bienes comunes (p.e. comida) y obligatoriamente para los bienes de naturaleza duradera (p.e. unas gafas, ver nº 610).
La garantía comercial es un **sistema autónomo** que complementa a la garantía legal y se rige exclusivamente por lo ofertado por el vendedor pues está orientada a la satisfacción del cliente con el producto. No está impuesta por el legislador, sino que es voluntaria del empresario. Como mejora que es de la garantía legal, no puede suponer, en ningún caso, una rebaja de la misma.
Uno de los mayores **problemas prácticos** de la garantía comercial es que muchos fabricantes, de forma habitual, ofrecen la garantía comercial durante el mismo plazo que la legal por lo que tiende a confundirse con la garantía legal y cimienta la creencia en el consumidor de que la conformidad a la entrega es una garantía comercial cuando en realidad es una garantía legal (AP Bizkaia 12-11-09, EDJ 374198).
La garantía comercial debe cumplir un **contenido mínimo** que establece la ley para controlar este tipo de garantías, ya que aunque es voluntaria y libre, debe garantizarse una buena y correcta información al consumidor. Así, la garantía comercial debe contener:
- una declaración precisa del derecho a medidas correctoras de forma gratuita, en caso de falta de conformidad de los bienes y de que la garantía comercial no afectará a dichas medidas;
- el nombre y la dirección del garante;
- el procedimiento que debe seguir el consumidor o usuario para conseguir la aplicación de la garantía comercia;
- la designación de los bienes o de los contenidos o servicios digitales a los que se aplica la garantía comercial;
- las condiciones de la garantía comercial, entre otras, su plazo de duración y alcance territorial.

Precisiones **1)** El **incumplimiento del contenido mínimo** de la garantía comercial no afecta a su carácter vinculante para el garante.
2) Frente a la garantía legal, la **adicional o comercial** puede ser prestada por el propio vendedor o por un tercero garante y se rige por lo que libremente pacten las partes, con la única exigencia implícita en su definición de ofrecer para el consumidor y usuario algún tipo de ventaja en comparación con la garantía legal, de modo que no la excluye sino que la complementa (AP Valencia 31-3-09).
3) En contratos de garantía comercial adicional suscritos entre vendedor y garante, **sólo están cubiertas** las averías expresamente enumeradas en las condiciones generales del servicio, y no se extiende la cobertura a piezas no incluidas específicamente (AP Barcelona 18-6-25, EDJ 653362).
4) La existencia de una garantía comercial **no exime** al vendedor de su **responsabilidad legal** cuando los defectos se manifiestan en el periodo protegido por la garantía legal puesto que la garantía comercial representa un extra o plus sobre la legal, mejorándola y complementándola, una vez terminada la vigencia de esta (AP Cáceres 4-10-24, EDJ 752717).
5) Cuando un consumidor adquiere un vehículo de segunda mano con una garantía comercial independiente del contrato de compraventa, el **garante** es la entidad que suscribe y entrega la hoja de garantía, siendo responsable de las reparaciones durante el periodo de cobertura, incluso si no es el vendedor original (AP Madrid 29-7-08, EDJ 318220).

11. Servicio posventa

(LGDCU art.127 bis)

El servicio posventa está, en parte, relacionado con el derecho de reparación que contempla la garantía legal (nº 598) aunque su vida va más allá de la vida de 3 años de esta. El servicio posventa está pensado para los productos de naturaleza duradera para los que el empresario tiene el **deber** de asegurar la existencia de: 610
- un **servicio técnico** adecuado;
- **repuestos** durante un **plazo** mínimo de 10 años desde que el producto deje de fabricarse.

Para saber qué es un **bien de naturaleza duradera** hay que tener en cuenta el catálogo de productos y servicios de uso o consumo común, ordinario y generalizado y de bienes de naturaleza duradera (LGDCU disp.trans.2ª; RD 1507/2000 anexo II):
- instrumentos y material de óptica, fotografía, relojería y música;
- herramientas, cuchillería, cubertería y otras manufacturas metálicas comunes;
- muebles, artículos de menaje, accesorios y enseres domésticos;
- aparatos eléctricos, electrotécnicos, electrónicos e informáticos y su software;
- vehículos automóviles, motociclos, velocípedos, sus piezas de recambio y accesorios;
- juguetes, juegos, artículos para recreo y deportes; y
- vivienda.

La **finalidad** del servicio de posventa es la de asegurar al consumidor de un producto, pensado para durar, su uso durante un periodo lo más amplio posible. Además evita las prácticas comerciales destinadas a modificar las condiciones o forma de los productos que impiden o dificultan la reparación y que fuerzan la compra de un producto nuevo. P.e. si se cambiara la conexión para cargar un teléfono móvil, en cuanto se rompiera el cable, si no hubiera la obligación de tener repuestos, debería comprarse un móvil nuevo.

La reparación que se haga **fuera de garantía** debe tener un **coste** que no puede ser superior al coste medio del sector (dentro de garantía la reparación es gratuita, nº 599). La lista de precios de los repuestos debe estar a disposición del público como una particularidad del derecho de información de los consumidores y las facturas deben detallar los distintos conceptos (mano de obra, traslado, coste del repuesto, etc.).

Precisiones En el caso de un producto duradero, como era el un suelo de madera, que deja de ser fabricado, el proveedor está obligado a garantizar la **existencia de repuestos** durante el plazo mínimo legal y si **incumple** esta obligación, el producto pierde su conformidad contractual, otorgando al consumidor el derecho a que le cambiaran la totalidad del suelo ya que el nuevo modelo tenía diferencias en el color y el sistema de encaje (AP Sevilla 7-6-21, EDJ 735897).

Servicio de reparación de aparatos de uso domestico (RD 58/1988) Este tipo de servicios tienen una gran importancia desde el punto de vista económico y social para el usuario y por ello el legislador consideró la necesidad de disponer de una **normativa propia** que recoja de forma adecuada los derechos de los usuarios cristalizada en el RD 58/1988. 612

Respecto a qué se considera como aparatos de uso doméstico, se **definen** como aquellos bienes de consumo duradero de uso doméstico que utilicen, directa o indirectamente para su funcionamiento o aplicación, cualquier tipo de energía y/o la transformen.

Son presupuestos necesarios para la **comercialización** de estos aparatos la existencia de un servicio de asistencia técnica (SAT) y la existencia de repuestos durante un plazo determinado.

Así, el SAT **debe** efectuar todas las **reparaciones requeridas** siempre que la realización de las mismas esté dentro de sus posibilidades. En caso de que **no pueda reparar** el aparato, debe informar por escrito al usuario de forma previa indicando los motivos de tal imposibilidad.

Si el aparato **no está en garantía**, antes de reparar el aparato, el SAT debe presentar un **presupuesto** por escrito que tendrá una validez de 30 días desde su comunicación al usuario. Las **piezas** incluidas en estos presupuestos deben tener un **precio** que se correspondan con los precios de venta al público aplicados usualmente por los talleres del ramo.

En caso de que el usuario solicite un presupuesto y **no lo acepte**, pueden serle cagados los **gastos** de su elaboración (15 minutos para pequeños aparatos, 30 para líneas blancas y 60 minutos para líneas marrones y electrónica).

Las **averías o defectos ocultos** que, eventualmente, puedan aparecer durante la confección del presupuesto o durante la reparación del aparato deben ser puestos en conocimiento del usuario a la mayor brevedad posible y confeccionar nuevos presupuestos para que el consumidor pueda prestar su conformidad.

Todas las **piezas de repuesto** que se utilicen en las reparaciones deben ser nuevas, excepto si el usuario da su consentimiento por escrito para que se utilicen piezas de repuesto usadas o recuperadas o no originales y, además, debe entregarse las piezas sustituidas si el consumidor las reclama.

Las reparaciones o instalaciones efectuadas en cualquier SAT, tendrán una **garantía** de mínimo 3 meses.

Precisiones 1) El RD 58/1988 exige que los fabricantes están obligados a mantener **piezas de repuesto** durante un **plazo** de 7 años frente a los 10 previstos en la LGDCU tras la reforma por el RDL 7/2021. Tanto por rango normativo (ley frente a reglamento) como por ser más favorable al consumidor, entendemos que sería de aplicación la LGDCU art.127 bis respecto al plazo durante el que debe proporcionarse repuestos.

2) En un caso en que se estaba aplicando la **normativa anterior a la reforma** del RDL 7/2021, la AP A Coruña 30-11-23, EDJ 820904 aplicó la normativa especial del RD 58/1988 sobre la la norma general establecida en la Ley de consumidores y usuarios porque el citado Real Decreto ampliaba el plazo establecido de 5 años -anterior a la reforma- a 7 años en favor del consumidor.

3) Aunque actualmente los electrodomésticos y aparatos electrónicos pueden encontrarse en casi cualquier color y forma imaginable, en el mundo del comercio y la industria todavía se usan, a veces, los términos de línea blanca o marrón para agruparlos.

• La **línea blanca** se llama así porque históricamente estos aparatos se fabricaban casi exclusivamente en color blanco por higiene y limpieza. Son los electrodomésticos relacionados con la cocina y el mantenimiento del hogar, como son microondas, aspiradoras, lavadoras, etc.

• La **línea marrón** tiene esa denominación porque, en su época, estos electrodomésticos solían fabricarse con carcasas de madera o de imitación de madera. Agrupa los aparatos relacionados con el ocio y consumo audiovisual, como televisores, equipos de sonido, etc.

12. Productos y servicios defectuosos

615 La existencia de un **defecto** no se identifica con la bondad o calidad del producto, un bien puede ser de baja calidad y no ser defectuoso a efectos de producir responsabilidad. En los productos de **baja calidad** la responsabilidad del vendedor se solventa por las acciones derivadas del propio contrato de consumo, no por la acción de responsabilidad civil del productor por productos defectuosos.

El defecto que produce responsabilidad se centra en la **seguridad del consumidor**, en la posible producción de daños personales o materiales. Este concepto de seguridad protege al consumidor frente a las consecuencias dañosas de un producto por su **toxicidad o peligrosidad**. Que un producto sea peligroso o tóxico no significa necesariamente que sea defectuoso, por ejemplo un cuchillo es peligroso o una botella de lejía es tóxica, pero pueden cumplir con todas las normas de seguridad. En ese caso el productor no responde por los usos indebidos del mismo (por ejemplo, si se usa el cuchillo para punzar una lata o se mezcla la lejía con otros productos y se produce una nube tóxica).

Un producto no puede ser considerado defectuoso por el simple hecho de que se ponga en circulación, posteriormente, una **forma perfeccionada** (y por tanto más segura) del mismo. Por ejemplo, si se incorpora un *airbag* mejor a un modelo de coche, el modelo anterior no puede ser considerado por eso como defectuoso.

Es defectuoso también el producto que no ofrece la **seguridad** que normalmente ofrecen los demás **ejemplares de su serie** fabricados por el mismo empresario, lo que permite considerar el defecto por comparación específica.

La **responsabilidad** del empresario por productos y servicios defectuosos está directamente **conectada con** el derecho de los consumidores a la reparación de los daños sufridos (nº 280 y nº 1510).

Se trata de una **responsabilidad extracontractual** diferente a la contractual que nace del propio contrato entre el consumidor y el vendedor debido a la falta de relación entre el fabricante y el consumidor. Es también una responsabilidad **objetiva** por el riesgo creado por poner en el mercado bienes o servicios susceptibles, por su naturaleza, de causar peligros (LGDCU art.135; AP Cádiz 7-6-11, EDJ 196779).

A los efectos de esta responsabilidad, se considera, por un lado, **producto** cualquier bien mueble aunque esté incorporado a otro bien (mueble o inmueble), así como el gas y la electricidad y, por otro lado, **defectuoso** si el producto no ofrece la seguridad esperada según las circunstancias, presentación, el uso razonable y el momento de su puesta en circulación.

Precisiones 1) La consecuencia de incluir en la responsabilidad por defectos de los **bienes muebles incorporados a inmuebles** (inmuebles por pertenencia o incorporación) supone que se considera producto al bien aunque su separación del inmueble suponga deterioro del propio producto (p.e. si se ha empotrado una barbacoa o un armario). Esto garantiza la responsabilidad del fabricante por los defectos con independencia del uso dado al producto por la persona que lo ha comprado (CC art.334 y 335).

2) En el caso de un **accidente aéreo**, la falta de funcionamiento adecuado (por un defecto de diseño, fabricación o información) del **sistema anticolisión aérea** supone que le sea imputable un carácter peligroso determinante de la aplicación del régimen de responsabilidad por productos defectuosos, con mayor razón cuando se trata de un peligro de riesgo catastrófico (TS 13-1-15, EDJ 5828).

Tipo de daño y sujeto protegido (LGDCU art.128, 129 y 139) Se distinguen los sujetos protegidos o perjudicados según el **daño producido** por el producto: 617
- **daño personal** (lesiones, muerte...), la protección es universal para consumidores y no consumidores (p.e. que un móvil estalle y produzca quemaduras en la mano);
- **daño material**, la protección está limitada solamente al consumidor que sufre daños por bienes o servicios destinados a consumo privado y que hayan sido utilizados principalmente por él mismo (p.e. si el mismo móvil estalla y produce daños en una mesa).
Los **daños morales** están excluidos en la LGDCU y, por tanto, en caso de solicitarlos, hay que remitirse a la legislación civil general.

Precisiones Para **mayor información** sobre el derecho a la reparación de daños causados sufridos como consumidores ver nº 280.

13. Derecho de desistimiento

(LGDCU art.68 a 79)

640

El derecho de desistimiento **consiste** en la facultad del consumidor y usuario de dejar sin efecto el contrato celebrado con el empresario sin necesidad de justificación y sin sufrir ninguna penalización. A **diferencia** de la **resolución del contrato**, no necesita causa justificada alguna, mientras que la resolución sí exige una causa que la fundamente (normalmente el incumplimiento de una de las partes del contrato). 643
El consumidor debe **notificar** el ejercicio de su derecho al empresario en el **plazo** establecido para el ejercicio de este derecho (LGDCU art.68).
Este derecho no se establece con carácter general para todos los contratos, sino que es un **derecho limitado** a los supuestos que se establecen legalmente o cuando se otorga en el propio contrato o la publicidad (ver nº 652).
El derecho de desistimiento es un mecanismo de protección que tiene por **finalidad** ofrecer al consumidor la posibilidad de reconsiderar y evaluar mejor las obligaciones derivadas del contrato. Se trata de proteger la correcta **formación del consentimiento** ante la presión del empresario para llevar a cabo la operación comercial o incluso el propio desconocimiento del consumidor ante cláusulas impuestas por el vendedor (ver nº 690 s.).
El derecho de desistimiento tiene mayor sentido en los **contratos de tracto único** (aquellos en los que los derechos y obligaciones de las partes se agotan al mismo tiempo, p.e. mediante la entrega de la cosa y pago del precio). Por el contrario, en los **contratos de tracto sucesivo** (aquellos que se desarrollan a lo largo del tiempo, p.e. contratos de seguro o de suministros) el desistimiento tiene menor sentido ya que **pueden cancelarse** por el consumidor:
- en cualquier momento siempre que el contrato no tenga un plazo pactado, como p.e. un contrato bancario de cuenta corriente o depósito sin plazo o un contrato de suministro de energía eléctrica;
- por el transcurso del plazo pactado mediante la no renovación, p.e. en un contrato de seguro.

Caracteres Partiendo del concepto del derecho de desistimiento, se puede definir sus **rasgos** característicos generales: 646
• Es un **derecho personal** exclusivo del consumidor y usuario. Se trata de un derecho unilateral que no se concede al empresario, dado que el legislador trata de proteger a la parte más débil del contrato. Además, el empresario es el interesado en la perfección y consumación del contrato al ser su actividad comercial y su fuente de ganancias.
• Se trata de un **derecho discrecional**. El consumidor y usuario no tiene que alegar motivo alguno para el ejercicio de tal derecho salvo su propia voluntad.
• Es **irrenunciable** como todos los derechos reconocidos en la ley a los consumidores (nº 210) y se consideran como abusivas las cláusulas que imponen cualquier renuncia o limitación de los derechos del consumidor y usuario.
• Tiene **carácter temporal**. Se reconoce el derecho del consumidor a su ejercicio en un plazo limitado (nº 669).
• No está sometido a **forma** alguna en su ejercicio (nº 663). Es válido su ejercicio a través de cualquier medio, escrito u oral, que sea empleado por el consumidor.

• La declaración de desistimiento debe **llegar a conocimiento** del empresario. Corresponde al consumidor la carga de la prueba de este extremo (nº 663).
• Es un derecho **gratuito** para el consumidor. La gratuidad opera en un doble nivel:
- respecto al **ejercicio del derecho** de desistimiento, que no tendrá penalización de ninguna clase (LGDCU art.73);
- respecto a los **efectos del ejercicio**, ya que el consumidor no tendrá que reembolsar cantidad alguna por la disminución del valor del bien (LGDCU art.74).
• Su ejercicio determina la **extinción del contrato** de consumo (nº 671).
• Puede tener **contenido legal o contractual.** El establecimiento del derecho en ocasiones se determina legalmente en la LGDCU o las leyes especiales. En otras ocasiones, se fija contractualmente por voluntad de ambas partes o a través de una oferta o promoción que el empresario hace de sus productos.

Precisiones 1) La **irrenunciabilidad** del derecho de desistimiento no impide que el consumidor opte por no ejercitar su derecho. Esta opción a posteriori no puede ser entendida propiamente como una renuncia, dado que la misma no es sino una consecuencia de la propia voluntad del consumidor de continuar con el contrato.
2) Estos rasgos generales del derecho de desistimiento pueden no concurrir en algunos de los **contratos** que tienen una **regulación específica** en los que se reconoce el derecho de desistimiento (crédito al consumo, aprovechamiento por turno de inmuebles, etc.).

649 **Aplicación y clases** No todos los contratos de consumo prevén legalmente el derecho de desistimiento, pero puede establecerse en el propio contrato de consumo o en la publicidad su la posibilidad de ejercitarlo aunque la ley no lo prevea. Así, puede distinguirse entre 2 **tipos de desistimiento**:
- desistimiento legal, si está recogido legalmente;
- desistimiento contractual, si se concede en el propio contrato o la publicidad del empresario.

652 **Desistimiento legal** Una serie de **contratos** tienen reconocido el derecho de desistimiento de manera legal, bien en la propia LGDCU o bien en normas especiales:

Contrato	Norma que lo regula	Marginal
Celebrado a distancia o fuera de establecimiento mercantil	LGDCU art.102	nº 920 s.
Viajes combinados	LGDCU art.160	nº 3770 s.
Comercio minorista	LOCM art.10	nº 1638
Comercialización a distancia de servicios financieros	L 22/2007 art.10	nº 3385 s.
Crédito al consumo	LCC art.28	nº 1124 s.
Aprovechamiento por turno de bienes de uso turístico	L 4/2012 art.12	nº 2935 s.
Compraventa a plazos de bienes muebles	L 28/1998 art.9	nº 1333

Estas **normas especiales** pueden contener diferencias por lo que hay que acudir a la regulación de cada contrato en concreto para ver los requisitos y plazos del ejercicio del derecho de desistimiento.

Precisiones 1) En contratos de **mediación inmobiliaria**, el derecho de desistimiento del consumidor no es aplicable de forma general salvo que el contrato se haya celebrado fuera del establecimiento mercantil (AP Madrid 24-4-25, EDJ 599320).
2) El desistimiento unilateral en **contratos de obra con intervernción médica** es admisible, especialmente cuando la confianza en la contraparte se pierde, debe procederse a la devolución íntegra de las cantidades pagadas, con aplicación de intereses legales y sin deducción de gastos (AP Granada 11-4-25, EDJ 644615).
3) En contratos de **arrendamiento de vehículos** sin previsión contractual ni legal expresa del derecho de desistimiento, el consumidor no puede ejercitar dicho derecho tras haber hecho uso del bien, y la aceptación de la devolución del vehículo sin pago previo de la penalización no implica renuncia tácita a reclamarla posteriormente, salvo manifestación clara, terminante e inequívoca de renuncia (AP Alicante 12-1-24, EDJ 589614).
4) El derecho de desistimiento legal no es aplicable a **contratos presenciales de formación**, por lo que no procede la devolución (AP Barcelona 25-7-22, EDJ 700837).

654 **Desistimiento contractual** (LGDCU 68.2) Este tipo desistimiento se **define** como aquel que, para hacer más atractivo el producto, se da al consumidor (aunque no esté prevista legalmente) en la oferta, la promoción o la publicidad de forma unilateral por el empresario, o en el propio contrato de consumo de forma bilateral o negociada.

• **Desistimiento concedido en la oferta, promoción o publicidad**. No es necesario que el derecho esté recogido literalmente, puede ser **deducido** del contenido de la oferta, publicidad o promoción. Campañas publicitarias del tipo «si no queda satisfecho, le devolvemos su dinero», tan habituales en los medios de comunicación para la promoción de productos de consumo, son un ejemplo del reconocimiento de este derecho de desistimiento efectuado por el empresario como medio de atraer un mayor número de compradores. Así, lo fundamental no es tanto la existencia de una referencia más o menos expresa al derecho, sino que, del **contexto** de la promoción o publicidad se desprenda la facultad del consumidor de poder dejar sin efecto el contrato sin penalización alguna.
A falta de **información específica**, habitual en estas campañas, en las que normalmente va implícito el derecho y no se establece cómo ni cuándo ejercerlo, se aplica lo establecido el desistimiento de origen legal (LGDCU art.79).
• **Desistimiento acordado en el contrato.** Puede ser reconocido bien por una **cláusula negociada** individualmente entre consumidor y empresario o bien, lo que es más habitual, por una **cláusula predeterminada** incluida en las condiciones generales del contrato (nº 690 s.).
En cualquier modo, estas cláusulas no pueden ser **contrarias a los derechos de los consumidores** o pueden ser consideradas abusivas. P.e., el plazo no puede ser inferior al plazo legal de ejercicio del derecho de desistimiento, que funciona como mínimo aunque sí puede reconocerse un plazo mayor. Tampoco es válida una cláusula que permita al empresario exigir un anticipo del pago o prestación de garantías para el caso que se ejerciera del derecho de desistimiento.

Obligación de información (LGDCU art.69) En los casos en los que la ley atribuye al consumidor el derecho de desistimiento, el empresario contratante debe informar **por escrito** en el contrato sobre la existencia del derecho de desistir. **657**
Dicha información **debe** que ser clara, comprensible y precisa e **incluir** los requisitos (nº 660) y consecuencias del ejercicio del derecho, especialmente las modalidades de restitución del bien o servicio recibido (nº 671).
El empresario está obligado a entregar al consumidor un **documento de desistimiento** con un contenido legalmente prefijado en la norma que **incluye** (ver anexo nº 6105):
- identificación del documento como de desistimiento;
- nombre y dirección de la persona a quien debe enviarse;
- datos de identificación del contrato y de los contratantes.
La carga de la **prueba** de dicha entrega corresponde siempre al empresario.
En todo caso, aunque se haya entregado efectivamente este documento, el consumidor no está obligado a su uso pues existe **libertad de forma** (nº 663) en el ejercicio de este derecho.

Precisiones **1)** En un contrato de suministro de **bienes confeccionados** conforme a las **especificaciones del consumidor** (barandillas y una puerta metálica) no incluye la debida información sobre la excepción al derecho de desistimiento prevista en la LGDCU art.103.c, el consumidor tiene derecho a anular el contrato, con la obligación del empresario de devolver las cantidades abonadas, salvo compensación por trabajos efectivamente realizados (AP Baleares 25-3-24, EDJ 655820).
2) Cuando un consumidor adquiere un bien precintado que **no puede ser devuelto por razones de salud o higiene** tras su desprecintado e instalación, y no se le informa adecuadamente de esta excepción al derecho de desistimiento, el consentimiento prestado puede ser anulado por error, con la consecuencia de la nulidad del contrato y la obligación de restitución económica sin que proceda la devolución del bien (AP Lugo 22-12-22, EDJ 813145).
3) El vendedor incumplió su obligación de informar al consumidor sobre el derecho de desistimiento en el contrato de compraventa, la **información** contenida en el **contrato** de financiación, **accesorio al principal**, no sustituye dicha obligación (AP Alicante 9-2-24, EDJ 589655).

Ejercicio (LGDCU art.70, 71 y 72) Para que el consumidor ejerza el derecho de desistimiento debe cumplir unos **requisitos**: **660**
- envío al empresario del documento desistimiento o devolución del producto al empresario; y
- ejercitar el ejercicio dentro del plazo establecido.

Precisiones **1)** Este derecho del consumidor se garantiza una sola vez respecto de un contrato de prestación de servicios *online* que establece un **período inicial gratuito** para él, seguido, a falta de resolución o de desistimiento por su parte durante ese período, de un período de pago, que se prorroga automáticamente, a falta de resolución del contrato, por un plazo determinado (TJUE 5-10-23).
2) En **contratos de duración indefinida**, la **voluntad de desistimiento** unilateral puede inferirse de actos concluyentes y declaraciones tácitas que evidencien inequívocamente la intención de una parte de desligarse del contrato, incluso cuando no exista una manifestación expresa, y dicha voluntad debe ser probada con indicios suficientes, aplicando el principio de suficiencia probatoria y facilitando la prueba en órganos colectivos como comunidades de propietarios (AP Almería 18-6-25, EDJ 691627).

3) En el caso de la contratación de un **curso *online*** en el que se ejerció el derecho de desistimiento, el **acceso posterior a la plataforma** *online*, sin que se acreditara el alcance de dicho acceso ni consentimiento expreso para la ejecución del servicio, se debe reintegrar las cantidades abonadas, salvo que se demuestre que la ejecución del servicio comenzó con consentimiento expreso y que el consumidor actuó de forma incompatible con el desistimiento (AP A Coruña 3-9-24, EDJ 729850).
4) En contratos de **prestación de servicios médicos**, la comunicación de desistimiento por parte del consumidor, aunque denominada «cancelación» en el contrato, implica el derecho a la devolución íntegra de las cantidades abonadas, sin penalización, siendo nulas las **cláusulas que impongan retención o penalización** económica por el desistimiento dentro del plazo legal (AP Granada 7-11-22, EDJ 832659).

663 **Documento de desistimiento** El ejercicio del derecho de desistimiento no está sometido a ninguna formalidad con tal que se pueda acreditar su ejercicio. Esta **libertad de forma** implica que pueden ser empleados todos los medios que permitan hacer llegar al empresario la comunicación del ejercicio de tal facultad por el consumidor (fax, carta, correo electrónico, llamada telefónica, etc.). Con las **nuevas tecnologías** surgen nuevas formas de comunicación a través de las cuales podría manifestarse la voluntad del consumidor de desistir: correo electrónico, redes sociales, WhatsApp, etc.
Corresponde al consumidor la **prueba** de que:
- ha ejercitado el derecho de desistimiento;
- el empresario ha recibido el desistimiento mediante el uso de cualquier medio que permita tener constancia de la recepción;
- lo ha ejercitado dentro del plazo fijado (en la ley o en el contrato).

Precisiones **1)** La **libertad de forma** tiene su **justificación** en que al ser el desistimiento un mecanismo de protección del consumidor de gran importancia, se intenta evitar los obstáculos formales innecesarios para su ejercicio.
2) La carga de la **prueba** sobre el consumidor se basa en que al consumidor le resulta más fácil probar que ha emitido una declaración de voluntad expresa que al empresario probar un hecho negativo como es la no recepción del ejercicio del desistimiento.
3) El empresario debe tener **conocimiento del ejercicio** del derecho por parte del consumidor para que tenga eficacia ya que el desistimiento es un mecanismo excepcional que extingue un contrato válido y eficaz.
4) No puede considerarse probado el ejercicio del derecho de desistimiento con la **única prueba** del **testimonio** del esposo del consumidor, no corroborado por ningún elemento indiciario. (AP Girona 15-12-25, EDJ 824985).

666 **Devolución del producto** Para el **ejercicio válido** del desistimiento, el consumidor debe devolver el producto recibido. Esta devolución de los productos, es una consecuencia directa de la obligación de restituir las prestaciones al disolver el contrato (ver nº 674).

669 **Plazo para desistir** (LGDCU art.71) El ejercicio del derecho de desistimiento está sometido a un plazo concreto. El plazo **debe** ser suficiente para que el consumidor pueda usar el bien y decidir sobre su adecuación a sus necesidades (lo que habitualmente se denomina plazo de reflexión), pero no puede ser indefinido ya que incide de forma directa sobre la validez y eficacia de un contrato que reúne todos los requisitos legales.
El plazo fijado (de forma general, para ver las especialidades ver nº 652) para que el consumidor pueda ejercer el derecho de desistimiento está condicionado a que el empresario haya cumplido con su deber de información y documentación (nº 657) para establecer su **duración** y **cómputo**:

Deber de información	Plazo	Inicio del cómputo
Cumplido. Se entrega con el contrato.	14 días naturales	Desde la recepción del bien objeto del contrato o desde su celebración si su objeto es la prestación de servicios.
Cumplido tardíamente. El empresario cumple con la obligación de entrega de la información en un momento posterior a la celebración del contrato, dentro de los 12 meses siguientes.	14 días naturales	Desde la entrega de la información.
Incumplido. No se entrega la información.	12 meses	Desde la expiración del periodo de desistimiento inicial de 14 días.

El plazo legal tiene un **carácter mínimo** que puede ser ampliado por el empresario en beneficio del consumidor, pero en modo alguno se puede fijar un plazo menor. En cualquier caso, los **días** son naturales y no se diferencia entre hábiles o inhábiles.

Es un plazo de **caducidad** y no de prescripción, por lo que no puede ser interrumpido. Su transcurso determina de forma inexorable el **fin del derecho** de desistimiento a favor del consumidor y la perfección del contrato suscrito con plena fuerza obligatoria.
La **fecha de ejercicio del desistimiento** es en la que el consumidor expide la declaración y no la de recepción por parte del empresario. Por tanto, aunque el empresario reciba el desistimiento con fecha posterior al trascurso del plazo, este es válido si se emitió dentro del mismo.
El ejercicio **fuera de plazo** debe ser rechazado sin perjuicio de que el consumidor pueda ejercitar el resto de las acciones derivadas del propio contrato concertado (LGDCU art.78).

Precisiones **1)** La Ley no contiene ninguna **regla** especial para el **cómputo**, por lo que se aplican las reglas generales para los plazos por días. Se empieza a contar desde el día siguiente. P.e. si un bien se adquiere o se contrata un 5 de febrero, el plazo comienza a contarse a partir del 6 (CC art.5).
2) Debido a la **COVID-19**, el Gobierno adoptó el RD 463/2020 que declaró el estado de alarma. Durante el estado de alarma se interrumpieron los plazos para la devolución de productos que se reanudó el 21-6-2020, una vez que dejó de estar vigente el RD 463/2020 (RDL 8/2020 art.21).
3) Cuando un contrato de compraventa se celebra fuera del establecimiento mercantil, en el domicilio del consumidor, y el profesional no cumple con la obligación de informar por escrito al consumidor sobre su derecho de desistimiento, incluyendo la entrega del formulario de desistimiento, el consumidor puede ejercer dicho derecho en un **plazo ampliado** de 12 meses y 14 días, con la consecuencia de que el contrato y cualquier **contrato de financiación vinculado** serán declarados ineficaces y el profesional deberá restituir las cantidades percibidas (AP Barcelona 19-10-21, EDJ 847601).
4) El plazo de desistimiento no comienza a correr si el **contrato de crédito no especifica el tipo de interés de demora** aplicable en el momento de la celebración del contrato hasta que esa información no se comunique debidamente al consumidor; además, el prestamista no puede invocar el ejercicio abusivo del derecho de desistimiento basado en el comportamiento del consumidor si dicha información no fue facilitada (TJUE 30-10-25, nº C-143/23).

Efectos El principal efecto del ejercicio del derecho desistimiento por parte del consumidor **671**
es la **extinción del contrato** celebrado entre el consumidor y el empresario al ser un acto extintivo de obligaciones (LGDCU art.68). Esta extinción del contrato acarrea como principal consecuencia la restitución mutua de las prestaciones.
El ejercicio del derecho de desistimiento supone la liquidación de la relación entre consumidor y empresario y la **obligación de restituir** o devolver a la otra parte la prestación recibida. Así, el consumidor debe devolver la cosa (ver nº 674) y el empresario el precio (ver nº 680).
Hay determinados **contratos** que tienen una **regulación especial** respecto a los efectos del desistimiento:
• **Contrato con compromiso de permanencia.** El plazo de permanencia no afecta en modo alguno al derecho a desistir del contrato en el plazo concedido. Cosa diferente es que, agotado el plazo de desistimiento, se resuelva de forma unilateral el contrato debido al carácter de tracto sucesivo de este tipo de contratos. Por ejemplo, en un contrato con una compañía de telefonía en el que se incluya una permanencia de un año, si se pacta un derecho de desistimiento, el consumidor puede desistir del contrato durante el plazo para desistir sin que se aplique la penalización por incumplir la permanencia. En el caso de que el consumidor resuelve el contrato (agotado el plazo de desistimiento) incumpliendo su compromiso, la penalización por baja, o cese prematuro de la relación contractual, tienen que ser proporcional al número de días del compromiso acordado que no se hayan cumplido (ver nº 674).
• **Contrato de financiación vinculado**. Son frecuentes en la práctica los contratos de financiación vinculados al contrato de consumo, ya que en muchas ocasiones el consumidor necesita financiar la compra de un bien. El ejercicio del derecho de desistimiento implica al mismo tiempo, la resolución del crédito sin penalización alguna para el consumidor y usuario (LGDCU art.77). A los efectos de aplicar los efectos del desistimiento unilateral se considera como contrato vinculado cuando el precio a abonar por el consumidor y usuario ha sido total o parcialmente financiado mediante un crédito concedido por el empresario contratante o por parte de un tercero, previo acuerdo de este con el empresario contratante.
El consumidor no está obligado a pagar ningún tipo de penalización pero está obligado a devolver al financiador el **importe de la financiación** concedida cuando dicha cantidad ha sido **recibida por el consumidor** directamente para su entrega al empresario. Si un financiador entrega a crédito al consumidor una cantidad para la adquisición de una cosa.
Cuando el importe de la financiación ha ido **directamente del financiador al empresario** sin pasar por el consumidor, es el empresario a quién incumbe restituir el dinero a la financiera.

Precisiones Cuando un contrato de **compraventa de vehículo** está vinculado a un **contrato de financiación** celebrado simultáneamente y constituye una unidad comercial objetiva, ambos contratos están sujetos a la Ley de Venta a Plazos de Bienes Muebles, y el consumidor puede ejercer el derecho de desistimiento respecto al contrato de compraventa, lo que conlleva la resolución automática del contrato de financiación y la restitución de las cantidades pagadas, incluso si el bien no ha sido entregado y sin necesidad de ejercicio directo del desistimiento frente al financiador (AP Lleida 12-5-22, EDJ 615454).

672 • **Contrato complementario del principal**. Son aquellos contratos por los que el consumidor y usuario adquiere bienes o servicios sobre la base de otro contrato celebrado con un empresario, y dichos bienes o servicios son proporcionados por el empresario o por un tercero sobre la base de un acuerdo entre dicho tercero y el empresario. Por ejemplo, los contratos de mantenimiento o los de seguro concertado junto con la adquisición del bien.
Se da una auténtica **relación de dependencia** entre ambos contratos, de manera que el complementario no se entiende de forma independiente del principal.
Al ejercitar el derecho de desistimiento sobre el contrato principal, se produce, como regla general, el efecto automático de la **extinción** de dichos contratos complementarios sin coste para el consumidor (LGDCU art.76 bis 1).
Es recomendable que el consumidor que desee ejercer su derecho de desistimiento haga la **comunicación** no solo al empresario con el que suscribió el contrato principal sino también al empresario con el que suscribió el contrato complementario.
Ambas partes deben **restituirse recíprocamente** las prestaciones recibidas en virtud del contrato complementario, sin ninguna demora indebida y, en cualquier caso, antes de que transcurran catorce días naturales desde la fecha en que el consumidor y usuario informa al empresario de su decisión de desistir del contrato principal.
Si el empresario **no reintegra** en el plazo señalado todas las cantidades abonadas en virtud del contrato complementario, el consumidor y usuario puede reclamar que se le pague el doble de la suma adeudada, sin perjuicio de su derecho a ser **indemnizado** por los daños y perjuicios sufridos en lo que excedan de dicha cantidad. La carga de la prueba sobre el cumplimiento del plazo, corresponde al empresario (LGDCU art.76 bis 2).
El consumidor y usuario también tiene derecho al **reembolso** de los gastos necesarios y útiles que hubiera realizado en el bien.

Precisiones En el caso en que se firmó un **encargo para gestionar** un préstamo hipotecario destinado a financiar la **compra** de un inmueble, pero se desistió válidamente de este último antes de formalizarse, no se devengó la comisión pactada en el contrato accesorio, ni procede el pago de penalizaciones, dado que la operación principal no se perfeccionó y, por tanto, la operación accesoria carece de finalidad y eficacia jurídica (AP Sevilla 6-5-05, EDJ 121936).

674 **Devolución del bien** (LGDCU art.74 y 75; CC art.1303 y 1308) La restitución del bien por parte del consumidor **alcanza** a las cosas que han sido objeto del contrato, con sus frutos, en caso de que los hubiese producido, y los intereses.
Además de ello, existe un derecho de **retención**, de tal manera que el consumidor o el empresario no están obligados a la devolución de la prestación recibida mientras la otra parte no haya procedido al cumplimiento de la obligación de devolver lo recibido.
El consumidor tiene **derecho a usar la cosa o servicio**, de acuerdo a lo pactado o a su naturaleza desde el mismo momento en el que la recibe, lo que implica que puede generarse una serie de perjuicios a la cosa y afectar a su estado al momento de la devolución. El consumidor cumple al devolver la cosa en el estado en el que se encuentra cuando se ejercita la facultad de desistimiento. Se presume que la cosa se le entregó por el empresario en buen estado. La normal **disminución de valor** que la misma pueda tener por **uso ordinario** es asumida directamente por el empresario. El consumidor y usuario no tiene que reembolsar cantidad alguna por este concepto. Por ejemplo, si se compra un coche (y en el contrato se ha pactado un derecho de desistimiento), el consumidor no tiene obligación de indemnizar por el desgaste o deterioro normal del vehículo (AP Valencia 22-6-12, EDJ 241730).
Por el contrario, si en el momento de ser devuelta la cosa presenta **defectos que exceden del uso ordinario** y son imputables al consumidor, este debe de responder de tales daños, indemnizando al empresario. No obstante, esta obligación de indemnizar, no afecta al ejercicio del derecho de desistimiento, que nunca puede ser rechazado por el empresario, salvo si se ejercita fuera de plazo. El empresario puede reclamar una indemnización en el caso de que los daños que presente la cosa excedan de un uso normal, pero no puede ampararse en esos daños para negar al consumidor la posibilidad de desistir del contrato. Por ejemplo, el caso de un reloj que en el momento de la devolución presenta defectos y arañazos (AP Sevilla 24-2-05, EDJ 75989).

675 El empresario no puede exigir **anticipo de pago o prestación de garantías** para asegurarse que, en el caso de que se devuelva la mercancía, el consumidor le indemnice por el deterioro de esta (AP Alicante 26-2-10, EDJ 92587).
El **lugar** de la restitución es obligatoriamente donde el consumidor ha recibido la prestación. Si la entrega se hizo en el domicilio del comprador, el vendedor debe correr con los gastos de transporte para llevar a cabo la devolución, pero si la entrega se realizó en lugar distinto, por ejemplo el establecimiento del vendedor, el consumidor tiene que asumir el coste del transporte para la devolución. El empresario puede negarse a recoger el bien en el lugar indicado por el consumidor mientras este no se haga cargo de los gastos.

La devolución de la prestación no puede generar ningún tipo de perjuicio para el consumidor por lo que tiene derecho al **reembolso de los gastos** necesarios y útiles que haya realizado en el bien (LGDCU art.74.3).

Precisiones 1) Respecto a los gastos reembolsables al consumidor, es un **gasto necesario** el indispensable para mantener la integridad y la función económica de la cosa respecto del fin para el que se adquirió.
Por **gasto útil** se entiende aquel que aumenta la rentabilidad de la cosa o su productividad y por ello su valor en el mercado desde el punto de vista de la función económica que dicho producto desempeña.
En la **práctica**, dado el corto plazo para el ejercicio del derecho de desistimiento previsto en la ley, la mayor parte de los gastos que el consumidor puede realizar son de carácter necesario y en pocas ocasiones se podrá hablar de gastos útiles. En todo caso es una cuestión que debe ser valorada caso por caso.
2) Cuando un consumidor ejerce el derecho de desistimiento dentro del plazo legal, el empresario está obligado a devolver la totalidad de las sumas abonadas sin retención alguna, incluyendo cualquier **garantía adicional vinculada** al contrato (AP Valencia 21-3-12, EDJ 125908).

Si el consumidor **no puede devolver la cosa**, ya sea por su uso o por su pérdida, el consumidor sigue pudiendo ejercer el derecho de desistimiento. Ahora bien, hay que distinguir si la pérdida fue fortuita o imputable al consumidor: **677**

- En caso de **pérdida fortuita**, el consumidor no está obligado a devolver la cosa ni tampoco a indemnizar por dicha pérdida al empresario.
- En caso de **pérdida por imprudencia o dolo**, el consumidor está obligado a responder frente al empresario del valor de mercado que hubiera tenido la prestación en el momento en que el consumidor ejercita el derecho de desistimiento o el valor de adquisición si inferior al de mercado.

Existe una **limitación a la responsabilidad del consumidor** por pérdida imprudente cuando el empresario incumple el deber de información y documentación del derecho de desistimiento (ver nº 657). En caso de incumplimiento, el consumidor solo responde por culpa grave o dolo, pero no en los supuestos de culpa leve (LGDCU art.69.1).

Precisiones Como **valor de mercado** puede considerarse el valor que un producto de semejantes características tiene como precio de venta en una tienda abierta al público.

Devolución del precio (LGDCU art.76) Al ser obligaciones recíprocas, el empresario está obligado, al igual que el consumidor, a la devolución de lo recibido en virtud del contrato de consumo. **680**
Partiendo de la base de que normalmente el consumidor ha abonado una determinada cantidad de dinero al empresario en pago de la cosa o servicio contratado, se establece como **criterio general** la obligación del empresario de devolver las sumas abonadas por el consumidor y usuario.
El empresario debe devolver integra la **cantidad recibida**, sin que tenga derecho de retención alguno por los gastos que le haya supuesto el contrato. Las cantidades que pueda deber el consumidor en los casos en los que exista una imposibilidad de devolución de la cosa que le es imputable (ver nº 677), no pueden ser retenidas, sino que deben reclamarse por el empresario de forma separada al cumplimiento de su obligación de devolver el importe percibido.
El **plazo** de devolución de las cantidades recibidas es de 14 días naturales, sin demoras indebidas, desde la fecha en que se le comunica el desistimiento del contrato por el consumidor. Así, la obligación de devolución nace a partir de la recepción de la comunicación por parte del empresario. Si la devolución de la cosa adquirida se hace por **correo o servicio de mensajería**, o se envía el documento de desistimiento por correo certificado, el plazo se cuenta desde que el empresario la recibe, no desde que se envía.
Corresponde al empresario la carga de la **prueba** sobre el cumplimiento del plazo.
Si el empresario **incumple su obligación** de devolver la cantidad íntegra dentro del plazo señalado, el consumidor puede reclamarla duplicada, y además que se le indemnicen los daños y perjuicios que se le hayan causado en lo que excedan de dicha cantidad.
La **devolución del duplo** solo se aplica en el caso que se incluya un derecho de **desistimiento legal**, no así en el caso de que el desistimiento sea contractual debido a que este es libremente reconocido por el empresario y se regula por el régimen específico derivado de las condiciones fijadas por el este para la devolución del bien sin aplicación de la previsión legal de la LGDCU art.76. La única indemnización posible es la relativa a los intereses del CC art.1108 a computar desde la fecha de notificación de la devolución por parte del consumidor (AP Murcia 6-5-25, EDJ 612464; AP Pontevedra 11-12-24, EDJ 835273).

Precisiones 1) Un consumidor que canceló unilateralmente un **viaje combinado** antes de la **emisión de los billetes de avión**. La agencia de viajes está obligada a reembolsar las cantidades anticipadas, salvo que se demuestre fehacientemente que los billetes ya habían sido emitidos en la fecha de la cancelación, tal y como venía recogido en las condiciones generales (AP Barcelona 18-6-25, EDJ 663016).
2) Cuando un contrato de reserva para la **celebración de un evento** incluye una cláusula que condiciona la devolución de las cantidades entregadas a cuenta a la contratación de la fecha por terceros, dicha cláusula constituye una condición resolutoria potestativa simple válida, y no un derecho de desistimiento unilateral conforme a la LGDCU art.68; por tanto, la devolución procede únicamente si se cumple dicha condición, sin que sea aplicable la restitución duplicada prevista en la LGDCU art.76 (AP Granada 29-4-24, EDJ 617734).
3) En contratos de **prestación de servicios educativos** suscritos antes de la declaración del estado de alarma por **COVID-19**, se **suspendieron todos los plazos** (RD 463/2020) durante el estado de alarma, pero una vez levantada la suspensión, el empresario está obligado a devolver las cantidades abonadas sin demora indebida, y en caso de retraso injustificado, debe abonar el doble de la cantidad adeudada, sin que las circunstancias excepcionales de la pandemia justifiquen modular esta obligación en sede de desistimiento (AP Barcelona 19-5-23, EDJ 628130).
4) En el caso de la suscripción con una clínica para la implantación de un balón gástrico y seguimiento nutricional, el derecho de desistimiento puede ejercerse antes del inicio de la prestación principal, incluso si se han iniciado pruebas preoperatorias. La devolución debe realizarse sin penalización, salvo por los **gastos efectivamente generados** (AP Baleares 19-12-22, EDJ 812064).

682 En cuanto al pago de **intereses**, cabe diferenciar tres momentos distintos:
1) Desde el **abono** por el consumidor hasta el momento en que el empresario recibe la comunicación de desistimiento. En este caso, los intereses no pueden ser reclamados, pues en principio el contrato es válido y la entrega del dinero es el pago de la prestación asumida por el consumidor. Existiría obligación de pago en el caso de que el contrato no resultara válido y se resolviera, pero esa es una cuestión ajena al derecho de desistimiento.
2) Desde la **recepción** por el empresario de la declaración de desistimiento y durante el plazo de 14 días. Aquí sí debe abonar dichos intereses. La obligación de devolución solo surge desde el momento de ejercicio del derecho de desistimiento por el consumidor y de recepción por el empresario de la comunicación, y por tanto solo a partir de dicho momento puede considerarse la existencia de mora (CC art.1108).
3) Una vez **vencido el plazo** legal de 14 días para restituir la cantidad. Estos intereses son absorbidos por sanción prevista para el supuesto de incumplimiento del empresario de su obligación de restituir.

B. Condiciones generales de la contratación

690

693 Una parte importante de la **contratación en masa** se desarrolla a través de una condiciones uniformes, preestablecidas o predispuestas por una empresa o grupo de empresas, que las imponen a sus clientes, al celebrar cada uno de los contratos, sin que exista posibilidad de discusión ni modificación. Ante la imposibilidad de ignorar dicha realidad, el ordenamiento jurídico ha reaccionado regulando los requisitos necesarios para que las condiciones generales obliguen, así como los casos en que dichas condiciones deben considerarse nulas, estableciéndose un control administrativo de las mismas y un régimen específico de interpretación.
El **régimen legal** de las condiciones generales de contratación se halla contenido en la L 7/1998 (LCGC), que incorpora al ordenamiento jurídico español la Dir 93/13/CEE, y en el RD 1828/1999, que aprueba el Reglamento del Registro de condiciones generales de contratación.
La necesidad de regular los contratos que contienen condiciones generales, típico de la contratación en masa se justifica por dos motivos.
• **Necesidad económica**, se apoya en la desigualdad estructural de las partes contratantes. Algunos contratantes gozan de una posición de supremacía propiciada por la ausencia de competencia en algunos sectores cercanos al oligopolio o el monopolio (telefonía, electricidad, gas, etc.) o bien por la coexistencia de parámetros comunes en el sector de actividad (banca, seguros, etc.) que hacen necesario regular la protección de la parte más débil del contrato y facilitar la transparencia y la libre competencia.

• **Necesidad jurídica**, el predisponente al configurar el contrato puede introducir cláusulas o condiciones que le son favorables en perjuicio del adherente, a lo que se une la gran dificultad del examinar las cláusulas contractuales con detenimiento a la hora de firmar el contrato.

Precisiones Para ver la definición de **predisponente** y **adherente** ver nº 705.

Requisitos (LCGC art.1) Se entiende por condición general aquella cláusula contractual que está predispuesta e incorporada a una **pluralidad de contratos** exclusivamente por una de las partes. De acuerdo con la definición legal, la consideración de condiciones generales de la contratación exige la concurrencia de los siguientes requisitos: **694**
• **Contractualidad**: que sean cláusulas contractuales y su inserción en el contrato no deriva del acatamiento de una norma imperativa que imponga su inclusión.
• **Predisposición**: que sean cláusulas redactadas previamente a la celebración y negociación del contrato (AP Cáceres 24-4-12, EDJ 71935), siendo irrelevante la autoría de su formulación, pudiendo haber sido confeccionadas por el propio empresario o por terceros, o incluso haberse extraído de libros.
En los contratos de adhesión existe una **presunción** de predisposición de las cláusulas, pues normalmente se usan contratos-tipo predeterminados. El predisponente debe probar que una cláusula pudo ser modificada por el adherente para romper la presunción.
• **Imposición** (también conocido como rigidez e inevitabilidad): que sean cláusulas impuestas por una de las partes (el predisponente), es decir, que no hayan sido negociadas individualmente.
Para que haya imposición, no se exige el adherente tenga una **conducta activa**, que intente negociar y el predisponente lo rechace, solo que se trate de cláusulas no negociadas individualmente que se presentan en el contrato como un todo a aceptar o rechazar por el consumidor.
La carga de la **prueba** en la existencia de la imposición de una cláusula o si esta pudo ser negociada individualmente corresponde al empresario, lo contrario (que fuera el consumidor quien tuviera que probar la ausencia de negociación) sería una prueba diabólica que atenta contra el derecho a la tutela efectiva (LGDCU art.82.2; TS 15-2-12, EDJ 43918).
La imposición de la cláusula no significa su ilicitud, es un **mecanismo de contratación** propio de los contratos en masa ante la imposibilidad de mantener negociaciones individualizadas con miles de consumidores. El mecanismo está amparado por la libertad de empresa que permite diseñar productos y servicios y ofrecerlos en unas condiciones determinadas (el fenómeno conocido como *take it or leave it*, lo tomas o lo dejas), sin que ello suponga su nulidad (TS 18-6-12, EDJ 209070).
• **Generalidad**: que sean cláusulas generales, redactadas con la finalidad de ser incorporadas a una pluralidad de contratos.
No estamos ante una condición general cuando la cláusula se incorpora a **un solo contrato**, aun cuando se imponga a la otra parte, sino que debe dirigirse a uniformar los contratos que van a realizarse con una generalidad de personas.
La pluralidad de contratos se refiere a su inclusión en diversos contratos por parte de un **único profesional**, que una cláusula sea incluida por muchos profesionales una única vez tampoco la convierte en una condición general.

Precisiones **1)** Sobre el requisito de la **imposición**, la jurisprudencia ha aclarado lo siguiente (AP Barcelona 27-2-19, EDJ 515125, remitiéndose al TS 9-5-13, EDJ 53424):
• La prestación del consentimiento a una cláusula predispuesta debe calificarse como impuesta por el empresario cuando el consumidor no puede influir en su supresión o en su contenido, de tal forma que o se adhiere y consiente contratar con dicha cláusula o debe renunciar a contratar.
• No puede equipararse la negociación con la posibilidad real de escoger entre pluralidad de ofertas de contrato sometidas todas ellas a condiciones generales de contratación, aunque varias de ellas procedan del mismo empresario.
• Tampoco equivale a negociación individual susceptible de eliminar la condición de cláusula no negociada individualmente, la posibilidad, cuando menos teórica, de escoger entre diferentes ofertas de distintos empresarios.
• La carga de la prueba de que una cláusula prerredactada no está destinada a ser incluida en pluralidad de ofertas de contrato dirigidos por un empresario o profesional a los consumidores, recae sobre el empresario.
2) Aunque la LCGC no incluye ninguna norma sobre la carga de la **prueba** de la imposición de una cláusula, esta se contiene en la LGDCU art.82.2 en directa transposición de la Dir 1993/13 art.3.2.
3) La imposición del contenido del contrato no debe confundirse con la **imposición del contrato** ya que el consumidor, ponderando sus intereses y en ejercicio de su libertad para contratar, es el que decide si finalmente contrata y con quién lo hace.
4) Para que exista un contrato integrado por condiciones generales de la contratación basta con que concurran las notas de predisposición e imposición, sin que sea precisa una **situación de monopolio** de la entidad predisponente ni ausencia de libertad contratación ni pertenencia de la empresa predisponente a un determinado sector de la contratación ni que el contrato proceda de la Administración (AP Madrid 6-6-08, EDJ 115917).

5) En el caso de una **subrogación hipotecaria**, si está **acreditada la negociación** individual de la cláusula suelo, no procede someterla a los controles de transparencia y abusividad previstos para condiciones generales. La condición de consumidor de un contratante no excluye la aplicación de esta regla (TS auto 23-7-25, EDJ 645919).

695 La sede natural de las condiciones generales de contratación son los denominados **contratos de adhesión** (nº 705 s.), razón por la cual, para la identificación y calificación de una cláusula contractual como condición general de contratación, es preciso realizar una apreciación global del contrato en cuestión. El hecho de que ciertos elementos de una cláusula o que una o varias cláusulas aisladas se hayan **negociado individualmente** no excluye la aplicación de la LCGC al resto del contrato si la apreciación global lleva a la conclusión de que se trata de un contrato de adhesión.
Resulta **irrelevante** para que una cláusula contractual sea calificada como condición general de contratación:
- la autoría material, la apariencia externa, su extensión y cualesquiera otras circunstancias; y
- que el adherente sea un profesional o un consumidor.
El hecho de que se refieran al objeto principal del contrato en el que están insertadas tampoco es obstáculo para que una cláusula contractual sea calificada como condición general de la contratación, ya que estas se definen por el proceso seguido para su inclusión en el mismo (TS 9-5-13, EDJ 53424).

Precisiones **1)** Cumplen el requisito de contractualidad los **avisos** o rótulos ubicados en los establecimientos del predisponente que contienen reglas a aplicar a las relaciones con sus clientes (Pagador López, J.).
2) Existe jurisprudencia que interpreta la imposición o inevitabilidad de las cláusulas generales en el sentido de exigir el adherente que haya actuado tratando de **evitar su inclusión** al contrato, por ejemplo, intentando negociar su contenido (TS 31-1-98, EDJ 1106; 28-2-02, EDJ 3237). No obstante, en la actualidad se ha abandonado dicha concepción del elemento de la imposición (TS 9-5-13, EDJ 53424, que señala: «ni siquiera es preciso que el consumidor observe una conducta activa, pese a lo cual vea rechazado su intento de negociar»).
3) Para que exista un contrato integrado por condiciones generales de la contratación basta con que concurran las notas de predisposición e imposición, sin que sea precisa una situación de **monopolio de la entidad predisponente** ni ausencia de libertad contratación ni pertenencia de la empresa predisponente a un determinado sector de la contratación ni que el contrato proceda de la Administración (AP Madrid 6-6-08, EDJ 115917).

698 **Diferencia con cláusula abusiva** (TS 3-6-13, EDJ 100362) No cabe identificar el concepto de **condición general** con el de cláusula abusiva (nº 780 s.). Una estipulación contractual es condición general cuando viene predispuesta e incorporada a una pluralidad de contratos exclusivamente por una de las partes, ya sea en contratación entre empresarios, ya sea en contratos entre un profesional y un consumidor, y por ser condición general no tiene por qué ser necesariamente abusiva. Por el contrario, una estipulación contractual es **abusiva cuando**, en contra de la buena fe, causa en detrimento del consumidor un desequilibrio importante e injustificado de las obligaciones contractuales. Las cláusulas abusivas pueden ser al tiempo condición general, o darse en el ámbito de un contrato de adhesión entre particulares, siempre que una parte contractual sea un consumidor.
La distinción entre ambos conceptos se basa, por tanto, en el **ámbito subjetivo** de contratación. Las condiciones generales de contratación se pueden dar tanto en las relaciones de profesionales o empresarios entre sí, como de éstos con los consumidores, mientras que el concepto de abusividad queda circunscrito a los contratos con consumidores. Ahora bien, esto no quiere decir que en las **condiciones generales entre profesionales** no pueda existir abuso de una posición dominante. Pero tal concepto se sujeta a las normas generales de nulidad contractual. Es decir, nada impide que también judicialmente pueda declararse la nulidad de una condición general que sea abusiva cuando sea contraria a la buena fe y cause un desequilibrio importante entre los derechos y obligaciones de las partes, incluso aunque se trate de contratos entre profesionales o empresarios. Pero el régimen de nulidad por abusividad de las cláusulas no negociadas individualmente es aplicable únicamente a los consumidores y usuarios (TS 30-4-15, EDJ 73561).
El Código Civil no tiene por objeto trasladar a las **relaciones entre empresarios** el control de abusividad propio de las relaciones con consumidores (CC art.1258). El legislador no ofrece una modalidad especial de protección al adherente no consumidor, más allá de la remisión a la legislación civil y mercantil general sobre respeto a la buena fe y el justo equilibrio en las prestaciones para evitar situaciones de abuso contractual (AP Madrid 13-1-23, EDJ 507437).

Ámbito de aplicación (LCGC art.2, 3 y 4) El ámbito de aplicación de la LCGC comprende desde el punto de vista: 700

• **Subjetivo**, a los contratos celebrados entre un profesional (predisponente) y cualquier persona física o jurídica (adherente); es decir, incluye tanto las relaciones de profesionales entre sí, como la de estos con los consumidores. Pero la LCGC no establece un régimen uniforme para unas y otras. Mientras que las normas relativas a la incorporación (nº 710) y a la interpretación de las condiciones generales (nº 720) son aplicables a todo tipo de condiciones generales, el régimen de la nulidad de las condiciones generales es diferente según que el contrato en el que se integren se haya celebrado o no con un consumidor (TS 30-4-15, EDJ 73561).

Cuando las condiciones generales se incluyen en contratos **con consumidores**, también les son de aplicación lo establecido en la LGDCU. Ver nº 738 s.

Es decir, el **adherente** puede ser o no un profesional. Si el adherente no es profesional, le resulta de aplicación la LCGC y, además, en cuanto consumidor, la LGDCU. Si el adherente es un profesional y actúa en el marco de su actividad, se le aplica la LCGC pero no la LGDCU, dado que no ostenta la condición de consumidor y usuario. Si el adherente es profesional y no actúa en el marco de su actividad, le resulta de aplicación la LCGC y, además, si reúne la cualidad de consumidor y usuario, la LGDCU (LCGC art.2.3).

• **Territorial**, tanto a los contratos sujetos a la legislación española, como a los sometidos a la legislación extranjera, cuando el adherente haya emitido su declaración de voluntad negocial en territorio español y tenga en éste su residencia habitual, sin perjuicio de lo establecido en tratados y convenios internacionales. Cuando el adherente sea un consumidor es de aplicación lo dispuesto en la LGDCU art.67.

Precisiones En cuanto a los **convenios internacionales**, la propia LGDCU hace referencia al Convenio de Roma, ratificado por España el 7-5-93, que establece que el consumidor solo puede optar por la ley del lugar en que se emite el consentimiento o al lugar de residencia habitual para que una cláusula no sea considerada como abusiva (p.e. si un contrato se firma en España y el adherente tiene residencia habitual en Francia, la ley aplicable sería la española o la francesa, pero está prohibido remitir el contrato a la legislación de EE.UU.).

Quedan **excluidos** del ámbito de aplicación objetivo de la LCGC los siguientes contratos: 702

• **Contrato administrativo**. Hay que diferenciar entre contratos puramente administrativos y contratos de la Administración encuadrables en el derecho privado. Se excluyen de la LCGC solamente los contratos propiamente administrativos ya que la exclusión es objetiva sobre el tipo de contrato y no subjetiva sobre la Administración. P.e. sí estaría sometido a la LCGC el contrato de suministro de luz de una Administración con una compañía eléctrica.

• **Contrato de trabajo.** Constituye la base principal de las relaciones laborales entre trabajadores y empresarios y, al igual que los contratos administrativos, está fueran fuera del mercado de productos y servicios. Además, debido a su especificidad, los contratos de trabajo tienen sus propias normas de regulación y protección.

• **Contrato de constitución de sociedad.** Aunque es cierto que este tipo de contratos se parecen mucho entre sí debido al extendido uso de modelos y plantillas, no se caracterizan por ser elaborados en masa y estar destinados a su aplicación general. Son contratos que se articulan de forma individual en función de las necesidades y características de los fundadores de la sociedad. Además, el fin perseguido de crear una persona jurídica para operar en el campo mercantil tampoco está dentro del intercambio de productos o servicios.

• **Contratos familiares y sucesorios.** Esta exclusión es subjetiva ya que atiende a las relaciones de las personas que participan en el contrato, unidas por vínculos familiares. Aunque el contrato tenga cierto contenido patrimonial, se circunscribe a las relaciones personales y tiene ciertas limitaciones a la autonomía de la voluntad impuestas por el Derecho de Familia.

Precisiones **1)** Se entiende por **profesional** a toda persona física o jurídica que actúe dentro del marco de la actividad profesional o empresarial, ya sea pública o privada (LCGC art.2.2).

2) Los supuestos de exclusión deben entenderse referidos también a las **cláusulas abusivas** (Dir 93/13/CEE).

Además de la exclusión de cierto tipo de contratos de la aplicación de la LCGC, hay una exclusión que no afecta a los contratos, sino que incide directamente sobre determinado **tipo de condiciones generales**. Están excluidas las condiciones generales que (LCGC art.4 párrafo 2º): 703

- reflejan disposiciones o principios de convenios internacionales;
- están reguladas legalmente y son de aplicación obligatoria.

La **justificación** de esta exclusión es que no son condiciones generales, puesto que no es resultado de la voluntad sino que son una imposición legal.

El origen legal (nacional o internacional) de este tipo de condiciones lleva a una **presunción** de **no abusividad** y, por tanto, quedarían fuera de la aplicación de los controles de la LCGC en principio.

704 Esta presunción de no abusividad, y de exclusión por tanto de la aplicación de la LCGC y la LGDCU, llevaba a justificar la no aplicación de la LCGC en las **cláusulas suelo** en los contratos hipotecarios (nº 2812) ya que las mismas están reguladas en numerosas normas. Esta normativa, sin embargo, impone determinados deberes de información sobre la incorporación de las cláusulas suelo en los contratos, pero no impone su existencia. Además suponía la paradoja de que una Orden Ministerial que regulaba aspectos de las cláusulas suelo podía dejar sin aplicación a una Ley. Por todo ello, la existencia de la regulación bancaria en cuanto a los contratos de préstamo hipotecario y las normas de transparencia y protección de los consumidores, no impide que la LCGC se aplique a los contratos de préstamo hipotecario con cláusulas suelo (TS 28-5-14, EDJ 53424).

705 **Sujetos del contrato** Hay que diferenciar entre predisponente y adherente en el contrato:

• El **predisponente** se define como la persona física o jurídica que en sus relaciones con terceros se sirve de cláusulas prerredactadas y elaboradas para su inclusión en una pluralidad de contratos. Es la parte activa del contrato con condiciones generales (LCGC art.1 y 2).
No toda persona que usa un modelo o formulario de contrato es considerado predisponente, es preciso que la **actividad** sea:
- habitual y prolongada en el tiempo (no esporádica); y
- profesional (sea su fuente de obtención de beneficios e ingresos en un ámbito empresarial).

En cualquier caso, es indiferente para ser considerado predisponente quién ha **redactado** de forma efectiva las condiciones generales (sea el predisponente o un tercero). No se trata de controlar la redacción de las cláusulas, sino su uso contractual.

• El **adherente** se define como la persona, que con la finalidad de obtener un bien o servicio, se ve en la necesidad de firmar un contrato con condiciones generales predispuestas por la otra parte (predisponente). Es la parte pasiva del contrato con condiciones generales (LCGC art.2).
No hace falta ser consumidor para ser considerado como adherente en un contrato con condiciones generales, sino que lo es cualquier persona, también un profesional, que contrate con cláusulas predispuestas. Dicho esto, aunque las normas relativas a la incorporación e interpretación de las condiciones generales (LCGC art.5, 6 y 7) son comunes, el **régimen de nulidad** es diferente según el contrato se celebre o no con un consumidor (ver nº 738 s.).

706 **Forma del contrato** El contrato de adhesión puede formalizarse de tres formas diferentes:
- por escrito;
- de forma verbal; o
- telefónica o electrónicamente.

707 **Contrato escrito** (LCGC art.5) El predisponente que celebre contratos de adhesión por escrito (voluntariamente o porque sea obligatorio, p.e. la venta de bienes muebles a plazos, los contratos de seguro, etc.) **deben** (AP Barcelona 27-10-06, EDJ 430660):
- hacer referencia expresa en el contrato de todas las condiciones que se pretenden incorporar;
- facilitar un ejemplar de las condiciones al adherente;
- hacer constar por escrito, mediante firma, la aceptación de todas las condiciones por parte del adherente.

La **referencia expresa** de las condiciones generales se puede alcanzar de 3 formas:
- mediante la constancia directa de las condiciones en el propio contrato y antes de la firma del adherente (lo que indica su información y voluntad de incorporarlas al contrato);
- reflejando las condiciones en el anverso del contrato, después de la firma, en este caso debe decirse de forma expresa qué condiciones se incluyen y que se localizan en el anverso;
- incluyendo las condiciones en documento aparte, también debe decirse de forma expresa las condiciones que se incorporan, dónde se localizan y entregar el anexo donde están.

La obligación de entregar un **ejemplar para el adherente** es una obligación general en el derecho de consumo (LGDCU art.63). Hay que distinguir si 2 supuestos:
- si las condiciones se encuentran en el propio contrato (anverso o reverso), se cumple la obligación con la entrega de la copia del contrato;
- si las condiciones se encuentran en un anexo, debe entregarse el anexo firmado por el adherente y hacer constar expresamente su entrega.

Respecto a la aceptación del adherente de las condiciones generales, no debe ser entendida como una aceptación autónoma del contrato, sino como una voluntad de aceptar la oferta del predisponente como un todo integrado. La aceptación no puede ser tácita y se necesita la **firma** expresa. La esencia de la obligación contraída es la firma del adherente que es imperativa, sin firma no hay obligación. La ausencia de firma es un defecto que solo se puede subsanar, con la firma válida del contrato (TS 7-3-94, EDJ 2036).

Precisiones Se entiende que el adherente ha aceptado las **condiciones generales** cuando en el contrato se especifica que se hizo **entrega con anterioridad a la firma** y que el adherente las acepta expresamente (AP Ciudad Real 21-11-11, EDJ 292142).

Contrato verbal (LCGC art.5.3) Cuando el contrato no deba formalizarse por escrito y el predisponente entregue un resguardo, basta con que las **condiciones generales** estén **anunciadas** en un lugar visible dentro del lugar donde se celebra el negocio de forma que el adherente pueda conocer su contenido. P.e. el caso de unos grandes almacenes o un hipermercado, donde debido a la enorme cantidad de ventas diarias no es posible firmar un contrato con cada cliente. 708
De esto se desprende que la **obligación del predisponente** se limita a garantizar al adherente la posibilidad efectiva de conocer las condiciones generales en el momento de celebrar el contrato, no su efectivo conocimiento. Por ello, no es necesaria ni siquiera una referencia verbal a la existencia de las condiciones generales.
El predisponente, para ofrecer la información al adherente, tiene 3 **medios**:
- carteles o anuncios, la información no puede limitarse a la existencia de condiciones generales sino que se debe especificar las mismas y situarlas en un lugar visible que posibilite su lectura antes de la contratación;
- inserción en el documento que se entrega al adherente al celebrar el contrato, debe facilitarse antes o en el momento de finalizar el contrato, de forma que el consumidor pueda desistir (ver nº 1638 s.);
- cualquier otra forma, incluida la verbal, siempre que permitan al adherente el conocimiento de las condiciones.
En cualquier caso, estas opciones tienen, en la práctica, la **limitación** de que, si bien no se impide la celebración de contratos verbales, se impone la obligación de entregar un **recibo** justificante al consumidor en el que se deben incluir las condiciones generales, si las hay (LGDCU art.63). P.e. el **reverso de un ticket** de compra de un hipermercado.

Contrato telefónico o electrónico Para la **contratación electrónica** deben tenerse en cuenta las obligaciones para el predisponente que se imponen para la **contratación a distancia** o fuera de establecimiento mercantil se examina con detalle en el nº 2005 s. mientras que la compraventa electrónica se encuentra en el nº 2200 s. 709
Además, tras la modificación de la LGDCU art.62 por la L 10/2025, se presume que no existe **voluntad de contratar**, siendo nulo el contrato, cuando se incumpla lo previsto en la normativa relativa a **llamadas no solicitadas** (ver nº 402). En cualquier caso, se entiende que no existe consentimiento si este no se ha obtenido o renovado de forma expresa en los dos años anteriores a la comunicación.
Como **excepción**, en la contratación de **préstamos o créditos** con entidades financieras en los que se haya perfeccionado el contrato y entregado las sumas prestadas, si no se cumple la normativa relacionada a llamadas no solicitadas, se aplicará al contrato los intereses legales del dinero. Si el interés pactado es inferior al legal, se mantienen los intereses pactados.

1. Incorporación

La incorporación al contrato de una cláusula general de contratación constituye presupuesto de eficacia de la misma. Las condiciones generales no incorporadas son ineficaces y no obligan al adherente al contrato. Los **requisitos** para que la incorporación de una cláusula general se considere ajustada a Derecho, son: 710
1º La **aceptación** expresa por el adherente de dicha incorporación.
2º Su **firma** por todos los contratantes.
3º Que la **redacción** de la cláusula se ajuste a determinados criterios (nº 715).
4º Que se **informe expresamente** de la existencia de condiciones generales y se facilite un ejemplar de las mismas al adherente. Si se incorporan en el anverso o reverso del contrato, se debe incluir en el contrato una cláusula de antefirma en la que se haga referencia a la existencia de tales condiciones. Cuando el contrato se firma con un **consumidor**, para la incorporación de las cláusulas generales se debe tener en cuenta, además, lo establecido en el nº 770 s.

Aceptación (LCGC art.5.1, 2, 3) Únicamente puede entenderse que hay aceptación de las cláusulas generales de contratación cuando el predisponente haya **informado** de manera expresa al adherente acerca de su existencia y le haya facilitado un **ejemplar** de las mismas, de tal forma que el adherente haya podido conocerlas de manera completa al tiempo de celebrar el contrato. Además, todos los contratantes deberán **firmarlas**. 713

Los adherentes pueden exigir que el notario no transcriba las condiciones generales de la contratación en la escritura que otorgue y que se deje constancia de ellas en la matriz incorporándolas como **anexo**, con lo que el número de folios de ésta se reduce de manera considerable, al igual que el precio del servicio. En este caso el notario debe comprobar que los adherentes tienen conocimiento íntegro de su contenido y que las aceptan.
Tratándose de **contratos** que **no deban formalizarse por escrito**, cuando el predisponente entregue un resguardo justificativo de la contraprestación recibida, basta a efectos de la aceptación con que se cumpla cualquiera de estas tres exigencias:
- anuncio de las condiciones generales en un lugar visible dentro del lugar en el que se celebra el negocio; o
- inserción de las cláusulas en la documentación del contrato que acompaña su celebración; o
- cualquier otro medio que garantice al adherente una posibilidad efectiva de conocer su existencia y contenido en el momento de la celebración del contrato. Además de los anteriores requisitos diseñados específicamente para condiciones generales, también se encuentran otros requisitos formales de transparencia o información aplicables a contratos celebrados con **consumidores**.

715 **Redacción** (LCGC art.5.5) Las cláusulas generales han de ser redactadas conforme a los **criterios** de transparencia, claridad, concreción y sencillez. Es decir, deben reunir el doble requisito de legible, físicamente, y comprensible, intelectualmente (TS 17-6-10, EDJ 152966).
Estos criterios tienen por objeto garantizar la comprensión por el contratante débil del alcance de aquello que se le oferta, y sobre lo que recaerá su aceptación, de manera que la infracción de ese deber que se impone al redactor de la cláusula, que será el oferente, conlleva siempre, y como mínimo, la misma consecuencia: interpretar la cláusula oscura en la forma más beneficiosa para el consumidor o adherente, por la sencilla razón, ya presente en el CC art.1288, de que la oscuridad no puede favorecer al causante de la misma (AP Valencia 22-6-11, EDJ 257184; AP Ciudad Real 21-11-07, EDJ 302953).
Las condiciones incorporadas de modo **no transparente** en los contratos en perjuicio de los consumidores serán **nulas** de pleno derecho.
El principio de **transparencia** es el más importante y engloba, en cierta manera, al resto (claridad, concreción y sencillez). La transparencia está íntimamente ligada a la **información** que el empresario predisponente ofrece al adherente y a la asimetría informativa que se presupone que existe entre las partes del contrato (el empresario profesional tiene más información que el adherente).

2. Interpretación

720 La interpretación de las condiciones generales se rige por las siguientes **reglas**:
• Cuando exista **contradicción** entre las condiciones generales y las condiciones particulares específicamente previstas para el contrato, prevalecen éstas sobre aquéllas, salvo que las condiciones generales resulten más beneficiosas para el adherente que las particulares.
• Las **dudas** interpretativas de las condiciones generales oscuras se resuelven a favor del adherente. En los contratos con consumidores esta norma de interpretación solo es aplicable cuando se ejerciten acciones individuales (nº 753).
• **Subsidiariamente** son de aplicación las disposiciones civiles de carácter general sobre la interpretación de los contratos.

Precisiones En caso de discordancia en la interpretación de las cláusulas contractuales de **compraventa de vivienda**, tienen prevalencia las hojas de calidades sobre la documentación gráfica del proyecto (TS 30-5-11, EDJ 95943).

3. Control

(LCGC art.8.1)

725 El control de las condiciones generales incorporadas a un contrato recae sobre un **doble objeto**:
- por un lado, el cumplimiento de los requisitos para su **incorporación** o inclusión (nº 710 s.); y
- por otro, la licitud del **contenido** de las condiciones generales (nº 732) y, en el caso de los contratos con consumidores o usuarios, la transparencia o comprensibilidad real de las mismas (nº 738 s.). Es decir, no solo es necesario que las cláusulas hayan sido expresamente aceptadas por el adherente y estén redactadas de forma clara y comprensible, sino también que el adherente pueda tener un conocimiento real de las mismas, de forma que pueda prever, sobre la base de criterios precisos y comprensibles, sus consecuencias económicas.

Los **mecanismos** para ejercitar este control son, básicamente, dos:
a) **Judicial**, mediante el ejercicio ante los tribunales de las correspondientes acciones judiciales (nº 750 s.).
b) **Administrativo**, mediante la inscripción en un registro público de condiciones generales de contratación y de resoluciones judiciales que puedan afectar a su eficacia (nº 820 s.).

Control de incorporación o inclusión (LCGC art.7) A través del control de incorporación (también denominado control de **transparencia formal**) se comprueba el cumplimiento de los requisitos expuesto en el nº 710 s. **730**
Con este control se busca garantizar la correcta formación de la voluntad contractual por el adherente, por lo que incide en la **formación del consentimiento**, pero no en la legalidad intrínseca de la cláusula. A estos efectos, se tendrán por **no puestas** las condiciones generales:
a) Que el adherente no haya tenido **oportunidad real de conocer** de manera completa al tiempo de la celebración del contrato o cuando no hayan sido firmadas, cuando sea necesario.
b) Las que sean **ilegibles, ambiguas, oscuras e incomprensibles**, salvo, en cuanto a estas últimas, que hayan sido expresamente aceptadas por escrito por el adherente y se ajusten a la normativa específica que discipline en su ámbito la necesaria transparencia de las cláusulas contenidas en el contrato. El control de incorporación de las condiciones generales, en cuanto a su comprensibilidad gramatical, se extiende a cualquier cláusula contractual que tenga dicha naturaleza, con independencia de que el adherente sea consumidor o profesional (TS 3-7-18, EDJ 516928). Es decir, tanto si el contrato se suscribe entre empresarios y profesionales como si se celebra con consumidores, las condiciones generales pueden ser objeto de control por la vía de su incorporación.

Precisiones **1)** Adviértase que la exigencia de claridad, concreción, sencillez y comprensibilidad directa de la LCGC art.7.b alcanza un mayor nivel de exigencia cuando se aplica al **control de transparencia** en caso de contratos con **consumidores** (TS 15-12-15, EDJ 264301). Ver nº 738 s.
2) La exigencia de claridad y comprensibilidad de una condición general, a los efectos de realizar el control de incorporación, no es uniforme, sino que depende de la propia **complejidad de la materia** sobre la que versa el contrato, y, más en concreto, de la cláusula controvertida (TS 15-12-15, EDJ 264301; 27-6-17, EDJ 124648).
3) La inclusión de una cláusula suelo en un apartado individualizado del contrato, cuyo texto se encuentra resaltado en negrita y subrayado, pueden servir para considerar superado el control de incorporación de la **cláusula suelo**, pero no el control de transparencia (TS 1-2-18, EDJ 3698; 30-5-18, EDJ 89396). También supera el control de incorporación la cláusula suelo presentada con una redacción clara y comprensible para el consumidor, cuyo límite superior e inferior aparecen destacados en mayúsculas, y cuya ubicación en el contrato es particularmente apropiada, pues lejos de quedar relegada, aparece conjuntamente con los otros dos elementos esenciales que determinan el precio. La cláusula no queda oculta o enmascarada entre multitud de datos ni, como suele ser frecuente, tampoco queda desplazada o postergada frente a otros pactos que no inciden directamente en el cálculo del tipo aplicable (como los índices sustitutorios, bonificaciones, procedimientos de notificación...) (AP Barcelona 28-2-19, EDJ 515217). Sobre las cláusulas suelo abusivas, ver nº 2812 s.

Control de contenido (LCGC art.8) Se trata de un control de la **legalidad** de las condiciones generales incluidas en el contrato. **732**
Las condiciones generales pueden ser declaradas **nulas** de pleno derecho cuando contradigan en perjuicio del adherente lo dispuesto en la LCGC o en cualquier otra norma imperativa o prohibitiva, salvo que en ellas se establezca un efecto distinto para el caso de contravención. En particular, cuando el contrato se celebre con un **consumidor**, serán nulas las condiciones generales que sean abusivas conforme a lo dispuesto en la LGDCU art.82 a 91. Ver nº 780 s.
A los efectos de realizar este control, es necesario, por tanto, **diferenciar entre**:
- los contratos celebrados entre profesionales; y
- los celebrados con consumidores.

Precisiones **1)** Queda excluida la posibilidad del **control de abusividad** en contratos en que el adherente no es consumidor (TS 30-1-17, EDJ 5821).
2) Son nulas las cláusulas, estipulaciones, condiciones o pactos que excluyan a una de las partes, por tener VIH/SIDA u otras **condiciones de salud**, incluyendo haber padecido cáncer (LGDCU disp.adic.única.1 redacc RDL 5/2023).

Contrato entre profesionales Las condiciones generales insertas en contratos en los que el adherente no tiene la condición legal de consumidor o usuario, cuando reúnen los requisitos de incorporación, tienen, en cuanto al control de contenido, el mismo **régimen** legal que las cláusulas negociadas, por lo que solo operan como límites externos de las condiciones generales los mismos que operan para las cláusulas negociadas, fundamentalmente los previstos en el CC art.1255 y, en especial, las normas imperativas (TS 30-4-15, EDJ 73561). **735**

Ni el legislador comunitario, ni el español, han dado el paso de ofrecer una modalidad especial de protección al adherente no consumidor, más allá de la remisión a la legislación civil y mercantil general respeto a la **buena fe** y el justo **equilibrio en las prestaciones** para evitar situaciones de abuso contractual.

Si bien el concepto de abusividad queda circunscrito a los contratos con consumidores, eso no quiere decir que en las condiciones generales entre profesionales no pueda existir **abuso de una posición dominante**. Pero tal concepto se sujetará a las normas generales de nulidad contractual. Es decir, nada impide que también judicialmente pueda declararse la nulidad de una condición general que sea abusiva cuando sea contraria a la buena fe y cause un desequilibrio importante entre los derechos y obligaciones de las partes, incluso aunque se trate de contratos entre profesionales o empresarios (TS 30-4-15, EDJ 73561; 20-1-17, EDJ 1983; AP Toledo 18-10-16, EDJ 224009).

Precisiones En virtud del principio general de buena fe puede postularse la nulidad de determinadas cláusulas del contrato, al menos, para las cláusulas que suponen un **desequilibrio** de la posición contractual del adherente, es decir, aquellas que modifican subrepticiamente el contenido que el adherente había podido representarse como pactado conforme a la propia naturaleza y funcionalidad del contrato; en el sentido de que puede resultar contrario a la buena fe intentar sacar ventaja de la predisposición, imposición y falta de negociación de cláusulas que perjudican al adherente. No obstante, no puede afirmarse que haya desequilibrio o abuso de la posición contractual cuando hubo negociaciones entre las partes y la adherente tuvo perfecta conciencia de la existencia y funcionalidad de la cláusula objeto del recurso (TS 3-6-16, EDJ 78893).

738 **Contrato con consumidores: control de transparencia material o cualificado** (TS 3-6-16, EDJ 78893; 20-1-17, EDJ 1983; 30-1-17, EDJ 5821; 8-6-17, EDJ 93157) Cuando la condición general está inserta en un contrato con consumidores o usuarios, los jueces pueden llevar a cabo un **control de abusividad** de la cláusula en los términos expuestos en el nº 795 s. Este control de contenido, no obstante, no es aplicable cuando la cláusula afecte a un elemento esencial del contrato (p.e., el precio u objeto en un contrato de compraventa) (TS 9-5-13, EDJ 53424; Dir 1993/13/CEE).

Así, una cláusula puede ser declarada **abusiva**, no ya por prever la existencia de un desequilibrio importante en los derechos y obligaciones de las partes, sino por no superar el control de transparencia.

Cuando la condición general se refiere a elementos esenciales del contrato se puede llevar a cabo lo que la jurisprudencia ha denominado «control de transparencia material o cualificado» (comprensibilidad), como parámetro abstracto de validez de la cláusula predispuesta (TS 9-5-13, EDJ 53424). Este control de transparencia tiene por objeto que el adherente pueda conocer con sencillez tanto la **carga económica** que realmente le supone el contrato celebrado, esto es, el sacrificio patrimonial realizado a cambio de la prestación económica que quiere obtener, como la **carga jurídica** del mismo, es decir, la definición clara de su posición jurídica tanto en los elementos típicos que configuran el contrato celebrado, como en la asignación de los riesgos del desarrollo del mismo (entre otras, TS 23-12-15, EDJ 253610; 4-3-19, EDJ 515059).

A las condiciones generales que versan sobre elementos esenciales del contrato se les exige un **plus de información** que permita que el consumidor pueda adoptar su decisión de contratar con pleno conocimiento de la carga económica y jurídica que le supondrá concertar el contrato, sin necesidad de realizar un análisis minucioso y pormenorizado del contrato. Esto excluye que pueda agravarse la carga económica que el contrato supone para el consumidor, tal y como este la había percibido, mediante la inclusión de una condición general que supere los requisitos de incorporación (nº 710), pero cuya trascendencia jurídica o económica pasó inadvertida al consumidor porque se le dio un inapropiado **tratamiento secundario** y no se facilitó al consumidor la información clara y adecuada sobre las consecuencias jurídicas y económicas de dicha cláusula.

Precisiones **1)** La no **aplicación** del **segundo control de transparencia** a los **profesionales** (no consumidores) se debe a que el legislador, tanto español como europeo, ofrecen al profesional la protección de la legislación civil y mercantil general sobre buena fe y equilibrio de prestaciones para evitar situaciones de abuso y no corresponde a los tribunales extender esta protección a lo previsto para los consumidores en la LGDCU (TS 3-6-16, EDJ 78893).

2) El **CC art.1258** no tiene por **objeto** trasladar a las relaciones entre empresarios el control de abusividad propio de las relaciones con consumidores. El legislador no ofrece una modalidad especial de protección al adherente no consumidor, más allá de la remisión a la legislación civil y mercantil general sobre respeto a la buena fe y el justo equilibrio en las prestaciones para evitar situaciones de abuso contractual (AP Madrid 13-1-23, EDJ 507437)

3) La abusividad de informar de la **modificación en forma de facturar** depende de la posibilidad de que el consumidor tome conciencia de ella, por lo que si un consumidor medio, razonablemente atento y perspicaz, no la puede advertir fácilmente, la modificación no cumple las exigencias mínimas de comunicación (TS 4-12-23, EDJ 770022).

4) Debe **diferenciarse** la evaluación de la transparencia de una condición general cuando con la acción de anulación de un contrato por **error vicio en el consentimiento**. Mientras que en la primera se realiza un control más objetivo de la cláusula y del proceso de contratación, en la segunda las circunstancias personales de los contratantes son fundamentales para determinar tanto la propia existencia del error como, en caso de que exista el error, la excusabilidad del mismo. Es necesario también que el error sea sustancial. Las consecuencias de uno y otro régimen legal son diferentes, pues el control de abusividad de la cláusula lleva aparejado consigo la nulidad de la cláusula controvertida, la pervivencia del contrato sin esa cláusula y la restitución de lo que el predisponente haya percibido como consecuencia de la aplicación de la cláusula abusiva; mientras que la anulación por error vicio del consentimiento afecta al contrato en su totalidad y las partes deben restituirse recíprocamente todo lo percibido de la otra en virtud del contrato, con sus frutos o intereses (TS 8-6-17, EDJ 93157; AP Barcelona 28-2-19, EDJ 515224).

Así, existe un **doble filtro o control** de transparencia en los contratos de adhesión para apreciar la abusividad de las cláusulas, en especial de aquellas que regulan los elementos esenciales del contrato: definición del objeto principal del contrato y la adecuación entre precio y prestación (TS 9-5-13, EDJ 53424; 23-12-15, EDJ 253610): **740**
- un control formal de incorporación de la cláusula que debe ser concreta, clara y sencilla y posibilitar la comprensión directa (LGDCU art.80.1);
- otro control material de comprensión real de la carga económica que supone el contrato, la asignación o distribución de riesgos, la definición clara de posición económica y jurídica del adherente que solo se aplica a los consumidores (TS 18-6-12, EDJ 209070).

Adherente	Control de transparencia aplicable
Profesional	- de incorporación
Consumidor	- de incorporación - de comprensión

Esta transparencia conecta con el **juicio de abusividad**, porque la falta de transparencia trae consigo un desequilibrio sustancial en perjuicio del consumidor, consistente en la privación de la posibilidad de comparar entre las diferentes ofertas existentes en el mercado y de hacerse una representación fiel del impacto económico que le supondrá obtener la prestación objeto del contrato según contrate con una u otra entidad financiera, o una u otra modalidad de préstamo, de entre los varios ofertados. Precisamente esta aproximación entre transparencia y abusividad es lo que impide que pueda realizarse el control de transparencia en contratos en que el adherente no tiene la cualidad legal de consumidor.

Precisiones **1)** El Magistrado D. Francisco Javier Orduña Moreno que formula un **voto particular** en el que afirma que la noción jurídica de la transparencia, como principio general del derecho, permite que la protección dispensada por el control de transparencia se extienda, también, a la contratación entre empresarios (TS 3-6-16, EDJ 78893; 30-1-17, EDJ 5821).

2) La validez o nulidad de la **cláusula suelo** en un préstamo hipotecario dependerá de la información que la entidad financiera haya proporcionado al prestatario, antes de celebrar el contrato, sobre los efectos de dicha cláusula si los índices de referencia bajan del mínimo pactado. Si la entidad ha informado de forma comprensible al cliente que el préstamo que va a suscribir tiene un interés mínimo fijo, cualquiera que sea la bajada del índice de referencia, la cláusula será válida (AP Barcelona 27-2-19, EDJ 515125). Por el contrario, si la entidad prestamista no informa antes de la celebración del contrato de las cargas jurídicas y económicas de tal disposición, procederá declarar la nulidad de la cláusula suelo por no supera el control de transparencia (TS 4-3-19, EDJ 515059). En este tipo de contratos de préstamo a largo plazo, es necesaria una información precontractual suficiente que incida en la transparencia de la cláusula inserta en el contrato que el consumidor ha decidido suscribir; y la intervención del notario al autorizar la escritura no dispensa de tal obligación (TS 9-12-21, EDJ 777904, entre otras).

Para el TS se estaría dando un **tratamiento marginal** a la cláusula suelo y, por tanto, sería procedente declarar su nulidad, cuando se incluya como un simple inciso dentro de un extenso y farragoso apartado referido a los intereses del préstamo, que ocupa varias páginas, en un préstamo que se oferta, prima facie, como un préstamo a interés variable, referenciado a un índice oficial como es el Euribor. Pues ese simple inciso de apenas unas líneas modifica completamente la economía del contrato, y no consta que se advirtiera claramente al prestatario de esa circunstancia cuando se le ofertó el préstamo. Tampoco es suficiente a estos efectos la utilización de **negrilla** en algunos pasajes de la cláusula documentada en la escritura pública, que además es un recurso tipográfico que en la escritura se utiliza con carácter general en la generalidad de las cláusulas y apartados de las mismas, que aparecen encabezados en negrilla y también se usa la negrilla en algunas partes de su contenido (TS 1-2-18, EDJ 3698).

Sobre la cláusula suelo en los préstamos hipotecarios, ver nº 2812 s.

3) El TS declara que la cláusula suelo supera el control de transparencia cuando el prestatario tuvo **información precontractual adecuada y suficiente**, tanto en la página web de la entidad bancaria, como en los documentos que esta le remite mediante correos electrónicos, sobre la existencia y las consecuencias jurídicas y económicas de dicha cláusula (TS 21-7-23, EDJ 636105).
4) La exclusión del control de contenido de la **comisión de apertura** está condicionada a que la cláusula esté redactada de manera clara y comprensible y a que supere el control de transparencia, esto es, que al consumidor se le ofrezca con antelación suficiente información de la cláusula para que conozca o pueda conocer la carga jurídica y económica que supone para él (TS 23-1-19, EDJ 501276; AP Barcelona 1-12-20, EDJ 742483; TJUE 16-7-20, C-224/19).

a. Registro de Condiciones Generales de Contratación

(LCGC art.11 y 22; RD 1828/1999)

745 El Registro de Condiciones Generales de Contratación constituye, en cuanto a su **organización**, una sección del Registro de Bienes Muebles. Se integra en los registros provinciales, cuyas funciones se atribuyen a los registradores de la propiedad y mercantiles.
Tiene como **finalidad** primordial proteger al consumidor frente a las cláusulas abusivas y evitar que se incluyan tales cláusulas en los contratos celebrados con los consumidores, sobre todo, como medio para hacer efectivo el ejercicio de las acciones contra las condiciones generales no ajustadas a la ley (nº 750 s.). Este Registro permite dotar de mayor seguridad al tráfico jurídico privado y establece asimismo los medios necesarios para evitar el mayor número de litigios.
Se trata de un registro público, cuyo **objeto** es dar publicidad a las condiciones generales de contratación a través de:
a) El **depósito** de las cláusulas contractuales que tengan el carácter de condiciones generales, así como de su rectificación o modificación.
b) La **anotación preventiva** de la interposición de demandas ordinarias de nulidad o de declaración de no incorporación de cláusulas generales y las acciones colectivas.
c) La **inscripción** de la **sentencia estimatoria** de una acción colectiva o una acción individual de nulidad o no incorporación relativa a condiciones generales.

Precisiones Las funciones calificadoras nunca se extenderán a lo que es **competencia judicial**, como es la apreciación de la nulidad de las cláusulas, sin perjuicio de las funciones estrictamente jurídicas encaminadas a la práctica de las anotaciones preventivas reguladas en la Ley, a la inscripción de las resoluciones judiciales y a la publicidad de las cláusulas en los términos en que resulten de los correspondientes asientos.

748 La **inscripción** de las condiciones generales se practica a **solicitud** de:
• El predisponente.
• El adherente y los legitimados para ejercer las acciones colectivas, si consta la autorización del predisponente, estándose en otro caso al resultado de la acción declarativa.
• La autoridad judicial, en virtud del oportuno mandamiento, en caso de anotación de demanda o resolución judicial.
La inscripción en este Registro se configura como **voluntaria**, salvo en los siguientes supuesto en los que será obligatoria:
a) Desde el 16-6-2019 es obligatorio remitir al Registro las **sentencias firmes** dictadas en acciones colectivas o individuales por las que se declare la nulidad, cesación o retractación en la utilización de condiciones generales abusivas.
b) En **sectores específicos** el Ministerio de Justicia, a instancia de parte interesada o de oficio, y en propuesta conjunta con otros departamentos ministeriales, podrá configurar la inscripción como obligatoria. Por ejemplo, los formularios de los préstamos y créditos hipotecarios comprendidos en el ámbito de aplicación de la L 5/2019, reguladora de los contratos de crédito inmobiliario, deberán depositarse obligatoriamente por el prestamista en el Registro antes de empezar su comercialización.
La **competencia** para la inscripción de las condiciones generales de los contratos se atribuye al Registro correspondiente al domicilio social o profesional del predisponente, o, en su defecto, el del establecimiento principal desde donde rija y gestione fundamentalmente sus negocios. El carácter eminentemente jurídico de este Registro deriva de los efectos *erga omnes* que la inscripción va a atribuir a la declaración judicial de nulidad, los efectos prejudiciales que van a producir los asientos relativos a sentencias firmes en otros procedimientos referentes a cláusulas idénticas, así como del cómputo del plazo de prescripción de las acciones colectivas, además del dictamen de conciliación que tendrá que emitir su titular. En definitiva, el Registro de Condiciones Generales va a posibilitar el ejercicio de las acciones colectivas y a coordinar la actuación judicial, permitiendo que ésta sea uniforme y no se produzca una multiplicidad de procesos sobre la misma materia descoordinados y sin posibilidad de acumulación.

Precisiones 1) El Colegio de Registradores de España a través de la **versión *online*** del Registro (www.registradores.org) con una base unificada de datos para todo el territorio español, pretende dar difusión a este Registro hasta ahora infrautilizado. Su acceso a través de Internet es instantáneo y gratuito.
2) No cabe suspender la **inscripción** de una escritura de **préstamo con garantía hipotecaria** porque no se haga constar «el **Código Identificador** del modelo de contrato de préstamo o crédito que se ha utilizado, acreditativo de su depósito en el Registro de Condiciones Generales de la Contratación, ni otros datos que permitan comprobar la efectividad de su depósito con anterioridad a la comercialización de préstamo». De la DGRN Instr 13-6-19 se desprende que el notario debe controlar al autorizar la escritura de préstamo hipotecario, y el registrador de la propiedad al inscribirla, el mero hecho de que efectivamente la entidad financiera haya procedido previamente a practicar dicho depósito, pero la carencia de ese reflejo por la entidad financiera no impide la autorización de la escritura ni su inscripción registral, puesto que siempre es posible el cotejo de la escritura con el conjunto de cláusulas depositadas por la entidad financiera (DGSJFP Resol 3-1-20).

b. Control judicial

Contra las condiciones generales que contradigan las disposiciones contenidas en la LCGC, o contravengan cualquier otra norma imperativa o prohibitiva, pueden ejercitarse dos tipos de **acciones**: **750**
- individual; y
- colectivas. **Previamente** a la interposición de cualquiera de las acciones colectivas, las partes pueden solicitar al Registrador Provincial de Condiciones Generales un **dictamen de conciliación** sobre las cláusulas cuestionadas. El registrador debe emitir dicho dictamen en el plazo de quince días hábiles siguientes a la solicitud, pudiendo proponer una redacción alternativa a las mismas. El dictamen del registrador no es vinculante (LCGC art.13).

Dentro del control judicial se puede dar cierta confusión entre las acciones amparadas por la LGDCU y la LCGC ya que el adherente puede ser consumidor o profesional, por lo que es preciso delimitar el **régimen aplicable** para cada caso:

Adherente	Régimen de incorporación de las cláusulas	Régimen de interpretación de las cláusulas	Régimen de nulidad de las cláusulas
Profesional	LCGC art.5 y 7	LCGC art.6	LCGC art.8.1, 9 y 10
			CC art.1255 y 1258
Consumidor	LCGC art.5 y 7	LCGC art.6	LCGC art.8.2, 9 y 10
			LGDCU art.82 s.

Precisiones No puede confundirse la **evaluación de la transparencia** de una condición general cuando se enjuicia una acción destinada a que se declare la nulidad de la misma con el enjuiciamiento que debe darse a la acción de anulación de un contrato por **error vicio en el consentimiento**. Mientras que en la primera se realiza un control más objetivo de la cláusula y del proceso de contratación, en la segunda las circunstancias personales de los contratantes son fundamentales para determinar tanto la propia existencia del error como, en caso de que exista el error, la excusabilidad del mismo, y es necesario que el error sea sustancial por recaer sobre los elementos esenciales que determinaron la decisión de contratar y la consiguiente prestación del consentimiento.
Las **consecuencias** de uno y otro régimen legal son **diferentes**, pues el control de abusividad de la cláusula no negociada en un contrato celebrado con un consumidor, en el que se inserta el control de transparencia, lleva consigo la nulidad de la cláusula controvertida, la pervivencia del contrato sin esa cláusula y la restitución de lo que el predisponente haya percibido como consecuencia de la aplicación de la cláusula abusiva; mientras que la anulación por error vicio del consentimiento afecta al contrato en su totalidad y las partes deben restituirse recíprocamente todo lo percibido de la otra en virtud del contrato, con sus frutos o intereses (TS 8-6-17, EDJ 93157; AP Barcelona 28-2-19, EDJ 515224).

Acción individual (LCGC art.9 y 10) La declaración judicial de **no incorporación** al contrato o de **nulidad de las cláusulas** de condiciones generales de contratación puede ser instada por el adherente del acuerdo, de conformidad con las reglas generales reguladoras de la nulidad de los contratos. En cuanto a los **efectos** de la sentencia, la no incorporación al contrato de las cláusulas de las condiciones generales o la declaración de nulidad de las mismas no determina la ineficacia total del contrato, si éste puede subsistir sin tales cláusulas, extremo sobre el que debe pronunciarse la sentencia. Así, la sentencia estimatoria puede declarar: **753**
a) La nulidad o no incorporación al contrato de las **cláusulas afectadas**, declarando la subsistencia del contrato sin tales cláusulas. La parte del contrato afectada por la no incorporación o

por la nulidad se debe integrar con arreglo a lo dispuesto en el CC art.1258 y disposiciones en materia de interpretación.
b) La nulidad del propio **contrato**, cuando la nulidad de las cláusulas o su no incorporación afecte a uno de los elementos esenciales del mismo. Esta acción debe ejercitarse ante el juez de primera instancia del domicilio del demandante (LEC art.52.1.14º), siguiendo los trámites del juicio ordinario (LEC art.249.1.5º). Cabe, no obstante, que se haya aceptado un convenio arbitral en el seno del contrato de adhesión (nº 5260 s.).

Precisiones **1)** En los contratos celebrados con consumidores, se consideran abusivas las cláusulas de sumisión a arbitrajes distintos del de consumo, salvo que se trate de órganos de arbitraje institucional creados por normas legales para un supuesto o sector específico (LGDCU art.90.1).
2) Cuando se ejerciten acciones individuales, en caso de duda sobre el sentido de una cláusula prevalecerá la interpretación más favorable al consumidor (LGDCU art.80.2).
3) Antes del ejercicio de la acción individual de no incorporación al contrato o de nulidad de condiciones generales, el adherente puede intentar la **conciliación** con el predisponente (L 15/2015 art.139 s.).
4) Para **mayor información** sobre los procedimientos judiciales ver nº 5100 s.

755 **Acción colectiva** (LCGC art.12 y 17; LEC art.52.1.14º) Junto a las acciones individuales que pueden ejercitar los contratantes, se reconoce con carácter general a determinadas **entidades o corporaciones** la posibilidad de reaccionar contra la utilización o recomendación de utilización de condiciones generales contrarias a la ley, mediante el ejercicio de una serie de acciones colectivas. En función del objetivo que se pretende, se distingue entre las siguientes acciones:
a) **De cesación**: se dirige a obtener una sentencia que condene al demandado a eliminar de sus condiciones generales las que se reputen nulas y a abstenerse de utilizarlas en lo sucesivo, determinando o aclarando, cuando sea necesario, el contenido del contrato que ha de considerarse válido y eficaz. A esta acción se puede acumular, como accesoria, la de devolución de las cantidades que se hayan cobrado en virtud de las condiciones a que afecte la sentencia, y la de indemnización de daños y perjuicios que haya causado la aplicación de dichas condiciones. Puede dirigirse contra cualquier profesional que utilice condiciones generales que se reputen nulas. Ver nº 5200 s.
b) **De retractación**: tiene por objeto obtener una sentencia que declare e imponga al demandado, sea o no el predisponente, el deber de retractarse de la recomendación que haya efectuado de utilizar las cláusulas de condiciones generales que se consideren nulas y de abstenerse de seguir recomendándolas en el futuro. Puede dirigirse contra cualquier profesional que recomiende públicamente la utilización de determinadas condiciones generales que se consideren nulas o manifieste, de la misma manera, su voluntad de utilizarlas en el tráfico, siempre que en alguna ocasión hayan sido utilizadas por algún predisponente.
c) **Declarativa**: se dirige a obtener una sentencia que reconozca una cláusula como condición general y ordene su inscripción, cuando proceda en el Registro de Condiciones Generales de Contratación. Puede dirigirse contra cualquier profesional que utilice las condiciones generales. Es competente para conocer estas acciones el tribunal del lugar donde el demandado tenga su establecimiento y, a falta de éste, el de su domicilio; y si el demandado carece de domicilio en el territorio español, el del lugar en que se hubiera realizado la adhesión.

Precisiones La sentencia que estima la acción colectiva de cesación de una cláusula suelo no solo debe determinar el cese en la utilización de dicha cláusula por parte de esta entidad bancaria, sino también respecto de aquellos **litigios pendientes** en los que se esté ejercitando una acción individual respecto de esa cláusula suelo (TS 8-6-17, EDJ 93157).

758 **Legitimación activa** (LCGC art.16; LEC art.11) Las acciones colectivas pueden ser ejercitadas **exclusivamente** por las siguientes entidades:
- Las asociaciones o corporaciones de empresarios, profesionales y agricultores que estatutariamente tengan encomendadas la defensa de los intereses de sus miembros.
- Las Cámaras de comercio, industria y navegación.
- Las asociaciones de consumidores y usuarios legalmente constituidas y que estatutariamente encomendada la defensa de estos.
- La Agencia Española de Consumo, Seguridad Alimentaria y Nutrición y los órganos correspondientes de las comunidades autónomas y de las corporaciones locales competentes en materia de defensa de los consumidores.
- Los colegios profesionales legalmente constituidos.
- El Ministerio fiscal.
- Las entidades de otros Estados miembros de la UE constituidas para la protección de los intereses colectivos y de los intereses difusos de los consumidores que estén habilitadas mediante su inclusión en la lista publicada a tal fin en el Diario oficial de la UE. Los jueces y tribunales deben aceptar dicha lista como prueba de la capacidad de la entidad habilitada para

ser parte, sin perjuicio de examinar si la finalidad de la misma y los intereses afectados legitiman el ejercicio de la acción.
Cuando los **perjudicados** por un hecho dañoso sean un grupo de consumidores o usuarios cuyos componentes estén perfectamente determinados o sean fácilmente determinables, la legitimación para pretender la tutela de esos intereses colectivos corresponde a las asociaciones de consumidores y usuarios, a las entidades legalmente constituidas que tengan por objeto la defensa o protección de éstos, así como a los propios grupos de afectados.
Cuando los perjudicados por un hecho dañoso sean una pluralidad de consumidores o usuarios **indeterminada** o de difícil determinación, la legitimación para demandar en juicio la defensa de estos intereses difusos corresponderá exclusivamente a las asociaciones de consumidores y usuarios que, conforme a la Ley, sean representativas.

Precisiones 1) Las **asociaciones de consumidores y usuarios** están **legitimadas** para el ejercicio de las acciones colectivas siempre y cuando reúnan los requisitos establecidos en la legislación estatal o, en su caso, en la legislación autonómica en materia de defensa de los consumidores. El régimen jurídico básico se contiene en la LGDCU art.22 a 26. Además, si la asociación desarrolla principalmente sus funciones en el ámbito de una determinada comunidad autónoma, debe ajustarse a lo que, en su caso, disponga la legislación autonómica en la materia.
Cuando la asociación sea de ámbito estatal, debe figurar inscrita en el **Registro Estatal de Asociaciones de Consumidores y Usuarios** que gestiona el Instituto Nacional del Consumo.
2) Para **mayor información** sobre las **asociaciones de consumidores y usuarios** ver nº 140 s.

Prescripción (LCGC art.19) Las acciones colectivas de **cesación y retractación** son imprescriptibles cuando las condiciones generales no se hayan depositado o, depositándose, no se hayan utilizado. En cambio, están sujetas a un plazo de prescripción de cinco años cuando se hayan depositado en el Registro General de Condiciones Generales de la Contratación y utilizado efectivamente mediante su incorporación en un determinado contrato. En cualquier caso, estas acciones de cesación y retractación pueden ser ejercitadas en todo caso durante los cinco años siguientes a la declaración judicial firme de nulidad o no incorporación que pueda dictarse con posterioridad como consecuencia de la acción individual. **760**
Por lo que respecta a la acción **declarativa**, esta es en cualquier caso imprescriptible.

Publicidad (LCGC art.21; LEC art.15.1) En los procesos promovidos por asociaciones o entidades constituidas para la protección de los derechos e intereses de los consumidores y usuarios, o por los grupos de afectados, el letrado de la Administración de Justicia debe hacer un llamamiento a los perjudicados por haber sido consumidores del producto o usuarios del servicio que dio origen al proceso, para lo cual debe publicar la **admisión de la demanda** en medios de comunicación con difusión en el ámbito territorial en el que se haya manifestado la lesión de aquellos derechos o intereses. **763**
Sin perjuicio de la inscripción en el Registro de Condiciones Generales de Contratación de la **sentencia estimatoria** del ejercicio de una acción colectiva, esta debe decidir sobre la publicación del fallo, junto con el texto de la cláusula o cláusulas afectadas, en el BORME o en un **periódico** de los de mayor circulación de la provincia correspondiente al juzgado donde se hubiese dictado la sentencia, o en ambos medios, siendo de cargo del demandado y condenado los gastos que con tal motivo se ocasionen, para lo cual se le da un plazo de quince días desde la notificación de la sentencia.

C. Cláusulas no negociadas individualmente

765

Cuando el adherente tiene la consideración de **consumidor** (conforme a la definición dada en el nº 20), además de lo establecido en la LCGC (nº 690 s.), también se aplica la regulación en materia de consumo contenida en la LGDCU, que establece un específico mecanismo de control de las cláusulas no negociadas individualmente con consumidores y, en particular, de las cláusulas abusivas. **766**
El concepto de cláusula no negociada individualmente no debe confundirse con el de **condiciones generales**. Aunque tanto unas como otras son cláusulas contractuales, predispuestas e impuestas, las condiciones generales deben haber sido redactadas con la finalidad de ser incorporadas a una pluralidad de contratos, a diferencia de las cláusulas no negociadas individualmente, que merecen tal condición, aunque el empresario las haya redactado con el fin de incorporarlas a **un solo contrato**.

Ahora bien, el **ámbito de aplicación objetivo** de la LGDCU es:
• Las cláusulas predispuestas e impuestas para un solo contrato, las cuales carecen del elemento de generalidad.
• Las condiciones generales de contratación definidas conforme a la LCGC, ya que, pese a la presencia del elemento de generalidad, ello es irrelevante para el ámbito objetivo del control de contenido de la LGDCU.

Precisiones **1)** El término cláusula no negociada individualmente no debe de interpretarse en el sentido literal y vulgar como **ausencia de discusión o regateo**, sino que debe de interpretarse en el sentido amplio que la Dir 93/13/CEE art.3.2 le atribuye: cláusulas redactadas previamente y en las que el consumidor no ha podido influir en su contenido.
2) En la práctica, todas o al menos casi todas las cláusulas no negociadas individualmente son **condiciones generales**, debido a que habrán sido prerredactados para ser incorporadas a una pluralidad de contratos.

1. Requisitos

(LGDCU art.80 y 81)

768 En los contratos con consumidores y usuarios que utilicen cláusulas no negociadas individualmente, incluidos los que promuevan las Administraciones públicas y las entidades y empresas de ellas dependientes, tales cláusulas deben cumplir una serie de requisitos de forma y de contenido:

770 **De forma** (LGDCU art.80.1) Con carácter general, para que las cláusulas no negociadas individualmente puedan incorporarse a un contrato con consumidores, deben reunir los siguientes requisitos:
• **Concreción, claridad y sencillez** en la redacción. La claridad también opera en la **presentación del contrato**. El contendido debe presentarse en apartados y números debidamente separados para facilitar la búsqueda de información. La concreción exige una completa **descripción de los elementos del contrato**. La falta de concreción puede afectar a la descripción del supuesto de hecho o a sus consecuencias jurídicas. P.e. un caso habitual de falta de concreción son las cláusulas sobre intereses por impago en las que no queda claro el cálculo de los intereses o a partir de cuándo se considera que existe el impago.
• **Comprensión directa**, sin reenvíos a textos o documentos que no se faciliten previa o simultáneamente a la conclusión del contrato, y a los que, en todo caso, debe hacerse referencia expresa en el documento contractual.
• **Legibilidad**. En ningún caso se entiende cumplido este requisito si el tamaño de la letra del contrato es inferior a los 2.5 milímetros (antes del 1-6-2022 bastaba con un tamaño de letra de milímetro y medio -L 4/2022 disp.final 7ª-), el espacio entre líneas es inferior a los 1.15 milímetros o el insuficiente contraste con el fondo dificulta la lectura. La poca legibilidad del texto puede considerarse una voluntad de esconder el contenido de la cláusula y por tanto los contratos escritos con dos tamaños de letra, una grande y otra pequeña, puede verse afectado por poca claridad (TS 17-6-10, EDJ 152966).
• **Accesibilidad**, de forma que permita al consumidor y usuario el conocimiento previo a la celebración del contrato sobre su existencia y contenido. Este requisito debe ponerse en relación con la obligación de información precontractual (ver nº 535 s.) y la confirmación documental del contrato de consumo (ver nº 556).
La **finalidad** es el adecuado conocimiento de la posición contractual mediante información antes y durante la conclusión del contrato para salvaguardar la voluntad del adherente y su libertad para poder escoger entre las diferentes opciones del mercado. Por ello, la transparencia es trascendental que se cumpla en todas las cláusulas, pero especialmente en las más importantes o las que afecten a elementos esenciales del contrato para que el adherente pueda conocer y comprender el contenido. La transparencia sirve como medio para controlar la inserción de condiciones contractuales y su contenido y su **ausencia** es determinante para apreciar la existencia de abusividad (ver nº 738 s.).

Precisiones **1)** En los casos de **contratación telefónica o electrónica** con condiciones generales es necesario que conste la aceptación de todas y cada una de las cláusulas del contrato, sin necesidad de firma convencional. En este supuesto se debe enviar inmediatamente al consumidor y usuario justificación de la contratación efectuada por escrito o, salvo oposición expresa del consumidor y usuario, en cualquier soporte de naturaleza duradera adecuado a la técnica de comunicación a distancia utilizada, donde constarán todos los términos de la misma.
2) La exclusión del control de contenido de la **comisión de apertura** está condicionada a que la cláusula esté redactada de manera clara y comprensible y a que supere el control de transparencia, esto es, que al consumidor se le ofrezca con antelación suficiente **información** de la cláusula para que conozca o pueda conocer la carga jurídica y económica que supone para él (TS 23-1-19, EDJ 501276).

Cuando una cláusula no negociada individualmente incumple los requisitos de forma en la LGDCU, puede ejercitarse la acción individual de nulidad o la acción colectiva de cesación. 773
Cuando la cláusula no negociada individualmente reviste la forma de condición general, debe estarse también a lo dispuesto en la LCGC, que establece unos requisitos de incorporación de las condiciones generales al contrato (nº 710) y unos supuestos de no incorporación de tales condiciones generales, así como una acción específica para el control del cumplimiento de las normas de incorporación de las condiciones generales, como es la acción individual de no incorporación (nº 753), sin perjuicio de que a través de la acción colectiva de cesación pueda solicitarse la eliminación por nula de aquellas cláusulas que contravengan tales requisitos formales (nº 694 s.).

Precisiones Se admite la posibilidad de que una cláusula potencialmente nula, como la **cláusula suelo**, pueda ser **modificada por las partes con posterioridad**, pero si esta modificación no ha sido negociada individualmente, sino predispuesta por el empresario, en ese caso debería cumplir, entre otras exigencias, con las de **transparencia**. De esta forma, la cláusula estipulada en un contrato celebrado entre un profesional y un consumidor para la solución de una controversia existente, mediante la que el consumidor renuncia a hacer valer ante el juez nacional las pretensiones que hubiera podido articular en ausencia de esta cláusula, puede ser calificada como abusiva cuando, en particular, el consumidor no haya podido disponer de la información pertinente que le hubiera permitido comprender las consecuencias jurídicas que se derivaban para él de tal cláusula (TJUE 9-7-20, asunto C-452/18; TS 5-11-20, EDJ 698701; 5-11-20, EDJ 705110; 9-2-21, EDJ 504528; 28-9-21, EDJ 697184).

De contenido (LGDCU art.80.1.c) Las cláusulas no negociadas individualmente deben respetar la **buena fe** y el **justo equilibrio** entre los derechos y obligaciones de las partes, lo que en todo caso excluye la utilización de cláusulas abusivas. El control de contenido o control de abusividad se estudia en el nº 790 s. 775

2. Cláusulas abusivas

a. Concepto

(LGDCU art.82)

Se consideran cláusulas abusivas todas aquellas estipulaciones no negociadas individualmente y todas aquellas prácticas no consentidas expresamente que, en contra de las exigencias de la buena fe, causen, en **perjuicio del consumidor** y usuario, un desequilibrio importante de los derechos y obligaciones de las partes que se deriven del contrato (Dir 1993/13/CEE art.3.1; LGDCU art.82.1). 785
De acuerdo con esta definición, se incluyen dentro del concepto de cláusula abusiva tanto las estipulaciones contractuales como las prácticas negociales del empresario en las que concurran los siguientes requisitos:

• Que la estipulación **no** haya sido **negociada individualmente** o que la práctica no haya sido consentida expresamente por el consumidor o usuario. Al efecto de valorar esta circunstancia, debe tenerse en cuenta que:
- el hecho de que ciertos elementos de una cláusula o de que una cláusula aislada se hayan negociado individualmente no excluye la aplicación de las normas sobre cláusulas abusivas al resto del contrato; y
- el empresario que afirma que una determinada cláusula ha sido negociada individualmente asume la carga de la prueba.

• Que la estipulación o práctica cause, en contra de las exigencias de la buena fe y en perjuicio del consumidor y usuario, un desequilibrio importante de los derechos y obligaciones de las partes que deriven del contrato. El carácter abusivo de una cláusula -o lo que es lo mismo, el **desequilibrio** importante de los **derechos y obligaciones** de las partes- se debe apreciar teniendo en cuenta la **naturaleza** de los bienes o servicios objeto del contrato y considerando todas las **circunstancias** concurrentes en el momento de su celebración, así como todas las demás cláusulas del contrato o de otro del que éste dependa.

Sin perjuicio del concepto de cláusula abusiva antes descrito, la LGDCU contiene un catálogo o **lista negra de cláusulas** que, en todo caso, deben considerarse abusivas (LGDCU art.85 a 90). Este catálogo se estudia en el nº 820 s.

La **finalidad** es la de velar por el justo equilibrio de las prestaciones y defender la posición del consumidor contra las cláusulas establecidas unilateralmente por el empresario.
El concepto de cláusula abusiva es un **concepto propio del derecho de consumo**, de tal forma que no es extensible a todo tipo de contratos más allá de los celebrados entre un empresario y un consumidor (TS 30-4-15, EDJ 161336). Ahora bien, el concepto de consumidor se ha ido flexibilizando y puede aplicarse a personas jurídicas, siempre que el ámbito objetivo del negocio sea ajeno a su actividad empresarial.

Precisiones Es un hecho notorio que, en determinados sectores de la contratación con los consumidores, en especial los bienes y servicios de uso común entre los que se encuentran los **servicios bancarios**, los profesionales o empresarios utilizan contratos integrados por condiciones generales de la contratación. De ahí que tanto la Dir 1993/13/CEE art.3.2 como la LGDCU art.82.2 prevean que el profesional o empresario que afirme que una determinada cláusula ha sido negociada individualmente, asumirá la **carga de la prueba** de esa **negociación**. Así lo recuerda el TJUE 16-1-14, nº C-226/12. Y es que, «el sector bancario se caracteriza porque la contratación con consumidores se realiza mediante cláusulas predispuestas e impuestas por la entidad bancaria, y por tanto, no negociadas individualmente con el consumidor, lo que determina la procedencia del control de abusividad previsto en la Dir 1993/13/CEE y en el Texto Refundido de la Ley General para la Defensa de los Consumidores y Usuarios, salvo que se pruebe el supuesto excepcional de que el contrato ha sido negociado y el consumidor ha obtenido contrapartidas apreciables a la inserción de cláusulas beneficiosas para el predisponente» (TS 22-4-15, EDJ 69484).

786 **Desequilibrio entre derechos y obligaciones** No cualquier desequilibrio genera automáticamente la condición de abusiva en una cláusula, pues expresamente se habla de **desequilibrio importante** en relación a los derechos y obligaciones. Es un concepto abierto que hay que valorar caso por caso según el contrato en conjunto y las siguientes **circunstancias**:
- naturaleza de los bienes o servicios objeto de contrato;
- circunstancias del momento de celebración del contrato;
- todas las demás cláusulas del contrato.

Así, para **determinar** si una cláusula causa **desequilibrio** debe plantearse si deja al consumidor en peor situación que la prevista en el derecho vigente y si el profesional, tratando de forma leal y equitativa al consumidor, hubiera estimado de forma razonable que el consumidor la hubiera aceptado si hubiera habido una negociación individual con él (Dir 1993/13/CEE art.3.1; TJUE 14-3-13, C-415/2011).
El desequilibrio no tiene por qué ser estrictamente económico o de costes, sino que puede consistir en una lesión grave de la situación jurídica del consumidor como parte del contrato mediante la **restricción de los derechos**, obstaculizando su ejercicio o imponiendo obligaciones adicionales no previstas por la legislación. P.e. la imposición al consumidor del pago de una cantidad cuyo abono corresponde por ley al profesional aunque el perjuicio económico no sea muy importante (TJUE 16-1-14, C-226/2012).

Precisiones 1) En el caso de un **préstamo**, se aplicó la doctrina sobre control de abusividad por **desproporción de garantías** y pondera factores. De esa ponderación se extrae que, además de una **hipoteca** que ya ofrecía cobertura suficiente, imponer una **fianza solidaria personal** a los mismos hipotecantes sobregarantiza el crédito de modo contrario a la buena fe. Por ello anula la fianza y mantiene la hipoteca (TS 2-12-25, EDJ 776516).
2) El Tribunal Supremo descarta la abusividad de un **préstamo hipotecario** que establecía como índice de **referencia el IRPH Cajas** porque, aunque la transparencia no se cumplió plenamente, la comparación del tipo de interés efectivo con los del mercado no revela una desproporción manifiesta ni una actuación de mala fe, según los criterios sentados por el TJUE (TS 11-11-25, EDJ 745309).

787 Aunque existe una lista indicativa sobre cláusulas que deben considerarse como abusivas (nº 820 s.), se **presume abusividad** siempre que (LGDCU art.82.4, 85, 87 y 90):
- se vincule el contrato a la voluntad del empresario;
- se limite los derechos del consumidor;
- no exista reciprocidad en el contrato;
- se imponga al consumidor garantías desproporcionadas o afecte a la carga de la prueba;
- se contravenga las reglas sobre competencia y derecho aplicable; o
- resulte desproporcionada en relación al perfeccionamiento o ejecución del contrato.

Precisiones 1) En el caso en que una **cláusula prerredactada sometida a discusión** con el consumidor hay que entender que no es suficiente el hecho de la propia negociación si la cláusula no fue efectivamente modificada. Bastaría entonces para el empresario ofrecer la negociación y rechazar los cambios propuestos por el consumidor para eludir el control por abusividad. En cualquier caso corresponde al empresario probar que una determinada cláusula ha sido negociada.

2) Aunque la **falta de equilibrio y de buena fe** pueden parecer dos principios separados, en realidad el desequilibrio es consecuencia directa de la falta de buena fe. Es un elemento revelador de su infracción y, por tanto, de la abusividad de una cláusula en atención a las reglas objetivas de honradez en el tráfico jurídico y el comercio.
3) En el caso de una **cláusula penal** en **contrato de** ***leaseing***, para valorar la abusividad, se compara la penalización pactada con los daños efectivamente sufridos por la arrendadora, resultando desproporcionada respecto del perjuicio real sufrido al sobrepasar el 57% de la cantidad realmente financiada (TS 28-4-25, EDJ 565824).

Cláusula ilegible, ambigua, oscura o incomprensible La comprensión por el **adherente medio** es una de las cuestiones más discutibles en la práctica debido a que los contratos de adhesión están dirigidos para un gran número de personas. Esto implica que las cláusulas deben estar redactadas de forma que posibiliten su comprensión para un nivel cultural y social medio. Visto esto, las **personas con nivel cultural bajo** son las más expuestas: pueden no comprender una cláusula que una persona con nivel cultural medio sí comprendería y por tanto no puede reclamar su no incorporación. En estos casos no quedan desamparados, sino que pueden acudir a los criterios generales del vicio en el consentimiento del CC o la LGCDU. **788**
En cualquier caso, excepcionalmente, la cláusula incomprensible por el adherente medio puede ser **incorporada** al contrato **si**:
- está firmada expresamente por el adherente, por lo que los contratos de adhesión orales no pueden quedar amparados por esta excepción;
- se ajusta a la normativa sectorial específica bancaria, financiera, de seguros o de mercado de valores. Estos sectores se caracterizan por su gran complejidad técnica que justifica esta excepción.

Precisiones **1)** El **adherente medio** es un término indeterminado que equivale al concepto doctrinal del buen padre de familia del CC o al del ordenado comerciante del CCom.
2) Es inscribible un **préstamo hipotecario** que incluye un supuesto de **ejecución parcial** entre las causas de **vencimiento anticipado** pues la propia LEC art.693 los regula conjuntamente (DGSJFP 31-7-24).
3) Se declararon nulas cláusulas de interés remuneratorio debido al tamaño diminuto de la letra, **interlineado estrecho y bajo contraste**, lo que impedía su comprensión directa (AP Madrid 11-3-24, EDJ 570377).
4) Es nulo un contrato con una entidad financiera debido a la ilegibilidad del contrato, especialmente en el reverso y parte final del anverso que solo eran **legibles con gran esfuerzo mediante** el uso de una **lupa** o de medios informáticos reproduciéndose gráficamente (AP Asturias 8-1-25, EDJ 507984).
5) En contratos de arrendamiento financiero suscritos entre una entidad financiera y un empresario, la **cláusula suelo** que limita la variabilidad del tipo de interés debe superar el control de incorporación; si dicha cláusula es **ilegible, ambigua y contradictoria** con otras condiciones particulares, se considera no incorporada y, por tanto, nula de pleno derecho, con la consecuencia de su eliminación y la recalculación de las cuotas sin su aplicación (AP Málaga 2-4-25, EDJ 643188).

Cláusula no incorporada (LCGC art.7) La LCGC contiene un **mecanismo de sanción** que tiene por no incorporadas al contrato de adhesión las cláusulas. **790**
• Así, las cláusulas **no son oponibles** cuando:
- el adherente (nº 705) no ha podido conocer de forma completa la cláusula en el momento de celebrar el contrato o no han sido firmadas cuando es necesario (LCGC art.5);
- la cláusula es ilegible, ambigua, oscura o incomprensible para el adherente medio salvo que esté expresamente firmada por el adherente y se ajuste a su normativa específica sobre transparencia.
La no incorporación de una cláusula impide la **vinculación del adherente**, no por nulidad, sino por ser inoponible al no quedar integrada en la oferta o el contrato.
• Sin embargo, **son oponibles** las cláusulas cuando:
- el adherente la invoca porque le es beneficiosa;
- estaban sometidas a plazos de prescripción o reclamación que han expirado.
La carga de la **prueba** del cumplimiento de los requisitos para que una cláusula se incorpore al contrato corresponde al predisponente (nº 694).

Precisiones En el caso de un **arrendamiento financiero** denominado en **moneda extranjera**, si se declara abusivo el riesgo cambiario, no se puede menoscabar la protección garantizada por la Dir 93/13/CEE art.6.1 ni el efecto disuasorio frente a los profesionales por lo que se debe restablecer de hecho y de derecho la situación en la que se encontraría el consumidor de no haber existido el contrato, lo que implica el reembolso de todas las cantidades pagadas por el consumidor y la devolución del bien o su valor por parte del profesional, sin que este pueda reclamar una compensación adicional. (TJUE 30-4-25, nº C-630/23).

b. Control de abusividad

795 Del propio concepto de cláusula abusiva se desprenden los **elementos** para poder considerar una cláusula como abusiva en un contrato de adhesión (AP Santa Cruz de Tenerife 11-10-10, EDJ 366430):
• Contrato celebrado con un **consumidor** persona física o jurídica que adquiere como destinatario final de bienes, productos o servicios y que actúan ajenos a una actividad empresarial o profesional.
• **Ausencia de negociación** individual, la cláusula debe haber sido redactada previamente y el consumidor no ha podido influir sobre su contenido, si una cláusula ha sido negociada, esto no impide poder apreciar abusividad en el resto de cláusulas contrato.
• Existencia de un importante **desequilibrio** en detrimento del consumidor y falta de buena fe, la cláusula debe perjudicar desproporcionadamente al consumidor, p.e. el caso de las cláusulas suelo y techo en las que es muy difícil que el interés supere (o ni siquiera alcance) el techo, pero es probable que baje por debajo del suelo.
Se trata de un **control del contenido** de la cláusula, que afecta a su validez y define su carácter abusivo. Los conceptos de «**buena fe**» y de «**desequilibrio importante**» en detrimento del consumidor entre los derechos y las obligaciones de las partes que se derivan del contrato, delimita tan solo de manera abstracta los elementos que confieren carácter abusivo a una cláusula que no se haya negociado individualmente. Según el TJUE, para determinar si una cláusula es abusiva, deben tenerse en cuenta, en particular, los siguientes parámetros (TJUE 14-3-13, nº C-415/11; 26-1-17, nº C-421/14):
1º) Realizar un **análisis comparativo** de las normas aplicables en Derecho nacional cuando no exista un acuerdo de las partes en ese sentido, valorando si -y, en su caso, en qué medida- el contrato deja al consumidor en una situación jurídica menos favorable que la prevista por el Derecho nacional vigente.
2º) Examinar los **medios** de que dispone el consumidor con arreglo a la normativa nacional para que cese el uso de la cláusula abusiva.
3º) Comprobar si el profesional podía estimar razonablemente que, tratando de manera leal y equitativa con el consumidor, éste aceptaría una cláusula de ese tipo en el marco de una negociación individual.
Y todo ello, teniendo en cuenta la naturaleza de los bienes o servicios que sean **objeto del contrato** y considerando, en el momento de la celebración del mismo, todas las circunstancias que concurran en su celebración (TJUE 4-6-09, nº C-243/08; 9-11-10, nº C-137/08).

Precisiones La falta de transparencia del **abogado** a la hora de informar a su cliente sobre sus **honorarios** no implica que estos sean abusivos, pues se adaptan a las normas colegiales, de lo que cabe presumir que no son excesivos (puesto que corporativamente tienen el carácter de mínimos), y porque no causa un grave desequilibrio entre las partes ni manifiesta mala fe por parte del letrado (TS 24-2-20, EDJ 511860).

798 Este control de abusividad o contenido no es posible:
• En los contratos entre empresarios (ver nº 735).
• En las cláusulas que afectan a elementos esenciales del contrato; por ejemplo, las relativas al precio o al objeto en un contrato de compraventa (TS 9-5-13, EDJ 53424). Este tipo de cláusulas sí quedan sometidas, sin embargo, a un control de transparencia (ver nº 738).
Cuando el **adherente** es un **profesional**, la nulidad de las cláusulas por condición general se basa en el mismo régimen legal que las cláusulas negociadas, operando como único límite lo dispuesto en la legislación general para los contratos. Esto no significa que **entre profesionales** no pueda haber una posición dominante de un contratante sobre otro y que pueda apreciarse la abusividad de una cláusula sino que, simplemente, se sujeta a las normas generales de nulidad contractual (TS 28-5-14, EDJ 111197; 1-10-12, EDJ 212332).
Fuera del ámbito de consumidores, no operan los controles de transparencia/abusividad; la **invalidez por mala fe** requiere probar que la cláusula es insólita y sorpresiva, desnaturalizando el contrato, atendiendo a la información y la diligencia del adherente profesional (TS 27-11-25, EDJ 774928).

Adherente	Cláusulas nulas	Aplicación cláusulas abusivas LGDCU	Normativa aplicable
Consumidor	Perjudiciales o desequilibradas contrarias a la buena fe.	SÍ	LCGC art.8.2 LGDCU art.82 s.
Profesional	Contrarias a normas imperativas o prohibitivas.	NO	LCGC art.8.1 CC art.1255, 1258 y 1265

Precisiones 1) La exclusión del **control de contenido** de la **comisión de apertura** (TS 23-1-19, EDJ 501276) está condicionada a que la cláusula esté redactada de manera clara y comprensible y a que supere el control de transparencia, esto es, que al consumidor se le ofrezca con antelación suficiente información de la cláusula para que conozca o pueda conocer la carga jurídica y económica que supone para él. Esa doctrina es reiterada por la el TJUE 16-7-20, C-224/19.
2) Cuando un **préstamo hipotecario** tiene un **destino mixto**, tanto de consumo como profesional, la normativa de protección al consumidor solo se aplica si el destino profesional es marginal o insignificante; en caso contrario, el prestatario no ostenta la condición de consumidor y las cláusulas contractuales solo están sujetas a control de transparencia formal, no material (AP Navarra 9-6-25, EDJ 629939).
3) El control de abusividad en una **acción colectiva** no puede ser individual, debe ser abstracto desde la perspectiva del consumidor medio (TS 16-6-25, EDJ 603756).

Consecuencias de la abusividad (LGDCU art.83; LGCC art.8.2) Las cláusulas abusivas son **nulas de pleno derecho** y se tienen por no puestas. Como declara el TJUE, «una cláusula contractual declarada abusiva nunca ha existido, de manera que no podrá tener efectos frente al consumidor. Por consiguiente, la declaración judicial del carácter abusivo de tal cláusula debe tener como consecuencia, en principio, el restablecimiento de la situación de hecho y de Derecho en la que se encontraría el consumidor de no haber existido dicha cláusula»; es decir, la **restitución** íntegra de las cantidades indebidamente pagadas por el consumidor (TJUE 21-12-16, asuntos acumulados C-154/15, C-308/15, C-307/15). **800**

La nulidad de las cláusulas abusivas no afecta, en principio, a la **subsistencia del contrato**, que seguirá siendo obligatorio para las partes en los mismos términos, siempre que pueda subsistir sin dichas cláusulas. Por excepción, solo cuando las cláusulas subsistentes -es decir, aquellas que no tienen carácter abusivo- determinen una situación no equitativa en la posición de las partes que no pueda ser subsanada, podrá el juez declarar la nulidad del contrato.

Aunque corresponde a los Estados miembros regular las consecuencias de la nulidad de los contratos, esta regulación no puede menoscabar la **protección** garantizada por la Dir 93/13/CEE art.6.1 ni el **efecto disuasorio** frente a los profesionales. Si la supresión de la cláusula abusiva implica la invalidez del contrato y no es jurídicamente posible mantenerlo sin esa cláusula (TJUE 30-4-25).

En alguna ocasión, el TJUE ha permitido al juez nacional **sustituir una cláusula abusiva** por otra estipulación supletoria del derecho nacional. Pero ello solo es posible cuando la declaración de nulidad obligue al juez a extinguir el contrato en su totalidad, quedando expuesto el consumidor a consecuencias negativas (TJUE 21-1-15, asuntos acumulados C-487/13, C-482/13, C-485/13, C-484/13). Cuando la simple supresión del contenido abusivo restablezca el equilibrio de posiciones, no procede la sustitución de la cláusula, ya que «la consecuencia de la apreciación de la abusividad de una cláusula abusiva es la supresión de tal cláusula, sin que el juez pueda aplicar la norma supletoria que el Derecho nacional prevea a falta de estipulación contractual, y sin que pueda integrarse el contrato mediante los criterios establecidos, en el Derecho español, en el CC art.1258, salvo que se trate de una cláusula necesaria para la subsistencia del contrato, en beneficio del consumidor» (TS 22-4-15, EDJ 69484; TJUE 14-6-12, nº C-618/10).

En aquellos casos en los que la nulidad haya afectado a tal cantidad de cláusulas, por número o importancia, que impidan su subsistencia, se permite la **anulación del contrato**, de forma excepcional.

El **efecto** de una resolución jurisdiccional por la que se declara la ilicitud de cláusulas consideradas abusivas puede extenderse a todos los consumidores que hayan celebrado un contrato con las mismas cláusulas y con el mismo profesional, sin ser parte en el procedimiento dirigido contra este último (TJUE 26-4-12, nº C-472/10), No obstante, este efecto no se extiende cuando los **consumidores** hayan celebrado un contrato con esas mismas cláusulas pero con un profesional diferente que no ha participado en el procedimiento por el que se ha declarado el carácter abusivo de las cláusulas controvertidas (TJUE 21-12-16, nº C-119/15).

Precisiones 1) La declaración de abusividad de la cláusula de **modificación de prestaciones** incluida en contrato de **servicio de telefonía** no puede suponer la modificación de las condiciones del contrato, debiendo excluirse la misma y viniendo obligada la entidad de telefonía a devolver lo cobrado de más. No obstante, la consumidora no tiene derecho a exigir que el contrato se mantenga de forma perpetua en las mismas condiciones pactadas, ya que existe derecho de resolución unilateral con un preaviso de un mes (TS 25-4-23, EDJ 554288).
2) Decretado el sobreseimiento de la ejecución hipotecaria por abusividad de la **cláusula de vencimiento anticipado**, no puede cancelarse la **inscripción** de la finca **a favor de un tercero** (actual titular registral) que no fue parte en el procedimiento judicial. Dejando a salvo la posibilidad de que los interesados acudan a la vía judicial para obtener dicha cancelación (DGSJFP 22-4-25).

801 Cuando se declara abusiva una **cláusula penal** convencionalmente predispuesta en un contrato celebrado entre un profesional y un consumidor, el juez no puede limitarse a moderar el importe de la pena contractualmente impuesta, sino que debe excluir pura y simplemente dicha cláusula (TJUE 30-5-13, nº C-488/11; TS 11-3-14, EDJ 61022; AP Alicante 16-1-14, EDJ 25663).

En el caso de los **intereses de demora**, establecidos como indemnización por el retraso en el pago de las cuotas de un préstamo, la consecuencia de su apreciación como abusivos será la supresión de los puntos porcentuales de incremento que supone el interés de demora respecto del **interés remuneratorio** (porque ese es el contenido de la cláusula considerada abusiva), y la continuación del devengo del interés remuneratorio hasta que se produzca el reintegro de la suma prestada. No cabe, por tanto, la **moderación** de dicho interés hasta un porcentaje que se considere aceptable, ni la aplicación de la norma de Derecho supletorio que prevé el devengo del interés legal o cualquier otra de las normas que prevén el interés de demora en determinados sectores de la contratación (TS 22-4-15, EDJ 69484; 8-9-15, EDJ 161336; 3-6-16, EDJ 76680).

Precisiones **1)** El TJUE reconoce **efectos retroactivos** plenos a la declaración de nulidad de las **cláusulas suelo** contenidas en los préstamos hipotecarios celebrados por aquellos. Los efectos restitutorios no quedan circunscritos exclusivamente a las cantidades pagadas con posterioridad a la declaración judicial de abusividad, pues tal restricción no es compatible con el Derecho de la Unión, ya que supone una protección incompleta e insuficiente del consumidor (TJUE 21-12-16, asuntos acumulados C-154/15, C-308/15, C-307/15).

2) En cuanto a los efectos de la nulidad de la cláusula abusiva que atribuye al consumidor la totalidad de los **gastos e impuestos** generados en la formalización de los **préstamos hipotecarios**, como son pagos que han de hacerse a terceros -notario, registrador de la propiedad- como honorarios por su intervención profesional con relación al préstamo hipotecario, la declaración de abusividad no puede conllevar que esos terceros dejen de percibir lo que por ley les corresponde, por lo que el pago de esas cantidades debe correr a cargo de la parte a la que correspondiera según la normativa vigente en el momento de la firma del contrato (TS 23-1-19, EDJ 501277; 23-1-19, EDJ 501268; 23-1-19, EDJ 501272; 23-1-19, EDJ 501277; 14-9-20, EDJ 655496; TJUE 16-7-20, C-2011259/19 y C-224/19).

3) Para valorar la abusividad de una cláusula penal en un **contrato de *leasing***, se compara la penalización pactada con los **daños efectivamente sufridos** por la arrendadora, resultando desproporcionada respecto del perjuicio real sufrido al sobrepasar el 57% de la cantidad realmente financiada (TS 28-4-25, EDJ 565824).

802 **Control judicial** Para el control de las cláusulas abusivas, puede ejercerse la **acción individual de nulidad**, para la protección de los intereses del consumidor contratante, o la **acción colectiva de cesación**, para la protección de los intereses colectivos o difusos de los consumidores y usuarios. La acción colectiva de cesación recibe un tratamiento expreso en la LGDCU art.53 a 56, y puede ejercitarse tanto frente a la utilización como frente a la recomendación de utilización de cláusulas abusivas.

Cuando la cláusula abusiva reviste la forma de condición general, también se reputa nula (LCGC art.7.2), y, a tal fin, pueden ejercerse igualmente la acción individual de nulidad o la acción colectiva de cesación (ver nº 753 s.).

El ejercicio de acciones por los consumidores no está sometido a **plazo**, pues la **acción de nulidad** absoluta es imprescriptible. No obstante, el TJUE considera que las reclamaciones deben hacerse dentro de un tiempo razonable, para que no sean contrarias a la buena fe (TJUE 21-12-16, nº C-119/15). En cuanto a la acción dirigida a hacer valer los **efectos restitutorios** derivados de la declaración de nulidad de la cláusula abusiva, esta puede quedar sometida a un plazo de prescripción de 5 años a contar desde el momento que el consumidor tenga conocimiento de la abusividad de la cláusula que será el momento de la demanda, si no se puede probar otra cosa (TS 14-6-24, EDJ 582617; AP Madrid 29-10-24, EDJ 782540; AP Barcelona 15-3-24, EDJ 518321).

Desde el 28-5-2022 se considera **infracción grave o muy grave** en materia de defensa de los consumidores y usuarios, la introducción o existencia de cláusulas abusivas en los contratos, así como la no remoción de sus efectos una vez declarado judicialmente su carácter abusivo o sancionado tal hecho en vía administrativa con carácter firme (LGDCU art.47.j y 48.2.b). Ver nº 4536. Con la LO 1/2025 se dio un paso más y con efectos **a partir del 3-4-2025**, a colación de la implantación del sistema de Medios Adecuados de Solución de Controversias, se establece la imposición de **indemnizaciones de demora de oficio** cuando los casos ya están resueltos en vía judicial en litigios parecidos y los empresarios no contribuyen a resolver extrajudicialmente la controversia (LGDCU art.19.1 redacc LO 1/2025).

Los empresarios tienen un **deber proactivo** de eliminar las cláusulas abusivas y restituir las cantidades cuando existe **jurisprudencia clara y constante** sobre la nulidad sin esperar a ser requeridos o demandados (TS 2-7-25, EDJ 625576; AP Cantabria 26-3-25, EDJ 548999).

Precisiones 1) En cumplimiento de la jurisprudencia del TJUE, el legislador introdujo en la LEC art.815.4 un trámite que permite al juez controlar la eventual existencia de cláusulas abusivas en los contratos en los que se basen los **procedimientos monitorios** que se dirijan contra consumidores o usuarios y resolver lo procedente, sin que ello produzca efecto de cosa juzgada. Igualmente, se incorpora la posibilidad del control judicial de las cláusulas abusivas en el despacho de ejecución de laudos arbitrales, al igual que ya estaba previsto para los títulos no judiciales (L 42/2015). **802.1**

2) Se ha declarado conforme a la Dir 93/13/CEE la (LEC art.207) que impide al juez realizar de oficio un **nuevo examen del carácter abusivo** de las cláusulas de un contrato cuando ya existe un pronunciamiento sobre la legalidad del conjunto de las cláusulas mediante una resolución con fuerza de cosa juzgada. Por el contrario, en caso de que existan una o varias cláusulas contractuales cuyo eventual carácter abusivo no ha sido aún examinado en un anterior control judicial, el juez nacional está obligado a apreciar, a instancia de las partes o de oficio, el eventual carácter abusivo de esas cláusulas (TJUE 26-1-17, nº C-421/14).

3) Es contraria a la Dir 93/13/CEE la interpretación jurisprudencial de que una **cláusula abusiva**, si **no se ha utilizado ni aplicado** en la práctica, no deba ser declarada nula con todas sus consecuencias (TJUE 26-1-17, nº C-421/14).

4) Con la L 7/2022 se descargó de **competencias** a los juzgados mercantiles y a las secciones especializadas de las audiencias provinciales, de modo que los casos sobre condiciones generales de la contratación y sobre protección de los consumidores y ciertas reclamaciones en materia de transportes (retrasos de aerolíneas, equipajes, etc.) pasaron a los juzgados de primera instancia.

5) La declaración de abusividad de la cláusula de modificación de prestaciones incluida en contrato de **servicio de telefonía** no puede suponer la modificación de las condiciones del contrato, debiendo excluirse la misma y viniendo obligada la entidad de telefonía a devolver lo cobrado de más. No obstante, la consumidora no tiene derecho a exigir que el contrato se mantenga de forma perpetua en las mismas condiciones pactadas, ya que existe derecho de resolución unilateral con un preaviso de un mes (TS 25-4-23, EDJ 554288).

6) Tras ser ignorado el principio de efectividad del Derecho de la Unión Europea y denegar la **imposición de costas** en un proceso en el que se ha declarado el carácter abusivo de cláusulas contractuales, el TCo 91/2023 ordena dictar una nueva sentencia con el pago íntegro de las costas judiciales por parte de una entidad bancaria a una clienta, cuyo derecho a la tutela judicial efectiva se vio vulnerado.

7) La LGDCU permitía **moderar judicialmente** las cláusulas abusivas hasta que la práctica fue declarada por el TJUE como contraria a la Dir 1993/13/CEE, lo que provocó la modificación de la LGDCU (Dir 1993/13/CEE art.6.1; LGDCU art.83; TJUE 14-6-12, nº C-618/2010).

8) Es contraria a la Dir 93/13/CEE la interpretación jurisprudencial de que una cláusula abusiva, si **no se ha utilizado ni aplicado en la práctica**, no deba ser declarada nula con todas sus consecuencias (TJUE 26-1-17, nº C-421/2014).

9) En un contrato de **préstamo hipotecario**, no es necesario analizar la abusividad de una cláusula de vencimiento anticipado si el **contrato se resuelve conforme al Código Civil** (TS 29-5-25, EDJ 597231).

10) Con efectos **a partir del 3-4-2025**, a colación de la implantación del sistema de Medios Adecuados de Solución de Controversias introducido por la LO 1/2025, se establece que se entenderá cumplido el **requisito de procedibilidad** en los litigios de consumo cuando el consumidor no obtenga una respuesta en el plazo establecido o no sea satisfactoria, sin perjuicio de poder acudir a los medios de solución de controversias o cuando se resuelvan reclamaciones ante el BE o la CNMV.

11) La acción de restitución de las cantidades indebidamente pagadas por anulación de contratos de **tarjeta revolving** por usurarios tienen una **prescripción** de 5 años, pero no desde la suscripción del contrato, sino desde la fecha de cada pago (TS 5-3-25, EDJ 515388).

12) Existe un **interés legítimo** que permite a los consumidores solicitar la nulidad de cláusulas abusivas, incluso **después de la cancelación del préstamo** (TS 4-10-24, EDJ 703138).

13) En acciones de nulidad de cláusulas de **gastos hipotecarios**, el plazo de prescripción no puede comenzar antes de que el consumidor medio tenga conocimiento de los hechos determinantes del carácter abusivo de la cláusula y de los derechos que le confiere la Dir 93/13/CEE (TJUE 25-1-24, EDJ 2024/636212). Así, solo comienza con la fecha de firmeza de la sentencia que declara la nulidad de la cláusula, salvo que se demuestre que el consumidor conocía la abusividad antes (TS 11-3-26, EDJ 526220).

Apreciación de oficio (TJUE 4-6-09, C-243/2008; 21-2-13, C-472/2011; 14-6-12, C-618/2010; 1-7-10) Las **reglas de mercado** se han mostrado incapaces por sí solas para erradicar la utilización de las cláusulas abusivas (expulsando del mercado a los empresarios que las usan a favor de quienes no lo hacen). Por esta razón es preciso establecer mecanismos para que los predisponentes desistan del uso de las cláusulas abusivas como que los jueces puedan actuar, incluso de oficio. **803**

El Derecho europeo contiene, para el juez, una **obligación de intervenir de oficio** cuando sea preciso y tan pronto como tenga los elementos de hecho y derecho necesarios para hacerlo. Esta intervención de oficio no necesita que el consumidor presente una demanda y además se pide al juez que se aleje de los fomulismos y rigideces del procedimiento (TJUE 27-6-00, asuntos acumulados C-240/98, C-241/98, C-242/98, C-243/98 y C-244/98; 14-6-12, nº C-618/10). No es necesario tampoco que el fallo se ajuste exactamente al suplico de la demanda (ver nº 805), siempre que el juez oiga a las partes sobre los argumentos determinantes para calificar la cláusula como abusiva.

No solo se trata de una facultad, sino de un verdadero deber de intervención por parte de los tribunales declarando la nulidad (TJUE 21-2-13, nº C-472/11). En conclusión, ante la presentación de una demanda con alguna cláusulas que puedan ser abusivas, se persone o no el deudor, y sea cualquiera el momento procesal en que se advierte tal circunstancia, el juez debe entrar a examinar la naturaleza y circunstancias de las mismas, debiendo, en consecuencia, de así considerarlo, declarar la nulidad de la cláusula en cuestión (AP Madrid 27-2-14, EDJ 45385).

El deber de actuación del juez no comprende solo apreciar abusividad cuando sea clara y contundente, sino que si hay indicios razonables para pensar sobre la abusividad de una cláusula, debe acordar de oficio las diligencias de **prueba** para determinar si es abusiva.

En cuanto al **aquietamiento**, la finalidad de la Dir 1993/13/CEE es proteger al consumidor, por lo que si este, advertido por el juez de la abusividad de una cláusula, decide conservarla, no puede imponerse su nulidad, quedando pues la cláusula pacificada o aquietada. El juez no tiene el deber de anular la cláusula si el consumidor no lo desea pues debe tenerse en cuenta la **voluntad del consumidor** adherente de mantener la cláusula, otorgando así su libre consentimiento para cumplirla.

805 **Principio de congruencia y de conocimiento del Derecho** (CC art.1.7; LEC art.218.1) La aplicación de oficio de la abusividad de las cláusulas puede plantear ciertas **dificultades**. En España se impone a los jueces el deber de conocer el Derecho (*iura novit curia*) y de juzgar conforme al mismo. Pero esta regla, que permite al juez fundar su decisión en preceptos jurídicos distintos a los invocados y aplicar la norma que entiende adecuada, tiene como **límite** la congruencia, que exige que la decisión se ajuste a las peticiones de las partes.

El juez no puede dar lo pedido, aunque sea justo, si debe apartarse de los **hechos y pretensiones fijados por las partes** para justificarlo. Son las partes las que deben alegar los hechos sobre los que el juez debe decidir (*iudex iudicat secundum allegata et probata partium*, el juez debe decidir sobre la alegación y la y la prueba de los hechos) por lo que solo puede actuar de oficio en casos excepcionales de interés público. Así, debe pedirse al consumidor que formule ante el juez sus pretensiones o poder deducirlas adecuadamente de forma subsidiaria por el juez.

808 **Deber de motivación** Para respetar las exigencias de la **tutela judicial efectiva**, debe garantizarse el derecho de contradicción. Para garantizar estos derechos y el deber de congruencia, en el supuesto de que el juez aprecie de oficio una abusividad, debe someter a las partes todos los factores que pueden influir en la declaración de abusividad y facilitar la defensa de sus intereses.

El **principio de contradicción** no confiere solo el derecho a conocer y discutir los documentos y observaciones de la otra parte, sino que también implica el derecho a conocer y discutir los elementos examinados por el juez de oficio sobre los que piensa fundamentar su decisión. Así, es fundamental que el juez, después de apreciar sobre la base de los elementos de que dispone la posible abusividad de una cláusula, informe a las partes para que debatan de forma contradictoria.

Precisiones El TCo 121/2025 estableció que el TS **no justificó adecuadamente** por qué el régimen de la LEC art.398.2 (**no condenar en costas** cuando se estima el recurso) no hacía imposible o excesivamente difícil el ejercicio de los derechos del consumidor ni generaba un efecto disuasorio cuando el consumidor necesita recurrir para obtener tutela. Al no integrar ni ponderar las exigencias de la Dir 93/13/CEE, según la interpretación del TJUE, y al apartarse sin justificación de la propia jurisprudencia constitucional y del TS que proscribe excepciones al vencimiento objetivo en litigios sobre cláusulas abusivas, la motivación resultó irrazonable y vulneró la Const art.24.1.

809 **Principio de indemnidad** El consumidor debe quedar indemne económicamente en aquellos procedimientos en los que se haya visto **obligado a litigar** por habérsele impuesto cláusulas abusivas en un contrato. Lo contrario podría disuadirlo de ejercer el derecho a un control judicial efectivo del carácter potencialmente abusivo de cláusulas contractuales.

Así, para garantizar la indemnidad del consumidor y el efecto disuasorio de la Dir 93/13/CEE, si se estima la causa judicial contra el empresario, se le debe condenar en **costas** en **primera instancia**.

En **segunda instancia**, también se debe imponer las costas en apelación si el recurso del consumidor es estimado total o parcialmente pues, lo contrario, obstaculizaría el ejercicio del derecho al recurso devolutivo ordinario y a la tutela judicial efectiva (TCo 121/2025; TS 4-12-25, EDJ 780763).

En cuanto a los **recursos extraodinarios de casación e infracción procesal**, el TS no les extiende este principio pues entiende que tienen naturaleza y finalidad distintas, no garantizadas legislativamente al consumidor, y su régimen de costas se mantiene en la no imposición cuando el recurso es estimado total o parcialmente.

Precisiones En **segunda instancia** no se solía condenar en costas, pero tras la sentencia del TCo 121/2025 que estimó que no condenar en costas cuando el consumidor necesita recurrir para obtener tutela no garantizaba la indemnidad del mismo y era contrario a la doctrina del TJUE sobre la Dir 93/13/CEE y la Const. art.24.1, el TS adaptó su doctrina en la TS 4-12-25, EDJ 780763.

Acciones colectivas (TS 9-5-13, EDJ 53424) Para el caso de las acciones colectivas presentadas por colectivos de consumidores, es aplicable toda la **doctrina sobre la apreciación de oficio** de las cláusulas abusivas, máxime cuando: **810**
- los poderes públicos deben proteger prioritariamente los derechos de consumidores y usuarios en relación directa con bienes o servicios de uso común;
- la legitimación de la tutela de los intereses de los consumidores está también reconocida al Ministerio Fiscal;
- la importancia del interés público en que se basa la Dir 1993/13/CEE.

Precisiones **1)** La **sentencia** que estima la acción colectiva de cesación de una **cláusula suelo** no solo **debe determinar** el cese en la utilización de dicha cláusula por parte de esta entidad bancaria, sino también respecto de aquellos litigios pendientes en los que se esté ejercitando una acción individual respecto de esa cláusula suelo (TS 8-6-17, EDJ 93157).
2) Para **mayor información** sobre las acciones colectivas presentadas por asociaciones de consumidores y usuarios ver nº 5135 s.

Control administrativo (LGDCU art.81.1) Las empresas que celebren contratos con los consumidores y usuarios están obligadas a **remitir las condiciones generales de contratación** que integren dichos contratos a la Agencia Española de Consumo y Seguridad Alimentaria y Nutrición, a los órganos o entidades correspondientes de las comunidades autónomas o de las corporaciones locales competentes en materia de defensa de los consumidores y usuarios que así lo soliciten, en el plazo máximo de un mes desde la recepción de la solicitud, al objeto de facilitar el estudio y valoración del posible carácter abusivo de determinadas cláusulas y, en su caso, ejercitar las competencias que en materia de control y sanción les atribuye la LGDCU. **813**
La aprobación administrativa es un primer filtro, pero no definitivo, de cláusulas ilícitas. Con ello se intenta persuadir a los predisponentes para que eliminen las cláusulas ilícitas de sus condiciones generales, porque de lo contrario serán rechazadas por la Administración al ser presentadas para su aprobación (García-Amigo). Por tanto, esta aprobación de la Administración no vincula al juez cuando someta las condiciones generales a los controles previstos por la LCGC y LGDCU.

Control notarial y registral (LGDCU art.81.2 y 84) Los notarios y los registradores de la propiedad y mercantiles, en el ejercicio profesional de sus respectivas funciones públicas: **815**
• Deben **informar** a los consumidores en los asuntos propios de su competencia.
• **No** deben **autorizar ni inscribir** aquellos contratos o negocios jurídicos en los que se pretenda la inclusión de cláusulas declaradas nulas por abusivas en sentencia inscrita en el Registro de Condiciones Generales de la Contratación (nº 745 s.).
La actuación notarial protectora de los intereses de consumidores y usuarios ha sido calificada como un verdadero instrumento de reducción de los llamados **costes de transacción** (Peinado Gracia).

Precisiones **1)** La previsión legal contenida en la LGDCU art.84 habilita a los notarios a denegar la autorización de contratos o negocios jurídicos en que intervengan, pero limitando esta posibilidad a un supuesto muy concreto -aquellos supuestos en los que se pretenda es la inclusión de una cláusula declarada nula por abusiva en una sentencia que esté inscrita en el Registro de Condiciones Generales de la Contratación- (TS contencioso 7-3-16, EDJ 14623).
2) Se permite la inscripción de la **comisión de gestión por reclamación de impagos** en los términos del contrato, sin perjuicio de que su efectivo devengo/cobro sea materia de control judicial pues el **rechazo a la inscripción** no puede basarse en valoraciones casuísticas que exijan ponderación probatoria o análisis fáctico propio de la jurisdicción (DGSJFP Resol 9-9-25).
3) En el caso de un **préstamo hipotecario** que incluía un supuesto de **ejecución parcial** entre las causas de **vencimiento anticipado**, el registrador de la propiedad suspendió la inscripción al considerar que la cláusula era confusa, si bien se la DGSJFP consideró que la propia LEC art.693 se refiere tanto a la reclamación parcial limitada a parte del capital o de los intereses cuyo pago deba hacerse en plazos diferentes como al vencimiento anticipado total de las deudas a plazo, por lo que exigir una **regulación separada** en cláusulas distintas excede de lo que hace el propio precepto legal al regularlo conjuntamente (DGSJFP 31-7-24).

c. Catálogo legal de cláusulas abusivas

(Dir 1993/13/CEE anexo; LGDCU art.85 a 90)

820 La Dir 1993/13/CEE sobre cláusulas abusivas en los contratos celebrados con los consumidores recoge una lista, indicativa y no exhaustiva, de cláusulas que podían ser declaradas abusivas. En nuestro derecho interno el legislador optó por un sistema de **lista única** (llamado vulgarmente de lista negra) que establece que las cláusulas contenidas en tales preceptos tienen la consideración de abusivas en todo caso (LGDCU art.82.4).

La lista de cláusulas que pueden considerarse abusivas debe **interpretarse** como una lista indicativa y no exhaustiva (TJUE 14-3-13, nº C-415/2011).

Dentro de esta lista se distinguen seis categorías de **cláusulas abusivas** (que abarcan un total de 38 modalidades):

- por vincular el contrato a la voluntad del empresario;
- por limitar los derechos básicos del consumidor y usuario (nº 828);
- por falta de reciprocidad (nº 830);
- sobre garantías (nº 833);
- que afectan al perfeccionamiento y ejecución del contrato (nº 835);
- sobre competencia y derecho aplicable (nº 840).

Además se pueden destacar casos especiales para cláusulas en contratos relativos a valores, instrumentos financieros y divisas (nº 843) y cláusulas suelo (nº 846)

Precisiones 1) En el elenco legal de cláusulas abusivas nos encontramos con algunas en las que el legislador utiliza expresiones como «plazo excesivamente largo», «plazo desproporcionadamente breve», «motivos graves», «garantías desproporcionadas», o «indemnización desproporcionadamente alta». En estos casos, es preciso que el juez realice una **interpretación y valoración del contrato**, bien, en atención a la naturaleza del mismo, bien a las circunstancias en las que se ha suscrito, bien en atención a su ejecución, a fin de decidir si nos encontramos ante cláusulas abusivas (AP Girona 19-2-19, EDJ 510687).

2) El TS ha dejado establecido que es **más adecuado metodológicamente** analizar primero si una determinada cláusula se encuadra en alguno de los supuestos tipificados como abusivos en todo caso y solo examinar su abusividad con carácter general de manera subsidiaria (TS 15-4-14, EDJ 95278; 21-1-16, EDJ 1046; 20-9-17, EDJ 190131).

823 **Cláusula que vincula el contrato a la voluntad del empresario** (LGDCU art.85)

Tienen tal consideración las siguientes cláusulas:

• Las que reserven al empresario que contrata con el consumidor y usuario un **plazo excesivamente largo o insuficientemente determinado** para aceptar o rechazar una oferta contractual o satisfacer la prestación debida.

• Las que prevean la **prórroga automática** de un contrato de duración determinada si el consumidor y usuario no se manifiesta en contra, fijando una fecha límite que no permita de manera efectiva al consumidor y usuario manifestar su voluntad de no prorrogarlo.

• Las que reserven a favor del empresario **facultades de interpretación o modificación unilateral** del contrato, salvo, en este último caso, que concurran motivos válidos especificados en el contrato. Ello se entiende sin perjuicio de las cláusulas por las que el empresario se reserve la facultad de modificar sin previo aviso el tipo de interés adeudado por el consumidor en los contratos referidos a servicios financieros.

• Las que autoricen al empresario a **resolver anticipadamente** un contrato de duración determinada, si al consumidor y usuario no se le reconoce la misma facultad, o las que le faculten a resolver los contratos de duración indefinida en un plazo desproporcionadamente breve o sin previa notificación con antelación razonable. Ello no afecta a las cláusulas en las que se prevea la resolución del contrato por incumplimiento o por motivos graves, ajenos a la voluntad de las partes, que alteren las circunstancias que motivaron la celebración del contrato.

• Las que determinen la **vinculación incondicionada** del consumidor y usuario al contrato aun cuando el empresario no hubiera cumplido con sus obligaciones.

Precisiones 1) El TS confirma la nulidad, por abusivas, de varias cláusulas generales contempladas en los contratos de **transporte aéreo** de una compañía. Entre ellas la que facultaba a la empresa para **modificar las condiciones** del transporte contratado «en caso de necesidad» por ser excesivamente genérica e imprecisa y poder favorecer injustificadamente la posición contractual de la compañía aérea en caso de incumplimiento de las condiciones del contrato de transporte aéreo concertado, en detrimento del consumidor (TS 13-11-18, EDJ 628806).

2) Es abusivo un contrato de **compraventa de vivienda** en construcción en el que las cláusulas que establecen un plazo confuso para la **entrega de la obra**, adornado de todo tipo de **exoneraciones** en beneficio del promotor y vendedor, de tal manera, que el comprador no sabe cuándo está obligado el vendedor a entregarla (TS 23-9-16, EDJ 163334; 3-7-13, EDJ 179898).

3) En principio, las cláusulas de **vencimiento anticipado** por incumplimiento no son abusivas, pero pueden serlo según las circunstancias del caso, p.e. una cláusula que permite la resolución con el incumplimiento de un solo plazo de pago, incluso parcial y respecto de una obligación accesoria, es abusiva (TS 23-12-15, EDJ 253610).

• Las que supongan la imposición de una **indemnización desproporcionadamente alta**, al consumidor y usuario que no cumpla sus obligaciones (por ejemplo, los intereses de demora abusivos). **825**
• Las que supongan la supeditación a una condición cuya realización dependa únicamente de la voluntad del empresario para el **cumplimiento de las prestaciones**, cuando al consumidor y usuario se le haya exigido un compromiso firme.
• Las que supongan la consignación de **fechas de entrega meramente indicativas** condicionadas a la voluntad del empresario.
• Las que determinen la **exclusión o limitación** de la obligación del empresario de **respetar los acuerdos o compromisos** adquiridos por sus mandatarios o representantes o supeditar sus compromisos al cumplimiento de determinadas formalidades.
• Las que prevean la **estipulación del precio** en el momento de la entrega del bien o servicio o las que otorguen al empresario la facultad de aumentar el precio final sobre el convenido, sin que en ambos casos existan razones objetivas y sin reconocer al consumidor y usuario el derecho a resolver el contrato si el precio final resulta muy superior al inicialmente estipulado. Ello se entiende sin perjuicio de la adaptación de precios a un índice, siempre que tales índices sean legales y que en el contrato se describa explícitamente el modo de variación del precio.
• Las que supongan la concesión al empresario del derecho a **determinar si el bien o servicio se ajusta a lo estipulado** en el contrato.

Precisiones **1)** Resulta admisible que una cláusula no negociada en un contrato celebrado con un consumidor establezca una **indemnización** de los daños y perjuicios causados por el incumplimiento del consumidor y que tal cláusula tenga un cierto contenido disuasorio. Pero no es admisible, porque tiene la consideración legal de abusivo, que sea una indemnización «desproporcionadamente alta». Así, el TS señala que en el caso de los **préstamos personales**, el **interés de demora** establecido en cláusulas no negociadas debe consistir, para no resultar abusivo, en un porcentaje adicional que no debe ser muy elevado por cuanto que la ausencia de garantías reales determina que el interés remuneratorio ya sea elevado, y para la fijación del interés de mora procesal es el criterio legal más idóneo para fijar cuál es el interés de demora en los préstamos personales concertados con consumidores (TS 22-4-15, EDJ 69484; 8-9-15, EDJ 161336).
2) El Tribunal Supremo declaró abusiva la cláusula de un contrato de **préstamo hipotecario** que imponía un **interés moratorio** del 29% anual, como indemnización por el retraso en el pago de las cuotas del préstamo (TS 23-9-10, EDJ 251804). Cuando la adición de tipos porcentuales al tipo de interés remuneratorio que supone el tipo de interés de demora resulta desproporcionada y excesiva, estaremos ante una cláusula abusiva. Y la consecuencia de la abusividad del interés de demora es anular y suprimir el incremento que supone tal interés, pero se mantiene el interés remuneratorio que cumple la función de retribuir la disposición del dinero por parte del prestatario (TS 22-4-15, EDJ 69484; 8-9-15, EDJ 161336; AP Madrid 18-6-18, EDJ 547976).
3) Es abusivo librar un **pagaré en garantía** del pago de un préstamo porque otorga al banco una mejora sustancial de su posición al permitirle acceso a un proceso privilegiado para el cobro de su crédito sin que existan contrapartidas sustanciales para el consumidor (TS 12-9-14, EDJ 178814).

Cláusula que limita los derechos básicos del consumidor y usuario (LGDCU art.86) **828**

En general, son abusivas las cláusulas que limiten o priven al consumidor y usuario de los derechos reconocidos por normas dispositivas o imperativas y, en particular, aquellas estipulaciones que prevean:
• La exclusión o limitación de forma inadecuada de los derechos legales del consumidor y usuario por incumplimiento total o parcial o cumplimiento defectuoso del empresario. En particular las cláusulas que modifiquen, en perjuicio del consumidor y usuario, las **normas legales sobre conformidad** con el contrato de los bienes o servicios puestos a su disposición o limiten el derecho del consumidor y usuario a la indemnización por los daños y perjuicios ocasionados por dicha falta de conformidad.
• La exclusión o **limitación** de la responsabilidad del empresario en el cumplimiento del contrato, por los **daños** o por la **muerte** o por las lesiones causadas al consumidor y usuario por una acción u omisión de aquel.
• La liberación de responsabilidad del empresario por **cesión del contrato a tercero**, sin consentimiento del deudor, si puede engendrar merma de las garantías de este.
• La privación o restricción al consumidor y usuario de las facultades de **compensación de créditos, retención o consignación**.
• La limitación o exclusión de la facultad del consumidor y usuario de **resolver el contrato por incumplimiento** del empresario.
• La imposición de renuncias a la entrega de documento acreditativo de la operación.
• La imposición de **cualquier otra renuncia o limitación** de los derechos del consumidor y usuario.

Precisiones 1) Se considera cláusula abusiva el incumplimiento del deber de **información precontractual** por el empresario al consumidor (TS 12-12-11, EDJ 307889).
2) Se considera abusiva la cláusula, en un contrato de arrendamiento de servicios profesionales, en el que se penaliza de forma clara y grave al cliente desde el momento en que es la voluntad del profesional la que impone de forma encubierta los requisitos del servicio jurídico que presta el bufete para impedir que el cliente pueda **resolver unilateralmente el contrato** con evidente y grave limitación de su derecho de defensa, pues solo es posible hacerlo mediante el desembolso de una indemnización desproporcionadamente alta que no tiene como correlativo un pacto que ampare su situación en el supuesto de que quisiera resolver el contrato sea cual sea el motivo y en qué momento (TS 8-4-11, EDJ 34612).

830 **Cláusula con falta de reciprocidad** (LGDCU art.87) Son abusivas las cláusulas que determinan la falta de reciprocidad en el contrato, contraria a la buena fe, en perjuicio del consumidor y usuario y, en particular, las que se examinan a continuación:
• La **imposición de obligaciones** al consumidor y usuario para el cumplimiento de todos sus deberes y contraprestaciones, aun cuando el empresario no haya cumplido los suyos.
• La **retención de cantidades abonadas** por el consumidor y usuario **por renuncia**, sin contemplar la indemnización por una cantidad equivalente si renuncia el empresario.
• La autorización al empresario para **resolver el contrato discrecionalmente**, si al consumidor y usuario no se le reconoce la misma facultad.
• La posibilidad de que el empresario se quede con las **cantidades abonadas** en concepto de **prestaciones aún no efectuadas** cuando sea él mismo quien resuelva el contrato (AP Córdoba 26-2-18, EDJ 52902).
• Las estipulaciones que prevean el **redondeo al alza** en el tiempo consumido o en el precio de los bienes o servicios o cualquier otra estipulación que prevea el cobro por productos o servicios no efectivamente usados o consumidos de manera efectiva. En aquellos sectores en los que el inicio del servicio conlleve indisolublemente unido un coste para las empresas o los profesionales no repercutido en el precio, no se considerará abusiva la facturación por separado de tales costes, cuando se adecuen al servicio efectivamente prestado (TS 29-12-10, EDJ 298172).
• Las estipulaciones que impongan **obstáculos** onerosos o desproporcionados para el **ejercicio de los derechos** reconocidos al consumidor en el contrato, en particular en los contratos de prestación de servicios o suministro de productos de tracto sucesivo o continuado, la imposición de plazos de duración excesiva, la renuncia o el establecimiento de limitaciones que excluyan u obstaculicen el derecho del consumidor a poner fin a estos contratos, así como la obstaculización al ejercicio de este derecho a través del procedimiento pactado, cual es el caso de las que prevean la imposición de formalidades distintas de las previstas para contratar o la pérdida de las cantidades abonadas por adelantado, el abono de cantidades por servicios no prestados efectivamente, la atribución al empresario de la facultad de ejecución unilateral de las cláusulas penales que se hubieran fijado contractualmente o la fijación de indemnizaciones que no se correspondan con los daños efectivamente causados.

Precisiones 1) La **cláusula penal** en los contratos tiene 2 **funciones**:
- en caso de incumplimiento del contrato, la parte cumplidora puede exigir que le sean resarcidos los daños y perjuicios (CC art.1124);
- sirve de disuasión para que las partes no incumplan el contrato.
El **carácter abusivo** debe enjuiciarse conforme al valor de los daños y perjuicios efectivamente causados al predisponente. No es un enjuiciamiento abstracto, sino concreto para decidir si la indemnización guarda proporción con la cuantía real de los daños sufridos (TS 15-4-14, EDJ 95278).
2) En contratos de prestación de servicios de gestión y negociación de deudas con consumidores, las cláusulas que establecen el pago de una **comisión inicial por la mera asignación** de un asesor y negociador, sin acreditar la prestación efectiva de servicios, y las cláusulas que imponen una penalización por resolución anticipada consistente en el cobro de comisiones por un periodo de preaviso sin justificación de servicios prestados, son nulas por abusivas (AP A Coruña 31-10-23, EDJ 822870).
3) La cláusula que faculta a la **aerolínea** a deducir una **cantidad fija por gestión** en la devolución automática de tasas aeroportuarias cuando el pasajero no utiliza el billete es nula por abusiva, pues impone una obligación injustificada al consumidor que limita el ejercicio de un derecho reconocido y no responde a ningún coste real para la compañía (TS 2-10-25, EDJ 717273).
4) Las **penalizaciones** por **resolución anticipada** de contratos de adhesión deben corresponderse con perjuicios reales sufridos para que no sean abusivas (AP Navarra 5-2-25, EDJ 514475).
5) Son nulas por abusivas las cláusulas que se incluían en un contrato de **matrícula con una entidad educativa** que incluía cláusulas generales que establecían la **pérdida total** de la matrícula en caso de **cancelación** cuando se aplicaba una bonificación, sin que existiera información clara y suficiente en la fase precontractual sobre estas consecuencias (AP Pontevedra 14-7-25, EDJ 706564).

Cláusulas de contenido económico En este tipo de cláusulas, la abusividad **consiste** en fijar un marco económico perjudicial para el consumidor y beneficioso para el empresario sin reciprocidad. 831

Se **incluyen** en esta categoría las cláusulas que:

- privan o restringen al consumidor de las facultades de **compensación de créditos**, retención o consignación;
- posibilitan que el empresario se quede con **cantidades abonadas** por prestaciones no efectuadas si rescinde el contrato;
- establecen el **redondeo al alza** en el tiempo consumido o en el precio o prevén el cobro de productos y servicios no usados efectivamente, p.e. fórmulas de redondeo al alza de las fracciones de punto préstamos hipotecarios de interés variable;
- transmiten al consumidor las consecuencias de **errores administrativos** o de gestión que no le son imputables;
- imponen condiciones de crédito para **descubiertos** superiores a 2,5 el interés legal del dinero (LCC art.19.4).

Las cláusulas que establecen **intereses de demora** son también susceptibles de **control de abusividad** cuando son una condición general y existe una desproporción de la indemnización por incumplimiento del consumidor y el daño patrimonial efectivamente causado al empresario. Así, es admisible la existencia de la cláusula y que esta tenga cierto carácter disuasorio, pero no es admisible que sea desproporcionadamente alta (TS 17-1-12, EDJ 11241; 22-4-15, EDJ 69484).

En España, a diferencia de otros estados de la Unión Europea, no existe una **limitación** a los **intereses de demora** en **préstamos personales** firmados por consumidores. Esto obliga a ponderarlos en base a las normas generales de la normativa de consumo y la jurisprudencia del TJUE.

Para decidir si una cláusula de intereses de demora es **abusiva**, el TJUE establece una serie de **criterios** (TJUE 14-3-13, C-415/2011):

- cuando no exista un acuerdo entre las partes, tener en cuenta el Derecho nacional para que el juez valore si el contrato deja al consumidor en una peor situación jurídica que la legislación prevista;
- comprobar si el profesional podía estimar razonablemente que, tratando de forma leal y equitativa al consumidor, este aceptaría una cláusula de ese tipo en un contrato negociado.

De ese modo, en **España**, teniendo en cuenta lo establecido para la mora procesal de deudas declaradas judicialmente, se considera **abusivo** un interés de demora que suponga un incremento de más de un 2% respecto del interés pactado en el préstamo (TS 3-6-16, EDJ 76680; 22-4-15, EDJ 69484; LEC art.576).

Precisiones **1)** Las cláusulas que establecen **intereses de demora consisten** en la obligación a pagar una indemnización al prestatario en caso de retraso en el pago de las cuotas del precio del bien.

2) Para **aplicar** estos **criterios jurisprudenciales del TJUE**, se analizaron diversas normas nacionales que tratan, en mayor o menor medida, las indemnizaciones por incumplimiento del acreedor para incentivar el cumplimiento en plazo de sus obligaciones (CC art.1108; LCCo art.20.4; LCS art.20; etc.). Tras el análisis, se estimó que el incremento del 2% previsto para la **mora procesal** de deudas declaradas judicialmente era el interés idóneo para fijar cuál es el interés de demora en los préstamos personales concertados con consumidores.

3) Son abusivas las cláusulas que imponen al consumidor **gastos de documentación** o tramitación que le corresponden al empresario, p.e. el pago de todos los gastos, honorarios y arbitrios relacionados con el contrato y el otorgamiento de la escritura pública (TS 22-10-14, EDJ 196415).

4) Una **cláusula penal del 50%** de las mensualidades restantes por denuncia unilateral sin incumplimiento de contrato es desproporcionada y, por ende, abusiva y nula en un contrato de mantenimiento de ascensores celebrado mediante condiciones generales con una comunidad de propietarios -consumidores- (TS 27-11-25, EDJ 774932).

5) La cláusula que faculta a la **aerolínea** a deducir una **cantidad fija por gestión** en la devolución automática de tasas aeroportuarias cuando el pasajero no utiliza el billete es nula por abusiva, pues impone una obligación injustificada al consumidor que limita el ejercicio de un derecho reconocido y no responde a ningún coste real para la compañía (TS 2-10-25, EDJ 717273).

Cláusula sobre garantías (LGDCU art.88) En relación con las garantías del consumidor, se consideran abusivas las cláusulas que supongan: 833

- La imposición de garantías **desproporcionadas al riesgo** asumido por el empresario. Se presume que no existe desproporción en los contratos de financiación o de garantías pactadas por entidades financieras que se ajusten a su normativa específica.
- La imposición de la **carga de la prueba** en perjuicio del consumidor y usuario en los casos en que debería corresponder a la otra parte contratante o en caso de incumplimiento, total o parcial, del empresario proveedor a distancia de servicios financieros de las obligaciones impuestas por la normativa específica sobre la materia.

Precisiones 1) Dentro del **concepto de garantía** deben incluirse tanto las garantías reales o personales típicas que se encuentran legalmente reguladas (p.e., hipoteca, prenda o fianza), como cualesquiera otros mecanismos por virtud de los cuales se trata de asegurar el cumplimiento de la prestación contractual en beneficio del empresario (p.e., la suscripción de un seguro de vida por parte del prestatario en garantía de la devolución del capital prestado por una entidad financiera).
2) La nulidad de una cláusula de fianza en un contrato de préstamo hipotecario puede declararse cuando se aprecia una **desproporción** clara entre la garantía impuesta y el **riesgo asumido** por el acreedor, considerando factores como el importe total garantizado, la tasación del inmueble, la solvencia del deudor y la normativa específica aplicable, sin que puedan introducirse en apelación argumentos no planteados en primera instancia (AP Guadalajara 2-3-22, EDJ 590657).
3) Se considera abusiva la imposición al consumidor de la firma de un **pagaré en blanco** como **garantía**, al otorgar a la entidad la posibilidad unilateral de completarlo sin intervención de fedatario, generando un desequilibrio relevante y afectando a las garantías procesales del consumidor (AP Madrid 8-4-14, EDJ 87767; 12-7-11, EDJ 186045).
4) En contratos de tarjeta de crédito con consumidores, no es válida una cláusula que imponga al consumidor la carga de **probar la inexistencia** de las **disposiciones realizadas con la tarjeta**, cuando la entidad financiera no aporta justificantes firmados de las compras (AP Valencia 27-3-02, EDJ 135242).
5) Se declaró nula una cláusua por imponer cargas desproporcionadas al exigír al beneficiario de una póliza **entregar** el **original de la póliza** para el pago de prestaciones (AP Madrid 29-3-06, EDJ 101048).
6) En contratos de tarjeta de crédito suscritos con consumidores, las cláusulas que atribuyen plena **eficacia probatoria** a **certificaciones bancarias** sin permitir la impugnación por el consumidor, y que no desglosan claramente los conceptos de deuda, son abusivas y deben considerarse no puestas, limitando la cuantía exigible a la deuda debidamente acreditada y desglosada (AP Navarra 10-5-12, EDJ 296483).

835 Cláusula que afecta al perfeccionamiento y ejecución del contrato (LGDCU art.89)

En todo caso, tienen la consideración de cláusulas abusivas:
• Las **declaraciones de recepción o conformidad** sobre hechos ficticios, y las **declaraciones de adhesión** del consumidor y usuario a cláusulas de las cuales no ha tenido la oportunidad de tomar conocimiento real antes de la celebración del contrato.
• La transmisión al consumidor y usuario de las consecuencias económicas de **errores administrativos o de gestión** que no le sean imputables.
• La imposición al consumidor de los **gastos de documentación y tramitación** que por ley corresponda al empresario. En particular, en la compraventa de viviendas la estipulación que:
- establezca que el consumidor ha de cargar con los gastos derivados de la preparación de la titulación que por su naturaleza correspondan al empresario (obra nueva, propiedad horizontal, hipotecas para financiar su construcción o su división y cancelación);
- obligue al consumidor a subrogarse en la hipoteca del empresario o imponga penalizaciones en los supuestos de no subrogación; o
- imponga al consumidor el pago de tributos en los que el sujeto pasivo es el empresario (ver nº 846).
- imponga al consumidor los gastos derivados del establecimiento de los accesos a los suministros generales de la vivienda, cuando ésta deba ser entregada en condiciones de habitabilidad;

Precisiones 1) El TS ha declarado la abusividad de las cláusulas que, en **contratos de préstamo** con consumidores, sin negociación y de manera predispuesta, atribuyen indiscriminadamente al consumidor el **pago de todos los gastos** que genera la operación. Así, en este tipo de préstamos con garantía hipotecaria, las cláusulas que atribuyan el pago de los gastos e impuestos han de matizar sobre qué operaciones concretas recaen cada una de las cargas impositivas para no ser declaradas abusivas, puesto que según el TS, la imputación exclusiva al comprador/consumidor de los tributos derivados de la transmisión o la imputación al comprador o consumidor de todos los gastos e impuestos derivados de este tipo de operaciones, salvo que existiese pacto en contrario, han de ser declaradas abusivas (entre otras, TS 25-11-11, EDJ 283556; 23-12-15, EDJ 253610; 15-3-18, EDJ 19898; 15-3-18, EDJ 19897).
2) La cláusula contractual que atribuye el pago de los **gastos de notaría** en exclusiva al prestatario/consumidor es declarada abusiva por el TS. Señala que estos gastos deben ser abonados por los interesados, que en el caso del **préstamo hipotecario** son ambas partes, por lo que deben abonarse por mitad, criterio que vale tanto para la escritura de otorgamiento como para la de modificación del préstamo hipotecario. En cuanto a la escritura de cancelación de la hipoteca, como el interesado en la liberación del gravamen es el prestatario, a él le corresponde este gasto. Y por lo que respecta a las copias de las distintas escrituras notariales relacionadas con el préstamo hipotecario, deberá abonarlas quien las solicite, en tanto que la solicitud determina su interés (TS 20-5-21, EDJ 570246; 6-7-21, EDJ 623941).

3) La cláusula de **comisión de subrogación** es abusiva, ya que el banco no demostró la efectiva prestación de servicios específicos vinculados a dicha comisión, como exige la normativa para comisiones distintas de la originaria comisión de apertura (AP Navarra 1-10-25, EDJ 716272).
4) En contratos de prestación de servicios de tracto sucesivo suscritos con consumidores, las cláusulas que establecen una duración inicial y **prórrogas tácitas excesivamente largas** (5 años), así como penalizaciones indemnizatorias desproporcionadas por desistimiento unilateral (50% de la facturación pendiente), son abusivas y nulas de pleno derecho (AP A Coruña 11-6-25, EDJ 114649).

• La imposición al consumidor y usuario de bienes y servicios complementarios o accesorios no solicitados. **838**
• Los incrementos de precio por servicios accesorios, financiación, aplazamientos, recargos, indemnización o penalizaciones que no correspondan a prestaciones adicionales susceptibles de ser aceptados o rechazados en cada caso expresados con la debida claridad o separación.
• La negativa expresa al cumplimiento de las obligaciones o prestaciones propias del empresario, con reenvío automático a procedimientos administrativos o judiciales de reclamación.
• La imposición de condiciones de crédito que para los descubiertos en cuenta corriente superen los límites que se contienen en la LCCo art.20.4. Ver nº 1090 s.
• La previsión de pactos de renuncia o transacción respecto al derecho del consumidor y usuario a la elección de fedatario competente según la ley para autorizar el documento público en que inicial o ulteriormente haya de formalizarse el contrato.

Precisiones Son abusivas las cláusulas que incrementan el precio final por **servicios accesorios**, financiación, aplazamientos, recargos, etc. que se corresponden con prestaciones que no se pueden aceptar o rechazar por separado y con claridad, p.e. imponer junto al suministro de canales de televisión, el uso oneroso de un instrumento accesorio no solicitado como un descodificador (TS 13-3-12, EDJ 66882).

Cláusula sobre competencia y Derecho aplicable (LGDCU art.90) Se consideran también abusivas las cláusulas que establezcan: **840**
• La sumisión a arbitrajes distintos del arbitraje de consumo, salvo que se trate de órganos de arbitraje institucionales creados por normas legales para un sector o un supuesto específico.
• La previsión de pactos de sumisión expresa a juez o tribunal distinto del que corresponda al domicilio del consumidor y usuario, al lugar del cumplimiento de la obligación o aquél en que se encuentre el bien si éste es inmueble.
• La sumisión del contrato a un Derecho extranjero con respecto al lugar donde el consumidor y usuario emita su declaración negocial o donde el empresario desarrolle la actividad dirigida a la promoción de contratos de igual o similar naturaleza. El carácter abusivo de esta cláusula se explica en función de lo dispuesto en el Rgto (CE) 593/2008 (Roma I) sobre la ley aplicable a las obligaciones contractuales.

Precisiones **1)** Se declara que la normativa española se opone a la Dir 93/13/CEE, sobre las cláusulas abusivas en los contratos celebrados con consumidores, ya que al mismo tiempo que no prevé, en el marco del procedimiento de **ejecución hipotecaria**, la posibilidad de formular motivos de oposición basados en el carácter abusivo de una cláusula contractual que constituye el fundamento del título ejecutivo, no permite que el juez que conozca del proceso declarativo, competente para apreciar el carácter abusivo de esa cláusula, adopte **medidas cautelares**, entre ellas, en particular, la **suspensión** del procedimiento de ejecución hipotecaria, cuando acordar tales medidas es necesario para garantizar la plena eficacia de su decisión final (TJUE 14-3-13, asunto C-415/11).
2) Cuando un consumidor suscribe una cláusula de **sumisión a arbitraje** distinta del Sistema Arbitral de Consumo en un contrato con un empresario, y dicha cláusula no ha sido negociada individualmente ni ratificada tras el surgimiento de la controversia, dicha cláusula es nula de pleno derecho por abusiva (TSJ Granada 4-3-22, EDJ 639734; TSJ Madrid 7-1-25, EDJ 504776; AP Barcelona auto 23-6-10, EDJ 228059; AP Las Palmas auto 2-12-09, EDJ 372129).
3) La cláusula contractual que impone **sumisión expresa** a la **jurisdicción** de los tribunales del lugar donde radica el bien hipotecado, para todos los procedimientos derivados del contrato, es nula por abusiva cuando altera el fuero ordinario del domicilio del consumidor, generando un desequilibrio importante en los derechos y obligaciones de las partes y vulnerando normas imperativas de competencia territorial. (AP Ciudad Real auto 11-7-22, EDJ 811757).

Cláusulas en contratos relativos a valores, instrumentos financieros y divisas (LGDCU art.91) No son de aplicación a los contratos relativos a valores, instrumentos financieros y otros bienes y servicios cuyo precio esté vinculado a una cotización, un índice bursátil o un tipo del mercado financiero que el empresario no controle, ni a los de compraventa de divisas, cheques de viaje o giros postales internacionales en divisas, las cláusulas abusivas referidas a: **843**
- la **modificación unilateral** de los contratos;
- la **resolución anticipada** de los contratos de duración indefinida; y
- al **incremento del precio** de bienes y servicios.

La **exclusión del control** sobre estas cláusulas se justifica en el hecho de que el profesional no controla la cotización, índice o tipo y, por esta razón, no puede modificarlo o alterarlo en perjuicio del consumidor.

Precisiones 1) Las cláusulas de un contrato de **préstamo** hipotecario denominado en **moneda extranjera** que estipulan que los pagos a plazos fijos se imputarán prioritariamente a los intereses y que prevén la prolongación de la duración del contrato y el aumento del importe de las cuotas mensuales, integrando así el **riesgo de tipo de cambio**, pueden causar un desequilibrio importante en detrimento del consumidor por lo que el profesional debe exponer las posibles variaciones de los tipos de cambio y los riesgos inherentes a la celebración de ese tipo de contrato (TJUE 10-6-21, EDJ 584492).
2) La cláusula contractual que permite la **modificación unilateral** de las condiciones del contrato por parte de la entidad financiera, especialmente los intereses remuneratorios y comisiones, **sin especificar motivos válidos** para ello, es nula y ello obliga a la entidad a devolver las cantidades cobradas en exceso con intereses legales, sin que el uso posterior de las nuevas condiciones por parte del consumidor legitime la cláusula abusiva (AP Alicante 18-10-24, EDJ 842374).
3) No es abusiva la cláusula que permite la **modificación unilateral** si garantiza la **información previa** al cliente y su **derecho a oponerse** y a resolver el contrato (AP León 9-10-24, EDJ 771596).

846 **Cláusulas suelo** En el caso de las cláusulas suelo, debe ser objeto de una **especial comunicación** al cliente que su efecto es que, llegado al suelo, convierte un préstamo de interés variable en un préstamo a interés fijo y no puede beneficiarse de las reducciones del Euribor por debajo de dicho suelo. La cláusula suelo puede inducir a error al cliente sobre un aspecto fundamental del contrato y llevarle a adoptar una decisión irracional, esto es, elegir una oferta cuyo tipo variable es inferior pero que, por efecto de la cláusula suelo, en realidad lo es a un tipo superior durante la vida del contrato (TS 23-12-15, EDJ 253610).
En materia de cláusulas suelo se han planteado **dos grandes cuestiones**: (i) su abusividad por falta de transparencia y (ii) el carácter retroactivo (o no) de la nulidad en caso de que se consideren abusivas.
1. En relación con el posible **carácter abusivo** de las cláusulas suelo, el deber de transparencia comporta que el consumidor disponga «antes de la celebración del contrato» de información comprensible acerca de las condiciones contratadas y las consecuencias de dicha celebración. De esta forma, el control de transparencia tiene por objeto que el adherente pueda conocer con sencillez tanto la carga económica que realmente le supone el contrato celebrado, esto es, el sacrificio patrimonial realizado a cambio de la prestación económica que quiere obtener, como la carga jurídica del mismo, es decir, la definición clara de su posición jurídica tanto en los elementos típicos que configuran el contrato celebrado, como en la asignación de los riesgos del desarrollo del mismo.
Respecto de las **condiciones generales** que versan sobre elementos esenciales del contrato se exige una información suficiente que pueda permitir al consumidor adoptar su decisión de contratar con pleno conocimiento de la carga económica y jurídica que le supondrá concertar el contrato, sin necesidad de realizar un análisis minucioso y pormenorizado del contrato. Esto excluye que pueda agravarse la carga económica que el contrato supone para el consumidor, tal y como este la había percibido, mediante la inclusión de una condición general que supere los requisitos de incorporación, pero cuya trascendencia jurídica o económica pase inadvertida al consumidor porque se le da un inapropiado tratamiento secundario y no se facilita al consumidor la información clara y adecuada sobre las consecuencias jurídicas y económicas de dicha cláusula en la caracterización y ejecución del contrato.
La **información precontractual** es la que permite realmente comparar ofertas y adoptar la decisión de contratar. No se puede realizar una comparación fundada entre las distintas ofertas si al tiempo de realizar la comparación el consumidor no puede tener un conocimiento real de la trascendencia económica y jurídica de alguno de los contratos objeto de comparación porque no ha podido llegar a comprender lo que significa en él una concreta cláusula, que afecta a un elemento esencial del contrato, en relación con las demás, y las repercusiones que tal cláusula puede conllevar en el desarrollo del contrato (entre otras, TS 9-5-13, EDJ 53424; 8-9-14, EDJ 180029; 7-11-17, EDJ 232868; 23-12-15, EDJ 253610; 4-3-19, EDJ 514872; TJUE 30-4-14, nº 26/2013; 21-12-16, asuntos acumulados C-307/2015, C-154/2015, C-308/2015; 20-9-17, nº C186/2016). Por otra parte, el mero hecho de que la cláusula suelo no haya sido objeto de aplicación durante un periodo de tiempo no la convierte, sin más, en transparente, ya que el control de transparencia se proyecta sobre el cumplimiento de estos especiales deberes de información y comprensibilidad material que incumben al predisponente en la formación y perfección del contrato sujeto a condiciones generales de la contratación (TS 1-12-17, EDJ 249273).

Precisiones Para **más información** sobre los las cláusulas suelo ver nº 2812 s.

D. Contrato a distancia y fuera de establecimiento mercantil

860

865

El núcleo central de la **normativa** que afecta a los contratos a distancia y fuera de establecimiento mercantil en el **ámbito europeo** es la Dir 2011/83/UE sobre contratos con consumidores negociados fuera de establecimientos comerciales. Esta Directiva no pretende una armonización mínima de las legislaciones nacionales, sino una armonización máxima de estos contratos en la UE para evitar una fragmentación del mercado interior único y alentar el comercio a distancia dentro de la UE con un elevado nivel común de protección para los consumidores.
Siguiendo esta finalidad unificadora de máximos, en el **ámbito nacional**, los contratos a distancia y fuera de establecimiento mercantil se rigen por las previsiones de la LGDCU que transpone la Dir 2011/83/UE.
Los dos contratos tienen una **regulación unitaria**, tanto a nivel europeo como nacional, para evitar incoherencias y lagunas y fijar normas estándar para los aspectos comunes de ambos contratos.
Aun así, las **comunidades autónomas**, en virtud de sus competencias en comercio y mercado interior incluyen en su normativa específica menciones a este tipo de contratos y les imponen a los empresarios ciertas obligaciones administrativas de registro.

Comunidad	Normativa
Andalucía	DLeg Andalucía 1/2012
Aragón	L Aragón 4/2015
Baleares	L Baleares 11/2014
Canarias	DLeg Canarias 1/2012
Cantabria	L Cantabria 1/2002
Castilla-La Mancha	L Castilla-La Mancha 2/2010
Castilla y León	DLeg Castilla y León 2/2014
Cataluña	L Cataluña 18/2017
Extremadura	L Extremadura 3/2002
Galicia	L Galicia 13/2010
La Rioja	L La Rioja 3/2005
Madrid	L Madrid 16/1999
Navarra	LF Navarra 17/2001
País Vasco	L País Vasco 7/1994
C.Valenciana	L C.Valenciana 3/2011

Precisiones **1)** La **transposición** de la **Dir 2011/83/UE** se realizó mediante la modificación de la LGDCU por la L 3/2014 que unificó el régimen jurídico de ambos contratos y mejoró la regulación del derecho de desistimiento.
2) La regulación de los contratos a distancia se contenía en la L 7/1996 de ordenación del comercio minorista (LOCM) tanto para contratos con consumidores como para **contratos entre profesionales**. El RDLeg 1/2007 reguló los contratos con consumidores pero no derogó lo previsto en la LOCM para los contratos entre empresarios. Finalmente, la L 3/2014 deroga el sistema de protección de la LOCM quedando limitado exclusivamente al ámbito de los contratos de consumo.

1. Ámbito

868 Aunque tanto la Dir 2011/83/UE como la LGDCU establecen un régimen común para los contratos a distancia y fuera de establecimiento mercantil, salvo para algunas especialidades (ver nº 894 y nº 897), se pueden **diferenciar** los dos contratos atendiendo a sus características.

871 **Contrato a distancia** (LGDCU art.92.1; Dir 2011/83/UE art.2.7) Este tipo de contratos **comprende** aquellos celebrados entre un consumidor y un empresario en el marco de un sistema organizado de venta o prestación de servicios sin la presencia simultánea del empresario y el consumidor y con el uso exclusivo de técnicas de comunicación a distancia.
La expresión en el marco de un **sistema organizado** de venta o prestación de servicios incluye los sistemas ofrecidos por un tercero distinto del comerciante pero utilizado por este, como una plataforma en línea, p.e. la venta a través de Amazon. Sin embargo, no incluye los casos en los que la página web solo ofrece información sobre el comerciante, los bienes y servicios o sus datos de contacto.
Por otro lado, que se celebre sin la **presencia física de los contratantes** es el elemento definidor del contrato que lo separa de otros contratos de consumo y en particular de los celebrados fuera de establecimiento mercantil. Toda la actividad, tanto oferta como aceptación del contrato, se realiza a través de un sistema de comunicación a distancia (normalmente internet o el teléfono). Se incluyen aquí los casos en los que el consumidor **visita** el **establecimiento del empresario** simplemente para recabar información, pero la negociación y aceptación se realiza a distancia. Sin embargo, deben excluirse los casos en los que solo se utiliza la comunicación a distancia para realizar una **reserva** de un producto o servicio.
El legislador no entra a definir qué es un medio de **comunicación a distancia**, pero da una lista meramente enunciativa en la que incluye:
- correo postal;
- internet;
- teléfono; y
- fax.

Precisiones El carácter abierto de la **lista** de los **medios de comunicación a distancia** ayuda a incluir futuros tipos de comunicaciones que surjan como consecuencia de la evolución tecnológica y además hace innecesario bajar al detalle de crear una lista exhaustiva. Otros medios pueden ser la radio, el teléfono inteligente, la videoconferencia, la venta por catálogo, el correo electrónico, etc.

877 **Contrato fuera de establecimiento mercantil** (LGDCU art.92.2; Dir 2011/83/UE art.2.8) Ni la LGDCU ni la Dir 2011/83/UE contienen una definición del contrato, pero se puede concretar mediante sus **características** que son:
- el lugar donde se celebra no es el habitualmente destinado al comercio;
- la iniciativa de la contratación es tomada por el empresario;
- el consumidor no ha manifestado previamente su deseo de contratar;
- existe encuentro físico entre empresario y consumidor al celebrar el contrato;
- la decisión del consumidor está influida por la sorpresa y rapidez de estos contratos que no permiten meditar sobre la necesidad del bien o servicio;
- afecta a todo tipo de contrato de consumo (no solo a la compraventa).

En cualquier caso, se aplica lo establecido para los contratos fuera de establecimiento mercantil los siguientes **tipos de contratos**:
Contrato con presencia física fuera de establecimiento mercantil, este contrato cumple las dos características más definitorias de los contratos fuera de establecimiento mercantil, esto es, la presencia física de empresario y consumidor al contratar y la realización del contrato en un lugar distinto al establecimiento mercantil habitual del empresario (ver nº 60). P.e. la venta a domicilio a puerta fría.
Contrato en el que el consumidor realiza una oferta, incluyen las oferta de contrato emitidas por un consumidor a un empresario fuera de establecimiento mercantil. Es indiferente que la oferta sea vinculante o no y que la oferta de contratación haya partido del propio consumidor o haya sido a instancias del empresario.
Contrato celebrado en establecimiento mercantil o mediante comunicación a distancia tras encuentro físico fuera de establecimiento mercantil, en este tipo de contratos, el consumidor y el empresario se encuentran fuera del establecimiento mercantil e inmediatamente después se dirigen al establecimiento para cerrar el contrato o este se cierra mediante comunicación a distancia. Es decir, este tipo de contratos incluye que se capte al consumidor en la calle y se le lleve hasta el establecimiento o se cierre el contrato mediante una llamada.
Contrato celebrado durante excursión promocional organizada por el empresario, se refiere a las excursiones organizadas con el fin de promocionar y vender productos o servicios al consumidor. P.e. una excursión organizada por una bodega para ver sus instalaciones en las que luego se intenta vender el vino.

Excepciones a la aplicación de la normativa (LGDCU art.93; Dir 2011/83/UE art.3.3) La normativa dispuesta para los contratos a distancia y fuera de establecimiento mercantil, **no se aplica** en ningún caso a los siguientes **contratos**: 880
- de servicios sociales, se incluye la vivienda social, el cuidado de niños, el apoyo a familias y personas necesitadas, etc;
- de servicios de salud prestados por profesional sanitario, se incluye las recetas, dispensación de medicamentos y productos sanitarios con independencia de que se presten en instalaciones sanitarias;
- de actividades de juego por dinero que impliquen apuestas de dinero en juegos de azar, p.e. la lotería, casinos, etc.;
- de servicios financieros;
- de creación, adquisición o transferencia de inmuebles o derechos sobre los mismos;
- de construcción de edificios, transformación sustancial o alquiler de vivienda;
- de viajes combinados;
- de protección de consumidores y usuarios con respecto a contratos de aprovechamiento por turno de bienes de uso turístico, productos vacacionales de larga duración, etc.;
- que deban celebrarse ante fedatario público (p.e. notario);
- de suministro de productos alimenticios, bebidas o bienes de consumo corriente en el hogar suministrados físicamente mediante entregas frecuentes;
- de transporte de pasajeros;
- celebrados mediante distribuidores o instalaciones automáticos;
- con operadores de telecomunicaciones a través y para la utilización de teléfonos públicos o para el establecimiento de una única conexión de teléfono, internet o fax, p.e. las cabinas telefónicas, las conexiones wifi de pago en aeropuertos, etc.;
- de bienes vendidos por la autoridad judicial tras un embargo u otro procedimiento.

Esta lista es una **enumeración cerrada** y los contratos sobre materias que no estén incluidos en ella pueden caer bajo la aplicación de las previsiones para los contratos a distancia y fuera de establecimiento mercantil si cumplen con los requisitos para ello.

La exclusión de estos contratos debe su **explicación** a que se trata de servicios que afectan a asuntos sensibles (como la familia y la salud) prestados, de forma mayoritaria, por el Estado. Incluso en los casos en los que los servicios se prestan de forma privada, se excluyen en atención a su carácter social. También se excluye a los contratos que tienen regulación sectorial propia o no armonizada por la Unión Europea (loterías, contratos sobre inmuebles, etc.).

Precisiones **1)** Los **contratos de seguro o sobre valores mobiliarios** aunque antes estaban exentos de la aplicación de las normas de contratos a distancia o fuera de establecimiento mercantil, desde la entrada en vigor de la L 3/2014 (el 29-3-14) no lo están.

2) En lo relativo a los contratos de **servicios financieros celebrados a distancia**, existe una **nueva ordenación** en la Unión Europea establecida por la Dir (UE) 2023/2673, con fecha máxima de transposición es el 19-12-2025, que todavía no ha sido transpuesta al Derecho español. Sus principales **novedades** son:
- mejorar la información ofrecida al consumidor;
- facilitar el derecho de desistimiento en línea;
- garantizar el derecho a solicitar la intervención humana en sitios que tengan herramientas de información robotizadas como *chatbots*; y
- proteger a los consumidores de los *dark patterns* o elementos engañosos en la interfaz en línea.

2. Comunicaciones comerciales

(LGDCU art.94 a 96)

En las comunicaciones comerciales a distancia, siempre debe constar inequívocamente su **carácter comercial** para evitar confusiones sobre el origen de la oferta. 885

En las **comunicaciones telefónicas**, siempre que no estén prohibidas (ver nº 402), el empresario debe identificarse al inicio de la conversación e indicar de forma explícita y clara el objeto comercial de la llamada. No se pueden realizar llamadas comerciales antes de las 9 ni después de las 21 ni en festivos o fines de semana. Las llamadas deben hacerse desde un **número identificable**, es decir, no se pueden hacer con número oculto.

Además, en atención al **principio de independencia**, el servicio de atención telefónica debe tener un **número específico** y diferenciado del número utilizado para prestar servicios comerciales de manera que se pueda identificar claramente que este servicio tiene como finalidad resolver consultas, quejas, reclamaciones o incidencias (L 10/2025 art.16.3).

En el marco de una relación preexistente, el consumidor tiene **derecho de oposición** para no recibir nuevas ofertas. Este derecho de oposición no está limitado a las comunicaciones telefónicas, sino que también es extensible al fax u otros medios de comunicación como el correo electrónico.

En cualquier caso, se presume que **no existe voluntad de contratar**, siendo nulo el contrato, en aquellos contratos suscritos **vía telefónica** con incumplimiento de lo previsto en la normativa relativa a llamadas no solicitadas. No existe consentimiento para la realización de la llamada que da lugar a la contratación si este no ha sido obtenido o renovado de forma expresa en los dos años anteriores a la comunicación (LGDCU art.62 redacc L 10/2025).
Como **excepción** a esto, para los casos de préstamos o créditos con entidades financieras, en los que se haya perfeccionado el contrato y entregado las sumas prestadas, en cuyo caso se aplican los intereses legales del dinero o los pactados si estos son más bajos.
En las comunicaciones comerciales por **correo electrónico u otros medios de comunicación electrónica** y en la contratación a distancia de bienes o servicios por medios electrónicos, se aplica además la L 34/2002 sobre servicios de la sociedad de la información y comercio electrónico. En caso de **contradicción** entre ambas normativas, es de aplicación preferente la normativa específica sobre servicios de la sociedad de la información y comercio electrónico, salvo lo previsto sobre información precontractual (nº 891).
Las empresas **titulares de las técnicas de comunicación** (prestadores de servicios de intermediación) deben procurar, en la medida de sus posibilidades (y siempre que no se rijan por la normativa específica sobre servicios de la sociedad de la información), que los empresarios cumplan con sus obligaciones y respeten los derechos de los consumidores (LGDCU art.95).
Corresponde al empresario la **prueba** del cumplimiento de sus obligaciones, por lo que debe adoptar las medidas necesarias que le permitan identificar inequívocamente al consumidor con el que celebra el contrato (p.e. mediante un sistema de registro con usuario y contraseña en una web de venta online o pedir el DNI en la contratación telefónica).

Precisiones **1)** En contratos de préstamo personal celebrados a distancia mediante llamada telefónica, corresponde al proveedor del servicio financiero **acreditar la puesta a disposición del importe** del préstamo al consumidor, incluyendo la entrega de la información contractual en soporte duradero (AP Barcelona 28-3-23, EDJ 592802).
2) Se declara la nulidad del contrato de préstamo formalizado de forma telefónica por incumplimiento de los requisitos formales de **entrega** de un ejemplar en **papel o soporte duradero** al consumidor (AP Alicante 23-12-22, EDJ 863558).
3) Cuando un destinatario ha manifestado de forma inequívoca su **oposición a recibir comunicaciones comerciales** y ha solicitado la cancelación de sus datos personales, el remitente está obligado a cesar el envío de dichas comunicaciones; el incumplimiento de esta obligación, incluso tras un reconocimiento expreso del error, constituye una infracción grave (AN contencioso 15-4-21, EDJ 545237; 17-7-18, EDJ 545236; TS 15-6-20, EDJ 574268).

3. Información precontractual

(LGDCU art.97 s.)

891 Antes de que el consumidor quede vinculado al contrato, el empresario debe facilitar de forma clara y comprensible (nº 538) información sobre las siguientes cuestiones:
- **características principales** de los bienes o servicios, en la medida adecuada al soporte utilizado y a los bienes o servicios;
- **identidad** del empresario, incluido su nombre comercial;
- **dirección completa** del establecimiento del empresario y el número de teléfono, fax, correo electrónico y los detalles sobre otros **medios de comunicación en línea** cuando el empresario los facilite;
- **precio total** de los bienes o servicios, incluidos los impuestos y tasas, o, si el precio no puede calcularse de antemano, la forma en que se determina, así como todos los gastos adicionales (por ejemplo, de transporte) o si ha sido personalizado sobre la base de una toma de decisiones automatizada;
- **coste de la comunicación** para celebrar el contrato, si se calcula de forma diferente a la tarifa básica (p.e. si para contratar tienes que llamar a un número 806);
- **procedimientos de pago**;
- **fecha** de entrega y ejecución;
- cuando proceda, el **sistema de reclamaciones** del empresario;
- **lengua** en las que podrá formalizarse el contrato;
- si existe un **derecho de desistimiento**, las condiciones, el plazo y los procedimientos para ejercer ese derecho, así como el modelo de formulario de desistimiento;
- **coste de la devolución** de los bienes en caso de desistimiento y, para los contratos a distancia, cuando los bienes, por su naturaleza, no puedan devolverse normalmente por correo, el coste de la devolución de los mismos;
- **garantía legal** de conformidad para los bienes (nº 598), que se extiende al contenido digital o servicios digitales;

- **asistencia posventa** al consumidor y usuario, servicios posventa y garantías comerciales, cuando sea el caso (nº 610);
- **códigos de conducta** pertinentes y la forma de conseguir ejemplares de los mismos, en su caso;
- **duración del contrato** o las condiciones de resolución;
- duración mínima de las **obligaciones del consumidor** derivadas del contrato;
- condiciones de los **depósitos u otras garantías** financieras que el consumidor tenga que pagar o aportar;
- **funcionalidad** de los contenidos digitales y las medidas técnicas de protección aplicables (p.e. si se está comprando un programa de ordenador, cuáles son sus funciones básicas);
- **interoperabilidad** relevante del contenido digital con los aparatos y programas conocidos por el empresario o que quepa esperar razonablemente que este pueda conocer (p.e. si se está comprando un programa de ordenador, los sistemas operativos en los que funciona);
- **mecanismo extrajudicial de reclamación** y resarcimiento al que esté sujeto el empresario y los métodos para tener acceso al mismo.

Precisiones 1) Se entiende por **código de conducta** el acuerdo o conjunto de normas no impuestas por disposiciones legales, reglamentarias o administrativas, en el que se define el comportamiento de aquellos empresarios que se comprometen a cumplir el código en relación con una o más prácticas comerciales o sectores económicos.
2) En el caso de una **subasta a distancia**, el incumplimiento en las obligaciones de información en el anuncio, como son la descripción veraz de los objetos y la identificación de sus calidades, suponen la **responsabilidad solidaria** del titular del bien subastado y de la empresa subastadora, aunque el comprador conozca y acepte las condiciones de venta (AP Pontevedra 28-12-18, EDJ 697837).
3) Respecto al **precio**, debe tenerse en cuenta la prohibición del aumento injustificado del mismo en casos de **emergencia**, ver nº 1499.

Especialidades de los contratos a distancia (LGDCU art.98; Dir 2011/83/UE art.8) Existen una serie de requisitos de **obligado cumplimiento** para el empresario en los contratos celebrados a distancia. 894
Si se trata de una **web de comercio electrónico**, el empresario debe, además de las indicaciones generales:
- indicar si hay restricciones de entrega (por ejemplo. si no se envía a Canarias);
- especificar las modalidades de pago aceptadas (p.e. tarjeta, contra reembolso, transferencia bancaria, paypal...);
- resaltar de forma clara y destacada las obligaciones de pago (si hay) existentes para el consumidor antes de que se efectúe el pedido (p.e. los gastos de envío, impuestos, etc.);
- asegurarse de que el consumidor confirme expresamente que conoce la obligación de pago (p.e. teniendo que marcar una casilla);
- si la comunicación a distancia se hace en soporte que tiene espacio o tiempo limitado, debe facilitarse en ese soporte la información precontractual (características principales del bien, la identidad del empresario, el precio total, el derecho de desestimiento, etc.).

Precisiones 1) Un arrendatario cedió sus derechos a una empresa de cobro de créditos mediante un **contrato celebrado a través de un sitio web**. El contrato implicaba una obligación de pago condicionada al éxito de la reclamación o al envío de un requerimiento de pago. El arrendatario aceptó las condiciones generales pulsando un botón, sin que el formulario posterior informara sobre la **obligación de pago**. El comerciante debe informar expresamente al consumidor, antes de la confirmación del pedido, sobre la obligación de pago, incluso si esta es condicional. Limitar la obligación de información solo a pagos incondicionales permitiría a los comerciantes eludir sus responsabilidades mediante cláusulas que condicionen la obligación de pago (TJUE 30-5-24, nº C-400/22).
2) Para consultar la **información adicional** en los contratos celebrados en **mercados en línea** ver nº 2325.

Especialidades de los contratos fuera de establecimiento mercantil (LGDCU art.99; Dir 2011/83/UE art.7) Al igual que con los contratos a distancia, hay una serie de requisitos de **obligado cumplimiento** en los contratos fuera de establecimiento mercantil. 897
El empresario debe facilitar al consumidor la información precontractual en papel u otro **soporte duradero** (si está de acuerdo el consumidor). La información debe estar redactada, al menos, en castellano.
Al igual que con la información precontractual, se debe facilitar una **copia o confirmación del contrato** por escrito o en otro soporte duradero si está de acuerdo el consumidor.
Corresponde al empresario la carga de la **prueba** del cumplimiento de sus obligaciones y tomar las medidas adecuadas y eficaces para identificar inequívocamente al consumidor con el que celebra el contrato.

En los contratos fuera de establecimiento mercantil, la **responsabilidad** del incumplimiento se extiende de forma solidaria tanto el empresario como el agente, comisionista o mandatario que actúen no nombre propio (nunca si actúan en nombre del empresario), así responden del cumplimiento de:
- las exigencias de información contractual;
- los requisitos formales del contrato;
- de las consecuencias de la anulación del contrato.

Precisiones 1) En contratos celebrados fuera de establecimientos mercantiles, la **falta de información** escrita al consumidor sobre su **derecho de desistimiento** conforme a la Dir 85/577/CEE y la normativa nacional aplicable conlleva la nulidad del contrato, pudiendo el órgano jurisdiccional declarar la nulidad, incluso de oficio, para proteger al consumidor (AP Pontevedra 3-7-23, EDJ 674592; AP Burgos 20-6-22, EDJ 677221; AP Madrid 24-3-22, EDJ 581720).
2) En el caso de una inmobiliaria, incluso **después de que encontrara posibles compradores** para un inmueble, los consumidores pueden **desistir** del contrato de corretaje celebrado en su domicilio si no se les informó sobre el derecho de desistimiento por lo que no se les podría exigir el pago de los honorarios reclamados por la agencia inmobiliaria por falta de información previa (TS 24-3-21, EDJ 519509).

898 Si un consumidor o usuario desea que la prestación de **suministro de agua, gas, electricidad, calefacción**, comience durante la duración del periodo de desistimiento (nº 920), -cuando no estén envasados para la venta en un volumen delimitado o en cantidades determinadas- debe constar el consentimiento del consumidor para que el suministro dé comienzo durante el plazo de desistimiento, y el contrato imponga al consumidor o usuario una obligación de pago. El empresario le debe exigir que presente, en un soporte duradero, una **solicitud expresa** solicitando el comienzo del contrato, así como una declaración de que, una vez que el empresario haya ejecutado íntegramente el contrato, pierde su derecho de desistimiento.

Precisiones Cuando un consumidor contrata y utiliza un **suministro de gas**, incluyendo la **acometida** y la **instalación de calefacción**, debe abonar las cantidades correspondientes, aunque pretenda **diferir el suministro** por no residir en la vivienda, y no puede alegar ausencia de contratación ni cláusulas abusivas para eludir dicha obligación (AP Girona 3-5-06, EDJ 332789).

4. Régimen del contrato

900 Existe una serie de **especialidades en la contratación** que son comunes a los dos tipos de contrato.
Respetando el carácter irrenunciable de los derechos de los consumidores, son válidas las cláusulas que amplían su protección y establecen **condiciones más ventajosas** (por ejemplo, ampliando el plazo de desestimiento de 14 a 30 días naturales). Lo establecido en la LGDCU es, por tanto, un mínimo exigible que no se puede contravenir pero que se puede mejorar en el contrato (LGDCU art.92.3).
Cuando se contrata mediante **correo o medios electrónicos**, debe aplicarse además de la LGDCU la L 34/2002 de servicios de la sociedad de la información y comercio electrónico (LSSI). En caso de contradicción, prevalece la LSSI salvo para el contenido de la información que debe facilitarse al consumidor. Además, también se rigen por la LSSI los servicios de intermediación de los prestadores de servicios de la sociedad de la información (ver nº 945 s.; LGDCU art.94).
Dado el tipo de contratación, resulta evidente que la oferta por sí sola no genera obligación para los consumidores, que pueden optar por el silencio como respuesta a la oferta. Dicho silencio se entiende como la no aceptación de la oferta y por lo tanto, se necesita un **consentimiento expreso** del consumidor. Este consentimiento expreso no siempre debe manifestarse a través de una declaración explícita, verbal o escrita, sino que también puede deducirse del comportamiento y de los actos del consumidor que muestren su voluntad de celebrar el contrato (p.e. el pago del precio). La carga de la **prueba** del consentimiento siempre corresponde al empresario (LGDCU art.101).

Precisiones 1) El consentimiento expreso puede **deducirse del comportamiento** del consumidor, así, en un caso en que los **contratos** con una empresa de energía **no estaban firmados** la AP Barcelona 20-1-22, EDJ 538290 estimó probada la existencia de la relación contractual basándose en otros medios probatorios, como los datos bancarios y el pago continuado que demuestran la existencia y validez del contrato. En similares términos, la AP Toledo 13-3-19, EDJ 554690 estableció que la falta de **formalización escrita** de un contrato de suministro eléctrico no implica la inexistencia de la relación jurídica cuando el consumidor, mediante actos propios y pasividad, genera una expectativa legítima de aceptación del contrato y se beneficia del suministro, debiendo responder por el pago correspondiente.

2) En contratos de suministro eléctrico formalizados por vía telefónica, la carga de la prueba recae en la empresa suministradora para acreditar que el demandado es el titular legítimo del contrato, y la simple **baja del suministro** por parte del consumidor no es suficiente para presumir su titularidad ni su consentimiento contractual, especialmente cuando existen indicios claros de que el consumidor no tenía vinculación con el inmueble en la fecha de contratación (AP Alicante 11-10-19, EDJ 827524).
3) Un consumidor que no manifestó rechazo expreso tras recibir un **correo electrónico** de su **abogado** con una **oferta de honorarios** y permitió que el mismo actuara en su representación es suficiente para considerar válido el pacto (AP Salamanca 10-6-14, EDJ 104387).
4) Para que un contrato sea válido y exigible, la **aceptación del presupuesto o modificación** del mismo debe ser expresa, inequívoca y coincidente con la oferta, requiriéndose la firma o manifestación clara del consentimiento del cliente para cualquier ampliación o modificación del presupuesto inicial, especialmente cuando implica un aumento significativo del precio (TS 24-7-06, EDJ 105573).
5) En contratos de suministro eléctrico celebrados electrónicamente mediante firma electrónica avanzada y certificación de un tercero de confianza, la aceptación mediante **SMS** que incluye el enlace al condicionado general y particular del contrato se considera prueba suficiente del consentimiento y perfeccionamiento del contrato, vinculando a las partes a las condiciones y a la obligación de pago conforme a las lecturas de consumo certificadas por la distribuidora (AP Asturias 18-3-24, EDJ 561431).
6) Para ver el **silencio** como manifestación del consentimiento en contratos **entre empresarios** ver nº 102 Memento Contratos Mercantiles 2026-2027.

Obligación de entregar copia del contrato (LGDCU art.100) Los efectos del **incumplimiento** de la obligación de entregar copia del contrato son **comunes** a los contratos a distancia y fuera de establecimiento mercantil. 905
La entrega de documentación contractual solicitada por una parte contratante es exigible conforme al CC art.1258 y al principio de **buena fe** (AP Madrid 18-7-24, EDJ 692911).
Si el contrato se celebra sin entregar copia al consumidor, según las exigencias para cada tipo de contrato, el consumidor puede instar la **anulación del contrato** vía acción o excepción. No se contempla una nulidad automática ya que esta podría ser perjudicial para el consumidor que estuviera interesado en mantener el contrato, más teniendo en cuenta la existencia del derecho de desistimiento que permite dejar sin efecto el contrato sin ninguna explicación ni justificación. La posibilidad de iniciar la nulidad corresponde exclusivamente al consumidor y el empresario no puede iniciarla basándose en su propio incumplimiento.
La anulación del contrato se hace sin ninguna referencia a sus **efectos**, por lo que hay que acudir al régimen común de anulabilidad de los contratos que implica la devolución recíproca de las prestaciones. Si el consumidor no puede devolver la cosa debe pagar su precio más intereses (CC art.1303 y 1307).
El principal problema del régimen común de anulabilidad es que se establece un **plazo** de 4 años para poder iniciar la nulidad por parte del consumidor. Este plazo es excesivo para un contrato de consumo, pero es posible fijar otro plazo diferente (CC art.1301).

Precisiones En contratos de compraventa celebrados fuera del establecimiento mercantil, cuando el consumidor ejerce de forma inequívoca y dentro del plazo legal el **derecho de desistimiento**, y no se ha cumplido con la obligación del empresario de facilitar la información precontractual completa y la copia del contrato, el desistimiento extingue las obligaciones contractuales (AP Barcelona 17-6-20, EDJ 643335; AP Asturias 18-5-18, EDJ 512312; AP Madrid 8-5-12, EDJ 209449).

Pago con tarjeta en contrato a distancia (LGDCU art.112; L 18/2014) El término tarjeta **engloba** tanto las tarjetas de crédito como las de débito y es el método de pago más frecuente en los contratos a distancia mediante la introducción del número de la tarjeta con ausencia de control del proveedor (normalmente un banco). 910
Se trata de proteger a los consumidores del uso indebido de la numeración de la tarjeta para compras a distancia por lo que hay que **diferenciar** entre:
• **Cargo debido**, cuando la compra sea realizada efectivamente por el consumidor. El consumidor debe responder por los daños y perjuicios causados al empresario en caso de anulación del cargo sin justificación.
• **Cargo indebido**, cuando el importe de la compra o servicio se carga fraudulenta o indebidamente. El titular de la tarjeta puede pedir la inmediata anulación del cargo pues el riesgo de la venta a distancia debe asumirlo el empresario.

Precisiones Para **más información** sobre los servicios de pago ver nº 3345.

Ejecución del contrato (LGDCU art.109, 110, 111 y 113) Uno de los principales problemas prácticos derivados de la ejecución de un **contrato a distancia** viene determinado por los **retrasos en la entrega** del bien o el servicio. Para evitar estos problemas, teniendo en cuenta que el pago normalmente se hace por adelantado a la entrega con tarjeta de crédito (nº 3348), se establece una serie de **mecanismos**: 915
1) Información precontractual, se el empresario debe indicar la fecha de entrega, pudiendo ser una fecha concreta o un plazo.

2) Plazo máximo, el empresario debe ejecutar el contrato en el plazo máximo de 30 días desde la celebración del contrato salvo que las partes fijen otro plazo (superior o inferior).
3) Incumplimiento de la entrega, si el bien está **disponible** y el empresario no lo envía estamos ante un incumplimiento contractual que da derecho a una indemnización por daños y perjuicios. Si el bien está **no disponible**:
- el empresario debe informar al consumidor sobre la indisponibilidad y la posibilidad de sustitución sin aumento de precio;
- el consumidor puede optar entre el bien de sustitución o la devolución del precio;
- si el consumidor opta por la devolución del precio y el empresario no lo hace sin demora indebida, el consumidor puede exigir el doble de la suma o daños y perjuicios si son mayores.
En los **contratos fuera de establecimiento mercantil**, la **responsabilidad** del incumplimiento se extiende de forma solidaria tanto el empresario como el agente, comisionista o mandatario que actúen no nombre propio (nunca si actúan en nombre del empresario.

5. Derecho de desistimiento

920 El **régimen legal** aplicable al derecho de desistimiento en los contratos a distancia y fuera de establecimiento mercantil, no es el general (nº 640), sino uno especial. Aun así, coincide en sus principales aspectos con el general.
El régimen general se puede **aplicar supletoriamente** cuando no existe previsión concreta en el régimen específico para este tipo de contratos.
En las ventas a distancia o fuera de establecimiento mercantil, el sentido del desistimiento es la necesidad de conceder al comprador una **segunda oportunidad** de confirmar la compra o desistir de ella al recibir el producto y comprobar si en verdad responde a sus expectativas. Se trata de proteger al comprador frente a su **falta de conocimiento directo** de lo adquirido en el momento de aceptar la propuesta contractual y perfeccionar la compraventa.

Precisiones **1)** En las ventas en **subasta** es necesaria la advertencia de que no existe derecho de desistimiento, la **omisión informativa** sobre el derecho de desistimiento en la información precontractual da lugar a su posible ejercicio, correspondiendo la carga de la prueba de su cumplimiento al empresario (AP Pontevedra 28-12-18, EDJ 697837).
2) Es aplicable a los contratos a distancia, incluida la contratación por Internet, la determinación de que son nulas de pleno derecho las cláusulas que impongan al consumidor una **penalización** por el ejercicio de su derecho de desistimiento o la **renuncia** al mismo (LGDCU art.102; TSJ Sevilla 16-10-18, EDJ 694942).

923 **Plazo de ejercicio** (LGDCU art.102, 104 y 105) El plazo para el ejercicio del derecho de desistimiento en los contratos a distancia y fuera de establecimiento mercantil es, al igual que en el desistimiento general, de 14 naturales.
El plazo **se amplía** a 30 días naturales en los siguientes casos:
- contratos celebrados en el contexto de **visitas no solicitadas** efectuadas por el empresario en el domicilio del consumidor o usuario;
- **excursiones organizadas** por el empresario con el objetivo o efecto de promocionar o vender bienes o servicios.
Igualmente, está **condicionado** por la entrega por parte del empresario de la información sobre el derecho de desistimiento, esto es, las condiciones, el plazo y los procedimientos para ejercer ese derecho, así como el modelo de formulario de desistimiento.
El inicio del **cómputo del plazo** varía en función del tipo de contrato celebrado en los siguientes términos:

Tipo de contrato	Inicio del cómputo
Servicios	Día de celebración del contrato
Compraventa	Recepción del bien (1)
De múltiples bienes encargados en el mismo pedido y entregados por separado	Recepción del último de los bienes
De un bien compuesto por múltiples componentes o piezas	Recepción del último de los componente o piezas
Entrega periódica de bienes durante un plazo determinado	Recepción del primero de ellos
Suministro de agua, gas, electricidad, calefacción o de contenido digital (2)	Día de celebración del contrato

(1) Por el consumidor o un tercero indicado por él y que no sea el transportista.
(2) Agua, gas o electricidad, cuando no estén envasados para la venta en un volumen delimitado o en cantidades determinadas (botellas de agua, bombonas de gas). Calefacción mediante sistemas urbanos. Contenido digital que no se preste en un soporte material.

Precisiones 1) En contratos de compraventa celebrados fuera del establecimiento mercantil, el consumidor puede ejercer el derecho de desistimiento dentro de los 14 días naturales desde la entrega del bien, y si el vendedor **no ha informado adecuadamente** sobre este derecho, el **plazo se extiende** a 12 meses (AP Alicante 9-2-24, EDJ 589655).
2) Un consumidor adquirió mediante plataforma digital un juego y un suplemento con componentes físicos y electrónicos; sin embargo, a la fecha de desistimiento, **no había recibido** la **totalidad de los bienes** físicos ni la versión electrónica completa, existiendo entregas parciales e incompletas. El derecho de desistimiento no había caducado porque no se había recibido la totalidad de los bienes contratados a la fecha de la manifestación de desistimiento (JPI Aoiz núm 1, 19-4-22, EDJ 848707).

Forma de ejercicio (LGDCU art.106) El consumidor debe **comunicar** al empresario la decisión de desistir antes del transcurso del plazo señalado **mediante**: 926
- el modelo de formulario de desistimiento que figura en la propia LGCDU como anexo B (nº 6110);
- cualquier tipo de declaración inequívoca en la que señale su decisión de desistir del contrato.

Ambas opciones se pueden cumplimentar y enviar **vía electrónica** a través del sitio web del empresario que debe acusar inmediato recibo del desistimiento en soporte duradero (LGDCU art.106.3).

Excepciones al derecho (LGDCU art.102 y 103) El derecho de desistimiento se aplica a todos los contratos con consumidores **excepto**: 929
- **Prestación de servicios** una vez que el servicio ha sido **completamente ejecutado**. Es preciso que la ejecución del servicio haya comenzado con el consentimiento expreso del consumidor y con su reconocimiento de que una vez completamente ejecutado el servicio, habrá perdido su derecho a desistir (p.e. si se encarga por internet el impreso de unos folletos, no se puede desistir después de que se ha acabado la impresión).
- Bienes o servicios cuyo **precio pueda fluctuar** en el mercado financiero sin control del empresario y que puedan producirse durante el periodo de desistimiento (p.e. si se compran acciones no se puede desistir si baja el precio en 14 días).
- Bienes **personalizados** o confeccionados conforme a las especificaciones del consumidor (p.e. un traje hecho a medida):
- Bienes que se **deterioren o caduquen** con rapidez (p.e. una fórmula magistral de una farmacia con una vida muy breve).
- Bienes **desprecintados** tras su entrega que no puedan devolverse por razones de protección de la salud o de higiene (p.e. la ropa interior).
- Bienes **mezclados de forma indisociable** con otros bienes después de su entrega (p.e. si se compra pintura blanca y se tinta con posterioridad con un tinte comprado al efecto).
- **Bebidas alcohólicas** cuyo precio se ha acordado en el momento de celebrar el contrato de venta y que no puedan ser entregadas antes de 30 días, y cuyo valor real dependa de fluctuaciones del mercado que el empresario no pueda controlar.
- Operaciones de **reparación o mantenimiento urgente** en visitas solicitadas por el consumidor al empresario. Si en la visita para la **reparación urgente** el empresario presta algún **servicio adicional** a los solicitados específicamente por el consumidor o suministra bienes distintos de las piezas de recambio utilizadas, les es de aplicación el derecho de desistimiento a dichos servicios o bienes adicionales.
- **Discos, películas y programas informáticos desprecintados** después de la entrega (p.e. no se puede desistir de la compra de un disco una vez abierto, porque lo contrario permitiría copiar su contenido y devolverlo después;).
- **Prensa o revistas**, no se puede comprar un periódico y luego desistir de su compra pero sí se puede suscribir al periódico y luego cancelar la suscripción.;
- Contratos celebrados mediante **subastas públicas**.
- Servicios de **alojamiento** distinto a vivienda, **transporte de bienes**, **alquiler de vehículos**, **comida** o servicios relacionados con **actividades de esparcimiento**, si los contratos prevén una fecha o un periodo de ejecución específicos.
- **Contenido digital** que no se preste en un soporte material cuando la ejecución haya comenzado, si el contrato impone al consumidor o usuario una obligación de pago, cuando se den las siguientes condiciones:
  - el consumidor o usuario ha otorgado su consentimiento previo para iniciar la ejecución durante el plazo del derecho de desistimiento;
  - el consumidor o usuario haya expresado su conocimiento de que, en consecuencia, pierde su derecho de desistimiento; y
  - el empresario haya proporcionado una confirmación.

Precisiones Salvo que el producto pierda definitivamente su aptitud para ser comercializado por razones de higiene o salud, el consumidor puede ejercer el derecho de desistimiento **tras** haber **desprecintado o desembalado** el producto -por ejemplo un colchón- o **instalado** el mismo en los casos que el producto requiere instalación -por ejemplo un descalcificador de agua- (JPI Pamplona núm 5, 26-4-23, EDJ 677111; AP Barcelona 31-3-22, EDJ 585146).

930 La exclusión de estos casos tiene múltiples **razones**:
- intervención de terceros,
- carácter personalizado del bien,
- dependencia del valor de bien de fluctuaciones del mercado,
- posible reproducción fraudulenta del producto o agotamiento de los efectos del contrato con su propia perfección.

Reconocer en este tipo de contratos un derecho de desistimiento únicamente puede perjudicar al empresario y puede ser utilizado por el consumidor, no como un mecanismo de protección ante la actuación del empresario, sino como un **mecanismo fraudulento** para dejar sin efecto contratos perfectos pero que pueden no resultarle interesantes en función de diversas circunstancias, lo que excede del fundamento del derecho de desistimiento (p.e. comprar un periódico, leerlo y después desistir).

A pesar de la exclusión legal, es posible que estos contratos incluyan en su contenido un **reconocimiento contractual** del derecho de desistimiento a favor del consumidor libremente ofertado por el empresario o pactado con el consumidor. A estos contratos no es posible aplicarles el régimen general del derecho de desistimiento, pero sí el ofertado en el contrato.

931 **Efectos** (LGDCU art.106, 107 y 108) El principal efecto derivado del derecho de desistimiento en los contratos es la **extinción de las obligaciones** de las partes.

Para evitar que el desistimiento suponga un **perjuicio** para el empresario o el consumidor se establece una serie de obligaciones y derechos de las partes.

934 **Obligaciones del empresario** Como consecuencia del ejercicio del derecho de desistimiento el empresario debe cumplir las siguientes **obligaciones**:

• **Reembolsar el pago**, sin demora indebida, en un plazo de 14 días desde el desistimiento. En caso de retraso injustificado, el consumidor puede reclamar que se le pague el doble del importe adeudado o por los daños y perjuicios si superan esa cantidad.

• **Recoger el bien**, a su cargo, cuando por la naturaleza del mismo no puede devolverse por correo y si los bienes se entregaron en el domicilio del consumidor.

Junto con estas obligaciones, el empresario tiene también una serie de **derechos**:

• **No abonar costes adicionales** cuando el consumidor ha seleccionado una modalidad más costosa de entrega que la ordinaria (p.e. envío urgente). La responsabilidad del empresario se limita al coste de la modalidad menos onerosa.

• **Retener el pago** hasta recibir el bien o hasta que el consumidor presente prueba de la devolución. No se da este derecho de retención en los casos en los que el empresario se ha ofrecido para recoger él mismo el bien.

Precisiones 1) Cuando un consumidor desiste dentro del plazo legal de 14 días y el **vendedor no devuelve el precio** pagado en dicho plazo, el vendedor está obligado a devolver el doble del importe abonado, siempre que se acredite el pago total y la entrega de la mercancía, sin que baste la mera alegación de intento de contacto para justificar la no devolución (AP Málaga 28-4-23, EDJ 615821; AP Castellón 19-5-16, EDJ 100272).

2) Si el empresario incumple el deber de **información** sobre el derecho de desistimiento y las **condiciones para la devolución del bien**, le corresponde al empresario asumir la recogida del bien y efectuar el reembolso sin demoras indebidas (AP Baleares 27-3-19, EDJ 564417).

3) En contratos celebrados fuera del establecimiento en los que el bien entregado no puede devolverse por correo, el empresario debe asumir a su cargo los **costes directos de devolución**, salvo que haya informado expresamente al consumidor de que este debe asumirlos (AP Almería 6-9-22, EDJ 802093).

935 En lo que respecta a los **datos personales del consumidor o usuario**, el empresario debe cumplir las obligaciones del Rgto (UE) 2016/679 y la LOPD.

Debe **abstenerse de utilizar** cualquier contenido distinto de los datos personales, proporcionado o creado por el consumidor o usuario al utilizar los contenidos o servicios digitales suministrados por el empresario, **excepto** cuando dicho contenido cumpla alguna de las siguientes condiciones:
- no tenga ninguna utilidad fuera del contexto de los contenidos o servicios digitales suministrados por el empresario;
- esté exclusivamente relacionado con la actividad del consumidor o usuario durante el uso de los contenidos o servicios digitales suministrados por el empresario;

- haya sido agregado con otros datos por el empresario y no pueda desagregarse o sólo se pueda realizando esfuerzos desproporcionados; y
- haya sido generado conjuntamente por el consumidor o usuario y otras personas, y otros consumidores o usuarios puedan continuar haciendo uso del contenido.
Salvo en las situaciones establecidas (LGCU art.107.5.a, b y c), el empresario debe **poner a disposición del consumidor o usuario**, a petición de este, cualquier contenido distinto de los datos personales que el consumidor o usuario haya proporcionado o creado al utilizar los contenidos o servicios digitales suministrados por el empresario.
El consumidor o usuario tiene derecho a **recuperar dichos contenidos** sin cargo alguno, sin impedimentos por parte del empresario, en un plazo razonable y en un formato utilizado habitualmente y legible electrónicamente.

Obligaciones del consumidor El consumidor tiene, por un lado, una serie de **obligaciones** correlativas a los derechos del empresario: 937
• **Devolver el bien** sin demora indebida, si el empresario no se ha ofrecido a recogerlo, en el plazo máximo de 14 días desde el desistimiento. Si el consumidor hace el envío dentro de ese plazo se considera efectuada la devolución aunque sea entregado efectivamente al empresario una vez pasado el plazo. Por ejemplo, si la devolución se hace por agencia de transporte en el día 13, se considera en plazo aunque el bien le llegue al empresario varios días después.
• **Asumir el coste** de la devolución del bien salvo que el empresario haya aceptado asumirlos o no le haya informado de que le corresponde al consumidor.
• **Responder de la disminución del valor** del bien cuando se debe a una manipulación distinta de la necesaria para establecer su naturaleza, sus características o funcionamiento. Por tanto, el consumidor no responde si la manipulación ha sido la imprescindible para determinar la utilidad del bien o si el empresario no le ha informado de su derecho de desistimiento como sanción al empresario incumplidor de sus obligaciones.
• **Pagar parcialmente la prestación** de un servicio que se ha empezado a prestar durante el plazo de ejercicio del derecho de desistimiento, a petición expresa del consumidor. P.e., si el consumidor contrata la suscripción de un diario y a los diez días decide desistir del servicio, debe abonar los diez días que se le ha prestado. El importe a pagar **se calcula** sobre la base del precio total acordado en el contrato. Sin embargo, si el precio total es excesivo (puede ser esa la causa del desistimiento), el importe proporcional se calcula sobre la base del valor de mercado de la parte ya prestada del servicio.
• **Abstenerse de utilizar el contenido o servicio digital** y de ponerlo a disposición de terceros. El empresario puede impedir al consumidor o usuario cualquier uso posterior a la fecha de desistimiento de los contenidos o servicios digitales, en particular haciendo que estos no sean accesibles para el consumidor o usuario o inhabilitándole la cuenta de usuario.
Por otro lado, el consumidor tiene los siguientes **derechos** correlativos a las obligaciones del empresario:
1) **Devolución del importe** de lo pagado al empresario sin demoras indebidas en un plazo de 14 días.
2) **No asumir ningún coste** en los siguientes supuestos:
• Suministro de **agua, gas, electricidad o calefacción** mediante sistemas urbanos si:
- no se ha informado sobre la existencia del derecho de desistimiento;
- no ha solicitado expresamente que la prestación del servicio se inicie durante el plazo de desistimiento.
• Suministro de **contenido digital** que no se presta en un soporte material si:
- no ha dado expresamente su consentimiento previo antes de que finalice el periodo de 14 días naturales;
- el consumidor no es consciente de que al dar su consentimiento renuncia a su derecho de desistimiento;
- el empresario no ha dado la información precontractual obligatoria (nº 898).
3) **No responder por el desistimiento**, con la única excepción de la elección de una modalidad de entrega más onerosa que la planteada por el empresario.

6. Especialidades del comercio electrónico

Los contratos celebrados por vía electrónica son contratos normales con la particularidad de firmarse por vía telemática y por tanto se **rigen** por las normas sobre contratos a distancia y la L 34/2002, de servicios de la sociedad de la información y de comercio electrónico (L 34/2002 art.23). 945
Al ser contratos normales, producen los mismos **efectos** que el resto de contratos si son concluidos de forma válida.

Si el tipo de contrato debe **constar por escrito**, basta que se contenga en un soporte electrónico para cumplir el requisito.
Los contratos electrónicos se **presumen celebrados** en:
- en caso de contratos celebrados con **consumidores**, la residencia habitual del consumidor;
- en caso de contratos entre **profesionales**, donde pacten las partes o donde esté establecido el prestador de servicios.
De cualquier modo, los **contratos internacionales** se rigen por la normativa que les corresponda según del derecho internacional privado.

Precisiones Para **mayor información** sobre el comercio electrónico ver nº 2200 s.

948 **Información precontractual** (L 34/2002 art.27) Además del cumplimiento de todos los requisitos en materia de información generales (nº 891 y nº 894), se debe poner a disposición del contratante, antes de iniciar el procedimiento de contratación y mediante técnicas adecuadas al medio de comunicación utilizado, de **forma permanente, fácil y gratuita**, información clara, comprensible e inequívoca **sobre**:
- los trámites para celebrar el contrato;
- si va a archivar el contrato de forma electrónica y si va a ser accesible;
- los medios para identificar y corregir errores en la introducción de los datos;
- la lengua o lenguas en que puede formalizarse el contrato;
- destinatario las condiciones generales a que, en su caso, deba sujetarse el contrato.
Esta información puede estar incluida directamente en la **página web** del empresario y cuando se acceda mediante dispositivos con pantallas de formato reducido (teléfonos inteligentes, tabletas, etc.), se cumple la obligación si se facilita de manera permanente, fácil, directa y exacta la dirección de Internet donde está la información.
No se tiene la **obligación** de facilitar esta información si:
- lo acuerdan los contratantes y ninguno es un consumidor;
- el contrato se ha celebrado mediante intercambio de correo electrónico u medio equivalente.

951 **Información poscontractual** (L 34/2002 art.28) El empresario debe **confirmar el contrato** mediante:
- envío de acuse de recibo por correo electrónico u otro medio equivalente en el plazo de 24 horas, por ejemplo, se compra algo por internet y envían un correo electrónico confirmando la compra;
- un medio equivalente al utilizado durante la contratación, tan pronto como el aceptante haya completado dicho procedimiento, siempre que la confirmación pueda ser archivada, p.e. se compra algo por internet y se confirma la compra en la misma web con la opción de descargar en PDF, o imprimir la orden de compra.
Al igual que en el caso de la información precontractual, no es necesario la confirmación poscontractual si lo acuerdan los contratantes o si el contrato se celebra mediante intercambio de correo electrónicos.

SECCIÓN 2

Contrato de crédito al consumo

1000

1005 La **regulación** del contrato de créditos al consumo viene determinada por el Derecho europeo. En España, se regula por la L 16/2011 de contratos de créditos al consumo (en adelante LCCo).
No se establece una definición clara del contrato de crédito al consumo, sino que se limita a especificar su **objeto y partes**. Además, enumera una lista exhaustiva de los **contratos excluidos** de la aplicación de la norma (nº 1045 s.), e incluso señala casos de **aplicación parcial** a contratos que, en principio, sí pueden ser considerados como incluidos en la descripción legal (nº 1060).

Se trata de un tipo de crédito personal que tiene su **regulación específica** en la LCCo.
La LCCo se **aplica** a los contratos por los cuales un prestamista concede o se compromete a conceder a un consumidor un crédito bajo la forma de pago aplazado, préstamo, apertura de crédito o cualquier medio equivalente de financiación.

Precisiones En **Derecho europeo**, los créditos al consumo se regulan actualmente en la Dir (UE) 2023/2225 que derogó la Dir 2008/48/CE. La transposición de esta directiva debía tener lugar lo más tardar el el 20-11-2025, sin embargo, España todavía no ha adoptado las disposiciones legales necesarias para incorporarla al Ordenamiento Jurídico. Sus principales **novedades** son:
• **Información a los consumidores**. La publicidad de los contratos de crédito debe contener, en todos los casos, una advertencia clara y destacada para poner en conocimiento de los consumidores que tomar dinero prestado cuesta dinero. Se debe prohibir determinada publicidad, como la que incita a los consumidores a solicitar crédito sugiriendo que este mejoraría su situación económica o especificando que el crédito registrado en las bases de datos tiene poca o ninguna influencia en la evaluación de una solicitud de crédito.
• **Concesión de crédito no solicitada**. Se debe prohibir la concesión no solicitada de crédito, incluidas las tarjetas de crédito previamente aprobadas no solicitadas y enviadas a los consumidores, la introducción unilateral de una nueva posibilidad de descubierto o de descubierto tácito o el aumento unilateral del límite del descubierto, descubierto tácito o tarjeta de crédito del consumidor. Asimismo, debe prohibirse la concesión no solicitada de créditos en forma de contratos celebrados fuera del establecimiento.
• **Reembolso del crédito**. Se ha de realizar una evaluación y comprobación, con anterioridad a la celebración de un contrato de crédito, la capacidad del consumidor de reembolsar el crédito y su predisposición a ello. El calendario de reembolso debe adaptarse concretamente a las necesidades específicas del consumidor y a su capacidad de reembolso.
• **Derecho de desistimiento**. Los consumidores deben tener derecho de desistimiento sin penalización y sin obligación de justificación.
• **Finalización**. Las partes deben tener derecho a poner fin por el procedimiento habitual a un contrato de crédito de duración indefinida, y el prestamista debe poder retirar al consumidor el derecho a disponer de cantidades con cargo a un contrato de crédito de duración indefinida, por razones objetivamente justificadas, cuando así se disponga en el contrato. Asimismo, se debe permitir al consumidor liquidar sus obligaciones antes de la fecha convenida en el contrato de crédito.

Concepto y partes El contrato de crédito al consumo puede **definirse** como cualquier **1010**
contrato de financiación bajo la forma de pago aplazado, préstamo, apertura de crédito o cualquier otro medio equivalente de financiación, concluido por las **partes** siguientes:
- un prestamista, persona física o jurídica que actúa en el ejercicio de su actividad, profesión u oficio, y;
- un consumidor, si bien este solo puede ser una persona física, punto que le diferencia del concepto general de consumidor (nº 20).

Prestamista El prestamista sustituye al concepto de **«empresario»** (nº 30). Puede ser tanto **1012**
una persona física como jurídica y su actividad profesional debe incluir la concesión de créditos como un objeto social propio. El paradigma del prestamista está constituido por los **bancos o entidades financieras**, en la medida en que una de sus principales funciones es la de conceder préstamos.

Consumidor En cuanto a la figura del «consumidor», lo determinante no es el propósito, aje- **1015**
no o no, a la actividad empresarial o profesional, que le condujo a obtener el crédito, sino el **destino** efectivamente otorgado al crédito recibido. Por ello, quedan excluidas aquellas operaciones que no satisfagan necesidades personales, independientemente de que su actor sea o no comerciante desde el punto de vista del Derecho mercantil.
P.e. no puede calificarse como consumidor una empresa dedicada a la **promoción inmobiliaria**, siendo la operación que se formaliza un acto necesario para la realización del objeto de la compañía (AP Girona 12-1-11, EDJ 70599).

Intermediario de crédito Junto con estos dos elementos personales, la LCCo incluye un ter- **1017**
cero de carácter facultativo: un intermediario del crédito, que es la persona física o jurídica que no actúa como prestamista ni como consumidor, y que recibe una contraprestación económica en el transcurso de su actividad comercial o profesional, siendo sus **funciones**:
- presentar u ofrecer contratos de crédito;
- asistir a los consumidores en los trámites previos de los contratos de crédito;
- celebrar contratos de crédito con consumidores en nombre del prestamista.
Se trata de **profesionales independientes** especializados (por ejemplo, consultores o asesores fiscales).

1020 El intermediario de crédito participa en la gestión, asistencia y concesión de los créditos al consumo. Y **puede actuar** en tres posiciones diferentes:
- en nombre propio del **consumidor** (labores de asesoramiento);
- en nombre y en representación del **prestamista** (labores de sustitución y con capacidad de contratación en su nombre), o;
- **libremente**, ejerciendo su actividad (labor de oferta de contratos de crédito sin dependencia de ninguna de las partes y limitándose a ponerlas en contacto sin participar en la contratación).

Otra característica de esta figura es que ha de ser siempre una **labor remunerada**, por lo que cualquier actividad de intermediación gratuita excluye a dicho intermediario de la aplicación de la ley.

1026 Por lo que respecta a las **obligaciones** asumidas por esta figura, hay que señalar las siguientes:
- indicar su publicidad y en la documentación destinada a los consumidores el alcance de sus **funciones y representación**, precisando en particular si trabajan en exclusiva con una o varias empresas o como intermediarios independientes:
- informar al consumidor de la **remuneración** que deba pagarle y acordar con el intermediario el importe de la misma, formalizado en papel u en otro soporte duradero (nº 65) y comunicar al prestamista el importe, a efectos de cálculo de la tasa anual equivalente (nº 70).

1030 **Forma de financiación** En cuanto a la forma de financiación que puede ser objeto de un contrato de crédito al consumo, se puede señalar los siguientes **medios**:
- préstamo (nº 65);
- pago aplazado (nº 65);
- anticipos de crédito (nº 55);
- tarjeta de crédito (nº 70);
- descuento bancario (nº 60).

1035 **Objeto del contrato de crédito al consumo** En cuanto a la **naturaleza de la operación** a cuya financiación sirva la obtención del crédito, en la mayoría de los casos, su destino es financiar una compraventa, si bien también puede servir para financiar el pago de la retribución debida a quien presta al consumidor un servicio (por ejemplo, un viaje de placer) o realiza en su favor una obra (por ejemplo, mejoras en la vivienda habitual del consumidor) o satisface necesidades personales (por ejemplo, la compra de una lavadora para su casa).

Precisiones Una cuestión que no resuelve la LCCo es qué sucede con los **bienes o servicios financiados** con el crédito que se destinan simultáneamente a la satisfacción de necesidades personales y a su integración en la actividad empresarial o profesional del acreditado. P.e. el **vehículo** adquirido con la financiación del concedente del crédito se destina los días particulares a la empresa que regenta el acreditado, mientras que los restantes días de la semana y los festivos es utilizado por su titular para atender necesidades personales suyas y de su familia. El hecho de que el crédito tenga un **destino mixto** no comporta la inaplicación de la ley, ni tampoco significa que el acreditado deje de reunir la condición de consumidor. Esta situación se soluciona atendiendo al destino principal o preponderante del crédito.

1. Contratos excluidos de la protección

(LCCo art.3 y 4)

1045 Los contratos excluidos de la **regulación especial** que concede la LCCo se regulan por las normas generales de las obligaciones y contratos del Código civil o mercantil. Son contratos que no pueden calificarse de créditos al consumo.

El precepto legal se refiere a los contratos que **consistan en** el suministro de bienes de un mismo tipo o en la prestación continuada de servicios, siempre que el consumidor tenga la obligación de pagar por dichos bienes o servicios a plazos durante el periodo de su duración. Es el caso de la prestación de **servicios domésticos** (electricidad, gas, teléfono, etc).

Precisiones Se excluye, por ejemplo, el **crédito al consumo entre particulares**, es decir, aquel que es concedido por una persona física o jurídica al margen de su actividad, profesión u oficio (p.e. el préstamo hecho por un progenitor a su descendiente, o el que concede una asociación de esparcimiento o una sociedad mercantil- que no sea entidad de crédito- a uno de sus miembros).

1050 **Exclusión total de la LCCo** Asimismo, la norma enumera a continuación un **listado expreso** de contratos excluidos de su ámbito de aplicación:
- **Créditos sobre bienes inmuebles**:
- contratos garantizados con **hipoteca inmobiliaria**; o

- los que tenga por finalidad la de **adquirir o conservar** derechos de propiedad sobre terrenos o edificios edificados o edificables (contratos celebrados con empresarios de la construcción, por lo que no están destinados a necesidades de consumo).
• Créditos cuyo **importe sea inferior a 200 €**.
• Contratos de **arrendamiento o de arrendamiento financiero** en los que no se establece una obligación de compra por el arrendatario (se considera que existe obligación si el prestamista lo decide de forma unilateral).
• Contratos que tengan un **plazo de reembolso** pactado: 1) los contratos de descubierto que tengan que ser abonados por el consumidor en el plazo máximo de un mes; 2) los contratos en los que se tenga que reembolsar el crédito en menos de tres meses.
• **Contratos gratuitos**:
- libres de intereses;
- los ofrecidos por un empresario a sus empleados;
- los de pago aplazado de una deuda sin intereses; y
- los que deba entregar el consumidor un bien como garantía de seguridad, estando su responsabilidad limitada a dicho bien;
• Contratos de crédito que son el resultado de un **acuerdo alcanzado en los tribunales**;
• Contratos para la realización de **operaciones de inversión financiera**, solo en los casos en los que la empresa de inversión o la propia entidad de crédito participe en la operación.

Precisiones 1) La **exclusión por razón de la cuantía** se justifica por el escaso riesgo económico asumido por el consumidor, que no requiere una especial protección. Para evitar el **fraude** consistente en el fraccionamiento del importe total del crédito para no alcanzar la cifra de 200 €, se establece como única la cuantía de un mismo crédito, aunque aparezca distribuida en contratos diferentes. Para que entre en juego la **prevención** establecida es necesario que concurran simultáneamente los siguientes **requisitos**:
- que existan **dos o más contratos** diferentes de crédito al consumo;
- que sean **mismos sujetos**, el prestamista y el consumidor es la misma persona en distintos contratos;
- que la **finalidad** pretendida por el consumidor sea la adquisición de un mismo bien o servicio.
2) Sin embargo, no supone necesariamente que el préstamo tenga un **carácter gratuito**, si la concesión de un préstamo por parte de una de una entidad financiera de un crédito para el consumo es con un interés de tipo 0, ya que las entidades financieras pueden obtener una rentabilidad de las operaciones realizadas, pese a la inexistencia de tipos de interés, de los establecimientos que prestan los servicios (TS 4-3-11, EDJ 13874).

Exclusión parcial de la LCCo (LCCo art.4) La norma incorpora una relación de contratos a los que les resulta de aplicación parcial la LCCo, determinándose de forma expresa qué **artículos se aplican** en cada caso, excluyéndose las demás previsiones legales. 1060

Tipo de contrato	Artículos aplicables LCCo
Descubierto reembolsable en un plazo máximo de 3 meses	Disposiciones generales: art.1 a 7. Información básica en la publicidad: art.9.1 y 2.a y b. Obligaciones del prestamista: art.12 a 15. Forma y contenido del contrato: art.16.1, 2, 3 y 4. Obligación de información: art.17 y 19. Derechos de los contratos de crédito vinculados: art.29. Régimen sancionador: art.31 a 36.
Descubierto tácito	Disposiciones generales: art.1 a 7. Contrato: art.20. Régimen sancionador: art.34 a 36.
Descubierto excedido tácito	Disposiciones generales: art.1 a 7. Contrato: art.20. Régimen sancionador: art.34 a 36.
Crédito con pago aplazado o métodos de reembolso	Disposiciones generales: art.1 a 7 Información básica en la publicidad: art.9. Obligaciones del prestamista: art.12, 13 y 15. Forma y contenido del contrato: art.16.1.a, b, c, d, e, f, g, h, i, l y r, 19.2 y 4. Información: art.18. Contrato de descubierto tácito: art.20. Contratos de crédito de duración indefinida: art.27. Reembolso anticipado: art.30. Régimen sancionador: art.31 a 36.
Crédito superior a 75.000 euros	Disposiciones generales y derechos del consumidor: art.1 a 11. Obligaciones del prestamista: art.14 y 15. Régimen sancionador: art.32 a 36.

2. Derechos del consumidor

(LCCo art.9 a 13)

1070 La LCCo regula dos aspectos principales:- la información y las actuaciones previas a la celebración del contrato de crédito; y- la información y los derechos de los consumidores en relación con el contrato de crédito.
Se reconoce amplios derechos al consumidor dadas las especiales características del contrato de crédito al consumo y su sujeción a una norma especial. Su régimen es más completo que el previsto con carácter general (nº 205 s.).
Dichos derechos tienen un **carácter** imperativo e irrenunciable, bajo pena de nulidad.
Se establece una **previsión legal** en caso de que la ley elegida por las partes sea la de un **tercer Estado**: se siguen aplicando los derechos contenidos en la LCCo, con el único requisito de que el contrato tenga un **vínculo estrecho** con el territorio de un Estado miembro del Espacio Económico Europeo. Esto tiene por objeto crear un cuerpo homogéneo de derechos del consumidor en este tipo de contratos de crédito al consumo para toda la UE, superando las limitaciones nacionales (LCCo art.5).

Precisiones Se entiende que hay un **vínculo estrecho** cuando el prestamista o el intermediario de crédito ejerce sus actividades en uno o varios Estados miembros del Espacio Económico Europeo, o por cualquier medio de publicidad o comunicación, dirige esas actividades a uno o varios Estados miembros, estando el contrato de crédito comprendido en el marco de esas actividades.

1075 En los contratos de crédito al consumo, el prestamista tiene la obligación de (LCCo art.14 y 15):
- proporcionar al cliente una **información individualizada** para garantizar que el contrato de crédito propuesto se ajusta a sus necesidades y a su situación financiera;
- evaluar la **solvencia del contratante**, basándose en la información facilitada por el consumidor o consultando las bases de datos de los ficheros de solvencia patrimonial y crédito prestamista;
- labores de **asistencia y asesoramiento** (advertencia de los riesgos en caso de impago o de endeudamiento excesivo).
La información que debe prestar el prestamista al consumidor difiere de la **oferta vinculante**.
La oferta vinculante tiene el mismo contenido mínimo que la información precontractual, pero debe ser expresamente solicitada por el consumidor y es obligatoria para el prestamista tras su solicitud. El prestamista está obligado a mantener la oferta por un periodo de 14 días desde su entrega al consumidor (LCCo art.8).
Existe una **excepción** a la regla general de información precontractual, referida a los proveedores de bienes o servicios que solo actúen como intermediarios de crédito a título subsidiario, sin perjuicio de las obligaciones del prestamista de garantizar que el consumidor recibe esta información y asistencia.

Precisiones **1)** La **oferta vinculante** debe ser facilitada en documento separado al modelo de información normalizado europea sobre crédito al consumo.
2) Se considera que los **proveedores de bienes y servicios** actúan como intermediarios de crédito a título subsidiario si su actividad como intermediarios no constituye el objeto principal de su actividad comercial, empresarial o profesional. Se es excluye únicamente en atención a su falta de dedicación profesional a la concesión de créditos al consumo.

1077 **Información precontractual** (LCCo art.10, 11, 12, 13, anexo II y III) Antes de firmar el contrato, el consumidor debe recibir de forma **gratuita y por escrito**, o en algún otro soporte duradero (nº 65), información normalizada europea.
En atención al **tipo de contrato**, puede distinguirse dos tipos diferentes de regímenes que regulan el contenido de la información que debe ser facilitada al consumidor.
Existe también una **información normalizada europea** sobre el crédito al consumo que figura en la LCCo anexo II y III. La unificación opera en un **doble sentido**:
- el anexo es válido como información precontractual para todos los contratos de crédito al consumo; y
- es válido en toda la UE en el que se celebre el contrato.
Es documento de gran importancia por cuanto que con su entrega **se presume** que se han cumplido todos los requisitos de información, desplazando la carga de la prueba sobre el consumidor, en caso de conflicto.

1080 La información previa para la generalidad de los contratos debe incluir, como mínimo, los siguientes **datos** (LCCo art.10):
- **tipo de crédito**;
- **identidad** de las partes;

- **importe total** del crédito y las condiciones de la recepción del dinero;
- **duración** del contrato;
- **tipo deudor** (nº 70) y las condiciones de aplicación;
- importe, número y periodicidad de los pagos, el conocido como **cuadro de amortización** (nº 1167);
- **tasa anual equivalente** -a partir de ahora TAE- ilustrada mediante un ejemplo representativo (nº 70);
- importe, número y periodicidad de los **pagos**;
- **derecho de reembolso** anticipado o información sobre posibilidad de compensación;
- periodo de tiempo por el que queda **vinculado** el prestamista por la información precontractual;
- producto o servicio y su **precio al contado** (en caso de créditos en forma de pago diferido y contratos de crédito vinculados);
- **gastos** a cargo del consumidor (mantenimiento de la cuenta, pago de notario, **servicios accesorios** como la contratación de un seguro, etc.);
- el tipo de **interés de demora** y las consecuencias en caso de **impago**;
- si existe o no **derecho de desistimiento** (nº 1124 s.);
- si existen o no **procedimientos extrajudiciales de reclamación** (posibilidad de someter al sistema arbitral de consumo) y la forma en que el consumidor puede acceder a ellos.

Precisiones El consumidor también tiene derecho a recibir una **copia del proyecto** de contrato de crédito, salvo que el prestamista no esté dispuesto, en el momento de la solicitud, a celebrar el contrato de crédito con el consumidor. Cualquier **información adicional** que el prestamista pueda comunicar al consumidor se facilita en un documento aparte que puede adjuntarse a la información normalizada europea.

Contratación telefónica En el caso de **contratación telefónica**, la descripción de las caracte- **1087**
rísticas del servicio financiero debe incluir los siguientes elementos:
- **importe total** del crédito y las condiciones de la recepción del dinero;
- **duración** del contrato;
- producto o servicio y su **precio al contado** (en caso de créditos en forma de pago diferido y contratos de crédito vinculados);
- **tipo deudor** (nº 70) y las condiciones de aplicación;
- **tasa anual equivalente** ilustrada mediante un ejemplo representativo;
- cuadro de amortización (nº 1167);
- **servicios accesorios** al contrato de seguro, en particular, el contrato de seguro;
- **importe total** adeudado por el consumidor.

Si no se puede facilitar esta información por este medio, el prestamista debe hacer llegar al consumidor toda la información precontractual utilizando el formulario de **información normalizada europea** sobre el crédito al consumo inmediatamente después de la celebración del contrato (LCCo anexo II y III).

Respecto a los **contratos de descubierto y pago aplazado o reembolso** realizados vía telefónica, tienen una serie de especialidades (ver nº 1100).

Debe tenerse en cuenta que tras la reforma de la LGDCU art.62.1 por la L 10/2025, los contratos suscritos vía telefónica con incumplimiento de lo previsto en la normativa relativa a **llamadas no solicitadas**, cuando se haya perfeccionado el contrato y entregado las sumas prestadas, supone la aplicación al contrato de los intereses legales del dinero. Si el interés pactado fuese inferior al legal, se mantendrán los intereses pactados.

Contratos de descubierto y pago aplazado o reembolso (LCCo art.12 y anexo III) Existe un régi- **1090**
men especial de información previa respecto a **determinados contratos**, en particular, para los contratos de descubierto y para los que se pacte el pago aplazado en caso de falta de pago. Se trata de una información en la que se pone el punto de atención principal en las **condiciones del crédito** y en especial del descubierto y el tipo deudor aplicable a estos contratos. Es una información que debe ser **facilitada por** escrito o soporte duradero, o bien a través de otro modelo de información normalizada europea sobre el crédito al consumo, en este caso, el previsto en la LCCo Anexo III, presumiéndose igualmente que la entrega de este documento equivale al cumplimiento por el prestamista de la obligación de información precontractual.

• **Contratos de descubierto**: Además de los requisitos establecidos con carácter general **1093**
en nº 1080, se exige:
- una indicación de que puede exigirse al consumidor el **reembolso** de la totalidad del importe del crédito en cualquier momento;
- los **gastos** aplicables desde el momento de la celebración de dichos contratos y, en su caso, las condiciones en que dichos gastos podrán modificarse;

- proporcionar una **información adicional periódica**; para que el consumidor esté constantemente informado sobre el estado de su saldo deudor, con el fin de evitar en último extremo un endeudamiento excesivo o descontrolado.

1095 Por ello, con una **periodicidad** al menos trimestral, el prestamista debe remitir al consumidor un extracto de cuenta en papel o soporte duradero con **información extra** (LCCo art.19.1):
- período preciso al que se refiere el **extracto de cuenta;**
- los **importes** de los que se ha dispuesto y la fecha de disposición;
- la fecha y el saldo del **extracto anterior**;
- el **nuevo saldo**;
- la fecha y el importe de los **pagos efectuados** por el consumidor;
- el **tipo deudor** aplicado;
- los **recargos** que se hayan aplicado;
- en su caso, el **importe mínimo** que deba pagarse.

Precisiones 1) La información extra se refiere a **información actualizada** del desarrollo del crédito a lo largo de la vigencia del contrato que permite al consumidor, por un lado, controlar el importe de la deuda (disposiciones, pagos) y, por otro lado, el control del cumplimiento de las condiciones pactadas (tipo deudor, recargos aplicados); el **prestamista** está obligado a informar de los incrementos del tipo deudor o recargos que deba pagar el consumidor con antelación suficiente a su entrada en vigor, salvo que dicha modificación derive de un tipo de referencia pactado y publicado oficialmente por el Ministerio de Economía y Hacienda (LCCo art.19.2).
2) En los casos de **descubierto tácito**, se debe facilitar la misma información precontractual y una información periódica, y si el descubierto se prolonga durante un periodo superior a un mes, es obligación del prestamista informar, sin demora, al consumidor de la existencia de dicho descubierto tácito, del importe del mismo, del tipo deudor y de las posibles penalizaciones y gastos aplicables. Se limita el **interés aplicable** al que resulte de una tasa anual equivalente no superior a 2,5 veces el interés legal del dinero.

1097 • **Contratos de pago aplazado o métodos de reembolso**: Para los contratos que prevean el prestamista y el consumidor pueden establecer acuerdos relativos al pago aplazado o métodos de reembolso cuando el consumidor se encuentre en situación de falta de pago del crédito inicial, siempre que con ello se eviten acciones judiciales relativas al impago, se prevé además lo siguiente:
- **tasa anual equivalente** ilustrada mediante un ejemplo representativo (nº 70);
- importe, número y periodicidad de los **pagos**;
- **derecho de reembolso** anticipado o información sobre posibilidad de compensación;
- periodo de tiempo por el que queda **vinculado** el prestamista por la información precontractual.

1100 En el caso de la **contratación telefónica**, y cuando el consumidor solicite disponer de la posibilidad de descubierto con efecto inmediato, la descripción de las características del servicio financiero debe incluir al menos:
• Para los contratos de **descubierto reembolsable** en el plazo de 1-3 meses (nº 1050):
- **importe total** del crédito;
- **tipo deudor** y condiciones de aplicación;
- una indicación de que puede exigirse al consumidor el **reembolso** de la totalidad del importe del crédito en cualquier momento.
• Para los contratos con **pago aplazado o métodos de reembolso**:
- **importe total** del crédito;
- **tipo deudor** y condiciones de aplicación;
- **tasa anual equivalente** ilustrada mediante un ejemplo representativo;
- **duración** del contrato de crédito.

1124 **Derecho de desistimiento** (LCCo art.28) La regulación específica del derecho de desistimiento presenta algunas **particularidades** respecto a la general de la LGDCU (nº 283).
El consumidor de dejar sin efecto el contrato celebrado, comunicándoselo así a la otra parte contratante en un **plazo** de 14 días naturales sin necesidad de indicar los motivos y sin penalización alguna.
Si se desea ejercitar el derecho de desistimiento se **debe**:
- comunicarlo al prestamista antes de que expire el plazo;
- pagar al prestamista el capital y el interés acumulado sobre dicho capital entre la fecha de disposición del crédito y la fecha de reembolso del capital.
El prestamista no puede reclamar al consumidor ninguna otra **compensación** en caso de desistimiento, excepto la compensación de los gastos no reembolsables abonados por el prestamista a la Administración pública.

Precisiones 1) El **cómputo del plazo** se produce:
- desde la fecha de suscripción del contrato de crédito;
- si es posterior, desde la fecha en que el consumidor recibe las condiciones y la información contractual.
Se trata de un plazo **mínimo**, por lo que el prestamista puede conceder un plazo mayor.
2) Se entiende que se ha respetado el **plazo de comunicación** sí la notificación se ha enviado antes de la expiración del mismo, siempre que se haya efectuado mediante documento en papel o cualquier otro soporte duradero a disposición del prestamista o accesible para él.
3) En cuanto a la **forma de la comunicación** debe ser por cualquier medio que permita dejar constancia de la notificación. Se da preferencia a la forma escrita en cualquiera de sus manifestaciones (carta certificada, correo electrónico, etc.), sin perjuicio de que también es posible ejercitar el derecho de forma verbal (grabación de conversación telefónica por comunicación a un número que le haya sido indicado por el prestamista) siempre que dicha posibilidad haya sido ofrecida por el prestamista al comunicar las condiciones de ejercicio del derecho de desistimiento.

El consumidor debe, dentro del **plazo** de 30 días naturales siguientes al envío del documento de desistimiento, **devolver el dinero prestado** más el interés acumulado entre la fecha de disposición del crédito y la fecha de reembolso, calculados sobre la base del tipo deudor acordado. **1135**
Cuando la contratación del crédito proporciona un **servicio accesorio** vinculado con el contrato de crédito (p.e. la entidad financiera que concede el préstamo impone la contratación de un seguro de vida), si el consumidor desiste del crédito deja también de estar vinculado a este servicio accesorio, por lo que tiene el derecho a solicitar la compañía de seguros el reembolso de la parte de la prima no consumida.
El desistimiento no tiene **penalización** alguna, aplicándose el principio de indemnidad del consumidor (nº 290). El prestamista no puede reclamar al consumidor ninguna otra compensación, excepto los gastos no reembolsables abonados por este a la Administración Pública. Si se incluyen en el contrato otros gastos diferentes a los señalados, su inclusión determina que se tengan por no puestos.

Sistema arbitral de consumo (LCCo art.35) Al igual que para el resto de contratos con consumidores, el prestamista, el intermediario de crédito y el consumidor pueden someter sus **conflictos** al arbitraje de consumo, mediante adhesión al sistema arbitral de consumo o a otros sistemas de resolución extrajudicial de conflictos que figuren en la lista que publica la Comisión Europea y que respete los principios establecidos por la normativa europea. También pueden someterse a los mecanismos previstos en la legislación sobre protección de los clientes de servicios financieros, en la medida en que el prestamista o el intermediario de crédito estén sometidos a los mecanismos previstos en ella **1140**

Precisiones El **estudio de conjunto** sobre el sistema arbitral de consumo puede verse en el nº 5260 s.

3. Contrato

Para que el contrato de crédito al consumo sea válido tiene que cumplir necesariamente los siguientes **requisitos**: **1145**
- la **forma**, debe formalizarse por escrito (las partes deben recibir un ejemplar firmado del documento);
- **cuantía** del crédito, debe estar comprendido entre 200 y 75.000 €;
- **devolución** del crédito, el consumidor debe devolver la cantidad concedida más los intereses en varios plazos.

Además de las condiciones esenciales del contrato, el **documento debe especificar**, de forma clara y concisa, los datos que debe contener la información previa a la que antes se ha hecho referencia (nº 1077).

Precisiones Aunque se exija la **forma escrita**, en modo alguno se exige que deba constar en documento público, por lo que se aplica la ley a los contratos que, reuniendo las exigencias formales, se redacten por escrito en documento público o privado.

El **incumplimiento de la forma** escrita da lugar a la anulabilidad del contrato (LCCo art.21.1). **1147**
Cuadra mejor con los intereses del consumidor el concepto de **anulabilidad** y no el de nulidad absoluta. Ello se justifica en diversos **motivos**:
- la nulidad por ausencia de forma permitiría, además de poder ser **apreciada de oficio**, que el propio causante de la nulidad puede, si le conviene, instarla -p.e., la propia entidad de crédito o prestamista que concedió el crédito sin formalizarlo en los términos exigidos por la normadada la amplitud en la legitimación para reclamar la nulidad de un contrato;

- la cesación de los efectos aparentemente producidos llevaría también a una evidente **desprotección del consumidor**, que en puridad debería reintegrar inmediatamente el importe del préstamo o crédito de que hubiera podido disponer, poniéndolo en una posición más débil y perjudicial que la que tendría si se sostuviese el mantenimiento del contrato por voluntad del propio consumidor.

Precisiones La **finalidad de la forma escrita** es introducir certeza en el contenido y en los términos especialmente complejos en determinadas relaciones mercantiles, donde es preciso recurrir a conceptos o fórmulas respecto de las cuales no es indiferente que se produzcan discrepancias acerca de su exactitud, ya que pueden afectar seriamente al negocio mismo, de tal manera que se obtenga una mayor seguridad de la parte más débil en este particular tipo de relaciones jurídicas.

1150 El prestamista tiene obligación de entregar un **ejemplar del contrato**. En caso de **incumplimiento** de esta obligación, nada se dice en la norma, pero tratándose claramente de una obligación que corresponde al prestamista y constituyendo un derecho del consumidor la tenencia del mismo hay que entender que no genera la anulabilidad del contrato, sino que el contrato es válido y eficaz para las partes, sin perjuicio de que el consumidor pueda exigir la entrega posterior a la firma del contrato del ejemplar del mismo y, en su caso, incluso reclamar la correspondiente indemnización de **daños y perjuicios** ocasionados por la entidad de crédito por el incumplimiento de esta obligación.

1160 **Inexactitud de los datos del contrato** (LCCo art.21.4) Los datos exigidos en el documento contractual que sean inexactos, se modulan, en función del perjuicio que debido a tal inexactitud sufra el consumidor.
La **persona competente** para moderar equitativamente la sanción que proceda es el juez, en función del daño efectivamente sufrido por el consumidor debido a la inexactitud de cualquiera de esos datos.
El legislador impone la modulación del contrato en la línea de la LGDCU, de **integración del contrato** de consumo cuando se declare la nulidad de alguna de sus cláusulas.

Precisiones Se podía haber utilizado **otra expresión** más acorde con la tradición del Código Civil, como la de moderación equitativa, expresión legal contrastada en cuanto a su significado por una amplia jurisprudencia recaída en torno al CC art.1158, en sede de cláusula penal.

1163 Es una **norma abierta** en la que hay que valorar la importancia de la inexactitud detectada en el contrato, así como los posibles efectos aplicables a la misma; nunca puede declararse por estas inexactitudes la anulación del contrato, sino únicamente las **sanciones** previstas en nº 1165 y nº 1167.
Por tanto, ciertas inexactitudes **carecen de sanción** (p. e., error en la identidad o domicilio social de la partes, o en las consecuencias en caso de impago o la del nombre y dirección de la autoridad de supervisión competente) y en los casos que guarden una **semejanza de razón** en relación a los intereses (p.e. la inexactitud del tipo de interés de demora permite reducir el mismo al interés legal) o con los **plazos** (p.e. inexactitud sobre la duración del contrato

1165 **Omisión de la TAE** (LCCo art.21.2) La **omisión** de la TAE trae como consecuencia la reducción de la obligación del consumidor a abonar el interés legal en los plazos establecidos. Se produce, por tanto, como **sanción legal**, la ineficacia del pacto de intereses, cuya ausencia se sustituye entonces por el tipo de interés legal establecido en CC art.1108 y CCom art.316, sobre el criterio que proporcionan respecto de los intereses de demora, ante la ausencia de interés específicamente pactado para ese caso.
Ello tiene como **efecto** que el consumidor, ante la ausencia de esta mención en el contrato de crédito al consumo, solo está obligado al pago del principal prestado y del interés legal de dicha cantidad durante el plazo de duración pactado, sin que tenga por tanto que abonar ni el interés pactado (ni ordinario ni de mora) ni tampoco los gastos, cargas o seguros a los que se pueda hacer referencia en el contrato de crédito.

1167 **Omisión del cuadro de amortización** (LCCo art.21.3) El cuadro de amortización es una mención obligatoria en los contratos incluidos en el ámbito de aplicación de la LCCo e **incluye** el importe, el número y la periodicidad de los pagos que deba realizar el consumidor para el reembolso del crédito.
Tiene la **finalidad** de que el consumidor conozca tanto el importe total, por todos los conceptos, que debe abonar por la operación, como el calendario de pago y el importe que debe afrontar en cada uno de los pagos acordados.
Al contrario de lo que se prevé en la ausencia de mención de la TAE, la omisión de la relación del cuadro de amortización para el reembolso del crédito recibe una **sanción** de mayor alcance, puesto que el deudor solo debe pagar el precio al contado o el nominal del crédito en los plazos convenidos.

Junto con la sanción general, el precepto establece una **especialidad** en el caso de que la omisión se refiera a los plazos, o éstos son inexactos, en cuyo caso se establece como sanción, añadida a la anterior, que el pago no puede ser exigido al consumidor antes de la finalización del contrato.

Precisiones Se desconoce el motivo por el que el legislador ha optado por dos **soluciones distintas** ante las infracciones de la omisión de la TAE o del cuadro de amortización. Su fundamento es el mismo, al tratarse en ambos casos de robustecer el principio de transparencia que se persigue para todas las operaciones financieras. Quizás se ha pretendido evitar que el consumidor pueda verse envuelto en la **complejidad de unos cálculos** que pueden proporcionarle una visión engañosa de la cuantía y el momento de los pagos que ha de afrontar, lo que sin duda se considera más grave que la simple omisión de la TAE.

4. Alteraciones del contrato

(LCCo art.18 a 31)

Modificación unilateral del coste total del crédito (LCCo art.18 a 22) Existen determinados **factores que influyen** en los contratos de crédito al consumo y que están en relación directa con la propia duración temporal de la vida del contrato (variación de la solvencia del deudor, de las condiciones económicas), lo que justifica la posibilidad de modificar unilateralmente el coste del crédito. 1175
No obstante, para **evitar abusos** contra el consumidor, se prevén las condiciones y requisitos necesarios para que pueda llevarse a cabo dicha modificación. Para ello hay que partir de la **prohibición general** según la cual el coste total del crédito no puede ser modificado en perjuicio del consumidor.
Las modificaciones se refieren al **tipo deudor** (p.e. del tipo de referencia) o de sus incrementos o recargos. La información debe comunicarse al consumidor antes de que el cambio entre en vigor, detallando el **importe de los pagos** tras la entrada en vigor del nuevo tipo deudor, y, si cambiara el número o la frecuencia de los pagos, los correspondientes detalles.

Sin embargo, la norma establece una **excepción** a este principio general, sometida a una serie de exigencias. Por tanto, para poder modificar el coste total de un crédito es preciso: 1180
- que conste **por escrito** y en virtud de un acuerdo mutuo de ambas partes;
- la posible **variación** debe ser tanto al alza como a la baja;
- tiene que ir referida a un **índice concreto** de carácter objetivo;
- indicación de los **derechos de las partes** en orden a la modificación del coste total del crédito y el **procedimiento** para al que este debe ajustarse;
- el diferencial que se aplica al **índice de referencia** utilizado para la determinación del nuevo coste;
- la identificación del índice o del procedimiento para su **cálculo**, cuyos datos deben ser agregados de acuerdo con un procedimiento objetivo.

Cualquier **modificación distinta**, debe ser **notificada** por el prestamista al consumidor de forma individualizada, con la debida antelación, incluyendo el cómputo detallado, según el procedimiento de cálculo acordado, que da lugar a esa modificación, e indicando el procedimiento que el consumidor puede utilizar para reclamar ante el prestamista en caso de que discrepe del cálculo efectuado.

Reembolso anticipado (LCCo art.30) El reembolso anticipado consiste en la facultad reconocida al consumidor para **liquidar anticipadamente**, de forma total o parcial y en cualquier momento de vigencia del contrato, las obligaciones derivadas del crédito concedido. 1190
La norma encierra una clara **excepción al principio general** de que «la validez y el cumplimiento de los contratos no puede dejarse al arbitrio de uno de los contratantes» (CC art.1256), justificándose por el acusado **carácter proteccionista** de la legislación sobre consumo en general, y de la normativa europea y de esta Ley de Crédito al Consumo (LCCo).

Precisiones Conviene recordar que la posibilidad de un pago anticipado no constituye una novedad en nuestro Derecho, puesto que estaba **legislativamente prevista** de manera expresa desde treinta años atrás por la actualmente derogada Ley sobre Ventas de Bienes Muebles a Plazos (LVP), de 17 de julio de 1965, que lo venía admitiendo en su art.10, al señalar que «el comprador podrá, al vencimiento de cualquiera de los plazos, satisfacer anticipadamente el importe de la parte del precio pendiente de pago».

1197 Así, se establece un derecho de pago anticipado al consumidor de **carácter absoluto**, por cuanto que se impide la existencia de pactos que limiten su ejercicio al reembolso en un doble sentido:
- de fijar una **cantidad mínima** determinada (puede ser total o parcial a voluntad del consumidor), o bien;
- en relación al **momento de su ejercicio** (en cualquier momento de la vigencia del contrato).
Además, el consumidor tiene derecho a una **reducción** del coste total del crédito que comprenda los intereses y costes, incluso si éstos hubieran sido ya pagados, correspondientes a la duración del contrato que quede por transcurrir.
Si el consumidor paga su crédito antes del plazo establecido, la entidad bancaria puede cobrarle una **comisión de cancelación** en función del tiempo que reste para finalizar el contrato. Esta comisión no puede superar un porcentaje del dinero devuelto anticipadamente, si el tiempo transcurrido entre el reembolso y la terminación del contrato es:
- **mayor a 1 año**, no puede ser superior al 1%; o
- **menor a 1 año**, no puede ser superior al 0,5%.
En el caso de que el crédito reembolsado cuente con un **seguro vinculado**, la compañía de seguros tiene obligación de devolver al consumidor la parte de la prima no consumida.

1203 Existen una serie de casos en los que el prestamista **no puede reclamar** compensación alguna por el reembolso anticipado:
- si el reembolso se ha efectuado en cumplimiento de un **contrato de seguro** destinado a garantizar el reembolso del crédito;
- en caso de posibilidad de **descubierto;**
- si se produce dentro de un período para el que no se haya fijado el **tipo de interés deudor**.
Junto a este límite legal, la ley admite una **compensación extraordinaria**, siempre que el prestamista demuestre la existencia de pérdidas directas como consecuencia del reembolso anticipado del crédito, con el correlativo derecho del consumidor de pedir la reducción correspondiente si la compensación supera las pérdidas sufridas realmente.
La ley establece una presunción de cuáles son las **pérdidas** que puede reclamar el prestamista, al señalar que las mismas consisten en aplicar a la cantidad anticipada la diferencia entre el tipo de interés acordado inicialmente y el tipo de interés al que el prestamista pueda prestar el importe del reembolso anticipado en el mercado en el momento de dicho reembolso, teniendo en cuenta además el impacto del reembolso anticipado en los gastos administrativos. A estos efectos, se considera como **tipo de mercado** el Euribor al plazo más cercano a la fecha de vencimiento del préstamo.
Finalmente el régimen se completa con un **límite máximo de compensación**, en beneficio del consumidor, de forma que no puede superar la misma el importe del interés que el consumidor hubiera pagado durante el periodo de tiempo concedido entre el reembolso anticipado y la fecha pactada de finalización del contrato de crédito.

Precisiones La ley no establece **cuándo y ante quién** debe de solicitarse esta compensación excepcional, aunque lógicamente debe de entenderse que la misma puede ser solicitada cuando el prestamista lleve a cabo la liquidación del contrato como consecuencia del vencimiento anticipado, momento en el que el consumidor puede mostrar su disconformidad sin que pueda entenderse que esté obligado al pago del total reclamado sino solo de la cantidad que esté fijada en la ley o acreditada sin género de dudas por parte del prestatario. La diferencia solo puede ser reclamada por vía de acción ordinaria ante los tribunales de justicia en el que la carga de la prueba corresponde al empresario.

1215 **Cobro de lo indebido** (LCCo art.25) El **precepto** distingue dos ideas bien diferenciadas. El **primer caso** (apdo.1) responde a un simple criterio de restitución de lo indebidamente pagado de manera fortuita o errónea, junto con los rendimientos que le son propios, lo que conduce al pago de intereses. El **segundo caso** (apdo.2), establece un matiz sancionador, al establecerse un mínimo indemnizatorio, fijado en cinco puntos por encima del tipo de interés que corresponde aplicar.

Precisiones Esta expresa previsión **no puede confundirse con** el cobro de lo indebido previsto en CC art.1895 s. El cobro o pago de lo indebido es una manifestación de la prohibición del enriquecimiento injusto, ante la falta de causa de una atribución patrimonial, hecha generalmente por error del que adquiere y recibida igualmente por error o bien de mala fe por parte del adquirente. Supuesto distinto al contemplado en la LCCo, que surge a propósito de la **ejecución del contrato**, es decir, en el primer caso hay una simple relación de la vida social, mientras que en el segundo, hay una situación jurídica nacida de un negocio jurídico eficaz, en la que se ha pagado/cobrado una cantidad mayor de la debida.

Cesión de derechos (LCCo art.31) Cuando los derechos del prestamista en virtud de un contrato de crédito o el propio contrato sean cedidos **a un tercero**, el consumidor tiene derecho a oponer contra él las mismas excepciones y defensas que le hubieren correspondido contra el acreedor originario, incluida la compensación. 1220

Se impone al **prestamista** la obligación de informar al consumidor de la cesión del crédito realizada, salvo cuando el prestamista original siga prestando los servicios relativos al crédito al consumidor. Lo importante es que el consumidor sea consciente del cambio de prestamista, por lo que si la **notificación** es efectuada por el nuevo prestamista, la misma es igualmente válida.

Lo que la ley no establece es cuál es la **sanción aplicable** en caso de incumplimiento de esta obligación de informar de la cesión, pero se entiende que no se genera ningún efecto especial por este incumplimiento, ya que el consumidor se mantiene en su misma posición a pesar del cambio de prestamista.

Precisiones Se trata de que el consumidor no vea perjudicada su posición contractual como consecuencia de un **cambio de acreedor** sobre el que no debe de prestar consentimiento alguno al corresponder a la esfera de facultades del prestamista. Ello implica que el consumidor puede ejercitar todos los derechos que la ley le concede en relación al contrato de crédito al consumo, y en caso de conflicto en el cumplimiento de las obligaciones derivadas del contrato, su **posición procesal** tampoco se ve perjudicada al poder oponer todas las excepciones que tuviese frente al inicial prestamista, incluida la muy importante de compensación con relación a las deudas que aquel pudiera tener frente al consumidor.

5. Contratos vinculados

(LCCo art.23, 26 y 29)

Existen créditos al consumo vinculados a la **operación principal** de la que traen causa como, por ejemplo, la contratación de un curso de enseñanza, la compra de un vehículo, la contratación de la realización de una reforma en la casa, la contratación de un paquete turístico, etc. 1225

Los contratos vinculados **se caracterizan porque** el que el crédito contratado sirve exclusivamente para financiar un contrato relativo al suministro de bienes específicos o a la prestación de servicios específicos y ambos contratos constituyen una unidad comercial desde un punto de vista objetivo (LCCo art.29).

La **regulación** de este tipo de contratos se basa en:

- la Dir 2008/48/CE; y
- la LCCo.

El consumidor que celebra estos contratos vinculados se coloca en una situación de **mayor desprotección** jurídica que la que tendría si adquiriera el bien o servicio pagando el precio a plazos, mediante un solo negocio jurídico celebrado con el suministrador, que en este caso financiaría el fraccionamiento y aplazamiento del pago. 1227

El desdoblamiento de una única operación económica de consumo en dos contratos diferentes, compraventa y préstamo, **beneficia** (TS 24-11-16, EDJ 215409):

• Al **vendedor** que consigue una venta del bien o una prestación del servicio que no habría sido posible sin esa financiación, y lo hace sin necesidad de incurrir en los riesgos derivados de prestar servicios (los de financiación) ajenos a lo que es propiamente el sector del mercado en el que está especializado, la venta o la prestación de servicios distintos de los financieros.

• Al **financiador** que amplía su clientela y su negocio gracias a las operaciones que le facilita el vendedor o prestador de servicios con el que tiene el acuerdo y que le remite a sus clientes para celebrar el contrato que sirva para financiar la venta o prestación de servicios, sin necesidad de incurrir en los riesgos propios de ser el financiador quien tenga que realizar operaciones (la venta del bien o la prestación del servicio) que quedan fuera del sector de negocio, el financiero, en que está especializado.

Precisiones Por una «**unidad comercial**» se entiende que los dos contratos (adquisición y financiación) se pueden considerar como una sola operación, debido a que el prestamista y el proveedor colaboran para permitir al consumidor adquirir el bien o contratar el servicio. Por lo tanto, no puede quedar desligado en modo alguno el contrato de compraventa y el de financiación de la misma.

Frente a estas ventajas para el vendedor y el financiador, si se aplicara estrictamente el **principio de relatividad de los contratos** a este supuesto de desdoblamiento contractual, el consumidor tendría menos beneficios que en una venta a plazos: 1230

• Si **celebra el contrato solo con el vendedor** o prestador de servicios confiado en obtener la financiación del prestamista con el que aquel tiene concertado el acuerdo y finalmente este se la deniega, queda vinculado por el contrato de compraventa o adquisición del servicio y se ve obligado a pagar el precio, cuando no dispone del dinero necesario para hacer dicho pago.

• Si **celebra ambos contratos**, con el vendedor o prestador del servicio y con el financiador, y el bien o servicio no le es suministrado, o el que se le suministra no es conforme a lo pactado en el contrato, se ve obligado a pagar los plazos del préstamo de financiación pese a que el bien o servicio financiado no le ha sido facilitado o lo ha sido defectuosamente, porque el incumplimiento del vendedor es ajeno al financiador, de modo que de acuerdo con la regla clásica sobre la relatividad de los contratos (CC art.1257), el financiador podría seguir exigiendo el cumplimiento del contrato de préstamo pese a que el bien financiado no se hubiera suministrado o lo hubiera sido defectuosamente.

1240 **Eficacia de los contratos** (LCCo art.26) Para proteger al consumidor y frente a la ventaja que suponen los contratos subordinados para el vendedor y el financiador (nº 1230), la eficacia de los contratos de consumo está **condicionada a** la efectiva obtención del crédito. Así, son nulos los pactos por los que se obliga al consumidor a un pago al contado o a otras fórmulas de pago, para el caso de que no se obtenga el crédito previsto.
Además, se tienen por no puestas las cláusulas en las que el proveedor exige que el crédito únicamente puede ser **otorgado por prestamista determinado**.
Por lo que respecta a los efectos derivados de la **ineficacia** de dicho contrato de financiación vinculado, se establece una previsión general por el que las partes deben de restituirse recíprocamente las prestaciones realizadas, lo que implica la devolución del bien al proveedor en virtud del contrato de consumo y la devolución por este al prestamista de las cantidades percibidas por el contrato de crédito.
Junto con esta previsión, se establece una **indemnización a favor del empresario o prestamista** a quien no sea imputable la ineficacia del contrato, al que se le reconoce el derecho a deducir (LCCo art.23):
- el 10% del importe de los plazos pagados en concepto de indemnización por la tenencia de las cosas por el comprador;
- una cantidad igual al desembolso inicial por la depreciación comercial del objeto.
Por el **deterioro de la cosa** vendida, se reconoce el derecho del vendedor a solicitar la indemnización que corresponda.

Precisiones En caso de **financiación parcial**, deben de devolverse igualmente al consumidor las cantidades que este hubiera podido abonar al proveedor, e incluso, las que hubiera abonado al prestamista en virtud del contrato de financiación y durante la vigencia del mismo anterior a la ineficacia contractual.

1255 **Derechos del consumidor** (LCCo art.29) Si el consumidor ejerce su **derecho a desistir** (nº 640), el contrato de crédito vinculado pierde eficacia y el consumidor deja de estar obligado al pago sin penalización alguna.
Si el empresario incumple el contrato (el bien o servicio objeto del contrato no se entrega, se entrega de forma defectuosa o no es conforme a lo pactado), puede darse por zanjado tanto el contrato de compra o servicio como el crédito vinculado ya que existe una **conexión funcional** entre los contratos que conlleva la imposibilidad de dar un tratamiento autónomo a cada una de las relaciones contractuales conexas. Los contratos vinculados deben ser tratados de forma unitaria. Por ejemplo, en el caso en que se compra un vehículo y este es defectuoso, hasta que se facilite un vehículo en condiciones o se solucionen definitivamente las averías, no puede exigirse el pago de la cantidad que resta por abonar en el contrato de financiación (TS 24-11-16, EDJ 215409).
En este sentido, el consumidor no está obligado a abonar un **crédito vinculado a la prestación de un servicio** y solicitado a una entidad financiera, si el servicio finalmente no se ha prestado o se ha prestado de forma parcial y además, el dinero no lo recibió él, sino la empresa prestadora.

Precisiones **1)** P.e. un hombre solicita un préstamo a una entidad financiera mediante un contrato de **préstamo vinculado con la clínica** donde se había de realizar un tratamiento odontológico; sin embargo, este solamente se lleva a efecto en una primera fase que fue abonada directamente por el paciente sin que continuara con él. Se considera que el demandado no está obligado a abonar cantidad alguna toda vez que, ni recibió el capital del préstamo ni recibió el **tratamiento dental** al que estaba vinculado el primero. Por el contrario, la clínica es quien debía recibir el importe señalado en el plan de financiación y, por tanto, el paciente no debe abonar lo reclamado por no haber recibido directamente el importe de las cantidades pactadas (AP Cáceres 27-4-16, EDJ 62612).
2) El consumidor no soporta la **carga de probar** la existencia de vinculación del préstamo con el contrato de consumo, sino que es la entidad financiera la responsable de justificar la inexistencia de vinculación.
3) En contratos de **préstamo vinculados**, la **cantidad máxima** de la que debe responder la entidad financiera frente al consumidor tiene como límite la misma cantidad financiada y el alcance de la financiación debe determinarse en función de los contratos suscritos (AP Madrid 22-11-24, EDJ 754073).

Se establece una **responsabilidad subsidiaria del prestamista** en el ejercicio de los derechos del consumidor. Así, el consumidor puede dirigirse contra el prestamista si: 1260
- los bienes o servicios objeto del contrato no han sido entregados, en todo o en parte, o no son conforme a lo pactado en el contrato; y
- el consumidor ya ha reclamado judicial o extrajudicialmente contra el proveedor y no ha obtenido la satisfacción.

6. Especialidades según el tipo de contrato de crédito al consumo

(LCCo art.23, 26 y 29)

1275

Contratos de crédito de duración indefinida (LCCo art.27) Normalmente, todos los contratos de crédito suelen tener una duración determinada, siendo la identificación de los **plazos pactados**, uno de los requisitos sobre los que más se incide tanto en la información como en el contenido del contrato. Ahora bien, dado que existen **otras formas de crédito** diferentes del simple contrato de préstamo (nº 1030), algunas de ellas pueden tener una duración indefinida. 1280

Las principales **características** de este contrato son:
- el **consumidor** tiene derecho a finalizar este contrato, gratuitamente y en cualquier momento, por el procedimiento habitual o en la misma forma en que lo celebró; salvo que se pacte un plazo de **preaviso** (no puede ser superior a 1 mes);
- el **prestamista** tiene el mismo derecho a finalizar el contrato, si bien el **preaviso** es obligatorio (al menos dos meses); el plazo debe aparecer pactado en el contrato, y se exige que la **notificación** se realice mediante en papel o en soporte duradero.

Otro derecho reconocido al prestamista es que puede, por pacto expreso, y por razones objetivamente justificadas, poner fin al derecho del consumidor a disponer de cantidades de un contrato de crédito de duración indefinida, **informándole** previamente o inmediatamente después de la terminación del contrato, mediante notificación en papel u otro soporte duradero. 1283

Si se hubiera suscrito un contrato de **seguro accesorio** al de crédito, el contrato de seguro se extingue al mismo tiempo que este y el consumidor tiene derecho al reembolso de la parte de prima no consumida.

Precisiones No se comunica la información si esté **prohibida por** una norma de la Unión Europea o sea contraria a objetivos de orden público o de seguridad pública.

Crédito revolvente o «revolving» (OM EHA/2899/2011 art.33 bis a 33 octies; OM ETD/699/2020 disp.final 2ª) 1284

Los créditos de duración indefinida con carácter revolvente, conocidos como créditos *revolving*, presentan ciertas **especialidades** que los hacen susceptibles de un tratamiento regulatorio diferenciado.

El crédito revolvente o *revolving* **es** un crédito al consumo con interés de duración indefinida o de duración definida prorrogable de forma automática concedido a personas físicas en el que el crédito dispuesto no se satisface en su totalidad al final del período de liquidación pactado (O EHA/2899/2011 art.33 bis). Es decir, es una línea de crédito que se puede seguir usando según se va devolviendo lo prestado. El ejemplo más claro de crédito revolvente son las líneas de crédito personal que ofrecen las **tarjetas de crédito *revolving***, pero nada impide que se desarrollen nuevas formas de prestar el servicio de crédito revolvente asociado a otros instrumentos de pago.

A los contratos suscritos a dicha fecha también les es de aplicación la normativa -excepto lo relativo a la información precontractual-, pero no precisarán de la actualización de la información financiera que la entidad dispone sobre el cliente, ni de una nueva evaluación de su solvencia, salvo que en algún momento posterior al 2-1-2021 amplíen el límite del crédito (OM ETD/699/2020 disp.trans.primera redacc OM ETD/600/2022).

En este tipo de créditos, además de la obligación de suministrar al cliente la **información** normalizada (L 16/2011), la entidad debe facilitar, en documento separado (O EHA/2899/2011 art.33 ter):
- una mención clara a la modalidad de pago establecida, señalando expresamente el término «revolving»;

- si el contrato prevé la capitalización de cantidades vencidas, exigibles y no satisfechas;
- si el cliente o la entidad tienen la facultad de modificar la modalidad de pago establecida, así como las condiciones para su ejercicio; y
- un ejemplo representativo de crédito con dos o más alternativas de financiación determinadas en función de la cuota mínima que pueda establecerse para el reembolso del crédito con arreglo al contrato.

1285 Los **intereses** a pagar en los créditos revolventes suelen ser altos (normalmente superiores al 20% TAE), por lo que se ha cuestionado en numerosas ocasiones si son **usurarios**. A este respecto, el TS 15-2-23, EDJ 513138 estableció que para el crédito *revolving* se ha de entender como interés usurario el que supere un 6% el tipo medio, por ser notablemente superior al normal del dinero (este criterio jurisprudencial ha seguido posteriormente por TS 27-10-23, EDJ 729395; 29-11-2023; 5-12-23, EDJ 771615).
Además, el crédito *revolving*, ante la elevada proporción de intereses y poca amortización de capital de las cuotas, puede tener **efecto bola de nieve** y encadenar al consumidor en una deuda indefinida que nunca se termina de pagar.
Ante este peligro, se debe proporcionar una **información** clara antes de la celebración del contrato que permita al consumidor medio entender el funcionamiento de la cláusula y tomar conciencia de los riesgos asociados al elevado tipo de interés, la recomposición constante del crédito, la escasa amortización del capital y el anatocismo. Tales exigencias hacen que no sea suficiente con que se facilite la TAE o la Información Normalizada Europea (INE), la información **debe** además (TS 30-1-25, EDJ 502666):
- establecer la cuota mensual, ya sea en cantidad fija o en un porcentaje de la cantidad dispuesta;
- establecer la duración del contrato;
- indicar si el interés se devengará no solo sobre el capital dispuesto, sino también sobre el total adeudado (incluyendo intereses, comisiones e indemnizaciones devengadas); e
- incluir ejemplos adecuados para comprender los riesgos del sistema y permitir la comparación con otras modalidades de amortización o con las ofertas de otras entidades financieras.
Esta información debe hacerse de modo **claro y comprensible** y **no dispersa** a lo largo de un extenso documento.

Precisiones 1) La BE Circ 3/2022 ha introducido determinadas **obligaciones de transparencia informativa** exigibles, tanto en la fase precontractual como durante la vigencia del contrato, para la adecuada comercialización de créditos al consumo de duración indefinida, o de duración definida prorrogable, con carácter revolvente.
2) Declarada la **nulidad por usura**, debe estarse al **efecto restitutorio**, consistente en devolver la suma efectivamente recibida, descontando lo ya abonado y, si hubiese pagado más de dicha suma, el prestamista debe restituir el exceso (AP Cantabria 11-9-25, EDJ 688050).
3) La **acción de restitución** de las cantidades indebidamente pagadas por anulación de contratos de tarjeta *revolving* por usurarios tienen una **prescripción** de 5 años, pero no desde la suscripción del contrato, sino desde la fecha de cada pago (TS 5-3-25, EDJ 515388).
4) Tras el TS 30-1-25, EDJ 502666 se abrió la puerta a la **anulación** de muchas tarjetas de modalidad revolving no ya por tener un interés usurario sino por la **transparencia del contrato** en base a la información precontractual ofrecida por la entidad bancaria. Para que el contrato de tarjeta revolving no sea abusivo, no basta con ofrecer la Información Normalizada Europea al consumidor, debe ofrecerse una **información precontractual** clara sobre los riesgos asociados a esta modalidad de crédito que permita al consumidor medio comprender el peligro de convertirse en un deudor cautivo.

1290 **Contratos de crédito con posibilidad de descubierto** (LCCo art.4) En contrato de crédito con posibilidad de descubierto es aquel contrato mediante el que un prestamista pone a disposición de un consumidor fondos que superen el saldo en la cuenta a la vista del consumidor.
La norma prevé **tres supuestos** diferentes en este tipo de contratos en los que viene a establecer una aplicación parcial de la propia LCCo para adaptarla a las características propias de este tipo de contrato de crédito especial (nº 1060).
También se prevé una serie de **especialidades** en relación con el **derecho de información**:
- **previa** al contrato (nº 1090);
- **obligatoria** durante la duración del contrato (nº 1093);
- **periódica**, al menos cada tres meses (nº 1095).

1295 **Contratos en los que se pacte pago aplazado por falta de pago** Para este tipo de contratos la norma prevé dos **especialidades** con relación al régimen general:
- no les resulta de aplicación toda la **normativa** de créditos al consumo, sino solo una parte de su articulado (nº 1060 s.);
- en relación con la **información precontractual**, se hace una remisión a lo previsto en nº 1097.

Especialidades en atención a la forma de contratación La norma contiene algunas específicas previsiones para los contratos de crédito al consumo que se conciertan por mecanismos de **comunicación a distancia** y que por ello tanto la información precontractual como el propio contenido del contrato debe de acomodarse a la forma en la que se celebró el mismo. Se puede distinguir: 1300

Contratación telefónica (LCCo art.10.6; LGDCU art.62 redacc L 10/2025) En la contratación telefónica, el prestamista debe de incluir en su **información precontractual** la descripción de las características principales del servicio financiero, incluyendo los elementos señalados en nº 1087. 1305
En el caso de que el consumidor haya solicitado la posibilidad de disponer de **descubierto** de forma inmediata, la descripción de las características del producto financiero debe de adaptarse a lo establecido en nº 1100.
Hay que tener en cuenta de que, tras la reforma de la LGDCU art.62 por la L 10/205, cuando se contrate vía telefónica incumpliendo lo previsto en la normativa relativa a **llamadas no solicitadas**, la contratación de préstamos o créditos con entidades financieras en los que se haya entregado las sumas prestadas supone la aplicación al contrato de los **intereses** legales del dinero. Si el interés pactado fuese inferior al legal, se mantienen los intereses pactados.

Contratación por comunicación a distancia que no permita facilitar la información precontractual (LCCo art.10.7) En caso de imposibilidad de entregar al consumidor la información prevista en nº 1087, el prestamista está obligado a facilitar al consumidor toda la información precontractual utilizando el formulario de **información normalizada europea** sobre crédito al consumo de forma inmediata después de celebrado el contrato, presumiéndose que se ha cumplido la obligación de información por la entrega de dicho formulario después del contrato (nº 1087). 1310

Precisiones La **falta de entrega** de la **información normalizada europea** sobre el crédito al consumo determina la nulidad del contrato por falta de transparencia, con la consecuencia de la restitución recíproca de las prestaciones, limitando al consumidor a devolver únicamente el capital recibido con intereses legales, descontando pagos por otros conceptos (AP Las Palmas 25-5-23, EDJ 751371).

Vinculación a la contratación de otros servicios accesorios A lo largo del todo el texto legal se hace **diversas referencias** a contratos de crédito al consumo en los que se permite que la concesión del crédito aparezca condicionada a la celebración de otros contratos de servicios accesorios, diferentes del mismo crédito que es el objeto principal, especialmente la **contratación de seguros** para la cobertura de aquellos casos en los que se den circunstancias personales del consumidor que pueda incidir en la obligación de pago asumida (seguros de vida o incapacidad, etc.). 1315
En relación a los mismos se establecen las siguientes **previsiones**:
- si el **coste del servicio adicional** no puede ser calculado previamente a la celebración del contrato, se impone la necesidad de que en la publicidad se destaque especialmente esta obligación de forma clara y concisa, junto con la TAE (nº 3341);
- en la **información precontractual** se impone la obligación al prestamista de informar expresamente al consumidor de la necesidad de contratar el servicio accesorio, así como el coste y las condiciones alternativas que se aplicarían si no se llega a contratar dicho servicio accesorio (nº 1080);
- en los **contratos de crédito de duración indefinida**, expresamente declara extinguido el contrato de seguro accesorio al del crédito al mismo tiempo que se extinga el propio contrato de crédito, reconociendo el derecho del consumidor al reembolso de la parte de prima no consumida (nº 1283);
- si el consumidor ejercita el **derecho de desistimiento**, supone igualmente el cese de la vinculación del consumidor al contrato accesorio al de crédito, tanto si dicho servicio es prestado por el propio contratista o por un tercero (nº 1135);
- en el caso del **reembolso anticipado**, si existe un seguro vinculado, se reconoce la obligación de la aseguradora de devolver al consumidor la parte de prima no consumida (nº 1197).

Precisiones Cuando se impone la contratación de un **seguro de vida** de prima única financiado junto con el capital, sin que se proporcione al consumidor **información previa** clara, suficiente y comprensible sobre las condiciones, costes y consecuencias jurídicas y económicas de dicho seguro, dicha práctica se considera abusiva y nula (AP La Rioja 23-5-25, EDJ 660142; AP Barcelona 24-4-24, EDJ 614639).

7. Publicidad

(LCCo art.9)

1320 Como regla general, se aplica las previsiones establecidas con carácter general para los contratos con consumidores (nº 4000 s.) salvo que la información incluida en la publicidad indique el **tipo de interés o alguna cifra relacionada con el coste** del crédito para el consumidor; en tal caso, se exige que tal información básica se incluya en la publicidad y comunicaciones comerciales, así como en los anuncios y ofertas exhibidos en los locales comerciales, debiendo cumplir con los siguientes **requisitos**:

• **Redacción** clara, concisa y destacada mediante un ejemplo representativo. La información básica debe publicarse con una letra que resulte legible y con un contraste de impresión adecuado.

• **Contenido obligatorio mínimo** consistente en:
- tipo de deudor fijo o variable, así como los recargos incluidos en el coste total del crédito para el consumidor;
- importe total del crédito;
- tasa anual equivalente (nº 65);
- duración del contrato;
- precio al contado e importe de posibles anticipos (en los créditos con forma de pago aplazado de un bien o servicio);
- importe total adeudado por el consumidor y el importe de los pagos a plazos (nº 65).

Se prevén dos **supuestos especiales** relacionados con la **TAE**:
- contratos en los que el crédito se conceda en forma de descubierto y que deban reembolsarse previa petición o en el plazo de 3 meses, no es preciso incluir la TAE; y
- contratos en los que se condicione la concesión de crédito en las condiciones ofrecidas a la celebración de un contrato relativo a un servicio accesorio vinculado con el contrato de crédito, en particular un seguro, y el coste de ese servicio no pudiera determinarse de antemano, dicha condición debe mencionarse de forma clara, concisa y destacada, junto con la TAE.

Precisiones Para **más información** sobre la publicidad en relación con los consumidores ver nº 4400 s.

8. Incumplimiento de las obligaciones

1322 El incumplimiento de las obligaciones anteriores será **sancionado como** infracción en materia de consumo, aplicándosele lo dispuesto en el régimen sancionador general de protección de los consumidores y usuarios previsto en la LGDCU.

El incumplimiento de las disposiciones relativas a la **información previa al contrato** y la **obligación de evaluar la solvencia** del consumidor, siempre que no tengan carácter ocasional o aislado, se considerarán como infracciones graves, pudiendo ser en su caso consideradas como infracciones muy graves.

En el caso de **entidades de crédito**, determinadas normas se consideran normas de ordenación y disciplina, por lo que su incumplimiento, siempre que no tenga carácter ocasional o aislado, será sancionado como infracción grave.

Se establece un **sistema de resolución extrajudicial** de los conflictos que puedan surgir entre el prestamista, el intermediario de crédito y el consumidor.

Contra las conductas contrarias a esta Ley puede ejercitarse la **acción de cesación**.

Precisiones Para **mayor información** sobre infracciones y sanciones en procedimientos de consumo ver nº 4500 s.

SECCIÓN 3

Compraventa a plazos

1325

1328 Los contratos de compraventa a plazos se **definen** como aquellos en los que una parte entrega una cosa mueble corporal y la otra parte se obliga a pagar por ella un precio total o parcialmente aplazado en tiempo. El **aplazamiento** debe ser superior a 3 meses (L 28/1998 art.3).

Este tipo de contratos con pago aplazado se **rigen** preferentemente por la LCCo y solo si no caen dentro de la aplicación del contrato de crédito al consumo se rigen por la L 28/1998, de

venta a plazos de bienes muebles. En cualquier caso, la L 28/1998 es siempre de **aplicación supletoria** a la LCCo. Por todo ello, la aplicación real de la L 28/1998 es, en la práctica, reducida (L 28/1998 art.2).
Además, están **excluidos** expresamente de la aplicación de la L 28/1998(L 28/1998 art.5):
- las compraventas a plazos destinadas a la reventa al público y los préstamos cuya finalidad sea financiar tales operaciones;
- las ventas y préstamos ocasionales efectuados sin finalidad de lucro;
- los préstamos y ventas garantizados con hipoteca o prenda sin desplazamiento sobre los bienes objeto del contrato;
- los contratos de arrendamiento financiero o leasing.

Formalidades del contrato (L 28/1998 art.6 y 7) La compraventa a plazos debe constar de **1330**
forma escrita para ser válida y se debe formalizarse un ejemplar por cada parte.
Si se establece que la operación incluye la obtención de un **crédito de financiación**, la eficacia del contrato queda condicionada a la efectiva obtención del crédito y es nulo obligar al comprador a un pago si no se obtiene el crédito.
El comprador tiene **libertad** para pedir el crédito y se tienen por no puestas las cláusulas en las que el vendedor exija que el crédito únicamente pueda ser otorgado por un determinado concedente.
El contrato **debe contener** obligatoriamente:
- lugar y fecha;
- nombre, apellidos, razón social, y domicilio de las partes y, en los contratos de financiación, el nombre o razón social del financiador y su domicilio;
- descripción del objeto;
- precio de venta al contado, el desembolso inicial, la parte que se aplaza y la parte financiada por un tercero, así como el capital del préstamo;
- si se trata de operaciones con interés, fijo o variable, una relación del importe, el número y la periodicidad o las fecha de los para el reembolso de los plazos o del crédito y el pago de los intereses y los demás gastos, así como el importe total de estos pagos cuando sea posible;
- el tipo de interés nominal (nº 3341);
- la indicación de la tasa anual equivalente (nº 3341);
- la relación de elementos que componen el coste total del crédito, con excepción de los relativos al incumplimiento de las obligaciones contractuales, especificando cuáles se integran en el cálculo de la tasa anual equivalente;
- la cláusula de reserva de dominio (prohibición de enajenar el bien mientras no se pague su totalidad), si así se pacta, así como el derecho de cesión de la misma o cualquier otra garantía;
- el lugar de notificaciones, requerimientos y emplazamientos;
- la tasación del bien para que sirva de tipo, en su caso, a la subasta;
- la facultad de desistimiento.

Derecho de desistimiento (L 28/1998 art.9) El consumidor tiene el derecho a desistir del **1333**
contrato en un **plazo** de 7 días hábiles desde la entrega del bien, comunicándolo mediante carta certificada u otro medio fehaciente al vendedor y, en su caso, al financiador.
Para ejercer el derecho deben cumplirse una serie de **requisitos**:
- no haber usado del bien vendido más que a efectos de simple examen o prueba;
- devolverlo, dentro del plazo en el lugar, forma y estado en que lo recibió y libre de todo gasto para el vendedor;
- el deterioro de los embalajes, cuando fuese necesario para acceder al bien, no impide su devolución;
- proceder, si se ha pactado, a indemnizar al vendedor en la forma establecida contractualmente, por la eventual depreciación comercial del bien (la indemnización no puede ser superior a la quinta parte del precio de venta al contado);
- reintegrar el préstamo concedido en los términos acordados en los mismos para el caso de desistimiento;
- con el desistimiento se resuelve el contrato de financiación;
- en caso de adquisición de vehículos de motor susceptibles de matriculación puede excluirse mediante pacto el derecho de desistimiento, o modalizarse su ejercicio de forma distinta.
A pesar de que transcurran los 7 días para ejercer el desistimiento, el comprador puede **pagar anticipadamente**, de forma total o parcial, el préstamo sin que se le puedan exigir intereses no devengados. Salvo pacto, los pagos parciales anticipados no podrán ser inferiores al 20% del precio y aunque no se pueden exigir intereses no devengados, sí puede contemplarse una compensación que no puede exceder del:
- 1,5% del precio o del capital en los contratos con tipo de interés variable;
- 3% en los contratos con tipo de interés fijo.

CAPÍTULO 5

Comercio minorista

SECCIÓN 1

Consideraciones generales

A. Concepto

El comercio es una actividad de cambio mediante la cual se ponen a disposición de los consumidores finales los bienes del productor, a través de un mercado. La Ley **define** el comercio minorista como aquella actividad desarrollada profesionalmente con ánimo de lucro consistente en ofertar la venta de cualquier clase de artículos a los destinatarios finales de los mismos, utilizando o no un establecimiento (LOCM art.1). 1407

Es un sector que tradicionalmente ha estado **regulado**, fundamentalmente, por la legislación civil y mercantil, esto es, por normas de Derecho privado. No obstante, la creciente importancia de la actividad comercial dentro del sector servicios y la presencia en este ámbito de intereses generales dignos de protección han determinado que sea también objeto de interés por parte del Derecho público. La **Administración interviene** en el comercio de forma cada vez más intensa, mediante la aprobación de normas y la adopción de medidas de distinta naturaleza dirigidas a ordenar esta actividad y a regular la intervención del sector público en el mercado, así como las relaciones de los diversos agentes económicos e intereses implicados en la actividad comercial.

Precisiones 1) Una empresa se dedicada a la venta mayorista de productos cosméticos, vendía a **clientes que debían registrarse como socios** para poder revender los productos. La **Inspección tributaria regularizó** la aplicación del recargo de equivalencia en el IVA, considerando que todos los clientes personas físicas eran comerciantes minoristas sujetos a dicho régimen, pero fue anulada judicialmente pues cuando la Administración tributaria imputa la condición de comerciante minorista, la **carga de la prueba** recae en la Administración y no puede basarse en presunciones genéricas sin prueba suficiente (TSJ Madrid concencioso 20-12-23, EDJ 825321).

2) Cuando una persona realiza la venta minorista de productos en un local pero lo hace **en nombre y por cuenta del proveedor**, actuando como depositario y percibiendo una comisión, dicha actividad se considera prestación de servicios sujeta y no exenta de IVA, excluyendo la aplicación del régimen especial del recargo de equivalencia previsto para comerciantes minoristas que actúan por cuenta propia (TSJ País Vasco contencioso 8-7-22, EDJ 721699).

Los **principios generales** que proclama la Ley y que inspiran su regulación son, en concreto (LOCM art.3, 4 y 5): 1409

• **Libertad de empresa** (LOCM art.3): la actividad comercial se ejerce bajo el principio de libertad de empresa y en el marco de la economía de mercado (Const art.38).

• **Libre circulación de bienes** (LOCM art.4): se reconoce el principio de libre circulación de mercancías dentro del territorio español (Const art.139.2) y obliga a las distintas Administraciones públicas a adoptar las medidas adecuadas para evitar que la libertad de circulación de los bienes resulte falseada.

• **Libertad de establecimiento comercial** (LOCM art.5): principio amparado en la libertad de empresa y que consiste en la facultad de utilizar de forma legítima el suelo para la instalación de establecimientos. Los poderes públicos deben proteger la libre iniciativa empresarial para la instalación y acondicionamiento de los establecimientos comerciales en el marco de lo dispuesto en la legislación.

Precisiones No obstante ese principio de libertad de establecimiento comercial, la apertura de **grandes establecimientos comerciales** (nº 1573) está sujeta a una licencia comercial específica, cuyo otorgamiento corresponde al órgano competente de la Administración autonómica correspondiente, que puede también someter a autorización administrativa otros supuestos relacionados con la actividad comercial.

B. Distribución de competencias entre el Estado y las comunidades autónomas

1410 En este sector confluyen competencias estatales y autonómicas. La **regulación** del comercio minorista se incluye dentro de la materia comercio interior, que no está entre las exclusivas del Estado (Const art.149). Por ese motivo, las comunidades autónomas han incluido en sus estatutos de autonomía la competencia en esta materia como **exclusiva**, y han dictado sus **propias normas** reguladoras de los distintos aspectos que integran la ordenación de la actividad comercial (Const art.149.3).
Sin embargo, la **competencia exclusiva** de las comunidades autónomas en comercio interior, ha de comprenderse dentro del respeto a los títulos que se reservan al Estado, especialmente la coordinación de la planificación general de la actividad económica (Const art.149.1.13ª), que marcan los **límites** dentro de los cuales deben interpretarse las cláusulas estatutarias (TCo 124/2003).
Dado el **carácter básico** que tienen la Ley de horarios comerciales y muchos de los preceptos de la LOCM, las leyes autonómicas constituyen, en esos puntos concretos, un **desarrollo** de la normativa básica estatal.
El **Derecho estatal** tiene la siguiente aplicación en estos supuestos (Const art.149.3):
- en caso de conflicto, con el de las comunidades autónomas, **prevalece** en todo lo que no esté atribuido a la exclusiva competencia de estas.
- es, en todo caso, **supletorio** del derecho de las comunidades autónomas.

C. Régimen legal

1412

a. Legislación estatal

1415 En el ámbito estatal, la **principal regulación** en materia de comercio se encuentra recogida, además de en la Constitución (Const art.38, 51 y 139.2), en dos leyes:
- L 7/1996, de ordenación del comercio minorista (LOCM).
- L 1/2004, de horarios comerciales.

1417 **Ordenación del comercio minorista** La LOCM es la pieza clave del ordenamiento jurídico en materia de comercio interior.
El **principal objeto** de la Ley es establecer el régimen jurídico del comercio minorista y en regular determinadas ventas especiales (nº 2000) y actividades de promoción comercial (nº 1665), sin perjuicio de las leyes dictadas por las comunidades autónomas en el ejercicio de sus competencias en la materia (LOCM art.1).
Sus **objetivos principales** son:
- la protección del consumidor; y
- el fomento de la competencia en el sector.
En algunos aspectos, es una Ley restrictiva de la **libre competencia**, pero destaca, especialmente, por su **carácter protector**, no solo del consumidor, sino también de la pequeña empresa.
Pretende simplificar la regulación y limitar la **intervención de la Administración** en este ámbito, si bien, en algunas cuestiones, como la relativa a las grandes superficies comerciales (nº 1573), dicha intervención es más intensa. La legislación de las comunidades autónomas, ha de acomodarse a estos principios de libertad de gestión y actuación.

1419 **Horarios comerciales** La existencia de una normativa reguladora de los horarios comerciales constituye una clara manifestación de la **intervención administrativa** en la actividad comercial, al constituir, en términos generales, una restricción al libre ejercicio de la misma (nº 2135 s.).
Esta normativa tiende a limitar los **horarios y días de apertura** en que los titulares de los establecimientos comerciales pueden desempeñar dicha actividad.

Los **objetivos** que persigue la Ley son:
- promover unas adecuadas condiciones de competencia;
- mejorar la eficiencia en la distribución comercial minorista;
- lograr un adecuado nivel de oferta para los consumidores;
- conciliar la vida laboral y familiar de los trabajadores del comercio.

La Ley **permite que** cada comunidad autónoma establezca su propio régimen de horarios, adecuado a las características y al modelo de comercio de cada una de ellas. No obstante, existen reglas que en todo caso deben ser observadas en todo el territorio español (nº 2140).

b. Legislación autonómica

En materia de comercio, la **regulación más significativa** de las comunidades autónomas es la siguiente: **1421**

Comunidad Autónoma	Normativa
Andalucía	- DLeg Andalucía 1/2012, sobre comercio interior - DLeg Andalucía 2/2012, sobre comercio ambulante - DLeg Andalucía 3/2012, sobre ferias comerciales oficiales
Aragón	- L Aragón 4/2015, de comercio - L Aragón 7/2005, de horarios comerciales y apertura en festivos - D Aragón 172/2005, por el que se aprueba el plan de ordenación de los equipamientos comerciales en gran superficie - L Aragón 1/2007, de actividades feriales oficiales
Asturias	- L Asturias 9/2010, de comercio interior - D Asturias 137/2005, por el que se aprueban las directrices sectoriales de equipamientos comerciales
Baleares	- L Baleares 11/2014, de comercio
Canarias	- DLeg Canarias 1/2012, de ordenación de la actividad comercial y de la licencia
Cantabria	- L Cantabria 1/2002, del comercio - D Cantabria 60/2004, de desarrollo de la L 1/2002
Castilla-La Mancha	- L Castilla-La Mancha 2/2010, de comercio minorista
Castilla y León	- DLeg Castilla y León 2/2014, de comercio - L Castilla y León 6/1997, de ferias comerciales oficiales. - D Castilla y León 82/2006, de desarrollo de la Ley de comercio
Cataluña	- L Cataluña 18/2017, de comercio, servicios y ferias
Extremadura	- L Extremadura 3/2002, de comercio - L Extremadura 8/2018, de comercio ambulante
Galicia	- L Galicia 13/2010, de comercio interior - L Galicia 13/2006, de horarios comerciales
La Rioja	- L La Rioja 3/2005, de ordenación de la actividad comercial y las actividades feriales - D La Rioja 20/1997, por el que se regula la licencia comercial específica para la apertura de grandes establecimientos comerciales
Madrid	- L Madrid 16/1999, de comercio interior - L Madrid 1/2008, de modernización del comercio - L Madrid 1/1997, reguladora de la venta ambulante - D Madrid 130/2002, que desarrolla la L Madrid 16/1999 - D Madrid 17/1998, que desarrolla la L Madrid 1/1997
Murcia	- L Murcia 11/2006, sobre régimen del comercio minorista - L Murcia 5/1997, de ferias - L Murcia 3/2014, de venta ambulante o no sedentaria
Navarra	- LF Navarra 17/2001, reguladora del comercio - LF Navarra 13/1989, de comercio no sedentario
País Vasco	- L País Vasco 7/1994, de la actividad comercial - D País Vasco 33/2005, de horarios comerciales - D País Vasco 58/2001, sobre implantación, modificación y ampliación de grandes establecimientos comerciales - D País Vasco de 10-9-80, regula el ejercicio de la venta ambulante fuera de establecimiento comercial permanente
C.Valenciana	- L C.Valenciana 3/2011, de comercio - DL C.Valenciana 1/2015, de horarios comerciales - D C.Valenciana 125/2014, sobre ferias comerciales

1422 **Uso de lenguas cooficiales en el comercio** Algunas comunidades autónomas con lengua cooficial, como Cataluña, impusieron en su normativa autonómica la obligación a los comerciantes de «estar en condiciones de atender a los consumidores en cualquiera de las lenguas oficiales de Cataluña» (L Cataluña 18/2017 art.8.3). Esta previsión fue llevada ante el Tribunal Constitucional pues el **deber de disponibilidad lingüística** de las entidades privadas, empresas o establecimientos abiertos al público **no puede significar** la imposición a estas, a su titular o a su personal de obligaciones individuales de uso de cualquiera de las dos lenguas oficiales de modo general, inmediato y directo en las relaciones privadas, toda vez que el derecho a ser atendido en cualquiera de dichas lenguas solo puede ser exigible en las relaciones entre los poderes públicos y los ciudadanos (TCo 31/2010).
Ahora bien, en esta ocasión, el Tribunal Constitucional estimó que no había de verse como una imposición de uso de una determinada lengua oficial, sino como una garantía de respeto a la opción lingüística ejercida por el ciudadano, una previsión de defensa de los consumidores y usuarios que tiene como fin garantizar un **trato respetuoso y no discriminatorio** del cliente que usa libremente cualquiera de las lenguas oficiales, pero sin imponer el necesario conocimiento de una de ellas, lo que no atenta por sí mismo contra los derechos constitucionales (TCo 117/2022).

SECCIÓN 2

Características de los productos

1425

A. Concepto de producto

(LGDCU art.6 y 136)

1427 A los efectos del derecho de consumidores, se considera producto todo **bien mueble** que responda a la descripción del CC art.335 (LGDCU art.6).
Dicho artículo utiliza dos **criterios** para definir los bienes muebles:
• **Residual o por eliminación**: son muebles los bienes que no son inmuebles, es decir, los que no encajan en la enumeración de bienes inmuebles del CC art.334.
• **Movilidad o transporte**: son muebles los bienes que se pueden transportar de un punto a otro sin menoscabo de la cosa inmueble a que estuvieran unidos.
Asimismo, a los efectos de la **responsabilidad por daños**, la Ley considera producto cualquier bien mueble, aún cuando esté unido o incorporado a otro bien mueble o inmueble, así como el gas y la electricidad (LGDCU art.136).

Precisiones 1) Los bienes son muebles o inmuebles y a estos efectos, los **bienes semovientes** (los que se mueven por sí mismos, se aplica especialmente al ganado), pueden considerarse bienes muebles, en tanto que no son inmuebles. Con las lógicas cautelas, esta solución también puede aplicarse a los llamados **bienes inmateriales** (p.e. archivos MP3, películas o libros electrónicos que se pueden descargar a través de Internet).
2) Los **animales de compañía** son considerados seres sintientes y, por tanto, solo les es aplicable el régimen de bien mueble cuando sea compatible con su naturaleza. Son apropiables y pueden ser objeto de comercio, pero los derechos y facultades sobre ellos deben ejercerse atendiendo a su bienestar y protección (CC art.333 bis; L 7/2023 art.24).

1429 En el Código de Comercio **no hay referencia única** al producto. Se emplean los términos: mercadería (CCom art.330), cosa mueble (CCom art.325), géneros (CCom art.327 y 328), efectos (CCom art.326 y 329) y frutos o productos (CCom art.326).
De todos ellos, pueden deducirse unas **notas comunes**, de modo que el producto susceptible de constituir objeto de un contrato mercantil ha de:
- tener valor propio, es decir, no meramente representativo, como ocurre con los títulos valores;
- ser mueble, normalmente fungible, en el sentido exacto de consumible y también de sustituible; y
- ser corporal, si bien se pueden añadir algunos **incorporales especiales** como algún tipo de actividad creadora intelectual (productos informáticos).

B. Información y etiquetado

(LGDCU art.18)

En el complejo escenario del comercio minorista contemporáneo, la **asimetría informativa** entre el operador económico y el cliente final se erige como uno de los mayores desafíos para el equilibrio del mercado. Por ello, la Ley configura como un **derecho básico** de los consumidores el de ser informados de manera correcta sobre los diferentes bienes o servicios; así como la educación y divulgación para facilitar el conocimiento sobre su adecuado uso, consumo o disfrute (nº 325 s.). **1435**

Este mandato legal no debe entenderse como una mera formalidad administrativa, sino como una garantía para el consumidor. En este contexto, el etiquetado se revela como un **elemento esencial** en ese derecho a la información, actuando como el canal primario y, en ocasiones, único de comunicación entre el productor y el usuario en el punto de venta.

Para que esta protección sea efectiva, la **transparencia en el etiquetado** debe cumplir con una **triple función**:

• **Identificativa:** permitiendo conocer la naturaleza, origen y composición real del producto.

• **Preventiva:** advirtiendo sobre riesgos potenciales, alérgenos o pautas de seguridad esenciales para la salud.

• **Económica:** facilitando la comparación objetiva de precios y calidades, lo que permite al consumidor ejercer una elección libre, consciente y racional.

En definitiva, la etiqueta no es solo un soporte de datos técnicos; es el instrumento jurídico que crea un **consumidor informado**, capaz de discernir en un mercado saturado de estímulos publicitarios.

Indicaciones obligatorias (LGDCU art.18.2 redacc RDL 1/2021) Todos los bienes puestos a disposición de los consumidores deben **incorporar**, acompañar o, en último caso, permitir de forma clara y comprensible, **información** veraz, eficaz y suficiente sobre sus características esenciales. Concretamente, la información debe referirse a: **1437**

- el nombre y dirección completa del productor;
- la naturaleza, composición y finalidad del producto;
- la calidad, cantidad, categoría o denominación usual o comercial del producto, si la tiene;
- la fecha de producción o suministro y lote, cuando sea exigible reglamentariamente, así como el plazo recomendado para el uso o consumo o fecha de caducidad; y
- las instrucciones o indicaciones para el correcto uso o consumo, así como la correcta gestión de sus residuos, advertencias y riesgos previsibles.

Además, en atención a las especiales circunstancias de un producto, o a las especificidades de ciertas clases o tipos de productos, se pueden establecer reglamentariamente **otras exigencias** (p.e. instrucciones de conservación).

Lengua Con carácter general, las indicaciones obligatorias del etiquetado y presentación de los bienes o servicios comercializados en España deben figurar, **al menos, en castellano**, lengua oficial del Estado. Sin perjuicio de que legal o reglamentariamente se puedan establecer **excepciones** (LGDCU art.18.3). **1439**

En el **ámbito autonómico** encontramos las siguientes reglas propias sobre el empleo de la lengua propia de la comunidad:

Comunidad	Normativa	Regulación
Baleares	L Baleares 7/2014 art.30	Al menos en una de las dos lenguas oficiales de la comunidad (catalán y castellano). En productos cuyos datos de etiquetado tengan relevancia para la salud o la seguridad de las personas, la información facilitada figurará al menos en castellano.
Cataluña	L Cataluña 22/2010 art.128.1.2	Los consumidores tienen derecho a recibir en catalán las informaciones necesarias para el consumo, uso y manejo adecuado de los bienes, especialmente, los datos obligatorios relacionados directamente con la salvaguardia de la salud y la seguridad.
Galicia	L Galicia 2/2012 art.46.2	Sin perjuicio de las exigencias legales y reglamentarias relativas a la utilización del castellano, en el etiquetado de los productos, así como en la publicidad, ofertas, promociones o comunicaciones comerciales realizadas en Galicia puede utilizarse cualquiera de los idiomas oficiales de la comunidad.

Comunidad	Normativa	Regulación
País Vasco	L País Vasco 6/2003 art.41.1	La información facilitada en etiquetas, envases e impresos con las instrucciones de uso, se debe expresar en euskera, en castellano, o en euskera y castellano conjuntamente, según el deseo del oferente. Sin perjuicio de lo que pueda establecer la legislación aplicable para supuestos específicos, por razones de protección de la salud y seguridad.

Precisiones **Otras leyes autonómicas**, no establecen la obligación de utilizar una lengua distinta al castellano, pero sí hacen referencia a su **lengua propia**. P.e. La L Asturias 11/2002 art.15 habla de proteger y fomentar el uso del bable; y la L C.Valenciana 1/2011 art.8.2 de fomentar el uso del valenciano en las relaciones de empresas y profesionales con los consumidores.

1442 **Inducción a error** (LGDCU art.18.1) El etiquetado y presentación de los productos, así como las modalidades de realizarlo, deben ser de tal naturaleza que no induzcan a error al consumidor y usuario. Especialmente, no deben inducir a error sobre:
- las **características del producto** y, en particular, sobre su naturaleza, identidad, cualidades, composición, cantidad, duración, origen o procedencia y modo de fabricación o de obtención;
- su contenido, y en especial respecto a los **alérgenos alimentarios**, debiendo ser el etiquetado claro y riguroso en la información exacta del contenido;
- sus **efectos o propiedades**, atribuyéndole las que no posea; o
- sus **características particulares**, sugiriendo que el bien las posee, cuando la realidad es que todos los bienes o servicios similares poseen esas mismas características.

Precisiones **1)** La prohibición de inducir a error guarda **relación con** la prohibición de publicidad ilícita (nº 4405).
2) La Dir (UE) 2024/825 sobre empoderamiento de los consumidores para la **transición ecológica**, que tiene una fecha máxima de transposición de 27-3-2026, entre otras cuestiones:
• Prohíbe afirmaciones medioambientales, en particular con el clima y la **neutralidad en carbono** si no están respaldadas por compromisos y metas claros disponibles públicamente y verificables.
• Prohíbe anunciar **beneficios irrelevantes** o no relacionados con el producto, por ejemplo, anunciar agua sin gluten.
• En caso de que se **comparen productos** en base a sus características medioambientales o sociales, exige que los comerciantes suministren información sobre los métodos de comparación y las medidas para mantener la información actualizada.
• Prohíbe la exhibición de **distintivos de sostenibilidad** que no se basen en un sistema de certificación o hayan sido establecidos por autoridades públicas.
• Se prohíben las **afirmaciones medioambientales genéricas** como «respetuoso con el medioambiente» o «verde» cuando no pueda demostrarse ningún comportamiento medioambiental excelente reconocido.
• Prohíbe hacer **afirmaciones medioambientales sobre la totalidad del producto** cuando solo se refiere a determinado aspecto, por ejemplo decir «fabricado con material reciclado», dando la impresión de que todo el producto está fabricado de material reciclado cuando solo el envase del producto está fabricado así.
• Considera publicidad engañosa el resaltar que un producto cumple con una **exigencia legal**, por ejemplo, que no contiene un químico, cuando dicho químico está prohibido por ley.
• Debe exhibirse de manera destacada una **etiqueta** recordando la **garantía legal de conformidad** sin que otras informaciones sobre garantías comerciales y servicios posventa puedan confundir al consumidor.
3) No se puede usar la denominación **«gin sin alcohol»** ya que el término está reservado a productos que cumplen requisitos específicos (entre otros, aromatización de alcohol etílico agrícola con bayas de enebro y un grado alcohólico mínimo del 37,5%). Permitir su uso en bebidas sin alcohol comprometería la protección del consumidor, la transparencia y la competencia leal. La medida es proporcionada, pues no impide la comercialización del producto, solo restringe el uso de una denominación legal que implica determinadas características (TJUE 13-11-25, C-563/24).

1444 **Normativa específica de determinados productos** Existe una **multiplicidad de normas** que se encuentran en relación directa con el derecho a la información de los consumidores y, en particular, aquellas que se ocupan de disciplinar el etiquetado de los productos. Algunas de las **principales disposiciones** en la materia son las siguientes:

Contenido	Norma
Publicidad y marcado en la venta al público de **artículos al por menor**	D 2807/1972
Etiquetado de composición de los productos **textiles**	RD 928/1987

Contenido	Norma
Reglamento de etiquetado, presentación y publicidad de **productos industriales** destinados a su venta directa a los consumidores y usuarios	RD 1468/1988
Etiquetado informativo de los **guantes**	OM 15-2-1990
Etiquetado informativo de artículos de **marroquinería, viajes y guardicionería**	OM 15-2-1990
Procedimiento de autorización, registro y condiciones de dispensación de los **medicamentos** de uso humano fabricados industrialmente	RD 1345/2007
Reglamento sobre notificación de sustancias nuevas y clasificación, envasado y etiquetado de **sustancias peligrosas**	RD 363/1995
Etiquetado de los materiales utilizados en los componentes principales del **calzado**	RD 1718/1995
Etiquetado energético de las **secadoras de ropa electrodomésticas de tambor**	RD 574/1996
Etiquetado energético de las **lavadoras domésticas**	RD 607/1996
Regulación de productos **cosméticos**	RD 85/2018
Etiquetado energético de las **lavadoras-secadoras combinadas domésticas**	RD 701/1998
Etiquetado energético de los **lavavajillas domésticos**	RD 865/1998
Etiquetado energético de las **lámparas de uso doméstico**	RD 284/1999
Indicación de los **precios** de los productos ofrecidos a los consumidores y usuarios	RD 3423/2000
Regulación de la fabricación, presentación y comercialización de los productos del **tabaco** y los productos relacionados	RD 579/2017
Etiquetado energético de los **acondicionadores de aire** de uso doméstico	RD 142/2003
Etiquetado energético de los **hornos eléctricos** de uso doméstico	RD 210/2003
Reglamento sobre clasificación, envasado y etiquetado de **preparados peligrosos**	RD 255/2003
Etiquetado de composición de los **productos textiles**	RD 1523/2007
Cantidades nominales para **productos envasados** y al control de su contenido efectivo	RD 1801/2008
Proceso de elaboración, circulación y comercio de **aguas de bebida envasadas**	RD 1799/2010
Etiquetado e información referente al consumo de energía y de otros recursos por parte de los **productos relacionados con la energía**	RD 1390/2011

Productos alimenticios La **norma general** de etiquetado, presentación y publicidad de los productos alimenticios se recoge en el RD 1334/1999. **1446**

El **etiquetado** y sus modos de realización deben ser de tal naturaleza que no induzcan a error al comprador. Especialmente, no deben inducir a error sobre las mismas cuestiones que con carácter general se recogen en el nº 1442. Si bien, en lo referente a las **características** del producto alimenticio, se hace especial hincapié en las indicaciones sobre su naturaleza, identidad, cualidades, composición, cantidad, duración, origen o procedencia y modo de fabricación o de obtención.

Específicamente, no deben inducir a error sobre **propiedades preventivas, terapéuticas o curativas** de una enfermedad humana, atribuyendo a un producto alimenticio dichas propiedades o mencionándolas (RD 1334/1999 art.4).

Estas prohibiciones se aplican igualmente a la **publicidad** y a la **presentación** de los productos alimenticios. En especial a la forma o al aspecto que se dé a estos o a su envase, al material usado para este y a la forma en que están dispuestos, así como al entorno en que estén expuestos.

Las **indicaciones obligatorias del etiquetado** de los productos alimenticios son (RD 1334/1999 art.5): **1448**

- **denominación** de venta del producto (RD 1334/1999 art.6);
- lista de **ingredientes** (RD 1334/1999 art.7);
- **cantidad** de determinados ingredientes o categoría de ingredientes (RD 1334/1999 art.8);
- **grado alcohólico** en las bebidas con una graduación superior en volumen al 1,2% (RD 1334/1999 art.9);
- **cantidad neta**, para productos envasados (RD 1334/1999 art.10);
- **fecha de duración** mínima o la fecha de caducidad (RD 1334/1999 art.11);
- condiciones especiales de **conservación y de utilización**;

1448 (sigue) - **modo de empleo**, cuando su indicación sea necesaria para hacer un uso adecuado del producto alimenticio;
- **identificación de la empresa**: nombre, razón social o denominación del fabricante o envasador o de un vendedor establecido dentro de la UE y, en todo caso, su domicilio;
- **lote** (RD 1334/1999 art.12); y
- lugar de **origen o procedencia** (RD 1334/1999 art.13).
Además, hay categorías o tipos de productos alimenticios en cuyo etiquetado debe figurar una o varias **indicaciones obligatorias adicionales** (RD 1334/1999 anexo IV).

Tipo o categoría de los productos alimenticios	Indicación
Productos alimenticios de duración prolongada gracias a la utilización de gases de envasado autorizados en aplicación del RD 1111/1991.	«Envasado en atmósfera protectora».
Productos alimenticios que contienen uno o varios de los edulcorantes autorizados por el RD 1086/2020.	«Con edulcorante(s)». Esta mención acompañará a la denominación de venta.
Productos alimenticios que contienen a la vez uno o varios azúcares añadidos y uno o varios de los edulcorantes autorizados) por el RD 1086/2020.	«Con azúcar(es) y edulcorante(s)». Esta mención acompañará a la denominación de venta.
Productos alimenticios que contienen aspartamo.	«Contiene una fuente de fenilalanina».
Productos alimenticios a los que se han incorporado polioles en una proporción superior al 10%.	«Un consumo excesivo puede tener efectos laxantes».
Dulces o bebidas que contengan ácido glicirrícico o su sal amónica por adición de la sustancia o sustancias en sí, o de la planta del regaliz «Glycyrrhiza glabra», con una concentración superior o igual a 100 mg/kg o 10 mg/l.	Se añadirán las palabras «contiene regaliz» inmediatamente después de la lista de ingredientes, a menos que el término «regaliz» ya esté incluido en la lista de ingredientes o en el nombre con el que se comercializa el producto. A falta de una lista de ingredientes, la mención obligatoria se situará cerca del nombre con el que se comercializa el producto.
Dulces que contengan ácido glicirrícico o su sal amónica por adición de la sustancia o sustancias en sí, o de la planta de regaliz «Glycyrrhiza glabra», con una concentración superior o igual a 4 g/kg.	Se añadirá el mensaje siguiente después de la lista de ingredientes: «contiene regaliz: las personas que padezcan hipertensión deberían evitar un consumo excesivo». A falta de una lista de ingredientes, la mención obligatoria se situará cerca del nombre con que se comercializa el producto.
Bebidas que contengan ácido glicirrícico o su sal amónica por adición de la sustancia o sustancias en sí o de la planta del regaliz «Glycyrrhiza glabra», con concentraciones superiores o iguales a 50 mg/l, o superiores o iguales a 300 mg/l en el caso de las bebidas que contengan más del 1,2% en volumen de alcohol (1).	Se añadirá el mensaje siguiente después de la lista de ingredientes: «contiene regaliz: las personas que padezcan hipertensión deberán evitar un consumo excesivo». A falta de una lista de ingredientes, la mención obligatoria se situará cerca del nombre con el que se comercializa el producto.

(1) El nivel máximo se aplicará a los productos tal como se presentan listos para su consumo o reconstituidos de acuerdo con las instrucciones de los fabricantes.

Precisiones **1)** Una gran superficie fue sancionada por publicidad engañosa por **promocionar vinos** induciendo al consumidor a pensar que tenía un **origen** gallego cuando no lo era, vulnerando las normas de publicidad de bienes y etiquetado (TSJ Galicia contencioso 3-2-10, EDJ 19742).
2) Se denegó la autorización sanitaria a un producto como **complemento alimenticio** debido a la presencia de aceite de borraja en el producto (tradicionalmente un principio activo de medicamentos) lo que le excluía del ámbito alimentario. Además, el etiquetado del producto no cumplía con la obligación de informar sobre la forma química en la que se adicionan los minerales y vitaminas (TS (Contencioso) 9-12-10, EDJ 265295).
3) Una sociedad comercializaba un producto indicando que solamente tenía extracto de arándano rojo americano cuando los análisis arrojaban que contenía otros ingredientes. Cuando un producto alimenticio o complemento alimenticio se comercializa con información que indica que contiene únicamente un determinado ingrediente, pero en realidad contiene otros **ingredientes no declarados**, dicha discrepancia constituye adulteración y un acto de engaño (AP Barcelona 17-10-23, EDJ 736254).
4) Una bebida fabricada en Alemania fue comercializada por un distribuidor en Italia con una etiqueta que indicaba un grado alcohólico superior al real. El **distribuidor** puede ser también **responsable** y sancionado por infracciones en el etiquetado de un producto, incluso si no ha intervenido en su fabricación o etiquetado, cuando la etiqueta contenga datos inexactos (TJUE 23-11-06, nº C-315/2005).

5) Una bebida no alcohólica incumplía los límites máximos de ácido benzoico y omitía la **advertencia** obligatoria de los **efectos adversos en los niños** de uno de los ingredientes, lo que se consideró un acto de competencia desleal (AP Madrid 28-7-23, EDJ 724479).
6) La utilización de denominaciones protegidas como **sobrasada de Mallorca** en un **producto vegano** que no cumple con los ingredientes ni con la indicación porcentual requerida es un fraude alimentario (JCA Palma de Mallorca núm 2, 26-1-22, EDJ 864134).

Cuando los productos alimenticios se presentan envasados, estas indicaciones obligatorias del etiquetado, tienen que **figurar en el envase** o en una etiqueta unida al mismo (RD 1334/1999 art.17.1). **1450**
Salvo en los pequeños envases (RD 1334/1999 art.14), tienen que figurar en el **mismo campo visual**, las indicaciones relativas a:
- denominación de venta;
- cantidad neta;
- marcado de fechas; y
- grado alcohólico, en su caso.

En todos los casos, deben ser fácilmente **comprensibles y visibles**, claramente legibles e indelebles. No pueden ser **disimuladas, tapadas o separadas** de ninguna forma por otras indicaciones o imágenes.
De estas indicaciones obligatorias del etiquetado de los productos alimenticios que se comercialicen en España, solo han de figurar **obligatoriamente en castellano** las relativas a (RD 1334/1999 art.5):
- la lista de ingredientes;
- las instrucciones para la conservación; y
- el modo de empleo.

Otras normas destacadas en materia de alimentos son las siguientes: **1454**

Norma	Contenido
RD 1086/2020	Condiciones de aplicación de las disposiciones de la Unión Europea en materia de **higiene de la producción y comercialización** de los productos alimenticios y se regulan actividades excluidas de su ámbito de aplicación
RD 418/2015	Regula la primera venta de los **productos pesqueros**
RD 496/2010	Norma de calidad para los productos de **confitería, pastelería, bollería y repostería**
RD 543/2016	Disposiciones de aplicación de los Reglamentos comunitarios sobre el sistema de etiquetado de la **carne de vacuno**

C. Denominaciones protegidas

Las denominaciones de origen e indicaciones geográficas constituyen unos mecanismos utilizados para lograr, al tiempo, la **promoción** de una clase de productos y su **protección** frente a la competencia desleal y las usurpaciones. **1456**
En la **legislación comunitaria** se regulan en los siguientes reglamentos:
• Rgto (UE) 1308/2013, por el que se crea la organización común de mercados de los productos agrarios y se encarga de la regulación de los nombres geográficos de vinos.
• Rgto (CE) 787/2019, sobre la definición, designación, presentación y etiquetado de las bebidas espirituosas, la utilización de los nombres de las bebidas espirituosas en la presentación y etiquetado de otros productos alimenticios, la protección de las indicaciones geográficas de las **bebidas espirituosas** y la utilización de alcohol etílico y destilados de origen agrícola en las bebidas alcohólicas.
• Rgto (UE) 1151/2012 sobre los regímenes de calidad de los **productos agrícolas y alimenticios**.
• Rgto (UE) 2021/49324 sobre financiación, gestión y seguimiento de la **política agrícola común**.
• Rgto (UE) 1308/2013, por el que se crea la **organización común de mercados agrícolas**.
• Rgto (UE) 251/2014, sobre la definición, designación, presentación, etiquetado y protección de las indicaciones geográficas, de los **productos vitivinícolas aromatizados**.
En nuestra **legislación nacional**, la materia se regula en la L 6/2015, de denominaciones de origen e indicaciones geográficas protegidas de **ámbito territorial supraautonómico**.

La propia Ley declara **aplicables con carácter prevalente** a su contenido, los Reglamentos UE junto con sus futuras modificaciones y Reglamentos de desarrollo así como cuantos pueda publicar posteriormente la UE en la materia (L 6/2015 disp.adic.5):
Las **técnicas de protección** empleada para la protección de los productos son:
- la denominación de origen protegida (DOP);
- la indicación geográfica protegida (IGP); y
- la especialidad tradicional garantizada (ETG).
La normativa establece las **siguientes DOP e IGP** (L 6/2015 art.10):
- DOP e IGP de productos vitivinícolas;
- IGP de bebidas espirituosas;
- IPGP de vinos aromatizados, bebidas aromatizadas a base de vino y cócteles aromatizados de productos vitivinícolas;
- DOP e IGP de otros productos de origen agrario o alimentario.

Precisiones La evocación frente a la que se protege a la DOP no se refiere únicamente a las palabras a través de las cuales puede evocarse una denominación registrada, sino también a todo signo figurativo que pueda traer a la mente del consumidor los productos amparados por la propia denominación registrada. Por tal razón, la **evocación de una denominación registrada** puede producirse mediante el uso de signos figurativos. La utilización de signos figurativos que evoquen la zona geográfica a la que está vinculada una denominación de origen puede constituir una evocación de esa denominación, incluso en el caso de que tales signos figurativos sean utilizados por un productor asentado en esa misma región pero cuyos productos, similares o comparables a los productos protegidos por dicha denominación de origen, no están amparados por esta última (TJUE 2-5-19, asunto C-614/17). Por ejemplo, la evocación de la **zona geográfica** a la que viene referida la DOP «queso manchego» mediante la utilización de signos denominativos (como el término «Rocinante») y figurativos (la figura del Quijote, los paisajes manchegos) en el mismo producto para el que está registrada la DOP (el queso), supone una proximidad conceptual suficientemente directa y unívoca entre los signos denominativos y figurativos controvertidos (TS (Civil) 18-719, EDJ 648205).

1458 **Denominación de origen protegida (DOP)** Por denominación de origen protegida se entiende un nombre que **identifica** un producto que cuenta con las siguientes **características** (Rgto (UE) 1151/2012 art.5.1):
- es **originario** de un lugar determinado, una región o, excepcionalmente, un país;
- su **calidad o características** se deben fundamental o exclusivamente a un medio geográfico particular, con los factores naturales y humanos inherentes a él;
- sus **fases de producción** tienen lugar en su totalidad en la zona geográfica definida.

1460 **Indicación geográfica protegida (IGP)** Una indicación geográfica protegida es un nombre que **identifica** un producto que cuenta con las siguientes **características** (Rgto (UE) 1151/2012 art.5.2; Rgto (UE) 2023/2411 art.6):
- es **originario de un lugar determinado**, una región o un país;
- posee una **cualidad determinada**, una reputación u otra característica que puede esencialmente atribuirse a su origen geográfico;

- de sus **fases de producción**, una al menos tiene lugar en la zona geográfica definida.
Algunos nombres de IGP **pueden asimilarse a DOP**, aun cuando las materias primas que se utilicen para el producto procedan de una zona geográfica más amplia que la zona geográfica definida o de una zona distinta de esta. A estos efectos, únicamente se consideran **materias primas** los animales vivos, la carne y la leche.
Para que se pueda dar esta asimilación es necesario que se cumplan las siguientes **condiciones**:
- que la zona de producción de las materias primas esté delimitada;
- que existan condiciones específicas para la producción de las materias primas;
- que se apliquen medidas de control para garantizar el cumplimiento de las condiciones anteriores;
- que las denominaciones de origen en cuestión estén reconocidas como denominaciones de origen en el país de origen desde antes del 1-5-2004.

Precisiones Pueden ser objeto de una IGP no solo los **productos agrícolas** y alimenticios (Rgto (UE) 1151/2012), sino también los **productos artesanales o industriales** (Rgto (UE) 2023/2411).

Diferencias y semejanzas entre la DOP y la IGP Las figuras de la DOP y la IGP tienen dos **características en común**: **1462**
- poseen un **nombre geográfico** (región, comarca o lugar) que se aplica al producto agrícola o alimenticio que procede de esa zona;
- existe un **vínculo o relación causa-efecto** entre las características específicas del producto y el medio geográfico de la zona.
En cuanto a las **diferencias** entre ambas, existen dos fundamentales:
- en un producto **con DOP** la producción, la transformación y la elaboración se realiza en la misma **zona geográfica**, sin embargo en un producto **con IGP** no es obligatorio que todas las fases se realicen en la misma zona geográfica;
- en un producto con DOP el **vínculo** es más estricto que en uno con IGP.

Especialidad tradicional garantizada (ETG) La mención «especialidad tradicional garantizada» no hace referencia al origen, sino que tiene por objeto proteger **métodos de producción y recetas tradicionales**. Su finalidad es ayudar a los productores a comercializar sus productos y a informar a los consumidores de los atributos que confieren **valor añadido** a sus recetas y productos tradicionales. **1464**
Se pueden registrar como especialidades tradicionales garantizadas los nombres que describan un producto o alimento específico que cumplan las siguientes **condiciones** (Rgto (UE) 1151/2012 art.18.1):
- ser el resultado de un método de producción, transformación o composición que correspondan a la práctica tradicional aplicable a ese producto o alimento; o
- estar producido con materias primas o ingredientes que sean los utilizados tradicionalmente.

Además de lo anterior, debe (Rgto (UE) 1151/2012 art.18.2):
- haberse **utilizado tradicionalmente** para referirse al producto específico; o
- **identificar el carácter tradicional** o específico del producto.

1466 **Diferencias entre DOP e IGP con una ETG** Las diferencias son las siguientes:
1. La DOP/IGP protege un **nombre geográfico**, y la ETG no protege un nombre geográfico, sino el **nombre de un producto**.
2. En un producto con DOP/IGP la especificidad se debe al **origen** del producto, mientras que en uno con ETG se debe al **carácter tradicional**.
3. La DOP/IGP constituye un **derecho a la propiedad industrial**, mientras que la ETG no otorga derecho a la propiedad industrial sino el **derecho a incorporar en el etiquetado** del producto la indicación «Especialidad Tradicional Garantizada».

1468 **Régimen de protección registral** Todas las denominaciones protegidas (DOP, IGP y ETG), **deben inscribirse** en el correspondiente registro comunitario para que los sistemas de protección desplieguen todos sus efectos.
El Rgto de ejecución (UE) 2025/1956 desarrolla todas las **reglas técnicas, administrativas y de procedimiento** necesarias para que el sistema de indicaciones geográficas artesanales e industriales funcione de forma armonizada, clara y eficiente en toda la Unión Europea.
Los principales puntos del citado Reglamento son:
Marco común: Se organiza un sistema único en la UE para registrar y proteger estas IG.
Normas de aplicación: Se fijan reglas sobre cómo presentar solicitudes, cómo oponerse, cómo modificar o anular un registro, y cómo usar símbolos y abreviaturas oficiales.
Solicitantes:
• Normalmente solicitan agrupaciones de productores, pero **un productor único** puede hacerlo si hay razones que impidan formar una agrupación.
• Otros productores de la zona pueden usar el nombre registrado si cumplen el pliego, incluso si coincide con el nombre de una explotación concreta.
Zona geográfica y calidad:
• Debe definirse de forma precisa.
• Cualquier requisito -como un **envasado obligatorio en la zona**- debe estar bien justificado para no restringir indebidamente la libre circulación de mercancías.
Procedimientos:
• Los Estados miembros examinan primero las solicitudes («procedimiento nacional preliminar»), excepto en los **registros directos** enviados a la Oficina de Propiedad Intelectual de la UE (EUIPO).
• La EUIPO revisa errores manifiestos y garantiza coherencia.
• También se regulan oposiciones, mediación, solicitudes conjuntas entre varios países y anulación de registros.

Documento único:
• Se estandariza su contenido y extensión.
• Debe resumir fielmente el pliego de condiciones del producto.
Símbolo y comunicación: Se fijan las características técnicas del símbolo de la UE y su uso para que los consumidores identifiquen fácilmente las IG protegidas.
Sistema digital: La EUIPO debe crear una plataforma para solicitudes, registros y comunicación entre Estados miembros, Comisión, solicitantes y organismos de control.
Cooperación y controles: Se detallan normas sobre intercambio de información y asistencia mutua entre autoridades.
Registro de la Unión: Se regula su arquitectura y funcionamiento, incluyendo la inscripción de IG reconocidas por acuerdos internacionales.

DOP e IGP Una vez que una DOP o IGP está inscrita en el registro comunitario queda **protegida frente** a las siguientes actuaciones (Rgto (UE) 1151/2012 art.13; Rgto (UE) 2023/2411 art.40): **1470**
• La **utilización comercial**, directa o indirecta, de una denominación registrada para **productos no amparados** por el registro. Se protege en la medida en que los productos no amparados sean comparables a los productos registrados bajo dicha denominación o en la medida en que al usar la denominación se aprovechen de la reputación de la denominación protegida. P.e., una empresa acogida a una DOP vinícola, que comercializa vino de otra zona como si fuera de la protegida.
• La **usurpación, imitación o evocación**, aunque se indique el origen verdadero del producto y aunque la denominación protegida esté traducida o vaya acompañada de una expresión como «género», «tipo», método», «estilo», «imitación» o una expresión similar.
• Las **indicaciones falsas** en cuanto a la procedencia, el origen, la naturaleza o las características esenciales de los productos. Estas indicaciones falsas pueden estar en el envase o en el embalaje, en la publicidad o en los documentos relativos a los productos de que se trate. También se prohíbe la utilización de envases que por sus características puedan crear una impresión errónea acerca del origen del producto.
• Cualquier otra **práctica que pueda inducir a error** al consumidor sobre el auténtico origen del producto.

Precisiones Se prohíbe el **registro de una marca** cuyo uso infrinja las anteriores prohibiciones, y que se refiera a un producto del mismo tipo que la DOP o la IGP, si la solicitud de registro de la marca se presenta con **posterioridad** a la fecha de presentación a de la solicitud de registro de la DOP o la IGP (Rgto (UE) 1151/2012 art.14; Rgto (UE) 2023/2411 art.43).

Dentro del procedimiento de **registro comunitario** se contempla una **protección transitoria** a nivel nacional de: **1472**
• En el caso de los **productos agroalimentarios**: hasta 10 años, como mecanismo de protección de carácter voluntario, que pueden solicitar las agrupaciones de productores o transformadores, una vez que la solicitud de registro ha sido transmitida a la Comisión Europea (Rgto (UE) 1151/2012 art.15.4).
Para ello es necesario que los **operadores** que lo solicitan hayan comercializado legalmente los productos en cuestión utilizando los nombres de que se trate de manera continuada durante al menos los 5 años anteriores a la presentación de la solicitud a las autoridades del Estado miembro.
• En el caso **productos artesanales e industriales**: hasta que se adopte una resolución o se retire la solicitud (Rgto (UE) 2023/2411 art.18).

ETG Cuando lo inscrito en el registro comunitario es una ETG, los nombres registrados quedan **protegidos contra** todo uso indebido, imitación o evocación y contra cualquier otra práctica que pueda inducir a error al consumidor (Rgto (UE) 1151/2012 art.24.1). **1474**

Normas de etiquetado Cuando una **DOP o IGP** se incluye en el Registro comunitario, en el etiquetado **deben figurar** los correspondientes signos distintos comunitarios. El nombre registrado del producto debe aparecer en el mismo campo visual. **1476**
También **pueden figurar** en el etiquetado las menciones «denominación de origen protegida» o «indicación geográfica protegida» o las correspondientes abreviaturas «DOP» o «IGP» (Rgto (UE) 1151/2012 art.12.3).
Adicionalmente también podrán figurar en el etiquetado (Rgto (UE) 1151/2012 art.12.4):
- una representación de la zona geográfica de origen;
- referencias textuales, gráficas o simbólicas al Estado miembro y/o a la región donde se ubique la zona geográfica de origen.
En el etiquetado de la **ETG** debe figurar el correspondiente símbolo comunitario (Rgto (UE) 1151/2012 art.23.3).
Además, el nombre del producto debe aparecer en el mismo **campo visual**. También puede figurar en el etiquetado la mención «especialidad tradicional garantizada» o la correspondiente abreviatura, «ETG».

D. Régimen de precios

(LGDCU art.6 y 136)

1480

a. Indicación de los precios

(RD 3423/2000)

1482 La **regulación** de esta materia se lleva a cabo por el RD 3423/2000, por el que se regula la indicación de los precios de los productos ofrecidos a los consumidores y usuarios.
Incorporó a nuestro ordenamiento jurídico las Dir (CEE) 1979/581 y (CEE) 1988/314, derogadas ambas por la Dir (CE) 1998/6, relativa a la protección de los consumidores en materia de indicación de precios de los productos ofrecidos a los consumidores.

1484 **Obligación general** (RD 3423/2000 art.1) Es obligatorio indicar el **precio de venta** y el **precio por unidad de medida** para todos los productos ofrecidos por los comerciantes a los consumidores, tanto si se trata de productos alimenticios como no alimenticios.
La **finalidad** de esta obligación de indicar los precios es **doble**:
- mejorar la información de los consumidores; y
- facilitar la evaluación y comparación de precios.
Como **excepción**, la obligación general de indicar el precio **no se aplica** a los siguientes productos:
- los suministrados con ocasión de una prestación de servicios;
- los vendidos en subasta pública; y
- las antigüedades y las obras de arte.
No obstante, en cada caso hay que estar a lo previsto en su **normativa específica**.

Precisiones Se entiende por **antigüedades** los bienes muebles útiles u ornamentales, excluidas las obras de arte y los objetos de colección, que tengan más de cien años de antigüedad y cuyas características originales fundamentales no hubieran sido alteradas por modificaciones efectuadas durante los cien últimos años.
En cuanto a las **obras de arte**, se incluyen:
- las pinturas, dibujos y pinturas al pastel, incluidas las reproducciones, realizadas totalmente a mano con exclusión de los artículos manufacturados decorados a mano y de los dibujos industriales;
- las litografías, grabados y estampas firmadas y numeradas por el artista y obtenidas por medio de piedras litográficas, planchas u otras superficies grabadas totalmente ejecutadas a mano; y
- las obras originales de arte estatutario y escultórico, con exclusión de las reproducciones en serie de las obras de artesanía de carácter comercial.

1486 **Clases de precios** Hay **dos tipos** de precios, el precio de venta y el precio por unidad de medida.

1488 **Precio por unidad de medida** (RD 3423/2000 art.2.b, 3.2 y 3) Por precio por unidad de medida **se entiende** el precio final incluidos el IVA y todos los demás impuestos, por un kilogramo, un litro, un metro, un metro cuadrado o un metro cúbico del producto o una unidad de producto, teniendo en cuenta que se puede emplear solo una unidad de medida para cada categoría de productos.

1490 Se **debe indicar** el precio por unidad de medida en:
a) Todos los productos que deban llevar una **indicación de la cantidad** a cuya magnitud deben referirse.
b) Los productos comercializados **por unidades o piezas**, utilizándose en este caso el uno como referencia de la unidad.
Teniendo en cuenta las **particularidades** de venta de cada producto, se considera que:
- en el caso de los huevos la unidad de medida es la docena;
- en complementos alimenticios, tabaco o cosméticos, 100 g. o 100 ml;
- en **detergentes**, la cantidad necesaria para un lavado en condiciones normales;
- en el tabaco de pipa, 100 g.
En los **productos vendidos a granel** debe indicarse únicamente el precio por unidad de medida. Se entiende por producto vendido a granel, aquel que no ha sido envasado previamente y se mide en presencia del consumidor.

Quedan **exceptuados** de la indicación del precio por unidad de medida aquellos productos en los que se considera que dicha indicación no aporta utilidad alguna. 1491
La excepción incluye los siguientes productos:
- aquellos cuyo precio de venta sea idéntico al precio por unidad de medida (p.e. un cartón de 12 huevos);
- los que se comercializan en cantidades inferiores a 50 g o ml;
- los de diferente naturaleza que se vendan en un mismo envase y no se comercialicen individualmente productos iguales a los que lo forman;
- los que se comercialicen mediante venta automática;
- porciones individuales de helado;
- los vinos de mesa con indicación geográfica y los vinos con denominación de origen;
- las bebidas espirituosas con denominación geográfica; y
- los productos alimenticios de fantasía.

Precisiones Son **alimentos de fantasía** aquellos que por su creatividad y originalidad no son comparables con otros (p.e. una tarta por encargo imitando objetos reales).

Precio de venta (RD 3423/2000 art.2.a y 3.1, 4 y 5) Por precio de venta **se entiende** el precio final de una unidad del producto o de una cantidad determinada del producto, incluidos el IVA y todos los demás impuestos. P. e. En una botella de leche de dos litros que se vende a dos euros, ese es el precio de venta, y un euro es el precio por unidad de medida (un litro). 1492
Se **debe indicar** el precio de venta en todos los productos ofrecidos por los comerciantes a los consumidores, salvo en el caso de los productos vendidos a granel.
En todas las formas de **publicidad** que mencionen el precio de venta de los productos se debe indicar también el precio por unidad de medida, salvo en los supuestos en los que no es preciso indicar dicho precio.

Características y presentación de los precios (RD 3423/2000 art.4) Los precios, tanto el de venta como el de unidad de medida tienen que cumplir una serie de **requisitos**. Deben ser: 1494
- **inequívocos**, fácilmente identificables y claramente legibles; y
- **visibles** por el consumidor sin necesidad de que este tenga que solicitar dicha información.

Ambos precios, el de venta y el de unidad de medida, tienen que estar **situados en el mismo campo visual**.
Cuando la normativa requiera la indicación del **peso neto** y del **peso neto escurrido** de determinados productos envasados, basta la indicación del precio por unidad de medida del peso neto escurrido.

Inspección y régimen sancionador (RD 3423/2000 art.5 y 6) La vigilancia e inspección sobre el **cumplimiento de las normas** relativas a indicación de precios **se lleva a cabo en** los lugares de venta al consumidor final y **se realiza por** los órganos de las comunidades autónomas competentes en materia de protección al consumidor. 1496
Las **infracciones** en este ámbito se sancionan de acuerdo con lo previsto en la normativa reguladora de las infracciones y sanciones en materia de defensa del consumidor y de la producción agroalimentaria (nº 4500 s.).

b. Determinación de los precios

Libertad de precios La **regla general** es la libre determinación del precio, dentro del necesario respeto a lo dispuesto en la legislación sobre defensa de la competencia y con las excepciones previstas en leyes especiales (LCD art.17.2 y LOCM art.13.1). 1498
En el **comercio minorista**, existen **reglas especiales** en materia de precios en los siguientes casos:
- la prohibición de venta a pérdida (nº 1587); y
- las ventas con precios reducidos para colectivos especiales (nº 1595).

Para los **grandes establecimientos** comerciales (nº 1595) no rige la prohibición de venta a pérdida de la LOCM, sin embargo, **se considera desleal** la venta realizada bajo coste, o bajo precio de adquisición cuando (LCD art.17.2):
- sea susceptible de inducir a error a los consumidores acerca del nivel de precios de otros productos o servicios del mismo establecimiento;
- tenga por efecto desacreditar la imagen de un producto o de un establecimiento ajenos;
- forme parte de una estrategia encaminada a eliminar a un competidor o grupo de competidores del mercado.

1499 **Aumento injustificado de precios en caso de urgencia o necesidad** (LGDCU art.20 ter redacc RDL 4/2026) Tras la declaración de zona afectada gravemente por una **emergencia de protección civil** regulada en la L 17/2015 del Sistema Nacional de Protección Civil o en contextos de urgencia, riesgo o necesidad de las personas consumidoras derivados de **accidente, emergencia técnica, fuerza mayor** u otras circunstancias sobrevenidas no imputables a los consumidores y que alteren la situación de oferta y demanda de forma excepcional, está **prohibido** producir incrementos injustificados del precio final de venta de los bienes y servicios.
Los contextos de urgencia, riesgo o necesidad se **deben acordar en** el Consejo de Ministros e indicar:
- la fecha de inicio y final de la medida;
- los bienes o servicios afectados; y
- la referencia aplicable para la limitación de precios de los bienes o servicios cubiertos.
Se entiende por **incremento del precio final** cualquier precio superior al del precio máximo al que se haya ofertado el bien o servicio, o aquellos bienes o servicios de naturaleza análoga, durante los 30 días previos a la situación sobrevenida que deriva en la urgencia, riesgo o necesidad. **Excepcionalmente**, en caso de que el precio máximo ofertado sea **superior en un 50%** al precio medio ofertado en los 30 días previos a la situación sobrevenida, el precio de referencia, será dicho precio medio incrementado en un 50%. Todo ello sin perjuicio de los incrementos de precio derivados de un **aumento acreditable de los costes** por parte de los operadores económicos.
El **incumplimiento** de estas obligaciones da derecho al consumidor o usuario a la devolución automática de cualquier cantidad cobrada en exceso sobre el precio máximo aplicable, sin perjuicio del régimen sancionador que resulte de aplicación.

Precisiones 1) En aquellos bienes y servicios cuyos precios tengan un marcado **carácter estacional**, se podrá tomar como referencia el precio del mismo periodo del año anterior, actualizado de acuerdo con el IPC.
2) Se aprobó, por primera vez, la **aplicación** de la LGDCU art.20 ter, en este caso, a los **servicios esenciales de hospedaje** en los territorios afectados por los desalojos provocados por la borrasca Leonardo por la Secretaría General de Consumo y Juego Resol 17-2-26.

1500 **Intervención administrativa de precios** (LOCM art.13.2) La intervención administrativa sobre los precios es hoy marcadamente **excepcional**, pues el principio general que rige la fijación de los precios entre las partes en una relación comercial es el de la libertad de pactos. Ello no obstante, existen ciertos productos sobre los que, por razones singulares, vinculadas a su importancia, la Administración ha venido ejerciendo una potestad de intervención o fijación de sus precios.
La Ley autoriza al Gobierno del Estado, previa audiencia de los sectores afectados, a **fijar los precios o los márgenes** de comercialización de determinados productos, así como someter sus modificaciones a control o a previa autorización administrativa, en los casos siguientes:
- cuando se trate de **productos de primera necesidad** o de materias primas estratégicas;
- cuando se trate de bienes producidos o comercializados en régimen de **monopolio** o mediante **concesión administrativa**;
- como medida complementaria de las políticas de **regulación de producciones** o de subvenciones u otras ayudas a empresas o sectores específicos; o
- cuando, en un sector determinado, se aprecie **ausencia de competencia efectiva**, existan obstáculos graves al funcionamiento del mercado o se produzcan situaciones de desabastecimiento. En este caso, el control de precios es excepcional y solo se realizará mientras persistan las circunstancias que aconsejaron la intervención.

1502 **Ámbito estatal** (RDL 7/1996 anexo 1) Los **sectores** con precios autorizados son los siguientes:
- electricidad;
- gas canalizado para usos domésticos y comerciales;
- gases licuados del petróleo (costes de comercialización);
- especialidades farmacéuticas, excepto las publicitarias;
- productos postales;
- tarifas telefónicas;
- transporte público; y
- tarifas de RENFE.

Precisiones Se **liberalizaron** todos los precios autorizados de ámbito nacional que no quedaron incluidos en el RDL 7/1996 anexo 1 (p.e., los seguros agrarios).

La aprobación de **modificaciones** de precios autorizados es **competencia** de la Comisión Delegada del Gobierno para Asuntos Económicos (RDL 7/1996 art.16.1). 1503
Con carácter general, es preceptivo el **informe** de la Dirección General de Política Económica.
Como **excepción**, el informe es competencia de diferentes organismos en los siguientes productos o servicios:

Producto o servicio	Órgano competente
Electricidad	Comisión Nacional de la Energía
Telecomunicaciones	Comisión Nacional de los Mercados y la Competencia
Gas canalizado para usos domésticos y comerciales y gases licuados del petróleo	Ministerio de Industria

Para valorar las **solicitudes** de modificación de precios solicitadas se tienen en cuenta:
- la evolución de los costes del sector; y
- las ganancias de productividad.

Se establecen **marcos de crecimiento máximo** de los precios sectoriales, que se formulan en términos de variaciones del IPC minoradas en determinados porcentajes. P.e. se establece un crecimiento máximo del precio de las tarifas telefónicas del IPC menos un punto (IPC-1).
Excepcionalmente pueden utilizarse técnicas alternativas, siendo necesaria su previa justificación ante el órgano competente para informar las modificaciones de precios.

Ámbito autonómico Los **sectores** con precios autorizados son los siguientes (RDL 7/1996 anexo 2): 1504
- agua (abastecimiento a poblaciones);
- transporte urbano de viajeros;
- compañías ferroviarias de ámbito autonómico; y
- agua de regadío en las islas Canarias.

La **aprobación** de los precios autorizados de ámbito autonómico **compete** a las Comisiones Autonómicas y Provinciales de Precios.

E. Seguridad

1510

El deber general de no lesionar ni poner en peligro **la salud y la integridad física** de las personas es una pieza clave y tradicional de diversos sectores de nuestro ordenamiento. Se corresponde con el **derecho básico del consumidor** a la protección contra los riesgos que puedan afectar su salud o seguridad (nº 215).

1. Regulación

Las **características** que han de cumplir los productos para no lesionar ni poner en peligro la salud y la integridad física de las personas, viene regulado, actualmente, con carácter general en la LGDCU y específicamente en el RD 1801/2003 sobre seguridad general de los productos. 1512
A partir del 13-12-24 será aplicable directamente, en toda la Unión Europea, el Rgto (UE) 2023/988 relativo a la seguridad general de los productos.
Así, donde no exista legislación armonizada o donde esta no cubra determinados aspectos de seguridad, se aplica la Dir 2001/95/CE relativa a la seguridad general de los productos transpuesta mediante el RD 1801/2003. La Dir 2001/95/CE ha sido derogada por el Rgto (UE) 2023/988 sobre seguridad general de los productos, pero sus requisitos siguen en vigor hasta el 13-12-24 y, por lo tanto, también los del RD 1801/2003.

Hasta el 12-12-2024 El RD 1801/2003 **se aplica** a los productos destinados al consumidor, incluidos los ofrecidos o puestos a disposición de estos en el marco de una prestación de servicios, que cumplan estas **condiciones** (RD 1801/2003 art.1.2): 1513
- estar destinados a que los consumidores los consuman, manejen o utilicen directamente o que, en condiciones razonablemente previsibles, puedan ser utilizados por ellos aunque no les estén destinados; y
- ser suministrados o puestos a su disposición, a título oneroso o gratuito, en el marco de una actividad comercial, ya sea nuevo, usado o reacondicionado.

Se aplica, con **carácter supletorio**, a los riesgos, categorías de riesgos o aspectos de productos que cuenten con una normativa específica que regule su seguridad.
Asimismo, se aplica, sin perjuicio de lo establecido en materia de responsabilidad, a los daños ocasionados por **productos defectuosos** (nº 615), y a las obligaciones que para los empresarios surjan de conformidad con la legislación civil y mercantil en los supuestos de retirada y recuperación de los productos de los consumidores (nº 115).
Se **exceptúa** de este régimen a los productos usados que se suministren como antigüedades o para ser reparados o reacondicionados antes de su utilización, siempre que el proveedor informe de ello claramente a la persona a la que suministre el producto (RD 1801/2003 art.1.3).

1514 **A partir del 13-12-2024** El Rgto (UE) 2023/988 **se aplicará a** los productos que se introduzcan en el mercado o se comercialicen en la medida en que no existan disposiciones específicas con la misma finalidad en el Derecho de la Unión que regulen la seguridad de los productos de que se trate (Rgto (UE) 2023/988 art.2).
Cuando los productos estén sujetos a **requisitos específicos de seguridad**, el Reglamento se aplicará únicamente a los aspectos, riesgos o categorías de riesgo que no estén cubiertos por esos requisitos.
Se **exceptúa** de este régimen a:
- medicamentos de uso humano o veterinario;
- alimentos;
- piensos;
- plantas y animales vivos, organismos modificados genéticamente y microorganismos modificados genéticamente en utilización confinada, así como productos procedentes de vegetales y animales directamente relacionados con su futura reproducción;
- subproductos animales y productos derivados;
- productos fitosanitarios;
- equipos en los que los consumidores montan o en los que viajan, cuando dichos equipos sean manejados directamente por un prestador de servicios en el contexto de un servicio de transporte prestado a los consumidores, y no por los propios consumidores;
- las aeronaves (Rgto (UE) 2018/1139 art.2.3.d);
- antigüedades; y
- productos que deban ser reparados o reacondicionados antes de su utilización si están claramente indicados como tales.

2. Evaluación de la seguridad de un producto

1515 Antes de evaluar si un producto es seguro o no, debe entenderse qué se define como tal.

1516 **Producto seguro** (LGDCU art.11.2; RD 1801/2003 art.2.a; Rgto (UE) 2023/988 art.3.2) Se consideran seguros los bienes o servicios que, en condiciones de uso normales o razonablemente previsibles, incluida su duración y, si procede, puesta en servicio, instalación y mantenimiento, no presentan riesgo alguno para la salud o seguridad de las personas.
El **parámetro de uso**, es el de **uso en condiciones normales**, esto es, según el destino del bien o servicio contratado. Por tanto, no podrá entenderse que se ha producido una infracción del derecho a la salud o seguridad cuando el consumidor o usuario haya llevado a cabo un **uso anormal o contrario** al fin para el que se diseñó el producto o el servicio. Al llevar a cabo esta actuación, el propio consumidor asume un riesgo que no puede pretender trasladar al empresario, pues ello implica, en la mayor parte de las ocasiones, desatender las instrucciones de uso del bien facilitadas por el empresario y que suponen el cumplimiento del deber de información que legalmente se le impone.
El empresario está obligado a poner en conocimiento de los consumidores y usuarios, por medios apropiados, los **riesgos** susceptibles de provenir de una **utilización previsible**. La información debe comprender, no solo los riesgos derivados de una utilización normal de la cosa o servicio sino incluso aquellos otros implícitos en una utilización previsible o solo meramente posible (AP Zaragoza 7-2-12, EDJ 15428).
Así, por ejemplo, en el caso de lesiones sufridas en una atracción de feria, si el damnificado participa activamente en el evento, tal conducta exime de responsabilidad al organizador, salvo que se pruebe alguna culpa o negligencia de este (AP Bizkaia 8-3-11, EDJ 179391).

La norma únicamente admite los **riesgos mínimos** que sean compatibles con el uso del bien o servicio dentro de un nivel elevado de protección de la salud y seguridad de las personas, teniendo en cuenta, en particular, los siguientes elementos: **1518**
• Las **características** del producto, entre ellas su composición y envase.
• El **efecto sobre otros productos**, cuando razonablemente se pueda prever la utilización del primero junto con los segundos.
• La **información** que acompaña al producto. En particular, el etiquetado; los posibles avisos e instrucciones de uso y eliminación; las instrucciones de montaje y, si procede, instalación y mantenimiento, así como cualquier otra indicación o información relativa al producto.
• La **presentación y publicidad** del producto.
• Las **categorías de consumidores** que estén en condiciones de riesgo en la utilización del producto, en particular, los niños y las personas mayores.
El hecho de que sea posible alcanzar niveles superiores de seguridad, o que se puedan obtener otros productos que presenten menor grado de riesgo, no es razón suficiente para considerar que un producto es inseguro.

Producto inseguro o peligroso (RD 1801/2003 art.3.5; Rgto (UE) 2023/988 art.3.3) Cualquier producto que no responda a los criterios anteriores tiene la consideración de producto inseguro. **1522**
A los efectos de la adopción de las correspondientes medidas administrativas de reacción, salvo prueba en contrario, **se presume** que un producto es inseguro cuando:
• El producto o las instalaciones donde se elabore carecen de las **autorizaciones u otros controles administrativos preventivos** necesarios establecidos con la finalidad directa de proteger la salud y seguridad de los consumidores y usuarios. En particular, cuando estando obligado a ello, el producto haya sido puesto en el mercado sin la correspondiente «declaración CE de conformidad», el «marcado CE» o cualquier otra marca de seguridad obligatoria.
• Carece de los datos mínimos que permiten **identificar al productor**.
• Pertenece a una **gama, lote o remesa de productos** de la misma clase o descripción donde se ha descubierto algún producto inseguro.

Precisiones El Rgto (UE) 2023/988 (aplicable desde el 13-12-24) pasa a llamar a los productos inseguros como productos peligrosos.

Portal Safety Gate El Rgto de Ejecución (UE) 2024/1740 que desarrolla al Rgto (UE) 2023/988 **permite a los consumidores** informar a la Comisión Europea sobre productos que podrían presentar un riesgo para la salud y la seguridad de los consumidores a través del portal *Safety Gate*. **1522.1**
Los **datos** comunicados a través del portal **deben almacenarse** únicamente el tiempo necesario con un máximo de 5 años (Rgto de Ejecución (UE) 2024/1740 art.4)
La **información** que deben presentar los consumidores y otros interesados a través del portal es (Rgto de Ejecución (UE) 2024/1740 art.1):
- datos que identifiquen el producto;
- cualquier dato disponible sobre la cadena de suministro del producto;
- datos que respalden el riesgo, incluido, cuando proceda, la descripción y las circunstancias del accidente y la descripción de las lesiones u otros daños que se hayan producido;
- Estado miembro de residencia o el Estado miembro en el que se encuentren;
- nombre y datos de contacto;
- información sobre los contactos directos que el consumidor u otro interesado haya tenido con el operador económico o el prestador de un mercado en línea pertinente.
Para verificar la **exactitud y pertinencia** de estos datos, se plantea el filtrado automático de la misma (Rgto de Ejecución (UE) 2024/1740 art.2) y su posterior envío al Estado miembro pertinente o pertinentes (Rgto de Ejecución (UE) 2024/1740 art.3).

Precisiones **1)** La **dirección web** del portal de ***Safety Gateway*** es: https://webgate.ec.europa.eu/consumer-safety-gateway/screen/public/home
2) La Comisión Europea en su **informe anual** sobre Safety Gate indicó que registró 4.671 alertas en 2025. Los productos de cosmética con un 36% sobre el total fueron los productos con mayor número de notificaciones, seguidos por juguetes (16%) y aparatos eléctricos (11%), mientras que el resto de productos representaron un 37%. Puede consultarse el informe completo en la dirección https://op.europa.eu/webpub/just/safety-gate-2025-report/en/

Presunción de conformidad con los requisitos de seguridad A los efectos del Rgto (UE) 2023/988, se presume con un producto es **conforme** con el requisito general de seguridad **cuando** (Rgto (UE) 2023/988 art.7): **1523**
- es conforme con las correspondientes normas europeas sobre seguridad de los productos o con partes de estas, en lo que respecta a los riesgos y categorías de riesgo cubiertos por tales normas, cuyas referencias se hayan publicado en el DOUE; o

- en ausencia de normas europeas, el producto es conforme con los requisitos nacionales, por lo que respecta a los riesgos y las categorías de riesgo cubiertos por los requisitos de salud y seguridad establecidos en el Derecho nacional del Estado miembro en el que se comercialice, a condición de que dicho Derecho cumpla lo dispuesto en el Derecho de la Unión.

En España, se considera que un producto que va a comercializarse es seguro cuando (RD 1801/2003 art.3):

• Cumple la normativa de obligado cumplimiento que fija los **requisitos de salud y seguridad**.

• Si **no existe normativa** de obligado cumplimiento aplicable o esta no cubre todos los riesgos o categorías de riesgos del producto, para evaluar su seguridad, garantizando siempre el nivel de seguridad que los consumidores pueden esperar razonablemente, **se han de tener en cuenta** los siguientes elementos:

- las normas técnicas nacionales que sean transposición de normas europeas no armonizadas;
- las normas UNE;
- las recomendaciones de la Comisión Europea que establezcan directrices sobre la evaluación de la seguridad de los productos;
- los códigos de buenas prácticas en materia de seguridad de los productos que estén en vigor en el sector, especialmente cuando en su elaboración y aprobación hayan participado los consumidores y la Administración pública; y
- el estado actual de los conocimientos y de la técnica.

La **conformidad de un producto** con las disposiciones normativas que le son aplicables o con alguno de los elementos anteriores, o que haya **superado los correspondientes controles** administrativos obligatorios, no impide a los órganos administrativos competentes adoptar alguna de las medidas de restablecimiento o garantía de la seguridad (nº 98 s.) si, pese a todo, resulta inseguro, ni exime a los productores y distribuidores del cumplimiento de sus deberes.

Precisiones Las **normas UNE** son especificaciones técnicas aprobadas por los organismos de normalización reconocidos, cuyas referencias son publicadas en el Boletín Oficial del Estado. La Administración debe armonizarlas, actualizarlas y suprimirlas, en su caso, de igual forma.

3. Obligaciones para garantizar la seguridad de los productos

(LGDCU art.13)

1530

1531 Los **estándares de protección e información** sobre los riesgos de la salud y seguridad deben ser ofrecidos por los empresarios que participan en la puesta a disposición de los bienes y servicios a los consumidores y usuarios.

La Ley imputa directamente al empresario el cumplimiento de determinadas **obligaciones**, dentro de los límites de su actividad. Fija los **principios básicos** a los que debe de acomodarse la actuación del empresario.

1532 Debe respetar las siguientes **prohibiciones**:

• **Tener o almacenar** en instalaciones de producción, transformación, almacenamiento o transporte de alimentos o bebidas, productos reglamentariamente no permitidos.

• **Vender a domicilio** bebidas y alimentos. Tiene como excepción los adquiridos o encargados por los consumidores en establecimientos comerciales autorizados para venta al público; y la autorización de ventas directas a domicilio practicadas tradicionalmente.

• **Suministrar** bienes que carezcan de marcas de seguridad obligatorias o de los datos mínimos que permitan identificar al responsable del bien.

• **Importar** productos que no cumplan lo establecido en la normativa de protección de consumidores.

• **Utilizar** ingredientes, materiales y demás elementos susceptibles de generar riesgos para la salud y seguridad de las personas.

1534 Además de estas prohibiciones, la Ley impone al empresario el cumplimiento de determinadas **obligaciones**:

• Mantener un **control de forma** que permita comprobar con rapidez y eficacia el origen, distribución, destino y utilización de los bienes potencialmente inseguros, los que contengan sustancias clasificadas como peligrosas o los sujetos a obligaciones de trazabilidad.

• Cumplir la normativa sobre los casos, modalidades y condiciones en que puede efectuarse la **venta ambulante de bebidas y alimentos**.
• **Retirar, suspender o recuperar** de los consumidores, mediante procedimientos eficaces, cualquier bien o servicio que no se ajuste a las condiciones y requisitos exigidos o que, por cualquier otra causa, suponga un riesgo previsible para la salud o seguridad de las personas.
• **Controlar** los productos manufacturados susceptibles de afectar a la seguridad física de las personas, prestando a este respecto la debida atención a los **servicios de reparación y mantenimiento**.
La responsabilidad del empresario por productos y servicios defectuosos (nº 615 s.) está directamente **conectada con los derechos** de los consumidores a la protección de la salud y seguridad (nº 215), y a la reparación de los daños sufridos (nº 290).

a. Obligaciones del productor o fabricante

Hasta el 12-12-2024 (RD 1801/2003 art.4) Los productores tienen el deber de poner en el mercado únicamente productos seguros. 1537
Son productores:
1. El **fabricante** de un producto cuando esté establecido en la UE. Se considerará también fabricante toda persona que se presenta como tal estampando en el producto su nombre, marca o cualquier otro signo distintivo, o toda persona que proceda al reacondicionamiento del producto.
2. El **representante del fabricante** cuando no esté establecido en la UE o, a falta de representante establecido en la Unión, el **importador** del producto.
3. Los demás **profesionales de la cadena de comercialización**, en la medida en que sus actividades puedan afectar a las características de seguridad del producto.
Dentro de los límites de sus respectivas actividades y en función de las características de los productos, **los productores deben**:
• **Informar** a los consumidores o usuarios por medios apropiados de los riesgos que no sean inmediatamente perceptibles sin avisos adecuados y que sean susceptibles de provenir de una utilización normal o previsible de los productos, habida cuenta de su naturaleza, sus condiciones de duración y las personas a las que van destinados. La facilitación de esta información, no obstante, no exime del cumplimiento de los demás deberes establecidos.
• **Mantenerse informados de los riesgos** que dichos productos puedan presentar e informar a los distribuidores convenientemente. Con este fin, deben registrar y estudiar aquellas reclamaciones de las que pudiera deducirse la existencia de un riesgo y, en su caso, realizar pruebas por muestreo de los productos comercializados o establecer otros sistemas apropiados.
• **Adoptar medidas para evitar los riesgos** cuando descubran o tengan indicios suficientes de que han puesto en el mercado productos que presentan para el consumidor riesgos incompatibles con el deber general de seguridad. Pueden consistir en informar a los consumidores mediante la publicación de avisos especiales, retirar los productos del mercado o recuperarlos de los consumidores.
• **Indicar**, en el producto o en su envase, los **datos de identificación** de su empresa y de la referencia del producto o, si procede, del lote de fabricación, salvo en los casos en que la omisión de dicha información esté justificada.

Cuando productores y distribuidores sepan que un **producto no es seguro**, deben comunicarlo inmediatamente a los órganos administrativos competentes de la comunidad autónoma afectada. Si el producto se ha suministrado a los consumidores de más de una comunidad autónoma, esta comunicación se ha de dirigir al órgano competente de la comunidad autónoma donde radique su domicilio social, que la transmitirá inmediatamente al Instituto Nacional del Consumo, para su traslado al resto de las comunidades autónomas afectadas. 1538
La **comunicación** debe contener, al menos:
- los datos que permitan identificar con precisión el producto o lote de productos;
- una descripción completa del riesgo que presentan los productos;
- toda la información disponible que sea útil para localizar el producto; y
- una descripción de la actuación emprendida con el fin de prevenir los riesgos para los consumidores.
Los productores y los distribuidores, dentro de los límites de sus respectivas actividades, deben **colaborar** con los órganos administrativos competentes, a petición de estos, en las actuaciones emprendidas para evitar los riesgos que presenten los productos que suministren o hayan suministrado.
En particular, **deben** facilitar toda la información pertinente que se les demande, incluida aquella que pueda estar protegida por el secreto comercial e industrial, en el plazo máximo de

5 días, salvo que por la urgencia del caso concreto se indique uno inferior. La información amparada por el secreto comercial e industrial no será divulgada ni destinada a otra finalidad distinta a la que justifica su recepción.
Los productores y distribuidores deben **mantener bajo estricto control** los productos sometidos a medidas restrictivas, absteniéndose de disponer de ellos en cualquier forma hasta la autorización de los órganos administrativos competentes.

1539 **A partir del 13-12-2024** (Rgto (UE) 2023/9981 art.9) Debe entenderse como **fabricante** a toda persona física o jurídica que fabrica un producto o que manda diseñar o fabricar un producto y lo comercializa con su nombre o su marca.
Los fabricantes solo pueden lanzar al mercado productos fabricados conforme al requisito general de seguridad. Para ello, deben realizar previamente un **análisis de riesgos** y elaborar una documentación técnica para evaluar la seguridad.
La **documentación técnica** debe mantenerse actualizada y a disposición de las autoridades de vigilancia del mercado durante un periodo de 10 años.
Los productos deben llevar un **número de modelo, partida o serie** fácilmente visible que permita su identificación y si el tamaño y la naturaleza del producto no lo permite, debe figurar en el envase o en un documento que lo acompañe.
Los fabricantes deben:
- acompañar los productos de **instrucciones e información** relativa a la seguridad fácilmente comprensibles para los consumidores a no ser que el producto pueda utilizarse de forma segura sin dichas instrucciones;
- poner a disposición pública **canales de comunicación** (teléfono, correo electrónico, web...) que permita a los consumidores presentar reclamaciones e informar de cualquier accidente o problema de seguridad;
- investigar las reclamaciones presentadas y la información sobre accidentes recibida, llevando un registro interno.

Si, en algún momento, se **sospecha** o se tiene constancia que un **producto es peligroso** debe:
- adoptar las medidas correctivas necesarias, incluida la retirada o recuperación;
- informar a los consumidores; e
- informar a las autoridades de vigilancia a través del portal *Safety Business Gateway*;
- asegurarse de que otros operadores económicos, personas responsables y prestadores de mercados en línea sean informados en tiempo oportuno.

Precisiones **1)** En los **canales de comunicación** puestos a disposición por el fabricante a los consumidores, debe tenerse en cuenta las necesidades de acceso de las personas con discapacidad.
2) El **registro interno** sobre reclamaciones y accidentes deben conservarse durante el tiempo estrictamente necesario para la investigación y nunca más de 5 años.

b. Obligaciones del distribuidor

1540 **Hasta el 12-12-2024** (RD 1801/2003 art.5) Los **distribuidores** tienen el deber de distribuir solo productos seguros (nº 1516), por lo que **no pueden suministrar productos cuando** sepan, o debieran saber, por la información que poseen y como profesionales, que no cumplen tal requisito.
Los distribuidores deben **actuar con diligencia** para contribuir al cumplimiento de los requisitos de seguridad aplicables, en particular, durante el almacenamiento, transporte y exposición de los productos.
Dentro de los límites de sus actividades respectivas, deben participar en la **vigilancia de la seguridad** de los productos puestos en el mercado, en concreto:
• Informando a los órganos administrativos competentes y a los productores sobre los riesgos de los que tengan conocimiento.
• Manteniendo, durante un plazo de 3 años después de haber agotado las existencias de los productos, y proporcionando la documentación necesaria para averiguar el origen de los productos, en particular la identidad de sus proveedores, y, en caso de no ser minoristas, su destino, y proporcionando aquélla, en su caso, a las autoridades que la soliciten.
• Colaborando eficazmente en las actuaciones emprendidas por los productores y los órganos administrativos competentes para evitar dichos riesgos.
Las obligaciones de **cooperación** con las autoridades y en el caso de que el distribuidor sepa que un **producto no es seguro**, son las mismas que en el caso del productor (nº 1538).

1541 **A partir del 13-1-2024** (Rgto (UE) 2023/9981 art.12) Debe entenderse como **distribuidor** a toda persona física o jurídica de la cadena de suministro, distinta del fabricante o el importador, que comercializa un producto.
Antes de comercializar un producto, el distribuidor debe comprobar que el fabricante o importador cumpla con sus obligaciones establecidas en el Rgto (UE) 2023/9981.

El distribuidor debe:
• Asegurarse de que las condiciones de **almacenamiento** o **transporte** no comprometen la seguridad del producto.
• Si tiene motivos para pensar que el **producto no es seguro**, no comercializarlo y:
- informar inmediatamente al fabricante o importador;
- asegurarse de que se toman las medidas necesarias para que el producto sea seguro, incluyendo su retirada o recuperación; e
- informar a las autoridades mediante el portal *Safety Business Gateway*.

c. Deberes de otros sujetos

Hasta el 12-12-2024 (RD 1801/2003 art.7) Los **organismos de control** deben facilitar a los órganos administrativos la información que requieran sobre protocolos, auditorías, actas, informes o certificados que emitan en el ámbito de la seguridad de productos. **1542**

A partir del 13-12-2024 (Rgto (UE) 2023/9981 art.10, 11 y 22) Se distinguen, además del fabricante o el distribuidor, los siguiente sujetos con obligaciones sobre la seguridad de los productos: **1543**
• **Representante autorizado**: es toda persona física o jurídica establecida en la Unión que ha recibido un mandato escrito de un fabricante para actuar en su nombre en relación con tareas específicas relativas a las obligaciones del fabricante.
Los representantes autorizados **deben**:
- seguir el mandato del fabricante;
- proporcionar a las autoridades de vigilancia una copia del mandato si se lo solicitan;
- proporcional a las autoridades de vigilancia toda la documentación que acredite que el producto es seguro en lengua de dicha autoridad;
- informar al fabricante si sospecha que el producto es peligroso;
- en caso de notificación en el portal *Safety Business Gateway*, informar a las autoridades de las medidas adoptadas para eliminar los riesgos si el fabricante no ha proporcionado aún la información o si este le ha dado tal instrucción; y
- cooperar con las autoridades para eliminar eficazmente los riesgos de los productos.

• **Importador**: es toda persona física o jurídica establecida en la Unión que introduce un producto de un tercer país en el mercado de la Unión. **1544**
Los importadores **deben**:
- asegurarse de que los productos son seguros antes de introducirlo en el mercado e informar al fabricante y las autoridades en caso de que no lo sean;
- indicar, con una nueva etiqueta en lugar visible y sin ocultar ningún dato obligatorio, su nombre, dirección postal y correo electrónico en que se les pueda contactar;
- asegurarse de que las condiciones de almacenamiento o transporte no comprometen la seguridad del producto;
- mantener, durante 10 años, copia de la documentación técnica y facilitarla a las autoridades de vigilancia si se la solicitan;
- cooperar con las autoridades y el fabricante para garantizar que el producto es seguro;
- si piensa que el producto no es seguro, informar al fabricante, a los consumidores y a la autoridad de vigilancia (mediante el portal *Safety Business Gateway*);
- asegurarse de que los canales de comunicación con el fabricante están a disposición pública y si no lo están, proporcionarlos;
- investigar todas las reclamaciones presentadas e información sobre accidentes e inscribirlas en un registro, informando de los resultados al fabricante, distribuidores y prestadores de servicios logísticos o de mercados en línea.

Precisiones **1)** En los **canales de comunicación** puestos a disposición a los consumidores, debe tenerse en cuenta las necesidades de acceso de las personas con discapacidad.
2) El **registro interno** sobre reclamaciones y accidentes deben conservarse durante el tiempo estrictamente necesario para la investigación y nunca más de 5 años.

• **Prestadores de mercados en línea** deben: **1545**
- registrarse en el portal *Safety Gate*;
- designar un punto único de contacto que permita a los consumidores comunicarse directa y rápidamente con ellos en caso de problemas de seguridad de los productos;
- disponer de precesos internos relativos a la seguridad de los productos;
- adoptar las medidas necesarias para recibir y gestionar de las autoridades de vigilancia y actuar sin dilación indebida en un plazo máximo de 2 días hábiles;
- tener en cuenta la información periódica sobre productos peligrosos notificada por las autoridades de vigilancia;

- gestionar sin dilación las notificaciones sobre seguridad de productos en un plazo máximo de 3 días laborales;
- diseñar y organizar la interfaz en línea de manera que permita a los comerciantes que ofrecen el producto informar de los métodos para contactar al fabricante o persona responsable;
- suspender, durante un periodo de tiempo razonable, tras advertencia previa, a los comerciantes que ofrezcan frecuentemente productos peligrosos;
- cooperar con las autoridades de vigilancia, los comerciante y los operadores económicos para facilitar las medidas destinadas a eliminar o reducir los riesgos;
- ofrecer a los consumidores información adecuada y oportuna para la recuperación de productos peligrosos;
- informar sobre la decisión de retirar un producto peligroso al operador económico;
- cooperar con las autoridades y los operadores económicos para recuperar un producto peligroso;
- informar a través del portal de *Safety Business Gateway* acerca de la comercialización de productos peligrosos;
- cooperar en relación con los accidentes que se le notifiquen;
- permitir el acceso a sus interfaces de las herramientas en línea utilizadas por las autoridades de vigilancia para detectar productos peligrosos; y
- permitir la extracción por las autoridades de vigilancia de los datos de los vendedores cuando estos han establecido obstáculos -*data scraping*-.

d. Obligaciones de las Administraciones públicas

(LGDCU art.14, 15 y 16)

1547 La salvaguarda de la integridad física y la salud de los ciudadanos no puede recaer exclusivamente en la responsabilidad del sector privado. Por ello, para la **efectividad de la protección** del consumidor y usuario, se establece la obligación de las Administraciones públicas de garantizar este derecho mediante el desarrollo reglamentario, el control y vigilancia, y, en su caso, la adopción de medidas de protección, ordinarias y extraordinarias.

Esta función de garantía pública se despliega a través de tres ejes de actuación fundamentales:

• **Potestad reglamentaria**: la Administración tiene el deber de definir los estándares de seguridad mínimos que debe cumplir cualquier producto para ser comercializado.

• **Vigilancia y control preventivo**: el control y vigilancia constituye una actividad inspectora permanente. Las autoridades deben:
- realizar campañas de toma de muestras y ensayos en laboratorios acreditados;
- supervisar los puntos de entrada (aduanas) y los canales de distribución minorista; y
- mantener operativos los sistemas de intercambio rápido de información (redes de alerta) para detectar riesgos detectados en otros Estados miembros.

• **Medidas de protección y régimen sancionador**: ante la detección de un riesgo, la Administración está facultada para intervenir de forma proporcional (nº 4532 s.) y, en su caso, adoptando medidas de protección ordinarias y extraordinarias (nº 98 s.).

En definitiva, la Administración actúa como el **último garante** de la confianza en el mercado, asegurando que el principio de seguridad se cumpla de manera efectiva y que los productos que circulan en el tráfico mercantil no representen una amenaza para la seguridad colectiva.

SECCIÓN 3

Compraventa en establecimiento comercial

(LOCM art.8 a 17)

El contrato de compraventa en establecimiento comercial **se rige** por las reglas generales de la contratación y por las que le sean específicamente aplicables. En este sentido, es preciso tener en cuenta las prescripciones relativas a este tipo de contratos contenidas en la Ley de Ordenación del Comercio Minorista, que atienden tanto a los elementos del contrato, como a su contenido.

a. Concepto de establecimiento comercial

Tienen la consideración de establecimiento comercial (LOCM art.2): 1565
- toda **instalación inmueble** de venta al por menor en la que el empresario ejerce su actividad de forma permanente (p.e. una tienda); y
- toda **instalación móvil** de venta al por menor en la que el empresario ejerce su actividad de forma habitual (p.e. un puesto de mercadillo).

Licencia Con carácter general, la **apertura, traslado o ampliación** de establecimientos 1568
comerciales no está sujeta a régimen de autorización comercial (LOCM art.6), si bien puede establecerse la exigencia de una **autorización** -que se concede por tiempo indefinido- cuando las instalaciones o infraestructuras físicas necesarias para el ejercicio de la actividad sean susceptibles de **generar daños** sobre:
- el medio ambiente;
- el entorno urbano; o
- el patrimonio histórico-artístico.

El **otorgamiento de las autorizaciones** corresponde a la administración territorial competente. El procedimiento administrativo debe cumplir los siguientes **requisitos**:
• **Integrar todos los trámites** administrativos necesarios para la apertura, traslado o ampliación de los establecimientos comerciales.
• Resolver las solicitudes y notificar al interesado la resolución en un **plazo máximo** de 3 meses, transcurrido el cual, se entiende estimada la solicitud por silencio administrativo.
• Las autorizaciones **son transmisibles** por el titular, que debe comunicar la transmisión a la Administración concedente.
• Se prohíbe la **intervención de competidores**.

Las autorizaciones **no son necesarias** cuando las razones que motivan su otorgamiento puedan salvarse mediante la presentación de una **declaración responsable** o de una **comunicación previa**.

Los **requisitos** que contemplen las autorizaciones o declaraciones responsables deben cum- 1570
plir las siguientes condiciones:
- estar específicamente ligados a la instalación o infraestructura;
- estar justificados en razones imperiosas de interés general;
- ser no discriminatorios, proporcionados, claros e inequívocos, objetivos, hechos públicos con antelación, predecibles, transparentes y accesibles;
- atender, únicamente, a criterios basados en las razones que motivan la necesidad de autorización (nº 1568);
- no contener requisitos prohibidos en materia de libertad de establecimiento y circulación (L 17/2009 art.10 y L 20/2013 art.18); y
- no tener naturaleza económica.

Precisiones Entre otros, se considera que **tienen naturaleza económica** aquellos requisitos que supediten el otorgamiento de la autorización a la existencia de:
- una necesidad económica;
- una demanda en el mercado;
- un exceso de la oferta comercial.
También los que la supediten a:
- la evaluación de los efectos económicos, posibles o reales, de la actividad;
- la apreciación de si la actividad se ajusta a los objetivos de programación económica establecidos por la autoridad competente, o aquellos que puedan directa o indirectamente ir dirigidos a la defensa de un determinado modelo económico o empresarial dentro del sector.

1573 **Grandes superficies comerciales** Tienen tal consideración los **establecimientos comerciales**, que se destinan al **comercio al por menor** de cualquier clase de artículos, y cuentan con una superficie útil para la exposición y venta al público superior a la que se fije en cada comunidad autónoma. Lo que diferencia a esta modalidad de establecimiento comercial de otras distintas es la **superficie**.
Con ligeras variantes, las comunidades autónomas, han seguido el criterio de la redacción original de la LOCM art.2.3 (modificada posteriormente en dos ocasiones) que **consideraba como grandes superficies** comerciales, en todo caso, los establecimientos que contaban con una superficie útil para la exposición y venta al público superior a los 2.500 m^2.
Con carácter general, la apertura de este tipo de establecimientos está sujeta a la obtención de una **licencia comercial específica**, cuyo otorgamiento y regulación corresponde a las comunidades autónomas.
Regulación autonómica:

Comunidad Autónoma	Denominación	Superficie útil
Andalucía DLeg Andalucía 1/2012 art.22	Grandes superficies minoristas	Superior a 2.500 m^2
Aragón L Aragón 4/2015 art.17	Grandes superficies comerciales	Superior a 2.500 m^2
Asturias L Asturias 9/2010 art.16	- Grandes equipamientos comerciales - Complejos comerciales o centros terciarios	- Grandes equipamientos comerciales: superior a 2.500 y menor de 10.000 m^2. - Complejos comerciales o centros terciarios: superior a 10.000 m^2.
Baleares L Baleares 11/2014 art.12	Grandes establecimientos comerciales.	1- Con carácter general; superior a: - 700 m^2 en la isla de Mallorca; - 400 m^2 en las islas de Menorca y de Ibiza; - 300 m^2 en la isla de Formentera. 2- Establecimientos dedicados de forma exclusiva a la exposición y la venta de: - automóviles y vehículos de motor, - maquinaria, - equipo industrial, - embarcaciones, - aeronaves, - muebles de todo tipo, - material de construcción y de elementos propios de cocina y baño; superior a: - 2.000 m^2 en la isla de Mallorca; - 1.500 m^2 en las islas de Menorca y de Ibiza; - 400 m^2 en la isla de Formentera.
Canarias DLeg Canarias 1/2012 art.41	Grandes establecimientos comerciales	Superior a: - 2.500 m^2 en las islas de Gran Canaria y Tenerife; - 1.650 m^2 en la isla de Lanzarote; - 1.250 m^2 en la isla de Fuerteventura; - 1.000 m^2 en la isla de La Palma; - 500 m^2 en las islas de La Gomera y El Hierro.

1573 (sigue)

Comunidad Autónoma	Denominación	Superficie útil
Cantabria L Cantabria 1/2002 art.6	Grandes establecimientos comerciales	Superior a 2.500 m^2
Castilla-La Mancha L Castilla-La Mancha 2/2010 art.11	Grandes establecimientos comerciales	Igual o superior a 2.500 m^2
Castilla y León DLeg Castilla y León 2/2014 art.15	Grandes establecimientos comerciales	Igual o superior a 2.500 m^2
Cataluña DL Cataluña 1/2009 art.6.1	- Grandes establecimientos comerciales - Grandes establecimientos comerciales territoriales	- Grandes establecimientos comerciales: igual o superior a 1.300 e inferior a 2.500 m^2. - Grandes establecimientos comerciales territoriales: igual o superior a 2.500 m^2.
Extremadura L Extremadura 3/2002 art.35.4	Grandes superficies comerciales	Igual o superior a 2.500 m^2
Galicia L Galicia 13/2010 art.29	Establecimientos comerciales de incidencia supramunicipal,	Igual o superior a 2.500 m^2
La Rioja L La Rioja 3/2005 art.26.1	Gran establecimiento comercial minorista	Por número de habitantes del municipio: - menos de 10.000: superior a 1.000 m^2; - entre 10.000 y 25.000: superior a 1.500 m^2; - más de 25.000: superior a 2.500 m^2.
Madrid L Madrid 16/1999 art.17	Grandes superficies comerciales	Igual o superior a 2.500 m^2
Murcia (1)		
Navarra LF Navarra 17/2001 art.19.3	Grandes establecimientos comerciales	Superior a 2.500 m^2
País Vasco L País Vasco 10/2019 art.3 D País Vasco 58/2001 art.1	Grandes establecimientos comerciales	Por número de habitantes del municipio: - municipios de categoría A (máxima centralidad) y población de derecho superior a 30.000 habitantes: 2.500 m^2 de superficie de venta y 3.500 m^2 de techo edificable; - municipios de categoría B (centralidad comarcal) y/o población de derecho superior a 10.000 habitantes e inferior a 30.000 habitantes: 1.800 m^2 de superficie de venta y 2.500 m^2 de techo edificable; - resto de municipios (categoría C) y/o población de derecho inferior a 10.000 habitantes: 700 m^2 de superficie de venta y 1.300 m^2 de techo edificable.
C.Valenciana L C.Valenciana 3/2011 art.33	Establecimientos comerciales de impacto territorial	Igual o superior a 2.500 m^2

(1) No los contempla actualmente, al haber derogado el DL Murcia 2/2016, el L Murcia 12/2009 art.8, que regulaba los establecimientos comerciales con impacto supramunicipal.

Precisiones Con carácter general, y teniendo en cuenta las diferentes normas autonómicas, se entiende por **superficie útil** para la exposición y venta al público la superficie total, esté cubierta o no, de los espacios destinados a exponer las mercancías con carácter habitual o permanente, o con carácter eventual o periódico, a la que puedan acceder las personas consumidoras para realizar las compras, así como la superficie de los espacios internos destinados al tránsito de personas (pasillos). El cómputo se realiza desde la puerta o acceso al establecimiento.
Generalmente, **no tienen esta consideración** de superficie útil para la exposición y venta al público, los espacios destinados exclusivamente a almacén, aparcamiento, o a prestación de servicios, ya sean estos últimos inherentes o no a la actividad comercial (información, atención al cliente, etc.).

b. Elementos personales

(LOCM art.8 y 9.1)

1575 Puede realizar ofertas comerciales todo aquel que ostente la condición de **comerciante minorista** (nº 1407).
Está **prohibido** ejercer la venta al por menor a las siguientes personas (LOCM art.8.1):
- las personas físicas y jurídicas a quienes les esté **específicamente prohibido** (jueces, fiscales, funcionarios de Hacienda...); y
- los empresarios individuales o sociales a quienes la normativa especial de su actividad les exija **dedicarse exclusivamente** a la misma.

1578 También **se prohíbe expresamente** la exposición y venta al comprador de mercancías que procedan de personas cuya actividad sea distinta a la comercial y tenga, como finalidad principal, la realización de préstamos, depósitos u operaciones de análoga naturaleza, adheridas a la oferta comercial de la mercancía, de tal forma que una no se pueda hacer efectiva sin la otra. P.e. venta de una vajilla unida a la concesión de un crédito para financiar su adquisición.
Se presume la existencia de estas actuaciones cuando el comprador pueda realizar pedidos o adquirir mercancías en los establecimientos de aquellas (LOCM art.8.2). P.e. adquirir una vajilla en una oficina bancaria.

Precisiones Con esta prohibición se intenta evitar que aquellas **entidades que forman parte del sistema financiero** (o asimiladas) utilicen sus redes comerciales para realizar actividades que, con el pretexto de acompañar su actividad como tales, puedan perjudicar o incidan en aspectos puramente minoristas.

1580 El comerciante minorista queda **obligado a vender** los artículos ofrecidos o expuestos a **todo demandante** que cumpla las condiciones de adquisición (nº 1625).
La oferta comercial debe ser:
- completa;
- una declaración de voluntad recepticia;
- reconocible como tal oferta por los destinatarios;
- hecha con voluntad de obligarse.

c. Elementos reales

(LOCM art.9 y 13 a 15)

1582 Al igual que en los demás contratos de compraventa, son elementos reales de este contrato la cosa u objeto y el precio.

1583 **Objeto** Pueden ser objeto de este contrato, con carácter general, todos los artículos **ofrecidos públicamente a la venta** o expuestos en los establecimientos comerciales.
Es necesario que tales artículos **no estén fuera del comercio** (un parque público), y no sean ni **ilícitos** (drogas, armas, algunos medicamentos), ni **imposibles** (un viaje a Marte). Además, el objeto del contrato debe ser una **cosa determinada** en cuanto a su especie o susceptible de determinación sin necesidad de un nuevo convenio entre las partes (CC art.1271 a 1273). P.e. no se pueden vender manzanas, sin mayor especificación, o dejando su determinación a lo que acuerden las partes en una fecha determinada.
Su régimen es el propio de los **productos ofrecidos a consumidores** (nº 1427 s.).

1585 **Precio** (LOCM art.13, 14 y 15) La regla general es la **libre determinación** del mismo, dentro del necesario respeto a lo dispuesto en la legislación sobre defensa de la competencia y con las excepciones previstas en Leyes especiales (p.e. los libros).
Ello no obstante, existen ciertos productos sobre los que, por razones singulares, vinculadas a su importancia, la Administración ha venido ejerciendo una potestad de intervención o fijación de sus precios (nº 1500)
Existen además, reglas especiales en materia de precios propias del comercio minorista (nº 1498 s.).

1587 **Prohibición de venta a pérdida** (LOCM art.14) Se prohíbe realizar ventas al público con pérdida cuando estas son desleales. Las ventas con pérdida **se consideran desleales** cuando:
- es susceptible de inducir a error a los consumidores acerca del nivel de precios de otros productos del mismo establecimiento;
- tiene por efecto desacreditar la imagen de un producto o de un establecimiento ajeno;
- forma parte de una estrategia encaminada a eliminar a un competidor o grupo de competidores del mercado; o

- forma parte de una práctica comercial que contiene información falsa sobre el precio o su modo de fijación, o sobre la existencia de una ventaja específica con respecto al mismo, que induce o puede inducir a error al consumidor medio y le hace tomar la decisión de realizar una compra que, de otro modo, no hubiera realizado.
La realización de esta práctica tiene la consideración de **infracción grave** (LOCM art.65.1.c)

Se considera que **existe venta a pérdida** cuando: 1589
• El **precio de venta es inferior al de adquisición** que consta en factura, deducida la parte proporcional de los descuentos. Para calcular esta deducción, no se computan las retribuciones o las bonificaciones de cualquier tipo que signifiquen compensación por servicios prestados.
El precio al que se atiende es el **precio de adquisición que conste en la factura**, que se convierte así en el principal elemento probatorio para concluir si ha existido o no venta a pérdida. Ahora bien, la presunción de que el precio que figura en la factura es el precio de adquisición, **admite prueba en contrario**. Pesa sobre el comerciante la carga de probar que el precio que aparece en la factura es superior al de adquisición final.
• El **precio de venta es inferior al de reposición**, incrementado en el importe de los impuestos indirectos, cuando:
- es inferior al precio de adquisición; o
- en caso de que el artículo haya sido fabricado por el propio comerciante, inferior al coste efectivo de producción.
Se obvia el precio de adquisición y se está al precio de reposición, incrementado en el importe de los impuestos indirectos, en aquellos productos que tengan un **valor de mercado** que no responde al precio original pagado.

Precisiones 1) **Existe venta a pérdida** cuando el precio de venta aplicado es de 0, esto es, **se regala** el producto. El segundo de los términos esenciales de la comparación ha desaparecido, o mejor aún, se ha reducido completamente, de modo que cualquiera que sea el coste de producción, lo superará. Para escapar a la conclusión de que existe venta a pérdida, conclusión asentada en resultar el precio de venta inferior al coste de producción, ha de probarse que el coste de producción también es de 0 (AP Madrid 10-7-15, EDJ 143104).
2) El **coste efectivo de producción** es el coste de producir una unidad de más. No obstante, se admite la posibilidad de sustituir este valor por el coste medio variable.
3) Un comercio realizó una promoción denominada **«Día sin IVA»** que llevó a la Administración a imponer una multa por venta a pérdida. La empresa alegó que existía un acuerdo previo con el proveedor para la **reposición de productos con un descuento**, lo que impidió que la venta fuera efectivamente a pérdida por lo que la sanción administrativa no procede (TS contencioso 28-9-10, EDJ 201495).

La modificación de la LOCM art.14.1 por RDL 20/2018 ha suprimido la referencia expresa a las **excepciones de prohibición** de venta a pérdida incluidas en la norma: 1591
• Ventas de **saldos** (nº 1820 s.) y en **liquidación** (nº 1875).
• Venta con el fin de **alcanzar los precios de uno o varios competidores** con capacidad para afectar significativamente a sus ventas.
• Venta de **artículos perecederos** en las fechas próximas a su inutilización.
Actualmente, pueden realizarse ventas a pérdida, no solo en estos casos, sino siempre que la venta a pérdida no tenga el carácter de desleal y no incurra en ninguna de las causas de deslealtad indicadas en la norma (nº 1587).

Precios reducidos para colectivos especiales (LOCM art.15) Los establecimientos comerciales creados para suministrar productos a colectivos determinados y que reciben para esta finalidad cualquier tipo de ayuda o subvención, no pueden ofertar dichos productos al **público en general** ni a **personas distintas** a los referidos beneficiarios. 1595
A las **cooperativas de consumidores y usuarios** (nº 140) les es de aplicación la prohibición de venta al público en general de los productos que oferten cuando reciben cualquier tipo de ayuda o subvención, a fin de evitar que puedan trasladar a sujetos distintos de sus miembros y beneficiarios los efectos de las ayudas recibidas.
Si la cooperativa realiza operaciones de venta con personas distintas de sus socios o beneficiarios constituye una conducta tipificada como **infracción** muy grave (LOCM art.65.1.d), si bien la **sanción** se gradúa en función del volumen de la facturación a la que afecte, la cuantía del beneficio obtenido, el grado de intencionalidad, el plazo de tiempo durante el que se haya venido cometiendo la infracción y la reincidencia. En ningún caso la sanción puede exceder del volumen total de facturación (LOCM art.68 y 69).

Precisiones La **razón de esta prohibición** radica en que, dadas las especialidades en materia de precios aplicables a estos establecimientos, si los mismos pudiesen vender a personas distintas de las que deben ser beneficiarias, provocarían una grave **distorsión de la competencia** en el sector. Desde esta perspectiva, lo que la Ley pretende es evitar el falseamiento de las reglas de competencia, que podría beneficiar a las cooperativas de consumo y perjudicar al resto de sus rivales económicos.

d. Elementos formales

(LOCM art.11)

1598 **Principio general de libertad de forma** Los contratos de compraventa en establecimiento comercial **no están sujetos a formalidad** alguna.
A pesar de ello, se reconoce con carácter general el **derecho del comprador** a exigir la entrega de un documento en el que consten, al menos, el objeto, el precio y la fecha del contrato (LOCM art.11.3).
Tal documento resultará útil para el comprador en caso de que necesite acreditar la existencia del contrato y **probar** que la transacción se realizó, que se hizo con arreglo a determinadas condiciones y, en su caso, que el objeto revestía especiales características. La prueba de este último extremo tiene especial relevancia en los supuestos de **devolución** del artículo adquirido, cuando este tenía algún tipo de defecto.
Sin embargo, se contemplan como **excepciones** al principio general de libertad de forma, los supuestos en los que existe obligación de emitir factura (nº 1600), y aquellos en los que es necesario que el contrato conste por escrito (nº 1610).

1600 **Obligación de emitir factura** Como excepción a la libertad de forma del contrato, hay supuestos en los que se exige la emisión de factura.

1602 **Efectos comerciales** (LOCM art.11.2) Específicamente, la LOCM establece la obligación formal de expedición de factura o de otro documento análogo en los siguientes supuestos:

1604 • **Venta con entrega aplazada**. En el caso de la venta aplazada, una vez perfeccionado el contrato, el comprador **satisface el precio** del artículo en venta o una parte del mismo, y la **entrega queda aplazada** a un momento posterior.
El comprador ya ha cumplido con su principal obligación, en tanto que el vendedor aún no lo ha hecho, por lo que es preciso evitar el **riesgo de incumplimiento** por su parte porque:
- no entregue el artículo adquirido;
- lo entregue con retraso; o
- al entregarlo vuelva a exigir el pago de un precio que ya fue abonado.

Para que el comprador disponga de alguna **prueba** de que pagó dicho precio y pueda obligar al vendedor a entregar el bien, se exige que el comerciante expida la factura o documento equivalente.

1606 • **Venta con facultad de desistimiento del comprador.** Es preciso para poder ejercitar la facultad de desistimiento (nº 640 s.) que su existencia y condiciones de ejercicio consten en algún documento. De ahí la necesidad de expedir factura en estos casos.
En las **ventas especiales** cuya regulación específica reconoce expresamente el derecho de desistimiento -por ejemplo, ventas a distancia y fuera de establecimiento mercantil (nº 860 s.)-, o bien se exige que el contrato adopte forma escrita o bien se presupone su exigencia. Por tanto, en estos supuestos la regla de la LOCM art.11.2 resulta superflua.
Sí es importante, en cambio, en aquellas en que el derecho de desistimiento no se reconoce legalmente, sino que **deriva de una oferta-promoción** del comerciante, ya que, aun cuando el consumidor puede exigir conocer el contenido de la oferta, promoción o publicidad, sus derechos se ven reforzados gracias a la exigencia de que tal contenido figure en el contrato, en el comprobante recibido o en algún otro documento similar.

1608 **Efectos fiscales** (RD 1619/2012) El Reglamento por el que se regulan las obligaciones de facturación, establece la **obligación de los empresarios o profesionales** de expedir factura por las entregas de bienes que realicen en el desarrollo de su actividad.
La observancia de este requisito **no es imprescindible** para que el contrato sea válido y despliegue sus efectos, pero sí necesaria si se quiere **probar** la existencia del mismo.
En el caso de las ventas al por menor, la obligación de emitir factura puede sustituirse por la entrega de **factura simplificada** (tique) cuando su importe no exceda de 3.000 euros, IVA incluido (RD 1619/2012 art.4.2.a).
Las facturas deben ser expedidas en el **momento** de realizarse la operación (RD 1619/2012 art.11.1). Pueden expedirse por **cualquier medio**, en papel o en formato electrónico, que permita garantizar al obligado a su expedición la autenticidad de su origen, la integridad de su contenido y su legibilidad, desde su fecha de expedición y durante todo el periodo de conservación (RD 1619/2012 art.8 -redacc RD 238/2026-).
Las facturas simplificadas o tiques y sus copias contendrán los siguientes **datos o requisitos**:
- número y, en su caso, serie;
- fecha de expedición;

- fecha en que se hayan efectuado las operaciones o en la que, en su caso, se haya recibido el pago anticipado, siempre que se trate de una fecha distinta a la de expedición de la factura;
- número de identificación fiscal, nombre y apellidos, razón o denominación social completa del obligado a su expedición;
- identificación del tipo de bienes entregados o de servicios prestados;
- tipo impositivo aplicado y, opcionalmente, también la expresión «IVA incluido»;
- contraprestación total; y
- si son rectificativas, la referencia expresa e inequívoca de la factura rectificada y de las especificaciones que se modifican.

Contratos en los que se exige forma escrita (LOCM art.11.1) Junto a los supuestos en que se exige la expedición de factura o documento análogo, se dejan a salvo las siguientes **excepciones** al principio general de libertad de forma: 1610

• En la normativa **civil**, han de constar por escrito los contratos cuya **cuantía** sea **superior** a 9,02 (CC art.1280). No se trata de una exigencia de forma indispensable para la validez del contrato, ni tampoco a efectos de prueba, ya que se admiten otros modos de probar la existencia del contrato. En realidad, lo que este artículo hace es permitir a las partes contratantes **compelerse recíprocamente a documentar** un contrato ya existente y eficaz (CC art.1279).
• En la normativa **mercantil**, se establece, en relación con los contratos de cuantía superior a 9,02, que no basta por sí sola la mera **declaración de testigos** para probar su existencia (CCom art.51). No se exige la forma escrita, sino que se declara la insuficiencia, a efectos probatorios, de la prueba testifical, exigiéndose para acreditar la existencia del contrato alguna **prueba documental**.

En la regulación del **comercio minorista**, no existe ningún supuesto en el que expresamente se **impongan requisitos formales** a cuyo cumplimiento queden supeditadas la validez o eficacia del contrato. Sí se exige la **documentación** de ciertos actos o contratos, lo que es tanto como imponer en tales casos la forma escrita, si bien es cierto que no se trata de un requisito de forma esencial para la existencia del contrato, lo que implica que la inobservancia de tal exigencia no acarrea por sí sola la nulidad del contrato. 1615

Dicha formalidad debe ser atendida en los siguientes supuestos:
• **Adquisiciones de los comerciantes** (nº 1650 s.). Los comerciantes a quienes los proveedores entreguen las mercancías están **obligados a documentar** en el mismo acto la operación de entrega y recepción, con mención expresa de su fecha. Si se ha pactado un aplazamiento del pago superior a 60 días, el pago debe quedar instrumentado en documento que lleve aparejada acción cambiaria. Si el aplazamiento es superior a 90 días el documento será endosable a la orden (LOCM art.17.2 y 3).
• **Régimen de franquicia**. El franquiciador está igualmente obligado a entregar información escrita sobre todos los extremos relativos a la franquicia (LOCM art.62).
• **Venta en pública subasta** (nº 2100 s.). Se exige que el contrato de subasta se haga por escrito. También se exige la forma escrita para las ventas en pública subasta (LOCM art.57.4 y 60.2).

En **leyes especiales**, se exige que consten por escrito, entre otros, los siguientes contratos: 1616

• **Venta de bienes muebles a plazos**. Se trata de un requisito a cuyo cumplimiento queda **subordinada la validez** del contrato, lo que implica que la inobservancia de esta formalidad conlleva la nulidad del mismo. Se exige, además, que estos contratos se formalicen en tantos ejemplares como partes intervengan en ellos, entregándose a cada una de ellas su ejemplar debidamente firmado (L 28/1998 art.6).
• **Ventas a distancia o fuera de establecimiento** (nº 860 s.).
• Contratos relacionados con el **crédito al consumo** (nº 1000 s.).

e. Perfección del contrato

La **aceptación** de una **oferta** por el destinatario, da lugar a la perfección del contrato de compraventa. El **nacimiento de las recíprocas obligaciones** de las partes a que da lugar la perfección del contrato se produce en el momento en que confluyen oferta y aceptación. 1620

La **oferta pública** de venta y la **exposición de artículos** comerciales en un establecimiento constituyen una verdadera oferta, y no una mera invitación a ofrecer. Por ello, el comerciante que haga una oferta está **obligado a vender** a todo cliente que cumpla las condiciones de la adquisición (nº 1625).

1624 En la mayor parte de los casos, las **condiciones de adquisición** de los consumidores quedan reducidas al **pago del precio**, aunque existen supuestos en los que se exigen ciertas **condiciones adicionales**.
Así ocurre en los supuestos de venta de determinados objetos (armas, productos químicos) que, por su peligrosidad o por los riesgos que pueden implicar para determinados bienes jurídicos dignos de protección (seguridad, salud pública...), solo pueden ser vendidos a **quienes cumplan determinados requisitos**, normalmente, previa comprobación por parte del comerciante de que el comprador los reúne.
También pueden exigirse condiciones adicionales en función del **tipo de profesional que vende**. Así, por ejemplo, en el caso de ventas que llevan a cabo establecimientos comerciales creados para suministrar productos a colectivos determinados y que reciben para esta finalidad cualquier tipo de ayuda o subvención, los artículos no pueden ofrecerse al público en general, sino únicamente a los beneficiarios o socios de tales establecimientos (LOCM art.15). Por consiguiente, el comprador, además de pagar el precio correspondiente, debe **acreditar su condición de socio o beneficiario**.

f. Obligación de venta del producto ofertado

(LOCM art.9).

1625 La primera obligación del comerciante es la de vender los artículos ofertados o expuestos. Dicha obligación surge en el momento en que el **comprador acepta la oferta.** Por **excepción**, no existe obligación de vender los siguientes objetos:
- los que se advierta, expresamente, que no se encuentran a la venta; o
- los que claramente formen parte de la instalación o decorado.

Se trata de supuestos en los que **no hay una auténtica oferta**. En ambos casos se exige que no haya dudas de que los referidos artículos no están en venta, bien porque se indique expresamente esta circunstancia, bien porque sea evidente que forman parte de la instalación o del decorado del establecimiento. La finalidad de estas exigencias consiste en evitar que el consumidor pueda razonablemente confiar en que el objeto exhibido está en venta.

Precisiones La **oferta pública de venta** o la exposición de artículos en establecimientos comerciales constituye a su titular en la obligación de proceder a su venta a favor de los demandantes que cumplan las condiciones de adquisición, atendiendo, en el segundo caso, al orden temporal de las solicitudes. Quedan exceptuados de esta obligación los objetos sobre los que se advierta expresamente que no se encuentran a la venta o que, claramente, formen parte de la instalación o decorado (TSJ Madrid (Contencioso) 5-10-00, EDJ 72943).

1627 La Ley incluye dos **reglas especiales** que afectan a la obligación de vender (LOCM art.9.2):
- los comerciantes no pueden **limitar la cantidad** de artículos que pueden ser adquiridos por cada comprador ni establecer precios más elevados o suprimir reducciones o incentivos para las compras que superen un determinado volumen; y
- si no se dispone en un establecimiento abierto al público de **existencias suficientes** para cubrir la demanda, se atenderá en primer lugar a quién primero lo haya solicitado.

1630 **Prohibición de limitar el número de artículos a la venta** El comerciante puede **abaratar los precios**, bien bajándolos directamente, bien ofreciendo cualquier incentivo o ventaja unida a la adquisición del producto, pero en tales casos no puede limitar el número de productos que puede adquirir cada cliente **al precio de la oferta** o **con los incentivos** anunciados, pues estaría incumpliendo la obligación de venta que genera la oferta realizada.
También es ilícito hacer una **oferta promocional** -que, lógicamente, atrae a la clientela, restándosela a otros comerciantes- cuando se cuenta con un **stock mínimo** que no puede satisfacer las peticiones previsibles de los consumidores. En este caso se incumple la obligación de vender y se ejerce una **competencia desleal**, pues mientras haya existencias, el comerciante debe atender sin ningún tipo de discriminación todas las aceptaciones de la oferta comercial que hizo, que le vincula y le obliga a **vender en las condiciones anunciadas**.
La conducta comercial que mayores perjuicios puede ocasionar al consumidor y, asimismo, a la competencia, es el lanzamiento de la llamada «**oferta vacía**», esto es, de una oferta que carece de las existencias suficientes para cubrir la demanda razonablemente esperada y cuya finalidad real no es efectuar ventas en las condiciones ofertadas, sino **privar de su clientela a la competencia**. Estas conductas descritas pueden considerarse constitutivas de supuestos de **competencia desleal**, por tratarse de actos contrarios a las exigencias de la buena fe (LCD art.5).
Otra forma indirecta de ofertar un abaratamiento de los precios que no se corresponde exactamente con la realidad, es el hacer una **oferta promocional** de precios bajos y no admitir en el momento de la adquisición **los mismos medios de pago** que se admiten en las ventas no

promocionales (en particular, el pago con tarjetas de crédito, para evitar el cargo de las comisiones que los concedentes del crédito cobran en este caso a los comerciantes).
Excepcionalmente, cuando existan **circunstancias extraordinarias** o de **fuerza mayor** que lo justifiquen, los establecimientos comerciales pueden limitar con carácter la cantidad de artículos que pueden ser adquiridos por cada comprador. Estas medidas deben estar justificadas y adoptarse proporcionalmente para impedir el desabastecimiento y garantizar el acceso de los consumidores en condiciones equitativas (LOCM art.9.3).

Existencias insuficientes Se trata con esta regla de **ordenar** los supuestos en que **no existen mercancías suficientes** para cubrir toda la demanda. Se establece un criterio de **prioridad temporal** para encauzar situaciones de saturación en la demanda de productos y que se completa con la prohibición de limitar el número de objetos a adquirir por los consumidores, así como la prohibición a la imposición de trabas, eliminación de incentivos a las compras o elevación de precios, que tengan como objetivo atentar contra la leal competencia. **1632**

Precisiones Una cadena de comida rápida ofertó hamburguesas a un precio muy reducido durante 3 días, lo que provocó gran afluencia de consumidores agotando las existencias e impidiendo que se mantuviera la oferta durante el tiempo anunciado. Si una empresa realiza una oferta publicitaria con un precio determinado durante un periodo específico y no aclara condiciones limitativas como **«hasta fin de existencias»**, la publicidad se considera engañosa si no se puede cumplir la oferta en los términos anunciados, lo que justifica la imposición de sanciones administrativas por publicidad ilícita (TSJ C.Valenciana 30-3-00, EDJ 61404).

g. Derechos del comprador

Además del derecho a que le vendan el producto, el comprador cuenta con los siguientes derechos: **1635**
- de desistimiento;
- a que el producto responda a las características ofertadas;
- a la garantía; y
- al servicio postventa.

Derecho de desistimiento (LOCM art.10 y LGDCU art.71) En los contratos celebrados en el comercio minorista, el derecho de desistimiento del consumidor está sometido al régimen general (nº 640) por remisión expresa de la LOCM art.10 a la LGDCU art.71. **1638**

Derecho a que el producto responda a las características ofertadas (LOCM art.12.1; LGDCU art.115 s.) El consumidor que adquiere algún producto en establecimiento comercial tiene derecho a exigir que dicho producto reúna las características que le son propias, tal y como aparecen definidas en el contrato de compraventa. La consecuencia lógica de este derecho es que el vendedor responde de cualquier **falta de conformidad** que exista en el momento de la entrega del bien, contenido o servicio digital, pudiendo el consumidor o usuario, mediante una simple declaración, exigir al empresario la subsanación de dicha falta de conformidad, la reducción del precio o la resolución del contrato (nº 598). Además, el consumidor y usuario tienen derecho a exigir la **indemnización de daños y perjuicios** si procede. El consumidor o usuario tiene derecho a suspender el pago de cualquier parte pendiente del precio del bien o del contenido o servicio digital adquirido hasta que el empresario cumpla con sus obligaciones **1640**
Cuando, a consecuencia de una **vulneración de derechos de terceros**, en particular de los derechos de propiedad intelectual, se impida o limite la utilización de los bienes o de los contenidos o servicios digitales, el consumidor o usuario podrá exigir igualmente, en el supuesto de su falta de conformidad, las medidas correctoras antes indicadas, salvo que una ley establezca en esos casos la rescisión o nulidad del contrato (LGDCU art.117 redacc RDL 7/2021).
El ejercicio de la **acción de responsabilidad** es incompatible con el ejercicio de las acciones derivadas del saneamiento previstas en el Código Civil (LGDCU art.116).

Precisiones El vendedor, que responde de la **calidad de los artículos vendidos** en la forma determinada en la legislación vigente, no ha cumplido con la carga que le incumbe de demostrar que la avería en el coche vendido surge de un mal uso de la usuaria dentro del periodo garantizado, motivo por el que aquel debe responder y asumir el coste de la reparación (AP Zaragoza (Civil) 19-6-07, EDJ 165807).

Productos conformes (LGDCU art.115 a 115 ter) Los bienes, los contenidos o servicios digitales que el empresario entregue o suministre al consumidor o usuario se considerarán conformes con el contrato cuando reúnan los siguientes **requisitos**, siempre que, por las circunstancias del caso, resulten aplicables y hayan sido instalados o integrados correctamente: **1642**
• Requisitos **subjetivos** (LGDCU art.115 bis):
- se ajustan a la descripción, tipo de bien, cantidad y calidad y poseer la funcionalidad, compatibilidad, interoperabilidad y demás características que se establezcan en el contrato;

- son aptos para los fines específicos para los que el consumidor o usuario los necesite y que este haya puesto en conocimiento del empresario como muy tarde en el momento de la celebración del contrato, y respecto de los cuales el empresario haya expresado su aceptación. P.e. si se compra un reloj y se utiliza para practicar buceo, no existe responsabilidad del vendedor por los desperfectos derivados de tal uso, salvo que el cliente haya especificado que necesita un reloj para dicha práctica y el vendedor le haya asegurado que puede utilizarlo;
- son entregados o suministrados junto con todos los accesorios, instrucciones, también en materia de instalación o integración, y asistencia al consumidor o usuario en caso de contenidos digitales según disponga el contrato; y
- son suministrados con actualizaciones, en el caso de los bienes, o son actualizados, en el caso de contenidos o servicios digitales, según se establezca en el contrato en ambos casos.

• Requisitos **objetivos** (LGDCU art.115 ter):
- son aptos para los fines a los que normalmente se destinen bienes o contenidos o servicios digitales del mismo tipo;
- poseen la calidad y se corresponden con la descripción de la muestra o modelo del bien o son conformes con la versión de prueba o vista previa del contenido o servicio digital que el empresario hubiese puesto a disposición del consumidor o usuario antes de la celebración del contrato;
- se entregan o suministran junto con los accesorios, en particular el embalaje, y las instrucciones que el consumidor y usuario pueda razonablemente esperar recibir;
- presentan la cantidad y poseen las cualidades y otras características, en particular respecto de la durabilidad del bien, la accesibilidad y continuidad del contenido o servicio digital y la funcionalidad, compatibilidad y seguridad que presentan normalmente los bienes y los contenidos o servicios digitales del mismo tipo y que el consumidor o usuario pueda razonablemente esperar, dada la naturaleza de los mismos y teniendo en cuenta cualquier declaración pública realizada por el empresario, o en su nombre, o por otras personas en fases previas de la cadena de transacciones, incluido el productor, especialmente en la publicidad o el etiquetado.

Precisiones Dadas las continuas roturas sufridas por el producto suministrado por la demandada, se debe aplicar la normativa de protección de consumidores, y es obligación del vendedor entregar el producto de forma que sea conforme al contrato y a la **finalidad de lo comprado**, estando obligado el vendedor a responder frente al comprador, y no puede desplazarse la carga de probar las causas de la rotura al consumidor (AP Valencia (Civil) 27-4-07, EDJ 372093).

1644 **Exención de responsabilidad del vendedor** (LGDCU art.115 ter) Como **excepción** a la regla general, el vendedor **no está obligado a responder** por faltas de conformidad, cuando:
- en el momento de la celebración del contrato, el consumidor o usuario hubiese sido informado de manera específica de que una determinada característica de los bienes se apartaba de los requisitos objetivos de conformidad (nº 1642); y
- el consumidor o usuario hubiese aceptado de forma expresa y por separado dicha divergencia.

1646 **Derecho a la garantía** En el ámbito de la adquisición de bienes y servicios, el ordenamiento jurídico articula la protección del consumidor a través de un sistema de **salvaguarda dual**.
Este esquema permite **diferenciar entre** las obligaciones mínimas impuestas por la normativa vigente y los compromisos adicionales que el vendedor o fabricante decidan asumir voluntariamente:

• **Garantía legal** (ver nº 598 s.): constituye un derecho imperativo e irrenunciable derivado del principio de conformidad de los bienes con el contrato. Su régimen jurídico, regulado de forma exhaustiva en la LGDCU, establece los plazos de responsabilidad del vendedor ante cualquier falta de conformidad (defecto o mal funcionamiento) que exista en el momento de la entrega. Es una protección automática que no requiere de pago adicional ni de la firma de un contrato específico.

• **Garantía comercial** (ver nº 604): Se define como un compromiso adicional y facultativo que se suma a la garantía legal, pero en ningún caso la sustituye ni la restringe. Su naturaleza es contractual, lo que permite al garante mejorar las condiciones legales (por ejemplo, ampliando los plazos de cobertura o incluyendo servicios de sustitución inmediata), siempre que se formalice en un soporte duradero y cumpla con los requisitos de transparencia informativa exigidos por la ley.

Esta estructura asegura que, mientras la garantía legal actúa como una **red de seguridad mínima** y uniforme, la garantía comercial funcione como un **valor añadido** y un factor de competitividad en el mercado minorista.

Servicio postventa La protección del consumidor en la adquisición de bienes de consumo no finaliza con la entrega del producto, sino que se extiende a lo largo de la vida útil del mismo a través de obligaciones específicas de **mantenimiento**. En este sentido, el productor, o en su defecto el importador, debe garantizar en todo caso frente a los compradores la existencia de un adecuado servicio técnico para los bienes de carácter duradero que fabrica o importa, así como el suministro de piezas de repuesto durante un plazo determinado (ver nº 610). 1648
Este deber legal, ha sido **reforzado por** las recientes normativas sobre economía circular y el derecho a reparar.

h. Compras de minoristas a mayoristas

(LOCM art.16 y 17)

Regla general Aunque se habla de «comerciantes», sin ninguna precisión adicional, la doctrina entiende que se trata de comerciantes minoristas, cualquiera que sea el vendedor a quien adquieran la mercancía, quedando en cambio excluidos de este régimen las adquisiciones efectuadas por mayoristas o por fabricantes a otros fabricantes. 1650
Las adquisiciones de toda clase de productos efectuadas por comerciantes minoristas se sujetan a lo dispuesto con **carácter general** en la legislación civil (CC art.1445 a 1536) y mercantil (CCom art.325 a 345). Además, se contemplan **especialidades** en la LOCM art.16 y 17.
Para el **minorista**, estas especialidades consisten en:
• A falta de plazo expreso, debe **efectuar el pago** del precio de las mercancías que compre antes de que transcurra un **período** de 30 días, contados a partir de la fecha de entrega.
• Queda obligado a **documentar**, en el mismo acto, la operación de entrega y recepción con mención expresa de su fecha.
Para el **mayorista** las especialidades afectan a las facturas y consisten en:
• Debe indicar en ellas el día en que debe producirse el **pago**.
• Debe **hacerlas llegar** a los comerciantes antes de que se cumplan 30 días desde la fecha de entrega y recepción de las mercancías. Se entiende como fecha de entrega de los **bienes consumibles**, aquella en la que efectivamente se haya producido, aunque inicialmente el título de entrega sea distinto del de compraventa, siempre que las mercancías hayan sido adquiridas finalmente por el receptor.
• Debe expresar si todas o alguna de las mercancías están afectadas por una **cláusula de reserva de dominio**. La reserva de dominio debe responder en todo caso a un **acuerdo entre proveedor y comerciante** documentado con anterioridad a la entrega.

Aplazamiento de pago Sin perjuicio de las reglas generales, se admiten supuestos de aplazamiento de pago. Los aplazamientos difieren en función de los **productos** de que se trate. La **determinación** de dichos productos se encuentra recogida en el RD 367/2005, por el que se desarrolla el LOCM art.17.3, y se definen los productos de alimentación frescos y perecederos y los productos de gran consumo. 1652

Productos de alimentación frescos y productos perecederos (RD 367/2005 art.2) Se definen como productos de alimentación frescos y perecederos aquellos que por sus características naturales conservan sus cualidades aptas para comercialización y consumo durante un plazo inferior a 30 días o que precisan **condiciones de temperatura** regulada de comercialización y transporte. 1654
Para estos productos los aplazamientos no excederán en ningún caso de 30 días.

Otros productos de alimentación (RD 367/2005 art.3) Tienen esta consideración los demás **productos de alimentación de cualquier naturaleza**, sólidos, líquidos, naturales o transformados que, por sus características, aplicaciones, componentes, preparación y estado de conservación, sean susceptibles de ser habitual e idóneamente utilizados para la normal nutrición humana, como fruitivos o también como productos dietéticos, en casos especiales de alimentación humana. 1656
Se **incluyen** en esta definición las bebidas alcohólicas, las aguas envasadas, los refrescos, las sales, las especias, las infusiones, los edulcorantes y los aditivos utilizados para el consumo humano.
Por el contrario, se **excluyen** los productos que tengan la consideración de medicamentos y sea preceptiva su venta en farmacias.
Los **aplazamientos de pago** de estos productos de alimentación, no pueden exceder, en ningún caso, de sesenta días desde la fecha de entrega de las mercancías. Cabe no obstante, la posibilidad de **pacto expreso** en el que se prevean compensaciones económicas equivalentes al mayor aplazamiento y de las que el proveedor sea beneficiario, sin que, en ningún caso, pueda exceder el plazo de 90 días.

1658 **Productos de gran consumo no alimentarios** (RD 367/2005 art.4) Tienen esta consideración aquellos productos fungibles de compra habitual y repetitiva por los consumidores y que presenten alta rotación.
Se entiende por **compra habitual y repetitiva** la que corresponde a aquellas familias y categorías de productos que intervienen en el abastecimiento regular de los hogares para su consumo recurrente y que precisan de su compra varias veces al año.
Se entiende por productos que presentan **alta rotación** aquellos cuyo plazo promedio de permanencia en poder del comerciante, desde el suministro efectivo por el fabricante o mayorista hasta la venta final minorista, es inferior a 60 días.
Los **aplazamientos de pago** a los proveedores, siguen el mismo régimen que los productos de alimentación que no son frescos (nº 1654).

Precisiones Se **incluyen** en esta categoría productos de droguería y limpieza, de perfumería e higiene personal, y otros como los destinados a la alimentación de mascotas y demás animales de compañía, y las baterías y pilas de uso doméstico (RD 367/2005 Anexo II).

1660 **Mora del comerciante minorista** (LOCM art.17.5) El **devengo de intereses** moratorios se produce en forma automática a partir del día siguiente al señalado para el pago o, en defecto de pacto, a aquel en el cual deba efectuarse. Se trata de una constitución en mora **prevista legalmente**, y no está sujeto a interpelación previa.
El **tipo aplicable** para determinar la cuantía de los intereses es el previsto en la L 3/2004 art.7 por la que se establecen medidas de lucha contra la morosidad en las operaciones comerciales. Sin embargo las partes pueden **acordar** en el contrato un tipo distinto, que en ningún caso será inferior al señalado para el interés anterior incrementado en un 50%.

Precisiones El Ministerio de Economía y Hacienda, **publica** semestralmente en el BOE el tipo de interés de demora que se aplicará durante los 6 meses siguientes a su fijación (L 3/2004 art.7).

SECCIÓN 4

Actividades de promoción de ventas

1665

A. Consideraciones generales

(LOCM art.18 a 23)

1670 Existe una serie de reglas que se aplican con carácter general a todas las actividades de promoción de ventas. Desde el punto de vista **territorial**, estas normas solo resultan aplicables en defecto de legislación autonómica específica (LOCM disp.final única), ya que se trata de actividades que quedan comprendidas dentro del concepto de «**comercio minorista**» y, por ende, dentro de la **competencia legislativa** exclusiva asumida por las **comunidades autónomas** en esta materia.

1672 **Uso de las denominaciones legales** (LOCM art.18.1 a 3) Bajo la denominación actividades de promoción de ventas, agrupa la Ley una serie de ventas que solo pueden desarrollarse **dentro de los límites** establecidos en la misma (LOCM art.18). La razón de este sometimiento estricto de las actividades de promoción de ventas a las prescripciones legales radica en la **especial necesidad de protección** que requiere en estos casos el consumidor, que, ante las ventajas inherentes a estas ventas, puede colocarse en una posición más vulnerable.
Las **denominaciones legales** únicamente **pueden emplearse** para anunciar las ventas que se ajusten a la regulación respectivamente establecida, quedando expresamente prohibida su utilización para anunciar ventas que no respondan al correspondiente concepto legal.
Lo mismo sucede con el empleo de **expresiones similares** para intentar soslayar la normativa. Expresiones como «semana de oro», «precios especiales», «semana del cliente», etc.
El uso de estas denominaciones puede ser **desleal** cuando, además de no ajustarse las ventas a la regulación establecida para cada una de las actividades de promoción de ventas, concurran las circunstancias previstas en la legislación de defensa de la competencia (LDC art.5) para ser considerada **engañosa** (LOCM art.18.3).

Precisiones La ley de protección de los precios para la adquisición de libros establece el **límite de prohibición de comercialización** a un precio inferior al 95% del precio fijo, pero no prohíbe otras formas de promocionar la venta. La actividad de promoción no implicó, en sentido propio, una rebaja del precio de los libros de texto, sino la oferta de su venta por el precio autorizado, si bien, con una prima consistente en la reducción del coste de otros productos distintos, diferida a la adquisición de los mismos y, por ello, condicionada a la libre decisión futura del comprador (AP Barcelona (Civil) 11-5-17, EDJ 108500).

Ejercicio simultáneo de actividades de promoción (LOCM art.18.4) Las distintas activi- 1674
dades de promoción de ventas **pueden simultanearse** en un mismo establecimiento comercial. P.e., en periodo de rebajas (nº 1685) puede también hacerse una promoción de venta con obsequios (nº 1940). Como **excepción** la venta en liquidación (nº 1875), no se pueden simultanear con otras actividades de promoción.

Como **requisito** para que se puedan simultanear distintas promociones, es que exista la debida separación entre ellas y se respeten los deberes de información.

Información al consumidor (LOCM art.19) Las actividades de promoción de ventas están 1676
sometidas a unos deberes de información que **afectan** considerablemente a la **publicidad** de las mismas.

La **finalidad** de estos deberes es reprimir la publicidad engañosa y para ello se establecen tres reglas distintas:

1) Es necesario indicar claramente en los anuncios de las ventas incluidas en el concepto de «actividades de promoción de ventas» la **duración** de las ventas y, en su caso, las **reglas especiales** aplicables a las mismas.

Respecto a las reglas especiales aplicables a estas ventas, no resulta imprescindible consignar todos los datos a los que se refiere el legislador, sino que basta con indicar aquellos que tengan **especial relevancia**.

2) Se prohíbe anunciar una **actividad promocional general** cuando la misma no incluya, al menos, la mitad de los artículos del establecimiento. En estos casos, no cabe anunciar la oferta como medida general, sino como medida referida exclusivamente a los artículos o sectores a los que realmente afecte. P.e., si una gran superficie dedicada a la venta de electrodomésticos tiene una oferta en lavadoras, debe anunciarlo así, no como ofertas especiales en general.

3) Se considera engañosa la oferta de **productos con premio o regalo**, cuando el consumidor no recibe real y efectivamente lo que razonablemente cabe esperar de acuerdo con la oferta realizada. Tiene especial trascendencia en los casos en que la oferta prevé la posibilidad de sustituir el regalo anunciado por otro de contenido análogo (nº 1940).

Precisiones **1)** Se impone una sanción por la inclusión de un folleto publicitario de **cláusulas no ajustadas a derecho**, por cuanto que, entre otras valoraciones sobre la licitud o no de la publicidad, se publicita una promoción especial, sin embargo, no se especifica la **duración de la oferta** (TSJ Madrid (Contencioso) 5-10-00, EDJ 72944).

2) Para mayor información sobre **publicidad engañosa** ver nº 4420 s.

Constancia de precios (LOCM art.20) Es obligatorio dejar constancia de la reducción de pre- 1678
cios. Se exige que en **toda oferta** de artículos con reducción de precio **figure con claridad**, en cada uno de ellos, el precio anterior junto con el precio reducido. Se entiende por **precio anterior** el menor que haya sido aplicado sobre productos idénticos en los 30 días precedentes. A estos efectos no se tiene en consideración el precio que hubiese podido ser aplicado, con la finalidad de reducir el **desperdicio alimentario**, sobre productos idénticos cuyas fechas de caducidad o consumo preferente estuviesen próximas a vencer.

Obviamente, no se aplica esta regla a los productos **puestos a la venta por primera vez**. Es el caso de las ofertas de lanzamiento (nº 1773).

La vulneración de esta regla constituye una **infracción leve** (LOCM art.64).

La **reducción de precios** es la que libremente decida el empresario. En ningún caso, se puede condicionar la utilización de estas actividades de promoción de ventas a una reducción porcentual mínima o máxima de los productos. P.e., una norma que regulara que en periodo de rebajas el mínimo de descuento tiene que ser del 10% y el máximo del 50.

Precisiones **1)** Esta norma se aplica a **todas las ventas en promoción**, no solo a las rebajas, ya que se caracterizan bien por una disminución de precios, bien por acompañar la adquisición del producto con una prestación complementaria (ventas con obsequio).

2) Una reducción del precio anunciada por un comerciante, ya sea en forma de porcentaje o mediante una mención publicitaria que destaque el carácter ventajoso del precio, debe calcularse necesariamente sobre la base del **precio anterior definido como** el precio más bajo aplicado durante al menos los 30 días previos a la reducción (TJUE 26-9-24).

3) Un establecimiento fue multado porque **no exhibía de forma visible** los precios de venta al público de los artículos no incluidos en oferta, promoción o rebajas; carecía del anuncio indicativo de la duración de las promociones realizadas; y **no separaba adecuadamente** los artículos ofertados a precio normal de los ofertados a precio reducido (TSJ Valladolid 31-10-05, EDJ 205062).

1680 **Determinación de los artículos ofertados** (LOCM art.21) En el caso de que se oferten **artículos a precio normal y otros a precio reducido**, unos y otros tienen que estar suficientemente separados, de forma que no pueda, razonablemente, **existir error** entre los consumidores sobre cuales son objeto de la oferta y cuales mantienen su precio habitual. Adicionalmente, debe distinguirse, en su caso, la existencia de rebajas, saldos, liquidaciones, promociones u obsequios.
La **falta de veracidad** en los anuncios promocionales es considerado infracción grave (LOCM art.65).

Precisiones En un caso en que se vendían prendas deportivas sin indicar la duración de las rebajas y promociones y sin **separar los artículos ofertados** a precio normal y a precio reducido se sancionó al establecimiento (TSJ Valladolid (Contencioso) 31-10-05, EDJ 205062).

B. Venta en rebajas

(LOCM art.24 a 26)

1685 La venta en rebajas es objeto de **regulación** tanto por la normativa estatal como por la autonómica. La LOCM no contiene una regulación completa de la venta en rebajas. En muchos casos, son las normas autonómicas las que desarrollan cuestiones silenciadas por la legislación estatal (normas sobre stocks, regulación de los medios de pago utilizables, régimen de publicidad de las rebajas...) (nº 1730 s.).
La regulación específicamente prevista en la LOCM para las ventas en rebajas se centra solo en dos **cuestiones**:
- la temporada de rebajas (nº 1700); y
- la calidad de los productos rebajados (nº 1705).

1690 **Concepto legal de venta en rebajas** (LOCM art.24) Se entiende que **existe** venta en rebajas cuando los artículos objeto de la misma se ofertan en el mismo establecimiento en el que se ejerce habitualmente la actividad comercial a un precio inferior al fijado antes de dicha venta.
El concepto de venta en rebajas y de **venta a precio rebajado** constituyen una idéntica figura (TSJ Cataluña contencioso 20-6-03, EDJ 1905009).

Precisiones **1)** En el caso de que exista alguna **diferencia** entre el concepto de venta en rebajas previsto en la **normativa autonómica** y el de la **estatal**, debe prevalecer lo dispuesto en esta última.
2) El legislador estatal, en uso de sus exclusivas competencias, ha regulado esta materia con posterioridad a las disposiciones autonómicas, por lo que la **normativa estatal** sobre la venta en rebajas, en suma, no puede ser eludida (TSJ Cataluña contencioso 20-6-03, EDJ 1905009).

1692 Los **elementos** que delimitan el concepto de venta en rebajas en sentido positivo son los siguientes:
• Este tipo de venta se refiere únicamente a la **distribución de productos**, no a la prestación de servicios. Se trata, además, de **bienes muebles**.
• La venta debe realizarse en el **mismo establecimiento** en el que se ejerce habitualmente la actividad comercial. No se exige que tenga lugar en el mismo establecimiento en que el producto fue anteriormente ofertado, sino en aquel o aquellos en el que el comerciante **desarrolle de forma ordinaria su actividad**. Ello permite incluir en las rebajas de un establecimiento productos que provienen de otros integrados en la misma empresa.
• El **precio** debe ser necesariamente **inferior al fijado con anterioridad** a la venta en rebajas. Por consiguiente, el precio de referencia es el menor que hubiese sido aplicado sobre productos idénticos en los 30 días precedentes (LOCM art.20.1).

Precisiones En un caso en que se discutía si era una **venta en rebajas o una venta en promoción**, se consideró que se estaba en presencia de una venta en rebajas pues (TSJ Cataluña 16-9-04, EDJ 153168):
- se trataba de productos que se habían vendido con anterioridad en los mismos centros;
- se ponían a la venta a un precio inferior al que se habían ofrecido con anterioridad;
- la promoción afectaba entre el 60 y el 70% de los productos que se encontraban a la venta en los establecimientos; y
- la promoción se lleva a cabo justamente en los días previos al inicio del período legal de rebajas, circunstancia de la que puede deducirse la voluntad de adelantar las rebajas (nº 1700).
No se puede amparar la campaña sancionada en las llamadas «ventas en promoción», pues con independencia del carácter residual de las mismas, dichas ventas han de tener una finalidad determinada, que no es otra que la de potenciar la venta de ciertos productos o el desarrollo de uno o varios comercios o establecimientos.

Productos excluidos de la venta en rebajas (LOCM art.24.2) Una de las finalidades básicas de la regulación de la venta en rebajas consiste en garantizar que los productos que se ofertan son **los mismos** y tienen la **misma calidad** que los que se ofertaron a precio no rebajado. 1694
Por ese motivo, están **excluidas** de la definición legal de rebajas las ventas de **productos**:
• Que no se **hayan puesto a la venta con anterioridad** en condiciones de precio ordinario. Los productos que se ponen a la venta por primera vez (LOCM art.20.1), pueden ser objeto de otra actividad de promoción de venta (saldos, liquidación) pero no venderse en rebajas.
• **Deteriorados o adquiridos con objeto de ser vendidos a precio inferior** al ordinario.
Esta cuestión guarda íntima relación con la calidad de los productos rebajados (ver nº 1705).
Es preciso tener en cuenta lo establecido respecto del uso de las denominaciones legales (ver nº 1672).

Temporada de rebajas (LOCM art.25) En contraste con la rigidez con la que la redacción original de la ley estatal fijaba la temporada de rebajas, limitada a dos períodos del año y con una duración mínima y máxima, la redacción actual del LOCM art.25, dada por el RDL 20/2012, deja a la **libre decisión** de cada comerciante sobre: 1700
- la fijación de los periodos de rebajas, que serán los periodos estacionales de mayor interés comercial según el criterio de cada comerciante; y
- la duración de cada periodo de rebajas.

No obstante, en algunas **comunidades autónomas** se mantiene la restricción del periodo de rebajas: 1702

Comunidad Autónoma	Periodo de rebajas
Cantabria L Cantabria 1/2002 art.23.1 y 2	- Dos temporadas anuales. La primera a principios de cada año y la segunda en torno al período estival. - Duración mínima de una semana y máxima de 2 meses.
Cataluña L Cataluña 18/2017 art.20	- Dos períodos: invierno y verano. - Anualmente, antes del 30 de septiembre, la Generalidad debe recomendar las fechas de inicio y finalización de las temporadas del año siguiente, atendiendo, en cada momento, a las demandas del sector comercial.
Extremadura L Extremadura 3/2002 art.20	- Dos periodos al año, - Duración mínima de una semana y máxima de 2 meses.
Galicia L Galicia 13/2010 art.39	- Dos periodos al año - Duración mínima de una semana y máxima de 2 meses.
País Vasco L País Vasco 7/1994 art.24.1	- Dos períodos o temporadas por año - Duración máxima de 2 meses por temporada
C.Valenciana L C.Valenciana 3/2011 art.69	- Dos temporadas anuales; una al principio de año, y otra en torno al período estival de vacaciones. - Duración mínima de una semana y máxima de 2 meses.

A pesar de la normativa autonómica, la **normativa estatal** en materia de ordenación del comercio minorista y horarios comerciales tiene **primacía** cuando existe contradicción insalvable entre ellas. Así, es inconstitucional establecen límites horarios inferiores a los estatales, restricciones a la libertad horaria en establecimientos con libertad reconocida, reglas procedimentales contrarias al régimen básico estatal, plazos de prescripción divergentes en el régimen sancionador y limitaciones temporales a la declaración de municipios turísticos. En cuanto a las ventas en rebajas no es inconstitucional la normativa autonómica si se entiende como una **regulación meramente descriptiva y no restrictiva** de la libertad del comerciante (TCo 117/2022).

Calidad de los productos rebajados (LOCM art.26.2) Uno de los aspectos más importantes de la regulación de la venta en rebajas consiste en **garantizar** que los productos ofertados tengan la **misma calidad** que los que se vendían en condiciones normales de precio. 1705
A fin de asegurar este principio de permanencia en la calidad, se exige que los artículos rebajados no sean **artículos deteriorados**. La prohibición es total y absoluta, no limitada a un determinado período temporal, y con ella se busca evitar que los productos deteriorados, que pueden ser objeto de venta de saldos (nº 1824), puedan serlo de la venta en rebajas.

Precisiones Los artículos de la venta en rebajas, promoción u oferta, deben de haber estado incluidos con anterioridad y, durante un plazo mínimo de un mes, en la **oferta habitual de ventas**. No podrán haber sido objeto de práctica de promoción alguna en el curso del mes que preceda a la fecha del inicio de la venta en rebajas (TCo 18/2016).

1709 Además, tampoco podrán venderse en rebajas los productos cuya venta excluye que a esta actividad de promoción de ventas se le pueda dar el nombre de rebajas (ver nº 1694), es decir, los productos:
- que no se hayan **puesto a la venta con anterioridad** en condiciones de precio ordinario; y
- los **adquiridos con objeto de ser vendidos a precio inferior** al ordinario.

Con estos requisitos se trata de evitar que puedan ofrecerse como rebajados productos que no formaban parte de la oferta del comerciante, o que fueron adquiridos por él con la intención de ofrecerlos **directamente rebajados**, pues normalmente tales productos tienen una **calidad inferior** a la que el consumidor asocia con el establecimiento o con productos que inicialmente fueron ofertados (nº 1694).

Precisiones El LOCM art.26.1 en el que se contemplaba la obligación de que los productos que se ofrecen en rebajas hayan estado **incluidos con anterioridad en la oferta** habitual de ventas, fue suprimido por la TCo 4-2-16. No obstante, se mantiene la prohibición, al excluir el LOCM art.24.1 de la denominación de venta en rebajas, los productos no puestos a la venta en condiciones de precio ordinario con anterioridad.

1715 **Régimen sancionador** Son **infracciones** los actos que atentan contra los intereses de los consumidores, pues generan en ellos la errónea creencia de que los productos ofertados reúnen unas características que en realidad no son tales. Por ello, las **asociaciones de consumidores** están **legitimadas** activamente para ejercer las acciones declarativas de deslealtad del acto, de cesación, de remoción de los efectos producidos por el acto y de rectificación de las informaciones engañosas, incorrectas o falsas (nº 175).

1721 La **graduación de las sanciones** se realiza especialmente en función de (LOCM art.69):
- el volumen de la facturación a la que afecte,
- la cuantía del beneficio obtenido,
- el grado de intencionalidad,
- el plazo de tiempo durante el que se haya venido cometiendo la infracción,
- la reincidencia, y
- la capacidad o solvencia económica de la empresa.

1723 **Infracciones leves** Son las siguientes acciones:
• La realización de ventas en rebaja fuera de los **casos autorizados** en la Ley (LOCM art.64.c).
• La **falta de indicación** en los artículos rebajados de los precios habituales de los mismos (LOCM art.64.d).
• El incumplimiento de las obligaciones establecidas en la LOCM o en las normas dictadas para su desarrollo que no sean objeto de sanción específica (LOCM art.64.h).

Estas infracciones llevan aparejadas la **sanción** de multa de hasta 6.000 (LOCM art.68.3).
La **reincidencia** por cuarta vez en la comisión de una falta leve genera que la última de las infracciones sea calificada como grave. En ningún caso la reincidencia en la comisión de faltas leves, sea cual sea su número, supone la comisión de una falta muy grave (LOCM art.67.2).

1725 **Infracciones graves** Se sancionan como tales las siguientes conductas:
• La **falta de veracidad en los anuncios** de las ventas en rebajas, calificando indebidamente como tales las correspondientes ventas u ofertas (LOCM 65.1.i).
• Ofertar como rebajados **artículos defectuosos o adquiridos expresamente** con tal finalidad (LOCM 65.1.j).

Se **sancionan** con multa de 6.000 a 3 0.000 (LOCM art.68.2).

1727 **Infracciones muy graves** Se considera infracción muy grave cualquiera de **las definidas como graves** cuando concurran las siguientes **circunstancias** (LOCM art.66):
• Que el **volumen de la facturación** realizada o el **precio** de los artículos ofertados a que se refiere la infracción sea superior a 601.012,32.
• Que exista reincidencia.

Se entiende que **hay reincidencia** cuando, en el término de un año, se comete más de una infracción de la misma naturaleza, siempre que hayan sido declaradas por resolución firme (LOCM art.67.1).
Se **sancionan** con multa de 30.000 a 900.000 (LOCM art.68.1).
En el caso de la **tercera reincidencia** de infracciones calificadas como muy graves, las comunidades autónomas pueden decretar el cierre temporal de la empresa, el establecimiento o la industria infractora por un período máximo de un año, determinando las medidas complementarias para su plena eficacia (LOCM art.68.5).

Regulación autonómica Además de la normativa relativa a la fijación y duración de los periodos de rebajas con que cuentan algunas de ellas (nº 1702), las comunidades autónomas presentan las siguientes **normas propias** en la regulación de las rebajas: 1730

Andalucía (DLeg Andalucía 1/2012 art.66 a 69). 1732
• El comerciante está obligado a disponer de **existencias suficientes** de productos idénticos a los ofertados como rebajados para ofrecer al público en las mismas condiciones prometidas. Las existencias tienen que **guardar relación** con la duración de la oferta y a la importancia de la publicidad.
• Las reducciones de precios se tienen que consignar **exhibiendo el precio rebajado** junto al precio habitual y sin superponerlo.
• Cuando se trate de una **reducción porcentual** de un conjunto de artículos, bastará con el anuncio genérico de la misma sin necesidad de que conste individualmente en cada artículo ofertado.
• Tanto en la publicidad como en la información ofrecida a las personas consumidoras sobre las ventas en rebajas, se indicarán las **fechas** de comienzo y final de las mismas.
• Los artículos objeto de la venta en rebajas deben haber **estado a la venta** con un mes de antelación a la fecha de inicio de la venta en rebaja.

Aragón (L Aragón 4/2015 art.33 a 35). 1734
• Las reducciones de los precios deben consignarse **exhibiendo**, en porcentaje o en cifra, el precio rebajado junto al precio habitual practicado por el mismo vendedor.
• La Administración autonómica puede exigir, de oficio o a petición del comprador o de una asociación de consumidores, la **prueba de la autenticidad** del precio indicado como habitual.
• La venta en rebajas y su duración deben **exponerse de forma que sea visible** desde el exterior, incluso cuando el establecimiento permanezca cerrado.

Asturias (L Asturias 9/2010 art.34 y 35). 1736
• Se debe **exponer en el exterior** del establecimiento un anuncio del período de rebajas, con indicación de las **fechas** de inicio y finalización.
• No se puede anunciar la venta en rebajas de un establecimiento comercial cuando la misma **afecta a menos de la mitad** de los artículos existentes, sin perjuicio de que pueda **anunciarse la de cada artículo** en concreto, en cuyo caso los artículos rebajados tienen que estar **identificados y diferenciados** del resto.

Baleares (L Baleares 11/2014 art.35). 1738
• Las **fechas** de las rebajas se tienen que **exhibir** en los establecimientos comerciales en un lugar visible al público.
• Las reducciones de los precios **se tienen que consignar** haciendo figurar de forma clara el precio habitual y el reducido o el porcentaje de descuento.

Canarias (DLeg Canarias 1/2012 art.30 a 32). 1740
• Las reducciones de los precios deben consignarse **exhibiendo**, junto al precio habitual practicado por el mismo vendedor, el precio rebajado.
• La consejería competente puede **exigir la prueba** de haberse aplicado los precios indicados como habituales. La petición puede hacerse de oficio o a petición del comprador, de un comerciante competidor, de una asociación de consumidores o de una asociación de empresarios.
• Los comerciantes están obligados a aceptar los mismos **medios de pago** que admiten habitualmente.
• Los comerciantes tienen que disponer de un ***stock* suficiente** de productos idénticos para ofrecer al público en las mismas condiciones prometidas en la venta de que se trate.
• El *stock* tienen que estar **en relación con la duración** de la venta anunciada y la importancia de la publicidad.
• En establecimientos abiertos al público, la venta no se puede realizar en un **periodo de tiempo** inferior a una jornada completa de horario comercial.
• En la publicidad de las ventas con rebajas, salvo la que se haga en los escaparates, se tiene que hacer constar la **fecha** de iniciación y finalización de las mismas y una referencia concreta a la **oferta** que se realiza.

Cantabria (L Cantabria 1/2002 art.22 a 25). 1742
No presenta ninguna otra especialidad respecto a la normativa general, que la relativa a la fijación y duración de los periodos de rebajas (nº 1702).
Las ventas en rebajas deben **anunciarse** en el exterior del establecimiento con esta denominación.

1744 **Castilla-La Mancha** (L Castilla-La Mancha 2/2010 art.31 a 33).
• No pueden ofrecerse en rebajas **artículos obsoletos**, sin perjuicio de que se ofrezcan en el mismo establecimiento como saldos.
• Las reducciones de los precios se tienen que consignar **exhibiendo** junto al precio habitual el precio rebajado de los mismos productos comercializados en el establecimiento.

1746 **Castilla y León** (DLeg Castilla y León 2/2014 art.27).
Las **fechas** elegidas como inicio y fin de la venta en rebajas deben **exhibirse** en los establecimientos comerciales en un lugar visible al público.

1748 **Cataluña** (L Cataluña 18/2017 art.20).
• Los productos destinados a la venta en rebajas deben haber sido **puestos a la venta con anterioridad** en el mismo establecimiento, durante un mes, como mínimo, justo antes de la fecha de inicio de dicha modalidad de venta.
• No pueden venderse en rebajas **productos defectuosos**, deteriorados o desparejados o que sufran un deterioro grave de su valor comercial debido a la obsolescencia técnica o de la reducción objetiva de las posibilidades de su utilización.
• No pueden destinarse a la venta en rebajas las unidades de un producto adquiridas con esta **finalidad**.
• La venta en rebajas debe **anunciarse** con esta denominación y con el detalle del período durante el que se llevará a cabo este tipo de venta.

1750 **Extremadura** (L Extremadura 3/2002 art.20).
• Pueden ser **anunciadas** con 7 días **de antelación** como máximo.
• Las fechas de rebajas deben **exhibirse** al público en los establecimientos comerciales en sitio visible, incluso cuando permanezcan cerrados.
• No pueden calificarse como rebajas las promociones que afecten a **artículos que se hayan ofertado como saldos** de forma ocasional o permanente.

1752 **Galicia** (L Galicia 13/2010 art.38 a 40).
• Las **fechas** de comienzo y final de rebajas, se tienen que indicar en sitio visible al público, incluso cuando los establecimientos comerciales permanezcan cerrados.
• Los letreros y etiquetas deben **exhibir**, de forma bien visible, el precio anterior y el nuevo precio o, en substitución de este último, el porcentaje de reducción.

1754 **La Rioja** (L La Rioja 3/2005 art.48 a 51).
• Los comerciantes están obligados a aceptar los **mismos medios de pago** que admiten habitualmente.
• La duración de la venta anunciada y la importancia de la publicidad estará en relación con el **stock de artículos** en rebaja.
• Tanto en la publicidad como en la información ofrecida a los consumidores, se tienen que indicar las **fechas** de comienzo y final de las mismas en sitio legible al público, incluso cuando los establecimientos permanezcan cerrados.
• Solo pueden ser **anunciadas** con 8 días de **antelación** como máximo al inicio de las mismas.
• Únicamente durante los 10 últimos días de las ventas en rebaja, las empresas o establecimientos pueden utilizar expresiones publicitarias que hagan referencia concreta a la **oferta final** de la venta de rebajas.

1756 **Madrid** (L Madrid 16/1999 art.34).
• Las **fechas** de las rebajas elegidas deben **exhibirse** en los establecimientos comerciales en sitio visible al público, incluso cuando permanezcan cerrados
• Las reducciones de los precios **se consignarán** exhibiendo junto al precio anterior el precio rebajado de los mismos productos comercializados en el establecimiento.

1758 **Murcia** (L Murcia 11/2006 art.44 a 47).
• Deben reportar al consumidor final **ventajas económicas** reales, cuya realidad corresponde acreditar al comerciante ante la Administración competente.
• El comerciante ha de procurar **información clara, veraz y suficiente** sobre el contenido y las condiciones. La información y la publicidad no puede contener **cláusulas abusivas** y en particular **de desvinculación** basadas en errores tipográficos y, en general, de imprenta.
• El comerciante minorista debe informar sobre el **día inicial y final** de la misma en su establecimiento y en la difusión publicitaria que, en su caso, realice respecto de la citada actividad.
• La **disponibilidad y existencias** de los productos objeto de la actividad promocional ha de ser suficiente.

• El comerciante tiene la obligación de **informar al consumidor sobre los medios de pago** admisibles en la operación, a través de su publicidad general en la exposición visible desde el exterior del establecimiento.
• El comerciante tiene que hacer constar en cada uno de los productos el **precio ordinario** con que se ha valorado el artículo con anterioridad y el **precio rebajado**.
• Cuando se trate de una **reducción porcentual** de un conjunto de artículos, basta con el anuncio genérico de la oferta sin necesidad de que conste individualmente en cada artículo ofertado.

Navarra (LF Navarra 17/2001 art.46). **1760**
• Las **fechas** de rebajas deben ser **expuestas** en el exterior de cada establecimiento comercial en lugar visible al público, incluso cuando dichos establecimientos permanezcan cerrados.
• No pueden ofrecerse en rebajas **artículos obsoletos**, sin perjuicio de que se ofrezcan en el mismo establecimiento como saldos.

País Vasco (L País Vasco 7/1994 art.24). **1762**
Debe **señalarse de forma inequívoca**, en cada producto, el **precio anterior** y el que se ofrece como rebajado.

Comunidad Valenciana (L C.Valenciana 3/2011 art.68 a 70). **1764**
Las **fechas** de inicio y final de rebajas elegidas deben **exhibirse** en los establecimientos comerciales en sitio visible al público, al menos desde el comienzo al final de la venta promocional.

C. Venta de promoción o en oferta

(LOCM art.27)

La venta en promoción o en oferta **se define** legalmente de forma negativa o residual como aquella que no esté contemplada específicamente en otra forma concreta de promoción de ventas (nº 1665 s.). **1770**
A la venta en promoción le son expresamente aplicables las **reglas generales** sobre las ventas en promoción (nº 1665 s.).

Precisiones En un caso en que se discutía si era una **venta en rebajas o una venta en promoción**, se consideró que se estaba en presencia de una venta en rebajas pues (TSJ Cataluña 16-9-04, EDJ 153168):
- se trataba de productos que se habían vendido con anterioridad en los mismos centros;
- se ponían a la venta a un precio inferior al que se habían ofrecido con anterioridad;
- la promoción afectaba entre el 60 y el 70% de los productos que se encontraban a la venta en los establecimientos; y
- la promoción se lleva a cabo justamente en los días previos al inicio del período legal de rebajas, circunstancia de la que puede deducirse la voluntad de adelantar las rebajas (nº 1700).

No se puede amparar la campaña sancionada en las llamadas «ventas en promoción», pues con independencia del carácter residual de las mismas, dichas ventas han de tener una finalidad determinada, que no es otra que la de potenciar la venta de ciertos productos o el desarrollo de uno o varios comercios o establecimientos.

Requisitos No se trata de cualquier venta que no encaje en ninguna de las otras modalidades definidas en la Ley, sino solo de aquellas que reúnen dos **requisitos**, relativos al precio o condiciones, y a la finalidad perseguida con ellas. **1772**

Precio Las ventas deben realizarse por **precio inferior** o en **condiciones más favorables** que las habituales. **1773**
El **precio** debe ser inferior al habitual, pero a diferencia de lo que ocurre en el caso de las ventas en liquidación (nº 1875 s.) y las ventas de saldos (nº 1820 s.), no cabe hacer las ventas de promoción o en oferta **bajo coste** (nº 1587).
La **determinación del precio habitual** a tomar como referencia, varía según los casos:
• Cuando el producto ya ha sido **puesto a la venta anteriormente** por el comerciante, el precio de referencia es el que se exigía con anterioridad, el que se hubiera aplicado sobre productos idénticos durante los 30 días precedentes, que debe figurar junto al precio reducido (nº 1678).
• Si el producto es **puesto a la venta por primera vez** -supuesto habitual en caso de lanzamiento de nuevos productos o apertura de nuevos establecimientos-, el precio de referencia puede ser:
- el aplicado por sus competidores respecto del mismo producto;
- el futuro precio que pretenda exigirse en condiciones de normalidad, una vez finalizada la promoción.

1774 **Condiciones** Las **opciones** son múltiples. A título de ejemplo, pueden mencionarse algunas frecuentes como:
- el establecimiento de **facilidades en el pago**, por ejemplo, la financiación de la compra a un plazo mayor del habitual en el mercado o con intereses más bajos;
- la inclusión por el mismo precio de **extras no incluidos** previamente en la oferta del producto -especialmente en el caso de venta de vehículos a motor o de aparatos electrónicos-;
- la prestación gratuita de **asistencia técnica** tras la adquisición, más allá de lo que se venía haciendo y de lo que es habitual en el mercado; o
- ofrecer otros productos de distinta naturaleza a modo de **obsequio**, así la participación en **sorteos** u otro tipo de juegos y premios;
- el **descuento en especie** (ofertas dos por uno o similares).

1775 **Potenciación de la venta de determinados productos** La finalidad de la venta debe ser **potenciar la venta** de ciertos productos. La promoción constituye un mecanismo eficaz para **dar a conocer un producto** en el mercado. Ofrecerlo a un precio más bajo de aquel al que será vendido en un momento posterior permite atraer a los consumidores que, una vez han adquirido el producto y comprobado sus ventajas, pueden decidir, en su caso, comprarlo de nuevo, ya a su precio de mercado.
Es una técnica especialmente indicada para lanzar al mercado productos consumibles -por ejemplo, refrescos- o productos cuya adquisición convierte al comprador en potencial consumidor de los productos accesorios -ordenadores-.

1776 **Desarrollo de uno o varios comercios o establecimientos** La venta en promoción también puede ser utilizada para dar a conocer un nuevo establecimiento, **atrayendo a los consumidores** para que conozcan su gama de productos y sus instalaciones. En todos estos casos, resulta necesario evitar posibles **abusos**, para lo cual es necesario limitar temporalmente la oferta, evitar que se realice bajo coste para no causar daños innecesarios a los competidores, y limitar las posibilidades de engaño sobre la verdadera calidad de los productos ofertados.

1780 **Régimen sancionador** Son **infracciones leves**:
• No hacer figurar en los artículos en promoción los precios de los mismos (LOCM art.64.d).
• El incumplimiento de las obligaciones establecidas en la LOCM o en las normas dictadas para su desarrollo, cuando no sea objeto de sanción específica (LOCM art.64.h).
Las **sanciones y la reincidencia**, reciben idéntico tratamiento que en el caso de las rebajas (nº 1723).
El régimen es idéntico al de las rebajas en el caso de las infracciones **graves** (nº 1725) y **muy graves** (nº 1727).

1784 **Regulación autonómica** Las comunidades autónomas presentan las siguientes **normas propias** en la regulación de la venta en promoción.

1786 **Aragón** (L Aragón 4/2015 art.40).
• Los productos o artículos ofrecidos no deben estar afectados por causa alguna que **reduzca su valor**.
• Los comerciantes deben disponer de **existencias suficientes** para satisfacer la demanda previsible.
• La aplicación del descuento no se traducirá en ningún caso en un **trato discriminatorio** de los diferentes compradores.

1790 **Baleares** (L Baleares 11/2014 art.33).
• La venta tiene que ir precedida o acompañada de la suficiente **información al público**, en la cual tienen que figurar con claridad:
- el producto o los productos objeto de la promoción;
- las condiciones de venta.
• El comerciante debe disponer de **existencias suficientes** para hacer frente a la oferta.
• Los artículos que se quieran vender como productos en promoción no pueden **estar deteriorados**, ni **ser de calidad inferior** a la de los mismos productos que tengan que ser objeto de una futura oferta ordinaria a precio normal.

1792 **Canarias** (DLeg Canarias 1/2012 art.38).
• Los productos o artículos ofrecidos no deben estar afectados por causa alguna que **reduzca su valor**.
• El comerciante debe contar con **existencias suficientes** para satisfacer la demanda previsible.

• La oferta de descuento de un determinado producto **debe mantenerse** un mínimo de 24 horas.
• La aplicación del descuento no se traducirá en ningún caso en un **trato discriminatorio** hacia los diferentes compradores cuando cumplan las condiciones previstas en relación con los descuentos citados.
• Los artículos iguales no podrán sufrir **incremento de precio** de venta al público, **en razón del número** de unidades adquiridas.

Cantabria (L Cantabria 1/2002 art.30 y 31). **1794**
• Los artículos sobre los que se aplique descuento no pueden estar **deteriorados o ser de peor calidad** que los que se hubiesen comercializado con anterioridad.
• Todo **anuncio** de venta con descuento debe especificar:
- su duración;
- en su caso, las reglas especiales aplicables a la promoción; y
- los productos afectados, salvo cuando se desarrolle este tipo de promoción en un establecimiento remodelado y se encuentren incluidos en la misma, al menos, la mitad de los artículos puestos a la venta.
• Debe disponerse de **existencias suficientes** para afrontar la demanda.

Castilla-La Mancha (L Castilla-La Mancha 2/2010 art.39). **1796**
• Si la promoción ofrece la **entrega de dos o más unidades** de producto por un precio global inferior al que correspondiera, antes de la reducción del precio, al número total de unidades incluidas en la oferta, el comerciante está obligado a anunciar el precio anterior y el precio reducido por unidad de producto.
• Cuando se trate de una **promoción limitada a un número** de unidades de uno o varios artículos, el comerciante ha de informar claramente sobre el número total de unidades objeto de la promoción en el establecimiento comercial y debe tener en **existencias** la cantidad de artículos anunciada en la oferta.

Castilla y León (DLeg Castilla y León 2/2014 art.31 y D Castilla y León 82/2006 art.16). **1798**
• En la **información al público** sobre este tipo de actividad comercial se deben reflejar las **ventajas o incentivos** que concurren en el artículo o grupos de artículos ofertados.
• Si tiene por objeto dar a conocer un **nuevo producto o servicio**, este debe ser efectivamente nuevo en el mercado o no haberse prestado nunca en el establecimiento comercial que realiza tal tipo de actividad comercial de promoción y solo versará sobre este producto o servicio.

Cataluña (L Cataluña 18/2017 art.24 a 26 redacc L Cataluña 15/2020). **1799**
• Debe limitarse a un **número determinado de productos** del establecimiento, o, en su caso, de la correspondiente sección, con las siguientes excepciones:
- actividades de carácter promocional, con una periodicidad anual y una duración máxima de 2 días, siempre que estas actividades sean una práctica común en todos los sectores comerciales o en alguno de ellos y estén directamente relacionadas con tradiciones culturales o se trate de eventos promocionales incorporados de forma generalizada a los usos comerciales; e
- inauguración de un nuevo establecimiento.
• En los anuncios de ventas en promoción con finalidad incentivadora **debe detallarse** la duración, los productos que son objeto de los mismos y cualquier condición especial inherente a la promoción.
• En caso de que la actividad de promoción afecte a productos o servicios vendidos anteriormente en el mismo establecimiento en condiciones habituales, deber indicarse, como **precio anterior a la promoción**, el precio menor aplicado el mes anterior sobre productos o servicios idénticos (L Cataluña 18/2017 art.24 redacc L Cataluña 15/2020).

Extremadura (L Extremadura 3/2002 art.24). **1800**
• Si la promoción se presenta mediante la **entrega de dos o más unidades** de producto por un precio global inferior al anterior a la reducción, al número total de unidades incluidas en la oferta, el comerciante está obligado a anunciar el precio anterior y el precio reducido por unidad de producto.
• Cuando se trate de una promoción **limitada a un número de unidades** de uno o varios artículos, el comerciante ha de informar claramente sobre el número total y debe tener en **existencias** la cantidad de artículos anunciada en la oferta.
• En su caso, el comerciante debe informar de manera expresa al comprador sobre la **existencia de restricciones en el número** de unidades promocionadas que puede adquirir.

1802 **Galicia** (L Galicia 13/2010 art.46 y 47).
• Los artículos sobre los que se aplique el descuento no pueden estar **deteriorados o ser de peor calidad** que los que se hayan comercializado con anterioridad.
• El **periodo máximo** de duración de una venta con descuento en un establecimiento remodelado será de 3 meses desde la fecha de su reapertura.
• Cuando esta actividad fuera dirigida a la promoción de determinados productos, su **duración** no podrá ser inferior a un día ni superior a 30.
• Los productos promocionados no podrán ser objeto de **nuevas ventas con descuento**, salvo en los establecimientos de alimentación.
• Todo **anuncio de venta con descuento** deberá especificar:
- su duración;
- las reglas que se aplicarán; y
- los productos afectados, salvo para el supuesto de que se celebre este tipo de promoción en un establecimiento remodelado y que se hallen incluidos en la referida promoción, al menos, la mitad de los artículos puestos a la venta.

1804 **La Rioja** (L La Rioja 3/2005 art.57).
• Los productos con descuento no pueden estar **deteriorados ni ser de peor calidad** que los mismos productos que vayan a ser objeto de futura oferta a precio normal.
• El comerciante debe disponer de **existencias suficientes** para hacer frente a la oferta, durante al menos un día.

1806 **Murcia** (L Murcia 11/2006 art.44 a 47).
Se aplican las mismas reglas generales que para la venta en rebajas (nº 1758)

1808 **País Vasco** (L País Vasco 7/1994 art.28).
• La venta en promoción tendrá que ir precedida o acompañada de **información suficiente**, en la que deberán figurar con claridad:
- los productos o servicios objeto de promoción;
- las condiciones de la promoción; y
- el período de vigencia de la promoción.
• El vendedor tiene que disponer de **existencias suficientes** para satisfacer la demanda previsible, y la duración de la publicidad no excederá de la disponibilidad de existencias del producto ofertado.
• Los productos o servicios objeto de venta promocional no podrán estar afectados por ninguna **causa que reduzca su valor**.

1810 **Comunidad Valenciana** (L C.Valenciana 3/2011 art.71 y 72).
• Solo pueden **anunciarse** con las expresiones «descuentos», «ofertas» o «promoción», si bien, a continuación se podrá especificar el motivo de las mismas.
• Se entiende por **descuento en especie** toda promoción publicitaria consistente en el ofrecimiento de una prestación adicional de la misma naturaleza que la prestación principal. En particular, constituyen descuentos en especie las promociones publicitarias en las que se utilizan expresiones del tipo «3 × 2», «2 × 1» o mediante la referencia a un porcentaje determinado de cantidad suplementaria.
• El ofrecimiento de un descuento en especie **no puede defraudar las expectativas** creadas en los destinatarios mediante la exigencia de un precio superior al que venía exigiéndose para la adquisición de la prestación principal, a no ser que de ello se informe de forma clara, suficiente y explícita en la publicidad.

D. Venta de saldos

(LOCM art.28 y 29)

1820 **Concepto** (LOCM art.28.1) La venta de saldos **tiene por objeto** productos que, por su **pérdida de valor comercial** no pueden ofertarse en el mercado en condiciones normales de precio.

1824 La Ley habla de pérdida de valor de mercado como consecuencia de la concurrencia de uno o varios de los siguientes **factores**:
- deterioro;
- desperfecto;
- desuso; u
- obsolescencia.
El **deterioro o desperfecto** de los productos puede ser derivada de golpes, roturas, un mal almacenamiento, o el mero transcurso del tiempo.

El **desuso o la obsolescencia** se producen cuando los productos han sido sustituidos por otros como consecuencia del avance de la técnica o del cambio de gusto o tendencia de los consumidores. Existen múltiples y claros ejemplos en el mundo de las telecomunicaciones, la informática o la telefonía.
Se trata de **causas tasadas**, por lo que si la pérdida de valor comercial se produce por otro motivo distinto, su venta no puede considerarse venta de saldos.
Expresamente la ley excluye los **excedentes de producción o de temporada** por el solo hecho de serlo. Es decir, si simplemente son excedentes y no presentan ninguna de las anteriores características que mermen su valor.
La pérdida de valor determina que la única forma de dar salida a estos artículos sea ofrecerlos a un **precio inferior** al que tendrían si conservaran de forma óptima sus características y cualidades, siendo posible incluso que ese precio sea **inferior al de coste** (LOCM art.14.1).

Precisiones **1)** Tanto la legislación estatal como la autonómica distinguen esta modalidad de venta de otras similares, como son, en particular, las ventas en rebajas (nº 1685 s.) y en liquidación (nº 1875 s.), y las ventas en promoción (nº 1770 s.).
2) El carácter de *numerus clausus* de esta enumeración puede producir consecuencias absurdas, como la **imposibilidad de incluir en las ventas de saldos** los productos desparejados -zapatos- o conjuntos de productos que forman un todo y que, por falta de algún elemento, están incompletos -un juego de té, una vajilla...-. Estos productos pueden no haber sufrido deterioro o desperfecto alguno, ni haber caído en desuso, ni ser obsoletos, pero, evidentemente, el simple hecho de carecer de su correspondiente pareja o de ser lotes incompletos hace que su valor de mercado se vea disminuido. Al no concurrir ninguno de los factores previstos en la Ley, no pueden venderse como saldos ni a pérdida.

Determinación del precio de mercado Para que los productos puedan ser vendidos como saldos, es preciso que las causas mencionadas hayan determinado una **reducción real, actual y manifiesta** de su valor de mercado. De ahí la importancia de fijar las **reglas o criterios** que deben seguirse para la determinación del precio de mercado: 1826
- En el caso de **productos deteriorados o con desperfectos**, atendiendo al valor al que los comerciantes venden en el mercado esos mismos productos, cuando están íntegros y no han sufrido alteración en sus características.
- Si se trata de **productos que han caído en desuso**, tomando como referencia el precio al que es vendido ese producto sin ser almacenado.
- Cuando se venden **productos obsoletos**, el precio de mercado es el que tenían cuando no lo eran, atendiendo siempre, como es lógico, a un momento anterior.

Prohibiciones (LOCM art.28.2) La Ley establece que no se pueden vender como saldos: 1828
- Productos cuya venta bajo tal régimen implique **riesgo o engaño** para el comprador. Se trata de evitar que puedan ser vendidos como saldos productos tan defectuosos o deteriorados que pongan en situación de peligro anormal a quien los adquiera.

En cuanto al engaño, debe considerarse prohibida la venta hecha en condiciones tales que no se permita al comprador **conocer las verdaderas características o condiciones** en que se encuentra el artículo ofertado. Guarda relación con la obligación de información que la LOCM y la normativa autonómica imponen al vendedor (nº 1830).
- Productos que se venden realmente a un **precio que no es inferior** al habitual. **Precio habitual** es aquel al que se vendía el producto cuando estaba en condiciones de normalidad. Las ventas de saldos se sujetan a las **reglas sobre constancia de precios** (nº 1678), por ello, dado que la venta de saldos implica una reducción del precio, debe **figurar de forma clara** en cada uno de los artículos ofertados y junto al precio reducido el precio anterior, salvo que se trate de productos ofertados por primera vez o de una reducción porcentual de un conjunto de artículos. En este caso, basta con el anuncio genérico del porcentaje del precio que se reduce.

Deber de información (LOCM art.29) Se exige que el vendedor **anuncie la venta** identificándola como venta de saldos o venta de restos. Adicionalmente, como regla especial, si lo que se ofertan son **productos deteriorados o defectuosos**, se le impone la obligación de **indicar de manera precisa** y ostensible tal circunstancia. 1830
Además, en las ventas de saldos deben observarse también las obligaciones de información que con carácter general rigen en todas las actividades de promoción de ventas (nº 1676).
La LOCM no establece la necesidad de obtener **autorización administrativa** para la realización de las ventas de saldos, ni el deber de comunicar tal actividad a la Administración. Tampoco impone el deber de obtener autorización para la apertura y funcionamiento de establecimientos que se dediquen habitualmente a la venta de saldos. En cambio, algunas **normas autonómicas** sí exigen que la venta de saldos ocasional sea comunicada a la Administración con anterioridad a su realización y de que se obtenga la correspondiente autorización para el ejercicio continuado de la actividad de venta de saldos en establecimiento mercantil o en puestos de venta no sedentaria dedicadas a esta actividad (nº 1838).

La LOCM tampoco contiene otras **reglas específicas** respecto de los **saldos realizados en establecimientos** que practiquen la venta de saldos con **carácter habitual**. La normativa autonómica, por el contrario, sí contiene algunas normas específicas sobre esta materia, ya sea regulando la compatibilidad entre el ejercicio habitual de la venta de saldos con otros tipos de actividades mercantiles, ya sea imponiendo la obligación de indicar en el rótulo del establecimiento que este se dedica exclusivamente a la venta de saldos, si concurre tal circunstancia (nº 1838).

1832 **Régimen sancionador** Son **infracciones leves**:
• No hacer figurar en los artículos rebajados como consecuencia de la venta de saldos los precios habituales de los mismos.
• El incumplimiento de las obligaciones establecidas en la LOCM o en las normas dictadas para su desarrollo, cuando no sea objeto de sanción específica (LOCM art.64.h).
Las **sanciones y la reincidencia**, reciben idéntico tratamiento que en el caso de las rebajas (nº 1723)

1836 El régimen es idéntico al de las rebajas en el caso de las infracciones **graves** (nº 1725) y **muy graves** (nº 1727).

1838 **Regulación autonómica** Las comunidades autónomas presentan las siguientes **normas propias** en la regulación de la venta de saldos.

1840 **Andalucía** (DLeg Andalucía 1/2012 art.71 a 75) • General
La **publicidad** de la venta de saldos debe **informar** claramente de:
- la procedencia y motivos que la justifican;
- en su caso, de la existencia de taras o deterioros en los artículos ofrecidos, pérdida de actualidad, o limitación del surtido a determinadas tallas, colores o modelos.
• Venta de saldos con **carácter habitual, permanente o exclusivo**:
- El establecimiento tiene que estar dedicado exclusivamente a este tipo de venta.
- En el rótulo del establecimiento tiene que constar claramente esta circunstancia.
• Venta de saldos con **carácter no habitual o exclusivo**:
- Los establecimientos deben indicar en su publicidad las fechas de inicio y termino de la venta de saldos.
- No se pueden saldar productos adquiridos para tal fin, ni aquellos otros que no hubieran estado puestos a la venta con anterioridad.

1844 **Aragón** (L Aragón 4/2015 art.38 y 39) • General
- El comerciante está obligado a advertir al comprador de las circunstancias concretas que concurren en los productos.
• Venta de saldos con **carácter habitual, permanente o exclusivo**.
Los comerciantes deben:
- rotular de manera clara el establecimiento o puesto de venta en que vayan a efectuar la oferta de ventas en saldo con el indicativo «ventas de saldos o venta de stocks» exclusivamente;
- comunicar al Registro de Actividades Comerciales de Aragón el tipo de artículos a ofertar y los lugares donde va a realizarse la oferta.
• Venta de saldos con **carácter no habitual o exclusivo.**
Los comerciantes deben:
- comunicar a la Administración autonómica su deseo de llevar a cabo una venta de saldos, indicando la fecha prevista de inicio de la oferta y el tipo de producto ofrecido;
- no hacer publicidad de esta modalidad de venta hasta transcurridos 7 días de la presentación de la comunicación;
- exponer en lugar visible del establecimiento o puesto ambulante una copia sellada de la comunicación;
- Los artículos de saldo deben estar físicamente separados de aquellos que no lo estén.

1846 **Asturias** (L Asturias 9/2010 art.36 a 38) • General
- No se considera venta de saldos la de productos que no hayan pertenecido al comerciante 10 meses antes de la fecha de comienzo de este tipo de actividad comercial.
- Todo comerciante podrá ofrecer la venta de saldos de sus propios artículos, con carácter permanente, siempre que estén debidamente separados del resto de los artículos y del resto de las promociones.
- El comerciante puede practicar la venta de saldos en un establecimiento distinto del habitual.
- Se debe proporcionar al comprador información clara y precisa sobre el origen, calidad, estado y garantías de los artículos ofertados.
• Venta de saldos con **carácter habitual, permanente o exclusivo**.

Estos establecimientos son los únicos que pueden saldar artículos ajenos o adquiridos específicamente con la finalidad de ser vendidos como saldo.
• Venta de saldos con **carácter no habitual o exclusivo.**
El comerciante debe comunicarlo a la Consejería competente en materia de comercio con una antelación de 10 días a su inicio efectivo.
Debe **exponer al público** una copia de esta notificación.
La comunicación **tiene que expresar**:
- la identificación de la persona titular del establecimiento;
- el domicilio del establecimiento donde se quiere practicar la venta ocasional de saldos;
- la superficie útil de exposición y venta al público del establecimiento y porcentaje de esta que se destinará a la venta de saldos;
- la causa o causas de deterioro, desperfecto, desuso u obsolescencia de los artículos que se incluyen en esta venta;
- el porcentaje que los productos saldados representan sobre el total del establecimiento;
- la fecha de inicio del plazo en el que se llevará a cabo este tipo de venta especial.

Baleares (L Baleares 11/2014 art.37) • Venta de saldos con **carácter habitual, permanente o exclusivo**. **1848**
- En el exterior de los establecimientos se tiene que señalar claramente que están dedicados principalmente a la venta de saldos con carácter habitual y permanente.
- Pueden ofrecer artículos ajenos y artículos adquiridos específicamente con la finalidad de ser vendidos como saldos o restos.
• Venta de saldos con **carácter no habitual o exclusivo.**
En el lugar de venta debe **figurar la denominación** de saldos o restos y se tiene que hacer constar la **fecha de inicio y de finalización**.

Canarias (DLeg Canarias 1/2012 art.35 a 37) • General **1850**
- Incluye los productos desparejados.
- La venta no puede prolongarse una vez agotado el stock, debiendo cesar inmediatamente la publicidad al respecto.
• Venta de saldos con **carácter habitual, permanente o exclusivo**.
Los comerciantes deben cumplir las siguientes condiciones:
- rotular de manera clara el establecimiento o puesto de venta en que vayan a efectuar la oferta de ventas en saldo con el indicativo «venta de saldos» exclusivamente;
- comunicar a la consejería competente en materia de comercio el tipo de artículos a ofertar y los lugares en que vaya a realizarse la oferta.
• Venta de saldos con **carácter no habitual o exclusivo**.
Es preciso diferenciar claramente los productos que se saldan del resto de productos del establecimiento.

Cantabria (L Cantabria 1/2002 art.26 y 27) • Venta de saldos con **carácter habitual, permanente o exclusivo**. **1852**
- Los establecimientos pueden realizar la venta como saldos de artículos que no pertenecieran al comerciante 6 meses antes de la fecha de comienzo de esta venta;
- deben indicar su dedicación a la venta de saldos de forma que sea claramente visible desde el exterior del local.
• Venta de saldos con **carácter no habitual o exclusivo.**
Los establecimientos no pueden realizar la venta como saldos de artículos que no pertenecieran al comerciante 6 meses antes de la fecha de comienzo de esta venta.

Cataluña (L Cataluña 18/2017 art.22) • General **1854**
La venta de saldos incluye la venta de productos que se hallan en alguna de las siguientes **circunstancias**:
- estar defectuosos, deteriorados o desparejados, con relación al producto original puesto a la venta con anterioridad;
- ser productos tecnológicos que sufren una depreciación en su valor comercial por obsolescencia técnica, porque se han dejado de fabricar o debido a la reducción objetiva de las posibilidades de su utilización.
• Venta de saldos con **carácter permanente**.
Es precisa la comunicación previa, de acuerdo con la reglamentación específica.
Consiste en una declaración responsable con el siguiente contenido (D Cataluña 106/2008 art.51):
- Identificación de la empresa titular del establecimiento y, si procede, empresa o grupo de empresas al que pertenece;

- Domicilio del establecimiento donde se quiere realizar la venta permanente de saldos y superficie de venta de este:
- Indicación de que la empresa se dedica exclusivamente a esta actividad.
- Descripción y procedencia de los productos que se pretende ofertar como saldos, detallando específicamente cuales son las características que permiten identificarlos como tales.

1856 **Extremadura** (L Extremadura 3/2002 art.21) • General
Se considera venta de saldos la venta a precios reducidos de restos de fábrica.
La publicidad de la venta de saldos debe ir acompañada de información suficiente sobre las concretas circunstancias que la motivan y las ventajas de precio que suponen.
• Venta de saldos con **carácter habitual, permanente o exclusivo**.
Pueden saldar artículos adquiridos específicamente con la finalidad de ser vendidos como tales.
• Venta de saldos con **carácter no habitual o exclusivo**.
Los productos ofertados deben haber formado parte de las existencias del vendedor.

1858 **Galicia** (L Galicia 13/2010 art.41 y 42) • General
La venta de saldos debe publicitarse señalando, al menos, las circunstancias y causas concretas que la motivan.
• Venta de saldos con **carácter habitual, permanente o exclusivo**.
- Los comerciantes pueden vender como saldos, artículos ajenos o adquiridos específicamente con la finalidad de ser vendidos como saldos.
- Los establecimientos deben indicar de forma que sea claramente visible desde el exterior del local su dedicación específica y exclusiva a la venta de saldos.
• Venta de saldos con **carácter no habitual o exclusivo**.
No se pueden vender como saldos, artículos que no pertenecieran al comerciante 4 meses antes de la fecha de comienzo de esta venta.

1860 **La Rioja** (L La Rioja 3/2005 art.54 a 56) • General
- El comerciante está obligado a advertir al comprador por escrito y en lugar visible de las circunstancias concretas que concurran en los productos.
- La venta de saldos no puede prolongarse una vez agotado el stock, debiendo cesar inmediatamente la publicidad al respecto.
• Venta de saldos con **carácter habitual, permanente o exclusivo**.
- Los comerciantes deben cumplir las siguientes condiciones:
- rotular de manera clara el establecimiento o puesto de venta en que vayan a efectuar la oferta de ventas en saldo con el indicativo venta de saldos exclusivamente;
- comunicar a la consejería competente en materia de comercio el tipo de artículos a ofertar y los lugares en que vaya a realizarse la oferta.
• Venta de saldos con **carácter no habitual o exclusivo**.
Los productos objeto de la venta de saldo deben estar claramente diferenciados del resto de los productos.

1862 **Madrid** (L Madrid 16/1999 art.38) • General
Los comerciantes tienen que informar de la duración de los saldos y en el caso de ser permanentes se hace constar tal circunstancia.
• Venta de saldos con **carácter habitual, permanente o exclusivo**.
- Los establecimientos pueden saldar artículos ajenos y artículos adquiridos específicamente con la finalidad de ser vendidos como saldos o restos;
- deben indicar claramente su actividad en el exterior.
• Venta de saldos con **carácter no habitual o exclusivo**.
Los productos que se venden como saldos tienen que estar debidamente señalizados y separados del resto de las promociones.

1864 **Murcia** (L Murcia 11/2006 art.44 a 47) Se aplican las mismas reglas generales que para la venta en rebajas (nº 1758), con la salvedad de **excluir** específicamente la venta de saldos del requisito de reportar al consumidor final **ventajas económicas** reales.

1868 **Navarra** (LF Navarra 17/2001 art.47) • General
Todo comerciante puede ofrecer venta de saldos de sus propios artículos, con **carácter permanente**, siempre que estén debidamente **separados del resto** de los artículos y del resto de promociones.
• Venta de saldos con **carácter habitual, permanente o exclusivo**.
- Los establecimientos pueden saldar artículos ajenos y artículos adquiridos específicamente con la finalidad de ser vendidos como saldos;
- deben indicar claramente su actividad en el exterior.

• Venta de saldos con **carácter no habitual o exclusivo**.
Los artículos ofertados como saldos deben pertenecer al comerciante 6 meses **antes de la fecha de comienzo** de este tipo de actividad comercial.

País Vasco (L País Vasco 7/1994 art.25) Este tipo de venta y su publicidad debe ir acompañada de **información suficiente** de las circunstancias y causas concretas que la motivan. 1870

Comunidad Valenciana (L C.Valenciana 3/2011 art.79 a 82) • General 1872
La venta de saldos incluye los productos desparejados.
• Venta de saldos con **carácter habitual, permanente o exclusivo**.
El establecimiento comercial debe:
- estar dedicado principalmente a este tipo de ventas;
- indicar claramente en el exterior su actividad, informando de forma destacada sobre su naturaleza en el rótulo del establecimiento;
- podrán saldar artículos ajenos y artículos adquiridos específicamente con la finalidad de ser vendidos como saldos o restos.
• Venta de saldos con **carácter no habitual o exclusivo.**
- Los artículos objeto de la venta de saldos deben haber formado parte de las existencias del vendedor, al menos, con 6 meses de antelación al inicio de la oferta, salvo que se trate de productos defectuosos o deteriorados.
- La venta de saldos se hará separándolos claramente del resto de productos del establecimiento comercial.

E. Venta en liquidación

(LOCM art.30 y 31)

Concepto (LOCM art.30.1) Se entiende por venta en liquidación la venta de **carácter excepcional** y de **finalidad extintiva** de determinadas existencias de productos, que tiene lugar en ejecución de una decisión judicial o administrativa, o es llevada a cabo por el comerciante, o por el adquirente del negocio, en alguno de los casos fijados por la ley. 1875
Estas ventas deben ser **anunciadas** con esta denominación u otra equivalente, siendo necesario que el anuncio **indique la causa** de la venta. No se exige, en cambio, en la normativa estatal que la venta en liquidación se realice en el propio establecimiento del comerciante.
Los **criterios** que definen la venta en liquidación son:
- **excepcionalidad**, que se refleja en el carácter tasado de las causas admitidas legalmente para su realización, así como en la naturaleza de tales causas, de claro carácter excepcional, y en la imposibilidad de repetir la venta en liquidación en dilatados plazos.
- **finalidad extintiva** de las existencias.
No es requisito esencial que los **precios sean inferiores** a los exigidos habitualmente, aunque la práctica habitual en estos casos es la reducción de los mismos, dado el interés del vendedor en dar salida a las mercaderías en el tiempo más breve posible. De ahí que se admitan las ventas en liquidación **bajo coste o a pérdida** (nº 1587).

Precisiones **1)** La LOCM no establece la **incompatibilidad entre los saldos y la venta en liquidación**. Ambas son modalidades de venta que deben realizarse a pérdida y pueden realizarse conjuntamente, siempre que guarden las debidas precauciones para evitar engaños al consumidor. No obstante, en estos casos deben separarse los productos afectados por la liquidación de los productos ofertados como saldos, de tal modo que puedan distinguirse unos de otros (LOCM art.21).
2) En un **procedimiento concursal**, la venta directa de bienes conforme al Plan de Liquidación debe ajustarse a un valor de mercado razonable basado en avalúos fidedignos realizados en el seno del concurso (AP Almería auto 19-12-23, EDJ 862018).

Supuestos admitidos (LOCM art.30.1) La venta en liquidación solo puede tener lugar en ejecución de una decisión judicial o administrativa, o cuando la lleva a cabo el comerciante, o el adquirente del negocio por cualquier título, en alguno de los cuatro **casos excepcionales** que la Ley enumera con carácter **tasados**. 1877
Se consideran **desleales por engañosas** las prácticas comerciales relativas a las ventas en liquidación cuando no sea cierto que el empresario o profesional se encuentre en alguno de los supuestos previstos en la LOCM o que, en cualquier otro supuesto, afirmen que el empresario o profesional está a punto de cesar en sus actividades o de trasladarse sin que vaya a hacerlo (LDC art.22.3).

Cese de la actividad de comercio (LOCM art.30.1. a) El cese puede ser **total o parcial**. En ambos casos, la **comprobación** de que la liquidación tiene realmente como causa la cesación de la actividad comercial **se realiza con posterioridad**, si se reanuda la misma actividad comercial. 1879

1881 • El **cese total** tiene lugar en los supuestos de **cierre de negocio**, esto es, en aquellos en que se pone fin a la actividad comercial, ya sea por muerte o jubilación del comerciante, ya por concurso o por la simple voluntad del comerciante.

La actividad del comerciante requiere habitualmente el **mantenimiento en stock** de las mercancías necesarias para hacer frente a los pedidos, por lo que es lógico que, en el momento en que se toma tal decisión, existan diversas **mercancías sobrantes** que el comerciante desea convertir en unidades monetarias. De ahí que sea habitual que, tras un período de oferta de tales mercancías en condiciones normales de precio, se opte por recurrir a una modalidad de venta de carácter promocional que permita **poner fin a las existencias** de forma rápida y liquidar las mercancías, reduciendo de esta forma los costes de tener abierto el establecimiento.

1882 • El **cese parcial** de la actividad de comercio no implica el cierre del negocio, sino tan solo la **extinción de una parte** del mismo. Así sucede, por ejemplo, en el caso de establecimientos que venden dos tipos de productos relacionados (droguería y perfumería, por ejemplo) y se opta por suprimir alguno de ellos, por su escasa rentabilidad.

Al igual que en el caso de la cesación total, en este supuesto el comerciante deberá **deshacerse de los stocks sobrantes** de la forma más eficiente, lo que requiere hacer la oferta más atractiva de lo que sería en condiciones normales mediante una reducción sustancial de los precios de los productos.

Dado que en este supuesto la liquidación **no afecta a todos los productos**, es preciso **indicar** la clase de mercancías objeto de liquidación, debiendo **separarse suficientemente** los productos en liquidación de los restantes, de forma que no pueda inducirse a error respecto a los que están en liquidación y los que no (LOCM art.21).

1883 **Transformaciones en la actividad comercial** (LOCM art.30.1.b) La Ley se refiere concretamente a dos **supuestos**:

- cambio de ramo o actividad de comercio;
- modificación sustancial en la orientación del negocio.

En ninguno de estos casos el comerciante finaliza la actividad comercial, sino que decide **sustituir** la que realiza por otra, o **modificar** en modo relevante la estrategia o la dirección del negocio.

En el caso de **cambio de ramo o actividad de comercio**, existirá un **stock** de los artículos que hasta el momento se ofertaban y que constituían el objeto de la actividad comercial que se abandona. En la **modificación sustancial en la orientación** del negocio, también habrá en el stock del comerciante ciertos **productos que no se adecuan** a la nueva orientación del negocio. Por ello, los efectos de esta situación resultan equiparables a los que se producen en los casos de cesación y se podrá realizar la venta en liquidación de los stocks procedentes de la antigua actividad.

Sin embargo, las **consecuencias** del cambio de orientación del negocio pueden variar de unos supuestos a otros:

• En todos los casos en que la modificación de la orientación del negocio determine que determinados productos del stock existente **dejen de ser adecuados** a la nueva orientación, existe la posibilidad de realizar una venta en liquidación.

• Por el contrario, **no dan lugar a una venta en liquidación** las modificaciones sustanciales de la orientación comercial que impliquen simplemente la **adición de nuevas actividades** a las ya existentes y que no afecten a las que ya existían. Y ello porque el hecho de que se mantenga la actividad hasta entonces desempeñada hace que **no exista un stock** incompatible con la nueva orientación comercial, con lo que la venta en liquidación no está justificada.

La modificación **debe ser en todo caso sustancial**. Aun cuando se trata de un concepto jurídico indeterminado, es posible concluir que solo es sustancial cuando el cambio de orientación dé lugar a que una parte significativa del stock sea **incompatible con la nueva orientación** del negocio, la que justifica la realización de una venta en liquidación. Por ello, la venta en liquidación carece de sentido cuando no haya stocks incompatibles o cuando, aun existiendo, supongan un porcentaje irrelevante.

Precisiones Ejemplo de **sustitución de actividad** es convertir una tienda de productos de alimentación en una zapatería.

Ejemplo de **modificación relevante** es convertir una tienda de productos de alimentación en una de delicatessen. Pero ello siempre que lo que se haga sea la conversión de tienda de productos de alimentación en una de delicatessen, no si lo que se hace es añadir una sección de delicatesen, por grande que sea, a una tienda de productos de alimentación, que sigue funcionando también como tal. En ese caso no hay stock.

1884 **Cambio de local o realización de obras de importancia** (LOCM art.30.1.c) En estos supuestos, es necesario que el cambio de local o la realización de obras determine la **necesidad de liquidar el stock** del que dispone el comerciante. La necesidad de liquidación surge en el caso de que el **coste de traslado** del local antiguo al nuevo o el de **almacenamiento** durante el tiempo que duren las obras, resulte excesivamente oneroso para el comerciante.

Esta causa de liquidación no supone **supresión o modificación** alguna de la actividad comercial, sino que el comerciante continúa realizando en el nuevo local o en el local reformado la misma actividad que venía desarrollando con anterioridad.

Concurrencia de fuerza mayor (LOCM art.30.1.d) La LOCM se refiere a cualquier causa de fuerza mayor que **cause grave obstáculo** al normal desarrollo de la actividad comercial. Se trata de una causa que **no impide** que la actividad comercial **continúe realizándose**, pero sí que se haga en condiciones de normalidad. También se exige que las alteraciones producidas por la fuerza mayor sean **relevantes o graves**. Si **impide** la realización de la actividad comercial, se está ante un supuesto de cese de la actividad de comercio del (nº 1879). 1885
La doctrina distingue la fuerza mayor del **caso fortuito**. Existe caso fortuito cuando se producen hechos que, aun siendo imprevisibles o aun produciéndose raramente, entran dentro de los **propios o connaturales a la actividad** realizada -en este caso, la comercial- aunque se produzcan raramente. En cambio, hay fuerza mayor cuando el suceso ocurrido sea **extraño a la actividad** propia del comerciante, siendo por ello totalmente imprevisible e insuperable (así, una riada, un corte de luz, constituyen supuestos de fuerza mayor).

Precisiones Otro **ejemplo** de supuesto de fuerza mayor que puede dar lugar a la necesidad de liquidar las existencias, es aquel en el que, como consecuencia de **dificultades sobrevenidas de distribución** (fallos técnicos, una huelga de transporte), se generen stocks imprevistos que no podrán ser absorbidos cuando cesen los efectos de la fuerza mayor y que impiden que pueda continuarse la actividad comercial en condiciones de normalidad. En este caso estaría autorizada la venta en liquidación de esos stocks imprevistos.

Productos excluidos de la venta en liquidación (LOCM art.30.2) La Ley establece la prohibición de que sean objeto de ventas en liquidación los siguientes productos: 1886
- Los que **no formen parte de las existencias** del establecimiento. Con esta regla se evita que, una vez iniciada la venta en liquidación -y debido, tal vez, a su éxito- el comerciante aproveche para adquirir stocks de terceros con ánimo de liquidarlos en su establecimiento.
- Los que fueron **adquiridos por el comerciante con objeto de incluirlos** en la liquidación.

Cese de la venta por desaparición de la causa que motivó la liquidación (LOCM art.30.3) Esta regla es especialmente relevante en los casos en que la liquidación es **consecuencia de**: 1887
- Un **cambio de local** (nº 1883) que no implique cambio ni modificación de la actividad comercial (nº 1881). Una vez el comerciante **cierre el local antiguo**, deja de poder continuar la venta en liquidación, en la medida en que estaba justificada por la necesidad de evitar los costes de transporte de los productos de un local a otro y habida cuenta de que la decisión de cerrar el viejo local implica la asunción por el comerciante de los costes de transporte, o subsidiariamente de almacenamiento de los productos que no hayan sido liquidados.
- La **realización de obras de importancia** en el local (nº 1883). La **causa** que justifica la venta en liquidación en este caso: evitar asumir los costes de almacenamiento externo de las mercaderías, **desaparece con el fin de las obras**, cuando se abre nuevamente el negocio o se recupera la totalidad del espacio para la actividad comercial en el caso de reformas parciales y puede reanudarse la actividad en condiciones de normalidad.
- La concurrencia de una **causa de fuerza mayor** (nº 1885). En el mismo sentido, la desaparición o fin del grave obstáculo a la actividad comercial, generado por la fuerza mayor, produce igualmente el fin de la liquidación.

Duración de la liquidación (LOCM art.31.1) Se recogen ciertas reglas en materia de duración y reiteración de este tipo de ventas: 1889
La **duración máxima** de la venta en liquidación es de un año.
No obstante, debe cesar la liquidación:
- en el caso de que desaparezca la causa que la motivó (nº 1887); o
- cuando **se liquidan** efectivamente los productos objeto de la misma. Con ello quiere evitarse que, bajo la apariencia de la venta en liquidación, el comerciante ponga a la venta **otros productos** que, lejos de ser objeto de liquidación, constituyen el objeto de la actividad comercial normal, subsistente o modificada. También la de productos excluidos de la liquidación (nº 1886).

Reiteración de la liquidación (LOCM art.31.2) En cuanto a la **reiteración** de la liquidación, el comerciante no puede, proceder a una nueva liquidación en el mismo establecimiento de productos similares a la anterior en el curso de los 3 años siguientes. 1891
Se trata de una restricción con la que se pretende **evitar posibles abusos** del comerciante que enmascare una política comercial continuada de promoción de ventas bajo la apariencia de sucesivas ventas en liquidación. Ello le permitiría, además, realizar de forma continua **ventas a pérdida**, prohibidas con carácter general.

Se **exceptúan** de esta regla las liquidaciones que tengan lugar:
- en ejecución de decisión judicial o administrativa;
- por cese total de la actividad; o
- por causa de fuerza mayor.

1892 **Prohibición de ejercer el comercio** La modificación del (LOCM art.31) por RDL 20/2012, suprimió el anterior apartado 2, en el que se **prohibía al vendedor** ejercer el comercio en la misma localidad, sobre productos similares a los que hubiesen sido objeto de liquidación por cese de actividad, en el curso de los 3 años siguientes a la finalización de la venta en liquidación.
Con esta prohibición se trataba de impedir que el comerciante realizara una **liquidación fraudulenta**, y una vez liquidado el stock reanudara la venta normal.
No obstante, la **reanudación de las ventas** por el comerciante después de la liquidación por cese, siguen estando en contra del **carácter extintivo** que el LOCM art.30.1 sigue predicando para este tipo de ventas en liquidación.

1893 **Deberes de información, comunicación y autorización administrativa** (LOCM art.30.4) Los **anuncios** de las ventas en liquidación deben **indicar la causa** de esta, exigencia que puede reputarse cumplida con el mero señalamiento de la clase de causa (p e. «liquidación por cambio de local», liquidación por cierre», etc.).
El comerciante que realiza la venta en liquidación está sometido a especiales obligaciones de información.
En los anuncios relativos a la venta en liquidación, debe **especificarse**:
- su duración; y
- los productos a los que afecta. En este sentido, si la oferta no comprende, al menos, la mitad de los artículos puestos a la venta, la venta en liquidación no puede ser anunciada como una medida general, sino que debe especificarse en los anuncios los artículos o sectores a los que afecta (LOCM art.19.2).
En el caso de que la liquidación comporte reducción de precios, queda sometida a las reglas sobre la constancia de precios (nº 1678).

Precisiones Junto a estas obligaciones de información, hay que tener en cuenta las recogidas en las normas autonómicas (nº 1900).

1894 **Régimen sancionador** Son **infracciones leves**:
• No hacer figurar en los artículos rebajados como consecuencia de la liquidación los precios habituales de los mismos.
• El incumplimiento de las obligaciones establecidas en la LOCM o en las normas dictadas para su desarrollo, cuando no sea objeto de sanción específica (LOCM art.64.h).
Las **sanciones y la reincidencia**, reciben idéntico tratamiento que en el caso de las rebajas (nº 1723)

1896 El régimen es idéntico al de las rebajas en el caso de las infracciones **graves** (nº 1725) y **muy graves** (nº 1727).

1900 **Regulación autonómica** Las comunidades autónomas presentan las siguientes **normas propias** en la regulación de las ventas en liquidación.
Andalucía (DLeg Andalucía 1/2012 art.76 a 78).
• Las ventas en liquidación han de efectuarse en el **mismo establecimiento** comercial en el que los productos hayan sido habitualmente objeto de venta. **Se exceptúan** los casos de fuerza mayor, de resolución judicial o administrativa que lo impida o cuando las causas que originen dicha venta así lo exijan.
• Los **productos** objeto de las ventas en liquidación no podrán estar afectados por ninguna causa que reduzca su valor.
• La venta en liquidación se limita a los productos o artículos que formen parte de las **existencias** del establecimiento.
• La venta en liquidación ha de ser **comunicada** a la consejería competente en materia de comercio interior con 10 días de antelación a su inicio, indicando la causa, fecha de comienzo, duración de la misma y relación de mercancías.
• Debe **exhibirse** en un lugar visible del establecimiento comercial una copia de la comunicación efectuada, debidamente sellada.

1902 **Aragón** (L Aragón 4/2015 art.36 y 37).
• Para que se pueda proceder a una venta en liquidación será necesario que se **comunique** dicha decisión la Administración de la comunidad autónoma, precisando la causa y la duración máxima de la venta en liquidación.
• El comerciante debe **exhibir** en un lugar visible del establecimiento la comunicación, debidamente sellada.

Asturias (L Asturias 9/2010 art.39). 1906
• No se pueden **anunciar** ventas en liquidaciones con **antelación** superior a una semana de la fecha de inicio de la misma.
• El comerciante debe **indicar en el exterior** del establecimiento la **fecha** de inicio de la venta en liquidación y las causas de la misma.
• El comerciante que practique una liquidación deberá **comunicar** este hecho a la Consejería competente en materia de comercio con una antelación de 10 días a su inicio efectivo, expresando la **causa** de la liquidación, la **duración** prevista y los **artículos** ofertados. Una copia de esta notificación debe estar **expuesta** al público.

Baleares (L Baleares 11/2014 art.36). 1908
• En el supuesto de que una empresa sea titular de **diversos establecimientos** comerciales de la misma actividad, el cese total o parcial de la actividad de comercio tiene que ser de todos. El cierre total o parcial de un solo punto de venta no tiene la consideración de cese total o parcial, sino de **cambio de local**.
• La liquidación por la **realización de obras** de importancia solo es posible cuando estas requieran el cierre del local.
• La liquidación en los supuestos de **fuerza mayor** solo es posible cuando obstaculice el desarrollo normal del negocio por un periodo continuado como mínimo de un mes.
• La liquidación de los productos se tiene que **efectuar en el mismo local** o locales afectados donde se vendía habitualmente, excepto en los casos de cierre inminente del local y en los de fuerza mayor.
• Los **anuncios de venta** en liquidación tienen que indicar su causa y la fecha de inicio y de finalización.
• Se debe **comunicar** al órgano competente en materia de comercio este tipo de venta de carácter excepcional.

Canarias (DLeg Canarias 1/2012 art.33 y 34). 1910
• Incluye como **causas** de venta en liquidación:
- la venta de existencias del establecimiento de un **comerciante fallecido** realizada por sus herederos o responsables del negocio;
- la de un **establecimiento traspasado**, realizada tanto por el transmitente, como por el adquirente.
• Para que pueda tener lugar una venta en liquidación será preciso que, con 30 días de antelación, se **comunique** dicha decisión a la consejería competente en materia de comercio, precisando la causa de la misma.

Cantabria (L Cantabria 1/2002 art.28 y 29). 1912
• La **duración máxima** de la venta en liquidación será de 3 meses, salvo en el caso de cese total de la actividad, que será de un año.
• En el curso de los 3 años siguientes a la finalización de una venta en liquidación el vendedor **no podrá ejercer el comercio** en la misma localidad sobre productos similares a los que hubiesen sido objeto de liquidación por cese de negocio o cambio de actividad.

Castilla-La Mancha (L Castilla-La Mancha 2/2010 art.36 a 38). 1914
El comerciante que practique una liquidación, deberá **comunicar** este hecho a la Consejería competente en materia de comercio, con una antelación de 10 días a su inicio efectivo, expresando la causa de la liquidación, la duración prevista y el lugar donde se realiza.

Castilla y León (DLeg Castilla y León 2/2014 art.29). 1916
• Las ventas en liquidación se deben realizar en el **mismo establecimiento** comercial o locales afectados donde los productos hayan sido habitualmente objeto de venta, salvo en los casos de fuerza mayor, de resolución judicial o administrativa que lo impida o cuando las causas que originen dicha venta así lo exijan.
• La liquidación motivada por la realización de **obras de importancia**, solo procede cuando las mismas requieran el **cierre del local**.
• En el supuesto de que un empresario sea titular de **varios establecimientos** comerciales el cese total o parcial de la actividad de comercio deberá ser de todos ellos. El cierre total o parcial de un solo punto de venta no tendrá la consideración de cese total o parcial, sino de **cambio de local**.
• La venta en liquidación deberá ser **comunicada** a la Administración autonómica en los términos establecidos reglamentariamente.

1918 **Cataluña** (L Cataluña 18/2017 art.21).
• Se autoriza la venta en liquidación de la totalidad o de una parte de los **stocks heredados** de un comerciante difunto efectuada por los herederos o responsables del negocio.
• La **duración máxima** de la venta en liquidación es de un año.
• Las liquidaciones pueden realizarse en **cualquier época** del año.
• Es necesaria la **previa comunicación** a la Administración autonómica, como mínimo, 15 días antes de la fecha solicitada para el inicio de la liquidación y deben hacerse constar las causas que la motivan.

1920 **Extremadura** (L Extremadura 3/2002 art.22).
La venta en liquidación ha de realizarse en el **mismo establecimiento** en que los productos hayan sido habitualmente objeto de venta, salvo en caso de fuerza mayor y de cierre inminente del local.

1922 **Galicia** (L Galicia 13/2010 art.43 a 45).
• Las ventas en liquidación deben efectuarse en el **mismo establecimiento** comercial o locales afectados donde los productos hayan sido habitualmente objeto de venta, salvo en los casos de fuerza mayor, de resolución judicial o administrativa que lo impida o cuando las causas que hubiesen originado dicha venta así lo exigieran.
• Para que pueda tener lugar una liquidación será preciso que, con 15 días de antelación, se **comunique** al departamento territorial de la consejería competente en materia de comercio, precisando la **causa** que motiva la venta de liquidación, la **fecha** de su comienzo, la **duración** y la fecha de finalización.
• Ha de **exhibirse** en lugar visible del establecimiento comercial una copia de la comunicación.
• Los anuncios de liquidación, tanto en el punto de venta como en la publicidad que se lleve a cabo, deberán expresar la **fecha** de comienzo y la duración de la liquidación.
• La **duración máxima** de la venta en liquidación será de 6 meses, salvo en el caso de cesación total de la actividad, que será de un año.
• En el curso de los 3 años siguientes a la finalización de una venta en liquidación, la persona vendedora **no podrá ejercer el comercio** en la misma localidad sobre productos similares a los que hubieran sido objeto de liquidación por cese o cambio de actividad.

1924 **La Rioja** (L La Rioja 3/2005 art.52 y 53).
• En el supuesto de que una empresa sea titular de **diversos establecimientos** comerciales de la misma actividad, el cese total o parcial de la actividad de comercio deberá ser de todos los de una misma ciudad. El cierre total o parcial de un solo punto de venta no tendrá la consideración de cese total o parcial sino de **cambio de local**.
• En el curso de los 3 años siguientes a la finalización de una venta en liquidación, el vendedor **no podrá ejercer el comercio** en la misma localidad, sobre productos similares a los que hubiesen sido objeto de liquidación por cese o cambio de actividad.
• Para que pueda tener lugar una liquidación será preciso que, con 15 días de antelación, se **comunique** dicha decisión a la consejería competente en materia de Comercio, precisando la **causa** de la misma, **fecha** de comienzo, **duración** de la misma y relación de **mercancías**.
• Los anuncios de las ventas en liquidación deberán indicar la **fecha** de inicio y finalización.

1926 **Madrid** (L Madrid 16/1999 art.35).
• En el supuesto de que una empresa sea titular de **varios establecimientos** comerciales, el cese total o parcial de la actividad de comercio deberá ser de todos ellos. El cierre total o parcial de un solo punto de venta no tendrá la consideración de cese total o parcial sino de cambio de local.
• La liquidación por la realización de **obras de importancia** solo será posible cuando las mismas requieran el **cierre del local**.
• La liquidación en los supuestos de **fuerza mayor** solo será posible cuando obstaculice el desarrollo normal del negocio por un período continuado como mínimo de un mes.
• La liquidación de los productos debe efectuarse en el **mismo local** o locales afectados donde se vendía habitualmente, salvo en los casos de cierre inminente de local y de los de fuerza mayor.

1928 **Murcia** (L Murcia 11/2006 art.44 a 47).
Se aplican las mismas reglas generales que para la venta en rebajas (nº 1758).

1930 **Navarra** (LF Navarra 17/2001 art.48).
• En el supuesto de que una empresa sea titular de **varios establecimientos** comerciales el cese total o parcial de la actividad de comercio deberá ser de todos ellos. El cierre total o parcial de un solo punto de venta no tendrá la consideración de cese total o parcial, sino de cambio de local.

• La liquidación por la realización de **obras de importancia** solo será posible cuando las mismas requieran el **cierre del local**.
• La liquidación de los productos debe efectuarse en el **mismo local** o locales afectados donde se vendía habitualmente, salvo en los casos de cierre inminente de local y de los de fuerza mayor.
• El comerciante que practique una liquidación deberá **comunicar** este hecho al Departamento de Industria y Tecnología, Comercio, Turismo y Trabajo del Gobierno de Navarra con una antelación de 10 días a su inicio efectivo, expresando la causa de la liquidación, la duración prevista y las mercancías ofertadas.
• Una copia de la notificación deberá estar **expuesta** al público.
• El comerciante puede **solicitar una prórroga** de un mes y siempre por causa justificada.

País Vasco (L País Vasco 7/1994 art.26 y 27). **1932**
• Solo contempla expresamente como venta en liquidación la motivada por:
- cese total o parcial, definitivo o temporal, de la actividad comercial; o
- cierre o transformación del local.
• En la **publicidad debe indicarse**:
- la fecha de comienzo y duración de la misma; y
- el precio anterior y el que se ofrece para cada artículo u otro tipo de incentivo que se aplique a la liquidación.
• La venta en liquidación ha de ser **comunicada** al Departamento competente en materia de comercio con 7 días de antelación a su inicio, indicándose la causa, la fecha de comienzo y la duración de la misma y relación de mercancías.
• Las ventas en liquidación habrán de efectuarse en el **mismo establecimiento** comercial en el que los productos hayan sido habitualmente objeto de venta, salvo en caso de fuerza mayor o de resolución judicial o administrativa que lo impida o que las causas que originen dicha venta así lo exijan.
• Para denominar una venta en liquidación deberá transcurrir un período de doce meses **desde la finalización de la anterior**, salvo que venga propiciada por causa de siniestro o fuerza mayor.

Comunidad Valenciana (L C.Valenciana 3/2011 art.77 a 78). **1934**
• En ningún caso la oferta podrá inducir al comprador a creer que la venta en liquidación se hace a **precios reducidos** cuando tal reducción no sea cierta con relación a los precios habitualmente practicados antes de la liquidación.
• El **periodo** de liquidación no sobrepasará los 3 meses.
• En el curso de los 3 años siguientes a la finalización de una venta en liquidación, el vendedor **no podrá ejercer el comercio** en la misma localidad, sobre productos similares a los que hubiesen sido objeto de liquidación por cese o cambio de actividad.

F. Venta con obsequio o prima

(LOCM art.32 a 34)

La **venta con obsequio** es aquella en la que el vendedor **ofrece a los compradores un premio** cualquiera, ya sea de forma automática o mediante la participación en un sorteo. La **finalidad** de este tipo de oferta es la de promover las ventas. **1940**
La **venta con prima**, por su parte, es aquella que **ofrece cualquier incentivo o ventaja** vinculado a la adquisición de un bien o servicio.
En todo caso, **cuando el incentivo consista en un sorteo**, las prescripciones de la LOCM se aplican sin perjuicio de lo dispuesto en la legislación sectorial correspondiente.

Supuestos de práctica desleal (LOCM art.32.3) La venta con obsequio o con prima puede considerarse **desleal por engañosa** si la información de la misma contiene **información falsa** o información que, aun siendo veraz, **induzca o pueda inducir a error** a los destinatarios por su contenido o presentación (LCD art.5). **1942**
Es necesario que la información falsa, o que pueda inducir a error, sea susceptible de **alterar el comportamiento** económico del consumidor; es decir, sea lo que principalmente le motive a comprar.
También es necesario que incida sobre los **derechos legales o convencionales del consumidor** o los riesgos que este pueda correr.
Precisa la Ley que, cuando el empresario o profesional **indica en una práctica comercial** que está vinculado a un código de conducta (la entrega del regalo o premio), el incumplimiento de los compromisos asumidos en dicho código, se considera desleal, siempre que **el compromiso**

sea firme y pueda ser verificado, y, en su contexto fáctico, esta conducta sea **susceptible de distorsionar** de manera significativa el comportamiento económico de sus destinatarios (LCD art.5.2).
También se consideran desleales por engañosas **prácticas como**:
• Ofrecer un premio, de forma automática, o en un concurso o sorteo, **sin conceder** los premios descritos u otros de calidad y valor equivalente (LCD art.22.4).
• Describir un bien o servicio como «gratuito», «regalo», «sin gastos» o cualquier fórmula equivalente, si el consumidor o usuario **tiene que abonar dinero** por cualquier concepto distinto del coste inevitable de la respuesta a la práctica comercial y la recogida del producto o del pago por la entrega de este (LCD art.22.5).
• Crear la impresión falsa, incluso mediante el uso de prácticas agresivas, de que el consumidor o usuario ya ha ganado, ganará o conseguirá un premio o cualquier otra ventaja equivalente si realiza un acto determinado, cuando en realidad **no existe tal premio o ventaja**, o la realización del acto relacionado con la obtención del premio o ventaja equivalente está sujeto a la obligación, por parte del consumidor o usuario, de **efectuar un pago** o incurrir en un gasto (LCD art.22.6).

Precisiones 1) Fue considerada como conducta desleal el caso de una empresa vendedora que se prevalió en el mercado de una **significativa ventaja competitiva**. La violación de sistema de precio fijo y limitación de descuento establecido en la Ley del Libro constituye una ventaja significativa en un aspecto tan relevante en el mercado como es el precio de los productos (AP Madrid (Civil) 21-2-20, EDJ 552662).
2) Cuando una práctica promocional comunica de forma clara y reiterada a un consumidor que ha ganado un premio, pero condiciona la obtención del mismo a la **realización de pagos** mediante letra pequeña difícilmente legible, dicha práctica constituye publicidad engañosa (TJUE 18-10-12; AP Barcelona 26-6-14, EDJ 144658).

1944 **Entrega de obsequios** (LOCM art.33) El objeto **tiene que ser entregado** al comprador siempre que reúna los requisitos exigidos para ello. El vendedor es libre para establecer ciertas **condiciones para la obtención** del objeto (p. e., puede limitar la oferta temporalmente, o exigir que se cumplan ciertas prescripciones formales, como reunir y enviar un determinado número de etiquetas o códigos de barras del producto).
Una vez **verificado el cumplimiento** de tales requisitos, el vendedor dispone de un **plazo máximo** de 3 meses para proceder a la entrega al comprador de los bienes o servicios en que consistan los obsequios o incentivos promocionales. Este plazo tiene carácter máximo, porque opera como techo, pero también subsidiario, ya que solo opera en defecto del que establezcan las comunidades autónomas, que pueden prever uno inferior (nº 1960 s.).
El **día inicial** de este plazo es la fecha en que el comprador reúne los requisitos exigidos. Si se exige como requisito previo la **solicitud expresa** al vendedor de la entrega del obsequio, el plazo comienza a computarse desde el momento en que el empresario recibe tal solicitud.
Cuando el ofrecimiento se ha hecho en los **envases de los productos**, el derecho a obtener la prima ofrecida (generalmente reclamar el obsequio) puede ejercerse, como mínimo, durante los 3 meses siguientes a la fecha de caducidad de la promoción.
Aun cuando el precepto habla solo de «fecha de caducidad de la promoción», cabe también que el *dies a quo* sea, en lugar de la fecha de terminación de la promoción, el momento en el que se agoten las existencias.

Precisiones 1) Una consumidor recibió de una empresa de venta por correo un envío personalizado que contenía un bono que daba la impresión de haber ganado un premio, junto con un catálogo y un formulario para solicitar productos, y tras enviar el bono para reclamar el premio, la empresa se negó a entregarlo. La **acción judicial** mediante la cual un consumidor solicita que se condene, en **otro Estado de la UE** en cuyo territorio tiene su domicilio una sociedad de venta por correo, a la entrega de un premio aparentemente ganado por él es de naturaleza contractual, siempre que dicha sociedad le hubiera remitido un envío que podía dar la impresión de que se le atribuiría un premio en cuanto remitiera el «bono de pago» incluido en dicho envío y que, el consumidor acepte las condiciones estipuladas por el vendedor (TJUE 20-1-05).
2) Un consumidor adquirió un terminal móvil con la oferta de recibir gratuitamente un reloj inteligente que no recibió debido a problemas derivados del exceso de demanda y dificultades en el alta en la web del fabricante del móvil. El consumidor demandó penalmente por estafa, pero los hechos denunciados no revisten la gravedad ni los elementos típicos del delito de **estafa** ya que el objeto principal del contrato fue entregado y la falta de entrega del reloj no se debió a maniobras dolosas o engañosas. Además, se destaca que la vía penal no es adecuada para resolver controversias contractuales de esta naturaleza, que deben dirimirse en el ámbito civil o administrativo (AP León auto 22-11-23, EDJ 807735).

En el caso de que los obsequios ofrecidos formen parte de un **conjunto o colección**, la empresa responsable de la oferta está obligada a canjear cualquiera de aquellos por otro distinto, a no ser que en la oferta pública del incentivo se haya establecido otro procedimiento para obtener las diferentes piezas de la colección. 1948
Es un supuesto de **prima diferida**, concretamente aquel en el que gracias a más de una compra pueden **obtenerse varios obsequios**, que se integran en un conjunto o colección. Con esta regla se pretende facilitar al comprador la obtención de los distintos obsequios que integran ese conjunto o colección, partiendo de la base de que tal conjunto confiere un valor añadido a los obsequios aisladamente considerados. Es ese **mayor valor** el que atrae la atención del consumidor, que normalmente desea completar el conjunto o colección. Precisamente por ello, se obliga en estos casos al oferente a «canjear cualquiera de los productos por otro distinto» en caso de que, una vez entregado el obsequio al comprador, este quiera cambiarlo por otro. De esta forma, es el vendedor quien elige en primer término cuál será el artículo a entregar, pudiendo distribuirlos según los criterios comerciales que más le convengan (existencias, características...). Solo en caso de que el obsequio entregado no satisfaga al comprador, el oferente debe canjearlo por otro.

Ofertas conjuntas (LOCM art.34) Está **prohibido** ofrecer conjuntamente y como una unidad de contratación dos o más clases o unidades de artículos. No obstante, como **excepción** a esta regla general, no se aplica esta prohibición cuando: 1950
- exista una relación funcional entre los artículos ofertados;
- sea práctica comercial común vender ciertos artículos en cantidades superiores a un determinado mínimo;
- se ofrezca, simultáneamente, la posibilidad de adquirir los artículos por separado y a su precio habitual; o
- se trate de lotes o grupos de artículos presentados conjuntamente por razones estéticas o para ser destinados a la realización de obsequios.

Régimen sancionador Constituye **infracción leve** el incumplimiento de las obligaciones establecidas en la LOCM o en las normas dictadas para su desarrollo, cuando no sea objeto de sanción específica (LOCM art.64.h). 1953
Las **sanciones y la reincidencia**, reciben idéntico tratamiento que en el caso de las rebajas (nº 1723).
El régimen es idéntico al de las rebajas en el caso de las infracciones **graves** (nº 1725) y **muy graves** (nº 1727).

Regulación autonómica Las comunidades autónomas presentan las siguientes **normas propias** en la regulación de las ventas con obsequio o prima. 1960

Andalucía (DLeg Andalucía 1/2012 art.63 y 64) • Durante el período de la oferta de venta con prima, queda prohibido **modificar al alza el precio**, así como la **disminución de la calidad** del producto. 1962
• Las **bases por las que se rigen** los concursos, sorteos o similares, deben constar en el envase o envoltura del producto de que se trate o, en su defecto, estar debidamente acreditadas ante notario, siendo obligatoria la difusión en los medios de comunicación de las personas ganadoras de los premios vinculados a la oferta.
• Cuando un comerciante comunique a cualquier consumidor que ha sido **favorecido por sorteo** con un premio, no puede **condicionar** directa o indirectamente su entrega a la compra de nuevos productos.
• El vendedor debe disponer de **existencias suficientes** de los productos ofertados para satisfacer la demanda previsible. No obstante, si se agotan durante la promoción las existencias de algunos de los productos ofertados, el comerciante debe sustituirlo por otro de similares condiciones y características.

Aragón (L Aragón 4/2015 art.32) • Durante el período de duración de la oferta con prima está prohibido **modificar el precio o la calidad** del producto principal al que aquella acompaña. 1964
• En todo momento la Administración pública puede dirigirse a los comerciantes que practiquen esta modalidad de venta, de oficio o a petición de los compradores, asociaciones de consumidores u otros comerciantes, para exigirles la **información** necesaria sobre la **veracidad** de la oferta, duración y, en general, para poder constatar el cumplimiento de la legislación vigente.

1965 **Asturias** (L Asturias 9/2010 art.40) • Durante el período de la oferta de venta con obsequio o prima, está prohibido **modificar al alza el precio**, así como la **disminución de la calidad** del producto.
• Las **bases por las que se rigen** los concursos, sorteos o similares deben constar en el envase o envoltorio del artículo de que se trate o, en su defecto, estar debidamente acreditadas ante notario o ante la Dirección General competente en materia de comercio, siendo obligatoria la difusión en los medios de comunicación de los ganadores de los premios vinculados a la oferta.
• Los bienes o servicios en que consistan los objetos o incentivos promocionales **deben entregarse** al comprador al tiempo de la compra o en un **plazo máximo** de 3 meses, a contar desde que el comprador reúna los requisitos exigidos.
• La comunicación a cualquier persona que haya resultado **agraciada con un premio** deberá advertir inexcusablemente que este no se encuentra **condicionado** a la adquisición de determinados artículos o servicios.

1966 **Baleares** (L Baleares 11/2014 art.34) • Durante el periodo de oferta de venta con obsequio queda prohibido **modificar al alza el precio**, así como **disminuir la calidad** del producto.
• El **número de existencias** con que cuente el comerciante para hacer frente a la obligación de entrega de los obsequios, así como **las bases** por las que se regulan los concursos, sorteos o similares tienen que **constar en el envase o envoltorio** del producto de que se trate o, si este falta, tienen que ser divulgados adecuadamente.
• Los bienes o servicios en que consistan los objetos o incentivos promocionales se **deben entregar** al comprador en el momento de la compra o bien en un plazo máximo de un mes a contar desde que el comprador cumpla los requisitos exigidos.

1968 **Canarias** (DLeg Canarias 1/2012 art.29) • Durante el período de duración de la oferta con prima, queda prohibido **modificar el precio o la calidad** del producto principal al que aquélla acompaña.
• Las Administraciones públicas pueden dirigirse a los comerciantes que practiquen esta modalidad de venta en cualesquiera de sus variantes, de oficio o a petición de los comerciantes competidores, cámaras oficiales de comercio o asociaciones de empresarios, de los compradores o asociaciones de consumidores, para exigirles la **información** necesaria para comprobar la **veracidad** de la oferta, su duración, la suficiencia de la información facilitada sobre la misma, el mantenimiento del precio y de la calidad del producto o servicio ofertado y cualquier otro dato relevante para poder apreciar el cumplimiento de lo dispuesto en la ley.
• Las **bases** por las que se rigen los concursos, sorteos o similares, deben constar en el envase o envoltura del producto de que se trate o, en su defecto, estar debidamente registradas ante notario, siendo obligatoria la difusión en los medios de comunicación de los ganadores de los premios vinculados a la oferta.
• Cuando un comerciante comunica a cualquier consumidor que ha sido **favorecido por sorteo** con un premio o bien con la entrega de un obsequio, no puede **condicionar** directa o indirectamente la entrega de los citados premios u objetos a la compra de productos o servicios.
• Todos los sorteos destinados a premiar la participación voluntaria o involuntaria de consumidores deben estar **autorizados** por la autoridad competente.

1970 **Cantabria** (L Cantabria 1/2002 art.32 y 33) • La comunicación a cualquier persona que haya resultado **agraciada con un premio**, deberá advertir inexcusablemente que no se encuentra **condicionado** a la adquisición de determinados productos o servicios.

1972 **Castilla-La Mancha** (L Castilla-La Mancha 2/2010 art.40 y 41) • La comunicación a una o más personas de que han sido **agraciadas con un premio** o la promesa de entrega de un obsequio no puede estar **condicionada** a la adquisición de un producto o servicio.
• Las **bases** de los sorteos o concursos deben ponerse en conocimiento de los compradores o anunciarse que están depositadas notarialmente y no podrán ser modificadas durante el período de vigencia de la oferta.

1974 **Castilla y León** (DLeg Castilla y León 2/2014 art.30) • Durante el período de duración de la venta con obsequio no puede **variarse ni el precio ni la calidad** del producto.
• El **número de existencias** con las que debe contar el comerciante para afrontar la entrega de los obsequios, y las **bases** por las que se regulan los concursos, sorteos o similares, deben **constar en el envase** o envoltorio del producto de que se trate o, en su defecto, estar debidamente divulgadas.
• La comunicación a una o más personas de que han sido **agraciadas con un premio** o la promesa de entrega de un obsequio no puede estar **condicionada** a la adquisición de un producto o servicio.
• Los bienes o servicios en que consistan los obsequios o incentivos promocionales **deben entregarse** al comprador en el momento de la compra o bien en un **plazo máximo** de 2 meses, a contar desde que el comprador reúna los requisitos exigidos.

Cataluña (L Cataluña 18/2017 art.25) • En ningún caso tienen la **consideración de obsequio** los cupones, cheques u otros documentos expresados en valor dinerario que pueden deducirse del importe de futuras adquisiciones de productos o servicios. 1976

Extremadura (L Extremadura 3/2002 art.25) • Las **bases** por las que se rigen los concursos, sorteos o similares, serán de estricto cumplimiento por quien hace la venta y deben **constar en el envoltorio** o envase de que se trate o, en su defecto, constar en acta notarial con anterioridad al inicio de la promoción, siendo obligatoria la **publicación de los ganadores** en un medio de difusión apropiado al ámbito de la promoción. 1978
• Cuando un comerciante comunique a un comprador que ha sido **favorecido por sorteo** con un premio, no podrá **condicionar** directa o indirectamente su entrega a la compra de otros productos.

Galicia (L Galicia 13/2010 art.48) • Durante el periodo de duración de la venta con obsequio queda prohibido **modificar el precio** al alza, así como **disminuir la calidad** del producto. 1980
• El **número de existencias** con las que ha de contar la persona comerciante para afrontar la entrega de los obsequios, así como las **bases** por las que se regirán los concursos, sorteos o similares, deben **constar en el envase** o envoltorio del artículo de que se trate o, en su defecto, estar debidamente acreditadas ante notario, siendo obligatoria la **difusión** de las personas ganadoras de los premios vinculados a la oferta.
• En la comunicación obligatoria a cualquier persona de que fue **agraciada con un premio** se deberá señalar clara y expresamente que no se encuentra **condicionada** a la adquisición de producto o servicio alguno.

La Rioja (L La Rioja 3/2005 art.45 y 46) • Durante el período de duración de la oferta con obsequio, queda prohibido **modificar el precio o la calidad** del producto principal al que aquella acompaña. 1982
• Las **bases** por las que se regirán los concursos, sorteos o similares, deben **constar en el envase o envoltorio** del producto de que se trate o, en su defecto, estar debidamente registradas ante notario, siendo obligatoria la difusión de los ganadores de los premios, vinculados a la oferta en un plazo máximo de un mes tras terminar la misma.
• En la comunicación a cualquier persona de que ha sido **agraciada con un premio**, se deberá señalar clara y expresamente que no se encuentra **condicionada** a la adquisición de ningún producto o servicio.
• Los bienes o servicios en que consisten los objetos o incentivos promocionales **deben entregarse** al comprador en el momento de la compra, o bien, en un **plazo máximo** de 2 meses, a contar desde que el comprador reúna los requisitos exigidos.

Madrid (L Madrid 16/1999 art.33) • Durante el período de oferta de venta con obsequio queda prohibido **modificar al alza el precio**, así como **disminuir la calidad** del producto. 1984
• El **número de existencias** con las que cuenta el comerciante para hacer frente a la obligación de entrega de los obsequios, así como las **bases** por las que se regulan los concursos, sorteos o similares, deben **constar en el envase o envoltorio** del producto de que se trate o, en su defecto, estar debidamente divulgadas.
• Los bienes o servicios en que consisten los objetos o incentivos promocionales, **deben entregarse** al comprador al tiempo de la compra o en un **plazo máximo** de 2 meses, a contar desde que el comprador reúna los requisitos exigidos.

Navarra (LF Navarra 17/2001 art.49) • La **calidad** de los objetos o servicios que se promocionen no podrá ser de calidad distinta a los que posteriormente serán objeto en la venta ordinaria. 1986
• Está prohibida la **modificación al alza del precio** durante el periodo de la oferta de venta con obsequio.
• El **número de existencias** con las que cuenta el comerciante para hacer frente a la obligación de entrega de los obsequios, así como las **bases** por las que se regulan los concursos, sorteos o similares, deben **constar en el envase o envoltorio** del producto de que se trate o, en su defecto, estar debidamente divulgadas y no pueden ser modificadas durante el periodo de vigencia de la oferta.
• Los bienes o servicios en que consistan los objetos o incentivos promocionales **deben entregarse** al comprador al tiempo de la compra o en un **plazo máximo** de 2 meses a contar desde que el comprador reúna los requisitos exigidos.
• Está prohibida la **entrega** del obsequio **condicionada** a la adquisición de cualquier otro producto o servicio.

País Vasco (L País Vasco 7/1994 art.31) Cuando un comerciante comunique a cualquier consumidor o usuario que ha sido **agraciado por sorteo** con un premio o bien con la entrega de un obsequio, no puede **condicionar**, directa o indirectamente, su entrega a la compra de productos o servicios. 1987

1988 **Comunidad Valenciana** (L C.Valenciana 3/2011 art.73) • En ningún caso podrán ofrecerse obsequios o regalos con fines publicitarios ni organizarse prácticas comerciales análogas cuando, por las circunstancias en que se realicen, pongan al consumidor en el **compromiso de contratar** la prestación principal.
• En las ventas con obsequios, en las que **la entrega** de la prestación adicional **se supedita al canje** de uno o, normalmente, varios cupones, vales, sellos y otros documentos incorporados a la prestación principal, se dará a conocer con precisión el objeto del obsequio y las condiciones de obtención.
• Las **bases** por las que se rigen los concursos, sorteos o similares, deben **constar en el envase o envoltura** del producto de que se trate o, cuando no sea posible reproducirlas en su integridad, estar debidamente acreditadas ante notario y ser accesibles para sus destinatarios. En la publicidad debe hacerse mención expresa a la existencia de estas bases, así como al procedimiento para su obtención.
• Las **bases contendrán** no solo las condiciones de participación e informaciones acerca de los premios, sino también la descripción completa del procedimiento técnico para realizar el sorteo o concurso en el caso en que se reduzca significativamente la posibilidad de conseguir el premio.
• No se creará la **impresión falsa** de que el consumidor **ha ganado ya**, ganará o conseguirá el obsequio, un premio o cualquier ventaja equivalente si realiza un acto determinado cuando en realidad:
- no existe tal premio o ventaja equivalente;
- la realización de una acción relacionada con la obtención del premio o ventaja equivalente está sujeta a la obligación, por parte del consumidor, de efectuar un pago o la adquisición de determinados productos o servicios.
• En la **oferta conjunta** de diferentes productos o servicios de dos o más clases como unidad de contratación que se presente al público como oferta promocional, el consumidor deberá **beneficiarse** de una reducción de precio, que, para el caso de que los productos o servicios pudieren adquirirse de forma separada, resultará de la confrontación de su precio global con los precios de cada producto o servicio individual.
• Cuando los productos o servicios se ofrecen habitualmente por separado, debe mantenerse la posibilidad de su adquisición individualizada.

G. Oferta de venta directa por el fabricante

(LOCM art.35)

1990 La venta directa o venta a precio de fábrica **se define** como aquella en la que el vendedor es directamente el fabricante o mayorista, y el comprador un consumidor final.
Para que pueda desarrollar esta modalidad de promoción, es necesario que el vendedor tenga la condición de fabricante o mayorista, y para ello es necesario que reúna las **circunstancias** siguientes:

1991 • **Fabricar** realmente la totalidad de los productos puestos a la venta. La exigencia de que el **fabricante** haya fabricado la «totalidad» de los productos, admite cierto margen de **flexibilización**, a fin de evitar resulte desproporcionada.
Se pueden admitir los siguientes casos:
- que el fabricante no haya fabricado todos los productos ofrecidos, siempre que aquellos que no haya fabricado representen un **porcentaje poco significativo** y se haga constar que proceden de otro fabricante;
- que el fabricante no haya participado en **todo el proceso productivo** de transformación de las materias primas. Así, si se añade a un producto fabricado por el oferente algún adorno o accesorio procedente de un tercero, aquel seguirá siendo considerado fabricante a estos efectos.

1992 • **Vender** fundamentalmente a comerciantes minoristas. Puede entenderse que vende «fundamentalmente» a comerciantes minoristas cuando más del 50% del volumen de sus ventas es fruto de operaciones con minoristas, siendo irrelevante el número de contratos que haya celebrado. Por ejemplo, una marca, Nike, que normalmente vende al publico a través de minoristas y que en este tipo de venta vende directamente al público.

1993 • **Precios** ofertados iguales a los que aplica a otros comerciantes, mayoristas o minoristas, según los casos. No suele existir un **precio final único** para mayoristas o minoristas, sino que el precio exigido a cada uno es el resultado de la suma y la resta de unos componentes que pueden variar considerablemente en función de diversos factores (hacer descuentos por volumen de pedidos, dar facilidades de pago, dar una especial publicidad dentro del establecimiento a los productos -por ejemplo, colocándolos en el escaparate-, asumir costes de almacenamiento o transporte...). Por consiguiente, puede aplicarse un precio distinto a un mismo producto cuando las condiciones de adquisición varían y justifican esa diferencia de trato.

Precisiones No debe confundirse este tipo de ventas con las llamadas «**ventas directas**» entendidas como aquellas que se realizan a través del marketing directo -por teléfono, por fax, por correo, por catálogo...- (nº 871).

Regulación autonómica Las comunidades autónomas presentan las siguientes **normas propias** en la regulación de las ventas de oferta directa. 1994

Andalucía (DLeg Andalucía 1/2012 art.74).
Considera establecimientos de **venta de restos de fábrica** aquellos que se dediquen exclusivamente a la venta directa y permanente por el fabricante, bien por sí mismo o a través de comerciante minorista que venda o distribuya su marca.
Con independencia de su denominación comercial, los establecimientos que se dediquen a esta actividad deben **insertar expresamente** en todos sus instrumentos promocionales la fórmula «establecimiento de venta de restos de fábrica».
Estos comercios tendrán a disposición de la Administración competente los **documentos acreditativos** de sus adquisiciones a proveedores o suministradores, al efecto de que pueda comprobarse el cumplimiento de las normas vigentes.

Aragón (L 4/2015 art.27). 1995
Mediante la modalidad de **outlet** se lleva a cabo la venta de bienes que estén fuera de temporada o descatalogados, siempre que no comporten riesgo ni daño para el adquirente.
La venta está sujeta a las siguientes normas:
• Los bienes no pueden tener la consideración de **saldos** (nº 1820 s.).
• La venta tiene que hacerse en **condiciones más ventajosas** que las habituales.
• En los artículos debe **figurar el precio** anterior de venta junto al precio actual.
• La venta se tienen que realizar en **establecimientos** con la denominación de **outlet** y deben estar convenientemente publicitados como tales en un lugar visible al público en general. En estos establecimientos está prohibida la venta de productos distintos de estos.
• Si las ventas se realizan en **establecimientos no dedicados exclusivamente** a esta modalidad de venta, dichos productos deben estar físicamente separados.

Baleares (L Baleares 11/2014 art.38). 1996
La venta de artículos excedentes de producción o de temporada que no tengan la condición de saldos, se puede anunciar y se puede efectuar bajo las **denominaciones comerciales** *outlet*, *factory* o establecimiento de restos de fábrica, tanto en establecimientos dedicados principalmente a este tipo de venta como en secciones de un establecimiento claramente separadas y diferenciadas del resto de artículos del establecimiento.
Únicamente los establecimientos **dedicados principalmente** a este tipo de venta pueden utilizar las denominaciones comerciales *outlet*, *factory* o establecimiento de restos de fábrica.
No pueden venderse **productos expresamente fabricados** para ser distribuidos en este tipo de establecimientos.
Los **precios de venta** de estos artículos deben ser inferiores al precio de venta de los de los circuitos convencionales.

Cataluña (L Cataluña 18/2017 art.27). 1997
La venta de excedentes de producción o de temporada **la puede realizar** tanto minoristas como el propio fabricante o mayorista.
En la venta realizada por el propio fabricante, se tienen que cumplir las siguientes condiciones:
• Acreditar que los productos **proceden** de excedentes de producción. También pueden ofrecerse saldos (nº 1820 s.), pero tienen que estar debidamente identificados.
• Los establecimientos de **carácter permanente** dedicados exclusivamente a la venta de excedentes de producción o de temporada pueden utilizar, en el rótulo exterior donde figura el nombre del establecimiento, la denominación venta de excedentes o *outlet*.
• Los **precios** de los productos ofrecidos en los establecimientos y espacios dedicados a la venta de excedentes de producción o de temporada deben ser inferiores al precio de venta en los circuitos comerciales convencionales. Pueden ser reducidos sucesivamente desde el momento en que se ponen a la venta, pero en ningún caso pueden ser incrementados de nuevo.
• No se pueden vender productos **fabricados expresamente** para ser distribuidos bajo la denominación venta de excedentes o *outlet* o cualquier otra de carácter similar.

1998 **Galicia** (L Galicia 13/2010 art.50 y 51).
La venta no puede realizarse en la fábrica o almacén, sino en un **establecimiento comercial** específicamente habilitado a tal fin.

1999 **Comunidad Valenciana** (L C.Valenciana 3/2011 art.82).
La Ley incluye la venta de artículos **excedentes de producción o de temporada** que no tengan la condición de saldos, por no aparecer manifiestamente disminuido su valor de mercado, bajo la denominación de *outlet*, *factory* o tiendas o centros de fabricante, tanto en establecimientos dedicados exclusivamente a este tipo de venta como en secciones de un establecimiento. En este segundo caso, deberán estar claramente diferenciadas del resto de artículos del establecimiento.
La oferta se realiza aplicando una **reducción evidente** de su precio de mercado.

SECCIÓN 5

Ventas especiales

2000

A. Venta a distancia y fuera de establecimiento mercantil

(LGDCU art.92)

2005 Son **contratos celebrados a distancia** con los consumidores, los que se realizan con las siguientes condiciones:
- en el marco de un **sistema organizado** de venta a distancia;
- **sin** la **presencia física simultánea** de empresario y consumidor;
- utilizando exclusivamente una o más **técnicas de comunicación a distancia** hasta el momento de la celebración del contrato y en la propia celebración del mismo. Tienen la consideración de técnicas de comunicación a distancia, entre otras: el correo postal, Internet, el teléfono o el fax.

Son **contratos celebrados fuera del establecimiento mercantil**, los celebrados con consumidores **con** la **presencia física simultánea** del empresario y del consumidor, en un **lugar distinto** al establecimiento mercantil del empresario.
También merecen la calificación de contratos celebrados fuera del establecimiento mercantil, los siguientes contratos:
- aquellos en los que el consumidor realiza una **oferta** con la presencia física del empresario y en lugar distinto al establecimiento mercantil;
- los celebrados en el establecimiento mercantil del empresario o mediante el uso de cualquier medio de comunicación a distancia, inmediatamente después de que haya existido **contacto personal e individual** con el consumidor y usuario en un lugar que no sea el establecimiento mercantil;
- los celebrados durante una **excursión** organizada por el empresario con el fin de promocionar y vender productos o servicios al consumidor y usuario.

Precisiones Su **estudio de conjunto** se realiza en nº 860 s.

B. Venta automática

(LOCM art.49 a 52)

2010 **Concepto y delimitación** La venta automática es la forma de **distribución detallista**, en la cual se pone a disposición del consumidor el producto o servicio para que este lo adquiera accionando cualquier tipo de **mecanismo** y previo **pago** de su importe.
Los **elementos característicos** de la venta automática son:
- puesta de un servicio a disposición del usuario;
- adquisición mediante manipulación de un mecanismo electrónico;
- pago previo del importe.

Otro elemento típico de la venta automática es el de la **falta de intervención de un tercero** en la operación. Por ello se excluyen del concepto la adquisición de gasolina con autoservicio o el contrato de aparcamiento por horas, dado que en estos casos hay presencia directa del empresario o de sus auxiliares, desapareciendo así un requisito esencial de la venta automática. Además, falta la necesaria conexión directa e inmediata entre las prestaciones obtenidas y la máquina empleada.
El ejemplo más evidente de venta automática es el de la adquisición de productos alimenticios, bebidas o tabaco por medio de **máquinas expendedoras** situadas en establecimientos de ocio, locales públicos, centros de enseñanza... Asimismo, se incluyen en esta categoría las adquisiciones de **billetes de transporte o entradas** para espectáculos y la obtención del tique de aparcamiento en un parquímetro.
Aunque la máquina expendedora se encuentre **ubicada** en el establecimiento del vendedor o, en general, en un establecimiento comercial, la operación no pierde la condición de venta automática.

Precisiones Es problemática la inclusión en esta modalidad de venta especial de las **operaciones en cajeros automáticos.** Quedan fuera las realizadas en el seno de la **relación contractual de cuenta corriente** con la entidad de crédito o de la relación de tarjeta de crédito con la entidad emisora. La utilización del cajero es manifestación de un acto de ejercicio de facultades, cumplimiento de obligaciones y prestación y pago de servicios previamente aceptados como integrantes de dicha relación contractual.
Por el contrario, las operaciones en cajeros automáticos que se realizan **al margen de esta relación contractual**, como, por ejemplo, la adquisición de entradas de cine, si reúne los elementos característicos de la venta automática. Sin embargo, la inclusión de este tipo de operaciones en el ámbito de esta categoría de venta especial resulta problemática, dada su falta de adecuación a las circunstancias y equipos típicamente incluidos en dicho ámbito.

Requisitos exigidos para el ejercicio de la actividad comercial de venta automática (LOCM art.49.2) Requisito esencial para la realización de este tipo de actividad comercial es que las máquinas de venta automática cumplan la **normativa técnica** que les resulta de aplicación. Dicha normativa varía en función de los productos ofertados. 2012

Precisiones 1) Tras la reforma del (LOCM art.49.2) por la L 1/2010, cumplir la **normativa técnica** es el único requisitos que se debe cumplir para llevar a cabo la venta automática. Con anterioridad la norma exigía:
- Previa homologación por la comunidad autónoma.
- Autorización específica de las autoridades competentes por razón del producto objeto de la actividad comercial y la de las autoridades competentes en materia de comercio.
2) En el caso de máquina expendedora de **alimentos**, hay que tener en cuenta tanto el envasado como la elaboración, conservación y manipulación. La normativa es muy estricta. Con carácter general resultan aplicables las siguientes normas:
• Registro General Sanitario de Empresas Alimenticias y Alimentos (RD 191/2011).
• Seguridad alimentaria y nutrición (L 17/2011).
• Higiene, de la producción y comercialización de los productos alimenticios (RD 640/2006).
• Higiene para la elaboración, distribución y comercio de comidas preparadas (RD 3484/2000).
• Envases y Residuos de Envases (L 11/1997).
• Código Alimentario Español (D 2484/1967).

Advertencias obligatorias (LOCM art.50) Para protección de los consumidores y usuarios, en todas las máquinas de venta **debe figurar** con claridad información que garantice el respeto a los derechos básicos que la legislación les reconoce (nº 205 s.). 2014
Es **obligatoria** la siguiente **información**:
• La **referida al producto y al comerciante** que lo ofrece. Incluye la siguiente información:
- el tipo de producto que expenden;
- el precio;
- la identidad del oferente; y
- la dirección y teléfono donde se atienden las reclamaciones.
• La **relativa a la máquina** que expende el producto. Incluye la siguiente información:
- el tipo de monedas que admite;
- las instrucciones para la obtención del producto deseado; y
- la acreditación del cumplimiento de la normativa técnica aplicable.

Recuperación del importe y responsabilidad (LOCM art.51 y 52) Todas las máquinas de venta deben permitir al consumidor la **recuperación automática** del importe introducido en el caso de que no se le facilite el artículo solicitado, ya sea por error, inexistencia de mercancías o mal funcionamiento de la máquina. 2016
Con esta regla se intenta proporcionar al consumidor un **mecanismo de protección** eficaz pero, al tiempo, poco oneroso para las empresas explotadoras de máquinas automáticas.

2018 El titular de la máquina es **responsable** frente al comprador del cumplimiento de las obligaciones derivadas de la venta automática.

Además, cuando las máquinas de venta están instaladas en un local destinado al desarrollo de una empresa o actividad privada, los titulares de la misma **responden solidariamente** con el de la propia máquina. Es el modo más eficaz de proporcionar al consumidor una protección adecuada, ya que dicho titular -o, en su caso, sus auxiliares- es el único que está en disposición de actuar de manera rápida en caso de reclamaciones de los consumidores (por ejemplo, por falta de devolución del importe introducido cuando el producto no ha sido dispensado, por discrepancia entre lo solicitado y lo recibido de la máquina, por falta de adecuación del producto a las características esperables, por entrega de un producto en mal estado, caducado o defectuoso...).

No obstante, esta responsabilidad no alcanza a la indemnización de **daños y perjuicios** causados por el carácter defectuoso del producto suministrado.

La **solidaridad** no se aplica a las máquinas situadas fuera de establecimiento o edificación, esto es, **en la vía pública**, al faltar el presupuesto básico para la posible atribución de responsabilidad a un sujeto. Tampoco es aplicable a los supuestos de aparatos de venta situados en **recintos de carácter público** o dedicados a actividades que no son estrictamente privadas (estaciones, puertos, centros públicos de enseñanza, centros sanitarios, oficinas públicas...).

Resulta irrelevante el **tipo de relación** que vincule al titular del establecimiento con el de la máquina (arrendamiento de una parte separada del local para la instalación de la máquina de venta, cesión de parte del derecho a situar una máquina de venta en una porción de pared del local a cambio de una prestación económica, explotación conjunta por parte del titular del local y el de la máquina...).

2020 **Regulación autonómica** Las comunidades autónomas cuentan con normativa propia en la materia, que coincide básicamente con la regulación estatal. Además, cuentan con las siguientes **normas propias**.

Andalucía (DLeg Andalucía 1/2012 art.49 a 53).

Las **empresas** que se dedican a la explotación de máquinas automáticas deben cumplir los siguientes **requisitos particulares**:

- enviar a la Consejería competente en materia de comercio interior, una relación semestral de las máquinas instaladas en la que se detalle la localización de las mismas; y
- garantizar mediante fianza la capacidad de atender a las posibles reclamaciones por errores en la dispensación de las máquinas automáticas que exploten.

También **deben tener expuesto**, claramente visible:

- el nombre o razón social, domicilio de la persona empresaria a quien pertenecen, así como la indicación del lugar y teléfono de contacto;
- el número de inscripción en el Registro de Comerciantes y Actividades Comerciales de Andalucía;
- la descripción de las condiciones de funcionamiento y de los productos ofertados; y
- el precio de los productos, así como los tipos de monedas que admite para la obtención de los mismos.

2022 **Aragón** (L 4/2015 art.22).

• El **pago** puede realizarse mediante cualquier medio admitido en el tráfico comercial.

• En el caso de que la máquina expida **productos de alimentación**, se deben exponer de manera clara y visible los números de los registros obligatorios para vender este tipo de productos.

Asturias (L Asturias 9/2010 art.46).

No se pueden comercializar **productos alimenticios** que no estén envasados y etiquetados conforme a la normativa específica vigente y cuyas condiciones de conservación no sean las allí indicadas e, igualmente.

Tampoco puede llevarse a cabo la venta automática de **bebidas alcohólicas o tabaco** en los supuestos en que su normativa específica lo prohíba.

Baleares (L Baleares 11/2014 art.39).

Se prohíbe la venta automática de **bebidas alcohólicas** a personas menores de 18 años. Las máquinas de venta tienen que incorporar los mecanismos técnicos adecuados para impedirles el acceso.

Canarias (DLeg Canarias 1/2012 art.25 y 26).

Las máquinas tienen que ser **homologadas** por la autoridad administrativa competente.

Los **comerciantes** deben cumplir los **requisitos administrativos** que la Ley canaria exige para el ejercicio de cualquier actividad comercial (DLeg Canarias 1/2012 art.6 y 7).

En el caso de **productos alimentarios**, únicamente están autorizados para su venta automática los que estén envasados, que llevarán la identificación que esté prescrita por la normativa vigente en materia de etiquetaje y de comercialización.

Cantabria (L Cantabria 1/2002 art.48 a 51). **2024**
• Todas las máquinas para la venta automática han de cumplir la normativa vigente en materia de **homologación**.
• No pueden comercializarse productos que no estén **envasados y etiquetados** conforme a la normativa vigente.
• Las empresas dedicadas a la venta automática que tienen su domicilio social en Cantabria, con independencia de que sus productos se comercialicen fuera de su ámbito territorial, deben **comunicar el inicio de su actividad** en el plazo de 3 meses al Registro de ventas especiales.

Castilla-La Mancha (L Castilla-La Mancha 2/2010 art.45 y 46).
No se pueden comercializar productos alimenticios que no estén envasados y etiquetados conforme a la normativa aplicable.
A efectos informativos, la empresa que tenga el domicilio social en Castilla-La Mancha, **comunicará** a la Consejería competente en materia de comercio el **comienzo de su actividad**, en el plazo máximo de 3 meses, a contar desde su inicio.

Castilla y León (DLeg Castilla y León 2/2014 art.36 a 38).
No se puede comercializar **productos alimenticios** que no estén envasados y etiquetados conforme a la normativa aplicable sobre la materia y cuyas condiciones de conservación no sean las indicadas.

Cataluña (L Cataluña 18/2017 art.17).
No quedan sujetos al régimen general de **horarios comerciales** (nº 2172):
- los establecimientos comerciales o de prestación de servicios que llevan a cabo la venta mediante máquinas automáticas con carácter complementario o residual, si la compraventa puede materializarse desde la vía pública;
- los establecimientos dedicados esencialmente a la prestación de servicios mediante máquinas automáticas.
No obstante, los ayuntamientos pueden acordar la obligatoriedad de **cerrar en horario nocturno**, por razones de orden público.

Extremadura (L Extremadura 3/2002 art.16).
Los distintos modelos de máquinas para la venta automática deberán ser objeto de **previa homologación** por la Consejería competente en razón de la materia.

Galicia (L Galicia 13/2010 art.68 y 69). **2026**
En el caso de **productos alimentarios**, únicamente están autorizados para su venta automática los que estén envasados, los cuales llevarán la identificación que estuviese prescrita por la normativa vigente en materia de etiquetado y comercialización.

La Rioja (L La Rioja 3/2005 art.39).
Las máquinas tienen que ser **homologadas** por la autoridad administrativa competente.

Madrid (L Madrid 16/1999 art.39).
No se pueden comercializar **productos alimenticios** que no estén envasados y etiquetados conforme a la normativa aplicable.

Navarra (LF Navarra 17/2001 art.50).
Remite expresamente a la regulación estatal.

País Vasco (L País Vasco 7/1994 art.29).
Para la venta a través de máquinas automáticas de **bebidas alcohólicas y tabaco** es necesario cumplir lo previsto en la normativa sobre prevención, asistencia y reinserción en materia de drogodependencias.
La venta automática de **productos alimenticios** solo se permite cuando estos se encuentran envasados y etiquetados según la normativa específica vigente.

Comunidad Valenciana (L C.Valenciana 3/2011 art.55).
No presenta ninguna particularidad respecto a la regulación estatal.

C. Venta ambulante o no sedentaria

(LOCM art.53 a 55)

2030 **Concepto y caracteres** Se considera venta ambulante o no sedentaria la realizada por comerciantes, fuera de un establecimiento comercial permanente, cualquiera que sea su periodicidad y el lugar donde se celebre (LOCM art.53).

La definición legal tiene **alcance en todo el territorio español**, ya que el LOCM art.53 constituye legislación civil y mercantil y es de aplicación general, por ampararse en la competencia exclusiva del Estado para regular el contenido del derecho privado de los contratos, resultante de la Const art.149.1 reglas 6 y 8 (LOCM disp.final).

Comprende las siguientes **modalidades de venta:**

- mercadillos;
- mercados ocasionales o periódicos;
- vía pública; y
- ambulante en camiones-tienda.

El **sujeto activo** necesariamente debe ser un **comerciante**, a diferencia de algunos textos autonómicos, que mencionan también a los agricultores y artesanos.

La venta puede tener por **objeto** cualquier tipo de producto, no excluyéndose ninguno de ellos. Por el contrario, algunas Leyes autonómicas sí excluyen ciertos productos alimenticios.

Al ser una venta que se realiza por un comerciante que carece de sede física fija, esta circunstancia dificulta las posibles **reclamaciones que los consumidores** quieran interponer, y además puede afectar a determinados **intereses generales** (salud, ocupación de la vía pública...). Como consecuencia de ello, se establece un sistema de **autorizaciones administrativas** con el que se pretende salvaguardar adecuadamente la protección de los referidos intereses afectados.

La venta ambulante o no sedentaria, en tanto que se realiza fuera de un establecimiento comercial permanente, podría **confundirse** con los contratos celebrados fuera de los establecimientos mercantiles (nº 897). Para diferenciar ambas modalidades, se recurre al criterio de la **iniciativa de la venta.** En el caso de las **ventas celebradas fuera de establecimiento mercantil**, el consumidor no toma la iniciativa para la compra, sino que se ve sorprendido por el empresario e inducido por él a celebrar un contrato que, de otro modo, no habría concluido (es el caso de la venta a domicilio). Por el contrario, en las **ventas ambulantes o no sedentarias**, es el consumidor el que toma la iniciativa para la contratación, acudiendo al correspondiente lugar de venta (por ejemplo, un puesto situado en el rastro).

2034 **Autorización municipal** (LOCM art.54) Corresponde a los ayuntamientos otorgar las autorizaciones para el ejercicio de la venta ambulante en sus respectivos términos municipales.

La autorización debe definir, al menos las siguientes **circunstancias**:

- el plazo de validez;
- los datos identificativos del titular;
- el lugar o lugares en que puede ejercerse la actividad;
- los horarios;
- las fechas en las que se puede llevar a cabo; y
- los productos autorizados para la venta.

Es el ayuntamiento el que determina la **zona de emplazamiento**, sin que pueda ejercerse la actividad comercial fuera de ella.

Los puestos de venta no pueden situarse en los siguientes lugares:

- accesos a edificios de uso público;
- establecimientos comerciales e industriales; o
- lugares que dificulten el acceso y la circulación.

2038 La Ley prohíbe las autorizaciones por tiempo indefinido. La autorización para el ejercicio de la venta ambulante o no sedentaria tiene una **duración limitada** que debe permitir la amortización de las inversiones y una remuneración equitativa de los capitales invertidos (LOCM art.54).

Otorgada la autorización, no se produce una **renovación** automática, ni hay ningún tipo de ventaja para el vendedor cesante o las personas que estén especialmente vinculadas con él.

Las Administraciones públicas pueden **comprobar e inspeccionar**, en todo momento, los hechos, actividades, transmisiones y demás circunstancias de la autorización concedida. En caso de incumplimiento de la normativa pueden ser **revocadas** unilateralmente por los ayuntamientos.

El **procedimiento** para el otorgamiento de la autorización y para la cobertura de las vacantes, es determinado por cada ayuntamiento, respetando, en todo caso, el régimen de concurrencia competitiva. Tiene que garantizar la **transparencia**, la **imparcialidad** y la **publicidad** adecuada del inicio, desarrollo y fin del proceso (LOCM art.54).

A fin de garantizar la eficacia del sistema, se tipifica como **infracción grave** la conducta consistente en ejercer una actividad comercial sin previa autorización en el caso de que esta fuera preceptiva, o no realizar las comunicaciones o notificaciones a la administración comercial exigidas por la normativa vigente (LOCM art.65.1.a).

Precisiones 1) Los ayuntamientos pueden imponer **restricciones justificadas** en el ejercicio del comercio ambulante para ordenarlo, pero no tienen en absoluto la posibilidad de prohibir incondicionalmente su ejercicio a quien cumple con las condiciones básicas establecidas en la ley (TSJ Granada 31-3-08, EDJ 210825).
2) La retirada de un puesto de venta ambulante por **carecer de autorización** es procedente, ya que la retirada de las instalaciones, elementos y géneros no se basa en la comisión de una infracción, sino en el incumplimiento del requisito de autorización previa (TSJ Aragón 20-9-02, EDJ 79413).
3) La realización de venta ambulante en la vía pública sin la correspondiente autorización municipal, aun cuando el vendedor esté **dado de alta** fiscalmente para la **venta a domicilio**, constituye una infracción sancionable (JCA Salamanca núm 1, 18-10-21, EDJ 802704).

Requisitos de los comerciantes Los comerciantes que quieran ejercer la venta ambulante, tienen que reunir los requisitos que se exigen en la **declaración responsable** que se requiere firmar en la presentación de la solicitud de autorización. **2044**
Son los siguientes:
• Estar dado de **alta** en el epígrafe correspondiente del **IAE** y estar al corriente en el pago de la tarifa. En caso de estar exentos del impuesto, estar dados de alta en el censo de obligados tributarios.
• Estar al corriente en el pago de las cotizaciones de la **Seguridad Social**.
• Acreditar el cumplimiento de las obligaciones establecidas en la legislación vigente en materia de **autorizaciones de residencia y trabajo**, cuando se trate de vendedores procedentes de terceros países.
• Reunir las condiciones exigidas por la **normativa reguladora del producto** o productos objeto de la venta.

Precisiones La circunstancia de estar dado de **alta** y al corriente del pago del **IAE** o, en su caso, en el censo de obligados tributarios, debe ser **acreditada**, a opción del interesado, bien por él mismo, bien mediante autorización a la Administración para que verifique su cumplimiento
No es necesaria la acreditación documental de los otros requisitos detallados en la declaración responsable, sin perjuicio de las **facultades de comprobación** que tienen atribuidas las Administraciones públicas.

Requisitos de identificación Como mecanismo para garantizar la defensa de los intereses de los consumidores, quienes ejercen el comercio ambulante deben tener expuestos en forma fácilmente visible para el público los siguientes datos (LOCM art.55): **2046**
- los **personales** del comerciante;
- el documento en el que conste la **autorización** municipal; y
- una **dirección** para la recepción de las posibles reclamaciones.
Esta exigencia persigue dos **finalidades** distintas:
- permite a la Administración **comprobar** que el titular de la licencia para la venta ambulante coincide realmente con la persona que está ejerciendo la actividad comercial; y
- facilita a los compradores el **ejercicio de sus derechos**, mitigando con ello la situación de indefensión en que le coloca la ausencia de establecimiento de carácter permanente, dado que conoce el nombre y los apellidos del comerciante, así como otros datos relevantes a estos efectos.

Regulación autonómica Las comunidades autónomas cuentan con normativa propia en la materia, que coincide básicamente con la regulación estatal. Además, cuentan con las siguientes **normas propias**. **2048**

Andalucía (DLeg Andalucía 1/2012 art.44.2; DLeg Andalucía 2/2012) Están **excluidas** expresamente, las siguientes actividades: **2050**
- el comercio en **mercados ocasionales**, que tienen lugar con motivo de fiestas, ferias o acontecimientos populares, durante el tiempo de celebración de los mismos;
- el comercio tradicional de **objetos usados**, puestos temporeros y demás modalidades de comercio no contemplados en los apartados anteriores;
- las actividades ambulantes **industriales y de servicios** no comerciales;
- los mercados tradicionales de **flores, plantas y animales**;
- las actividades comerciales que entran dentro del ámbito de aplicación de la L Andalucía 15/2005, de **artesanía**.
La **duración** de la autorización es por un periodo de 15 años. Puede ser **prorrogado**, a solicitud de la persona titular, por otro plazo idéntico, una sola vez.

En las autorizaciones expedidas por los ayuntamientos, además de las menciones comunes a la normativa estatal (nº 2034), también se tiene que **hacer constar**:
- las personas con relación familiar o laboral que vayan a desarrollar la actividad en nombre del titular;
- la modalidad de comercio ambulante autorizada;
- la indicación precisa del lugar, fecha y horario en que se va a ejercer la actividad;
- el tamaño, ubicación y estructura de los puestos donde se va a realizar la actividad comercial;
- en la modalidad de comercio itinerante, el medio transportable o móvil en el que se ejerce la actividad y los itinerarios permitidos.

Los **comerciantes** deben cumplir las siguientes **obligaciones**:
- contratar un **seguro de responsabilidad civil** que cubra los riesgos de la actividad comercial;
- poseer el certificado acreditativo de la formación como **manipulador de alimentos**, si se van a vender productos para la **alimentación** humana;
- tener a disposición de la autoridad competente las **facturas y comprobantes de compra** de los productos objeto de comercio;
- tener a disposición de las personas consumidoras y usuarias las **hojas de quejas y reclamaciones**, de acuerdo con el modelo reglamentariamente establecido.

Los **municipios** donde se lleve a cabo el ejercicio del comercio ambulante deben contar con una **ordenanza reguladora** de la actividad que desarrolle los preceptos recogidos en la ley y establezca el régimen interno de funcionamiento de los mercadillos.

Las ordenanzas han de contemplar los siguientes extremos:
- las modalidades de comercio ambulante que se puedan realizar en los espacios públicos de su municipio;
- la duración de la autorización;
- los lugares donde se puede realizar la actividad;
- las fechas y horarios autorizados;
- el número, tamaño, estructura y localización de los puestos;
- las tasas que en su caso puedan establecer los Ayuntamientos para la tramitación de las licencias que autoricen el ejercicio del comercio ambulante en su municipio;
- el procedimiento para el otorgamiento de la autorización.

2052 **Aragón** (L 4/2015 art.23 a 25) No pueden ser **objeto de venta ambulante** los bienes o productos cuya propia normativa lo prohíba, especialmente los de carácter alimenticio, con excepción de los ofrecidos directamente por el productor, y aquellos otros que, por razón de su presentación u otros motivos, no cumplan la normativa técnico-sanitaria y de seguridad.

Las **ordenanzas municipales** reguladoras del régimen de venta ambulante deben **especificar** lo siguiente:
- delimitación de los perímetros urbanos donde podrá realizarse;
- determinación del número máximo de puestos de venta ambulante y de las autorizaciones a conceder por la administración municipal;
- superficie y ubicación concreta de los puestos;
- controles que aseguren un efectivo cumplimiento de las obligaciones contempladas por la legislación vigente;
- descripción de las distintas modalidades de venta ambulante con arreglo a las categorías establecidas en la Ley.

2054 **Asturias** (L Asturias 9/2010 art.47 a 51) Las **ordenanzas municipales** de venta ambulante o no sedentaria deben determinar:
- las zonas de emplazamiento o lugares en que puede ejercerse la actividad, así como los horarios y las fechas en las que aquélla se podrá llevar a cabo;
- las modalidades de venta ambulante o no sedentaria admitidas;
- el número total de puestos o autorizaciones;
- los productos que podrán ser ofrecidos en venta;
- la tasa a pagar por la concesión de la autorización;
- el régimen interno de funcionamiento;
- el régimen sancionador.

2056 **Baleares** (L Baleares 11/2014 art.44 a 54) Todos los productos pueden ser **objeto de venta** no sedentaria siempre que cumplan la normativa en materia de protección de la salud pública, de seguridad alimentaria y de seguridad de los consumidores, excepto que lo prohíba expresamente la normativa vigente.

Para el ejercicio de la venta ambulante o no sedentaria en mercados periódicos la **duración** de la autorización no puede ser superior a un año. Excepcionalmente, la autorización puede ser

superior a este plazo en caso de inversiones, en los supuestos establecidos por cada ayuntamiento. En todo caso, la duración de la autorización no puede ser superior a 7 años.
La vigencia de la autorización municipal para los **mercados ocasionales** y para la venta en circunstancias especiales se debe limitar a la duración del acontecimiento específico.
La **renovación de la autorización** no es automática, sino que se debe solicitar a instancia de parte.
La autorización **no es transmisible**. Excepcionalmente, se puede transmitir en caso de defunción o imposibilidad sobrevenida al titular de llevar a cabo la actividad, en favor de las siguientes personas:
- el cónyuge o pareja de hecho, los ascendientes y descendientes en primer grado;
- los trabajadores por cuenta del titular de la autorización municipal que acrediten una antigüedad mínima de un año.

Es necesaria la **comunicación previa** de la transmisión al ayuntamiento competente.
El sustituto tiene que **cumplir los requisitos** para el ejercicio de la venta ambulante y **continuar la actividad** de venta ambulante durante el resto del periodo de vigencia de la autorización.
Las **ordenanzas municipales** que regulan la venta ambulante o no sedentaria tienen que especificar:
- la zona de emplazamiento para el ejercicio de la venta ambulante o no sedentaria;
- los días y los horarios en que se puede ejercer la actividad;
- el tipo de productos autorizados;
- las condiciones de los puestos de venta y de sus productos;
- el número máximo de autorizaciones que se pueden conceder;
- la duración de la autorización;
- el procedimiento y los criterios para otorgar las autorizaciones;
- los criterios excepcionales a considerar con ocasión de la celebración de fiestas y acontecimientos públicos;
- el régimen de inspección, infracción y sanción.

Canarias (DLeg Canarias 1/2012 art.15 y 19 a 26) Las autorizaciones tienen una **duración** de 8 años. **2058**
Son **prorrogables** mediante acto expreso, por otros 8 años.
Los ayuntamientos fijan el **número de licencias** de vendedores no sedentarios disponibles para cada una de las distintas modalidades, y determinan los **días y horario** correspondientes para el ejercicio de la actividad.

Cantabria (L Cantabria 1/2002 art.52 a 57) Para la **concesión de la autorización** para el ejercicio de la **2060**
venta ambulante, se exige que el peticionario acredite cumplir los requisitos de las reglamentaciones de cada tipo de productos. En su caso, estar en posesión del carné de manipulador de alimentos.
Para conceder las autorizaciones, tienen **prioridad** los comerciantes que tengan concertado un **seguro de responsabilidad civil** por los daños que puedan causar con sus productos.
Si la ordenanza prevé una **reserva de puestos**, debe utilizar para ello criterios objetivos.
Las autorizaciones tienen una **duración máxima** de 5 años.
Si el titular es una **persona física**, pueden desarrollar la venta, además del propio titular, sus familiares o dependientes dados de alta en el correspondiente régimen de Seguridad Social.
En el supuesto de **fallecimiento** de la persona física titular de la autorización, siempre puede sucederle en la titularidad el heredero que se designe.
Si el titular es una **sociedad**, esta debe indicar al ayuntamiento el nombre de la persona, socio o dependiente que desarrollará la actividad, quien debe estar dado de alta en el régimen de la Seguridad Social que corresponda.
La delimitación por los ayuntamientos de aquellos lugares donde pueda ejercerse la venta ambulante requiere audiencia previa de la **Cámara de Comercio** correspondiente.
Los ayuntamientos tienen que cuidar de que los lugares destinados al ejercicio de la venta ambulante se encuentren en las debidas condiciones de **limpieza y salubridad** y de que cuenten con una adecuada dotación de infraestructuras.
Solo puede autorizarse la venta de **productos alimenticios** cuando se cumplan las condiciones higiénico-sanitarias que establezca la legislación sectorial sobre la materia para cada tipo de producto. Además, no se pueden vender alimentos o productos alimenticios no envasados por quien carezca del carné de manipulador de alimentos.
Las **ordenanzas municipales** de venta ambulante deben determinar:
- los lugares y períodos en los que puede desarrollarse la venta ambulante;
- las modalidades de venta ambulante admitidas, teniendo en cuenta las características de cada municipio;
- los requisitos para el ejercicio de la venta ambulante;
- el régimen de autorizaciones;

- el número total de puestos o autorizaciones;
- los productos que podrán ser ofrecidos a la venta;
- la tasa a pagar por la concesión de la autorización;
- el régimen interno de funcionamiento del mercadillo;
- el régimen sancionador; y
- la relación de derechos y deberes de los comerciantes ambulantes.

2062 **Castilla-La Mancha** (L Castilla-La Mancha 2/2010 art.52 a 55) En las autorizaciones expedidas por los ayuntamientos, además de las menciones comunes a la normativa estatal (nº 2034), también se tiene que **hacer constar**:
- las **personas** con relación familiar o laboral que vayan a desarrollar en su nombre la actividad;
- la **modalidad** de comercio ambulante autorizada;
- el **tamaño, ubicación y estructura** de los puestos donde se va a realizar la actividad comercial;
- en la modalidad de **comercio itinerante**, el medio transportable o móvil en el que se ejerce la actividad y los itinerarios permitidos.

La **duración** de la autorización es por un periodo máximo de 15 años.

Los ayuntamientos deben **verificar** que las personas físicas o jurídicas que han solicitado la autorización municipal están dadas de alta en el correspondiente epígrafe del impuesto de actividades económicas y en el régimen de la seguridad social que corresponda.

En el caso de que los objetos de venta consistan en **productos para la alimentación humana**, los comerciantes deben estar en posesión del carné de manipulador de alimentos.

Los ayuntamientos entregan a las personas autorizadas para el ejercicio del comercio ambulante dentro de su término municipal, una **placa identificativa** con los datos esenciales de la autorización.

Los ayuntamientos en cuyo espacio público se autorice el ejercicio del comercio ambulante deberán contar con una **ordenanza reguladora** de la actividad.

Las **ordenanzas municipales** pueden establecer el régimen interno de funcionamiento de los mercadillos y, en todo caso, han de contemplar:
- las modalidades de comercio ambulante que se puedan realizar en los espacios públicos de su municipio;
- el número, tamaño, estructura y localización de los puestos.

Los **comerciantes** deben tener:
- A disposición de la autoridad competente, las **facturas y comprobantes** de compra de los productos objeto de comercio.
- A disposición de los consumidores, las **hojas de quejas y reclamaciones**.

2064 **Castilla y León** (DLeg Castilla y León 2/2014 art.40 a 42) Las **ordenanzas municipales** de venta ambulante deben determinar:
- los lugares y periodos en los que puedan desarrollarse las diferentes modalidades de venta ambulante;
- el número de puestos o licencias;
- los productos que podrán ser ofrecidos a la venta;
- la tasa a pagar por la concesión de la licencia;
- el régimen interno de funcionamiento del mercadillo; y
- el régimen sancionador aplicable.

2066 **Cataluña** (L Cataluña 18/2017 art.14 y 15 redacc L Cataluña 15/2020) Corresponde a los ayuntamientos, mediante **ordenanza municipal**:
- autorizar la venta y la prestación de servicios mediante estructuras o puestos desmontables o vehículos tienda en espacios de titularidad pública, cualquiera que sea su modalidad;
- determinar las fechas y la periodicidad;
- delimitar el perímetro donde se celebran, y el número total de puestos, las dimensiones, la oferta y las condiciones de los vendedores ambulantes para acceder a los mismos. Si un ayuntamiento **no dispone de ordenanza** municipal reguladora, se entiende que el municipio no autoriza esta modalidad de venta en espacios de titularidad pública.

Las autorizaciones tienen una **duración** mínima de 15 años para permitir la amortización de las inversiones y una remuneración equitativa de los capitales invertidos y prorrogables expresamente por períodos idénticos. Solo pueden ser revocadas por incumplimiento de la Ley o de las ordenanzas municipales.

El ayuntamiento, por razones de interés público, puede acordar cerrar el mercado o modificar su estructura.

Las autorizaciones **son transmisibles** por las siguientes causas:
- cese voluntario de la actividad, incluida la jubilación;

- situaciones sobrevenidas no atribuibles a la voluntad del vendedor ambulante;
- cesión a favor del cónyuge, o a favor de un familiar de hasta el segundo grado; o
- muerte del titular, en los términos y con las limitaciones que las ordenanzas municipales establezcan.

Las **ofertas de transmisión** por las dos primeras causas deben ser presentadas al ayuntamiento, indicando los datos del puesto y el importe solicitado para la transmisión. El ayuntamiento debe trasladar estas ofertas, de forma prioritaria, a los vendedores ambulantes que, a pesar de reunir los requisitos para acceder a plazas de características similares en los mercados que se celebren en el municipio, hayan quedado excluidos por razón de puntuación en el último concurso de concurrencia competitiva convocado por el propio ayuntamiento. Si hay varios interesados, se adjudica por sorteo.

Si no existen vendedores ambulantes que reúnan los requisitos adecuados para acceder a la plaza ofrecida, los ayuntamientos deben convocar una **oferta pública**, detallando las características de la plaza y el importe solicitado para la transmisión. Si existen varios interesados que reúnen las condiciones para optar a la plaza ofrecida en transmisión, debe adjudicarse por sorteo.

El ayuntamiento tiene **derecho de tanteo** sobre las ofertas que le sean presentadas en virtud de lo establecido en este apartado.

Extremadura (L Extremadura 8/2018) Están **excluidas** de esta forma de venta las siguientes actividades comerciales (L Extremadura 8/2018 art.2): **2068**

- las realizadas dentro de los recintos ocupados por una feria comercial;
- el comercio en mercados ocasionales, con motivo de fiestas, ferias o acontecimientos populares;
- los puestos autorizados en vía pública de carácter fijo y estable que desarrollen su actividad comercial de manera habitual y permanente mediante la oportuna concesión administrativa, que se rigen por su normativa específica;
- ventas en mercadillos benéficos; y
- el comercio tradicional de objetos usados.

La **duración de la autorización** es por un periodo de 7 años, con el fin de garantizar a las personas físicas o jurídicas titulares de la autorización la amortización de las inversiones y una remuneración equitativa de los capitales invertidos. Es **prorrogable**, a solicitud de la persona titular, por otro plazo idéntico, una sola vez, siempre que cumpla los requisitos establecidos en la ordenanza municipal correspondiente.

En las autorizaciones se tiene que **hacer constar** (L Extremadura 8/2018 art.5):

- el nombre y apellidos de la persona titular de la autorización si es persona física, o denominación social si es persona jurídica, y la dirección donde se atenderán, en su caso, las reclamaciones de los consumidores;
- DNI, NIF o pasaporte o tarjeta de residencia, domicilio a efectos de posibles reclamaciones y, en su caso, personas con relación familiar o laboral que van a desarrollar en su nombre la actividad;
- la duración de la autorización;
- la modalidad de comercio ambulante autorizada;
- el lugar, fecha y horario en que se va a ejercer la actividad;
- el tamaño, ubicación y estructura de los puestos donde se va a realizar la actividad comercial;
- mención de los artículos que pretende vender; y
- en la modalidad de comercio itinerante, el medio transportable o móvil en el que se ejerce la actividad y los itinerarios permitidos.

La autorización se otorga a **título personal**, y debe ejercer la actividad comercial la persona titular de la misma. Si el titular es persona jurídica, la actividad comercial se desempeña por las personas físicas que haya indicado, los cuales constarán, obligatoriamente, en la autorización municipal.

Pueden hacer uso de la autorización, de forma **ocasional y por causa debidamente justificada**, los familiares de la misma para que le asistan en el ejercicio de su actividad que deben constar, necesariamente, en la autorización municipal.

Las autorizaciones son **transmisibles** a familiares de primero y segundo grado de parentesco o causahabientes, en los casos de fallecimiento, jubilación, enfermedad o incapacidad laboral. La transmisión únicamente faculta para la venta de la misma clase de artículos o productos, y su vigencia queda limitada al periodo restante del plazo establecido en la autorización que se transmite (L Extremadura 8/2018 art.10).

Los titulares de la autorización municipal, deben cumplir las siguientes **obligaciones**, en el ejercicio de su actividad comercial (L Extremadura 8/2018 art.8):
- cumplir las condiciones exigidas en la normativa reguladora de los productos objeto de comercio, en especial de aquellos destinados a alimentación humana;
- tener expuesto al público, en lugar visible, la placa identificativa y los precios de venta de las mercancías;
- tener a disposición de la autoridad competente las facturas y comprobantes de compra de los productos objeto de comercio que acredite la procedencia de sus mercancías, en un plazo no superior a 5 días hábiles; y
- tener a disposición de los consumidores hojas de quejas y reclamaciones.

Corresponde a los ayuntamientos garantizar el cumplimiento de las disposiciones de **policía y vigilancia** de las actividades desarrolladas en los espacios públicos destinados al comercio ambulante en sus municipios. En ningún caso se puede autorizar la venta no sedentaria o ambulante en instalaciones fijas no desmontables, ni en calles peatonales comerciales, ni en aquellos lugares en que cause perjuicio manifiesto al comercio establecido.

2069 La **ordenanza municipal** tiene que determinar, al menos, los siguientes extremos (L Extremadura 8/2018 art.13):
- la delimitación del emplazamiento en donde se va a realizar este tipo de venta;
- el número máximo de puestos y su distribución, así como su superficie:
- la periodicidad, fechas y horario en que se puede realizar la actividad comercial;
- las distintas modalidades de venta ambulante o no sedentaria que se autorizan;
- el número máximo de autorizaciones a conceder por mercado o mercadillo en el conjunto del término municipal;
- el período de vigencia de las autorizaciones;
- los familiares o personas habilitadas para el ejercicio de la actividad comercial, así como las condiciones y requisitos para la transmisibilidad de las autorizaciones;
- la determinación de si es necesario según el tipo de actividad, seguro de responsabilidad civil;
- el procedimiento de concesión de las autorizaciones;
- las causas y procedimiento de extinción y revocación de las autorizaciones;
- el procedimiento sancionador aplicable a las infracciones y sanciones establecidas;
- el plazo para la resolución expresa del procedimiento de autorización, así como los efectos del silencio administrativo; y
- las tasas para la tramitación de las licencias.

2070 **Galicia** (L Galicia 13/2010 art.70 a 78) Para obtener la autorización municipal, además de los **requisitos** generales (nº 2044) los comerciantes deben cumplir los siguientes:
- disponer de seguro de responsabilidad civil; y
- las personas jurídicas, acreditar el CIF, acta de constitución, estatutos y escritura de poder otorgada a la persona que firma la solicitud de autorización en representación de la empresa.

No pueden ser objeto de venta ambulante o no sedentaria los **bienes o productos** cuya propia normativa lo prohíba y aquellos otros que, en razón a su presentación u otros motivos, no cumplan la normativa técnico-sanitaria y de seguridad.

En todo caso, no se pueden vender **productos alimentarios** no envasados por quien carezca del certificado acreditativo de haber recibido formación en materia de manipulación de los mismos.

Los ayuntamientos tienen que cuidar de que los **lugares** destinados al ejercicio de la venta ambulante se hallen en **idóneas condiciones** de limpieza y salubridad. Además, deben ejercer el **control higiénico y sanitario**, en especial de los productos perecederos y de alimentación.

Las autorizaciones se otorgan por **tiempo determinado**, siendo su **plazo máximo** de duración de 5 años prorrogables de forma expresa por idénticos periodos. Pueden concederse tanto a **personas físicas como jurídicas** (sociedades mercantiles o cooperativas). Son **transferibles** previa comunicación a la administración competente, sin que la transmisión afecte al periodo de vigencia, que se mantiene por el tiempo que reste hasta la finalización del plazo de duración.

Corresponde a los ayuntamientos la **inspección y sanción** en materia de venta ambulante, sin perjuicio de las competencias atribuidas a otras administraciones.

Los ayuntamientos tienen que contar con **ordenanzas municipales** de venta ambulante, en las que se determinen, como mínimo:
- los lugares y periodos en que puede celebrarse la venta ambulante;
- la tipología admitida;
- los requisitos para el ejercicio de la venta ambulante;
- el régimen de autorizaciones;

- la previsión del número de puestos o licencias;
- los productos que pueden ser ofrecidos a la venta;
- la tasa a pagar por la concesión de la licencia;
- el régimen interno de funcionamiento del mercado;
- el régimen sancionador; y
- la relación de derechos y deberes de las personas comerciantes ambulantes.

La Rioja (L La Rioja 3/2005 art.29 y 35 a 37) No pueden ser **objeto de venta** los bienes o productos cuya propia normativa lo prohíba, especialmente los de carácter alimenticio y aquellos otros que, por razón de su presentación u otros motivos, no cumplan la normativa técnico-sanitaria y de seguridad. 2072

Madrid (L Madrid 1/1997) La norma **regula** la estructura de los puestos, horario de instalación, obligación de recogida y limpieza, longitud mínima, espacios de separación, pasillo central y aparcamiento de los vehículos de los vendedores. 2074
El **lugar de celebración** tiene que disponer de los siguientes **servicios** (L Madrid 1/1997 art.11):
- tomas de agua;
- contenedores suficientes de basuras;
- primeros auxilios;
- balanza de repeso; y
- aseos desmontables si no se habilitan al efecto los de algún edificio público localizado en los alrededores.

Para el ejercicio de la venta ambulante los comerciantes deben cumplir, además de los coincidentes con la normativa estatal (nº 2044), los siguientes **requisitos propios** (L Madrid 1/1997 art.5):
• Disponer de póliza contratada de **seguro de responsabilidad civil**, que cubra posibles riesgos derivados del ejercicio de la actividad. La suscripción no tiene carácter preceptivo, pero es un criterio preferente a la hora de proceder a la autorización de los puestos.
• Estar **inscritos** en el Registro de Comerciantes Ambulantes de la Comunidad de Madrid.

Con carácter **previo a la autorización** municipal para la implantación, ampliación, traslado o reforma de un mercadillo es preciso que se emitan, con carácter preceptivo, los siguientes **informes** (L Madrid 1/1997 art.6):
- grado de adecuación a la **normativa higiénico-sanitaria**; e
- **impacto comercial** que se genera, teniendo en cuenta el equipamiento comercial existente en la zona, la adecuación de este a la estructura y necesidades de consumo de la población, así como la densidad de la misma. Siempre que sea posible, se evitará la instalación de los puestos a una distancia inferior a 5 metros de los establecimientos comerciales o industriales de la zona, de sus escaparates o exposiciones.

Cada ayuntamiento fija, entre otras cuestiones:
- el **número de puestos** del mercadillo, pudiendo reservar como máximo un 10% para empresarios radicados en el municipio que, sin pertenecer al sector comercio, pretenden ejercer la actividad o comercializar los artículos por ellos producidos o fabricados (artesanos);
- su distribución sectorial; y
- las dotaciones e instalaciones mínimas exigibles velando por su conservación y mantenimiento.

Ninguna persona física o jurídica puede ser titular de más del 5% de los puestos autorizados en un mismo mercadillo.

Para la venta de **productos de alimentación**, el comerciante tiene que estar en posesión del carné de manipulador. Está prohibida la venta en los siguientes casos:
- incumplimiento de la normativa específica que regule la comercialización de cada grupo de producto;
- productos no sometidos a proceso de transformación en enclaves aislados en la vía urbana; y
- mercadillos en los que el ayuntamiento carezca de los medios suficientes para garantizar la observancia de las condiciones higiénicas y sanitarias correspondientes.

En la **autorización de cada comerciante** se tienen que hacer constar las siguientes cuestiones (L Madrid 1/1997 art.9): 2075
- nombre y apellidos del peticionario si es persona física o denominación social si es persona jurídica;
- identificación, en su caso, de las personas con relación laboral autorizada, que vayan a desarrollar la actividad en nombre del titular;
- NIF/CIF, documento nacional de identidad o pasaporte o tarjeta de residencia para ciudadanos comunitarios, o permiso de residencia y trabajo para los no comunitarios;

- domicilio de la persona física o domicilio social de la persona jurídica;
- descripción precisa de artículos que pretende vender;
- descripción detallada de las instalaciones o sistemas de venta;
- número de metros que precisa ocupar;
- declaración jurada de no haber sido sancionado por comisión de falta muy grave en el ejercicio de su actividad en los 2 años anteriores; y
- modalidad del comercio ambulante de las reguladas en esta Ley, para que se solicita autorización.

Las autorizaciones son **transmisibles** y tienen una **duración mínima** de 15 años. Los titulares están obligados a **acreditar anualmente** estar al corriente de sus obligaciones con la Seguridad Social y la Administración Tributaria, así como el seguro de responsabilidad civil.

El día de celebración del mercadillo y el horario de venta al público se tienen que **exponer en lugar visible** del propio edificio del ayuntamiento y en los alrededores de la zona autorizada para su colocación.

Si el día de celebración coincide con alguna **festividad o acontecimiento** en el lugar de su ubicación, el ayuntamiento decide el día en que haya de celebrarse el mercadillo en esa semana (L Madrid 1/1997 art.11).

2076 **Murcia** (L Murcia 3/2014) Están **excluidas** de la consideración de venta ambulante o no sedentaria las siguientes ventas (L Murcia 3/2014 art.3):

- las realizadas en puestos en vía pública de **naturaleza fija y estable**, que desarrollen su actividad comercial con carácter habitual y permanente, mediante la oportuna concesión administrativa otorgada por los ayuntamientos (kioscos);
- las realizadas en **recintos feriales** o con motivo de la celebración de certámenes feriales, así como las denominadas ferias *outlets*; y
- las realizadas en **puestos aislados ubicados en suelo privado**;
- la de **enseres y vehículos usados** u objetos de coleccionista en suelo público, siempre que los artículos a la venta sean de propiedad del vendedor y no hayan sido adquiridos para su reventa.

La instalación de un **mercadillo sobre suelo privado** también precisa de autorización del ayuntamiento, previa tramitación del correspondiente procedimiento administrativo (L Murcia 3/2014 art.16).

La autorización municipal se otorga a **título personal**, debiendo ejercer la actividad comercial el titular de la misma. Se contemplan dos **excepciones** (L Murcia 3/2014 art.5):

- si el titular es **persona jurídica**, la actividad comercial se desempeña por las personas físicas que indique el representante legal de la misma como titular y suplente; y
- si el titular es **persona física**, pueden hacer uso de la autorización, de forma ocasional y por causa debidamente justificada, los familiares del titular para que le asistan en el ejercicio de su actividad.

La **residencia en el municipio** no puede ser requisito de la autorización, ni puede considerarse como un mérito que otorgue ventajas al solicitante en el procedimiento de selección.

Los ayuntamientos pueden **reservar** hasta un 15% de las **plazas disponibles** en los mercados para ser adjudicadas a instituciones sin ánimo de lucro y a solicitantes en riesgo de exclusión social por su situación socioeconómica y familiar.

El **periodo** por el que se otorgan las autorizaciones es el siguiente (L Murcia 3/2014 art.8):

• En los mercados de venta ambulante un mínimo de 8 años y un máximo de 12, **prorrogable** por un periodo máximo de otros 12 años.

• En el resto de modalidades de venta no sedentaria, el que establezcan las ordenanzas municipales, que en ningún caso puede superar el de 12 años.

Las autorizaciones son **transmisibles** a otras personas físicas o jurídicas en el caso de cese voluntario de actividad del titular de la autorización, previa solicitud al ayuntamiento concedente. El nuevo titular debe cumplir los requisitos exigidos para el desarrollo de la actividad. La transmisión únicamente faculta para la venta de la **misma clase de artículos** o productos autorizados al titular cedente y la **vigencia** queda limitada al periodo restante del plazo establecido en la autorización que se transmite.

En los casos de **disolución y cese** en la actividad de una **persona jurídica**, tienen derecho preferente en la trasmisión de las autorizaciones de las que fuera titular quienes vinieran ejerciendo la venta por cuenta y en nombre de esta.

En los casos de **fallecimiento, incapacidad laboral, o jubilación** del titular, pueden subrogarse los familiares habilitados por la ordenanza municipal o las personas que ejercen la actividad comercial y que constan en la correspondiente autorización (L Murcia 3/2014 art.11).

Las autorizaciones municipales para el ejercicio de la venta no sedentaria **se extinguen**, previo procedimiento administrativo correspondiente y sin que causen derecho a indemnización alguna, por las siguientes causas (L Murcia 3/2014 art.12):
- término del plazo para el que se otorgó;
- renuncia expresa del titular; o
- fallecimiento, incapacidad laboral, jubilación o disolución de la persona jurídica titular, sin perjuicio de su posibilidad de transmisión o subrogación.
Las autorizaciones pueden ser **revocadas** por los ayuntamientos por las causas que se concreten en la ordenanza municipal y la Ley.
En caso de **vacantes**, antes de iniciar el proceso de adjudicación, los ayuntamientos pueden ofertar el cambio de puesto a los titulares de autorizaciones que lo hayan solicitado.

Para el ejercicio de la venta ambulante o no sedentaria, los comerciantes deben **cumplir las condiciones** generales (nº 2044), y las siguientes propias de la comunidad (L Murcia 3/2014 art.6 y 7): **2077**
- disponer de un **seguro de responsabilidad civil** que cubra los riesgos del ejercicio de la actividad;
- estar en posesión del certificado acreditativo de la formación como manipulador de alimentos, cuando se trate de **venta de alimentos**;
- expedir **tiques de compra** a los consumidores que lo soliciten, en los que se incluirán los datos identificativos del comerciante, producto adquirido y su precio;
- tener a disposición de la autoridad competente la autorización municipal y las **facturas y comprobantes** de compra o documentación que acredite la procedencia de sus mercancías; y
- tener a disposición de los consumidores y usuarios las correspondientes **hojas de reclamaciones**.
En los municipios donde se lleve a cabo la venta no sedentaria o ambulante, en cualquiera de sus modalidades, los ayuntamientos deben regularla mediante la correspondiente **ordenanza**, en la que al menos se determinen los siguientes extremos (L Murcia 3/2014 art.14):
- delimitación del emplazamiento;
- número máximo de puestos y su distribución, así como su superficie;
- periodicidad, fechas y horario en que se puede realizar la actividad comercial;
- las distintas modalidades de venta ambulante o no sedentaria que se autorizan;
- número máximo de autorizaciones a conceder por mercado o mercadillo;
- periodo de vigencia de las autorizaciones;
- familiares o personas habilitadas para el ejercicio de la actividad comercial, así como las condiciones y requisitos para la transmisibilidad de las autorizaciones otorgadas;
- el alcance y límite mínimo de la cobertura del seguro de responsabilidad civil que cubre los riesgos del ejercicio de la actividad;
- el procedimiento de concesión de las autorizaciones a comerciantes para cada tipo de venta ambulante, así como los criterios de selección y de provisión de vacantes;
- el modelo de declaración responsable de cumplimiento de los requisitos para el ejercicio de la actividad comercial de venta ambulante;
- las causas y procedimiento de extinción y revocación de las autorizaciones;
- el procedimiento sancionador aplicable a infracciones y sanciones; y
- el plazo para la resolución expresa del procedimiento de autorización, así como los efectos del silencio administrativo.

Navarra (LF Navarra 13/1989) Están **excluidas** de la consideración de venta ambulante o no sedentaria las siguientes ventas (LF Navarra 13/1989 art.2): **2078**
- las realizadas dentro de los recintos ocupados por una **feria comercial**;
- la de objetos de **artesanía** realizada por los propios productores, con motivos de fiestas, ferias y acontecimientos populares; o
- la realizada con motivo de las **fiestas patronales** de la localidad.
Las autorizaciones se realizan por **tiempo limitado** (LF Navarra 13/1989 art.4).
El titular de la autorización debe poseer un **seguro de responsabilidad civil** que cubra los riesgos de esta actividad.
No puede concederse autorización para la venta de aquellos **productos** cuya normativa reguladora lo **prohíba**. Especialmente se prohíbe la venta de determinados **productos alimenticios** y la de aquellos que por sus especiales características y a juicio de las autoridades competentes conlleven **riesgo sanitario**, salvo que se disponga de las **instalaciones adecuadas** de transporte y frigoríficas. El comerciante debe poseer el carnet de manipulador de alimentos (LF Navarra 13/1989 art.6).

La venta de **productos con alguna deficiencia** de fabricación o de producción oculta exige que estas circunstancias sean advertidas mediante carteles claramente visibles para el consumidor (LF Navarra 13/1989 art.7).

2080 **País Vasco** (L País Vasco 7/1994 art.15 a 19; D País Vasco 10-9-80) La autorización municipal tiene las siguientes **características**:
• Ser **personal e intransferible**.
• Tener un **período de vigencia** no superior a un año.
• Indicar las siguientes **circunstancias**:
- ámbito territorial;
- lugar o lugares en que puede ejercerse;
- fechas y horario; y
- productos autorizados, que no pueden referirse más que a artículos textiles, de artesanado y de ornato de pequeño volumen.
• Ser **revocable** cuando el ayuntamiento considere conveniente en atención a la desaparición de las circunstancias que lo motivaron, sin que ello dé origen a indemnización o compensación alguna.
• Tener **prioridad** los comerciantes con domicilio en el municipio, a la hora de la concesión.
No pueden ser objeto de venta el pescado, la carne, frescos o congelados, ni los embutidos. Para autorizar la venta de los restantes **productos alimenticios** debe tenerse en cuenta el cumplimiento del Código Alimentario (D 2484/1967).

2082 **Comunidad Valenciana** (L C.Valenciana 3/2011 art.43 a 47) Las **ordenanzas municipales** reguladoras de la actividad deben especificar:
- los perímetros o lugares determinados, públicos o privados, donde se puede realizar la venta no sedentaria;
- el procedimiento y criterios que se consideran para la autorización de la venta no sedentaria, y que atienden, en particular, a los intereses de los consumidores y de los ciudadanos, como su movilidad y la adecuada prestación de los servicios públicos;
- los criterios excepcionales que han de considerarse con ocasión de la celebración de las fiestas de la población y la organización de eventos públicos;
- el régimen de las diferentes modalidades de venta no sedentaria;
- el régimen de la venta no sedentaria realizada en espacios de titularidad privada; y
- el régimen de infracciones y sanciones.
También pueden contemplar la regulación de la **venta directa por los agricultores y ganaderos** de los productos agropecuarios en estado natural y en su lugar de producción, con sujeción, en todo caso, a los requisitos aplicables establecidos por la normativa vigente.

D. Venta en pública subasta

(LOCM art.56 a 61)

2100 **Concepto y caracteres** (LOCM art.56) La venta en pública subasta consiste en **ofertar**, pública e irrevocablemente, la venta de un bien a favor de quien ofrezca, mediante el **sistema de pujas** y dentro del plazo concedido al efecto, el precio más alto por encima de un mínimo, ya se fije este inicialmente o mediante ofertas realizadas en el curso del propio acto.
Se recogen expresamente tres **modalidades de ventas en subasta**:
• Subastas **inglesas**. La adjudicación se produce tras una sucesión de pujas ascendentes por encima de un mínimo de salida. Son las más corrientes en el tráfico privado de bienes; es un instrumento de uso cada vez más frecuente en el ámbito privado de las obras de arte y antigüedades.
• Subastas **holandesas**. Comienzan con un máximo de salida que va descendiendo, sucesivamente hasta que algún comprador lo acepta. adjudicándose a la primera puja que se produzca en los sucesivos precios. Es frecuente en el sector pesquero.
• Subastas **con sobre cerrado**. Pueden ser:
- al **primer precio**. Los potenciales compradores presentan las ofertas con sobre cerrado. El bien, se adjudica al mejor postor siendo el precio el de su oferta. Su característica es que en el momento de presentar las ofertas los potenciales compradores no conocen las oferta de los demás y solo puede presentar una única oferta;
- al **segundo precio**. Es igual a la anterior pero con la diferencia que el precio a pagar no es el del ganador, sino el de la segunda oferta más alta presentada.

2102 La oferta pública de venta tiene que ser **irrevocable** a favor de la persona que ofrezca el precio más alto por encima del mínimo fijado inicialmente. Dicha exigencia se entiende cumplida cuando se publica la **estimación mínima** que, necesariamente es igual o superior al **precio de**

reserva (precio por debajo del cual el objeto subastado no se adjudica), estimación a partir de la cual los compradores tienen la certeza absoluta de que la oferta es irrevocable.
Tiene que ser irrevocable **incluso por debajo del precio mínimo** publicitado en el catálogo como estimación baja, una vez se cubre el precio de reserva (AP Madrid 27-3-09, EDJ 77997).
Si **no se alcanza el precio de reserva** no cabe hablar de revocación de la oferta, pues la oferta solo es irrevocable una vez se cubre dicho valor, aun cuando los licitadores solo tengan la certeza de que se supera el precio de reserva si se alcanza la estimación baja del catálogo que es precio mínimo ofertado en el catálogo.

Precisiones En un caso, se participó en una subasta electrónica para la compra de un local comercial propiedad de una entidad bancaria. Tras resultar mejores postores, firmaron un **contrato de arras** con plazo para otorgar escritura pública, pero la entidad bancaria alegó error en la subasta y vendió el inmueble a un tercero. La oferta en subasta pública es irrevocable y la cláusula de desistimiento contenida en el contrato de arras (con devolución del doble de lo entregado) no puede desnaturalizar esta irrevocabilidad (AP Alicante 11-11-20, EDJ 840190).

El régimen de la LOCM **se aplica** a las subastas efectuadas por: **2104**
- empresas que se dedican con habitualidad y profesionalidad a la celebración de subastas, cualquiera que sea la propiedad de los bienes subastados; o
- comerciantes al por menor de los bienes que constituyen su ramo o negocio, incluso si no concurren las notas de habitualidad y profesionalidad (referidas a la actividad de subasta, no al comercio minorista).
Quedan **excluidas** expresamente las **subastas judiciales**, que se someten a la Ley de Enjuiciamiento Civil, y las **administrativas**, que se rigen por el Reglamento General de Recaudación (RD 939/2005). Las de títulos de deuda pública se regirán también por su normativa específica.

Precisiones En el caso de las subastas que tienen lugar en **lonjas, puertos, mercados** y demás lugares donde tradicionalmente se realizan este tipo de ventas, también se incluyen en el ámbito de la LOCM, si se dan las notas de habitualidad y profesionalidad.

Obligaciones del subastador o empresa de subastas (LOCM art.57) El subastador desempeña su función en el conjunto de la subasta **por cuenta y en nombre** del propietario del bien. Para ello, no es necesario que manifieste de forma expresa que actúa en nombre ajeno ni que identifique a la persona por cuenta de la cual se subasta el bien. Y ello porque, salvo indicación clara en contrario, se presume que el subastador actúa por cuenta y en nombre ajenos. **2105**
Del **contrato de subasta** se derivan **obligaciones** de diverso carácter para el subastador. La principal es la de llevar a efecto el conjunto de actividades o **actuaciones preparatorias** de facilitación, organización y realización de la subasta. Además, pueden surgir **otras obligaciones** de modo colateral o accesorio, por determinación voluntaria de las partes.

Precisiones No se excluye la posibilidad de que el subastador pueda **subastar bienes propios**, pero incluso en este caso, su posición es distinta a la de los demás propietarios de bienes incluidos en la subasta. Uno de los principales problemas que este supuesto plantea es que los deberes de **imparcialidad del subastador** pueden verse comprometidos cuando subasta bienes propios, riesgo este que se mitiga informando a los potenciales licitantes acerca de la condición de propietario que ostenta el subastador respecto de determinados artículos. Además, el subastador debe tener **vedadas ciertas posibilidades** que están abiertas al propietario ordinario, como, por ejemplo, la de fijar un precio de reserva, cuyo importe no se hace público.

Obligación de examinar y valorar el bien a subastar El subastador está obligado a examinar y valorar el bien presentado por el propietario, con el fin de apreciar sus características, estado, origen (en su caso), y hacer su estimación económica. Ello le permite insertarlo y describirlo adecuadamente en el **catálogo de la subasta**, así como **establecer su precio** de estimación y precio de salida en la subasta. **2108**
La apreciación y descripción del bien para el catálogo constituye simultáneamente una **obligación frente al propietario** y una **facultad** perteneciente a la esfera de actuación profesional independiente del subastador. La **descripción** debe hacerse conforme a la terminología y procedimientos usuales en el sector para el tipo de bien que sea, de acuerdo a su criterio profesional.
El **propietario del bien** debe **suministrar** al subastador toda la **información** de que disponga y que pueda ser relevante a efectos de evaluar las características y calidades del bien. Ésta información ha de ser **tenida en cuenta** por la empresa subastadora en el momento de realizar su evaluación y descripción, pero no es vinculante.
El subastador tiene que **verificar** la veracidad de las características descritas por el dueño del bien. Si no lo hace y se limita a reproducir lo que afirma el propietario, puede incurrir en **responsabilidad** en caso de que se detecte una inexactitud entre la realidad y la descripción ofrecida.

Además, la empresa subastadora debe **comprobar**, en su caso, el cumplimiento de los requisitos establecidos en la legislación para la protección del **tesoro artístico, histórico y bibliográfico** de España (LOCM art.57.3).
En el cumplimiento de estas obligaciones, el subastador debe emplear la **diligencia** exigible a un profesional cuya competencia comprende el análisis, valoración y descripción de un cierto tipo de bienes. El subastador debe realizar un adecuado **estudio y apreciación** de cada bien recibido para venta utilizando la pericia técnica y los conocimientos profesionales a los que debe acomodar su actividad. Pero no puede garantizar la fiabilidad absoluta de su estimación.
No obstante este deber de diligencia, es posible que surjan diversos **problemas de responsabilidad** del subastador frente al dueño del bien en los siguientes supuestos:
• **Falta de veracidad** de la descripción del lote subastado. El propietario se puede ver afectado por una reclamación del adquirente del bien (por vicios de la cosa, por incumplimiento, por error). Es posible exigir responsabilidad al subastador si la falta de veracidad le es imputable.
• **Defectuosa valoración y estimación de un cierto bien**. Cuando se fija un determinado valor a un bien acorde a unas supuestas características, averiguándose en un momento posterior al de la adjudicación que se trataba de un bien de mayor valor (por ejemplo, de una cómoda más antigua, de la primera edición de un libro, o de un cuadro perteneciente a un autor consagrado). En este caso, la responsabilidad del subastador por no observar la diligencia técnica exigible concurre con la del propietario, que debe conocer, cuando menos, el origen y procedencia de los bienes en su dominio, y proporcionar toda la información disponible a efectos de la catalogación y tasación.
• **Omisión de algún factor que podría hacer subir el interés hacia un bien**. El subastador debe, con carácter general, lograr una descripción que aproveche al máximo las potencialidades del lote en cuestión. Además, tiene un incentivo para realizar una descripción atractiva para el público, en forma de porcentaje sobre el precio de venta. Cuestión distinta es que incurra en **negligencia**, describiendo de forma inadecuada o manifiestamente insuficiente un cierto lote y que, a resultas de ello, el lote quede sin vender (así, por ejemplo, si al describir una antigüedad omite la época a la que corresponde).

2110 **Obligación de custodia y conservación de los bienes** (LOCM art.57.2) El nacimiento de las obligaciones de custodia y conservación tiene como presupuesto la **entrega de la cosa** al subastador. Una vez entregada, ha de conservarla y custodiarla con la **diligencia** correspondiente a la naturaleza de los bienes y los riesgos que a la misma puedan afectar, en términos análogos a los del depositario (CC art.1766) y del comisionista (CCom art.266).
Se trata de una regla de carácter dispositivo, que admite **pacto en contrario**. Es frecuente que las condiciones generales de la empresa de subastas estipulen que los costes derivados de la custodia y la responsabilidad que esta pueda generar (las primas de seguro, fundamentalmente) corran a cargo del propietario.

Precisiones Suele establecerse en estos casos que la **falta de pago** de las primas de estos seguros **exonera a la subastadora** de toda responsabilidad por pérdida o deterioro de los bienes, si bien parece lógico que ello no elimine por sí solo los deberes de conservación y custodia, sino que eventualmente se reflejará en las cuantías indemnizatorias.

2112 **Obligación de preparar, organizar y celebrar la subasta** Esta obligación comienza con la comunicación al público del **anuncio de subasta**, utilizando los medios usuales y proporcionados al número y valor de los lotes. Culmina en el **acto de la subasta**, que es dirigido por el subastador (o por uno de sus auxiliares) y debe desarrollarse con arreglo a los usos y las condiciones generales de contratación de la empresa de subastas, en lo relativo a presentación de los lotes, forma de pujar, cuantía de las pujas, modo de adjudicar, etc.
Esta obligación comprende también la de **hacerse cargo de los gastos** de preparación, organización y ejecución de la subasta, que, en principio, corren de cuenta de la empresa subastadora, sin que el propietario deba entregar por este concepto remuneración adicional alguna -al margen de precio o gratificación a que se haya obligado en pago por los servicios prestados por el subastador-. Esta obligación **incluye** los siguientes gastos:
- custodia (lo que engloba las primas de seguro);
- tasación;
- exhibición o exposición pública;
- inclusión en catálogo; u
- otros de tipo administrativo y de gestión.

2113 **No están comprendidos**, en cambio, los que puedan resultar de **prestaciones adicionales** solicitadas por el propietario del bien (restauración de la pieza, principalmente, pero también su transporte hasta la propia empresa de subastas).
Aun cuando la regla general es que estos gastos sean asumidos por el subastador, **cabe pacto en contrario**, siempre que sea expreso.

Lo normal es que la empresa de subastas esté **apoderada por el propietario** para:
- celebrar el contrato rematando los lotes;
- expedir el documento acreditativo de la venta; y
- recibir el pago del precio por el rematante.

En tal caso, el subastador queda también sometido a la **obligación de rendir cuentas** de las cantidades recibidas.

Obligación de garantizar la concurrencia efectiva entre licitadores El subastador debe procurar que el desarrollo de la subasta contemple una concurrencia efectiva entre los licitadores que permita alcanzar un **precio de remate transparente y competitivo**. Para ello debe utilizar los medios que procedan en cada caso, para evitar **maniobras concertadas** de grupos de licitadores, dirigidas a **reducir el precio** de remate (rechazo de pujas, retraso en la salida de lotes o, incluso, expulsión de la sala). 2114

Obligación de respetar el precio de reserva fijado por el propietario El precio de reserva es un valor que **no se da a conocer** a los participantes en la subasta, que queda reservado al ámbito de la entidad subastadora y del vendedor-proveedor, por debajo del cual el bien o lote no será adjudicado. Nunca puede exceder la **estimación mínima** que conste en el catálogo. Si la puja más alta recibida **no alcanza el precio de reserva,** el lote no se adjudica a ningún postor (queda «adjudicado al vendedor», en expresión común en este ámbito). Constituye un **límite al poder del subastador**, que este no puede traspasar legítimamente según su contrato con el propietario. Es una parte integrante del mecanismo de la subasta y, por ello, de relevancia necesaria en la eficacia de la venta. 2116

Precisiones El subastador, si así lo estima conveniente, puede **rematar el lote al mejor postor**, a pesar de que no se haya llegado al precio de reserva. Es necesario, que el propietario reciba una cantidad igual a la que le correspondería si el bien se hubiera adjudicado en la reserva. En este caso, el subastador puede preferir **renunciar a una parte de su retribución** y pagar la diferencia entre la mejor postura y la reserva, a que la venta no se realice y perder toda la comisión.

Obligaciones del propietario del bien subastado La primera y más elemental obligación del propietario del bien subastado consiste en el **pago al subastador** de la **retribución convenida**, que normalmente es la **comisión** estipulada en las condiciones generales de la casa de subastas. 2118

La **cuantía** y el **momento de abono** de la retribución son los que hayan acordado las partes. Lo más frecuente es que la comisión pactada solo se devengue una vez se perfecciona válidamente el contrato de venta en subasta (es decir, con la eficaz adjudicación al mejor postor). La posterior **falta de consumación o cumplimiento** por cualquiera de las partes en el contrato de compraventa (el dueño del bien y el adjudicatario) no afecta al derecho a la retribución del subastador.

Normalmente, la retribución se especifica en las condiciones generales de contrato de la casa subastadora, insertas en el **catálogo de la subasta**. Por ello, cuando no se edita un catálogo, se hace más difícil acreditar el hecho de que el licitador ha tenido la efectiva posibilidad de conocer la existencia y el contenido de dichas condiciones generales, en cuanto requisito necesario de su incorporación como fundamento de la obligación de pago de la retribución al subastador.

Además, el propietario está obligado al cumplimiento de las siguientes obligaciones:

• **Suministrar verazmente la información** que se halle en su poder y que sea pertinente para la estimación y descripción de la pieza y, en general, para que el bien sea subastado ventajosamente.

• **Describir de forma veraz** el objeto a subastar.

• **No participar en la subasta**. El propietario ha de facilitar que la celebración de la subasta se desarrolle normalmente y que el precio de remate se determine de modo transparente, lo que se traduce en la **prohibición de pujar** en la subasta indirectamente o mediante persona interpuesta, tratando con ello de **elevar artificialmente el precio** de adjudicación.

Si el propietario **incumple sus obligaciones**, el **rematante** puede:

• Impugnar el contrato de compraventa por dolo del vendedor y exigir de este la indemnización de los daños a la confianza.

• Solicitar como indemnización el pago de la diferencia entre lo que hubiera pujado en ausencia de las posturas fraudulentas del vendedor y el precio de remate que ha pagado efectivamente.

La **empresa de subastas**, por su parte, en caso de que el adquirente anule el contrato, debe devolver la comisión recibida, pudiendo reclamar frente al propietario el lucro cesante derivado de la puja ilegítima.

2120 **Obligaciones formales** (LOCM art.57.4 y 60) En esta modalidad de venta no se aplica el principio general de libertad de forma en materia de tratos precontractuales. Por el contrario se sigue un **procedimiento reglado y vinculante** para los potenciales contratantes, en aras de la obtención del precio más objetivo posible.
La exigencia de documentación escrita no implica la necesidad de cumplir una obligación formal de carácter esencial solemne, sino que constituye un **requisito de prueba**.
El **encargo de subasta** debe documentarse por escrito. En él se harán constar los siguientes datos:
- identidad de las partes;
- objeto y condiciones de la venta; y
- retribución de la empresa subastadora.
También se han de incluir las condiciones que van a regir el **contrato de compraventa con el adjudicatario**, que habitualmente son las que ha establecido previamente la casa de subastas en sus condiciones generales.
En cuanto el bien es adjudicado, debe **consignarse la adjudicación por escrito**, procediéndose a la entrega del mismo una vez satisfecho el precio del remate o la parte del mismo determinada en los correspondientes anuncios.
Además, la venta en pública subasta debe formalizarse necesariamente mediante documento público o privado que, en su caso, puede ser otorgado por la empresa subastadora como mandataria del propietario del bien subastado.

2122 **Oferta de venta en subasta** (LOCM art.58) La oferta de subasta suele venir integrada por una variedad de elementos y actos. Es práctica habitual que la empresa subastadora, que periódicamente organiza y celebra actos de subasta, prepare, elabore, publique y distribuya un **catálogo** donde se enumeren y describan los **lotes** que van a ser sacados a subasta, junto con la indicación del lugar, fecha y hora de la misma, mencionando igualmente los **períodos de exposición** de los lotes para su examen directo por los potenciales licitadores.
También contribuyen a dar a conocer la subasta los **anuncios de subasta** que, con los datos del acto y los de la clase de bienes a subasta, se insertan en los medios de comunicación para su difusión pública.
La **propuesta de subasta** suele hacerse a través de los anuncios contenidos en los catálogos o difundidos públicamente a través de diversos medios, si bien nada impide que no se edite el catálogo y que únicamente se emitan los anuncios de subasta, conjugados con un tiempo de exhibición pública y una descripción oral de cada lote antes de procederse a su subasta.
El **catálogo de la subasta** es una lista detallada de todos los artículos que se venden en ella.
Lote es un objeto individual o un grupo de objetos ofrecidos para la venta en subasta como una sola unidad (por ejemplo, una colección de sellos o un grupo de cuadros).

Precisiones **1)** El incumplimiento en las obligaciones de **información en el anuncio de la subasta**, como son la descripción veraz de los objetos y la identificación de sus calidades, suponen la responsabilidad solidaria del titular del bien subastado y de la empresa subastadora, aunque el comprador conozca y acepte las condiciones de venta (AP Pontevedra (Civil) 28-12-18, EDJ 697837).
2) Procede la resolución contractual por incumplimiento ya que no se indica en la **oferta del catálogo** que las cualidades del cuadro fueran simplemente supuestas, causando en el adquirente la convicción de que el cuadro era obra, sin sombra de duda, del pintor anunciado (AP Barcelona (Civil) 25-6-13, EDJ 149950).
3) En un procedimiento de venta mediante subasta pública, la **oferta realizada por el mejor postor es irrevocable** desde el momento de la adjudicación, y no puede ser condicionada o revocada unilateralmente por el vendedor, incluso si se pacta un contrato de arras con cláusula de desistimiento, ya que ello desnaturaliza el concepto legal de subasta (AP Alicante 11-11-20, EDJ 840190).

2123 La oferta de venta en subasta debe contener una **descripción veraz** de los objetos que salen a la misma, con identificación de si sus calidades son ciertas o, simplemente, supuestas o adveradas por determinado experto. Constituye el **deber de información** del subastador (nº 2108).
La descripción debe cubrir los extremos que indiquen los usos, a tenor del tipo de objeto y de su entidad, y con respeto a la forma y la terminología correspondientes a los buenos usos aplicables según el objeto. No impone un determinado modo de descripción, ni el concreto grado de detalle con que debe hacerse la descripción. Basta con que la información suministrada por la empresa subastadora permita a los potenciales licitadores hacerse una **representación suficientemente precisa** de los lotes como para poder formarse un criterio lo suficientemente fundado como para pujar con conocimiento de causa y, eventualmente, adquirir.
La descripción se **inserta en el contrato de compraventa** en subasta, conformando la prestación debida. Por ello, **la cosa entregada** ha de corresponderse con la descrita en el catálogo (o en cualquier otra modalidad de anuncio de la subasta empleada por el subastador). Si el objeto entregado no reúne las características y calidades atribuidas en la descripción, manifestándose

una **discrepancia relevante** entre lo previsto y lo real, el vendedor ha de **responder frente al comprador**, que puede además dejar sin efecto el contrato de compraventa por error en el consentimiento, cuando la discrepancia se refiere a un elemento o cualidad que puede ser calificado de esencial o sustancial.
El propietario vendedor, **no está obligado a aceptar sin más la descripción** hecha por el subastador y a padecer sus consecuencias negativas. En caso de estar en **desacuerdo** con la descripción realizada, puede solicitar su corrección o su mejora y, de no ser atendidas sus peticiones por la empresa de subastas, puede **retirar el lote**. Lo que no puede hacer es desconocer los **efectos contractuales** de la descripción una vez subastado el objeto, alegando su no participación en el proceso de evaluación y descripción del artículo o su disconformidad con la descripción realizada en el catálogo. La opción que tiene es **reclamar al subastador** por incumplimiento del contrato de subasta, si este ha ejecutado negligentemente sus tareas a este respecto, y puede obtener la indemnización de los daños y perjuicios que de esa falta de diligencia se le hubieran derivado.

Precisiones La integración de la descripción en la esfera de lo contractualmente debido no se ve debilitada ni eliminada por **cláusulas contenidas en las condiciones generales** de la casa de subastas, en las que se advierta que toda manifestación contenida en el catálogo y referida a la atribución y descripción de los objetos, en cuanto a sus características principales, constituye una mera opinión y en ningún caso una atribución de hechos o cualidades.
Tampoco son relevantes formulaciones generales que declaran que los objetos se venden en el **estado en que se encuentran**, y con todos sus defectos e imperfecciones, o las que advierten que se trata de **bienes usados** y que, por tanto, no están en perfectas condiciones, como tampoco las que impongan a los potenciales licitadores la **obligación de comprobar el estado** y calidades de las piezas en el momento en que los lotes son exhibidos públicamente.

Relaciones entre la empresa subastadora y los licitadores (LOCM art.59) Los **efectos contractuales** de la descripción de los lotes no se agotan en la relación de compraventa entre el dueño y el adjudicatario, ni tampoco en la responsabilidad interna del subastador frente al propietario, sino que alcanzan también a las relaciones entre la empresa de subastas y el adjudicatario de los bienes. Y ello porque la empresa subastadora ha de cumplir con la obligación de describir verazmente los bienes a subasta, pudiendo ser exigida la responsabilidad por incumplimiento de este deber por el adquirente de los mismos. **2124**
Con carácter general, la empresa subastadora no puede exigir a los licitadores la **constitución de fianza** alguna, salvo que se haya consignado esta condición expresamente en los anuncios de la subasta. En tal caso, la exigencia de fianza debe ajustarse a las siguientes reglas:
• En ningún caso, el importe puede ser superior al 5% del **precio de salida** de los bienes en cuya licitación se quiera participar.
• La empresa subastadora tiene una obligación de **devolver la fianza** a los licitadores a quienes no hubiese sido adjudicado el remate dentro del **plazo** máximo de 3 días a contar desde la finalización del acto.
• Al **rematante** se le debe **reintegrar la fianza**, salvo que no satisfaga el precio en las condiciones en que se hizo la adjudicación. En tal caso, pierde la fianza constituida que, en defecto de pacto, corresponde al titular del bien subastado, una vez deducido el premio o comisión atribuible a la empresa subastadora, sin perjuicio del derecho del vendedor a exigir el cumplimiento del contrato.

Irreivindicabilidad de bienes muebles adquiridos en subasta (LOCM art.61.1; CCom art.85) Se aplica a la venta en subasta la **posición inatacable** del comprador de objetos vendidos en almacén o tienda abierta al público (CCom art.85). **2126**
También queda a salvo, en su caso, el **derecho del propietario** para exigir **responsabilidades** civiles -y, en su caso, penales- que le correspondan frente a quien hubiera vendido indebidamente los bienes. Estas reclamaciones pueden dirigirse contra el vendedor y la persona que ha encargado la subasta, con independencia de que conocieran o no la venta indebida y de si participaron o no en ella.

Responsabilidad solidaria del subastador y el propietario del bien (LOCM art.61.2) **2128**
En el caso de que haya incumplido las obligaciones de información que le incumben (nº 2123), el subastador responde solidariamente el propietario del bien por la **falta de conformidad** del bien subastado con el anuncio de la subasta (nº 2122), así como por los **vicios o defectos ocultos** de la cosa vendida (AP Tarragona (Civil) 28-10-20, EDJ 736030).

En el ámbito de las subastas, se entiende por **vicios ocultos** tres tipos distintos de anomalías. **2130**
• **Error en la declaración del subastador**. Se produce cuando ha valorado adecuadamente la pieza pero, al introducir su descripción en el catálogo o anuncio de la subasta, incurre en un error (así, por ejemplo, cuando se ha comprobado que una cómoda es del s. XVIII y, por error,

figura en el catálogo como pieza del s. XVII). En este caso no puede hablarse de vicio oculto, ya que la discrepancia entre la descripción contenida en el catálogo y las cualidades reales del lote **pueden ser advertidas** sin dificultad por cualquiera que examine la pieza. Existe, ciertamente, un defecto o anomalía, pero no está «oculto». No obstante, ello no impide que el comprador pueda reclamar frente al vendedor por las consecuencias derivadas del error padecido o de la falta de conformidad entre el objeto y su descripción, pero debe tratarse de un **error esencial**. Además, la casa de subastas es también responsable en caso de haber actuado negligentemente, por no haber advertido el error en el propio acto de la subasta.
• **Error en la descripción de las características del objeto.** Consiste en atribuirle ciertas **cualidades que no le corresponden** (así, cuando se describe un escritorio como mueble del s. XVIII, cuando en realidad se trata de una réplica de principios del s. XX). La existencia o no de vicio oculto depende de la mayor o menor **entidad de la falta de concordancia** entre descripción y realidad, así como de la facilidad para detectar desde fuera la defectuosa atribución. El vendedor debe **responder** en todo caso de la falta de conformidad de lo entregado con lo contratado, al igual que ha de hacerlo el subastador cuando la inexacta estimación y descripción hayan sido producto de su negligencia.
• **Error por no apreciar defectos**. Se produce cuando la descripción del bien contenida en el catálogo es adecuada y pertinente, pero **el bien que se entrega** adolece de determinados defectos que **disminuyen su uso o su valor**. Éste es el supuesto típico de concurrencia de vicios ocultos, en el sentido que esta expresión tiene en el CC art.1485, lo que hace inexcusable la **sujeción del vendedor al saneamiento**. La del **subastador**, en cambio, es más discutible. Depende, en la mayoría de los casos, de cómo haya desarrollado su labor de descripción y sus tareas preparatorias de estimación y estudio de la pieza se extienden a la clase de defecto de que se trata.
La responsabilidad solidaria es extiende también a la garantía frente a las **falsificaciones deliberadas**. La obligación de examen y valoración del bien (nº 2108) se concentran en este caso en la identificación e indicación de lo que es falso o imitado. De hecho, es frecuente que las principales casas de subasta se comprometan a **reintegrar a los adquirentes** el precio y la comisión pagados, si el comprador puede acreditar que el objeto es producto de una imitación, copia o falsificación que se ha hecho con el propósito de engañar en cuanto a su autoría, antigüedad, procedencia, etc. Por el contrario, la garantía no se presta si la falsificación no puede ser detectada con los medios técnicos o las opiniones expertas que existían en el momento de describirse el bien para el catálogo.

2133 Subastas en salas especializadas en objetos de arte o de valor (LOCM art.58.2)

Para este tipo de subastas, se recogen dos reglas especiales:
• Cuando se oferte la venta en subasta de una **imitación** o de un artículo que, aunque aparentemente precioso, no lo sea en realidad, debe hacerse **constar expresamente**, esta circunstancia en **dos momentos**:
- en los **anuncios de la subasta** o, en su caso, en la descripción del lote contenida en el catálogo;
- en las **invitaciones en las pujas** que realiza el subastador en el acto de la subasta pública.
Se impone al subastador la obligación de proceder a una **doble advertencia** de no autenticidad, que se extiende a todos los objetos para los que puede tener sentido, dado la posible confusión en que pueden incurrir los potenciales adquirentes. Esto incluye, por ejemplo, las pinturas, dibujos y grabados (que pueden ser copiados, falsificados y reproducidos), las joyas, gemas y piedras preciosas (susceptibles de imitación o falsificación), los libros (que pueden ser facsimilados) y los muebles de época (que pueden ser objeto de reproducciones modernas), entre otros.
• Se tiene que identificar con claridad si las **calidades de la pieza** son ciertas o bien simplemente supuestas o adveradas por determinado experto. Se establece la presunción de que si el lote se ofrece acompañado del nombre o las iniciales de un cierto autor, o si se indica que la pieza subastada ha sido firmada por el mismo, se presume que se está describiendo como un **original del artista** y, por tanto, de su mano, salvo que se hagan constar con claridad las oportunas advertencias.
La **atribución de cualidades** puede realizarse de diferentes maneras:
- de **forma directa** (por ejemplo, indicando el autor de la obra o la época a la que pertenece);
- de **modo indirecto** (la valoración por un cierto precio puede ser indicativa de ciertas cualidades, como, por ejemplo, que se trata de una pieza de época y no de una reproducción, aunque ello no se advierta explícitamente); o
- por **omisión**, en relación con los usos admitidos (p. ej., en relación a un libro antiguo ilustrado, no indicar la falta de alguna lámina implica una descripción como completo).
Esta presunción está pensada fundamentalmente para las **obras de arte plástico**, pero nada impide que pueda extenderse su aplicación a otros objetos, como los manuscritos, los objetos de artesanía o los muebles de ebanistas de reconocido prestigio. Se trata, no obstante, de una presunción que **admite prueba en contrario**.

Regulación autonómica Son pocas las comunidades autónomas que cuentan con una regulación propia de las subastas, y en aquellas en las que existe esa regulación, las diferencias con la normativa estatal son mínimas. Presentan las siguientes **normas propias** en la regulación de la venta en subasta. **2134**

Andalucía (DLeg Andalucía 1/2012 art.57 y 58).
Excluye expresamente las subastas que se llevan a cabo en lonjas, puertos y lugares similares.
La venta en pública subasta realizada de forma ocasional debe ser comunicada a la Consejería competente en materia de comercio interior con una antelación mínima de 10 días a la fecha en que vaya a tener lugar.

Cantabria (L Cantabria 1/2002 art.58 a 63).
Excluye expresamente las subastas que se llevan a cabo en lonjas, puertos y lugares que se rigen por su normativa específica.

Castilla-La Mancha (L Castilla-La Mancha 2/2010 art.50).
La venta en subasta pública debe ser comunicada a la Consejería competente en materia de comercio con una antelación mínima de 10 días a la fecha en que vaya a tener lugar.

Cataluña (L Cataluña 18/2017 art.15 redacc L Cataluña 15/2020).
Quedan **excluidas** las subastas de títulos, así como las judiciales y administrativas, que se rigen por su normativa específica.
La venta en subasta pública de **bienes integrantes del patrimonio cultural catalán** queda sujeta a los requisitos y condicionantes específicos establecidos por la normativa sectorial reguladora del patrimonio cultural catalán.

Galicia (L Galicia 13/2010 art.79 y 80).
Excluye expresamente las subastas que se lleven a cabo en lonjas y lugares similares.
La actividad de venta en subasta pública debe ser **comunicada** previamente al ayuntamiento en cuyo ámbito territorial va a ser celebrada.
En el caso de empresas que se dediquen con carácter permanente a esta actividad, la autorización se concede por una sola vez y con carácter temporal ilimitado, sin perjuicio de la oportuna revocación de la misma por incumplimiento de las condiciones requeridas y, en cualquier caso, previo oportuno expediente administrativo.

La Rioja (L La Rioja 3/2005 art.40).
Excluye expresamente las subastas que se lleven a cabo en lonjas y lugares similares.
La venta en pública subasta realizada en forma ocasional debe ser **comunicada** en las condiciones que reglamentariamente se determinen, con una antelación mínima de 10 días a la fecha de realización, al ayuntamiento en cuyo ámbito territorial vaya a realizarse.

Comunidad Valenciana (L C.Valenciana 3/2011 art.57 y 58).
No presenta ninguna especialidad respecto a la normativa estatal.

E. Venta multinivel y en pirámide

(LOCM art.22 y 23)

Las denominadas venta multinivel y venta en pirámide **son** formas especiales de comercio de apariencia similar pero de muy diferentes consecuencias prácticas. Ambas son objeto de regulación, junto con las actividades de promoción de ventas (nº 1665 s.), por la normativa de ordenación del comercio minorista, lo que implica la existencia de un consumidor en la última fase del proceso comercial en el que tienen lugar. **2134.1**

Venta multinivel (LOCM art.22) La venta multinivel es una **forma especial de comercio** en la que un fabricante o un comerciante mayorista vende sus bienes o servicios: **2134.2**
- a través de una red de comerciantes y/o agentes distribuidores independientes, pero coordinados dentro de una misma red comercial; y
- cuyos beneficios económicos se obtienen mediante un único margen sobre el precio de venta al público, que se distribuye mediante la percepción de porcentajes variables sobre el total de la facturación generada por el conjunto de los vendedores integrados en la red comercial, y proporcionalmente al volumen de negocio que cada componente haya creado.

Los **comerciantes** y los **agentes distribuidores independientes** se consideran en todo caso empresarios a los efectos previstos en la LGDCU y otras leyes complementarias.

Queda **prohibido** organizar la comercialización de bienes y servicios **cuando**:
• Constituya un acto desleal con los consumidores conforme a lo previsto en la Ley de Competencia Desleal.
• No se garantice adecuadamente que los distribuidores cuenten con la oportuna contratación laboral o cumplan con los requisitos que vienen exigidos legalmente para el desarrollo de una actividad comercial.
• Exista la obligación de realizar una compra mínima de los productos distribuidos por parte de los nuevos vendedores, sin pacto de recompra en las mismas condiciones.
El fabricante o mayorista titular de la red no puede condicionar el acceso a la misma al abono de una cuota o canon de entrada que no sea equivalente a los productos y material promocional, informativo o formativo entregados a un precio similar al de otros homólogos existentes en el mercado y que no pueden superar la cantidad que se determine reglamentariamente.
En los supuestos en que exista un pacto de recompra, los productos se tendrán que admitir a devolución siempre que su estado no impida claramente su posterior comercialización.

Precisiones En contratos de venta directa multinivel, el **incumplimiento** por parte del distribuidor de las **obligaciones contractuales** y del **código de conducta**, como el uso indebido de datos y la falta de pago de gastos asumidos, legitima a la empresa a resolver la relación mercantil y bloquear el acceso a las comisiones, sin que proceda indemnización por lucro cesante (AP Madrid 16-11-23, EDJ 799482).

2134.3 **Venta en pirámide** (LOCM art.23; LCD art.24) También llamada «venta en cadena» o «venta en bola de nieve», es un supuesto concreto de venta multinivel **prohibido** por la LOCM. En particular, queda prohibido crear, dirigir o promocionar un plan de venta piramidal, entendida ésta como aquélla en la que el consumidor o usuario realice una contraprestación a cambio de la oportunidad de recibir una compensación derivada fundamentalmente de la entrada de otros consumidores o usuarios en el plan, y no de la venta o suministro de bienes o servicios.
La **característica definitoria** de esta modalidad de venta es que la remuneración de los distribuidores se obtiene mediante el reclutamiento o incorporación a la red de nuevos distribuidores independientes, ofreciéndose productos o servicios de forma gratuita o a un precio inferior al de mercado a cambio de que se consiga la adhesión de nuevos distribuidores.
En ciertas modalidades de la venta en pirámide se puede ofrecer al consumidor captado como vendedor participar en un **porcentaje de las ventas** que efectúen los distribuidores que ingresen en la red gracias a su intermediación (aunque también los vendedores que hayan ingresado con anterioridad y estén en una posición más fuerte participarán de los beneficios de otros).

Precisiones El **principal incentivo** del distribuidor consiste en captar nuevos revendedores que vendan productos en la red, en lugar de venderlos él mismo. Otro de los inconvenientes de esta modalidad de venta es que usualmente desemboca en situaciones de saturación del mercado, ya que los revendedores y las comisiones que llegan hasta el organizador de la red, crecen en proporción geométrica, dando lugar a una situación en que se hace muy difícil encontrar nuevos revendedores. Llegado ese momento, los consumidores que están en la base de la pirámide, por haberse integrado en su estructura en último lugar, no son capaces de encontrar nuevas personas dispuestas a incorporarse a la red como revendedores. Se trata de un negocio aleatorio en el que la persona que se incorpora a la red corre el riesgo de que, en el momento de su adhesión, el mercado ya esté saturado y no pueda encontrar nuevas incorporaciones.

2134.4 Estas prácticas tienen la consideración de **engañosas** y, por ende, son constitutivas de conductas desleales cuando el consumidor o usuario realice una contrapestración a cambio de la oportunidad de recibir una compensación derivada de la entrada de otros consumidores en el plan y no de la venta o suministro de bienes o servicios (LCD art.24; TJUE 3-4-14).
Las **condiciones** contractuales **contrarias a esta prohibición** se consideran nulas de pleno derecho, con los efectos que dicha nulidad conlleva en el ámbito del Derecho privado. En este sentido, procede señalar que la principal consecuencia de la nulidad de un contrato es la recíproca restitución de las prestaciones (CC art.1303 y 1307).
Esta previsión constituye un mecanismo dirigido a reforzar la eficacia de la prohibición de venta en pirámide. Se trata de una **nulidad de pleno derecho**, insubsanable e imprescriptible, aunque cabe entender que es solo parcial, pues no se predica del contrato en su conjunto, sino de las condiciones contractuales que vulneren lo dispuesto en la LCD art.24.
Este matiz permitiría, por ejemplo, considerar nula únicamente la cláusula que imponga la **obligación de afiliación de nuevos integrantes** de la red de distribución en los términos prohibidos y salvar la validez del resto del contrato.
Esta **regla** resulta **aplicable en** todo el territorio español, ya que se dicta al amparo de la competencia exclusiva del Estado para regular el derecho mercantil de la competencia, reconocida en la Const art.149.1.6 (LOCM disp.final única).

Precisiones 1) En la mayoría de las ocasiones resultará **difícil deslindar** las cláusulas que regulan el **sistema de distribución**, de las que se aplican en particular a las operaciones o transacciones llevadas a cabo. En tales casos, la única posibilidad sería considerar nulo el contrato en su conjunto.
2) No contempla la LOCM el supuesto de ventas en pirámide en que **únicamente circula dinero**. Fue el caso del «Titan Bussiness Club écheme», en el que se pagaba una cuota de 3.000 libras por ingresar y se adquiría el derecho a percibir un porcentaje sobre las cuotas de los miembros reclutados por el nuevo socio o por aquéllos introducidos por los reclutados por este.
3) Hasta la **reforma** introducida por la L 29/2009, la LOCM hacía referencia a **dos tipos** de ventas en pirámide:
- aquélla en la que hay ofrecimiento de productos o servicios gratis o a un precio inferior a su valor de mercado; y
- aquélla en que la obtención del beneficio se basa en la progresión geométrica del número de personas reclutadas o inscritas.
4) Algunos casos de venta piramidal pueden incluso caer en el ámbito de la **estafa piramidal** con promesas de alta rentabilidad.

SECCIÓN 6

Horarios comerciales

La regulación de los horarios comerciales es uno de los ámbitos en los que más intensamente **interviene la Administración**, a fin de intentar **conciliar** adecuadamente los **intereses contrapuestos** de pequeños y grandes comerciantes. 2137
Los **pequeños** comerciantes normalmente prefieren que se restrinjan los horarios de venta al público.
Los **grandes** comerciantes suelen considerar más beneficiosa la existencia de un régimen de libertad que les permita aprovechar mejor su potencial de oferta sin restricción alguna.
Estos intereses de los comerciantes se tienen que conciliar además con los de los **consumidores**, a los que beneficia un sistema de libertad de horarios.

a. Regulación estatal

(L 1/2004)

La **norma básica** sobre horarios comerciales de atención al público, es la L 1/2004, de horarios comerciales. Es una norma dictada por el Estado en ejercicio de sus competencias sobre bases de ordenación de la economía (Const art.149.1.13). 2140
La Ley establece un **marco general**, dejando el **desarrollo** y concreción a las comunidades autónomas (nº 2155 s.).
Ahora bien, la normativa estatal en materia de ordenación del comercio minorista y horarios comerciales, tiene **primacía** sobre la normativa autonómica cuando existe contradicción insalvable. Así, es inconstitucional establecen **límites horarios inferiores** a los estatales, restricciones a la libertad horaria en establecimientos con libertad reconocida, reglas procedimentales contrarias al régimen básico estatal, plazos de prescripción divergentes en el régimen sancionador y limitaciones temporales a la declaración de municipios turísticos (TCo 117/2022).

Régimen general En materia de horarios comerciales, la norma estatal establece, con carácter general, un **principio de libertad de horarios**, en el marco que desarrolle la respectiva ley autonómica. 2145
Cada **comerciante**, puede fijar libremente el **horario** de apertura y cierre dentro de los **días laborables** de la semana, respetando el **límite máximo** del horario global que, en su caso, establezca cada comunidad autónoma (L 1/2004 art.1).
Están **excluidas** del ámbito de aplicación de la Ley, las farmacias y los estancos, que se rigen por su normativa específica (L 1/2004 art.5.6).

Horarios de apertura y cierre Es **competencia** de las **comunidades autónomas** la regulación de los horarios de apertura y cierre de los locales comerciales en sus respectivos ámbitos territoriales (L 1/2004 art.2). La **Ley estatal** impone un **límite** que ha de ser respetado en todo caso, al prohibirles restringir el horario global en el que los comercios pueden desarrollar su actividad, durante los días laborables, a menos de 90 horas (L 1/2004 art.3.1). 2147

Dentro de ese límite máximo que fija la comunidad autónoma, el **horario concreto** de apertura y cierre diario de su establecimiento lo decide libremente cada comerciante (L 1/2004 art.3.2).
Las comunidades autónomas pueden establecer la **obligación de informar** al público sobre dicho horario comercial (L 1/2004 art.3.3).
En el caso de que una comunidad autónoma **no haga uso** de la facultad para fijar dicho límite, se entiende que los comerciantes disponen de plena libertad para determinar las horas de apertura de sus establecimientos (L 1/2004 disp.adic.1ª).

2149 **Domingos y festivos** (L 1/2004 art.4) La Ley estatal establece un **número mínimo** de 16 al año, durante los cuales pueden permanecer abiertos los establecimientos comerciales.
La **competencia autonómica**, en este aspecto concreto, se limita a la posibilidad de **modificar el número** señalado, incrementándolo o reduciéndolo, según las necesidades comerciales, pero sin que en ningún caso pueda **limitarse por debajo** de 10 el número mínimo de domingos y festivos de apertura autorizada.
La **determinación** de los domingos o días festivos en los que pueden permanecer abiertos al público los comercios, con el mínimo anual antes señalado, corresponde a cada comunidad autónoma para su respectivo ámbito territorial. Para ello deben atender de forma prioritaria al **atractivo comercial** de los días para los consumidores, de acuerdo con los siguientes criterios:
- la coincidencia de dos o más días festivos continuados;
- los períodos de rebajas;
- la mayor afluencia turística en la comunidad autónoma; y
- la campaña de Navidad.

En las comunidades autónomas que se decida **no ejercitar** estas opciones, se entiende que los comerciantes disponen de plena libertad para determinar los domingos y festivos de apertura de sus establecimientos (L 1/2004 disp.adic.2ª).
Dentro de los límites que fije la comunidad autónoma, corresponde a **cada comerciante** decidir qué domingos o días festivos abre su establecimiento.

2150 **Régimen especial de horarios** (L 1/2004 art.5) Junto al régimen general, la Ley estatal prevé un régimen especial de horarios aplicable a **determinados establecimientos** comerciales, que tienen **plena libertad** para determinar los días y horas en que permanecen abiertos al público y no están, por tanto, sujetos a las escasa limitaciones o imposiciones que sí operan respecto de los restantes establecimientos.
En concreto, se prevé este régimen especial para los siguientes establecimientos:
• Establecimientos de **venta** de:
- pastelería y repostería, pan y platos preparados;
- prensa;
- combustibles y carburantes; y
- floristerías y plantas.

• **Tiendas de conveniencia**. Se consideran tiendas de conveniencia aquellas que tienen una superficie útil para la exposición y venta al público no superior a 500 m^2, permanecen abiertas al público al menos 18 horas al día y distribuyen su oferta, en forma similar, entre libros, periódicos y revistas, artículos de alimentación, discos, vídeos, juguetes, regalos y artículos varios.
• Tiendas instaladas en **puntos fronterizos, estaciones y medios de transporte** marítimo, marítimo y aéreo.
• Establecimientos ubicados en **zonas de gran afluencia turística**. Se consideran zonas de gran afluencia turística, aquellas áreas en las que concurre alguna de las siguientes **circunstancias**:
- concentración de plazas en alojamientos y establecimientos turísticos o bien en el número de segundas residencias respecto a las que constituyen residencia habitual;
- declaración como Patrimonio de la Humanidad o en que se localice un bien inmueble de interés cultural integrado en el patrimonio histórico artístico;
- áreas de influencia de zonas fronterizas;
- celebración de grandes eventos deportivos o culturales de carácter nacional o internacional;
- proximidad a áreas portuarias en las que operen cruceros turísticos y registren una afluencia significativa de visitantes;
- ser áreas de turismo de compras; o
- cuando concurran circunstancias especiales que así lo justifiquen.

La determinarán las zonas de gran afluencia turística se realiza las comunidades autónomas, a propuesta de los ayuntamientos correspondientes.

• Establecimientos de **reducida dimensión**, que disponen de una superficie útil para la exposición y venta inferior a 300 m^2, excluidos los pertenecientes a empresas o grupos de distribución que no tengan la consideración de pequeña y mediana empresa.

Precisiones Los **acuerdos** que adopten los ayuntamientos en el marco del procedimiento de declaración de **zona de gran afluencia turística** son **recurribles** ante la jurisdicción contencioso-administrativa, en aquellos supuestos en que, en razón del contenido de la resolución, se infiera que la decisión municipal pone fin al procedimiento para los interesados que promovieron dicho expediente y puede producir perjuicios irreparables a sus derechos e intereses legítimos (TS 5-12-19, EDJ 771419).

Régimen sancionador (L 1/2004 art.5) La Ley estatal defiere a las **comunidades autónomas** la **competencia** de establecer el sistema sancionador aplicable a las infracciones de la normativa que dicten en relación con calendarios y horarios comerciales. 2152

b. Regulación autonómica

Corresponde a las comunidades autónomas la regulación de los horarios para la apertura y cierre de los locales comerciales, en sus respectivos ámbitos territoriales, con **sujeción a los principios generales** establecidos en la LOCM (LOCM art.2). 2155

Andalucía (DLeg Andalucía 1/2012 art.15 a 20) **Horario semanal.** El horario en el que los comercios pueden desarrollar su actividad durante los días laborables de la semana es de un máximo, de 90 horas. 2156

Régimen de domingos y días festivos. Los domingos y días festivos en que los comercios pueden permanecer abiertos al público es de 16 días a partir del año 2022. Las corporaciones locales, por acuerdo motivado del órgano correspondiente, pueden permutar hasta 2 de los domingos y festivos habilitados en el calendario anual regional por otros en atención a las necesidades comerciales de su término municipal (DLeg Andalucía 1/2012 art.19 redacc DL Andalucía 2/2020).

Publicidad de horarios. En todos los establecimientos comerciales debe figurar la información de los horarios de apertura y cierre, exponiéndolos en lugar visible, tanto en el interior del establecimiento como en el exterior, incluso cuando el local esté cerrado.

Establecimientos con libertad de horario. Son los siguientes establecimientos (DLeg Andalucía 1/2012 art.20 redacc DL Andalucía 2/2020):

- de venta de pastelería y repostería, pan y platos preparados, elaboración y venta de churros, patatas fritas, frutos secos y dulces, prensa, floristerías y plantas;
- dedicados exclusivamente a la venta de productos culturales y deportivos ubicados en el interior de museos o establecimientos culturales o deportivos;
- venta de combustibles y carburantes;
- los integrados en instalaciones de prestación de servicios turísticos, dedicados exclusivamente al servicio de las personas usuarias de las mismas;
- las denominadas tiendas de conveniencia; y
- los instalados en puntos fronterizos, en estaciones y medios de transporte terrestre, marítimo y aéreo, que tengan acceso restringido para los viajeros y los situados dentro de los establecimientos de alojamiento turístico. En el caso de no existir zonas restringidas, la libertad horaria solo se aplicará a un total de 500 m^2 de superficie útil de exposición y venta al público.

Aragón (L Aragón 7/2005) **Horario semanal.** El horario global en que los establecimientos comerciales podrán desarrollar su actividad durante el conjunto de días laborables de la semana es de 90 horas. 2158

Puede ser **ampliado** por el Departamento competente en materia de comercio de forma motivada. La **ampliación puede ser** con carácter general para todo el comercio, o para sectores concretos, o para determinados establecimientos que reúnan circunstancias particulares por razón de su tamaño o situación geográfica, o cualquier otro factor que redunde en beneficio de la actividad comercial.

Régimen de domingos y días festivos. El número de domingos y días festivos en que los comercios pueden permanecer abiertos al público es de 10.

Puede ser **ampliado** por el Departamento competente en materia de comercio de forma motivada.

Publicidad de horarios. Los días y horas de apertura y cierre de cada establecimiento comercial deben exponerse para público conocimiento e información, de forma que sea visible desde el exterior, incluso cuando el establecimiento se encuentre cerrado.

Establecimientos con libertad de horario. Coincide básicamente con la legislación estatal (nº 2150).

2160 **Asturias** (L Asturias 9/2010 art.22 a 26) **Horario semanal.** Los establecimientos comerciales pueden permanecer abiertos al público durante el conjunto de días laborables de la semana hasta un máximo de 90 horas.

Régimen de domingos y días festivos. Los establecimientos comerciales pueden permanecer abiertos al público durante un máximo de 10 domingos o días festivos al año.

Publicidad de horarios. Los titulares de establecimientos comerciales están obligados a exponer en sus escaparates o en cualquier otro lugar de su establecimiento legible desde el exterior, el horario de apertura y cierre que tengan establecido.

Establecimientos con libertad de horario. Coincide básicamente con la legislación estatal (nº 2150).

Coincidencia con ferias y mercados. Los **establecimientos comerciales de proximidad** situados en localidades en las que los mercados y ferias periódicas se celebren en domingos y festivos pueden permanecer abiertos el mismo horario del mercado o feria, previo acuerdo de la mayoría del comercio local, siempre y cuando se mantengan cerrados al día siguiente.

Precisiones Son **establecimientos comerciales de proximidad** los establecimientos individuales o colectivos dedicados al comercio al por menor de cualquier sector y, en todo caso, los dedicados a la venta de productos de consumo cotidiano de alimentación, bebidas, higiene personal, limpieza, artículos de hogar y prensa, y que tengan una superficie útil de exposición y venta al público inferior a 2.500 m^2 (L Asturias 9/2010 art.16.1.a).

2162 **Baleares** (L Baleares 11/2014 art.17 a 24) **Horario semanal.** Los establecimientos comerciales pueden permanecer abiertos al público durante el conjunto de días laborables de la semana hasta un máximo de 90 horas.

Régimen de domingos y días festivos. El número anual de domingos y otros festivos en que los comercios pueden permanecer abiertos al público es de 16 días.

Los ayuntamientos pueden sustituir, para sus términos municipales, hasta 2 días del total de domingos y festivos que cada año se determinen.

Publicidad de horarios. Todos los establecimientos comerciales tienen que exponer la información de los días y el horario diario de abertura y de cierre, en un lugar y de manera visible, tanto en el interior como en el exterior, incluso cuando el establecimiento esté cerrado.

Establecimientos con libertad de horario. Coincide básicamente con la legislación estatal (nº 2150). **Añade** los establecimientos situados dentro de establecimientos hoteleros, y los establecimientos del entorno inmediato (300 metros lineales) de los mercados y mercadillos.

2164 **Canarias** (DLeg Canarias 1/2012 art.12) **Horario semanal.** Los comercios no podrán permanecer abiertos al público durante un número de horas que exceda de 90 en el conjunto de días laborables de la semana.

Régimen de domingos y días festivos. A lo largo del año, los establecimientos comerciales no podrán abrir al público durante más de 10 días que tengan la consideración de domingos o festivos.

Publicidad de horarios. Los comerciantes están obligados a exponer un detalle claro y exacto de los días en que permanecerán abiertos al público y su horario de apertura y cierre. Se tiene que exponer en los escaparates o en otro lugar de sus establecimientos visible desde el exterior, incluso cuando estén cerrados.

Establecimientos con libertad de horario. Coincide básicamente con la legislación estatal (nº 2150).

Coincidencia con ferias y mercados. Los establecimientos comerciales situados en aquellas zonas en que tengan lugar ferias y mercados de marcado carácter tradicional pueden permanecer abiertos, previa autorización del respectivo ayuntamiento, los domingos y festivos en que se celebre la correspondiente feria o mercado.

2166 **Cantabria** (L Cantabria 1/2002 art.14 y 15) **Horario semanal.** El horario global en que los establecimientos comerciales podrán abrir al público durante el conjunto de días laborables de la semana es de 90 horas, como máximo.

Régimen de domingos y días festivos. El número máximo de domingos y días festivos en que los comercios podrán permanecer abiertos al público es de 10.

Publicidad de horarios. Todos los establecimientos comerciales deben exponer, en lugar visible para el público, el calendario de días laborables y el horario de apertura y cierre.

Establecimientos con libertad de horario. Coincide básicamente con la legislación estatal (nº 2150). **Añade** los establecimientos dedicados a la venta de **productos culturales**, entendiendo como tales los libros, soportes musicales, vídeos, obras de arte, antigüedades, sellos y recuerdos de artesanía popular.

Castilla-La Mancha (L Castilla-La Mancha 2/2010 art.17 a 22) **Horario semanal.** El horario en el que los establecimientos comerciales pueden desarrollar su actividad durante los días laborables de la semana es de 90 horas, como máximo. Como **excepción**, cuando los días 24 y 31 de diciembre sean laborables, el horario de cierre de los establecimientos comerciales puede prolongarse hasta las 20,00 horas, como máximo. **2168**
Régimen de domingos y días festivos. Los domingos y días festivos en los que los establecimientos comerciales pueden permanecer abiertos al público son 12 al año.
Publicidad de horarios. En todos los establecimientos comerciales debe figurar la información a los consumidores de los horarios de apertura y cierre, exponiéndolos en lugar visible desde el exterior, incluso cuando el local esté cerrado.
Establecimientos con libertad de horario. Coincide básicamente con la legislación estatal (nº 2150). **Añade** los establecimientos dedicados en exclusiva a la venta de **productos típicos y de artesanía** popular.

Castilla y León (DLeg Castilla y León 2/2014 art.7; D Castilla y León 82/2006) **Horario semanal.** El horario global en el que los comercios pueden desarrollar su actividad durante el conjunto de días laborables de la semana es de 90 horas semanales. En aquellas semanas que incluyan algunos de los festivos expresamente autorizados para la apertura, se añaden las horas correspondientes a tales días. **2170**
Régimen de domingos y días festivos. El número mínimo de domingos y días festivos en que los comercios pueden permanecer abiertos al público es de 10. No pueden incluirse los días 1 de enero, 1 de mayo y 25 de diciembre. Pueden establecerse **excepciones** al régimen general en los municipios en los que concurran tradiciones comerciales históricas.
Publicidad de horarios. En todos los establecimientos comerciales se tiene que exhibir, en un lugar visible desde el exterior de los mismos, el horario de apertura y cierre, así como los domingos y festivos de apertura autorizada, con su correspondiente horario, en los que el establecimiento permanecerá abierto al público.
Establecimientos con libertad de horario. Coincide básicamente con la legislación estatal (nº 2150). **Añade** los establecimientos comerciales dedicados exclusivamente a la **venta del libro** durante la celebración del Día del Libro, la Feria del Libro, o eventos culturales similares relacionados con esta actividad.

Cataluña (L Cataluña 18/2017 art.36 a 39) **Horario semanal.** Los establecimientos comerciales de venta al público de mercancías pueden establecer libremente el horario comercial de su actividad teniendo en cuenta lo siguiente: **2172**

• No pueden permanecer abiertos, ni llevar a cabo actividades de venta en los siguientes periodos:
- de octubre a mayo, ambos incluidos, de las 21.00 h a las 6.00 h;
- de junio a septiembre, ambos inclusive, de las 22.00 h a las 7.00 h.

• El número de horas semanales en que los establecimientos comerciales pueden permanecer abiertos es de 75, como máximo.

• Deben permanecer cerrados con carácter general los días:
- 1 y 6 de enero;
- domingo y lunes de Pascua;
- 1 de mayo;
- 24 de junio;
- 11 de septiembre;
- 25 y 26 de diciembre.

Régimen de domingos y días festivos. El número de domingos y festivos en que pueden permanecer abiertos los establecimientos comerciales es de 8 al año. Además, cada ayuntamiento debe fijar 2 festivos más para su ámbito territorial municipal.
Publicidad de horarios. Los establecimientos comerciales deben exponer el horario adoptado de modo que la información sea visible al público, incluso con el establecimiento cerrado.

Establecimientos con libertad de horario. Coincide básicamente con la legislación estatal (nº 2150). **2173**
Como **especialidades**:

• En el caso de establecimientos instalados en **estaciones y medios de transporte** terrestre, marítimo y aéreo, exige que solamente sean accesibles desde el interior.

• En los establecimientos dedicados a la **venta de combustibles y carburantes**, precisa que la excepción no afecta a los establecimientos comerciales anexos, salvo que se limiten, esencialmente, a la venta de recambios y otros productos complementarios de la automoción.

Añade los siguientes establecimientos comerciales:
- los instalados en **puestos fronterizos**;

- los de **venta ambulante** (nº 2066);
- los **integrados en recintos de afluencia turística**, como museos, exposiciones, monumentos, centros recreativos turísticos, parques de atracciones o temáticos, a los que están directamente vinculados por el producto comercializado;
- los **integrados en establecimientos hoteleros** siempre y cuando la actividad que lleven a cabo tenga carácter permanente y no se pueda acceder a ellos directamente desde la calle;
- los de **venta personalizada o en régimen de autoservicio**, cuyos titulares sean pequeñas o medianas empresas que no pertenezcan a grupos empresariales, siempre y cuando la superficie de venta no supere los 150 m^2 y cuenten con una oferta orientada esencialmente a productos de compra cotidiana de alimentación, o estén situados en municipios de menos de 5.000 habitantes, y la superficie de venta no supere los 150 m^2;
- los dedicados esencialmente y de forma habitual a la venta de **productos pirotécnicos**, que pueden permanecer abiertos al público, además de los días laborables, todos los domingos y festivos del mes de junio durante un máximo de 12 horas dentro de la franja horaria comprendida entre las 7 h y las 22 h;
- los dedicados esencialmente a la venta de **productos culturales o de ocio**, con una superficie de venta que no supere los 300 m^2, cuyos titulares sean pequeñas o medias empresas que no pertenezcan a grupos empresariales.
- las **actividades comerciales efímeras**, solo si están directa y exclusivamente vinculadas por el producto comercializado a un evento cultural, deportivo o ferial con el que coincide en el tiempo, independientemente de la modalidad comercial en la que se lleve a cabo;
- los establecimientos dedicados esencialmente y de forma habitual a la **venta de libros** pueden permanecer abiertos al público los días 22 y 23 de abril, con motivo del día de Sant Jordi, si uno de estos 2 días o ambos cae en festivo.

Coincidencia con ferias y mercados. Los establecimientos situados en el entorno inmediato de los mercados de venta ambulante, pueden abrir durante el mismo horario en el que se realiza el mercado.

2174 **Extremadura** (L Extremadura 3/2002 art.28 a 33) **Horario semanal.** El horario global dentro del cual los establecimientos comerciales minoristas establecidos en Extremadura pueden desarrollar su actividad, durante los días laborables de la semana, no puede exceder de 90 horas.

Régimen de domingos y días festivos. El número de domingos y festivos en que pueden permanecer abiertos los establecimientos comerciales es de 8 al año. Además los ayuntamientos pueden añadir 2 domingos o festivos hábiles para la actividad comercial.

Publicidad de horarios. En todos los establecimientos comerciales debe figurar la información del calendario laboral y horario de apertura y cierre en sitio visible, tanto en el interior como en el exterior, incluso cuando estén cerrados.

Establecimientos con libertad de horario. Coincide básicamente con la legislación estatal (nº 2150). Como **especialidad**, en el caso de las **tiendas de conveniencia**, la **oferta alimentaria** no puede representar más del 40% del surtido, ni ocupar más del 35% de espacio de venta. **Añade** los establecimientos dedicados a la venta exclusiva de **productos culturales**.

Precisiones Se consideran **productos culturales** los libros en soporte escrito o informático, la música de cualquier formato, periódicos, revistas, instrumentos musicales, cintas de vídeo, sellos, monedas, medallas conmemorativas, billetes para coleccionistas, artículos de dibujo y bellas artes, obras de arte, antigüedades, recuerdos y de artesanía popular, así como todos aquellos cuya finalidad sea cultivar, desarrollar y formar los conocimientos humanos y el ejercicio de sus facultades intelectuales.

2176 **Galicia** (L Galicia 13/2006) **Horario semanal.** El horario global en que los establecimientos comerciales pueden desarrollar su actividad durante el conjunto de días laborables de la semana será de 90 horas, como máximo.

La **franja horaria** en que se puede desarrollar la actividad comercial es entre las 8.00 y las 24.00 horas. Como **excepción**, los días 24 y 31 de diciembre, si son laborales, el horario de cierre de los establecimientos comerciales se realizará, como máximo, a las 20.00 horas.

Régimen de domingos y días festivos. Los domingos y días festivos en que los establecimientos comerciales pueden permanecer abiertos al público es de 10 al año, como máximo.

Los establecimientos comerciales han de permanecer cerrados los días 1 de enero, 1 de mayo, 17 de mayo, 25 de julio y 25 de diciembre.

Publicidad de horarios. En todos los establecimientos comerciales ha de figurar la información a los consumidores de los horarios de apertura y cierre, exponiéndose en lugar visible desde el exterior, incluso cuando el local estuviera cerrado.

Establecimientos con libertad de horario. Coincide básicamente con la legislación estatal (nº 2150). Como **especialidades**:

• En los establecimientos ubicados en **puntos fronterizos, estaciones y medios de transporte** terrestre, marítimo y aéreo, no se aplica el régimen de libertad de horarios cuando se trate de centros comerciales orientados a atraer una demanda comercial ajena a la propia de tales puntos de venta.

• En los establecimientos dedicados, principalmente, a la **venta de combustibles y carburantes**, no se aplica la excepción en el caso de que existan establecimientos comerciales cuya oferta principal no estuviera vinculada a la venta de combustibles y carburantes.

Añade los siguientes establecimientos comerciales:

• Los ubicados en **locales o recintos de afluencia turística**, como museos, monumentos y centros recreativos turísticos, y a los cuales estén directamente vinculados por el producto comercializado.

• Los ubicados en **establecimientos hoteleros**, siempre que la actividad que desarrollen tenga carácter permanente y no pueda accederse a ellos directamente desde la calle.

Coincidencia con ferias y mercados. Los establecimientos comerciales ubicados en el entorno inmediato de celebración de ferias y mercados tradicionales, pueden abrir durante el mismo horario en que tenga lugar dicho mercado.

Especialidad del Día de las Letras Gallegas. Se autoriza a los establecimientos dedicados a la **venta de libros** para que abran el día 17 de mayo de cada año, con ocasión de la celebración del Día de las Letras Gallegas.

La Rioja (L La Rioja 3/2005 art.19 y 20) **Horario semanal.** El horario global en que los comercios pueden desarrollar su actividad durante el conjunto de días laborables de la semana es de 90 horas, como máximo. **2178**

Régimen de domingos y días festivos. No fija un número máximo. Se determinan anualmente por la Consejería competente en materia de comercio, en atención a las necesidades comerciales de La Rioja, de acuerdo con lo establecido en la legislación básica estatal (nº 2149). Para 2019 se fija en 10 días (Resol La Rioja 1488/2018).

Publicidad de horarios. Los titulares de establecimientos comerciales están obligados a exponer en sus escaparates o en cualquier otro lugar de su establecimiento legible desde el exterior, el horario de apertura y cierre que tengan establecido.

Establecimientos con libertad de horario. Coincide básicamente con la legislación estatal (nº 2150).

Madrid (L Madrid 16/1999 art.26 a 31; D Madrid 130/2002) **Horario semanal.** El horario global en que los comercios pueden desarrollar su actividad durante el conjunto de días laborables de la semana es de 90 horas, como máximo. **2180**

Régimen de domingos y días festivos. Cada comerciante determina con plena libertad y sin limitación legal alguna, los festivos de apertura en los que desarrollará su actividad comercial (L Madrid 2/2012 art.6).

Publicidad de horarios. En todos los establecimientos comerciales debe figurar la información del calendario y horario de apertura y cierre en sitio visible, tanto en el interior como en el exterior, incluso cuando el establecimiento esté cerrado.

Establecimientos con libertad de horario. Coincide básicamente con la legislación estatal (nº 2150). **Añade** los establecimientos dedicados:

- a la elaboración y venta de **churros, patatas fritas, frutos secos y dulces**.
- exclusivamente a la venta de **productos culturales**, así como los que presten servicios de esta naturaleza; y
- la celebración de **exposiciones, certámenes comerciales** para la actividad de lanzamiento de un nuevo producto, siempre que no se venda y que se comunique como mínimo con un mes de antelación a la fecha prevista de su realización a la Consejería competente en materia de certámenes comerciales.

Establece la **limitación** de que en estos establecimientos no se puede vender en domingos o festivos otros artículos que aquellos que hayan justificado, en su caso, la consideración de establecimiento con libertad de apertura en festivos. Es decir, un supermercado que pueda abrir en festivo para vender pan, solo puede vender pan, no el resto del género del establecimiento.

Coincidencia con ferias y mercados. Los pequeños y medianos establecimientos situados en el entorno inmediato de los mercados y mercadillos de venta ambulante autorizados que tradicionalmente se celebren en domingos y festivos, pueden permanecer abiertos en el mismo horario que estos.

Precisiones Son **productos culturales** aquellos cuya finalidad sea cultivar, desarrollar y formar los conocimientos humanos y el ejercicio de sus facultades intelectuales. Tienen dicha consideración los siguientes: libros en soporte escrito o informático, la música en cualquier formato, periódicos, revistas, instrumentos musicales, cintas de vídeo, sellos, monedas, medallas conmemorativas, billetes para coleccionistas, artículos de dibujo y bellas artes, obras de arte, antigüedades, recuerdos y de artesanía popular.

2182 **Murcia** (L Murcia 11/2006 art.36 a 41) **Horario semanal.** El horario de apertura y cierre de los establecimientos comerciales de venta al público es de libre fijación por los comerciantes.
Régimen de domingos y días festivos. El número de domingos y días festivos en el que los comercios pueden permanecer abiertos al público es de 16 días al año.
Publicidad de horarios. En los establecimientos comerciales deben exponerse los días de apertura semanal y los horarios de apertura y cierre, de forma perfectamente visible, tanto en el interior como en el exterior del establecimiento, incluso cuando el local esté cerrado.
Establecimientos con libertad de horario. Coincide básicamente con la legislación estatal (nº 2150). **Añade** los establecimientos dedicados exclusivamente a la venta de **productos culturales**.

2184 **Navarra** (LF Navarra 17/2001 art.32 a 36) **Horario semanal.** El horario global en el que los comercios pueden desarrollar su actividad durante el conjunto de días laborables de la semana no puede superar las 90 horas.
El **horario de apertura y cierre** de los establecimientos comerciales en días laborables, lo fija libremente por cada comerciante, con el límite de que la jornada comercial tiene que ser, como máximo, de 15 horas.
Régimen de domingos y días festivos. El número de domingos y festivos que se consideran hábiles es de 10.
Publicidad de horarios. En todos los establecimientos comerciales debe figurar la información del calendario y horario de apertura y cierre en sitio visible, tanto en el interior como en el exterior, incluso cuando esté cerrado el establecimiento.
Establecimientos con libertad de horario. Remite a la legislación estatal (nº 2150). **Añade** los establecimientos dedicados a:
• La celebración de **exposiciones y certámenes comerciales** para lanzamiento de un nuevo producto, siempre que no se venda y que se comunique como mínimo con un mes de antelación a la fecha prevista de su realización al Departamento competente en materia de certámenes.
• Exclusivamente a la venta de **productos culturales** ubicados tanto en el interior de museos o un local destinado a exposiciones o muestras culturales, como en local independiente de los mismos.

Precisiones Son **productos culturales** aquellos cuya finalidad es cultivar, desarrollar y formar los conocimientos humanos y el ejercicio de sus facultades intelectuales.

2186 **País Vasco** (D País Vasco 33/2005) Únicamente regula los horarios de los **grandes establecimientos comerciales**. Se entiende por tales los establecimientos de venta al por menor que cuenten con una **superficie de venta** al público superior a 400 m^2.
Al resto de establecimientos se le aplica directamente la legislación estatal (nº 2140 s.).
Horario semanal. La norma autonómica establece un máximo de 72 horas semanales. Esta cifra es **inferior al mínimo** de 90 horas que establece la legislación estatal (nº 2147), por lo que no puede considerarse aplicable al ser la **normativa estatal básica** en esta materia y prohibir expresamente que las comunidades autónomas restrinjan el horario a menos de 90 horas.
Régimen de domingos y días festivos. El número máximo de domingos y festivos en los que se pueden desarrollar la actividad comercial no puede superar los 8 días, con un número máximo de horas de apertura de 12 horas.
Esta cifra también es **inferior al mínimo** de 10 domingos y festivos de apertura autorizada por debajo del cual las comunidades autónomas no pueden limitar el número de dieciséis fijado por la legislación estatal (nº 2149), por lo que no puede considerarse aplicable al ser la **normativa estatal básica** en esta.
Son inhábiles los siguientes festivos:
- 1 de enero;
- 6 de enero;
- 1 de mayo;
- 25 de diciembre; y
- la fiesta patronal de cada territorio histórico en los mismos.

Publicidad de horarios. Los horarios y días de apertura al público se expondrán de modo que resulten visibles para las personas consumidoras desde el exterior de los establecimientos.
Establecimientos con libertad de horario. No tienen regulación propia, por lo que le es directamente aplicable la legislación estatal (nº 2150).

Precisiones El hecho de que **el horario global semanal** y el **número de domingos y festivos** de apertura sea **inferior al de la normativa estatal**, obedece, sin duda, a la falta de adaptación de la normativa autonómica a la modificación de la L 1/2004 por el RDL 20/2012, que elevó de 72 a 90 el horario global, y de 8 a 10 el limite por debajo del cual las comunidades autónomas no pueden fijar el número de domingos y festivos de apertura autorizada.

Comunidad Valenciana (L C.Valenciana 3/2011 art.17 a 23) **Horario semanal.** El horario global en 2188
que los establecimientos comerciales podrán desarrollar su actividad durante el conjunto de días laborables de la semana será, como máximo, de 90 horas.
Régimen de domingos y días festivos. Cada año se habilitan 11 domingos o festivos en los que los establecimientos pueden permanecer abiertos al público para desarrollar su actividad comercial.
En ningún caso se podrá abrir al público los domingos y festivos siguientes:
- 1 de enero;
- 6 de enero;
- 1 de mayo;
- 9 de octubre; y
- 25 o 26 de diciembre cuando este sea declarado festivo por traslado de la fiesta de Navidad.

Publicidad de horarios. Los establecimientos comerciales deben exponer, en los accesos y de manera visible desde el exterior del local, los días y horas de apertura y de cierre.
Establecimientos con libertad de horario. Coincide básicamente con la legislación estatal (nº 2150). **Añade** los establecimientos dedicados principalmente a la venta de **productos culturales**.
Horarios excepcionales. Los horarios excepcionales son aquellos que se conceden, **a petición del ayuntamiento** interesado, en virtud de **circunstancias especiales no periódicas** que incrementan las **oportunidades de negocio** del comercio local por incrementos puntuales y excepcionales de la demanda, debido a la mayor afluencia de visitantes, en fechas concretas. Estos horarios excepcionales, no pueden superar un **máximo** de dos domingos o festivos al año en cada municipio, sin que ello compute en el límite de 10 domingos y festivos.

Precisiones Son establecimientos dedicados principalmente a la **venta de productos culturales** aquellos que dedican al menos el 80% de su superficie comercial a la oferta de productos cuya finalidad sea cultivar, desarrollar y formar los conocimientos humanos y el ejercicio de sus facultades intelectuales.
Tienen la consideración de productos culturales, los libros en soporte escrito o informático, periódicos, revistas, soportes de grabación musical, instrumentos musicales, DVDs, artículos de colección, artículos de dibujo y bellas artes, antigüedades, obras de arte, productos de artesanía popular, trajes regionales y souvenirs.

CAPÍTULO 6

Comercio electrónico

El comercio electrónico **se caracteriza porque** los contratos (compraventa de bienes o presta- 2201
ción de servicios) se formalizan por vía telemática mediante el intercambio de datos a través de Internet, formalizando el contrato en soporte electrónico.
La **importancia** que ha adquirido este mecanismo de contratación en los últimos años ha generado un gran interés entre los legisladores de todo el mundo, quienes han tratado de adaptar sus respectivos ordenamientos jurídicos a este fenómeno global.

A. Marco normativo

Debido al **carácter trasnacional** de la contratación electrónica, su eficacia depende en gran 2205
medida de la existencia de una normativa común que dote de seguridad a la contratación con independencia de donde residan las partes contratantes, para lo cual se hace preciso armonizar a nivel internacional sus principios y reglas básicas.

1. Normativa internacional

Con el objeto de elaborar un marco jurídico uniforme y fomentar el desarrollo del comercio 2210
internacional, determinadas organizaciones intergubernamentales elaboraron un **catálogo de recomendaciones** sin fuerza obligatoria o de *soft law*.
Las **recomendaciones** se caracterizan por su flexibilidad y adaptabilidad a los cambios en el campo tecnológico, por lo que han ayudado a los legisladores nacionales a establecer un punto de partida en la elaboración de un marco normativo armonizado entre los diferentes países.
Entre otros **organismos internacionales** que han contribuido a la homogeneización del marco internacional del comercio electrónico están los siguientes:
• Organización para la Cooperación y el Desarrollo Económico (OCDE):
- Declaración Ministerial sobre la Protección al Consumidor en el Contexto del Comercio Electrónico de 8-10-1998; y
- Recomendación del Consejo concerniente a las Directrices para la Protección de los Consumidores en el Contexto del Comercio Electrónico de 9-12-1999.
• Comisión de las Naciones Unidas para el Derecho Mercantil Internacional (CNUDMI):
- Resol 51/162 de la Asamblea General de las Naciones Unidas de 16-12-96 sobre la ley modelo sobre comercio electrónico;
- Convención de las Naciones Unidas sobre la Utilización de las Comunicaciones Electrónicas en los Contratos Internacionales de Nueva York en 2007.
• Cámara de Comercio Internacional (CCI).
• Organización Mundial del Comercio (OMC).

2. Normativa europea

A nivel europeo, la contratación electrónica se regula por las siguientes directivas: 2235
• Dir 2000/31/CE relativa a determinados aspectos jurídicos de los servicios de la sociedad de la información, en particular el **comercio electrónico** en el mercado interior (Directiva sobre comercio electrónico).
• Dir 2011/83/UE sobre los **derechos** de los **consumidores**.
• Dir (UE) 2019/770 sobre aspectos de los contratos de suministro de **contenidos y servicios digitales**.
• Dir (UE) 2019/771 sobre aspectos de los contratos de **compraventa de bienes**.

• Rgto (UE) 2018/389, por el que se modifica la Dir (UE) 2015/2366 en lo relativo a las normas técnicas de regulación para la **autenticación reforzada de clientes** y unos estándares de comunicación abiertos comunes y seguros.
• Rgto (UE) 2019/1150 sobre el fomento de la equidad y la transparencia para los usuarios profesionales de servicios de **intermediación en línea**, conocido como Reglamento P2B.
• Rgto (UE) 2022/2065 relativo a un mercado único de **servicios digitales**.

Precisiones **1)** El objeto de las directivas europeas es garantizar el buen funcionamiento del **mercado interior** mediante la supresión de las disparidades jurídicas entre los Estados miembros. Las Dir (UE) 2019/770 y Dir (UE) 2019/771 deben, con idéntico objetivo, complementarse mutuamente.
2) La Dir (UE) 2024/825 modifica la Dir 2005/29/CE y la Dir 2011/83/UE en lo que respecta al empoderamiento de los consumidores para la **transición ecológica** mediante una mejor protección contra las prácticas desleales y mediante una mejor información.

3. Normativa española

2240 Las Directivas de la Unión Europea han sido objeto de **transposición** en España mediante las siguientes normas:

Directiva	Norma de transposición
Dir 2000/31/CE	LSSI (1)
Dir 2011/83/UE	L 3/2014 (2)
Dir (UE) 2019/770	RDL 7/2021
Dir (UE) 2019/771	RDL 7/2021
Dir (UE) 2019/2161	RDL 24/2021

(1) La **LSSI no se aplica** a los servicios mencionados en su art.5. Tampoco se aplica a los contratos relativos al Derecho de **familia** y **sucesiones**, ni a los contratos, negocios o actos jurídicos en los que la Ley determina para su validez, o para la producción de determinados efectos, la forma **documental pública** o que requieran por ley la intervención de órganos jurisdiccionales, notarios, registradores de la propiedad y mercantiles o autoridades públicas (actos de jurisdicción voluntaria). En ambos casos, esos contratos se rigen por su legislación específica (LSSI art.23.4).
(2) La Dir 2011/83 ha sido **modificada** por la Dir 2024/825 cuyo contenido aún no ha sido transpuesto al Derecho español. La fecha máxima de transposición es el 27-3-2026.

B. Modalidades de comercio electrónico

2250 La **casuística** del comercio electrónico da lugar a diversas modalidades de contratación en función de la forma de ejecución del contrato, de la emisión de declaración de voluntad o de las propias partes del contrato.

2253 **Clasificación según la forma de ejecutar el contrato** Atendiendo a la forma de ejecutar los contratos realizados por vía electrónica cabe diferenciar entre:
• **Comercio electrónico directo**, constituido por contratos electrónicos en los que todas sus fases (pedido, pago y entrega del bien o la prestación del servicio) se realizan de forma telemática a través de Internet mediante distintos tipos de dispositivos (PC, smartphone, tablet, etc.). La entrega del bien o la prestación del servicio se producen mediante la transmisión de datos de un sistema informático a otro por medio de la red (p.e., la compra de un libro virtual).
• **Comercio electrónico indirecto**, donde la contratación propiamente dicha se hace por vía electrónica, pero la entrega del bien o la prestación del servicio se realiza de forma física, lo que implica que su ejecución es diferida. Por ejemplo, la compra de un libro de papel a través de Internet requiere la entrega física del mismo al comprador. A su vez, se puede contratar electrónicamente un servicio cuya prestación requiere de una ejecución física, por ejemplo, el envío de comida a domicilio, el alquiler de un coche, la contratación de la estancia en un hotel o la compra de billetes de transporte.

2255 **Clasificación según la forma de manifestar el consentimiento** Los contratos electrónicos producen todos los **efectos** previstos por el ordenamiento jurídico, cuando concurran el consentimiento y los demás requisitos necesarios para su validez (LSSI art.23).
Ahora bien, existen diversas formas de manifestar el consentimiento a través de medios electrónicos, lo que determina la existencia de diferentes categorías de contratos:
- hay contratos que se perfeccionan mediante el envío de correos electrónicos;
- otros con un simple *«clic»* sobre un icono destinado al efecto; y
- en otros casos se presta el consentimiento de forma tácita al acceder y navegar por la página web.

• Consentimiento mediante **correo electrónico**: las partes manifiestan su voluntad y aceptación mediante el uso del lenguaje tradicional y la escritura. Sin embargo, a diferencia de lo que sucede con los contratos tradicionales, el consentimiento se presta a través de medios electrónicos en lugar del papel.

Precisiones La correspondencia por correo electrónico es un medio hábil para **manifestar la oferta o la aceptación** y para concertar contratos y puede ser aportada en juicio como prueba de la contratación (AP A Coruña 14-5-15, EDJ 83050; AP Cáceres 9-10-14, EDJ 226963; AP Murcia 23-11-20, EDJ 776724).

• Consentimiento mediante ***clickwrap agreements***: son acuerdos en los que los usuarios manifiestan su aceptación a través de sistemas automatizados, es decir, a través de un «*clic*» sobre un icono que en la mayoría de los casos contiene expresiones inequívocas como «aceptar», «comprar» o «finalizar». **2258**
Los *clickwrap* **se emplean en** la compra de bienes o servicios (p.e., la compra de licencias de software).
• Consentimiento mediante ***browsewrap agreements***: son contratos en los que el consentimiento expreso se reemplaza por la mera navegación, visita o acceso al contenido de una página web. El consentimiento, por tanto, se presta conforme a la teoría general de los contratos, de acuerdo con la cual el consentimiento no tiene por qué ser expreso, sino que puede deducirse tácitamente de un acto expreso, como es la propia navegación.
Los *browsewrap* **se emplean para** la aceptación de los «Términos de Uso» de muchos sitios o páginas web.

Precisiones **1)** Si el acuerdo con el usuario incluye previsiones en torno al tratamiento de sus **datos personales** no cabría el consentimiento tácito conforme al RGPD considerando 32 que establece que el silencio, las casillas ya marcadas o la inacción no constituye consentimiento.
2) El rellenado de un **formulario de registro y compra** o pedido online habilitado por una empresa en la página web en la que oferta sus productos, comporta, una vez remitido a dicha empresa vía online, la aceptación a la oferta de venta, en cuanto que en dicho formulario, aparte de los datos personales, se delimitan los propios del producto a adquirir, sus características y su precio (AP Salamanca 12-1-16, EDJ 3087).

Clasificación según las partes contratantes Se pueden distinguir los contratos suscritos entre dos empresarios (B2B) y los suscritos entre un empresario y un consumidor (B2C). **2260**
Los **contratos B2B** (business to business) son los celebrados exclusivamente **entre empresas**. Los requisitos exigidos para la contratación, incluida la electrónica, son más laxos que los requeridos para los contratos con consumidores.
Estos contratos se encuentran sometidos a la LSSI, sin embargo, las partes gozan de una gran autonomía para regular sus relaciones jurídicas, pudiendo evitar ciertas obligaciones cuando así lo acuerden las partes. En particular, están exonerados de la obligación de información pre y postcontractual cuando ambos contratantes así lo acuerden (LSSI art.27.2 y 28.3).
En cuanto a las relaciones P2P (*peer to peer*) o B2B2C (*business to business to consumer*) desarrolladas en la Unión Europea, hay que tener en cuenta lo dispuesto en el Rgto (UE) 2019/1150, que resulta aplicable a proveedores de servicios de intermediación en línea (PSI) como los ***marketplace***, servicios de software en línea (***appstores***) y servicios de búsqueda que faciliten o cuyos servicios se propongan a usuarios profesionales y sitios web corporativos. El Reglamento viene a establecer determinadas obligaciones para asegurar que los PSI facilitan términos y condiciones claros y de fácil acceso, y que comunican con carácter previo y antelación suficiente los cambios a sus condiciones generales de servicio.

Los **contratos B2C** (*business to consumer*) son los celebrados **entre una empresa y un consumidor**. Se rigen por la LSSI y por la LGDCU, que establece obligaciones adicionales de información al consumidor. **2263**
Además, en función del ámbito al que se refiera el contrato, se aplican **otras normas**, como por ejemplo el RD 870/2013 por el que se regula la venta a distancia al público, a través de sitios web, de medicamentos de uso humano no sujetos a prescripción médica; o la L 22/2007 sobre comercialización a distancia de servicios financieros destinados a los consumidores. Estas disposiciones prevén un régimen especial de protección atendiendo a la naturaleza del producto que es objeto de comercialización.

C. Características del contrato electrónico

2270 Los contratos celebrados por vía electrónica producen todos los **efectos** previstos por el ordenamiento jurídico cuando concurren el consentimiento y los demás requisitos necesarios para su validez (LSSI art.23.1).
Los contratos electrónicos se **rigen** por la LSSI Tít.IV, y en lo que no regula esta ley se rigen por la normativa general de contratos (CC o CCom, según el contrato sea civil o mercantil) y por el resto de normas que sean aplicables en función de diversas circunstancias, como:
- las personas que intervienen en el contrato (p.e., si el comprador o el destinatario del servicio es un consumidor, se aplica la LGDCU, y particularmente los art.92 a 113);
- la materia a la que se refiere el contrato (p.e., si se comercializan por vía electrónica servicios financieros, se aplica la L 22/2007 -LCDSFC-); o
- la utilización de condiciones generales de contratación, en cuyo caso se aplica la LCGC.

2273 **Oferta contractual** La oferta es el primer paso en la contratación, y **consiste en** el ofrecimiento de venta de un producto o la prestación de un servicio por parte de una empresa. Puede dirigirse a un público determinado o indeterminado.
La empresa que realiza una oferta queda **vinculada** por la misma cuando su destinatario la acepta sin modificaciones dentro de su plazo de validez. De hecho, el consentimiento se manifiesta por el concurso de la oferta y de la aceptación sobre la cosa y la causa que han de constituir el contrato (CC art.1262).
Las ofertas o propuestas de contratación realizadas por vía electrónica son válidas durante el **período** que haya fijado el oferente o, a falta de indicación de plazo, durante todo el tiempo que la oferta es accesible a sus destinatarios (LSSI art.27.3).
Para que la oferta sea vinculante para el oferente, debe contener la **información suficiente** para que pueda perfeccionarse el contrato mediante la aceptación de la oferta: identificación del oferente, características del producto o servicio, así como el precio y la forma de pago.
En los **contratos de consumo**, el contenido de la oferta, de la promoción o de la publicidad de un producto o servicio es exigible por el consumidor, aunque dicho contenido no figure en el contrato celebrado o en el justificante de la contratación. Es decir, el contenido de la oferta completa o integra el contrato. No obstante, si el contrato contiene **cláusulas más beneficiosas** que la oferta, prevalecen dichas cláusulas sobre el contenido de la oferta (LGDCU art.61).

Precisiones 1) La **mera información sobre bienes o servicios** ofrecidos por el empresario no constituye una oferta si no constan los demás elementos y la voluntad de contratar. En tales supuestos, estaríamos ante la invitación a realizar ofertas de compra.
2) Cuando una empresa vende sus productos o servicios a través de un *marketplace*, debe atenerse a las reglas de dicho mercado, establecidas dentro del principio general de la autonomía de la voluntad (CC art.1255), lo que implica, entre otras cosas, que tenga que respetar las políticas del sitio web acerca de publicidad, comunicaciones comerciales y ofertas.
3) El **valor vinculante de los folletos** publicitarios resulta especialmente relevante cuando el objeto de la venta es inexistente al tiempo de contratar, como en el caso de la **venta sobre plano** de una vivienda en construcción, en que la publicidad forma parte esencial de la oferta contractual (TS 11-6-13, EDJ 127304; 30-5-11, EDJ 95943; AP Málaga 17-10-13, EDJ 262597; AP Burgos 6-6-17, EDJ 125312).

2275 En el ámbito de la contratación de **servicios financieros a distancia destinados a consumidores**, existen normas especiales relativas a la forma en que debe canalizarse la oferta. En concreto, el proveedor o prestador del servicio debe comunicar al consumidor todas las condiciones contractuales y la información legalmente exigible en soporte papel u otro soporte duradero accesible al consumidor (LCDSFC art.9).
Se entiende por **soporte duradero** todo instrumento que permita al consumidor almacenar la información dirigida personalmente a él, de modo que pueda recuperarla fácilmente durante un período de tiempo adecuado para los fines para los que la información está destinada y que permita la reproducción sin cambios de la información almacenada.

Precisiones **Son servicios financieros** los bancarios, de crédito o de pago, servicios de inversión, operaciones de seguros privados y planes de pensiones, mediación en seguros (LCDSFC art.4.2).

2278 **Consentimiento** El consentimiento es uno de los elementos esenciales de los contratos, junto al objeto y la causa, y **se manifiesta por** el concurso de la oferta y de la aceptación sobre la cosa y la causa del contrato (CC art.1262). Cuando concurre la oferta y su aceptación, el contrato queda perfeccionado y vincula por tanto a las partes que lo han suscrito.
Se configura la **confirmación de la recepción de la aceptación** como una información que el oferente está obligado a realizar en un momento posterior a la perfección del contrato, y no como un visto bueno del pedido por parte del oferente, por lo que, una vez emitida la aceptación, éste no puede alegar que el contrato no se ha perfeccionado por no haber quedado registrado o por quedar supeditado a una aceptación posterior (LSSI art.28; AP Sevilla 17-9-10, EDJ 325460).

Precisiones La **falta de armonización a nivel europeo** en materia de perfeccionamiento del contrato ha dado lugar a que cada país tenga sus propias reglas, siguiendo alguna de las teorías, como:
- La **teoría de la emisión**, en virtud de la cual el contrato se entiende perfeccionado desde el momento en que el aceptante *emite* su declaración de voluntad de aceptación.
- La **teoría de la cognición**, conforme a la cual el contrato se perfecciona cuando la declaración de aceptación es *conocida* por el oferente.
- La **teoría de la recepción**, según la cual la perfección se produce cuando el oferente *recibe* la aceptación.

El **Código Civil** acoge, en sus diversos párrafos, las tres teorías expuestas sobre la perfección del contrato. Los contratos electrónicos se perfeccionan desde que el destinatario manifiesta su consentimiento, esto es, desde que lo emite -párrafo tercero- (CC art.1262).

Con el fin de que el usuario de un sitio web sepa de **forma inequívoca** que está prestando su **consentimiento**, se suele insertar en la web un icono o texto resaltado sobre el que hay que pulsar (hacer «clic»), que incluye términos como «acepto», «finalizar», «deseo contratar», «efectuar pago» o expresiones similares que dejan claro que se están aceptando unos determinados términos y condiciones o que se está adquiriendo un producto o servicio. Al hacer «clic» en la casilla correspondiente se acepta el pago del precio consignado, lo que conlleva la prestación del consentimiento por el adquirente (JM Palma de Mallorca núm 2, 7-11-16, EDJ 214200; AEPD Resol E/01722/2018, de 29 de mayo). 2283

Asimismo, con el objeto de que el usuario pueda conocer todos los términos del contrato y acceder a la información que le debe facilitar el empresario, es habitual que tenga que **desplazar el cursor** hasta el final del clausulado y la información antes de poder prestar el consentimiento mediante el clic en la casilla (*checkbox*) habilitada al efecto.

En el **sistema browsewrap** la aceptación se presume emitida por el mero acceso y navegación por la página web, por lo que suele utilizarse como medio de aceptación de «condiciones de uso» o de los «términos del servicio» de dicho sitio web, y no propiamente para la adquisición de bienes o servicios.

Las **condiciones de uso** por lo general incluyen cláusulas de exoneración o limitación de responsabilidad del prestador del servicio, requisitos para darse de alta o de baja como usuario, reserva de derechos de propiedad intelectual, cláusulas sobre resolución de controversias, así como las propias reglas de uso del servicio.

Precisiones Se pone en **duda la validez** del browsewrap como medio de prestación del consentimiento debido a que, por lo general, el usuario no es consciente de que lo está prestando. En la medida que nuestro ordenamiento permite la aceptación tácita, derivada de actos concluyentes (*facta concludentia*), las dudas sobre la validez no provienen de su legalidad, sino del desconocimiento por parte de quien accede a una página web de los efectos que se derivan de ese acceso.

Forma del contrato Con carácter general, los contratos se rigen por el principio de **libertad de forma** (CC art.1278; CCom art.51), de manera que, salvo las excepciones previstas en la ley, son válidos los contratos con independencia de su forma, sea verbal o escrita, y dentro de esta última mediante contrato privado o documento público. Todo ello sin perjuicio de que, a efectos de prueba, conviene documentar los contratos con un nivel de solemnidad proporcional a la importancia del contrato. 2285

Por su propia naturaleza, el contrato electrónico **suele documentarse** en soporte electrónico, equivalente al contrato escrito (LSSI art.23.3), el cual es admisible en juicio como prueba documental (LSSI art.24.2).

No obstante, cuando la Ley exija para la validez del contrato, o para la producción de determinados efectos, **documento público** (por ejemplo, en la contratación inmobiliaria), o requiera la intervención de órganos jurisdiccionales, notarios, registradores de la propiedad y mercantiles o autoridades públicas (por ejemplo, para la formalización de actos de jurisdicción voluntaria), entonces el contrato debe cumplir los requisitos establecidos por su legislación específica.

Precisiones **1)** Son válidos los contratos realizados por vía electrónica aunque **no** exista **previo acuerdo** entre las partes sobre la utilización de medios electrónicos (LSSI art.23.2; AP Badajoz 13-1-16, EDJ 3902).

2) En contratos de **préstamo concertados electrónicamente** en el marco de un **contrato marco** de prestación de servicios, la falta de aportación del documento físico no impide la validez del contrato si se acredita suficientemente la contratación y el cumplimiento parcial por parte del prestatario, y el incumplimiento relevante y continuado de las obligaciones de pago permite al prestamista resolver el contrato conforme al CC art.1124, con devengo de intereses desde la interposición de la reclamación judicial cuando no se acredita comunicación previa fehaciente (AP Las Palmas 25-11-24, EDJ 818152).

3) En contratos electrónicos de fecha anterior a la derogación de la figura del **tercero de confianza** (hasta el 12-11-2020), la certificación de firma electrónica emitida por un tercero autorizado es necesaria y suficiente para acreditar la validez y aceptación de las condiciones contractuales, permitiendo que el documento sirva de base para la reclamación en procedimiento monitorio (AP Alicante auto 12-11-24, EDJ 801854).

4) En contratos de crédito al consumo firmados electrónicamente con servicios de confianza cualificados, la **ausencia de firma manuscrita** no invalida el contrato si se acredita la autenticidad y consentimiento mediante medios electrónicos certificados (AP Madrid 14-5-24, EDJ 636204).

2287 **Lugar de celebración del contrato** (LSSI art.29) En el ámbito de la contratación electrónica, cuando interviene un **consumidor** el contrato se presume celebrado en el lugar de su residencia habitual (TS auto 1-2-22, EDJ 504301; 15-2-22, 511134; 17-2-16, EDJ 35044); y si únicamente intervienen **empresarios** o profesionales, se presume, salvo pacto en contrario, celebrado en el lugar de establecimiento del prestador de servicios.

La LSSI no regula ninguna cuestión relativa a la **ley aplicable** ni a la **jurisdicción competente**, por lo que estas cuestiones se rigen por la normativa general, integrada por los tratados internacionales en los que España es parte, la normativa europea, el CC (art.10.5), la LOPJ (art.22 quinquies.a), la LEC y las disposiciones específicas en materia de consumidores (LGDCU art.90).

Precisiones **1)** La ley establece simples **presunciones** de lugar de celebración del contrato, por lo que las partes pueden fijar como tal lugar otro distinto al señalado por la LSSI.
2) El lugar de celebración del contrato no determina, por sí mismo, el **fuero judicial** (esto es, el tribunal competente para dirimir un conflicto). El fuero se rige por lo dispuesto en la LOPJ, LEC y, en su caso, en los tratados internacionales. Con carácter general, se puede señalar que un consumidor residente en España tiene que ser demandado ante los tribunales españoles del lugar donde reside, y un prestador que ofrece sus servicios en territorio español puede ser demandado en España.
3) En los conflictos de competencia territorial derivados de ventas de bienes muebles realizadas **entre particulares** a través de internet y precedidas de oferta pública, la competencia corresponde al juzgado del domicilio de quien aceptó la oferta, conforme la LEC art.52.2, prevaleciendo este fuero especial imperativo sobre cláusulas de sumisión expresa o fueros generales (TS auto 12-11-24, EDJ 736533).

2290 **Ejecución de contratos electrónicos** (LGDCU art.109 a 113) Salvo que las partes acuerden otra cosa, el empresario debe ejecutar el pedido a más tardar en el **plazo** de 30 días naturales a partir de la celebración del contrato.

En caso de que el **bien o servicio** contratado **no** esté **disponible**, pueden suceder dos cosas:

• El empresario puede informar al consumidor de la falta de disponibilidad, en cuyo caso el consumidor tiene derecho a **recuperar el importe** abonado. En caso de retraso injustificado en la devolución del importe, el consumidor tiene derecho al doble del importe adeudado, sin perjuicio de su derecho a ser indemnizado por los daños y perjuicios sufridos en lo que exceda de dicha cantidad.

• El empresario puede suministrar sin aumento de precio un bien o servicio de **características similares** o de **calidad superior**, si el consumidor fue informado expresamente de tal posibilidad. En este caso, el consumidor puede ejercer sus derechos de desistimiento y resolución en los mismos términos que si se tratara del bien o servicio inicialmente requerido.

Precisiones En contratos de compraventa de **bienes personalizados**, la **falta de entrega** en un plazo máximo de 30 días desde la conclusión del contrato, aun cuando no se haya pactado expresamente un plazo, constituye un **incumplimiento grave** y resolutorio que faculta al comprador a resolver el contrato y exigir la devolución de las cantidades pagadas (AP Girona 14-4-21, EDJ 584740).

D. Información contractual

2300 Con el fin de proteger a los destinatarios del comercio electrónico y, sin perjuicio de las obligaciones de información que sean aplicables en función de la materia objeto del contrato (por ejemplo, las obligaciones establecidas en la normativa del mercado de valores cuando se trate de la comercialización de productos de inversión), el prestador de servicios de la sociedad de la información está sujeto a **obligaciones específicas** de información cuando realiza la operación por vía electrónica. Hay obligaciones previas a la formalización del contrato y posteriores. Además, cuando el destinatario tiene la condición de consumidor o usuario, debe facilitar la información exigida por la LGDCU.

1. Precontractual

 2305

Obligaciones de información de la LSSI (LSSI art.27) Todo prestador de servicios de la sociedad de la información debe facilitar la información sobre sí mismo exigida por la LSSI art.10 (entre otros, su nombre o denominación social, domicilio y datos de contacto, NIF y en su caso datos de la autorización administrativa, inscripción registral o colegial). Adicionalmente, cuando realiza actividades de contratación electrónica, **antes de la formalización del contrato** debe informar sobre las características del servicio, y en concreto sobre: 2308
- los pasos o trámites que deben seguirse para celebrar el contrato;
- si va a archivar el documento electrónico en que se formalice el contrato;
- si tal documento va a ser accesible;
- los medios técnicos para identificar y corregir errores en la introducción de datos; y
- la lengua o lenguas en que podrá formalizarse el contrato.

La obligación de información se entiende **cumplida cuando** es incluida por el prestador en su página o sitio de Internet. A tal fin, los prestadores de servicios de la sociedad de la información suelen incluir un enlace en una zona visible con expresiones como «Condiciones de uso» o «Términos y Condiciones», evitando la inclusión de enlaces en la zona de bajo tráfico de la página que obligue a desplazar el cursor hasta el final de la pantalla, así como enlaces que por sus dimensiones o su color resulten difícilmente visibles.

Se ha considerado que **no es válida la información** precontractual:
- insertada en una página web de cuya existencia no se ha informado al comprador (AP Zaragoza 20-11-08, EDJ 352813); o
- incluida en la página web de una entidad bancaria si no consta que le haya sido entregada o comunicada al destinatario (AP Pontevedra 1-6-15, EDJ 104618; AP Sta. Cruz de Tenerife 17-6-15, EDJ 186797).

Precisiones **1)** El prestador debe poner a disposición del destinatario las **condiciones generales** a que, en su caso, deba sujetarse el contrato (p.e., contratos de seguro), de manera que puedan ser almacenadas y reproducidas por el destinatario.

En los contratos de seguro, esta obligación se extiende a todas las condiciones del contrato y no solo a la póliza matriz (AP Córdoba 19-4-16, EDJ 130233; AP Valencia 23-10-17, EDJ 316559).

2) Las **ofertas** de contratación por vía electrónica **duran** el tiempo que fije el que hace la oferta, y, en su defecto, el tiempo en que las mismas sean accesibles a los destinatarios.

3) Con el fin de facilitar la contratación electrónica mediante dispositivos que cuenten con **pantallas de formato reducido** (p.e., smartphone), se entiende cumplida la obligación de información cuando se facilite de manera permanente, fácil, directa y exacta la dirección de Internet en que dicha información es puesta a disposición del destinatario.

4) Si se incorporan condiciones generales de venta mediante referencia a un **enlace web**, la **falta de firma expresa** y la ausencia de prueba de que el adherente tuvo oportunidad real y completa de conocer dichas condiciones implica que no se consideran incorporadas al contrato, invalidando cláusulas como las de penalización por resolución anticipada (AP Baleares 21-3-23, EDJ 568300).

Con respecto a la puesta a disposición de medios técnicos para la **identificación y corrección de errores** en los datos introducidos, es habitual que cuando esos datos pueden ser verificados (p.e., datos bancarios), la página web disponga de mecanismos que impidan proseguir con el pedido, en caso de ser incorrectos. 2310

Si por el contrario se trata de datos no verificables (teléfono, dirección, etc.) los que han sido introducidos de forma errónea, suelen habilitarse direcciones de correo del prestador destinadas a su corrección, o en el caso de plataformas cerradas como *marketplaces*, se suele permitir al usuario modificar datos desde su propio perfil.

El prestador queda **excluido** de facilitar la citada información precontractual en uno de estos dos casos:

a) Cuando ninguno de los contratantes tiene la condición de **consumidor**, y así lo acuerdan.

b) Cuando el contrato se ha celebrado exclusivamente a través del intercambio de **correo electrónico** o equivalente (p.e., por medio de SMS).

Obligación de información en materia de consumo (LGDCU art.12, 60, 97 y 98) Cuando el destinatario de la contratación electrónica tiene la condición de **consumidor**, el empresario, además de las obligaciones de información impuestas por la LSSI, debe suministrar la información exigida por la normativa de consumo (LGDCU), la cual a su vez establece: 2313
- obligaciones generales de información (ver nº 535 s.); y

- obligaciones específicas para los contratos celebrados a distancia, como son los contratos formalizados por vía electrónica en el marco de un sistema organizado de venta o prestación de servicios (Libro segundo, Tít. III).

2320 **Información al consumidor en los contratos a distancia** (LGDCU art.97) Además de las anteriores obligaciones de información general en el ámbito de consumo, en los contratos realizados a través de Internet con un consumidor, cuando se realizan en el marco de un **sistema organizado de venta o prestación de servicios a distancia**, sin la presencia física simultánea del empresario y del consumidor (LGDCU art.92.1), se debe facilitar al consumidor el modelo de formulario de desistimiento del contrato, e informar, en su caso:
- del coste de devolución de los bienes en caso de desistimiento;
- del coste de la utilización del sistema electrónico de contratación, si tal coste no está ya incluido en el precio del bien o servicio;
- de la existencia de códigos de conducta; y
- de la existencia y condiciones de los depósitos u otras garantías financieras que el consumidor tenga que pagar o aportar a solicitud del empresario.

Sobre esta materia, ver la AP Girona 13-5-19, EDJ 576950.

En los contratos a distancia, tanto la información general como la específica en materia de consumo, forman **parte integrante del contrato** (LGDCU art.97.5).

Precisiones 1) En cuanto a los **precios**, debe tenerse en cuenta la prohibición de aumento injustificado de precios en **momentos de urgencia o necesidad** (ver nº 1499)
2) Para **más información** sobre contratos a distancia con consumidores ver nº 860 s.

2323 La información anterior ha de facilitarse de **forma clara y comprensible**, y debe en todo caso respetar el principio de buena fe en las transacciones comerciales (LGDCU art.98). El empresario cumple con su obligación de poner a disposición del consumidor esta información cuando la incluye en su página o sitio de Internet (LSSI art.27).

Cuando el contrato implica una **obligación de pago** para el consumidor, antes de que efectúe el pedido el empresario debe informarle de manera clara y **destacada** acerca de las características principales de los bienes o servicios, su precio, la duración del contrato y en su caso las obligaciones de permanencia o duración mínima del contrato (LGDCU art.98.2; AP Valencia 28-5-18, EDJ 532066).

Igualmente, se exige que los sitios web de comercio electrónico indiquen de modo claro y legible, a más tardar al inicio del procedimiento de compra, si existe alguna **restricción de entrega** y cuáles son las **modalidades de pago** aceptadas (LGDCU art.98.3).

Precisiones 1) Cuando la **información** contenida en las condiciones generales de la página web del prestador del servicio es **contradictoria** con la remitida por correo electrónico al consumidor, prevalece ésta por ser personalizada (AP Barcelona 30-1-09, EDJ 34411).
2) El empresario debe asegurarse de que el consumidor, al efectuar el pedido, es consciente de que implica una obligación de pago. Si la realización del pedido se hace activando un botón o una función similar, el botón o la función similar deben **etiquetarse**, de manera que quede totalmente clara la existencia de la obligación de pago (p.e., utilizando la expresión «pedido con obligación de pago»). En caso contrario, el consumidor no queda obligado por el contrato o pedido.
3) En cuanto a los **gastos de tramitación** de los productos, cuando estos dependen de un determinado importe mínimo en el pedido, la Dir 98/6/CE se cumple mejor excluyendo estos gastos del «precio de venta», siempre que se indiquen claramente por separado y que el vendedor no fije el importe mínimo de manera que, en la práctica, resulte inevitable el pago de los gastos. Con una presentación separada, el consumidor medio -normalmente informado y razonablemente atento- puede calcular por sí mismo el coste total de su compra sin comprometer la comparabilidad entre productos (TJUE 26-3-26, nº C-62/25).

2325 **Información adicional para contratos celebrados en mercados en línea** (LGDCU art.99 bis) En los contratos celebrados en mercados en línea se debe incluir además (LGDCU 895 art.97 bis):
• **Información general**, facilitada en una sección específica de la interfaz en línea que sea fácil y directamente accesible desde la página en la que se presenten las ofertas, relativa a los principales parámetros que determinan la clasificación de las ofertas presentadas al consumidor o usuario como resultado de la búsqueda y la importancia relativa de dichos parámetros frente a otros.
• Si el **tercero** que ofrece los bienes, servicios o contenido digital tiene la **condición de empresario o no**, con arreglo a su declaración al proveedor del mercado en línea.
• Cuando el tercero que ofrece los bienes, servicios o contenido digital **no sea un empresario**, la mención expresa de que la normativa en materia de protección de los consumidores y usuarios no es de aplicación al contrato.
• Cuando proceda, **cómo se reparten las obligaciones** relacionadas con el contrato entre el tercero que ofrece los bienes, servicios o contenido digital y el proveedor del mercado en línea, entendiéndose esta información sin perjuicio de cualquier responsabilidad que el proveedor

del mercado en línea o el tercero empresario tenga en relación con el contrato en virtud de otra normativa de la Unión Europea o nacional.
• En su caso, las **garantías y seguros** ofrecidos por el proveedor del mercado en línea.
• Los métodos de **resolución de conflictos** y, en su caso, el papel desempeñado por el proveedor del mercado en línea en la solución de controversias. La carga de la prueba en relación con el cumplimiento de estos requisitos de información incumbe al empresario.

Precisiones A estos efectos, se considera (LGDCU art.20 bis.3):
- **mercado en línea**: un servicio que emplea programas (software), incluidos un sitio web, parte de un sitio web o una aplicación, operado por el empresario o por cuenta de éste, que permite a los consumidores o usuarios celebrar contratos a distancia con otros empresarios o consumidores;
- **proveedor** de un mercado en línea: todo empresario que pone a disposición de los consumidores o usuarios un mercado en línea;
- **clasificación**: la preeminencia relativa atribuida a los bienes y servicios, en su presentación, organización o comunicación por parte del empresario, independientemente de los medios tecnológicos empleados para dicha presentación, organización o comunicación

2. Postcontractual

La LSSI establece obligaciones específicas de información tras la conclusión de un contrato electrónico, las cuales han de complementarse con otras obligaciones adicionales de información cuando interviene un consumidor. **2330**

Obligaciones de información de la LSSI (LSSI art.28) El oferente (esto es, el empresario que ha ofrecido el producto o servicio) está obligado a **confirmar** la recepción de la aceptación al que la hizo, por alguno de los siguientes medios: **2333**
• El envío de un **acuse de recibo** por correo electrónico u otro medio de comunicación electrónica equivalente (SMS, MMS, mensajería instantánea) a la dirección que el aceptante haya señalado, en el plazo de las veinticuatro horas siguientes a la recepción de la aceptación; se presume que su destinatario tiene constancia del envío del acuse de recibo desde que es almacenado en el servidor en que está dada de alta su cuenta de correo electrónico, o en el dispositivo utilizado para la recepción de comunicaciones; o
• La confirmación de la aceptación recibida tan pronto como el aceptante haya completado el procedimiento de contratación, siempre que la confirmación pueda ser archivada por su destinatario. Esta confirmación debe remitirla por un **medio equivalente** al utilizado en el procedimiento de contratación.
Como **excepción**, no es necesario que el oferente confirme la recepción de la aceptación en uno de estos dos casos:
• Cuando ambos contratantes así lo acuerdan y ninguno de ellos tiene la consideración de consumidor.
• Cuando el contrato se ha celebrado exclusivamente mediante intercambio de correo electrónico u otro tipo de comunicación electrónica equivalente (SMS o MMS), salvo que estos medios hayan sido empleados con el exclusivo propósito de eludir el cumplimiento de esta obligación.

Precisiones Esta segunda posibilidad faculta a los oferentes a sustituir el envío de correos electrónicos por la aparición de una **pantalla emergente** que permite al aceptante descargar y almacenar la información relativa a la confirmación de la contratación.

Obligaciones de información en materia de consumo (LGDCU art.98.7) Cuando en un contrato a distancia, como es el electrónico, interviene un consumidor, el empresario debe facilitarle la **confirmación del contrato** celebrado en un soporte duradero y en un plazo razonable después de la celebración del contrato, a más tardar en el momento de entrega de los bienes o antes del inicio de la ejecución del servicio. **2335**
Tal confirmación debe **incluir**:
a) Toda la información exigida precontractualmente con carácter general a los contratos a distancia, salvo si el empresario ya ha facilitado la información al consumidor en un soporte duradero antes de la celebración del contrato a distancia; y
b) Cuando proceda, la confirmación del previo consentimiento expreso del consumidor y del conocimiento por su parte de la pérdida del derecho de desistimiento, lo que sucede cuando adquiere un contenido digital sin soporte material, y su ejecución comienza con el previo consentimiento del consumidor sabiendo que no tiene derecho de desistimiento.

Precisiones El hecho de que la empresa facilite la información postcontractual al consumidor mediante un **hipervínculo a un sitio de Internet** de la propia empresa, no cumple la Dir 97/7/CE art.5.1 (actual Dir 2011/83/UE art.7 y 8), que reconoce el derecho de los consumidores, una vez concluido el contrato, a

recibir confirmación del producto o servicio adquirido por escrito o mediante cualquier otro soporte duradero de la información relativa al contrato (TJUE 5-7-12, caso «Content Services»).
A *sensu contrario*, se entiende que cuando la ley no imponga la obligación de facilitar o recibir en un soporte duradero una información, la misma puede facilitarse mediante un enlace o hipervínculo.

E. Condiciones generales de contratación

2345 Las condiciones generales de contratación son **cláusulas predispuestas** cuya incorporación al contrato es impuesta por una de las partes, con independencia de la autoría material de las mismas, de su apariencia externa, de su extensión y de cualesquiera otras circunstancias. Se redactan con la finalidad de ser incorporadas a una pluralidad de contratos (LCGC art.1).
En el ámbito de la **contratación electrónica**, el prestador de servicios debe poner a disposición del destinatario, con carácter previo al inicio del procedimiento de contratación, las condiciones generales a que, en su caso, deba sujetarse el contrato, de manera que éstas puedan ser almacenadas y reproducidas por el destinatario (LSSI art.27.4). Se trata de una obligación exigible tanto a los contratos de consumo como a los realizados entre empresas.
El incumplimiento de esta obligación constituye una infracción grave (LSSI art.38.3.e).

2348 Con carácter **previo** al inicio del procedimiento de contratación, el prestador de servicios debe poner a disposición del destinatario las condiciones generales a que, en su caso, deba sujetarse el contrato, de manera que éstas puedan ser almacenadas y reproducidas por el destinatario (LSSI art.27.4).
En la contratación con **consumidores** esta información debe facilitarse mediante **soporte duradero**.
Como particularidad de la contratación electrónica con consumidores, para que las condiciones generales sean válidas debe constar la **aceptación** del consumidor a todas y cada una de las cláusulas del contrato, sin necesidad de firma convencional. Inmediatamente después, el empresario debe enviar al consumidor un **justificante de la contratación** efectuada, ya sea por escrito o -salvo oposición expresa del consumidor- en soporte electrónico. La carga de la prueba del cumplimiento de esta obligación corresponde al predisponente (esto es, al empresario que incluye en su contratación condiciones generales).

Precisiones Para **más información** sobre las condiciones generales en los contratos de consumo ver nº 690 s.

F. Derecho de desistimiento

(LGDCU art.68 y 102 a 108)

2350 El derecho de desistimiento es la **facultad del consumidor** de dejar sin efecto el contrato celebrado, notificándolo en el plazo legalmente previsto a la otra parte, sin necesidad de justificar su decisión y sin penalización.
La facultad de desistir del contrato es un **derecho irrenunciable** del consumidor, de manera que una eventual renuncia sería nula, así como son nulas las cláusulas que le imponen una penalización por el ejercicio del mismo.

Precisiones Para **más información** sobre el derecho de desistimiento ver nº 640 s.

2353 **Devolución y gastos** (LGDCU art.107 y 108) Una el consumidor ha ejercitado el derecho de desistimiento, el empresario debe reembolsarle el precio pagado y los costes de entrega dentro de un **plazo** de 14 días naturales tras recibir la comunicación de desistimiento. No obstante, en caso de que el consumidor hubiese seleccionado una modalidad de entrega diferente a la modalidad menos costosa de entrega ordinaria, el empresario no está obligado a reembolsar los costes adicionales que de ello se deriven.
En caso de **retraso injustificado** en la devolución del importe adeudado, el consumidor tiene derecho al doble de dicha cantidad, así como a una indemnización por los daños y perjuicios sufridos que excedan de esa cantidad.
Una vez ejercitado su derecho de desistimiento, el **consumidor está obligado** a:
• **Devolver los productos** adquiridos dentro de los 14 días naturales siguientes a la fecha en que ha comunicado el desistimiento. La devolución puede hacerse al empresario o persona autorizada.
• Asumir los **costes** de la **devolución**, salvo que el empresario haya aceptado asumirlos o no le haya informado de que corresponde al consumidor asumir tales costes.
• Responsabilizarse de la **disminución de valor** de los bienes cuando los ha manipulado de forma distinta a la necesaria para establecer la naturaleza, características y funcionamiento de tales bienes.

Precisiones En los contratos de venta, el empresario puede **retener el reembolso** de las cantidades mientras no reciba los bienes o mientras el consumidor no le pruebe que los ha devuelto, salvo que el empresario se haya ofrecido a recoger él mismo los bienes.

CAPÍTULO 7

Regulación sectorial

2500

SECCIÓN 1

Vivienda

2510

La vivienda es un **bien** de **primera necesidad**, solo precedida en la escala de las necesidades humanas por la alimentación, lo que explica la preocupación de los poderes públicos en su regulación. 2513

La seguridad, la salubridad, la promoción de viviendas y los derechos de sus adquirentes, entran dentro del ámbito del **derecho de consumo**.

A diferencia de otros bienes (como un electrodoméstico o un vehículo), la vivienda es un **bien no sustituible** de forma inmediata. Si un consumidor adquiere un producto defectuoso, puede prescindir de él temporalmente; si la vivienda tiene fallas estructurales o el contrato es abusivo, la dignidad y la seguridad del individuo se ven comprometidas directamente.

Además en el mercado inmobiliario, la **asimetría es extrema**: la brecha entre el promotor (experto, con recursos y asesoría) y el comprador (que suele invertir los ahorros de toda su vida y se endeuda a largo plazo) es la más profunda que existe en el consumo.

A. Compraventa y arrendamiento

(RD 515/1989)

Cuando la adquisición de viviendas se realiza en el curso de una operación de promoción de carácter empresarial la **responsabilidad contractual** que puede surgir para la entidad promotora se ve influenciada por la legislación protectora de los consumidores y usuarios. Las posibles **acciones** que el comprador tiene en el Código Civil o la LOE art.17 s. para reclamar por **defecto de cabida** o por **vicios ocultos**, e incluso por una falta de entrega, deben completarse con lo que se desprende de las disposiciones de consumidores y usuarios en cuanto a la **necesidad de informar** debidamente al consumidor sobre las características de la vivienda que adquiere. 2520

La responsabilidad por **defectos constructivos** puede verse en el nº 312.

Precisiones Para **mayor información** sobre los contratos de compraventa y arrendamiento de vivienda, ver nº 4300 y nº 9686 Memento Inmobiliario 2026.

1. Publicidad de promociones de vivienda

En la actividad tendente a la adquisición o arrendamiento de una vivienda destaca por su importancia la publicidad, que actúa como **reclamo** para atraer la atención de los **consumidores** como clientes potenciales. 2523

Se entiende por publicidad toda **forma de comunicación** realizada por una persona física o jurídica, pública o privada, en el ejercicio de una actividad comercial, industrial, artesanal o

profesional con el fin de promover de forma directa o indirecta la contratación de bienes muebles o inmuebles, servicios, derechos y obligaciones. Los **destinatarios** de la publicidad son las personas a las que se dirige el mensaje publicitario o las que este alcance.
Se trata de que el **comprador** tenga una representación cumplida de lo que va a adquirir y que el **vendedor** asuma la obligación esencial y constitutiva de entregar la cosa vendida, una vez que esta ha alcanzado la existencia real y física, cumpliendo de esa forma lo ofertado en la memoria de calidades y en la publicidad que se integran en el contenido del contrato (TS 8-3-11, EDJ 13873).
El **derecho a la información** de los adquirentes de vivienda se regula de forma detallada tanto en la normativa de protección del consumidor (LGDCU), como específicamente en la legislación de vivienda (RD 515/1989).

2528 **Forma** (RD 515/1989 art.2) La oferta, promoción y publicidad dirigida a la venta y arrendamiento de viviendas **debe ajustarse** a las verdaderas características, condiciones y utilidad de la vivienda, así como a las condiciones jurídicas o económicas de la contratación. El **desconocimiento** de esta obligación de construir conforme a lo ofertado en la publicidad, constituye un verdadero incumplimiento de la obligación de entrega.
La **infracción** de esta normativa puede dar lugar, aparte de los efectos civiles, a una sanción administrativa, al constituir una infracción de la norma reglamentaria (RD 515/1989 art.11). **Es sancionable** la diferencia entre la oferta publicitaria y el producto realmente prestado. Basta, no obstante, que haya una **información deliberadamente confusa** para que haya sanción.
Toda oferta, promoción o publicidad no puede ser **engañosa** (nº 4020). Debe cumplir las siguientes **condiciones:**
- ajustarse a las verdaderas características, condiciones y utilidad de la vivienda;
- expresar si esta se encuentra en construcción o si la edificación ha concluido; y
- no debe inducir a error a sus destinatarios, ni silenciar datos fundamentales.

El vendedor tiene que adecuarse a la normativa publicitaria en vigor, veraz y no engañosa, en lo que se refiere a las **características físicas y jurídicas de la vivienda** (TS 30-5-11, EDJ 95943; AP Madrid 12-4-19, EDJ 725891).

Precisiones Es indiferente que los consumidores soliciten el cumplimiento del compromiso y no pidan una **sanción** por publicidad engañosa para que esta última se lleve a cabo por parte de la **Administración**, independientemente de la petición de dichos consumidores (TSJ Valencia 11-10-00, EDJ 63983; TSJ Baleares 4-2-00, EDJ 5120).

2531 Respecto a la diferencia entre **publicidad y oferta** la normativa se refiere indistintamente a la oferta, promoción y publicidad. El término publicidad debe entenderse utilizado en un sentido amplio, incluyendo entonces la típica promoción de ventas, ya se incluya esta en un mensaje publicitario en sentido usual, ya se haga llegar al consumidor de cualquier otra manera, por ejemplo folletos publicitarios. Publicidad y promoción se refieren indistintamente a mensajes sugestivos dirigidos al consumidor en general, que se ofrecen o se localizan en una etapa previa y separada de la específica perfección contractual.
Por el contrario, el término **oferta** debe, a riesgo de quedar absorbido por los otros dos, ser referido a la oferta de contrato en sentido propio, como **declaración de voluntad** que contiene los elementos contractuales necesarios y precisos para que la aceptación del destinatario se produzca sin necesidad de nuevo concurso del oferente.

2540 **Contenido mínimo** (RD 515/1989 art.8) En el caso de que se entreguen **folletos o documentos similares**, en ellos han de constar, al menos, los siguientes **datos**:
- ubicación de la vivienda;
- datos del vendedor;
- descripción de la vivienda con expresión de su superficie útil;
- memoria de calidades o de los materiales empleados;
- datos registrales del inmueble; y
- precio total de la vivienda, la información relativa al precio de venta y sobre las garantías de las cantidades entregadas a cuenta en edificaciones en construcción, con indicación del período de validez que tienen tales menciones, con expresión clara de los lugares en los que se encuentra a disposición del público la información anteriormente mencionada.

Precisiones En caso de **discordancia** en la interpretación de las cláusulas contractuales de compraventa de vivienda, tienen prevalencia las hojas de calidades sobre la documentación gráfica del proyecto (TS 30-5-11, EDJ 95943).

Efectos contractuales de la publicidad (RD 515/1989 art.3.2) La publicidad que realizan los promotores y vendedores de viviendas tiene carácter contractual. La **información que se incluye en la oferta o promoción** es exigible, aunque posteriormente no figuren en el contrato características o elementos que estaban en la publicidad. Por este motivo es importante guardar cualquier folleto o documentación con el fin de exigir el cumplimiento de lo ofertado previamente. Así,la **memoria de calidades** entregada al comprador, por ejemplo, forma parte integrante y exigible del contenido contractual, incluso si no figuran expresamente en el contrato, salvo que el comprador haya sido informado expresamente de diferencias (AP Las Palmas 6-5-24, EDJ 783958). 2544

Tanto los planos como los folletos de propaganda entregados al adquirente, tienen **valor normativo** (TS 28-2-13, EDJ 25404; AP Castellón 8-4-11, EDJ 139136; AP A Coruña 17-1-12, EDJ 3711). El adquirente **puede exigir** cuantos datos, características y condiciones relativas a la construcción de la vivienda, a su ubicación, servicios e instalaciones, adquisición, utilización y pago se encuentren incluidos en la oferta, promoción y publicidad de las mismas, aun cuando no consten finalmente en el contrato.

La publicidad o el folleto no responde, o al menos únicamente, a una mera función de promoción, sino que constituye una auténtica **oferta publicitaria** (TS 1-10-12, EDJ 212332). Se trata de una información concreta, que contiene datos objetivos, referidos a características relevantes. Aunque no es oferta en sentido estricto, ya que no recoge todos los elementos esenciales, es incuestionable su importancia en la integración de contracto, dada su repercusión relevante en la formación del consentimiento (TS 23-7-13, EDJ 150000; 12-7-11, EDJ 146912; AP Madrid 20-3-19, EDJ 594300).

En el caso de la primera transmisión de viviendas, se exige una documentación completa en la que se defina, en planta a escala, la vivienda y el trazado de todas sus instalaciones, así como los materiales empleados en su construcción, lo que revela la trascendencia **integradora del contrato** que tienen el proyecto y la memoria de calidades de la obra.

Precisiones **1)** El comprador se atiene a los folletos impresos de propaganda difundidos por la empresa constructora al ser **muy parco el contrato privado** suscrito por las partes en elementos descriptivos, de acuerdo con el principio de buena fe proclamado en el CC art.1258 al creerlos, con todo fundamento, vinculantes para la empresa (TS 27-1-97, EDJ 411).

2) Mientras no se excluyan expresamente en el contrato, se entienden incluidas en el contrato la **zona deportiva y piscina** cuando así lo comprendía la oferta pública de venta (TS 19-2-81, EDJ 1344).

3) Existe un incumplimiento de la constructora cuando en la publicidad utiliza para el reclamo de los compradores la existencia de **vistas al mar** pero estas pueden verse obstaculizadas por otras edificaciones (TS 6-2-20, EDJ 507626).

4) En un caso en que se aducía que la **compradora conocía** que el **sistema de climatización no funcionaba** y que incluso ya se había producido una rebaja en el precio para afrontar reparaciones, la publicidad del inmueble la anunciaba como con calefacción y aire acondicionado con control centralizado. Se podría haber procedido a la modificación del contenido del anuncio siendo sabedor desde un inicio que el aparato de climatización debía ser sustituido, evitando la confusión y el perjuicio ocasionado (AP Tarragona 14-2-24, EDJ 540428).

5) Cuando existe una **discrepancia sustancial** entre la descripción publicitaria de un inmueble (un dúplex) y la realidad contractual y registral (un loft), y el comprador no ha aceptado expresamente dicha discrepancia, tiene derecho a resolver el contrato y exigir la restitución de las cantidades entregadas, por incumplimiento en la conformidad del objeto vendido. En este caso, la **segunda planta** no era de propiedad de la vivienda, sino que se tenía uso privativo de la terraza, donde se había **construido, sin legalizar**, una habitación con baño, lo que provocaba la discrepancia en el Registro (AP Las Palmas 10-10-23, EDJ 794690).

6) Se adquirió una vivienda cuya publicidad promocionaba **dotaciones** como piscina cubierta o pista de pádel que resultaron ser de **titularidad municipal y no comunitaria**, generando discrepancias sobre el cumplimiento contractual lo que indujo a error al comprador y genera derecho a indemnización, aunque no a la resolución del contrato (AP Almería 11-7-23, EDJ 773194).

7) Se comercializó un edificio plurifamiliar con **piscina comunitaria,** solárium y jardín, publicitando el uso común de estos elementos para todos los propietarios. Sin embargo, el proyecto aprobado y la licencia municipal **limitaban el acceso** a la piscina únicamente a las viviendas de planta baja, por lo que hay incumplimiento contractual si no entrega el uso y disfrute efectivo de dicha zona común a todos los compradores, siendo responsable de indemnizar el **daño moral** causado (AP Barcelona 25-10-18, EDJ 632690).

2. Información a facilitar al consumidor

(RD 515/1989 art.4 a 9; LGDCU art.60 redacc RDL 1/2021)

Antes de que el consumidor y usuario quede vinculado por un contrato y oferta, el **empresario** debe facilitarle de forma clara y comprensible, salvo que resulte manifiesta por el contexto, la información relevante, veraz y suficiente sobre las **características principales** del contrato, en particular sobre sus condiciones jurídicas y económicas. 2549

Se requiere que la información sea:
• **Veraz**: deben evitarse conceptos oscuros o equívocos, que no induzcan, ni puedan inducir a error a sus destinatarios, de modo tal que afecte a su comportamiento económico. Es el presupuesto necesario para que el comprador pueda primero formar y luego prestar cabalmente el consentimiento a la compraventa celebrada (AP Toledo 30-4-20, EDJ 568122).
• **Completa**: no ha silenciar datos fundamentales de los inmuebles objeto de la compraventa. Especialmente debe expresar si la vivienda se encuentra terminada o en construcción. El silencio puede constituir publicidad engañosa, si puede inducir a error a los destinatarios. La información exigida no queda suficientemente satisfecha si el promotor se limita a entregar determinadas fotografías o información catastral, o si se remite a los datos que constan en el Registro de la Propiedad, o en general, por medio de documentos a los que se reenvía, pero que no se tienen a disposición del adquirente al tiempo al tiempo de contratar.
Cuando la información se dirija a **personas consumidoras vulnerables** debe suministrarse en un formato fácilmente accesible, garantizando en su caso la asistencia necesaria, de forma que aseguren su adecuada comprensión y permitan la toma de decisiones óptimas para sus intereses.
Es una obligación basada en elementales **exigencias de la buena fe**, pues es obvio que el empresario que ofrece el bien dispone de una información y conocimientos de las que el adquirente carece, lo que debe ser remediado si se quiere que este pueda estar en condiciones mínimas de decidir con conocimiento de causa.

2557 **Información general para venta y arrendamiento de vivienda** (RD 515/1989 art.4)
Desde el momento en que se contacta con el consumidor para la compraventa o arrendamiento de una vivienda, ha de exigirse una **adecuada** información sobre la promoción inmobiliaria de conformidad con la normativa (TSJ Castilla-León 7-9-00, EDJ 50089).
Los que realizan las actividades de venta y arrendamiento sujetas al RD 515/1989, deben tener a disposición del público, y en su caso, de las autoridades competentes, la información siguiente:

2560 **Datos identificativos del vendedor o arrendador** (RD 515/1989 art.4.1) Identificación de la persona física o jurídica que actúa como vendedor o arrendador, haciendo constar tanto el nombre o razón social como el domicilio. En caso de tratarse de **persona jurídica**, deben recogerse también los datos de inscripción en el Registro Mercantil de dicha sociedad.

2561 **Planos** (RD 515/1989 art.4.2) El promotor debe tener a disposición del público el **plano general** del emplazamiento de la vivienda y **plano de la vivienda** misma, así como descripción y trazado de las redes eléctrica, de agua, gas, calefacción y garantías de las mismas, y de las medidas de seguridad contra incendios con que cuente el inmueble.
Los planos o proyectos de obra o de ejecución de la vivienda cumplen un **papel normativo** y no meramente descriptivo ya que se integran en el contenido del contrato (nº 2544). La finca ha de hallarse situada, configurada, orientada y deslindada tal y como aparece en el gráfico o plano, de manera que las diferencias con la realidad se traducen en cuestiones de orden jurídico (AP Cádiz 8-5-12, EDJ 141504; AP Soria 26-2-02, EDJ 9088).

Precisiones **1)** Los **planos** son un **elemento técnico**, resultante de la medición hecha sobre el terreno, y esencial de proyecto básico pues de las correspondientes mediciones depende la volumetría, ubicación de las construcciones, distribución de volúmenes, etc. La **Memoria** tiene un carácter más **genérico y descriptivo**, incluyendo generalmente referencias a la normativa aplicable, justificación de las medidas adoptadas, programación de la obra, relación de calidades, etc. (AP Santa Cruz de Tenerife, 8-9-11, EDJ 273765).
2) Cuando en un contrato de compraventa de vivienda **se pactan modificaciones** específicas en planos y presupuestos, el vendedor está obligado a ejecutarlas conforme a lo acordado, sin poder alterar unilateralmente elementos esenciales como la ubicación de tabiques o puertas que afecten la funcionalidad y expectativas del comprador, salvo justificación técnica válida (AP Burgos 24-6-24, EDJ 658582).
3) En contratos de **compraventa sobre plano**, cualquier modificación sustancial no consentida en la configuración, distribución o superficie útil de la vivienda que altere esencialmente las condiciones pactadas, como la reducción significativa de espacios clave o el cambio en la ubicación de elementos estructurales, constituye un incumplimiento contractual que faculta al comprador a resolver el contrato con restitución del precio pagado (AP Barcelona 24-4-13, EDJ 114982).

2564 **Descripción de la vivienda** (RD 515/1989 art.4.3) Otro de los datos que debe de estar a disposición del público y por tanto publicitarse es la descripción de la vivienda, con expresión de su superficie útil y descripción general del edificio en el que se encuentra, de las zonas comunes y de los servicios accesorios.
La **superficie útil** es la superficie del suelo de la vivienda delimitada por el perímetro definido por la cara interior de sus cerramientos con el exterior o con otras viviendas o locales. Es la

superficie que se puede pisar dentro de la casa. Comprende todo el interior de una vivienda, incluidos los armarios empotrados. Incluye la mitad de la superficie del suelo o de los espacios exteriores de uso privativo de la vivienda, como es el caso de terrazas, balcones y tendederos. Excluye la superficie ocupada en planta por cerramientos interiores fijos (tabiques, pilares, etc.) o móviles (puertas); superficie que no se puede pisar.
La **superficie construida** es la suma total de los metros cuadrados que están dentro del perímetro de la vivienda sin excluir el espacio ocupado por los elementos interiores. La medianera se parte al 50%, es decir al compartir pared con algún vecino el perímetro se mide desde la mitad de la medianera. Incluye zonas no transitables (galerías, conductos de ventilación, tabiques, muros, bajadas de desagües, etc.). No se computan como superficie construida los espacios con una altura inferior a un metro y medio. Se incluyen los elementos exteriores al 100 o al 50% según se trate de cerramiento de fachada o de cerramiento compartido con otras viviendas o locales.
La **superficie total** es la superficie de la vivienda más la de los elementos de la comunidad divididos entre todos los propietarios.
Si únicamente se recoge la **referencia a la superficie**, sin expresar si dicha superficie corresponde a los **metros construidos** o los metros **útiles**, debe interpretarse que se trata de superficie útil, ya que legalmente se exige que se suministre este dato. Si no consta claramente en la cláusula de qué tipo de superficie se trata, debe interpretarse en contra de la parte que la ha redactado (TS 20-3-02, EDJ 4705).

Precisiones 1) Es **nulo** el contrato de compraventa por **error** esencial del comprador, consistente en la creencia de que compraba una vivienda, en tanto que el inmueble objeto del contrato consistía en un apartamento turístico (AP Málaga 14-5-12, EDJ 192214).
2) Para que una reducción en la superficie de la vivienda sea causa suficiente para solicitar la **resolución del contrato**, dicha reducción debe ser de tal entidad que frustre la finalidad que los compradores perseguían con el negocio (AP Santa Cruz de Tenerife 8-9-11, EDJ 273765).
3) Cuando un comprador ha tenido **acceso previo y suficiente** a la información registral, planos y ha visitado reiteradamente el inmueble objeto de compraventa, con conocimiento expreso de sus características y acepta la compra como **cuerpo cierto**, no procede la resolución unilateral del contrato por supuestas discrepancias en la superficie o estado del inmueble, salvo que se acredite mala fe o vicio oculto por parte del vendedor (AP Madrid 22-2-22, EDJ 555143).
4) En un caso de **diferencia sustancial** en la superficie del inmueble, en este caso de un 25%, el error sobre esta característica esencial, siendo excusable y relevante, invalida el consentimiento y permite la resolución del contrato con devolución de las arras entregadas (AP Álava 24-11-20, EDJ 799270).
5) En la compraventa de un **inmueble sobre plano**, que constituye una compraventa de cosa futura y no de cuerpo cierto, el vendedor está obligado a entregar la vivienda conforme a las características y superficie pactadas en el proyecto incorporado al contrato, y cualquier disminución significativa de la superficie útil pactada constituye un incumplimiento contractual que da derecho al comprador a reclamar indemnización por daños y perjuicios (AP Málaga 18-5-16, EDJ 130439; AP Sevilla 20-6-12, EDJ 217366; AP A Coruña 30-3-10, EDJ 86404; AP Barcelona 28-3-03, EDJ 84914).

Materiales empleados (RD 515/1989 art.4.4) Deben tenerse también a disposición del público la referencia de los materiales empleados en la construcción de la vivienda, incluidos los aislamientos térmicos y acústicos, y del edificio y zonas comunes y servicios accesorios. La **memoria de calidades**, pasa a integrar la voluntad contractual, y determina los términos del cumplimiento exigible a la vendedora o arrendadora (AP Santa Cruz de Tenerife 28-4-20, EDJ 727595). 2572
Si los **términos** empleados en esta memoria son **imprecisos** o no suficientemente claros, debe estarse a la interpretación más favorable para el consumidor (AP Lleida 25-4-02, EDJ 24870).
La **buena fe y el justo equilibrio** de las prestaciones del contrato exigen que aquello que se ofertó se cumpla y que no se ejecute menos de lo prometido u ofertado ni de calidad diferente. Una vez integrada la memoria en el contrato, las características y calidades ofrecidas son perfectamente exigibles y su incumplimiento constituye un incumplimiento contractual y legal. Cualquier **modificación** de la memoria de calidades debe ser **autorizada por el comprador** no pudiendo el promotor descargarse de responsabilidad en otros agentes de la construcción (TSJ Castilla-La Mancha 4-1-01, EDJ 1559).

Instrucciones (RD 515/1989 art.4.5; L 38/1999 art.7) Es también obligatorio poner a disposición del público tanto las instrucciones sobre el **uso y conservación** de las instalaciones que exijan algún tipo de actuación o conocimiento especial, como las instrucciones sobre **evacuación** del inmueble en caso de emergencia. Esta misma información debe ir reflejada posteriormente en el **Libro del Edificio**. 2575

2578 **Registro de la Propiedad** (RD 515/1989 art.4.6) Resulta obligada la información acerca de los **datos de inscripción del inmueble** en el Registro de la Propiedad, o en su caso la expresión de no estar inscrito en el mismo. La identificación registral del inmueble permite al consumidor recabar la información sobre el estado registral de la finca, tomando conocimiento de esta forma de los diferentes actos o negocios jurídicos que se hayan llevado a cabo sobre la finca que pretende adquirir o arrendar, y si los mismos siguen teniendo efectos sobre la finca y el alcance de los mismos.

Precisiones 1) Si una **nota simple informativa** expedida por el Registro de la Propiedad **omite datos esenciales** sobre la titularidad del suelo de un inmueble, generando una doble inmatriculación no advertida al comprador, el registrador es responsable civilmente por los daños y perjuicios causados, aun cuando la nota simple tenga valor meramente informativo y no dé fe plena del contenido registral (AP Valencia 12-7-24, EDJ 802248).
2) Cuando existe una **discrepancia sustancial** entre la descripción publicitaria de un inmueble (un dúplex) y la realidad contractual y registral (un loft), y el comprador no ha aceptado expresamente dicha discrepancia, tiene derecho a resolver el contrato y exigir la restitución de las cantidades entregadas, por incumplimiento en la conformidad del objeto vendido. En este caso, la **segunda planta** no era de propiedad de la vivienda, sino que se tenía uso privativo de la terraza, donde se había **construido, sin legalizar**, una habitación con baño, lo que provocaba la discrepancia en el Registro (AP Las Palmas 10-10-23, EDJ 794690).

2581 **Precio total y forma de pago** (RD 515/1989 art.4.7) Por último deben ponerse a disposición del público, y en su caso de las autoridades competentes, el **precio** total o **renta** de la vivienda y **servicios accesorios** y forma de pago (nº 2609).

2586 **Información especial para la venta de viviendas** (RD 515/1989 art.5) Además de la información general para venta y arrendamiento (nº 2557 s.), en los supuestos de promoción de vivienda para su venta el promotor tiene obligación de poner a disposición del público o de las autoridades competentes, determinada información específica.
A la firma del contrato de compraventa, el adquirente de la vivienda tiene derecho a recibir a costa del vendedor copia de todo estos documentos (RD 515/1989 art.9).

2589 **Autorizaciones y licencias administrativas** (RD 515/1989 art.5.1.1) En relación con las **normas urbanísticas**, se requieren **copias** de las autorizaciones legalmente exigidas para la construcción de la vivienda y de la cédula urbanística, así como de la licencia de ocupación de la vivienda, zonas comunes y servicios accesorios.
Está implícito en toda venta de vivienda, el **derecho del adquirente** a recibir no solo la simple edificación, sino también la correspondiente urbanización como requisito de adecuada habitabilidad, que es la finalidad pretendida (AP Valencia 1-7-11, EDJ 17517).

2592 **Información sobre la comunidad de propietarios** (RD 515/1989 art.5.1.2) Otra información importante a aportar por los promotores son los **estatutos** y las **normas de funcionamiento** de la comunidad de propietarios, en su caso, así como la información de los contratos de servicios y suministro de la comunidad. Si la comunidad ya está en funcionamiento, se tiene que facilitar por el vendedor un extracto de cuentas y obligaciones de la vivienda.
Los propietarios están obligados a contribuir a los gastos generales de la comunidad con arreglo a la **cuota de participación** fijada en el título o a lo que se haya establecido en la junta de propietarios. Deben, en la misma proporción, colaborar en el mantenimiento de los servicios comunitarios así como de sus cargas y responsabilidades que no puedan individualizarse (LPH art.9).

2595 **Tributos que gravan la vivienda** (RD 515/1989 art.5.1.3) Es obligatorio tener a disposición del público y de las autoridades competentes información en cuanto al pago de los tributos que gravan la **propiedad o utilización** de la vivienda.
Entre ellos deben tenerse en cuenta el impuesto sobre el valor añadido (IVA), el impuesto sobre transmisiones patrimoniales y actos jurídicos documentados (ITP y AJD), el impuesto sobre el incremento del valor de los terrenos de naturaleza urbana (plusvalía) y el impuesto sobre bienes inmuebles (IBI).

2598 **Forma del contrato** (RD 515/1989 art.5.1.4) El contrato debe ser **claro y sencillo**. Debe estar a disposición del público o de las autoridades competentes, la forma en que está previsto documentar el contrato con sus **condiciones generales y especiales**, haciendo constar de modo especialmente legible lo siguiente:
• Que el consumidor no debe soportar los **gastos derivados de la titulación** que correspondan legalmente al vendedor.
El que construye debe soportar los **gastos financieros** de dicha construcción, sin trasladar dicho coste directamente a quien adquiere la vivienda (TSJ Madrid 25-5-98, EDJ 16132).

• Los **requisitos de forma** del contrato del CC art.1280.1, conforme al cual deben constar en documento público los actos y contratos que tengan por objeto la creación, transmisión, modificación o extinción de derechos reales sobre bienes inmuebles. Los contratantes pueden compelerse recíprocamente a llenar la forma del contrato cuando la ley exija el otorgamiento de escritura u otra forma especial.
• El derecho del consumidor de **elección de notario**, aunque no puede imponer el que carezca de conexión razonable con alguno de los elementos personales o reales del negocio debido a su competencia territorial.

Fecha de entrega prevista y fase en que se encuentra la edificación (RD 515/1989 art.5.1.5.) En el caso de que la vivienda, las zonas comunes o los elementos accesorios **no se hallen totalmente terminados** ha de constar con claridad la fecha prevista de entrega y la fase en que se encuentra la edificación (AP Málaga 30-11-04, EDJ 247766). **2601**
Tal información es relevante para los adquirentes, ya que los mismos suelen organizar la **disposición de sus bienes** en previsión a esa fecha prevista de entrega.
La fecha de entrega no puede ser una mera aproximación ni dejarse al arbitrio del vendedor. La **ausencia de determinación** es una causa no subsanable que vicia el consentimiento prestado y puede dar lugar a la nulidad del contrato suscrito (AP Valencia 7-10-10, EDJ 319385).
Los términos para fijar la fecha no son solo orientativos sino al contrario, es una de las obligaciones que debe cumplir el vendedor. Solo queda exento el promotor en los supuestos de **fuerza mayor** no imputable a la promotora (AP León 21-5-21, EDJ 632185).

Arquitecto y constructor (RD 515/1989 art.5.1.6) Entre la información a facilitar se encuentra el nombre y domicilio del arquitecto y el nombre o razón social y el domicilio del constructor cuando se trate de primera transmisión. Este dato es importante por si en el futuro aparecen **vicios o defectos en la construcción** y deben reclamarse extrajudicial o judicialmente los mismos. **2604**

Precio de venta (RD 515/1989 art.6) En la nota explicativa puesta a disposición del público y de las autoridades competentes, se debe expresar con **claridad** y **detalle** el precio total de la venta, incluyendo en su caso, los honorarios del agente y el impuesto sobre el valor añadido o el impuesto de transmisiones patrimoniales y actos jurídicos documentados, según corresponda. **2609**
En la nota explicativa donde se deja constancia del precio total, se deduce cualquier **cantidad entregada a cuenta** o por cuenta del adquirente antes de la formalización de la operación (RD 515/1989 art.6.2).

Precisiones 1) Cuando no se hace mención expresa al pago de los **honorarios del agente** de la propiedad inmobiliaria se entiende que los vendedores no incluyen dichos honorarios en el precio que fijan como total del inmueble por lo que los adquirentes no deben hacer frente a dichos honorarios (AP Valencia 15-7-00, EDJ 47065; AP Burgos 13-9-01, EDJ 42165).
2) La **responsabilidad del banco** respecto de las **cantidades entregadas a cuenta** (nº 2648) solo nace cuando la construcción no se inicia o no llega a buen fin (en el tiempo convenido) por incumplimiento del vendedor; no cubre resoluciones por otras causas. Aunque la Sala admite que el buen fin tiene componente jurídico y que el aumento del precio puede, en abstracto, impedirlo, en este caso concreto pesa que las compradoras consintieron la continuación con sobrecostes y no reclamaron durante la ejecución, oponiéndose solo al final (TS 2-12-25, EDJ 779463).

Forma de pago (RD 515/1989 art.6.1) Se ha de expresar la forma de pago. No solo es importante para el adquirente conocer el precio exacto de la venta que pretende llevar a cabo, sino que también lo es el tener cabal conocimiento de las diversas **modalidades de pago** que se le ofrecen así como las **garantías** que en su caso debe prestar. **2612**
En caso de aplazamiento del pago, ha de constar el **tipo de interés** aplicable y las cantidades que corresponde abonar por principal e intereses y la fecha del vencimiento de unos y otros. Es contraria a la buena fe la **indeterminación** de la cantidad aplazada y del tipo de interés anual sobre saldos pendientes de amortización. Si no consta la forma de pago, se considera que el contrato es nulo de pleno derecho por falta de objeto (AP Valencia 6-7-02, EDJ 45749).
Si se prevé la **subrogación del consumidor** en alguna operación de crédito no concertada por él, con garantía real sobre la propia vivienda (supuesto habitual en el que el adquirente se subroga en la hipoteca concertada en su día por el promotor), **se debe indicar con claridad** el notario autorizante de la correspondiente escritura, fecha de esta, datos de su inscripción en el Registro de la Propiedad y la responsabilidad hipotecaria que corresponde a cada vivienda, con expresión de vencimientos y cantidades, a fin de que el adquirente que se va a subrogar en la hipoteca tenga pleno conocimiento de las cargas hipotecarias por las que va a responder la vivienda que adquiere.
Si el comprador no quiere dicha subrogación y prefiere constituir otro préstamo hipotecario, los **gastos de cancelación** de la hipoteca en la que no se subrogue deben ser de cuenta del vendedor, resultando abusiva cualquier cláusula que disponga lo contrario.

3. Contratos de compraventa o arrendamiento

(RD 515/1989 art.9 y 10)

2622 El consumidor al celebrar un contrato de compraventa o de arrendamiento de vivienda se encuentra protegido desde una **doble vertiente**:
- a través del derecho que le asiste a la **entrega**, a la firma del contrato, de los **documentos** en que conste la información;
- a través de la **redacción del propio contrato**, que debe regirse por los principios de claridad y sencillez, y sin remisión a textos o documentos que no se faciliten previa o simultáneamente a la celebración del contrato y que respondan asimismo a los principios de buena fe y justo equilibrio de las contraprestaciones.

2625 **Claridad y sencillez** (RD 515/1989 art.10.1) Los documentos contractuales de compraventa de vivienda, tanto se **negocien directamente** y de forma individual entre las partes, tanto como si se trata de **contratos de adhesión**, deben ir redactados con la debida claridad y sencillez, con posibilidad de **comprensión directa** y sin reenvíos a textos o documentos que no se faciliten previa o simultáneamente a la conclusión del contrato, y a los que, en todo caso, debe hacerse referencia expresa en el documento contractual.

Precisiones **1)** En los contratos de adhesión, si una **cláusula** se considera **oscura**, tal oscuridad solo es atribuible a quien la provoca al redactar el contrato y consecuentemente tiene que asumir la responsabilidad de ello, debiendo interpretarse la cláusula en el sentido más beneficioso a quien no generó la duda, que, en este caso, es el comprador (AP Santa Cruz de Tenerife 24-9-10, EDJ 366777; AP Cantabria 18-5-10, EDJ 211698).
2) Para **mayor información** sobre las cláusulas oscuras ver nº 788.

2628 **Buena fe y justo equilibrio de las contraprestaciones** (RD 515/1989 art.10.2; LGDCU art.80.1.c) Los contratos deben responder a los principios de buena fe y justo equilibrio de las contraprestaciones. Estos principios **excluyen** en todo caso la utilización de **cláusulas abusivas** (nº 800 s.), es decir, todas aquellas estipulaciones no negociadas individualmente que causen, un desequilibrio importante de los derechos y obligaciones de las partes que se deriven del contrato en perjuicio del consumidor (AP Murcia 17-1-12, EDJ 3829; AP Cáceres 19-6-12, EDJ 140004).
La importancia del **desequilibrio contractual** no debe centrarse exclusivamente en el aspecto cuantitativo o dinerario, también debe verse si las cláusulas protegen únicamente los intereses del empresario sin la debida contrapartida. Es una desviación sustancial de las **obligaciones recíprocas** de las partes que impone condiciones más gravosas, sin justificación, para el consumidor (AP Navarra 27-4-11, EDJ 349170).

Precisiones Para **mayor información** sobre la falta de reciprocidad en las cláusulas ver nº 830.

2631 **Cláusulas prohibidas** (RD 515/1989 art.10.2) La relación que se hace en la normativa de consumidores y usuarios es **meramente enunciativa** y no impide la apreciación del carácter de abusivo de cualesquiera otras cláusulas que no negociadas individualmente y en contra de las exigencias de la buena fe causen, en perjuicio del consumidor, un desequilibrio importante en los derechos y obligaciones de las partes que se deriven del contrato.
No siempre una cláusula introducida de forma unilateral por el promotor la convierte en nula sin más. Incluso pueden ser **beneficiosas para el comprador**, es el caso de aquella disposición en la que el promotor es el agente urbanizador y quien asume los gastos de esa actividad, repercutiendo ese gasto en el precio final de las viviendas que formen parte de la promoción (AP Segovia 30-6-11, EDJ 193330).

Precisiones **1)** Una estipulación no negociada individualmente, que limita los derechos de los consumidores, recibe la sanción de la nulidad convirtiendo en **indebido y restituible lo pagado** por el consumidor por el concepto de que se trata (AP Asturias 30-12-11, EDJ 319760).
2) Resulta abusiva una cláusula, que otorga a la promotora la facultad de **modificar unilateralmente** el contrato en aspectos sustanciales, lo que vulnera, el principio general por el cual la validez y el cumplimiento de los contratos no pueden dejarse al arbitrio de uno de los contratantes (CC art.1256) (TS 4-12-98, EDJ 26408).

2634 **Casos de pago diferido** (RD 515/1989 art.10.a) Están expresamente prohibidas las cláusulas que:
- **no reflejen con claridad** la cantidad aplazada, el tipo de interés anual sobre los saldos pendientes de amortización y las condiciones de amortización de los créditos concedidos;
- **omitan** la cantidad aplazada, el tipo de interés anual sobre los saldos pendientes de amortización y las condiciones de amortización de los créditos concedidos;
- las que de cualquier forma faculten al vendedor a **incrementar el precio aplazado** durante la vigencia del contrato.

No se debe considerar como falta de determinación en plazos de las cantidades a abonar como principal e intereses, si las cláusulas están redactadas con claridad y las **cifras** son **deducibles** con simples operaciones aritméticas (AP Baleares 31-1-02, EDJ 8732).

Incremento del precio por servicios, accesorios, financiación, etc. (RD 515/1989 art.10.b) Están prohibidas las cláusulas que impongan un incremento del precio que **no correspondan a prestaciones adicionales efectivas** que puedan ser libremente aceptadas o rechazadas por el comprador con independencia del contrato principal. Se consideran a tales efectos: 2637

- Las reformas de obra por causas no previsibles al aprobarse el proyecto de construcción que originen una modificación del precio estipulado. Esta modificación debe **comunicarse previamente a los adquirentes** que deben dar su conformidad. Se debe establecer la cuantía exacta que suponen las obras.
- Las reformas que **propongan los adquirentes** han de ser objeto de formalización en documento donde se tiene que describir su contenido y repercusiones que tengan en el precio y plazo que se hubiese convenido.

Precisiones 1) La cláusula contractual que impone al consumidor el pago de **tasas por derechos de enganche** a servicios esenciales como agua y alcantarillado, cuando no está expresamente recogida en la escritura pública y se considera abusiva por lo que es nula de pleno derecho y no puede ser exigida al consumidor (AP Asturias 16-2-12; EDJ 26947; 4-6-10, EDJ 137215; 21-1-08, EDJ 116217).

2) Cuando un **contrato privado** denominado «contrato de reserva» contiene una descripción detallada y precisa del objeto futuro (vivienda en construcción) y establece un precio determinado con condiciones claras de pago, dicho contrato debe considerarse como un contrato de compraventa perfecto o, en su defecto, una promesa bilateral de compraventa con efectos equivalentes, impidiendo a la parte vendedora modificar unilateralmente el precio o las condiciones pactadas (AP 17-6-08, EDJ 158447).

3) Cuando en la compraventa de viviendas nuevas se repercuten a los compradores gastos derivados de la suscripción de un **préstamo hipotecario** destinado a **financiar la construcción** del inmueble, dichos gastos deben ser asumidos por el vendedor conforme al Real Decreto 515/1989, y no pueden ser trasladados al consumidor, incluso si existe una cláusula contractual que pretenda atribuirlos al comprador, pues ello contraviene el principio de buena fe y el justo equilibrio de las contraprestaciones (AP Valencia 30-3-07, EDJ 98523).

Repercusión de fallos, defectos o errores administrativos o bancarios (RD 515/1989 art.10.c) 2640
Tienen la consideración de prohibidas las cláusulas que supongan la repercusión al comprador de fallos, defectos o errores administrativos o bancarios que no le sean directamente imputables.

Gastos de titulación (RD 515/1989 art.10.d) Se prohíbe la inclusión en los contratos de compraventa de viviendas la imposición, en la **primera venta** de las mismas, de la **obligación de abonar** los gastos derivados de la preparación de la titulación que por Ley o por naturaleza corresponden al vendedor (obra nueva propiedad horizontal, hipotecas para financiar su construcción o su división o cancelación). 2643

Los gastos de **formalización de la escritura pública** y de la denominada **plusvalía** -el impuesto municipal sobre el incremento del valor de los terrenos-, no pueden incluirse dentro de los gastos de titulación, por lo que se puede pactar que sea el comprador quien se haga cargo de ellos (AP Burgos 13-9-01, EDJ 42165).

Principales aspectos del contrato de arrendamiento de vivienda El **plazo mínimo legal** del contrato de arrendamiento de vivienda para **persona física** es de 5 años (LAU art.9). Este plazo es obligatorio para el arrendador y potestativo para el arrendatario que puede ejercer su derecho a desistir del mismo o no renovar en alguna de las sucesivas prórrogas anuales comunicándolo con 30 días de antelación. 2644

Así, al cumplirse los 5 años, siempre que ninguna de las partes notifique a la otra su volutad de no seguir, el contrato se **prorroga por plazos anuales** hasta un máximo de 3 años (5+1+1+1).

El arrendador, transcurrido el plazo del contrato, puede **recuperar el inmueble** si necesita destinarlo a vivienda permanente para sí o algún familiar de primer grado o para su cónyuge en caso de divorcio, separación o nulidad matrimonial. Esta posibilidad de recuperación funciona como una facultad de denegación de la prórroga y no como un desestimiento, por tanto solo se puede ejercer en cada uno de los vencimientos del contrato.

Se plantea qué ocurre con este contrato una vez **agotadas esas tres anualidades** de prórroga legal tácita, cuando las partes no manifiestan su voluntad de finalizar el contrato:

- Para un sector doctrinal, se abre un periodo prórrogas sucesivas, por el mismo período que la prórroga legal tácita aplicable a cada contrato, actualmente [(5+1+1+1)+1+1+1...].
- Para otra parte de la doctrina, no se produce tal sucesión de prórrogas, sino que el contrato entra en tácita reconducción, por un plazo acorde con el fijado para el pago de la renta.

2645 En cuanto a la **renta** a pagar, esta puede ser estipulada libremente por las partes. Ahora bien, en las **zonas de mercado residencial tensionado**, en los contratos que se firmen a partir del 26-5-2023, se establece dos mecanismos para limitar la misma:

• **Referencia a un contrato anterior**: para acordar la renta inicial del contrato, hay que tener en cuenta la de otro contrato anterior que hubiera estado vigente para esa misma vivienda en los últimos 5 años, de forma que:

- la **renta pactada** no puede superar la del contrato anterior, una vez aplicada la cláusula de actualización anual; y
- no se pueden establecer nuevas condiciones que establezcan la repercusión al arrendatario de **cuotas o gastos** que no estuviesen recogidas en el contrato anterior.

No obstante, en los siguientes supuestos, sí cabría **incrementar la renta** por encima de lo que correspondería por la actualización anual, si bien solo hasta un máximo del 10%:

- cuando se acredite que en los 2 años anteriores a la celebración del nuevo contrato se han hecho obras de **rehabilitación** (RIRPF art.41.1), para la mejora de la **eficiencia energética**, que supongan un ahorro del 30% en energía primaria no renovable o de mejora de mejora de la **accesibilidad**;
- cuando las partes hayan establecido un **plazo del contrato** de 10 o más años; o
- se establezca un derecho de prórroga al que pueda acogerse voluntariamente el arrendatario, que le permita de manera prorrogar el contrato en los mismos términos y condiciones durante un periodo de 10 o más años.

• **Sistema de índices de precios de referencia**: actúa como límite máximo aplicable para determinar la renta inicial del contrato, en **dos supuestos**:

- cuando el arrendador sea un gran tenedor; o
- cuando no siendo el arrendador un gran tenedor, no hubiera habido otro contrato vigente en los últimos 5 años, siempre que se recoja así en la declaración de mercado residencial tensionado.

Precisiones Hasta ahora, las comunidades autónomas que han publicado relación de municipios como **zonas de mercado residencial tensionado** son Cataluña, Galicia, Navarra y el País Vasco. Puede verse la relación de municipios en la **web** del Ministerio de Vivienda: https://www.mivau.gob.es/vivienda/alquila-bien-es-tu-derecho/serpavi/consultar-zonas-de-mercado-residencial-tensionado.

4. Cantidades anticipadas

(L 38/1999 disp.adic.1ª)

2648 La **compraventa de viviendas por construir** presenta la **ventaja** para el comprador de poder realizar el pago de forma parcial y fraccionada aunque anticipadamente a la entrega de los inmuebles. Estos pagos anticipados presentan, sin embargo, el **inconveniente** de que, por vicisitudes de la construcción, se pueda frustrar el fin perseguido, con el consiguiente riesgo de que los pagos anticipados se pierdan.

Por ello y con el objeto de proteger al adquirente de la vivienda y la devolución de las cantidades anticipadas en caso de que el vendedor no cumpla, se establecen ciertas **garantías de pago**.

La protección del adquirente se realiza, básicamente con la imposición al promotor de dos **obligaciones fundamentales**:

1) Garantizar la **devolución de las cantidades** entregadas más los intereses legales y los impuestos aplicables, desde el mismo momento de la obtención de la licencia de edificación, para el caso de que la construcción no se inicie o no llegue a buen fin en el plazo convenido para la entrega (nº 2659).

2) Percibir las cantidades anticipadas por los adquirentes a través de una **cuenta especial** abierta en una entidad de crédito únicamente para este fin. Para la apertura de estas cuentas, la entidad de crédito, bajo su responsabilidad, tiene que exigir la garantía a que se refiere la condición anterior (nº 2674).

a. Información contractual

(L 38/1999 disp.adic.1ª.3)

2650 En la **publicidad de la promoción** de viviendas con percepción de cantidades a cuenta, con anterioridad a la iniciación de las obras o durante el período de construcción, es obligatorio hacer constar que el promotor ajustará su actuación y contratación al cumplimiento de los requisitos establecidos en la L 38/1999, haciendo **mención expresa** de la entidad aseguradora o avalista garante, así como de la entidad de crédito en la que figura abierta la cuenta especial en la que han de ingresarse las cantidades anticipadas.

En los **contratos** para la adquisición de viviendas en que se pacte la entrega al promotor de cantidades anticipadas, **se debe hacer constar** expresamente (L 38/1999 disp.adic.1ª.3): 2651

a) La **obligación del promotor** de devolver al adquirente las cantidades percibidas a cuenta, incluidos los impuestos aplicables, más los intereses legales, en los siguientes casos:

- si la construcción no se inicia o termina en los plazos convenidos que se determinen en el contrato (TS 20-7-20, EDJ 617243);
- si no se obtiene la cédula de habitabilidad, licencia de primera ocupación o el documento equivalente que faculte para la ocupación de la vivienda.

b) Referencia al **contrato de seguro o aval** con el que se garantiza dicha obligación, con indicación de la denominación de la entidad aseguradora o de la entidad avalista.

c) **Designación de la entidad de crédito** y de la cuenta a través de la cual se ha de ingresar el adquirente las cantidades que se hubiese comprometido a anticipar como consecuencia del contrato.

b. Garantías de las cantidades entregadas a cuenta

Las personas físicas y jurídicas que promueven la construcción de toda clase de viviendas, incluidas las que se realicen en régimen de comunidad de propietarios o sociedad cooperativa, y que pretenden obtener de los adquirentes entregas de dinero para su construcción, deben **garantizar**, desde la obtención de la licencia de edificación, la devolución de las cantidades entregadas más los intereses legales. 2659

La garantía de devolución se puede realizar:

- mediante **contrato de seguro de caución** suscrito con entidad aseguradora (nº 2665);
- mediante **aval solidario** emitido por entidad de crédito debidamente autorizada (nº 2671).

En la práctica, resulta más **frecuente** que la devolución de las cantidades anticipadas se garantice mediante aval bancario.

Deben diferenciarse dos **relaciones contractuales** diferentes:

- la efectuada entre la entidad promotora-vendedora;
- la formalización del contrato de seguro o aval bancario que debe cumplimentar la entidad promotora.

Ambas tienen la **finalidad** de defender los derechos del comprador-consumidor y hacer efectivo el reintegro de sus anticipos del pago del precio para el caso de que la vivienda no se construya o no se pueda ocupar (TS 8-3-01, EDJ 1689).

Precisiones **1)** La expresión «**toda clase de viviendas**» elimina cualquier duda que pudiera reducir el nivel de protección de los compradores por razón de la forma de promoción o del régimen de la vivienda que compren, pero no puede equipararse a «toda clase de compradores» para, así, extender la protección a los profesionales del sector inmobiliario o a los compradores especuladores, pues entonces no se entendería la razón de que se atribuya el carácter de irrenunciables a los derechos que la Ley otorga a los compradores (TS 26-7-21, EDJ 646136).

2) El comprador puede dirigirse **simultáneamente** contra el **vendedor** y su **aseguradora** para exigirles solidariamente la devolución de las cantidades anticipadas y, también, contra el **avalista** o el **asegurador** sin tener que demandar al promotor por incumplimiento (TS 3-7-13, EDJ 179898; 7-5-14, EDJ 96067; 23-9-15, EDJ 163152).

3) La responsabilidad de los **administradores** de una sociedad promotora es **solidaria**, frente a los compradores, por el daño consistente en no haber podido estos recuperar las cantidades anticipadas por no haberse constituido la garantía correspondiente (TS 23-5-14, EDJ 80794).

4) La entidad de crédito solo es responsable si puede identificar, con base en los datos del ingreso, que se trata de cantidades protegidas, lo que no ocurre si el banco no pudo conocer ni controlar la naturaleza de los pagos, no siendo exigible una **labor inquisitiva** sobre cualquier ingreso en la cuenta de la promotora (TS 29-9-25, EDJ 708744).

5) La entidad avalista responde por el total de las cantidades anticipadas por los compradores a cuenta del precio de sus viviendas correspondientes a pagos previstos en los contratos, aunque se hicieran **en efectivo** a la promotora y no se ingresaran por esta en cuenta abierta a su nombre en la avalista o en otra entidad (TS 1-4-25, EDJ 537519).

Contrato de seguro de caución (L 38/1999 disp.adic.1ª.2.1) Para que un contrato de seguro de caución pueda servir como garantía de las cantidades anticipadas en la construcción y venta de viviendas debe cumplir los siguientes **requisitos**: 2665

• Se ha de suscribir una **póliza de seguro individual** por cada adquirente, en la que se identifique el inmueble para cuya adquisición se entregan de forma anticipada las cantidades o los efectos comerciales.

No obstante, la **ausencia** de los correspondientes **avales individuales** no impide que la obligación de restituir las cantidades entregadas, con sus intereses, quede cubierta a favor de los compradores que han concertado un contrato de compraventa y entregado esas cantidades a cuenta, al amparo de la existencia de la **póliza colectiva** (TS 23-9-15, EDJ 163152; 21-12-16,

EDJ 230593). La póliza colectiva garantiza la devolución de las cantidades anticipadas, protegiendo al comprador frente a la posible negligencia del promotor en la emisión de avales individuales (TS auto 25-5-16, EDJ 74993).

• La **suma asegurada** debe incluir la cuantía total de las cantidades anticipadas en el contrato de compraventa, de adhesión a la promoción o fase de la cooperativa o instrumento jurídico equivalente, incluidos los impuestos aplicables, incrementada en el interés legal del dinero desde la entrega efectiva del anticipo hasta la fecha prevista de la entrega de la vivienda por el promotor.

No es posible establecer **límites cuantitativos** en la póliza de seguro, pues la misma debe garantizar la devolución de todas las cantidades entregadas a cuenta. Tampoco puede contener límites inferiores a las sumas entregadas por los compradores y/o a los intereses legales (TS 25-11-14, EDJ 204312; 3-7-13, EDJ 179898).

• Debe ser **tomador** del seguro el promotor, a quien le corresponde el pago de la prima por todo el periodo de seguro hasta la elevación a escritura pública del contrato de compraventa, de adhesión a la promoción o fase de la cooperativa o instrumento jurídico equivalente.

• Corresponde la condición de **asegurado** al adquirente o adquirentes que figuren en el contrato de compraventa.

• El asegurador **no puede oponer** al asegurado las **excepciones** que puedan corresponderle contra el tomador del seguro. La falta de pago de la prima por el promotor no es, en ningún caso, excepción oponible.

• La **duración del contrato** no puede ser inferior a la del compromiso para la construcción y entrega de las viviendas. En caso de que se conceda prórroga para la entrega de las viviendas, el promotor puede prorrogar el contrato de seguro mediante el pago de la correspondiente prima, debiendo informar al asegurado de dicha prórroga.

• La **entidad aseguradora** puede comprobar durante la vigencia del seguro los documentos y datos del promotor-tomador que guarden relación con las obligaciones contraídas frente a los asegurados.

Precisiones Cuando un comprador entrega cantidades a cuenta para la adquisición de una vivienda sobre plano y el promotor cambia mediante **novación contractual**, la aseguradora que suscribió una póliza colectiva de afianzamiento con el nuevo promotor está obligada a devolver las cantidades acreditadas como ingresadas, independientemente de que no se hayan emitido pólizas individuales o que los pagos no se hayan realizado en la cuenta especial designada en la póliza, siempre que se pruebe la entrega y el incumplimiento en la construcción o entrega de la vivienda (AP Almería 23-5-18, EDJ 562920).

2668 • Si la construcción **no se inicia o no llega a buen fin** en el plazo convenido, el asegurado, siempre que haya requerido de manera fehaciente al promotor para la devolución de las cantidades aportadas a cuenta, puede reclamar directamente al asegurador. Igualmente puede reclamar al asegurador, cuando no resulte posible la reclamación previa al promotor.

El asegurador debe **indemnizar** al asegurado en el **plazo** de 30 días a contar desde que formule la reclamación.

• En **ningún caso son indemnizables** las cantidades que no se acredite que fueron aportadas por el asegurado, aunque se hayan incluido en la suma asegurada del contrato de seguro, por haberse pactado su entrega aplazada en el contrato de cesión.

• El **asegurador** puede reclamar al promotor-tomador las cantidades satisfechas a los asegurados, a cuyo efecto **se subroga** en los derechos que correspondan a estos.

• Si la **entidad aseguradora** satisface la indemnización al asegurado como consecuencia del siniestro cubierto por el contrato de seguro, el promotor no puede enajenar la vivienda sin haber resarcido previamente a la entidad aseguradora por la cantidad indemnizada.

En todo lo no específicamente dispuesto, es de aplicación la L 50/1980, de contrato de seguro.

Precisiones La responsabilidad del banco solo nace cuando la construcción no se inicia o no llega a buen fin (en el tiempo convenido) por incumplimiento del vendedor; no cubre resoluciones por otras causas. Aunque la Sala admite que el buen fin tiene componente jurídico y que el **aumento del precio** puede, en abstracto, impedirlo, en este caso concreto pesa que las compradoras consintieron la continuación con sobrecostes y no reclamaron durante la ejecución, oponiéndose solo al final (TS 2-12-25, EDJ 779463).

2671 **Aval solidario** (L 38/1999 disp.adic.1ª.2. 2) El promotor también puede garantizar la devolución de las cantidades entregadas mediante un aval solidario **emitido por entidad de crédito** debidamente autorizada.

Para que un aval pueda servir como garantía de las cantidades anticipadas en la construcción y venta de viviendas, debe ser **emitida y mantenida en vigor** por la entidad de crédito, por la **cuantía total** de las cantidades anticipadas en el contrato de compraventa, de adhesión a la promoción o fase de la cooperativa o instrumento jurídico equivalente, incluidos los impuestos aplicables, incrementada en el interés legal del dinero desde la entrega efectiva del anticipo hasta la fecha prevista de la entrega de la vivienda por el promotor.

En caso de que la **construcción no se inicie o no llegue a buen fin** en el plazo convenido, por cualquier causa, el beneficiario, puede exigir al avalista el abono de dichas cantidades. Para ello es necesario que haya requerido de manera fehaciente al promotor para la devolución de las cantidades entregadas a cuenta, incluidos los impuestos aplicables, y sus intereses, y que este, en el plazo de 30 días, no haya procedido a su devolución. El beneficiario puede **reclamar directamente** al avalista cuando no resulte posible la reclamación previa al promotor.

El aval garantiza la devolución de los anticipos en caso de **falta de terminación** de la **edificación** dentro del plazo pactado, y con mayor razón la garantiza cuando el vendedor supedita el otorgamiento de escritura pública al pago de un precio mayor que el estipulado o pretende entregar la vivienda con cargas hipotecarias cuando se pactó libre de cargas (TS 7-5-19, EDJ 573583).

El **avalista** es una figura autónoma, por lo que una vez se acredita el incumplimiento tardío de la obligación garantizada por el aval, no se puede entrar a valorar si la demora es excesiva o no. Incumplida la obligación de entrega en plazo, el avalista debe devolver las cantidades entregadas a cuenta, debidamente reclamadas, resultando indiferente que el retraso haya sido más o menos breve (TS 7-5-14, EDJ 96067).

Se produce la **caducidad del aval** si transcurre un plazo de 2 años, desde el incumplimiento por el promotor de la obligación garantizada sin que haya sido requerido por el adquirente para la rescisión del contrato y la devolución de las cantidades anticipadas.

Ingreso en cuenta diferenciada (L 38/1999 disp.adic.1ª.1.b) Además de garantizar la devolución de las cantidades anticipadas, las personas físicas o jurídicas que promueven la construcción de toda clase de viviendas, han de percibir las cantidades anticipadas por los adquirentes a través de una **cuenta especial** abierta al efecto en una entidad de crédito. **2674**

El hecho de que el comprador no haya ingresado las cantidades anticipadas en la cuenta especial, no excluye la cobertura del seguro, dado que es una obligación que legalmente se impone al vendedor. Es **irrenunciable el derecho** del comprador a que las cantidades ingresadas en esa cuenta especial queden así aseguradas, por lo que no puede establecer la póliza el desplazamiento al comprador de una obligación que solo corresponde al vendedor (TS 13-1-15, EDJ 8547).

Para la **apertura** de estas cuentas la entidad de crédito tienen que exigir, bajo su responsabilidad, la constitución de la garantía de las cantidades mediante seguro o aval.

Estas cuentas deben estar, además, **separadas** de cualquier otra clase de fondos pertenecientes al promotor, que únicamente puede disponer de ellas para las atenciones derivadas de la construcción de las viviendas y únicamente se puede ingresar el dinero de la promoción y gastar para la construcción de las viviendas, sin que sea posible darles **ninguna otra finalidad** ni incluir otros ingresos o fondos.

Precisiones 1) Comete delito de **apropiación indebida** quien recibe cantidades a cuenta y no las entrega o ingresa en cuenta separada (TS Penal 25-2-16, EDJ 12964; 12-2-16, EDJ 5997).
2) La garantía se extiende a las cantidades entregadas en **efectivo** o mediante cualquier **efecto cambiario**, cuyo pago se ha de domiciliar en la cuenta especial prevista en la Ley.

Responsabilidad de la entidad de crédito La entidad de crédito que admitan ingresos de los compradores en una cuenta del promotor sin exigir la apertura de una cuenta especial y la correspondiente garantía, **responden** frente a los compradores por el total de las cantidades anticipadas e ingresadas en la cuenta o cuentas que el promotor tenga abiertas en dicha entidad (TS 9-7-19, EDJ 646215; 21-12-15, EDJ 237517). **2677**

Esta responsabilidad de las entidades de crédito, supone la imposición legal de un **especial deber de vigilancia** sobre el promotor al que concede el préstamo a la construcción, para que los ingresos se hagan en la única cuenta que tenga con la entidad, especialmente si provienen de particulares, sean derivados a la cuenta especial que el promotor debe abrir en esa misma o en otra entidad pero, en cualquier caso, constituyendo la garantía que la entidad correspondiente tiene que exigir.

Se trata de una **colaboración activa** de las entidades de crédito. De otra forma, bastaría con recibir los ingresos de los compradores en una sola cuenta del promotor, destinada a múltiples atenciones, para que el sistema protector de los compradores de la Ley perdiera toda su eficacia.

La responsabilidad no se extiende a la entidad bancaria que no ha sido la **receptora directa** de las cantidades anticipadas. La obligación se impone a la entidad financiera a través de la cual la promotora percibe los anticipos de los adquirentes, pero no a la entidad financiadora de la promoción ni a las entidades de crédito que pudieran percibir los fondos posteriormente (TS 7-7-16, EDJ 104629; 16-1-15, EDJ 10751).

Precisiones 1) Ante la **insolvencia de la promotora**, se permite a los compradores, reclamar a la entidad de crédito la devolución de las cantidades anticipadas. Es requisito para el ejercicio de esta acción la producción de un **daño** que viene representado por el perjuicio económico del comprador. Esta acción encuentra su causa en la falta de diligencia de la entidad de crédito por la omisión de la obligación legal de exigir al promotor la constitución de las garantías para la apertura de cuentas o depósitos en la entidad y, muy especialmente, si se trata de la única entidad financiadora de la promoción inmobiliaria (AP Burgos 25-10-12, EDJ 280160).
2) La **responsabilidad** del banco **no es absoluta ni automática**, y solo se activa si el banco puede **identificar el ingreso como anticipo** para la adquisición de una vivienda en construcción. El pago se efectuó a una cuenta de una sociedad no formalmente promotora, antes de suscribir el contrato, y sin que el ingreso permitiera al banco identificarlo como pago anticipado de una vivienda, motivo por el cual no procede declarar su responsabilidad (TS 21-7-25, EDJ 650591).

c. Extinción por mutuo disenso

2682 La extinción por mutuo disenso de los contratos de compraventa de vivienda **extingue también** la garantía de las cantidades anticipadas a cuenta del precio siempre que ese mutuo disenso sea anterior al vencimiento del plazo establecido para (TS 28-5-21, EDJ 588239; 29-3-21, EDJ 528749):
- el **inicio de la construcción**; o
- la **entrega de la vivienda**, si esta ya se hubiera iniciado cuando se celebró el contrato de compraventa.

La garantía de las cantidades anticipadas no puede subsistir si el contrato de compraventa se extingue por mutuo disenso antes de la fecha establecida para la **entrega de la vivienda**, ya que la obligación del fiador se extingue al mismo tiempo que la del deudor (CC art.1847), y el riesgo asegurado en el seguro de caución, es el incumplimiento por el tomador del seguro de sus obligaciones legales o contractuales (LCS art.68).
Esta **doctrina** fue establecida por el TS 23-3-15, EDJ 51648 que eximió al banco avalista de tener que devolver las cantidades anticipadas para la compra de una **vivienda protegida** por renuncia anticipada a la misma.

Precisiones 1) No es correcta la **equiparación** entre la extinción del contrato por **mutuo acuerdo** o mutuo disenso y el **incumplimiento objetivo** que frustra la finalidad del contrato por causa ajena a la culpabilidad del promotor (TS 23-3-15, EDJ 51648).
2) En un caso de una **cooperativa de viviendas** en la que el socio el solicitó su **baja voluntaria** por motivos personales, familiares y económicos, comunicando expresamente que ya no necesitaba la vivienda, la baja voluntaria la devolución se rige por lo dispuesto en los estatutos de la cooperativa por lo que no procede devolución de las cantidades adelantadas puesto que la garantía legal exige que la causa de la resolución sea el incumplimiento del promotor (TS 21-7-25, EDJ 650431).
3) La garantía de devolución de cantidades anticipadas prevista en la ley solo opera cuando la **construcción no se inicie o no llegue a buen fin** por incumplimiento del promotor; la extinción del contrato por mutuo disenso voluntario del comprador, sin incumplimiento del vendedor, extingue dicha garantía y exime a la entidad avalista de responsabilidad (AP Cádiz 2-6-25, EDJ 691751).

d. Incumplimiento de la obligación

2690 El aval o garantía y el depósito en cuenta especial de las sumas anticipadas por los adquirentes, constituye una **obligación legal**, de carácter esencial, que atañe o compete al vendedor de la vivienda en construcción. Su vulneración resulta grave o esencial (TS 7-5-14, EDJ 96067; AP Lugo 24-7-20, EDJ 657199). Su incumplimiento, así como la falta del depósito en cuenta especial de las sumas anticipadas da lugar a una **sanción** de hasta el 25% de las cantidades cuya devolución debe ser asegurada o la que corresponde según lo dispuesto en la normativa propia de las comunidades autónomas.
El incumplimiento de estas obligaciones constituye **infracción** en materia de consumo, aplicándose lo dispuesto en el régimen sancionador general sobre **protección de los consumidores** y usuarios, previsto en la legislación general y en la normativa autonómica correspondiente (nº 4500 s.).
No se trata de una **obligación meramente accesoria** del contrato cuyo incumplimiento queda reducido al ámbito de una infracción administrativa y, por tanto, ajeno al cauce del incumplimiento resolutorio del mismo. Por el contrario, se trata de una obligación legal, de carácter **esencial**, que atañe o compete al vendedor de la vivienda en proyecto o en construcción y que forma parte del contenido de la reciprocidad del contrato; construcción de la vivienda y pago de la misma (TS 11-4-13, EDJ 67714).

Además se imponen al promotor, incluido el supuesto de comunidad de propietarios o sociedad cooperativa, las sanciones que pudieran corresponder por infracciones conforme a la legislación específica en **materia de ordenación de la edificación**.
Durante la **ejecución de la obra** proyectada, el aval o seguro operan como **obligaciones bilaterales**, de forma que el futuro adquirente **puede**:
- oponer una excepción a la entrega de la cantidad anticipada, si este no se otorga;
- proceder a la resolución del contrato si, entregada o dispuesta dicha cantidad, el vendedor se niega a otorgar el preceptivo aval.

La **acción de incumplimiento** nace desde que los adquirentes sufren el daño (objetivamente), advirtiendo su existencia, e intentan recuperar las cantidades que han anticipado y se les comunica que no se les devuelven por falta de aval (TS 13-4-21, EDJ 533248; 16-1-15, EDJ 10751). **2692**

Precisiones 1) Han de rechazarse aquellas **cláusulas** que dejen totalmente vacía o hagan imposible la ejecución o cumplimiento de la garantía, o del aval prestado (AP Valladolid 29-3-12, EDJ59216).
2) Se permite una **acción individual** contra los administradores de la empresa constructora o promotora, cuando en el ejercicio de sus funciones, incumplen normas específicas que se imponen a su actividad social y tienden a proteger al más débil, en este caso, al comprador de una vivienda que anticipa su precio antes de serle entregada, y sufre directamente el daño como consecuencia del incumplimiento de sus obligaciones (TS 23-5-14, EDJ 80794).
La **responsabilidad directa de los administradores** proviene del carácter imperativo de la norma que han incumplido y de la importancia de los intereses jurídicos protegidos por dicha norma. Ello supone que incumbe a los administradores asegurarse del cumplimiento de esta exigencia legal, y que su incumplimiento les sea directamente imputable (TS 3-3-16, EDJ 16309).
3) En relación con las **cooperativas de vivienda**, se reconoce al cooperativista el derecho a recuperar las cantidades anticipadas si no ha obtenido la imperativa garantía de su devolución, pero no con cargo a la cooperativa demandada, ya que en tal caso el incumplimiento lo soportarían todos los demás cooperativistas que se encuentren en su misma situación. Cuando existe una sociedad mercantil profesionalmente dedicada a la gestión de cooperativas, la responsabilidad frente a los cooperativistas por la omisión de la garantía recae muy especialmente sobre ella, por su condición de profesional, aun cuando en puridad no sea la perceptora de las cantidades anticipadas y aun cuando solidariamente con ella tenga también que responder el consejo rector de la cooperativa (TS 12-7-16, EDJ 110057).

En el **ámbito penal**, el mero incumplimiento de las obligaciones legales, no constituye, por sí solo, delito de apropiación indebida. Se incurre en las responsabilidades administrativas legalmente previstas y, además, de concurrir los demás elementos de tipo penal de la **apropiación indebida**, se incurre en responsabilidad penal. Ello sucede cuando se acredita que el preceptor de las cantidades anticipadas, además de incumplir las obligaciones legales, hace suyas tales cantidades dándoles el destino que hubiese querido. Se **consuma el delito** cuando ante la concreta petición de devolución de las cantidades entregadas por la persona concernida, tal reintegro no se produce, con lo que se llega al punto sin retorno de definitivo incumplimiento de la obligación de o bien invertir el dinero en la obra comprometida, o de devolver el dinero al que lo entregó. **Por el contrario**, si incumple las obligaciones de abrir la cuenta especial y dedicar la cantidad a la obra comprometida, y la dedica o la confunde con otros patrimonios de otras promociones, pero ante la petición de devolución de lo recibido, entrega las cantidades adelantadas, o acredita el destino de ese dinero a la ejecución de la obra comprometida (aunque no acabada), entonces puede existir responsabilidad administrativa derivada del incumplimiento de tales obligaciones, pero no delito de apropiación indebida porque no se ha llegado al punto sin retorno de no entrega y no construcción (TS Penal 20-1-17, EDJ 1989; 14-7-16, EDJ 110777). **2694**
Además, la posibilidad de sancionar estas conductas como apropiación indebida no excluye la posibilidad de sancionar por **otro tipo delictivo** si en la recepción de las cantidades a cuenta media engaño (TS Penal 6-3-14, EDJ 30174). Nada impide considerar constitutivos de **estafa** hechos consistentes en afirmar a los compradores que se ha constituido o se va a constituir la garantía, o que se dará cumplimiento a las previsiones legales respecto al percibo de cantidades anticipadas, sin que exista voluntad de hacerlo (TS Penal 5-6-17, EDJ 96269).

e. Cancelación de las garantías

(L 38/1999 disp.adic.1ª.5)

Una vez expedida la **cédula de habitabilidad**, la **licencia de primera ocupación** o el documento equivalente que faculten para la ocupación de la vivienda por el órgano administrativo competente y acreditada por el promotor la entrega de la vivienda al adquirente, se cancelan las garantías otorgadas por la entidad aseguradora o avalista. **2696**
Para que se cancelen las garantías el promotor debe **entregar la vivienda** y con ella la **documentación** administrativa que la hace apta para ser utilizada como tal.

En tanto no se cumple con esta condición la garantía permanece **vigente**.
Si no se produce la entrega en **plazo**, el adquirente puede reclamar al asegurador o avalista el abono de la indemnización correspondiente, siempre que haya requerido de manera fehaciente al promotor para la devolución de las cantidades aportadas a cuenta y este no haya procedido a su devolución.
Como **excepción**, también se produce la cancelación de las garantías sin existir entrega de las viviendas en el supuesto en que el **promotor cumpla las condiciones anteriores**, es decir, si finaliza la obra en plazo y la vivienda dispone de la documentación necesaria, y el adquirente **rehúsa** recibir la vivienda.

2699 En el caso de que la compraventa se extinga por **mutuo disenso** de las partes (nº 2682), se extingue también la garantía de las cantidades anticipadas a cuenta del precio siempre que ese mutuo disenso sea **anterior** al vencimiento del plazo para el inicio de la construcción o, **si esta ya se hubiera iniciado**, cuando se celebró el contrato de compraventa, al vencimiento del plazo establecido para la entrega de la vivienda.

B. Contratos de crédito inmobiliario

2700

1. Normativa reguladora

2705 Los préstamos con garantía hipotecaria u otro derecho real de garantía sobre un inmueble de uso residencial, se rigen por la L 5/2019, reguladora de los contratos de crédito inmobiliario (en adelante, LCCI) y por el RD 309/2019, por el que se desarrolla parcialmente la L 5/2019.
Puede verse también la **protección general** del consumidor respecto de las **entidades bancarias** en el nº 3300 s.

2707 **Ámbito de aplicación** (LCCI art.2) En el **ámbito subjetivo** de la Ley se incluyen las siguientes personas:
• **Prestatario, fiador o garante**, siempre que sea una persona física.
• **Prestamista**: persona física o jurídica que realiza dicha actividad de manera profesional, es decir, que intervenga en el mercado de servicios financieros con carácter empresarial o profesional o, aun de forma ocasional, con una finalidad exclusivamente inversora.
• **Intermediario de crédito inmobiliario**: persona física o jurídica que no actúa como prestamista, ni fedatario público, y desarrolla una actividad comercial o profesional remunerada, consistente en poner en contacto, directa o indirectamente, a una persona física con un prestamista. Además, realiza alguna de las siguientes funciones con respecto a los contratos de préstamo:
- presentar u ofrecer a los prestatarios los contratos de préstamo;
- asistir a los prestatarios realizando los trámites previos u otra gestión precontractual respecto de dichos contratos de préstamo;
- celebrar los contratos de préstamo con un prestatario en nombre del prestamista.
• **Representante designado**: persona física o jurídica que realiza las actividades propias de un intermediario de crédito inmobiliario en nombre y por cuenta de un único intermediario, bajo la responsabilidad plena e incondicional de este.

2709 El **ámbito objetivo** de la Ley incluye los siguientes contratos:
• La concesión de préstamos con **garantía hipotecaria u otro derecho real de garantía** sobre un inmueble de uso residencial. A estos efectos, también se entienden como inmuebles para uso residencial aquellos elementos tales como trasteros, garajes, y cualquier otros que, sin constituir vivienda como tal, cumplen una función doméstica.
• La concesión de **préstamos cuya finalidad** sea adquirir o conservar derechos de propiedad sobre terrenos o inmuebles construidos o por construir, siempre que el prestatario, el fiador o garante sea un consumidor.
También es de aplicación la Ley a los supuestos de **subrogación de deudor** en la obligación personal cuando la misma se produce con ocasión de la transmisión del bien hipotecado, y a los de **novación modificativa** del contrato de préstamo (LCCI disp.adic.6ª).

Precisiones 1) Aunque se trate de un **préstamo hipotecario** de carácter **empresarial o mercantil**, si está garantizado con inmuebles de uso residencial y se otorga a personas físicas se aplica la LCCI y la Ley de Usura (DGSJFP Resol 23-6-25).
La DGSJFP distingue dos cuestiones:
1º Por el carácter profesional del prestamista, la naturaleza residencial de la finca hipotecada y la intervención de personas físicas, aunque no consumidores, resulta **aplicable la LCCI**, aunque el destino sea empresarial y los préstamos hayan sido designados como mercantiles.
2º Respecto de la aplicación la **Ley de Usura** (L 23-7-1908) en contratos en los que se retengan cantidades del capital nominal, de modo que se suponga recibida una suma mayor que la realmente entregada, se admite la práctica de retener parte del capital para cubrir comisiones, honorarios, gastos o pagos a terceros, siempre que los conceptos estén suficientemente individualizados y guarden relación con la operación de préstamo, ya que en caso contrario, rige una presunción de nulidad o de usura.
3) Cuando un préstamo hipotecario se solicita para la reforma de un **local** destinado a una **actividad profesional**, el prestatario no tiene la condición de consumidor, por lo que no le es aplicable la normativa protectora de consumidores, y las cláusulas contractuales, aunque sean condiciones generales, se rigen por el régimen general del contrato, siendo válidas si cumplen con los requisitos de incorporación y transparencia (AP Cádiz 29-1-25, EDJ 536125).

La LCCI **no se aplica** a los siguientes contratos de préstamo: **2711**
- concedidos por un empleador a sus empleados, a título accesorio y sin intereses o cuya TAE sea inferior a la del mercado, y que no se ofrezcan al público en general;
- concedidos sin intereses y sin ningún otro tipo de gastos, excepto los destinados a cubrir los costes directamente relacionados con la garantía del préstamo;
- concedidos en forma de facilidad de descubierto y que tengan que reembolsarse en el plazo de un mes;
- resultado de un acuerdo alcanzado ante un órgano jurisdiccional, arbitral, o en un procedimiento de conciliación o mediación;
- relativos al pago aplazado, sin gastos, de una deuda existente, siempre que no se trate de contratos de préstamo garantizados por una hipoteca sobre bienes inmuebles de uso residencial;
- hipoteca inversa.

La concesión de préstamos o créditos hipotecarios, **distintos a los previstos en la LCCI**, se **2712**
rigen por la L 2/2009, por la que se regula la contratación con los consumidores de préstamos hipotecarios, cuando se dan las siguientes circunstancias (L 2/2009 art.1.1):
- el **prestatario** es un consumidor;
- el **prestamista** es una persona física o jurídica que realiza esta actividad de manera profesional, y no es una entidad de crédito.
- el contrato está incluido en el ámbito de aplicación de la L 28/1998, de **venta a plazos de bienes muebles**.
Las medidas previstas en el RDL 6/2012, de **medidas urgentes de protección de deudores hipotecarios sin recursos** se aplican a los contratos de préstamo o crédito garantizados con hipoteca inmobiliaria cuyo deudor, fiador o avalista, se encuentre situado en el **umbral de exclusión** (nº 2848 s.)

En cuanto al **ámbito temporal** de aplicación, como regla general, las disposiciones de la Ley **2714**
no tienen **aplicación retroactiva** a los contratos anteriores a su entrada en vigor (16-6-2019), con las siguientes **excepciones** (LCCI disp.trans.1ª):
- contratos que sean objeto de novación o de subrogación con posterioridad a su entrada en vigor;
- derecho de reembolso anticipado, en caso de novación del tipo de interés aplicable o de subrogación de un tercero en los derechos del acreedor;
- contratos en los que se incluyan cláusulas de vencimiento anticipado, salvo que el deudor alegue que la previsión que contiene resulta más favorable para él.

Precisiones En contratos de préstamo hipotecario suscritos antes de la entrada en vigor de la LCCI, la cláusula de **vencimiento anticipado** queda automáticamente sin efecto desde la vigencia de dicha ley, salvo que el vencimiento anticipado se hubiera producido con anterioridad a su entrada en vigor, por lo que la declaración de nulidad de dicha cláusula carece de objeto (AP Gipuzkoa auto 30-5-25, EDJ 663065; AP Barcelona auto 16-1-25, EDJ 519006; 30-5-25, EDJ 654743;AP Tarragona auto 29-2-24, EDJ 585881; AP Zamora 27-1-25, EDJ 531868).

Carácter imperativo Las disposiciones de la LCCI y sus normas de desarrollo tienen **2715**
carácter imperativo, por lo que los derechos que reconoce son **irrenunciables e indisponibles** para las partes contratantes, salvo que la norma expresamente establezca lo contrario (LCCI art.3).

Cualquier **pacto entre** el **prestatario y** los **prestamistas**, intermediarios de crédito o sus representantes designados, cuya finalidad, o efecto sea reducir o menoscabar en cualquier forma la protección otorgada por la Ley, se considera nulo de pleno derecho (LCCI art.44.3).
También son nulos de pleno derecho los actos realizados en **fraude** de lo dispuesto en la Ley, y en particular la renuncia previa de los derechos que la Ley reconoce al deudor, fiador, garante o hipotecante no deudor.
El registrador de la propiedad tiene que **denegar la inscripción** de las cláusulas de los contratos que sean contrarias a normas imperativas o prohibitivas o hayan sido declaradas nulas por abusivas por sentencia del Tribunal Supremo con valor de jurisprudencia o por sentencia firme inscrita en el Registro de Condiciones Generales de la Contratación (LH art.258.2).
Las obligaciones establecidas en la Ley y sus normas de desarrollo tienen carácter de **normas de ordenación y disciplina** para los prestamistas, intermediarios y sus representantes designados, ya sean personas físicas o jurídicas (LCCI art.44.2).
Las **Administraciones públicas** tienen la obligación de velar en todo momento por la correcta aplicación de la legislación en materia inmobiliaria e hipotecaria, especialmente en lo concerniente a las operaciones inmobiliarias sobre vivienda habitual o en las que sean partícipes los consumidores (LCCI art.45).
Para evitar actuaciones irregulares por parte de prestamistas e intermediarios, la Ley establece un completo sistema de **infracciones** (LCCI art.46) y **sanciones** (LCCI art.47).

Precisiones **1)** La cláusula de **vencimiento anticipado** que no cumple con los **requisitos de gravedad, proporcionalidad y procedimiento** establecidos en la LCCI art.24 y permite la resolución del préstamo hipotecario por el impago de un solo plazo, incluso parcial, es abusiva y nula (AP Málaga auto 23-12-22, EDJ 893605).
2) La **nota de calificación** emitida por el Registro debe contener una **motivación jurídica** clara y ordenada, así como la identificación concreta de las causas impeditivas, suspensivas o denegatorias, para evitar indefensión y permitir el adecuado ejercicio de los medios de impugnación por parte de los interesados (DGSJFP 9-10-24).
3) Se suspende la inscripción de una cláusula de **interés de demora** por ser **contrario al mínimo legal de la LCCI** que establece de forma imperativa que el interés de demora no puede superar el interés remuneratorio más tres puntos (DGSJFP 15-1-20; 27-6-19).
4) En virtud de la L 5/2019, el **control del principio de transparencia material** en los contratos de préstamo hipotecario recae fundamentalmente en el notario, quien debe realizar un asesoramiento imparcial y verificar que el prestatario ha recibido la documentación y el asesoramiento previstos, especialmente mediante la autorización del acta notarial previa. Por ello, no corresponde al registrador exigir la incorporación de la Ficha Europea de Información Normalizada (FEIN) ni verificar la concordancia entre la FEIN y las cláusulas de la escritura, pues esta labor es competencia exclusiva del notario (DGSJFP 16-1-20).
5) En contratos de préstamo hipotecario, la cláusula que impone la **renuncia del consumidor a un derecho** como la notificación previa de la cesión del crédito es abusiva y nula por limitar los derechos legalmente reconocidos (AP Valencia 12-7-22, EDJ 703825).

2. Régimen de las entidades prestamistas e intermediarias

2720

2722 La actuación de los prestamistas, intermediarios de crédito inmobiliario y representantes designados, ha de ser honesta, imparcial, transparente y profesional.
Tiene que **respetar los derechos e intereses** de los prestatarios en los siguientes aspectos (LCCI art.5.1):
- elaboración de productos crediticios;
- concesión de préstamos;
- prestación de servicios de intermediación o de asesoramiento sobre el préstamo o servicios accesorios;
- ejecución de los contratos de préstamo.

Precisiones Si el destino del préstamo era el consumo, el **prestamista** debe encontrarse **inscrito en el Registro** de la comunidad autónoma del domicilio social aunque su ámbito de actuación sea estatal, inscripción que debe notificarse al Registro del Instituto Nacional de Consumo, sin que la inscripción en el Registro del Banco de España le exonere, pues ambos registros son distintos, así como sus requisitos (DGSJFP 4-2-25).

a. Formación del personal

(LCCI art.16)

El **personal** al servicio de estas entidades debe reunir en todo momento los **conocimientos y competencias** necesarios y actualizados sobre los productos que comercializan. El Ministerio competente tiene que establecer los **requisitos mínimos**. 2725

Especialmente, los conocimientos y competencias **deben referirse** a:
- la elaboración, oferta o concesión de contratos de préstamo;
- la actividad de intermediación de crédito;
- la prestación de servicios de asesoramiento (nº 2735);
- la ejecución de los contratos de préstamo;
- los servicios accesorios incluidos en los contratos de préstamo;
- los productos de venta vinculada o combinada (nº 2780 s.).

El prestamista o intermediario de crédito inmobiliario que actúe en régimen de **libre prestación de servicios**, también debe cumplir con estos requisitos mínimos de conocimientos y competencias.

b. Remuneración del personal

(LCCI art.18)

La política de remuneración del personal responsable de la evaluación de la solvencia y de la concesión de los préstamos, tiene que cumplir los siguientes **principios**: 2730
- ser compatible con una gestión sana y eficaz del riesgo, sin ofrecer incentivos para asumir riesgos que rebasen el nivel tolerado por el prestamista;
- no depender de la cantidad o de la proporción de solicitudes aceptadas;
- no incumplir la obligación de actuar de manera honesta, imparcial, transparente y profesional, respetando los derechos y los intereses de los prestatarios.

Los **procedimientos internos** de los prestamistas para la aplicación de las políticas de remuneración se deben recoger por escrito y poner a disposición de la autoridad competente cuando esta los solicite. Tienen que asegurar que los objetivos que inciden en la retribución o en los incentivos fijados son compatibles con el tiempo necesario para realizar una **evaluación adecuada** de la solvencia y para informar debidamente al prestatario. En particular, deben establecer medidas detalladas para evitar que el **factor de mayor ponderación** en la remuneración sea un tipo determinado de contratos de préstamo, de tipos de interés o de servicios accesorios.

c. Servicios de asesoramiento

(LCCI art.19; RD 309/2019 art.3 y 4)

Antes de la prestación de servicios de asesoramiento, se tiene que facilitar al prestatario la siguiente **información** (LCCI art.19.3): 2735
- **conjunto de productos** que se toman en consideración, de modo que el prestatario sepa si la recomendación que se le hace se basa solo en la gama de productos propia del asesor, o en un conjunto más amplio de productos disponibles en el mercado;
- los **gastos** que se le facturarán por los servicios de asesoramiento o el método empleado para calcularlo, si su importe no puede determinarse en el momento en que se comunica la información.

La prestación del servicio requiere la **previa determinación contractual** de su contenido, alcance y condiciones (LCCI art.19.5). En particular la cuantía de la **retribución** que quien preste el servicio va a recibir de:
- el prestatario, si bien, si el servicio de asesoramiento es gratuito para él, debe señalarse expresamente;
- directa o indirectamente del prestamista o prestamistas a los que puedan extenderse las recomendaciones que formule.

El asesoramiento tienen que cumplir los siguientes **requisitos** (LCCI art.19.4):
• Se tiene que basar en la **información sobre la situación personal y financiera del prestatario**, así como sobre sus preferencias y objetivos, y en cualquier requisito específico que este haya dado a conocer, así como en hipótesis razonables sobre los riesgos para su situación durante la vigencia del contrato de préstamo, de modo que puedan recomendar contratos de préstamo adecuados (LCCI art.19.4.a y 5.2).
• Se han de tomar en consideración un **número suficientemente grande de contratos de crédito**, de su gama de productos o de los disponibles en el mercado, y recomendar uno o varios de ellos que sean adecuados a las necesidades, situación financiera y circunstancias personales del prestatario.
• Actuar en el **mejor interés del prestatario**, informándose de sus necesidades y circunstancias, y recomendándole contratos de préstamo adecuados.
• Facilitar al prestatario una **copia** en papel o en otro soporte duradero de la recomendación que se le ha formulado.

d. Información al consumidor

2740 La Ley establece obligaciones de información de las entidades prestamistas o intermediarias a favor de los prestatarios, que no pueden suponer coste adicional alguno para los mismos (LCCI art.5.3).

2742 **Información en la publicidad** (LCCI art.6) Toda la publicidad relativa a contratos de préstamo, que indique un tipo de interés o cualquier cifra relacionada con el coste del préstamo para el prestatario, **debe ser** fácilmente legible o claramente audible, y **debe especificar** de forma clara, concisa y destacada las siguientes cuestiones:
- la identidad del prestamista o, en su caso, del intermediario de crédito o representante designado;
- el tipo deudor, indicando si es fijo, variable o una combinación de ambos, junto con información sobre los gastos incluidos, en su caso, en el coste total del préstamo para el prestatario;
- el importe total del préstamo;
- la TAE (nº 2805);
- el sistema de amortización y la fórmula de cálculo de las cuotas de amortización de principal y de intereses suficientemente detalladas como para que el prestatario pueda verificar con claridad la corrección de los importes cobrados;

Cuando proceda, **también debe constar**:
- que el contrato de préstamo está garantizado por una hipoteca o por otra garantía real sobre bienes inmuebles de uso residencial, o por un derecho relativo a un bien inmueble;
- la opción del deudor de poder dar en pago el inmueble hipotecado en garantía del préstamo, con carácter liberatorio de la totalidad de la deuda derivada del mismo;
- la duración del contrato de préstamo;
- el importe de los pagos a plazos;
- el importe total adeudado por el prestatario;
- el número de pagos a plazos;
- una advertencia sobre el hecho de que las posibles fluctuaciones del tipo de cambio podrían afectar al importe adeudado por el prestatario.

Si la celebración de un contrato relativo a un **servicio accesorio**, en particular un seguro, es obligatoria para obtener el préstamo o para obtenerlo en las condiciones ofrecidas, y el coste de ese servicio no puede determinarse de antemano, dicha obligación debe mencionarse también de forma clara, concisa y destacada, junto con la TAE.

Precisiones **1)** La imposición de una **sanción administrativa** a una entidad de crédito por incumplimiento reiterado de normas de transparencia y protección al cliente en la comercialización de préstamos hipotecarios es procedente cuando se constatan deficiencias objetivas en la entrega de información precontractual, cálculo incorrecto de la TAE y repercusión indebida de gastos, siempre que la sanción respete los principios de legalidad, tipicidad, culpabilidad y proporcionalidad, y se base en una muestra representativa y metodología adecuada que garantice el derecho de defensa (AN contencioso 15-9-21, EDJ 889278).

2) Existe publicidad engañosa en ofertas de préstamos y créditos cuando el mensaje tiene una **ambigüedad calculada**, pues la limitación del espacio publicitario, lejos de amparar formulaciones ambiguas o genéricas, impone a la empresa anunciante un claro deber de concreción o precisión sobre lo que es objeto de anuncio, aunque sea de modo esquemático (TS 19-6-18, EDJ 105223).

Información precontractual (LCCI art.10) El prestamista y, en su caso, el intermediario de crédito o su representante designado, tienen que ofrecer al prestatario la **información personalizada** que necesite para: 2744

- comparar los préstamos disponibles en el mercado;
- evaluar sus implicaciones;
- tomar una decisión fundada sobre la conveniencia de celebrar o no el contrato de préstamo.

El prestatario debe recibir la información necesaria sobre sus necesidades, situación financiera y preferencias, con **suficiente antelación**, nunca inferior a 10 días naturales, respecto del momento en que quede vinculado por cualquier contrato u oferta de préstamo.

Esta información personalizada se facilita mediante la **Ficha Europea de Información Normalizada** (FEIN) que se recoge en el Anexo I de la Ley.

Precisiones **1)** En un préstamo hipotecario garantizado con una hipoteca sobre la vivienda, del que solo un pequeño porcentaje se entregó directamente a los consumidores y el grueso se destinó a la adquisición de participaciones en un fondo de inversión, debida a la existencia de un **complejo contractual coaligado**, la falta de información adecuada vicia el consentimiento en relación no solo al producto financiero sino también al propio préstamo hipotecario garantizado (TS 29-9-25, EDJ 710271).

2) Cuando un contrato de préstamo personal incluye un tipo de **interés remuneratorio condicionado** a la contratación y mantenimiento de productos o servicios accesorios cuya **información sobre costes y condiciones esenciales** no ha sido proporcionada de forma clara y comprensible al consumidor, la cláusula relativa al interés no supera el control de transparencia cualificada, lo que implica la nulidad de dicha cláusula y la necesidad de recalcular el préstamo (AP Asturias 16-2-23, EDJ 526321).

3) En contratos de préstamo con **bonificaciones condicionadas** a la contratación de seguros, la TAE debe calcularse sin incluir el coste del seguro cuando su contratación no es condición obligatoria y la información contractual debe reflejar claramente las condiciones y posibles variaciones del tipo de interés tras el período inicial, sin que sea obligatorio detallar todas las cuotas posibles derivadas de bonificaciones futuras inciertas (AP A Coruña 13-1-25, EDJ 514253).

4) Cuando en contratos de crédito y préstamo con consumidores, las cláusulas que afectan **elementos esenciales** como el tipo de interés **no son transparentes ni comprensibles** en cuanto a su funcionamiento y consecuencias económicas, se produce un desequilibrio significativo en detrimento del consumidor que justifica la nulidad de dichos contratos y la restitución recíproca de prestaciones (TS 27-10-20, EDJ 697085; AP Barcelona 11-4-25, EDJ 678787).

5) Para mayor información sobre **cláusulas abusivas** ver nº 780 s.

Información general (LCCI art.9; RD 309/2019 art.7 y 8) Los prestamistas o los intermediarios de crédito vinculados deben facilitar, en todo momento, información general clara y comprensible sobre los contratos de crédito. 2746

Se tienen que facilitar en **soporte** de papel o cualquier otro soporte duradero o en formato electrónico,

Esta información general **debe especificar** las siguientes cuestiones:

- la **identidad y dirección** geográfica de quien emite la información;
- los **fines** para los que puede emplearse el crédito;
- las **formas de garantía**, cuando proceda, incluyendo la posibilidad de que esté situada en otro Estado miembro;
- la **duración** posible de los contratos de crédito;
- las formas de **tipo deudor** disponible, indicando si este es fijo o variable o una combinación de ambos, con una breve descripción de las características de los tipos fijos y variables, incluyendo sus implicaciones para el prestatario;
- cuando puedan contratarse créditos en **moneda extranjera** (nº 2818 s.), una indicación de la misma, explicando las implicaciones que tiene para el prestatario la denominación de un crédito en moneda extranjera;
- un **ejemplo representativo** del importe total del crédito, del coste total del crédito para el prestatario, del importe total adeudado por el prestatario y de la TAE (nº 2805);
- una indicación de **otros posibles costes** para el prestatario, no incluidos en el coste total del crédito, que deban pagarse en relación con un contrato de crédito;
- la gama de las diversas opciones existentes para **reembolsar el crédito** al prestamista (incluyendo el número, la periodicidad y el importe de las cuotas de reembolso);
- cuando proceda, una declaración clara y concisa de que el incumplimiento de los términos y condiciones de los contratos de crédito no garantiza el **reembolso** del importe total del crédito en virtud del contrato de crédito;
- una descripción de las condiciones relacionadas directamente con el **reembolso anticipado** (nº 2824 s.);

- una indicación de si es necesario **evaluar el bien inmueble** y, si procede, quién es responsable de garantizar que se lleve a cabo la evaluación, y de si se originan costes conexos para el prestatario;
- una indicación de los **servicios accesorios** que el prestatario esté obligado a contratar para obtener el crédito o para obtenerlo en las condiciones ofrecidas y, si ha lugar, la aclaración de que los servicios accesorios pueden contratarse con un proveedor distinto del prestamista;
- una advertencia general sobre las posibles **consecuencias de no cumplir** los compromisos asociados al contrato de crédito;
- cuando proceda, la opción del deudor de poder **dar en pago** el inmueble hipotecado en garantía del préstamo, con carácter liberatorio de la totalidad de la deuda derivada del mismo;

2747 Los prestamistas tienen obligaciones periódicas de información que deben cumplir en cada **liquidación de intereses o de comisiones** que practiquen por sus servicios. En dichas liquidaciones se debe expresar:
- el **tipo de interés nominal** aplicado en el periodo ya devengado y, en su caso, el que se vaya a aplicar en el periodo que se inicia;
- las **comisiones** aplicadas en el período al que se refiere la liquidación, con indicación concreta de su concepto, base y período de devengo;
- cualquier **otro gasto** incluido en la liquidación; y
- cuantos **antecedentes** sean precisos para que el prestatario pueda comprobar la liquidación efectuada y calcular los costes asociados.

Asimismo, durante el mes de enero de cada año se debe remitir a los prestatarios una **comunicación** recogiendo la información sobre comisiones y gastos devengados, y tipos de interés efectivamente aplicados y cobrados durante el año anterior.

Cuando se produzca la **modificación del interés aplicable** al préstamo, el prestamista ha de informar al prestatario con una antelación mínima de 15 días naturales antes de que esta modificación se aplique.

2748 **Información de los intermediarios de crédito inmobiliario** (LCCI art.35) Con **antelación suficiente** a la prestación de cualquiera de las actividades propias de la intermediación de crédito inmobiliario, el intermediario de crédito o el representante designado tienen que facilitar al prestatario, como mínimo, la información siguiente en papel o cualquier otro soporte duradero:
- la **identidad y domicilio** del intermediario de crédito inmobiliario;
- el **registro** en el que está inscrito, número de registro, y medios para comprobar esa inscripción;
- si está **vinculado** a uno o más prestamistas o trabaja exclusivamente para ellos, en cuyo caso tiene que indicar los nombres de los prestamistas en nombre de los cuales actúa;
- si ofrece o no **servicios de asesoramiento** y si estos son independientes;
- la **remuneración** que, en su caso, debe abonarle el prestatario por sus servicios o, cuando ello no sea posible, el método para calcular dicha remuneración;
- los **procedimientos** a disposición de los prestatarios u otros interesados para realizar **reclamaciones extrajudiciales** contra los intermediarios de crédito inmobiliario y, en su caso, las vías de acceso a dichos procedimiento;
- las **comisiones** u otros incentivos que el prestamista o un tercero han de abonarle por sus servicios en relación con el contrato de préstamo;
- cuando el intermediario de crédito cobre una **remuneración** al prestatario y reciba adicionalmente una comisión del prestamista o de un tercero, debe informar al prestatario si la remuneración se deduce o no, total o parcialmente, de la comisión.

Precisiones **1)** Cuando una **empresa intermediaria financiera incumple** las obligaciones legales de información precontractual establecidas, especialmente respecto al derecho de desistimiento, datos identificativos, duración del contrato y mecanismos de resolución extrajudicial de conflictos, el contrato de intermediación es nulo de pleno derecho (AP Lleida 22-9-18, EDJ 568755).
2) La **inscripción previa** y vigente en el registro correspondiente es requisito indispensable para que una entidad pueda desarrollar válidamente actividades de intermediación financiera inmobiliaria; la falta de dicha inscripción en el momento de la suscripción del contrato conlleva la nulidad del mismo y la obligación de restitución de las cantidades abonadas (AP Madrid 20-1-25, EDJ 526144).
3) En contratos de intermediación para la concesión de préstamos hipotecarios, el derecho al cobro de **honorarios** solo se devenga si se acredita la existencia de una actividad de asesoramiento independiente, profesional e imparcial que incluya la presentación de al menos tres ofertas vinculantes de distintas entidades de crédito, y que dicha intermediación haya sido decisiva para la formalización del préstamo (AP Jaén 25-11-21, EDJ 862877).

Conservación de la información (LCCI disp.adic.4ª) Las personas que realizan las actividades de préstamo o intermediación, están obligadas a conservar los documentos en los que se plasma la información precontractual entregada al prestatario en cumplimiento de las obligaciones establecidas, al objeto de **acreditar el cumplimiento** de dichas obligaciones. 2749
Deben conservarla durante un **plazo mínimo** de 6 años desde el momento de la finalización de los efectos del contrato respecto del prestatario. Al final de dicho periodo, tienen que notificar al prestatario de manera fehaciente su **derecho a recibir** dicha documentación. Si este la requiere, tienen que la ponerla a su disposición.
La misma obligación de conservación existe respecto de la información precontractual relativa a productos o servicios que sean objeto de **venta vinculada o combinada** (nº 2780) exigida por la normativa sectorial correspondiente en cada caso.
En el caso de **subrogación o de cesión** del contrato, el prestamista que suscribió el préstamo debe seguir conservando la documentación precontractual durante el mismo plazo, y copia de la misma si se la requiere el cesionario o prestamista que se subroga, a costa de este. Tanto el prestamista inicial como el prestamista que se subroga o el cesionario están obligados a facilitar dicha documentación al prestatario, si es reclamada por este.

e. Evaluación de la solvencia del prestatario

(LCCI art.11 y 12)

Antes de celebrar un contrato de préstamo, los prestamistas deben evaluar en profundidad la solvencia del potencial prestatario, fiador o garante; ponderando los factores pertinentes para verificar su capacidad para cumplir con las obligaciones derivadas del préstamo. 2750
Entre otros factores, **se valorará**:
- la situación de empleo;
- los ingresos presentes y los previsibles durante la vida del préstamo;
- los activos en propiedad;
- el ahorro;
- los gastos fijos y los compromisos ya asumidos;
- el nivel previsible de ingresos a percibir tras la jubilación, si una parte sustancial del crédito o préstamo se continuará reembolsando una vez finalizada la vida laboral.

En los **préstamos hipotecarios**, la evaluación de la solvencia no se puede basar predominantemente en el valor de la garantía que exceda del importe del préstamo o en la hipótesis de que el valor de dicha garantía aumentará, a menos que la finalidad del contrato de préstamo sea la construcción o renovación de bienes inmuebles de uso residencial.
Solo se puede poner el **préstamo a disposición del prestatario** si el resultado de la evaluación de la solvencia indica que es probable que las obligaciones derivadas del contrato se cumplirán según lo establecido en él.

Para llevar a cabo esta evaluación, el potencial prestatario debe **facilitar la información** que le especifique el prestamista de manera clara y directa en la fase precontractual. El prestamista debe informar de la necesidad de facilitar, en el plazo designado al efecto, la información correcta para responder a la solicitud de información, y que dicha información tiene que ser suficientemente completa y pertinente para poder llevar a cabo una evaluación adecuada de su solvencia. La información ha de ser **proporcionada y limitada** a lo necesario para la realización de una evaluación adecuada de la solvencia, con los límites establecidos en la normativa de protección de datos. 2752
Además, el prestamista debe **consultar el historial crediticio** del cliente acudiendo a la Central de Información de Riesgos del Banco de España, así como a alguna de las entidades privadas de información crediticia en los términos y con los requisitos y garantías previstos en la legislación de protección de datos personales.
Se advertirá al prestatario de que **el préstamo no se puede conceder** cuando no es posible llevar a cabo la evaluación de la solvencia debido a que no facilita la información o la verificación necesaria para llevar a cabo dicha evaluación.

Si se **deniega la solicitud** de préstamo, el prestamista debe informar por escrito y sin demora al potencial prestatario y, en su caso, al fiador o avalista de su respectivo resultado. Les debe advertir, de forma motivada de dicha denegación y, si procede, de que la decisión se basa en un tratamiento automático de datos. 2754
Si la denegación se base en el resultado de una **consulta de una base de datos** tiene que entregar al potencial prestatario una copia del resultado e informarle del resultado de dicha consulta y de los pormenores de la base de datos consultada, como son el nombre, el responsable, así como del derecho que le asiste de acceder y rectificar, en su caso, los datos contenidos en la misma.

2756 La **incorrecta evaluación de la solvencia** no otorga al prestamista la facultad de resolver, rescindir o modificar ulteriormente el contrato de préstamo, salvo que se demuestre que el prestatario ha ocultado o falsificado conscientemente la información.
No procede declarar la nulidad del contrato por incumplimiento del deber de evaluación de solvencia dado que dicha nulidad no está prevista como sanción civil en el ordenamiento español, correspondiendo únicamente **sanciones administrativas** (AP Barcelona auto 2-7-24, EDJ 657227).
Tampoco pueden los **prestamistas** resolver, rescindir o modificar el contrato de préstamo **en detrimento del prestatario** debido a que fuera incompleta la información facilitada por el prestatario antes de celebrarse dicho contrato.
Antes de cualquier **aumento significativo** del importe total tras la celebración del contrato de préstamo, los prestamistas deben reevaluar la solvencia del prestatario basándose en información actualizada, a menos que el préstamo adicional ya estuviera considerado e incluido en la evaluación de solvencia inicial.

Precisiones **1)** La Dir 2008/48/CE art.8 y 23 exigen que el **órgano judicial examine de oficio** si el prestamista incumplió la obligación precontractual de evaluar la solvencia del consumidor y deduzca las **consecuencias jurídicas** derivadas de dicho incumplimiento conforme al Derecho nacional, siempre que las sanciones sean efectivas, proporcionadas y disuasorias (TJUE 5-3-20).
2) Aun cuando quien suscribe el préstamo es un **desempleado sin conocimientos financieros**, la omisión de la entidad prestamista de la evaluación de solvencia no afecta a la validez y eficacia del contrato (AP Cádiz 10-3-21, EDJ 637417).

f. Obligación de transparencia

(LCCI art.14 y 15)

2760 Como obligación general de transparencia, las cláusulas contractuales utilizadas en los contratos de préstamo inmobiliario que tengan el carácter de **condiciones generales de la contratación** (nº 720 s.), deben inscribirse en el Registro de Condiciones Generales de la Contratación. Además, tienen que estar disponibles en la página web de los prestamistas, si disponen de ella, y tenerlas gratuitamente a disposición de los prestatarios y potenciales prestatarios en sus establecimientos abiertos al público (LCCI art.7).

2762 **Documentación** (LCCI art.14.1) El prestamista o intermediario de crédito, debe entregar al prestatario o potencial prestatario, con una **antelación mínima** de 10 días naturales al momento de la firma del contrato, la siguiente documentación:
• La **Ficha Europea de Información Normalizada** (FEIN), contenida en el Anexo I de la Ley, que tiene la consideración de oferta vinculante para la entidad durante el plazo pactado hasta la firma del contrato que, como mínimo, deberá de ser de 10 días.
• La **Ficha de Advertencias Estandarizadas** (FiAE) en la que se le informa de la existencia de las cláusulas o elementos relevantes. En su caso, **debe incluir**, al menos, una referencia a:
- los índices oficiales de referencia utilizados para fijar el tipo de interés aplicable;
- la existencia de límites mínimos en el tipo de interés aplicable como consecuencia de la variación a la baja de los índices o tipos de interés a los que aquel está referenciado;
- la posibilidad de que se produzca el vencimiento anticipado del préstamo como consecuencia del impago y los gastos derivados de ello;
- la distribución de los gastos asociados a la concesión del préstamo;
- que se trata de un préstamo en moneda extranjera.
• Si se trata de un préstamo a tipo de **interés variable**, un documento separado con una referencia especial a las cuotas periódicas a satisfacer por el prestatario en diferentes escenarios de evolución de los tipos de interés.
• Una copia del **proyecto de contrato**, cuyo contenido debe ajustarse al de los documentos anteriores. Tiene que incluir, de forma desglosada, la totalidad de los gastos asociados a la firma del contrato.
• Información clara y veraz de los **gastos** que corresponden al prestamista y los que corresponden al prestatario (nº 2795).
• Cuando se requiere al prestatario la suscripción de una **póliza de seguro** en garantía del cumplimiento de las obligaciones del contrato de préstamo, así como la suscripción de un seguro de daños respecto del inmueble objeto de hipoteca y del resto de seguros previstos en la normativa del mercado hipotecario, se debe entregar al prestatario por escrito las condiciones de las garantías del seguro que se exige.
• Cuando esté previsto que el préstamo se formalice en **escritura pública**, la advertencia al prestatario de la obligación de recibir asesoramiento personalizado y gratuito del notario que elija para la autorización de la escritura pública del contrato de préstamo, sobre el contenido y las consecuencias de la información contenida en la documentación que se entrega.

Información Además de la documentación, el prestamista debe suministrar al prestatario toda la información que sea necesaria. En particular, tiene que responder a las **consultas** que le formule el prestatario acerca del contenido, significado y trascendencia práctica de los documentos entregados. Las **explicaciones** deben contener ejemplos de aplicación práctica de las cláusulas financieras, en diversos escenarios de coyuntura económica, en especial de las relativas a tipos de interés y, en su caso, de los instrumentos de cobertura de riesgos financieros que se vayan a suscribir con ocasión del préstamo. 2764

Comprobación del cumplimiento de la obligación de transparencia (LCCI art.15) 2766
El prestatario ha de **comparecer ante el notario** por él elegido, como tarde el día anterior al de la autorización de la escritura pública del contrato, para obtener **asesoramiento presencial**. La obligación de comparecencia y las normas de protección al prestatario se extienden a toda persona física que sea **fiadora o garante** del préstamo.
Si **no queda acreditado** documentalmente el cumplimiento en tiempo y forma de la obligación de entrega de documentación (nº 2762) e información (nº 2764), o si **no comparece el prestatario** para recibir el asesoramiento en el plazo señalado, el notario expresa en el acta esta circunstancia. En este caso, no puede autorizarse la escritura pública de préstamo.

La documentación (nº 2762) junto a una **manifestación firmada** por el prestatario, en la que declara haberla recibido la documentación y que le ha sido explicado su contenido (nº 2764), debe **remitirse al notario** elegido por el prestatario. La remisión de la documentación se tiene que realizar por **medios telemáticos seguros**, que deben cumplir las siguientes **exigencias mínimas** (LCCI art.14.1): 2768
- permitir al notario comprobar fehacientemente la fecha en que los documentos firmados por el prestatario se incorporaron a la aplicación;
- garantizar que no se ocasiona ningún coste, directo o indirecto, para el cliente;
- quedar organizado de modo que el cliente pueda dirigirse a cualquier notario de su libre elección para que este, con carácter previo a la firma del préstamo, extraiga la documentación para preparar y autorizar el acta y la escritura.

El notario **verifica la documentación** acreditativa del cumplimiento de los requisitos, y en caso de que quede acreditado su cumplimiento, **hace constar en acta notarial** previa a la formalización del préstamo hipotecario las siguientes cuestiones: 2770
- el cumplimiento de los plazos legalmente previstos de puesta a disposición del prestatario de los documentos;
- las cuestiones planteadas por el prestatario y el asesoramiento prestado por el notario.
En todo caso, debe informar en el acta, de que ha prestado asesoramiento relativo a las **cláusulas específicas** recogidas en la FEIN y en la FiAE, de manera individualizada y con referencia expresa a cada una, sin que sea suficiente una afirmación genérica.
En presencia del notario, el prestatario tiene que **responder a un test** que tiene por objeto concretar la documentación entregada y la información suministrada.
El **contenido del acta** se presume veraz e íntegro, y hace prueba del asesoramiento prestado por el notario y de la manifestación de que el prestatario comprende y acepta el contenido de los documentos descritos, a efectos de cumplir con el principio de transparencia en su vertiente material.
En la escritura pública del préstamo el notario autorizante inserta una **reseña identificativa del acta**, en la que expresa el número de protocolo, notario autorizante y su fecha de autorización, así como la afirmación del notario bajo su responsabilidad, de acuerdo con el acta, de que el prestatario ha recibido en plazo la documentación y el asesoramiento previsto en la Ley.
La actuación notarial, **en ningún caso exime** al prestamista de dar al prestatario las oportunas explicaciones y aclaraciones sobre los efectos y cargas derivadas del préstamo, conforme a lo previsto en la Ley.

g. Tasación del inmueble

(LCCI art.13)

Los **inmuebles aportados en garantía** han de ser objeto de una tasación adecuada antes de la celebración del contrato de préstamo. 2775
La tasación **se puede realizar por**:
- una sociedad de tasación;
- el servicio de tasación de una entidad de crédito;
- un profesional homologado independiente del prestamista o del intermediario de crédito inmobiliario.
Para realizarla se **tienen que utilizar** normas de tasación fiables y reconocidas internacionalmente conforme a la OM ECO/805/2003.

Precisiones 1) La Ley concede al Ministerio competente un plazo de 6 meses para evaluar la conveniencia de **modificar** la OM ECO/805/2003, con la finalidad de incorporar, adicionalmente a las ya previstas, otras tipologías avanzadas de tasación (LCCI disp.adic.10ª.2).
2) Las **sociedades de tasación** y los **servicios de tasación** de las entidades de crédito están regulados en el RDL 24/2021.
3) La **homologación de profesionales de tasación**, se regula en el RD 775/1997. La Ley faculta al Gobierno para aprobar en el plazo de 6 meses desde su entrada en vigor un nuevo régimen de homologación de profesionales que pueden realizar tasaciones (LCCI disp.adic.10ª.1).

h. Venta vinculada o combinada

(LCCI art.4.25, 4.26 y 17)

2780 Se produce una **venta vinculada** cuando se ofrece de forma conjunta una hipoteca con otros productos, como seguros, cuentas o planes de pensiones. Con carácter general están **prohibidas**. Todo contrato vinculado al préstamo, en perjuicio del prestatario, es nulo. Sin embargo, la nulidad de las cláusulas del contrato de préstamo que afecten a productos vinculados no determina la nulidad del préstamo.
Se contemplan las siguientes **excepciones**:
• **Ventas vinculadas concretas** en las que el prestamista pueda demostrar que los productos vinculados o las categorías de productos ofrecidos, en condiciones similares entre sí, que no se presenten por separado, acarrean un claro beneficio a los prestatarios, teniendo debidamente en cuenta la disponibilidad y los precios de los productos pertinentes ofrecidos en el mercado.
• La suscripción de una **póliza de seguro** en garantía del cumplimiento de las obligaciones del préstamo, así como la suscripción de un seguro de daños respecto del inmueble objeto de hipoteca y del resto de seguros previstos en la normativa del mercado hipotecario. El prestamista debe aceptar **pólizas alternativas** de todos los proveedores que ofrezcan unas condiciones y un nivel de prestaciones equivalentes a la propuesta por él, tanto en la suscripción inicial como en cada una de las renovaciones. La aceptación por el prestamista de una póliza alternativa, distinta de la propuesta por su parte, no puede suponer un empeoramiento de cualquier naturaleza en las condiciones del préstamo.
• Vincular el préstamo a que el prestatario, su cónyuge, pareja de hecho, o un pariente por consanguinidad o afinidad hasta el segundo grado de parentesco contrate ciertos **productos financieros** establecidos por orden de la persona titular del Ministerio competente, siempre que sirva de soporte operativo o de garantía a las operaciones de un préstamo y que el deudor y los garantes reciban información precisa y detallada.

2782 En las **prácticas vinculadas autorizadas** por la autoridad competente, el prestamista **debe informar** al prestatario de manera expresa y comprensible de las siguientes cuestiones:
- que está contratando un producto vinculado;
- el beneficio y el riesgo de pérdidas, especialmente en los productos de inversión, que supone para el prestatario su contratación;
- los efectos que la cancelación anticipada del préstamo o cualquiera de los productos vinculados produciría sobre el coste conjunto del préstamo y el resto de los productos o servicios vinculados.

Precisiones Cuando en un contrato de préstamo hipotecario se vinculan seguros de vida y de protección de pagos mediante adhesión, sin que exista una **cláusula expresa** en la escritura que imponga su contratación, y la **entidad financiera no informa** de manera expresa y comprensible sobre la posibilidad de contratar dichos seguros de forma independiente ni sobre las consecuencias económicas de su no contratación, dicha práctica se considera abusiva (AP Córdoba 29-4-25, EDJ 652143; AP Alicante 25-3-25, EDJ 658431; AP Zaragoza 30-1-25, EDJ 532604).

2784 En las **ventas combinadas**, los productos se presentan por separado: es decir, la hipoteca por un lado, y el resto de productos combinados (seguros, cuentas o planes de pensiones) por otro, de modo que el prestatario pueda advertir las diferencias entre una oferta y otra.
Antes de la contratación de un producto combinado, el prestamista tiene que **informar al prestatario** de manera expresa y comprensible, de los siguientes extremos:
- que está contratando un producto combinado;
- el beneficio y riesgos de pérdida, especialmente en los productos de inversión, que supone para el prestatario su contratación, incluyendo escenarios simulados;
- la parte del coste total que corresponde a cada uno de los productos o servicios;
- los efectos que la no contratación individual o la cancelación anticipada del préstamo o cualquiera de los productos combinados produciría sobre el coste conjunto del préstamo y el resto de los productos o servicios combinados;
- las diferencias entre la oferta combinada y la oferta de los productos por separado.

i. Quejas y reclamaciones

(LCCI disp.adic.1ª)

Las quejas y reclamaciones que presenten los potenciales prestatarios, prestatarios o garantes, relacionadas con sus intereses y derechos legalmente reconocidos, y que deriven de presuntos incumplimientos de la Ley, sus normas de desarrollo, de los estándares o de las buenas prácticas y usos financieros que resulten aplicables, **se resuelven** por la entidad de resolución de litigios de consumo en el sector financiero regulada en la L 7/2017 disp.adic.1ª. **2785**
Hasta la constitución de dicha entidad, el **servicio de reclamaciones del Banco de España**, atenderá las quejas y reclamaciones que se presenten (LCCI disp.trans.5ª).

Precisiones Para **mayor información** sobre las quejas en el sector financiero ver nº 415 s.

3. Formalización del contrato

(LCCI art.22)

Los contratos de préstamo se tienen que formalizar en papel o en otro soporte duradero. **2790**
Si están **garantizados con hipoteca** constituida sobre un inmueble de uso residencial situado en territorio nacional, deben formalizase en escritura pública, pudiendo adoptar el formato electrónico conforme a la legislación notarial. En ellos tienen que constar, además de los elementos esenciales del contrato, los datos y los elementos que se determinen por el Gobierno mediante real decreto.
El **notario** no puede autorizar la escritura pública si no se ha otorgado el acta en el que verifica la documentación (nº 2770). Una vez autorizada la escritura de préstamo, **entregará o remitirá** telemáticamente al prestatario, sin coste, copia simple de aquella. En la escritura se hace constar una dirección de correo electrónico del prestatario para la práctica de estas comunicaciones (LCCI disp.adic.8ª).
El **registrador** de la propiedad, mercantil y de bienes muebles no pueden inscribir ninguna escritura que se refiera a préstamos regulados por la LCCI en la que no conste la reseña identificativa del acta (nº 2760). Practicada la inscripción, **remitirán** gratuitamente y de forma telemática al prestatario nota simple literal de la inscripción practicada y de la nota de despacho y calificación, con indicación de las cláusulas no inscritas y con la motivación de su respectiva suspensión o denegación (LCCI disp.adic.8ª).
Denegará la inscripción de las cláusulas de los contratos que sean contrarias a normas imperativas o prohibitivas o hayan sido declaradas nulas por abusivas por sentencia del Tribunal Supremo con valor de jurisprudencia o por sentencia firme inscrita en el Registro de Condiciones Generales de la Contratación (LH art.258.2).

Precisiones La DGSJFP denegó la **cancelación** de una hipoteca por tres **defectos** (DGSJFP 12-2-25):
- la hipoteca está **siendo ejecutada judicialmente** constando en una nota marginal y mientras no se cancele dicha nota no cabe cancelar la hipoteca por causas ajenas al propio procedimiento (LH art.131 y LEC art.688.2);
- **no concurre el consentimiento del titular registral** del derecho real de hipoteca (SAREB) ni existe **resolución judicial firme** dictada en procedimiento entablado contra dicho titular que ordene la cancelación (LH art.82); y
- rechaza la suficiencia de determinados anexos por falta de **autenticidad documental**, al tratarse de documentos sin código de verificación o fotocopias, con cita de la exigencia de documento auténtico a efectos de la LH art.3 y RH art.33.

En la **inscripción del derecho real de hipoteca** se tiene que expresar el importe del principal de la deuda y, en su caso, el de los intereses pactados, o, el importe máximo de la responsabilidad hipotecaria, identificando las obligaciones garantizadas, cualquiera que sea la naturaleza de estas y su duración. Las cláusulas de vencimiento anticipado (nº 2830) y demás **cláusulas financieras** de las obligaciones garantizadas por la hipoteca, en caso de calificación registral favorable de las mismas y de las demás cláusulas de trascendencia real, se hacen constar en el asiento en los términos que resulten de la escritura de formalización (LH art.12). **2792**

4. Pago de gastos

Solo **pueden repercutirse gastos** o percibirse comisiones por servicios relacionados con los préstamos que hayan sido solicitados en firme o aceptados expresamente por un prestatario o prestatario potencial y siempre que respondan a servicios efectivamente prestados o gastos habidos que puedan acreditarse. **2795**

Los gastos del contrato **se distribuyen** entre el prestamista y el prestatario, del siguiente modo (LCCI art.14.1.e):

Gasto	Responsable del pago
Tasación del inmueble (nº 2775).	Prestatario.
Gestoría.	Prestamista.
Aranceles notariales de la escritura de préstamo hipotecario.	Prestamista.
Copias de la escritura de préstamo hipotecario.	Quien las solicite.
Impuesto de transmisiones patrimoniales y actos jurídicos documentados.	De conformidad con lo establecido en la normativa tributaria aplicable, cuando se trata de escrituras de préstamo con garantía hipotecaria, se considera sujeto pasivo al prestamista (LITP art.29).

Si se pacta una **comisión de apertura**, se devenga una sola vez y engloba la totalidad de los gastos de estudio, tramitación o concesión del préstamo u otros similares inherentes a la actividad del prestamista ocasionada por la concesión del préstamo (LCCI art.14.3).
En el caso de préstamos **en divisas** o moneda extranjera (nº 2818), la comisión de apertura incluye, asimismo, cualquier comisión por cambio de moneda correspondiente al desembolso inicial del préstamo.

Precisiones **1)** El **inicio del plazo de prescripción** de la acción que puede ejercitar el consumidor para obtener la restitución de las cantidades indebidamente pagadas en cumplimiento de una cláusula contractual abusiva, empieza cuando este tiene constancia del carácter abusivo, no en el momento de liquidación del último pago (TJUE 25-1-24, asuntos acumulados C-812/21, C-810/21, C-811/21).
Un **consumidor medio** no pudo tener conocimiento del carácter abusivo de las cláusulas de gastos en un préstamo hipotecario antes de 2017, cuando se produjo una amplia difusión mediática y campañas de las asociaciones de consumidores sobre la posibilidad de reclamar al banco las mismas (AP Barcelona 15-3-24, EDJ 518321), a pesar de ello, el **día inicial del plazo** de prescripción de la **acción de restitución de gastos** hipotecarios indebidamente pagados por un consumidor será el de la firmeza de la sentencia que declara la nulidad de la cláusula que obligaba a tales pagos, salvo que se pruebe que el consumidor conocía previamente la abusividad de la cláusula (TS 14-06-24, EDJ 582617).
No se aplica la prescripción de la acción al **allanarse** la entidad bancaria expresamente, pues el allanamiento obliga al tribunal a estimar la demanda, en aplicación del principio dispositivo que rige en el proceso civil. El tribunal debe dictar sentencia condenatoria de acuerdo con lo solicitado por el demandante (TS auto 22-7-25, EDJ 645995).
3) Con efectos **desde el 3-4-2025**, a colación de la implantación del sistema de Medios Adecuados de Solución de Controversias introducido por la LO 1/2025, se exigirá que los consumidores, antes de acudir a la vía judicial para reclamar la devolución de cantidades indebidamente satisfechas en contratos de préstamo hipotecario realicen una **reclamación extrajudicial previa** (LEC art.439.5 y 439 bis redacc LO 1/2025 art.22.35).
3) La cláusula de **comisión de subrogación** es abusiva si el banco no demuestra la efectiva prestación de servicios específicos vinculados a dicha comisión, como exige la normativa para comisiones distintas de la originaria comisión de apertura (AP Navarra 1-10-25, EDJ 716272).
4) Existe un **interés legítimo** que permite a los consumidores solicitar la nulidad de cláusulas abusivas, incluso **después de la cancelación del préstamo** (TS 4-10-24, EDJ 703138).
5) El **plazo de prescripción** de la **acción de restitución** de gastos hipotecarios solo debe comienza con la fecha de firmeza de la sentencia que declara la nulidad de la cláusula, salvo que se demuestre que el consumidor conocía la abusividad antes (TS 11-3-26, EDJ 526220).

2796 Para los **contratos celebrados con anterioridad a 16-6-2019** la doctrina jurisprudencial declara (TS 23-1-19, EDJ 501276):
• **Comisión de apertura**: constituye, junto con el interés remuneratorio, uno de los dos principales pagos que el prestatario ha de pagar por la concesión y disfrute del préstamo.
• **Notario y registrador**: corresponde pagar al prestatario los gastos de aranceles notariales de la escritura de préstamo hipotecario. Corresponden al prestamista los aranceles registrales.
• **Gestoría o gestión**: no existe norma legal o reglamentaria que atribuya su pago al prestamista o al prestatario. En la práctica, se trata una serie de gestiones derivadas de la formalización del préstamo hipotecario que no necesitan el nombramiento de un gestor profesional, ya que pueden llevarse a cabo por el banco o por el cliente. Cuando se recurre a los servicios de un gestor, las gestiones se realizan en interés o beneficio de ambas partes, por lo que el gasto generado por este concepto debe ser sufragado por mitad.

Precisiones En cuanto a los **efectos de la nulidad** de la cláusula abusiva que atribuye al consumidor la totalidad de los gastos e impuestos generados en la formalización de los préstamos hipotecarios, como son pagos que han de hacerse a terceros -notario, registrador de la propiedad- como honorarios por su intervención profesional con relación al préstamo hipotecario, la declaración de abusividad no puede conllevar que esos terceros dejen de percibir lo que por ley les corresponde, por lo que el pago de esas cantidades debe correr a cargo de la parte a la que correspondiera según la normativa vigente en el momento de la firma del contrato (TS 23-1-19, EDJ 501277; 23-1-19, EDJ 501268; 23-1-19, EDJ 501272; 23-1-19, EDJ 501277; 14-9-20, EDJ 655496; TJUE 16-7-20).

Si durante la duración del préstamo se producen una o varias **subrogaciones**, el prestamista subrogado debe ser **reintegrado** por el prestamista subrogante en la parte proporcional del impuesto y los gastos que le correspondieron en el momento de la constitución del préstamo al subrogado conforme a los apartados anteriores. Para **calcular el importe** que corresponde como compensación, se aplican las siguientes reglas: **2797**

Impuesto de actos jurídicos documentados y documentos notariales	Se debe efectuar la liquidación del impuesto que correspondería a una base imponible integrada por la cantidad total garantizada entendiendo por tal la constituida por el importe del préstamo pendiente de amortización en la fecha de la subrogación y los correspondientes intereses, indemnizaciones, penas por incumplimiento y otros conceptos análogos, que se hayan establecido. El subrogante debe reintegrar al subrogado el importe resultante de dicha liquidación.
Resto de gastos	Se debe prorratear su liquidación entre la suma del importe del préstamo y los correspondientes intereses, indemnizaciones, penas por incumplimiento y otros conceptos análogos, que se hayan establecido. El subrogante debe reintegrar al subrogado la parte de dicha suma que corresponda al préstamo pendiente de amortización.

Cuando la **obtención del crédito**, o su obtención en las condiciones ofrecidas, esté **supeditada a** la apertura o al mantenimiento de una cuenta, los costes de apertura y mantenimiento de dicha cuenta, de utilización de un medio de pago para transacciones y operaciones de disposición de crédito y los demás costes relativos a las operaciones de pago, se incluyen en el coste total del crédito para el prestatario (LCCI art.8.2). **2798**

5. Cuestiones del contrato

2800

a. Tasa anual equivalente

(LCCI art.8)

La Tasa Anual Equivalente (TAE) es el coste total del préstamo para el prestatario. **Se expresa** como porcentaje anual del importe total del préstamo concedido, más los costes aparejados, si ha lugar (LCCI art.4.14). **2805**

El **cálculo de la TAE** se realiza partiendo del supuesto de que el contrato de crédito estará vigente durante el período de tiempo acordado y que el prestamista y el prestatario cumplirán sus obligaciones en las condiciones y en los plazos acordados en el contrato de crédito. Para calcularlo se utiliza la siguiente fórmula matemática (LCCI Anexo II):

$$\sum_{k=1}^{m} C_k(1+X)^{-t_k} = \sum_{l=1}^{m'} D_l(1+X)^{-S_l}$$

En los contratos de crédito que contienen cláusulas que permiten **modificaciones del tipo deudor** y, en su caso, de los gastos incluidos en la TAE que no sean cuantificables en el momento del cálculo, la TAE se calcula partiendo del supuesto de que el tipo deudor y los demás gastos se mantendrán sin cambios con respecto al nivel fijado en el momento de la celebración del contrato. El prestatario debe **ser informado** de las posibles repercusiones de las variaciones en los importes adeudados y en la TAE al menos mediante la FEIN. Esto se hace facilitando al prestatario una TAE adicional que ilustre los posibles riesgos vinculados a un aumento significativo del tipo deudor.
Cuando el **tipo deudor no está limitado**, dicha información va acompañada de una **advertencia** en la que se pone de relieve que el coste total del crédito para el prestatario, mostrado en la TAE, puede variar.

2807 Para los contratos de crédito para los que se acuerda un **tipo deudor fijo** en relación con el período inicial mínimo de 5 años, al final del cual se llevará a cabo una negociación sobre el tipo deudor con objeto de acordar un nuevo tipo fijo durante otro período pertinente, el **cálculo de la TAE adicional ilustrativa** indicada en la FEIN, afecta únicamente al período inicial de tipo fijo y se basa en el supuesto de que, al final del período del tipo deudor fijo, se haya reembolsado el capital pendiente.

b. Intereses

(LCCI art.21)

2810 El tipo de interés del préstamo **no puede** ser modificado en perjuicio del prestatario durante la vigencia del contrato, salvo acuerdo mutuo de las partes formalizado por escrito. Si existe acuerdo, la **variación del coste** del préstamo se debe ajustar, al alza o a la baja, a la de un índice de referencia objetivo, sin perjuicio del carácter abusivo que pueden tener las cláusulas que prevean la posibilidad de modificación unilateral por el prestamista (LGDCU art.85.3).
Si el contrato de préstamo tiene un **tipo de interés variable**, los prestamistas pueden utilizar como **índice o tipo de referencia** objetivo para calcular el tipo aplicable, alguno que cumpla las siguientes **condiciones**:
- ser claro, accesible, objetivo y verificable por las partes en el contrato de préstamo y por las autoridades competentes;
- calcularse a coste de mercado;
- no ser susceptible de influencia por el propio prestamista, o en virtud de acuerdos con otros prestamistas o prácticas conscientemente paralelas;
- que los datos que sirven de base al índice o tipo se agreguen de acuerdo con un procedimiento matemático objetivo.

Sin perjuicio de la libertad contractual, pueden ser aplicados por los prestamistas los **índices o tipos de interés de referencia** (p.e. el Mibor) que publique el Ministerio competente, por sí o a través del Banco de España (LCCI art.14.5; L 10/2014 art.5).
El **interés remuneratorio** en estas operaciones no puede ser negativo (LCCI art.21).

Precisiones **1)** En los préstamos hipotecarios concedidos por **empresas «extrabancarias»** no sujetas a la regulación de entidades de crédito, la **referencia para valorar la usura** debe ser el tipo medio del mercado «extrabancario» y no las estadísticas oficiales del Banco de España, que solo reflejan operaciones de entidades de crédito (TS 21-10-25, EDJ 729386).
2) El Tribunal Supremo descarta la abusividad de un préstamo hipotecario que establecía como índice de **referencia el IRPH Cajas** porque, aunque la transparencia no se cumplió plenamente, la comparación del tipo de interés efectivo con los del mercado no revela una desproporción manifiesta ni una actuación de mala fe, según los criterios sentados por el TJUE (TS 11-11-25, EDJ 745309).

2812 **Cláusulas suelo** (LCCI art.21.3; RDL 7/2017) Las cláusulas suelo son un pacto lícito, sujeto al principio de libertad de pactos, cuyo uso es legítimo, pero pueden ser nulas por falta de transparencia en los casos en que su redacción o ubicación en el contrato, impidan al cliente conocer sus efectos (TS 9-5-13, EDJ 53424):
Están sometidas a un **doble control de transparencia** que incluye:
- la transparencia documental o gramatical, de manera que la cláusula sea clara y legible para el consumidor;
- que el adherente conozca o pueda conocer con sencillez tanto la carga económica que realmente supone para él la cláusula como sus consecuencias jurídicas.

La falta de transparencia provoca un **desequilibrio sustancial** en perjuicio del consumidor, incompatible con las exigencias de la buena fe (TS 24-3-15, EDJ 44467).

Los **efectos** que produce la falta de transparencia son:
- la eliminación del contrato de las cláusulas abusivas, manteniéndose en vigor el resto del contenido del contrato.
- el derecho del consumidor a obtener la restitución íntegra de las cantidades que haya abonado indebidamente a la entidad bancaria sobre la base de la cláusula suelo (TJUE 21-12-16, asunto C-307/15).

En relación con el posible carácter abusivo de las cláusulas suelo por **falta de transparencia**, la jurisprudencia más reciente ha dictaminado que el deber de transparencia comporta que el consumidor disponga «antes de la celebración del contrato» de información comprensible acerca de las condiciones contratadas y las consecuencias de dicha celebración. De forma que el control de transparencia tiene por objeto que el adherente pueda conocer con sencillez tanto la carga económica que realmente le supone el contrato celebrado, esto es, el sacrificio patrimonial realizado a cambio de la prestación económica que quiere obtener, como la carga jurídica del mismo, es decir, la definición clara de su posición jurídica tanto en los elementos típicos que configuran el contrato celebrado, como en la asignación de los riesgos del desarrollo del mismo. **2812.1**

Respecto de las condiciones generales que versan sobre elementos esenciales del contrato se exige una **información suficiente** que pueda permitir al consumidor adoptar su decisión de contratar con **pleno conocimiento** de la carga económica y jurídica que le supondrá concertar el contrato, sin necesidad de realizar un análisis minucioso y pormenorizado del contrato. Esto excluye que pueda agravarse la carga económica que el contrato supone para el consumidor, tal y como este la había percibido, mediante la inclusión de una condición general que supere los requisitos de incorporación, pero cuya trascendencia jurídica o económica pase inadvertida al consumidor porque se les da un inapropiado tratamiento secundario y no se facilita al consumidor la información clara y adecuada sobre las consecuencias jurídicas y económicas de dicha cláusula en la caracterización y ejecución del contrato.

La **información precontractual** es la que **permite** realmente comparar ofertas y adoptar la decisión de contratar. No se puede realizar una comparación fundada entre las distintas ofertas si al tiempo de realizar la comparación el consumidor no puede tener un conocimiento real de la trascendencia económica y jurídica de alguno de los contratos objeto de comparación porque no ha podido llegar a comprender lo que significa en él una concreta cláusula, que afecta a un elemento esencial del contrato, en relación con las demás, y las repercusiones que tal cláusula puede conllevar en el desarrollo del contrato (entre otras, TS 9-5-13, EDJ 53424; 8-9-14, EDJ 180029; 23-12-15, EDJ 253610; 7-11-17, EDJ 232868; 4-3-19, EDJ 514872; así como TJUE 30-4-14; 21-12-16; 20-9-17).

Si la entidad ha informado de forma comprensible al cliente que el préstamo que va a suscribir tiene un interés mínimo fijo, cualquiera que sea la bajada del índice de referencia, la **cláusula será válida** (AP Barcelona 27-2-19, EDJ 515125). Por el contrario, si la entidad prestamista no informa antes de la celebración del contrato de las cargas jurídicas y económicas de tal disposición, procederá declarar la nulidad de la cláusula suelo por **no supera el control** de transparencia (TS 4-3-19, EDJ 515059).

Es necesaria la información precontractual y la **intervención del notario** al autorizar la escritura no dispensa de tal obligación (TS 9-12-21, EDJ 777904, entre otras).

Así, la inclusión de una cláusula suelo en un **apartado individualizado** del contrato, cuyo texto se encuentra **resaltado en negrita y subrayado**, pueden servir para considerar superado el control de incorporación de la cláusula suelo, pero no el control de transparencia ya que la utilización de negrita en algunos pasajes es un recurso tipográfico que en la escritura se utiliza con carácter general en la generalidad de las cláusulas y apartados de las mismas, que aparecen encabezados en negrita y también se usa la negrilla en algunas partes de su contenido (TS 1-2-18, EDJ 3698; 30-5-18, EDJ 89396).

Precisiones **1)** El mero hecho de que la cláusula suelo **no haya sido objeto de aplicación** durante un periodo de tiempo no la convierte, sin más, en transparente, ya que el control de transparencia se proyecta sobre el cumplimiento de estos especiales deberes de información y comprensibilidad material que incumben al predisponente en la formación y perfección del contrato sujeto a condiciones generales de la contratación (TS 1-12-17, EDJ 249273).

2) Solo pueden ser abusivas las cláusulas que no han sido objeto de **negociación individual**. El hecho de ser una cláusula negociada la excluye de la aplicación de Dir 93/13/CEE, pues no se trata de una cláusula predispuesta por el empresario, sino el fruto del acuerdo entre las partes (TS 13-9-18, EDJ 563098).

3) El TS declara que la cláusula suelo en un contrato on line supera el control de transparencia cuando el prestatario tuvo información precontractual adecuada y suficiente, tanto en la página web de la entidad bancaria, como en los documentos que esta le remite mediante correos electrónicos, sobre la existencia y las consecuencias jurídicas y económicas de dicha cláusula (TS 21-7-23, EDJ 636105).

4) El control de transparencia debe entenderse superado, por innecesario, cuando el consumidor contrata a un **asesor financiero** con conocimientos especializados que se encarga de buscar la mejor oferta para su cliente, tratando de forma directa y en su representación con el banco. En este caso resulta innecesario y redundante explicaciones o informaciones del banco acerca del significado económico de la cláusula suelo, pues los conocimientos del asesor suplen aquellos de los que carece su cliente (TS 2-2-22, EDJ 504504).
5) Se admite la posibilidad de que una cláusula potencialmente nula, como la cláusula suelo, pueda ser **modificada con posteridad** por las partes, pero si esta modificación no ha sido negociada individualmente, sino predispuesta por el empresario, en ese caso debería cumplir, entre otras exigencias, con las de transparencia. De esta forma, la cláusula estipulada en un contrato celebrado entre un profesional y un consumidor para la solución de una controversia existente, mediante la que el consumidor renuncia a hacer valer ante el juez nacional las pretensiones que hubiera podido articular en ausencia de esta cláusula, puede ser calificada como abusiva cuando, en particular, el consumidor no haya podido disponer de la información pertinente que le hubiera permitido comprender las consecuencias jurídicas que se derivaban para él de tal cláusula (TJUE 9-7-20; TS 5-11-20, EDJ 698701; 5-11-20, EDJ 705110; 9-2-21, EDJ 504528; 28-9-21, EDJ 697184).

2812.2 **Carácter (ir)retroactivo de la nulidad** El Tribunal Supremo (en sentencia TS 9-5-13, EDJ 53424) analizó, en el marco de una acción colectiva ejercitada por una asociación de consumidores contra varias entidades bancarias, el carácter abusivo de las cláusulas suelo, declarando su **nulidad**. El Tribunal Supremo consideró que las cláusulas examinadas, si bien superaban el control de transparencia formal a efectos de su inclusión como condición general de los contratos, no superaban en cambio el control de transparencia material exigible en las cláusulas de los contratos suscritos con consumidores, y declaró la nulidad de las cláusulas, pero no de los contratos en los que se insertaban, cuya subsistencia mantuvo pese a aquella declaración de nulidad parcial.

Sin embargo, el TS estimó que la declaración de nulidad no afectaría ni a las situaciones definitivamente decididas por resoluciones judiciales con fuerza de cosa juzgada ni a las cantidades satisfechas **antes del 9-5-2013**. En otras palabras, se estableció el carácter irretroactivo de la nulidad de las cláusulas suelo consideradas abusivas. La limitación temporal de la retroactividad de la nulidad de las cláusulas suelo se fundó en tres motivos:

- en primer lugar, las cláusulas suelo no se consideran abusivas en sí mismas, sino que su abusividad deriva de la falta de transparencia material o sustantiva sobre el concreto contenido en su incorporación al contrato;
- en segundo lugar, aboga a favor de la irretroactividad la buena fe del círculo de los interesados (toda vez que las entidades de crédito habían cumplido con la normativa sectorial sobre transparencia); y
- en tercer lugar, el TS calificó como un hecho notorio que dicha retroactividad causaría grave trastorno al orden público económico.

Precisiones **1)** La **limitación** de la eficacia retroactiva fue **confirmada por** el TS 25-3-15, EDJ 44468, en el seno de una acción individual interpuesta frente a una de las entidades parte en el proceso judicial resuelto por la sentencia TS 9-5-13, EDJ 53424. Fijó como doctrina que, cuando en aplicación de la doctrina fijada en la sentencia de 2013 se declare abusiva una cláusula suelo, la devolución al prestatario se efectuará a partir de la fecha de publicación de la sentencia de 2013.
2) Debe tenerse en cuenta el TS ha apreciado la **incorporación transparente** y falló la consiguiente validez de una cláusula suelo (TS 9-3-17, EDJ 12759). En este caso, la cláusula estaba ubicada dentro del contrato sin aparecer enmascarada entre otras cláusulas. Además, la cláusula suelo había sido negociada individualmente entre los prestatarios y la entidad de crédito.

2812.3 No obstante, varios tribunales españoles cuestionaron ante el **TJUE** la jurisprudencia del TS sobre la base del Derecho de la Unión Europea mediante diversos **reenvíos prejudiciales**. El TJUE, dando respuesta a esas cuestiones prejudiciales, determinó que la Dir 93/13/CEE art.6.1, sobre cláusulas abusivas en los contratos celebrados con los consumidores, debe interpretarse en el sentido de que se opone a una jurisprudencia nacional que limita en el tiempo los efectos restitutorios vinculados a la declaración del carácter abusivo, circunscribiendo tales efectos restitutorios exclusivamente a las cantidades pagadas indebidamente en aplicación de tal cláusula con posterioridad al pronunciamiento de la resolución judicial mediante la que se declaró el carácter abusivo de la cláusula en cuestión (TJUE 21-12-16, asuntos acumulados C-154/15, C-307/15 y C-308/15).

En otras palabras, el TJUE reconoce **efectos restitutorios plenos** a la declaración de nulidad de las cláusulas suelo, fundamentado el fallo en dos **razonamientos esenciales**:

- la sentencia considera que la apreciación de la abusividad por falta de transparencia material que realizó el TS tiene por fundamento la Dir 93/13/CEE art.4.2 en relación con el art.3, y que no cabe apreciar que el TS hubiera ido más allá del ámbito definido por la propia directiva; y
- la cláusula contractual declarada abusiva nunca ha existido, de modo que ha de restaurarse la situación de hecho y de Derecho en que se encontraría el consumidor en esta situación.

Precisiones A la vista de lo anterior, el **TS ha adaptado su doctrina** a los pronunciamientos del TJUE en materia de devolución de las cantidades cobradas en aplicación de la cláusula suelo. Véanse, en este sentido, TS 24-2-17, EDJ 9042, cuya doctrina se ha reiterado en TS 20-4-17, EDJ 44933; 25-5-17, EDJ 77541 y 6-6-17, EDJ 96178, entre otras.

Renegociación o novación de cláusulas suelo y renuncia de acciones A raíz de la sentencia TS 9-5-13, EDJ 53424, que declaraba la nulidad de las cláusulas suelo incluidas en los contratos de préstamo hipotecario por no cumplir los requisitos de claridad y transparencia, ciertas entidades de crédito comenzaron procesos de renegociación o novación de dichas cláusulas en los contratos de préstamo hipotecario celebrados con anterioridad. En esas novaciones **solía incluirse** una reducción del tipo pactado en la cláusula suelo, así como la renuncia por parte de los consumidores a ejercitar cualquier acción judicial futura contra la entidad bancaria. **2812.4**

En relación con lo anterior, y a resultas de la formulación de las correspondientes cuestiones prejudiciales, el **TJUE ha declarado** (TJUE auto 3-3-21):

• La Dir 93/13/CEE art.6.1 debe interpretarse en el sentido de que «no se opone a que una cláusula de un contrato celebrado entre un profesional y un consumidor, cuyo carácter abusivo puede ser declarado judicialmente, pueda ser objeto de un contrato de novación entre ese profesional y ese consumidor, mediante el cual este último renuncia a los efectos que pudieran derivarse de la declaración del carácter abusivo de esa cláusula, siempre que la renuncia proceda de un **consentimiento libre e informado** por parte del consumidor, extremo este que corresponde comprobar al juez nacional». No obstante, la cláusula mediante la cual el consumidor renuncia, en lo referente a controversias futuras, a las acciones judiciales basadas en los derechos que le reconoce la reiterada Directiva comunitaria «no vincula al consumidor».

• La Dir 93/13/CEE art.3 debe ser interpretada en el sentido de que «cabe considerar que **no ha sido negociada individualmente** la propia cláusula de un contrato de préstamo hipotecario celebrado entre un profesional y un consumidor con la cual se pretende modificar una cláusula potencialmente abusiva de un contrato anterior celebrado entre ambos o establecer que ese consumidor renuncie a ejercer cualquier acción judicial contra ese profesional cuando dicho consumidor no haya podido influir en el contenido de la nueva cláusula, extremo este que corresponde comprobar al órgano jurisdiccional remitente».

Por tanto, si la novación no ha sido negociada individualmente, sino que la cláusula ha sido predispuesta por el empresario, deberá cumplir, entre otras exigencias, con las de transparencia (TS 28-9-21, EDJ 697184).

• Por último, concluye el TJUE que la Dir 93/13/CEE art.3, 4 y 5 deben interpretarse en el sentido de que «la exigencia de transparencia que tales disposiciones imponen a un profesional implica que, cuando se celebra un contrato de novación que, por una parte, tiene por objeto modificar una cláusula potencialmente abusiva de un contrato anterior y, por otra parte, establece que el consumidor **renuncia a ejercer cualquier acción judicial** contra el profesional, deba situarse al consumidor en condiciones de comprender las consecuencias jurídicas y económicas determinantes que para él se derivan de la celebración de ese contrato de novación».

De este modo, la cláusula estipulada en un contrato celebrado entre un profesional y un consumidor para la solución de una controversia existente, mediante la que el consumidor renuncia a hacer valer ante el juez nacional las pretensiones que hubiera podido hacer valer en ausencia de esta cláusula, puede ser calificada como **abusiva cuando**, en particular, el consumidor no haya podido disponer de la información pertinente que le hubiera permitido comprender las consecuencias jurídicas que se derivaban (TJUE 9-7-20, asunto C-452/18; a la que se remite el TS 5-11-20, EDJ 705110).

Precisiones El TS declara válida la novación de la cláusula suelo del préstamo hipotecario sin perjuicio de mantener la **nulidad de las estipulaciones previas** y el deber de restitución de lo indebidamente cobrado por la entidad financiera hasta la firma del acuerdo novatorio (TS 11-3-26, EDJ 526242).

Reclamación extrajudicial previa obligatoria La LO 1/2025 de medidas en materia de eficiencia del servicio público de Justicia ha introducido como **requisito de procedibilidad** en las acciones de reclamación de devolución de las cantidades indebidamente satisfechas por el consumidor en aplicación de determinadas cláusulas suelo (o de cualesquiera otras cláusulas que se consideren abusivas contenidas en contratos de préstamo o crédito garantizados con hipoteca inmobiliaria), una reclamación extrajudicial previa frente a las personas físicas o jurídicas que realicen la actividad de concesión de préstamos o créditos de manera profesional. La regulación de dicha reclamación extrajudicial previa se contiene en la LEC art.439.5 y 439 bis. **2813**

• La **finalidad** de la reclamación extrajudicial es que la entidad prestamista reconozca expresamente el carácter abusivo de dichas cláusulas, con la consiguiente devolución de las cantidades indebidamente satisfechas por el consumidor.

• La **reclamación** previa **debe dirigirse a** la persona física o jurídica que realice la actividad de concesión de préstamos o créditos de manera profesional, que deberá admitir o denegar la reclamación. En el caso en que la entidad prestamista considere que la devolución no es procedente o, en su caso, rechace la abusividad de las cláusulas, comunicará razonadamente los motivos en los que funda su decisión, sin que pueda alegar otros diferentes en el proceso judicial que posteriormente se siga.
• En todo caso, recibida la reclamación, la persona o entidad destinataria debe efectuar un **cálculo de la cantidad a devolver** de manera desglosada, incluyendo necesariamente las cantidades que correspondan en concepto de intereses.
• El plazo máximo para que el consumidor y la persona o entidad a la que se reclamó lleguen a un acuerdo es de un mes a contar desde la presentación de la reclamación. En todo caso, se entenderá que el procedimiento extrajudicial **ha concluido sin acuerdo si**:
- la persona o entidad a quien se ha dirigido la reclamación rechaza expresamente la solicitud del consumidor;
- finaliza el plazo de un mes desde la recepción de la comunicación, sin comunicación alguna por su parte; o
- el consumidor no está de acuerdo con el cálculo de la cantidad a devolver efectuado por la persona o entidad concedente del préstamo o crédito, si rechaza la cantidad ofrecida, o si no muestra su conformidad con la posición de dicha persona o entidad sobre la nulidad de las cláusulas interesadas.
• Si **transcurrido el plazo de un mes** a partir del momento en que conste fehacientemente la aceptación de la oferta por el consumidor no se ha puesto a su disposición de modo efectivo la cantidad ofrecida, esta devengará los intereses legales del dinero incrementados en ocho puntos desde que conste fehacientemente que ha sido aceptada la oferta por el perjudicado.
• Si transcurriera dicho plazo de un mes sin hacerse efectiva la cantidad ofrecida, el consumidor podrá acudir a la **vía judicial**, sin perjuicio de que continúe el devengo de los intereses.
• Las partes no pueden ejercitar entre sí ninguna acción judicial o extrajudicial en relación con el objeto de la reclamación previa durante el tiempo en que esta se sustancie. La **posición mantenida** por las partes durante esta **negociación previa** podrá ser valorada en el seno del proceso ulterior, caso de haberlo, a los efectos de la imposición de costas.
• Este procedimiento de reclamación extrajudicial tiene **carácter gratuito**.
• La **formalización** de la escritura pública y la inscripción registral que, en su caso, pudiera derivarse del acuerdo entre el concedente del préstamo o crédito y el consumidor devengará exclusivamente los derechos arancelarios notariales y registrales correspondientes, de manera respectiva, a un documento sin cuantía y a una inscripción mínima, cualquiera que sea la base.

2813.1 **Costas en litigación** En la práctica, ha suscitado debate la imposición de costas en caso de estimación parcial de la demanda de nulidad de cláusulas suelo.

1) Primera instancia:

• Por un lado, la LEC art.394.2 dispone, en relación a la condena en costas de la primera instancia, que si «fuere parcial la estimación o desestimación de las pretensiones, cada parte abonará las costas causadas a su instancia y las comunes por mitad, a no ser que hubiere méritos para imponerlas a una de ellas por haber litigado con temeridad». De ahí que, **tradicionalmente**, las entidades bancarias demandadas no hayan sido condenadas en costas en casos de estimación parcial de la demanda (este criterio vino confirmado por la TS 23-1-19, EDJ 501277).
• Sin embargo, el TJUE 16-7-20 asuntos acumulados C-224/19 y C-259/199 obligó a revisar el anterior criterio. Dicha sentencia ha declarado que la Dir 93/13/CEE art.6.1 y 7.1, así como el principio de efectividad «deben interpretarse en el sentido de que se oponen a un régimen que permite que el consumidor cargue con una parte de las costas procesales en función del importe de las cantidades indebidamente pagadas que le son restituidas a raíz de la declaración de la nulidad de una cláusula contractual por tener carácter abusivo, dado que tal régimen crea un obstáculo significativo que puede disuadir a los consumidores de ejercer el derecho, conferido por la Dir 93/13/CEE, a un control judicial efectivo del carácter potencialmente abusivo de cláusulas contractuales».
En conclusión, la LEC art.394.2 debe reinterpretarse conforme a la Dir 93/13/CEE y el principio de efectividad, de tal forma que los gastos del proceso no constituyan una circunstancia que disuada al consumidor de recurrir al juez para que declare abusiva la nulidad de una cláusula. Por lo tanto, las entidades de crédito demandadas únicamente podrían eludir la condena en costas cuando se desestime íntegramente la pretensión restitutoria.
En esta línea, el TS contencioso 27-1-20, EDJ 505446, en un supuesto de nulidad de la cláusula gastos en el que no se acoge en su integridad la pretensión restitutoria (se rechaza el impuesto AJD y la mitad de los gastos notariales), impone las costas de primera instancia al banco demandado de acuerdo con la citada sentencia TJUE 16-7-20.

La Sala Primera del TS (civil) también mantiene constante su doctrina consistente en que, estimada la acción de nulidad por ser abusiva una determinada cláusula, aunque no se estimen la totalidad de las cláusulas impugnadas o la totalidad de las pretensiones restitutorias, procede la imposición de las costas de la primera instancia al banco demandado, conforme con la sentencia del TJUE de 16 de julio de 2020, C-224/19 y C-259/19 (entre muchas otras, STS [1.ª] de 10 de julio de 2025 (Roj: STS 3545/2025 - ECLI:ES:TS:2025:3545).

Téngase en cuenta, además, que la LO 1/2025 ha modificado la LEC art.394.2 en el sentido de precisar que, si **alguna de las partes no hubiese acudido**, sin causa que lo justifique, a un **medio adecuado de solución de controversias** (MASC) cuando fuera legalmente preceptivo o así lo hubiera acordado el juez, la jueza o el tribunal o el letrado de la Administración de Justicia durante el proceso, se le podrá condenar al pago de las costas, en decisión debidamente motivada, aun cuando la estimación de la demanda sea parcial.

2) Segunda Instancia:

En segunda instancia **no se solía condenar** en costas, pero tras la sentencia del TCo 121/2025 que estimó que no condenar en costas cuando el consumidor necesita recurrir para obtener tutela no garantizaba la indemnidad del mismo y era contrario a la doctrina del TJUE sobre la Dir 93/13/CEE y la Const. art.24.1, el TS adaptó su doctrina en la TS 4-12-25, EDJ 780763.

Así, en segunda instancia, también se debe imponer las costas en apelación si el **recurso del consumidor es estimado total o parcialmente** pues, lo contrario, obstaculizaría el ejercicio del derecho al recurso devolutivo ordinario y a la tutela judicial efectiva.

3) Casación e infracción procesal:

En cuanto a los recursos extraordinarios de casación e infracción procesal, el TS no les extiende este principio pues entiende que tienen **naturaleza y finalidad distintas**, no garantizadas legislativamente al consumidor, y su régimen de costas se mantiene en la no imposición cuando el recurso es estimado total o parcialmente (TS 4-12-25, EDJ 780763).

Interés de demora (LCCI art.25; LH art.114) Según la LH, el interés de demora es el interés remuneratorio más 3 puntos porcentuales a lo largo del período en el que aquel resulte exigible. Esto está sujeto a las siguientes **condiciones**: 2814

- las reglas relativas al interés de demora no admiten pacto en contrario;
- solo puede devengarse sobre el principal vencido y pendiente de pago;
- no puede ser capitalizado en ningún caso, salvo en el supuesto de ejecución sobre la cantidad restante del préstamo tras adjudicación en subasta de vivienda habitual hipotecada, contemplado en la LEC art.579.2.a).

Precisiones La ley española determina expresamente que las reglas relativas al interés de demora no admitirán **pacto en contrario**. De este modo, frente al régimen general de autonomía de la voluntad dentro de los límites legales en la contratación, el legislador español ha optado por un régimen de exclusión de la misma en materia de intereses de demora, con el fin de evitar cualquier discusión sobre la transparencia o abusividad de la cláusula reguladora de dichos intereses (DGSJFP 15-1-20; 27-6-191).

La fijación legal de este **límite máximo** no impide apreciar el carácter eventualmente abusivo de tal cláusula, ya que el límite legal de la LH art.114.3 es un requisito para la inscripción registral y ejecución, pero no impide el control judicial de abusividad; una cláusula puede respetar ese límite legal y aun así ser abusiva. El límite cuantitativo no puede ser la única referencia para determinar el límite al interés moratorio convencional en los préstamos hipotecarios, puesto que el juez puede acudir a otros **criterios** para decidir en cada caso sobre la abusividad de la cláusula, tales como (TS 22-4-15, EDJ 69484): 2816

- la comparación del tipo pactado con las normas nacionales aplicables en defecto de acuerdo;
- la consideración de si el profesional podía razonablemente estimar que el consumidor hubiera aceptado esa cláusula en una negociación individual, entre otras posibles.

Así, según la jurisprudencia, **son abusivos si** los intereses de demora superan un 2% el interés remuneratorio (TJUE 21-1-15 asuntos acumulados C-485/13, C-487/13, 484/13, C-482/13; TS 3-2-26, EDJ 505765).

La **consecuencia de la anulación** de la cláusula de intereses moratorios, por establecer un tipo de interés de demora abusivo, no supone que no se aplique o se anule la cláusula del mismo contrato que establece el tipo de **interés remuneratorio** (TJUE 7-8-18, nº C-94/2017; TS 28-11-18, EDJ 645231).

Precisiones 1) Las **normas imperativas** de la LH art.114.3 y LCCI art.25 se refieren expresamente a préstamos o créditos que estén garantizados «mediante hipoteca sobre bienes inmuebles para uso residencial» por lo que no parece aplicable el límite que impone un interés moratorio de un 3% sobre la hipoteca sobre un **solar** (DGSJFP 28-1-25).

2) La regla general relativa a los **contratos mixtos o de doble finalidad**, privada y empresarial, es la aplicación de la normativa, de consumidor o general, que corresponda en función de cuál sea el objeto predominante del contrato. En este caso, el edificio era de uso no residencial, por lo que no procede la aplicación de la LH art.114.3 (DGSJFP Resol 9-10-24).

c. Préstamo en moneda extranjera

(LCCI art.20)

2818 En los contratos de préstamo inmobiliario que se denominen en moneda extranjera el prestatario tiene **derecho a convertir el préstamo** a una moneda alternativa.

La **moneda alternativa** tiene que ser:

- la moneda en que el prestatario percibe la mayor parte de los ingresos o tiene la mayoría de los activos con los que ha de reembolsar el préstamo, según lo indicado en el momento en que se realizó la evaluación de la solvencia más reciente relativa al contrato de préstamo;
- la moneda del Estado miembro en el que el prestatario sea residente en la fecha de celebración del contrato de préstamo o en el momento en que se solicita la conversión.

El prestatario tiene que **optar** por una de estas dos alternativas en el momento de solicitar el cambio.

El **tipo de cambio** utilizado en la conversión es el tipo de cambio vigente en la fecha en que se solicita la conversión, salvo que contractualmente se establezca otra cosa. A estos efectos, y salvo que el contrato de préstamo disponga otra cosa, el tipo de cambio utilizado para la conversión es el publicado por el Banco Central Europeo en la fecha en que se solicita la conversión.

En lugar del derecho a convertir el préstamo, si el prestatario **no tiene la consideración de consumidor** puede pactar con su prestamista algún sistema de limitación del riesgo de tipo de cambio al que esté expuestos en virtud del contrato.

2819 Periódicamente, los prestamistas tienen que **informar al prestatario** del importe adeudado, con el desglose del incremento que, en su caso, se haya producido y del derecho de conversión en una moneda alternativa y las condiciones para ejercer tal conversión. También le informará, en su caso, de los mecanismos contractualmente aplicables para limitar el riesgo de tipo de cambio a que está expuesto.

La información se tiene que facilitar en los **plazos** que se establezcan por orden del Ministerio competente. **En todo caso**, se facilita cuando el valor del importe adeudado por el prestatario o el de las cuotas periódicas difiera en más del 20% del importe que habría correspondido de haberse aplicado el tipo de cambio entre la moneda del contrato de préstamo y el euro vigente en la fecha de celebración del contrato. Es decir, si el importe adeudado conforme al tipo de cambio del momento del contrato es de 100, el prestamista tiene que informar en el momento en el que el valor, aplicando el tipo de cambio de ese momento, es de 120 o más.

2822 El **incumplimiento** de cualquiera de estas exigencias y requisitos, produce, en favor del prestatario consumidor, la nulidad de las cláusulas multidivisa y le permiten solicitar la modificación del contrato, de modo tal que se considere que el préstamo fue concedido desde el principio en la moneda en la que el prestatario percibe la parte principal de sus ingresos.

El prestamista debe **informar adecuadamente** a los prestatarios sobre los siguientes **riesgos inherentes** a estos contratos derivados de las **fluctuaciones en la cotización** de la divisa extranjera respecto del euro (TS 15-11-17, EDJ 231487):

- que el incremento en el **importe de las cuotas** del préstamo puede llegar a ser tan considerable que ponga en riesgo su capacidad de afrontar el pago en caso de una fuerte depreciación del euro respecto de la divisa;
- que supone un **recálculo constante del capital prestado**, que puede provocar que, en caso de devaluación considerable de la moneda de pago frente a la nominal, pese al pago de las cuotas mensuales de amortización, en el momento de dar por vencido anticipadamente el préstamo, se adeude al banco un capital en euros significativamente mayor que el que fue entregado al concertar el préstamo;

La **ausencia de dicha información** determina la nulidad parcial del contrato, eliminando las referencias a la denominación en divisas del préstamo, que queda como un préstamo concedido en euros y amortizado en euros (AP Madrid 28-6-23, EDJ 671684; AP Barcelona 31-10-24, EDJ 776145).

d. Reembolso anticipado

(LCCI art.23)

En cualquier momento anterior a la finalización del término pactado, el prestatario puede reembolsar de forma anticipada total o parcialmente la cantidad adeudada. Las partes pueden convenir un **plazo de comunicación previa** que no puede exceder de un mes. 2824
Si el prestatario comunica al prestamista su **voluntad de reembolsar anticipadamente** la totalidad o parte del préstamo, este le tiene que facilitar la información necesaria para evaluar esta opción. Tiene que hacerlo en el **plazo** máximo de 3 días hábiles, y en papel o en otro soporte duradero. En esta información se tienen que **cuantificar**, al menos, las consecuencias que tiene para el prestatario la liquidación total o parcial de sus obligaciones antes de la terminación del contrato, exponiendo con claridad las hipótesis que se han tomado en consideración para su elaboración. Tales hipótesis deben ser razonables y justificables.

El prestatario **tiene derecho** a una reducción del coste total del préstamo que comprenda los intereses y los costes correspondientes al plazo que quede por transcurrir hasta el momento de su extinción. 2825
Se extingue el **contrato de seguro accesorio** al de préstamo del que sea beneficiario el prestamista, salvo que el prestatario comunique expresamente a la compañía aseguradora su deseo de que el contrato de seguro mantenga su vigencia y designe para ello un nuevo beneficiario, teniendo derecho el prestatario a la devolución de la parte de la prima no consumida por parte de quien la percibió.
El prestamista tiene que **informar** de estos derechos en la documentación precontractual y contractual del préstamo inmobiliario y del contrato de seguro.

Precisiones Se entiende por seguro accesorio el que se ofrece por el prestamista al prestatario junto con el contrato de préstamo con la finalidad de cubrir los riesgos que puedan afectar a su capacidad de reembolso del mismo.

El prestamista no puede **cobrar compensación o comisión** por reembolso o amortización anticipada total o parcial en los préstamos. No obstante, se contemplan las siguientes excepciones: 2826
• Contratos de préstamo a **tipo de interés variable**. Las partes pueden establecer contractualmente una compensación o comisión a favor del prestamista para alguno de los dos siguientes supuestos que son excluyentes entre sí:

Reembolso o amortización anticipada total o parcial del préstamo durante los **5 primeros años** de vigencia del contrato.	La compensación o comisión a favor del prestamista no puede exceder del importe de la pérdida financiera que pueda sufrir, con el límite del 0,15% del capital reembolsado anticipadamente.
Reembolso o amortización anticipada total o parcial del préstamo durante los **3 primeros años** de vigencia del contrato.	La compensación o comisión a favor del prestamista no puede exceder del importe de la pérdida financiera que pueda sufrir, con el límite del 0,25% del capital reembolsado anticipadamente.

• En caso de **novación del tipo de interés** aplicable o de **subrogación de un tercero** en los derechos del acreedor, siempre que en ambos casos suponga la aplicación durante el resto de vigencia del contrato de un tipo de interés fijo en sustitución de otro variable. La compensación o comisión por reembolso o amortización anticipada **no puede superar**:
- durante los 3 primeros años de vigencia del contrato, la pérdida financiera que pueda sufrir el prestamista, con el límite del 0,15% del capital reembolsado anticipadamente;
- transcurridos los 3 primeros años de vigencia del contrato, el prestamista no puede exigir compensación o comisión alguna.
• Contratos de préstamo a **tipo de interés fijo**. Se puede establecer contractualmente una compensación o comisión a favor del prestamista con los siguientes límites:

Reembolso o amortización anticipada total o parcial del préstamo durante los **10 primeros años** de vigencia del contrato o desde el día que resulta aplicable el tipo fijo.	La compensación o comisión no puede exceder del importe de la pérdida financiera que pueda sufrir, con el límite del 2% del capital reembolsado anticipadamente.
Reembolso o amortización anticipada total o parcial del préstamo desde el **fin del período anterior** hasta el final de la vida del préstamo.	La compensación o comisión no puede exceder del importe de la pérdida financiera que pueda sufrir, con el límite del 1,5% del capital reembolsado anticipadamente.

2827 La **pérdida financiera** sufrida por el prestamista se calcula, proporcionalmente al capital reembolsado, por diferencia negativa entre el capital pendiente en el momento del reembolso anticipado y el valor de mercado presente del préstamo.

El **valor presente de mercado** del préstamo se calcula como la suma del valor actual de las cuotas pendientes de pago hasta la siguiente revisión del tipo de interés y del valor actual del capital pendiente que quedaría en el momento de la revisión de no producirse la cancelación anticipada.

El **tipo de interés de actualización** es el de mercado aplicable al plazo restante hasta la siguiente revisión. El contrato de préstamo especificará el índice o tipo de interés de referencia que se empleará para calcular el valor de mercado de entre los que determine el Ministerio competente.

e. Vencimiento anticipado

(LCCI art.24; LH art.129 bis)

2830 En estos contratos, el prestatario **pierde el derecho al plazo** y se produce el vencimiento anticipado del contrato y la posibilidad de ejercicio de la acción hipotecaria, si **concurren conjuntamente** los siguientes requisitos:

• Que el prestatario **se encuentre en mora** en el pago de una parte del capital del préstamo o de los intereses.

• Que la **cuantía de las cuotas vencidas** y no satisfechas equivalgan al menos a:

Cuantía	Momento de la mora	
3% del capital concedido.	Dentro de la primera mitad de la duración del préstamo.	Se considera cumplido este requisito cuando las cuotas vencidas y no satisfechas equivalen al impago de 12 plazos mensuales o un número de cuotas tal que suponga que el deudor ha incumplido su obligación por un plazo al menos equivalente a 12 meses.
7% del capital concedido.	Dentro de la segunda mitad de la duración del préstamo.	Se considera cumplido este requisito cuando las cuotas vencidas y no satisfechas equivalen al impago de 15 plazos mensuales o un número de cuotas tal que suponga que el deudor ha incumplido su obligación por un plazo al menos equivalente a 15 meses.

• Que el prestamista **requiera el pago** al prestatario, concediéndole un plazo de al menos un mes para su cumplimiento, y con la advertencia de que, de no ser atendido, reclamará el reembolso total adeudado del préstamo.

Estas reglas no admiten pacto en contrario.

Precisiones La **nulidad** de **la cláusula de vencimiento anticipado** no afecta a la acción de resolución ex CC art.1124 -incumplimiento grave e intencional de la obligación principal de pago por parte de los prestatarios-, ya que esta opera con independencia de la existencia de dicha cláusula (TS 18-7-25, EDJ 644403).

2832 Para los **contratos celebrados antes del 16-6-2019**, en los que se incluyan cláusulas de vencimiento anticipado, es de aplicación lo previsto en la LCCI art.24, salvo que el deudor alegue que la previsión que contiene el contrato le resulta más favorable.

No es de aplicación este artículo a los contratos cuyo vencimiento anticipado se haya producido con anterioridad a la entrada en vigor de la Ley, se hubiese instado o no un procedimiento de ejecución hipotecaria para hacerlo efectivo, y esté este suspendido o no.

f. Subrogación

(L 2/1994 art.2)

2840 El **deudor** puede subrogar en el contrato a otra entidad financiera sin el consentimiento de la entidad acreedora, cuando tome prestado el dinero de aquella por escritura pública, para pagar la deuda, haciendo constar su propósito en la escritura.

La **entidad que va a subrogarse** debe presentar al deudor una **oferta vinculante** en la que consten las condiciones financieras del nuevo préstamo hipotecario. La aceptación de la oferta por el deudor implica su autorización para que la oferente se lo notifique a la entidad acreedora y la requiera para que le entregue, en el plazo máximo de 7 días naturales, certificación del importe del débito del deudor por el préstamo hipotecario en que se ha de subrogar.

La **entidad acreedora**, una vez que entrega la certificación y durante los 15 días naturales siguientes a esa fecha, puede ofrecer al deudor una **modificación de las condiciones** de su préstamo, en los términos que estime convenientes.
Durante ese plazo no se puede formalizar la subrogación. Transcurrido el plazo de 15 días sin que el deudor formalice con la entidad acreedora la novación modificativa del préstamo hipotecario, puede otorgarse la **escritura de subrogación**. Para ello es suficiente con que la entidad subrogada declare en la misma escritura haber pagado a la acreedora la cantidad acreditada por esta, por capital pendiente e intereses y comisión devengados y no satisfechos. A la escritura se incorpora un **resguardo de la operación** bancaria realizada con tal finalidad solutoria.
En ningún caso, la entidad acreedora puede negarse a recibir el pago. Si hay **discrepancia** en cuanto a la cantidad debida, y sin perjuicio de que la subrogación surta todos sus efectos, se resuelve por el siguiente **procedimiento judicial**:
- el juez competente para entender del procedimiento de ejecución, a petición de la entidad acreedora o de la subrogada, las cita dentro del término de 8 días, a una comparecencia;
- después de oírlas, admite los documentos que se presenten, y acuerda, dentro de los 3 días, lo que estime procedente.
El auto que dicte es **apelable** en un solo efecto, y el recurso se sustancia por los trámites de apelación de los incidentes.

Precisiones La cláusula de **comisión de subrogación** es abusiva si el banco no demuestra la efectiva prestación de servicios específicos vinculados a dicha comisión, como exige la normativa para comisiones distintas de la originaria comisión de apertura (AP Navarra 1-10-25, EDJ 716272).

6. Protección de deudores hipotecarios sin recursos

(RDL 6/2012; L 1/2013)

El legislador español ha reaccionado ante la crisis económica, soportada de forma destacable por los deudores hipotecarios sin recursos, intentando paliar las consecuencias cuando afectan a su **vivienda habitual**. **2848**
En este sentido, se tomaron medidas urgentes por RDL 27/2012, siendo el punto central la suspensión del desahucio de forma inmediata y por un plazo de 2 años -desde la fecha de entrada en vigor de la norma el 16-11-2012- de las familias en situación de especial riesgo de exclusión. Esta medida afectó, temporal y excepcionalmente, a cualquier proceso judicial o extrajudicial de ejecución hipotecaria en el que se adjudicara al acreedor la vivienda habitual de personas que formaran parte de determinados colectivos -también se aplicaba a los procesos judiciales o extrajudiciales de ejecución hipotecaria iniciados a la entrada en vigor de esta norma en los que no se hubiera ejecutado el lanzamiento-; y no modificaba el procedimiento de ejecución hipotecaria.
Dichas **medidas urgentes** (de vigencia ya agotada) pusieron de manifiesto la necesidad de una reforma más profunda del régimen jurídico relativo a las personas físicas en situación de sobreendeudamiento, particularmente analizando los mecanismos de mejora de la ejecución hipotecaria.
Así, el RDL 27/2012 se vio modificado y complementado por la L 1/2013, de medidas para reforzar la protección a los deudores hipotecarios, reestructuración de deuda y alquiler social.
En el contexto de la crisis generada por el **COVID-19** también se adoptaron medidas específicas de protección de deudores hipotecarios sin recursos y se reforzaron las ya existentes (RDL 6/2020, que modificó la L 1/2013).

Umbral de exclusión (RDL 6/2012 art.3) Se considera situados en el umbral de exclusión a aquellos deudores de un crédito o préstamo garantizado con **hipoteca** sobre su **vivienda habitual**, cuando concurren en ellos todas las siguientes circunstancias: **2851**
• Que el conjunto de los **ingresos** de los miembros de la unidad familiar no supere el límite de 3 veces el Indicador Público de Renta de Efectos Múltiples anual de 14 pagas. Se entiende por **unidad familiar** la compuesta por el deudor, su cónyuge no separado legalmente o pareja de hecho inscrita y los hijos que residen en la vivienda, con independencia de su edad e incluyendo los vinculados por una relación de tutela, guarda o acogimiento familiar.
• Que en los 4 años anteriores al momento de la solicitud, la unidad familiar haya sufrido una **alteración significativa de sus circunstancias económicas**, en términos de esfuerzo de acceso a la vivienda, o hayan sobrevenido en dicho período circunstancias familiares de **especial vulnerabilidad**.
• Que la **cuota hipotecaria** resulte superior al 50% de los ingresos netos que percibe el conjunto de los miembros de la unidad familiar.

Precisiones 1) Se produce una **alteración significativa de las circunstancias económicas** cuando el esfuerzo que represente la carga hipotecaria sobre la renta familiar se haya **multiplicado** por al menos 1,5; salvo que la entidad acredite que la carga hipotecaria en el momento de la concesión del préstamo era igual o superior a la carga hipotecaria en el momento de la solicitud de la aplicación del Código de Buenas Prácticas (nº 2854).
2) La unidad familiar se encuentran en una circunstancia de **especial vulnerabilidad** en los siguientes casos:
- familia numerosa;
- unidad familiar monoparental con hijos a cargo;
- unidad familiar de la que forme parte un menor de edad;
- unidad familiar en la que alguno de sus miembros tenga declarada discapacidad superior al 33%, situación de dependencia o enfermedad que le incapacite acreditadamente de forma permanente, para realizar una actividad laboral.
- unidad familiar con la que convivan, en la misma vivienda, una o más personas que estén unidas con el titular de la hipoteca o su cónyuge por vínculo de parentesco hasta el tercer grado de consanguinidad o afinidad, y que se encuentren en situación personal de discapacidad, dependencia, enfermedad grave que les incapacite acreditadamente de forma temporal o permanente para realizar una actividad laboral;
- unidad familiar en que exista una víctima de violencia de género;
- deudor mayor de 60 años, aunque no reúna los requisitos para ser considerado unidad familiar.

2852 Las medidas previstas se aplican igualmente a los **fiadores y avalistas** hipotecarios del deudor principal, respecto de su vivienda habitual y con las mismas condiciones que las establecidas para el deudor hipotecario (RDL 6/2012 art.2).
Los fiadores, avalistas e hipotecantes no deudores que se encuentren en el umbral de exclusión pueden exigir que la entidad acreedora **agote el patrimonio del deudor** principal, antes de reclamarles la deuda garantizada, aun cuando en el contrato hubieran renunciado expresamente al beneficio de excusión (RDL 6/2012 art.3 bis).

2854 **Código de Buenas Prácticas** (RDL 6/2012 art.5) El Código de Buenas Prácticas tiene por objeto establecer medidas tendentes a procurar la **reestructuración de la deuda hipotecaria** de quienes padecen extraordinarias dificultades para atender el pago de su vivienda.
Es de **adhesión voluntaria** por parte de las entidades de crédito o de cualquier otra entidad que, de manera profesional, realice la actividad de concesión de préstamos o créditos hipotecarios.
Las entidades han de **comunicar** su adhesión a la Secretaría General del Tesoro y Política Financiera. Desde la adhesión y una vez que se produzca la acreditación por parte del deudor de que se encuentra situado dentro del umbral de exclusión son de **obligada aplicación** las previsiones del Código de Buenas Prácticas.
La adhesión se entiende producida por un **plazo** de 2 años, prorrogable automáticamente por períodos anuales, salvo denuncia expresa de la entidad adherida.
Las entidades adheridas antes de la **entrada en vigor de la LCCI**, se consideran adheridas al Código en la redacción dada en dicha Ley, salvo que en el plazo de un mes desde su entrada en vigor comuniquen expresamente a la Secretaría General del Tesoro y Financiación Internacional el acuerdo de su órgano de administración por el que solicitan mantenerse en el ámbito de aplicación de la versión previa que corresponda. En los 10 días siguientes al transcurso del plazo anterior, la Secretaria de Estado de Economía y Apoyo a la Empresa, publicará el listado de entidades adheridas en la sede electrónica de la Secretaría General del Tesoro y Financiación Internacional y en el Boletín Oficial del Estado. Las posteriores variaciones se publicarán trimestralmente en la sede electrónica de la Secretaría General del Tesoro y Financiación Internacional y en el Boletín Oficial del Estado, salvo que no hubiera modificación alguna (LCCI disp.adic.11ª).
Las entidades adheridas han de **informar** adecuadamente a sus clientes sobre la posibilidad de acogerse a lo dispuesto en el Código. En particular, deben comunicar por escrito la existencia de este Código, con una descripción concreta de su contenido, y la posibilidad de acogerse a él para aquellos clientes que hayan incumplido el pago de alguna cuota hipotecaria o manifiesten dificultades en el pago de su deuda hipotecaria.
El **deudor de un crédito** o préstamo garantizado con hipoteca que se hubiese beneficiado de las medidas de reestructuración como de las previsiones del Código de Buenas Prácticas sin reunir los requisitos exigidos es **responsable** de los daños y perjuicios que se hayan podido producir, así como de todos los gastos generados por la aplicación de estas medidas de flexibilización, sin perjuicio de las responsabilidades de otro orden a que la conducta del deudor pudiera dar lugar.

El Código de Buenas Prácticas se aplica en las siguientes fases:

Medidas previas a la ejecución hipotecaria (RDL 6/2012 anexo.1) Como medida previa a la ejecución, los deudores pueden solicitar la **reestructuración de la deuda** para alcanzar la viabilidad de la deuda a medio y largo plazo. 2860
Se puede solicitar incluso **iniciado el procedimiento** de ejecución, hasta el anuncio de la subasta.
La entidad en el **plazo** de un mes debe ofrecer al deudor un plan de reestructuración de la deuda, el cual debe incluir:
- una **carencia** en la amortización de capital de 5 años;
- la **ampliación** del plazo de amortización hasta 40 años desde la concesión del préstamo;
- la **reducción** del tipo de interés aplicable a Euribor - 0,10 puntos durante la carencia; y
- la **posibilidad** de pedir medidas adicionales si el plan resulta inviable.
Potestativamente, las entidades pueden **reunificar** el conjunto de las deudas contraídas por el deudor.

Medidas complementarias (RDL 6/2012 anexo.2) Si, pese a la refinanciación, resulta **inviable** el pago de la deuda el deudor puede solicitar una **quita** en el capital pendiente de amortización que la entidad tiene facultad para aceptar o rechazar en el plazo de un mes a contar desde la acreditación de la inviabilidad del plan. 2863
Se **considera inviable** cualquier reestructuración que suponga para la unidad familiar una cuota mensual superior al 50% de sus ingresos.
Pueden solicitar la quita:
- los deudores antes y durante **el procedimiento de ejecución**, aunque se haya anunciado la subasta; y
- los deudores que, estando incluidos en el umbral de exclusión, no han podido optar a la **dación en pago** por presentar la vivienda cargas posteriores a la hipoteca.
La entidad puede emplear alguno de los siguientes **métodos para calcular la quita**:
- reducción en un 25%;
- reducción equivalente a la diferencia entre capital amortizado y el que guarde con el total del capital prestado la misma proporción que el número de cuotas satisfechas por el deudor sobre el total de las debidas;
- reducción equivalente a la mitad de la diferencia existente entre el valor actual de la vivienda y el valor que resulte de sustraer al valor inicial de tasación dos veces la diferencia con el préstamo concedido, siempre que el primero resulte inferior al segundo.

Medidas sustitutivas (RDL 6/2012 anexo.3) Los deudores en ámbito de exclusión social pueden solicitar la **dación en pago**, si ninguna de las dos fases anteriores resulta viable. El **plazo** es de 24 meses desde la solicitud de la reestructuración. 2866
Supone la **cancelación** total de la deuda garantizada con la hipoteca y de las responsabilidades personales del deudor y de terceros frente a la entidad por razón de la misma deuda.
La **entrega** de la vivienda puede hacerse a la propia entidad o a tercero que esta designe.
El deudor puede **permanecer** un plazo mínimo de 2 años como **arrendatario** pagando una renta anual equivalente al 3% del importe de la deuda pendiente en el momento de la dación.
No es aplicable cuando ya se haya anunciado la **subasta** o si la vivienda está **gravada** con cargas posteriores.

Medidas de protección (L 1/2013 art.1; LH art.3, 5, 114; RDL 6/2012 art.3.1.b y anexo aptdo.4 y 5) Se establecen las siguientes: 2868

1) La suspensión de los **lanzamientos** relativos a viviendas habituales para colectivos especialmente vulnerables: afecta tanto a procesos judiciales como a los extrajudiciales de ejecución hipotecaria. Consiste en que no se permite el lanzamiento, en caso de adjudicación al acreedor, o a cualquier otra persona física o jurídica, de la vivienda habitual de personas que se encuentren en alguno de los supuestos de especial vulnerabilidad que contempla la norma y en determinadas circunstancias económicas. La vigencia de la suspensión de los lanzamientos hipotecarios sobre la vivienda habitual de determinados colectivos vulnerables está prorrogada hasta el 15-5-2028 (RDL 1/2024).
2) Un **derecho de alquiler** en caso de ejecución de la vivienda habitual durante el periodo de la suspensión. Los beneficiarios de la suspensión de lanzamientos, que sean a su vez clientes de las entidades adheridas al Código de Buenas Prácticas, pueden solicitar a la entidad ejecutante que les sea arrendada su vivienda en condiciones preferenciales (renta anual máxima del 3% de su valor al tiempo de la aprobación del remate) por un periodo de hasta 5 años y 5 años más si así se acuerda con la entidad. Esta solicitud debe realizarse en el plazo de 6 meses desde que la suspensión les sea aplicable.

2869 3) Algunas medidas de **mejora del sistema hipotecari**o, entre las que cabe destacar las siguientes:

• En relación con los **intereses de demora** relativos a hipotecas sobre la vivienda habitual, la L 5/2019, de contratos de crédito inmobiliario (que modificó la LH art.114), establece con carácter imperativo que, en los préstamos o créditos concluidos por una persona física y garantizados mediante hipoteca sobre bienes inmuebles para uso residencial, el interés de demora será el interés remuneratorio más tres puntos porcentuales a lo largo del período en el que aquel resulte exigible. El interés de demora solo podrá devengarse sobre el principal vencido y pendiente de pago y no podrá ser capitalizado en ningún caso (salvo en el supuesto previsto en la LEC art.579.2.a).

• El **plazo de amortización** de los préstamos o créditos hipotecarios sobre la vivienda habitual -para adquisición, construcción o rehabilitación-, no pueden superar los 30 años.

• Se refuerza la **independencia** de las sociedades de **tasación**.

Las **ejecuciones hipotecarias** son objeto de un estudio en detalle en el nº 8710 s. Memento Procesal Civil.

C. Aprovechamiento por turno

(L 4/2012)

2870

2871 El **contrato de aprovechamiento** por turno de bienes inmuebles es aquel en virtud del cual un consumidor adquiere, a **título oneroso**, la facultad de disfrutar, con carácter exclusivo, durante un **período específico** de cada año, consecutivo o alterno, un alojamiento dotado, de modo permanente, con el mobiliario adecuado al efecto, así como del derecho a la prestación de los servicios complementarios. El alojamiento tiene que ser susceptible de **utilización independiente** por tener salida propia a la vía pública o a un elemento común del edificio en el que está integrado. La facultad de disfrute **no comprende** las alteraciones del alojamiento ni de su mobiliario (L 4/2012 art.23.1).

El contrato tienen que ser de **duración** superior a un año, y el **período anual de aprovechamiento** no puede ser nunca inferior a 7 días seguidos (L 4/2012 art.23.3).

La **regulación normativa** de esta figura se contiene en la L 4/2012, que regula los contratos de comercialización, venta y reventa de derechos de aprovechamiento por turno de bienes de uso turístico, y de productos vacacionales de larga duración, así como los contratos de intercambio, cuando se celebren entre un empresario y un consumidor. Regula igualmente el contenido y régimen de los propios derechos de aprovechamiento por turno.

En lo que se refiere al **ámbito espacial** de aplicación, cuando la ley aplicable al contrato entre un empresario y el adquirente (según el Rgto CE/593/2008) es la ley de un Estado no miembro del Espacio Económico Europeo, el consumidor puede invocar la protección jurídica que le otorga la L 4/2012, en cualquiera de los siguientes casos:

a) Cuando alguno de los inmuebles en cuestión está situado en el territorio de un Estado miembro del Espacio Económico Europeo.

b) Cuando el contrato, no está directamente relacionado con un bien inmueble, y sí con las actividades que el empresario ejerce en un Estado miembro o que tienen proyección en un Estado miembro.

2873 **Bienes susceptibles de aprovechamiento por turno** El **régimen de aprovechamiento** por turno solo puede recaer sobre un edificio, conjunto inmobiliario o sector de ellos arquitectónicamente diferenciado, que cuente, al menos, con 10 alojamientos. Todos los alojamientos independientes que lo integren, con la necesaria **excepción de los locales**, deben estar sometidos a dicho régimen. Se permite, no obstante, que un mismo conjunto inmobiliario esté sujeto, al mismo tiempo, a un régimen de derechos de aprovechamiento por turno y a otro tipo de explotación turística, siempre que los derechos de aprovechamiento por turno recaigan sobre alojamientos concretos y para períodos determinados. En este caso el edificio, conjunto inmobiliario o sector de ellos arquitectónicamente diferenciado debe adecuarse tanto a la normativa relativa al régimen de aprovechamiento por turno como a la normativa del tipo de explotación que corresponda.

Los **turnos de aprovechamiento** pueden tener o no la misma duración. Además, debe quedar **reservado para reparaciones, limpieza** u otros fines comunes un período de tiempo que no puede ser inferior a 7 días por cada uno de los alojamientos sujetos al régimen.

Sujetos intervinientes En cuanto a los **sujetos**, la normativa **se aplica** al propietario, promotor y a cualquier persona física o jurídica que participe profesionalmente en la transmisión o comercialización de derechos de aprovechamiento por turno. **2874**
Se entiende por **adquirente** la persona física o jurídica a la que se transfiere el derecho objeto del contrato, es decir, la destinataria del derecho objeto del contrato.
A estos efectos es **empresario** toda la persona física o jurídica que actúa con fines relacionados con su actividad económica, negocio, oficio o profesión y cualquier persona que actúa en nombre o por cuenta de un empresario.
El **consumidor** es toda persona física o jurídica que actúa en un ámbito ajeno a su actividad económica, negocio, oficio o profesión. El hecho de que revenda el contrato y obtenga beneficio, no le excluye de dicha consideración. Para excluirle debe realizar la actividad lucrativa habitualmente (TS 16-1-17, EDJ 534).

1. Constitución y formalización del régimen

(L 4/2012 art.25 s)

Requisitos para la constitución (L 4/2012 art.25.1 y 25.2) El régimen de aprovechamiento por turno debe ser constituido por el **propietario registral del inmueble**. Para poder hacerlo, debe cumplir los siguientes requisitos: **2876**

• Inscribir la conclusión de la obra en el **Registro de la Propiedad** y haberla incorporado al Catastro Inmobiliario. En el caso de que la obra esté iniciada, debe haber inscrito la declaración de obra nueva en construcción.
• Cumplir con los requisitos establecidos para ejercer la **actividad turística** y disponer de las licencias de apertura y las de primera ocupación de los alojamientos, zonas comunes y servicios accesorios que sean necesarias para el destino. En el caso de que la **obra** esté **iniciada**, basta haber obtenido la licencia de obra y la necesaria para la actividad turística.
• Celebrar el contrato con una **empresa de servicios** que reúna los requisitos que a estas se exijan, salvo que el propietario, cumpliendo los mismos requisitos, haya decidido asumirlos directamente.
• Concertar los **seguros o garantías** establecidas así como las garantías por daños materiales por vicios o defectos de la construcción previstas en la LOE, si es el constructor o promotor del inmueble, o en otro caso haber facilitado información del mismo a los titulares de los derechos de aprovechamiento por turno.

Se debe contratar además, a favor de los futuros adquirentes, un **aval bancario** o un **seguro de caución** que garanticen la devolución de las cantidades entregadas a cuenta para la adquisición del derecho, si la obra no ha sido finalizada en la fecha fijada o no se ha incorporado el mobiliario descrito en la escritura reguladora cuando el adquirente del derecho opte por la resolución del contrato (nº 2665, nº 2671).
Las **cantidades** así recibidas son **independientes** de las que deba satisfacer el propietario o promotor en concepto de **indemnización** de daños y perjuicios, consecuencia del incumplimiento de sus obligaciones.
No puede quedar liberado el aval constituido ni extinguirse el contrato, mientras no esté inscrita el **acta notarial** donde conste inscrita la finalización de la obra.

Formalización (L 4/2012 art.25.3 y 4, 26) El régimen de aprovechamiento por turno de un inmueble se ha de constituir mediante su formalización en escritura pública y se ha de inscribir en el **Registro de la Propiedad**. **2879**
Los **notarios** no pueden autorizar una escritura reguladora de un régimen de aprovechamiento por turno y los **registradores** no pueden inscribirla mientras no se les acredite el cumplimiento de los requisitos exigidos por la norma.

La **escritura pública** reguladora del régimen de aprovechamiento por turno debe expresar, al menos, las siguientes circunstancias (L 4/2012 art.26): **2882**

• La **descripción de la finca** sobre la que se constituye el régimen de aprovechamiento por turno y del edificio o edificios que en ella existen, con reseña de los servicios comunes a los que tienen derecho los titulares de los aprovechamientos. Si la construcción está únicamente comenzada, se indica la fecha límite para la terminación de la misma.
• La **descripción** de cada uno de los **alojamientos** que integran cada edificación, a los que se ha de dar una numeración correlativa con referencia a la finca. Si el inmueble se ha de destinar a explotación turística, al tiempo que se constituye sobre él un régimen de aprovechamiento por turno, se ha de determinar cuáles de los alojamientos son susceptibles de ser gravados con derechos de aprovechamiento por turno y para qué períodos al año.

• **En cada alojamiento** destinado a aprovechamiento por turnos se ha de expresar:
- el **número** de alojamientos;
- la **duración**, del turno, indicando el día y hora inicial y final;
- la **cuota** que corresponda a cada turno con relación al alojamiento, si está previamente constituida la división horizontal, o con relación al total del inmueble, si no lo está;
- el **mobiliario** que tiene destinado cada alojamiento, así como su valor;
- los días del año no configurados como turnos de aprovechamiento por estar reservados, en ese alojamiento, a **reparaciones y mantenimiento**;
- a **cada aprovechamiento** se le ha de dar también un número correlativo respecto a cada alojamiento.

• La referencia a los **servicios** que se han de prestar y que son inherentes a los derechos de aprovechamiento por turno, expresando que estos se asumen directamente por el propietario o por una empresa de servicios.
• Los **estatutos** a los que se somete el régimen de aprovechamiento por turnos, si se han establecido.
• La **situación registral**, **catastral**, **urbanística** y, en su caso, turística del inmueble. Se ha de acompañar la certificación catastral descriptiva y gráfica del inmueble, así como el plano de distribución de los distintos alojamientos en la respectiva planta.
• La **retribución** de los servicios y, en su caso, los gastos de comunidad.
• La **duración** del régimen.

Precisiones **1)** Es nulo de pleno derecho un contrato de aprovechamiento por turno de bienes de uso turístico cuando no se especifica la **duración** del régimen o del contrato, siendo obligatorio que el contrato contenga una referencia expresa a la duración del régimen y la fecha de extinción (AP Tenerife 14-7-20, EDJ 697278).
2) En **contratos preexistentes** a la L 4/2012, que se regían por la L 42/1998 y que hayan adaptado e inscrito su régimen conforme a la normativa, la **duración** del contrato puede ser indefinida o superior a 50 años sin que ello implique nulidad, pero la **identificación precisa** y registral del alojamiento es requisito esencial para la validez del contrato, siendo nulo aquel que carezca de dicha concreción, con obligación de devolución duplicada de anticipos si se incumplen los requisitos de información y desistimiento previstos en la ley (AP Málaga 8-4-25, EDJ 642454).

2883 Además, **deben incorporarse** a la escritura, originales o por testimonio notarial, el contrato celebrado con la empresa de servicios y los contratos de seguro.
En el caso de encontrarse el **inmueble en construcción**, debe incorporarse documento acreditativo de haberse constituido el aval (nº 2671) o el seguro de caución (nº 2665). Asimismo, la terminación de la obra debe hacerse constar en el Registro de la Propiedad en el plazo de 3 meses, a contar desde su conclusión. Para realizar tal constancia, es necesario aportar las licencias de apertura y edificación que no se aportaron en el momento de inscribir la obra nueva en construcción.
El **propietario** o **promotor**, una vez inscrita la terminación de la obra, debe notificar el hecho a quienes adquirieron derechos de aprovechamiento por turno sobre el inmueble en cuestión, mientras este último se encontraba en construcción.
La persona o personas físicas **otorgantes** de la escritura son responsables de la realidad de los contratos incorporados.

2885 **Inscripción** (L 4/2012 art.27) El registrador está obligado a abrir **folio independiente** a los distintos alojamientos destinados a aprovechamiento por turnos, aunque en la escritura reguladora no consten como fincas independientes, y aunque no se haya hecho la división horizontal del inmueble.
Al inscribir la **primera adquisición** de un derecho de aprovechamiento por turno puede inscribirse la subrogación en la parte proporcional del **crédito hipotecario** que pese sobre la totalidad del inmueble sin necesidad del consentimiento del acreedor, cuando al constituirse la hipoteca se pactó un sistema objetivo de distribución de la responsabilidad hipotecaria entre todos los derechos de aprovechamiento por turno.
Quien **solicite una certificación** relativa al inmueble puede pedir que se acompañen los contratos incorporados en la escritura reguladora (contrato de servicios y contrato de seguro), ya que el registrador habrá archivado los mismos, haciéndolo constar en la inscripción y en toda la publicidad que dé, tanto del inmueble, como de los derechos de aprovechamiento por turno.
Cualquier modificación que se realice en los contratos y documentos anteriores, siempre que esté permitida por la Ley, no es válida mientras no se haga constar en el Registro de la Propiedad.
Presentada la escritura reguladora para su inscripción en el Registro de la Propiedad, el registrador debe **suspender la inscripción** de aquellos apartados o artículos de los estatutos que impongan a los titulares de los derechos de aprovechamiento por turno alguna obligación o limitación contraria a lo establecido en la Ley.

Solo cabe la **modificación del régimen** por el propietario registral, con el consentimiento de la empresa de servicios y de la comunidad de titulares, debiendo constar tal modificación en escritura pública e inscribirse en el Registro de la Propiedad.

Precisiones También se prevé la inscripción del régimen configurado bajo **otra modalidad contractual** de naturaleza personal o de tipo asociativo constituido al amparo y en los términos contenidos en las normas de la UE (en particular, el Rgto CE/593/2008, sobre la ley aplicable a las obligaciones contractuales) y en los convenios internacionales en que España sea parte.
Concretamente se establece que, para facilitar la **publicidad y mejor conocimiento general** de dichos regímenes y de sus normas reguladoras, y con efectos meramente publicitarios, los citados regímenes obligacionales constituidos al amparo de la normativa internacional, así como sus normas reguladoras pueden, si su propietario titular registral lo considera oportuno, ser publicitados en el Registro de la Propiedad donde radique el inmueble.
Dicha publicitación, que consistirá en dar publicidad al régimen existente conforme a las normas de la L 4/2012, se hará por medio de **escritura pública**, a otorgar por el propietario del inmueble, donde haga constar las características del régimen existente y sus normas reguladoras (L 4/2012 art.23.8).

2. Promoción y transmisión

(L 4/2012 art.7, 8 y 9)

El legislador ha mostrado una especial preocupación por la **situación de desequilibrio** que se produce habitualmente entre las partes contratantes cuando una de ellas es un empresario que tiene toda una estructura económica y jurídica concebida en apoyo de su actuación y otra un consumidor que acude al otorgamiento de alguno de los contratos ofertados por los mencionados empresarios, normalmente vía publicitaria (AP Barcelona 24-10-00, EDJ 61668). **2890**
Por ello, el empresario ha de informar al consumidor, de acuerdo con la **normativa de consumo** sobre cómo puede solicitar información genérica y gratuita, así como los derechos que le asisten.

Publicidad y requisitos de información (L 4/2012 art.7) En los **anuncios y ofertas** exhibidos en los establecimientos abiertos al público, así como en las comunicaciones comerciales y demás publicidad sobre estos contratos debe constar dónde puede obtener el consumidor la información precontractual prevista en la Ley. **2895**
En toda invitación a cualquier **acto promocional o de venta** en que se ofrezca al consumidor un contrato de aprovechamiento debe indicarse claramente, la finalidad y naturaleza de dicho acto. La información precontractual ha de estar a **disposición del consumidor** en todo momento durante el acto promocional.
En relación con la obligación de información ha de tenerse en cuenta la **prohibición** de que se lleve a cabo **publicidad engañosa** (nº 4020), desleal y subliminal (nº 4030), considerándose publicidad engañosa aquella que induce o puede inducir a error a sus destinatarios, pudiendo afectar a su comportamiento económico (AP Valencia 29-12-01, EDJ 73439).

Información precontractual (L 42/2012 art.9) Con **suficiente antelación** a la prestación del consentimiento por el consumidor a cualquier oferta de contrato de aprovechamiento por turno de bienes inmuebles, el empresario debe facilitarle información precisa y suficiente, de forma clara y comprensible mediante el **formulario de información formalizado** recogido en la Ley (L 42/2012 Anexo.I). **2900**
Además, se ha de informar al consumidor, de forma explícita, sobre el **derecho de desistimiento** y el plazo para ejercitarlo (nº 2935 s.); así como sobre la prohibición del **pago de anticipos** (nº 2949) durante dicho periodo (L 4/2012 art.13).
La información que se ha de proporcionar al consumidor, ya sea con carácter previo al contrato o para la formalización del mismo, así como durante su vigencia, ha de constar en **papel** o en cualquier otro **soporte duradero**. Se entiende por soporte duradero todo instrumento que permita al consumidor o al empresario almacenar la información que se le haya dirigido personalmente, de forma que pueda consultarla en el futuro mientras que sea necesario en atención a la finalidad de la información y que permita reproducirla sin alteraciones.
La información se tiene que redactar en la **lengua** o en una de las lenguas del Estado miembro en que resida el consumidor o del que este sea nacional, a su elección, siempre que se trate de una lengua oficial de la Unión Europea. Si el consumidor es residente en España o el empresario ejerce aquí sus actividades, el contrato debe redactarse además en castellano y, en su caso, a petición de cualquiera de las partes, puede redactarse también en cualquiera de las otras lenguas españolas oficiales en el lugar de celebración del contrato.
El empresario puede publicar íntegramente la información precontractual en la **página web** de la empresa, o en la página web de una asociación profesional o empresarial de su elección. Es responsable de su permanente actualización y debe mantener operativa dicha página mientras dure la comercialización de los derechos objeto de esa información.

2903 **Información sobre los derechos adquiridos** Se ha de informar sobre las siguientes cuestiones:
- las condiciones que rigen el **ejercicio del derecho** objeto del contrato en el territorio del Estado o Estados miembros en los que estén situados el bien o los bienes de que se trata, e información sobre si se han cumplido esas condiciones o, en caso contrario, las condiciones que quedan por cumplir;
- las **restricciones** a que está sometida la **capacidad del consumidor** de utilizar cualquier alojamiento de dicho conjunto en cualquier momento, en caso de que el contrato prevea derechos de ocupación de un alojamiento seleccionado de entre un conjunto de alojamientos.

2906 **Información sobre los bienes** Se ha de informar sobre las siguientes cuestiones:
- en caso de que el contrato se refiera a un **bien inmueble específico**, una descripción precisa y detallada del bien y de su ubicación; en caso de que el contrato se refiera a **varios bienes** (complejos turísticos), una descripción apropiada de los bienes y de su ubicación; en caso de que el contrato se refiera a un alojamiento que no sea un bien inmueble, una descripción apropiada del alojamiento y de sus instalaciones;
- los **servicios** (por ejemplo, electricidad, agua, mantenimiento, recogida de basuras) de los que puede disfrutar el consumidor, y las **condiciones** de tal disfrute;
- las **instalaciones comunes** como piscinas, saunas, etc., a las que el consumidor tiene o podría tener acceso en su momento y las condiciones de este acceso.

2909 **Requisitos adicionales para los alojamientos en construcción** Se ha de informar sobre las siguientes cuestiones:
- el **estado de terminación** del alojamiento y de los servicios que lo hacen completamente operativo (conexiones de gas, electricidad, agua y teléfono) y cualesquiera instalaciones de que puede disfrutar el consumidor;
- **plazo para la terminación** del alojamiento y de los servicios que lo hacen completamente operativo y una estimación razonable del plazo para la terminación de cualesquiera instalaciones de que puede disfrutar el consumidor;
- el **número del permiso** de construcción y el nombre y la dirección completa de la autoridad o autoridades competentes;
- una **garantía** relativa a la **terminación del alojamiento** o una garantía relativa al reembolso de cualquier pago efectuado en caso de que no se termine y, si procede, las condiciones que rigen el funcionamiento de tales garantías.

2912 **Información sobre los costes** Se ha de dar la siguiente información:
- una **descripción** precisa y adecuada de todos los costes asociados al contrato; la **forma** en que los costes se asignan a los consumidores y cómo y cuándo pueden incrementarse dichos costes; el **método** para el cálculo de la suma correspondiente a las cargas relativas a la ocupación del bien, las **cargas** legales obligatorias (por ejemplo, impuestos y contribuciones) y los **gastos generales** de carácter administrativo (por ejemplo, gestión, mantenimiento y reparaciones);
- cuando proceda, información sobre la **existencia de cargas**, hipotecas, gravámenes o cualquier otra anotación registral que grave el derecho al alojamiento.

2915 **Información sobre la rescisión del contrato** Se ha de informar sobre las siguientes cuestiones:
- las **modalidades** de rescisión de contratos accesorios y consecuencias de dicha rescisión;
- **condiciones** de rescisión del contrato, consecuencias de la misma e información sobre la responsabilidad del consumidor por todo coste que pueda derivarse de dicha rescisión.

2918 **Información adicional** Se ha de informar sobre las siguientes cuestiones:
- la forma en que se organizan el **mantenimiento y las reparaciones** del bien, así como su **administración y gestión**, incluida la posibilidad de que el consumidor influya y participe en las decisiones relativas a estas cuestiones y las modalidades de esta participación;
- si es posible o no afiliarse a un **sistema de reventa** de los derechos contractuales, el sistema pertinente, y los costes relacionados con la reventa por medio de dicho sistema;
- la **lengua** o lenguas que pueden utilizarse para la comunicación con el comerciante relativa al contrato. Por ejemplo, en relación con las decisiones de gestión, el incremento de los costes y el tratamiento de las solicitudes de información y las reclamaciones; y
- la posibilidad de recurrir a un medio de **resolución extrajudicial** de litigios.

Contenido del contrato (L 4/2012 art.30) En el contrato celebrado por toda persona física o jurídica en el marco de su actividad profesional y relativo a derechos de aprovechamiento por turno de bienes inmuebles se han de expresar al menos los siguientes extremos: **2921**
• **Información precontractual** facilitada al consumidor (nº 2900 s.), debidamente firmada por este.
• Identidad, domicilio y firma de cada una de las **partes**.
• **Fecha** de celebración del contrato.
• **Datos de la escritura** reguladora del régimen, indicando otorgamiento, el notario autorizante y el número de su protocolo, y los datos de inscripción en el Registro de la Propiedad.
• Referencia expresa a la **naturaleza real o personal** del derecho transmitido, haciendo constar la fecha de extinción del régimen.
• **Identificación** del bien **inmueble** mediante su referencia catastral, descripción precisa del edificio, de su situación y del alojamiento sobre el que recae el derecho, con referencia expresa a sus datos registrales y al turno que es objeto del contrato, con indicación de los días y horas en que se inicia y termina.

• Expresión de que la **obra** está **concluida** o se encuentra en **construcción**. En este último caso, ha de indicarse: **2922**
- fase en que se encuentra la construcción;
- plazo límite para la terminación del inmueble:
- referencia a la licencia de obra e indicación y domicilio del ayuntamiento que la ha expedido;
- fase en que se encuentran los servicios comunes que permiten la utilización del inmueble;
- domicilio indicado por el adquirente donde se le ha de notificar la inscripción de la terminación de la obra y la fecha a partir de la cual se computa la duración del régimen;
- memoria de las calidades del alojamiento objeto del contrato;
- relación detallada del mobiliario y ajuar con que contará el alojamiento, así como el valor que se le ha atribuido a efectos del aval;
- referencia expresa a dicho aval o seguro, con indicación de la entidad donde se ha constituido o con quien se ha contratado y que el mismo puede ser ejecutado o reclamado por el adquirente en el caso de que la obra no esté concluida en la fecha límite establecida al efecto o si no se incorpora al alojamiento el mobiliario establecido.
• **Precio** que debe pagar el adquirente y la cantidad que conforme a la escritura reguladora debe satisfacer anualmente, una vez adquirido el derecho, a la empresa de servicios o al propietario que se haya hecho cargo de estos en la escritura reguladora. También se ha de expresar el importe de los **impuestos** que lleva aparejada la adquisición, así como una indicación somera de los **honorarios** notariales y registrales para el caso de que el contrato se eleve a escritura pública y se inscriba en el Registro de la Propiedad.
• **Servicios e instalaciones** comunes que el adquirente tiene derecho a disfrutar y, en su caso, las condiciones para ese disfrute.
• Existencia o no de la posibilidad de participar en **servicios de intercambio** de períodos de aprovechamiento. Si existe esta posibilidad, se expresarán los eventuales costes.

• **Nombre o razón social**, con los datos de la inscripción en el Registro Mercantil en el caso de que se trate de sociedades, y el domicilio del: **2924**
- propietario o promotor;
- transmitente, con indicación precisa de su relación jurídica con el propietario o promotor en el momento de la celebración del contrato;
- adquirente;
- empresa de servicios;
- tercero que se hubiera hecho cargo del intercambio, en su caso. Este tercero, si es una persona jurídica, deberá tener sucursal abierta e inscrita en España.
• **Duración del régimen**, con referencia a la escritura reguladora y a la fecha de la inscripción de esta. Si el inmueble está en construcción, con referencia a la fecha límite en que se ha de inscribir el acta de terminación de la obra.
• Expresión del **derecho** que asiste al **adquirente** a:
- comprobar la titularidad y cargas del inmueble, solicitando la información del registrador competente, cuyo domicilio y número de fax constará expresamente;
- exigir el otorgamiento de escritura pública;
- inscribir su adquisición en el Registro de la Propiedad.
• **Domicilio o dirección electrónica** designado expresamente por las partes contratantes para la práctica de toda clase de requerimientos y notificaciones.
• **Lugar y firma** del contrato.
• Si existe la posibilidad de participar en un sistema organizado de **cesión a terceros** se expresarán los eventuales costes, al menos aproximados, que dicho sistema supone para el adquirente.

Precisiones Aunque con referencia al régimen establecido por la L 4/2012, se ha entendido que la falta de determinación en el contrato del **alojamiento que constituye su objeto** determina la nulidad del referido contrato (TS 15-1-15, EDJ 26769)

2927 El **inventario**, y en su caso, las condiciones generales no incluidas en el contrato, así como las cláusulas estatutarias inscritas, han de figurar como **anexo inseparable** suscrito por las partes.
Los propietarios, promotores o cualquier persona física o jurídica que se dedique profesionalmente a la transmisión de derechos de aprovechamiento por turno deben conservar a disposición de las organizaciones de consumidores y, en su caso, de las autoridades turísticas, las **traducciones de los documentos** que deben entregar a cualquier adquirente y de las cláusulas que tengan la consideración de condiciones generales.
Junto con el contrato se ha de entregar al adquirente el **certificado de eficiencia energética** del edificio o de la parte adquirida, según corresponda.

2930 Asimismo, ha de tenerse en consideración la normativa de consumidores y usuarios en lo que se refiere a **cláusulas abusivas**, teniendo en cuenta que son todas aquellas estipulaciones no negociadas individualmente y todas aquellas prácticas no consentidas expresamente que, en contra de las exigencias de la buena fe causen, en perjuicio del consumidor y usuario, un desequilibrio importante de los derechos y obligaciones de las partes que se deriven del contrato.

Precisiones Cuando en el contrato no se concretan la **naturaleza real o personal** del derecho adquirido por los actores, ni el **período** de la semana adquirida, ni tampoco el **alojamiento turístico** en que esta iba a tener lugar, ni sus características, provoca en los adquirentes desconocimiento o cuando menos un equivocado conocimiento de tales circunstancias provocado por la sociedad demandada, lo que da lugar a la nulidad del contrato (TS 15-1-15, EDJ 26769; AP Madrid 23-9-13, EDJ 185278).

2935 **Derecho de desistimiento** (L 4/2012 art.12) La **finalidad** de **protección al consumidor** adquirente de derechos de aprovechamiento por turno de bienes inmuebles alcanza su máximo grado de expresión en el derecho de desistimiento, unilateral y sin expresión de causa, de forma tal que el consumidor puede desistir sin necesidad de justificación alguna (AP Valladolid 11-10-00, EDJ 4487; AP Alicante 17-10-00, EDJ 49088).
Esta forma de **contratación en masa** debido a las técnicas de venta agresiva, sin duda impide realizar una opción sosegada y reflexiva sobre las condiciones esenciales y accesorias del objeto del contrato y por ello es esencial contar con la garantía del derecho de desistimiento; para que transcurrido un plazo prudencial y, en su caso, con el debido asesoramiento técnico, se pueda calibrar adecuadamente el alcance de la compra y desligarse o retractarse válidamente del vínculo concertado (AP Alicante 17-10-00, EDJ 49088).

2938 El **plazo** para su ejercicio es de 14 días naturales y se computa:
a) Desde la fecha de **celebración del contrato** o de cualquier contrato preliminar vinculante, si en ese momento el consumidor recibe el documento contractual o, en otro caso, desde la recepción posterior de dicho documento.
b) Desde que se entrega al consumidor el **formulario de desistimiento** debidamente cumplimentado, si el empresario no lo ha cumplimentado y entregado al consumidor. Vence, en cualquier caso, transcurrido un año y 14 días naturales siguientes a la celebración del contrato o de cualquier contrato preliminar vinculante o a la recepción posterior del documento contractual.
c) Desde que se facilita al consumidor la **información precontractual**, incluidos sus formularios, si el empresario no la ha facilitado. Vence transcurridos 3 meses y 14 días naturales siguientes a la celebración del contrato o de cualquier contrato preliminar vinculante si en ese momento el consumidor recibe el documento contractual o, en otro caso, a la recepción posterior de dicho documento.

2941 La **forma** en que el consumidor ha de notificar el desistimiento al empresario ha de ser fehaciente, por escrito en papel u otro soporte duradero, pudiendo utilizar el formulario previsto legalmente. La expedición o envío de la notificación debe hacerse dentro del plazo legal y es eficaz cualquiera que sea la fecha de recepción por el empresario.

2944 El ejercicio del derecho de desistimiento por el consumidor produce los siguientes **efectos**:
- deja sin efecto el contrato;
- los contratos accesorios quedan automáticamente sin eficacia, incluidos los de intercambio o de reventa;

- el consumidor no soporta coste alguno ni ha de pagar ninguna contraprestación correspondiente al servicio que pudiera haberse llevado a cabo con anterioridad a la fecha del ejercicio de desistimiento.

Prohibición del pago de anticipos (L 4/2012 art.13) Antes de que concluya el **plazo de desistimiento**, se prohíbe expresamente: 2949
- el pago de anticipos;
- la constitución de garantías;
- la reserva de dinero en cuentas;
- el reconocimiento expreso de deuda;
- cualquier contraprestación a favor del empresario o de un tercero a cargo del consumidor.

La prohibición de los anticipos durante el período de desistimiento encuentra su **justificación** en el interés del legislador de simplificar el ejercicio del derecho, de modo que tal desistimiento tenga efecto por la propia manifestación de voluntad del contratante sin necesidad de recuperar cualesquiera cantidades entregadas, con lo que se elimina el riesgo de que tal recuperación no se produzca o quede demorada (TS 19-11-15, EDJ 221920; AP Valencia 29-12-01, EDJ 73439).

Los actos realizados en contra de esta prohibición son **nulos** de pleno derecho y el consumidor puede reclamar el duplo de las cantidades entregadas o garantizadas por tales conceptos.

Precisiones **1)** Los tribunales equiparan la prohibición de aceptar anticipos a la de recibir **letras de cambio, cheques u otros documentos de pago**, independientemente de su vencimiento posterior al periodo de desistimiento. El objetivo es permitir la libre toma de decisión por el adquirente, sin utilizar sutiles formas de influir en su voluntad como las mencionadas (AP Palencia 10-5-02, EDJ 30961).

2) La prohibición se extiende expresamente a la **entrega realizada a tercero**, cuando el pago no se hace directamente al transmitente sino a un fiduciario (TS 19-11-15, EDJ 221920).

3) En contratos de aprovechamiento por turnos, cuando se realizan pagos anticipados en período prohibido conforme a la L 4/2012 art.13, se debe **devolver el doble** de las cantidades abonadas, **incluso si no se declara la nulidad** del contrato, debido a la sanción civil establecida para proteger al consumidor en estos casos (AP Las Palmas 28-4-23, EDJ 751475).

4) El pago efectuado por los compradores de un derecho de aprovechamiento por turno a un **tercero fiduciario**, distinto e independiente del transmitente, debe considerarse como un anticipo prohibido (TS 19-11-15, EDJ 221920; TS auto 22-3-17, EDJ 26968).

5) Unos consumidores suscribieron un contrato para adquirir un derecho de asociación a un **club de vacaciones**, realizando pagos anticipados antes de que expire el plazo legal de desistimiento de tres meses y catorce días, dichos pagos son nulos de pleno derecho y la parte que los recibió debe devolver el doble de las cantidades entregada (AP Málaga 10-1-25, EDJ 531700).

Los **préstamos concedidos al adquirente** por el transmitente o por un tercero que haya actuado de acuerdo con él, quedan resueltos cuando el primero ejercite su facultad de desistimiento o resolución (L 4/2012 art.15.2). 2951

No pueden incluirse en los préstamos cláusulas que impliquen una **sanción o pena** impuesta al adquirente para el caso de desistimiento o resolución.

Si el adquirente se **subroga en un préstamo** concedido al transmitente, ejercitado el desistimiento o resolución, subsiste el préstamo a cargo de este.

La nulidad del contrato de aprovechamiento se extiende al préstamo vinculado a él. Se entiende que la referencia a la resolución incluye todos los supuestos de ineficacia contractual (TS 28-4-15, EDJ 69483)

Formalización del contrato (L 4/2012 art.11 y 31) Los contratos se tienen que formalizar: 2954
- por **escrito**;
- en **papel** o en otro soporte duradero;
- en un **tamaño tipográfico** y con un contraste de impresión adecuado que resulte fácilmente legible, en la lengua o en una de las lenguas del Estado miembro en que resida el consumidor o del que este sea nacional, a su elección, siempre que se trate de una lengua oficial de la UE.

La **información precontractual** facilitada al consumidor, debidamente firmada por este, forma parte integrante del contrato y no se puede alterar a menos que las partes dispongan expresamente lo contrario o cuando los cambios se deban a circunstancias anormales, imprevisibles y ajenas a la voluntad del empresario y cuyas consecuencias no se hubieran podido evitar pese a toda la diligencia empleada. Estos cambios se tienen que comunicar al consumidor, en papel o en cualquier otro soporte duradero fácilmente accesible para él, antes de que se celebre el contrato y deben constar explícitamente en él (nº 2921). 2955

Además, en el **contrato ha de figurar** la identidad, el domicilio y la firma de cada una de las partes, y la fecha y el lugar de celebración del contrato.

Las **cláusulas contractuales** correspondientes al derecho de desistimiento y a la prohibición del pago de anticipos han de firmarse aparte por el consumidor en un formulario normalizado. El consumidor ha de recibir al menos una **copia** del contrato con sus anexos en el momento de su celebración.

2956 El contrato puede **inscribirse** en el Registro de la Propiedad, siempre que se celebre o formalice mediante **escritura pública**. Tanto la inscripción como la escritura pública, no son obligatorias sino potestativas. El notario debe advertir al adquirente de su **derecho al desistimiento**, lo que puede hacerse por medio de acta notarial, y de los demás derechos que le reconoce la Ley. El notario no puede autorizar la escritura, ni el registrador inscribir el derecho si el contrato no cumple con los requisitos de forma y contenido que se exigen legalmente (nº 2921).

2958 **Nulidad del contrato** (CC art.6; LGDCU art.78; L 4/2012 art.12.7 y 13.3) En determinados supuestos, se declara **expresamente** la nulidad del contrato.
Como **norma general**, el carácter imperativo de los derechos reconocidos a los consumidores hace que la **renuncia** a tales derechos sea nula, siendo asimismo nulos los actos realizados en fraude de ley.
La **falta de ejercicio** del derecho de desistimiento en el plazo fijado no es obstáculo para el posterior ejercicio de las acciones de nulidad, resolución legal o contractual que procedan conforme a derecho.
Asimismo, son nulos de pleno derecho y el consumidor puede reclamar el duplo de las cantidades entregadas en el caso de que se hagan **pagos anticipados**, o reserva de dinero en cuentas, antes de que concluya el plazo de desistimiento (nº 2935).
Es nulo de pleno derecho el **contrato** por virtud del cual se constituye o transmite cualquier otro derecho, real o personal, por tiempo superior a un año y relativo a la utilización de uno o más inmuebles durante un período determinado o determinable al año, **al margen de lo dispuesto en la ley**, debiéndole ser devueltas al adquirente o cesionario cualesquiera rentas o contraprestaciones satisfechas, así como indemnizados los daños y perjuicios sufridos (TS auto 13-1-21, EDJ 501305; TS 16-9-20, EDJ 659507). Concretamente, cuando se trata de **eludir la aplicación** de la L 4/2012 utilizando otras fórmulas (p.e. contratos de adhesión a un club), pero, aun así es evidente que se está contratando un aprovechamiento por turno de bienes inmuebles de uso turístico (TS 27-11-17, EDJ 243401). En este caso deben ser devueltas al adquirente o cesionario cualesquiera rentas o contraprestaciones satisfechas, así como indemnizados los daños y perjuicios sufridos.
La nulidad ha sido **jurisprudencialmente** admitida en los siguientes supuestos:
- por **voluntad viciada** por desconocimiento del verdadero objeto del contrato (AP Baleares 14-2-12, EDJ 40572; AP Alicante 26-1-10, EDJ 53861).
- por **falta de contenido mínimo** del contrato (TS 30-1-18, EDJ 3687; AP Santa Cruz de Tenerife 2-5-19, EDJ 656578).
- por entregar un **alojamiento distinto** del pactado contractualmente (AP Barcelona 1-9-99, EDJ 39660).

Sin embargo, la nulidad no ha sido estimada en casos en los que la voluntad se manifiesta con bastante **posterioridad** a la formalización de contrato (AP Las Palmas 6-7-99, EDJ 27708).
En cambio, puede ser válida cualquier **otra modalidad contractual** de constitución del derecho de naturaleza personal o de tipo asociativo, que tenga por objeto la utilización de uno o varios alojamientos para pernoctar durante más de un periodo de ocupación, constituidas al amparo y en los términos contenidos en las **normas de la UE** (en particular, Rgto CE/593/2008, sobre la ley aplicable a las obligaciones contractuales) y en los **convenios internacionales** en que España sea parte. A todas estas modalidades contractuales les resulta de aplicación lo dispuesto en el Título I de la Ley.

Precisiones Cuando no se no adquiere simplemente la prestación de unos servicios (lo que se conoce como **paquete vacacional**), sino la integración en una comunidad (membresía), mediante el abono de una cuota de entrada y cuotas periódicas de mantenimiento, parece evidente que se está contratando un aprovechamiento por turno de bienes inmuebles de uso turístico, si bien mediante una fórmula que pretende eludir la aplicación de la normativa específica en la materia (TS 24-5-18, EDJ 109036; 16-1-17 EDJ, 534; 23-11-17, EDJ 243397; AP Santa Cruz de Tenerife 12-4-21, EDJ 670492).

3. Derechos y obligaciones de las partes

2959 Al titular del derecho de aprovechamiento por turno le corresponden las siguientes **facultades** (L 4/2012 art.33):
a) La **libre disposición** de su derecho, sin más **limitaciones** que las derivadas de las leyes, y sin que la transmisión del mismo afecte a las obligaciones derivadas del régimen.

b) Cuando participe profesionalmente en la **transmisión o comercialización** de derechos reales constituidos sobre los mismos queda sujeto a lo legalmente dispuesto en relación con las **condiciones de promoción y transmisión**. Los adquirentes de estos derechos quedan subrogados en los que correspondan al titular del derecho de aprovechamiento por turno y, en especial, en los que le corresponden frente al propietario del inmueble. Se trata de evitar que, acogiéndose a la libertad de disposición de los derechos de aprovechamiento de bienes inmuebles por turno, se puedan comercializar estos sin cumplir todos los requisitos que exige la Ley, dado que el adquirente puede disponer de su derecho y no está obligado a proporcionar toda la información y requisitos que se exigen a quien constituyó el régimen. Se trata de **evitar el fraude de ley** de conformidad con el eje principal de la Ley en su política de protección al consumidor.

Además en este caso, si el derecho de aprovechamiento por turno no está inscrito a favor del transmitente o cedente, el adquirente o cesionario puede **solicitar la inscripción** del derecho de aprovechamiento por turno a nombre del transmitente o cedente (RH art.312). Los **gastos** originados por la inscripción son a cargo del transmitente, que es a nombre de quien se ha de inscribir el derecho. El adquirente de estos derechos, que obliga al transmitente a inscribir su derecho, no está obligado a inscribir posteriormente su adquisición.

c) Los titulares se agrupan en una **comunidad de titulares**, cuya constitución se debe prever en la escritura reguladora del régimen. Los acuerdos que adopte la misma deben aprobarse por mayoría de dos tercios de los titulares si modifican el régimen constituido; para los demás acuerdos basta la mayoría simple. Cada persona tiene tantos votos como derechos de los que es titular. Si no resulta mayoría o el acuerdo resulta gravemente perjudicial para los interesados, el juez debe proveer a instancia de parte lo que corresponda.

Son de aplicación supletoria las normas de la Ley de propiedad horizontal.

Resolución por falta de pago de las cuotas (L 4/2012 art.32) Se concede un derecho **a favor del propietario** para resolver el contrato en caso de que el adquirente titular del derecho **2960**
de aprovechamiento por turno, una vez requerido, no atienda al pago de las cuotas debidas por razón de los **servicios** prestados durante, al menos, un año.

Esta facultad de resolución puede ejercitarse a instancia de la empresa de servicios, siempre que se requiera fehacientemente de pago al deudor, bajo **apercibimiento** de proceder a la resolución del mismo si no satisface íntegramente la deuda en un **plazo** de 30 días naturales.

La **notificación** ha de remitirse al deudor a su domicilio registral o, en su defecto, al que conste a tal finalidad en el contrato.

Cabe pactar la **renuncia** a este derecho con el propietario.

El derecho del transmitente tiene una **limitación**, puesto que para poder ejercerlo, debe consignar, a favor del titular del derecho, la parte proporcional del precio correspondiente al tiempo que le reste hasta su extinción; es decir, que si el adquirente no paga el primer año las cuotas, y el contrato es por plazo de 50 años, debe devolverle 49 partes del precio total. No obstante, se permite el establecimiento de una **cláusula penal** por la que el transmitente pueda retener todas o parte de las cantidades que debería devolver al adquirente, cuyo cumplimiento siempre queda sujeto a la facultad moderadora de los tribunales (CC art.1154).

Precisiones 1) Para que proceda la resolución contractual por impago de cuotas es necesario que el **requerimiento de pago** contenga una advertencia expresa sobre la facultad resolutoria y que se acredite fehacientemente la deuda concreta y el periodo de impago (AP Tenerife 9-6-23, EDJ 689949).

2) La obligación de contribuir a los **gastos** de mantenimiento, conservación y administración del complejo turístico constituido en régimen de derecho de aprovechamiento por turnos, constituye una obligación inherente a la titularidad y disponibilidad de un turno en el propio complejo, tratándose de una obligación que tiene **carácter unitario**, sin perjuicio de que su pago se pueda fraccionar para facilitar su cumplimiento (AP Madrid 23-5-22, EDJ 647716).

Responsabilidad por el incumplimiento de los servicios (L 4/2012 art.34) El **propietario** o **promotor** es responsable, frente a los titulares de derechos de aprovechamiento por tur- **2961**
no, de la efectiva prestación de los servicios. En caso de incumplimiento por la empresa de servicios, el propietario o promotor debe resolver el contrato y exigir el resarcimiento de daños y perjuicios.

La **acción de resolución** corresponde al propietario o promotor. Una vez resuelto el contrato celebrado con la primitiva empresa de servicios, el propietario o promotor debe asumir directamente la prestación del servicio o contratarla con otra empresa de servicios. Cualquier **alteración del contrato** no perjudica, en ningún caso, a los titulares de los derechos de aprovechamiento por turno.

Precisiones De nada sirve la titularidad de un período de aprovechamiento si el inmueble no está en perfectas **condiciones para permitir el alojamiento** (limpieza, mobiliario, ajuar doméstico, etc.). Aunque el propietario no sea quien efectivamente presta los servicios, sí responde de la realización de dicha prestación. Así, si la empresa de servicios incumple sus obligaciones, cualquier titular de un derecho de aprovechamiento por turno, puede reclamar del propietario la prestación de los servicios y las indemnizaciones correspondientes si no las efectúa. Por tanto, si no es el propietario quien presta los servicios y quiere minimizar los problemas que le puedan sobrevenir por la mala gestión o prestación de la empresa contratada, debe exigir a esta, **garantía** suficiente para cubrir las posibles responsabilidades que pueda producir en el promotor o propietario un incumplimiento en la prestación de servicios.

2962 **Acción de cesación** (L 4/2012 art.21) La acción de cesación se configura como un método efectivo para la protección de los intereses colectivos y de los intereses difusos de consumidores y usuarios. Esta acción se dirige a obtener una sentencia cuyo objetivo sea hacer cesar o evitar la reiteración de una conducta contraria a la Ley.

En este ámbito, se prevé expresamente el ejercicio de esta acción contra las **conductas contrarias** a lo prevenido en la L 4/2012 que lesionen intereses de los consumidores.

El **ejercicio** de la acción de cesación corresponde, aunque también admite simplemente la **personación** en acciones ya instadas, a los siguientes **organismos**:

• Instituto Nacional de Consumo o entidades autonómicas y municipales competentes en materia de defensa de los consumidores.
• Asociaciones de consumidores y usuarios.
• Ministerio Fiscal.
• Entidades de otros Estados miembros de la Unión Europea que se constituyan para la defensa de los consumidores y usuarios y que se encuentren incluidas en la lista publicada a tal fin.

4. Regulación autonómica

2963 Algunas comunidades autónomas cuentan con su propia regulación del aprovechamiento por turno de bienes inmuebles. Es el caso de:

- Andalucía (nº 2964);
- Baleares (nº 2965);
- Canarias (nº 2966);
- Cataluña (nº 2967); y
- Comunidad Valenciana (nº 2968).

2964 **Andalucía** (L Andalucía 13/2011 art.49; DL Andalucía 13/2020 art.6.2; D Andalucía 194/2010 art.10.1) En esta comunidad se establece que, en caso de comercialización en régimen de aprovechamiento por turno de las unidades de alojamiento de **cualquier establecimiento de alojamiento turístico**, el establecimiento debe someterse al principio de unidad de explotación y a las demás prescripciones de la L Andalucía 13/2011 y a su normativa de desarrollo, en función del tipo de establecimiento y de la clasificación que le corresponda, además de a la legislación específica reguladora del aprovechamiento por turno.

El **período anual de aprovechamiento** no puede superar el que se establezca en la normativa de desarrollo de cada tipo de alojamiento turístico.

El alojamiento de uso turístico en régimen de aprovechamiento por turno es **compatible con la explotación hotelera**, en un mismo inmueble, siempre que estén clasificados en similar categoría y se cumplan los siguientes requisitos:

• Que entre las unidades de alojamiento de los grupos de hoteles y hoteles-apartamentos y las explotadas en régimen de aprovechamiento por turno exista total **independencia de acceso** y estén perfectamente delimitadas y señalizadas las distintas zonas del inmueble.
• Que en toda **actividad publicitaria** se advierta claramente a los usuarios el tipo o grupo de cada uno de los establecimientos.

Respecto de los establecimientos de **apartamentos turísticos**, se permite la clasificación de un establecimiento en el grupo edificios/complejos cuando parte de los apartamentos del edificio o complejo tengan la consideración de inmuebles de uso turístico en régimen de aprovechamiento por turno, siempre que se clasifiquen en la misma categoría y que la empresa explotadora del establecimiento asuma la prestación de los servicios de estos últimos.

2965 **Baleares** (L Baleares 8/2012 art.34) Los establecimientos turísticos que quieran comercializar en régimen de aprovechamiento por turnos las unidades de alojamiento de cualquiera de los establecimientos de alojamiento turístico están sometidos a lo dispuesto sobre el principio de **unidad de explotación** y a las demás prescripciones de la L Baleares 8/2012 y su normativa de desarrollo, en función del tipo de establecimiento y de la clasificación que les corresponda.

Reglamentariamente se pueden establecer las características, las condiciones, los requisitos y el periodo anual máximo de aprovechamiento, en función del tipo de establecimiento de alojamiento turístico.

Canarias (L Canarias 7/1995 art.46; D Canarias 272/1997) Los servicios de alojamiento turístico pueden ofertarse como **alojamientos en régimen de uso a tiempo compartido**, fórmula comercial consistente en la utilización sucesiva de un mismo alojamiento por personas que lo comparten por períodos de tiempo. 2966
Esta modalidad de alojamiento turístico es objeto de una **completa regulación**, desde el punto de vista administrativo, por el D Canarias 272/1997, que establece normas relativas a:
- la autorización de la explotación de este tipo de alojamientos;
- la clasificación de los alojamientos, que serán los propios de la modalidad hotelera o de apartamento turístico, según la tipología que se adopte;
- la publicidad y captación de clientes;
- la promoción de la oferta de esta actividad turística;
- la explotación turística de los alojamientos, que debe llevarse a cabo por una empresa inscrita en el Registro general de empresas, actividades y establecimientos turísticos;
- los servicios de prestación obligatoria y las garantías para responder del cumplimiento de las obligaciones económicas.

Las **promociones** que al efecto se efectúen en Canarias han de reunir los siguientes **requisitos**:
• No utilizar sistemas agresivos de publicidad y captación de clientes.
• Recoger expresamente en su publicidad el derecho de resolver el contrato durante un plazo que en ningún caso puede ser inferior a 10 días naturales, o el mínimo señalado por la legislación estatal sobre la materia.
• Tener a disposición de los interesados la documentación que acredite fehacientemente la titularidad, disponibilidad y sistema de atribución de usos de los alojamientos. Quienes tengan atribuida la explotación deben acreditar, ante los clientes y ante la Administración turística, el título jurídico por el cual los propietarios de las unidades alojativas le han concedido el derecho de explotación.
• Garantizar el adecuado mantenimiento de los alojamientos, edificios y zonas comunes a lo largo de toda la duración del contrato.
• El régimen de unidad de explotación de este tipo de alojamientos se rige por un reglamento específico (D Canarias 272/1997 art.20).
• El Gobierno de Canarias debe establecer un distintivo de exhibición obligatoria, señalar el montante de la fianza que legalmente deba depositarse, y reglamentar esta actividad como parte de la oferta turística de Canarias.
• Las empresas explotadoras deben constituir fianza de conformidad con lo establecido por vía reglamentaria.

Esta modalidad de alojamiento es **compatible** con la hotelera o con los apartamentos turísticos, siempre que concurran las siguientes circunstancias:
• Que la empresa explotadora sea la misma para ambas modalidades alojativas.
• Que los edificios o conjunto de edificaciones en que se compatibilicen las modalidades alojativas tengan asignadas categorías equivalentes.

Cataluña (CCC art.554-1 a 554-12) Los titulares, en la **comunidad por turnos**, tienen el derecho de gozar del bien sobre el que recae, con carácter exclusivo, por unidades temporales discontinuas y periódicas. 2967
Los **turnos** son unidades temporales, discontinuas y periódicas, no inferiores a una semana de duración, y que sirven de módulo para determinar el aprovechamiento y las obligaciones de las partes.
Pueden ser **objeto** de comunidad por turnos los siguientes bienes:
- los **edificios** destinados a viviendas unifamiliares dotados del mobiliario y las instalaciones suficientes que, por su naturaleza, sean susceptibles de un uso reiterado y divisible en turnos;
- los **barcos, aeronaves no comerciales** y otros bienes muebles identificables de forma clara y equipados adecuadamente que sean susceptibles de un uso reiterado y divisible en turnos.

No pueden ser objeto de este aprovechamiento los edificios divididos en régimen de **propiedad horizontal** ni los elementos privativos que forman parte de los mismos, salvo que se trate de edificios con menos de siete elementos privativos y se constituya una comunidad por turnos para cada unidad o elemento
Por ello, sus **notas características** son:
• La existencia del turno, que delimita la participación de los titulares en la comunidad.
• La configuración de una organización para el ejercicio de los derechos y el cumplimiento de los deberes de los titulares de los turnos.

• La exclusión de la acción de división y de los derechos de adquisición de carácter legal entre los titulares.

Solo se constituye esta comunidad por turnos mediante **título de constitución**. Es preciso que, en el momento del otorgamiento, haya finalizado la construcción del bien sobre el que recae y haya sido amueblado y equipado adecuadamente.

La **extinción** de este régimen tiene lugar:

- voluntariamente, por acuerdo unánime de los titulares; y
- forzosamente, por el transcurso del plazo fijado por el título de constitución, que no puede ser inferior a 3 ni superior a 50 años, así como por la pérdida o destrucción del bien.

2968 **Comunidad Valenciana** (L C.Valenciana 15/2018 art.67) Los establecimientos turísticos que comercialicen sus unidades de alojamiento bajo el régimen de aprovechamiento por turnos a que se refiere la L 4/2012, están sometidos al principio de unidad de explotación, a las prescripciones de la L C.Valenciana 15/2018 y sus normas de desarrollo, en función del tipo, modalidad y clasificación del establecimiento de que se trate.

SECCIÓN 2

Energía

2970

2973 La protección de los consumidores y usuarios en **materia energética** es una cuestión tomada en consideración con especial interés tanto por el legislador interno como europeo, dada la especial posición en que estos se encuentran en dicho ámbito.

Los consumidores y usuarios de gas y electricidad son **consumidores menos formados** que en otros ámbitos del mercado, debido a las características de los bienes y servicios suministrados, y a la tradicional configuración del sector como una actividad reservada al servicio público.

El **uso de la energía** (tanto eléctrica como la de gas) ha pasado de ser un servicio que no tenía una gran importancia en el ámbito económico familiar a ser una de las mayores preocupaciones de la microeconomía española. Es por ello que se entiende necesario el conocimiento básico del funcionamiento del mercado, de los contratos, así como de las facturas y los distintos conceptos que los integran, debido a que precisamente este tipo de producto de consumo es, por su propia naturaleza, de difícil comprensión y control por parte de los consumidores y usuarios.

Por ello, se ha querido **reforzar** el catálogo de **derechos** de los consumidores y usuarios de la energía, fundamentalmente a través de las directivas comunitarias, para garantizar una protección efectiva de los mismos en un **mercado energético liberalizado**.

Son derechos de los consumidores y usuarios de la energía eléctrica y del gas natural los establecidos como **derechos básicos** de los consumidores (nº 200 s.); además, se añaden los reconocidos por las normas vigentes en los sectores de **electricidad** (L 24/2013) e **hidrocarburos** (L 34/1998) que reconocen entre otros, el derecho a recibir a cambio de pago un suministro seguro de gas o de electricidad; el derecho a ser informado sobre las condiciones del contrato, el precio del suministro, etc.

A. Electricidad

(L 24/2013; Dir (UE) 2019/944)

2975

2976 La regulación del sector eléctrico en España ha estado impulsada, desde los años 80, por las decisiones adoptadas en materia energética a nivel europeo. Frente a una tradición de servicio público fuertemente arraigada en España se ha ido alzando otra que ha determinado la apertura de las fronteras y la **creación de un mercado único**, más competitivo, seguro y garante de los derechos de los consumidores en el seno de la UE.

A partir de 1998 se inició el procedimiento de **liberalización** dentro del **sector energético** de España. Este proceso de liberalización del mercado ha venido a afectar de forma directa a los consumidores y usuarios ya que modifica sustancialmente las relaciones de los mismos con las empresas que tradicionalmente le prestaban los suministros eléctricos y de gas. Son los consumidores y usuarios quienes eligen libremente a sus comercializadores.
Las distintas **directivas europeas** adoptadas en la materia han ido determinando la **transformación** constante del **derecho interno** en materia de electricidad hasta llegar a la situación actual, de tal manera que el Derecho comunitario ha impuesto al legislador español avanzar aún más en el proceso de liberalización del sector eléctrico diseñando un modelo de suministro eléctrico basado en el denominado **precio voluntario para el pequeño consumidor**: precio máximo que pueden cobrar los comercializadores que asumen las obligaciones de suministro de referencia a aquellos consumidores que, de acuerdo con la normativa vigente, cumplan los requisitos para que les resulten de aplicación.

Precisiones La información sobre los **servicios de atención al cliente** en el sector eléctrico puede encontrarse en el nº 484 s.

Normativa aplicable La legislación aplicable en materia de derechos de los consumidores en materia de energía eléctrica y suministro eléctrico está integrada por un gran número de normas de las que interesa destacar solo las directamente aplicables a la **energía eléctrica** en general y al **suministro de electricidad** en particular: **2980**
- L 24/2013, del sector eléctrico;
- RD 216/2014, que establece la metodología de cálculo de los precios voluntarios para el pequeño consumidor de energía eléctrica;
- RD 897/2017, por el que se regula la figura del consumidor vulnerable, el bono social y otras medidas de protección para los consumidores domésticos de energía eléctrica; y
- RD 88/2026, por el que se aprueba el Reglamento general de suministro, comercialización y agregación de energía eléctrica y que incorpora la Dir (UE) 2019/944, sobre normas comunes para el mercado interior de la electricidad.

1. Contrato de suministro de electricidad

El suministro de energía eléctrica es la **entrega** de energía a través de las redes de transporte y distribución mediante **contraprestación económica** en las condiciones de regularidad y calidad que resulten exigibles. **2985**
Para contratar su energía, el consumidor podrá optar por:
• **Elegir libremente un comercializador** de energía eléctrica. Para ello formalizará:
- un contrato en libre mercado con el comercializador libre de su elección;
- un contrato a Precio Voluntario para el Pequeño Consumidor con un comercializador de referencia de los designados por el Gobierno, siempre que se cumplan los requisitos previstos.
• **Contratar directamente** toda su energía o parte de ella en el mercado mayorista de electricidad. En este caso, el consumidor es un consumidor directo en mercado (nº 3016), debiendo cumplir con los requisitos previstos en la CNMC Circ 3/2019.

Sujetos intervinientes (L 24/2013 art.6 -redacc RDL 7/2026-) Los sujetos intervinientes en las actividades destinadas al suministro de energía eléctrica son los siguientes: **2990**
a) **Productor**: persona física o jurídica que tiene la función de generar energía eléctrica, así como construir, operar y mantener las centrales de producción.
b) **Operador del mercado**: sociedad mercantil que asume la gestión del sistema de ofertas de compra y venta de energía eléctrica en el mercado diario de energía eléctrica (L 24/2013 art.29).
c) **Operador del sistema**: sociedad mercantil que garantizar la continuidad y seguridad del suministro eléctrico y la correcta coordinación del sistema de producción y transporte; es el gestor de la red de transporte (L 24/2013 art.30).
d) **Transportista**: sociedad mercantil que tiene la función de transportar energía eléctrica, así como construir, mantener y maniobrar las instalaciones de transporte.
e) **Distribuidor**: coincide en muchos casos con el productor. Es el encargado de la canalización de la electricidad a la red general y de las pequeñas subestaciones a los hogares. Las empresas distribuidoras no se eligen, tocan según la zona de distribución.
f) **Empresa comercializadora** (nº 3030 s.).
g) **Consumidor** (nº 3005 s.).
h) **Titular de instalaciones de almacenamiento**: es aquel sujeto que posee instalaciones en las que se difiere el uso final de electricidad a un momento posterior a cuando fue generada, o que realiza la conversión de energía eléctrica en una forma de energía que se pueda almacenar para la subsiguiente reconversión de dicha energía en energía eléctrica.

i) **Agregador independiente**: se trata de un participante en el mercado de producción de energía eléctrica que presta servicios de agregación y que no está relacionado con el suministrador del cliente, entendiéndose por agregación aquella actividad realizada por personas físicas o jurídicas que combinan múltiples consumos o electricidad generada de consumidores, productores o instalaciones de almacenamiento para su venta o compra en el mercado de producción de energía eléctrica.
j) **Comunidades de energías renovables**: entidades jurídicas basadas en la participación abierta y voluntaria, autónomas y efectivamente controladas por socios o miembros que están situados en las proximidades de los proyectos de energías renovables que sean propiedad de dichas entidades jurídicas y que estas hayan desarrollado, cuyos socios o miembros sean personas físicas, pymes o autoridades locales, incluidos los municipios y cuya finalidad primordial sea proporcionar beneficios medioambientales, económicos o sociales a sus socios o miembros o a las zonas locales donde operan, en lugar de ganancias financieras.
k) **Comunidades ciudadanas de energía**: entidades jurídicas basadas en la participación voluntaria y abierta, cuyo control efectivo lo ejercen socios o miembros personas físicas, autoridades locales o pequeñas empresas, y cuyo objetivo principal consiste en ofrecer beneficios medioambientales, económicos o sociales a sus miembros, socios o a la localidad en la que desarrolla su actividad, más que generar una rentabilidad financiera.
m) **Gestores de autoconsumo**: personas físicas o jurídicas que representan los intereses de los consumidores asociados a un autoconsumo, mediante la autorización por parte de estos, realizando a su nombre las gestiones necesarias para su buen funcionamiento.

2995 **Información previa al contrato** La empresa que haga una **oferta contractual**, antes de formalizar el contrato, debe informar al usuario de lo siguiente:
- nombre o razón social y domicilio completo de la empresa responsable de la oferta;
- precio final completo de la oferta, incluidos impuestos;
- fecha de duración del contrato;
- procedimiento que tiene el consumidor para darse de baja;
- garantías;
- derecho de desistimiento, cuando proceda.

2996 **Formalización del contrato** El contrato de suministro de electricidad debe formalizarse por **escrito**
Si el usuario recibe ofertas por **teléfono** o por **internet** y decide contratar por estos canales, la empresa debe enviarle el contrato por escrito inmediatamente después de haber contratado. Si contrata en casa también le han de entregar el contrato por escrito.
En los tres casos (contratación telefónica, por Internet o en casa), el usuario puede **revocar** el contrato en el plazo de 7 días desde que se firma.
Las **ofertas contractuales** que hagan las empresas en el mercado libre deben ser concretas, claras, veraces y contener el precio final completo del kilovatio, incluidos todos los conceptos de facturación como los impuestos y otros costes añadidos.

3000 **Contenido** (L 24/2013 art.44.1.d; RD 88/2026 art.30) El **contenido mínimo** del contrato debe ser el siguiente:
- la identidad y la dirección del **suministrador**;
- los **servicios** prestados, el nivel de calidad propuesto y el plazo para la conexión inicial;
- el tipo de servicio de **mantenimiento** propuesto;
- la **forma** de obtener información actualizada sobre todas las tarifas aplicables y los gastos de mantenimiento;
- la **duración** del contrato, las condiciones para la renovación y la terminación de los servicios y del contrato y, cuando esté permitido, la resolución del contrato sin costes;
- los **acuerdos** de compensación y reembolso aplicables si no se cumplen los niveles de calidad contratados, incluida la facturación incorrecta y retrasada;
- el método para iniciar un **procedimiento** de tramitación de **reclamaciones** y de resolución;
- las cláusulas bajo las cuales se pueden **revisar las condiciones** establecidas en el contrato;
- la información actualizada sobre **precios y tarifas** aplicables y, en su caso, disposición oficial donde se fijen los mismos;
- la información completa y transparente sobre las **ofertas comerciales**, incluyendo de manera expresa la duración de los descuentos promocionales y los términos o precios sobre los que estos se aplican;
- código universal de **punto de suministro**, número de póliza del contrato de acceso, denominación de la empresa distribuidora correspondiente y número de póliza del contrato de suministro y potencia contratada;
- **referencia catastral** y código nacional de actividades económicas;

- hipervínculo al **comparador de ofertas** de la CNMC;
- **modalidad** de contratación aplicable al suministro;
- **tipo** de contrato y posible **penalización** en caso de rescisión temprana;

En el contrato deben figurar las **condiciones generales** y las **particulares** que ha ofrecido la empresa.

Las **condiciones generales** del contrato tienen que ser equitativas, transparentes y adecuadas a lo establecido en la normativa vigente en materia de contratos con los consumidores (nº 690 s.). Se tienen que explicar en un lenguaje claro y comprensible y no pueden incluir **obstáculos no contractuales** al ejercicio de los derechos de los clientes. Tienen que darse a conocer y comunicarse con antelación a la celebración del contrato (L 24/2013 art.44.1.d).

Precisiones La abusividad al informar de la **modificación en los precios y tarifas** depende de la posibilidad de que el consumidor tome conciencia de ella, por lo que si la modificación pasa desapercibida para un consumidor razonablemente atento y perspicaz, no cumple las exigencias mínimas de comunicación (TS 4-12-23, EDJ 770022).

Traspaso y subrogación del contrato (RD 88/2026 art.31) Un consumidor que está al corriente de pago de su contrato de **suministro a Precio Voluntario para el Pequeño Consumidor**, puede traspasar su contrato a otro consumidor que vaya a hacer uso del mismo en idénticas condiciones en ese punto de suministro. El titular del contrato debe **comunicar** a la empresa comercializadora de referencia el cambio de titularidad y el consumidor al que se realiza el traspaso formalizará el correspondiente contrato con la empresa comercializadora de referencia. **3001**

Este derecho, en ningún caso, traspasa el derecho a percibir el **bono social** (nº 3014) en caso de que el consumidor inicial fuera beneficiario del mismo.

Causas de resolución (RD 88/2026 art.32) Son causas de resolución del contrato de suministro de energía las siguientes: **3002**

- La solicitud de **baja** por parte del usuario.
- La solicitud de **cambio del titular** del contrato de suministro de referencia a un contrato a libre mercado.
- La solicitud de formalización de un **nuevo contrato** por parte de un consumidor con justo título para un mismo punto de suministro. La resolución del anterior contrato será automática.
- En mercado libre, **cualquier otra acordada** libremente entre las partes.

En cualquier caso, el contrato de suministro entre el comercializador y el consumidor se considera resuelto automáticamente desde el momento en que se active la baja del contrato de acceso.

Si se rescinde un contrato de suministro entre un consumidor y un comercializador **antes de la fecha de expiración** del mismo, el comercializador puede exigir la suspensión del suministro al distribuidor mediante comunicación fehaciente al mismo. El distribuidor procederá a la suspensión del suministro si transcurridos 5 días hábiles desde la citada notificación el comercializador no indicase lo contrario o el consumidor no acreditase la suscripción de un nuevo contrato con otro comercializador.

Si el **comercializador** de energía eléctrica **no comunica al distribuidor** la rescisión del contrato de suministro, el distribuidor queda exonerado de cualquier responsabilidad sobre la energía entregada al consumidor.

Los **servicios adicionales** que hayan sido contratados por el consumidor junto con el suministro de electricidad deben ser rescindidos a la vez que el suministro de electricidad, salvo que el consumidor indique expresamente lo contrario en el momento de la finalización del contrato.

2. Consumidores

(L 24/2013 art.6.1.g, 44, 45 y 45 bis)

El **consumidor doméstico** es la persona física o jurídica que adquiere la energía para su propio consumo y para la prestación de servicios de recarga energética de vehículos. **3005**

Todos los consumidores pueden contratar el suministro de electricidad de dos formas:
- mediante un **contrato de suministro** con un comercializador que incluya el acceso a redes. Es la más común y prácticamente la única utilizada por los pequeños consumidores;
- mediante un **contrato de acceso a redes** con el distribuidor y un contrato de adquisición de energía con un comercializador.

Debe hacerse una doble diferenciación respecto al consumidor (RD 88/2026 art.48):
- **activo**: es un consumidor o grupo de consumidores que actúan conjuntamente consumiendo, almacenando electricidad, vendiendo electricidad autogenerada, siempre que la actividad no constituya su principal actividad profesional o comercial.
- **directo**: es el consumidor que adquiere energía de manera directa en los mercados de electricidad.

Precisiones El **autoconsumo** de energía eléctrica es el consumo de energía proveniente de instalaciones de generación conectadas en el interior de una red de un consumidor o a través de una línea directa de energía eléctrica asociadas a un consumidor (L 24/2013 art.9)

3010 **Protección del consumidor vulnerable** (L 24/2013 art.45 y 45 bis; RD 897/2017) Son considerados consumidores vulnerables la persona titular de un punto de suministro de electricidad en su vivienda habitual que, siendo persona física, esté acogida al precio voluntario para el pequeño consumidor (PVPC) y cumpla alguno de los siguientes **requisitos** (RD 897/2017 art.3):
- que la renta conjunta anual de la unidad de convivencia a la que pertenezca sea igual o inferior a 1,5 veces el Indicador Público de Renta de Efectos Múltiples (IPREM) de 14 pagas;
- estar en posesión del título de familia numerosa;
- que el consumidor y, en el caso de formar parte de una unidad de convivencia, todos los miembros de la misma que tengan ingresos, sean pensionistas por jubilación o incapacidad permanente, percibiendo la cuantía mínima y no perciban otros ingresos cuya cuantía agregada anual supere los 500 euros;
- que el consumidor o algún miembro de su unidad de convivencia sea beneficiario del Ingreso Mínimo Vital conforme a lo establecido en la L 19/2021;
- que la unidad de convivencia está integrada por un único progenitor y, al menos, un menor; o
- que el consumidor o alguno de los miembros de la unidad de convivencia sea electrodependiente.

Precisiones El multiplicador de renta respecto al **índice del IPREM se incrementa**:
• Cuando la unidad de convivencia esté formada por **más de una persona**, se incrementa en 0,3 por cada miembro adicional mayor de edad que conforme la unidad de convivencia y 0,5 por cada menor de edad de la unidad de convivencia.
• Cuando se acredite alguna de las siguientes **circunstancias especiales**, se incrementan, en cada caso, en 1 si el consumidor o alguno de los miembros de la unidad familiar:
- tiene discapacidad igual o superior al 33%;
- es víctima de violencia de género;
- tiene la condición de víctima de terrorismo; y
- se encuentra en situación de dependencia reconocida de grado II o III.

3011 **Consumidor vulnerable severo** (RD 897/2017 art.3.4) Cuando se cumplen los requisitos para ser consumidor vulnerable, además, se es consumidor vulnerable severo si el consumidor o la unidad de convivencia tiene una renta anual inferior o igual:
- al 50% del umbral que corresponda del IPREM, aplicados los incrementos pertinentes;
- una vez el IPREM a 14 pagas, en el caso de que sean pensionistas; o
- dos veces el IPREM a 14 pagas en el caso de que se sea familia numerosa.

3012 **Consumidor en riesgo de exclusión social** (RD 897/2017 art.4) Se denomina consumidor en riesgo de exclusión social al consumidor que reúne los **requisitos** para ser vulnerable severo y que, además, sea atendido por los servicios sociales de una Administración autonómica o local que financie al menos el 50% del importe de su factura.
El suministro a un consumidor en riesgo de exclusión social que esté acogido a la tarifa de último recurso (TUR) correspondiente es considerado **suministro de electricidad esencial** (nº 3015).

3013 **Consumidor electrodependiente** (RD 88/2026 art.53) Son consumidores con condición de electrodependencia aquellos que en los que exista constancia documental formalizada por personal médico de que el suministro de energía eléctrica es imprescindible para la alimentación de un **equipo médico** que resulte indispensable para mantener con vida a una persona.
En estos casos, el suministro energético es considerado como **esencial** y no puede ser suspendido.

3014 **Bono social** (RD 897/2017 art.6 a 11; RDL 8/2021 art.5) El bono social es un **descuento** del 35% (50% para consumidores vulnerables severos) fijado por el Gobierno sobre el precio voluntario para el pequeño consumidor (PVPC), y pretende proteger a los hogares con menos posibilidades económicas.
Tienen derecho al bono social aquellos consumidores que, siendo personas físicas, cumplan cualquiera de estos cuatro **requisitos**:
- hogares con una **potencia contratada** inferior a 3kW y que la vivienda sea declarada como habitual del solicitante;

- **familias** con todos sus integrantes **en desempleo**: se consideran en situación de desempleo aquellos solicitantes y miembros de la unidad familiar que, sin tener la condición de pensionista, no realizan ninguna actividad laboral por cuenta ajena o propia;
- **familias numerosas**; o
- **pensionistas** con 60 o más años, con una pensión mínima por jubilación, incapacidad permanente o viudedad.

Precisiones 1) Desde el 28-6-24, el RDL 4/2024 **aumentó el descuendo** a aplicar del bono social del 25 al 35% y del 40 al 50% para el caso de consumidores vulnerables severos.
2) Debido a la crisis en Oriente Medio derivada de la **guerra de Irán**, los descuentos del bono social aplicables serán, con carácter excepcional, en el período comprendido **entre el 1-1-2026 y el 31-12-2026** (RDL 7/2026 art.1):
- consumidor vulnerable: 42,5%;
- vulnerable severo: 57,5%.

Suministro mínimo vital (L 24/2013 art.45 bis) Se establece el **suministro mínimo vital** como instrumento de protección social frente a la situación de pobreza energética, mediante el que se establece una potencia límite que garantiza unas condiciones mínimas de confort, que no podrá ser superada durante un periodo de 6 meses en los que el suministro no podrá ser interrumpido. **3015**
El suministro mínimo vital resultará de aplicación a los consumidores vulnerables que hayan incurrido en el **impago de** sus **facturas** una vez hayan transcurrido los 4 meses desde el primer requerimiento sin que el pago se hubiera hecho efectivo (L 24/2013 art.52.3).

Precisiones La **potencia límite** asociada al **suministro mínimo vital** se establece en 3,5 kW, que resultará de aplicación solo en aquellos casos en los que la potencia contratada sea superior a dicha potencia límite (RD 897/2017 art.19.5).

Consumidor directo (RD 88/2026 art.9 y 10) El consumidor directo en mercado tiene, además de los **derechos** establecidos en el nº 3020 los siguientes: **3016**
- Acceder a los **mercados de electricidad** para adquirir la energía necesaria para su propio consumo o, alternativamente, para la reventa de energía eléctrica, en los términos establecidos reglamentariamente.
- Acceder a los **servicios de ajuste** y, en su caso, a otros mercados de energía o capacidad para prestar, de manera directa, servicios de respuesta de demanda, en los términos que se establezcan.
- Contratar **servicios de agregación** para la participación en mecanismos de respuesta de demanda en los mercados de balance.

A cambio, el consumidor directo tiene las siguientes **obligaciones**:
- Presentar la **declaración responsable** a través de la aplicación telemática diseñada a tal efecto, indicando que cumple los requisitos necesarios para el ejercicio de la actividad como consumidor directo en mercado.
- Comunicar cualquier hecho que suponga la **modificación** de alguno de los **datos** incluidos en la declaración responsable originaria a través de la aplicación telemática en el plazo máximo de diez días hábiles a partir del momento en que se produzca.
- Mantenerse en el **cumplimiento** de los **requisitos** fijados para actuar como consumidor directo en mercado.
- Presentar las **garantías** que resulten exigibles ante el operador del sistema, y el operador del mercado para poder adquirir energía eléctrica.
- Contratar y abonar el **peaje de acceso** a las redes de transporte y distribución y los cargos al distribuidor al que están conectadas sus instalaciones o al distribuidor de la zona en caso de estar conectado a la red de transporte.
- **Adquirir la energía necesaria** para el desarrollo de sus actividades, realizando el pago de sus adquisiciones.
- Disponer de los **medios técnicos** que permiten el ejercicio de la actividad y el intercambio de información con el resto de agentes.
- Tener **conocimiento de la normativa** que resulta de aplicación a la actividad, así como de las obligaciones y requisitos que resultan exigibles durante su ejercicio.
- Dar respuesta a los **requerimientos de información** que practique la Administración en el plazo y forma que esta indique.
- Garantizar la confidencialidad y la **protección de datos** referidos a las personas físicas afectadas.
- **Comunicar** sus **operaciones** en el mercado mayorista de la energía a la Agencia para la Cooperación de los Reguladores de la Energía (ACER).
- **Intercambiar información** con los **distribuidores** según los formatos de ficheros establecidos por la CNMC.
- Mantener actualizada la **información** de contacto de su **punto de suministro** e informar a la empresa distribuidora.

3018 **Consumidor electrointensivo** (RD 1106/2020) Un consumidor electrointensivo es aquel que realiza un uso intensivo de la electricidad, un elevado consumo en horas de baja demanda eléctrica, mantiene una curva de consumo estable y predecible y reune los siguientes **requisitos** (RD 1106/2020 art.3):
- contratar su energía en el **mercado de producción** de energía eléctrica por cualquiera de las modalidades previstas;
- haber consumido, durante al menos 2 de los 3 años anteriores un **volumen anual** de energía eléctrica superior a 1 GWh;
- haber consumido en las horas correspondientes al **periodo tarifario** valle al menos el 46%;
- operar en un **sector o subsector** que pertenezca a uno de los códigos de Clasificación Nacional de Actividades Económicas (CNAE) incluidos en el RD 1106/2020 anexo;
- tener un cociente durante al menos 2 de los 3 años anteriores entre el consumo anual y el valor añadido bruto de la instalación correspondiente al punto de suministro para el cual tenga la categoría de consumidor electrointensivo superior a 0,25 kWh/€.

Los consumidores electrointensivos están **obligados** a:
- tener un **consumo predecible**, para lo que deben aportar al Operador del Sistema, ya sea directamente o a través de su comercializadora, su previsión de consumo mensualmente con una precisión de su programa horario de consumo superior al 75% en media mensual y disponer de los equipos, sistemas y comunicaciones requeridos por la normativa (RD 1106/2020 art.10);
- disponer, en el plazo máximo de 2 años de un **sistema de gestión de la energía** auditado y certificado según la norma UNE-EN ISO50001:2018 (RD 1106/2020 art.11);
- acreditar la contratación de, al menos, un 10% de su consumo anual de electricidad mediante instrumentos a plazo, directa o indirectamente, de electricidad de origen renovable con una duración mínima de 5 años (RD 1106/2020 art.12).
- cumplir las obligaciones de los beneficiarios de ayudas a la industria electrointensiva (RD 1106/2020 art.13; RDL 20/2018 art.5).

Precisiones **1)** El procedimiento para el envío y cálculo de la **precisión de** los **programas de consumo** de los consumidores electrointensivos se recoge en la DG Política Energética y Minas Resol 16-9-21.

2) Para los sistemas de los **territorios no peninsulares**, las referencias acerca del **mercado eléctrico** deben entenderse como la participación en el despacho técnico de energía, de acuerdo con las condiciones y requisitos del RD 738/2015 que regula la actividad de producción de energía eléctrica y el procedimiento de despacho en los sistemas eléctricos de los territorios no peninsulares.

3019 **Mecanismo de compensación** (RD 1106/2020 art.15 s.) Se establece un mecanismo de compensación para los consumidores electrointensivos pertenecientes a los sectores del RD 1106/2020 anexo, **en razón de** la intensidad de su uso de electricidad y su exposición al comercio internacional, hasta un máximo del 85% de los costes imputables en los cargos de la retribución específica a energías renovables y cogeneración de alta eficiencia y de la retribución específica en los territorios no peninsulares repercutidos en los precios del suministro de electricidad.

Los **costes subvencionables** se determinan tomando de la facturación anual por cargos correspondiente al año anterior, la cuantía de la parte correspondiente a la financiación de apoyo para la electricidad procedente de fuentes renovables, cogeneración de alta eficiencia o extracoste de los territorios no peninsulares correspondientes a los consumos destinados a actividades en los sectores por orden de la persona titular del Ministerio con competencia en la materia (RD 1106/2020 art.20).

El **importe de la ayuda** concedida puede abonarse en euros, por punto de suministro o instalación, para el año, para cada tipo de ayuda, a financiación de apoyo para la electricidad procedente de fuentes renovables, a la cogeneración de alta eficiencia o al extracoste de los territorios no peninsulares (RD 1106/2020 art.21).

3020 **Derechos y obligaciones de los consumidores de electricidad** (L 24/2013 art.44 -redacc RDL 7/2026-) Los consumidores tienen los siguientes **derechos**:
• **Acceso y conexión** a las redes de transporte y distribución de energía eléctrica en el territorio español.

Los consumidores no pueden estar conectados directamente a un sujeto productor salvo a través de una **línea directa** y en los casos que reglamentariamente se establezcan para la aplicación de las modalidades de suministro con autoconsumo.
• Realizar las **adquisiciones** de energía eléctrica previstos en la normativa.
• **Elegir** su suministrador. Pueden contratar el suministro con:
- las correspondientes empresas de comercialización;

- otros sujetos del mercado de producción. Estos consumidores directos en mercado han de contratar la energía en el mercado de producción y el correspondiente contrato de acceso a las redes directamente con el distribuidor al que están conectadas sus instalaciones o con el distribuidor de la zona en caso de estar conectado a la red de transporte.
• **Formalizar** un **contrato** de acceso con la empresa distribuidora o un contrato de suministro con la empresa suministradora de electricidad (nº 2995 s.).

• Ser debidamente avisados de forma transparente y comprensible, con al menos un mes de antelación, por escrito y de manera separada a la factura, de cualquier intención de **modificar las condiciones del contrato** que pueda producirse una vez transcurrido el plazo de vencimiento o sus prórrogas y informados de su derecho a rescindir el contrato sin coste alguno cuando reciban el aviso. **3022**
El contenido de estas cláusulas, que no resultan de aplicación en caso de contratos a precio fijo, debe recoger los parámetros y **fórmulas** que reflejen cuándo podrán revisarse las condiciones establecidas en el contrato.
• Ser notificados sobre cualquier **revisión de los precios** derivada de las condiciones previstas, pro escrito y de manera separada a la factura, en el contrato en el momento en que esta se produzca.
• Elegir el **modo de pago**. En el caso de sistemas de pago anticipado se han de reflejar adecuadamente las condiciones de suministro y el consumo probable.
• Ser atendidos en **condiciones no discriminatorias** en las solicitudes de nuevos suministros eléctricos y en la ampliación de los existentes.
• Recibir el servicio con los **niveles de seguridad**, regularidad y calidad que se determinen reglamentariamente.
• Ser suministrados a unos **precios** fácil y claramente comparables, transparentes y no discriminatorios. A este efecto, deben recibir las **facturas** con un desglose que incluya, al menos los siguientes **conceptos**:
- coste de la energía;
- peajes de acceso a las redes de transporte y distribución y cargos que correspondan;
- tributos que graven el consumo de electricidad;
- suplementos territoriales cuando correspondan.
• Recibir información transparente sobre los precios y **condiciones generales** aplicables al acceso y al suministro de energía eléctrica.
• Realizar el **cambio de suministrador** sin coste alguno y en los plazos legal y reglamentariamente establecidos.
• Disponer de **procedimientos** para tramitar sus **reclamaciones** de acuerdo a lo establecido en la L 24/2013 y en la demás normativa sobre atención al consumidor aplicable.
• Estar informados del **consumo real** de electricidad y de los costes correspondientes de acuerdo a lo que reglamentariamente se establezca, sin coste adicional.
• Recibir la **liquidación de la cuenta** después de cualquier cambio de suministrador de electricidad, en el plazo de 42 días como máximo a partir de la fecha en que se produzca el cambio de suministrador.
• Disponer de un **servicio de asistencia telefónica** gratuito facilitado por el distribuidor al que estén conectados sus instalaciones, en funcionamiento las 24 horas del día, al que puedan dirigirse ante posibles incidencias de seguridad en las instalaciones.
Dicho número debe figurar claramente identificado en las facturas y en todo caso debe ser facilitado por el comercializador o, en su caso, por el distribuidor al consumidor.

Además de estos derechos recogidos en la L 24/2013, los consumidores tienen derecho (RD 88/2026 art.6) a: **3023**
• Suscribir el contrato de **acceso de terceros a la red directamente** con el distribuidor al que están conectadas sus instalaciones o con el distribuidor de la zona en caso de estar conectado a la red de transporte.
• Participar en los **mercados de energía eléctrica** para adquirir y gestionar su energía, en los términos previstos en la normativa de aplicación.
• **Adquirir de manera directa energía** mediante la contratación bilateral con nominación física con un productor, constituyéndose a tal efecto como consumidor directo en mercado.
• Suscribir **instrumentos de cobertura a plazo**, directa o indirectamente, con un productor de energía eléctrica o una instalación de almacenamiento cuando esta inyecte energía en la red.
• Tener **más de un contrato de suministro** de electricidad de forma simultánea en el mismo punto de suministro, siempre que exista registro de consumo y se suscriba el contrato de acceso de terceros a la red directamente con el distribuidor al que están conectadas sus instalaciones o con el distribuidor de la zona en caso de estar conectado a la red de transporte.

• Suscribir un **contrato de agregación** con su propio comercializador o con un agregador independiente.
• Contratar **parte de su energía** con un comercializador y acudir a otra forma de contratación de energía sin coste adicional para el consumidor.
• Conocer y **ser informado** sobre las condiciones de su contrato de suministro con antelación a su celebración o confirmación, con independencia de que el contrato se celebre a través de un intermediario.

3024 • En el caso de tener suscrito un **contrato con un agregador independiente**, no hacer frente a **pagos, multas u otras restricciones** contractuales establecidas por el comercializador como consecuencia de la suscripción de dicho contrato.
• Recibir gratuitamente cuando el consumidor los solicite al comercializador y, en su caso, al agregador independiente, al menos una vez por cada período de facturación, todos los datos pertinentes a la **respuesta de demanda** o los datos sobre **electricidad suministrada y vendida**.
• En caso de solicitud de **nuevo suministro eléctrico** o de **ampliación** del anterior, ser atendido en condiciones no discriminatorias.
• Recibir el servicio con los **niveles de seguridad, regularidad y calidad** que se determinen reglamentariamente.
• Tener **trazabilidad del proceso de cambio de comercializador y de agregador** independiente y derecho a recibir información sobre el mismo cuando se solicite a través de cualquiera de los canales de atención al cliente.
• Disponer de procedimientos para tramitar sus **reclamaciones**, de unas vías rápidas y eficaces para reclamar que sean accesibles para todos los consumidores. En todo caso, tendrán a su disposición un servicio de reclamación y queja de formato electrónico.
• Acceder gratuitamente a sus **datos de consumo** y poder, mediante acuerdo explícito y gratuito, dar acceso a sus datos de medidas a los sujetos que corresponda.
• **Desistir del contrato** de suministro celebrado, de conformidad con la LGDCU (nº 640).

3025 • Poder **gestionar su demanda** de manera activa.
• Recibir la **liquidación de la cuenta** después de cualquier **cambio de comercializador** de electricidad o agregador independiente, en el plazo de 42 días como máximo a partir de la fecha en que se produzca el cambio.
• **Revender su energía** para servicios de recarga energética de vehículos eléctricos y baterías y para el suministro eléctrico a embarcaciones, aeronaves y ferrocarriles y servicios inherentes a la prestación del servicio según lo dispuesto en la L 24/2013 disp.adicional 21ª.
• Formalizar un contrato con **precios dinámicos de electricidad** con toda comercializadora de energía eléctrica que cuente con más de 200.000 consumidores finales, siempre que el consumidor final disponga del correspondiente contador con capacidad de lectura remota, ser plenamente informados por las comercializadoras de las oportunidades, los costes y riesgos derivados de formalizar este tipo de contrato y a recibir una estimación de la facturación mensual como consecuencia de la nueva contratación antes de que esta contratación se produzca.
• Conocer, en su caso, la última **fecha** en la que la comercializadora de referencia ha introducido los **datos del titular del punto de suministro** o, según corresponda, de la unidad de convivencia, en la aplicación del Ministerio para la Transición Ecológica y el Reto Demográfico para la comprobación de los requisitos para ser considerado **consumidor vulnerable**.
• Conocer los **parámetros de calidad** del suministro asociados a su **contrato de acceso de terceros** a la red.

3026 • Conocer de manera clara y transparente la entidad de **resolución alternativa de litigios** en materia de consumo a la que está adherida su comercializadora, distribuidora y, en su caso, su agregador independiente.
• Ser informado por el gestor de la red en caso de **avería o incidencia** que afecte a su suministro a través de un SMS o un correo electrónico, siempre que se haya facilitado un número de teléfono o un correo electrónico.
• Acceder a los **servicios de ajuste** y, en su caso, a otros mercados de energía o capacidad para prestar servicios de respuesta de demanda, en los términos que se establezcan.
• En su caso, tener **acceso** a la **grabación íntegra** de la llamada telefónica a través de la cual se realizó la **contratación**, debiendo figurar en la misma:
- el consentimiento expreso del consumidor para ser grabado;
- la identificación de la comercializadora especificando tanto su razón social como su marca comercial;
- fecha (día, mes y año), hora y minuto (hh:mm en formato de 24h) en que tiene lugar el inicio de la conversación del contacto comercial;

- comunicación al consumidor del motivo del contacto comercial y que la aceptación de la oferta comercial implicaría la resolución del contrato de suministro con su actual empresa comercializadora y un cambio de comercializador;
- el contenido y detalle de la oferta en un lenguaje claro y comprensible;
- la obligación del comercializador de poner a disposición del consumidor la llamada grabada de manera sencilla en un plazo no superior a 20 días desde la solicitud del consumidor; y
- el plazo de conservación de la llamada.

• A la **garantía de la accesibilidad** en todos los trámites relacionados con el suministro de energía eléctrica y, especialmente, en la información suministrada.
• En su caso, y de acuerdo con la normativa en vigor, a ser identificadas como **personas con electrodependencia**.

Obligaciones Además de las que reglamentariamente se determinen, en relación al suministro, los consumidores tienen las siguientes obligaciones: **3027**
• Garantizar que las instalaciones y aparatos **cumplen los requisitos** técnicos y de seguridad establecidos en la normativa vigente, garantizando el **acceso** a los mismos en los términos que se determinen.
• Contratar y efectuar el **pago** de los suministros, de acuerdo a las condiciones establecidas en la normativa.
• Permitir al personal autorizado por la empresa distribuidora la **entrada** en el local o vivienda a que afecta el servicio contratado en horas hábiles o de normal relación con el exterior, para realizar las actuaciones propias de distribuidor.
• Garantizar que su **instalación y aparatos** cumplen los requisitos técnicos y de seguridad establecidos en la normativa vigente.
• Mantener actualizados los **datos** correspondientes al contrato de suministro y de acceso a la red y cargos e informar de los cambios al comercializador y, en su caso, al distribuidor.

3. Empresa comercializadora

(L 24/2013 art.6.1.f y 46 -redacc RDL 7/2026)

Una empresa comercializadora es la encargada de vender al consumidor la energía que compra y facturar todos los costes que la electricidad engloba. Estos costes son pagados por la comercializadora a la empresa de suministro y al operador de red responsable del transporte. Las comercializadoras se pueden elegir y operan en el mercado libre con precios no regulados por el gobierno. **3030**

Son **obligaciones** de las empresas comercializadoras en relación al suministro y respecto a los consumidores: **3032**
• Formalizar los **contratos de suministro** con los consumidores de acuerdo a la normativa en vigor que resulte de aplicación.
• Realizar las **facturaciones** a sus consumidores de acuerdo a las condiciones de los contratos que hubiera formalizado en los términos que se establezcan en las disposiciones reglamentarias de desarrollo de esta ley, y con el desglose que se determine. En el caso de **contratos a precio fijo**, no podrán modificar unilateralmente las condiciones contractuales o rescindir el contrato antes de su vencimiento.
• Tomar las medidas adecuadas de **protección del consumidor** de acuerdo con lo establecido reglamentariamente.
• Preservar el **carácter confidencial de la información** de la que tenga conocimiento en el desempeño de su actividad, cuando de su divulgación puedan derivarse problemas de índole comercial, sin perjuicio de la obligación de información a las Administraciones públicas.
• Informar a sus clientes acerca del **origen de la energía suministrada**, así como de los impactos ambientales de las distintas fuentes de energía y de la proporción utilizada entre ellas.
• Informar a sus clientes sobre sus derechos respecto de las vías de **solución de conflictos** de que disponen en caso de litigio. A estos efectos las empresas comercializadoras deben ofrecer a sus consumidores, la posibilidad de solucionar sus conflictos a través de una entidad de resolución alternativa de litigios en materia de consumo.
• Disponer de un **servicio de atención al cliente** que recoja sus quejas, reclamaciones e incidencias en relación al servicio contratado u ofertado, así como solicitudes de información sobre los aspectos relativos a la contratación y suministro o comunicaciones. Se ha de poner a disposición del consumidor una dirección postal, un servicio de atención telefónica y un número de teléfono, ambos gratuitos, y un número de fax o una dirección de correo electrónico al que los mismos puedan dirigirse directamente.

Este servicio de atención a los consumidores debe adecuarse a los parámetros mínimos de calidad establecidos en la legislación de defensa de los consumidores y usuarios.
La empresa comercializadora no puede desviar llamadas realizadas al número de teléfono gratuito mencionado a números que impliquen un coste para los consumidores.
• Cumplir los plazos que se establezcan reglamentariamente para las actuaciones que les corresponden realizar en caso de **cambio de suministrador**.
• Realizar ofertas a los consumidores con derecho al **precio voluntario para el pequeño consumidor** en las que el precio del suministro de energía eléctrica sea fijo para un periodo determinado, sin perjuicio de las revisiones que procedan de los peajes, cargos y otros costes regulados. A estos efectos, están obligadas a formalizar los contratos con los consumidores que lo soliciten conforme a un modelo de contrato normalizado.
• En el supuesto de **impago de la factura eléctrica**, ha de remitir al órgano que designe cada comunidad autónoma, el listado de los puntos de suministro de electricidad, en baja tensión, de hasta 10 kW de potencia contratada, a los que se haya requerido el pago para que puedan ser adoptadas las medidas necesarias que en su caso se consideren oportunas en relación con la figura del **consumidor vulnerable**, el bono social y otras medidas de protección para los consumidores domésticos de energía eléctrica. s)
• No **realizar publicidad** no solicitada en visitas domiciliarias sobre sus productos, excepto en el caso de que el destinatario haya solicitado por iniciativa propia recibir información sobre el servicio por dicho medio.
• No realizar prácticas de **contratación en el domicilio del cliente** de forma directa, salvo que exista una petición expresa por parte del cliente y a propia iniciativa para establecer la cita.

Precisiones El mero **corte del suministro eléctrico**, sin comunicación previa al consumidor, no es causa suficiente para que el consumidor reclame a la empresa suministradora una indemnización de daños y perjuicios. Le incumbe la carga de probar los daños que reclama y que estos son derivados del incumplimiento (AP Madrid 1-3-16, EDJ 47889).

3035 Son **derechos** de las empresas comercializadoras en relación al suministro y respecto a los consumidores:
• Facturar y **cobrar** el suministro realizado.
• Exigir que los **equipos de medida** de los usuarios reúnan las condiciones técnicas y de seguridad que reglamentariamente se determinen, así como el buen uso de los mismos.

3037 **Facturación del suministro** (RD 88/2026 art.43 y 45) La **lectura** de la energía debe ser realizada por el encargado de lectura con una periodicidad mensual. Solo en caso de no disponer de equipos con lectura remota por causas no imputables al distribuidor, la lectura se puede realizarse con una periodicidad bimestral.
En el caso de **fallo** en la **lectura remota**, el encargado debe efectuar la lectura presencial de forma que se disponga de medida real con al menos una periodicidad bimestral.
Si el encargado de lectura **no puede acceder al equipo** de medida para realizar la lectura, debe dejar un aviso de imposible lectura en lugar visible en el que se indique un número de teléfono y una dirección de portal de internet mediante la cual el usuario podrá facilitar la lectura de su equipo, así como el plazo para hacerlo. En el aviso de imposible lectura, que podrá ser, adicionalmente, remitido por medios electrónicos.
El comercializador debe **facturar** el suministro de energía con base y en la periodicidad de las lecturas facilitadas por el encargado de la lectura, sin perjuicio de las condiciones que los consumidores en mercado libre puedan acordar con su comercializador y que se reflejen en el correspondiente contrato de suministro. En caso de acordar otras condiciones, la facturación sobre la base del consumo real se realizará al menos una vez al año.
Si el comercializador factura **cantidades inferiores a las debidas**, tanto en relación con la energía como al acceso a las redes, la diferencia a efectos de pago puede ser prorrateada en tantas facturas mensuales como meses transcurrieron desde el error, sin que pueda exceder el aplazamiento ni el periodo a rectificar de un año.
Si el comercializador factura **cantidades superiores a las debidas**, tanto en relación con la energía como al acceso a las redes, debe devolverse todas las cantidades indebidamente facturadas en la primera facturación siguiente, sin que pueda producirse fraccionamiento de los importes a devolver. En este caso, se aplicarán a las cantidades adelantadas los intereses correspondientes, considerando al efecto el tipo de interés legal del dinero más 150 puntos básicos. Estos intereses serán asumidos por el responsable de la lectura en caso de que el error en la facturación sea imputable al mismo.

Suspensión del suministro por impago con potencia contratada hasta 10 kW 3039

(RD 88/2026 art.46 y 53; RD 897/2017 art.18, 19 y 20) El **período de pago** se establece en 20 días naturales desde la emisión de la factura por parte de la empresa comercializadora. Una vez vencido el período de pago, cuando no se hubiera procedido al mismo, la empresa comercializadora debe remitir un **escrito** al consumidor en el plazo máximo de 2 meses desde la emisión de la factura, o en el momento en que se produzca el rechazo del pago si fuera con posterioridad a dicho plazo, para informarle de tal circunstancia.
Dicha **comunicación** deberá practicarse por cualquier medio que permita tener constancia de la recepción por el interesado o su representante, así como de la fecha y contenido del mismo, en la dirección que a efectos de comunicación figure en el contrato de suministro de electricidad.
Cuando el comercializador vaya a llevar a cabo, en su caso, el procedimiento de suspensión del suministro por impago, con posterioridad a la comunicación de impago, el comercializador debe **requerir fehacientemente el pago** al consumido. En el supuesto de notificación infructuosa, se remitirá un segundo requerimiento transcurridos 7 días hábiles desde el primero.
Con una antelación de 15 días hábiles a la finalización del plazo establecido para el inicio del procedimiento de suspensión, la empresa comercializadora **debe volver a requerir** fehacientemente el pago al consumidor, si este no lo hubiera hecho efectivo. Dicho requerimiento incluirá la fecha concreta a partir de la cual el suministro de electricidad podrá ser suspendido.
En el caso de que en un punto de suministro el consumidor tenga contratada su energía con **varias comercializadoras**, el distribuidor debe informar a las mismas de la solicitud de suspensión de suministro y la fecha a partir de la cual el suministro de electricidad será suspendido. Asimismo, en caso de que el consumidor hubiese suscrito un contrato de **agregación**, el distribuidor informará de lo anterior al agregador independiente correspondiente.
El suministro **no puede ser suspendido** si el consumidor:
• Tiene la condición de **vulnerable severo** y está siendo atendido por los servicios sociales y los servicios de la comunidad autónoma o la administración local asumen el 50% del importe de su factura.
• Es **beneficiario del bono social** y en la unidad familiar hay aun menor de 16 años o tenga un situación de dependencia de grado II o III o una discapacidad igual o superior al 33%.
• Tiene la condición de **electrodependiente**.

Precisiones Respecto a los **consumidores en riesgo de exclusión social** ver nº 3010.

B. Gas natural

(L 34/1998)

Con la liberación del mercado energético, las personas consumidoras tienen también **libertad** para contratar el servicio de **gas natural** con la **empresa comercializadora** que más les convenga. 3050

Normativa aplicable La legislación en materia de gas natural es, igualmente **extensa** que la relativa a la energía eléctrica, dada la complejidad que rodea la reglamentación del sector energético. 3052
Las principales novedades que derivan de la incorporación del Derecho comunitario se ponen de manifiesto en la **liberalización del mercado** con objeto de mejorar la eficiencia del sector y aumentar el número de comercializadores.
Para ello, se ha acometido la **supresión del sistema tarifario de gas natural** y la transformación del sistema en orden a que los consumidores conectados a gasoductos cuya presión sea menor o igual a 4 bares, con independencia de su consumo anual, tengan acceso o derecho al suministro de último recurso.
Este mercado está regulado por la L 34/1998, del **Sector de Hidrocarburos**, la cual ha venido sufriendo diversas modificaciones para dar lugar a la situación de liberalización del mercado tal y como actualmente opera en España.

Suministro de gas natural Los consumidores tienen derecho de acceso y conexión a las redes de transporte y distribución de gas natural en las condiciones establecidas en la normativa de aplicación (L 34/1998 art.57). 3054
Desde 2008, las **tarifas** de gas natural, es decir, los precios de venta, dejan de ser precios regulados y comienzan a ser precios libremente pactados entre el consumidor y el comercializador.

Las empresas que pueden vender gas natural a los consumidores son las **empresas comercializadoras** que son las encargadas de gestionar y distribuir el gas natural desde las centrales hasta los puntos de consumo, así como de gestionar los contratos y facturar el suministro.
Los **propietarios** de las redes de distribución de gas natural deben permitir su uso a cualquier compañía comercializadora de gas natural autorizada.
Con carácter general, los precios de venta de gas natural son precios libremente pactados entre el consumidor y el comercializador.
Los consumidores que se determine tienen derecho a acogerse al suministro a unos precios que son fijados y revisados por el Ministro competente, y que tienen la consideración de **tarifa de último recurso**. La tarifa de último recurso es el precio que cobran los comercializadores de último recurso a los consumidores que tienen derecho a acogerse a ella (L 34/1998 art.57.2).

3055 **Protección de consumidores vulnerables** (RDL 15/2018 art.5 a 10) El Ministro competente puede establecer condiciones específicas de suministro para determinados consumidores que, por sus características económicas, sociales o de suministro, tengan la consideración de **clientes vulnerables** (L 34/1998 art.57.3).

3056 **Bono social térmico** Con el **objetivo** de compensar los gastos necesarios para compensar los gastos térmicos ocasionados a los consumidores más vulnerables por el uso de la calefacción y el agua caliente o cocina, se creó el programa de concesión directa de ayudas denominado «Bono social térmico».
Son **beneficiarios** de este bono, sin necesidad de realizar ningún trámite ni solicitud, los beneficiarios del bono social eléctrico (nº 3012) a 31 de diciembre del año anterior, así como aquellos que antes de dicha fecha hubiesen presentado la solicitud completa y si finalmente se resolvió favorablemente.
Consiste en un **pago único anual** y la **cuantía** de la misma depende del grado de vulnerabilidad y de la zona climática en la que se ubique su vivienda habitual. En caso de tratarse de un consumidor vulnerable severo o en riesgo de exclusión social, la ayuda se incrementa en un 60% con respecto a la que le corresponde por su zona climática.

3057 **Contrato de suministro de gas** Los contratos de suministro de **gas** deben formalizarse **siempre por escrito**, con la **firma** de la persona consumidora. Si se realiza por **teléfono** es importante solicitar una **copia** del contrato.
Si se contrata fuera del establecimiento comercial, por ejemplo en el caso de la **venta a domicilio**, solo se puede formalizar el contrato con la **firma** por parte de la persona consumidora. Para evitar cualquier tipo de fraude, conviene no entregar ningún documento o factura con datos personales.
En el contrato debe aparecer la siguiente **información**:
- Identidad y dirección del **suministrador**.
- **Servicios** que se van a prestar, **calidad** propuesta y plazo para la **conexión inicial**.
- Tipo de servicio de **mantenimiento** ofrecido.
- Forma de obtener información actualizada sobre **tarifas** aplicables y **gastos de mantenimiento**.
- **Duración del contrato**, condiciones para la renovación y la rescisión de los servicios y del contrato y, cuando esté permitido, el desistimiento del contrato sin costes.
- Acuerdos de **compensación y reembolso** aplicables si no se cumplen los niveles de calidad contratados, incluida la facturación incorrecta y retrasada.
- **Método** para iniciar un procedimiento de **resolución de conflictos**.
- Información sobre los **derechos** de las personas consumidoras, incluida la tramitación de las reclamaciones, claramente comunicada mediante las facturas o los sitios de Internet de las compañías de gas natural.

En cualquier caso, toda la información anterior debe comunicarse a la persona consumidora **antes** de la celebración o confirmación del contrato.

3060 **Derechos de los consumidores de gas natural** (L 34/1998 art.57 bis -redacc RDL 7/2026-) En relación con el suministro de gas, los consumidores tienen los siguientes derechos:
- Realizar **adquisiciones** de gas.
- **Elegir el suministrador** para la compra del gas natural.
- Solicitar la **verificación** del buen funcionamiento de los equipos de medida de su suministro.
- Disponer de un servicio de **asistencia telefónica facilitado** por el distribuidor al que estén conectados sus instalaciones, en funcionamiento las 24 horas del día, al que puedan dirigirse ante posibles incidencias de seguridad en sus instalaciones.
- Tener un **contrato** con el comercializador (nº 3056).

• Ser debidamente avisados, de forma transparente y comprensible, con al menos un mes de antelación, por escrito y de forma separada a la factura, de cualquier **intención de modificar** las condiciones del contrato que pueda producir una vez transcurrido el plazo de vencimiento del contrato o de sus prórrogas y ser informados de su derecho a rescindir el contrato cuando reciban el aviso. Los clientes pueden **rescindir** el contrato sin coste alguno si no aceptan las nuevas condiciones que les haya notificado su comercializador de gas.
• Los contratos a precio variable deberán recoger todos los parámetros y **fórmulas** que determinen las posibles revisiones de precio aplicables hasta el término del contrato.
• Recibir información transparente sobre los **precios, tarifas y condiciones** generales aplicables al acceso y al uso de los servicios de gas.
• Poder escoger libremente el **modo de pago**, de forma que no se produzca ninguna discriminación indebida entre consumidores. Las condiciones generales tienen que ser equitativas y transparentes. Se han de explicar en un lenguaje claro y comprensible y no incluirán obstáculos no contractuales al ejercicio de los derechos de los clientes, por ejemplo, una documentación contractual excesiva. Se protege a los clientes contra los métodos de venta abusivos o equívocos.

• **Cambiar** de suministrador sin coste alguno. **3062**
• Disponer de **procedimientos** para tramitar sus **reclamaciones**. Todos los consumidores tienen derecho a un buen nivel de servicio y de tramitación de las reclamaciones por parte del suministrador del servicio de gas. Tales procedimientos de solución extrajudicial permiten la resolución equitativa y rápida de los litigios, preferiblemente en un plazo de 3 meses y contemplarán, cuando esté justificado, un sistema de reembolso y/o compensación.
• Ser informados de sus derechos a que se les suministre gas natural de una **determinada calidad** a precios razonables.
• Tener a su disposición sus **datos de consumo** y poder, mediante acuerdo explícito y gratuito, dar acceso a los datos de medición a cualquier empresa de suministro registrada. La parte encargada de la gestión de datos está obligada a facilitar estos datos a la empresa, utilizando los formatos y procedimientos desarrollados reglamentariamente. No pueden facturarse al consumidor costes adicionales por este servicio.
• Ser informados adecuadamente del **consumo real de gas** y de los costes correspondientes con la frecuencia que se establezca reglamentariamente, de manera que les permita regular su propio consumo de gas. La información se ha de facilitar con el tiempo suficiente, teniendo en cuenta la capacidad del equipo de medición del cliente. No pueden facturarse al consumidor costes adicionales por este servicio.
• Recibir una **liquidación de la cuenta** después de cualquier cambio de suministrador de gas natural, en el plazo máximo de 6 semanas a partir de la fecha del cambio de suministrador.

SECCIÓN 3

Banca

3300

3303 En el sector financiero se da una importante **asimetría** en la relación entre el banco y los clientes. Esta asimetría se añade, además, a la contraposición de intereses entre las dos partes en diversos temas como los servicios de pago, los créditos, etc. que puede generar importantes desajustes en el mercado (la ganancia del banco es el pago/pérdida del cliente).
Por lo tanto, los consumidores (en desventaja informativa) necesitan de una **protección adicional** para que sus intereses económicos queden protegidos y el mercado opere de manera correcta. Es por ello que uno de los principios clave que inspiran toda la legislación financiera y la actividad supervisora en el ámbito del mercado de productos y servicios bancarios es la protección al cliente bancario. Este principio implica que el cliente debe disponer de información suficiente para fundamentar su decisión de contratación, y esta información debe ser veraz.

Son **derechos básicos** de los consumidores y usuarios, entre otros, los siguientes:
- protección de sus legítimos intereses económicos y sociales;
- información correcta sobre los diferentes productos y servicios;
- protección jurídica, administrativa y técnica en las situaciones de inferioridad, subordinación o indefensión.

Todos estos derechos básicos son predicables respecto del consumidor o usuario de los servicios bancarios

La protección del consumidor en el sector financiero tiene una **doble vertiente**:
- una vertiente **indirecta** de protección a través de la existencia de fondos de garantía de depósitos que garantizan la solvencia de las entidades bancarias que están sometidas a un régimen legal muy estricto y exigente y las derivada de normas sectoriales de transparencia bancaria, de publicidad bancaria externa y la fe pública.
- otra vertiente **directa** y especial de protección, más allá de la recogida en la defensa general de consumidores, que intenta paliar la desventaja informativa fomentando la transparencia en las relaciones entidad-cliente.

Son nulas de pleno Derecho y se tienen por no puestas las cláusulas, condiciones y estipulaciones en las que se aprecie el **carácter abusivo**. A estos efectos son cláusulas abusivas las estipulaciones no negociadas individualmente y las prácticas no consentidas expresamente que, en contra de las exigencias de la buena fe, provoquen, en perjuicio del consumidor y usuario, un desequilibrio importante de los derechos y obligaciones de las partes que sean consecuencia del contrato (LGDCU art.82.1). Además, existe una lista de cláusulas que, en todo caso, tienen en el carácter de abusivas (ver nº 780 s.).

En los últimos años han proliferado las sentencias condenatorias a entidades de crédito principalmente por **malas prácticas** en la contratación bancaria e incumplimiento de las obligaciones de información clara, correcta, suficiente y oportuna al cliente o inversor.

Precisiones 1) El sector bancario se caracteriza porque la contratación con consumidores se realiza mediante **cláusulas predispuestas e impuestas** por la entidad bancaria, y por tanto, no negociadas individualmente con el consumidor, lo que determina la procedencia del control de abusividad previsto en la Dir 1993/13/CEE y en la LGDCU, salvo que se pruebe el supuesto excepcional de que el contrato ha sido negociado y el consumidor ha obtenido contrapartidas apreciables a la inserción de cláusulas beneficiosas para el predisponente (TJUE 16-1-14; TS 22-4-15, EDJ 69484).

2) Para ver la **atención al cliente** en los servicios financieros ver nº 415 s.

3306 **Cuadro normativo** La LGDCU, la LCGC y otras leyes complementarias, son de **plena aplicación** a los contratos bancarios, en especial a las cláusulas no negociadas individualmente (LGDCU art.80; nº 690 s.).

La normativa, con el fin de proteger los legítimos intereses de la clientela activa y pasiva de las entidades de crédito y sin perjuicio de la libertad de contratación, ha ido avanzando en determinadas áreas por lo que está regulado en numerosa normativa, **destacando**:
- RDL 6/2012, de medidas urgentes de protección de deudores hipotecarios sin recursos (nº 2848 s.).
- OM EHA/2899/2011, de transparencia y protección del cliente de servicios bancarios, desarrollada por la Circ 5/2012 del Banco de España (BE).
- L 16/2011, de contratos de crédito al consumo (nº 1000 s.).
- OM ECE/1263/2019, sobre transparencia de las condiciones y requisitos de información aplicables a los servicios de pago.
- OM EHA/1718/2010, de regulación y control de la publicidad de los servicios y productos bancarios.
- L 2/2009, sobre contratación con los consumidores de préstamos o créditos hipotecarios y de servicios de intermediación para la celebración de contratos de préstamo o crédito.
- RDL 19/2018, de servicios de pago y otras medidas urgentes en materia financiera.
- L 9/2012, de reestructuración y resolución de entidades de crédito.
- LMV.

Otra normativa con incidencia en la contratación bancaria con consumidores son:
- L 28/1998, de venta a plazos de bienes muebles (nº 1320 s.).
- LDC, que concede legitimación activa a cualquier persona que participe en el mercado, cuyos intereses económicos resulten directamente perjudicados o amenazados por el acto de competencia desleal.
- L 44/2002, de medidas de reforma del sistema financiero que afirma que el servicio de reclamaciones del BE debe atender las quejas y reclamaciones de los usuarios de servicios financieros.
- RDL 16/2012, que crea el Fondo de Garantía de Depósitos de Entidades de Crédito (nº 3368).

Ordenación del comercio minorista (LOCM art.8.2) Queda prohibida la **exposición y venta de mercancías** al comprador, cuando éstas procedan de personas cuya actividad sea distinta a la comercial y, como consecuencia de la actividad que le es propia tengan como finalidad principal la realización de préstamos, depósitos u operaciones de análoga naturaleza, adheridas a la oferta comercial, de tal forma que no se pueda hacer efectiva sin la otra. 3307
Se **presume** la existencia de estas actuaciones en el supuesto de que el comprador pueda realizar pedido o adquirir mercancías en los establecimientos de entidades de crédito.
En consecuencia, en las **actividades de colaboración** que puedan realizar tales entidades en ofertas comerciales, éstas no pueden vender los productos a través de sus establecimientos, sino que su colaboración se circunscribe a la oferta de financiación y/o intermediación en el pago (Safont Sánchez).
En los documentos que soporten la publicidad de este tipo de campañas debe constar:
- que es una oferta de simple colaboración (no necesariamente vinculada);
- cómo se puede realizar la adquisición de los productos;
- identificación del proveedor;
- características especiales del producto;
- precio del mismo;
- plazo de ejecución del pedido;
- plazo de validez de la oferta.

Precisiones Para **mayor información** sobre el comercio minorista ver nº 1400 s.

Protección derivada de la fe pública La dación de fe pública sobre las operaciones bancarias ha de ser un instrumento añadido de protección de los intereses de los usuarios bancarios. Esta protección se produce (Ortiz Navacerrada): 3308
- en el momento de la **perfección y consumación** del contrato, a través del asesoramiento exigido a los fedatarios públicos por su reglamentación profesional;
- en el momento de la **resolución contractual** derivada de reclamación ejecutiva, por la vía del examen y control del saldo líquido.

Los notarios y los registradores de la propiedad y mercantiles, en el ejercicio profesional de sus respectivas funciones públicas, **deben informar** a los consumidores en los asuntos propios de su competencia (LGDCU art.81.2).

a. Información al cliente

3310

Información contractual obligadamente pública (OM EHA/2899/2011; LCCo; BE Circ 5/2012; BE Circ 3/2021 y BE Circ 3/2022) Todas las entidades han de disponer, en todas y cada una de las **oficinas físicas** abiertas al público, de la información requerida por la BE Circ 5/2012, en forma de tablón de anuncios o en otro formato. En concreto: 3312
- Debe figurar en un lugar destacado y que llame la atención al público.
- La información tiene que estar actualizada.

En el caso particular de las entidades de crédito con **páginas de Internet**:
- Es preciso que haya un enlace, destacado y legible, en la pantalla inicial de la primera página.
- La información ha de estar actualizada.
- El vínculo ha de permitir el acceso directo a la información.
- El formato será el establecido, con las especificaciones técnicas que se determinen.

En **ambos casos**, la información es la relativa a:
- información trimestral sobre **comisiones y tipos** practicados u ofertados más habitualmente en las operaciones más frecuentes con los perfiles de clientes más comunes que sean personas físicas;
- tipos de interés y comisiones publicados para **descubiertos tácitos** en cuentas de depósito y **excedidos** en cuentas de crédito.

Información precontractual (OM EHA/2899/2011 art.6, 7 y 9) La formación de la voluntad al contratar y la prestación de un **consentimiento válido** eficaz exigen adquirir plena conciencia de lo que significa el contrato y de los derechos y obligaciones que adquieren. Por ello, la **fase precontractual** tiene una importancia relevante en la que los contratantes deben tener toda la 3313

información necesaria para valorar adecuadamente el contrato y actuar en consecuencia, ya sea en contratos más o menos simples, p.e. la apertura de una cuenta corriente, o en contratos complejos, p.e. productos de inversión como los swaps (AP La Rioja 9-11-20, EDJ 776791).
El grado de **complejidad del contrato** aumenta el nivel de exigencia de información de la entidad financiera que lo ofrece (TS 5-10-20, EDJ 675041).
En general, el banco debe dar las **explicaciones adecuadas** a todo cliente explicaciones para comprender los términos esenciales del servicio bancario ofertado y adoptar una decisión informada, teniendo en cuenta sus necesidades y su situación financiera. La falta de esta explicación adecuada puede ser motivo de anulación del contrato, por ejemplo, el caso de falta de información sobre la evolución de los tipos de interés y las condiciones en que podía cancelarse anticipadamente el contrato y cuál podría ser su coste (AP Madrid 23-7-20, EDJ 672925).
Además, el banco debe entregar un **ejemplar del contrato** en que se formaliza el servicio recibido y conservarlo para facilitarlo siempre que el cliente se lo solicite.
En cualquier caso, las entidades deben facilitar, con la debida antelación en función del contrato u oferta, toda la información precontractual de **forma** (ver nº 538):
- gratuita;
- clara;
- oportuna;
- suficiente;
- objetiva; y
- no engañosa.

Cuando se **incumple la obligación de informar** sobre el producto contratado y los riesgos asociados al mismo se está ante un posible error en el consentimiento que puede ser causa de nulidad del contrato de productos financieros (TS 25-2-16, EDJ 10556; AP Madrid 24-1-20, EDJ 520636).

Precisiones 1) En **contratos bancarios**, el cliente tiene derecho a solicitar y recibir **copia** de los contratos suscritos durante la vigencia de la relación contractual, y la entidad financiera está obligada a facilitar dicha copia, ya sea en soporte papel o electrónico, conforme a la normativa vigente (AP Palencia 12-11-24, EDJ 790593).
2) Sobre los **efectos restitutorios** de la anulabilidad de la compra de **participaciones preferentes y bonos subordinados**, la entidad bancaria debe restituir el principal invertido más sus intereses legales desde la inversión y el actor restituirá las acciones percibidas al precio de cotización en el mercado oficial de valores de las acciones en la fecha en que se produjo su adquisición por canje de los bonos convertibles, más sus intereses legales, y los cupones abonados más sus intereses legales, desde el día en que se abonaron, con el límite de la suma que el demandante haya de recibir del Banco. Las cantidades liquidas resultantes se compensarán recíprocamente, devengando el saldo restante el interés del la LEC art.576 desde la fecha de la compensación (TS 24-3-26, EDJ 543633).

3316 **Captación de fondo reembolsable** (OM EAH/2899/2011 art.7.3) Cuando el contrato es sobre servicios de captación de fondos reembolsables, es decir aquellos en que el banco recibe dinero del cliente, se debe informar sobre:
- el **tipo de interés** nominal, TAE o equivalente del coste o remuneración total efectivos en términos de intereses anuales (ver nº 3341);
- la **periodicidad** con que se devengan intereses, las fechas de devengo y liquidación de los mismos, la fórmula para obtener el coste o la remuneración, el importe de los intereses devengados y, en general, cualquier otro dato necesario su cálculo;
- las **comisiones** y gastos repercutibles que se apliquen, con indicación concreta de su concepto, cuantía, fechas de devengo y liquidación, así como cualquier dato necesario para el cálculo del importe (ver nº 3338);
- la **duración** del depósito o préstamo o crédito y la condiciones para su prórroga;
- las normas relativas a las **fechas valor** aplicables;
- los derechos y obligaciones que corresponden a la entidad de crédito para la **modificación del tipo de interés** o de las comisiones o gastos repercutibles aplicados; y los derechos de los que goza el cliente si se produce tal modificación;
- los derechos y obligaciones del cliente en cuanto a la **cancelación** del depósito o préstamo o al reembolso anticipado y el coste total que el uso de tales facultades suponen;
- las consecuencias para el cliente del **incumplimiento** de sus obligaciones, especialmente, del impago en caso de crédito o préstamo; y
- todos los demás datos que establezca el **BE**.

3319 **Asesoramiento sobre inversiones y gestión de carteras** (LMV art.204 y 205) Cuando se preste el servicio de asesoramiento sobre inversiones o de gestión de carteras a **clientes no profesionales**, el banco realizar un **test de conveniencia** y obtener la información necesaria sobre:
- los conocimientos y experiencia del cliente en el ámbito de inversión que se trate;

- la situación financiera del cliente; y
- los objetivos de inversión del cliente con la finalidad de que la entidad pueda recomendarle los servicios e instrumentos financieros que más le convengan.

En el caso de **clientes profesionales**, el banco no tiene obligación de obtener información sobre los conocimientos y experiencia del cliente.

La entidad debe proporcionar por escrito o mediante otro soporte duradero una **descripción** de cómo se ajusta la recomendación realizada a las características y objetivos del inversor.

Para facilitar la actividad supervisora de la CNMV, se exige que los bancos lleven un **registro de clientes evaluados** y productos no adecuados que reflejen, para cada cliente, los productos cuya conveniencia ha sido evaluada con resultado negativo (CNMV Circ 3/2013 art.215).

En este tipo de contratos sobre inversiones, el banco responde por el **retraso** en la **facilitación de la información** que puede producir un retardo en las decisiones de desinversión y, por tanto, producir pérdidas. P.e. en un caso en que existía un contrato de asesoramiento general sobre la inversión de dinero y activos; el banco no informó adecuadamente a los clientes sobre los motivos de la caída de la cotización de las acciones de una compañía, privándose con ello a los inversores de la opción de decidir la venta de sus títulos antes del desplome definitivo de las cotizaciones (TS 14-11-16, EDJ 208761).

Precisiones 1) El que el cliente del banco sea **administrador de una sociedad** y esté habituado a los negocios no le convierte en un **profesional** experto financiero, sino que lo único que se puede presumir es que conoce la realidad mercantil que constituye el objeto de su empresa, que no es necesariamente equivalente al mercado financiero (AP Valencia 28-12-20, EDJ 814440; AP Las Palmas 30-3-20, EDJ 591132).

2) La condición de **registrador** del cliente no le convierte, por sí sola, en un **inversor experto** con conocimientos específicos sobre la naturaleza y riesgos asociados a los productos financieros complejos, por más que de su cualificación profesional pueda presumirse un conocimiento profundo del Derecho registral y del tráfico patrimonial. La condición de registrador del cliente no le convierte, por sí sola, en un inversor experto con conocimientos específicos sobre la naturaleza y riesgos asociados a los productos financieros complejos, por más que de su cualificación profesional pueda presumirse un conocimiento profundo del Derecho registral y del tráfico patrimonial (TS 11-1-19, EDJ 500359).

3) En caso de **intervención de terceros** en la contratación de productos financieros como representantes (en este caso el cuñado de una persona mayor), el análisis del error puede centrarse en este, pero ello exige que conste con claridad la delegación y que se le practiquen los test de idoneidad (TS 18-3-25, EDJ 524726).

4) Tras la condena al banco por la venta de un producto financiero, se devengan **intereses** desde el día de la demanda y no desde que se fije la cantidad concreta de la indemnización cuando su determinación no es indeterminada ni compleja (TS 23-7-24, EDJ 624943).

5) Tras la **modificación del sistema de negociación** de certificados de depósitos para acciones, no puede fundamentarse la acción de nulidad por error vicio, pues su finalidad fue ofrecer una solución a sus titulares para recuperar la liquidez perdida (AP Baleares 4-6-24, EDJ 581382).

Servicios bancarios vinculados (OM EHA/2899/2011 art.12) Las entidades de crédito que comercia- **3322**
lizan servicios bancarios vinculados a la contratación de otro servicio, financiero o no (p.e. la contratación de un seguro de vida junto a una hipoteca), deben informar al cliente, de manera expresa y comprensible, sobre la **posibilidad o no de contratar** cada servicio de manera independiente y en qué condiciones.

En caso de que resulte **imposible la contratación separada**, se debe informar al cliente de la parte del coste total que corresponde a cada uno de los servicios (si el coste es conocido por la entidad) y de los efectos que su no contratación individual o cancelación anticipada producen sobre el coste total del servicio.

La falta de información adecuada sobre los servicios vinculados puede conducir a la **nulidad** de los contratos, p. e. en el caso de un contrato clip o *swap* vinculado a una hipoteca que se vendía como un de seguro contra las subidas de interés, cuando en realidad se trata de un producto complejo como son las permutas financieras, la de información vicia el consentimiento al desconocer el riesgo que supone en relación con el préstamo bancario (AP Valladolid 1-6-12, EDJ 130542).

Además, sobre todo en caso de contratos de consumo vinculados a la prestación de otro servicio (p.e. la compra de un ordenador a plazos que lleva asociado un préstamo bancario), la **nulidad del contrato principal** (la compra del ordenador) lleva aparejada la nulidad del vinculado (el préstamo bancario) (AP Barcelona 28-5-21, EDJ 631652; AP Salamanca 15-5-20, EDJ 577570).

Precisiones No se trata de **contratos vinculados** cuando ambos contratos no responden a una misma operación económica ni uno tiene carácter accesorio e instrumental del otro sin constituir una unidad económica, con igual interés y funcionalidad. P.e. el caso de un contrato de seguro de vida y un contrato de prestación de servicios con determinada funeraria (AP León 8-2-11, EDJ 25431).

3323 **Accesibilidad y no discriminación de las personas con discapacidad** (RD 193/2023) La regulación de las condiciones básicas de accesibilidad y no discriminación de las personas con discapacidad recogida en el RD 193/2023, establece ciertas **reglas** que resultan de aplicación a las entidades financieras, bancarias y de crédito:

• Por un lado, es necesario proporcionar a las personas usuarias y clientes con discapacidad información sobre sus servicios en **soportes y formatos accesibles** y adecuados a sus necesidades, independientemente del canal que se utilice. Deberán incorporarse las medidas necesarias, que resulten razonables y proporcionadas, en atención al tipo de servicio de que se trate, de modo que las personas con discapacidad puedan acceder efectivamente a su contenido en igualdad de condiciones que cualquier otra persona cliente o usuaria, de forma que se asegure su **adecuada comprensión** (RD 193/2023 art.14).

• Por otro lado, se establece que las empresas que presten servicios al público en general de especial trascendencia económica (entre las cuales se encuentran las empresas que prestan servicios financieros destinados a consumidores, incluidos los servicios bancarios, de crédito o de pago, L 56/2007 art.2.2), que dispongan de páginas o **sitios de Internet abiertos al público** en general deberán garantizar su accesibilidad universal y consignar en ellos el grado de accesibilidad de sus bienes y servicios, así como de sus dependencias, instalaciones y procedimientos. Asimismo, deberán indicar si llevan a cabo alguna línea de acción o atención dirigida específicamente a personas con discapacidad (RD 193/2023 art.14).

3324 • Finalmente, se contemplan una serie de **reglas específicas** para bienes y servicios de carácter financiero, bancario y de seguros (RD 193/2023 art.18):

- El personal de atención al público debe prestar **orientación y apoyo** a las personas usuarias y clientes con discapacidad, a requerimiento de estos, en la realización de gestiones propias de su actividad, tales como cumplimentación de formularios, lectura de documentos, comprensibilidad de los contenidos, acompañamiento en el interior de las sedes y oficinas, interposición de reclamaciones y otras de análoga significación.
- Los **cajeros automáticos** y los demás terminales de servicio pertenecientes a entidades financieras, bancarias o de créditos deben cumplir con los requisitos de accesibilidad que establezca la norma de transposición de la L 11/2023.
- La **atención telefónica y electrónica** a disposición del público perteneciente a entidades financieras, bancarias o de crédito, a las entidades aseguradoras y mediadores de seguros deben ser accesibles para las personas con discapacidad, de acuerdo con las condiciones y requisitos establecidos en la norma técnica que resulte de aplicación.

3325 **Comunicaciones con el cliente** (OM EHA/2899/2011 art.8 y 15) Las comunicaciones de las entidades de crédito con los clientes respecto los servicios bancarios que presta, **deben**:

- reflejar de manera clara y fiel los términos en que se desarrollan los servicios;
- no destacar ningún beneficio potencial del servicio ocultando expresamente los riesgos inherentes al mismo;
- resultar suficiente para que el destinatario más habitual de la misma comprenda adecuadamente los términos esenciales del servicio; y
- no omitir ni desnaturalizar ninguna información relevante.

Si la entidad de crédito tiene derecho de **modificar unilateralmente el contrato** de servicio bancario, debe comunicarlo al cliente con un **plazo**:

• No inferior a un mes los términos exactos de la modificación.

• No inferior a 10 días en los supuestos de modificaciones de límites de disposición en tarjeta de crédito por impago.

Si la **modificación** es más **favorable** para el cliente pueden aplicarse inmediatamente.

Cuando la comunicación sea de una **liquidación de intereses** o comisiones por servicios, en el documento de liquidación se debe expresar con claridad y exactitud:

- el tipo de interés nominal aplicado en el periodo devengado y el que se vaya a aplicar en el periodo que se inicia;
- las comisiones aplicadas, con indicación concreta de su concepto, base y período de devengo;
- cualquier otro gasto incluido en la liquidación;
- los impuestos retenidos; y
- cuantos antecedentes sean precisos para que el cliente pueda comprobar la liquidación efectuada y calcular el coste del servicio.

Adicionalmente, las entidades de crédito deben remitir a sus clientes una **comunicación anual**, durante el mes de enero de cada año en la que, de manera completa y detallada, se recoja la información del año anterior sobre:

- sobre comisiones y gastos devengados; y
- tipos de interés efectivamente aplicados a cada servicio bancario.

Respecto a las **cuentas corrientes**, las entidades de crédito deben comunicar gratuitamente al cliente, como mínimo mensualmente, el **extracto** de todos los **movimientos** con información relativa a la fecha, concepto e importe de la operación.

Contenido de los documentos contractuales (BE Circ 5/2012) Las entidades de crédito están obligadas en todos los contratos bancarios a entregar una **copia** de los mismos gratuitamente, lo solicite o no el cliente. 3326
El documento contractual tendrá el **formato** que estipulen las partes. Puede ser un **soporte** electrónico duradero -que además permita su lectura, impresión, conservación y reproducción sin cambios- o soporte papel -que se facilitará en el acto de contratación o será enviado postalmente más tarde, sin especificar el plazo-.
Es obligatorio notificar al cliente bancario -siguiendo el modelo de BE Circ 5/2012 anejo 5-, el **documento-resumen anual** de **comisiones, intereses y gastos** en el mes de enero de cada año, donde se precise de forma completa y detallada toda la información exigida en la OM EHA/2899/2011. En él ha de especificarse que no se incluye ningún interés, comisión o gasto relacionado con operaciones o servicios de valores prestados por la entidad de crédito remitente.
Se mejora en algunos aspectos la regulación anterior en cuanto a la información que debe figurar en la página de **Internet** de la entidad de crédito. Las entidades de crédito tienen que incluir un enlace, de forma destacada y legible, en la pantalla inicial de la primera página, desde el que se pueda acceder directamente a las condiciones de cualquiera de los servicios bancarios a los que se refieran los anejos 1 y 2 de BE Circ 5/2012. Por tanto, no estarán todos los servicios bancarios ofrecidos por las entidades de crédito. Es esencial la referencia a que el link ha de figurar en la pantalla inicial de la primera página y de manera destacada, atendiendo a que en caso contrario el cliente potencial o real no localizará la información que desea tener -situación que se producía, a veces frecuentemente, antes de tal Circular-.

b. Deber de diligencia

(OM EHA/2899/2011 art.13)

En todos los servicios bancarios, las entidades bancarias deben poner los **medios necesarios** para ejecutar las órdenes de los clientes sin demoras ni retrasos, empleando para ello la máxima diligencia. La diligencia del banco no se mide por el **rasero** general de un buen cabeza de familia, sino por la más especializada y estricta medida de la pericia del profesional en el ejercicio de su arte (*lex artis*) o la del ordenado empresario y representante leal (AP Baleares 17-7-13, EDJ 155911). 3330
La **falta de actuación diligente** puede producirse por falta de rapidez (especialmente en circunstancias que la requieran) o por inacción total. P.e. si el banco no traspasa un ingreso efectuado por el cliente o no actúa con diligencia ante la presentación a pago de una letra de cambio, y con ello genera daños y perjuicios, incurre en una mala praxis y debe indemnizar por los perjuicios ocasionados (CC art.1101; AP Madrid 12-7-12, EDJ 165047; AP Alicante 22-10-07, EDJ 345863; AP Barcelona 19-1-12, EDJ 23111).
Esta diligencia es también exigible en la **corrección** de los **errores** detectados, sea por la entidad o sus clientes, así como en la comunicación del resultado de las solicitudes de contratación de operaciones que planteen los clientes.

Es destacable la **regulación expresa** del deber de diligencia de las entidades de crédito y las explicaciones adecuadas que tienen que dar a los clientes bancarios en la BE Circ 5/2012 norma quinta. Los **conflictos** planteados en los Tribunales de Justicia, y fuera de ellos, en los que la alegación contra la entidad de crédito ha sido la falta de información suficiente, completa y comprensible, entre otros aspectos, de forma principal, con productos complejos para algunos clientes bancarios -se encontrarían dentro de estos supuestos los swaps asociados a contratos de préstamo-, viene teniendo éxito y ha llevado al legislador español a disciplinar concretamente la diligencia debida para productos o servicios bancarios que supongan riesgos especiales -como sería una remuneración nula en los depósitos estructurados o híbridos con garantía del principal, o aumento potencial significativo del coste del préstamo a causa de sus específicas características- o que para su recta comprensión por el cliente bancario se precisa la evaluación de múltiples aspectos, como la evolución -pasada y futura- de índices de referencia o del precio de productos vinculados cuando la contratación sea necesaria o que impliquen obligaciones para el cliente bancario que pudieran resultar onerosas -por la cuantía y duración-; o, finalmente, que la remuneración vaya acompañada de una remuneración personalizada, particularmente si existen campañas de difusión masiva de productos o servicios referenciados en los supuestos contemplados anteriormente. 3331

Se impone a las entidades de crédito que extremen su diligencia en los supuestos señalados, en concreto en sus **explicaciones a los clientes** para que puedan comprender las características del producto y sean capaces de tomar una decisión informada además de evaluar, teniendo en cuenta sus conocimientos y experiencia, la adecuación del producto ofrecido a sus intereses.

c. Comisiones e intereses

3335

3338 **Comisiones** (OM EHA/2899/2011 art.3) En principio, las comisiones percibidas por servicios prestados por las entidades de crédito son de libre fijación pero solo pueden **cobrarse por** servicios solicitados en firme o aceptados expresamente y **siempre que** respondan a servicios efectivamente prestados o gastos reales. P.e. en el caso de unas elevadas comisiones por descubierto que no respondían a ningún servicio prestado por el banco (AP A Coruña 4-6-19, EDJ 644693).

Además, inmediatamente antes de que un servicio bancario vaya a ser prestado a un cliente a través de un **medio de comunicación a distancia** (teléfono, web, correo electrónico...) o de un **cajero automático** o similar, se debe indicar, mediante un mensaje claro, perfectamente perceptible y gratuito, la comisión aplicable por cualquier concepto y los gastos a repercutir y se ofrecerá al cliente, gratuitamente también, la posibilidad de desistir de la operación solicitada. Si el servicio es prestado a través de un cajero de un banco diferente, como el banco puede ignorar la comisión real que se va a cargar, puede sustituirse esta información por el valor máximo de la comisión y demás gastos adicionales a que pueda quedar sujeta la operación solicitada, indicando que el importe finalmente cargado puede ser inferior, dependiendo de las condiciones estipuladas particularmente. P.e. cuando se retira dinero en efectivo en un cajero que no es de tu banco y te cobran una comisión, siempre debe indicarlo antes de hacer la operación.

Banco XXX

Sacar dinero

La entidad emisora de su tarjeta le cobrará 2,00 euros por esta operación

XXX no le cobra ninguna comisión por los reintegros que realice en nuestros cajeros y cobrará 2,00 euros a la entidad emisora

¿Desea continuar?

◁ No   Si ▷

Las **comisiones más habituales** actualizadas deben estar a disposición de los clientes de manera que se facilite la comparación entre entidades. Esta información debe estar disponible en todos los establecimientos comerciales de las entidades de crédito, en sus web y en la página del BE, y deberá estar a disposición de los clientes, en cualquier momento y gratuitamente.

Precisiones 1) La cláusula contractual que impone una **comisión fija** por reclamación de **recibos impagados**, sin acreditar los gastos que pretende compensar, es abusiva y no puede ser exigida al consumidor, dado que constituye una penalización desproporcionada y un cobro por servicios no efectivamente prestados (AP La Rioja 22-5-25, EDJ 661263; AP Tarragona 7-11-24, EDJ 766073; AP Valencia 12-5-23, EDJ 720075; AP Cádiz auto 14-3-23, EDJ 659081).

2) En cuanto a la **comisión de apertura** en los préstamos, el TJUE considera que la jurisprudencia española -que considera transparente la cláusula de comisión de apertura- es compatible con la Dir 93/13/CEE siempre que se garantice un control efectivo por el juez de la transparencia y de la posible existencia de un desequilibrio importante en perjuicio del consumidor. Corresponde al juez comprobar, caso por caso, si la información facilitada al consumidor fue suficiente para que este pudiera comprender la cláusula y sus consecuencias económicas, si la comisión de apertura retribuye servicios efectivamente prestados y no solapa otros gastos del contrato, comparando, si es necesario, el importe con el coste medio de las comisiones de apertura identificadas en un período reciente (TJUE 30-4-25).

Cálculo de intereses (OM EHA/2899/2011 art.4, 31 y Anexo V) Al igual que las comisiones, los intereses pueden **fijarse libremente** entre las entidades de crédito y los clientes, cualquiera que sea la modalidad y plazo de la operación. **3341**
Las entidades de crédito deben poner a disposición de los clientes, debidamente actualizados, los **tipos de interés habitualmente aplicados** a los servicios que prestan con mayor frecuencia, en un formato unificado. También debe incluirse la información de manera sencilla y que facilite la comparación entre entidades, la tasa anual equivalente (TAE) u otra expresión equivalente de la operación (BE Circ 5/2012 anejo 1).
La **TAE** iguala, sobre una base anual, al valor actual de todos los compromisos (disposiciones de crédito, reembolsos y gastos) asumidos por la entidad y por el cliente. El cálculo de la TAE no es sencillo y se calcula de acuerdo con la siguiente **fórmula matemática:**

$$\sum_{k=1}^{m} C_k (1+X)^{-t_k} = \sum_{l=1}^{m'} D_l (1+X)^{-s_l}$$

- X es la TAE,
- m es el número de orden de la última disposición de crédito;
- k es el número de orden de una operación de disposición de crédito, por lo que $1 \leq k \leq m$;
- Ck es el importe de la disposición de crédito número k;
- tk es el intervalo de tiempo, expresado en años y fracciones de año, entre la fecha de la primera operación de disposición de crédito y la fecha de cada una de las disposiciones siguientes, de modo que t1 = 0;
- m' es el número de orden del último reembolso o pago de gastos:
- l es el número de orden de un reembolso o pago de gastos;
- D1 es el importe de un reembolso o pago de gastos; y
- sl es el intervalo de tiempo, expresado en años y fracciones de año, entre la fecha de la primera disposición de crédito y la de cada reembolso o pago de gastos.

Para **calcular** la **TAE:**
• Se determina el **coste total** del préstamo para el cliente, exceptuando los gastos que este tendría que pagar por el incumplimiento de alguna de sus obligaciones con arreglo al contrato de crédito.
• Si **obligatorio abrir una cuenta** para obtener el préstamo, los costes de mantenimiento de dicha cuenta, los costes relativos a la utilización de un medio de pago que permita efectuar operaciones de pago y de disposición de crédito, así como otros costes relativos a las operaciones de pago, se incluyen en el coste total del crédito para el cliente, salvo que los costes de dicha cuenta se hayan especificado de forma clara y por separado en el contrato de préstamo o cualquier otro contrato suscrito con el cliente.
• Debe partirse del supuesto de que el contrato de préstamo tendrá **vigencia** durante el período de tiempo acordado y que la entidad y el cliente cumplirán sus obligaciones en las condiciones y en los plazos que se hayan acordado en el contrato.
• Si el contrato permite **modificaciones del tipo de interés** (p.e. créditos a interés variable), se calcula partiendo del supuesto de que el tipo de interés y los demás gastos se computan al nivel fijado en el momento de la firma del contrato

Precisiones **1)** Una forma sencilla de calcular la **TAE** es usar la **calculadora** del BE en https://clientebancario.bde.es/pcb/es/menu-horizontal/podemosayudarte/simuladores/.
2) Un contrato de crédito al consumo que incluían la obligación de contratar una fianza con un fiador elegido por el prestamista, cuyos costes no se incluyeron en la TAE y que representaban más del 75% del importe total a devolver se consideraron abusivos ya que los **costes de la fianza** deben incluirse en el cálculo de la TAE (TJUE 13-3-25 nº C-337/23).
3) La especificación en el contrato de una TAE que posteriormente se demuestra sobrestimada debido a la exclusión de cláusulas abusivas no implica incumplimiento de la obligación de información. Sin embargo, la **mera enumeración de contingencias** que permiten el **aumento de gastos** sin

que el consumidor pueda verificar su ocurrencia ni su impacto en dichos gastos constituye un incumplimiento de la obligación de información, siempre que ello pueda afectar la capacidad del consumidor para valorar su compromiso (TJUE 13-2-25, nº C-472/23).

4) La Dir 2008/48/CEE exige que el contrato contenga **información clara y concisa** para que el consumidor conozca sus derechos y obligaciones, siendo fundamental que pueda determinar la duración del contrato y verificar el cálculo de la TAE (TJUE 23-1-25, nº C-677/23).

5) En el caso de los **créditos *revolving***, se ha de entender como **interés** usurario el que supere en 6 puntos porcentuales el tipo medio correspondiente a la categoría a la que corresponda la operación crediticia (TS 15-2-23, EDJ 513138; 27-10-23, EDJ 729395; 29-11-2023; 5-12-23, EDJ 771615; 6-2-24, EDJ 504361).

6) Un contrato de crédito que especifique una **TAE** que se demuestra **sobreestimada** al considerarse posteriormente que determinadas cláusulas de ese contrato son abusivas y que, por tanto, no vinculan al consumidor, no constituye, en sí misma, un incumplimiento de la obligación de información. Ahora bien, las cláusulas del contrato de crédito deben, en particular, exponer de manera transparente el motivo y el modo de variación de los gastos vinculados al servicio que deba prestarse, de modo que el consumidor pueda prever, sobre la base de criterios claros y comprensibles, las eventuales modificaciones de esos gastos (TJUE 13-2-25, nº C-472/23).

7) Para **mayor información** sobre los **créditos *revolving*** o revolventes ver nº 1284, mientras que para las **cláusulas suelo** ver nº 2812 s.

3342 Destaca también el tipo de interés nominal o **TIN** que indica los intereses de un producto en un periodo de tiempo determinado teniendo en cuenta solo el principal. Es un tipo simple mientras que la TAE es compuesta y tiene en cuenta los gastos.

Este interés se cobra en cada recibo y se sumará a la parte de capital que se amortiza y no tiene en cuenta ningún tipo de gasto asociado a la operación, únicamente es el interés que se ha acordado con la entidad financiera para esa operación. De este modo, conociendo el TIN, si se divide entre el número de pagos, se obtiene el **interés a pagar** en cada uno de esos periodos.

Esta **información** unificada debe estar **disponible** en todos los establecimientos comerciales de las entidades de crédito, en sus páginas web y en la página del BE, a disposición de los clientes en cualquier momento y gratuitamente.

Si el banco permite **descubiertos tácitos** (que la cuenta entre en números rojos) debe publicar los tipos que son de aplicación a todas las operaciones de esa naturaleza (BE Circ 5/2015; LCCC art.20).

d. Servicios de pago

3345 Son considerados servicios de pago las siguientes **actividades comerciales** (RDL 19/2018 art.1.2):

• **Ingreso de efectivo** en una cuenta de pago y todas las operaciones necesarias su gestión.

• **Retirada de efectivo** de una cuenta de pago y todas las operaciones necesarias para su gestión.

• **Operaciones de pago**, incluida la transferencia de fondos, a través de una cuenta de pago en el proveedor de servicios de pago del usuario u otro proveedor de servicios de pago:

- adeudos domiciliados, incluidos los adeudos domiciliados no recurrentes;
- pago mediante tarjeta de pago o dispositivo similar; y
- transferencias, incluidas las órdenes permanentes.

• Operaciones de pago cuando los fondos estén cubiertos por una **línea de crédito** abierta para un usuario de servicios de pago:

- adeudos domiciliados, incluidos los adeudos domiciliados no recurrentes;
- operaciones de pago mediante tarjeta de pago o dispositivo similar; y
- transferencias, incluidas las órdenes permanentes.

• Emisión de instrumentos de pago o adquisición de operaciones de pago.

• Envío de dinero.

• Servicios de **iniciación de pagos**.

• Servicios de **información sobre cuentas**.

Los **pagos** de los servicios se efectúa en la **moneda** que se acuerde y cuando se ofrece un servicio de cambio de divisa con anterioridad al comienzo de la operación de pago, la parte que ofrece el servicio debe informar de todos los gastos, así como del tipo de cambio que se empleará para la conversión de la moneda para proceder al pago (OM ECE/1263/2019 art.4).

Los proveedores de servicios de pago que ofrecen **cambio de divisas** deben hacer públicos los tipos de cambio, comisiones y gastos, incluso mínimos, aplicables a las operaciones.

El proveedor de servicios de pago debe facilitar al usuario de servicios de pago, de un modo fácilmente accesible para él, y de manera gratuita, toda la **información y condiciones** relativas a la prestación de los servicios de pago (RDL 19/2018 art.29 y 30).

Cuando una cuenta de pago se ofrezca como **parte de un paquete**, junto con otro producto o servicio no asociado a una cuenta de pago, el proveedor de servicios de pago debe informar al usuario si es o no posible obtener la cuenta de pago sin adquirir el paquete y, si se puede, le debe facilitar por separado información sobre los costes y las comisiones asociadas a cada uno de los otros productos y servicios ofrecidos en ese paquete que pueda adquirirse por separado.

Instrumentos de pago Los instrumentos de pago se **definen** como cualquier dispositivo personalizado o conjunto de procedimientos acordados entre el usuario de servicios de pago y el proveedor de servicios de pago y utilizados para iniciar una orden de pago (RDL 19/2018 art.3.23). Algunos de los más usados son: **3347**
- tarjetas de crédito/débito;
- transferencias bancarias;
- letra de cambio;
- cheques;
- pagarés; y
- créditos documentarios.

Los **usuarios** de los instrumentos de pago tienen una serie de **obligaciones** (RDL 19/2018 art.41): **3348**
- usarlo de acuerdo a las condiciones establecidas, en particular, en cuanto reciba el instrumento de pago, el usuario debe tomar todas las medidas razonables a fin de proteger los elementos de seguridad personalizados de que vaya provisto (p.e. el PIN de la tarjeta de crédito);
- en caso de extravío, sustracción o utilización no autorizada, notificarlo sin demoras indebidas.

Respecto del plazo para notificar la **pérdida o robo** del instrumento de pago, el uso de fórmulas en el contrato como «de forma inmediata», «urgentemente», «de inmediato», «a la mayor brevedad», son imprecisas, inciertas y abusivas (TS 16-12-09, EDJ 327236; AP Madrid 7-4-17, EDJ 97232).

Cuando se produce un **pago no autorizado** y el usuario tiene conocimiento, debe comunicarlo sin tardanza injustificada al proveedor de servicios de pago, a fin de poder obtener la rectificación. La comunicación debe hacerse en un plazo de máximo 13 meses salvo que el proveedor no proporcione o haga accesible la información correspondiente a la operación de pago.

Por su parte, los **proveedores** tienen también una serie de **obligaciones** (RDL 19/2018 art.42): **3349**
- comprobar que los elementos de seguridad solo son accesibles para el usuario;
- abstenerse de enviar instrumentos de pago no solicitados, salvo que se trate del reemplazo de uno que vaya a caducar;
- garantizar medios adecuados y gratuitos para comunicar el extravío, o solicitar un desbloqueo;
- impedir cualquier utilización del instrumento de pago tras la notificación de extravío;
- ofrecer la posibilidad notificar la pérdida o robo gratuitamente y cobrar, si acaso, únicamente los costes de sustitución; y
- soportar los riesgos derivados del envío del instrumento de pago al usuario.

Pagos no autorizados (RDL 19/2018 art.45 y 46) Si se ejecuta una operación de pago no autorizada, el proveedor de servicios de pago debe devolver al usuario el **importe de la operación** no autorizada como máximo al final del día hábil siguiente salvo si tiene motivos razonables para sospechar la existencia de fraude. **3350**

Pueden determinarse **otras indemnizaciones** económicas de conformidad con la normativa aplicable al contrato celebrado entre el usuario y el proveedor de servicios.

El usuario puede quedar obligado a soportar, hasta un máximo de 50 euros, las pérdidas derivadas de operaciones de pago no autorizadas resultantes de la utilización de un **instrumento de pago extraviado, sustraído o apropiado indebidamente** por un tercero, salvo que:
- no le resulte posible detectar la pérdida, la sustracción o la apropiación indebida de un instrumento de pago antes de un pago; o
- la pérdida se deba a la acción o inacción de empleados o de cualquier agente, sucursal o entidad al que se hayan externalizado actividades.

El usuario queda exento de toda responsabilidad si el pago no autorizado se realiza de forma no presencial usando únicamente los **datos impresos en el instrumento de pago** (p.e. usando el número de la tarjeta de crédito, su fecha de caducidad, etc. comprando en internet).

En cualquier caso, el usuario debe **soportar todas las pérdidas** si:
- actúa de manera fraudulenta; o

- incumple, deliberadamente o por negligencia grave sus obligaciones de uso o de comunicación de extravío o robo.
El Tribunal Supremo establece que el **régimen de responsabilidad** en operaciones de pago no autorizadas es **cuasi objetivo** para el banco, que debe devolver de inmediato el importe de la operación al haber sido objeto de una estafa, en este caso a través de «phishing», salvo que acredite fraude o negligencia grave del usuario (TS 9-4-25, EDJ 548861). La carga de la **prueba**, por tanto, recae sobre la entidad bancaria que debe demostrar que la operación fue autenticada, registrada con exactitud, contabilizada y no afectada por fallos técnicos o deficiencias del servicio, así como la existencia de fraude o negligencia grave del usuario (RDL 19/2018 art.44).

Precisiones **1)** El usuario debe a **comunicar** el pago no autorizado sin tardanza injustificada. Y corresponde presumir que el titular de la cuenta corriente tiene **conocimiento de los pagos** por las habituales comunicaciones del banco y por la mínima diligencia exigible a cualquier titular de una cuenta bancaria (AP Madrid 22-12-17, EDJ 301653).
2) La entidad bancaria es responsable del uso fraudulento de una tarjeta si presta inadecuadamente el servicio que ofrece a sus clientes de **bloqueo y cancelación de la tarjeta** y no cabe atribuir a al usuario una negligencia grave en el cumplimiento de sus deberes (AP Santa Cruz de Tenerife 28-3-18, EDJ 529575).
3) Dada la insuficiente claridad de la información suministrada al usuario, la **actuación inmediata de la usuaria** en comunicar el fraude y solicitar la anulación de la transferencia, y la ausencia de prueba de negligencia grave o fraude por su parte, la **responsabilidad de restitución** recae sobre la entidad bancaria conforme al régimen cuasi objetivo vigente (AP Cantabria 30-7-25, EDJ 676067).

e. Publicidad de servicios bancarios

3355 **Se considera** como actividad publicitaria sobre servicios bancarios toda forma de comunicación que (OM EHA/1718/2010 art.2):
- ofrezca productos o servicios bancarios;
- divulgue información sobre tales productos o servicios; o
- llame la atención del público sobre servicios de gestión u otro tipo que preste la entidad accesoriamente aunque no tengan la condición de servicios de inversión.
Por ejemplo, un anuncio que ofrezca «Ahorre con Banco X. Depósito a 4 meses 3,50% TAE».
Por lo tanto, en sentido contrario, aunque aparezcan entidades bancarias, **no se considera** como actividad publicitaria:
- las campañas publicitarias corporativas con información genérica sobre la entidad o su objeto social destinadas a darse a conocer al público;
- el contenido de las páginas propias del banco en internet, o en otro medio de difusión, que resulte necesario para llevar a cabo la contratación de una operación; o
- la información sobre las características específicas de las operaciones figuren en las páginas operativas de la entidad en internet en las cuales se lleven a cabo.
Por ejemplo, una publicidad genérica donde se diga «Banco X: su banco de confianza».
El **medio** en la que se lleva a cabo la comunicación puede ser cualquiera: prensa, radio, televisión, correo electrónico, internet, carteles interiores o exteriores, vallas, octavillas, circulares y cartas que formen parte de una campaña de difusión, llamadas telefónicas, visitas a domicilio o cualquier otro sistema de divulgación.

3357 La publicidad de servicios bancarios tiene una serie de **principios** a los que debe sujetarse atendiendo a la complejidad del servicio o producto ofrecido, así debe (OM EHA/1717/2010 art.4; OM EHA/2899/2011 art.5):
- ser **clara, suficiente, objetiva y no engañosa** (nº 4020) y quedar explícito y patente el carácter publicitario del mensaje;
- expresar su **coste o rendimientos** usando la TAE si es sobre depósitos o créditos y alude a su coste o rentabilidad (nº 3341);
- cuando la publicidad englobe cualquier tipo de oferta de operaciones, **productos o servicios a realizar por otra empresa**, hacer mención expresa de la empresa; u
- si una **empresa no entidad de crédito** oferta productos o servicios bancarios, debe asegurarse de que esta publicidad indica con claridad la entidad de crédito cuyos servicios se ofrecen.

Precisiones Existe **publicidad engañosa** cuando el mensaje tiene una **ambigüedad calculada**, pues la limitación del espacio publicitario, lejos de amparar formulaciones ambiguas o genéricas, impone a la empresa anunciante un claro deber de concreción o precisión sobre lo que es objeto de anuncio, aunque sea de modo esquemático (TS 19-6-18, EDJ 105223).

Con independencia de las acciones que correspondan en el marco de lo previsto por la legislación general de publicidad, el BE tiene potestad administrativa de requerir la **cesación o rectificación** de la publicidad que no se ajuste a la normativa reguladora de los productos y servicios bancarios. En su caso, la rectificación se debe efectuar por los mismos medios empleados para la difusión de la campaña y con idéntico alcance, todo ello sin perjuicio de las responsabilidades en que pudiera haber incurrido la entidad. 3358

Adicionalmente, el BE puede requerir que se incluyan en la publicidad cuantas **advertencias** estime necesarias con relación al producto o servicio publicitado. Por ejemplo, en el caso de varias entidades de intermediación financiera que publicaron un **anuncio calculadamente ambiguo** en varios periódicos locales que silenciaba datos fundamentales de los productos ofertados omitiendo cualquier información mínima sobre las condiciones económicas de los productos ofertados se les obligó a publicar un resumen de la sentencia en el diario local donde se anunció originalmente, en los tablones de anuncios de sus delegaciones y oficinas y en su página web (TS 19-6-18, EDJ 105223).

Publicidad externa de productos y servicios financieros (OM EHA/1718/2010; BE Circ 4/2020) La publicidad hecha por las entidades de crédito de sus servicios o productos, con la entrada en vigor de la OM EHA/1718/2010, ha dejado de estar sometida a **autorización administrativa** por parte del Banco de España. 3360

No obstante, la publicidad financiera está basada en dos **elementos**:

- uno **preventivo**, a través de la elaboración de criterios específicos que guíen su claridad y honestidad y de la exigencia de unos procedimientos y controles internos que tiendan a favorecer tal exigencia; y
- otro que permita la **corrección** de eventuales conductas inadecuadas, para lo cual el Banco de España puede exigir el cese o la rectificación de la publicidad que no cumpla las previsiones de dicha OM EHA/1718/2010, y ello sin menoscabo de las acciones a las que alude la LGPu, para la rectificación o cese de la publicidad ilícita.

En todo caso la publicidad **ha de ser** clara, objetiva y no engañosa (OM EHA/2899/2011 art.5).

Precisiones 1) Existen requisitos específicos cuando la publicidad va referida a **préstamos inmobiliarios** (L 5/2019 art.6).

2) El TS declara que existe **publicidad engañosa** cuando el mensaje de una campaña publicitaria desarrollada por dos entidades dedicadas a la intermediación financiera tiene una **ambigüedad calculada**, pues la limitación del espacio publicitario, lejos de amparar formulaciones ambiguas o genéricas, impone a la empresa anunciante un claro deber de concreción o precisión sobre lo que es objeto de anuncio, aunque sea de modo esquemático (TS 19-6-18, EDJ 105223).

f. Especialidades en contratos

3365

Contrato de depósito (OM EHA/2899/2011 art.16 y 17; RDL 16/2011 art.10) El depósito bancario puede tener por **objeto** cualquiera de los posibles en todo depósito mercantil; esto es, dinero, títulos, mercancías, joyas, etc. 3368

Son **depósitos bancarios de dinero** aquellos contratos por los que el cliente entrega una cantidad de dinero a la entidad de crédito, la cual se obliga a devolverla, bien en cualquier momento a petición del cliente (depósito a la vista), bien en un plazo prefijado (depósito a plazo).

Hay que destacar como **características** de todo depósito bancario de dinero:

- que el dinero objeto del depósito pasa a ser propiedad de la entidad de crédito depositaria; y
- que la entidad depositaria aplica ese dinero a sus operaciones activas y de inversión.

Normalmente, las entidades de crédito retribuyen estos depósitos con un **interés** cuya cuantía depende de variables muy diversas.

Los **establecimientos financieros de crédito** tienen vetada la posibilidad de celebrar este contrato, pues no pueden captar fondos reembolsables del público (L 3/1994 disp.adic.1ª). En consecuencia, no les es de aplicación la legislación sobre garantía de depósitos (RD 309/2020 art.6.1).

Los contratos de depósito deben incluir una referencia al **Fondo de Garantía de Depósitos** al que se encuentra adherida la entidad. Las entidades españolas están adheridas obligatoriamente al Fondo de Garantía de Depósitos de Entidades de Crédito que tiene por objeto garantizar los depósitos en dinero y en valores u otros instrumentos financieros constituidos con el límite de 100.000 euros. La publicidad realizada por las entidades de crédito para la comercialización de depósitos deberá incluir una referencia al Fondo de Garantía de Depósitos al que se encuentra adherida la entidad si no es el español.

Los contratos de **depósitos a plazo** estructurados o híbridos deben recoger, de forma explícita y clara, la obligación de reembolsar el principal del depósito al vencimiento por parte del banco, así como el tipo de interés nominal, la TAE (nº 3341) u otra expresión equivalente en términos de intereses anuales, teniendo en cuenta los efectos sobre la remuneración tanto del contrato principal como del derivado implícito.
El banco, en virtud del contrato de depósito, tiene la **responsabilidad** por los menoscabos, daños y perjuicios de las cosas depositadas, de su conservación y riesgos, que naturalmente comprende, entre otros, la desaparición del numerario. P.e. en el caso en que se abonen cheques al portador, sin las condiciones debidas, es responsable el banco por realizar los abonos (TS 19-6-12, EDJ 119456; AP Madrid 2-3-21, EDJ 558777; 20-11-20, EDJ 768428).

Precisiones **1)** Los **establecimientos financieros de crédito** son entidades que se dedican a realizar operaciones de crédito en un ámbito muy específico: leasing (arrendamiento financiero con opción de compra), factoring (cesión de una cartera de créditos), crédito al consumo, crédito hipotecario, tarjetas, avales, etc. La **especialización** de su actividad, que se limita a la realización de operaciones crediticias en diversas modalidades, la gestión o emisión de tarjetas de crédito y la concesión de avales y garantías les imposibilita captar depósitos del público y, por ello, no hace falta que estén en un Fondo de Garantía de Depósitos. Se **regulan** en la L 5/2015, de fomento de la financiación empresarial que establece las condiciones para su creación (similares a las de los bancos, aunque con exigencias de capital inferiores) y su régimen jurídico.
2) El contrato incluye un **deber especial de custodia** de la caja a cambio de una remuneración. El incumplimiento imputable al banco de la custodia desencadena su obligación de reparar el daño si el contenido de la caja desaparece total o parcialmente. En cuanto al **valor del contenido**, el carácter de esta modalidad de depósito hace que se otorgue preferencia a la declaración del depositante sobre la del banco, salvo prueba en contrario (TS 26-2-18, EDJ 9570).
3) La naturaleza jurídica del contrato bancario de **alquiler de cajas de seguridad** no es la de depósito en su variedad de depósito cerrado, sino la de un contrato atípico, surgido de la conjunción de prestaciones del arriendo de cosas y de depósito, en el que la finalidad pretendida por el cliente no es el mero goce de la cosa arrendada, sino el de la custodia y seguridad de lo que se guarda en la caja, que se consigue de una forma indirecta, a través del cumplimiento por el banco de una prestación consistente en la vigilancia de la misma y de su integridad a cambio de una remuneración. La entidad bancaria no asume la custodia de ese contenido, sino del daño que la ruptura, sustracción o pérdida de la caja pueda ocasionar al cliente. Es claro que la situación más análoga a la descrita es la determinada por la existencia de un depósito cerrado y sellado (TS auto 14-4-21, EDJ 532274).

3370 **Comercialización de servicios financieros a distancia** Se comprenden dentro de este tipo de contratos aquellos que se celebran entre un proveedor y un consumidor y las ofertas relativas a los mismos siempre que generen **obligaciones** para el consumidor.
El **objeto** es la prestación de todo tipo de servicios financieros a los consumidores, en el marco de un sistema de venta o prestación de servicios a distancia organizado por el proveedor, cuando utilice exclusivamente técnicas de comunicación a distancia, incluida la propia celebración del contrato.
Se entiende por **proveedor** toda persona física o jurídica, privada o pública, que, en el marco de sus actividades comerciales o profesionales, presta un servicio financiero a distancia. Asimismo se considera proveedor a quien intervenga por cuenta propia como intermediario en cualquier fase de la comercialización.
Se consideran como **consumidor** la persona física que, en los contratos a distancia, actúa con un propósito ajeno a su actividad empresarial o profesional.

3373 **Información previa al contrato** (L 22/2007 art.7) La finalidad de la L 22/2007, conforme a lo que declara su exposición de motivos, es establecer un régimen riguroso en cuanto a la información que deben recibir los consumidores antes de la celebración del contrato; considerando que dicha Ley contiene normas de carácter imperativo, pues los derechos que se reconocen a los consumidores no pueden renunciarse. El proveedor del servicio financiero debe suministrar al consumidor, con **tiempo suficiente** y **antes** de que este asuma cualquier obligación derivada de la oferta o del contrato a distancia, al menos, la información siguiente:
• En cuanto al propio **proveedor**:
- la identidad y actividad principal del proveedor, la dirección geográfica en que el proveedor esté;
- si interviene un representante del proveedor establecido en el mismo país que el consumidor, su identidad, la calidad con la que actúa, dirección, teléfono, fax y correo electrónico a los cuales pueda dirigirse el consumidor, así como la identidad completa del proveedor;
- si las relaciones comerciales del consumidor son con algún profesional distinto del proveedor, la identidad de dicho profesional, la condición con la que actúa respecto al consumidor y la dirección que proceda para las relaciones del consumidor con el profesional;

- si el proveedor está inscrito en un registro público, el registro en el que esté inscrito y su número de registro; y
- si el proveedor o una determinada actividad del proveedor está sujeta a un régimen de autorización, los datos de la correspondiente autoridad de supervisión.

Precisiones 1) La **información contenida en el contrato** no puede suponer el cumplimiento de esa obligación toda vez que la información debe ser suministrada «con tiempo suficiente y antes de que éste asuma cualquier obligación derivada de la oferta o del contrato a distancia» (AP Madrid 11-3-13, EDJ 38555).
2) En contratos de préstamo personal celebrados a distancia mediante llamada telefónica, corresponde al proveedor del servicio financiero **acreditar** la puesta a disposición del importe del préstamo al consumidor, incluyendo la entrega de la información contractual en soporte duradero, y la falta de prueba fehaciente de dicha puesta a disposición y consentimiento impide estimar la demanda de reclamación de cantidades impagadas (AP Barcelona 28-3-23, EDJ 592802).
3) Se acreditó mediante **grabaciones** que los demandados solicitaron el préstamo en la oficina, recibieron información previa y durante la contratación telefónica, y que el documento escrito quedó a su disposición en la oficina (AP Alicante 3-7-23, EDJ 707664).

• En cuanto al **servicio financiero**: **3376**
- una descripción de las principales características del servicio financiero;
- el precio total que debe pagar el consumidor (comisiones, cargas y gastos, impuestos pagados a través del proveedor) o, cuando no pueda indicarse un precio exacto, la base de cálculo que permita al consumidor comprobar el precio;
- una advertencia que indique que el servicio financiero está relacionado con instrumentos que implican riesgos especiales (escasa o nula liquidez, posibilidad de que no se reembolsen íntegramente los fondos depositados, etc);
- la indicación de que puedan existir otros impuestos o gastos que no se paguen a través del proveedor o que no los facture él mismo;
- toda limitación del período durante el cual la información suministrada sea válida;
- las modalidades de pago y de ejecución;
- cualquier coste suplementario específico para el consumidor inherente a la utilización de la técnica de comunicación a distancia, en caso de que se repercuta dicho coste; y
- si se trata de planes de pensiones se ha de informar al consumidor de que las cantidades aportadas y el ahorro generado se han de destinar únicamente a cubrir las situaciones previstas en el contrato.

• En cuanto al **contrato a distancia**: **3379**
- la existencia o no de derecho de desistimiento y, de existir, su duración y las condiciones para ejercerlo;
- las instrucciones para ejercer el derecho de desistimiento;
- la duración contractual mínima, en caso de contratos de prestación de servicios financieros permanentes o periódicos;
- información acerca de cualquier derecho que puedan tener las partes a resolver el contrato anticipadamente o unilateralmente con arreglo a las condiciones del contrato, incluidas las penalizaciones que pueda contener el contrato en ese caso;
- el Estado o Estados miembros en cuya legislación se basa el proveedor para establecer relaciones con el consumidor, antes de la celebración del contrato;
- las cláusulas contractuales, relativas a la ley aplicable al contrato a distancia y a la jurisdicción competente para conocer el asunto; y
- la lengua o las lenguas en que las condiciones contractuales y la información previa se presentan, y en que pueda formalizarse el contrato y ejecutarse las prestaciones derivadas del mismo, de acuerdo con el consumidor.
• En cuanto a los medios de **reclamación** e **indemnización**:
- los sistemas de resolución extrajudicial de conflictos, de carácter público o privado, que puede el consumidor tener acceso y cómo puede acceder a ellos; y
- la existencia de fondos de garantía u otros mecanismos de indemnización, sean de carácter obligatorio o voluntario.
Toda la información exigida debe suministrarse indicando su **finalidad comercial** y se ha de comunicar de manera clara y comprensible por cualquier medio que se adapte a la técnica de comunicación a distancia utilizada, respetando, los principios de **buena fe** en las transacciones comerciales.

En el caso de comunicación a través de **telefonía vocal**, se han de observar las siguientes normas: **3382**
• Al comienzo de toda conversación con el consumidor **se ha de indicar** la identidad del proveedor y el fin comercial de la llamada iniciada por el proveedor.

• Previa aceptación expresa del consumidor, solo debe suministrarse la **información** siguiente:
- la identidad de la persona en contacto con el consumidor y su vínculo con el proveedor;
- una descripción de las características principales del servicio financiero;
- el precio total que debe pagar el consumidor al proveedor del servicio financiero, incluidos todos los impuestos o, cuando no se pueda indicar un precio exacto, la base del cálculo que permita al consumidor comprobar el precio;
- indicación de que pueden existir otros impuestos o gastos que no se paguen a través del proveedor o que no los facture él mismo;
- la existencia o inexistencia de un derecho de desistimiento; y
- la existencia de información adicional disponible previa petición y del tipo de información en cuestión.

Como **requisito adicional** de información, son de aplicación los requisitos especiales que sean aplicables al servicio financiero objeto del contrato a distancia.

Precisiones La **libertad de forma de contratación** permite la contratación telefónica de un producto financiero y solo se regulan los deberes que se imponen a las empresas que presten servicios de inversión respecto del registro de las órdenes de compra o adquisición. La exigencia de registro documental de la contratación telefónica es un deber administrativo, pero no un requisito de forma del contrato. Tiene solo **valor probatorio** para acreditar el consentimiento y el objeto del contrato y su ausencia no determina su nulidad (RD 813/2023 art.90). El **contrato se perfecciona** así con el concurso de oferta y aceptación, y la sociedad manifestó su aceptación por teléfono (CC art.1262; CCom art.54; TS 3-12-15, EDJ 237510).

3385 **Derecho de desistimiento** El consumidor dispone de un **plazo** de 14 días naturales para desistir del contrato a distancia, sin indicación de los motivos y sin penalización alguna.
El mencionado plazo es de 30 días naturales en el caso de contratos relacionados con **seguros de vida.**
El plazo para ejercer el derecho de desistimiento empieza a correr desde el día de la **celebración del contrato**, salvo en relación con los seguros de vida, en cuyo caso el plazo comienza cuando se informe al consumidor de que el contrato ha sido celebrado. No obstante, si el consumidor no ha recibido las condiciones contractuales y la información contractual, el comienza a contar el día en que reciba la citada información.

3388 El derecho de desistimiento **no se aplica** a los contratos relativos a:
• **Servicios financieros** cuyo precio dependa de fluctuaciones de los mercados financieros, entre ellos, las transacciones sobre:
- operaciones de cambio de divisas;
- instrumentos del mercado monetario;
- valores negociables;
- participaciones en instituciones de inversión colectiva;
- contratos financieros de futuros, incluidos los instrumentos equivalentes que impliquen una liquidación en efectivo;
- contratos de futuros sobre tipos de interés;
- contratos de permuta sobre tipos de interés, sobre divisas o los ligados a acciones o a un índice sobre acciones, etc.;
- contratos referenciados a índices, precios o tipos de interés de mercado; o
- contratos vinculados, entendiendo por tales aquellos negocios jurídicos complejos resultado de la yuxtaposición de dos o más negocios jurídicos independientes, en los que, como resultado de esa yuxtaposición, la ejecución de uno dependa de la de todos los demás, ya sea simultánea o sucesivamente.

• Los **contratos de seguros** siguientes:
- aquellos en los que el tomador asuma el riesgo de la inversión, así como los contratos en los que la rentabilidad garantizada esté en función de inversiones asignadas a los mismos;
- los de viaje, equipaje o seguros similares de una duración inferior a un mes;
- aquellos cuyos efectos terminen antes del plazo legal establecido;
- los que den cumplimiento a una obligación de aseguramiento del tomador; o
- los planes de previsión asegurados.

• Contratos que se hayan ejecutado en su totalidad por **ambas partes** a petición expresa del consumidor antes de que este ejerza su derecho de desistimiento, como las órdenes de transferencia y las operaciones de gestión de cobro.
• Créditos destinados principalmente a la **adquisición o conservación de derechos** de propiedad en terrenos o en inmuebles existentes o por construir, o destinados a renovar o mejorar inmuebles.
• Créditos garantizados ya sea por una **hipoteca** sobre un bien inmueble o por un derecho sobre un inmueble.

• Las **declaraciones de consumidores** hechas con la intervención de Notario, siempre y cuando este dé fe de que se han garantizado los derechos del consumidor.
• Los **planes de pensiones**.

El consumidor que ejerza el derecho de desistimiento lo ha de **comunicar** al proveedor en los términos previstos por el contrato, antes de que finalice el plazo correspondiente, por un procedimiento que permita dejar constancia de la notificación de cualquier modo admitido en Derecho. Se considera que la notificación ha sido hecha dentro de plazo si se hace en un **soporte** de papel o sobre otro soporte duradero, disponible y accesible al destinatario, y se envía antes de expirar el plazo. **3391**

g. Reclamaciones o quejas

(L 44/2002 art.29; L 2/2011 art.31)

Las entidades de crédito tienen la **obligación** de atender y resolver las quejas y reclamaciones que los usuarios de sus servicios puedan presentar, relacionados con sus intereses y derechos legalmente reconocidos, debiendo contar con un departamento o servicio de atención al cliente encargado de atender y resolver dichas quejas y reclamaciones. **3396**
Las **decisiones** del **defensor del cliente** favorables a la reclamación vinculan a la entidad, sin perjuicio de acudir a la tutela judicial, utilizar otros mecanismos de solución de conflictos o reclamar la protección administrativa.
Adicionalmente, existe un **procedimiento** de presentación de reclamaciones y quejas ante los servicios de reclamaciones del Banco de España diferenciándose entre:
• **Reclamación**, pretende obtener la restitución de un interés o derecho por acciones u omisiones de las entidades financieras que supongan un perjuicio.
• **Queja** por las demoras, desatenciones o cualquier otro tipo de actuación deficiente que se observe en el funcionamiento de la entidad financiera.
• **Consulta** relativa a cuestiones de interés general sobre los derechos de los usuarios de servicios financieros en materia de transparencia y protección de la clientela bancaria, o sobre los cauces legales para el ejercicio de tales derechos.
No obstante, tras la entrada en vigor de la L 10/2025, que establece un **nuevo marco sistemático y reforzado** para la protección y atención a la clientela financiera, el régimen jurídico de los servicios de atención al cliente, los procedimientos internos de resolución de reclamaciones y la articulación con los mecanismos extrajudiciales de solución de conflictos han experimentado una relevante reordenación.
Por razones de coherencia expositiva y sistematización del contenido, el **análisis detallado** de este nuevo modelo normativo -incluyendo sus principios rectores, obligaciones organizativas, plazos, efectos de las resoluciones y coordinación con las autoridades supervisoras- se aborda específicamente en el capítulo correspondiente de esta obra en el nº 415 s.

SECCIÓN 4

Transporte de viajeros

3500

1. Transporte terrestre

(L 16/1987)

3505

El transporte de viajeros por carretera es aquel dedicado a realizar **desplazamientos** de personas y equipajes en vehículos construidos y acondicionados para tal fin. **3510**
A los pasajeros o usuarios de medios de transporte por carretera (autobús o ferrocarril) les asisten una serie de **derechos** reconocidos en la **normativa básica**, pero es aconsejable consultar las **condiciones de las compañías**, ya que suelen complementarla y, además, tienen

que especificar los aspectos concretos que pueden afectar a estos pasajeros, como por ejemplo, la facturación del equipaje (bicicletas, animales, etc.).
Además de la **normativa básica** referida al deber de seguridad, a la devolución del precio del billete, al derecho a la información y la adecuada atención al cliente (LGDCU art.11 y 18 -redacc RDL 1/2021-), podemos destacar la siguiente **legislación específica**:
• L 16/1987, de ordenación del transporte terrestre.
• RD 1211/1990, por el que se aprueba el Reglamento de la Ley de Ordenación de los Transportes Terrestres.
• Rgto (UE) 2021/782, sobre los derechos y las obligaciones de los viajeros de ferrocarril.
• RD 627/2014, de asistencia a las víctimas de accidentes ferroviarios.
• Rgto UE/181/2011, sobre los derechos de los viajeros en autobús y en autocar.
Debe tenerse en cuenta también la existencia del RDL 17/2025 que implementa medidas de promoción del uso del transporte público mediante la **bonificación de abonos y títulos** multiviaje.

a. Tren

(RD 2387/2004; Rgto (UE) 2021/782)

3515 El transporte ferroviario de viajeros constituye uno de los pilares tradicionales de la movilidad colectiva, especialmente en los **desplazamientos de media y larga distancia**. En los últimos años, este sector ha experimentado una profunda transformación como consecuencia del proceso de **liberalización del mercado** y la entrada de nuevos operadores que compiten con Renfe en determinados servicios.
Este **nuevo escenario competitivo** ha incrementado las opciones disponibles para los consumidores, al tiempo que plantea cuestiones relevantes en materia de condiciones de contratación, transparencia tarifaria, derechos de los viajeros y mecanismos de reclamación frente a incidencias en el servicio.
A **nivel nacional**, existe una normativa básica: la L 38/2015, del sector ferroviario y su Reglamento aprobado por RD 2387/2004.
A **nivel europeo**, existe el Rgto (UE) 2021/782, sobre los derechos y las obligaciones de los viajeros de ferrocarril, aplicable a todos los viajes y servicios de ferrocarril en toda la UE prestados por empresas ferroviarias con licencia comunitaria ferroviaria.

Precisiones Las empresas españolas que pretendan realizar **transporte internacional de viajeros** en el territorio de la UE deben estar inscritas en la subsección de empresas de transporte internacional de viajeros (RETIVI) del Registro General de Transportistas y de Empresas de Actividades Auxiliares y Complementarias del Transporte y ser titulares de licencia comunitaria.
Se otorga la **licencia comunitaria** a toda empresa que cumpla el requisito de competencia profesional para el transporte de viajeros por carretera y sea titular de autorización de transporte público discrecional de viajeros de ámbito nacional. Se expide a nombre del transportista y es intransferible. En cada vehículo del transportista, debe guardarse una **copia auténtica** de la licencia comunitaria, que debe presentarse cada vez que lo requieran los agentes encargados del control. Su **solicitud** se presenta ante la Dirección General de Transporte Terrestre.

3520 **Reserva de billete** (RD 2387/2004 art.87) Si se quiere reservar un billete para viajar en tren, se puede efectuar la reserva en la propia estación, por teléfono o vía internet.
En el billete de tren debe constar una serie de **datos**:
- de la compañía;
- fecha de expedición del billete;
- fecha del viaje;
- clase en la que se realiza el transporte;
- plaza de asiento;
- tipo de tren;
- trayecto del viaje;
- tarifa aplicada;
- forma de pago;
- consejos adicionales;
- precio total del billete;
- inclusión del IVA y del seguro obligatorio de viajeros (nº 3580); y
- número de billete y reserva.

La **conservación del billete** debe mantenerse hasta el final de trayecto, porque el revisor puede requerirlo en cualquier momento del trayecto; en caso de que se tenga que formular cualquier reclamación, se debe aportar el mismo.
Si el viajero pretende proceder a la **anulación** del billete, esta debe realizarse según las condiciones generales de la compañía ya que no existe un derecho general de desistimiento para este tipo de contratos, sin perjuicio de lo previsto para el caso de los viajes combinados (ver nº 3770 s.).

Precisiones En los **servicios de cercanías** se pueden omitir las expresiones referidas a:
- la hora de salida y de llegada;
- transbordos necesarios;
- clase y número de plaza;
- peso y volumen del equipaje admitido, precio de facturación ni hora límite para hacerlo; e
- información sobre los seguros u otros afianzamientos mercantiles.

Derechos del viajero (RD 2387/2004 art.96; Rgto (UE) 2021/782) La ley reconoce una serie de derechos a los viajeros: 3530
- acceder a la publicación del **horario y precios** de los servicios correspondientes a estos;
- contratar la **prestación** del servicio ferroviario desde o hasta cualquiera de las estaciones en las que se reciban o apeen viajeros;
- recibir el servicio en las adecuadas condiciones de **seguridad**, satisfaciendo, en su caso, los precios que correspondan en función de las tarifas y tasas aplicables;
- celebrar con la compañía un contrato de transporte **ajustado a** lo dispuesto en la LGDCU;
- recibir las **mercancías y equipajes** en el mismo estado en el que las entregaron;
- ser informados de los **procedimientos** para resolver las controversias que puedan surgir en relación con el transporte ferroviario (nº 5100 s.); y
- ser **indemnizados** de los perjuicios que les causen, en caso de incumplimiento por la compañía, de sus obligaciones.

Precisiones **1)** Una persona sufrió lesiones por la **caída de una maleta** colocada por otro pasajero en el portamaletas de un tren, mientras el **tren estaba parado** y durante el control de acceso. Se acreditó que el accidente ocurrió antes de la salida del tren, y que la compañía ferroviaria no demostró haber adoptado las medidas de vigilancia necesarias para evitar el daño por lo que es responsable por los daños causados (AP Cádiz 6-7-23, EDJ 774730).
2) En el caso en que una persona cayó debido a la separación entre el vagón y el andén, el transportista es responsable por los daños causados durante la prestación del servicio, incluyendo la **entrada y salida de los vagones**, bajo un régimen de responsabilidad por daño que no exige prueba de culpa o negligencia, salvo que el transportista acredite la concurrencia de supuestos tasados de exoneración como fuerza mayor, culpa exclusiva del viajero o responsabilidad de terceros (AP Madrid 29-10-21, EDJ 816415).

La compañía que ofrece servicios de transporte ferroviario de viajeros tiene la obligación de efectuar el transporte contratado con la **duración** prevista. 3533
Salvo por causa de **fuerza mayor**, la compañía es responsable frente al viajero en los casos de:
- cancelación del viaje (nº 3535);
- interrupción del viaje (nº 3540);
- retraso (nº 3545); o
- pérdida, sustracción o deterioro del equipaje que se le haya entregado para su custodia (nº 3550).

Precisiones En todos estos casos, la compañía tiene que **indemnizar** al viajero por los daños y molestias sufridos por cualquiera de estas incidencias (RD 2387/2004 art.89).

Accidentes ferroviarios (L 38/2015 art.63; RD 627/2014 art.11 a 16) En caso de que se produzca un accidente ferroviario de empresas que operan en el ámbito de competencia estatal, así como los administradores de infraestructura de la red ferroviaria de interés general, las víctimas y sus familiares tienen derecho a una **asistencia integral** que garantice una adecuada atención y apoyo, en los términos establecidos reglamentariamente. 3534
Entre otras medidas, las **empresas deben**:
- si hay fallecidos o heridos graves, disponer de suficientes líneas telefónicas para facilitar información;
- asegurar un lugar adecuado y suficientemente privado para obtener asistencia e información;
- transportar a los familiares de los fallecidos y de los heridos graves hasta el lugar del accidente y su regreso, así como suministrar alojamiento y manutención;
- facilitar a los heridos graves y a los familiares de éstos y de los fallecidos apoyo psicológico;
- informar sobre sus derechos económicos incluidos los seguros suscritos y pagos adelantados; y
- limpiar y devolver los efectos personales salvo que sean retenidos para la investigación.

Cancelación del viaje (RD 2387/2004 art.88.2.a y 89.2.a) Ante la cancelación del viaje por imposibilidad de iniciar el mismo en las condiciones recogidas en el título de transporte, el pasajero tiene derecho a la **devolución del precio** pagado por el servicio. 3535

Si la cancelación se produce en las **48 horas previas** a la fijada para el inicio del viaje, la compañía está obligada, a elección del pasajero, a:
- proporcionarle **transporte alternativo** en otro tren o en otro medio de transporte en condiciones equivalentes a las pactadas; o
- **devolverle el precio** pagado por el servicio.
Si el viajero es informado de la cancelación en las **4 horas previas** a las fijadas para su inicio, tiene derecho además a una indemnización a cargo de la compañía consistente en el doble del importe del billete.

Precisiones En el caso de la cancelación de un transporte ferroviario por **falta de electricidad en la catenaria** sin que se ofreciera transporte alternativo, sin comunicación adecuada en las cuatro horas previas, la empresa ferroviaria debió indemnizar al viajero con el doble del importe del billete, reembolsar gastos ocasionados y compensar por daños y perjuicios derivados del retraso e incertidumbre, ya que no acreditó fuerza mayor exoneratoria (JM Barcelona núm 3, 20-1-20, EDJ 857732).

3540 **Interrupción del viaje** (RD 2387/2004 art.88.2.b y 89.2.b) En caso de paralización del viaje mientras se esté produciendo, la compañía está **obligada a** proporcionar al viajero, a la mayor brevedad posible, transporte en otro tren o en otro medio alternativo, en condiciones equivalentes.
Si el tiempo de **interrupción** es **superior a una hora**, la compañía está obligada además a sufragar los gastos de manutención y hospedaje del viajero durante el tiempo en que dure la interrupción.

3545 **Retraso** (RD 2387/2004 art.88.2.c y 89.2.c; Dir (UE) 2021/782 art.18 y anexo I art.32) En caso de que sea razonable prever, bien a la salida o a causa de la pérdida de un enlace o una cancelación, que la llegada al destino final previsto en el contrato de transporte sufra un retraso de **60 minutos** como mínimo, la empresa ferroviaria que efectúa el servicio retrasado o cancelado debe ofrecer de inmediato al viajero la opción entre una de las siguientes **posibilidades**:
- el reintegro del importe total del billete -en las condiciones en que este haya sido abonado- correspondiente a la parte o partes del viaje no efectuadas y a la parte o partes ya efectuadas si el viaje ha perdido razón de ser dentro del plan de viaje original del viajero, y, cuando así proceda, un servicio de regreso lo antes posible al punto de partida;
- la continuación del viaje o la conducción por una vía alternativa al punto de destino final, en condiciones de transporte comparables y lo antes posible; o
- la continuación del viaje o la conducción por una vía alternativa al punto de destino final, en condiciones de transporte comparables, en la fecha posterior que convenga al viajero.
El transportista es responsable también del daño que resulte a causa de la supresión, del retraso o de un enlace perdido, cuando el **viaje no pueda continuar el mismo día**, o que su continuación no sea razonablemente exigible el mismo día a causa de las circunstancias.
Los **daños y perjuicios** comprenden los gastos razonables de alojamiento, así como los gastos razonables en que pueda incurrirse para avisar a las personas que esperan al viajero.
El transportista queda **exento cuando** la supresión, el retraso o el enlace perdido sean imputables a una de las causas siguientes:
- circunstancias ajenas a la explotación ferroviaria que el transportista, a pesar de la diligencia requerida por las particularidades del caso, no haya podido evitar y cuyas consecuencias no haya podido obviar;
- culpa del viajero; o
- el comportamiento de terceros que el transportista, a pesar de la diligencia requerida por las particularidades del caso, no haya podido evitar y cuyas consecuencias no haya podido obviar; otra empresa que utilice la misma infraestructura ferroviaria no será considerada como tercero; el derecho a repetir no se verá afectado.

Precisiones **1)** El TJUE resolvió una cuestión prejudicial sobre la interpretación del Rgto (CE) 1371/2007 art.17 y 30 interpretando que las compañías ferroviarias no pueden excluir en sus condiciones generales el **derecho de indemnización** por retraso alegando fuerza mayor. En consecuencia, el derecho de los viajeros a ser indemnizados por el **precio del billete** se mantiene incluso cuando concurran causas extraordinarias (TJUE 26-9-13).
2) Cuando una entidad pública empresarial como **RENFE** actúa en el ámbito del derecho privado, en particular en contratos de transporte con consumidores, la **competencia para conocer reclamaciones** por daños y perjuicios derivados de retrasos corresponde a la jurisdicción civil, aplicándose la normativa de responsabilidad contractual del Código Civil y no la jurisdicción contencioso-administrativa ni la normativa específica del sector ferroviario para indemnizaciones automáticas (AP Girona 26-6-09, EDJ 221019).

Pérdida, sustracción o deterioro del equipaje (RD 2387/2004 art.88.2.d y 89.2.d; Dir (UE) 2021/782 anexo I art.33 y 34) El transportista solo es responsable del daño resultante de la pérdida total o parcial o de la avería o daños que pudieran sufrir los objetos, bultos de mano o animales cuya **vigilancia incumba al viajero** cuando dicho daño haya sido causado por culpa del transportista. Cuando el transportista sea responsable, debe reparar el daño hasta un límite de 1.400 unidades de cuenta por cada viajero. 3550

En cuanto a los **equipajes facturados**, el transportista es responsable del daño resultante de la pérdida total o parcial y de la avería de los equipajes facturados que se produzcan desde el momento en que el transportista se hace cargo de los mismos hasta su entrega, así como del retraso en la entrega.

El transportista queda **exento cuando** la pérdida o la avería resulten de:
- falta o defecto de embalaje;
- naturaleza especial de los equipajes; o
- expedición como equipajes de objetos excluidos del transporte.

Precisiones Se considera **equipaje de mano** todo bulto que contenga prendas y objetos de uso personal o profesional pertenecientes al viajero, cuya naturaleza no contravenga en las disposiciones de seguridad establecidas en las leyes y reglamentos y no represente peligro o molestias para los otros viajeros (p.e. maletas, bolsos de mano, mochilas, maletines porta ordenadores y similares).

b. Taxi y vehículo con conductor

En el ámbito de los servicios de transporte utilizados de forma cotidiana por los consumidores, especialmente en entornos urbanos y metropolitanos, ocupan un lugar destacado el taxi y los vehículos de transporte con conductor (VTC). Se trata de modalidades que, aun compartiendo la finalidad de trasladar pasajeros a cambio de un precio, presentan importantes **diferencias** en su régimen jurídico, en sus condiciones de prestación y en los derechos y expectativas que generan en los usuarios. 3555

La **creciente demanda** de soluciones de movilidad flexible, inmediata y tecnológicamente intermediada ha intensificado la relevancia práctica y jurídica de estos servicios, situándolos en el centro del debate regulatorio en materia de consumo, competencia y ordenación del transporte.

Tanto los taxis como los vehículos de alquiler con conductor, deben llevar una **matrícula** retrorreflectante de color azul y los caracteres pintados en color blanco mate para identificarlos como servicio público (RGV anexo XVIII.I).

Principales diferencias entre taxi y VTC Las principales diferencias entre el servicio de taxi y los VTC son: 3556

Aspecto	Taxi	VTC
Régimen jurídico	Sujeto a licencia municipal con legislación local y autonómica	Sujeto a autorización administrativa con legislación estatal y autonómica
Contratación	Directamente en la vía pública, en paradas habilitadas o mediante teléfono o app.	Requiere contratación previa, habitualmente desde una app (tipo Uber o Cabify)
Precio	Tarifas reguladas y taxímetro	Precio libre fijado previamente a la contratación con tarifas dinámicas atendiendo normalmente a la demanda en ese momento
Obligación de prestar servicio	Existe obligación general de prestar servicio dentro del ámbito territorial de la licencia salvo causa justificada	No existe obligación de aceptar servicios concretos
Identificación	Vehículos fácilmente identificables mediante color y distintivos luminosos	Vehículos muchas veces sin distintivos visibles salvo la pegatina exigida normativamente (nº 3567) y la matrícula azul
Captación clientela en vía pública	Permitida	Prohibida

3558 **Taxi** El servicio de taxi se encuentra **fuertemente intervenido** (exigencia de licencia, determinación de las condiciones y tarifa del servicio, limitación de la transmisibilidad de las licencias, régimen de inspección y sanción públicos), en su condición de servicio público impropio o virtual y, de otro, se caracteriza por la intervención normativa a nivel local, de modo que gran parte de las disposiciones en la materia son dictadas por ayuntamientos y otras entidades locales y, por consiguiente, el **marco normativo** presenta un carácter fragmentario. Así, a nivel nacional, se aplica el RD 763/1979, de reglamento nacional de los servicios urbanos e interurbanos de transportes en automóviles ligeros, las comunidades autónomas tienen su propia regulación sobre transportes urbanos y cada ciudad tiene una diferente ordenanza municipal sobre los taxis.

Comunidad	Regulación
Andalucía	L Andalucía 2/2003
Aragón	L Aragón 5/2018
Asturias	L Asturias 12/2018
Baleares	L Baleares 4/2014
Canarias	L Canarias 13/2007
Cantabria	L Cantabria 1/2014
Castilla y León	L Castilla y León 9/2018
Castilla-La Mancha	L Castilla-La Mancha 14/2005
Cataluña	L Cataluña 19/2003
Galicia	L Galicia 4/2013
La Rioja	L La Rioja 8/2005
Madrid	L Madrid 20/1998
Murcia	L Murcia 10/2014
Navarra	LF Navarra 9/2005
País Vasco	L País Vasco 2/2000
C.Valenciana	L C.Valenciana 13/2017

Precisiones 1) Las **ordenanzas** de las principales ciudades de España puede encontrarse en:
• **Madrid**: https://sede.madrid.es/sites/v/index.jsp?vgnetoid=49778f9c578ab310VgnVCM1000000b205 a 0aRCRD&v gnextchannel=6b3d814231 ede410 VgnVC M1000000b205a0aRCRD
• **Barcelona**: https://docs.amb.cat/alfresco/api/-default-/public/alfresco/versions/1/nodes/24702ada-ce02-4422-b3e1-0ea02cb1e59c/content/Reglamento%20Metropolitano%20del%20Taxi%2020.06.22.pdf?attachment=false&mimeType=application/pdf&sizeInBytes=1710646
• **Valencia**: https://sede.valencia.es/sede/descarga/doc/DOCUMENT_1_ORD0079_C
• **Zaragoza**: https://www.zaragoza.es/sede/servicio/normativa/154
• **Sevilla**: https: //www. sevilla. org/ayuntamiento/unidad-organica/servicio-de-apoyo-juridico/ordenanzas-del-municipio-de-sevilla/o-m-servicio-de-transporte-publico-de-personas-en-automoviles-de-turismo-en-el-municipio-de-sevilla.pdf

2) Con efectos desde 1-1-2016, se suprimió el **permiso de conducción** de la clase BTP, necesario para el ejercicio de la actividad del taxi, solo existente en España y con validez exclusivamente en el territorio nacional, para adaptarse a las categorías de permisos existentes en el Permiso Único Europeo de Conducción, común la Unión Europea.

3) Según datos del INE (Instituto Nacional de Estadística), en el año 2019, el **número taxis por habitante** era de 674, siendo Madrid la comunidad autónoma con mayor número de taxis, 15.974, seguida de los 13.425 de Cataluña y de los 9.642 de Andalucía.

4) En **Castilla y León**, se consideró que el reglamento municipal de Segovia que establecía la **intransmisibilidad de las licencias** de autotaxi contravenía la L Castilla y León 15/2002 -actual L Castilla y León 9/2018 art.42- que reconoce la transmisibilidad de dichas licencias, por lo que se declaró la nulidad de los preceptos reglamentarios que limitaban o condicionaban dicha transmisibilidad, respetando el principio de jerarquía normativa y legalidad (TSJ Burgos contencioso 5-10-07, EDJ 184605).

5) El titular de un taxi fue denunciado por la policía local por circular con la luz verde indicativa de taxi libre encendida en el término municipal de Palma a 20 metros del término municipal de Lluchmajor -de donde tenía la licencia-. La **oferta de servicios** de taxi mediante la luz verde indicativa en un **término municipal distinto al de la licencia** constituye incumplimiento de las condiciones esenciales de la autorización administrativa, independientemente de la proximidad al límite municipal o de que el servicio no haya sido iniciado con pasajeros (TSJ Baleares contencioso 30-4-04, EDJ 26653).

Las **tarifas** que pueden cobrar los taxistas están reguladas y son de obligado cumplimiento. Deben estar colocadas en un lugar visible para el usuario en el interior del taxi (normalmente en una pegatina en la ventanilla). Suelen establecer precios superiores en franjas horarias determinadas (como en horario nocturno) o suplementos (p.e. aeropuerto o estaciones de tren). **3560**

Los **servicios** se contratan en régimen de alquiler de coche completo y el taxista debe llevar al usuario al sitio solicitado, sin recorrer mayores distancias que las necesarias para realizar el trayecto indicado. Se tiene derecho a pedir al taxista un **recibo** por el servicio prestado.

Precisiones **1)** Un ayuntamiento que **suspendió** durante 6 meses la efectividad de una **licencia** de autotaxi por el cobro de una cantidad abusiva a un usuario. No existe duda de la **competencia del municipio** para imponer la sanción (TS contencioso 17-3-99, EDJ 9834).

2) Cuando un conductor de taxi cobra un **importe superior al marcado** por el taxímetro sin causa justificada, incurre en una **infracción grave** siendo procedente la imposición de una **sanción pecuniaria** proporcional, incluso si el servicio se presta en circunstancias de urgencia médica (TSJ Cataluña 13-7-99, EDJ 34444).

3) La sanción de **retirada temporal de la licencia** municipal de autotaxi por **incumplimiento del régimen tarifario**, específicamente por cobro de tarifas superiores o inferiores a las autorizadas y suplementos no establecidos, tiene cobertura legal en la ordenanza reguladora del servicio y en la LOTT, siendo procedente imponer dicha sanción siempre que se acredite la infracción mediante prueba suficiente y respetando los principios de proporcionalidad y debido proceso (TSJ Madrid 14-1-99, EDJ 3431).

4) Los gastos del uso del taxi como **transporte sanitario** para acudir a consultas médica, aun con indicación expresa por parte del médico de utilizar dicho medio de transporte, no se considera cubierto por la Seguridad Social, debiendo correr a cargo del beneficiario (TS 1-10-01, EDJ 35767).

El viajero suele tener derecho a transportar gratuitamente bultos de **equipaje** que quepan en el portamaletas del vehículo y no lo deterioren, aunque se pueden establecer dimensiones o pesos máximos en las diferentes ordenanzas municipales. Normalmente, el viajero también tiene derecho a que sea el taxista quien meta y saque dicho equipaje del portamaletas. **3563**

Si surge algún problema, el procedimiento para **reclamar** es el siguiente:

1. Se debe intentar resolver el problema con el taxista; existen **hojas de reclamaciones** a disposición de los usuarios (nº 5025 s.).
2. Si no se llega a un acuerdo y se trata de una cuestión económica, se aconseja acudir al **sistema arbitral de consumo** (nº 5260 s.).
3. En última instancia, se puede acudir a la **vía judicial** (nº 5100 s.).

Precisiones **1)** En el caso en que unos pasajeros de un taxi discutieron con el conductor debido a una supuesta realización de un recorrido más largo para cobrar un importe mayor y se bajaron del taxi sin pagar, cuando la discrepancia se basa en la disconformidad con el importe cobrado y no existe prueba de una intención previa de no pago ni de engaño, la conducta no constituye delito de estafa sino una cuestión civil que debe dirimirse en la jurisdicción correspondiente (AP Barcelona 13-5-25, EDJ 671671).

2) Una persona se desplazó en taxi a un centro sanitario tras un accidente y consideró que no debía pagar al alegar que tenía que pagar la aseguradora del vehículo que produjo el accidente. Este argumento no puede eludir el pago de unos servicios que le fueron prestados (AP Sevilla 6-3-23, EDJ 616186).

3) Un pasajero que sufrió **daños** en una mano debido al **cierre inesperado** de la puerta del **portamaletas** del taxi. La ordenanza municipal obligaba al conductor a manipular adecuadamente el equipaje, pero el pasajero colocó las maletas por su cuenta. La concurrencia de culpas puede ser apreciada cuando el usuario actúa con imprudencia al manipular el equipaje y el conductor o propietario no acredita el buen estado y funcionamiento seguro de la puerta, resultando en una responsabilidad compartida al 50% para ambas partes (AP Las Palmas 17-2-23, EDJ 750363).

Arrendamiento de vehículo con conductor (VTC) El sector el taxi afronta el reto de competir con empresas, como Uber o Cabify, que proporcionan a sus clientes una red de transporte privado a través de una aplicación móvil. Esta aplicación conecta los pasajeros con los conductores de vehículos registrados en su servicio. Se trata de los llamados arrendamientos de vehículos con conductor o VTC. **3565**

La **regulación** de las VTC se recoge, **a nivel nacional,** en la L 16/1987, el RD 1211/1990, y el RD 785/2021, sobre el control de la explotación de las autorizaciones de arrendamiento de vehículos con conductor. Las **comunidades autónomas** competentes para otorgar autorizaciones de arrendamiento de vehículos con conductor de ámbito nacional están habilitadas para modificar, respecto a los servicios cuyo itinerario se desarrolle íntegramente en su respectivo ámbito territorial, las condiciones de pre-contratación, entendida, en su caso, como el establecimiento de un intervalo de tiempo mínimo entre la contratación o la designación del vehículo y la prestación del servicio, solicitud de servicios, recorridos mínimos y máximos, medidas destinadas a minimizar los recorridos en vacío, servicios, horarios o calendarios obligatorios y especificaciones técnicas del vehículo (RDL 13/2018 disp.adic.1ª.a).
Las **autorizaciones VTC estatales** se habilitan exclusivamente para realizar **transporte interurbano** de viajeros. A estos efectos, se considera que un transporte es interurbano cuando su recorrido rebase el territorio de un único término municipal o zona de prestación conjunta de servicios de transporte público urbano así definida por el órgano competente para ello (L 16/1987 art.91.1). Se contempla un **régimen transitorio** para las autorizaciones otorgadas antes del 30-9-2018, de 4 años durante los cuales pueden continuar prestando a su amparo servicios de ámbito urbano (hasta el 30-9-2022) (RDL 3/2018 disp.trans.única.3).

Precisiones **1)** En 2014, **Uber** fue prohibido en España por **competencia desleal**, ya que no se exigía licencia a los conductores privados que operaban a través de la aplicación. Hay que señalar que, desde su nacimiento (2011), esta iniciativa de *Silicon Valley* ha sumado problemas en muchos países del mundo por razones de legalidad (estatuto jurídico de los trabajadores que operan para Uber) y de competencia con el sector del taxi, profundamente preocupado por la irrupción de este servicio (precios más baratos). No obstante, ese servicio volvió a implantarse en nuestro país en 2016 empleando a conductores profesionales con licencia VTC para ajustarse a la legalidad vigente, asimilándose al *modus operandi* de lo que venía realizando la empresa **Cabify**, autorizada para el transporte de pasajeros.
2) Una autorización de transporte de la clase VTC puede habilitar para la prestación de un servicio de **transporte de pequeñas mercancías** al margen del transporte de pasajeros ya que (TS 5-11-24, EDJ 729651):
• Según la **normativa de transportes**:
- la LOTT art.99.2 permite expresamente a que los vehículos con autorización de transporte de viajeros puedan transportar objetos distintos de los equipajes de los viajeros, siempre que el transporte sea compatible con las características del vehículo y no cause molestias a los viajeros, si los hubiera; y
- conforme al ROTT art.33.2.d, no es necesaria una autorización previa para el transporte de mercancías en vehículos cuya masa máxima autorizada no supere las dos toneladas, lo que refuerza la posibilidad de que los vehículos VTC realicen este tipo de transporte.
• Es compatible con la **libertad de empresa** (Const art.38).

3565.1 **Normativa autonómica** La normativa autonómica respecto a los servicios VTC es variada en su extensión y no todas tienen normativa, pues la situación varía mucho dependiendo del peso que tenga el sector en cada territorio. Así, en territorios donde la implantación de los VTC es mínima o nula, la regulación suele ser más laxa o inexistente:

Comunidad autónoma	Norma
Andalucía	DL Andalucía 2/2025
Baleares	D Baleares 43/2014
Cataluña	DL Cataluña 9/2022; DL Cataluña 5/2017
Galicia	D Galicia 103/2018
Madrid	L Madrid 20/1998
País Vasco	D País Vasco 200/2019
C. Valenciana	DL C.Valenciana 4/2019

Condiciones esenciales de la prestación del servicio Las VTC **no** pueden circular en **busca de clientes** ni propiciar la captación de viajeros que no hubiesen contratado previamente el servicio, permaneciendo estacionados a tal efecto (RD 1211/1990 art.182.1). La posibilidad de contratar servicios de transporte en vehículos de turismo en la vía pública está legalmente reservada a los titulares de la licencia de taxi, por ello es necesario constatar que los servicios de arrendamiento con conductor han sido previamente contratados. Para ello, como **medida de control**, los titulares de autorizaciones de arrendamiento de vehículos con conductor, antes del inicio de cada servicio concreto debe comunicar a la Administración, por vía electrónica, los siguientes **datos** (RD 785/2021 art.1): 3566

• Nombre y número de identificación fiscal del arrendador.
• Nombre y número de identificación fiscal del intermediario.
• Lugar, fecha y hora de celebración del contrato.
• Lugar, fecha y hora en que se inicie y finalice el servicio. Puede omitirse la identificación del lugar de finalización del servicio cuando el contrato señale expresamente que dicho lugar será libremente determinado por el cliente durante la prestación del servicio.
• Matrícula del vehículo.
• Hasta el 30-9-2022, si el servicio se inicia y finaliza en el mismo lugar, debe indicarse el punto del recorrido más alejado de dicho lugar.

En algunas **comunidades autónomas**, las VTC deben llevar un **identificativo** para facilitar a los consumidores la distinción de los vehículos amparados por una autorización legal de los que no gozan de la correspondiente autorización (p.e. O Andalucía 31-3-17; D Castilla y León 13/2018; D Cantabria 3/2018; DL C.Valenciana 4/2019; o D Madrid 101/2016). 3567

Las **tarifas** en los VTC, a diferencia del taxi, suelen ser cerradas y conocerse de antemano antes de contratar el servicio y suelen calcularse en atención a diversos factores como la distancia recorrida, la gama del coche o incluso la demanda en tiempo real. Respecto al transporte de **bultos y equipaje**, son aceptados también, sin cargo adicional, siempre que quepan en el vehículo.

Además, algunas comunidades autónomas, en un movimiento proteccionista del taxi, introdujeron **tiempos de espera** mínimos a la hora de **precontratar** servicios VTC, pero la jurisprudencia (con especial atención a la constitucional) las anuló por restringir de forma injustificada la actividad de las VTC y vulnerar la libertad de empresa (TCo 112/2024; TS contencioso 18-11-24, EDJ 736583; 15-2-23, EDJ 516005; TSJ C.Valenciana 24-3-23, EDJ 553048; 12-7-22, EDJ 662737).

3568 **Infracciones y sanciones** (L 16/1987 art.140.39, 143.1.g, 143.1.j, 143.4.a y 143.61 -redacc RDL 9/2026-) El incumplimiento de las condiciones esenciales de la actividad de arrendamiento de vehículos con conductor tiene la consideración de **infracción muy grave**:

<table>
<tr><th rowspan="2">Infracción</th><th colspan="2">Sanciones</th></tr>
<tr><th>Multa (€) [*]</th><th>Sanción accesoria</th></tr>
<tr><td>Iniciar un servicio en un ámbito territorial distinto de aquel en que resulte obligatorio hacerlo o incumplir las limitaciones que definen la prestación habitual del servicio en el territorio en que se encuentre domiciliada la autorización en que se amparan.</td><td rowspan="6">de 1001 a 2000</td><td rowspan="3">Inmovilización del vehículo hasta que se produzca el pago de la multa</td></tr>
<tr><td>Iniciar un servicio sin que el titular de la autorización haya comunicado, por vía electrónica, los datos exigidos al registro de comunicaciones de los servicios de arrendamiento de vehículos con conductor de la Dirección General de Transporte Terrestre.</td></tr>
<tr><td>Circular para búsqueda, recogida o propiciar la captación de clientes que no hayan contratado ni solicitado previamente el servicio en el tiempo previsto para la pre-contratación.</td></tr>
<tr><td>Iniciar un servicio y recoger clientes por parte del titular de la autorización sin que los clientes hayan efectuado la pre-contratación del servicio.</td><td>X</td></tr>
<tr><td>Salida de los vehículos dedicados al arrendamiento con conductor del lugar en que habitualmente se encuentren guardados o estacionados o la circulación, sin llevar a bordo del vehículo la documentación exigible y la hoja de ruta del servicio, o incumplir la puesta a disposición de la hoja de ruta a los servicios de inspección del transporte terrestre.</td><td>X</td></tr>
<tr><td>Incumplir las condiciones legal o reglamentariamente establecidas en relación con el itinerario del servicio, los horarios y calendarios de prestación del servicio y las características técnicas o la adecuada señalización del vehículo.</td><td>X</td></tr>
<tr><td>No llevar a bordo del vehículo la documentación formal que acredite la posibilidad legal de realizar los transportes o que resulte exigible para la determinación de la clase de transporte que se está realizando, salvo que dicha infracción deba ser calificada como muy grave o grave.</td><td>de 201 a 300</td><td>X</td></tr>
<tr><td colspan="3">[*] La multa ascenderá, por reincidiencia, de 2.001 a 6.000 euros si el responsable de las mismas ya hubiera sido sancionado, mediante resolución que ponga fin a la vía administrativa, por la comisión de cualquier otra infracción muy grave de las previstas en la Ley en los 12 meses anteriores.</td></tr>
</table>

La imposición de tres sanciones muy graves en el periodo de 2 años, contado desde la imposición de la primera de ellas, en servicios realizados al amparo de una misma autorización de arrendamiento de vehículos con conductor, puede dar lugar a la **revocación** de esta.

c. Autobús y autocar

(Rgto UE/181/2011)

3570 Entre los medios de transporte colectivo de viajeros con mayor incidencia en las relaciones de consumo se encuentran el autobús urbano e interurbano y el autocar. Ambos constituyen instrumentos esenciales para garantizar la **movilidad cotidiana** de los ciudadanos, facilitando desplazamientos tanto dentro de las ciudades como entre distintos núcleos urbanos.

La prestación de estos servicios se articula en un marco jurídico caracterizado por la i**ntervención administrativa**, la fijación de condiciones generales de transporte y el reconocimiento de derechos específicos a los usuarios, especialmente en materia de información, seguridad, accesibilidad y responsabilidad por incidencias en el servicio.

Se establece un conjunto de **derechos mínimos** para los viajeros de estos servicios en el ámbito de la Unión Europea:

- condiciones de transporte no discriminatorias;

- acceso a los transportes a las personas con discapacidad;
- compensación por pérdida o daño de equipaje;
- normas mínimas en materia de información sobre el viaje;
- mecanismo de tramitación de reclamaciones;
- información en caso de cancelación o retraso del servicio; y
- derecho al reembolso del importe del billete en caso de cancelación.

Se aplica a los siguientes **servicios**: 3573
- los **regulares** cuya distancia programada sea igual o superior a 250 km; y
- los **discrecionales** cuando el punto de embarque inicial o el punto de desembarque final del viajero esté situado en el territorio de un Estado miembro.

Precisiones Son **servicios regulares los** que aseguran el transporte de personas con una frecuencia y un itinerario determinados. Estos servicios pueden recoger y dejar viajeros en paradas previamente fijadas.
Son **servicios discrecionales** los que se caracterizan fundamentalmente por el hecho de transportar grupos formados por encargo del cliente o a iniciativa del propio transportista. Hay dos **tipos**:
- liberalizados: deben realizarse al amparo de un documento de control (hoja de ruta);
- no liberalizados: están sujetos a autorización.

Sobre las **indemnizaciones** en caso de accidente, se fijan por fallecimiento como mínimo en 220.000 euros para viajeros, y en 1.200 euros por pieza de equipaje. 3576
Si el accidente está causado por un **hecho de la circulación**, el seguro obligatorio de automóviles cubre hasta 70 millones de euros por daños personales y 15 millones de euros por daños materiales. Si es por **otras causas**, las cantidades máximas contempladas en el seguro obligatorio de viajeros son de 36.060 a 42.070 euros.

Por otro lado, cabe destacar la conducción de vehículos que realicen **transporte escolar o de menores**, entendiendo por tales los que se determinan en la legislación de transportes, queda sometida, además de correspondiente permiso, a la obtención de una autorización especial que habilite para ello. 3578
Se prohíbe conducir vehículo que realice transporte escolar o de menores sin haber obtenido la correspondiente **autorización especial** que el conductor debe poseer y llevar consigo, en unión del correspondiente permiso de conducción ordinario, cuando conduzca los mencionados vehículos y exhibirla ante la autoridad o sus agentes cuando lo soliciten. Para su **obtención** es necesario:
- estar en posesión del **permiso de conducción ordinario** en vigor de la clase que en cada caso corresponda; y
- carecer de **antecedentes** en el Registro de Conductores e Infractores o que, no obstante haber sido sancionado con suspensión del permiso de conducción en vía administrativa o condenado a pena de privación del derecho a conducir vehículos a motor en la jurisdiccional, los antecedentes deban considerarse cancelados.
La **vigencia** de la autorización especial está condicionada a que se halle dentro del período al efecto señalado en la misma. Será coincidente con la del permiso de conducción de superior clase que posea su titular, puede ser prorrogada por los mismos períodos que dicho permiso mediante prórroga efectuada por la jefatura provincial de tráfico, previa solicitud del interesado y justificación de que reúne los requisitos exigidos para su obtención.

Asistencia en caso de accidente (Rgto (UE) 181/2011 art.8) En caso de accidente resultante del uso del autobús o autocar, el transportista debe proporcionar una asistencia adecuada y proporcionada a los viajeros para sus **necesidades prácticas inmediatas** tras el accidente. 3579
Esta asistencia **debe incluir**, cuando resulte necesario, alojamiento, comida, ropa, transporte y prestación de primeros auxilios. La asistencia prestada no constituye reconocimiento de responsabilidad.
El transportista puede limitar el coste total del **alojamiento** a 80 EUR por noche y por viajero, por un máximo de dos noches.

d. Seguro obligatorio de viajeros

El aseguramiento de viajeros en contratos de transporte **se rige por**: 3580
- la L 50/1980, de contrato de seguro (en adelante LCS);
- el RD 1575/1989, por el que se aprueba el reglamento del seguro obligatorio de viajeros; y
- demás disposiciones que le sean de aplicación.
Este seguro tiene carácter obligatorio y ampara a todo viajero que utilice medios de locomoción destinados al transporte público colectivo de personas.

El seguro obligatorio de viajeros constituye una modalidad del seguro privado de accidentes individuales, compatible con cualquier otro seguro concertado por el viajero o a él referente. No libera a las empresas transportistas, a los conductores de los vehículos, o a terceros de la responsabilidad civil en que por **dolo o culpa**, pudieran incurrir por razón del transporte de personas, ni las prestaciones satisfechas por razón de dicho seguro reducen el importe de la expresada responsabilidad.

3583 **Diferencias con el seguro obligatorio de accidentes** Las diferencias más importantes entre el seguro obligatorio de accidentes y el seguro obligatorio de viajeros son:
• En cuanto al **tipo de responsabilidad**, el SOA es de responsabilidad civil, y no de suma asegurada, como ocurre con el seguro obligatorio de viajeros, que opera como seguro de accidentes que no exonera de la eventual responsabilidad civil.
• En cuanto a su **configuración**, el SOV el está sujeto a la LCS, en la que el seguro de accidente se configura como seguro de personas, en tanto el seguro de responsabilidad civil se articula como seguro de daños.
• En cuanto al **asegurado**, el seguro obligatorio de viajeros ampara al viajero que utilice medios de locomoción destinados al transporte público colectivo de personas; por el contrario, el SOA protege al asegurado que es quien, mediante el abono de la prima, deriva hacia al asegurador el riesgo del nacimiento de la obligación de indemnizar a un tercero los daños y perjuicios causados por un hecho previsto en el contrato.
Las indemnizaciones del SOA y SOV son **compatibles entre sí**, por lo que queda abierta, por tanto, la posibilidad de que la persona perjudicada se dirija contra el conductor del autobús por su posible responsabilidad extracontractual y, podrá demandar, además, a la compañía aseguradora del autobús y también por el seguro obligatorio de viajeros (AP Barcelona 19-6-20, EDJ 616857; AP Málaga 5-7-04, EDJ 131004).

Precisiones **1)** Así, por ejemplo, si la viajera sufre una lesión por la **caída en el autobús**, surge la obligación para la compañía aseguradora de indemnizarla, al tratarse de una responsabilidad objetiva, con cargo al seguro obligatorio de viajeros que no es un seguro de responsabilidad civil sino que es un seguro de accidentes (AP Girona 4-12-12, EDJ 309073).
2) En el seguro obligatorio de viajeros se aplican **criterios de objetividad** en relación con los titulares de bienes con potencialidad de riesgos, en que se ha de responder, en todo caso, de los daños causados a terceros, aunque no puedan ser reprochados por infracción alguna; objetividad que surge como una exigencia social en virtud de la expectativa continuada de siniestro que supone el uso habitual y generalizado de ciertas máquinas, bienes, instalaciones o transportes públicos (AP Sevilla 20-10-03, EDJ 161957).

3587 **Daños indemnizables** La **cobertura garantizada** por el seguro obligatorio de viajeros comprende, exclusivamente, las indemnizaciones pecuniarias y la asistencia sanitaria, derivadas de los accidentes siguientes:
- al entrar o salir del vehículo por el lugar debido;
- al entregar o recuperar el equipaje directamente del vehículo;
- en el transporte marítimo, los ocurridos sobre la plancha, escala real o pasarelas que unen la embarcación con el muelle y los ocurridos durante los traslados (en otras embarcaciones o desde el muelle);
- en el acceso o abandono de vehículos que deban ocuparse o evacuarse en movimientos por exigirlo así la naturaleza del medio de transporte; y
- cuando sea necesario efectuar el acceso o evacuación del vehículo en situación excepcional con mayor peligrosidad que de ordinario.

Precisiones En relación a la **asistencia sanitaria**, la asistencia garantizada por el seguro obligatorio de viajeros se extiende, como límite máximo, hasta las 72 horas siguientes al momento del accidente, cuando se trate de lesiones que no requieran hospitalización del asegurado o tratamiento especializado en cura ambulatoria; hasta 10 días, cuando los asegurados la tuvieran cubierta por otros seguros obligatorios, y hasta 90 días en los demás casos.

3590 En caso de **muerte**, la indemnización procede si ocurre durante el transcurso de los 18 meses contados desde la fecha del accidente y es consecuencia directa del mismo, lo que incluye que origine el fallecimiento por agravación de enfermedad o lesión padecida por el asegurado con anterioridad (RD 1575/1989 art.16).
La **cuantía** se fija en 36.070,73 euros (RD 1575/1989 Anexo.1).
Respecto al **beneficiario**, se establece por **orden de prelación**:
1) Cónyuge supérstite, que no estuviera separado por sentencia firme, percibe la totalidad de la indemnización; si existen hijos de dicho fallecido, perciben la mitad, correspondiendo la otra mitad al cónyuge viudo.
2) Descendientes; a falta de ellos, los padres del fallecido y, si solo viviere uno, percibiría la totalidad de la misma.

3) Ascendientes de segundo grado.
4) Hermanos e hijos de hermanos.
5) Instituciones sin ánimo de lucro.

Precisiones La norma no hace una referencia expresa a las **parejas de hecho**, y si bien existe una tendencia en la jurisprudencia, a asimilar esta situación a la matrimonial, lo cierto es que por el momento carece de regulación legal y, en todo caso, hay que probar cumplida la convivencia de manera externa y pública. Por ejemplo, las cinco hijas del fallecido reclaman la suma que les corresponde en base al seguro obligatorio de viajeros, estando el fallecido divorciado de la madre de esas hijas y ahora viviendo con otra mujer que estaba esperando una hija. La Sala entiende que la debatida indemnización les corresponde a las cinco hijas del fallecido (AP Ourense 23-3-04, EDJ 24776).

En caso de **incapacidad permanente**, se recogen unas categorías de secuelas, agrupadas por su gravedad, previéndose diferentes sumas en concepto de indemnización (RD 1575/1989 Anexo.2). **3593**
Como caso particular, se contempla el **parto prematuro y el aborto**: cuando a consecuencia del accidente sobrevenga parto prematuro con muerte del feto, se otorga una indemnización de 2.704,55 euros. La misma indemnización se concede en caso de nacimiento prematuro, a fin de atender los gastos que ocasione el nacido.

La **incapacidad temporal** cubierta por el seguro obligatorio de viajeros se indemniza en función del grado de inhabilitación que se atribuye en el baremo anexo al mismo Reglamento a las lesiones de los asegurados (RD 1575/1989 art.18). **3596**

Precisiones La incapacidad temporal es el tiempo necesario de curación, y en su caso, para la estabilización de las secuelas, durante el cual el lesionado recibe asistencia y tratamiento médico, y como días de baja impeditivos los que inhabilitan durante dicho periodo de tiempo para el ejercicio no solo de la ocupación habitual también de las actividades que el lesionado lleve a cabo ordinariamente en la vida cotidiana.
No procede indemnizar los **días de baja** por no ser indemnizables al no entrar en ninguno de los supuestos contemplados en el RD 1575/1989, ya que el tiempo de duración de las lesiones está excluido del contenido del seguro obligatorio de viajeros. Por lo tanto, la indemnización ha de fijarse mediante la inclusión de la lesión sufrida en una de las categorías descritas en el baremo. Debe excluirse necesariamente la indemnización por **periodo cronológico de incapacitación**, planteándose el problema de la equiparación de la lesión corporal padecida con alguna de las categorías que recoge tal baremo, hasta el punto de que algunas Audiencias excluyen su indemnización por imposibilidad de encuadrar la lesión temporal en alguna de las categorías (AP Madrid 5-5-05, EDJ 87017).

2. Transporte aéreo

(L 48/1960)

La **regulación normativa** del contrato de transporte aéreo de pasajeros, en lo relativo a la formalización del contrato, los derechos y obligaciones de las partes y el sistema de responsabilidad se encuentra recogido en: **3600**
• L 48/1960, sobre navegación aérea (LNA).
• Rgto CE/261/2004, por el que se establecen normas comunes sobre **compensación y asistencia** a los pasajeros aéreos en caso de denegación de embarque y de cancelación o gran retraso de los vuelos.
• Rgto CE/2027/1997, sobre la responsabilidad de las **compañías aéreas** en caso de accidente.
• Rgto CE/1107/2006, sobre los derechos de las personas con **discapacidad o movilidad reducida** en el transporte aéreo.
• Rgto CE/1008/2008, sobre normas comunes para la **explotación de servicios aéreos** en la Comunidad.

Precisiones Han de tenerse en cuenta, además, los **compromisos** relativos al nivel de servicios a los pasajeros, que han sido suscritos (2-7-2001) por las compañías aéreas y las de gestión de infraestructuras aéreas (aeropuertos), cada una en su ámbito de competencia. No se trata de obligaciones, en sentido estricto, sino de compromisos, no exigibles legalmente, que tienen por objeto ofrecer un determinado nivel de servicio a los pasajeros.

Billete de pasaje (LNA art.93) El billete de pasaje es el **elemento formal** del contrato. Es un documento nominativo e intransferible y solo puede utilizarse en el viaje para el que fue expedido. **3605**
En el caso de **venta conjunta de tramos**, no es una práctica extraña en las aerolíneas cancelar los vuelos restantes si no se usa uno de ellos. Las razones por las que un pasajero que ha adquirido varios trayectos deja de usar uno pueden ser muy variadas (retraso, enfermedad, obligaciones laborales, etc.) pudiendo realizar el trayecto perdido por otros medios y disfrutar del resto de trayectos que ya han sido pagados, por lo que la cancelación de los trayectos posteriores supone

un enriquecimiento injusto de la compañía. Estas cláusulas, por tanto, son manifiestamente abusivas al producir un desequilibrio importante entre las partes del contrato hasta el punto de liberar a la compañía aérea de todas sus obligaciones por el mero hecho de que el consumidor no use su derecho de exigir parte de la contraprestación (TS 13-11-18, EDJ 628806; JM núm 1, San Sebastián 20-7-20, EDJ 801231).

Precisiones **1)** El servicio contratado se enmarca en un transporte aéreo de personas en el que, a diferencia de otros medios de transporte, es determinante el elemento nominativo y personalizado del título de viaje, o lo que es igual, el billete constituye el documento que confiere al titular el **derecho a ser transportado** al punto de destino y la relación jurídica de contrato se crea entre el transportista y el pasajero titular del billete, en razón de las condiciones establecidas en el mismo, de tal forma que el pago hecho por un tercero no le confiere la condición de contratante en la relación obligacional existente entre la compañía y el pasajero de la que dimana el abono llevado a cabo, lo que tampoco altera la relación existente entre quien paga y el beneficiario del pago, en orden al posible reembolso de lo pagado (TS 15-6-12, EDJ 119453).
2) La cláusula que faculta a la aerolínea a deducir una **cantidad fija por gestión** en la devolución automática de tasas aeroportuarias cuando el pasajero no utiliza el billete es nula por abusiva, pues impone una obligación injustificada al consumidor que limita el ejercicio de un derecho reconocido y no responde a ningún coste real para la compañía (TS 2-10-25, EDJ 717273).

3610 **Derechos y obligaciones** (LNA art.92 y 101) La **obligación principal** del porteador es trasladar incólume al pasajero de un lugar a otro.
Para su cumplimiento está obligado a:
- proporcionar al pasajero la **plaza** que le corresponda; y
- realizar el vuelo en las condiciones de **tiempo, itinerario y escala** previstos en el billete de pasaje.

El pasajero tiene como obligación principal la del **pago del precio** del pasaje.
Las **tarifas** del transporte de viajeros y sus equipajes son aprobadas por el Ministerio de Transportes, Movilidad y Agenda Urbana.

Precisiones **1)** Téngase en cuenta el Rgto CE/261/2004, por el que se establecen normas comunes sobre compensación y asistencia a los pasajeros aéreos en caso de denegación de embarque y de cancelación o gran retraso de los vuelos.
2) No cabe la posibilidad de **desistimiento** en los contratos de transporte aéreo de pasajeros, al que no se le aplican las disposiciones de la LGDCU Título III Libro II ya que tales normas no son aplicables a estos contratos (LGDCU art.93.k; JM núm 1, Valladolid 11-10-16, EDJ 198361; JM núm 1, Donostia/San Sebastián 22-2-16, EDJ 45777).
3) Se reconoce el **derecho de renuncia** a efectuar el viaje en **vuelos nacionales** (LNA art.5), este no ampara el desistimiento unilateral cuando se trata de una tarifa contratada sin posibilidad de anulación, pero el viajero tiene derecho al reintegro del importe cuando en las condiciones del billete no figura de forma clara que no se permite la cancelación (JM núm 2, Bilbao 19-1-15, EDJ 241367).

3611 **Accidente de aviación civil** (Rgto (UE) 996/2010; L 1/2011; RD 632/2013) Con el objetivo de asegurar en el ámbito europeo una respuesta más amplia y armonizada a los accidentes de aviación civil, el Rgto (UE) 996/2010 impone a los Estados el deber de establecer **planes de emergencia** a escala nacional que prevean, en particular, la asistencia a las víctimas y sus familiares y velar porque las compañías aéreas registradas en su territorio cuenten con **planes de asistencia** a las víctimas y sus familiares.
Así, la L 1/2011 establece el **Programa Estatal de Seguridad Operacional para la Aviación Civil** y contempla la obligación de las compañías aéreas con licencia española de disponer de un plan de asistencia a las víctimas y sus familiares en caso de accidente aéreo de aviación civil auditado por la Agencia Estatal de Seguridad Aérea, previo informe preceptivo del Ministerio del Interior.
Así, los planes de protección civil deben contemplar:
- la asistencia psicológica a las víctimas y sus familiares;
- el establecimiento de un espacio privado en el que los familiares puedan elaborar su duelo privado garantizando, en su caso, espacios diferenciados para los familiares de la tripulación y de los pasajeros;
- la protección de la intimidad y dignidad de las víctimas y sus familiares ante el acceso o las comunicaciones no solicitadas de personas no involucradas en la atención de la emergencia; entre otros, periodistas o abogados;
- la provisión de espacios privados para la colaboración con las Fuerzas y Cuerpos de Seguridad del Estado y policías autonómicas en la obtención de descripciones físicas e identificación de víctimas;
- la coordinación con la Administración General del Estado para la asistencia a las víctimas y sus familiares en los respectivos ámbitos de sus competencias; y
- la coordinación y colaboración con la persona de contacto encargada de informar a las víctimas y sus familiares.

Precisiones La **persona de contacto con las víctimas y sus familiares**, entre otras cuestiones, se encarga de (RD 632/2013 art.7):
- informar a las víctimas, sus familiares o persona de contacto sobre las diversas cuestiones relacionadas con la identificación de las personas a bordo, el alcance de la asistencia a las víctimas y a sus familiares, así los derechos conexos que les asistan en virtud de la normativa aeronáutica de aplicación;
- actuar como enlace entre el operador de la aeronave siniestrada y los familiares;
- establecer la coordinación necesaria con los responsables designados por otros Estados para atender a las víctimas y sus familiares de tal nacionalidad; y
- poner a disposición de las víctimas y familiares el folleto informativo y el dossier sobre legislación aeronáutica aplicable.

Denegación de embarque (LNA art.96; Rgto CE/261/2004 art.4 y 7) El transportista está facultado para excluir del transporte a los pasajeros que, por **razones** de enfermedad u otras causas, puedan constituir un peligro o perturbación para el buen régimen de la aeronave. 3615
Por otro lado, el transportista también puede negar el embarque al pasajero por falta de asientos disponibles **(overbooking)**, aún cuando dicho pasajero tenga el vuelo contratado. En tal caso, el pasajero afectado puede, con arreglo a la legislación general, recurrir a la vía jurisdiccional para hacer valer su derecho a una **indemnización** por daños y perjuicios, causados por el incumplimiento de las obligaciones pactadas en virtud del contrato de transporte.

Dejando a salvo dicha posibilidad legal, se permite al pasajero optar, con carácter voluntario, por una **compensación inmediata**. Deben para ello concurrir las siguientes **circunstancias**: 3617
• Compra del billete y plaza confirmada mediante la correspondiente anotación en el billete por la propia compañía o agencia; disponiendo, por lo tanto, el viajero de una reserva válida para el vuelo en cuestión.
• Presentación para facturar y recoger la tarjeta de embarque para el vuelo, en el lugar y hora especificados por la compañía aérea, negándole dicha compañía o sus representantes el embarque en tal vuelo y efectuándose este sin transportar al mismo.
• Falta de ofrecimiento de la compañía de un transporte aéreo regular u otra clase de transporte sustitutivo del vuelo reservado, con llegada prevista al punto de destino dentro de los siguientes plazos:
- 2 horas siguientes a la del vuelo reservado cuando se trate de transporte doméstico;
- 4 horas hacia destinos situados en Europa, y;
- 6 horas en el caso de otros destinos.
En caso de denegación de embarque, cancelación o gran retraso, es **obligación de las compañías** aéreas llevar a los pasajeros al destino final (Rgto CE/261/2004 art.8):
- lo más rápidamente posible; o
- en una fecha posterior convenida con el pasajero, en función de los asientos disponibles.
Así, mediante una **condición general**, no puede convertirse esta obligación en una facultad de la compañía aérea que facilite la exención de la responsabilidad de la compañía aérea en perjuicio del pasajero. Para que la compañía quede eximida de responsabilidad deben darse circunstancias extraordinarias -por ejemplo, inestabilidad política, riesgos de seguridad, condiciones metereológicas incompatibles con el vuelo, etc.- (Rgto CE/261/2004 art.5.3; TJUE 23-3-21, asunto C-28/20; TS 13-11-18, EDJ 628806; JM núm 5, Barcelona 14-4-21, EDJ 584714).

Precisiones **1)** Además del **overbooking**, el concepto de denegación de embarque puede extenderse a **otras situaciones**, como por ejemplo, cuando un transportista aéreo deniega el embarque a ciertos pasajeros porque el primer vuelo incluido en la reserva ha experimentado un retraso imputable a ese transportista y este último ha previsto erróneamente que esos pasajeros no llegarán a tiempo para embarcar en el segundo vuelo (TJUE 4-10-12, asunto C-321/2011).
2) En lo relativo a la denegación de embarque por **presentación de documentos de viaje inadecuados**, los juzgados de lo Mercantil han resuelto de forma casi unánime en el sentido de que la denegación del embarque por parte de una compañía aérea de un menor por presentar como documento identificativo el Libro de familia, constituye una denegación indebida por lo que los demandantes tienen derecho a la devolución del precio del billete así como a obtener una compensación económica conforme al Rgto CE/261/2004 art.4 y 7 (JM núm 9, Barcelona 17-3-11, EDJ 23827).
3) En cuanto a la indemnización a los viajeros por **daño moral** derivado de la denegación de embarque y consiguiente retraso en el inicio del viaje, fija una indemnización para cada uno de los demandantes, debido a las circunstancias producidas como fueron el carácter sorpresivo de la denegación de embarque, el tiempo de demora hasta el nuevo embarque, la modificación de destino de vuelo para poder llegar a la ciudad de destino y la pérdida del día en unas vacaciones cortas en tiempo y, por tanto, parcialmente frustradas (AP Baleares 21-7-20, EDJ 658944; AP Alicante 7-2-13, EDJ 55275).
4) Cuando un pasajero sufre una denegación de embarque y un retraso superior a 3 horas en un **vuelo dentro de la UE** de **más de 1.500 kilómetros**, la compañía aérea está obligada a indemnizar al pasajero con la cantidad establecida en el Rgto CE/261/2004 (nº 3670), salvo que pruebe que el retraso se debió a circunstancias extraordinarias fuera de su control (JM Madrid núm 5, 3-7-23, EDJ 714274).

3620 **Cancelación del vuelo** (Rgto UE/261/2004 art.5) Cuando se produzca la cancelación de un vuelo (la no realización de un vuelo programado y en el que había reservada al menos una plaza) el transportista aéreo encargado de efectuar el vuelo debe ofrecer las siguientes **soluciones**:

• **Asistencia**, por ejemplo, alojamiento en hotel y el transporte entre el aeropuerto y el lugar de alojamiento cuando la salida prevista del vuelo alternativo sea como mínimo al día siguiente de la salida programada del vuelo cancelado;

• **Compensación** (nº 3670), excepto si se ha informado previamente al pasajero de la cancelación:

- con al menos con **2 semanas** de antelación con respecto a la hora de salida prevista (TS 2-2-21, EDJ 503535);
- con una antelación **entre 2 semanas y 7 días** con respecto a la hora de salida prevista, y se le haya ofrecido un transporte alternativo que le permita salir con no más de dos horas de antelación con respecto a la hora de salida prevista y llegar a su destino final con menos de 4 horas de retraso con respecto de la hora de llegada prevista; o
- con **menos de 7 días** de antelación con respecto a la hora de salida prevista y se le haya ofrecido tomar otro vuelo que le permita salir con no más de una hora de antelación con respecto a la hora de salida prevista y llegar a su destino final con menos de 2 horas de retraso con respecto a la hora de llegada prevista.

La **carga de la prueba** de haber informado al pasajero de la cancelación del vuelo, así como del momento en que se le ha informado, corresponde al transportista aéreo encargado de efectuar el vuelo. Siempre que se informe a los pasajeros de la cancelación, la compañía aérea debe proporcionar una explicación relativa a los posibles transportes alternativos.

Precisiones **1)** En caso de que un **viaje combinado** se cancele y el motivo no sea la cancelación del vuelo, el Rgto UE/261/2004 no se aplica.

2) El **concepto de cancelación** no se refiere exclusivamente al supuesto de que el avión de que se trate no haya despegado en modo alguno, sino que incluye igualmente el supuesto de que el avión haya despegado, pero, cualquiera que sea la razón, se vea obligado a regresar al aeropuerto de origen y los pasajeros de dicho avión hayan sido transferidos a otros vuelos (TJUE 13-10-11, asunto C-83/2010).

3) En cuanto a la indemnización por **daño moral** en el supuesto de cancelación del vuelo sin previo aviso, la inquietud e incertidumbre generada debe traspasar lo que es una «simple molestia», por ejemplo, si se produce en una situación que obliga a los viajeros a tomar su propia iniciativa para la contratación de nuevos vuelos en un momento en el que se hacía aún más incierta su posibilidad de disfrutar de las previstas vacaciones (AP Madrid 9-4-12, EDJ 89585; JM num 9, Barcelona 29-6-21, EDJ 664755).

3623 No obstante, el transportista aéreo encargado de efectuar el vuelo puede probar que la cancelación se debe a **circunstancias extraordinarias**:

- casos de inestabilidad política, condiciones meteorológicas incompatibles con la realización del vuelo (AP A Coruña 6-9-11, EDJ 218527);
- riesgos para la seguridad, deficiencias inesperadas en la seguridad del vuelo (JM núm 6, Madrid 6-6-11, EDJ 149429); y
- huelgas que afecten a las operaciones de una compañía encargada de efectuar un vuelo (AP Barcelona 9-7-10, EDJ 365195).

Precisiones **1)** Respecto de los **problemas técnicos** detectados con ocasión del mantenimiento de las aeronaves o a causa de fallos en dicho mantenimiento, el concepto de «circunstancias extraordinarias» no se aplica en este caso, a menos que se derive de acontecimientos que, por su naturaleza o por su origen, no sean inherentes al ejercicio normal de la actividad del transportista aéreo de que se trate y escapen al control efectivo de dicho transportista (AP Asturias 14-5-12, EDJ 113844).

2) Los retrasos y cancelaciones de vuelos por **huelgas** de personal de la aerolínea se pueden reclamar. La ausencia espontánea de una parte importante del personal de navegación de una aerolínea no constituye una circunstancia extraordinaria que exima de indemnizar a los pasajeros afectados (TJUE 17-4-1).

3) En el supuesto de una huelga en el aeropuerto, con **invasión de la pista** e imposibilitando el despegue de varios vuelos, se rechaza la concurrencia de estas circunstancias extraordinarias (AP Zaragoza 11-2-08, EDJ 30459).

4) En el caso en que el contrato de transporte contenía una cláusula que otorgaba a la compañía aérea la **posibilidad de hacerse sustituir** por otro transportista, utilizar aviones de terceros o modificar/suprimir escalas previstas en el billete **«en caso de necesidad»** sin responsabilizarse por la pérdida de vuelos de enlace, se consideró que la expresión era excesivamente genérica e imprecisa y desbordaba las circunstancias extraordinarias que se exigen para eximir de responsabilidad a la compañía aérea (TS 13-11-18, EDJ 628806).

Suspensión o retraso del transporte (LNA art.94) El porteador es responsable de la suspensión o retraso del transporte. Incluso si el transporte no tiene lugar por causa de **fuerza mayor o razones meteorológicas** que afecten a la seguridad del viaje, el porteador está obligado a devolver el precio del billete. 3625
Si, una vez comenzado el viaje, se produce su interrupción por causa de fuerza mayor o por razones meteorológicas que afecten a la seguridad del viaje, el porteador está obligado a verificar el transporte por el medio más rápido posible o a indemnizar al viajero de forma proporcional, a elección de este.

Precisiones **1)** El **cumplimiento de los horarios** previstos es una obligación esencial del contrato que el transportista no puede eludir, salvo casos de fuerza mayor, puesto que el viajero contrata con la compañía confiado en dicho cumplimiento. En consecuencia, se ha declarado la nulidad de una cláusula del contrato de transporte aéreo de viajeros que exonera de responsabilidad a la compañía por incumplimiento del horario indicado en el billete y, en especial, por no garantizar los enlaces (AP Baleares 16-5-03, EDJ 157314).
2) La indemnización debe cubrir tanto el daño material como el **daño moral**, consistente este último en la aflicción o perturbación ocasionada a los viajeros que, tras más de 4 horas de espera, no pudieron enlazar con el vuelo que debía conducirles a su destino y que ya tenían contratado (TS 11-11-97, EDJ 9811).
3) La jurisprudencia ha precisado que no deben entenderse como circunstancias exoneradoras de la responsabilidad del transportista aéreo, por los retrasos sufridos, las derivadas de problemas del aparato tales como **averías mecánicas** imprevistas, ya que el transportista viene obligado a que sus equipos se encuentren en perfectas condiciones para prestar el transporte debiendo procurar en cualquier caso, con rapidez y eficacia, la solución del problema técnico acaecido (JM núm 10, Barcelona 12-6-21, EDJ 663473; JM núm 1, Palma de Mallorca 23-4-21, EDJ 569053; AP Valencia 19-2-13, EDJ 56797).

A los efectos de retraso, debe tenerse en cuenta que cuando el pasajero se vea afectado por un retraso con respecto a la **hora de salida** prevista de: 3628
- **de 2 horas o más** en el caso de todos los vuelos de 1.500 kilómetros o menos;
- **de 3 horas o más** en el caso de todos los vuelos intracomunitarios de más de 1.500 kilómetros y de todos los demás vuelos de entre 1.500 y 3.500 kilómetros; o
- **de 4 horas o más**.

En estos casos, el transportista aéreo está obligado a ofrecer **asistencia** (Rgto CE/261/2004 art.9), relativa al «**derecho a atención**» (nº 3685), pero únicamente ofrece alojamiento en hotel y el transporte entre el aeropuerto y el lugar de alojamiento cuando la salida prevista del vuelo alternativo sea como mínimo al día siguiente a la hora previamente anunciada.
Cuando el retraso sea de **5 horas** como mínimo, la compañía ofrece al pasajero el reembolso en el plazo de 7 días, del coste íntegro del billete al precio al cual se compró, correspondiente a la parte del viaje no efectuada y a la parte del viaje efectuada, si el vuelo ya no tiene razón de ser según el plan de viaje inicial del pasajero, y, si procede, un vuelo de vuelta al primer punto de partida lo más rápidamente posible.

Precisiones **1)** A partir de la sentencia Sturgeon, los pasajeros de los **vuelos retrasados** pueden equipararse a los pasajeros de los vuelos cancelados a los efectos de la aplicación del derecho a compensación cuando soportan, en relación con el vuelo que sufre el retraso, una pérdida de tiempo igual o superior a 3 horas, es decir, cuando llegan al destino final 3 o más horas después de la hora de llegada inicialmente prevista por el transportista aéreo.
Sin embargo, este retraso no da derecho a compensación a los pasajeros si el transportista aéreo puede probar que el **gran retraso** producido se debe a circunstancias extraordinarias que no podrían haberse evitado incluso si se hubieran tomado todas las medidas razonables, es decir, circunstancias que escapan al control efectivo del transportista aéreo (TJUE 19-11-09 asuntos acumulados C-402/07 y C-432/07).
2) Cuando un vuelo sufre un gran retraso, está previsto que se realice, de modo que deben llevarse a cabo los **trámites de facturación**. No puede eximirse a los pasajeros de un vuelo retrasado de la obligación de presentarse a facturación para poder reclamar después (TJUE 25-1-24, nº C-474/22).

Derecho de compensación (Rgto CE/261/2004 art.7) En caso de denegación de embarque y de cancelación o gran retraso de los vuelos, los pasajeros reciben una compensación por parte del transportista encargado de efectuar el vuelo equivalente a: 3670
- 250 euros para vuelos de **hasta 1.500 km**;
- 400 euros para todos los vuelos intracomunitarios de **más de 1.500 km** y para todos los demás vuelos de **entre 1.500 y 3.500 km**; y
- 600 euros para todos los vuelos no comprendidos en los apartados anteriores.

La **distancia** se determina tomando como base el último destino al que el pasajero llega con retraso en relación con la hora prevista debido a la denegación de embarque o a la cancelación.
La compensación **se efectúa** en metálico, transferencia bancaria electrónica, transferencia bancaria, cheque o, previo acuerdo firmado por el pasajero, bonos de viaje u otros servicios.

3673 El transportista aéreo encargado de efectuar el vuelo puede reducir en un 50% las compensaciones anteriores cuando el transporte alternativo ofrecido permita la llegada hasta el destino final con una diferencia en la hora de llegada respecto a la prevista para el vuelo inicialmente reservado.

La compensación económica pretende indemnizar los perjuicios sufridos por el pasajero como consecuencia de la denegación de embarque, dentro de los que cabe incluir no solo los daños materiales sino también los morales. Por ello, su **naturaleza jurídica** es la de establecer una serie de garantías mínimas o derechos asistenciales y estimular a las compañías aéreas a ofrecerlas o prestarlas a los perjudicados con carácter inmediato.

Lo anterior significa que su existencia no excluye cualesquiera otras **indemnizaciones suplementarias** reconocidas a los pasajeros aéreos por la normativa internacional o nacional de los Estados miembros de la Unión Europea que resulten aplicables (nº 3690).

3675 El transportista aéreo que deniegue el embarque o cancele un vuelo debe proporcionar a cada uno de los pasajeros afectados un **impreso** en el que se indiquen las normas en materia de compensación y asistencia. También debe proporcionar un impreso equivalente a cada uno de los pasajeros afectados por un retraso de al menos 2 horas. Esta información debe aplicarse utilizando los medios alternativos adecuados para personas invidentes o con problemas de vista.

3680 **Derecho de transporte alternativo** (Rgto CE/261/2004 art.8) Cuando el pasajero tenga derecho al reembolso o a un transporte alternativo en relación con una denegación de embarque o una cancelación sufrida, se le ofrecen las **opciones siguientes**:

• **Reembolso** en 7 días del coste íntegro del billete al precio al cual se compró, correspondiente a la parte del viaje no efectuada y a la parte del viaje efectuada, si el vuelo ya no tiene razón de ser según el plan de viaje inicial del pasajero, y, cuando proceda, un vuelo de vuelta al primer punto de partida lo más rápidamente posible. El reembolso se efectuará en metálico, transferencia bancaria, cheque o, previo acuerdo firmado por el pasajero, bonos de viaje u otros servicios;

• La **conducción hasta el destino final:**

- en condiciones de transporte comparables, lo más rápidamente posible; o
- en una fecha posterior que convenga al pasajero en función de los asientos disponibles.

3682 En el caso de las ciudades o regiones en las que existan **varios aeropuertos**, el transportista aéreo encargado de efectuar el vuelo que ofrezca al pasajero un vuelo a otro aeropuerto distinto de aquel para el que se efectuó la reserva, debe correr con los gastos de transporte del pasajero desde ese segundo aeropuerto, bien hasta el aeropuerto para el que efectuó la reserva, bien hasta otro lugar cercano convenido con el pasajero.

3685 **Derecho de atención** (Rgto CE/261/2004 art.9) Igualmente, el transportista aéreo debe ofrecer gratuitamente a los pasajeros comida y refrescos suficientes, en función del tiempo que sea necesario esperar, así como la posibilidad de realizar dos llamadas telefónicas, télex o mensajes de fax, o correos electrónicos. Además, se ofrece gratuitamente **alojamiento** en un hotel cuando sea necesario pernoctar una o varias noches, o sea necesaria una estancia adicional a la prevista por el pasajero; en estos casos el transportista aéreo ofrece también el transporte entre el aeropuerto y el lugar de alojamiento.

El transportista aéreo debe prestar atención especial a las necesidades de las **personas con movilidad reducida** y de sus acompañantes, así como las de los menores no acompañados.

Precisiones **1)** En un caso de cancelación de vuelo imputable al transportista aéreo, la compañía pagó la indemnización, pero se negó a pagar otros gastos adicionales reclamados, como billetes de tren y avión de regreso, alojamiento y alimentación. El transportista aéreo debe reembolsar los **gastos adicionales razonables** derivados directamente de la cancelación del vuelo cuando estos sean consecuencia lógica y necesaria de la situación (JM Barcelona núm 11, 29-5-20, EDJ 862255).

2) En el caso en que el vuelo alternativo propuesto salía al día siguiente, la compañía aérea debe asumir los **gastos de hotel** ocasionados por la **pernocta obligada** ya que la compañía tenía el deber de asistencia (JM Barcelona núm 5, auto 28-5-20, EDJ 861757; JM Madrid núm 18, 28-4-23, EDJ 711190).

3690 **Otros derechos de los pasajeros** (Rgto CE/261/2004 art.10 a 12) Si un transportista aéreo encargado de efectuar el vuelo acomoda a un pasajero en una **plaza de clase superior** a la contratada, no puede solicitar ningún pago suplementario.

Por el contrario, si acomoda a un pasajero en una **clase inferior** reembolsa al mismo en el plazo de 7 días (en las formas indicadas antes para los reembolsos):

- el 30% del precio del billete del pasajero para todos los vuelos de 1.500 km o menos;

- el 50% para todos los vuelos intracomunitarios de más de 1.500 km (excepto vuelos entre el territorio europeo y los territorios franceses de ultramar) y para todos los demás vuelos de entre 1.500 y 3.500 km; o
- el 75% para todos los vuelos distintos de los anteriores.

A su vez, el transportista aéreo prioriza el transporte de las **personas con movilidad reducida** y sus acompañantes o perros de acompañamiento certificados, así como al transporte de los menores no acompañados. En caso de denegación de embarque, cancelación y retrasos de cualquier duración, las personas con movilidad reducida y sus acompañantes, así como los menores no acompañados, tienen derecho a recibir el derecho de atención (nº 3685). 3691
Se puede presentar un recurso ante los tribunales de justicia competentes con el fin de obtener una **compensación suplementaria**.

Precisiones La compensación suplementaria no puede servir de fundamento jurídico al juez nacional para condenar al transportista aéreo a reembolsar a los pasajeros cuyo vuelo ha sido retrasado o cancelado los gastos que estos hayan tenido que efectuar a causa del incumplimiento por parte de dicho transportista, de las **obligaciones de asistencia** (reembolso del billete o conducción hasta el destino final, asunción de los gastos de traslado entre el aeropuerto de llegada y el aeropuerto inicialmente previsto) y **de atención** (asumiendo los gastos de restauración, alojamiento y comunicación), como señala el TJUE 13-10-11, asunto C-83/10.

3. Transporte marítimo

(L 14/2014)

La L 14/2014, de navegación marítima (en adelante, LNM) llevó a cabo una reforma amplia del Derecho marítimo español contemplando todos sus aspectos. Se trata de una **renovación** que no busca una mera actualización y codificación, sino que también responde a su imprescindible coordinación con el Derecho marítimo internacional y su adecuación a la práctica actual del transporte marítimo. 3700
El transporte marítimo de personas recibe el nombre de **«contrato de pasaje»** y se define como aquel en el que el porteador se obliga, a cambio del pago de un precio, a transportar por mar a una persona y, en su caso, su equipaje.
La LNM contiene las **menciones mínimas** que habrán de constar en el **billete**:
- lugar y fecha de emisión;
- nombre y dirección del porteador;
- nombre del buque, clase;
- número de cabina o de la acomodación;
- precio del transporte o carácter gratuito del mismo;
- punto de salida y destino;
- fecha y hora de embarque;
- llegada o la duración estimada del viaje;
- indicación sumaria de la ruta a seguir; y
- escalas previstas y las condiciones en que haya de realizarse el transporte.

Precisiones Para las embarcaciones que presten **servicios portuarios y regulares** en el interior de zonas delimitadas por las autoridades marítimas, el billete de pasaje puede ser sustituido por un **ticket** que indique el nombre del porteador, el servicio efectuado y el importe de este.

Obligaciones del porteador (LNM art.209, 291, 292 y 294) En virtud del contrato de pasaje, el porteador queda obligado a: 3705
• Poner y conservar el buque en **estado de navegabilidad** y convenientemente armado, equipado y aprovisionado para realizar el transporte convenido y para garantizar la seguridad y la comodidad de los pasajeros a bordo.
• Poner a disposición de los pasajeros, en el lugar y tiempo convenidos, el **buque**.
• Emprender el **viaje** y realizarlo hasta el punto de destino sin demora injustificada y por la ruta pactada o, a falta de pacto, por la más apropiada.
• Prestar los **servicios** complementarios y la asistencia médica en la forma establecida reglamentariamente o por los usos.
• Si por averías del buque se produce la **interrupción del viaje** antes de llegar al puerto de destino, el porteador debe correr con los gastos de manutención y alojamiento de los pasajeros mientras el buque se repara. Si el buque queda inhabilitado definitivamente o el retraso puede perjudicar gravemente a los pasajeros, el porteador debe proveer a su costa el transporte hasta el destino pactado, sin perjuicio de las responsabilidades exigibles.
• Respecto al **equipaje**, el porteador queda obligado a transportar, juntamente con los viajeros e incluido en el precio del billete, el equipaje, con los límites de peso y volumen fijados por el porteador o por los usos. Lo que exceda de los límites indicados ha de ser objeto de estipulación especial, con obligación de informar previamente al pasajero de estas limitaciones de equipaje y su coste.

3708 **Derechos y obligaciones del viajero** (LNM art.293; Rgto UE/1177/2010) El pasajero está obligado a pagar el **precio del pasaje**, presentarse oportunamente para su embarque y observar las disposiciones establecidas para mantener el buen orden y la seguridad a bordo.
A cambio, tiene derecho a exigir del porteador el cumplimiento de las obligaciones que le incumben de acuerdo con las **normas de la Unión Europea**.
El Rgto UE/1177/2010 establece las normas aplicables al transporte por mar y por vías navegables, principalmente en lo que respecta a la **información** mínima que debe facilitarse a los pasajeros (Rgto UE/1177/2010 art.22 y 23), la no discriminación y prestación de asistencia a las **personas con discapacidad** y movilidad reducida (Rgto UE/1177/2010 art.7 a 15) y los derechos de los pasajeros en caso de **cancelación o retraso**.
El Reglamento es de aplicación a los pasajeros que utilicen **servicios de pasaje** cuyo punto de embarque esté situado:
- en el territorio de un Estado miembro;
- fuera del territorio de un Estado miembro y cuyo **puerto de desembarque** esté situado en el territorio de un Estado miembro, siempre que el operador del servicio sea un transportista de la Unión; o
- en el territorio de un Estado miembro, cuando sea un **crucero** (aunque no se aplican a estos pasajeros ciertos preceptos: Rgto UE/1177/2010 art.16.2, 18, 19 y 20.1 y 4).

Precisiones El Reglamento **no es de aplicación** (Rgto UE/1177/2010 art.2.2) a los pasajeros que viajen:
- en buques autorizados a transportar hasta 12 pasajeros;
- en buques en los que la tripulación responsable del funcionamiento del buque esté compuesta por 3 personas, como máximo, o cuyo servicio de pasaje en su totalidad cubra una distancia inferior a 500 m, en un solo sentido;
- en circuitos de excursión y turísticos, excepto los cruceros; o
- en buques no propulsados por medios mecánicos, en buques originales y reproducciones singulares de buques de pasaje históricos proyectados antes de 1965 y construidos predominantemente con los materiales de origen, autorizados a transportar hasta 36 pasajeros.

3710 **Cancelación o retraso de salida** (Rgto UE/1177/2010 art.16 a 18) En los supuestos de cancelación o de retraso de la salida de un servicio de pasaje o de un crucero, se establecen los siguientes **derechos del pasajero**:
• Si el retraso es **menor a 30 minutos**: información de la situación lo antes posible a los pasajeros que partan de las terminales portuarias o, si es posible, a los pasajeros que partan de los puertos; deben informar también de la hora estimada de salida y de llegada, tan pronto como dispongan de esta información.
• Si el retraso es **menor a 90 minutos**, el transportista debe ofrecer:
- **asistencia**: aperitivos, comida y refrescos gratuitos suficientes en función del tiempo que sea necesario esperar, siempre que estén disponibles o si pueden suministrarse razonablemente;
- **transporte alternativo**, bien la conducción hasta el destino final, en condiciones de transporte comparables, con arreglo al contrato de transporte, en la primera ocasión que se presente y sin coste adicional o el **reembolso del precio** del billete y, si procede, un servicio de vuelta gratuita al primer punto de partida, con arreglo al contrato de transporte, en la primera ocasión que se presente;
• Si el retraso es **mayor a 90 minutos**: conducción alternativa o reembolso por el transportista del precio del billete.

Precisiones En el supuesto de cancelación o retraso en la salida que requiera una estancia de **una o varias noches** o una estancia suplementaria a la prevista por el pasajero, el transportista, cuando sea materialmente posible, debe ofrecer gratuitamente un alojamiento adecuado, a bordo o en tierra, a los pasajeros que partan de las terminales portuarias, así como el transporte de ida y vuelta entre la terminal portuaria y el lugar de alojamiento, además de los aperitivos, las comidas o los refrigerios.
El transportista puede limitar a 80 euros por noche y por pasajero, para un máximo de 3 noches, el coste total del alojamiento en tierra, sin incluir el transporte de ida y vuelta entre la terminal portuaria y el lugar de alojamiento.

3713 El **pago del reembolso** se ha de efectuar en un plazo de 7 días, en metálico, por transferencia bancaria electrónica, transferencia bancaria o cheque por el valor del coste íntegro del billete -al precio al que se compró- correspondiente a la parte o partes del viaje no efectuadas y a la parte o partes del viaje efectuadas, si el viaje ha perdido razón de ser en relación con el plan de viaje inicial del pasajero. Con el acuerdo del pasajero, el reembolso total del billete puede efectuarse mediante vales u otros servicios por un importe equivalente a la tarifa a la que se compró, siempre que las condiciones sean flexibles, en particular con respecto al período de validez y al destino.

Retraso en la llegada (Rgto UE/1177/2010 art.19) Sin renunciar a su derecho al transporte, los pasajeros pueden solicitar al transportista una **indemnización** cuando la llegada a su destino, con arreglo al contrato de transporte, pueda verse demorada. 3715

El **nivel mínimo** de la indemnización es el 25% del precio del billete para los retrasos de como mínimo:
- 1 hora, en el caso de viajes programados de duración igual o inferior a 4 horas;
- 2 horas en el caso de viajes programados de duración superior a 4 horas, pero igual o inferior a 8 horas;
- 3 horas en el caso de viajes programados de duración superior a 8 horas, pero igual o inferior a 24 horas; o
- 6 horas en el caso de viajes programados de duración superior a 24 horas.

Si el **retraso es superior al doble** del tiempo indicado en los puntos anteriores, la indemnización ha de ser del 50% del precio del billete.

La indemnización **se calcula** en relación con el precio que el viajero abonó realmente por el servicio de pasaje que ha sufrido el retraso. 3718

Si el contrato de transporte se refiere a un viaje de **ida y vuelta**, la indemnización por retraso a la llegada, ya sea en el trayecto de ida o en el de vuelta, se calcula en relación con el 50% del precio abonado por el transporte en dicho servicio de pasaje.

La indemnización **se debe abonar** en el plazo de un mes a partir de la presentación de la solicitud correspondiente. Puede abonarse en forma de vales u otros servicios, siempre y cuando las condiciones del contrato sean flexibles, especialmente en lo que se refiere al período de validez y al destino. Se debe abonar en efectivo a petición del pasajero.

No se pueden deducir de la indemnización por el precio del billete **costes de transacción** como tasas, gastos telefónicos o sellos.

Los transportistas pueden establecer un **umbral mínimo** por debajo del cual no se abonará indemnización alguna. Ese umbral no puede ser superior a 6 euros.

Precisiones Se establecen las siguientes **excepciones** a lo expuesto, por lo que lo dispuesto en este apartado no es de aplicación a:
- los pasajeros con **billetes abiertos** mientras no se especifique la hora de salida, salvo si se trata de pasajeros titulares de un pase de transporte o abono de temporada;
- los que hayan sido **informados de la cancelación o del retraso** antes de efectuar la compra del billete o cuando la cancelación o el retraso se deban a causas imputables al pasajero.

Tampoco es aplicable cuando el transportista demuestre que la cancelación o retraso:
- se deban a **condiciones meteorológicas** que hacen peligrosa la navegación, o;
- a **circunstancias extraordinarias** que entorpecen la ejecución del servicio de pasaje y que no hubieran podido evitarse incluso tras la adopción de todas las medidas oportunas.

Extinción del contrato (LNM art.297) Queda extinguido el contrato en los casos siguientes: 3720
- cuando el **pasajero no embarque** en la fecha fijada. El porteador hará suyo el precio del pasaje, salvo que la causa de la falta de embarque sea la muerte o enfermedad del pasajero o de los familiares que le acompañasen y se haya notificado sin demora o se haya podido sustituir al pasajero por otro;
- cuando por causas fortuitas el **viaje** se haga **imposible o se demore**. El porteador devolverá el precio del pasaje y quedará exento de responsabilidad;
- **modificación importante** en horarios, escalas previstas, desviación del buque de la ruta pactada, las plazas de acomodación adquiridas por el pasajero y las condiciones de comodidad convenidas. Si el pasajero opta por la resolución, tendrá derecho a la devolución del precio total del pasaje o de la parte proporcional del mismo correspondiente al trayecto que falte por realizar y a la indemnización de daños y perjuicios, si la modificación no se debe a causas justificadas;
- si antes de comenzar el viaje o durante su ejecución surgen **eventos bélicos** que expongan al buque o al pasajero a riesgos imprevistos. Ambas partes podrán solicitar la resolución sin indemnización; o
- si una vez comenzado el viaje el **pasajero no puede continuarlo** por causas fortuitas, el porteador tiene derecho a la parte proporcional del precio según el trayecto realizado.

Régimen de responsabilidad (LNM art.298) La responsabilidad del porteador se rige, en todo caso, por el Convenio Internacional relativo al Transporte de Pasajeros y sus Equipajes por Mar, hecho en Atenas el 13-12-1974 (Convenio de Atenas 13-12-1974), los protocolos que lo modifican de los que España sea Estado parte, las normas de la Unión Europea y la L 14/2014. 3725

Las disposiciones sobre responsabilidad son de **carácter imperativo** y se aplican a todo contrato de pasaje marítimo.

Precisiones Es pacífica la jurisprudencia del TS relativa a que constituye requisito indispensable la determinación del **nexo causal** entre la conducta del agente y la producción del daño, para la imputación de la responsabilidad, cualquiera que sea el criterio que se utilice (subjetivo u objetivo); y así el daño ha de basarse en una certeza probatoria que no puede quedar desvirtuada por una posible aplicación de la teoría del riesgo, la objetivación de la responsabilidad o la inversión de la carga de la prueba (TS 17-12-88; 2-4-98).

3728 **Limitación de la responsabilidad** (LNM art.299) La responsabilidad del porteador queda limitada a las cantidades establecidas en el Convenio Internacional relativo al Transporte de Pasajeros y sus Equipajes por Mar y Protocolos que lo modifican vigentes en España (Convenio de Atenas 13-12-1974).

Si el **equipaje** se transporta con valor declarado, aceptado por el porteador, el límite de su responsabilidad se corresponde con ese valor.

Precisiones Ha sido declarada la compatibilidad de la reclamación por lesión y la indemnización por el seguro obligatorio de viajeros (TS 8-10-10, EDJ 213583). Constituye requisito indispensable la determinación del **nexo causal** entre la conducta del agente y la producción del daño, para la imputación de la responsabilidad, cualquiera que sea el criterio que se utilice -subjetivo u objetivo- (TS 30-6-00, EDJ 15196).

Incumbe a la parte actora acreditar en debida forma la causa del accidente, y partir de ahí es cuando corresponde a la demandada justificar que había actuado en todo momento conforme a la diligencia precisa, pues no resulta aplicable sin más en todo siniestro la teoría de la responsabilidad por riesgo (AP Pontevedra 31-1-13, EDJ 20739).

3730 **Seguro obligatorio** (LNM art.300; Rgto CE/392/2009) El porteador efectivo que ejecute el transporte en un buque que transporte **más de 12 pasajeros** está obligado a suscribir un seguro obligatorio de responsabilidad por la muerte y lesiones corporales de los pasajeros que transporte, con un límite por cada pasajero y cada accidente no inferior a lo que establezcan los convenios y las normas de la Unión Europea.

El perjudicado tiene **acción directa** contra el asegurador hasta el límite de la suma asegurada. El asegurador puede oponer las mismas excepciones que correspondieran al porteador. Puede además oponer en todo caso el límite de responsabilidad establecido en el Convenio de Atenas 13-12-1974 art.7 incluso en el caso de que su asegurado lo hubiera perdido de acuerdo (Convenio de Atenas 13-12-1974 art.13).

Precisiones El Rgto CE/392/2009, sobre la responsabilidad de los transportistas de pasajeros por mar en caso de accidente, establece el **régimen comunitario de responsabilidad y seguro** aplicable al transporte de pasajeros por mar según se recoge en las disposiciones del Convenio de Atenas de 13-12-1974.

Este Reglamento europeo establece la obligatoriedad de los transportistas de tener suscrito un **seguro** o una garantía financiera que cubra la responsabilidad en caso de muerte o lesiones de los pasajeros derivadas de un accidente. La vigencia de dicho seguro se debe acreditar mediante la **expedición de un certificado** por las autoridades competentes de cada Estado miembro.

El Reglamento es de **aplicación** (Rgto CE/392/2009 art.2) a todo transporte internacional y al transporte marítimo dentro de un mismo Estado miembro a bordo de buques de las clases A y B (Dir 98/18/CE art.4), si:

- el buque enarbola el pabellón de un Estado miembro o está matriculado en un Estado miembro;
- el contrato de transporte se ha concertado en un Estado miembro; o
- el lugar de partida o destino, de acuerdo con el contrato de transporte, están situados en un Estado miembro.

Además, los Estados miembros pueden aplicar el Reglamento a todos los transportes por mar en el **interior de un Estado miembro**.

SECCIÓN 5

Viaje combinado

3740

Los viajes turísticos gozan en nuestro Derecho de un **régimen especial** derivado de las particulares condiciones de este tipo de contratación. 3745

La actual regulación desarrolla cronológicamente la protección del consumidor:

• **Antes de la celebración del contrato**: obligación de información de los empresarios turísticos, a través de la regulación de la información precontractual, de contenido mínimo de carácter vinculante para el organizador.

• **En el momento de la celebración del contrato**: reiterando la información ya facilitada, con el fin de que el consumidor pueda confrontarla con la recibida y apreciar su identidad con lo que va a contratar.

• **Antes de la realización del viaje**, que regula las alteraciones en el contenido del viaje, fijando el régimen de la cesión del contrato al consumidor y limitando los casos en los que el organizador puede resolver o cancelar el contrato.

• **Durante la ejecución del contrato**, delimitando la responsabilidad de los organizadores y la obligación de aportar soluciones inmediatas para solventar los problemas surgidos durante el viaje a los consumidores.

Precisiones La **primera regulación** de este contrato se llevó a cabo en la L 21/1995, de viajes combinados, a través de la cual se incorpora al derecho español la Dir 90/314/CEE, relativa a los viajes combinados, las vacaciones combinadas y los circuitos combinados. Era una norma cuya necesidad derivaba de dos **causas**: el incremento del turismo de masas y la aparición en el mercado de las agencias de viaje y organizadores. Dicha normativa fue **derogada por** la LGDCU, y que trasladó la misma a la LGDCU Libro IV (art.150 a 165). Posteriormente se aprobó el RDL 23/2018 que modificó la LGDCU Libro IV para trasponer la Dir (UE) 2015/2302 relativa a los viajes combinados y a los servicios de viaje vinculados.

1. Requisitos

Este contrato no se refiere a todo tipo de prestaciones turísticas, sino que su **ámbito de aplicación**, mucho más reducido, se centra en lo que se denomina como «viaje combinado», es decir, un paquete turístico compuesto por la combinación previa de, al menos, dos tipos de servicios de viaje si (LGDCU art.151.1.b): 3750

• Son combinados por **un solo empresario**, incluso a petición o según la selección del viajero, antes de que se celebre un único contrato por la totalidad de los servicios.

• Se celebran contratos distintos con **diferentes prestadores de servicios** si son:

- contratados en un único punto de venta y seleccionados antes de que el viajero acepte pagar;
- ofrecidos, vendidos o facturados a un precio a tanto alzado o global;
- anunciados o vendidos como «viaje combinado» o bajo una denominación similar;
- combinados después de la celebración de un contrato en virtud del cual el empresario permite al viajero elegir entre una selección de distintos tipos de servicios de viaje; o
- contratados con distintos empresarios a través de procesos de reserva en línea conectados en los que el nombre del viajero, sus datos de pago y su dirección de correo electrónico son transmitidos por el empresario con el que se celebra el primer contrato a otro u otros empresarios con quienes se celebra otro contrato, a más tardar 24 horas después de la confirmación de la reserva del primer servicio de viaje.

La combinación de servicios de viaje en la que se combina solo uno de los tipos de servicios de viaje con uno o varios de los servicios turísticos **no se considera un viaje combinado si** estos servicios turísticos no representan una proporción igual o superior al 25% del valor de la combinación y no se anuncian o no constituyen por alguna otra razón una característica esencial de la combinación, o si solo han sido seleccionados y contratados después de que se haya iniciado la ejecución de un servicio de viaje.

Además, quedan **excluidos** los viajes combinados y servicios vinculados:

- de duración inferior a 24 horas, a menos que se incluya el alojamiento;

- que se ofrezcan de manera ocasional y sin ánimo de lucro, únicamente a un grupo limitado de viajeros; o
- contratados sobre la base de un convenio general para la organización de viajes de negocios entre un empresario y otra persona que actúe con fines relacionados con su actividad comercial, negocio, oficio o profesión.

Precisiones 1) Se define como **servicio de viaje** el transporte de pasajeros, el alojamiento cuando no sea parte integrante del transporte de pasajeros y no tenga un fin residencial, el alquiler de vehículos de motor incluidas motocicletas que requieran permiso de conducir y cualquier otro servicio turístico que no forme parte integrante de un servicio de viaje (LGDCU art.151.1.a).
2) En cuanto al **precio global** del viaje, con independencia de los precios de cada uno de los servicios incluidos, la oferta debe abarcar un precio unitario para toda la actividad, sin que sea preciso desglosar el importe de cada uno de los servicios contratados. La **facturación separada** de alguno de los servicios no hace perder el carácter de viaje combinado.

2. Partes del contrato

3755 En el contrato de viaje combinado intervienen los siguientes elementos personales: el organizador o *tour operator*, el detallista y el consumidor.

3757 **Empresario de viaje** Los denominados «empresarios de viajes» son aquellos que llevan a cabo la labor de oferta, contratación y ejecución del viaje combinado. En tal sentido se puede distinguir entre (LGDCU art.151.1.g y h):
- **Organizador**: empresario que combina y vende u oferta viajes combinados directamente, a través de o junto con otro empresario, o el empresario que transmite los datos del viajero a otro empresario.
- **Minorista**: empresario distinto del organizador que vende u oferta viajes combinados por un organizador.

3759 Asimismo, el organizador y el detallista deben tener la consideración de **agencia de viajes**, de acuerdo con la normativa autonómica correspondiente.
Existen tres **tipos diferentes** de agencias de viajes:
- las **mayoristas** (proyectan, elaboran y organizan toda clase de servicios y paquetes turísticos, sin que puedan vender directamente sus productos a los consumidores);
- las **minoristas**, que comercializan el producto elaborado por las mayoristas, o bien organizan sus propios servicios y paquetes turísticos, si bien no pueden vender sus productos a otras minoristas; y
- las **mayoristas-minoristas**, que llevan a cabo simultáneamente ambas actividades.

La **configuración** de cada una de ellas como organizador o detallista, debe hacerse según las funciones que desarrollan para el concreto viaje combinado contratado, sin perjuicio de que una agencia de viajes exclusivamente mayorista, nunca puede ser considerada como detallista.
Estas diferencias inciden igualmente en el **régimen de responsabilidad** de cada uno de ellos, mucho más amplio en el caso del organizador que en el del detallista. Así, el organizador es quien realmente lleva a cabo la organización y ejecución del viaje, mientras que el detallista es un simple intermediario entre el consumidor y el organizador.

3760 **Viajero** En cuanto al **concepto** de viajero, se trata de una definición propia alejada del concepto general de consumidor y más amplia que esta (nº 20). Lo decisivo no es tanto la actividad que desarrolla la persona que contrata, como la posición ocupada en el contrato de viajes combinados. Ello implica que se produce una equiparación entre consumidor y cliente, de tal manera que se puede afirmar que todo cliente que contrata un viaje combinado es consumidor a estos efectos, ampliando por tanto el concepto estricto de consumidor (p.e. puede incluirse en esta definición al empresario que lleva a cabo la adquisición de un viaje combinado para sus actividades empresariales).
El consumidor puede ser cualquier persona en la que concurra la condición de:
- **Contratante principal**: persona física o jurídica que compra o se comprometa a comprar el viaje.
- **Beneficiario**: persona física en nombre de la cual el contratante principal se comprometa a comprar el viaje.
- **Cesionario**: persona física a la cual el contratante principal u otro beneficiario cede el viaje.

3. Derechos del viajero

El viajero ostenta una serie de derechos frente a los empresarios de viaje que llevan a cabo la oferta de viajes combinados. 3765

Información precontractual (LGDCU art.153) Se trata de una **obligación** habitualmente del minorista, en cuanto mediador y ofertante de los viajes combinados, pero que también se extiende al organizador en el caso de que este lleve a cabo la oferta directa de sus paquetes de viaje a los consumidores (en la modalidad de agencia de viajes mayorista-minorista). 3767

Así, antes de que el viajero quede obligado por cualquier contrato de viaje combinado u oferta correspondiente debe proporcionarse la siguiente información:

• Las principales **características de los servicios** de viaje:

- destinos del viaje, itinerario y períodos de estancia y número de pernoctaciones;
- medios de transporte, sus características y categorías, los puntos, fechas y horas de salida y de regreso, la duración, los lugares de las paradas intermedias y las conexiones de transporte. Si la hora exacta está aún por determinar, se informará al viajero de la hora aproximada de salida y de regreso;
- ubicación, las principales características y, si procede, la categoría turística del alojamiento con arreglo a las normas del correspondiente país de destino;
- comidas previstas;
- visitas, excursiones u otros servicios incluidos en el precio total acordado del viaje combinado;
- en caso de que esta información no pueda deducirse del contexto, indicación de si alguno de los servicios de viaje se prestará al viajero como parte de un grupo y, en caso afirmativo, cuando sea posible, el tamaño aproximado del grupo;
- si el disfrute de otros servicios turísticos depende de la capacidad del viajero para comunicarse verbalmente de manera eficaz, el idioma en que se prestarán dichos servicios;
- si el viaje o vacación es en términos generales apto para personas con movilidad reducida y, a petición del viajero, información precisa sobre la idoneidad del viaje o vacación en función de sus necesidades.

• El **nombre comercial y dirección** completa del organizador y, en su caso, del minorista, así como el número de teléfono y la dirección de correo electrónico de ambos.

• El **precio total** del viaje combinado con todos los impuestos incluidos y, en su caso, todas las comisiones, recargos y otros costes adicionales o, si dichos costes no pueden calcularse razonablemente antes de la celebración del contrato, una indicación del tipo de costes adicionales que el viajero podría tener que soportar.

• Las **modalidades de pago**, incluido cualquier importe o porcentaje del precio que deba abonarse en concepto de anticipo y los plazos para abonar el saldo, o las garantías financieras que tenga que pagar o aportar el viajero.

• El **número mínimo de personas** necesario para la realización del viaje combinado y la fecha límite para cancelar el viaje si no se alcanza (nº 3773).

Precisiones 1) En el caso de **gastos adicionales** correspondientes a los servicios incluidos en el viaje combinado que deba asumir el consumidor y que no se abonen al organizador o detallista, información sobre su existencia y, si se conoce, su importe.

2) La obligación de proporcionar toda la información necesaria al consumidor antes del inicio del viaje se extiende al deber de comunicar si es imprescindible un **visado** para poder efectuar el viaje (AP Baleares 11-4-11, EDJ 76803; AP Alicante 28-4-10, EDJ 133896).

3) No obstante, el alcance de la obligación de información asumido por la organizadora y detallista no incluye el deber de suministrar una información de carácter puntual, pormenorizada y constante de la **situación climatológica** del lugar del destino vacacional, ya que resulta plena y perfectamente accesible, con un mínimo de diligencia, a cualquier persona interesada que se dispone a realizar un viaje (AP Madrid 13-3-12, EDJ 43340).

4) Cuando una agencia de viajes minorista no informa adecuadamente y con antelación a los consumidores sobre la necesidad de obtener autorizaciones de viaje obligatorias, como la **autorización ESTA** para **Estados Unidos**, incurre en una omisión imputable que genera responsabilidad por los daños causados, incluyendo la indemnización por el importe no reembolsado del viaje y el daño moral derivado de la frustración del viaje (AP Baleares 12-9-18, EDJ 622887).

La importancia de la información precontractual es de gran **trascendencia jurídica**, pues la información contenida en la oferta es vinculante para los empresarios de viajes, tanto el organizador como el detallista. Esta consecuencia hay que ponerla en relación con la integración del contrato con la **publicidad**. Ello implica que el empresario debe de poder estar en condiciones de prestar los servicios que ha ofertado y, a su vez, el consumidor puede reclamar el cumplimiento en los términos ofertados. 3769

Se prevén una serie de **excepciones** a dicho carácter vinculante de la oferta en los siguientes casos (LGDCU art.154):
- **comunicación por escrito** al viajero antes de la celebración del contrato, siempre que dicha posibilidad de cambio se haya hecho constar expresamente en el contrato;
- cuando las **modificaciones** se lleven a cabo previo acuerdo de las partes por escrito.

3770 **Desistimiento** (LGDCU art.160) Las especiales características de este tipo de contrato determina la presencia de diversas **especialidades** en relación al derecho de desistimiento establecido con carácter general:
• **Fundamento**: no se puede obligar al viajero a realizar un viaje que no puede o no desea realizar, sin perjuicio de que esta facultad esté económicamente condicionada para evitar que el simple capricho de un viajero genere grandes perjuicios a los empresario de viajes o incluso a otros consumidores que hubieran podido contratar el mismo viaje.
• **Carácter recíproco del derecho**: el empresario organizador del viaje puede igualmente desistir del contrato, por lo que se le reconoce una facultad unilateral del que le permite cancelar el viaje combinado **antes de la fecha de salida**, asumiendo una serie de costes económicos a favor del viajero derivados de dicha cancelación.
• **Inexistencia de requisitos:** el viajero puede dejar sin efecto el contrato en todo momento; por lo que al principio de libertad de forma que rige con carácter general en el derecho de desistimiento (nº 640 s.), hay que añadir el de **libertad de plazo**, si bien el plazo influye en el importe de la cuantía económica de la indemnización a favor del organizador o detallista.
• **Efectos:** no rige el principio de indemnidad reconocido al viajero en el resto de los contratos con derecho de desistimiento; el viajero sigue teniendo derecho a obtener la devolución del importe de las cantidades entregadas a cuenta, pero debe de indemnizar al organizador o detallista, salvo cuando concurran **circunstancias inevitables y extraordinarias** en el lugar de destino o en las inmediaciones (guerras, golpes de Estado, desastres naturales, etc.).

3772 La **penalización para el viajero** debe ser razonable y estar basada en la antelación de la resolución del contrato con respecto al inicio del viaje combinado y en el ahorro de costes y los ingresos esperados por la utilización alternativa de los servicios de viaje. En ausencia de una penalización tipo, el importe de la penalización por la resolución del contrato equivaldrá al precio del viaje combinado menos el ahorro de costes y los ingresos derivados de la utilización alternativa de los servicios de viaje. El organizador o minorista debe facilitar al viajero que lo solicite una justificación del importe de la penalización.

3773 Cuando es el **organizador o el minorista quienes cancelan el contrato**, deben reembolsar al viajero la totalidad de los pagos que este haya realizado, pero no son responsable de compensación adicional alguna si:
• El **número de personas inscritas** para el viaje combinado es inferior al número mínimo especificado en el contrato y notifican al viajero dentro del **plazo** fijado que no puede superior a:
- en viajes de más de 6 días: 20 días antes del viaje;
- en viajes de entre 2 y 6 días: 7 días antes del viaje; y
- en viajes de menos de 2 días: 48 horas antes del viaje.
• El organizador se ve en la imposibilidad de ejecutar el contrato por **circunstancias inevitables y extraordinarias** y se notifica la cancelación al viajero sin demora indebida antes del inicio del viaje combinado.
Si el viaje combinado se contrató **fuera de establecimiento mercantil**, el viajero tiene de un plazo de 14 días para desistir del contrato sin necesidad de ninguna justificación.

Precisiones Si se aprecian **sustanciales modificaciones** atinentes al vuelo -que pasa de ser directo a serlo con escala intermedia-; a la categoría del hotel y la desaparición de las excursiones previstas para esos días, cabe concluir que se produce un incumplimiento esencial por parte de la agencia de viajes, tanto de sus obligaciones legales, como de mantenimiento de los términos pactados, que motiva, no un desistimiento unilateral por parte de los viajeros, sino un desistimiento justificado o causal en términos de resolución del contrato (AP Córdoba 23-3-10, EDJ 197497).

3775 **Cesión de la reserva** (LGDCU art.157) Se reconoce como un derecho del viajero la posibilidad de que pueda ceder gratuitamente su reserva de viaje combinado a otra persona, que se constituye en cesionario del mismo. Se trata de una **decisión unilateral** del contratante principal o del beneficiario que no precisa de la aceptación por parte del organizador, y su ejercicio no tiene ningún tipo de consecuencia económica ni para el cedente ni para el cesionario.
No obstante, existen una serie de **condiciones** que sí deben cumplirse para la eficacia de esta cesión contractual:
- el cesionario debe reunir las condiciones requeridas para el viaje combinado contratado;

- el cedente debe comunicar la cesión en soporte duradero al minorista o al organizador con una antelación mínima de 7 días; y
- cedente y cesionario **responden solidariamente** frente al minorista o, en su caso, el organizador del pago del saldo del precio del viaje combinado, así como de los gastos adicionales justificados que pudiera haber causado la cesión.

Precisiones Los **costes de la cesión** en ningún caso pueden sobrepasar los gastos reales soportados por el minorista o el organizador.

4. Contrato: forma, contenido y alteraciones

(LGDCU art.155)

El contrato es el **acuerdo** celebrado entre el viajero y el organizador del viaje, de tal manera que el detallista actúa como simple intermediario entre ambos, y ello con independencia de que las gestiones o tratos sean llevados directamente a cabo por el viajero con dicho detallista. 3780

No existe vinculación entre el viajero y los **prestadores de servicios** (transporte, alojamiento, actividades), pues estos se relacionan directamente con el organizador del viaje. Estas características suponen una de las particularidades más relevantes del contrato de viaje combinado, y a la vez, una de las principales fuentes de problemas.

Otra relación problemática es la relación entre el viajero y la **franquiciadora de la agencia** con la que contrata. Aunque hay que partir que la relación jurídica entre una agencia y su franquiciadora es ajena al viajero, este se guía por la publicidad, forma en la que la franquiciadora aparece en el contrato, etc. (p.e. si el emblema de la franquiciadora aparece destacado); el conocimiento y consentimiento de la franquiciadora para el uso de su denominación comercial puede resultar definitiva a la hora de considerar a la franquiciadora como responsable en concepto de organizadora (TS 4-12-18, EDJ 651811).

Forma del contrato El contrato de viaje combinado debe estar **redactado** en un lenguaje claro y comprensible y, si están por escrito, deben ser legibles. El organizador o el minorista, debe proporcionar al viajero una **copia o confirmación del contrato** en un soporte duradero y el viajero puede reclamar una copia del **contrato en papel** si se ha celebrado en presencia física de ambas partes. 3782

Contenido del contrato Este contrato debe tener un contenido mínimo que incluye, además de toda la información precontractual (nº 3760), los siguientes **datos**: 3784
- necesidades especiales del viajero aceptadas por el organizador (tales como comida vegetariana, cuna de bebé en la habitación, balcón con vistas al mar, etc.);
- indicación de la responsabilidad del organizador y minorista sobre la correcta ejecución del contrato;
- la obligación del organizador y el minorista a prestar asistencia;
- nombre de la entidad garante en caso de insolvencia, el nombre de la entidad garante del cumplimiento de la ejecución del contrato de viaje combinado, y los datos de contacto, incluida su dirección completa, en un documento resumen o certificado y, cuando proceda, el nombre de la autoridad competente designada a tal fin y sus datos de contacto;
- nombre y todos los datos de contacto del representante local del organizador o minorista, de un punto de contacto o de otro servicio que permita al viajero comunicar con cualquiera de ellos;
- la necesidad de comunicar toda falta de conformidad advertida durante la ejecución del viaje combinado;
- si viajan menores no acompañados por un familiar o adulto autorizado y el viaje incluye alojamiento, información que permita el contacto directo con el menor o con la persona responsable del mismo en el lugar de estancia de este;
- procedimientos internos de tramitación de reclamaciones disponibles y sistemas de resolución alternativa de litigios; y
- la posibilidad de ceder el contrato (nº 3775).

Alteraciones del contrato El contrato de viaje combinado puede verse afectado por multitud de **avatares** que pueden llegar incluso a frustrarlo por completo (condiciones climatológicas extremas, conflictos sociales o armados, fluctuación de divisas, desastres naturales, aprobación o modificación de tasas turísticas, huelgas, etc.). Por ello, hay veces que los organizadores o minoristas pueden verse empujados a modificar elementos del contrato. 3790

3792 **Modificación del precio** (LGDCU art.158) El precio del viaje combinado, después de celebrado el contrato, no puede modificarse **salvo** si:

• La organizadora o minorista se **reserva expresamente** esa posibilidad en el contrato.

• Está **motivado por**:

- cambios en el precio de transporte derivados del combustible;
- nivel de impuestos o tasas sobre servicios incluidos en el contrato (recargos turísticos, tasas de aterrizaje, etc.); o
- fluctuaciones en tipos de cambio de divisa.

• Se establece, como **contramedida**, que el viajero tiene derecho a una reducción del precio si disminuyen los costes.

• Se **notifica** al viajero, como máximo 20 días antes del viaje, de forma clara y se justifica el incremento con el cálculo en soporte duradero.

Si se reserva la posibilidad de modificación del precio, debe indicarse en el contrato el **método para calcular** las revisiones del coste y su repercusión en el precio.

Si el aumento de precio notificado por el organizador o minorista al viajero **excede del 8%** del precio total del viaje combinado, puede resolver el contrato sin penalización (nº 3796).

Precisiones Si se produce una **disminución del precio**, el organizador o minorista pueden deducir los gastos administrativos reales del reembolso debido al viajero, gastos que debe probar si lo solicita el viajero.

3794 **Modificación de otras cláusulas** (LGDCU art.159) Una vez firmado el contrato por las partes, antes del inicio del viaje, sus cláusulas no pueden ser modificadas por el organizador **salvo** si:

- se ha reservado el derecho en el contrato;
- el cambio es insignificante (p.e. cambiar una hora de una excursión); y
- se informa al viajero de forma clara, comprensible y destacada en un soporte duradero.

El organizador o minorista debe **comunicar** la modificación al viajero de forma clara, comprensible, destacada en un soporte duradero con:

- las modificaciones propuestas;
- su repercusión en el precio del viaje combinado;
- un plazo razonable para que el viajero se pronuncie;
- el viaje combinado sustitutivo ofrecido y su precio.

Recibida la comunicación, el **viajero puede**:

- aceptar el cambio propuesto;
- resolver el contrato en ciertos casos (nº 3796); o
- no optar, entendiéndose que resuelve el contrato.

Si las modificaciones del contrato o el viaje combinado sustitutivo dan lugar a un **viaje de calidad o coste inferior**, el viajero tiene derecho a la reducción del precio (p.e. si se cambia a un hotel con menos estrellas que el original).

3796 **Cancelación del contrato** (LGDCU art.159.3) El viajero, tras ser notificado por el organizador o minorista de cambios en el contrato o el precio del viaje combinado, puede **resolver el contrato** sin ningún tipo de penalización si:

- se modifica alguna de las principales características de los servicios de viaje de forma sustancial;
- no puede cumplirse con alguno de los requisitos especiales; o
- se aumentar el precio del viaje en más del 8%.

En caso de resolución, el organizador o minorista debe **reembolsar** todos los pagos realizados en un **plazo** no superior a 14 días desde la fecha de resolución del contrato.

Además, el organizador o minorista debe **indemnizar** adecuadamente por cualquier daño o perjuicio que sufra el viajero (nº 3803).

Precisiones **1)** Si se produce un cambio sustancial en la **fecha del viaje** (en este caso un retraso de casi tres meses), el consumidor tiene derecho a resolver el contrato y obtener el reembolso íntegro de las cantidades abonadas (AP Barcelona 12-9-24, EDJ 733638).

2) En un viaje combinado en el que el vuelo sufrió un retraso de 23 horas por una avería técnica y que obligó a **reducir el número de pasajeros** y **prohibió el embarque de maletas**, el consumidor tiene derecho a resolver el contrato y reclamar la devolución del precio más daños y perjuicios, incluso si rechaza una solución alternativa propuesta que implique pérdida de prestaciones esenciales del viaje (AP Asturias 13-9-19, EDJ 795227).

3) En un caso en que se cambió de **vuelo** por otro con **más escalas y mayor duración** se trata de una modificación sustancial que motivó la resolución del contrato por parte del consumidor y la reclamación de la devolución del importe pagado más indemnización (AP Valladolid 3-11-09, EDJ 286599).

5. Responsabilidad del organizador o minorista

3800 El viajero tiene enfrente a dos personas a las que reclamar: el detallista y el organizador. No obstante, a pesar de esta diferenciación jurídica, la responsabilidad se corresponde con la ejecución del contrato, resolviendo la cuestión relativa a la responsabilidad final de la **prestación de servicios**, de forma que, para proteger al viajero, recae tanto sobre el organizador como sobre el detallista; dejando fuera de dicha responsabilidad a los **prestadores finales** de los bienes o servicios contratados, lo que sin duda dificultaría la posibilidad de reclamación por parte del viajero (nº 3759).

Las **características generales** de este régimen de responsabilidad son:

• Es **exclusiva** frente al viajero que abarca a las obligaciones asumidas en el contrato de viaje, sin posibilidad de extenderla a los prestadores de servicios.

• El **alcance** de dicha responsabilidad abarca:

- el correcto **cumplimiento de las obligaciones** derivadas del contrato, con independencia de que estas las deban ejecutar ellos mismos u otros prestadores de servicios, así como los daños sufridos por el viajero y usuario como consecuencia de la no ejecución o ejecución deficiente del contrato;
- el **carácter solidario** de la responsabilidad de cuantos empresarios concurran conjuntamente en el contrato, cualquiera que sea su clase y las relaciones que existan entre ellos, sin perjuicio del **derecho de repetición** entre los mismos derivado de su respectiva gestión; y
- limitada a las previsiones de los **convenios internacionales** reguladores de dichas prestaciones.

Precisiones 1) La **técnica de la solidaridad** permite favorecer la posición del viajero para que pueda demandar donde contrató, sin tener que afrontar el costo de foros inverosímiles (transportistas, hosteleros o mayoristas extranjeros), y sin el riesgo de que se le oponga como excepción responsabilidades de terceros de muy complicada discusión (AP Zaragoza 15-5-20, EDJ 602812; AP Araba 15-12-11, EDJ 331915).

2) En cuanto a la indemnización derivada de esta responsabilidad, debe incluir los gastos (debidamente acreditados) y también los **daños morales**, que son aquellos que se sustantivizan referidos al dolor, sufrimiento, tristeza desazón o inquietud para la persona que los padece (AP Madrid 19-3-18, EDJ 84872; AP Santa Cruz de Tenerife 29-11-10, EDJ 366930).

3) El organizador y minorista responden solidariamente frente al consumidor por el incumplimiento del contrato, incluyendo la falta de información precontractual relevante sobre **requisitos de visado**, siendo indemnizable el daño moral derivado de la frustración del viaje (AP Gipuzkoa 27-2-24, EDJ 614827).

4) El organizador responde solidariamente frente al viajero por el correcto cumplimiento de todos los **servicios** incluidos en el contrato, independientemente de que estos sean **ejecutados por terceros** (en este caso, deficiencias en el hotel, como obras, falta de acceso a piscina, problemas con internet, falta de agua caliente y WC atascado), y el viajero tiene derecho a una reducción del precio e indemnización adecuada por incumplimientos o defectos en la prestación (AP Baleares 19-7-23, EDJ 687127).

3801 Una vez iniciado el viaje combinado contratado, durante su transcurso, el viajero tiene derecho a recibir las prestaciones pactadas en el contrato. Para los casos en los que el desarrollo el **viaje no se ajusta a los términos pactados**, la ley establece una serie de obligaciones del organizador o minorista a los efectos de paliar los posibles perjuicios ocasionados al viajero (LGDCU art.161).

Lo primero que es preciso destacar es que no es suficiente para la **aplicación** del régimen de responsabilidad cualquier incumplimiento de las condiciones pactadas, sino que el incumplimiento debe suponer la imposibilidad de suministrar una parte importante de los servicios previstos en el contrato.

Ante esta situación, el organizador o minorista debe:

• Adoptar los mecanismos adecuados para la **continuación del viaje** organizado, sin suplemento de precio para el viajero y, en su caso, abonar diferencia entre las prestaciones previstas y suministradas.

• Si no puede continuarse el viaje o el viajero no acepta las soluciones propuestas por motivos razonables, el organizador o minorista debe facilitar, sin suplemento de precio, un **medio de transporte** equivalente al utilizado en el viaje para regresar, sin perjuicio de la indemnización que en su caso proceda.

Para cualquier **otra falta de conformidad**, el viajero debe comunicarla, sin demora, al organizador o minorista para que la subsane. Si el organizador o minorista no subsana la falta de conformidad en un plazo razonable, el propio viajero puede hacerlo y solicitar el reembolso de los gastos. El organizador o minorista no tiene obligación de subsanar la falta de conformidad si resulta imposible o entraña un coste desproporcionado respecto al valor del viaje o la falta de conformidad.

En cualquier caso, el viajero tiene derecho a una **reducción del precio** por las faltas de conformidad a no ser que sean debidas al propio viajero (LGDCU art.162.1).

Precisiones 1) Se considera que hay **aceptación tácita** del viajero, si continúa el viaje con las soluciones dadas por el organizador.
2) El viajero solo puede **rechazar las fórmulas alternativas** propuestas por el organizador o minorista si no son comparables a lo acordado en el contrato de viaje combinado o si la reducción del precio es inadecuada.
3) Si es **imposible garantizar el retorno del viajero** debido a circunstancias inevitables y extraordinarias (p.e. la erupción de un volcán que impida los vuelos), el organizador o minorista debe asumir el coste del alojamiento en categoría equivalente, por un período no superior a 3 noches por viajero.
4) En el caso de un viajero que mostró su falta de conformidad con el hotel y el organizador no le ofreció ninguna solución, el **propio viajero cambió de hotel** y después solicitó el reembolso. El viajero se cambió a un **hotel de categoría superior** y su coste se consideró como desproporcionado en relación al coste del viaje (AP Barcelona 4-2-19, EDJ 507070).
5) Unos consumidores contrataron un viaje combinado con **alojamiento** en un apartahotel de cuatro estrellas, adecuado para su familia con niños pequeños, pero al llegar al destino fueron alojados en un hotel de tres estrellas con características y régimen diferentes, sin que se le notificara previamente el cambio. Los consumidores optaron por resolver el contrato tras una noche en destino y se le devolvió el precio íntegro del viaje, pero además tienen derecho a **indemnización** por la pérdida de las vacaciones y perjuicios derivados del incumplimiento (AP Madrid 7-11-06, EDJ 373285).

3803 **Indemnización por daños y perjuicios** (LGDCU art.162) El viajero tiene **derecho** a recibir una indemnización adecuada, sin demora, del organizador o minorista por cualquier daño o perjuicio que sufra como consecuencia de las faltas de conformidad con el contrato.
El organizador o minorista **no debe indemnizar** al viajero si demuestra que la falta de conformidad es:
- imputable al viajero o a un tercero ajeno a la prestación de los servicios contratados (p.e. si al viajero le roban la cartera en la calle); o
- debida a circunstancias inevitables y extraordinarias.

Son de aplicación las **limitaciones, alcance y condiciones de pago** incluidos en los convenios internacionales que vinculan a la Unión Europea. También puede limitarse la indemnización en el contrato siempre que no se aplique a los daños corporales o perjuicios causados de forma intencionada o por negligencia y que su importe no sea inferior al triple del precio total del viaje.
Respecto a este tema hay que estar también a lo que disponga la siguiente **normativa europea** que resulta de aplicación:
• Rgto CE/261/2004, sobre compensación y asistencia a los pasajeros aéreos en caso de denegación de embarque y de cancelación o gran retraso de los vuelos.
• Rgto CE/1371/2007, de los derechos y las obligaciones de los viajeros de ferrocarril.
• Rgto CE/392/2009, de responsabilidad de los transportistas de pasajeros por mar en caso de accidente.
• Rgto UE/1177/2010, de derechos de los pasajeros que viajan por mar y por vías navegables.
• Rgto UE/181/2011, de los derechos de los viajeros de autobús y autocar.

La indemnización concedida en virtud de la LGDCU y la concedida en virtud de dichos reglamentos y convenios internacionales se deducen la una de la otra para evitar el **exceso de indemnización**.

Precisiones 1) En cuanto al **daño moral** las AP suelen conceder indemnización en supuestos como las **lunas de miel o regalos de aniversario** por las connotaciones personales y sentimentales que ello conlleva (AP Cáceres 31-5-06, EDJ 90077; AP Cantabria 7-11-07, EDJ 194821; AP Bizkaia 23-5-07, EDJ 165573).
2) En un caso que se declaró un **daño moral** indemnizable, se consideró adecuado indemnizar en la cuantía de la mitad del precio satisfecho por el viaje, pues de otro modo, si se otorgara una indemnización mayor, se podría dar lugar a un **enriquecimiento injusto**, convirtiendo un contrato oneroso en gratuito, teniendo en cuenta que el viajero y su familia, aunque en unas condiciones de calidad inferiores a la expectativas, disfrutaron de una semana de vacaciones (AP Barcelona 18-2-19, EDJ 512090).
3) Un **litigio** relativo a un contrato de viaje está comprendido en el ámbito de aplicación del Rgto (UE) 1215/2012, incluso si ambos contratantes tienen su domicilio en el mismo Estado miembro, siempre que el destino del viaje esté situado en el extranjero y, por tanto, es **competente** el **juzgado** del domicilio del consumidor (TJUE 29-7-24, EDJ 621939). Aunque la legislación de **otros países europeos** puede otorgar la competencia al juzgado del domicilio del demandado (como en este caso Alemania), en **España**, la legislación sobre consumo otorga la competencia al juzgado del domicilio del consumidor salvo en los casos que se ejercite la acción de cesación en defensa de los intereses colectivos o difusos. Se consideran, además, abusivas las cláusulas sobre sumisión expresa que establezcan algo distinto (LGDCU art.90; LEC art.52.1.16º, 52.3 y 54.2).

SECCIÓN 6

Telecomunicaciones

El sector de las telecomunicaciones se ha desarrollado de manera espectacular en las últimas décadas, siendo por ello millones los consumidores y usuarios, según los casos, de los diferentes productos y servicios que se integran en dicho sector. Ese **consumo masivo**, unido a la **sofisticada tecnología** que incorpora la mayoría de los productos de telecomunicaciones, hace que los defectos de fabricación o de funcionamiento sean especialmente frecuentes. Ello obliga a dotar a los consumidores y usuarios de los servicios de telecomunicaciones de procedimientos que protejan de modo efectivo sus derechos. 3810

La protección de los derechos de los consumidores y usuarios en materia de telecomunicaciones está recogida en la L 11/2022, General de Telecomunicaciones y el RD 899/2009, de la carta de derechos del usuario de los servicios de comunicaciones electrónicas que contiene una amplia regulación de los derechos de los consumidores y usuarios en esta materia.

Respecto a las telecomunicaciones, debe aclararse qué se entiende por **usuario final**. Se define como tal el usuario que no explota redes públicas de comunicaciones ni presta servicios de comunicaciones electrónicas disponibles al público, ni tampoco los revende (RD 899/2009 art.1.2.f); es decir, el destinatario último del servicio, que lo aprovecha de modo directo, que está, pues, al final de la cadena de producción y comercialización del servicio.

Precisiones Puede encontrarse la información relativa a la **atención al cliente** de las empresas de comunicación electrónica y telefonía en el nº 465 s.

A. Telefonía e internet

1. Derechos del usuario

a. Servicio universal

Se **define** servicio universal como el conjunto definido de servicios cuya prestación se garantiza para todos los usuarios finales con independencia de su localización geográfica, con una calidad determinada y a un precio asequible (RD 899/2009 art.4). 3820

Los **derechos** que se garantizan al servicio universal son los siguientes:

- **conexión a la red telefónica pública** desde una ubicación fija y acceso a la prestación del servicio telefónico disponible al público;
- disposición al público de una guía general de **números de abonados**;
- existencia de una oferta suficiente de **teléfonos públicos de pago** en todo el territorio nacional;
- acceso al servicio telefónico disponible de **personas con discapacidad** en condiciones equiparables a las que se ofrecen al resto de usuarios finales (nº 3920);
- acceso de las personas con **necesidades sociales especiales** de opciones o paquetes de tarifas que difieran de las aplicadas en condiciones normales de explotación comercial y que les permitan tener acceso al servicio telefónico disponible al público desde una ubicación fija y hacer uso de este; y

- aplicación, cuando proceda, de **opciones tarifarias especiales** o limitaciones de precios, tarifas comunes, equiparación por zonas u otros regímenes similares, de acuerdo con condiciones transparentes, públicas y no discriminatorias.

3825 **Contrato** (RD 899/2009 art.5) Los usuarios finales de servicios de comunicaciones electrónicas tienen derecho a celebrar contratos con los **operadores** y a recibir el servicio en las condiciones pactadas con ellos.

La **formalización y entrega** del contrato se rige por lo dispuesto en el LGDCU y otras leyes complementarias, sin perjuicio de otras formalidades adicionales que, en su caso, se establezcan en la regulación de la portabilidad y la preselección.

Los operadores no pueden **acceder a la línea** de un usuario final sin su consentimiento expreso e inequívoco.

En relación con el **servicio de banda ancha** para acceder a internet, el operador no puede aplicar al usuario final una oferta cuya velocidad máxima publicitada sea superior a la velocidad máxima que admita la tecnología utilizada sobre su bucle local o en el enlace de acceso.

El operador debe informar al usuario final, antes de su contratación, de los factores relevantes que limitan la **velocidad efectiva** que puede experimentar el usuario, diferenciando aquellos sobre los que tiene control el operador de los ajenos al mismo.

Precisiones Los operadores que presten el servicio telefónico disponible al público desde una ubicación fija únicamente pueden exigir a los abonados a dicho servicio la constitución de un **depósito de garantía**, tanto en el momento de contratar como durante la vigencia del contrato, en los siguientes supuestos (RD 899/2009 art.6):

- en los contratos de abono al servicio telefónico disponible al público desde una ubicación fija solicitado por personas físicas o jurídicas que sean o hayan sido con anterioridad abonados al servicio y hubieran dejado impagados uno o varios recibos, en tanto subsista la **morosidad**;
- en los contratos de abono al servicio telefónico disponible al público desde una ubicación fija cuyos titulares tuvieran contraídas deudas por otro u otros contratos de abono, vigentes o no en ese momento, o bien que de modo reiterado se **retrasen en el pago** de los recibos correspondientes;
- para los abonados al servicio telefónico disponible al público desde una ubicación fija titulares de líneas que dan servicio a equipos **terminales de uso público** para su explotación por terceros en establecimientos públicos;
- en los contratos para la prestación de servicios de **tarificación adicional** formalizados entre los operadores de red y los prestadores de dichos servicios;
- en aquellos supuestos en que excepcionalmente lo autorice la Secretaría de Estado de Telecomunicaciones e Infraestructuras Digitales, a petición de los operadores, en casos de existencia de **fraude** o tipos de fraude detectados de modo cierto y para asegurar el cumplimiento del contrato por los usuarios finales.

La cuantía de los depósitos, su duración, el procedimiento para su constitución y devolución, así como si serán o no remunerados se determinará mediante orden del ministro con competencias en la materia.

A los depósitos de garantía para **servicios distintos al telefónico desde una ubicación fija** se aplica lo dispuesto en los correspondientes contratos de abono o de prepago, con sujeción, en todo caso, a lo previsto en la normativa general sobre protección de los consumidores y usuarios.

3830 **Contenido** (RD 899/2009 art.8) Los contratos que celebran los usuarios finales de servicios de comunicaciones electrónicas con los operadores deben precisar, como mínimo, los siguientes aspectos:

- el nombre o razón social del **operador** y el domicilio de su sede o establecimiento principal;
- el teléfono de **atención al cliente** y, en su caso, otras vías de acceso a dicho servicio;
- las **características del servicio** de comunicaciones electrónicas ofrecido, debiendo figurar el derecho de desconexión (nº 3887);
- los **niveles individuales de calidad** de servicio establecidos conforme a lo que determine el Ministerio competente;
- los precios y otras **condiciones económicas** de los servicios;
- **el período contractual**, indicando, en su caso, la existencia de plazos mínimos de contratación y de renovación, así como, en su caso, las consecuencias de su posible incumplimiento;
- el detalle, en su caso, de los **vínculos** existentes entre el contrato de servicio de comunicaciones electrónicas y otros contratos, como los relativos a la adquisición de aparatos terminales;
- política de **compensaciones y reembolsos**, con indicación de los mecanismos de indemnización o reembolso ofrecidos, así como el método de determinación de su importe;
- características del servicio de mantenimiento incluido y otras opciones;
- procedimientos de **resolución de litigios** con inclusión, en su caso, de otros que haya creado el propio operador;
- causas y formas de **extinción y renovación** del contrato de abono;

- dirección postal y de correo electrónico del departamento o servicio especializado de **atención al cliente** (nº 3890);
- página de internet en que figura la **información** que el operador debe publicar;
- reconocimiento del derecho a la elección del **medio de pago**, de entre los comúnmente utilizados en el tráfico comercial; e
- información referida al tratamiento de los **datos de carácter personal** del cliente (nº 3906).

Precisiones **1)** El **contenido mínimo** debe constar también en las condiciones generales y particulares de los contratos de los usuarios finales de servicios de comunicaciones electrónicas, **en la modalidad de prepago**. En dichas condiciones generales, debe figurar el procedimiento, para conocer el saldo y el detalle del consumo, así como para la recarga.
2) Los contratos de servicios de comunicaciones electrónicas solo pueden ser **modificados** por los motivos válidos expresamente previstos en el contrato.
El usuario final tiene derecho a **resolver anticipadamente** y sin penalización alguna el contrato en los supuestos previstos en el propio contrato.
Los operadores deben notificar al usuario final las modificaciones contractuales con una **antelación mínima** de un mes, informando expresamente en la notificación de su derecho a resolver anticipadamente el contrato sin penalización alguna.

Extinción (RD 899/2009 art.7) El contrato se extingue por las causas generales de extinción de los contratos y, especialmente, por voluntad del abonado, **comunicándolo** previamente al operador con una antelación mínima de 2 días hábiles al momento en que ha de surtir efectos. 3835
El operador se ha de abstener de **facturar** y cobrar cualquier cantidad que se haya podido devengar, por causa no imputable al usuario final, con posterioridad al plazo de 2 días en que debió surtir efectos la baja.
El **procedimiento** habilitado por el operador para que el consumidor haga uso de este derecho se debe ajustar a lo que se indica en el RD 899/2009 art.26.2, garantizando en todo caso al usuario la constancia del contenido de su solicitud de baja en el servicio.

Cambio de operador (RD 899/2009 art.10) Con independencia de los mecanismos que utilicen los operadores para el acceso a las redes, los procesos de cambio de operador se realizan, con carácter general, a través de la baja del usuario final con el operador de origen y el alta con el de destino. A los efectos de **tramitación de la baja**, el abonado debe comunicarla directamente al operador de origen conforme al procedimiento que figure en el contrato. 3840
No obstante, la recepción por el operador de origen de una solicitud válida de cambio de operador con conservación de número implica la baja con dicho operador de todos los **servicios asociados** al servicio telefónico identificado por la numeración portada. La baja surtirá efectos a partir del momento en que el operador de origen deje de prestar efectivamente el servicio.
En caso de que un operador preste servicios soportados por una **línea de acceso de titularidad de otro operador**, una notificación por este a aquel, a través de los procedimientos regulados para el acceso a las redes, de baja técnica que haga imposible la continuación en la prestación del servicio debe ser considerada por ese operador como una baja contractual, una vez haya dejado de tener acceso a la red.
Los abonados al servicio telefónico disponible al público tienen derecho, previa solicitud, a **conservar los números** que les hayan sido asignados en los términos establecidos en el RD 2296/2004, por el que se aprueba el Reglamento sobre Mercados de Comunicaciones Electrónicas, Acceso a las Redes y Numeración.

b. Información veraz

(RD 899/2009 art.12)

Antes de contratar, los operadores de comunicaciones electrónicas deben poner a disposición del usuario final de forma clara, comprensible y adaptada a las circunstancias la información veraz, eficaz, suficiente y transparente sobre las **características del contrato**, en particular sobre sus condiciones jurídicas y económicas y de los servicios objeto del mismo. 3845
Los operadores de servicios de comunicaciones electrónicas deben publicar sus **condiciones generales de contratación** en un lugar fácilmente accesible de su página de internet. Asimismo, deben facilitar dichas condiciones por escrito, si así lo solicita un usuario final, que no afronta gasto alguno por su recepción, y deben informar sobre ellas en el teléfono de atención al público, que tiene el coste máximo del precio ordinario del servicio de telecomunicaciones sin recargo.

Los operadores que presten el **servicio telefónico disponible al público** han de facilitar, por los medios antes indicados, la siguiente información: 3847
- su **nombre o razón social** y el domicilio de su sede o establecimiento principal;
- en relación con el **servicio telefónico** disponible al público que prestan;

- descripción de los **servicios ofrecidos**, indicando todos los conceptos que se incluyen en la cuota de alta, en la cuota de abono y en otras cuotas de facturación periódica;
- **tarifas generales**, que incluyan la cuota de acceso y todo tipo de cuota de utilización y mantenimiento, con inclusión de información detallada sobre reducciones y tarifas especiales y moduladas;
- política de **compensaciones y reembolsos**, con detalles concretos de los mecanismos de indemnización y reembolso ofrecidos;
- tipos de **servicios de mantenimiento** incluidos y otras opciones;
- **condiciones normales de contratación**, incluido el plazo mínimo, en su caso;
- procedimientos de **resolución de conflictos**, con inclusión de los creados por el propio operador; e
- **información**, en su caso, acerca de los derechos en relación con el servicio universal (nº 3820).

Los operadores que presten las facilidades de **identificación de la línea** llamante y de la línea conectada deben comunicar la información relativa a la prestación de dichas facilidades por los medios indicados (nº 3845).

Precisiones Las **comunicaciones comerciales** en las que se haga referencia a ofertas sujetas a limitaciones temporales o de otra índole deben informar, de una forma adecuada a las limitaciones del medio utilizado para la comunicación, de tales limitaciones. Las limitaciones temporales a las que, en su caso, estén sujetas las ofertas deben ser razonables (RD 899/2009 art.13).

c. Garantía de calidad

(RD 899/2009 art.14)

3850 Los operadores que presten servicios de comunicaciones electrónicas deben publicar información detallada, comparable, pertinente, fácilmente comprensible, accesible y actualizada sobre la calidad de los servicios que presten. Esta **información** tiene que constar en la página de internet del operador.

Los parámetros y métodos para su **medición** deben estar disponibles para los consumidores que sean personas físicas y otros usuarios finales. A tales efectos, el ministro con competencia en la materia puede especificar, mediante orden, entre otros elementos, los **parámetros de calidad** de servicio que han de cuantificarse, así como el contenido y formato de la información que debe hacerse pública, las modalidades de su publicación y las condiciones orientadas a garantizar la fiabilidad y la posibilidad de comparación de los datos, incluida la realización anual de auditorías.

Los prestadores de servicios de comunicaciones electrónicas disponibles al público deben facilitar al ministerio con competencias en la materia, previa petición, la información de calidad de servicio que le requiera para la **publicación de síntesis comparativas** y para el control y seguimiento de las condiciones de prestación de los servicios y de las obligaciones de carácter público.

Mediante orden del ministro con competencias en la materia pueden establecerse mecanismos para garantizar la **exactitud de la facturación** realizada, incluyendo, en particular, la necesidad de que determinadas categorías de operadores, como aquellos que prestan servicio con tarificación en función de la duración de la conexión, del volumen de información o de la distancia, tengan que acreditar que sus sistemas de medida, de tarificación y de gestión de la facturación cumplan con normas de aseguramiento de la calidad como las de la familia ISO 9000.

d. Continuidad

3855

3860 **Interrupción temporal del servicio telefónico** (RD 899/2009 art.15) Cuando, durante un período de facturación, un abonado sufra interrupciones temporales del servicio telefónico disponible al público, el operador está obligado a **indemnizarle** con una cantidad igual, al menos, a la mayor de las dos siguientes:
- el **promedio del importe facturado** por todos los servicios interrumpidos durante los 3 meses anteriores a la interrupción, prorrateado por el tiempo que haya durado la interrupción; o
- cinco veces la **cuota mensual de abono o equivalente** vigente en el momento de la interrupción, prorrateado por el tiempo de duración de esta.

Precisiones 1) En caso de una **antigüedad inferior a 3 meses**, se considera el importe de la factura media en las mensualidades completas efectuadas o la que se hubiese obtenido en una mensualidad estimada de forma proporcional al período de consumo efectivo realizado.
2) Procede indemnización conforme al RD 899/2009 art.15 cuando la reclamación se limita a la interrupción del servicio, sin exigir prueba adicional del daño (TS 5-11-25, EDJ 745258).
3) La **indemnización** debe **calcularse** conforme a la duración efectiva de la suspensión acreditada y conforme a los importes legalmente establecidos, sin considerar daños no probados ni perjuicios personales no acreditados, y los gastos necesarios para la reclamación deben ser reembolsados si están debidamente justificados (AP Barcelona 11-10-24, EDJ 753953).

El operador está obligado a **indemnizar automáticamente** al abonado, en la factura correspondiente al período inmediato al considerado, cuando la interrupción del servicio suponga el derecho a una indemnización por importe superior a 1 euro. **3862**
En la **factura** correspondiente se debe hacer constar la fecha, duración y cálculo de la cuantía de la indemnización que corresponde al abonado.
En el caso de abonados sujetos a **modalidades prepago**, el correspondiente ajuste en el saldo se debe realizar en un plazo no superior al del resto de abonados.
En interrupciones por causas de **fuerza mayor**, el operador se limita a compensar automáticamente al abonado con la devolución del importe de la cuota de abono y otras independientes del tráfico, prorrateado por el tiempo que hubiera durado la interrupción.

No hay **derecho a indemnización** cuando la interrupción temporal esté motivada por alguna de las causas siguientes: **3864**
- incumplimiento grave por los abonados de las **condiciones contractuales**, en especial, en caso de fraude o mora en el pago que dé lugar a la aplicación de la suspensión temporal e interrupción. En todo caso, la suspensión temporal o interrupción solo puede afectar al servicio en el que se hubiera producido el fraude o mora en el pago;
- por los **daños producidos en la red** debido a la conexión por el abonado de equipos terminales que no hayan evaluado la conformidad, de acuerdo con la normativa vigente; o
- incumplimiento del **código de conducta** por parte de un usuario que preste servicios de tarificación adicional, cuando la titularidad del contrato de abono corresponda a este último.

Interrupción temporal del servicio de internet (RD 899/2009 art.16) Cuando, durante un período de facturación, un abonado sufra interrupciones temporales del servicio de acceso a internet, el operador debe **compensar** al abonado con la devolución del importe de la cuota de abono y otras cuotas fijas, prorrateadas por el tiempo que hubiera durado la interrupción. **3865**
A estos efectos, el operador está obligado a **indemnizar automáticamente** al abonado, en la factura correspondiente al período inmediato al considerado, cuando la interrupción del servicio, se haya producido de manera continua o discontinua, y sea superior a 6 horas en horario de 8:00 a 22:00. En la factura correspondiente se debe hacer constar la fecha, duración y cálculo de la cuantía de la compensación que corresponde al abonado.
El contrato de abono del servicio de acceso a internet debe recoger los **términos y condiciones** en que se dará cumplimiento a esta obligación.

Precisiones En caso de interrupción injustificada del servicio de telefonía, el operador debe **indemnizar** al usuario afectado **de manera automática**, sin necesidad de reclamación previa y siempre que la cantidad indemnizable sea superior a un euro (TS 16-9-24, EDJ 679951).

No hay **derecho a indemnización** cuando la interrupción temporal esté motivada por alguna de las **causas** siguientes: **3866**
- incumplimiento grave por los abonados de las condiciones contractuales; o
- daños producidos en la red debido a la conexión por el abonado de equipos terminales que no hayan evaluado la conformidad, de acuerdo con la normativa vigente.

Precisiones 1) A los efectos del derecho a indemnización o compensación por la interrupción del servicio de acceso a internet, y para la determinación de su cuantía, cuando un operador incluya en su oferta la posibilidad de contratar **conjuntamente servicios de telefonía con el acceso a internet**, puede indicar en su oferta la parte del precio que corresponde a cada servicio. De no hacerlo, se considera que el **precio de cada uno** es el proporcional al de su contratación por separado. Si el operador no comercializara los servicios por separado, se considera que el precio correspondiente al servicio de acceso a internet es del 50% del precio total.
2) Cuando una compañía de servicios de comunicaciones electrónicas incurre en una doble facturación que no corrige de forma inmediata pese a las reclamaciones del usuario, y como consecuencia **suspende voluntariamente y dolosamente el servicio** contratado, debe indemnizar al usuario por los daños morales causados, incluso si ha reparado el daño material, conforme al CC art.1107 y el RD 899/2009 (AP Barcelona 27-5-24, EDJ 638271).

3868 **Suspensión temporal por impago** (RD 899/2009 art.19) El retraso en el pago total o parcial por el abonado durante un período superior a un mes desde la presentación a este del documento de cargo correspondiente a la facturación del **servicio telefónico** disponible al público desde una ubicación fija, puede dar lugar, previo aviso al abonado, a su suspensión temporal. El impago del cargo por los servicios de **acceso a internet** o de servicios de tarifas superiores, en especial del servicio de tarificación adicional, solo da lugar a la suspensión de tales servicios.

En caso de **reclamación**, corresponde al operador probar que ha realizado el aviso previo a la suspensión.

En el supuesto de suspensión temporal del servicio telefónico por impago, este debe ser mantenido para todas las **llamadas entrantes**, excepto las de cobro revertido, y las llamadas salientes de urgencias.

El abonado tiene derecho a solicitar y obtener gratuitamente del operador del servicio la **suspensión temporal** de este por un período determinado que no puede ser menor de un mes ni superior a 3 meses. El período no puede exceder, en ningún caso, de 90 días por año natural. En caso de suspensión, se debe deducir de la cuota de abono la mitad del importe proporcional correspondiente al tiempo al que afecte.

Precisiones **1)** La suspensión temporal o definitiva del servicio telefónico o de acceso a Internet por impago es **legítima siempre que** el operador haya cumplido con la obligación de notificar previamente al abonado, y el impago no exime al usuario de abonar la contraprestación económica pactada, **aunque existan interrupciones** en la prestación del servicio, las cuales deben ser compensadas mediante indemnización conforme a la normativa aplicable (AN 8-2-14, EDJ 11975).

2) Cuando una compañía telefónica anula un **cargo por consumos no solicitados** y facturados indebidamente (en este caso datos en itinerancia), dicha anulación constituye un acto propio vinculante que impide justificar la suspensión del servicio y la inclusión del cliente en ficheros de morosos, debiendo indemnizarse el daño moral derivado del incumplimiento contractual y la interrupción reiterada del servicio (AP Asturias 23-9-13, EDJ 191967).

3) Corresponde al proveedor **acreditar** la deuda reclamada mediante documentación detallada que justifique las llamadas realizadas y sus destinos, no siendo admisible la mera presentación de documentos unilaterales que reflejen el importe total adeudado, para evitar imponer al consumidor una carga probatoria desproporcionada (AP Alicante 15-1-02, EDJ 135128).

3870 **Suspensión definitiva por impago** (RD 899/2009 art.20) El retraso en el pago del servicio telefónico disponible al público desde una ubicación fija por un **período** superior a 3 meses o la suspensión temporal, en dos ocasiones, del contrato por mora en el pago de los servicios correspondientes da derecho al operador, previo aviso al abonado, a la interrupción definitiva del servicio y a la correspondiente **resolución del contrato**. El impago del cargo por los servicios de acceso a internet o de servicios de tarifas superiores, en especial del servicio de tarificación adicional, solo da lugar a la interrupción de tales servicios

Las condiciones en que puede efectuarse la suspensión o interrupción del servicio por impago son fijados por orden ministerial. En la misma orden se regula el **procedimiento** a seguir para la suspensión o interrupción.

Precisiones **1)** La inclusión de datos personales en **registros de morosos** solo es legítima cuando la deuda es cierta, líquida, vencida y exigible, sin que exista controversia sobre su existencia (AP Orense 12-6-13, EDJ 128857).

2) En casos de resolución contractual por interrupción definitiva del servicio telefónico, la **indemnización por daños y perjuicios** debe determinarse conforme a las normas generales de responsabilidad contractual, requiriendo la acreditación del daño efectivo y la relación causal, y no puede cuantificarse automáticamente según el RD 899/2009 art.15, que se aplica únicamente a interrupciones temporales (AP Lugo 21-4-22, EDJ 619755).

e. Facturación desglosada, desconexión y elección del medio de pago

3875

3877 **Facturación de los servicios de comunicaciones electrónicas** (RD 899/2009 art.21) Los usuarios finales tienen derecho a que los operadores les presenten facturas por los cargos en que hayan incurrido. Las facturas deben contener de forma obligatoria y debidamente diferenciados los **conceptos de precios** que se tarifican por los servicios que se prestan. Los abonados a modalidades prepago tienen derecho a obtener una información equivalente.

Los usuarios finales del servicio telefónico tienen derecho a obtener un **facturación detallada**, con el desglose que se establece a continuación, sin perjuicio del derecho de los abonados a no recibir facturas desglosadas (RD 424/2005 art.66).

Precisiones El RD 424/2005 art.66 dispone a este respecto que los abonados tienen derecho a recibir **facturas no desglosadas** cuando así lo soliciten a los operadores que tengan la obligación de prestar dicho servicio.

Facturación desglosada del servicio telefónico (RD 899/2009 art.22) Los usuarios finales tienen derecho a que los operadores del servicio telefónico disponible al público les presenten facturas por los **cargos en que hayan incurrido**, diferenciando debidamente los conceptos de precios que se tarifican por los servicios que se prestan, e incluso, previa solicitud, a que les presenten **facturas independientes** para los servicios de tarificación adicional. 3880

Asimismo, los usuarios finales del servicio telefónico disponible al público tienen derecho a obtener facturación detallada, sin perjuicio del derecho de los abonados a no recibir facturas desglosadas, con el nivel básico de detalle definido como el que incluye la **identificación separada** de los siguientes elementos:

- el período de facturación;
- la cuota mensual fija;
- otros cargos mensuales fijos;
- cualquier cuota fija no recurrente;
- detalle de todas las comunicaciones facturadas (número llamado, la fecha y hora de la llamada, la duración de la llamada, la tarifa aplicada y el coste total de la llamada). Las **llamadas** que tengan **carácter gratuito** para el abonado que efectúa la llamada no figurarán en la factura detallada de dicho abonado;
- datos agregados por grupos tarifarios diferenciados, tales como: metropolitanas, nacionales, internacionales, a móviles y tarificación adicional, que incluyan el número de llamadas efectuadas, el número total de minutos y el coste total de cada grupo;
- base imponible;
- total IVA o impuesto equivalente que le sea de aplicación; e
- importe total de la factura, impuestos incluidos.

Los abonados a **modalidades prepago** deben tener derecho al acceso a una información equivalente, a través de los medios que se especifiquen en las correspondientes condiciones generales. 3882

De acuerdo con lo establecido en el RD 424/2005 art.35.2.e), el **nivel básico de detalle** de las facturas del servicio telefónico disponible al público ha de ser ofrecido de forma gratuita por el operador que lo preste como obligación de servicio universal.

En los demás casos, cuando los operadores no ofrezcan con **carácter gratuito** dicho nivel básico de detalle, y también en relación con la información sobre los consumos realizados para los abonados de prepago, o para desgloses más detallados, los operadores deben especificar su precio dentro de las condiciones de prestación del servicio. No obstante, cuando una factura o una cuenta prepago sea objeto de **reclamación** (nº 3910), el operador debe facilitar gratuitamente, previa solicitud del abonado, el nivel básico de detalle de la factura o cuenta reclamada.

Integración de otros cargos en la factura (RD 899/2009 art.23) En el supuesto de que en la factura de un servicio de comunicaciones electrónicas se incluyan importes correspondientes a servicios que no tienen tal naturaleza, es obligatorio que se efectúe el **desglose**, de manera que se pueda identificar el importe correspondiente al servicio o servicios de comunicaciones electrónicas. 3885

El **usuario final** que pague la parte de la factura que corresponda al servicio de comunicaciones electrónicas no puede ser suspendido en el mismo, sin perjuicio de la deuda que pueda subsistir por el importe impagado en otros conceptos. A estos efectos, en caso de **disconformidad con la factura**, el abonado tiene derecho, previa petición, a la obtención de facturas independientes para cada servicio. El incumplimiento faculta al usuario final a considerar que la totalidad de la factura se libra por servicios que no tienen la consideración de comunicaciones electrónicas, por lo que su impago no puede acarrear su suspensión.

Los usuarios finales tienen también derecho a obtener, a su solicitud, facturas independientes para los servicios de **tarificación adicional** y otros servicios de tarifas superiores y a las garantías sobre estos servicios que se establezcan por orden ministerial.

Los abonados a **modalidades prepago** tienen derecho a la información desglosada y a las garantías que acaban de indicarse.

3887 **Desconexión de determinados servicios** (RD 899/2009 art.24) Los operadores que presten el servicio telefónico disponible al público deben garantizar a sus abonados el derecho a la desconexión de determinados servicios, entre los que se debe incluir, al menos, el de **llamadas internacionales** y a servicios de **tarificación adicional**.
Los operadores que presten el servicio telefónico disponible al público deben regular en sus correspondientes contratos de abono la forma de ejercicio del derecho de desconexión. A estos efectos, el **abonado** debe de comunicar al operador, su intención de desconectarse de determinados servicios, debiendo admitirse en todo caso la petición escrita, y las realizadas por vía telefónica o telemática. El **operador**, por su parte, ha de proceder a dicha desconexión como máximo en el plazo de 10 días desde la recepción de la comunicación del abonado. En caso de que dicha desconexión no se produzca tras esos 10 días, por causas no imputables al abonado, serán de cargo del operador los costes derivados del servicio cuya desconexión se solicita.
Las **facturas** o documentos de cargo que se emitan por los operadores que presten el servicio telefónico disponible al público para el cobro de los servicios prestados deben reflejar, al menos semestralmente y de manera adecuada para ser percibido claramente por el abonado, este derecho de desconexión.
La desconexión de los servicios es ofrecida de forma **gratuita** por el operador que la preste como obligación de servicio universal (RD 424/2005 art.35.2.c).

f. Atención eficaz

(RD 899/2009 art.26)

3890 Los operadores deben disponer de un departamento o servicio especializado de atención al cliente, que tenga por objeto atender y resolver las **quejas y reclamaciones** y cualquier incidencia contractual que planteen sus clientes.
Los titulares del departamento o servicio de atención al cliente son los encargados de relacionarse, en su caso, con el servicio administrativo de **solución de controversias**, y al que han de remitir la información que les sea requerida, con indicación del número de referencia asignado a la correspondiente reclamación.
No obstante, mediante orden ministerial puede establecerse, en función del número de trabajadores del operador o de su volumen de negocio, la **exención de la obligación** de disponer del departamento o servicio especializado a que dicho párrafo se refiere, sin perjuicio del cumplimiento del resto de requisitos expuesto en el RD 899/2009 art.8.1.l).
El servicio de atención al cliente del operador, de **carácter gratuito**, debe prestarse de manera tal que el usuario final tenga constancia de las reclamaciones, quejas y, en general, de todas las gestiones con incidencia contractual que realice el abonado. A dichos efectos, el operador está obligado a comunicar al abonado el **número de referencia** de las reclamaciones, quejas, peticiones o gestiones. El operador debe admitir, en todo caso la vía telefónica para la presentación de reclamaciones.
Si el medio habilitado por el operador para la atención de reclamaciones, incidencias o gestiones con incidencia contractual es **telefónico**, este está obligado a informar al consumidor de su derecho a solicitar un documento que acredite la presentación y contenido de la reclamación, incidencia o gestión mediante cualquier soporte que permita tal acreditación.
En caso de contratación telefónica o electrónica, si el usuario final se acoge a una **oferta** que prevea la aplicación de condiciones distintas a las condiciones generales publicadas, el operador debe enviarle, en el plazo de 15 días desde que se produzca la contratación, un documento en el que se expresen los términos y condiciones de la oferta, con indicación expresa de su plazo de duración.

Precisiones **1)** El servicio de atención al cliente ha de ser accesible a los **usuarios con discapacidad**, según lo establecido en el RD 1494/2001 art.3, sobre las condiciones básicas para el acceso de las personas con discapacidad a las tecnologías, productos y servicios relacionados con la sociedad de la información y medios de comunicación social.
2) Las obligaciones que para los operadores se establecen en los apartados anteriores se entienden sin perjuicio de lo dispuesto en la legislación estatal y autonómica sobre **protección general** de consumidores y usuarios.
3) Puede verse en mayor detalle el **servicio de atención al cliente** en el sector de la comunicación electrónica y la telefonía en el nº 465 s.

g. Reclamación rápida y eficaz

(RD 899/2009 art.27)

Sin perjuicio de los procedimientos de **mediación o resolución de controversias** que, en su caso, hayan establecido los órganos competentes en materia de consumo de las comunidades autónomas, los abonados pueden dirigir su reclamación a la Secretaría de Estado de Telecomunicaciones e Infraestructuras Digitales. **3895**

El procedimiento de resolución de controversias ante la Secretaría de Estado de Telecomunicaciones e Infraestructuras Digitales, así como su ámbito de aplicación y requisitos, se regula mediante orden del Ministerio de Asuntos Económicos y Transformación Digital. En cualquier caso, el **plazo** para resolver y notificar la resolución ha de ser de 6 meses.

El Ministerio de Asuntos Económicos y Transformación Digital puede autorizar la ampliación de los plazos para la suspensión o la **interrupción del servicio**, previa solicitud de cualquier abonado que haya iniciado el procedimiento de resolución de conflictos.

h. Prestaciones especiales

3900

Accesibilidad al servicio universal por las personas con discapacidad (RD 899/2009 art.28) Los operadores designados para la prestación del **servicio universal** deben garantizar que los usuarios finales con discapacidad tengan acceso al servicio telefónico disponible al público desde una ubicación fija en condiciones equiparables a las que se ofrecen al resto de usuarios finales (L 9/2014 art.25.1.e). **3902**

Dentro del colectivo de las **personas con discapacidad**, se consideran incluidas las siguientes:
- las personas invidentes o con graves dificultades visuales;
- las personas sordas o con graves dificultades auditivas;
- las personas mudas o con graves dificultades para el habla;
- las personas con discapacidad física; y
- en general, cualesquiera otras con discapacidades físicas que les impidan manifiestamente el acceso normal al servicio telefónico fijo o le exijan un uso más oneroso de este.

A los efectos de lo dispuesto en el apartado anterior, el **operador** designado para la prestación del servicio universal debe: **3903**
- garantizar la existencia de una oferta suficiente y tecnológicamente actualizada de **terminales especiales**, adaptados a los diferentes tipos de discapacidades, tales como teléfonos de texto, videoteléfonos o teléfonos con amplificación para personas con discapacidad auditiva, o soluciones para que las personas con discapacidad visual puedan acceder a los contenidos de las pantallas de los terminales;
- ofrecer acceso a las **guías telefónicas** a través de internet, en formato accesible para usuarios con discapacidad, en las condiciones y plazos de accesibilidad establecidos para las páginas de internet de las Administraciones públicas en el reglamento sobre las condiciones básicas para el acceso de las personas con discapacidad a las tecnologías, productos y servicios relacionados con la sociedad de la información y medios de comunicación social; y
- facilitar a los abonados con discapacidad visual que lo soliciten, en condiciones y formatos accesibles, los **contratos, facturas y demás información** suministrada a todos los abonados en cumplimiento de lo dispuesto en la L 11/2022 y su normativa de desarrollo en materia de derechos de los usuarios.

Precisiones El operador designado debe presentar, para su aprobación por el ministerio con competencia en la materia planes de adaptación de los **teléfonos públicos de pago** para facilitar su accesibilidad por los usuarios con discapacidad y, en particular, por los usuarios ciegos, en silla de ruedas o de talla baja.

Carácter asequible del servicio universal (RD 899/2009 art.29) El operador designado para la prestación del servicio universal debe ofrecer a sus abonados, en las condiciones establecidas en el RD 424/2005 capítulo II del título III, **programas de precios** de acceso y uso de los servicios incluidos en el servicio universal que permitan el máximo control del gasto por parte del usuario final y, en particular, los siguientes: **3904**

• **Abono social**: para jubilados y pensionistas cuya renta familiar no exceda del indicador que se determine, en cada momento, por la Comisión Delegada del Gobierno para Asuntos Económicos, y consiste en la aplicación de una bonificación en el importe de la cuota de alta y en la cuota fija de carácter periódico.

• **Usuarios invidentes o con grave discapacidad visual**. Este plan consiste en la aplicación de una determinada franquicia en las llamadas al servicio de consulta telefónica sobre números de abonado y en el establecimiento de las condiciones para la recepción gratuita de las facturas y de la publicidad de información suministrada a los demás abonados de telefonía fija sobre las condiciones de prestación de los servicios, en sistema Braille o en letras o caracteres ampliados, sin menoscabo de la oferta que de esta información se pueda realizar en otros sistemas o formatos alternativos.
• **Usuarios sordos o con graves dificultades auditivas**. Este plan especial de precios se aplica a las llamadas realizadas desde cualquier punto del territorio nacional que tengan como origen o destino un terminal de telefonía de texto, y que se establezcan a través del centro de servicios de intermediación para teléfonos de texto.

3905 **Servicios de tarificación adicional** (RD 899/2009 art.30) A los efectos del RD 899/2009, tienen la consideración de servicios de tarificación adicional los que hayan sido declarados como tales por resolución de la secretaría de Estado con competencia en la materia, en razón de la existencia de una **facturación superior al coste del servicio** de comunicaciones electrónicas y en interés de una especial protección de los derechos de los usuarios.
La prestación de servicios a los que acceda a través de la **marcación de números telefónicos**, y cuyos cargos figuren en la misma factura que los correspondientes a estas, solo pueden realizarse a través de códigos numéricos que hayan sido atribuidos para la prestación de servicios de tarificación adicional.

3906 **Protección de los datos personales** (RD 899/2009 art.31) En relación con los datos personales, los usuarios finales son titulares de la protección de los siguientes **derechos**:
- datos personales sobre el tráfico;
- datos en la facturación desglosada;
- datos en la elaboración de guías telefónicas y de otros servicios de telecomunicaciones;
- datos en la prestación de servicios de consulta sobre números de teléfono;
- frente a llamadas no solicitadas con fines comerciales;
- frente a la utilización de datos de localización; y
- datos personales en la prestación de servicios avanzados de telefonía.

Precisiones La **regulación** sobre protección de datos personales en los servicios de comunicaciones electrónicas se rige por la L 9/2014, por el RD 424/2005 título V, y, en lo no previsto por dichas normas, por lo dispuesto en la legislación vigente sobre protección de datos de carácter personal.

2. Obligaciones del usuario final

(RD 899/2009 art.32)

3907 Los usuarios finales de servicios de comunicaciones electrónicas, en sus relaciones con los operadores, deben cumplir las siguientes obligaciones:
• **Contraprestación económica** por el suministro del servicio y cumplimiento del resto de condiciones contractuales. El usuario final tiene la obligación de entregar al operador la contraprestación económica pactada en el contrato cuando haya recibido la prestación en los términos previstos en el mismo.
• **Uso del servicio para los fines previstos** en el contrato. Para ser titulares de los derechos reconocidos a los usuarios finales en el RD 899/2009 se precisa la utilización del servicio de comunicaciones electrónicas con los fines establecidos en el contrato. En particular, los usuarios que actúen como revendedores del servicio no serán titulares de los derechos reconocidos en este reglamento, sin perjuicio de los que le puedan corresponder en virtud del contrato y del resto de normativa aplicable.
• **Utilización de aparatos autorizados**. Los usuarios finales deben utilizar equipos y aparatos cuya conformidad haya sido evaluada según la normativa vigente sobre evaluación de la conformidad de aparatos de telecomunicaciones.
• **Configuración de equipos y mantenimiento de la red** más allá del punto de terminación de red. Para una correcta recepción del servicio de comunicaciones electrónicas, es responsabilidad del abonado la correcta configuración de los equipos y aparatos, así como el mantenimiento de los elementos de red que, por situarse en un lugar posterior al punto de terminación de red, correspondan al usuario final, salvo que se haya previsto otra cosa en el contrato.
• **Suministro de datos personales** exigidos por la legislación vigente. Los usuarios finales deben suministrar al operador los datos personales precisos a efectos de la obligación de identificación en la contratación de servicios de telefonía móvil prepago establecidos en la L 25/2007, de conservación de datos relativos a las comunicaciones electrónicas y a las redes públicas de comunicaciones.

Precisiones 1) Un **cliente** que **no pagó** una factura y la **operadora se negó a fraccionar** su pago y cortó el servicio. La supresión fue consecuencia directa del impago reiterado y la operadora no está obligada a aceptar el fraccionamiento del pago por lo que el cliente debe abonar las facturas impagadas y las cuotas de los terminales adquiridos (AP Valencia 11-12-23, EDJ 842990).
2) Cuando en un contrato de servicios de comunicaciones electrónicas se detecta un **uso ilícito del servicio** por parte del cliente, como la reventa del servicio prestado por la empresa de telecomunicaciones no autorizada, la empresa proveedora puede restringir el servicio justificadamente y reclamar el pago de las cantidades adeudadas (AP Pontevedra 31-1-20, EDJ 536789; AP Madrid 5-3-13, EDJ 37466).
3) En el caso en que se **aumentó** unilateralmente por parte de la empresa el **consumo mínimo mensual** de unas líneas telefónicas, se consideró que fue una modificación no consentida por la persona por lo que fue nula y la empresa debe restituir las cantidades cobradas indebidamente (AP Madrid 21-12-12, EDJ 326836).
4) Cuando en un contrato de servicios de telefonía móvil con tarifa plana ilimitada **no se informa** al consumidor sobre la exclusión de **tarifas por itinerancia** ni se especifican las tarifas aplicables ni las operaciones para determinar el importe facturado, la facturación que incluya cargos por itinerancia no se ajusta a lo pactado y no puede ser exigida (AP Huelva 28-1-10, EDJ 214988).

B. Contenidos y servicios digitales

 3910

Se considera **contenido digital** a todos aquellos datos producidos y suministrados en formato digital. **Servicio digital** es todo servicio que permite al consumidor o usuario crear, tratar, almacenar o consultar datos en formato digital, o un servicio que permite compartir datos en formato digital cargados o creados por el consumidor u otros usuarios de ese servicio, o interactuar de cualquier otra forma con dichos datos (LGDCU art.59 bis.d y o). 3911
Con el objetivo de dotar de mayor **protección a** los **consumidores** en la contratación de contenidos o servicios digitales se aprobó la Dir (UE) 2019/770, que ha sido traspuesta al ordenamiento español, por el RDL 7/2021, mediante una amplia modificación de la LGDCU.

1. Contrato de suministro

El contrato de suministro de contenidos o servicios digitales **puede consistir en**: 3912
- suministro de programas informáticos, aplicaciones, archivos de vídeo, archivos de audio, archivos de música, juegos digitales, libros electrónicos u otras publicaciones electrónicas;
- servicios digitales que permitan la creación, el tratamiento, el acceso o el almacenamiento de datos en formato digital, incluido el programa (software) como servicio, tales como el intercambio de vídeos y audio y otro tipo de alojamiento de archivos, el tratamiento de textos o los juegos que se ofrezcan en el entorno de computación en nube y las redes sociales;
- transmisión en un soporte material, la descarga por los consumidores en sus dispositivos, la transmisión a través de la web, el permiso para acceder a capacidades de almacenamiento de contenidos digitales o el acceso al uso de redes sociales;
- contenidos digitales suministrados en un soporte material, como DVD, CD, memorias USB y tarjetas de memoria, así como al soporte material propiamente dicho, siempre que el soporte material sirva exclusivamente como portador de los contenidos digitales;
- contenidos o servicios digitales que se facilitan a una audiencia mediante la transmisión de señales, como los servicios de televisión digital;
- servicios de comunicaciones interpersonales independientes de la numeración (p.e., mensajería en línea).

Conformidad de los contenidos o servicios digitales (LGDCU art.115 a 115 ter) Los **contenidos o servicios digitales** suministrados al consumidor o usuario se consideran **conformes** con el contrato cuando hayan sido instalados o integrados correctamente y cumplan, entre otros, los siguientes **requisitos**: 3913
- se ajusten a la descripción, tipo de bien, cantidad y calidad y poseer la funcionalidad, compatibilidad, interoperabilidad y demás características que se establezcan en el contrato;
- sean aptos para los fines específicos para los que el consumidor o usuario los necesite y que este haya puesto en conocimiento del empresario como muy tarde en el momento de la celebración del contrato, y respecto de los cuales el empresario haya expresado su aceptación;

- se suministren junto con todos los accesorios, instrucciones, también en materia de instalación o integración, y asistencia al consumidor o usuario en caso de contenidos digitales según disponga el contrato;
- se actualicen según se establezca en el contrato en ambos casos;
- se suministren de conformidad con la versión más reciente disponible en el momento de la celebración del contrato, salvo que las partes lo hayan acordado de otro modo.

Si se contrata el **suministro continuo** de contenidos o servicios digitales a lo largo de un período, estos deben ser conformes durante todo ese período.

3914 **Responsabilidad por falta de conformidad** (LGDCU art.120 y 121) El **suministrador** de los contenidos **responde** ante el consumidor cuando:
- los contenidos o servicios digitales no cumplen los **requisitos de conformidad** (nº 3913);
- la instalación o **integración incorrecta** ha sido realizada por el empresario o bajo su responsabilidad;
- en el contrato esté previsto que la instalación o la integración la realice el consumidor o usuario, y esta se ha realizado de forma incorrecta debido a las **deficiencias en** las **instrucciones** de instalación o integración proporcionadas por el empresario; o
- cuando, a consecuencia de una **vulneración de derechos de terceros**, en particular de los derechos de propiedad intelectual, se impida o limite la utilización de los bienes o de los contenidos o servicios digitales.

Los **plazos** de los que dispone el empresario para responder son:
- **en general**: por las que existan en el momento del suministro y se manifiesten en un plazo de 2 años;
- si el contrato prevé el **suministro continuo** de contenidos o servicios digitales durante un período de tiempo determinado: que se produzcan o se manifiesten dentro del plazo durante el cual deben suministrarse los contenidos o servicios digitales de acuerdo con el contrato;
- si el contrato de **compraventa de bienes con elementos digitales** establece el suministro continuo de los contenidos o servicios digitales durante un período inferior a 3 años: 3 años a partir del momento de la entrega.

Se presume que las faltas de conformidad manifestadas en el año siguiente al suministro, ya existían cuando el contenido o servicio digital se suministró, salvo que el empresario demuestre que el **entorno digital** del consumidor o usuario **no** es **compatible** con los requisitos técnicos de los contenidos o servicios digitales objeto del contrato, o haya informado al consumidor o usuario sobre dichos requisitos técnicos de forma clara y comprensible con anterioridad a la celebración del contrato. En estos casos, el consumidor o usuario **debe cooperar** con el empresario en la medida de lo razonablemente posible y necesario para establecer si la causa de la falta de conformidad de los contenidos o servicios digitales radica en su entorno digital. Si el consumidor o usuario se niega a cooperar, la carga de prueba recae sobre él.

Precisiones **1)** Si el consumidor o usuario no instala en un plazo razonable las actualizaciones proporcionadas o la instala incorrectamente, el empresario **no será responsable** de ninguna falta de conformidad causada únicamente por la ausencia o deficiente actualización, siempre que haya informado al consumidor o usuario sobre la disponibilidad de la actualización y de las consecuencias de su no instalación o que la incorrecta instalación no se deba a deficiencias en las instrucciones facilitadas (LGDCU art.115 ter.3).
2) En contratos de arrendamiento de obra para **suministro, instalación y adaptación de software**, el proveedor asume una obligación de resultado, debiendo garantizar que el programa funcione correctamente y se adapte a las necesidades del cliente, siendo responsable por incumplimiento si el producto presenta deficiencias que lo hagan inviable para el uso pactado (AP Valencia 8-7-10, EDJ 204580).

3915 **Modificación de los contenidos o servicios digitales** (LGDCU art.126) La empresa suministradora puede modificar los contenidos o servicios digitales más allá de lo necesario para mantener la conformidad de los contenidos o servicios digitales siempre que se cumplan los siguientes **requisitos**:
- el contrato permita tal modificación y proporcione una razón válida para realizarla;
- la modificación se realice sin costes adicionales para el consumidor o usuario; o
- se informe al consumidor o usuario, de forma clara y comprensible, con una antelación razonable y en un soporte duradero, de las características y el momento de la modificación y de su derecho a resolver el contrato, o sobre la posibilidad de mantener los contenidos o servicios digitales sin tal modificación.

Precisiones En contratos de **prestación de servicios de duración indefinida**, donde el consumidor puede cancelar la suscripción en cualquier momento sin coste, una cláusula que permite al empresario **modificar unilateralmente el precio** y el alcance del servicio, siempre que se notifique con antelación razonable y no imponga la modificación al consumidor, no es abusiva ni nula (TS auto 15-3-23, EDJ 531091; AP Granada 6-11-20, EDJ 820421).

2. Derechos y obligaciones de los consumidores y usuarios

(LGDCU art.115 quáter, 117 a 119 ter, 123 y 126)

El consumidor o usuario de contenidos y servicios digitales tiene **derecho al suministro** de los contenidos o servicios digitales, **de conformidad** con lo establecido en el contrato (nº 3913 s.) y **sin demora indebida** tras la celebración del contrato (LGDCU art.66 bis.1). El suministro se entiende hecho en el día que figure en la factura o tique de compra, o en el albarán de entrega correspondiente si este fuera posterior. **3916**

En caso de disconformidad, el consumidor, mediante una simple declaración, puede exigir al empresario la subsanación de dicha falta de conformidad (nº 3917), la reducción del precio (nº 3918) o la resolución del contrato (nº 3919).

Es posible exigir una **indemnización de daños y perjuicios**, si procede.

Asimismo, puede proceder a la **suspensión del pago** de cualquier parte pendiente del precio del bien o del contenido o servicio digital adquirido hasta que el empresario cumpla con las obligaciones establecidas.

La **acción para reclamar** prescribe a los 5 años desde la manifestación de la falta de conformidad (LGDCU art.124).

Precisiones Si **dirigirse contra** el empresario para que el contenido o servicio digital sea puesto en conformidad resulta imposible o supone un carga excesiva se puede reclamar directamente al **productor** (LGDCU art.125).

Subsanación o puesta en conformidad (LGDCU art.118.2 a 118.4) Si los contenidos o servicios digitales no fueran conformes con el contrato, el consumidor o usuario tiene derecho a exigir que los contenidos o servicios digitales no conformes con el contrato sean puestos en conformidad, **salvo que** resulte imposible o suponga costes desproporcionados para el empresario. **3917**

Las **medidas correctoras** para la puesta en conformidad deben ser gratuitas, llevarse a cabo en un plazo razonable y sin mayores inconvenientes para el consumidor o usuario.

Reducción del precio (LGDCU art.119 y 119 bis) El consumidor o usuario puede exigir una rebaja del precio, **proporcional** a la diferencia existente entre el valor del contenido o servicio digital en el momento del suministro de haber sido conforme con el contrato y el valor del contenido o servicio efectivamente suministrado, en los **supuestos** siguientes: **3918**

- cuando la medida correctora para poner en conformidad resulte imposible o desproporcionada;
- cuando los contenidos o servicios digitales no se han puesto en conformidad;
- cuando aparezca cualquier falta de conformidad después del intento del empresario de poner los contenidos o servicios digitales en conformidad;
- cuando la falta de conformidad sea de tal gravedad que se justifique la reducción inmediata del precio;
- si el empresario declare o así se desprenda claramente de las circunstancias, que no va a poner los contenidos o servicios digitales en conformidad en un plazo razonable o sin mayores inconvenientes para el consumidor o usuario.

Resolución (LGDCU art.66 bis.3, 119, 119 ter y 126 bis) El consumidor o usuario puede exigir, mediante una declaración expresa al empresario, la resolución del contrato en los siguientes **supuestos**: **3919**

a) Los establecidos para la reducción del precio (nº 3918).

b) Las partes hayan acordado o así se desprenda claramente de las circunstancias que concurran en la celebración del contrato, que para el consumidor o usuario es esencial que la entrega o el suministro se produzca en una fecha determinada o anterior a esta.

c) Cuando la modificación de los contenidos o servicios digitales afecte negativamente a su acceso o a su uso, salvo que:

- los efectos negativos sean de escasa importancia; o
- el empresario haya dado al consumidor y usuario la posibilidad de mantener, sin costes adicionales, los contenidos o servicios digitales sin la modificación y estos sigan siendo conformes.

En este caso, el consumidor puede resolver el contrato en el **plazo** de 30 días naturales a partir de la recepción de la información o a partir del momento en que el empresario modifique los contenidos o servicios digitales, si esto ocurriera de forma posterior.

Los **efectos** de la resolución para el consumidor o usuario son:

1. **Derecho al reembolso** a todos los importes pagados con arreglo al contrato o a la parte proporcional, si los contenidos o servicios digitales hayan sido conformes durante un período anterior a la resolución del contrato. El empresario dispone para ello de 14 días a partir de la fecha en la que ha sido informado de la decisión del consumidor.

2. **Derecho a la recuperación** de los contenidos digitales que haya creado al utilizar los contenidos o servicios digitales sin cargo alguno, sin impedimentos por parte del empresario, en un plazo razonable y en un formato utilizado habitualmente y legible electrónicamente.
3. Si el consumidor ha ejercido el derecho de desistimiento tras haber realizado una solicitud de conformidad, debe **abonar** al comerciante un importe proporcional a la **parte ya prestada del servicio** en el momento en que haya informado al comerciante del ejercicio del derecho de desistimiento, en relación con el objeto total del contrato (TJUE 8-10-20, asunto C-641-19).
4. Debe **abstenerse de utilizar** los contenidos o servicios digitales y de ponerlos a disposición de terceros.
5. **Devolución** al empresario del **soporte material** en el que se suministró el contenido, sin demora indebida.

SECCIÓN 7

Vehículos

3920

La magnitud que ha alcanzado en los últimos años el fenómeno del tráfico y la envergadura de la siniestralidad a él asociada, han dado lugar a una transformación de la normativa en la materia, con ánimo de adaptar el marco jurídico de la **circulación de vehículos de motor** a las exigencias derivadas tanto de la Constitución como del Derecho europeo. Estas transformaciones están guiadas también por la voluntad de complementar la concepción tradicional en el sector, orientado fundamentalmente al control policial, con un enfoque nuevo, activo, que promueve la **seguridad de la circulación** y la prevención de accidentes tanto en carretera como en zonas urbanas. Esta perspectiva se ha visto reforzada por la voluntad de introducir garantías para la defensa y protección de los **consumidores y usuarios**.

1. Fabricación y comercialización

3925 La correcta protección de los consumidores y usuarios de vehículos de motor exige que tanto la fabricación de vehículos como su comercialización cumplan determinados **requisitos de calidad y seguridad** que contribuyan al mantenimiento de un alto nivel de protección. Por ello, la fabricación de vehículos a motor se encuentra sujeta al cumplimiento de diversas normas, nacionales y europeas en materia de seguridad.
Todo vehículo, sus partes y cada una de sus piezas deben cumplir unas **condiciones técnicas** legalmente previstas (RD 2822/1998, por el que se aprueba el Reglamento General de Vehículos). Sin dicho cumplimiento, no cabe matricular ni poner en circulación los mismos.
Cualquier vehículo, para su puesta en circulación, debe estar en condiciones adecuadas para su utilización y para ello debe previamente cumplir con los requisitos de **homologación** y de **matriculación**.

3927 **Homologación** La circulación de vehículos exige que previamente obtengan la correspondiente **autorización administrativa**, sustanciada en la homologación de los vehículos, sus piezas y partes, que es otorgada por la **autoridad de homologación**, que en España, es el Ministerio de Industria, Comercio y Turismo.
Todos los vehículos automóviles, remolques, semirremolques, motocicletas, ciclomotores y vehículos agrícolas, deben corresponder, como condición previa para que puedan ser matriculados y/o puestos en circulación, a **tipos homologados** en:
- España (RD 750/2010);
- la Unión Europea (Rgto (UE) 2018/858; Rgto UE/167/2013; Rgto UE/168/2013); o
- el Espacio Económico Europeo (a partir de ahora, EEE).
Existen dos clases de **procedimientos** de homologación: la homologación de tipo CE y la homologación de tipo nacional.

A efectos de la obtención de la homologación de tipo de vehículos, sus sistemas, partes y piezas deben cumplir los siguientes **requisitos previos**: 3928
- el **fabricante** debe solicitarlo a la autoridad de homologación así como inscribirse en el Registro de fabricantes y firmas autorizadas de la autoridad de homologación;
- para poder **firmar tarjetas** de ITV de los tipos B, C y D y fichas reducidas, el fabricante debe solicitar su inscripción en el Registro de fabricantes y firmas autorizadas de la autoridad de homologación; y
- la **solicitud de alta** en el Registro de fabricantes y firmas autorizadas es dirigida a la autoridad de homologación.

Precisiones 1) En el caso del **fabricante**, puede distinguirse dos tipos:
- los **radicados en el EEE**, pueden designar un representante, por cada número de homologación de tipo solicitado;
- los **no radicados en el EEE**, deben designar un representante, por cada número de homologación de tipo solicitado.

2) Para poder **firmar tarjetas**, también hay que diferenciar entre:
- los **radicados en el EEE**, deben designar personas físicas o jurídicas, que firmen estos documentos;
- los **no radicados en el EEE**, deben designar para cada número de homologación, personas físicas o jurídicas que firmen estos documentos.

3) Los **modelos de solicitud** pueden ser descargados de la sede electrónica del Ministerio de Industria, Comercio y Turismo; se indican los documentos que es necesario aportar para la inscripción, ya sea como fabricante o como representante.

Homologación de tipo nacional (RD 750/2010 art.4) Una vez realizados los trámites administrativos previos, el fabricante que desee homologar un vehículo, debe presentar ante la autoridad de homologación la **documentación** siguiente: 3929
- **ficha de características**, sellada por el servicio técnico (modelo que figura en el RD 750/2010 apéndice 2 parte II del anexo correspondiente a la categoría del vehículo);
- **ficha de características reducida**, sellada por el servicio técnico (el modelo que figura en el RD 750/2010 apéndice 2 parte III del anexo correspondiente a la categoría del vehículo);
- **acta de ensayo** de homologación de tipo expedida por el servicio técnico; y
- en el caso de **vehículos no fabricados en España**, relación de todos los locales en los que pueda efectuarse la selección de muestras de vehículos para la conformidad de la producción.

Si se cumplen todos estos requisitos, la **autoridad de homologación** concede la homologación de tipo en España, asignando un número de homologación.

Precisiones El fabricante o importador de un tipo de vehículo homologado debe demostrar la **conformidad de la producción** de serie con las del tipo al que corresponda. A estos efectos debe solicitar también del laboratorio oficial, en el momento de iniciar el proceso de homologación, la verificación posterior de la conformidad de la producción. Esta **verificación** debe quedar reflejada en un acta de conformidad de la producción, que es emitida por el laboratorio oficial, a menos que el fabricante o importador comunique que la fabricación o importación de este tipo ha cesado temporal o definitivamente.

Homologación de tipo CE (Rgto UE/168/2013; RD 750/2010) En el caso de la homologación CE se han de cumplir los siguientes **requisitos**: 3930
• La **solicitud** se dirige a la autoridad de homologación y deben ir acompañadas de los siguientes **documentos**:
- documento acreditativo de la identidad del solicitante;
- acta de los ensayos realizados conforme a las prescripciones reglamentarias, que debe haber sido expedida por un servicio técnico designado por la autoridad de homologación; y
- certificado del cumplimiento de los requisitos de la evaluación inicial.

• La **autoridad de homologación** concede o no la homologación, según proceda, comunicando la resolución al interesado.
• La **conformidad de la producción** con el tipo homologado que se detalla en cada acto reglamentario, se efectúa, por el procedimiento indicado en el RD 750/2010 art.9, o en los artículos correspondientes de los actos reglamentarios y de las directivas marco que le sean de aplicación.
• Los **gastos** derivados de la evaluación inicial y de la conformidad de la producción, serán por cuenta del titular de la homologación.

Matriculación Además de la homologación, todo vehículo precisa, para poder ser utilizado en España, la previa matriculación del mismo. 3932

Ello no obstante, el **plazo** para matricular un vehículo en España es de 30 días desde el inicio de su utilización, de tal modo que cabe la adquisición del vehículo con anterioridad a su matriculación.

Para los vehículos adquiridos en **otro Estado miembro de la UE**, cabe circular dentro del estado español si bien se debe solicitar un permiso temporal de circulación, cuya duración es de 60 días prorrogables de manera excepcional, mientras se tramita la matriculación definitiva.

Para la matriculación de un vehículo en España se debe rellenar un impreso oficial de **solicitud** de matriculación que se facilita a la prefactura de tráfico que corresponda según el domicilio, justificando la residencia en España, abonando la tasa legalmente establecida y con aportación de la documentación legalmente exigida.

Precisiones Para la solicitud de matriculación normalmente se exige la presentación de los siguientes **documentos**:
- DNI o pasaporte en vigor, o tarjeta de residencia;
- documentación original del vehículo;
- tarjeta de inspección técnica (ITV), con sus copias azul y rosa;
- autoliquidación del impuesto de vehículos de tracción mecánica (IVTM), por triplicado o justificante de exención;
- impuesto especial sobre determinados medios de transporte (IEDMT), o justificante de exención o de no sujeción.

3934 **Comercialización de vehículos** La protección de los consumidores se extrema en materia de comercialización de vehículos, fundamentalmente en lo relativo a las **garantías** de que disponen en relación con el vehículo ya adquirido, lo que ha venido a reforzar notablemente la LGDCU.

La LGDCU afecta a los **vendedores** (personas físicas o jurídicas que, en el marco de su actividad profesional, venden bienes de consumo) que entreguen al **consumidor** (está exenta la venta entre particulares) un bien que sea conforme con el contrato de compraventa en los términos establecidos en la norma.

El marco legal de la LGDCU tiene por objeto establecer un **plazo mínimo de garantía**, a partir de la compra, para que los consumidores puedan acceder al saneamiento cuando el bien adquirido no sea conforme con el contrato, dándole la opción de exigir la **sustitución** o la **reparación** del bien, salvo que esta resulte imposible o desproporcionada.

Cuando la reparación o la sustitución no fueran posibles o resulten infructuosas, el consumidor puede exigir la **rebaja del precio** o la **resolución** del contrato.

Desde 1-1-2022, el **plazo mínimo de garantía** es, para los vehículos nuevos, de 3 años, susceptibles de ampliación voluntaria. Para los vehículos de segunda mano se puede pactar un plazo menor, que no puede ser inferior a 1 año (LGDCU art.120).

Precisiones Son **bienes de consumo** los bienes muebles corporales destinados al consumo privado. Por tanto, la LGDCU no resulta de aplicación a los bienes adquiridos mediante venta judicial. Esta Ley tampoco es aplicable a los bienes de segunda mano adquiridos en subasta administrativa a la que los consumidores puedan asistir personalmente (LGDCU art.114.2).

3936 **Conformidad del vehículo con el contrato** (LGDCU art.115 a 115 ter) El consumidor tiene derecho a que el vehículo sea conforme con el contrato de compraventa, y por tanto, a que se ajuste a la **descripción realizada** por el vendedor y posea las **cualidades** que el vendedor haya presentado al consumidor en forma de muestra o modelo.

El vehículo debe ser apto para su uso y reunir los **requisitos de calidad** y **prestaciones** habituales de cualquier bien del mismo tipo.

Precisiones **1)** El vendedor de un vehículo debe responder de las **faltas de conformidad** que se manifiesten en un plazo de 3 años desde la entrega del bien. En consecuencia, no cabe imponer **limitaciones** para el ejercicio de los derechos del consumidor derivados de la falta de conformidad con el contrato, tales como acudir a un determinado taller.

Ahora bien, la Ley exige que la falta de conformidad sea **originaria**, es decir que existiese, aunque no se percibiese, en el momento de la entrega del bien de consumo. Por tanto, dicha conformidad debe existir en el momento de la compra del bien y, en consecuencia, no puede tener su origen en el tratamiento que del mismo hace el consumidor, ni en la intervención de un tercero.

Otra cosa es la **garantía comercial**, sujeta a las condiciones establecidas por el garante, respecto de las prestaciones adicionales ofrecidas, sin que quepa, en cualquier caso, limitar los derechos legales del consumidor (LGDCU art.127).

2) Cuando un **vehículo de segunda mano** presenta una **avería grave** dentro del periodo de garantía mecánnica total ampliada y se acredita que el comprador no hizo un uso negligente del vehículo tras la aparición del fallo, procede declarar resuelto el contrato de compraventa y ordenar la restitución recíproca de las prestaciones, con condena al vendedor a devolver el importe pagado, incluso si la avería se produjo pocos días después de la compra y el comprador actuó diligentemente al detener el vehículo y reclamar la reparación (AP Madrid 25-10-24, EDJ 788177).

3) En la compraventa de vehículos de segunda mano, el vendedor profesional responde por las **faltas de conformidad** que se manifiesten dentro del **plazo de garantía** pactado, que no puede ser inferior a un año, y si bien existe una presunción *iuris tantum* de que los defectos manifestados en los primeros seis meses ya existían al momento de la entrega, pasado ese plazo corresponde al comprador probar la preexistencia del defecto (AP Madrid 28-6-21, EDJ 725140; AP Barcelona 20-12-24, EDJ 841397; AP Tarragona 15-5-25, EDJ 655501).

4) Para **más información** sobre la **garantía** ver nº 595 s.

2. Derechos del consumidor

3940

Reparación del vehículo (LGDCU art.118) Si el bien no es conforme con el contrato, el consumidor puede optar entre exigir la reparación o la sustitución del bien, salvo que una de estas opciones resulte imposible o desproporcionada. Desde el momento en que el consumidor comunique al vendedor la **opción de la reparación**, ambas partes han de atenerse a ella, a menos que la misma no logre poner el bien en conformidad con el contrato. 3943

Se considera **desproporcionada** toda forma de saneamiento que imponga al vendedor costes que, en comparación con la otra forma de saneamiento, no sean razonables, teniendo en cuenta el valor que tendría el bien si no hubiera falta de conformidad, la relevancia de la falta de conformidad y si la forma de saneamiento alternativa se pudiese realizar sin inconvenientes mayores para el consumidor.

La reparación del vehículo se ha de ajustar a las siguientes **reglas**:
- debe ser **gratuita** para el consumidor;
- debe llevarse a cabo en un **plazo** razonable y sin mayores inconvenientes para el consumidor, habida cuenta de la naturaleza y la finalidad que el vehículo tuviera para el consumidor;
- la reparación suspende el **cómputo de los plazos** de 3 años de garantía y de 5 años para reclamar (LGDCU art.122); y
- si concluida la reparación y entregado el vehículo, este **sigue siendo no conforme** con el contrato, el comprador puede exigir la **sustitución** del mismo, siempre que no sea desproporcionada; o la rebaja del precio o la resolución del contrato.

Precisiones **1)** La **gratuidad** de la reparación comprende los gastos necesarios realizados para subsanar la falta de conformidad de los bienes con el contrato, especialmente los gastos de envío, así como los costes relacionados con la mano de obra y los materiales.

El **responsable** de la falta de conformidad es el que debe asumir los gastos de reparación o sustitución, incluidos los derivados de la instalación, ya sea en base a su responsabilidad como instalador, ya sea como responsable por los daños y perjuicios causados al consumidor al suministrarle un bien no conforme con el contrato.

2) El **período de suspensión** comienza desde que el consumidor ponga el vehículo a disposición del vendedor y concluye con la entrega al consumidor del vehículo ya reparado. Durante el año posterior a la entrega del vehículo reparado, el vendedor debe responder de las faltas de conformidad que motivaron la reparación, presumiéndose que se trata de la misma falta de conformidad cuando se reproduzcan en el vehículo defectos del mismo origen que los inicialmente manifestados (LGDCU art.122.3).

3) El fabricante debe garantizar la existencia de **repuestos** por un plazo mínimo de 10 años a partir de la fecha en que deje de fabricarse el vehículo (LGDCU art.127.1).

4) Cuando un vehículo que presenta averías que impiden su uso durante un **periodo prolongado**, el vendedor profesional está obligado a **indemnizar** al consumidor por los daños y perjuicios derivados de la privación del uso del vehículo, aun cuando no se acrediten gastos específicos adicionales, reconociendo un daño por la mera indisponibilidad del coche durante el tiempo necesario para su reparación en garantía (AP Barcelona 20-11-24, EDJ 816102).

5) El consumidor puede optar por la reparación en un **taller de su elección** sin que el vendedor pueda imponer la reparación en su propio taller, debiendo el vendedor responder por los gastos de reparación siempre que se acredite la avería y su inclusión en la garantía (AP La Rioja 25-11-22, EDJ 808243).

6) Para más información sobre el **servicio postventa** ver nº 610 s.

Sustitución del vehículo (LGDCU art.118) Si el bien no fuera conforme con el contrato, el consumidor puede optar entre exigir la reparación o la sustitución del bien, salvo que una de estas opciones resulte imposible o desproporcionada. 3945

Desde el momento en que el consumidor comunique al vendedor la **opción de la sustitución**, ambas partes han de atenerse a ella, a menos que la misma no logre poner el bien en conformidad con el contrato.

Se considera **desproporcionada** toda forma de saneamiento que imponga al vendedor costes que, en comparación con la otra forma de saneamiento, no sean razonables, teniendo en cuenta el valor que tendría el bien si no hubiera falta de conformidad, la relevancia de la falta de conformidad y si la forma de saneamiento alternativa se pudiese realizar sin inconvenientes mayores para el consumidor.

La sustitución del vehículo se debe ajustar a las mismas **reglas** que las previstas para la reparación (nº 3943).

Precisiones Un vehículo adquirido al concesionario adolece de un **defecto mecánico** que ha quedado bien determinado y que cuando surgió, el vehículo se hallaba todavía en período de garantía, en el cual se reconocía al consumidor la **opción inicial de solicitar la reparación**, lo que no se consiguió, siendo procedente la sustitución, y siendo obligación solidaria de los codemandados la de cumplir con dicha sustitución (AP Bacelona 28-4-09, EDJ 200188).

3947 **Rebaja del precio o resolución del contrato** (LGDCU art.119 a 119 quáter) El consumidor puede **optar libremente** entre la rebaja del precio o la resolución del contrato
El derecho a la rebaja del precio o la resolución del contrato procede en los siguientes **supuestos**:
- el empresario no haya llevado a cabo la reparación o sustitución del vehículo o no lo haya hecho en un plazo razonable;
- cuando el consumidor no pueda exigir la reparación o la sustitución y en los casos en que estas no se hubieran llevado a cabo en plazo razonable o sin mayores inconvenientes para el consumidor;
- cuando aparezca cualquier falta de conformidad después del intento del empresario de poner el vehículo en conformidad;
- cuando la falta de conformidad sea de tal gravedad que se justifique la reducción inmediata del precio; o
- cuando el empresario haya declarado, o así se desprenda claramente de las circunstancias, que no pondrá el vehículo en conformidad en un plazo razonable o sin mayores inconvenientes para el consumidor o usuario.

La rebaja del precio debe ser **proporcional** a la diferencia existente entre el valor que el bien hubiera tenido en el momento de la entrega del vehículo de haber sido conforme con el contrato y el valor que el vehículo efectivamente entregado tenía en el momento de dicha entrega.
Para ejercer el **derecho a la resolución**, el consumidor o usuario debe presentar una declaración expresa al empresario indicando su voluntad de resolver el contrato. En estos casos, el consumidor o usuario debe restituir el vehículo al empresario, a expensas de este último.

Precisiones **1)** La **resolución no procede** cuando la falta de conformidad sea de escasa importancia (LGDCU art.119 quáter.2 redacc RDL 7/2021).
2) Después de que un **defecto en el cambio automático** persista, tras la compra de un vehículo nuevo, lo que afecta a su funcionamiento esencial y **no puede ser reparado ni sustituido**, procede la resolución del contrato de compraventa (AP Barcelona 15-3-21, EDJ 553362).

3950 **Reembolsos** (LGDCU art.119 ter.4.a y 119 quáter) El empresario debe reembolsar al consumidor o usuario el **precio pagado** tras la recepción del vehículo o, en su caso, de una prueba aportada por el consumidor o usuario de que los ha devuelto.
Todos los reembolsos que deba realizar el empresario deben realizarse, mediante el mismo **medio de pago** empleado por el consumidor o usuario, sin demora indebida, y, en cualquier caso, en un **plazo** de 14 días a partir de la fecha en la que el empresario haya sido informado de la decisión del consumidor o usuario de reclamar su correspondiente derecho.

3. Aseguramiento

3955

3957 **Seguro obligatorio** (RDLeg 8/2004 art.2 s.) La utilización de los vehículos a motor exige la previa suscripción de un seguro obligatorio, legalmente previsto, al margen de cualquier otro **complementario** que voluntariamente suscriba el titular del vehículo, como sería del denominado seguro a todo riesgo, o el seguro de robo, incendio y lunas.
Todo conductor de vehículos a motor es responsable, en virtud del riesgo creado por la conducción de estos, de los daños causados a las personas o en los bienes con motivo de dicha circulación.
Por ello, la legislación vigente exige que todo vehículo, **antes de su puesta en funcionamiento**, disponga del oportuno seguro de responsabilidad civil obligatorio.
No obstante, el propietario queda relevado de tal obligación cuando el seguro sea **concertado por cualquier persona** que tenga interés en el aseguramiento, quien debe expresar el concepto en que contrata.
Además de la cobertura mínima de la responsabilidad civil, la póliza en que se formalice el contrato de seguro de responsabilidad civil de suscripción obligatoria puede incluir, con **carácter potestativo**, las **coberturas** que libremente se pacten entre el tomador y la entidad aseguradora con arreglo a la legislación vigente.

Cobertura material y territorial (RDLeg 8/2004 art.4.1 y 5) El seguro obligatorio debe garantizar la cobertura de la **responsabilidad civil** en vehículos terrestres automóviles con estacionamiento habitual en España, mediante el pago de una sola prima, en todo el **territorio** del EEE y de los Estados adheridos al Acuerdo entre las oficinas nacionales de seguros de los Estados miembros del Espacio Económico Europeo y de otros Estados asociados. 3959
Dicha cobertura debe incluir cualquier tipo de estancia del vehículo asegurado en el territorio de **otro Estado miembro** del Espacio Económico Europeo durante la vigencia del contrato.
Sin embargo, **se excluye** de la cobertura del seguro de suscripción obligatoria, lo siguientes daños y perjuicios:
- las **lesiones o fallecimiento del conductor** del vehículo causante del accidente;
- los **bienes** sufridos por el vehículo asegurado, por las cosas en él transportadas ni por los bienes de los que resulten titulares el tomador, el asegurado, el propietario o el conductor, así como los del cónyuge o los parientes hasta el tercer grado de consanguinidad o afinidad de los anteriores;
- quienes sufrieran daños con motivo de la circulación del vehículo causante, si **hubiera sido robado**.

Incumplimiento de la obligación (RDLeg 8/2004 art.3) El incumplimiento de la obligación legal de asegurarse determina **consecuencias graves**: 3962
- la **prohibición de circulación** por territorio nacional de los vehículos no asegurados;
- el **depósito o precinto** público o domiciliario del vehículo, con cargo a su propietario, mientras no sea concertado el seguro; y
- una **sanción pecuniaria** de 601 a 3.005 euros de multa, graduada según que el vehículo circule o no, su categoría, el servicio que preste, la gravedad del perjuicio causado, en su caso, la duración de la falta de aseguramiento y la reiteración de la misma infracción.

Precisiones Para levantar dicho **depósito o precinto** debe demostrarse que se dispone del seguro correspondiente. Los gastos que se originen como consecuencia del depósito o precinto del vehículo son por cuenta del propietario, que debe abonarlos o garantizar su pago como requisito previo a la devolución del vehículo.

Seguro voluntario Para entender el ecosistema de la previsión vial se requiere distinguir entre la exigencia legal y la prudencia personal. En este sentido, junto al seguro obligatorio, la legislación vigente prevé la posibilidad de suscribir otros seguros voluntarios, abriendo un abanico de **garantías adicionales** -como el daño propio, el robo o la asistencia en viaje- que pueden resultar fundamentales para alcanzar una verdadera tranquilidad al volante. 3965

Seguro a todo riesgo El seguro a todo riesgo es un seguro voluntario, complementario del seguro obligatorio, por el que mediante el pago de una prima de seguro más alta, se obtiene una **cobertura superior** a la de una póliza que solo cubra a terceros. Ello no obstante, el seguro a todo riesgo no cubre todo: 3966
• Si un vehículo asegurado a todo riesgo sufre un **siniestro total**, la indemnización de la aseguradora a su cliente será en función del valor venal del vehículo. Dicho valor venal lo tasan los peritos de la aseguradora en el momento del accidente y si resulta más bajo que el valor de reparación, normalmente no se paga la reparación y la aseguradora ofrece el valor venal del vehículo.
• **Accesorios y extras**: la mayor parte de los seguros a todo riesgo incluyen en la cobertura de la póliza los artículos de serie del vehículo, y en el caso de que el tomador del seguro quiera incluir nuevos accesorios y cubrirlos, debe comunicarlo a la compañía, lo que normalmente incrementa el precio del seguro. Así ocurre con accesorios como el GPS o las barras porta esquíes.
• **Franquicias**: existen seguros a todo riesgo que incluyen franquicia, lo que abarata el importe de la prima, pero obliga al asegurado a pagar una cantidad fijada de antemano cuando se produce un siniestro. El resto, esto es, los demás gastos hasta cubrir el importe total de los daños, lo cubre la aseguradora.

Precisiones El **valor venal** del vehículo se identifica como el valor de venta del vehículo en el mercado a la fecha del accidente, que es inferior al valor de mercado de compra. Normalmente el valor venal del vehículo es inferior al valor de mercado de compra en un 20% y decrece a medida que aumenta la antigüedad del vehículo.

Seguro de carnet por puntos Tras la entrada en vigor de la L 17/2005 por la que se regula el permiso y la licencia de conducción por puntos, ha aparecido una nueva modalidad aseguradora que ofrece cobertura a las contingencias derivadas de la **pérdida de puntos**. 3967
El modelo más generalizado de seguro de carnet por puntos prevé que para el riesgo cubierto «**pérdida temporal del carnet**» se prevea una indemnización o una subvención económica.

Otra modalidad de seguro de carnet por puntos es aquella en la que para el caso de ocurrir el riesgo cubierto de pérdida del carnet, se prevé una compensación por los gastos de matriculación para asistir a los **cursos de educación vial** que permiten recuperar los puntos.

3968 **Seguro de garantía mecánica** A pesar de que la LGDCU establece la obligación de una garantía comercial de dos años para los vehículos nuevos y de un año para los coches usados, lo cierto es que en ocasiones, para asegurar al comprador de un **vehículo usado** el buen estado y funcionamiento del mismo se suscribe un seguro de garantía mecánica que asume un periodo de cobertura de 1, 2 o 3 años y que alcanza a cubrir cualquier avería del vehículo por fallo de las piezas mecánicas y eléctricas durante el plazo acordado.

3969 **Seguro por robo, incendio y lunas** Más allá de la cobertura de responsabilidad civil, otra modalidad esencial de seguro voluntario y complementario al de suscripción obligatoria es la que comprende las garantías de robo, incendio y lunas. Esta tríada prestacional no busca resarcir daños a terceros, sino proteger el patrimonio del asegurado mediante el abono de una indemnización o la reparación del bien -siempre atendiendo a las pólizas suscritas y sus condiciones- en los siguientes **supuestos**:

• **Robo**: normalmente cubre tanto la pérdida total del vehículo por sustracción ilegítima como los daños derivados del intento de robo (forzamiento de cerraduras o daños en el habitáculo) y el hurto de componentes fijos.

• **Incendio**: generalmente garantiza el resarcimiento por los daños materiales que sufra el vehículo a consecuencia de fuego, explosión o caída de rayo, ya sea con el vehículo en circulación o en reposo, e independientemente de si el origen es externo o por combustión interna.

• **Lunas**: suele prever la reparación o reposición de los cristales del vehículo (parabrisas, ventanillas laterales y luneta trasera) ante roturas accidentales, garantizando la visibilidad y la seguridad estructural del habitáculo.

En estas modalidades, la **cuantía de la indemnización** suele estar supeditada al valor de mercado o valor venal del vehículo en el momento del siniestro, configurándose así como una red de seguridad intermedia entre el seguro a terceros básico y el seguro a todo riesgo.

SECCIÓN 8

Alojamiento turístico

3975 La **normativa** española relativa a los alojamientos turísticos se ha caracterizado tradicionalmente por una extensa reglamentación estatal de los aspectos concernientes a la **ordenación administrativa** de la actividad, prestando especial atención a la clasificación de los establecimientos, los requisitos de las instalaciones, los precios y reservas, registro de clientes, etc. Son las propias comunidades autónomas, en el ejercicio de sus competencias, las que regulan los aspectos concernientes a la ordenación administrativa de la actividad de los alojamientos turísticos.

Comunidad autónoma	Regulación del alojamiento turístico
Andalucía	L Andalucía 13/2011 art.28 s.
Aragón	DLeg Aragón 1/2016 art.34 s.
Asturias	L Asturias 7/2001 art.30 s.
Baleares	L Baleares 8/2012 art.30 s.
Canarias	L Canarias 7/1995 art.31 s.
Cantabria	L Cantabria 5/1999 art.15 s.
Castilla y León	L Castilla y León 14/2010 art.29 s.
Castilla-La Mancha	L Castilla-La Mancha 8/1999 art.14 s.
Cataluña	L Cataluña 13/2002 art.38 s.
Extremadura	L Extremadura 2/2011 art.53 s.
Galicia	L Galicia 7/2011 art.53 s.
La Rioja	L La Rioja 2/2001 art.11 s.
Madrid	L Madrid 1/1999 art.24 s.

Comunidad autónoma	Regulación del alojamiento turístico
Murcia	L Murcia 12/2013 art.25 s.
Navarra	LF Navarra 7/2003 art.15 s.
País Vasco	L País Vasco 13/2016 art.36 s.
C.Valenciana	L C.Valenciana 15/2018 art.63 s.

La regulación de las **relaciones jurídico-privadas entre** las **empresas turísticas y** los **usuarios**, esta ha sido objeto de una menor atención legal, a excepción de los aislados preceptos que el Código Civil dedica a la **responsabilidad legal** de los «fondistas», «mesoneros» o «posaderos» -que en la actualidad deben considerarse referidos a empresarios hoteleros o de alojamientos turísticos- respecto de los efectos introducidos por los viajeros en sus establecimientos (CC art.1783 y 1784); al **crédito preferente del hotelero** en supuestos de pluralidad de acreedores con relación a los bienes muebles del deudor existentes en el establecimiento (CC art.1922.5); y al plazo trienal para la **prescripción de la acción** que ostenta el hotelero para reclamar a sus huéspedes o viajeros el importe de la comida y habitación (CC art.1967.4).

La **propiedad y explotación** de los establecimientos de alojamiento turístico permiten distinguir entre los siguientes supuestos en los que el titular del establecimiento hotelero y el titular de la explotación hotelera coinciden, y aquellos otros en los que el titular del hotel no lo explota por sí mismo sino que conviene con un tercero (cadena hotelera, arrendamiento de industria, contrato de gestión hotelera, etc.). **3976**

Precisiones 1) En relación a la **disociación entre propiedad y explotación** de los mismos, algunas leyes de turismo autonómicas exigen que la gestión, administración y dirección comercial de los establecimientos de alojamiento turístico se realice con arreglo a lo que se denomina principio de unidad de explotación, según el cual un único empresario debe ostentar la titularidad de la explotación del establecimiento.
2) Para mayor detalle del **contrato de gestión hotelera** ver nº 5120 s. Memento Contratos Mercantiles 2026-2027.
3) El RD 39/2010 derogó las diversas **normas estatales** sobre acceso a actividades turísticas y su ejercicio pasando, desde entonces, a depender enteramente de la normativa autonómica en la materia.

Contrato de reserva El contrato de reserva de plazas de alojamiento se **define** como el contrato por el cual una persona, consumidor o cliente, acuerda con otra, empresario de alojamiento, el servicio de reserva de una o más plazas de alojamiento en un determinado establecimiento turístico, para una fecha determinada. El contrato, además, **puede celebrarse**: **3977**
- directamente entre el consumidor y el empresario de alojamiento; o
- a través de una agencia de viajes.

Si el contrato se formaliza **directamente entre el establecimiento y el cliente** hay que entender que se perfecciona cuando concurran las declaraciones de consentimiento entre el que solicita la reserva y el que la confirma. Esta coincidencia es fácil de **probar** cuando el concurso de voluntades se celebra por escrito a través de fax o de otro medio informático; sin embargo, si se realiza verbalmente (por ejemplo, por teléfono) hay que recurrir a los medios generales de prueba establecidos en el Código Civil o en el Código de Comercio.

En los supuestos en los que el contrato de reserva individual se celebra **a través de una agencia de viajes**, esta debe proporcionar al cliente el título correspondiente al servicio contratado (llamado bono de agencia o *voucher*, es decir, el documento emitido por una agencia de viajes en el que se pide al proveedor la prestación de los servicios indicados, cuyo importe queda cubierto por el mismo, salvo que sea un bono de presentación) así como la factura en la que figurará el precio total abonado por el cliente. Ambos documentos permiten al cliente obtener en el establecimiento de alojamiento el servicio contratado.

Cualquiera que sea la forma de concluir el contrato de reserva individual, el consumidor está **obligado a comparecer** en la fecha prevista, siendo responsable en caso de incumplimiento de esta obligación. El titular del establecimiento de alojamiento por su parte, debe tener a **disposición de la plaza** o plazas reservadas, respondiendo tanto del incumplimiento como del cumplimiento defectuoso de este deber.

Precisiones 1) Una persona reservó una estancia en un hotel, notificando su alergia severa al pelo de perro. Como el **hotel** admitía animales, **canceló unilateralmente** la reserva sin conocimiento del consumidor y alegó que la **reserva no era reembolsable**. Cuando un establecimiento hotelero cancela unilateralmente una reserva no reembolsable sin el consentimiento del cliente, este tiene derecho a la devolución del importe abonado y a ser indemnizado por daños y perjuicios, independientemente de la condición de no reembolso de la tarifa (AP Baleares 28-1-22, EDJ 564079).
2) Cuando un consumidor realiza una reserva de alojamiento a través de una plataforma *online* y acepta expresamente las condiciones generales que incluyen una **penalización por cancelación**, dicha penalización es válida y exigible si el profesional ha cumplido con la obligación de información clara, transparente y comprensible (AP Madrid 4-5-21, EDJ 616455).

3980 **Contrato de hospedaje** El contrato de hospedaje se **define** como aquel contrato en el que una de las partes, la empresa de alojamiento hotelero, se obliga a proporcionar a la otra, el huésped o cliente, alojamiento y, en su caso, otros servicios complementarios acordados, tales como la pensión alimenticia, la limpieza y planchado de ropa, el servicio de teléfono, etc.
La jurisprudencia ha destacado el **carácter complejo** de esta figura contractual, calificándola en cuanto a su naturaleza jurídica como un contrato de tracto sucesivo que combina el arrendamiento de cosas con respecto a la habitación, el arrendamiento de servicios con respecto a los servicios personales recibidos, el arrendamiento de obra en relación con la comida o manutención, y el contrato de depósito para los efectos que introduzca el huésped viajero en el establecimiento. Es además un contrato atípico, consensual, oneroso y bilateral, de tracto sucesivo y de adhesión (CC art.1922.5).

3981 **Obligaciones del hotelero** La obligación principal del hotelero consiste en facilitar al huésped el alojamiento contratado durante el tiempo que dure el hospedaje, debiendo la habitación asignada cumplir con las **condiciones de calidad y confort** previstas en la reserva. El hotelero debe por tanto realizar los actos necesarios para mantener al cliente en el goce pacífico del alojamiento contratado, respondiendo de las perturbaciones que terceros pudieran causar al huésped.
Uno de los servicios complementarios que suele ofrecer la empresa de alojamiento es el de **aparcamiento de los vehículos** de los clientes. Respecto de la responsabilidad de la empresa hotelera por los daños causados en dichos vehículos, es preciso distinguir cuando:
• Dentro del precio que satisface el cliente **se incluye la vigilancia** del vehículo, en cuyo caso la empresa de alojamiento es responsable de la sustracción y de los daños sufridos por el mismo.
• **No se incluye la vigilancia** dentro del precio y por lo tanto existe ese deber a cargo de la empresa hotelera. En estos casos, debe tenerse en cuenta lo dispuesto por la L 40/2002, del contrato de aparcamiento de vehículos.
Otro problema frecuente está relacionado con la determinación del régimen de **responsabilidad** de las empresas hoteleras por la desaparición de **objetos de valor** que los clientes han introducido en las habitaciones. A estos efectos, se califica el supuesto como depósito necesario, debiendo por tanto las empresas hoteleras, en su calidad de depositarios, responder por la desaparición de los objetos introducidos en su establecimiento, siempre que el cliente hubiese puesto en conocimiento de la empresa hotelera o de sus dependientes la introducción de determinados objetos en el establecimiento, y siempre que los viajeros hubieran observado las prevenciones necesarias sobre cuidado y vigilancia de los efectos (CC art.1783). La responsabilidad de la empresa hotelera comprende los daños sufridos en los efectos personales, cualquiera que sea el agente causante de los mismos, aunque **excluyéndose** los supuestos de (CC art.1784):
- robo a mano armada;
- fuerza mayor;
- vicio de la cosa misma; o
- si el hotel da instrucciones a los huéspedes acerca de las medidas de vigilancia y cuidado que deben adoptar (p.e. si indica que deben hacer uso de las cajas de seguridad) y estos hacen caso omiso de dichas indicaciones.
Respecto de la responsabilidad del hotel en caso de **accidente**, esta debe ser establecida caso por caso, así, por ejemplo, en el caso de una menor que durante un desayuno se volcó una jarra de café se consideró que se trataba de un hecho negligente por parte del hotel ya que está acreditado que las jarras carecían de cierre de seguridad cuando, además, el hotel se publicita con actividades para familias con niños (AP Tarragona 26-1-11, EDJ 45900). Sin embargo, en el caso en el que un huésped resbale en la piscina del hotel puede ser debido a la distracción del perjudicad, ya que la existencia de agua en esas zonas es un obstáculo que se encuentra dentro de la normalidad y que tiene carácter previsible para la víctima (AP Cádiz 24-4-20, EDJ 647360; AP Las Palmas 8-4-10, EDJ 273026).

Precisiones 1) Un **tercero sustrajo dinero y objetos** personales de una habitación de hotel mientras los huéspedes dormían. En el contrato de hospedaje, el hotelero responde objetivamente por la pérdida o daño de los efectos introducidos por el huésped en la habitación, salvo que pruebe que la sustracción se debaa fuerza mayor o robo a mano armada, sin que sea necesario demostrar negligencia o culpa en el control de acceso a la habitación (AP Navarra 2-7-19, EDJ 730725).
2) Los huéspedes de un hotel guardaron joyas en la caja fuerte de la habitación valoradas en más de un millón de dólares. Alguien **robó la caja fuerte** con la **colaboración de personal del hotel** que las abrió. La responsabilidad objetiva del hotelero por la pérdida o daño de efectos valiosos depositados en dichas cajas se activa sin necesidad de que el huésped comunique específicamente al hotel el contenido o valor de los objetos, siempre que no exista fuerza mayor y que el hotel no haya advertido la exclusión de responsabilidad; además, la negligencia del hotel en facilitar duplicados de llaves y abrir cajas fuertes sin identificación válida implica su responsabilidad por el robo ocurrido (AP Valencia 9-1-24, EDJ 501763).
3) Una persona trepó al balcón de una habitación de un parador donde fue sorprendido por el huésped con quien forcejeó para intentar escapar con el botín, causándole lesiones físicas y psíquicas. En casos de **robo con violencia** en establecimientos hoteleros, la responsabilidad civil del hotelero se mantiene salvo que se pruebe que el suceso fue causado por fuerza mayor o robo a mano armada (AP Castellón 21-2-23, EDJ 667809).
4) El hotelero no es responsable por la pérdida de objetos de valor depositados en la caja fuerte de la habitación si **previamente ha advertido** a los huéspedes sobre la **no responsabilidad** de dichos objetos y les ha ofrecido la custodia segura en **cajas fuertes bajo vigilancia en la recepción**. Se acreditó tanto la existencia de las advertencias como sobre la existencia de las cajas fuertes vigiladas en la recepción (AP Málaga 21-2-23, EDJ 619083).
5) Una persona **se cayó en la bañera** de un hotel debido al desprendimiento del reposamanos. Cuando un usuario sufre daños personales derivados de un accidente causado por la negligente conservación y mantenimiento de las instalaciones de un establecimiento hotelero, la **responsabilidad extracontractual** recae sobre el hotel y su aseguradora (AP Barcelona 27-3-23, EDJ 601474).

Obligaciones del huésped El huésped se obliga al pago de las **cantidades devengadas** por razón de hospedaje y de los servicios complementarios disfrutados. Con el fin de **garantizar el pago**, es extendida la práctica de solicitar al cliente, en el momento de registrarse en el hotel, la entrega de una tarjeta de crédito cuyos datos quedan en poder del empleado de la empresa hotelera. No obstante, dado que esta práctica carece de normativa expresa, se ha entendido que la empresa hotelera no debería, en principio, negarse a facilitar alojamiento a quien no pueda o no quiera cumplir este requisito. **3982**

Además, debe tenerse en cuenta que el simple **impago** de la factura no faculta sin más a la empresa de alojamiento para **retener el equipaje** del huésped, a no ser que se trate de un supuesto al que resulte aplicable el derecho de retención a favor del hotelero sobre bienes muebles existentes en el establecimiento, pertenecientes al cliente deudor declarado judicialmente en insolvencia de acuerdo con el RDLeg 1/2020, por el que se aprueba el texto refundido de la Ley Concursal (CC art.1922.5).

El impago de la factura por el cliente debe **reclamarse** por el hotel mediante la correspondiente demanda judicial por vía civil -para lo cual se establece un plazo de 3 años (CC art.1967)-, aunque también cabe acudir a la jurisdicción penal si se puede encajar la conducta del cliente dentro de los denominados negocios civiles criminalizados, como una modalidad de estafa caracterizada por la simulación por el autor de un propósito serio de contratar, cuando en realidad trata de aprovecharse del cumplimiento de las obligaciones que incumben a su contraparte y del incumplimiento de las suyas, aprovechándose de la confianza y buena fe.

El huésped debe atenerse a las **reglas de régimen interior** establecidas por el hotel en cuanto a horas de llegada y salida, y las instrucciones del personal al servicio del establecimiento, respetando asimismo las normas generales de urbanidad, higiene y convivencia.

Extinción del contrato Las **causas** de extinción del contrato son: **3983**
- las generales sobre extinción de las obligaciones en Código Civil;
- las convenidas por las partes;
- las que consten en el reglamento interno del establecimiento hotelero; y
- las que deriven de los usos generalmente observados.

SECCIÓN 9

Juegos y apuestas

3986 La materia relativa a juegos y apuestas, que no se encuentra contemplada en la doble lista de competencias **autonómicas** y **estatales** establecida en la Const art.48.1 y 149.1, ha sido atribuida a las comunidades autónomas por sus respectivos Estatutos de Autonomía, con base en la Const art.149.3, bajo el uniforme título de «casinos, juegos y apuestas, con exclusión de las apuestas mutuo deportivo-benéficas».

3987 **Competencia del Estado** No obstante la atribución competencial estatutaria de la materia de juegos y apuestas en favor de las comunidades autónomas, el Estado sigue siendo competente para:

a) La **regulación** y **explotación** de las denominadas «Loterías y Apuestas del Estado», es decir, Lotería Nacional, Lotería Primitiva y Apuestas Mutuo Deportivo-Benéficas, con base en el título «Hacienda General» contemplado en la Const art.149.1.14, que -como ha declarado el Tribunal Constitucional- no puede entenderse circunscrito a los ingresos tributarios, pues alcanza también a aquellos **ingresos no tributarios** que gestiona el Estado mediante un monopolio fiscal, entre los que se encuentran tales loterías y apuestas (TCo 163/1994; 164/1994; 216/1994); en consecuencia, el Estado ha aprobado múltiples normas reguladoras en el ámbito de las Loterías y Apuestas del Estado.

b) La **autorización de apuestas de juegos y apuestas de ámbito nacional** o que exceden del ámbito territorial de una comunidad autónoma: en efecto, corresponde al Estado autorizar el desarrollo de todo tipo de apuestas, cualquiera que sea el soporte de las mismas, boletos, medios informáticos o telemáticos, siempre que su ámbito de desarrollo, aplicación, celebración o comercialización abarque el territorio nacional o exceda de los límites de una concreta comunidad autónoma (L 24/2001 disp.adic.20ª); en particular, los juegos de la ONCE, por su ámbito nacional, debe ser autorizados por el Estado (TCo 171/1998).

3988 **Competencia de las comunidades autónomas** Comprende la de regular la **celebración de juegos y apuestas** (salvo las Apuestas Mutuo Deportivo-Benéficas) en el territorio propiamente autonómico, pero no, evidentemente, la de cualquier juego en todo el territorio nacional, puesto que los Estatutos de Autonomía limitan el territorio de la comunidad el ámbito en el que han de desenvolverse sus respectivas competencias (TCo 204/2002).

Esta competencia se ha traducido en la **aprobación** de numerosas **normas en materia de juegos y apuestas**, así en general, como en relación con cada de sus diferentes modalidades).

1. Ámbito nacional

3990 La actividad de juego que se desarrolle en el ámbito estatal es objeto de **regulación** en la L 13/2011 de regulación del juego, sin perjuicio de lo establecido en la regulación autonómica. La Ley regula, en particular, la actividad de juego cuando se realice a través de canales electrónicos, informáticos, telemáticos e interactivos, en la que los medios presenciales deberán tener un carácter accesorio, así como los juegos desarrollados por las entidades designadas para la realización de actividades sujetas a reserva, con independencia del canal de comercialización.

El Ministerio de Economía y Hacienda establece, por Orden Ministerial, la **reglamentación básica** para el desarrollo de cada juego o, en el caso de juegos esporádicos, las bases generales para la aprobación de su práctica o desarrollo:

Tipo de juego	Reglamentación
Apuestas cruzadas	Orden HAP/1369/2014
Máquinas de azar	Orden HAP/1370/2014
Apuestas deportivas de contrapartida	Orden EHA/3080/2011
Apuestas hípicas de contrapartida	Orden EHA/3082/2011

Tipo de juego	Reglamentación
Otras apuestas de contrapartida	Orden EHA/3079/201
Apuestas deportivas mutuas	Orden EHA/3081/2011
Apuestas hípicas mutuas	Orden EHA/3083/2011
Concursos	Orden EHA/3084/2011
Ruleta	Orden EHA/3085/2011
Punto y banca	Orden EHA/3086/2011
Bingo	Orden EHA/3087/2011
«Black Jack»	Orden EHA/3088/2011
Póquer	Orden EHA/3089/2011
Juegos complementarios*	Orden EHA/3090/2011

(*) Tipo de juegos en el que se incluyen juegos de diversa naturaleza (que combinan el azar con la habilidad y la destreza, la cultura y los conocimientos, etc.), y que tienen el denominador común de que su práctica no está basada únicamente en la obtención de un lucro económico, sino que en ella predomina la diversión que proporcionan.

Prohibiciones (L 13/2011 art.6) Desde un **punto de vista objetivo**, está prohibida toda actividad 3992
relacionada con la organización, explotación y desarrollo de juegos cuando:
- atentan contra la dignidad de las personas, el derecho al honor, a la intimidad personal y familiar y a la propia imagen, contra los derechos de la juventud y de la infancia o contra cualquier derecho o libertad reconocido constitucionalmente;
- se fundamentan en la comisión de delitos, faltas o infracciones administrativas;
- recaen sobre eventos prohibidos por la legislación vigente.

Desde un **punto de vista subjetivo**, se prohíbe la participación en los juegos a:
- los menores de edad y los incapacitados legalmente o por resolución judicial, de acuerdo con lo que establezca la normativa civil;
- las personas que voluntariamente hubieren solicitado que les sea prohibido el acceso al juego o que lo tengan prohibido por resolución judicial firme;
- los accionistas, propietarios, partícipes o titulares significativos del operador de juego, su personal directivo y empleados directamente involucrados en el desarrollo de los juegos, así como sus cónyuges o personas con las que convivan, ascendientes y descendientes en primer grado, en los juegos que gestionen o exploten aquéllos, con independencia de que la participación en los juegos, por parte de cualquiera de los anteriores, se produzca de manera directa o indirecta, a través de terceras personas físicas o jurídicas;
- los deportistas, entrenadores u otros participantes directos en el acontecimiento o actividad deportiva sobre la que se realiza la apuesta;
- los directivos de las entidades deportivas participantes u organizadoras respecto del acontecimiento o actividad deportiva sobre la que se realiza la apuesta;
- los jueces o árbitros que ejerzan sus funciones en el acontecimiento o actividad deportiva sobre la que se realiza la apuesta, así como las personas que resuelvan los recursos contra las decisiones de aquellos;
- el presidente, los consejeros y directores de la Comisión Nacional del Juego, así como a sus cónyuges o personas con las que convivan, ascendientes y descendientes en primer grado y a todo el personal de la Comisión Nacional del Juego que tengan atribuidas funciones de inspección y control en materia de juego; y
- cualesquiera otras personas que una norma pueda establecer.

Es, igualmente, una infracción muy grave otorgar **préstamos** o cualquier otra modalidad de crédito a los participantes por parte de los operadores (L 13/2011 art.40.c)

Precisiones **1)** La **autoprohibición** es la facultad de una persona de solicitar que le sea prohibida la participación en las actividades de juego, mediante su inscripción en el Registro General de Interdicciones de Acceso al Juego (RD 176/2023 art.3).

2) Un casino demanda a un consumidor que emitió un **cheque** para adquirir fichas para jugar en el casino, que fue presentado fuera de plazo y devuelto por falta de fondos; el casino reclamó la cantidad pendiente, alegando la existencia de una deuda por fichas adquiridas, mientras que el consumidor sostuvo que el cheque **encubría un préstamo o crédito prohibido** para financiar su juego, lo que impide la reclamación civil de dicha deuda. La concesión de préstamos o créditos a un jugador para financiar su juego está prohibida y genera una causa torpe en el contrato de juego que impide a la empresa reclamar civilmente la devolución de las cantidades prestadas, incluso si la acción civil no ha prescrito, debiendo desestimarse la reclamación de pago basada en tales préstamos o créditos encubiertos (AP Baleares 16-3-20, EDJ 557714).

3995 **Publicidad, promoción y patrocinio** (L 13/2011 art.7 y 7 bis) En general, se necesita de una **autorización administrativa** para la realización de publicidad de actividades de juego.
En cualquier caso, las comunicaciones comerciales de los operadores de juego se deben hacer con sentido de la responsabilidad social, sin menoscabar ni banalizar la complejidad de la actividad de juego ni sus potenciales efectos perjudiciales sobre las personas, debiendo respetar la dignidad humana y los derechos y libertades constitucionalmente reconocidos.
Se consideran **contrarias al principio de responsabilidad social** las comunicaciones comerciales que:
- inciten a actitudes o comportamientos antisociales, violentos o discriminatorios;
-inciten a actitudes o comportamientos humillantes, denigratorios o vejatorios;
- asocien, vinculen, representen o relacionen de forma positiva o atractiva las actividades de juego con actividades o conductas ilícitas o perjudiciales para la salud pública, así como con aquellas que den lugar a daños económicos, sociales o emocionales;
- desacrediten a las personas que no juegan u otorguen una superioridad social a aquellas que juegan;
- incluyan mensajes que desvaloricen el esfuerzo en comparación con el juego;
- realicen apelaciones expresas a que el consumidor comparta con otras personas el mensaje previsto en la comunicación comercial;
- transmitan tolerancia respecto al juego en entornos educativos o de trabajo;
- sugieran que el juego puede mejorar las habilidades personales o el reconocimiento social;
- incluyan contenido sexual en las comunicaciones comerciales, vinculen el juego a la seducción, el éxito sexual o el incremento del atractivo;
- presenten el juego como indispensable, prioritario o importante en la vida;
- presenten la familia o las relaciones sociales como secundarias respecto del juego; o
- utilicen representaciones gráficas del dinero o de productos de lujo.

Precisiones Tras un recurso de la Asociación Española de Juego Digital contra el RD 958/2020 de **comunicaciones comerciales de las actividades de juego**, se anuló, por falta de cobertura legal y proporcionalidad, sus artículos 13.1 y 3 -actividades de promoción dirigidas a nuevos clientes-; 15 -aparición en la publicidad de personajes famosos-; 23.1 -prohibición generalizada para la difusión de comunicaciones comerciales a través de servicios de la sociedad de la información-; 25.3 -publicidad del juego en plataformas de intercambio de videos-; y 26.2 y 3 -que limitaba la posibilidad de llevar a cabo la publicidad a través de redes sociales- (TS 2-4-24, EDJ 533416).

3998 **Juego responsable y derechos de los participantes** (L 13/2011 art.8 y 15) Las políticas de juego responsable suponen que el ejercicio de las actividades de juego se ha de abordar desde una política integral de **responsabilidad social corporativa** que contemple el juego como un fenómeno complejo donde se han de combinar acciones preventivas, de sensibilización, intervención y de control, así como de reparación de los efectos negativos producidos.
Los operadores de juego deben elaborar un **plan de medidas** en relación con la mitigación de los posibles efectos perjudiciales que pueda producir el juego sobre las personas e incorporar las reglas básicas de política del juego responsable.
Los participantes en los juegos tienen derecho a:
- obtener **información** clara y veraz sobre las reglas del juego en el que deseen participar;
- **cobrar** los premios que les pudieran corresponder en el tiempo y forma establecidos, de conformidad con la normativa específica de cada juego;
- formular ante la Comisión Nacional del Juego las **reclamaciones** contra las decisiones del operador que afecten a sus intereses;
- al **tiempo de uso** correspondiente al precio de la partida de que se trate;
- jugar libremente, sin **coacciones o amenazas** provenientes de otros jugadores o de cualquier otra tercera persona;
- conocer en cualquier momento el **importe** que ha jugado o apostado, así como en el caso de disponer de una cuenta de usuario abierta en el operador de juego, a conocer el saldo de la misma;
- **identificarse de modo seguro** mediante el documento nacional de identidad, pasaporte o documento equivalente o mediante sistema de firma electrónica reconocida, así como a la protección de sus datos personales conforme a lo previsto en la LOPD;
- conocer en todo momento la **identidad del operador de juego**, especialmente en el caso de juegos telemáticos, así como a conocer, en el caso de reclamaciones o posibles infracciones, la identidad del personal que interactúe con los participantes;
- recibir información sobre la **práctica responsable** del juego.

2. Ámbito autonómico

Las comunidades autónomas ostentan **competencia exclusiva**, en virtud de sus respectivos estatutos de autonomía, sobre la materia de juegos y apuestas en su respectivo ámbito territorial, salvo las apuestas mutuo deportivo-benéficas. 4001
Todas las comunidades autónomas han aprobado **leyes** sobre el juego y las apuestas:

Comunidad autónoma	Normativa
Andalucía	L Andalucía 2/1986
Aragón	L Aragón 2/2000
Asturias	L Asturias 6/2014
Baleares	D Baleares 42/2019 y D Baleares 43/2019
Canarias	L Canarias 8/2010
Cantabria	L Cantabria 4/2022
Castilla y León	L Castilla y León 4/1998
Castilla-La Mancha	L Castilla-La Mancha 5/2021
Cataluña	L Cataluña 15/1984
Extremadura	L Extremadura 6/1998
Galicia	L Galicia 3/2023
Madrid	L Madrid 6/2001 y D Madrid 23/1995
Murcia	L Murcia 2/1995
Navarra	LF Navarra 16/2006
La Rioja	L La Rioja 3/2022
País Vasco	L País Vasco 4/1991
C. Valenciana	L C.Valenciana 1/2020

Catálogo de juegos El instrumento básico de ordenación de los juegos y apuestas es el Catálogo de Juegos y Apuestas de cada comunidad autónoma, aprobado reglamentariamente en virtud de las **habilitaciones legales** establecidas al efecto en las respectivas leyes autonómicas de juegos y apuestas: 4002
Así, los **juegos y apuestas permitidos** en cada una de las comunidades autónomas son los incluidos en sus respectivos catálogos, en el bien entendido que la organización, práctica y desarrollo de tales juegos y apuestas exige, además, **autorización** de las Administración autonómica competente.
Los catálogos autonómicos de juegos y apuestas **incluyen**:
- la lotería;
- los juegos de casino;
- el bingo;
- las máquinas recreativas (tipo A), recreativas con premio (tipo B) y de azar (tipo C), entre otras;
- el juego de boletos;
- las rifas, tómbolas y combinaciones aleatorias; o
- las apuestas deportivas y no deportivas.

Son **juegos prohibidos** todos los no incluidos en el Catálogo de Juegos y Apuestas de cada comunidad autónoma y aquellos que estándolo se realicen sin la oportuna autorización.

Precisiones 1) Los **catálogos de juego** se encuentran en:
- Andalucía, D Andalucía 280/2009;
- Aragón, D Aragón 159/2002;
- Asturias, D Asturias 41/2011;
- Baleares, Orden Baleares 30-12-2005;
- Canarias, D Canarias 42/2009;
- Cantabria, D. Cantabria 6/2010;
- Castilla y León, D Castilla y León 44/2001;
- Castilla-La Mancha, D Castilla-La Mancha 5/2022;
- Cataluña, D Cataluña 240/2004 y D Cataluña 386/2000;
- Extremadura, D Extremadura 202/2010;
- Galicia, D Galicia 166/1986;
- Madrid, D Madrid 32/2004;
- Murcia, D Murcia 217/2010;
- Navarra, DF Navarra 5/2011;
- La Rioja, D La Rioja 4/2001;
- País Vasco, D País Vasco 277/1996;
- C.Valenciana, D C.Valenciana 56/2015.

2) En los casos de los **juegos prohibidos, el que gana** no tiene acción para reclamar lo ganado y **el que pierde** no puede repetir lo que ha pagado voluntariamente, a no ser que hubiese mediado dolo, o que fuera menor, o estuviera inhabilitado para administrar sus bienes (CC art.1798 y 1799; TS 23-2-88; 30-1-95, EDJ 57; 8-7-00, EDJ 22055).

4005 **Prohibiciones** En la legislación autonómica se establecen prohibiciones para el **acceso a los establecimientos** de juego y apuestas y prohibiciones para la práctica del juego y la **participación en apuestas**.

Estas prohibiciones se establecen, con carácter general, en las correspondientes leyes autonómicas de juegos y apuestas, y, de manera específica, en las **reglamentaciones autonómicas particulares** o específicas de cada modalidad de juego o apuesta.

Estas prohibiciones están igualmente establecidas a nivel estatal, aunque esta regulación, tras la asunción de competencias sobre los juegos y apuestas por parte de las comunidades autónomas, tiene un **carácter** meramente **supletorio**, para el supuesto de que no exista normativa autonómica en la materia.

Las regulaciones autonómicas son parecidas, aunque no idénticas, por lo que a continuación se realiza una exposición sintética de las **principales prohibiciones** existentes en la materia.

Tienen prohibido el **acceso a los establecimientos** de juego y apuestas:

a) Los **menores** de edad.

b) Las personas que, siendo mayores, no se encuentran en pleno uso de su capacidad de obrar, especialmente cuando han sido declarados **judicialmente incapaces o pródigos**.

c) Las personas que presentan síntomas de **limitación de sus capacidades volitivas**, particularmente cuando dicha limitación obedece a enajenación mental, embriaguez o intoxicación por drogas o sustancias psicotrópicas.

d) Las personas que se encuentren en situación de **libertad condicional** o sometidas al cumplimiento de medidas de seguridad.

e) Las personas que **perturben el orden**, la tranquilidad o el normal desarrollo de los juegos, o las que ostensiblemente puedan perturbarlo.

f) Los culpables de **concurso fraudulento**, en tanto no hayan sido rehabilitados.

g) Las personas que sean **portadoras de armas u objetos** que puedan ser utilizados o calificados como tales, con excepción de los miembros de las Fuerzas de Seguridad, y asimilados, en el cumplimiento de sus funciones.

4008 h) Los incluidos en los **Registros de Prohibidos** (también llamado de Limitaciones o de Interdicciones de Acceso) a cargo de la consejería competente en materia de juegos y apuestas.

Deben figurar en estos Registros:
- las **personas que voluntariamente lo soliciten**, por sí mismos o por sus familiares con dependencia económica directa; en este caso, los familiares solicitantes tienen que justificar documentalmente tanto la adicción patológica como la dependencia económica para la inclusión en el Registro de Prohibidos;
- las personas respecto de las que las **empresas titulares** de un establecimiento de juego **hayan solicitado** por razones fundadas **su inclusión**; en este caso, la inclusión en el Registro sólo prohíbe la entrada al establecimiento cuyo titular la solicitó, salvo que las circunstancias concurrentes aconsejen extenderla a otros, durante el tiempo que se establezca en la resolución que la acuerde;
- las personas a quienes se les prohíba la entrada por virtud una **resolución administrativa sancionadora** o de una sentencia judicial, durante el tiempo que se determine en una u otra.

Estas personas, en la medida en que no pueden acceder a los establecimientos de juegos y apuestas, tampoco pueden practicar **juegos de azar**, usar máquinas recreativas con premio y de azar y participar apuestas. En cambio, pueden entrar en salones recreativos y, por tanto, jugar en las **máquinas recreativas sin premio**.
Aparte de estas prohibiciones de acceso, los titulares de establecimientos pueden imponer otras condiciones o **prohibiciones de admisión**, previa autorización administrativa.
Por lo demás, los establecimientos de juego tienen un **sistema de control de admisión** de visitantes, de particular importancia en los casinos y bingos.

No pueden participar en los juegos autorizados las siguientes personas: **4010**
a) Los accionistas, partícipes o **titulares de la propia empresa**, administradores, directivos y empleados, respecto de los juegos y apuestas que se practiquen en sus establecimientos, así como los **cónyuges**, ascendientes y descendientes hasta el primer grado por consaguinidad o afinidad.
b) Las personas adscritas o **vinculadas por razón del servicio** a los órganos administrativos competentes en materia de juegos y apuestas.
c) El **personal de inspección y control** de juego, salvo para el ejercicio de sus funciones cuando les haya sido concedida autorización al efecto.
Queda prohibido a las **personas titulares de los establecimientos** en los que se encuentren instaladas y al **personal al servicio** de ambos, por sí o a través de terceros:
- conceder préstamos o dinero a cuenta a los jugadores;
- conceder bonificaciones o jugadas gratuitas al usuario (por ejemplo, en el caso de máquinas recreativas con premio o de azar).

Publicidad Las leyes autonómicas generales de juegos y apuestas, al igual que las reglamentaciones sectoriales de cada uno de ellos, suelen **regular** la publicidad de los juegos y apuestas. No obstante, algunas comunidades autónomas como en Aragón y Castilla y León, existen normas reglamentarias *ad hoc* para la publicidad de los juegos y apuestas: D Aragón 166/2006 y Orden Aragón 15-1-2007; D Castilla y León 7/2007. **4013**
El **principio general** es que la publicidad de los juegos y apuestas está sometida a autorización administrativa. No obstante, se encuentra **prohibida** en todo caso la publicidad que incite o estimule la práctica de todo tipo de juegos o apuestas.

Hojas de reclamaciones y régimen sancionador En **todos los establecimientos** de juegos y apuestas deben existir hojas de reclamaciones a disposición de los jugadores y apostantes. **4015**
En las leyes autonómicas de juegos y apuestas se establece un régimen sancionador general, que se desarrolla en las **reglamentaciones particulares** de cada tipo de juego y apuesta.
En **Cataluña** existe una ley específica por la que se establece el régimen sancionador en materia de juego: L Cataluña 1/1991. De aplicación supletoria resulta, por ser norma estatal, la L 34/1987 de la potestad sancionadora de la Administración en materia de juegos de suerte, envite o azar.
Las **infracciones** en la materia se tipifican en leves, graves y muy graves.
Las **sanciones** principales son siempre de multa, aunque van acompañadas de sanciones accesorias que pueden incluso comportar la revocación de la autorización concedida, con el consiguiente cierre del establecimiento.
Los **plazos de prescripción** de infracciones y sanciones y el procedimiento sancionador se regulan igualmente con detalle en las leyes y reglamentos autonómicos.

a. Máquinas recreativas y de azar

Todas las comunidades han aprobado sus propios **Reglamentos** de máquinas recreativas y de azar: **4020**

Comunidad autónoma	Normativa
Andalucía	D Andalucía 250/2005
Aragón	D Aragón 22/2015 y D Aragón 39/2014
Asturias	D Asturias 77/1997
Baleares	D Baleares 43/2019
Canarias	D Canarias 26/2012
Cantabria	D Cantabria 23/2008; D Cantabria 106/2006 y D Cantabria 44/1997

Comunidad autónoma	Normativa
Castilla y León	D Castilla y León 17/2003
Castilla-La Mancha	D Castilla-La Mancha 6/2004 y D Castilla-La Mancha 5/2022
Cataluña	D Cataluña 37/2010 y D Cataluña 23/2005
Extremadura	D Extremadura 117/2009
Galicia	D Galicia 39/2008
Madrid	D Madrid 73/2009
Murcia	D Murcia 72/2008
Navarra	DF Navarra 37/2013; DF Navarra 181/1990 y DF Navarra 270/1999
La Rioja	D La Rioja 64/2005
País Vasco	D País Vasco 120/2016
C. Valenciana	D C.Valenciana 55/2015 y D C.Valenciana 115/2006

A nivel estatal, debe tenerse en cuenta el RD 2110/1998, que en la actualidad tiene virtualidad supletoria en ausencia o defecto de norma autonómica (Const art.149.3).

4023 **Tipos de máquinas** Existen cinco tipos, generalmente, de máquinas:
- Máquinas de **tipo A** o recreativas.
- Máquinas de **tipo B** o recreativas con premio en metálico.
- Máquinas de **tipo C** o de azar.
- Máquinas de **tipo D** o de premio en especie.
- Máquinas de **tipo E** o especial.

Los **locales aptos** para la instalación de máquinas difieren en función del tipo de la misma de que se trate:
- Las máquinas de **tipo A** pueden instalarse en establecimientos de ocio y hostelería, en salones recreativos, en salones de juego, en bingos y en casinos.
- Las máquinas de **tipo B** pueden instalarse en salones de juego, en bingos y en casinos.
- Las máquinas de **tipo C** únicamente pueden instalarse en los casinos.
- Las máquinas de **tipo D** pueden instalarse en establecimientos de hostelería, ocio o recreo.
- Las máquinas de **tipo E** pueden instalarse en salones de juego, bingos y casinos.

Precisiones En muchas comunidades se han desregulado las **máquinas tipo A** al no considerarlas máquinas de juego, sino de mero entretenimiento u ocio, excluyéndolas del régimen de autorización previa.

4025 **Acceso a los salones recreativos y de juego** La diferencia, a efectos de acceso, entre salones recreativos y de juego, es que en los primeros está permitida la entrada de los **menores de edad** y en los segundos -que deben contar con un servicio de recepción, vigilancia y control- está prohibida su entrada.

En todo caso, a los salones de juego, además de los menores de edad, tampoco pueden acceder las **demás personas** sobre las que recae una prohibición de acceso, en los términos ya vistos en el nº 4005.

Los titulares de los salones pueden reservarse el **derecho de admisión** al interior del local en la forma prevista en la normativa aplicable.

Precisiones **1)** Una persona afectada por ludopatía y que había pedido su inclusión en el fichero de **prohibición de acceso**, accedió a un salón de juegos sin que se le solicitara identificación, lo que ocasionó que perdiera dinero y causara daños materiales en el local por los que fue condenado penalmente. La empresa explotadora del salón es responsable por incumplimiento de sus **obligaciones de control de acceso**, pero la indemnización por daños y perjuicios solo procede si se prueba el nexo causal directo entre dicho incumplimiento y los daños reclamados (AP Córdoba 4-12-24, EDJ 822566).

2) Durante una inspección en un local de apuestas, la policía detectó a un **menor de edad** jugando a la ruleta. El encargado del local no supo explicar cómo el menor pudo acceder sin identificación por lo que se le impuso una infracción tipificada como muy grave (AP Murcia contenciso 1-3-24, EDJ 536514).

4028 **Avería o fallo mecánico** Si se produce en la máquina una avería que no puede ser subsanada de forma inmediata, impidiendo así su correcto funcionamiento, el encargado del establecimiento debe proceder a su **desconexión** y a la **colocación de un cartel** donde se indique esta circunstancia o a la advertencia de la avería mediante información visible.

Efectuado lo anterior, **no** existe **obligación de devolver** a la persona jugadora la cantidad de dinero que hubiera podido introducido una vez colocado el cartel de avería.
Las máquinas recreativas con premio y las máquinas de azar deben disponer en sus **depósitos** de una cantidad de dinero de curso legal suficiente para el **pago automático** de los premios a las personas usuarias, no inferior al premio mayor que la máquina pueda entregar.
Si la **cantidad depositada** en la máquina es **insuficiente** para el pago del premio en curso por haberse producido sucesivamente el otorgamiento de otros premios menores, queda fuera de servicio.
Si por fallo de la máquina **no se otorga el premio obtenido**, el encargado del establecimiento está obligado a abonar dicho premio o la diferencia que falte para completarlo. En tal supuesto, no pueden reanudarse las partidas en tanto no se haya procedido a reparar el fallo y rellenar el depósito de la máquina.

Responsabilidad frente al usuario Las **personas titulares** de los establecimientos en **4030**
que se encuentren instaladas las máquinas recreativas o de azar, así como las **empresas titulares** de éstas, están obligadas en todo momento a mantenerlas en perfectas condiciones de seguridad, higiene y funcionamiento.
En consecuencia, son responsables administrativamente de su **mal servicio** o de los **daños** que pudieran ocasionarse a las personas usuarias de la máquina o del establecimiento, **salvo** prueba concluyente de que se trate de defectos de fabricación o que exista culpa o negligencia de la propia persona usuaria.

Información al usuario Las **máquinas de tipo B y C** que se encuentren instaladas deben **4032**
tener incorporado, de **forma gráfica, visible y por escrito** (por ejemplo, en el tablero frontal o en la pantalla de vídeo) para la persona usuaria, entre otras, las siguientes indicaciones:
- el precio de la apuesta;
- las instrucciones o reglas del juego;
- la descripción de las combinaciones ganadoras; y
- el importe de los premios.

b. Bingo

El juego del bingo es una **lotería** jugada sobre 90 números, del 1 al 90 inclusive, en la que los **4035**
jugadores tienen como **unidad de juego** cartones o tarjetas integradas por 15 números distintos entre sí y distribuidos en diferentes líneas horizontales y verticales (en el formato tradicional, el cartón contiene tres líneas horizontales de cinco números cada una y nueve líneas verticales en cualquiera de las cuales puede haber tres, dos o un número, pero sin que pueda existir una columna sin ningún numero).
Las **combinaciones ganadoras** son:
a) La línea, que se entiende formada cuando hayan sido extraídos todos los números que la integran, siempre y cuando no haya sido cantada correctamente por otro jugador durante la extracción de las bolas anteriores.
b) El bingo, que se entiende formado cuando se hayan extraído los quince números que forman el cartón.
La aparición de **varias combinaciones ganadoras** de línea o bingo determina la distribución del premio a partes iguales entre los acertantes.
Las principales **modalidades del juego** del bingo son las siguientes:
a) Bingo **ordinario**. Se caracteriza porque los premios de línea y bingo se obtienen con independencia de las bolas extraídas para la consecución de los mismos. Esta modalidad se juega en todas las comunidades autónomas.
b) Bingo **simultáneo**. Es un bingo ordinario que se juega simultáneamente por todos los jugadores presentes en las diferentes salas que están adheridas al sistema y en conexión entre sí y la unidad central de proceso de datos.
c) Bingo **acumulado** -también llamado prima de bingo o con otras denominaciones-. En esta modalidad puede obtenerse un premio superior al del bingo ordinario. Tienen derecho al premio de premio el jugador que cante bingo antes de que se haya extraído un determinado número de bolas o en la partida siguiente a aquella en que se haya dotado la prima.
d) Bingo **interconectado**. En un bingo acumulado que se juega mediante la interconexión de los sistemas informáticos de diversas salas de bingo a un ordenador central que controla el desarrollo de esta modalidad de juego intercambiando información en tiempo real entre las salas.
e) Junto a estas cuatro modalidades, que son las más habituales, existen otras como el **bingo electrónico** (se juega con cartones virtuales en terminales electrónicas); el **bingo *online*** (se juega en soporte informático) o el **bingo derivado** (se juega sobre un máximo de 90 números y un mínimo de 6, utilizando tarjetas integradas en combinaciones numéricas de entre un mínimo de 6 y un máximo de 18 números, distintos entre sí y distribuidos en filas y columnas).

Precisiones La modalidad de **bingo interconectado** está prevista, entre otras comunidades, en **Aragón** ya que aunque el D Aragón 142/2008 dice eliminarlo, el bingo plus que regula es, en realidad, un bingo interconectado.

4036 El bingo es un juego de competencia autonómica, por lo que todas las comunidades han aprobado sus propios **Reglamentos**:

Comunidad autónoma	Normativa
Andalucía	D Andalucía 65/2008
Aragón	D Aragón 142/2008
Asturias	D Asturias 7/1998
Baleares	D Baleares 19/2022
Canarias	D Canarias 77/2015
Cantabria	D Cantabria 122/1999
Castilla y León	D Castilla y León 21/2013
Castilla-La Mancha	D Castilla-La Mancha 5/2022 y D Castilla-La Mancha 22/2011
Cataluña	D Cataluña 86/2012
Extremadura	D Extremadura 131/2007
Galicia	D Galicia 181/2002
Madrid	D Madrid 105/2004
Murcia	D Murcia 63/1997
Navarra	DF Navarra 150/2010
La Rioja	D La Rioja 71/2009
País Vasco	D País Vasco 120/2016
C. Valenciana	D C.Valenciana 62/2015

4038 **Acceso a la sala de bingo** No pueden entrar en las salas de bingo las personas sobre las que recae una **prohibición** de acceso, en los términos previstos en el nº 4005.
En el **área de admisión** debe controlarse el acceso de los visitantes, a quienes puede solicitarse su nombre y apellidos, edad y domicilio, que deben acreditarse mediante la presentación del documento nacional de identidad, carné de conducir o pasaporte. Con estos datos se abre al cliente una **ficha**, en la que se anotan sus sucesivas visitas. El **fichero** creado con los datos de los distintos clientes se gestiona a través de un procedimiento informático y al mismo resultan de aplicación las garantías establecidas en la LOPD. En este sentido, la Agencia Española de Protección de Datos, en su Instr 2/1996, por la que se regulan los ficheros automatizados establecidos con la finalidad de controlar el acceso en bingo y casinos, ordena la **destrucción de las fichas** abiertas a los clientes en el caso de que durante 6 meses esa ficha permanezca sin actividad.

4040 **Pago de premios** Cuando algún **jugador cante la jugada** de línea o bingo en voz alta, debe entregar el cartón al jefe de mesa, que realiza la comprobación oportuna. Si de la comprobación efectuada resultan **fallos o inexactitudes** en alguno de los números del cartón, el juego se reanuda hasta que se produzca un ganador. Cuando la **línea cantada sea correcta**, el juego continuará hasta que sea cantado el bingo. Cuando el bingo cantado sea correcto, se dará por finalizada la partida y se procederá al **pago de los premios**.
Una vez comprobada la existencia de algún cartón premiado, el jefe de sala pregunta si existe alguna **otra combinación ganadora** con las voces «¿Alguna línea más?» o «¿Algún bingo más?», dejando un **plazo de tiempo** prudencial hasta dar la orden de reanudar la partida o tenerla por finalizada, según el caso. Una vez dada la correspondiente orden por el jefe de mesa, se pierde todo derecho a reclamación sobre dicha jugada.
El pago de los premios debe realizarse **en dinero** y está prohibida su sustitución por premios en especie.
Como **regla general**, el **abono** del premio se realiza en efectivo, si bien el jugador puede solicitar que se le dé un cheque (o, en algunas regulaciones autonómicas, que se le haga una transferencia bancaria). No obstante, en algunas comunidades autónomas es obligatorio el pago con cheque cuando el importe del premio supera determinadas cantidades.

Por excepción, en determinadas comunidades autónomas el premio puede abonarse en metálico o mediante cheque, aunque a elección del empresario.
Si el **cheque** resulta **impagado**, el jugador puede dirigirse a la Consejería competente en materia de juego, que, comprobada la autenticidad del cheque y el impago de la deuda, concederá 3 días a la empresa para que realice el pago y, en caso de que ésta no lo haga, la propia Consejería se lo abonará al jugador con cargo a la fianza constituida por la empresa (OM 9-1-1979 art.35.4, con carácter supletorio).
El **plazo de caducidad** para el cobro de los cartones premiados es de tres meses.

c. Casinos

Tienen la **consideración de casinos** de juegos aquellos establecimientos dedicados especialmente a la práctica de juegos de suerte, envite o azar de los incluidos en el Catálogo de Juegos. **4042**
En los casinos existe la siguiente **distribución**:
a) El **área o servicio de admisión**, en la que se realiza el control de acceso de los visitantes mediante el correspondiente sistema informatizado.
b) La **sala principal de juego**, en la que los visitantes podrán participar en los diferentes juegos, si bien pueden autorizarse salas privadas. En la antesala de la principal se admite la instalación -según las comunidades autónomas- de todos o algunos de los siguientes juegos: ruleta de la fortuna, bola o «boule» y máquinas de tipo C. En esta sala no se admiten otros servicios complementarios distintos de los de cafetería, bar o restaurante.
c) Las **zonas auxiliares**, anexas o complementarias, en la que pueden prestarse servicios de hostelería, aunque no es infrecuente que estos se ofrezcan dentro de la propia sala de juego.

La regulación de los juegos de casinos es de competencia autonómica, por lo que la mayoría de las comunidades han aprobado sus propios **Reglamentos**: **4043**

Comunidad autónoma	Normativa
Andalucía	D Andalucía 229/1988
Aragón	D Aragón 198/2002
Asturias	D Asturias 96/2002
Baleares	D Baleares 41/2017
Canarias	D Canarias 204/2001
Cantabria	D Cantabria 127/2002
Castilla y León	D Castilla y León 1/2008
Castilla-La Mancha	D Castilla-La Mancha 5/2022
Cataluña	D Cataluña 204/2001
Extremadura	D Extremadura 115/2000
Galicia	D Galicia 112/2005
Madrid	D Madrid 58/2006
Murcia	D Murcia 26/1996
La Rioja	D La Rioja 52/2001
C. Valenciana	D C.Valenciana 56/2015

A **nivel estatal**, debe tenerse en cuenta el Reglamento de Casinos de Juegos (OM 9-1-1979), que en la actualidad tiene virtualidad supletoria en ausencia o defecto de norma autonómica (Const art.149.3).

Juegos autorizados Este tipo de juegos están **autorizados** en el catálogo estatal y en los catálogos autonómicas donde se permiten los siguientes juegos de casino: ruleta francesa; ruleta americana; veintiuno o *black jack*; bola o *boule*; treinta y cuarenta; dados o *craps*; punto y banca; ferrocarril o *chemin de fer*; bacará o *baccarrá* a dos paños; y póquer -con diversas modalidades en función de cada comunidad autónoma-. **4044**
En **determinadas comunidades autónomas** se permite además la ruleta o rueda de la fortuna (en todas menos en Madrid y Navarra), el «Keno» (en Castilla-La Mancha), el «mahjong pai gow» (en Valencia), el juego de la noventina (en Asturias), el juego del monte o banca (en Andalucía, Valencia, Extremadura y Castilla-La Mancha) y la banca francesa o dados portugueses (en Extremadura).

4045 **Acceso a los casinos** No pueden entrar en las salas de bingo las personas sobre las que recae una **prohibición de acceso**, en los términos ya vistos en el nº 4005 s.

En el **área de admisión** debe controlarse el acceso de los visitantes, que han de obtener una tarjeta de entrada. Las **tarjetas de entrada** están numeradas correlativamente, tienen carácter nominativo y contienen los datos siguientes: nombre y apellidos; número de la ficha personal del cliente; fecha de emisión; precio; plazo de validez; firma del director de juegos o sello del casino.

El **fichero** creado con los datos de los distintos clientes se gestiona a través de un procedimiento informático y al mismo resultan de aplicación las garantías establecidas en la LOPD. En este sentido, la Agencia Española de Protección de Datos, en su Instr 2/1996, por la que se regulan los ficheros automatizados establecidos con la finalidad de controlar el acceso en bingo y casinos, ordena la **destrucción de las fichas abiertas** a los clientes en el caso de que durante 6 meses esa ficha permanezca sin actividad.

4046 **Mesas de juego** Los **visitantes** de las salas de juego del casino no están obligados a participar en los mismos.

Una vez efectuado el **anticipo sobre la caja de una mesa** determinada, el casino esta obligado a ponerla en funcionamiento cuando se presente el primer jugador y a continuar el juego hasta la hora fijada para su terminación. Tras iniciarse el juego en cada mesa de la manera descrita, la **partida no puede ser interrumpida** antes de la hora en ninguna mesa, salvo cuando los jugadores se retiren de alguna de ellas o en el supuesto de que el director de juegos tenga fundadas sospechas de que el juego se desarrolla o puede desarrollarse incorrecta o fraudulentamente.

Cuando en las salas funcionen **varias mesas de juego** y la **partida haya perdido animación** en alguna de ellas, el director de juegos puede suspender la partida, pero dejando en servicio mesas del mismo juego en número suficiente para que los jugadores presentes puedan continuar la partida.

En todo caso, durante el horario en que el casino se encuentre abierto al público, debe poner en servicio, como mínimo, una **serie de juegos de contrapartida**, distintos en función de la comunidad autónoma.

En los **juegos de círculo** solo existe obligación de poner en servicio la mesa cuando concurran un mínimo de jugadores, según la comunidad autónoma de que se trate.

Si el casino tiene autorizada la **posibilidad de modificar los mínimos de las apuestas** en juegos o mesas determinadas, esta posibilidad puede ejercerse, en su caso, con sujeción a los siguientes requisitos:

- durante el desarrollo de la sesión, y una vez puesta en funcionamiento una mesa, el casino no puede variar el limite de apuesta de la misma;
- en todo caso, el casino debe poner en funcionamiento una mesa, al menos, con el límite mínimo de apuestas autorizado para dicha mesa o juego a menos que en la autorización concreta se dispusiera otra cosa.

4047 **Naturaleza y tipos de apuestas** Los juegos pueden practicarse solamente con **dinero efectivo**.

Están prohibidas y carecen de todo valor las **apuestas bajo palabra**, así como toda forma de **asociación** entre dos o más jugadores con el ánimo de sobrepasar los límites máximos en cada tipo de apuestas establecidos en las distintas mesas de juego.

Debe distinguirse entre:

a) Los **juegos** llamados **de contrapartida** (es decir, aquellos en que el jugador apuesta contra la banca, como, por ejemplo, la bola, el treinta y cuarenta, la ruleta, la ruleta americana, el *black jack*, los dados y el punto y banca), en los que las apuestas solo pueden efectuarse mediante fichas o placas.

El **cambio de dinero por fichas o placas**, para los juegos antedichos, pueden efectuarse en las dependencias de caja que debe haber en las salas de juego o bien en la propia mesa. El cambio de dinero o placas por fichas en la mesa de juego se efectúa por el *croupier*, que, tras colocar en un lugar visible de la mesa dispuesto al efecto el billete o billetes de banco desplegados o la placa, dirá en alta voz su valor. Acto seguido, alineará y contará ante si de manera ostensible las fichas, pasándolas al cliente o efectuando la apuesta por este solicitada. Finalmente, y asimismo de manera ostensible, colocará la placa o ficha cambiada en la caja de la mesa y el billete o billetes en otra caja distinta, metálica y cerrada con llave.

b) Los **juegos** llamados **de círculo** (es decir, aquellos en que el jugador apuesta contra otras jugadores, como, por ejemplo, el bacará), en los que la suma en banca debe componerse exclusivamente de fichas y placas. Las apuestas pueden efectuarse en billetes de banco, pero, en caso de pérdida, su cambio es obligatorio.

Las **operaciones de cambio** han de ser efectuadas en las dependencias de caja de las salas. En las mesas de juego, los jugadores solo pueden cambiar a un empleado del casino, distinto del *croupier* y que no tiene otra función que la indicada. Este empleado extrae las fichas o placas cambiadas de una caja especial localizada junto a la mesa, que contiene una suma fijada por el director de juegos al comienzo de cada temporada de juegos.

Precisiones Un consumidor denunció a un casino por limitar la cuantía de sus apuestas. La **limitación cuantitativa de apuestas** por parte de un operador en el sector lúdico no constituye un incumplimiento contractual ni abuso si no se basa en la cláusula que habilita acciones ante conductas fraudulentas, siempre que dicha limitación se justifique objetivamente y no se ejerza de forma arbitraria o discrecional (AP Murcia 18-11-24, EDJ 793791).

Apuesta olvidada o perdida Las cantidades o apuestas que se encuentren olvidadas o pérdidas **en el suelo o sobre las mesas de juego**, o abandonadas durante las partidas, y cuyo propietario se desconozca, son llevadas de inmediato a la caja principal del casino y anotadas en un registro especial. **4048**
En el caso de **cantidades abandonadas** durante las partidas, el importe se determina por el total de la puesta inicial olvidada, sin computar en el mismo las garantías que pudieran haberse acumulado hasta el momento en que se advierta, después de buscar a su propietario que las cantidades o apuestas están efectivamente abandonadas.
Si el **legítimo propietario** de la cantidad o apuesta hallada **aparece** y demuestra de manera indiscutible su derecho, el casino le restituye dicha cantidad.

Canje de fichas y placas El casino canjea a los jugadores las fichas y placas que se hallen en su poder, ya sean restos de las cambiadas con anterioridad, ya sean constitutivas de ganancias, por su **importe en moneda de curso legal**. **4049**
El **pago en metálico** puede ser sustituido por la entrega de un cheque o talón bancario contra cuenta del casino o incluso una transferencia bancaria, dependiendo de la comunidad autónoma. El pago mediante **cheque** o **transferencia** solo puede realizarse a petición del jugador o previa su conformidad expresa.
Si el **cheque o talón** resulta **impagado**, en todo o en parte, el jugador puede dirigirse a la Consejería competente en materia de juego en reclamación de la cantidad adeudada, acompañando la copia del acta referida anteriormente. La consejería competente en materia de juego oye al director de juegos y comprobada la autenticidad del acta y el impago de la deuda, le concede un plazo para depositar en la **Caja General de Depósitos** la cantidad adecuada, que se entrega al jugador. Si no lo hace, expide al jugador el oportuno **mandamiento de pago** con el que este puede hacer efectiva la cantidad contra la fianza depositada por el casino.

d. Rifas, tómbolas y combinaciones aleatorias

Estos juegos son de competencia autonómica, por lo que diversas comunidades autónomas han aprobado sus propios **Reglamentos**: **4052**
- Andalucía, D Andalucía 325/1988.
- Aragón, D Aragón 56/2019.
- Canarias, D Canarias 174/1989.
- Cataluña, D Cataluña 397/2011.
- Madrid, Orden Madrid 3785/1999.
- Navarra, DF Navarra 94/1991.
- País Vasco, Orden País Vasco 2-9-1991 (esta norma sólo regula las combinaciones aleatorias).
- Comunidad Valenciana, el D C.Valenciana 129/1989.

En otras comunidades, se contiene su normativa básica en las leyes generales de juegos y apuestas. Para cubrir los silencios de las normas autonómicas o para las comunidades autónomas que no han aprobado normas específicas en la materia, les resulta de aplicación la **regulación estatal** contenida en:
- Ley por la que se aprueban normas para celebrar rifas (L 16-7-1949).
- Orden por la que se aprueba la Instrucción de rifas (Orden 27-7-1949).
- Decreto por el que se incluyen las tómbolas en la L 16-7-1949 (D 22-6-1951).
- Orden sobre autorización de rifas o tómbolas que se celebran bajo el patrocinio de Instituciones o Asociaciones Religiosas (Orden 4-1-1960).
- Orden sobre autorizaciones para celebrar rifas y tómbolas (Orden 22-3-1960).

4053 **Rifa** Las rifas se **definen** como el sorteo de un bien mueble, inmueble edificado o semoviente, pero en ningún caso dinero, celebrado entre personas mediante la adquisición por estos de billetes o papeletas e importe único.
Se suelen distinguir tres **clases de rifas** (aunque depende de la comunidad autónoma):
- de beneficencia, en las que el importe de los beneficios obtenidos se destina a satisfacer necesidades primarias de establecimientos benéficos;
- de utilidad pública, en las que el importe de los beneficios se destina a fines de reconocida utilidad pública; y
- de interés particular, en las que el importe de los beneficios obtenidos no se destina a fines de beneficencia ni de utilidad pública.
Las rifas deben ser **autorizadas** administrativamente por la Consejería competente en materia de juegos y apuestas, salvo las **rifas menores** que únicamente deben ser comunicadas. La cantidad para entender qué se entiende por rifa menor varía entre las diferentes comunidades.

4055 **Tómbola** La tómbola se **define** como el sorteo simultáneo de varios bienes muebles o semovientes, de tal manera que con un solo billete o papeleta de importe único, existe la posibilidad de adquirir cualquiera de aquellos bienes sorteados a la vista del jugador.
Al igual que en el caso de las rifas, se suele distinguir tres **clases** de tómbolas:
- de beneficencia, en las que el importe de los beneficios obtenidos se destina a satisfacer necesidades primarias de establecimientos benéficos;
- de utilidad pública, en las que el importe de los beneficios se destina a fines de reconocida utilidad pública; y
- de interés particular, en las que el importe de los beneficios obtenidos no se destina a fines de beneficencia ni de utilidad pública.
Las tómbolas deben ser **autorizadas** administrativamente por la Consejería competente en materia de juegos y apuestas.

4058 **Combinaciones aleatorias** Las combinaciones aleatorias se **definen** como aquellas rifas o tómbolas que, con fines exclusivamente publicitarios de un producto, servicio o empresa, ofrecen determinados premios en metálico, especie o servicios, teniendo como única contraprestación el consumo del bien, del servicio o el ser cliente de la empresa objeto de publicidad.
Existen dos **clases** de combinaciones aleatorias:
- de tracto único, cuando el sorteo se celebra en una fecha determinada; y
- de tracto sucesivo, cuando se celebran diversos sorteos en fechas sucesivas.
En principio, las combinaciones aleatorias deben ser **autorizadas** administrativamente por la Consejería competente en materia de juegos y apuestas, sin embargo, no se exige autorización siempre que la **participación del público** en estas actividades sea **gratuita** y en ningún caso exista sobreprecio o tarificación adicional alguna cualquiera que fuera el procedimiento o sistema a través del que se realice (L 25/2009 disp.adic.1ª).

e. Apuestas

4060 Las apuestas pueden ser de diferentes **tipos**:
1) En función del criterio de **distribución de las sumas apostadas**:
• **Mutuas** cuando la suma de las cantidades apostadas por diferentes usuarios sobre un evento determinado se distribuye entre los acertantes, una vez detraído por la empresa explotadora autorizada el porcentaje previsto reglamentariamente en cada caso.
• **De contrapartida** cuando el usuario apuesta contra la empresa explotadora autorizada, siendo el premio a obtener el resultante de multiplicar el importe de los pronósticos ganadores por el coeficiente que la empresa autorizada haya validado previamente para los mismos.
• **Cruzadas** cuando una empresa o persona actúa como intermediaria y garante de cantidades apostadas entre terceros, una vez detraída por la empresa autorizada el porcentaje previsto reglamentariamente en cada caso.
2) En función del **lugar de la apuesta**, pueden ser:
• **Internas** cuando se realizan en los recintos o lugares donde ocurren los eventos y en relación con las actividades objeto de apuesta que se celebren en los mismos.
• **Externas** cuando se realizan fuera de los recintos o lugares donde tienen lugar las actividades objeto de apuesta.
3) En función de su **contenido**, pueden ser simples o múltiples.
• **Simples** cuando se apuesta por un único resultado de un único evento.
• **Múltiples o combinadas** cuando se apuestan simultáneamente por dos o más resultados de uno o más eventos.

Pese a que las comunidades autónomas son competentes para regular las apuestas que se realicen en su ámbito territorial, no en todas existen **normas específicas** sobre el particular: 4063

Comunidad autónoma	Normativa
Andalucía	D Andalucía 144/2017 y D Andalucía 295/1995 (1)
Aragón	D Aragón 2/2011(2)
Asturias	D Asturias 169/2015
Baleares	D Baleares 42/2017
Canarias	D Canarias 125/2008 (1)
Cantabria	D Cantabria 78/2015
Castilla y León	D Castilla y León 53/2014 y D Castilla y León 9/2002 (3)
Cataluña	D Cataluña 27/2014; D Cataluña 299/1985 (1); D Cataluña 455/1983 (1)
Extremadura	D Extremadura 165/2014
Galicia	D Galicia 162/2012
Madrid	D Madrid 106/2006 y D Madrid 148/2002 (1)
Murcia	D Murcia 126/2012
Navarra	DF Navarra 16/2011
La Rioja	D La Rioja 30/2014
País Vasco	D País Vasco 120/2016
C.Valenciana	D C.Valenciana 42/2011

(1) Solo para apuestas hípicas.
(2) Solo para apuestas deportivas o de competición.
(3) Solo para el juego de las chapas.

Apuestas hípicas Las apuestas hípicas **internas** son explotadas por la empresa adjudicataria del hipódromo, en las zonas específicas habilitadas para tal fin y respecto de las carreras de caballos que se celebren en el mismo, mientras que las apuestas hípicas **externas** son explotadas por las sociedades dedicadas a su organización y comercialización que resulten adjudicatarias. 4065

Se aplican las prohibiciones de **acceso a los establecimientos** de juegos y apuestas ya examinadas en el nº 4005 s.

Sin perjuicio de las prohibiciones de apostar previstas con carácter general en las respectivas leyes de juego y apuestas autonómicas, en algunas comunidades autónomas se establecen **prohibiciones específicas** para las apuestas hípicas como pueden ser la prohibición de participar en las apuestas internas o externas para:

- los **comisarios de carreras** que ejerzan sus funciones en la carrera objeto de apuestas y las personas que resuelvan recursos contra las decisiones de dichos comisarios;
- quienes **participen en cualquier carrera** que pueda ser objeto de apuesta, a título de jinete, sea profesional o no, aprendiz, entrenador, preparador o empleado.

Las apuestas **se admiten hasta** el momento en que se comunique la orden de cierre de las taquillas y **deben formalizarse** en el correspondiente boleto, conforme al modelo autorizado administrativamente. 4068

El **boleto** es el documento que acredita la formalización de la apuesta. El pago y aceptación del boleto implica la conformidad con la misma, sin que se admita reclamación alguna, salvo en el supuesto de fallos del terminal, de su impresora o del sistema informático.

El **personal de apuestas** no tiene obligación de comprobar el pronóstico y el hecho de que, en su caso, acepte el pago no supone responsabilidad alguna para él sobre la exactitud de los datos que contiene el boleto ni sobre la validez del mismo.

El boleto, una vez expedido, **no** puede en ningún caso ser **devuelto, modificado o ampliado ni pueden corregirse** en él posibles errores advertidos con posterioridad al momento de su expedición, salvo en el supuesto -previsto en las regulaciones andaluza y catalana- de que el error haya sido advertido antes de que el apostante abandone la taquilla expendedora.

En cuanto al **pago** de apuestas, que debe realizarse al portador del boleto acertante, siempre que este lo presente al cobro en un plazo determinado, transcurrido el cual se produce la caducidad de su derecho. El **lugar** y **plazo** de pago difiere en función de las comunidades autónomas.

3. Juegos y apuestas «online»

4090 La realización de juegos y apuestas a través de Internet es, en la actualidad, un fenómeno extendido. Existen numerosas **páginas web** que ofrecen este tipo de servicios a los usuarios de la red en cualquier punto del planeta. En algunos países, como Inglaterra o Estados Unidades, se han aprobado normas reguladoras de los juegos y apuestas en Internet.

En España, la principal **norma estatal** en la materia es la L 13/2011 y el RD 176/2023 que desarrolla entornos más seguros de juego. La L 13/2011 establece la regulación de las actividades de juego que se realizan a través de canales electrónicos, informáticos, telemáticos e interactivos y en las que los medios presenciales tienen un carácter accesorio, salvo las actividades presenciales de juego sujetas a reserva desarrolladas por las entidades designadas por la Ley que, por su naturaleza, son exclusivamente de competencia estatal. Se excluyen del ámbito de la L 13/2011 las actividades de juego realizadas a través de medios electrónicos, informáticos, telemáticos o interactivos cuyo ámbito no sea estatal (L 13/2011 art.2.2.b).

Los operadores de juego online deben cumplir una serie de **obligaciones** además de las previstas en el nº 3990 s.

Precisiones **1)** En la práctica, son numerosas las **páginas web privadas**, muchas de ellas constituidas y autorizadas en paraísos fiscales, que ofrecen **servicios transfronterizos** y pueden ser utilizadas por consumidores españoles: puede verse, a este respecto, las numerosas casas de apuestas por Internet que se anuncian.

2) Cuando el **operador** de la página web está **establecido en otro Estado miembro**, la oferta de juegos y apuestas en otros países de la Unión Europea está amparada, en principio, dentro del principio de la libre prestación de servicios (TJUE 6-3-07; 6-11-03).

Ahora bien, cuando este operador ofrece juegos y apuestas explotados en **régimen de monopolio** por un Estado miembro, no se opone a la libre prestación de servicios -y es, por tanto, conforme con el Derecho comunitario- que este Estado miembro impida a dicho operador proponer tales juegos y apuestas en su propio territorio (TJUE 8-9-09).

4093 **Tratamiento de datos personales** (RD 176/2023 art.4) Los tratamientos de datos de carácter personal de las personas físicas que puedan realizarse con ocasión del juego *online* se deben realizar con **estricta sujeción a** lo dispuesto en el RGPD y la LOPD.

4095 **Responsable de juego seguro** (RD 176/2023 art.6) Los operadores **deben designar** una persona responsable del juego seguro que actuará como punto de contacto con la autoridad encargada de la regulación del juego.

La persona responsable desempeña **funciones** de supervisión de las políticas de juego seguro puestas en práctica por el operador y elabora el plan de medidas activas de juego seguro y una memoria anual sobre las actividades realizadas por el operador en este ámbito. El ejercicio de estas funciones es compatible con el desempeño por la persona designada de otro tipo de tareas dentro de la organización, siempre y cuando estas, en ningún caso, impliquen dependencia del departamento de publicidad o marketing.

El operador debe proveer al responsable del juego seguro de todos los **recursos** materiales, humanos y técnicos necesarios para el cumplimiento de las funciones.

4098 **Servicio telefónico de asistencia sobre juego seguro** (RD 176/2023 art.10) Los operadores deben contar con un servicio telefónico de atención a través del cual se debe prestar información y asistencia en materia de juego seguro.

El número debe ser visible, como mínimo, en la sección sobre juego seguro de la página del operador y el servicio debe prestarse, al menos, en **lengua** castellana y no puede ser susceptible de **tarificación** adicional.

En el servicio de asistencia **debe informarse**, como mínimo, de:

- los riesgos que puede generar la actividad de juego;
- la posibilidad de realizar un test de autoevaluación;
- la posibilidad de ejercer las facultades de autoprohibición o de autoexclusión;
- los servicios públicos de prevención y atención a los trastornos asociados con el juego prestados en centros de tratamiento integrados en la estructura del Sistema Nacional de Salud, así como de otras instituciones sociales y clínicas a las que el usuario puede acudir en función de su domicilio, en caso de considerarlo oportuno.

4100 **Obligación de información** (RD 176/2023 art.9, 12 y 16) Los portales **web** y aplicaciones móviles deben contar con un enlace directo a información sobre **juego más seguro** claramente visible en la página de inicio.

Junto a dicho acceso, los operadores deben enlazar los portales públicos sobre juego seguro bajo la apariencia y denominación que determine la autoridad.

En la sección de juego más seguro debe, además, ofrecerse la siguiente información:
- información general sobre juego seguro y los posibles **riesgos del juego**;
- prohibición de jugar a **menores** de edad;
- facultad de **autoprohibición** y condiciones de ejercicio;
- límites de **depósitos** y su operativa de funcionamiento y modificación;
- posibilidad de **autoexclusión temporal** de la cuenta de juego;
- referencia a, al menos, una **organización** que ofrezca información sobre los **trastornos asociados con el juego** y que pueda ofrecer asistencia al respecto en todo el territorio nacional, así como a la sección correspondiente disponible en la web oficial de la autoridad encargada de la regulación del juego;
- referencia a las estructuras del Sistema Nacional de Salud que desarrollan **servicios de prevención y atención** a los trastornos asociados con el juego;
- información sobre la existencia de mecanismos de **control parental**;
- referencia a **estudios y proyectos** en materia de **juego seguro** promovidos y, en su caso, hechos públicos por el operador;
- test de **autoevaluación del comportamiento de juego**;
- existencia de mecanismos de **detección de comportamientos de riesgo**, con referencia a las acciones que el operador adoptará al detectarse; y
- teléfono de asistencia en materia de juego seguro, con indicación de si dicho servicio se presta directamente por el operador o a través de terceros

Además de la información obligatoria en la web, cuando un **nuevo jugador** se dé de alta, en el plazo máximo de 24 horas desde que se haya efectuado el registro en la plataforma de juego de un operador, se debe enviar un mensaje en el que se incluya información sobre las características y la naturaleza de los juegos de azar a su disposición, sobre los riesgos asociados a la actividad de juego y sobre las políticas de juego seguro que mantiene el operador. **4103**

Además, durante la sesión de juego, al menos **cada 60 minutos**, el usuario debe recibir información objetiva relativa a su conducta de juego durante la sesión, como por ejemplo el tiempo jugado, las cantidades apostadas o las pérdidas netas producidas, y en ningún caso juicios de valor del operador sobre dicha conducta.

Adicionalmente, el operador de juego debe poner a disposición del usuario un **resumen mensual de su actividad** indicando el número de accesos a la plataforma de juego del operador, los depósitos y medios de pago usados, el histórico de movimientos de la cuenta de juego, con detalle de las transacciones de depósitos, participaciones, premios y retiradas, el histórico del balance del gasto y la evolución de las modificaciones de los límites de depósito. Al menos cada 3 meses, el operador debe comunicar la posibilidad de acceder a este resumen.

Jugador joven (RD 176/2023 art.22 y 23) Tiene la consideración de jugador joven a aquel que tiene una **edad** de 25 años o menos (RD 176/2023 art.3). **4105**

El **mensaje a nuevo jugador**, debe incluir una referencia específica a los riesgos asociados a la actividad de juego de los participantes jóvenes, tales como, entre otros, que el inicio en esta actividad a edades tempranas aumenta las probabilidades de surgimiento de un trastorno de juego o es un indicador del grado de severidad de dicho trastorno en caso de que se acabe manifestando.

Los participantes jóvenes no pueden, tampoco, recibir ningún tipo de **actividad promocional** cuyo objeto sea ajeno a la actividad de juego desarrollada en la plataforma del operador.

Jugador intensivo (RD 176/2023 19, 20 y 21) Aquellos jugadores que incurran en **pérdidas** netas semanales iguales o superiores a 600 euros, durante tres semanas seguidas son considerados jugadores intensivos. En aquellos casos en que sean participantes jóvenes, las pérdidas netas semanales deben ser iguales o superiores a 200 euros semanales, durante tres semanas seguidas (RD 176/2023 art.3). **4108**

El operador, el día siguiente a aquel en que la persona jugadora reúna la condición de jugador intensivo, debe remitir un **mensaje informativo** específico y diferenciado, que ponga en su conocimiento la concurrencia de esta circunstancia.

El mensaje **se debe enviar** por correo electrónico o por cualquier otro medio que permita dejar constancia de la comunicación efectuada. El mensaje debe redactarse en términos comprensibles para un consumidor medio y contener **información** sobre:
- el importe medio de depósitos;
- el tiempo de conexión;
- las pérdidas acumuladas; y
- cualquier otro dato que el operador, en atención a la concreta circunstancia de esa persona, pueda estimar relevante a fin de permitirle tener un mejor autoconocimiento de su conducta de juego.

Las personas participantes con comportamientos de juego intensivo no pueden depositar **fondos** utilizando tarjetas de crédito. Esta medida se debe activar dentro de las primeras 72 horas correspondientes a la semana siguiente a aquella en la que estos participantes hayan adquirido la condición de participantes con comportamientos de juego intensivo.

Precisiones La **condición** de jugador intensivo **se pierde cuando** hayan transcurrido 6 semanas sin que, en ninguna de ellas, se hayan vuelto a sobrepasar los niveles de pérdidas semanales señalados.

4110 **Jugador en riesgo** (RD 176/2023 art.24, 25, 26, 27, 28, 29 y 30) Los operadores deben establecer mecanismos y protocolos que detecten los comportamientos de riesgo de los jugadores. Para esto, se deben incluir **criterios** o indicadores objetivos que revelen patrones de actividad como, por ejemplo, el volumen, la frecuencia y la variabilidad de las participaciones o los depósitos, sin perjuicio de otros elementos cuantitativos o cualitativos que puedan asimismo resultar relevantes de acuerdo con la mecánica de los distintos juegos o con la experiencia del operador.

Detectada una persona que ha desarrollado un comportamiento de riesgo, el **operador debe**:
- ponerlo en conocimiento del jugador por correo electrónico o por cualquier otro medio que permita dejar constancia de la comunicación efectuada;
- excluirlo de toda clase de actividad promocional o comunicación comercial;
- excluirle de los servicios de atención especializada dirigidos a clientela privilegiada;
- impedir que deposite fondos utilizando tarjetas de crédito.

CAPÍTULO 8

Publicidad

4400

1. Consideraciones generales

4401 El reconocimiento de la **libertad de empresa** es uno de los elementos básicos de la economía de mercado. La libre iniciativa empresarial implica la libertad de ejercicio de actividades empresariales y económicas en el mercado como espacio diseñado para competir (CE art.98). Por el principio de la competencia las empresas ofrecen sus bienes o servicios en el mercado intentando atraerse a los consumidores. La lucha por la competencia puede derivar en la utilización de **prácticas desleales** cuando la empresa acude a una serie de medios para atraerse a los consumidores, como la denigración del producto de otros o la publicidad engañosa.

4402 **Normativa básica** Las normas básicas que regulan la publicidad están contenidas en:
- Dir (UE) 2006/114 sobre publicidad engañosa y publicidad comparativa.
- Dir (UE) 2010/13 relativa a la prestación de servicios de comunicación audiovisual.
- L 34/1988 general de publicidad (LGPu).
- L 3/1991 de competencia desleal (LCD).
- L 15/2007 de defensa de la competencia (LDC).
- L 13/2022 general de comunicación audiovisual (LGCA).

La **finalidad** de estas normas es que el funcionamiento del mercado se acerque lo más posible a una competencia «perfecta» con multitud de oferentes y de demandantes de productos o servicios. Se persigue la producción del mayor número de productos o servicios al menor precio posible y prohibir y reprimir las conductas desleales contrarias a la buena fe.

4403 **Definición** (LGPu art.2) La **publicidad** se define como toda forma de comunicación realizada por una persona física o jurídica, pública o privada, en el ejercicio de una actividad comercial, industrial, artesanal o profesional con el fin de promover de forma directa o indirecta la contratación de bienes muebles o inmuebles, servicios, derechos y obligaciones.
En la normativa sobre publicidad siempre se habla del consumidor medio como referencia en diversas situaciones. El **consumidor medio** se define como el consumidor normalmente informado y razonablemente atento y perspicaz.

2. Publicidad ilícita

4405

4408 La publicidad constituye una forma de comunicación realizada con fines de promoción de la celebración de contratos sobre bienes o servicios. Esa comunicación puede tener un contenido informativo o integrado por ideas u opiniones o ambos a la vez y está incluida en el marco de la **libertad de expresión**. Esta libertad no distingue según la naturaleza lucrativa o no del fin perseguido (TEDH 24-2-94, caso Casado Coca c.España).
El hecho de que la actividad publicitaria sea una manifestación del ejercicio de la libertad no justifica negar la existencia de **control** a los mensajes comerciales, si bien ese control debe tener carácter razonable y proporcionado además de idóneo, en el sentido de adecuado para contribuir a la obtención del fin que persigue.
La publicidad, por tanto, está sujeta a los **límites** o restricciones que legítimamente se le impongan basados en la Constitución española, la concurrencia de otros derechos fundamentales o por perseguir fines legítimos, p.e. la defensa de los consumidores, la protección de la salud, etc. (TS 15-1-10, EDJ 11494).

Así, la publicidad es **ilícita** cuando (LGPu art.3):
- atenta contra la dignidad de la persona o vulnera los valores y derechos reconocidos en la Constitución (especialmente en lo que se refiere a la infancia, la juventud y la mujer);
- es engañosa;
- es subliminal;
- infringe la prohibición de publicidad de determinados productos;
- es desleal.

Además, la publicidad engañosa, la desleal y la publicidad agresiva, tienen el carácter de **actos de competencia desleal**.

a. Contraria a la dignidad de la persona

(LGPu art.3.a)

4415 En publicidad, el ordenamiento jurídico establece un **límite** infranqueable en la dignidad humana y los derechos fundamentales recogidos en la Constitución Española y los contenidos que fomentan la discriminación en cualquiera de sus formas o promueven prácticas contrarias a la integridad ética de la sociedad.

De este modo, es **ilícita** la publicidad que atenta contra los **derechos** de:
- honor;
- intimidad personal y familiar;
- propia imagen;
- protección de la infancia y la juventud.

Asimismo, se entiende incluida cualquier forma de publicidad que contribuya a generar violencia o discriminación en cualquiera de sus manifestaciones sobre las personas **menores de edad**, o fomente **estereotipos** de carácter sexista, racista, estético o de carácter homofóbico o transfóbico o por razones de **discapacidad**, así como la que promueva la **prostitución** o promueva las prácticas comerciales para la **gestación por sustitución**.

4416 **Publicidad sexista** (LGPu art.3.a; LO 1/2004 art.10) La normativa vigente, encabezada por la LGPu y la LO 1/2004 de medidas de protección integral contra la violencia de género, establece límites claros para proteger la **dignidad de la mujer** en el ámbito publicitario. En este sentido, se considera ilícita aquella publicidad que incurra en prácticas sexistas, centrándose especialmente en **dos vertientes**:
- la cosificación del cuerpo femenino; y
- la perpetuación de roles estereotipados que fomentan la desigualdad.

Así, atentan contra la dignidad de la persona los anuncios que presentan a la **mujer** de forma vejatoria, utilizando:

• El **cuerpo** o partes del mismo como mero objeto desvinculado del producto que se pretende promocionar, especialmente cuando dicha imagen ocupa el centro de atención y no existe una conexión directa e indiscutible con el producto o servicio ofertado (AP Madrid 11-4-22, EDJ 635353).

Algunos **ejemplos** serían:
- el caso de una aerolínea que publicitaba sus vuelos con una mujer en bikini y el lema «tarifas al rojo vivo» seguida de la expresión «¡y la tripulación!» en alusión a las azafatas de vuelo (JM Málaga núm 2, 5-12-13, EDJ 239366);
- la publidad de unos sacos de cemento en los que se incluían imágenes femeninas con grandes escotes, tops con tirantes, cintura descubierta y pantalones cortos y ceñidos (AP Valencia 17-10-16, EDJ 246766);
- una cadena de gimnasios en el que se incluyen imágenes en lonas publicitarias instaladas en edificios y en la página web de la empresa, en las que se recurría al cuerpo femenino, con primeros planos de los glúteos, como un reclamo no justificado por el producto anunciado (JM Madrid núm 5, 28-1-20; AP Madrid 11-4-22, EDJ 635353); o
- la rotulación de camiones con la imagen de una mujer desnuda en actitud sugerente y de gran tamaño próxima al logotipo de la empresa (AP Ciudad Real 3-5-21, EDJ 623714).

• La imagen asociada a un **comportamiento estereotipado** que ayude a generar violencia de género (TSJ Madrid 18-11-10, EDJ 340239). Por **ejemplo**, publicidad de juguetes donde, en las imágenes, solo se muestra a niñas jugando con cocinitas, planchas, etc. y a niños jugando con herramientas como taladros o martillos.

4418 **Menores de edad** (LGPu art.3.b) La protección de la infancia es uno de los pilares fundamentales del derecho en España. Dado que los menores son un público especialmente vulnerable, se deben imponer límites estrictos para evitar que los mensajes publicitarios abusen de su falta de madurez o los expongan a riesgos innecesarios. Es ilícito que se les incite a la compra explotando su **inexperiencia o credulidad**, tampoco pueden aparecer en los anuncios

persuadiendo de la compra a padres o tutores ni mostrar, a los menores, en situaciones peligrosas, sin un motivo justificado.
En cuanto a la **edad** necesaria para usar el producto, no se puede inducir a error sobre las características de los productos, ni sobre su seguridad, ni tampoco sobre la capacidad y aptitudes necesarias en el niño para utilizarlos sin producir daño para sí o a terceros.

Precisiones Se prohibió la emisión de un anuncio publicitario dirigido a niños que podía fomentar **prácticas discriminatorias y exclusión** en el que un niño con una camiseta roja (en clara alusión a la selección española) que impedía a otro con la camiseta de la selección catalana, su participación en un partido que estaban jugando otros niños. Se consideró que podía incitar comportamientos de enfrentamiento entre menores y afectar negativamente en el público infantil y juvenil (JCA Barcelona núm 9, 10-10-06, EDJ 279482).

b. Engañosa

(LGPu art.3.e; LCD art.5; Dir 2006/114/CE art.2 b)

Tiene el carácter de acto de competencia desleal, y se **define** como la publicidad que contiene información falsa o información que, aun siendo veraz, induce a error por su contenido o presentación, por ejemplo el conocido «caso de las pulseras power balance» que prometían aumentar la energía, elasticidad y equilibrio del cuerpo gracias a su holograma y que fue un gran fraude. **4420**
En concreto, el **TS** fijó la **doctrina** para considerar que la publicidad engañosa debe entenderse en el sentido de que, atendiendo a las particulares y específicas circunstancias concurrentes en el mercado afectado por el reclamo publicitario, integra todas aquellas conductas, con independencia del soporte utilizado, que contengan una información que, aun siendo veraz, por su contenido o presentación, sea lo suficientemente poco clara o ambigua para inducir o poder inducir a error al consumidor o usuario en general, destinatario de los productos o servicios ofrecidos, sobre las características sustanciales de ese producto o servicio, cuando tenga la capacidad de distorsionar o alterar su comportamiento económico, haciéndole tomar una decisión que en otro caso no habría tomado (TS contencioso 21-3-24, EDJ 532578).
En este tipo de publicidad se silencian **datos fundamentales** de los bienes, actividades o servicios que puede abarcar desde la omisión de los aspectos negativos del producto hasta el engaño, más o menos sutil, en cuanto a sus beneficios y características, pasando por los diversos trucos empleados para presentar más atractivamente unos precios que realmente son más elevados; p.e. el caso de una publicidad de un producto para limpiar piscinas que resaltaba los efectos negativos del cloro, ocultando que el propio producto también llevaba cloro (TS 8-5-97, EDJ 2330).

Precisiones La Dir (UE) 2024/825 sobre empoderamiento de los consumidores para la **transición ecológica**, que tiene una fecha máxima de transposición de 27-3-2026, entre otras cuestiones:
• Prohíbe afirmaciones medioambientales, en particular con el clima y la neutralidad en carbono si no están respaldadas por compromisos y metas claros disponibles públicamente y verificables.
• Prohíbe anunciar beneficios irrelevantes o no relacionados con el producto, por ejemplo, anunciar agua sin gluten.
• Prohíbe la exhibición de distintivos de sostenibilidad que no se basen en un sistema de certificación o hayan sido establecidos por autoridades públicas.
• Se prohíben las afirmaciones medioambientales genéricas como «respetuoso con el medioambiente» o «verde» cuando no pueda demostrarse ningún comportamiento medioambiental excelente reconocido.
• Prohíbe hacer afirmaciones medioambientales sobre la totalidad del producto cuando solo se refiere a determinado aspecto, por ejemplo decir «fabricado con material reciclado», dando la impresión de que todo el producto está fabricado de material reciclado cuando solo el envase del producto está fabricado así.
• Considera publicidad engañosa el resaltar que un producto cumple con una exigencia legal, por ejemplo, que no contiene un químico, cuando dicho químico está prohibido por ley.

Requisitos Los requisitos para apreciar si una determinada publicidad es o no engañosa guardan relación con el **deber de diligencia** ya que, aunque no sea obligación del anunciante informar a los destinatarios de todas y cada una de las características de los productos o servicios que oferta, debe desvelar aquellas que sean necesarias para no generar con el mensaje falsas expectativas en el público a que alcanza. El **engaño**, en cualquier caso, no debe medirse o enjuiciarse por el significado objetivo de las expresiones o afirmaciones esenciales de la publicidad, sino con el alcance o impresión que las mismas provocan al consumidor medio, así por ejemplo., en el caso de un champú que afirmaba ser usado por profesionales podía dar la impresión al consumidor de tener cualidades superiores a los champús de gran consumo (AP Barcelona 3-6-13, EDJ 151061). **4421**

Para determinar si una publicidad es engañosa debe incidir sobre alguno de los siguientes **aspectos**:
- existencia o la naturaleza del bien o servicio;
- características principales del bien o servicio (disponibilidad, beneficios, riesgos, ejecución, composición, accesorios, fabricación, etc.);
- asistencia posventa al cliente y el tratamiento de las reclamaciones;
- alcance de los compromisos del empresario, los motivos de la conducta comercial y la naturaleza de la operación comercial o el contrato, así como cualquier afirmación o símbolo que indique que el empresario o el bien son objeto de un patrocinio o una aprobación directa o indirecta;
- precio o su modo de fijación, o la existencia de una ventaja específica con respecto al precio;
- necesidad de un servicio o de una pieza, sustitución o reparación, y la modificación del precio inicialmente informado, salvo que exista un pacto posterior entre las partes aceptando la modificación;
- naturaleza, las características y los derechos del empresario o su agente (identidad y su solvencia, cualificaciones, aprobación, conexiones, premios, etc.);
- derechos legales o convencionales del consumidor o los riesgos que este pueda correr.

Precisiones 1) En el caso de unas famosas **jarras que filtran agua**, se publicitaban de forma que podían llevar al consumidor a crearse la imagen falsa de que la calidad el agua filtrada era idéntica a la del **agua mineral embotellada**, pese a la esencial diferencia entre ambos tipos de agua. Se reputó engañosa dado que inducía a error a los consumidores (JM Barcelona núm 5, 1-4-14, EDJ 248014).
2) Se consideró engañosa la publicidad de un producto que presentaba **afirmaciones falsas** sobre la **biodegradabilidad** de sus envases (AP Murcia 26-6-24, EDJ 700461).
3) En el caso de un supermercado que vinculaba su marca con una certificación de calidad implicando que todos sus tomates, lechugas y pimientos eran productos certificados y producidos en el País Vasco, cuando en realidad no lo eran, induciendo a error al consumidor medio sobre el **origen geográfico** y la certificación de calidad de productos, dicha información se consideró como publicidad engañosa (AP Vizcaya 17-3-22, EDJ 656629).

4422 **Parámetros interpretativos** La jurisprudencia ha venido desarrollando doctrinalmente una serie de parámetros interpretativos para determinar la **veracidad de la publicidad** (AP Madrid 12-4-05, EDJ 44066; AP Orense 26-5-09, EDJ 116444):
- prevalencia de la significación otorgada a la expresión publicitaria por los destinatarios de la misma, frente a la perseguida por el anunciante;
- el criterio interpretativo debe ser el del consumidor medio (nº 4403), no experto en la materia objeto del anuncio;
- aplicación del principio de indivisibilidad del anuncio, no pudiendo analizarse separadamente cada una de sus partes;
- tenerse presente tanto el tipo de prestación anunciada, como el medio publicitario empleado y el contexto social, económico y cultural en que se desarrolla la promoción;
- aplicación del principio general de que en caso de duda hay que interpretar la publicidad en el sentido más favorable para el consumidor o *in dubio pro consumitore*.
Ahora bien, en el ámbito de **servicios masivos** como la telefonía móvil, la protección del consumidor no puede limitarse a un consumidor medio razonablemente atento y perspicaz, sino que debe considerarse al consumidor general, incluyendo a los más vulnerables (TS contencioso 21-3-24, EDJ 532578).
Para poder reputar a una publicidad el carácter de engañosa no hace falta que se llegue a consumar un daño al consumidor, basta que pueda **inducir a error** en relación con los productos o servicios anunciados. De este modo, no se exige la precisión, ni menos la prueba de que se haya producido efectivo perjuicio, la potencialidad para ello resulta suficiente para justificar una orden judicial de cesación de una campaña publicitaria. Tampoco es preciso la voluntad del empresario de producir el perjuicio (TS 25-4-06, EDJ 59549; AP Pontevedra 5-11-09, EDJ 271503).

Precisiones 1) Una empresa operadora de telefonía móvil publicitaba en su página web productos con reclamos de «llamadas ilimitadas» y «mensajes ilimitados», pero con una limitación no destacada de un máximo de 150 destinatarios diferentes por ciclo de facturación. Esta **presentación ambigua o poco clara** de **limitaciones relevantes** en la publicidad puede constituir un acto de publicidad engañosa, incluso si la información está disponible en apartados menos destacados. (TS contencioso 21-3-24, EDJ 532578).
2) Cuando una campaña publicitaria presenta un producto con **reclamos como «gratis» y «para siempre»** sin una adecuada y clara información sobre las condiciones que limitan dichos beneficios, especialmente si la información complementaria es poco visible o difícil de entender para el consumidor medio, dicha publicidad puede ser considerada engañosa y constituir un acto de competencia desleal (AP Madrid 29-4-11, EDJ 123305).

3) Una campaña publicitaria denominada «PROMOCIÓN UNIVERSITARIA 2017» anunciaba instalación y equipos gratis pero requería una fianza de 50 euros cuya devolución no constaba claramente, y otra campaña «NO PAGUES NADA HASTA 2018» ofrecía servicios gratuitos limitados temporalmente y la Liga y Copa del Rey de fútbol sin cobro efectivo. La omisión de información esencial en una campaña publicitaria dirigida a consumidores con limitada capacidad económica, como la **exigencia de una fianza no claramente comunicada**, constituye un acto de engaño desleal que distorsiona el comportamiento económico del destinatario y justifica la cesación de la campaña y la publicación de la sentencia para restablecer la transparencia del mercado (AP Murcia 10-9-20, EDJ 692919).
4) Son prácticas comerciales desleales publicitar un **precio en letra de mayor tamaño** que **no era el total**, ya que había que sumar una cuota, circunstancia que se indicaba en letra muy pequeña, de difícil lectura (TSJ Cataluña 18-6-25, EDJ 659405).
5) La promoción y divulgación por una clínica dental de la existencia de **convenios de colaboración** con compañías aseguradoras cuando tales convenios **no existen** constituye un acto de competencia desleal generando un engaño que influye en el comportamiento económico de los consumidores y justifica la cesación, prohibición y rectificación de tales actos (AP Toledo 18-7-23, EDJ 709039).
6) Una sociedad comercializaba imanes que publicitaba como terapéuticos o beneficiosos (magnetoterapia). La Administración le sancionó por publicidad engañosa, si bien, la **carga de la prueba** recae en la parte acusadora (la Administración) para demostrar que la publicidad es engañosa. En ausencia de prueba que contradiga las características anunciadas, debe presumirse que la publicidad es veraz (TSJ Madrid contencioso 18-11-99, EDJ 81018).

c. Comparativa

(LCD art.10; Dir 2006/114 art.2 c)

La publicidad comparativa se **define** como toda publicidad que aluda explícita o implícitamente a un competidor o a los bienes o servicios ofrecidos por él. **4425**
Está **regulada en** nuestro Ordenamiento (además de en diversas normas relativas a la publicidad de determinados productos o servicios) en la LCD art.10 la LGPu art.6.c. Dichas normas son respetuosas con las exigencias armonizadoras instauradas por la Dir 2006/114/CE -antigua Dir 84/450/CEE-, sobre publicidad engañosa y publicidad comparativa. La referida dualidad de regulación se traduce en una concurrencia de normas que, en este caso, no plantea problemas de compatibilidad, interpretadas una y otra a la luz de sus respectivos espíritus, de su significativa correlación histórica, del canon hermenéutico de la totalidad y, claro está, de las referidas Directivas. Del conjunto normativo expuesto resulta la conclusión de que la publicidad comparativa es, en principio, lícita, además de conveniente, pues posibilita una mas informada decisión de los consumidores, árbitros de la lucha por el mercado (AP Barcelona 22-3-00, EDJ 18962).

Requisitos La comparación está **permitida** si cumple los siguientes requisitos: **4426**
- los bienes o servicios comparados deben tener la misma finalidad o satisfacer las mismas necesidades;
- debe ser objetiva entre una o más características esenciales, pertinentes, verificables y representativas de los bienes o servicios, entre las cuales está el precio;
- en productos amparados por una DOP o IP (ver nº 1456 s.), denominación específica o especialidad tradicional garantizada, la comparación solo puede hacerse con otros productos de la misma denominación;
- no pueden presentarse bienes o servicios como imitaciones o réplicas de otros o inducir a error entre los competidores;
- no puede denigrar ni desacreditar al competidor;
- no puede contravenir lo establecido en materia de actos de engaño, denigración y explotación de la reputación ajena.

Respecto a **inducir a error**, se discutió si era publicidad comparativa o competencia desleal un caso en que un fabricante publicitaba **piezas de repuesto** de fotocopiadoras **compatibles con las originales** presentando el número de referencia de las piezas originales junto a las suyas. El TJUE indicó que puede considerarse publicidad comparativa que objetiva características esenciales y pertinentes. Su uso solo constituye un aprovechamiento indebido de la reputación del fabricante si induce al público a asociar erróneamente al proveedor con dicho fabricante, transfiriendo la reputación de sus productos (TJUE 25-10-01).

Precisiones **1)** La Dir (UE) 2024/825 sobre empoderamiento de los consumidores para la **transición ecológica**, que tiene una fecha máxima de transposición de 27-3-2026, entre otras cuestiones, en caso de que se comparen productos en base a sus características medioambientales o sociales, exige que los comerciantes suministren información sobre los métodos de comparación y las medidas para mantener la información actualizada.

2) Se consideró desleal una publicidad de una marca de **productos vegetales** que afirmaba que una **hamburguesa de carne contaminaba más** que un coche (AP Barcelona auto 24-5-22, EDJ 667928).
3) Se consideró que tenía afirmaciones falsas sobre la naturaleza del producto en el caso de una bebida de avena que afirmaba «*It's like milk but made for humans*», «*Post milk generation*» o «*Wow no cow*» al considerar que denigraban la leche y a sus consumidores (AP Madrid 18-7-23, EDJ 688564).
4) Se consideró que la comparación publicitaria entre **productos aislantes de distinta composición** (aislante ultrafino multirreflector vs. lana de vidrio aislante) es lícita siempre que se base en métodos científicos homologados y objetivos que midan la eficacia térmica en condiciones reales de uso, sin que ello constituya un acto de competencia desleal por engaño o comparación ilícita (JM Barcelona núm 3, 26-2-18, EDJ 764702).
5) La publicidad que utiliza el término «competencia» para **comparar precios** debe reflejar una realidad objetiva y verificable; si la publicidad induce a error al consumidor medio razonablemente informado y atento, al presentar un precio de la competencia superior al real, se considera publicidad engañosa (JCA Soria núm 1, 31-7-18, EDJ 751722).
6) Se reputó engañosa la publicidad comparativa de unos chupetes que decían imitar a la perfección el pecho materno mientras que otros chupetes producían efectos similares a la succión del dedo sin probarlo, incumpliendo los **requisitos de veracidad y comprobación** (AP Barcelona 22-3-00, EDJ 18962).

4427 **Ofertas especiales** Las comparaciones que hagan referencia a una oferta especial deben indicar de forma clara e inequívoca la **fecha de terminación** de la oferta o, en su caso, el hecho de que la oferta especial está supeditada a la disponibilidad de los bienes o servicios de que se trate y, en caso de que la oferta especial no haya empezado aún, la fecha en la que se inicie el período durante el cual vaya a aplicarse el precio especial u otras condiciones específicas.

Precisiones Para mayor información sobre la **venta en promoción**, ver nº 1665 s.

4428 **Uso de marca** En cualquier caso, el uso de una marca (o un signo muy parecido) de un competidor en la publicidad comparativa constituye uso de marca y por tanto su titular podría, a priori, prohibirlo. Los titulares de las marcas tienen un **derecho en exclusiva** que faculta a prohibir a cualquier tercero su uso.
Sin embargo, el legislador europeo quiere favorecer la publicidad comparativa, lo que implica **limitación**, en cierta medida, del derecho conferido por la marca para favorecer la publicidad. Así, el titular de la marca no está facultado para prohibir el uso de un signo idéntico o similar en la publicidad comparativa si esta cumple todos los requisitos para que no sea ilícita (LM art.34.2; Dir (UE) 2436/2015 art.10; TJUE 12-6-08, C-533/06).
Solo se puede **prohibir el uso** si, debido a la identidad o similitud del signo y los servicios o productos, existe **riesgo de confusión** por parte del consumidor medio, p.e. en el caso en que un operador de telefonía usa, en la publicidad de sus propios productos o servicios, una marca registrada perteneciente a un competidor con la finalidad de comparar las características (y en particular el precio) de los productos o servicios no hay riesgo de confusión (TJUE 6-10-05, C-120/04; 12-6-08, C-533/06).

4429 **Imitaciones y réplicas** Está prohibido, en publicidad comparativa, que se muestre el hecho de que el producto que se comercializa es una **imitación o réplica**, por ejemplo, en el caso de perfumes de imitación en los que se pregunta al cliente con la intención de averiguar la marca de la imitación que busca. Las menciones y presentación del producto como réplica o imitación o contratipo incitan al consumidor a acudir sabiendo que va a encontrar las imitaciones de los perfumes que solicite, lo que confiere una ventaja competitiva al facilitar asociar un producto con otro, trasvasando la imagen entre ellos. Se trata de un acto parasitario del que gratuitamente se obtiene una ventaja competitiva (AP Alicante 11-6-18, EDJ 615314).

d. Subliminal

(LGPu art.4; LGCA art.122)

4430 La publicidad subliminal se **define** como aquella que mediante técnicas de producción de estímulos de intensidades fronterizas con los umbrales de los sentidos o análogas, puede actuar sobre el público destinatario sin ser conscientemente percibida. El consumidor, por tanto, no la percibe de manera consciente. Podrían ser **ejemplos** de publicidad subliminar:
- intercalar un fotograma, que se no percibe de manera normal, con un mensaje en medio de un anuncio en televisión;
- sombras o formas de un objeto que recuerdan a otra cosa;
- usar técnicas para formar palabras más o menos ocultas en frases mayores como poniendo letras de distinto color, o añadiendo un brillo, etc.
Su prohibición **pretende** proteger al consumidor ante todo posible error inducido que pueda influir en su decisión, es decir, se protege la libertad de elección del consumidor medio.

A pesar de estar prohibida, la publicidad subliminal es usada muy a menudo en la práctica, sobre todo en la publicidad impresa, debido a la **dificultad para determinar** el margen entre lo permitido y lo ilícito, entre una imagen evocadora y una subliminal.
Se planteó si el **uso de personajes famosos** o conocidos en publicidad podía considerarse como publicidad subliminal, sin embargo, no existe una específica prohibición de usar el nombre o la imagen de personajes famosos en la publicidad de servicios sanitarios, ni su uso entraña por sí misma una infracción del principio de veracidad al que debe responder la información publicitada, ya que, sin dejar de reconocer que se trata de un reclamo de la atención del destinatario de la misma, no altera el contenido del mensaje publicitado ni induce a error sobre el mismo (TSJ País Vasco 26-4-17, EDJ 129283).

e. Encubierta

(LGCA art.122; Dir 2010/13/UE art.1)

La publicidad encubierta se **define** la presentación verbal o visual, directa o indirecta, de los bienes, servicios, nombre, marca o actividades de un empresario en programas de televisión, distinta del emplazamiento del producto, en que tal presentación tenga, de manera intencionada, un propósito publicitario y pueda inducir al público a error en cuanto a la naturaleza de dicha presentación. **4435**
La publicidad encubierta, por su propia mecánica, **implica** una promoción comercial no explícita o clara, sino que se hace de forma subliminal con ocultación de la finalidad publicitaria, por lo que se crea un indudable riesgo de provocar error en los consumidores, invitándoles o inclinándoles de forma subrepticia, no consciente, al consumo del producto presentado; por ejemplo. realizar una **pretendida entrevista** a un experta en nutrición, salud y belleza, pero que en realidad cuenta con una clara finalidad publicitaria y promocional (TS contencioso 31-10-18, EDJ 640312; 9-2-18, EDJ 6684).

Precisiones Se consideró que la publicidad de unas gafas que utilizaba **elementos gráficos y musicales** que remitían directamente a una marca de tabaco prohibida en televisión, constituía una publicidad indirecta ilícita (AP Madrid 14-5-99, EDJ 13540).

Exclusiones En cualquier caso, se excluye de la publicidad encubierta al **emplazamiento de producto**. Consiste en incluir, mostrar o referirse a un producto, servicio o marca comercial de manera que figure en un programa. **4436**
El emplazamiento de productos está **permitido** en:
- largos y cortometrajes;
- documentales;
- películas y series de televisión;
- programas deportivos; y
- programas de entretenimiento.

El emplazamiento de producto se permite con la **finalidad** de ayudar la financiación de las obras audiovisuales. La **diferencia** entre publicidad y la mera presentación o emplazamiento del producto, reside en que en la publicidad existe una finalidad promocional para la compra del producto, mientras que en el emplazamiento la aparición del producto carece de carga promocional o apologética. **4437**
En el caso de la publicidad encubierta en series de televisión, además, la promoción no se hace de manera explícita, por ejemplo, el caso de referencias al complejo hotelero Marina D'Or, en la serie «Yo soy Bea», que resaltaban pretendidas excelencias y beneficios para la salud con frases como «eso le va a venir de perlas a tus cervicales, me han dicho que aquí te dejan como nueva» se consideró que era un caso de publicidad encubierta y no de emplazamiento de producto ya que las menciones, además, se hacían integradas en el argumento de la serie. La mera presencia de un producto en una película o en una serie de televisión formando parte del decorado, o la mención circunstancial de un producto en una escena, ha de distinguirse claramente del intento de utilizar una escena, para promocionar un producto determinado con un mensaje reiterado, utilizando la escena como mera excusa para realizar la promoción encubierta e inclinando a los consumidores de forma subrepticia al consumo del producto (AN 23-3-09, EDJ 56101; 24-2-11, EDJ 12222).
También, fue considerada publicidad encubierta y sancioanada con multa cuando en un capítulo de la conocida serie de televisión «Los Serrano», se emitió una secuencia de más de un minuto en la que **se presentaba de forma reiterada y preeminente** la marca de refrescos Coca-Cola mediante imágenes, música y diálogos coincidentes con su anuncio publicitario (AN contencioso 9-5-06, EDJ 477161).
Un **ejemplo** de emplazamiento de producto puro serían los productos de alimentación que pueden verse en las cocinas de las series de televisión de forma breve sobre la mesa o en un armario.

Precisiones 1) Se considera que la publicidad encubierta es **intencionada** si se hace a cambio de contraprestación. La contraprestación no es un requisito para la existencia de la infracción sino que se trata de una presunción de la existencia de un vínculo publicitario (AN 9-5-06, EDJ 477161).
2) Se ha considerado publicidad encubierta aquella acción, en un canal de televisión, que partiendo de la emisión de un contenido aparentemente no publicitario (microespacio en el que un doctor propone soluciones a trastornos de la salud), en el que no se realiza una presentación directa o indirecta de productos, **se combina con otros espacios de telepromoción**, que le siguen en la programación del mismo canal, en el que sí se realiza una promoción de productos relacionados con los contenidos tratados en la primera de las emisiones (TS cont-adm 11-11-19, EDJ 726126).

f. Normas especiales para la publicidad de determinados productos y servicios

(LGPu art.5)

4440 La publicidad para ciertos productos puede estar regulada por **normas especiales** o estar sometida a autorización administrativa:

Producto o servicio	Norma que regula su publicidad
Tabaco	L 28/2005 de medidas sanitarias frente al tabaquismo y reguladora de la venta, el suministro, el consumo y la publicidad de los productos del tabaco
Medicamentos	RD 1416/1994 por el que se regula la publicidad de los medicamentos de uso humano
Juegos de azar	L 13/2011 de regulación del juego; RD 958/2020 de comunicaciones comerciales de las actividades de juego
Bancarios	BE Circ 4/2020 sobre publicidad de los servicios y productos bancarios (ver nº 3355)
Con pretendido fin sanitario (remedios naturales, productos dietéticos, etc.)	RD 1907/1996 sobre publicidad y promoción comercial de productos, actividades o servicios con pretendida finalidad sanitaria
Alimenticios	L 17/2011 de seguridad alimentaria y nutrición
Cosméticos	RD 1599/1997 sobre productos cosméticos*

(*) Derogada salvo lo dispuesto en los artículos 4, 12, 13, 15, 16 y en el capítulo VII, que continua resultando de aplicación exclusivamente para los productos de cuidado personal hasta que se produzca la regulación específica de los productos de cuidado personal (RD 85/2018 disp.derog. única).

4442 **Contenido obligatorio** Estas normas especiales deben **incluir**:
a) La naturaleza y características de los productos, bienes, actividades y servicios cuya publicidad sea objeto de regulación;
b) La forma y condiciones de difusión de los mensajes publicitarios;
c) Los requisitos de autorización y, en su caso, registro de la publicidad, cuando haya sido sometida al régimen de autorización administrativa previa.

Precisiones El **incumplimiento** de las normas especiales que regulan la publicidad de los productos, bienes, actividades y servicios tiene consideración de infracción a los efectos previstos en la Ley General para la Defensa de los Consumidores y Usuarios y en la Ley General de Sanidad (LGPu art.5.6).

4444 **Prohibiciones** En cualquier caso, está prohibida la publicidad de los siguientes productos o servicios:
• **Bebidas alcohólicas** con un nivel superior a 20º, excepto cuando sea emitida entre la 1:00 y las 5:00 horas. (LGPu art.5.5).
• **Productos del tabaco**, salvo en las publicaciones y presentaciones para profesionales del tabaco (L 28/2005 art.9).
• **Medicamentos** que solo pueden dispensarse por prescripción facultativa, los que contengan sustancias psicotrópicas o estupefacientes y los que formen parte de la prestación farmacéutica del Sistema Nacional de Salud (RD 1416/1994 art.7).
• **Juegos de suerte**, envite o azar y la publicidad o promoción de los operadores de juego, cuando se carezca de la correspondiente autorización (L 13/2011 art.7).
• **Alimentos** con el fin de sustituir el régimen de alimentación o nutrición comunes, especialmente en los casos de maternidad, lactancia, infancia o tercera edad (L 17/2011 art.44.3.b).
• **Fórmulas magistrales** y productos en fase de investigación clínica (RD 1907/1996 art.3.2).

• **Productos, materiales, sustancias, energías o métodos con pretendida finalidad sanitaria** en los casos que (RD 1907/1996 art.4): 4445
- se destinen a la prevención, tratamiento o curación de enfermedades transmisibles, cáncer y otras enfermedades tumorales, insomnio, diabetes y otras enfermedades del metabolismo;
- sugieran propiedades específicas adelgazantes o contra la obesidad;
- pretendan una utilidad terapéutica para una o más enfermedades, sin ajustarse a los requisitos y exigencias previstos en la Ley del Medicamento y disposiciones que la desarrollan;
- proporcionen seguridades de alivio o curación cierta;
- utilicen como respaldo cualquier clase de autorizaciones, homologaciones o controles de autoridades sanitarias de cualquier país;
- hagan referencia a su uso en centros sanitarios o a su distribución a través de oficinas de farmacia;
- pretendan aportar testimonios de profesionales sanitarios, de personas famosas o conocidas por el público o de pacientes reales o supuestos, como medio de inducción al consumo;
- pretendan sustituir el régimen de alimentación o nutrición comunes, especialmente en los casos de maternidad, lactancia, infancia o tercera edad;

- atribuyan a determinadas formas, presentaciones o marcas de productos alimenticios de consumo ordinario, concretas y específicas propiedades preventivas, terapéuticas o curativas; 4446
- atribuyan a los productos alimenticios, destinados a regímenes dietéticos o especiales, propiedades preventivas, curativas u otras distintas de las reconocidas a tales productos conforme a su normativa especial;
- atribuyan a los productos cosméticos propiedades distintas de las reconocidas a tales productos conforme a su normativa especial;
- sugieran o indiquen que su uso o consumo potencian el rendimiento físico, psíquico, deportivo o sexual;
- utilicen el término «natural» como característica vinculada a pretendidos efectos preventivos o terapéuticos;
- atribuyan carácter superfluo o pretenda sustituir la utilidad de los medicamentos o productos sanitarios legalmente reconocidos;
- atribuyan carácter superfluo o pretendan sustituir la consulta o la intervención de los profesionales sanitarios;
- atribuyan efectos preventivos o terapéuticos específicos que no estén respaldados por suficientes pruebas técnicas o científicas acreditadas y expresamente reconocidas por la Administración sanitaria del Estado.

Precisiones El carácter restrictivo de la **publicidad sobre alcohol y tabaco** implica una limitación de derechos económicos como el de libre empresa, si bien estos ceden ante la mayor importancia del derecho a la salud de los consumidores (TS 3-1-11, EDJ 2271; AP Madrid 5-3-21, EDJ 600445).

CAPÍTULO 9

Infracciones y sanciones

 4500

A continuación, se analizan las respuestas previstas en el ordenamiento jurídico frente a las conductas contrarias a las disposiciones en materia de protección de los consumidores. 4505
Algunas de estas conductas ilegales se caracterizan por ser **infracciones administrativas**, susceptibles de ser castigadas con una sanción de esta misma naturaleza, impuestas por una autoridad administrativa, aunque revisables en vía judicial.
Otras conductas, de mayor gravedad, se tipifican como **infracciones penales**, delitos o faltas, y se castigan con penas dentro de la jurisdicción penal.

1. Normativa

La normativa autonómica y estatal en materia de protección de los consumidores dista mucho de ser exhaustiva, pues la mayor parte de las **leyes sectoriales** en las que de alguna forma se protegen los intereses de los consumidores contienen un elenco de infracciones y sanciones especialmente orientadas a dicha finalidad. 4510

Estatal La regulación de las infracciones y sanciones administrativas en materia de protección al consumidor a nivel estatal está formada por la siguientes leyes: 4512
- Ley General para la Defensa de los Consumidores y Usuarios (LGDCU art.46 a 52);
- Ley de Régimen Jurídico del Sector Público (L 40/2015 art.25 s.);
- Ley de seguridad alimentaria y nutriciónL 17/2011 art.47 a 53.

Autonómica Las comunidades autónomas cuentan con regulación propia de las infracciones y sanciones en materia de consumo, siendo su **aplicación** preferente a la regulación estatal. 4514

Comunidad autónoma	Regulación sobre sanciones en materia de consumo
Andalucía	L Andalucía 13/2003 art.73 s.
Aragón	L Aragón 16/2006 art.73 s.
Asturias	L Asturias 11/2002 art.33 s.
Baleares	L Baleares 7/2014 art.77 s.
Canarias	L Canarias 3/2003 art.39 s.
Cantabria	L Cantabria 1/2006 art.43 s.
Castilla y León	L Castilla y León 2/2015 art.39 s.
Castilla-La Mancha	L Castilla-La Mancha 3/2019 art.136 s.
Cataluña	L Cataluña 22/2010 art.331.1 s.
Extremadura	L Extremadura 6/2019 art.63 s.
Galicia	L Galicia 2/2012 art.74 s.
La Rioja	L La Rioja 5/2013 art.60 s.
Madrid	L Madrid 11/1998 art.46 s.
Murcia	L Murcia 4/1996 art.25 s.
Navarra	LF Navarra 34/2022 art.71 s.
País Vasco	L País Vasco 4/2023 art.129 s.
C.Valenciana	DLeg C.Valenciana 1/2019 art.59 s.

2. Infracciones administrativas

4518 Los **actos y conductas que perjudiquen los** derechos de los consumidores y usuarios pueden dar origen a una infracción por parte de las personas o entidades que las ejecuten, y ser motivo de sanción por las Administraciones públicas.

Las infracciones en materia de consumo serán objeto de las sanciones administrativas correspondientes, previa instrucción del oportuno expediente, **sin perjuicio** de las responsabilidades civiles, penales o de otro orden que pudiesen corresponder.

La Administración pública interviene en el ámbito del consumo a través del ejercicio de su potestad sancionadora, previa tramitación del correspondiente expediente administrativo, siendo el resultado de las labores de **control e inspección** que tiene legalmente encomendadas en esta materia (nº 110).

a. Principios generales

(LGDCU art.46)

4520 El ejercicio de la potestad sancionadora está supeditado a una serie de principios generales, propios de todo derecho sancionador. Lo establecido en la LGDCU lo es con plena garantía de las **competencias** de las comunidades autónomas en materia de protección de los consumidores. Estas pueden establecer la regulación necesaria para el pleno ejercicio de dichas competencias.

a) Tipificidad: las sanciones quedan limitadas a las conductas debidamente tipificadas como infracción en materia de defensa de los consumidores (nº 4530).

b) Preferencia del orden penal: Si las infracciones tipificadas pueden ser **constitutivas de delito** (nº 4580), el órgano competente tiene que comunicar tal extremo a la autoridad judicial o al Ministerio Fiscal, que comunicarán al órgano competente la resolución o acuerdo que hubieran adoptado.

Si **no se estima** la existencia de ilícito penal, o se dicta otro tipo de resolución que pone fin al procedimiento penal, puede iniciarse o proseguir el procedimiento sancionador. En todo caso, el órgano competente queda vinculado por los **hechos declarados probados** en vía judicial.

Si **se instruye causa penal**, se suspende la tramitación del expediente administrativo sancionador que hubiere sido incoado por los mismos hechos y, en su caso, la eficacia de los actos administrativos de imposición de sanción. La instrucción de causa penal no es obstáculo para que la Administración adopte las **medidas necesarias** para salvaguardar la salud, seguridad y otros intereses de los consumidores en virtud de las potestades no sancionadoras que tenga conferidas.

4522 **c) Non bis in idem**: en ningún caso se puede producir una doble sanción por los mismos hechos y en función de los mismos intereses públicos protegidos. Sí deben exigirse las demás responsabilidades que se deduzcan de **otros hechos o infracciones concurrentes**.

Se pueden distinguid varios supuestos:

• Cuando el **mismo hecho** y en función de **idéntico ataque a los intereses públicos** pueda ser calificado como infracción con arreglo a dos o más preceptos de la LGDCU o de otras normas sancionadoras, **se aplica** el que prevea más específicamente la conducta realizada. Si todos ofrecen los mismos caracteres, el que establezca mayor sanción. No obstante, son de **aplicación preferente** las disposiciones sectoriales respecto de aquellos aspectos expresamente previstos en las disposiciones del derecho de la Unión Europea de las que traigan causa.

• Cuando de la comisión de una infracción **derive necesariamente la comisión de otra u otras**, se debe imponer únicamente la sanción correspondiente a la infracción más grave cometida, sin perjuicio de que, al calificar la infracción o al fijar la extensión de la sanción, se tengan en cuenta todas las circunstancias.

• Cuando se trate de **hechos concurrentes** constitutivos de infracción, procede la imposición de todas las sanciones o multas previstas en las leyes aplicables para cada una de las infracciones. No obstante, al imponer las sanciones, se tiene en cuenta, a efectos de su graduación, las otras sanciones recaídas para que **conjuntamente resulten proporcionadas** a la gravedad de la conducta del infractor. Se considera que **hay hechos concurrentes** constitutivos de infracción cuando el mismo sujeto incumple diversos deberes que supongan diferentes lesiones del mismo o de distintos intereses públicos sin que una de las infracciones conlleve necesariamente la otra, aunque haya servido para facilitarla o encubrirla, y ello con independencia de que se refieran a los mismos productos o servicios, o que esos incumplimientos sean sancionables conforme al mismo tipo de infracción. Se **sanciona como única infracción**, aunque valorando la totalidad de la conducta, la pluralidad continuada de acciones u omisiones idénticas o similares realizadas por un sujeto en relación con una serie de productos o prestaciones del mismo tipo.

Precisiones La responsabilidad por infracciones de competencia puede extenderse a **personas físicas** que, siendo directivos o representantes legales de una persona jurídica, hayan intervenido en acuerdos colusorios sin que ello vulnere el principio de legalidad ni el **principio de** ***non bis in idem*** por sancionar también a la empresa. No hay coincidencia de sujetos pasivos (AN contencioso 14-3-18, EDJ 39640).

d) Legitimación de las asociaciones de consumidores y usuarios: Cuando se vean afectados los intereses generales, colectivos o difusos de los consumidores y usuarios, las **asociaciones** de consumidores y usuarios, legalmente constituidas, se pueden **personar en el procedimiento** administrativo sancionador, en tanto no haya recaído resolución definitiva. Tienen la consideración de **parte interesada** en el procedimiento cuando el objeto de las actuaciones administrativas coincida con los fines establecidos en sus respectivos estatutos y prueben la afectación concreta de los derechos e intereses legítimos de alguno de sus socios por las prácticas objeto del procedimiento. **4524**

e) No discriminación: en aquellos procesos en los que la parte actora alegue discriminación y aporte indicios fundados sobre su existencia **corresponde** a la parte contra la que se dirija la queja o la demanda la **aportación de una justificación** objetiva y razonable, suficientemente probada, de las medidas adoptadas y de proporcionalidad. A estos efectos, la Administración competente en materia de consumo, así como los órganos judiciales de oficio o a instancia de parte puede n recabar informe de los organismos públicos competentes en materia de igualdad.

b. Sujetos responsables

(LGDCU art.51)

Son responsables de las infracciones de consumo las personas físicas o jurídicas que dolosa o culposamente incurran en las mismas. **4527**

Son supuestos **especiales**:

a) Infracciones conexas. Cuando en relación con los **mismos bienes o servicios** e infracciones conexas intervienen **distintos sujetos**, como fabricantes o importadores, envasadores, marquistas, distribuidores o minoristas, cada uno es responsable de su propia infracción.

b) Coautores. La responsabilidad de los coautores de una misma infracción es independiente; se impone a cada uno la sanción correspondiente a la infracción en la extensión adecuada a su culpabilidad y demás circunstancias personales. En particular, se entienden incluidos en este caso los **anunciantes y agencias de publicidad** respecto de las infracciones de publicidad subliminal, engañosa o que infrinja lo dispuesto en la normativa sobre publicidad de determinados bienes o servicios (nº 4000 s.).

c) Importadores y distribuidores. Los importadores o quienes distribuyen por primera vez en el mercado nacional productos de consumo que puedan afectar a la seguridad y salud de los consumidores o usuarios, tienen el deber de asegurar que dichos productos cumplen los requisitos exigibles para ser puestos a disposición de los consumidores o usuarios. Responden solidariamente de las sanciones impuestas a sus suministradores o proveedores, con independencia de la responsabilidad que les corresponda por sus propias infracciones cuando, dentro de su deber de diligencia, no hayan adoptado las medidas que estén a su alcance, incluyendo la facilitación de información, para prevenir las infracciones cometidas por estos.

d) Responsabilidad de persona jurídica. Cuando una infracción se imputa a una persona jurídica, pueden ser consideradas también como responsables las personas que integran sus organismos rectores o de dirección, así como los técnicos responsables de la elaboración y control.

Precisiones 1) La aplicación de la normativa no se limita necesariamente a la intervención de los representantes legales o de las personas que integran órganos directivos de las personas jurídicas, que sea determinante del acuerdo o decisión anticompetitivo o particularmente relevante, análoga a una cooperación necesaria, y no excluye otros tipos de intervención de menor entidad de los indicados sujetos activos del tipo infractor, incluidos los **modos pasivos de participación**, como la asistencia a las reuniones en las que se concluyeron los acuerdos o decisiones infractores sin oponerse expresamente a ellos (TS 1-10-19, EDJ 702302).
2) La responsabilidad por infracciones de competencia puede extenderse a **personas físicas** que, siendo directivos o representantes legales de una persona jurídica, hayan intervenido en acuerdos colusorios sin que ello vulnere el principio de legalidad ni el **principio de *non bis in idem*** por sancionar también a la empresa. No hay coincidencia de sujetos pasivos (AN contencioso 14-3-18, EDJ 39640).
3) La responsabilidad por prácticas comerciales desleales en **páginas web** recae no solo en el titular del dominio, sino también en la entidad mercantil que explota los servicios y en quienes gestionan el contenido, cuando la publicidad induce a confusión sobre la oficialidad del servicio, constituyendo una infracción grave sancionable conforme a la legislación de competencia desleal y protección al consumidor (TSJ Andalucía contencioso 14-12-23, EDJ 868149).
4) Una **entidad comercializa** productos o servicios bajo una marca propia y aparece como responsable de dicha marca en la documentación aportada por el consumidor, dicha entidad es responsable de las infracciones en materia de consumo, incluso si **no contrató directamente con el consumidor**, y debe cumplir con las obligaciones de información clara, entrega de contrato en soporte duradero y permitir la identificación del contratista (JCA Palma de Mallorca núm 1, 14-4-23, EDJ 587203).

c. Infracciones

(LGDCU art.47)

4530 Se establece un **listado amplio y abierto** de hechos constitutivos de infracción en materia de defensa de los consumidores y usuarios. Se trata de un conglomerado de actuaciones, que permite incluir en su contenido las nuevas conductas que pueden irse desarrollando por la evolución del mercado y de la contratación de consumo.

La única **exigencia**, unida a la tipicidad ya señalada como principio general (nº 4520), es que la conducta esté prevista en una norma de consumo, estableciendo requisitos concretos, obligaciones específicas o prohibiciones cuyo incumplimiento genera la infracción.

4532 **Contrarias a la salud de los consumidores y usuarios** Las infracciones contrarias a la salud de los consumidores y usuarios, así como las que resulten lesivas a su seguridad, adaptando las referencias al bien jurídico protegido, se califican como muy graves, graves y leves de conformidad con lo previsto en la L 14/1986 art.35.

Son las siguientes infracciones:

a) El incumplimiento de los requisitos, condiciones, obligaciones o prohibiciones de **naturaleza sanitaria**.

b) Las acciones u omisiones que produzcan riesgos o daños efectivos para la **salud o seguridad** de los consumidores y usuarios, tanto si es en forma consciente o deliberada, como si lo es por abandono de la diligencia y precauciones exigibles en la actividad, servicio o instalación de que se trate.

c) El incumplimiento o transgresión de los **requisitos previos** que concretamente formulen las autoridades competentes para situaciones específicas, al objeto de evitar **contaminaciones, circunstancias o conductas nocivas** de otro tipo que puedan resultar gravemente perjudiciales para la salud pública.

Precisiones La elaboración y comercialización de **productos farmacéuticos** con composición distinta a la autorizada, que contengan **sustancias nocivas** para la salud pública y sin la debida autorización administrativa, constituye un delito contra la salud pública, con **responsabilidad penal** del autor, incluso cuando se haya impuesto sanción administrativa a la entidad empresarial distinta del autor penalmente responsable (TS penal 11-10-04, EDJ 159759). Lo mismo ocurre con la administración de sustancias prohibidas o en cantidades superiores a los límites legales en animales para consumo humano generando riesgo para la salud pública (AP Girona 25-2-03, EDJ 59458; AP Zaragoza 17-10-03, EDJ 135863).

4534 **Leves** **a)** El incumplimiento de las normas reguladoras de **precios**, la imposición injustificada de condiciones sobre prestaciones no solicitadas o cantidades mínimas o cualquier otro tipo de intervención o actuación ilícita que suponga un incremento de los precios o márgenes comerciales.

b) El incumplimiento de las normas relativas a **registro, normalización o tipificación, etiquetado, envasado y publicidad** de bienes y servicios.

c) La obstrucción o negativa a suministrar datos o a facilitar las funciones de **información, vigilancia o inspección**.
d) Las siguientes conductas en relación con contratos de **prestación de servicios o suministro de productos de tracto sucesivo o continuado** l:
- establecer limitaciones o exigencias injustificadas al derecho del consumidor de poner fin a los contratos,
- obstaculizar el ejercicio de tal derecho del consumidor a través del procedimiento pactado,
- la falta de previsión de este procedimiento, o
- la falta de comunicación al usuario del procedimiento para darse de baja en el servicio.
e) Toda **actuación discriminatoria** contra personas consumidoras vulnerables independientemente del motivo o contra cualquier consumidor o usuario por el ejercicio de sus derechos, ya sea no atendiendo sus demandas, negándoles el acceso a los establecimientos o dispensándoles un trato o imponiéndoles unas condiciones desiguales, así como el incumplimiento de las prohibiciones de discriminación previstas en el Rgto (UE) 2018/302, cuando dicha actuación no sea constitutiva de delito.
f) El uso de **prácticas comerciales desleales** con los consumidores o usuarios.
g) Las **conductas discriminatorias en el acceso** a los bienes y la prestación de los servicios, y en especial las previstas como tales en la LO 3/2007 para la igualdad efectiva de mujeres y hombres, cuando no sean constitutivas de delito.
h) La negativa a aceptar el **pago en efectivo** como medio de pago dentro de los límites establecidos por la normativa tributaria y de prevención y lucha contra el fraude fiscal.
i) La obstrucción o negativa a suministrar las **condiciones generales de la contratación** (nº 690 s.) o cualquier otra información requerida por la Administración competente en el ejercicio de sus competencias.
j) El incumplimiento de las obligaciones en relación con los **servicios de atención al cliente** (nº 2200 s.).
h) El incumplimiento de las obligaciones que impone la regulación de **contratos celebrados a distancia** (nº 860 s.), cuando no constituya infracción grave (nº 4536).

Graves **a)** La **alteración, adulteración o fraude** en bienes y servicios susceptibles de consumo por: **4536**
- adición o sustracción de cualquier sustancia o elemento,
- alteración de su composición o calidad,
- incumplimiento de las condiciones que correspondan a su naturaleza o la garantía,
- arreglo o reparación de productos de naturaleza duradera,
- en general cualquier situación que induzca a engaño o confusión o que impida reconocer la verdadera naturaleza del bien o servicio.
b) El incumplimiento del régimen de **garantías y servicios posventa**, o del régimen de **reparación** de productos de naturaleza duradera.
c) El incumplimiento de las **disposiciones sobre seguridad** en cuanto afecten o puedan suponer un riesgo para los consumidores y usuarios.
d) La introducción de **cláusulas abusivas** en los contratos, así como la no remoción de sus efectos una vez declarado judicialmente su carácter abusivo o sancionado tal hecho en vía administrativa con carácter firme.
e) El **incumplimiento de los deberes y prohibiciones** impuestos por la Administración mediante órdenes o como medidas cautelares o provisionales dictadas con el fin de evitar la producción o continuación de riesgos o lesiones para los consumidores y usuarios, así como el incumplimiento de los compromisos adquiridos para poner fin a la infracción y corregir sus efectos.
f) El incumplimiento del régimen establecido en materia de **contratos celebrados fuera de los establecimientos mercantiles** (nº 860 s.).
g) El incumplimiento de las obligaciones que impone la regulación de **contratos celebrados a distancia** (nº 860 s.), en las siguientes materias:
- plazos de ejecución y de devolución de cantidades abonadas;
- envío o suministro, con pretensión de cobro, de bienes o servicios no solicitados por el consumidor y usuario;
- uso de técnicas de comunicación que requieran el consentimiento expreso previo o la falta de oposición del consumidor y usuario, cuando no concurra la circunstancia correspondiente;
- la negativa u obstrucción al ejercicio del derecho de desistimiento.

Precisiones **1)** La Administración pública competente puede imponer sanciones por la introducción de cláusulas abusivas en contratos con consumidores y usuarios **sin necesidad de una previa declaración judicial** civil sobre el **carácter abusivo** de dichas cláusulas, siempre que la resolución administrativa sancionadora califique motivadamente la cláusula como abusiva y sea susceptible de control jurisdiccional (TS contencioso 23-5-19, EDJ 595909; 9-3-18, EDJ 21519; 13-11-17, EDJ 268532).

2) La **competencia** para conocer de la infracción consistente en introducir **cláusulas abusivas** en los contratos, corresponde a la Administración autonómica con competencia sancionadora en materia de protección de los derechos de los consumidores y usuarios, en cuyo territorio se celebraron los concretos contratos en el que se incluyeron la o las cláusulas abusivas (TS contencioso 23-3-26, EDJ 539507; 5-3-26, EDJ 526329).

4538 Cualquier **otro incumplimiento** de los requisitos, obligaciones o prohibiciones establecidas la LGDCU o en disposiciones que la desarrollen, no previsto en los tipos anteriores será considerado infracción de la normativa de consumo y sancionado en los términos previstos en la **legislación autonómica** que resulte de aplicación.

d. Sanciones

(LGDCU art.49)

4540 El **principio básico** es que la imposición de sanciones debe garantizar, en cualquier circunstancia, que la comisión de una infracción no resulte **más beneficiosa** para la parte infractora que el incumplimiento de las normas infringidas.

Estas infracciones se califican en leves, graves y muy graves de conformidad con la L 14/1986 art.35.

Las infracciones en materia de defensa de los consumidores y usuarios son sancionadas por las Administraciones públicas competentes con **multas** de acuerdo con la siguiente graduación:

- Infracciones **leves**: entre 150 y 10.000 euros, cantidades que se pueden sobrepasar hasta alcanzar entre 2 y 4 veces el beneficio ilícito obtenido.
- Infracciones **graves**: entre 10.001 y 100.000 euros, cantidades que se pueden sobrepasar hasta alcanzar entre 4 y 6 veces el beneficio ilícito obtenido.
- Infracciones **muy graves**: ente 100.001 y 1.000.000 de euros, cantidades que se pueden sobrepasar hasta alcanzar entre 6 y 8 veces el beneficio ilícito obtenido.

Cuando no puede ser determinado exactamente, el **beneficio ilícito** se calcula con criterios estimativos. **Incluye** el aumento de ingresos y el ahorro de gastos que haya supuesto directa o indirectamente la infracción sin descontar multas, perjuicios de los comisos o cierres, ni las cantidades que por cualquier concepto haya tenido que abonar el responsable a la Administración o a los consumidores y usuarios como consecuencia de la infracción.

Cuando la aplicación de estos rangos conlleve la imposición de una **sanción desproporcionada** en relación con la capacidad económica del infractor, se puede utilizar el rango asignado a la calificación de un menor nivel de gravedad para el cálculo de la sanción.

Se permite al Gobierno **modificar estas cuantías**, tomando como criterio de variación los índices de precios al consumo -IPC- (LGDCU disp.final 1ª).

Precisiones **1)** Si se imponen sanciones por **infracción generalizada con dimensión en la Unión Europea** (Rgto (UE) 2017/2394 art.21), su importe máximo para infracciones muy graves, equivaldrá al 4% del volumen de negocio anual del empresario en España o en los Estados miembros afectados por la infracción. Si no se dispone de esta información, se pueden imponer multas cuyo importe máximo equivalente a dos millones de euros.

2) La **suspensión cautelar** de la **ejecución** de una sanción administrativa puede acordarse cuando la ejecución inmediata de la multa o sanción accesoria pueda causar perjuicios irreparables que hagan perder la finalidad legítima del recurso, siempre que se preste garantía suficiente para asegurar el cobro en caso de desestimación del recurso, y que la suspensión no cause perturbación grave a intereses generales o de terceros (AN auto 8-10-25, EDJ 726946).

4542 Para **determinar**, dentro de los mínimos y máximos establecidos, el importe de la multa correspondiente a cada infracción, se tiene que atender:

- especialmente a la concurrencia de alguna de las circunstancias de graduación de las infracciones (nº 4550 s.) que no hubieran podido ser tenidas en cuenta para alterar la calificación de la infracción o que no se dieran con todos sus requisitos;
- la naturaleza de la infracción;
- el grado de culpabilidad o la existencia de intencionalidad;
- el carácter continuado de la infracción;
- el número de consumidores afectados;
- el nivel de los daños y perjuicios que hayan sufrido;
- las sanciones impuestas por la misma infracción a su autor en otros Estados miembros en casos transfronterizos;
- el volumen de negocio anual o cualquier otro indicador de su capacidad económica.

Precisiones Cuando un **recurso** contencioso-administrativo se interpone contra una **resolución confirmada íntegramente por un Ministro** sin rectificación de la resolución originaria dictada por un órgano con competencia en todo el territorio nacional, la **competencia** para conocer del recurso corresponde a la Sala de lo Contencioso-Administrativo del Tribunal Superior de Justicia de Madrid, si la sanción impuesta excede la cuantía establecida para los Juzgados Centrales de lo Contencioso-Administrativo (AN auto contencioso 27-3-25, EDJ 534877).

Junto con la sanción principal de multa, se establece una serie de **sanciones accesorias**, de no necesaria imposición, consistentes en: **4546**

a) El **comiso** de las mercancías objeto de la infracción que sean propiedad del responsable. Se contemplan como **excepciones** que:
- ya se haya adoptado definitivamente para preservar los intereses públicos;
- puedan resultar de lícito comercio tras las modificaciones que procedan y su valor, sumado a la multa, no guarde proporción con la gravedad de la infracción. Es este caso puede no acordarse esta medida o acordarse solo parcialmente en aras de la proporcionalidad.

La resolución sancionadora que imponga esta sanción tiene que decidir el **destino** que, dentro de las previsiones que en su caso se encuentren establecidas en la normativa aplicable, deba dar la Administración competente a los productos decomisados.

Todos los **gastos** que origine el comiso, incluidos los de transporte y destrucción, son de cuenta del infractor.

b) La **publicidad de las sanciones** impuestas, cuando hayan adquirido firmeza en vía administrativa, así como los nombres, apellidos, denominación o razón social de las personas naturales o jurídicas responsables y la índole y naturaleza de las infracciones, siempre que concurra riesgo para la salud o seguridad de los consumidores y usuarios, reincidencia en infracciones de naturaleza análoga o acreditada intencionalidad en la infracción.

c) El **cierre temporal** del establecimiento, instalación o servicio por un plazo máximo de 5 años.

No puede ser considerada como sanción:
- la clausura o cierre de establecimientos, instalaciones o servicios que no cuenten con las autorizaciones o registros sanitarios preceptivos;
- la suspensión de su funcionamiento, hasta tanto se rectifiquen los defectos o se cumplan los requisitos exigidos por razones de sanidad, higiene o seguridad, y;
- la retirada del mercado precautoria o definitiva de bienes o servicios por razones de salud y seguridad; en estos casos, se trata de medidas cautelares y son coetáneas habitualmente al inicio del expediente sancionador.

En tal caso, es de aplicación la **legislación laboral** en relación con las obligaciones de la empresa frente a los trabajadores.

d) La **rectificación** de los incumplimientos identificados en la resolución que ponga fin al procedimiento.

Precisiones **1)** Es improcedente acordar la **suspensión de una actividad** para un período predeterminado de tiempo, sin conminarse al titular del local a que realice las modificaciones necesarias para cumplir la ley, y que una vez transcurrido dicho período se le autorice la reanudación de las actividades sin realizar comprobación alguna de si los defectos fueron subsanados (TSJ Galicia 9-9-99, EDJ 34533).

2) La autorización para la **retirada o intervención del producto** comporta implícitamente la habilitación a la Administración para que pueda adoptar medidas de destrucción, si éstas son necesarias para proteger la salud pública (TS 8-11-96, EDJ 8381).

3) Un fabricante de coches participó en un **cártel** por lo que la CNMC lo sancionó por estas prácticas restrictivas de la competencia. Aunque no es aplicable la **presunción legal de daño**, las características del cártel permiten presumir judicialmente la existencia de un **sobrecoste** trasladado a los consumidores y, ante la dificultad de cuantificación, procede la estimación judicial del daño en un porcentaje prudente sobre el precio de adquisición (en este caso del 5%) (AP Barcelona 28-5-25, EDJ 600700).

e. Graduación de las infracciones

(LGDCU art.48)

Las infracciones se **califican inicialmente** por los caracteres de la acción u omisión y de la culpabilidad del responsable en leves, graves y muy graves. Los reglamentos de los **diferentes productos, actividades y servicios** pueden concretar la gravedad de las especificaciones de infracción que prevean atendiendo a los criterios señalados en la LGDCU, sin que en ningún caso puedan constituir nuevas infracciones o sanciones, ni alterar la naturaleza o límites que la Ley contiene. **4550**

Precisiones La **redacción original** del entonces art.50 realizaba una graduación de las infracciones calificándolas como leves, graves y muy graves, atendiendo a los **siguientes criterios**:
- riesgo para la salud;
- posición en el mercado del infractor;
- cuantía del beneficio obtenido;
- grado de intencionalidad;
- gravedad de la alteración social producida;
- generalización de la infracción y reincidencia.

Sin embargo, el art.50.1 de la LGDCU fue declarado **nulo** en por el Tribunal Constitucional. El motivo de fondo para la anulación del precepto legal fue dejar en manos de la Administración la graduación de las infracciones, lo que no resulta acorde con el principio de taxatividad en cuanto que no garantiza mínimamente la **seguridad jurídica** de los ciudadanos, quienes ignoran las consecuencias que han de seguirse de la realización de una conducta genéricamente tipificada como infracción administrativa (TCo 10/2015).

El Tribunal Constitucional se sustenta en lo establecido en la TCo 166/2012, que anuló un precepto de la **ley catalana** (L Cataluña 3/1993 art.30, del Estatuto del consumidor), con una redacción casi idéntica que la dispuesta en la anterior redacción de la LGDCU art.50.1. Y ello por considerar que tal precepto no garantiza lo suficiente el principio de seguridad jurídica y de predeterminación normativa de las conductas ilícitas y de las sanciones correspondientes.

4552 **Agravamiento de la sanción** (LGDCU art.48.3 y 5) Se califican respectivamente como **graves o muy graves** las infracciones que merezcan en principio la calificación de leve (nº 4534) o grave (nº 4536) si concurriere alguna de las siguientes **circunstancias**:
- haber sido realizadas aprovechando situaciones de necesidad de determinados bienes, productos o servicios de uso o consumo ordinario y generalizado, así como originar igual situación;
- haberse realizado explotando la especial inferioridad, subordinación o indefensión de determinados consumidores o grupos de ellos;
- cometerse con incumplimiento total de los deberes impuestos o con una habitualidad, duración u otras circunstancias cualitativas o cuantitativas que impliquen desprecio manifiesto de los intereses públicos;
- producir una alteración social grave, injustificada y previsible en el momento de la comisión, originando alarma o desconfianza en los consumidores o usuarios o incidiendo desfavorablemente en un sector económico;
- realizarse prevaliéndose de la situación de predominio del infractor en un sector del mercado;
-ser reincidente el responsable por la comisión de cualesquiera delitos o infracciones lesivas de los intereses de los consumidores o usuarios en las condiciones y plazos previstos en LRJSP art.29.3.d.

Se impone la sanción en su **grado máximo**, cuando se acredite alguna de las siguientes circunstancias:
- que se trata de una infracción continuada o de una práctica habitual;
- que la infracción comporta un riesgo para la salud o la seguridad de los consumidores y usuarios, salvo que el riesgo forme parte del tipo infractor.

4554 **Reducción de la sanción** (LGDCU art.48.4) Se consideran respectivamente como **leves o graves** las infracciones que merezcan en principio la calificación de graves o muy graves, si antes de iniciarse el procedimiento sancionador **el responsable** procede a:
- corregir diligentemente las irregularidades en que consista la infracción siempre que no haya causado perjuicios directos,
- devolver voluntariamente las cantidades cobradas,
- colaborar activamente para evitar o disminuir los efectos de la infracción, u

observa espontáneamente cualquier otro comportamiento de análogo significado.

f. Prescripción y caducidad

LGDCU art.52

4560 Se fijan los siguientes plazos:

Infracciones	Plazo
Muy graves	5 años
Graves	3 años
Leves	Un año

Sanciones	Plazo
Por infracciones muy graves	5 años
Por infracciones graves	3 años
Por infracciones leves	Un año

El plazo de prescripción **comienza a contarse**: 4562
a) Infracciones: cuando la infracción se manifiesta o exterioriza. En el caso de **infracciones continuadas**, cuando finalice la acción infractora o el último acto con que la infracción se consume.
b) Sanciones: desde el día siguiente a aquel en que sea ejecutable la resolución por la que se impone la sanción o haya transcurrido el plazo para recurrirla.

La prescripción **se interrumpe** por: 4563
a) El inicio de **actuaciones judiciales en el ámbito penal** sobre los mismos hechos o sobre otros hechos conexos cuya separación de los constitutivos de la infracción de la normativa de consumo sea jurídicamente imposible, de manera que la sentencia que pueda recaer vinculara a la Administración actuante.
b) La iniciación de **procedimientos administrativos de naturaleza sancionadora** por los mismos hechos, con conocimiento del interesado, sobre la base de normativa sectorial, si, finalmente se estima procedente la aplicación preferente de la normativa de consumo. Se **reinicia el cómputo** del plazo de prescripción si el expediente sancionador está paralizado durante más de un mes por causa no imputable al presunto responsable.
c) en las **sanciones**, por la iniciación, con conocimiento del interesado, del procedimiento de ejecución. Vuelve a transcurrir el plazo si el procedimiento está paralizado durante más de un mes por causa no imputable al infractor. En el caso de desestimación presunta del recurso de alzada o de reposición interpuesto contra la resolución por la que se imponga la sanción, el plazo de prescripción de la sanción comenzará a contarse desde el día siguiente a aquél en que finalice el plazo legalmente previsto para la resolución de dichos recursos.

g. Procedimiento sancionador

Competencia (LGDCU art.52 bis) La Ley establece el siguiente cuadro de competencias: 4565

Competencia	Infracciones
Administraciones españolas que en cada caso resulten competentes	Infracciones cometidas en territorio español cualquiera que sea la nacionalidad, el domicilio o el lugar en que radiquen los establecimientos del responsable.
Autoridades competentes en materia de consumo	Conductas tipificadas como infracciones en materia de defensa de los consumidores y usuarios de los sectores que cuenten con regulación específica, en tanto en cuanto dicha regulación no atribuya la competencia sancionadora en materia de consumo a otra administración, y las prácticas comerciales desleales con los consumidores o usuarios.
Administración General del Estado	Infracciones que produzcan lesiones o riesgos para los intereses de los consumidores o usuarios de forma generalizada en el territorio de más de una comunidad autónoma, de tal forma que se pueda ver afectada la unidad de mercado nacional y la competencia en el mismo (nº 4572).
Comunidades autónomas	Infracciones cometidas, aunque parcialmente, en sus respectivos territorios.
	Si son competentes órganos de diversas comunidades, se establecen mecanismos de colaboración en el seno de la Comisión Sectorial de Consumo.

Las infracciones **se entienden cometidas** en cualquiera de los lugares en que se desarrollen las acciones u omisiones constitutivas de las mismas y, además, salvo en el caso de infracciones relativas a los requisitos de los establecimientos e instalaciones o del personal, en todos aquellos en que se manifieste la lesión o riesgo para los intereses de los consumidores y usuarios. 4570
Las **infracciones cometidas a través de internet** se consideran cometidas en el lugar en el que el consumidor o usuario tiene su residencia habitual tanto en el caso de que la infracción se produzca en el marco de un contrato de consumo como cuando la infracción derive de una práctica comercial no vinculada a un contrato de consumo pero haya sido dirigida de forma activa por parte del empresario a dicho consumidor o usuario.

Precisiones La **competencia** para conocer de la infracción consistente en introducir **cláusulas abusivas** en los contratos, corresponde a la Administración autonómica con competencia sancionadora en materia de protección de los derechos de los consumidores y usuarios, en cuyo territorio se celebraron los concretos contratos en el que se incluyeron la o las cláusulas abusivas (TS contencioso 23-3-26, EDJ 539507; 5-3-26, EDJ 526329).

4572 Para considerar que una infracción de la normativa de consumo produce lesiones o riesgos para los intereses de los consumidores o usuarios de **forma generalizada**, de tal forma que se pueda ver afectada la unidad de mercado nacional y la competencia en el mismo, se tienen en cuenta, entre otras **circunstancias**:
- el número de consumidores y usuarios afectados,
- la dimensión del mercado donde opera la compañía infractora,
- la cuota de mercado de la entidad correspondiente o
- los efectos de la conducta sobre los competidores efectivos o potenciales y sobre los consumidores y usuarios.

Cuando los órganos competentes en materia de consumo de la Administración General del Estado inicien un procedimiento sancionador deben **comunicarlo motivadamente** a las autoridades de consumo de las comunidades autónomas, y de las ciudades autónomas de Ceuta y Melilla.
Dentro de la Administración General del Estado, la competencia **corresponde** a:
- la Dirección General competente en materia de consumo cuando la sanción impuesta no supere los 100.000 euros ni implique el cierre temporal del establecimiento, instalación o servicio;
- la Secretaría General competente en materia de consumo en el resto de supuestos.

En todo caso, la competencia de la Secretaría General **se extiende** a las infracciones generalizadas con **dimensión en la Unión Europea** (Rgto (UE) 2017/2394), y a las cometidas a través de internet cuando la residencia o domicilio del responsable, siempre que coincida con el lugar en que se realice efectivamente la gestión administrativa y dirección del negocio, esté fuera de la Unión Europea.
La Dirección General actúa como **Oficina de enlace única** a los efectos del Rgto (UE) 2017/2394 (LGDCU art.52 ter).

4575 **Reglas de procedimiento** En ningún caso se podrá imponer una sanción sin que se haya tramitado el oportuno procedimiento. La potestad sancionadora de las Administraciones públicas (Const art.25) se ejerce cuando haya sido atribuida por una norma con rango de ley, con aplicación del procedimiento previsto en la L 39/2015, del procedimiento administrativo común de las Administraciones públicas (LPAC art.63 s.) con determinadas **particularidades** contempladas en la LGDCU.
• El procedimiento sancionador **se puede iniciar** en tanto no haya prescrito la infracción, con independencia del momento en que hayan finalizado las diligencias preliminares dirigidas al esclarecimiento de los hechos o la caducidad de un procedimiento previo sobre los mismos hechos (LGDCU art.52.7).
• Se puede exigir al infractor la **reposición** de la situación alterada por la infracción a su estado original y, en su caso, la **indemnización** de daños y perjuicios causados al consumidor o usuario. La indemnización se determina y exige por el órgano al que corresponda el ejercicio de la potestad sancionadora y debe ser notificada al infractor para que proceda a su satisfacción en el plazo que se determine en función de la cuantía. Si **no se satisface la indemnización** en el plazo fijado, se procede al apremio sobre el patrimonio en la forma prevista en la LPAC art.101 (LGDCU art.51.6).
• La atribución al empresario de la **carga de probar** el cumplimiento de las obligaciones que le competen también abarca el ámbito administrativo sancionador en el caso de obligaciones de dar o hacer por parte del empresario (LGDCU art.51.7).

4576 • De forma complementaria a los supuestos recogidos en la LPAC art.22, el transcurso del plazo de 9 meses previsto para resolver el procedimiento se **puede suspender**, mediante resolución motivada, cuando deba solicitarse a terceros la aportación de documentos y otros elementos de juicio necesarios o cuando se requiera la cooperación o coordinación con otras autoridades de consumo de otras comunidades autónomas o de la Unión Europea. El tiempo de suspensión abarca el que transcurra desde la remisión de la solicitud hasta la recepción de la información solicitada por el órgano competente para continuar el procedimiento (LGDCU art.52.7).
• El órgano competente para imponer la sanción puede resolver la **terminación del procedimiento sancionador** cuando los presuntos infractores proponen **compromisos** que resuelven los efectos sobre los consumidores y usuarios derivados de las conductas objeto del expediente y quede garantizado suficientemente el interés público. Los compromisos son vinculantes y surten plenos efectos una vez incorporados a la resolución que ponga fin al procedimiento (LGDCU art.49.6).

• Una vez notificadas a los interesados y cuando adquieren firmeza en vía administrativa, las resoluciones por la que se pone fin al procedimiento sancionador son de **libre acceso y publicadas** en la página web de la autoridad correspondiente, cuando (LGDCU art.49.7):
- son por infracciones que tengan la calificación de muy graves,
- se dictan con arreglo al Rgto (UE) 2017/2394 art.21.

• El procedimiento sancionador **caduca** en caso de no haber recaído resolución transcurridos 9 meses desde su iniciación (LGDCU art.52.7). **4578**
La **falta de impulso** de alguno de los trámites seguidos en el procedimiento no produce por sí misma su caducidad.
Si se acuerda la **acumulación** en un único procedimiento de infracciones que hasta entonces se tramitaban separadamente, el plazo para dictar resolución se cuenta desde el acuerdo de iniciación del último de los procedimientos incoado.
Las **actuaciones realizadas** en el curso de un procedimiento caducado, así como los documentos y otros elementos de prueba obtenidos en dicho procedimiento, conservan su validez y eficacia a efectos probatorios en otros procedimientos iniciados o que puedan iniciarse con posterioridad en relación con el mismo u otro responsable.

3. Infracciones penales

El Código penal (en adelante, CP) contiene una gran cantidad de tipos penales que, directa o indirectamente, cumplen el objetivo de proteger a los consumidores. **4580**
A continuación se incluye una breve **lista de delitos**, con sus correspondientes penas, orientados hacia esta finalidad, que no pretende, ni mucho menos, ser exhaustiva.

Oferta o publicidad falsa (CP art.282) Pueden ser castigados con pena de prisión de 6 meses a 1 año o multa de 12 a 24 meses los fabricantes o comerciantes que, en sus ofertas o publicidad de productos o servicios, hagan **alegaciones falsas** o manifiesten características inciertas sobre los mismos, de modo que puedan causar un perjuicio grave y manifiesto a los consumidores, sin perjuicio de la pena que corresponda aplicar por la comisión de otros delitos. **4585**

Precisiones 1) La doctrina mayoritaria considera **bien jurídico protegido** el interés de carácter supraindividual del colectivo de los consumidores en la veracidad de la publicidad sobre bienes y servicios que se ofrecen en el mercado, que algunos autores consideran, a su vez, referido a la tutela de bienes jurídicos individuales fundamentalmente de naturaleza económica. Se alude también en la doctrina a la protección del orden del mercado, de la libre y leal competencia y de la libertad de disposición económica de los consumidores.
2) Este tipo penal no contempla su comisión por **imprudencia**, por lo que únicamente cabe su comisión dolosa (CP art.12). La culposa puede consistir, en su caso, en infracción administrativa.
3) Para proceder por este delito, es necesaria **denuncia** de la persona agraviada (o del Ministerio Fiscal, cuando aquélla sea menor de edad, incapaz o una persona desvalida), salvo que la comisión del delito afecte a los intereses generales o a una pluralidad de personas (CP art.287).
4) Hay que destacar un elemento **diferencial con la estafa**: esta requiere que el comportamiento típico se dirija contra un patrimonio de titularidad individual identificable, mientras que la publicidad engañosa supone la afectación de un bien jurídico de naturaleza colectiva o supraindividual, cuyo titular, sujeto pasivo del delito, tiene carácter colectivo: los consumidores (TS 19-3-04, EDJ 14268; AP Madrid auto 11-10-10, EDJ 294765).
5) Si **se utiliza fraudulentamente** una **denominación de origen** protegida mediante la falsificación de certificados oficiales y etiquetas, se configura un concurso de delitos y el delito de publicidad fraudulenta queda absorvido por la estafa (TS 19-3-04, EDJ 14268).
6) La escasa jurisprudencia parece partidaria de un c**oncepto formal estricto de fabricantes o comerciantes**, excluyendo de ese círculo a los constructores (AP Castellón auto 30-5-06, EDJ 359490) o a los empleados de banca (AP Madrid auto 24-7-12, EDJ 177678).Otras resoluciones judiciales estiman que dado la conducta típica se comete con ocasión de la difusión pública de la publicidad u oferta falsas, necesariamente aquellas alocuciones a «fabricante o comerciante» deben hacerse equivalentes a lo que la L 34/1988 art.10 tiene por «anunciante»: la persona física o jurídica en cuyo interés se realiza la publicidad (AP Barcelona 30-12-13, EDJ 287355).No puede considerarse sujeto activo a **particulares** que solo ocasionalmente ofrezcan algún producto, por ejemplo, en plataformas de venta de bienes de segunda mano.
7) Para **mayor información** sobre este delito ver nº 11940 Memento Penal 2025.

Facturación fraudulenta (CP art.283) Se impone la penas de prisión de 6 meses a 1 año y multa de 6 a 18 meses a los que, en perjuicio del consumidor, facturen cantidades superiores por productos o servicios cuyo precio se mida por aparatos automáticos, mediante la alteración o manipulación de éstos. **4590**

Precisiones 1) Se tutela el interés en la **autenticidad** del proceso de **medición o fijación del precio** del producto o servicio en relación con la cantidad del mismo o las reglas de confianza y buena fe que rigen las operaciones comerciales, el intercambio de bienes (AP Barcelona 10-1-00, EDJ 5873).
2) La **alteración o manipulación del aparato medidor** seguida de la facturación indebida implica la consumación del delito sin necesidad de perjuicio efectivo al consumidor (TS 31-12-01, EDJ 56894; AP Madrid 4-12-03, EDJ 215135). La mera manipulación de los aparatos supone tentativa.
3) Para **mayor información** sobre este delito ver nº 11965 Memento Penal 2025.

4595 **Delitos contra la salud pública** (CP art.363 a 367) La comisión de este tipo de delitos, consistentes en la manipulación y adulteración de los alimentos destinados al consumo humano, puede también sancionarse con la medida de **clausura del establecimiento**, fábrica, laboratorio o local por tiempo de hasta 5 años, y en los supuestos de extrema gravedad puede decretarse el cierre definitivo.

Precisiones 1) En la jurisprudencia encontramos supuestos en los que la **falta de motivación** de la resolución judicial que acordaba el cierre o clausura de los establecimientos ha hecho que el tribunal superior sustituya la pena de clausura definitiva por la temporal (TS 27-12-07, EDJ 260317).
2) Para **mayor información** sobre este delito ver nº 14920 Memento Penal 2025.

4600 **Conductas que ponen en peligro la salud de los consumidores** (CP art.363) Son castigados con **pena** de prisión de 1 a 4 años, multa de 6 a 12 meses e **inhabilitación** especial para profesión, oficio, industria o comercio por tiempo de 3 a 6 años los productores, distribuidores o comerciantes que ponen en peligro la salud de los consumidores:
- ofreciendo en el mercado productos alimentarios con omisión o alteración de los requisitos establecidos en las leyes o reglamentos sobre caducidad o composición;
- fabricando o vendiendo bebidas o comestibles destinados al consumo público y nocivos para la salud;
- traficando con géneros corrompidos;
- elaborando productos cuyo uso no se halle autorizado y sea perjudicial para la salud, o comerciando con ellos;
- ocultando o sustrayendo efectos destinados a ser inutilizados o desinfectados, para comerciar con ellos.

Precisiones 1) Ejemplos de ofrecimiento en el mercado productos alimentarios con **omisión o alteración de los requisitos** establecidos en las leyes o reglamentos **sobre caducidad o composición**, sería encontrar productos con fechas de caducidad muy pasadas y otros con las fechas alteradas por diversos métodos -tachado, decorado, sobre impresión, etiquetas adhesivas, rotuladores, etc.-, estando estos productos colocados en las estanterías o expositores al público (AP Albacete 21-2-05, EDJ 40961).
2) Respecto de la fabricación y venta de bebidas o comestibles nocivos para la salud, la jurisprudencia habla de **nocividad potencial**, sin necesidad de efectos lesivos concretos, p.e cuando no siendo perjudicial a su inmediato consumo, se puede prever que su ingestión repetida entraña riesgo para la salud, sin que ello obedezca a uso inmoderado o inoportuno o a consumo irreflexivo del mismo (AP Granada 3-4-00, EDJ 20806; AP Barcelona 28-5-07, EDJ 161783).
3) El Tribunal Supremo ha señalado que por **género corrompido**, no solo ha de entenderse descomposición o putrefacción, sino también a adulteración, alteración o conmixtión, producidas por causas naturales o por factores de índole artificial. Es, por tanto, la degradación de un objeto apto en un principio para el consumo (TS 22-5-82, EDJ 3262).
4) Cuando se habla de **sustraer efectos** se hace referencia a detraer del ámbito legal y oficial para evitar que las autoridades sanitarias puedan inutilizarlo, dirigiéndolos a una actividad clandestina (AP Salamanca 30-7-01, EDJ 98815).
5) La elaboración y comercialización de **productos farmacéuticos** con composición distinta a la autorizada, que contengan **sustancias nocivas** para la salud pública y sin la debida autorización administrativa, constituye un delito contra la salud pública, con **responsabilidad penal** del autor, incluso cuando se haya impuesto sanción administrativa a la entidad empresarial distinta del autor penalmente responsable (TS penal 11-10-04, EDJ 159759).

4605 **Adulteración de alimentos** (CP art.364) La adulteración con aditivos u otros agentes no autorizados susceptibles de causar daños a la salud de las personas, los alimentos, sustancias o bebidas destinadas al comercio alimentario, se castiga con **pena** de prisión de 1 a 4 años, multa de 6 a 12 meses e **inhabilitación** especial para profesión, oficio, industria o comercio por tiempo de 3 a 6 años.
Si el reo es el **propietario o responsable de producción** de una fábrica de productos alimenticios, se le impone, además, la pena de inhabilitación especial para profesión, oficio, industria o comercio de seis a diez años.

Se impone la **misma pena** al que realice cualquiera de las siguientes **conductas**:
- administrar a los animales cuyas carnes o productos se destinen al consumo humano sustancias no permitidas que generen riesgo para la salud de las personas, o en dosis superiores o para fines distintos a los autorizados;
- sacrificar animales de abasto o destinar sus productos al consumo humano, sabiendo que se les ha administrado las sustancias no permitidas;
- sacrificar animales de abasto a los que se hayan aplicado tratamientos terapéuticos mediante sustancias no permitidas;
- despachar al consumo público las carnes o productos de los animales de abasto sin respetar los períodos de espera en su caso reglamentariamente previstos.

Precisiones **1)** No se exige, ni que el consumidor llegue a ver efectivamente afectada su salud, ni que el mismo haya sido adquirido para su consumo, sino que estando **destinado al comercio**, se coloque en alguna de las situaciones descritas en el tipo penal, y que describen todas ellas fases del proceso de producción y puesta en el mercado del producto (AP Girona 23-6-04, EDJ 88906).
2) Para garantizar la salubridad del consumo frente a los preocupantes riesgos para la salud derivados de los residuos que determinadas sustancias químicas utilizadas ilegalmente dejan en los productos cárnicos, el legislador adelanta los baremos de protección, sancionando como delito de **peligro abstracto** la mera administración a los animales de sustancias que han sido prohibidas o que permitidas lo sean en cantidades superiores al límite legalmente establecido (AP Girona 25-2-03, EDJ 59458).

Envenenamiento o adulteración de aguas potables (CP art.365) Se castiga con **pena** de prisión de 2 a 6 años a quien envenene o adultere con sustancias infecciosas, u otras que puedan ser gravemente nocivas para la salud, las aguas potables o las sustancias alimenticias destinadas al uso público o al consumo de una colectividad de personas. **4610**

Precisiones No puede considerarse agua potable el «**agua bruta**» o de regadío (AP Huelva 19-2-16, EDJ 59559).

CAPÍTULO 10

Procedimiento de protección

5000

5010 Cuando el consumidor se encuentra con un problema de consumo y desea resolverlo, como punto de partida y sin acudir a los tribunales de justicia, puede acudir a una reclamación administrativa, con el fin de solucionar este conflicto con la empresa o el profesional
Si por medio de la reclamación extrajudicial, el consumidor no consigue solucionar su problema con el profesional, puede acudir a los tribunales de justicia (nº 5100) ejercitando las acciones que el Derecho le otorga en defensa de sus intereses.
Además, el sistema ofrece **recursos alternativos**, como la mediación (nº 5065) y el arbitraje (nº 5260 s.).

A. Reclamación administrativa

5015

5017 La reclamación en materia de consumo es una **comunicación** que el consumidor dirige a la Administración competente cuando se presenta un conflicto o desacuerdo entre él y la empresa o profesional que le ha vendido el producto o prestado el servicio, poniendo de manifiesto los hechos y solicitando una solución y/o compensación.
Cualquier persona puede plantear una reclamación de consumo cuando actúe como **consumidor final** (nº 20).
El consumidor, además de poner en conocimiento de la Administración unos hechos, pretende de la persona física o jurídica que comercializa o presta el servicio, alguna de las siguientes **actuaciones**:
- el resarcimiento;
- la indemnización de los daños y perjuicios;
- la restitución, el cambio o la reparación del bien adquirido;
- el reintegro de las cantidades pagadas;
- la resolución o rescisión del contrato;
- la anulación de una deuda; o
- el cumplimiento de las condiciones pactadas en la contratación.

Precisiones 1) No son reclamaciones de consumo las **discrepancias** que puedan existir entre varias empresas o entre varios particulares, por lo que no están amparadas por las normas de protección del consumidor, ni por las organizaciones encargadas para ello.
2) El **servicio administrativo de resolución de controversias** en materia de **telecomunicaciones** puede verse en detalle en el nº 480 s.
3) En el **sector financiero**, puede verse el procedimiento de **queja ante el Banco de España o la CNMV y la DGSFP** en el nº 455 s.

a. Presentación de la reclamación

5020 La forma más habitual de presentación es mediante una **hoja de reclamaciones**, que es un formulario, que debe estar obligatoriamente a disposición del consumidor en todos los centros o establecimientos comerciales, mediante el cual un consumidor pone en conocimiento de una empresa o profesional la **disconformidad o insatisfacción** con un producto o servicio. De esta manera **se facilita** que el conflicto se solucione directamente entre las partes.
En los **establecimientos comerciales**, las hojas de reclamaciones se pueden entregar al consumidor en formato de papel, o bien en formato de descarga. En venta a distancia, venta en pública subasta y otros sistemas de venta que **carezcan de establecimiento o local abierto** al público o cuando la prestación de servicios o venta de bienes se realice a través de **máquinas automáticas**, el empresario debe informar al consumidor sobre cómo acceder a las hojas de

reclamaciones oficiales. Si se trata de una prestación de servicios o venta de bienes **por Internet**, las hojas de reclamaciones se podrán poner a disposición de los consumidores a través de la propia página web de la empresa.
Si el establecimiento **se niega a facilitar la hoja**, el consumidor puede presentar la queja por el medio que considere más adecuado ante los organismos competentes en materia de consumo o ante una asociación de consumidores. Además, el consumidor puede solicitar la **asistencia de la policía local** para que levante acta del hecho.
Si **no es posible el acuerdo**, el consumidor tiene la opción de presentar la hoja a la **Administración de consumo competente** para que analice su caso, proponga una solución, informe de los mecanismos de resolución alternativa como la mediación o el arbitraje de consumo así como de los derechos que le asisten por si desea acudir a la vía judicial.
Además del uso de las hojas de reclamaciones proporcionadas por las empresas y/o profesionales, el consumidor puede dirigirse bien a la **Oficina Municipal de Información al Consumidor** (OMIC) de su localidad, o la **Dirección General de Consumo** de su Comunidad Autónoma.
En las comunidades autónomas y ayuntamientos se establecen **diferentes procedimientos** de presentación de la reclamación. Lo más habitual actualmente es el uso de páginas web oficiales, como el **Portal del Consumidor** o similares, permite a los interesados la descarga del impreso oficial de reclamaciones, o si se prefiere, su presentación por **medios telemáticos**.

5025 Aunque pueda variar en cada comunidad o municipio, generalmente, la hoja de reclamaciones **está compuesta** por unos impresos de tres folios distintos destinados a:
- la Administración,
- el reclamante;
- la persona responsable del establecimiento.

En la reclamación, **ha de constar**:
- datos del **reclamante** (nombre, dirección, DNI y teléfono);
- datos de la **persona o empresa contra la que se reclama** (nombre comercial, denominación social, domicilio, NIF y teléfono);
- descripción breve y clara de los **hechos** objeto de la reclamación;
- **lo que se solicita** con la reclamación.

Al enviar la hoja de reclamaciones a la Administración, **se debe adjuntar** cualquier documento (contrato, factura, etc) que pueda servir en la reclamación. Debe cumplimentarse la hoja antes de salir del establecimiento y remitirla lo antes posible a la dirección que figura en el impreso.

5030 El **procedimiento**, con diferentes matices, según cada comunidad autónoma o ayuntamiento, es el siguiente:
1. El **empresario o profesional** al que le presentan una reclamación debe **entregar la hoja de reclamación** inmediata y gratuitamente a quien se lo solicite y en el mismo lugar.
2. El **consumidor** rellena su parte de la hoja y la entrega a la empresa o profesional para que rellene sus datos, la firme y la selle. El empresario o profesional debe devolver dos copias: el ejemplar para la Administración y el ejemplar para la parte reclamante.
3. La empresa o profesional debe **responder al consumidor** dentro del plazo establecido, generalmente de 15 días, aunque varia en cada comunidad autónoma o ayuntamiento. En dicho escrito debe proponer una solución a la queja o reclamación planteada o, en su caso, justificar la imposibilidad de solución. Asimismo debe manifestar expresamente si acepta o rechaza resolver la controversia a través de la **mediación o el arbitraje de consumo** (nº 5260).
A tal efecto, debe informar a la persona consumidora si se encuentra adherida, opta voluntariamente o está obligada por una norma o código de conducta a participar en un procedimiento de mediación o arbitraje ante una entidad, pública o privada, de resolución alternativa de litigios de consumo. De no ser así, en todo caso debe facilitar información sobre, al menos, una entidad, preferentemente pública, que sea competente para conocer de la reclamación.
La presentación de la hoja de quejas y reclamaciones a la Administración a**ntes del transcurso del plazo** que tiene la empresa para responder, puede dar lugar a la inadmisión de la reclamación.
4. Si la empresa o profesional **no responde o la respuesta no le satisface**, el consumidor puede presentar el ejemplar para la Administración acompañado, en su caso, del escrito de contestación de la parte reclamada, en la Oficina Municipal de Información al Consumidor (OMIC) correspondiente a su domicilio de residencia habitual o, en su defecto, en la Delegación Territorial o Provincial de la Consejería competente en materia de consumo. El escrito **se debe acompañar** de copias de la factura o justificante de pago, el contrato, los folletos informativos, el documento de garantía y cuantas pruebas o documentos sirvan para facilitar la valoración de los hechos.

Precisiones Se recomienda al consumidor que **todas las comunicaciones** que tenga con el vendedor o prestador del servicio las haga usando mecanismos que dejen constancia de su envío, es decir, por escrito o en cualquier soporte duradero como por ejemplo, el correo electrónico.

b. Organismos de reclamación

A nivel **municipal y autonómico**, existen oficinas encargadas de orientar e informar al consumidor en materia de derechos de consumo. 5035

Precisiones A nivel **europeo**, desde febrero de 2016 hasta el 20 de julio de 2025, funcionó la **plataforma de resolución de litigios de consumo en línea** que ofrecía una ventanilla única a los consumidores y a los comerciantes que querían resolver extrajudicialmente los litigios derivados de contratos en en línea de compraventa o de contratos de prestación de servicios. Sin embargo, solo una minoría utilizaba la plataforma para presentar una reclamación y solo el 2% de los que así lo hacía recibía una respuesta positiva de los comerciantes. Por ello, fue descontinuada tras aprobar el Rgto (UE) 2024/3228.

Oficinas municipales de información Son un servicio **gratuito** de información y orientación al consumidor que, además, media en los conflictos que pueden surgir entre consumidores y empresarios para intentar conseguir una **solución amistosa**, dictando resoluciones sobre estos conflictos que no son vinculantes para la empresa, aunque suelen ser tenidas en consideración a la hora de acudir a los tribunales. 5040

Es la **instancia más cercana** al consumidor y usuario para poder acudir a efectuar las reclamaciones, caso de que considere de que ha sido objeto de abuso, engaño o que ha vulnerado sus derechos en materia de consumo.

Suelen disponer de esta oficina las capitales de provincia y municipios de cierta entidad. Se pueden consultar en esta dirección web del Ministerio de Consumo: https://cidoc.consumo.gob.es/directorio-mapas/oficinas-municipales-informacion-consumidor.

Direcciones generales de consumo En las diferentes comunidades autónomas, son las entidades que gestionan y resuelven las reclamaciones que los consumidores y usuarios pueden efectuar, y son los órganos que velan por estos derechos. Se pueden consultar en esta dirección web del Ministerio de Consumo: https://cidoc.consumo.gob.es/directorio-mapas/organismos-consumo-administracion-autonomica. 5045

Esta defensa se puede hacer por medio de reclamaciones, denuncias y consultas.

Centro Europeo del Consumidor Si surge algún problema al adquirir bienes o servicios **en otro país de la UE, Noruega o Islandia**, el consumidor se puede poner en contacto con un Centro Europeo del Consumidor (red ECC-Net -European Consumer Centre Network-). La información de todos los Centros que forman parte de la red ECC-Net se puede consultar en esta dirección web del Centro Europeo del Consumidor España: https://cec.consumo.gob.es/CEC/conocenos/redECC-Net/home.htm. 5055

Estos centros **pueden**:

- informar sobre los derechos en materia de consumo según la legislación de la UE y la legislación nacional;
- asesorar sobre las distintas maneras de hacer un seguimiento de la reclamación;
- ayudar a alcanzar un acuerdo amistoso con el vendedor del que se hayan adquirido bienes o servicios en el extranjero, ya sea en línea o en persona;
- remitir al organismo adecuado si la red de CEC no puede ayudar al consumidor.

La ayuda de los Centros Europeos del Consumidor **es gratuita si**:

- se tiene un problema con un vendedor establecido en otro país de la UE;
- ya se ha presentado una reclamación por escrito al vendedor;
- ya se ha presentado una reclamación a título personal, no en nombre de una empresa.

El **Centro Europeo del Consumidor de España**, gestiona las reclamaciones de consumo transfronterizas de los consumidores que residen en España y desean reclamar contra una empresa con sede social en otro Estado Miembro de la UE, Islandia o Noruega.

Igualmente, ayuda a los Centros Europeos de Consumidores de otros países en la gestión de las reclamaciones contra empresas con sede social en España.

Los Centros Europeos del Consumidor **no intervienen**:

- en caso de fraude o reclamación por daños y perjuicios;
- si se ha iniciado alguna acción por la vía judicial;
- si la empresa rechaza de forma expresa colaborar con la red ECC-Net;
- si no es posible identificar a la empresa;
- en determinados productos de inversión tales como las divisas y las opciones binarias.

Una vez **agotada sin éxito** esta vía amistosa, orienta a los consumidores sobre otras vías de resolución alternativa de litigios, y eventualmente la vía judicial como el proceso europeo de escasa cuantía

Precisiones La **creación y desarrollo** de la plataforma de resolución de litigios en línea viene dispuesta en el Rgto (UE) 524/2013.

c. Tramitación de las reclamaciones

5060 Cuando un consumidor presenta una reclamación en materia de consumo, la Administración realiza una **intermediación con la empresa** con la que se tiene el problema, es decir, informa de los hechos reclamados a la empresa y le solicita una solución. La Administración actúa como intermediario para **facilitar un acuerdo**, pero dicho acuerdo no es vinculante, por lo que la solución se basa en la voluntad de ambas partes para llegar a él.
Una vez que la oficina municipal de información o la dirección general de consumo competentes reciban y registren la reclamación, los trámites, también en este caso, varían según los municipios y las comunidades autónomas
El **procedimiento** más general es el siguiente:
1. Ante la **falta de algún documento o dato obligatorio** en la hoja de reclamación (nº 5025 s.), se concede al reclamante un **plazo** de subsanación desde la recepción del requerimiento. Si no lo hace, se le entiende desistido de la reclamación.
2. En el caso de ser **admitida** la reclamación, la Administración otorga al empresario o profesional un plazo para presentar **alegaciones.**
3. El **reclamante** podrá presentar alegaciones a la contestación de la empresa reclamada, o ampliar su reclamación, o aportar la documentación que estime oportuna para la defensa de su derecho en cualquier momento del procedimiento anterior a su archivo.
4. La Administración no puede obligar a la empresa reclamada a que satisfaga las pretensiones del reclamante, esta función le corresponde a los **tribunales de justicia**. No obstante, si observa algún hecho que puede ser constitutivo de infracción administrativa en materia de consumo, puede iniciar un **procedimiento sancionador** (nº 4035).
La Administración no puede obligar al profesional que haya cometido una infracción y ocasionado algún perjuicio, a reparar los daños causados a un consumidor. Si un consumidor quiere exigir una **indemnización** por los daños y perjuicios sufridos puede acudir a:
- **arbitraje**, si la empresa se ha adherido al sistema arbitral de consumo (nº 5260 s.);
- **tribunales** (nº 5100 s.).
6. **Archivo de la reclamación**, cuando los hechos o conductas reclamadas no puedan ser probadas y/o calificadas como infracción.
Tanto la **solución o mecanismos de mediación o arbitraje** propuestos son voluntarios y deben ser aceptados por ambas partes, sin que puedan imponerse. La utilización de esta vía **no excluye** la posibilidad de reclamar de cualquier otra forma, legalmente prevista, como la **vía judicial** (nº 5100 s.)
Resolución de la Administración.

5065 **Mediación** Es un sistema **voluntario y gratuito** de resolución de conflictos entre consumidores y empresarios. La mediación se inicia cuando la Administración que tramita la reclamación comunica los hechos reclamados a la empresa y le solicita que proponga una solución al problema planteado en un plazo determinado (generalmente unos 15 días).
Una vez recibida la respuesta, se le comunica al consumidor, pudiendo llegarse o no a un acuerdo. Puede ocurrir que se llegue a un **acuerdo** y que la empresa no cumpla. En ese caso, solo queda reclamar ante los tribunales y, por lo tanto, comenzar de nuevo (nº 5100 s.).
Estas limitaciones son una de las razones por las cuales se está potenciando **otra vía** de resolución de conflictos, el arbitraje, el en que sí existe una resolución de obligado cumplimiento (nº 5260 s.).

Precisiones También se puede utilizar la **figura del mediador**, que es un profesional independiente que ayuda a que se llegue un acuerdo entre las partes. Está regulado en la, Ley de mediación en asuntos civiles y mercantiles (L 5/2012).

Inspección Si al tramitar una reclamación, la Administración observa indicios de que se ha podido cometer una **infracción administrativa** en materia de consumo, puede trasladar el caso a los servicios de inspección para que inicie un **expediente sancionador** (nº 4015). 5075
El **consumidor reclamante** no tiene derecho a ser parte en el mismo, aunque sí tiene derecho a ser informado de su iniciación y resolución.

Asociación de consumidores y usuarios Si el consumidor no quiere reclamar de forma individual, puede acudir a una asociación de consumidores e interponer una demanda colectiva. 5080
La **demanda colectiva** es aquella en la que está involucrado un colectivo de consumidores afectado por conductas lesivas para sus intereses, p.e. cláusulas abusivas, publicidad engañosa. En estos casos, el colectivo afectado puede dirigirse, entre otros, a los siguientes **organismos**, a fin de que interpongan la correspondiente demanda judicial:
- el fiscal;
- el órgano competente en materia de consumo en al comunidades autónomas;
- las asociaciones de consumidores, y;
- la Agencia Española de Consumo, Seguridad Alimentaria y Nutrición (nº 100).

Una vez interpuesta la demanda, el juez hace un **llamamiento público** para que puedan personarse en el juzgado que corresponda todos los consumidores afectados por la práctica empresarial denunciada.

Precisiones En algunas ocasiones, dictada **sentencia**, pueden beneficiarse de ella otros consumidores, aun cuando no figuren desde un principio como demandantes, siempre que demuestren que no han podido efectuar la demanda en el momento anterior a la apertura del procedimiento judicial.

5090 **Organigrama de las reclamaciones** A continuación se presenta un esquema sobre los **pasos** que han de seguirse para la interposición de una reclamación en materia de consumo.

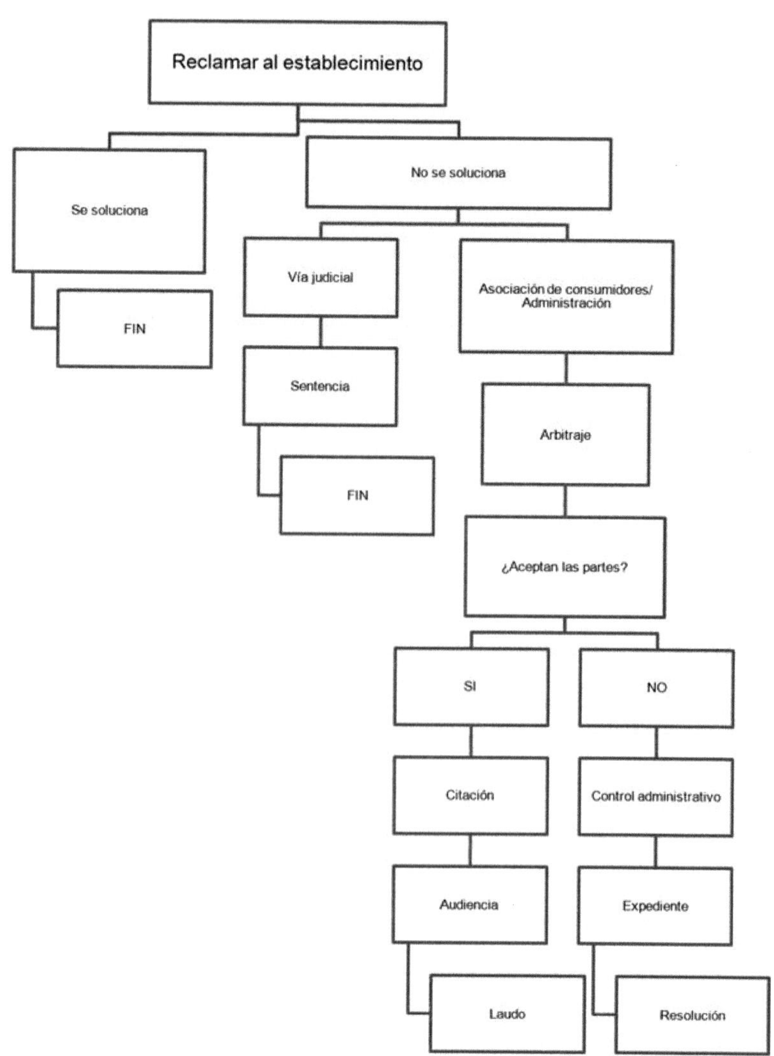

B. Procedimiento judicial

 5100

1. Intereses protegidos

 5102

El consumidor, además de **actuar individualmente** en la defensa de sus derechos e intereses, también puede hacerlo como **parte integrante de un grupo**. El grupo puede estar perfectamente determinado, dando lugar a las acciones en defensa de **intereses colectivos**, o no estar determinado, en cuyo caso da lugar a las acciones en defensa de intereses difusos. 5103

Las razones por las que resulta necesaria una tutela de los **intereses colectivos** son principalmente dos:

- una **reacción individual** no puede dar una respuesta satisfactoria a los abundantes casos de fraude al consumo;
- el **desequilibrio de medios** entre el individuo y la gran sociedad que suministra bienes y servicios.

Asimismo, existe una **razón procesal**, para evitar la multiplicidad de procesos y la existencia de resoluciones contradictorias.

a. Protección de los intereses individuales

(LEC art.6.1.1º)

Como cualquier otra persona física, el consumidor individualmente considerado tiene capacidad para ser parte en un proceso, por lo que cualquier conflicto de consumo de carácter individual se resuelve a través de las normas generales de la LEC. 5105

Reclamación extrajudicial como requisito de procedibilidad (LO 1/2025 art.2, 5 y disp.adic.7ª) Tras la entrada en vigor de la LO 1/2025, de medidas en materia de eficiencia del Servicio Público de Justicia, **a partir del 3-4-2025** se introdujo la necesidad de acudir, previa a la vía judicial, a los llamados medios adecuados de solución de controversias (MASC) como requisito de procedibilidad (con excepciones) para poder acceder posteriormente a los tribunales. 5106

Los **medios adecuados de solución de controversias** se definen como toda actividad negociadora, reconocida en la propia ley o en cualesquiera otras leyes estatales o autonómicas, a la que las partes de un conflicto acuden de buena fe para encontrar una solución extrajudicial, ya sea por sí mismas o con la intervención de una tercera persona neutral (LO 1/2025 art.2).

Dentro de la tipología de MASC, se distinguen los siguientes:

- **Mediación** (LO 1/2025 art.14.2).
- **Conciliación** ante **funcionario público** -notarial, registral o judicial- (LO 1/2025 art.14.3, 4 5 y 6).
- **Conciliación privada** (LO 1/2025 art.15 y 16).
- **Oferta vinculante** confidencial (LO 1/2025 art.17).
- Opinión de un **experto independiente** (LO 1/2025 art.18).
- Proceso de **derecho colaborativo** (LO 1/2025 art.19).
- Cualquier **actividad negociadora directa** desarrollada por las partes o entre sus abogados, bajo sus directrices y con su conformidad (LO 1/2025 art.5.1 y 14.1)

Precisiones 1) No existe **jerarquía** ni **preferencias** entre los diferentes MASC. Así, de no existir acuerdo entre las partes en cuanto a qué MASC acudir, se aplica la regla de *prior tempore*; es decir, se empleará el MASC que haya sido propuesto antes en el tiempo (LO 1/2025 art.5.4).

2) Hay MASC que tienen **regulación propia** como son la mediación (regulada en la L 5/2012 y legislación autonómica), la conciliación notarial (regida por la L 28-5-1862), la conciliación registral (contenida en la LH) y la conciliación judicial (regulada en la LEC y la LJV).

3) En **conflictos transfronterizos** la LO 1/2025 se aplicará cuando exista sometimiento expreso o tácito a ella o cuando al menos una de las partes tenga su domicilio en España (en defecto de sumisión).

Regla general en litigios de consumo (LO 1/2025 disp.adicional 7ª) En los litigios en que se ejercitan **acciones individuales** promovidas por **consumidores o usuarios**, como regla general, se entenderá **cumplido el requisito** de procedibilidad por la reclamación extrajudicial previa a la 5107

empresa o profesional con el que hubieran contratado, sin haber obtenido una respuesta en el plazo establecido por la legislación especial aplicable, o cuando la misma no sea satisfactoria, y sin perjuicio de que puedan acudir a cualquiera de los medios adecuados de solución de controversias, tanto los previstos en legislación especial en materia de consumo, como los generales previstos en la LO 1/2025 (LO 1/2025 disp.adicional 7ª).
También se considera cumplido si se resuelven **reclamaciones ante entidades financieras** o acudiendo a medios de solución de controversias previstos en normativa de consumo o en la ley general. Igualmente, se cumple al presentar **quejas ante organismos** como el Banco de España, la CNMV y la Dirección General de Seguros y Fondos de Pensiones (nº 455 s.).
En cuanto al **plazo de respuesta** a la reclamación extrajudicial previa, como **regla general**, los empresarios y profesionales deben contestar a las reclamaciones de los consumidores en el plazo máximo de 15 días desde la presentación de la reclamación (LGDCU art.21.3 -redacc L 10/2025). Sin embargo, la normativa sectorial puede establecer un plazo distinto como en el **sector financiero** que la entidad debe contestar el expediente en el plazo máximo de un mes (L 44/2002 art.29 septies.1 -redacc L 10/2025-) o en el sector de la **energía eléctrica** en las reclamaciones de consumidores de menos de 15 kW contratados en relación a la medida de consumo, facturas emitidas o cortes indebidos que es de 5 días hábiles (RD 1955/2000 art.103.2.D).

Precisiones Para más información sobre las **quejas** de los consumidores y su resolución ver nº 350 s.

5108 **Regla especial en cláusulas abusivas en préstamos hipotecarios** (LEC art.439.5 y 439 bis)
Como **excepción** a la regla general, el consumidor debe presentar una reclamación extrajudicial cuando pretende ejercitar acciones individuales de restitución derivadas de la declaración de nulidad de cláusulas abusivas en contratos de préstamo hipotecario sobre bienes inmuebles, para que pueda entenderse superado el requisito de procedibilidad.
La **finalidad** de la reclamación extrajudicial es que la entidad prestamista reconozca expresamente el carácter abusivo de dichas cláusulas, con la consiguiente devolución de las cantidades indebidamente satisfechas por el consumidor.
La reclamación previa **debe dirigirse a** la persona física o jurídica que realice la actividad de concesión de préstamos o créditos de manera profesional, que deberá admitir o denegar la reclamación. En el caso en que la entidad prestamista considere que la devolución no es procedente o, en su caso, rechace la abusividad de las cláusulas, comunicará razonadamente los motivos en los que funda su decisión, sin que pueda alegar otros diferentes en el proceso judicial que posteriormente se siga.
En todo caso, recibida la reclamación, la persona o entidad destinataria debe efectuar un **cálculo** de la cantidad a devolver de manera desglosada, incluyendo necesariamente las cantidades que correspondan en concepto de intereses.
El **plazo máximo** para que el consumidor y la persona o entidad a la que se reclamó lleguen a un acuerdo es de un mes a contar desde la presentación de la reclamación. En todo caso, se entenderá que el procedimiento extrajudicial ha concluido sin acuerdo si:
- la persona o entidad a quien se ha dirigido la reclamación rechaza expresamente la solicitud del consumidor;
- finaliza el plazo de un mes desde la recepción de la comunicación, sin comunicación alguna por su parte; o
- el consumidor no está de acuerdo con el cálculo de la cantidad a devolver efectuado por la persona o entidad concedente del préstamo o crédito, si rechaza la cantidad ofrecida, o si no muestra su conformidad con la posición de dicha persona o entidad sobre la nulidad de las cláusulas interesadas.

5109 Si transcurrido el plazo de un mes a partir del momento en que conste fehacientemente la **aceptación de la oferta** por el consumidor no se ha puesto a su disposición de modo efectivo la cantidad ofrecida, esta devengará los intereses legales del dinero incrementados en ocho puntos desde que conste fehacientemente que ha sido aceptada la oferta por el perjudicado.
Si transcurriera dicho plazo de un mes sin hacerse efectiva la cantidad ofrecida, el consumidor podrá acudir a la **vía judicial**, sin perjuicio de que continúe el devengo de los intereses.
Las partes no pueden ejercitar entre sí ninguna acción judicial o extrajudicial en relación con el objeto de la **reclamación** previa **durante el tiempo en que esta se sustancie**. La posición mantenida por las partes durante esta negociación previa podrá ser valorada en el seno del proceso ulterior, caso de haberlo, a los efectos de la imposición de costas.
Este procedimiento de reclamación extrajudicial tiene **carácter gratuito**.
La formalización de la **escritura pública** y la **inscripción registral** que, en su caso, pudiera derivarse del acuerdo entre el concedente del préstamo o crédito y el consumidor devengará exclusivamente los derechos arancelarios notariales y registrales correspondientes, de manera respectiva, a un documento sin cuantía y a una inscripción mínima, cualquiera que sea la base.

Legitimación (LEC art.11.1) Se reconoce legitimación activa individual a los consumidores en los procesos en materia de consumo. 5110
Las **asociaciones de consumidores** tienen también legitimación para ejercitar acciones en defensa de los intereses individuales de sus asociados. No puede restringirse la legitimación de asociaciones de consumidores tampoco en función de la capacidad económica de los miembros o el valor o la complejidad de los productos financieros, aunque sí puede denegarse la asistencia jurídica gratuita en ciertos casos (TS 23-4-25, EDJ 553399; TJUE 16-1-25, nº C-346/23).

Procedimiento (LEC art.248, 249.1.4º y 5º) La LEC simplificó el número de procesos, regulando dos procesos declarativos: el ordinario y el verbal. Ello implica la interposición de la correspondiente **demanda** por el declarativo que corresponda en función de la materia, en supuestos específicos, o de la cuantía. 5115
a) En **función de la cuantía**. Teniendo en cuenta el interés económico del proceso, el procedimiento adecuado puede ser (LEC art.250):
• Juicio **verbal**: para cuantías inferiores a 15.000 euros.
• Juicio **ordinario**: para cuantías superiores a 15.000 euros
Lo **más habitual** es que este tipo de reclamaciones individuales se lleven a cabo a través del **juicio verbal**, el cual se tramita de manera rápida y efectiva.
La **demanda** puede ser interpuesta por el propio consumidor sin necesidad de abogado y procurador en todos aquellos casos en los que la reclamación sea inferior a 2.000 euros (LEC art.23.2.1º, 31.2.1º). Además, el consumidor puede formular su demanda en unos **impresos normalizados** que se encuentran en los decanatos de los juzgados o en la sede judicial electrónica, siempre que su reclamación sea inferior a los citados 2.000 euros, facilitando de esta forma el acceso del consumidor a la justicia, al incluir tales impresos el contenido necesario para la admisión a trámite de la demanda planteada (LEC art.437.2).
b) En **función de la materia**: Independientemente de la cuantía, la LEC contempla supuestos específicos en los que se debe seguir el cauce del juicio verbal o el ordinario.
• Supuesto de **juicio verbal** son las demandas relativas a condiciones generales de contratación en los casos previstos en la legislación sobre esta materia (LEC art.250.1.14ª).
• Supuestos de **juicio ordinario**: son las demandas en materia de competencia desleal, defensa de la competencia y publicidad, siempre que no versen exclusivamente sobre reclamaciones de cantidad.

Precisiones **1)** Con motivo de la modificación de la LOPJ realizada por LO 1/2025 de medidas en materia de eficiencia del Servicio Público de Justicia, se crean los **tribunales de instancia**, en sustitución de los juzgados de primera instancia e instrucción. Dentro de los nuevos tribunales de instancia, pueden constituirse diferentes secciones en sustitución de los actuales juzgados especializados -Familia, Mercantil, Penal, Menores, Social, Contencioso-Administrativo, etc.- (LOPJ art.87 redacc LO 1/2025 art.1.25)
2) La acción de restitución de las cantidades indebidamente pagadas por anulación de contratos de **tarjeta revolving** por usurarios tienen una **prescripción** de 5 años, pero no desde la suscripción del contrato, sino desde la fecha de cada pago (TS 5-3-25, EDJ 515388).
3) Respecto del plazo de **prescripción** para la restitución de las clausulas de **gastos en préstamos hipotecarios**, un consumidor medio no pudo tener conocimiento del carácter abusivo de las cláusulas de las mismas antes de 2017, cuando se produjo una amplia difusión mediática y campañas de las asociaciones de consumidores sobre la posibilidad de reclamar al banco las mismas (AP Barcelona 15-3-24, EDJ 518321).

Competencia territorial El **fuero territorial general** en los procesos individuales de consumo es, a elección del consumidor, el domicilio del consumidor o el que correspondiera aplicando los fueros generales (LEC art.52). 5120
Ello facilita el **ejercicio de las acciones** para su defensa, evitando costosos desplazamientos o incluso la utilización de servicios de abogado y procurador aun cuando no fuese preceptiva su intervención. La **finalidad** del fuero especial de consumidores y usuarios consiste en proteger sus intereses aproximando el lugar del litigio a su domicilio, con el fin de facilitarle los medios de litigación. Si por unas cantidades relativamente pequeñas, que son las que suelen darse en contratos de consumo, se obligase al consumidor y/o usuario a litigar contra el predisponente en un fuero lejano, se estaría conculcando gravemente su derecho a la tutela judicial efectiva que de facto la haría imposible, y se vaciaría por entero de contenido la norma procesal de protección del consumidor (TSJ Cataluña auto 23-11-10, EDJ 314006; AP Madrid auto 25-6-19, EDJ 670781).
No debe confundirse el **domicilio a efectos de notificaciones** con el domicilio real del consumidor, que es el que determina la competencia en este tipo de casos. Debe respetarse la correcta determinación del domicilio real del litigante evitando la perpetuación de remisiones indebidas entre juzgados por una indebida fijación del domicilio procesal (TS auto 7-10-25, EDJ 717313).

Como **excepción**, en los procesos en que se ejerciten la acción declarativa, de cesación o de retractación, sobre cláusulas de condiciones generales de la contratación, es competente el tribunal del lugar donde el demandado tenga su establecimiento y, a falta de éste, el de su domicilio; y si el demandado carece de domicilio en el territorio español, el del lugar en que se hubiera realizado la adhesión.
Se prohíbe la **sumisión expresa o tácita**, de las partes a los Tribunales de una determinada circunscripción en los procesos relativos a **contratos de adhesión**, o con **condiciones generales** impuestas a una de las partes, o que se hayan celebrado con consumidores y usuarios (LEC art.54.2). Esto implica la extensión al ámbito del **juicio ordinario** de la prohibición de la sumisión expresa en todos aquellos procesos en los que la parte actora o demandada sea consumidor, con lo que se elimina legislativamente el problema habitual planteado por las **abusivas cláusulas de sumisión** que se contenían en la mayor parte de contratos celebrados por los consumidores en todas las ramas de la actividad mercantil (contratos bancarios, seguros, prestación de servicios, etc.).

Precisiones **1)** En casos de **acumulación de acciones** de nulidad, la competencia territorial se determina por el fuero correspondiente a la mayoría de acciones acumuladas. Al ser varias acciones de nulidad de condiciones generales y solo una de nulidad por abusividad, corresponde al domicilio del consumidor (TS auto 18-2-25, EDJ 508252).
2) Para atribuir la competencia al domicilio del consumidor en un litigio relativo a un **contrato de viaje,** está comprendido en el ámbito de aplicación del Rgto (UE) 1215/2012 (que exige algún elemento internacional o transfronterizo), incluso si ambos contratantes tienen su domicilio en el mismo Estado miembro, siempre que el destino del viaje esté situado en el extranjero ya que el carácter internacional también puede resultar de otros factores relacionados, en particular, con el objeto del litigio. (TJUE 29-7-24, C-774/22).

5122 **Costas en procedimientos sobre cláusulas abusivas** En materia de cláusulas abusivas, la Dir 93/13/CEE art.6.1 y 7.1 y la jurisprudencia del TJUE fijan que la **imposición de costas** no puede crear obstáculos significativos que disuadan a los consumidores de ejercer el control judicial de cláusulas abusivas (TCo 121/2025).
Así, para garantizar la **indemnidad del consumidor** y el efecto disuasorio, se debe imponer las costas al empresario tanto en **primera instancia** como en **apelación** (si el consumidor se vio obligado a recurrir y su recurso es estimado total o parcialmente). En cambio, por la distinta naturaleza y función de la **casación**, no se imponen costas en casación cuando el recurso es estimado (TS 4-12-25, EDJ 780763).
Debe tenerse en cuenta que en los procedimientos en que se ejerciten acciones promovidas por consumidores y usuarios, cuando el **empresario no contribuyera a una solución consensuada** de una controversia que tuviera su base en una **cláusula de idéntica significación** que otra **ya declarada nula** por abusiva por el Tribunal Supremo, o por sentencia firme que constara inscrita en el Registro de Condiciones Generales de la Contratación, o por sentencia del Tribunal de Justicia de la Unión Europea resolviendo específicamente sobre la materia, el órgano judicial que condene a la restitución de cantidades al empresario impondrá de oficio una indemnización por mora que consistirá en el pago de un interés anual igual al del interés legal del dinero vigente en el momento en que se devengue, incrementado en el 50%. Estos intereses se considerarán producidos por días. No obstante, transcurridos dos años desde la condena a la restitución de cantidades, el interés anual no podrá ser inferior al 20% (LGDCU art.19 -redacc LO 1/2025 disp.final 16ª-.

Precisiones La exigencia de un **requerimiento extrajudicial previo** no puede recaer únicamente sobre el consumidor, sino también sobre la entidad financiera, que debía haber tomado la iniciativa de contactar con sus clientes afectados por cláusulas abusivas. Además, la conducta de la entidad financiera, que se allanó a la demanda solo tras el requerimiento extrajudicial, no puede eximirle de la imposición de costas, dado el conocimiento previo de la jurisprudencia consolidada (AP Cantabria 26-3-25, EDJ 548999).

5125 **Relación entre acción individual y colectiva** (LEC art.43) En el caso de que consumidor ejercite una reclamación individual sobre el mismo tema sobre el que se ejercita una acción colectiva, se establece que, si para resolver sobre el objeto del litigio es necesario decidir acerca de alguna cuestión que, a su vez, constituye el objeto principal de otro proceso pendiente ante el mismo o distinto tribunal civil, y si no es posible la **acumulación de autos**, el tribunal, a petición de ambas partes, puede decretar la suspensión de las actuaciones hasta que finalice el proceso que tenga por objeto la **cuestión prejudicial**.
Por una parte, el consumidor queda obligatoriamente vinculado por el resultado de la **acción colectiva** (nº 5195 s.), incluso cuando decida no participar en la misma; por otra, el consumidor está sometido al plazo de adopción de una resolución judicial referida a dicha acción, sin que el juez nacional pueda apreciar la pertinencia de la suspensión de la acción individual hasta que exista sentencia firme en relación con la acción colectiva.

Lo dispuesto en la LEC art.43 resulta incompleto e insuficiente y no constituye un medio adecuado ni eficaz para que cese el uso de cláusulas abusivas; por lo tanto, es contrario a la normativa europea una disposición como la española que obliga al juez que conoce de una **acción individual** de un consumidor a suspender automáticamente la tramitación de esa acción en espera de que exista sentencia firme en relación con una **acción colectiva** que se encuentra pendiente, ejercitada por una asociación de consumidores, sin que pueda tomarse en consideración si es pertinente esa suspensión desde la perspectiva de la protección del consumidor que presenta una demanda individual ante el juez y sin que ese consumidor pueda decidir desvincularse de la acción colectiva (TJUE 14-4-16, caso C-385/2014).

Precisiones Esta previsión legal es **muy criticada**, ya que si un consumidor desea adherirse a la acción colectiva, está sujeto a ciertos condicionantes, como a la determinación del órgano jurisdiccional competente y a los motivos que pueden invocarse. Asimismo, pierde necesariamente los derechos que le serían reconocidos en el marco de una acción individual, esto es, la toma en consideración de todas las circunstancias que caracterizan su causa, y la posibilidad de renunciar a que no se aplique una cláusula abusiva, si no puede desvincularse de la acción colectiva.

A nivel europeo, no existe armonización procesal que regule las relaciones entre las acciones colectivas y las acciones individuales, por lo que corresponde al ordenamiento jurídico interno de cada Estado miembro establecer tales reglas, en virtud del principio de autonomía procesal, siempre que cumplan dos **requisitos**: **5128**
- no sean menos favorables que las que rigen situaciones similares sometidas al Derecho interno (**principio de equivalencia**); y
- que no hagan imposible en la práctica o excesivamente difícil el ejercicio de los derechos que el Derecho europeo confiere a los consumidores (**principio de efectividad**).

Ejecución de la sentencia En esta materia no existe especialidad en la LEC. Ello determina que rige en estas reclamaciones individuales el principio de ejecución **a instancia de parte**, lo que veda al órgano judicial de cualquier posibilidad de proceder de oficio a la ejecución de la sentencia firme. Y esta es la parte más sensible del proceso, pues de nada sirve al consumidor tener a su favor una sentencia favorable, si la misma no se llega a ejecutar. **5130**

Los **problemas** más comunes que un consumidor se puede encontrar derivan precisamente del desconocimiento de los trámites de la ejecución. Se pueden destacar los siguientes:
- no existen, a diferencia de las demandas, **impresos normalizados** para la demanda ejecutiva;
- el **auto despachando ejecución** exige la designación de bienes para su embargo, y tales bienes pueden ser desconocidos por el consumidor o ser más costosa su búsqueda a través de los registros públicos que el propio importe de lo reclamado;
- el **impulso de la ejecución** solo se da a instancia de la parte ejecutante, en este caso el consumidor, sin que el tribunal pueda llevar a cabo actuación alguna de oficio para dicho impulso;
- los **costes** que se vayan desarrollando en la ejecución son a cargo del ejecutante (peritaciones, publicaciones, etc.).

b. Protección de los intereses colectivos

(LEC art.6.1.7º, 11 y 15)

Los intereses colectivos de los consumidores son aquellos que afectan a un **grupo de personas** perfectamente **determinado o de fácil determinación**. **5135**

Los grupos de consumidores o usuarios afectados por un hecho dañoso, cuando los individuos que lo compongan estén determinados o sean fácilmente determinables, **tienen capacidad** para ser parte, si bien **para demandar en juicio** es necesario que el grupo se constituya con la mayoría de los afectados.

Precisiones Con la finalidad de transponer la Dir (UE) 2020/1828, se encuentra en tramitación un **Proyecto de Ley** de acciones colectivas para la protección y defensa de los derechos e intereses de los consumidores y usuarios (https://www.congreso.es / public_ oficiales /L15 / CONG / BOCG /A/ BOCG-15-A-48-1.PDF). El Proyecto de Ley pretende mejorar la regulación en materia de tutela judicial colectiva creando un **procedimiento especial** dentro de la LEC que dé cobertura al ejercicio de acciones frente a cualquier tipo de infracción en que se hayan visto perjudicados los derechos e intereses colectivos de los consumidores y usuarios. El Proyecto diferencia entre acciones de cesación y las resarcitorias pudiendo ejercerse ambas conjuntamente si estan asociadas a la misma infracción.

Obligación de acudir a un MASC La **exención** de acudir a un MASC en materia de consumo (nº 5107) **no se aplica** a las acciones colectivas ejercitadas por asociaciones pues esta excepción está limitada a las acciones individuales promovidas por consumidores o usuarios. De este modo, las asociaciones de consumidores **deben** iniciar un MASC antes de ejercitar una acción colectiva contra un empresario o profesional (ver nº 5106). **5136**

Precisiones El **Proyecto de Ley** de **acciones colectivas** para la protección y defensa de los derechos e intereses de los consumidores y usuarios (https://www.congreso.es/public_o ficiales/L15/CONG/BOCG/A/BOCG-15-A-48-1.PDF), prevé establecer, como requisito de admisibilidad de las acciones colectivas de cesación, que la entidad demandante haya solicitado extrajudicialmente la cesación con una antelación de al menos 1 mes.

5140 **Legitimación** (LEC art.11; LGDCU art.24) Cuando los **perjudicados por un hecho dañoso** sean un grupo de consumidores o usuarios cuyos componentes estén perfectamente determinados o sean fácilmente determinables, la legitimación para pretender la tutela de esos intereses colectivos corresponde a:
- las asociaciones de consumidores y usuarios (ver nº 140 s.);
- las entidades legalmente constituidas; y
- los propios grupos de afectados.

Igualmente, el **Ministerio Fiscal** está legitimado para el ejercicio de cualquier acción en defensa de los intereses de consumidores y usuarios, lo que indudablemente refuerza el carácter de interés público de todos los procesos de protección de los consumidores (LEC art.11.5). El Tribunal que conozca de alguno de estos procesos comunicará su iniciación al Ministerio Fiscal para que valore la posibilidad de su personación (LEC art.15.1).

Precisiones **1)** La expresión **fácilmente determinables** recogida en la LEC art.11.2, debe entenderse referida al grado de posibilidad de identificar a los afectados, pero no a la laboriosidad que conlleve esa tarea. Así, aunque el número de afectados sea de miles de personas -como en el «caso Opening»-, puede entenderse que son fácilmente determinables cuando son personas que necesariamente han firmado contratos por escrito con el demandado, contratos que por tanto han debido quedar registrados por esta entidad (AP Sevilla 22-1-04, EDJ 6929; AP Gipuzkoa 2-2-01, EDJ 98891).
2) El **Proyecto de Ley** de **acciones colectivas** para la protección y defensa de los derechos e intereses de los consumidores y usuarios (https://www.congreso.es/ public_oficiales /L15 /CONG/BOCG/A/BOCG-15-A-48-1.PDF) mantiene el régimen existente en cuanto a legitimación remitiéndose a la LGDCU, pero regula la desaparición sobrevenida de los requisitos de una entidad que esté ejerciendo una acción colectiva.

5146 **Entidades legalmente constituidas** Las entidades habilitadas, solo tienen legitimación para la defensa de intereses colectivos. Ello implica que comparten unos puntos en común con los grupos de afectados, pero con un elemento nítido de separación: son **agrupaciones de afectados** pero legalmente constituidas como asociaciones, lo que implica la correspondiente inscripción y una cierta finalidad de permanencia en el tiempo hasta la consecución del fin por el cual se constituyeron (p.e., las asociaciones creadas por los daños causados por la presa de Tous o por el caso del aceite de colza.

Precisiones El problema que se plantea en supuestos con múltiples afectados, es la existencia de **varías entidades** que los representen, lo que puede producir la coexistencia de diversas acciones de protección de estos intereses colectivos. Hay que considerar que no debe existir problema alguno para aceptar como partes legitimadas a todas y cada una de las asociaciones que puedan haberse creado a tal fin, ya que su capacidad para ser parte deriva de su propia personalidad jurídica (LEC art.11.1, por lo que no se les puede exigir el **requisito de la mayoría de afectados** que se impone a los grupos de afectados carentes de personalidad jurídica (LEC art.6.1.7º).

5150 **Grupos de afectados** Los grupos de afectados por un mismo evento dañoso y carentes de personalidad jurídica propia, **surgen transitoriamente** con relación a un concreto de hecho, y en consecuencia, con relación a un concreto proceso, que es el iniciado en relación con el bien, producto o servicio que da origen al litigio.

Para estar legitimados a intervenir en un proceso, es preciso el cumplimiento de **dos requisitos**:
- que los componentes sean determinados o fácilmente determinables; y
- que el grupo constituya la mayoría de los afectados.

5152 Para concretar estos requisitos, se prevé una específica **diligencia preliminar** para obtener la composición del grupo de afectados, que permite al tribunal adoptar las medidas oportunas para la **averiguación de los integrantes** del grupo, de acuerdo a las circunstancias del caso y conforme a los datos suministrados por el solicitante, incluyendo el **requerimiento al demandado** para que colabore en dicha determinación. (LEC art.256.1.6º).

Su **finalidad** es la identificación de los sujetos que deben de formar parte del grupo de afectados, lo que implica que el procedimiento no se agota con el conocimiento de quienes son los afectados, sino que debe extenderse hasta que se concrete cuál de los afectados está **interesado en participar** en el grupo.

Precisiones Consecuencia de la amplitud de la diligencia preliminar es que el **juez** no queda vinculado por el principio dispositivo, de tal manera que tiene **libertad investigadora** a los efectos de concretar qué medidas son las apropiadas para obtener el conocimiento de todos los afectados. Incluso se permite la adopción de oficio por el tribunal de todas las **medidas necesarias** para encontrar los datos precisos, incluida la entrada y registro en las dependencias del futuro demandado que se niega a colaborar (LEC art.261.5).

Publicidad e intervención en el proceso (LEC art.15) Se prevé un **supuesto específico** de intervención que se da en los procesos para la protección de derechos e intereses colectivos y difusos de los consumidores y usuarios, que sean promovidos por asociaciones o entidades constituidas para la protección de los consumidores y usuarios o por los grupos de afectados. **5155**
La publicidad y la intervención se produce de la siguiente manera:
a) En los procesos promovidos por **asociaciones o entidades** constituidas para la protección de los intereses de los consumidores y usuarios, se llama al proceso a quienes tenga la condición de **perjudicados** por haber sido consumidores del producto o usuarios del servicio;
b) Cuando se trate de un proceso en el que estén **determinados o sean fácilmente determinables** los perjudicados por el hecho dañoso, el demandante debe haber comunicado previamente la presentación de la demanda a todos los interesados.
Se trata de dos formas de **publicidad complementarias** cuya pretensión es que no quede ningún afectado sin conocer la existencia del proceso y, por tanto, que no quede ningún afectado sin indemnización por los daños sufridos.

Precisiones Una de las cuestiones que más se ha discutido en la doctrina es si el **requisito de la comunicación previa** de la presentación de la demanda se configura como un auténtico presupuesto de admisibilidad. No puede aceptarse esta posición, pues la comunicación no es una simple puesta en conocimiento, sino que debe facilitar la **información necesaria** para que el consumidor individual pueda comparecer en las actuaciones, lo que implica la necesidad de especificar la efectiva presentación, su objeto, la condición del destinatario como perjudicado, el juzgado que conoce de la misma, el número del procedimiento y la posibilidad de intervenir en el proceso por parte del afectado. En consecuencia, se considera que **la admisión queda en suspenso** tras la presentación de la demanda, concediendo a la parte actora un plazo prudencial para que proceda, previamente al trámite ordinario de la demanda, a comunicar la existencia del proceso de forma personal a los afectados.
En todo caso, es preciso señalar que **no puede ser exigido de forma absoluta** el cumplimiento de este requisito. Por ello, basta que se lleve a cabo tal **notificación en términos razonables**, de acuerdo con las circunstancias del caso, por lo que la simple comunicación por correo certificado con acuse de recibo será suficiente, en los domicilios que consten de los afectados que integran el grupo, y ello con independencia de que efectivamente se haya producido o no la recepción de la comunicación.

Acumulación de procesos (LEC art.76 y 77) Se permite la acumulación de procesos cuando éstos sean incoados para la protección de los intereses colectivos o difusos que las leyes reconozcan a los consumidores y usuarios, siempre que éstos sean susceptibles de acumulación, y siempre que no se hubiera podido evitar mediante la acumulación de acciones o la intervención. **5158**

Contenido y ejecución de la sentencia (LEC art.221) Aunque la norma se refiere solo a las **demandas** interpuestas por asociaciones de consumidores y usuarios, debe realizarse una **interpretación amplia**, de manera que esta expresión comprende igualmente a todos los legitimados para el ejercicio de acciones colectivas. **5160**
El TS 16-6-25, EDJ 603756 analizó extensamente la doctrina del TJUE y la jurisprudencia nacional sobre el **control de transparencia** en acciones colectivas de cesación y restitución sobre cláusulas abusivas, concluyendo que debe realizarse de manera abstracta desde la perspectiva del consumidor medio, normalmente informado y razonablemente atento y perspicaz, sin atender a circunstancias individuales.

Otra cuestión es la relativa a las **reclamaciones individuales de los afectados** (nº 5080), en lo que se refiere a la necesidad de pronunciamiento expreso por parte del tribunal sobre cada una de las pretensiones individuales que hayan quedado acumuladas a la demanda presentada como consecuencia de la publicidad y llamada al proceso de los afectados por las acciones de intereses colectivos, y que plantea un **diferente trato** según el tipo de acción ejercitada y el objeto del proceso: **5162**
a) en las acciones por **intereses colectivos**, la sentencia debe determinar individualmente los consumidores y usuarios que han de entenderse beneficiarios de la condena;
b) en las **sentencias de condena**, no debe limitarse a la identificación de los afectados, sino que debe concretar con la mayor precisión posible el **perjuicio** sufrido por cada uno de ellos en función de las pruebas practicadas en las actuaciones;
c) en las **sentencias declarativas** de ilicitud de una actividad o conducta, afecta tanto a las acciones por intereses colectivos como por intereses difusos, y la única **especialidad** radica en la necesidad de concretar en la sentencia si los efectos de la misma solo afectan a los demandantes o bien alcanzan también a todos los afectados, con independencia de que hayan o no comparecido, o incluso si no son conocidos, lo que supone la extensión de los efectos de la **cosa juzgada** a personas que no han sido parte en el proceso y ni siquiera han podido ser oídas en juicio.

Precisiones El problema se plantea con relación a los **afectados que no han participado** en el proceso, y no han podido ser oídos en el mismo. Tal extensión a terceros tiene lugar en aquellos supuestos en los que las normas materiales reguladoras de dicha protección lo permitan, mientras que en el resto de los casos no es posible, dado que el Tribunal Constitucional ha centrado el principio de audiencia como la base de todas las garantías procesales (Const art.24.1).

5165 En cuanto a la **protección de intereses colectivos**, no existe especialidad alguna con respecto a la ejecución de sentencia, al contrario de lo que ocurre con protección de intereses difusos (nº 5185 s.). Al exigirse en las acciones colectivas la identificación de todos y cada uno de los beneficiarios, así como su llamamiento previo al proceso, resulta evidente que los mismos son fácilmente identificables en la sentencia. En este sentido, los únicos problemas se producen cuando no sea posible cuantificar el importe de los **daños y perjuicios**, teniendo que acudirse a las reglas sobre la liquidación de los mismos (LEC art.712 s.).

c. Protección de los intereses difusos

5170 Cuando los perjudicados por un hecho dañoso sean una pluralidad de consumidores o usuarios **indeterminada o de difícil determinación**, la legitimación para demandar en juicio la defensa de estos intereses difusos corresponde exclusivamente a las asociaciones de consumidores y usuarios que, conforme a la ley, sean representativas.
Existen algunas especialidades en relación al ejercicio de la **acción de cesación** en protección de estos intereses difusos, pero su estudio se remite a lo establecido en el nº 5200 s.

5175 **Legitimación** (LEC art.11.3) La legitimación para la defensa de estos intereses difusos se limita exclusivamente a las **asociaciones representativas** (nº 180 s.).
Las asociaciones representativas pueden ejercitar **acciones** en defensa de los consumidores y usuarios que **no sean sus asociados** y reclamar en su nombre la reparación de los perjuicios causados a los mismos como consecuencia de un hecho dañoso, sin perjuicio de las acciones individuales de los particulares perjudicados, previa acreditación del perjuicio individual sufrido (TS 3ª 20-9-05, EDJ 157627; AP Alicante 2-2-05, EDJ 20197). No obstante, en algún pronunciamiento de las audiencias provinciales, se ha requerido, aunque no lo exija expresamente la ley, que al menos uno de los afectados **pertenezca a la asociación** de consumidores demandante, a los efectos de reconocerle legitimación en defensa de los intereses difusos de los consumidores y usuarios (AP Sevilla 22-1-04, EDJ 6929).
Asimismo, el **Ministerio Fiscal** puede ejercer las acciones tanto en defensa de los intereses difusos como de los colectivos de los consumidores y usuarios.

Precisiones Puede plantearse si cabe la posibilidad de protección de tales intereses difusos por parte de los consumidores de forma individual. Y la respuesta a tal cuestión tiene que ser necesariamente negativa. No cabe duda alguna que cualquier consumidor tiene legitimación individual para la defensa de sus derechos en todo tipo de **reclamaciones de consumo** (nº 5015 s.).

5180 **Publicidad e intervención en el proceso** (LEC art.15.3) Se aplica el mismo **régimen** previsto para los intereses colectivos (nº 5155).
Sin embargo, el hecho de que se desconozca a los propios afectados, hace que varíen los **efectos** de la publicidad y del llamamiento.
- en la **publicidad**, se produce la suspensión del proceso por un plazo de 2 meses; se lleva a cabo tras la admisión de la demanda planteada por medio de un edicto que se publica en medios de comunicación;
- en el **llamamiento**, el plazo de personación queda limitado exclusivamente al periodo de suspensión del proceso tras la publicación de los edictos, sin que se admita personaciones individuales de consumidores o usuarios en un momento posterior, desplazando tal intervención a la fase de ejecución de sentencia.

Precisiones **1)** Aunque el **plazo de suspensión** no puede exceder de 2 meses, la fijación queda al arbitrio del letrado de la Administración de Justicia en atención a las circunstancias o complejidad del hecho y las dificultades de determinación y localización de los perjudicados.
2) También queda a la discrecionalidad del letrado de la Administración de Justicia la concreción de en qué **medios de comunicación** se lleva a cabo la publicidad, si bien hay que entender que no puede considerarse necesaria la publicación en los boletines oficiales, sino que puede llevarse a cabo en periódicos privados de difusión nacional o regional en función de las características y la extensión del daño.
3) En cuanto a la **acumulación de procesos**, ver nº 5158.

Contenido y ejecución de la sentencia (LEC art.221) Se fija un régimen separado para las acciones de protección de intereses difusos. Así, cuando la determinación individual no es posible, la sentencia establece los **datos, características y requisitos** necesarios para poder exigir el pago, y en su caso, instar la ejecución o intervenir en ella, si la instara la asociación demandante. 5185

Esta previsión supone una **excepción** al régimen general, y en concreto, a la prohibición de sentencias con reserva de liquidación (LEC art.219.3).

Dada la indeterminación del grupo de afectados que por definición constituye la esencia de las acciones de protección de intereses difusos, así como la limitación a la intervención en estos casos, hace imposible que se pueda llegar a determinar en sentencia la **identificación de todos los afectados**, de ahí que sea preciso fijar las bases para una posterior personación en la fase de ejecución de sentencia. Obviamente, aquellos que han sido aceptados como intervinientes por haber comparecido tras el llamamiento sí obtendrán un pronunciamiento concreto sobre sus reclamaciones.

La fase de **ejecución de la sentencia**, es el momento procesal en el que la parte afectada puede personarse en las actuaciones e intervenir directamente en el proceso. 5187

Se establece un sencillo **incidente de determinación** de la condición de beneficiarios de los consumidores o usuarios individuales. Para ello, se parte de las bases fijadas en la sentencia para la identificación de los beneficiarios de la misma, lo que determina un necesario **examen previo** del cumplimiento de tales exigencias por parte del consumidor que solicita su reconocimiento como beneficiario (LEC art.519).

No es posible la **actuación de oficio** del órgano judicial, sino que es necesaria la solicitud expresa de parte. Tras ella, se concede **audiencia al condenado** (nada dice la ley sobre audiencia al actor aunque hay que considerar que también debe ser oído) y directamente se resuelve sin más trámite por medio de auto, que lógicamente es apelable sin efectos suspensivos (LEC art.567).

Con el testimonio de dicho **auto**, el interesado puede instar su propia ejecución individual de la sentencia dictada.

Precisiones Es un trámite sencillo, pero que deja abiertas múltiples **interrogantes:**
- se desconoce el **plazo** durante el cual el beneficiario puede solicitar su reconocimiento;
- no se indica si el **trámite** debe darse dentro de una concreta ejecutoria o en los autos principales o en tantas piezas separadas como consumidores se personen tras la sentencia, siendo tal vez esta última la posición más beneficiosa para el tribunal a los efectos de una ordenada tramitación;
- tampoco existe previsión sobre el **alcance de las ejecuciones individuales**, pareciendo en principio que cada uno de los beneficiarios puede solicitar la ejecución de forma individual, con todos los problemas de prioridades que ello conlleva, coexistiendo además con la ejecución que puede instar la propia asociación de consumidores actora, problema que se solventaría, a través del mecanismo de acumulación de ejecuciones (LEC art.555).

2. Acciones jurídicas

5195

a. Acción de cesación

(LGDCU art.53)

La acción de cesación son un mecanismo procesal de gran importancia, pues más que la búsqueda de una indemnización por un daño producido, lo que pretende es que la actuación del empresario se ajuste a las reglas legales impuestas para la protección de los consumidores y usuarios, persiguiendo un **doble efecto**: 5200
- la condena judicial a cesar en el comportamiento lesivo; y
- la prohibición judicial de reiteración futura de ese comportamiento.

Asimismo, la acción puede ejercerse para prohibir la realización de una conducta cuando esta **haya finalizado** al tiempo de ejercitar la acción, si existen indicios suficientes que hagan temer su reiteración de modo inmediato.

Las acciones de cesación previstas en este título son **imprescriptibles**. Como **excepción**, cuando se trate de condiciones generales de la contratación inscritas en el Registro de Condiciones Generales de la Contratación, las acciones prescriben a los 5 años, computados a partir del día en que se haya practicado el depósito en el Registro y siempre y cuando dichas condiciones generales hayan sido objeto de utilización efectiva (L 7/1998 art.19.2).

5202 No se trata de una acción desconocida en nuestro Derecho, la misma se ha ido incorporando de forma sucesiva a través de diversas **leyes especiales**. Sin ánimo exhaustivo, pueden citarse las siguientes acciones colectivas de cesación previstas en nuestro ordenamiento:
- en materia de **condiciones generales de la contratación** (L 7/1998 art.12);
- en materia de **competencia desleal** (L 3/1991 art.32);
- en contratación de consumidores de **préstamos o créditos hipotecarios** o servicios de intermediación para la celebración de contratos de préstamo o crédito (L 2/2008 art.11)
- en el libre acceso a la **actividad de servicios** y su ejercicio (L 17/2009 art.26);
- en materia de **crédito al consumo** (L 16/2011 art.36);
- en materia de servicios de la **sociedad de la información** (L 34/2002 art.30 y 31).

Todas estas acciones son resultado de la incorporación a nuestro Derecho de la **normativa europea** para el ejercicio de la acción de cesación en defensa de los intereses colectivos y difusos de los consumidores y usuarios (Dir (UE) 2020/1828). En cuanto a su **ejercicio**, la acción de cesación corresponde con la expresamente prevista en la ley especial, de tal manera que la acción general de la LGDCU art.53 solo se aplica en los supuestos no sometidos a dichas leyes especiales.

Precisiones La jurisprudencia europea ha declarado que, en el marco de las acciones de cesación, se prevé la posibilidad de que los consumidores inicialmente no afectados por la sentencia puedan beneficiarse de la **declaración de abusividad**, si se trata de la misma cláusula. De manera que si en el marco de un procedimiento se ha declarado abusiva una cláusula, los órganos jurisdiccionales nacionales deben aplicar de oficio, también en el futuro, todas las consecuencias previstas por el Derecho nacional, para que los consumidores que hayan celebrado con el profesional de que se trate un contrato al cual le sean de aplicación la misma cláusula no resulten vinculados por ella (TJUE 26-4-12, C-472/2010).

5205 **Acumulación de acciones** Siempre que se solicite, se autoriza la acumulación de la acción de cesación con las siguientes acciones:
- nulidad y anulabilidad;
- incumplimiento de obligaciones;
- resolución o rescisión contractual;
- restitución de cantidades que se hubiesen cobrado en virtud de la realización de las conductas o estipulaciones o condiciones generales declaradas abusivas o no transparentes;
- indemnización de daños y perjuicios que hubiere causado la aplicación de tales cláusulas o prácticas.

De dicha **acción acumulada accesoria** conoce el mismo juzgado encargado de la acción principal de cesación (nº 5225).

Precisiones **1)** En supuestos de acumulación de acciones en los que **no puede determinarse una acción principal** ni un predominio numérico claro entre las acciones sometidas a distintas reglas de competencia, procede, de acuerdo con la normativa y la doctrina previa, reconocer al consumidor demandante el derecho a elegir el fuero entre su domicilio o el domicilio del demandado (TS auto 22-7-25, EDJ 644448).
2) En casos de acumulación de **acciones de nulidad**, la competencia territorial se determina por el fuero correspondiente a la mayoría de acciones acumuladas. Al ser varias acciones de nulidad de condiciones generales y solo una de nulidad por abusividad, corresponde al domicilio del consumidor (TS auto 18-2-25, EDJ 508252).

5210 **Legitimación** (LGDCU art.54) Se establece un doble **régimen** de legitimación para el ejercicio de la acción de cesación, en función de la materia:

Materia	Legitimados
Cláusulas abusivas, contratos celebrados fuera de establecimiento mercantil, venta a distancia, garantías en la venta de productos y viajes combinados	- Instituto Nacional del Consumo y los órganos o entidades correspondientes de las CCAA y de las corporaciones locales competentes - Asociaciones de consumidores y usuarios que reúnan los requisitos legales establecidos por el RDLeg 1/2007 o en la legislación autonómica - Ministerio Fiscal - Entidades de otros Estados miembros de la Unión Europea estén habilitadas por su inclusión en una lista publicada en el DOUE. (*)
Otras materias que lesionen los intereses difusos y colectivos de los consumidores	- asociaciones de consumidores (nº 5140); - entidades legalmente constituidas en defensa de los consumidores (nº 5146); - grupos de afectados (nº 5150); - Agencia Española de Consumo, Seguridad Alimentaria y Nutrición u organismo autonómico equivalente (nº 100), y; - Ministerio Fiscal.

(*) Todas las entidades citadas podrán personarse en los procesos promovidos por otra cualquiera de ellas, si lo estiman oportuno para la defensa de los intereses que representan (LGDCU art.54.3).

Precisiones 1) Para el ejercicio de la acción de cesación tanto por las entidades o asociaciones españolas como las pertenecientes a otro Estado miembro de la Unión Europea, se requiere su **inclusión en una lista** publicada en el Diario Oficial de las Comunidades Europeas (DOUE), lista que es aceptada como prueba de la capacidad de la **entidades habilitadas** para ser parte en el proceso español (nº 5146).Los jueces y tribunales aceptarán dicha lista como prueba de la **capacidad** de la entidad habilitada para ser parte, sin perjuicio de examinar si la **finalidad** de la misma y los **intereses afectados** legitiman el ejercicio de la acción. 5213
Se ha llegado a admitir *-obiter dicta-* la posibilidad de legitimación de una entidad **no incluida en la mencionada lista**, en base a que la valoración de tal circunstancia corresponde a los juzgados y tribunales (JPI Barcelona núm 21, 17-10-03, EDJ 225200).
2) El **ejercicio** de la acción de cesación en estos casos no queda abierta a **cualquier asociación** que esté legalmente constituida, aunque en sus estatutos conste como finalidad la tutela de los intereses de consumidores y usuarios. Es preciso que la asociación, cuando es de ámbito nacional, esté inscrita en el Registro Estatal de Asociaciones de Consumidores y Usuarios (nº 160 s.).

Publicidad (LEC art.15.4) En los procesos iniciados mediante el ejercicio de una acción de cesación para la defensa de los intereses colectivos o difusos de los consumidores y usuarios no se procede a la **publicación de la demanda**. 5220
No obstante, en los casos en que **se ejerciten acumuladamente acciones** de cesación y otras de resolución y resarcimiento, debe como mínimo darse publicidad a estas últimas, sin perjuicio de excluir las propias de cesación (AP Girona auto 18-1-06, EDJ 13490).
En el caso de acciones de cesación en defensa de los intereses colectivos y difusos de los consumidores y usuarios, no es preciso el cumplimiento de las exigencias de publicidad e intervención en el proceso referidas en.

Precisiones Ver nº 5155 y nº 5180, sobre publicidad e intervención en procesos para la **protección de derechos e intereses colectivos y difusos** de consumidores y usuarios.

Competencia territorial (LEC art.52.1.16º) Viene determinada por un **fuero especial** y será juez competente el del lugar donde el demandado tenga su establecimiento y, a falta de este, el de su domicilio, si careciera de domicilio en territorio español, el del lugar del domicilio del actor. 5225

Precisiones 1) En supuestos de acumulación de acciones en los que **no puede determinarse una acción principal** ni un predominio numérico claro entre las acciones sometidas a distintas reglas de competencia, procede, de acuerdo con la normativa y la doctrina previa, reconocer al consumidor demandante el derecho a elegir el fuero entre su domicilio o el domicilio del demandado (TS auto 22-7-25, EDJ 644448).
2) En casos de acumulación de **acciones de nulidad**, la competencia territorial se determina por el fuero correspondiente a la mayoría de acciones acumuladas. Al ser varias acciones de nulidad de condiciones generales y solo una de nulidad por abusividad, corresponde al domicilio del consumidor (TS auto 18-2-25, EDJ 508252).

Procedimiento (LEC art.250.1.12º) Las acciones de cesación en defensa de los intereses colectivos y difusos de los consumidores y usuarios se tramitan necesariamente por las normas del **juicio verbal**, cualquiera que sea su cuantía. Se busca un procedimiento más ágil y rápido que el ordinario dado que las acciones de cesación habitualmente van unidas a la infracción de normas de protección de los consumidores y su perpetuación en el tiempo puede generar problemas dada la reiteración de contratos que se pueden llevar a cabo. 5230

Precisiones Se admite la **acumulación de las acciones** de cesación con las indemnizatorias o resarcitorias, siendo el procedimiento de trámite el que corresponda según la **cuantía** de la acción resarcitoria o indemnizatoria. En caso de que se acumulen acciones indemnizatorias o resarcitorias en cuantía inferior a los 15.000 euros, juicio verbal; en caso de acciones de reclamación indemnizatoria o resarcitoria en cuantía superior a los 15.000 euros, el trámite a seguir habrá de ser el del procedimiento ordinario.

Medidas cautelares (LEC art.728.3) En los procedimientos en los que se ejercite una acción de cesación en defensa de los intereses colectivos y difusos de los consumidores y usuarios, el tribunal puede dispensar al solicitante (dado el interés público en juego) de la medida cautelar del deber de prestar **caución**, atendidas las circunstancias del caso, así como la entidad económica y la repercusión social de los distintos intereses afectados. 5233

b. Acción de responsabilidad por producto defectuoso

5240 Dentro del régimen de responsabilidad por productos defectuosos, objeto de estudio en nº 615 s., hay que destacar en particular el régimen de prescripción y de caducidad de esta acción (LGDCU art.143 a 145).

5243 **Prescripción** (LGDCU art.143) El plazo de prescripción de la acción de **reparación de los daños y perjuicios** derivados de un producto defectuoso se establece en 3 años, superior al de un año previsto para la responsabilidad extracontractual. El día inicial del cómputo de dicho plazo es el de la fecha en la que el perjudicado sufre el perjuicio, ya sea por defecto del producto o por el daño que dicho defecto le ocasionó, siempre que se **conozca** al **empresario responsable** de tales daños por su condición de fabricante (ver nº 280).

Si el **empresario no es conocido**, la ley no dice nada en relación con el inicio del plazo de prescripción, por lo que se cuento el plazo desde el día en que la acción pudo ejercitarse, aplicando por analogía el CC art.1969.

La **interrupción** de la prescripción se rige por lo establecido en el CC art.1973 a 1975.

El plazo de prescripción de la **acción de repetición** de aquel que hubiera indemnizado el daño, si en la producción de los daños concurren varias personas, ya que responden solidariamente ante los perjudicados, sin perjuicio del derecho de repetición de los otros responsables según su participación en la causación de los daños (LGDCU art.132; TS 14-7-03, EDJ 50767). El **plazo** es de 1 año a contar desde el mismo momento del pago de la indemnización al perjudicado.

En cuanto al ejercicio de acciones por los consumidores respecto a **cláusulas abusivas**, este no está sometido a plazo, pues la acción de nulidad absoluta es imprescriptible. No obstante, el TJUE considera que las reclamaciones deben hacerse dentro de un tiempo razonable, para que no sean contrarias a la buena fe (TJUE 21-12-16, asunto C-119/15). En cuanto a la acción dirigida a hacer valer los **efectos restitutorios** derivados de la declaración de nulidad de la cláusula abusiva, esta puede quedar sometida a un plazo de prescripción de 5 años a contar desde el momento que el consumidor tenga conocimiento de la abusividad de la cláusula que será el momento de la demanda, si no se puede probar otra cosa (TS 14-6-24, EDJ 582617; AP Madrid 29-10-24, EDJ 782540; AP Barcelona 15-3-24, EDJ 518321).

Precisiones **1)** El inicio del plazo de prescripción de la acción que puede ejercitar el consumidor para obtener la **restitución de las cantidades indebidamente pagadas** en cumplimiento de una cláusula contractual abusiva, empieza cuando este tiene constancia del carácter abusivo, no en el momento de liquidación del último pago (TJUE 25-1-24, nº C-812/21, C-810/21, C-811/21, C-813/21).

2) En acciones de nulidad de cláusulas de **gastos hipotecarios**, el plazo de prescripción no puede comenzar antes de que el consumidor medio tenga conocimiento de los hechos determinantes del carácter abusivo de la cláusula y de los derechos que le confiere la Dir 93/13/CEE (TJUE 25-1-24). Así, solo comienza con la fecha de firmeza de la sentencia que declara la nulidad de la cláusula, salvo que se demuestre que el consumidor conocía la abusividad antes (TS 11-3-26, EDJ 526220).

3) La acción de restitución de las cantidades indebidamente pagadas por anulación de contratos de **tarjeta revolving** por usurarios tienen una prescripción de 5 años, pero no desde la suscripción del contrato, sino desde la fecha de cada pago (TS 5-3-25, EDJ 515388).

5250 **Caducidad** (LGDCU art.144) Junto con la prescripción, y con la finalidad de evitar una prolongación excesiva en el tiempo de la responsabilidad del fabricante, se establece un plazo de caducidad, de tal manera que los derechos reconocidos al perjudicado por los daños originados por productos defectuosos **se extinguen transcurridos** 10 años desde que se hubiera puesto en circulación el producto, a menos que, durante ese período, se haya iniciado la correspondiente reclamación judicial.

Se parte de un criterio objetivo, la fecha de **puesta en circulación**, la cual debe ser acreditada por el fabricante. La puesta en circulación del producto defectuoso, **tiene lugar** cuando ese producto accede a la cadena de distribución o venta, de modo que computa para el plazo de extinción incluso el tiempo de almacenamiento del producto en las instalaciones del comprador. La **responsabilidad del distribuidor** no se extingue diez años después de la puesta en circulación por el fabricante, sino por el propio distribuidor (TS 7-2-24, EDJ 504364).

C. Arbitraje de consumo

(LGDCU art.57 y 58; RD 713/2024)

5260 El sistema arbitral de consumo se define como el arbitraje institucional de **resolución extrajudicial** de los conflictos surgidos entre los consumidores y usuarios, por un lado, y los empresarios o profesionales, por el otro, a través del cual, sin formalidades especiales, se resuelven determinadas reclamaciones planteadas por los consumidores y usuarios en relación a los

derechos que tienen legal o contractualmente reconocidos. La decisión o **laudo arbitral** es vinculante y ejecutiva para ambas partes.
La **regulación** del arbitraje de consumo se encuentra en la LGDCU art.57 y 58 y en el RD 713/2024, por el que se regula el Sistema Arbitral de Consumo.
Para todo lo no previsto en las normas anteriores, resulta de aplicación:
- con carácter general, la L 60/2003, de arbitraje (**LArb**);
- en el caso del arbitraje electrónico y de los actos realizados por vía electrónica, así como en lo que respecta a la actividad de las juntas arbitrales de consumo, la L 39/2015 (**LPAC**) y L 40/2015 (**LRJSP**).

Precisiones El 19-1-2025 entró en vigor la Dir (UE) 2025/2647 que modifica la Dir 2013/11/UE sobre resolución alternativa de litigios en materia de consumo. Así, la Dir (UE) 2025/2647 contiene las siguientes **novedades**, entre otras:
• Amplía la aplicación de la Dir 2013/11/UE a los procedimientos de resolución extrajudicial de litigios nacionales, litigios transfronterizos y litigios con un comerciante de un tercer país, entre un consumidor residente en la Unión y un comerciante mediante la intervención de una entidad de resolución alternativa de litigios (Dir 2013/11/UE art.2.1 redacc Dir (UE) 2025/2647).
Los Estados miembros pueden reservar el acceso a los procedimientos de resolución alternativa para la resolución de los litigios con comerciantes de terceros países al acuerdo de las partes de que la resolución de dicho litigio se rija por el Derecho aplicable en el Estado miembro en el que la entidad de resolución alternativa esté establecida y en el que el consumidor tenga su residencia, y al compromiso del comerciante de quedar vinculado por las normas de procedimiento de la resolución alternativa, incluidas las tasas recurrentes, en su caso. Los Estados miembros podrán establecer condiciones adicionales que garanticen que ocuparse de tales litigios no perjudique gravemente el funcionamiento efectivo de las entidades de resolución alternativa (Dir 2013/11/UE art.5 redacc Dir (UE) 2025/2647).
• Los Estados miembros garantizarán que, por lo que atañe a los litigios transfronterizos, los consumidores y los comerciantes puedan obtener asistencia para facilitar su acceso a la entidad o entidades de resolución alternativa competentes (Dir 2013/11/UE art.14 redacc Dir (UE) 2025/2647).
• A más tardar el 20-4-2026, la Comisión desarrollará una herramienta digital interactiva fácil de usar que proporcione información sobre las soluciones jurídicas para los consumidores, incluso sobre la resolución alternativa en un contexto transfronterizo, así como enlaces a información sobre los derechos de los consumidores (Dir 2013/11/UE art.20 redacc Dir (UE) 2025/2647).

Con efectos **a partir del 12-8-2024**, se derogó el RD 231/2008, en el que se recogía la anterior regulación de la materia, entrando en vigor el RD 713/2024. **5261**
Para los procedimientos arbitrales **iniciados antes de la entrada en vigor** se prevé que prosigan su tramitación conforme a lo previsto en la regulación vigente en el momento en que se inició.
Se establece el **carácter** extrajudicial, vinculante, ejecutivo y voluntario del arbitraje de consumo, para su aplicación los **litigios** surgidos entre consumidores y empresarios, nacionales y transfronterizos, residentes en la Unión Europea, derivados de una relación de consumo, que versen sobre **materias** de libre disposición de las partes conforme a derecho.
Respecto de la **organización** del Sistema Arbitral de Consumo, se optó por mantener la misma organización existente: las Juntas Arbitrales de Consumo, que son los órganos de naturaleza administrativa que gestionan y administran el arbitraje de consumo; los órganos arbitrales integrados por las personas encargadas de resolver el litigio; y los órganos consultivos o de participación, es decir la Comisión de Juntas Arbitrales de Consumo y el Consejo del Sistema Arbitral de Consumo.
Entre las principales **novedades** del RD 713/2024, destacamos las siguientes:
1. Juntas Arbitrales de Consumo. Su procedimiento de resolución de conflictos tiene algunas especialidades, dado su carácter administrativo (RD 713/2024 art.4 a 7)
Los **plazos** establecidos se han fijado en días hábiles, a excepción de los que derivan de la regulación especial en materia de resolución extrajudicial de conflictos de la L 7/2017.
2. Órganos arbitrales integrados por las personas encargadas de resolver el litigio. Se ha de designar un órgano unipersonal, como regla general, en razón de que la **cuantía** de la pretensión sea inferior a 600 euros.
Sin embargo, en el caso de **asuntos de ausencia de complejidad**, apreciada por la persona titular de la presidencia de la Junta Arbitral, La opción de designar un órgano arbitral unipersonal ha de responder a la necesidad de agilizar la resolución de los litigios.
3. Comisión de Juntas Arbitrales de Consumo. Conoce de los **recursos** contra las resoluciones de admisión o inadmisión de las solicitudes de arbitraje presentados por las partes.
También emitirá **informes para aclaración de dudas** o interpretaciones de normas en la resolución de los litigios planteados a los órganos decisores de los litigios de consumo
4. Consejo del Sistema Arbitral de Consumo. Se ve reducida, respecto de la anterior regulación, su composición y funciones.

Mantiene la **representación** de las diferentes Administraciones de consumo a las que están adscritas las Juntas Arbitrales, de las asociaciones de consumidores y usuarios, de las organizaciones empresariales y de la entidad más representativa de las entidades locales.

5261.1 5. **Convenio arbitral y ofertas públicas de adhesión de los empresarios**. Desaparece, respecto de la anterior regulación, la posibilidad de incluir limitaciones de cualquier tipo en las ofertas públicas de adhesión formuladas por los empresarios (RD 713/2024 art.24).

Se garantiza el **acceso de los ciudadanos** a las ofertas públicas de adhesión de los empresarios a través de la creación de bases de datos de carácter electrónico.

El **distintivo de empresario adherido al Sistema Arbitral de Consumo** pasa a ser único, al desaparecer las ofertas de adhesión limitadas. Esto permitirá que los consumidores y usuarios puedan conocer, en el momento de la contratación de un bien o servicio, la existencia de una oferta de adhesión que les permita resolver sus litigios mediante el Sistema Arbitral, contribuyendo este conocimiento a incrementar su confianza y seguridad en la contratación que se dispongan a efectuar.

6. **Procedimiento arbitral y actuaciones administrativas previas**. Se establece su carácter unidireccional, audiencia, contradicción, igualdad de las partes, gratuidad, confidencialidad y accesibilidad universal.

Se regula la presentación de la **solicitud** de arbitraje y su **subsanación** en caso de que la Junta Arbitral haya comprobado que no contienen los datos o documentación necesaria.

En los casos de inexistencia de convenio se ha de trasladar la solicitud al empresario reclamado para su aceptación o rechazo.

Respecto al contenido y forma del **laudo**, se remite a lo dispuesto en la L 60/2003 (LArb). Se mantiene la posibilidad de que las partes alcancen un acuerdo consensuado que ponga fin al litigio entre ellas.

El **plazo para dictar el laudo**, se fija en 90 días naturales a contar desde el día siguiente a la notificación del inicio del procedimiento arbitral, excepto en los casos que se trate de elevar a laudo un acuerdo consensuado entre las partes, en los que el plazo se reduce a un mes. Se posibilita la **prórroga** del plazo de 90 días naturales para decidir el litigio, en supuestos de especial complejidad.

5262 **Ventajas** Se pueden destacar las siguientes ventajas del arbitraje de consumo:

a) **Voluntariedad**: la sumisión de las partes al arbitraje de consumo es voluntaria, y debe constar expresamente por escrito, en lo que se denomina el convenio arbitral.

b) **Eficacia**: el laudo arbitral tiene la misma eficacia que tendría una sentencia judicial, pues es vinculante y ejecutivo para las partes. A él se llega, sin embargo, con un procedimiento menos formalista y, generalmente, más rápido y barato que el jurisdiccional.

c) **Rapidez**: El procedimiento arbitral suele tener una duración de máximo 3 meses.

d) **Economía**: El acceso al sistema es gratuito tanto para los consumidores como para las empresas, y las partes solo deben costear, en determinados casos, la práctica de peritajes.

5265 **Conflictos objeto de arbitraje de consumo** (LGDCU art.57.1; RD 713/2024 art.2) Debe diferenciarse entre el ámbito subjetivo y objetivo:

1. **Ámbito subjetivo**. Solo pueden someterse a arbitraje de consumo los conflictos surgidos entre **consumidores o usuarios** (nº 20), por una parte y **empresasarios** (nº 30), por otra parte. Las reclamaciones **entre particulares** o aquellas en las que el reclamante haya adquirido un bien o contratado un servicio en su calidad de empresario o profesional no pueden resolverse a través del Sistema Arbitral de Consumo.

5267 2. **Ámbito objetivo**. El arbitraje de consumo debe versar sobre los derechos legal o contractualmente reconocidos al consumidor (por lo que el procedimiento se inicia siempre a instancia de este). Debe tratar sobre **materias de libre disposición** de las partes conforme a Derecho.

Pueden someterse a arbitraje todos los conflictos que afecten a derechos del consumidor, independientemente de su **cuantía**.

Quedan **excluidos** expresamente del objeto de arbitraje de consumo:

- los conflictos que versen sobre intoxicación, lesión, muerte; o
- aquellos en que existan indicios racionales de delito, incluida la responsabilidad por daños y perjuicios directamente derivada de ellos.
- los servicios públicos de interés general, no económicos o prestacionales facilitados por las administraciones públicas.

Precisiones 1) Es susceptible de arbitraje de consumo un conflicto en torno a la **cláusula penal** por incumplimiento del contrato celebrado con una empresa suministradora de telefonía móvil (AP Asturias 27-11-06, EDJ 396435).
2) No procede cuestionar en vía arbitral la **procedencia de una sanción administrativa** en materia de consumo, pues el arbitraje no es instrumento para resolver el contenido de un expediente sancionador, sino que es una institución para dilucidar quejas y reclamaciones que no constituyan infracciones en materia de consumo (TS 22-6-98, EDJ 21695).

a. Organización

(RD 713/2024 art.3)

El sistema arbitral de consumo está compuesto por los siguientes **órganos**: 5270
• Los encargados de la **gestión** del arbitraje:
- juntas arbitrales de consumo (nº 5275); y
- comisión de las juntas arbitrales de consumo (nº 5290).
• El **Consejo General del Sistema Arbitral de Consumo**, al que corresponde la representación y participación en materia de arbitraje de consumo (nº 5295);
• Los **órganos arbitrales** que, en cada caso concreto, conocen del conflicto y emiten el laudo (nº 5300).

Juntas arbitrales de consumo (RD 713/2024 art.4, 5, 6 y 7) Son los órganos administrativos de 5275
gestión del arbitraje institucional de consumo y prestan servicios de carácter técnico, administrativo y de secretaría, tanto a las partes como a los árbitros.
Existe una **Junta Arbitral Nacional**, adscrita al Ministerio con competencia en materia de consumo, y juntas arbitrales **territoriales** constituidas mediante convenio de colaboración entre las Administraciones públicas territoriales y el Ministerio con competencia en materia de consumo.

Precisiones En la web del Ministerio de Consumo, se encuentra el **directorio** de las diferentes juntas arbitrales:
• Junta Arbitral Nacional: https://www.consumo.gob.es/es/consumo/juntasArbitrales/nacional.
• Juntas Arbitrales Autonómicas: https://www.consumo.gob.es/es/consumo/juntasArbitrales/autonomica.
• Juntas Arbitrales Provinciales: https://www.consumo.gob.es/es/consumo/juntasArbitrales/provinciales.
• Juntas Arbitrales Municipales: https://www.consumo.gob.es/es/consumo/juntasArbitrales/municipales.

Competencia para conocer solicitudes individuales (RD 713/2024 art.7) Es competente para 5278
conocer de las solicitudes individuales de arbitraje de los consumidores o usuarios, la junta arbitral de consumo en cuyo ámbito territorial tenga su **domicilio** el consumidor que presenta la solicitud de arbitraje o en cuyo ámbito territorial tenga su domicilio el empresario en caso de que el consumidor resida en otro Estado Miembro de la Unión Europea.
Si en este existieran **varias Juntas Arbitrales**, será competente la de inferior ámbito territorial.
También puede ser competente **otra Junta Arbitral de Consumo distinta** cuando el consumidor haya manifestado en el convenio arbitral o manifieste en cualquier otro momento su voluntad de someter la decisión de la controversia a la Junta Arbitral de ámbito autonómico o local a la que se encuentre adherido el empresario. Esta elección solo es eficaz si la sede de la Junta Arbitral se encuentra en la misma comunidad autónoma en la que el consumidor tiene su domicilio en el momento de presentar su solicitud.

Funciones (RD 713/2024 art.6) Las juntas arbitrales de consumo desempeñan las siguientes fun- 5280
ciones:
• **Fomentar** el arbitraje de consumo entre consumidores y empresarios y las asociaciones u organizaciones de ambos, procurando la adhesión de las empresas al Sistema Arbitral de Consumo.
• Conocer de las **ofertas públicas de adhesión** al Sistema Arbitral de Consumo sobre las que resulten competentes, de conformidad con lo establecido en el artículo 25, así como conceder y retirar el distintivo de empresario adherido.
• **Gestionar y mantener** actualizados, en su ámbito de actuación, los **datos de los empresarios** que hayan efectuado ofertas públicas de adhesión, mientras estas se encuentren en vigor.
• **Comunicar** al Ministerio con competencias en materia de consumo los datos actualizados de los empresarios que hayan realizado ofertas públicas de adhesión al Sistema Arbitral de Consumo.
• Elaborar y actualizar la **lista** de las personas acreditadas como **árbitros**.
• **Facilitar** una **solución** consensuada entre el consumidor o usuario que presenta una solicitud de arbitraje y el empresario reclamado siempre que se considere objetivamente posible, con el fin de evitar el inicio del procedimiento arbitral.

• **Admitir o inadmitir** y, en su caso, archivar las **solicitudes de arbitraje** recibidas, así como impulsar y gestionar los procedimientos arbitrales de consumo.
• **Proveer de medios** y realizar las actuaciones necesarias para el mejor ejercicio de las funciones de los órganos arbitrales.
• Publicar en su portal de internet **información anual** sobre la actividad desarrollada.
• Publicar los **laudos emitidos**, cuyo contenido, respetando la privacidad de las partes, será público.
• Poner a disposición de los consumidores y empresarios **formularios** de solicitud de arbitraje, de contestación y de aceptación de esta, así como de ofertas públicas de adhesión al Sistema Arbitral de Consumo.
• Cualquier **otra actividad** relacionada con el desarrollo de las funciones que le son propias.

5285 **Composición** (RD 713/2024 art.5) Estas Juntas están integradas por las personas **titulares y suplentes** de su presidencia y secretaría y por el personal que sirve de apoyo al desarrollo de sus funciones.
La composición de las Juntas Arbitrales de Consumo tendrá en cuenta el principio de **presencia equilibrada de mujeres** y hombres salvo por razones fundadas y objetivas, debidamente motivadas.
Los **nombramientos** de las personas que ostentan la presidencia y secretaría de la Junta, sean titulares o suplentes, **deben recaer en** personal al servicio de las administraciones públicas y ser designados por la administración a la que esté adscrita la Junta Arbitral, publicándose su nombramiento en el diario oficial que corresponda.
Las **resoluciones** de los presidentes de las juntas arbitrales de consumo ponen fin a la vía administrativa y pueden ser recurridas en reposición, salvo las relativas a la resolución de los recursos interpuestos contra las resoluciones de admisión o inadmisión de las solicitudes de arbitraje.

5290 **Comisión de las Juntas Arbitrales de Consumo** (RD 713/2024 art.16, 17 y 18) Es un órgano colegiado, adscrito funcionalmente al Ministerio con competencias en materia de consumo, con **competencia** para el establecimiento de criterios homogéneos en el Sistema Arbitral de Consumo y la resolución de los recursos frente a las resoluciones de los presidentes de las juntas arbitrales de consumo.
La adopción de **acuerdos** en la Comisión requiere mayoría de votos emitidos, entendiéndose válidamente adoptados si en la votación concurren, al menos, dos de sus miembros, en cuyo caso el acuerdo requiere unanimidad.

5291 **Composición** (RD 713/2024 art.17) Está integrada por:
- su **presidente**, que es el presidente de la Junta Arbitral Nacional, y;
- dos **vocales** designados, por un período de 4 años, uno designado por la Comisión Sectorial de Consumo y otro por la asociación de mayor implantación en el ámbito estatal representativa de las entidades locales que ostenten la presidencia de una Junta Arbitral territorial.

5292 **Funciones** (RD 713/2024 art.18) Entre las competencias de la Comisión de las Juntas Arbitrajes de Consumo se encuentra:
- la resolución de los **recursos** que planteen las partes sobre la admisión o inadmisión a trámite de una solicitud de arbitraje;
- la emisión de todos aquellos tipos de **informes** exigidos legal o reglamentariamente en relación con el arbitraje de consumo.
Los **informes, dictámenes o recomendaciones** serán emitidos a **solicitud** de las personas titulares de las presidencias de las Juntas Arbitrales o de los órganos arbitrales en el plazo máximo de un mes, a contar desde el día siguiente a la recepción de la solicitud por la Secretaría de la Comisión de las Juntas Arbitrales, pudiendo requerir a los solicitantes cuanta documentación e información se considere oportuna.
Los informes, dictámenes o recomendaciones no tienen **carácter vinculante**, pudiendo los órganos arbitrales apartarse de su contenido de forma motivada.
Todos los informes, dictámenes o recomendaciones emitidos por la Comisión serán **publicados** en el Portal de Internet del Ministerio con competencias en materia de consumo.

5295 **Consejo del Sistema Arbitral de Consumo** (RD 713/2024 art.19, 20, 21 y 22) Es el órgano colegiado de **representación y participación** en materia de arbitraje de consumo, adscrito funcionalmente a la Dirección General de Consumo.
Está **constituido por** el presidente, el vicepresidente y los consejeros, siendo su presidente necesariamente el presidente de la Dirección General de Consumo y el vicepresidente será el presidente de la sección de arbitraje y reclamaciones de la Comisión Sectorial de Consumo.

Son **consejeros** del Sistema Arbitral de Consumo:
• La persona titular de la presidencia de la Junta Arbitral Nacional.
• Cuatro personas titulares de las presidencias de Juntas Arbitrales territoriales, dos de ellas designadas por la Comisión Sectorial de Consumo y dos por la asociación de mayor implantación en el ámbito estatal representativa de las entidades locales.
• Dos representantes de las autoridades de consumo de las comunidades autónomas y de las Ciudades de Ceuta y Melilla, designados por la Comisión Sectorial de Consumo.
• Un representante de la asociación de entidades locales con mayor implantación en el ámbito estatal, designado por dicha asociación.
• Un representante del Consejo de Consumidores y Usuarios, designado por este órgano.
• Un representante de las organizaciones empresariales, designado por las organizaciones más representativas de ámbito estatal.
La **secretaría** del Consejo del Sistema Arbitral de Consumo, que tendrá voz, pero no voto, será desempeñada por la persona titular de la Subdirección General de Regulación y Derechos de las Personas Consumidoras de la Dirección General de Consumo.

Funciones (RD 713/2024 art.22) Son funciones del Consejo del Sistema Arbitral de Consumo: **5296**
• El seguimiento, el apoyo y las **propuestas de mejora** del Sistema Arbitral de Consumo.
• La elaboración de **directrices generales** sobre cualquier asunto de especial interés que afecte a los diversos agentes que intervienen en el Sistema Arbitral de Consumo y requiera una respuesta homogénea.
• El establecimiento de **criterios homogéneos** sobre la formación de los órganos arbitrales.
• El desarrollo de cualquier función prevista legal o reglamentariamente y, en su caso, **cualquier otro asunto** que le encomiende la Comisión Sectorial de Consumo.

Órganos arbitrales (RD 713/2024 art.8 a 15) Una vez decidida la admisibilidad de la solicitud de **5300**
arbitraje por la junta arbitral de consumo, la **resolución del conflicto** corresponde a un órgano arbitral, integrado por uno o varios árbitros debidamente acreditados.
Su designación se lleva a cabo siguiendo lo previsto en LGDCU art.57.3:
- por la **Administración**, entre personal a su servicio;
- por las **asociaciones** de consumidores y usuarios inscritas en el Registro estatal de asociaciones de consumidores y usuarios o que reúnan los requisitos exigidos por la normativa autonómica que les resulte de aplicación; y
- por las **organizaciones** empresariales o profesionales legalmente constituidas y, en su caso, las cámaras de comercio, las cuales proponen al presidente de la Junta Arbitral de Consumo las personas que actúan como árbitros en los procedimientos arbitrales que se sustancien en ella, debiendo ser acreditados los mismos por el presidente de la junta arbitral de consumo correspondiente, momento a partir del cual pueden desempeñar las funciones de árbitros de consumo.
Los árbitros pueden **actuar** de forma unipersonal o colegiada, siempre asistidos por un secretario arbitral.

Unipersonales (RD 713/2024 art.12) Conoce de los asuntos un árbitro único en los siguientes **5305**
supuestos:
• Cuando las partes en litigio así lo acuerden.
• Cuando el importe de la pretensión de la controversia sea inferior a 600 euros, salvo que la persona titular de la presidencia de la Junta Arbitral de Consumo decida designar un órgano colegiado, de forma motivada, y a la vista de la complejidad del asunto.
• Cuando se eleve a laudo conciliatorio el acuerdo consensuado alcanzado por las partes, salvo que en el momento de alcanzarse el acuerdo ya se hubiera designado un órgano arbitral colegiado, en cuyo caso conservará su competencia.
• Cuando la persona titular de la presidencia aprecie ausencia de complejidad en el litigio, aunque la cuantía de la pretensión sea superior a 600 euros, debiendo, en este caso, indicarse expresamente tal circunstancia en el momento de la designación del órgano arbitral unipersonal.
Las partes pueden **oponerse**, de forma expresa, motivadamente y de común acuerdo, a la designación de un órgano arbitral unipersonal, correspondiendo a la persona titular de la presidencia de la Junta Arbitral resolver sobre la oposición, una vez evaluados los motivos de oposición, y, en su caso, proceder a designar un órgano arbitral colegiado. La decisión adoptada sobre la oposición no podrá ser objeto de impugnación.

Colegiados (RD 713/2024 art.13) En todos los demás supuestos, es decir, cuando no haya acuerdo **5306**
de las partes, cuando acuerden expresamente que intervenga un árbitro colegiado, cuando no se den los requisitos para que la junta arbitral de consumo designe un árbitro único, o cuando las partes se opongan a esa designación, conoce de los asuntos un órgano arbitral colegiado.

Se integra por **tres árbitros** acreditados elegidos cada uno de ellos entre los propuestos por la Administración, las asociaciones de consumidores y usuarios y las organizaciones empresariales. Los tres árbitros actúan de forma colegiada, asumiendo la presidencia el árbitro propuesto por la Administración.

b. Convenio arbitral

(LGDCU art.58; RD 713/2024 art.23 a 30)

5310 La sumisión de las partes al arbitraje de consumo es **voluntaria**, y debe constar expresamente por **escrito**, en lo que se denomina el convenio arbitral.

El convenio arbitral puede quedar **formalizado**:

• En una **cláusula** incorporada a un contrato o en un **acuerdo independiente** alcanzado por las partes en un documento único firmado por las partes. Debe expresar la voluntad de resolver a través del arbitraje de consumo las controversias derivadas de una relación de consumo.

• Mediante la **solicitud de arbitraje** presentada por el consumidor o usuario cuando exista oferta pública de adhesión al sistema o si el empresario utiliza o exhibe el distintivo público de adhesión (nº 5318).

• Mediante la **aceptación del empresario**, si no consta existencia de convenio arbitral, una vez la Junta Arbitral competente le traslade la solicitud de arbitraje.

Precisiones **1)** Los convenios arbitrales con los consumidores distintos del arbitraje de consumo solo pueden pactarse **una vez surgido el conflicto** material o controversia entre las partes del contrato, salvo que se trate de la **sumisión** a órganos de arbitraje institucionales creados por normas legales o reglamentarias para un sector o un supuesto específico. Los convenios arbitrales pactados contraviniendo lo anterior son nulos (LGDCU art.57.4).

2) Quedan sin efecto los convenios arbitrales formalizados por quienes sean declarados en **concurso de acreedores**. A tal fin, el auto de declaración de concurso se notifica al órgano a través del cual se haya formalizado el convenio y a la Junta Arbitral Nacional, quedando desde ese momento el deudor concursado excluido a todos los efectos del sistema arbitral de consumo (LGDCU art.58.2).

3) En el momento de la prestación del consentimiento por las partes para la resolución de su litigio mediante el arbitraje de consumo, **deben ser informadas**, preferentemente en los formularios normalizados puestos a disposición por las Juntas Arbitrales, de que la existencia de un convenio arbitral válido **impide a los tribunales conocer** de los litigios sometidos a arbitraje, siempre que la parte a quien interese lo invoque mediante declinatoria, así como de que la decisión que ponga fin al litigio tendrá carácter vinculante (RD 713/2024 art.23.6).

5315 **Adhesión al Sistema Arbitral de Consumo** (RD 713/2024 art.24) Los empresarios o profesionales pueden **voluntariamente** adherirse al Sistema Arbitral de Consumo, adquiriendo así el compromiso de someterse al sistema arbitral para la resolución de las reclamaciones que sus clientes puedan plantear.

La adhesión al sistema arbitral de consumo se formaliza mediante la presentación de una **oferta pública de adhesión**. En esta oferta **se expresará si** se opta por que el arbitraje se resuelva en derecho, en equidad o indistintamente, así como el plazo de validez de la oferta. En el supuesto de **no constar** cualquiera de estos extremos, la oferta se entenderá realizada en equidad y por tiempo indefinido.

La oferta pública de adhesión será única, se entenderá realizada a todo el Sistema Arbitral de Consumo, **sin limitaciones**, y abarcará todas las **actividades** que desarrolle el empresario bajo el mismo número de identificación fiscal, nombre comercial o marca.

Los **empresarios personas físicas** que desarrollen actividades diferentes de venta o prestación de servicios en distintos establecimientos, o mediante venta a distancia por canales diferentes, debn identificar claramente en la oferta de adhesión la actividad o actividades para las que efectúan la oferta.

La oferta pública de adhesión **ha de efectuarse por** el empresario o representante con poder suficiente para disponer.

El presidente de la Junta Arbitral que resulte competente para conocer de la oferta pública de adhesión, resolverá motivadamente sobre su **aceptación o rechazo**.

Precisiones Dicha oferta pública de adhesión puede ser igualmente dejada sin efecto, mediante la correspondiente **denuncia** realizada por los propios empresarios que llevaron a cabo la oferta ante la junta arbitral de consumo competente; no afecta a los convenios arbitrales válidamente formalizados con anterioridad a la fecha en que esta deba surtir efecto.

5318 **Distintivo de adhesión** (RD 713/2024 art.26 y anexo) Si la **oferta pública de adhesión es admitida**, da lugar a la concesión a la empresa de un distintivo especial y a su inscripción en el registro público de empresas adheridas.

Los empresarios adheridos al Sistema Arbitral de Consumo están **obligados a utilizar** en el distintivo oficial anteriormente referido en su portal de internet, debiendo constar también en las condiciones generales de los contratos de compraventa o de prestación de servicios que el empresario ofrezca al consumidor.
Para su uso en f**ormato electrónico** se establece un **tamaño mínimo** en píxeles de 75 de ancho por 138 de alto, debiendo guardar las proporciones en tamaños superiores.

Precisiones 1) En el **interior del cuadro superior**, debe figurar la Junta Arbitral o el ámbito territorial de la oferta en letra mayúscula y centrado. Tipo de letra: helvética. Tamaño: 21,42. Escala horizontal: 100. Espaciado: 0. Interlineado: sólido. Estilo: negrita.
2) Se entenderá válidamente formalizado el convenio arbitral si, pese a haber sido denunciada por el empresario o profesional la oferta pública de adhesión que hubiese realizado, este **sigue utilizando el distintivo** público de adhesión al Sistema arbitral de consumo, otorgado cuando la oferta es aceptada por el presidente de la Junta Arbitral de Consumo competente.

c. Procedimiento arbitral

(RD 713/2024 art.31 a 45)

El procedimiento arbitral de consumo se debe ajustar a los **principios** de audiencia, contradicción, igualdad entre las partes y gratuidad. El arbitraje de consumo se decide en **equidad**, salvo que las partes opten expresamente por la decisión en derecho. Las normas jurídicas aplicables y las estipulaciones del contrato sirven de apoyo a la decisión en equidad que, en todo caso, debe ser motivada. **5320**
Los árbitros, los mediadores, las partes y quienes presten servicio en las juntas arbitrales de consumo, están obligados a guardar **confidencialidad** de la información que conozcan en el curso del procedimiento arbitral.
De todas las alegaciones escritas, **documentos** y demás instrumentos que una de las partes aporte a los árbitros se da traslado a la otra parte. Asimismo, se ponen a disposición de las partes los documentos, **dictámenes periciales** y otros instrumentos probatorios en los que el órgano arbitral pueda fundar su decisión.

Precisiones 1) Cuando el arbitraje de consumo deba **resolverse en derecho** y tenga carácter internacional, según lo previsto en la Ley de arbitraje, la determinación de la legislación aplicable al fondo del asunto se realizará de conformidad con lo previsto en los convenios internacionales en los que España sea parte o en la legislación comunitaria que resulte de aplicación.
2) Es **nulo**, por infracción de los principios procedimentales de contradicción y defensa, el laudo arbitral que se haya dictado sin oír a una de las partes (AP Barcelona 9-2-04, EDJ 312324).

5325 **Solicitud del consumidor** El procedimiento comienza con la solicitud dirigida en tal sentido por el consumidor o usuario que considera que se le han vulnerado, por un empresario o profesional, sus derechos reconocidos legal o contractualmente.
Esta solicitud debe presentarse en el registro de la Junta Arbitral competente o en cualquiera de los lugares habilitados en la LPAC art.16.4 (correos, representaciones diplomáticas o consulares, oficinas de asistencia en materia de registro, etc.).
La solicitud debe **contener**:
• Nombre, apellidos, domicilio y nacionalidad del consumidor, así como dirección de correo electrónico, en caso de disponer de ella.
• Número de Documento Nacional de Identidad, número de pasaporte o Número de Identidad de Extranjero. En caso de formular la solicitud mediante representante, se indicarán el documento o número de identidad de ambos.
• En el caso de que la Junta Arbitral notifique las actuaciones arbitrales de conformidad con lo establecido en la LPAC, el consumidor podrá elegir que la práctica de la notificación se realice por medios electrónicos o en lugar físico.
• Nombre, apellidos o razón social, NIF y domicilio del empresario reclamado, así como, si fuera conocida, su dirección a efectos de notificaciones. En caso de que el consumidor no disponga de alguno de estos datos, aportará cualquier otro dato que pueda resultar de interés para la completa identificación y localización del empresario reclamado.
• Descripción de los hechos que motivan la controversia, exposición clara y concreta de las pretensiones, determinando su cuantía, si tuviera carácter económico y, en su caso, los fundamentos en que basa la pretensión. Se aportará, asimismo, cuanta documentación o pruebas sean necesarias para el conocimiento y solución del litigio.
• La respuesta del empresario a la reclamación interpuesta ante el mismo o, en caso de no haber sido atendida transcurrido un mes desde su presentación, se aportará acreditación de haber intentado la comunicación con aquel.
• En su caso, copia del convenio arbitral.
• Firma del solicitante, o de la persona que actúa en su representación, y lugar y fecha de aquella.
Si **no reúne** los requisitos mínimos exigidos, el secretario de la Junta Arbitral de Consumo debe requerir al reclamante su **subsanación** en un plazo no superior a 10 días; en caso contrario, se le tiene por desistido, procediéndose al archivo de las actuaciones.
Junto a la solicitud pueden aportarse o proponer las **pruebas** de que el reclamado intente valerse.
Las juntas arbitrales de consumo disponen de **modelos normalizados** para facilitar, al menos, la solicitud y la contestación a ésta, así como la aceptación del arbitraje en caso de que se trate de una empresa no adherida al sistema arbitral de consumo.

5330 **Admisión por la Junta Arbitral de Consumo** Una vez presentada la solicitud por el consumidor y subsanados en su caso los defectos, el presidente de la junta arbitral de consumo a la que se dirige la misma, procede a resolver sobre la admisión o inadmisión de la misma.
La regla general es la admisión. No obstante, el presidente puede **inadmitir la solicitud**:
• Cuando se trate de reclamaciones infundadas o no se aprecie en ellas afectación de los derechos y legítimos intereses económicos de los consumidores y usuarios.
• Si el litigio hubiera sido resuelto o planteado ante un órgano jurisdiccional u otra entidad acreditada y notificada a la Comisión Europea de conformidad con lo previsto en la L 7/2017, salvo que, en este último caso, se acredite el desistimiento del primer procedimiento.
• Si el consumidor no se hubiera puesto previamente en contacto con el empresario para tratar de resolver el asunto o no acredite haber intentado la comunicación con este. En todo caso, la reclamación habrá de ser admitida si hubiera transcurrido más de un mes desde que el consumidor presentó la reclamación al empresario y este no hubiera comunicado su resolución.
• Si el consumidor presenta la solicitud de arbitraje transcurrido más de un año desde la interposición de la reclamación al efecto ante el empresario reclamado.
• Si el contenido de la reclamación fuera vejatorio.
El **plazo** máximo para **notificar la inadmisión** de la solicitud de arbitraje será de 21 días naturales a contar desde el día siguiente a la recepción en la Junta Arbitral competente de la solicitud completa.
La **resolución de admisión o inadmisión** de la solicitud podrá ser impugnada por cualquiera de las partes ante la Comisión de Juntas Arbitrales. Se puede presentar **recurso** a la resolución de inadmisión ante la Comisión de las Juntas Arbitrales de Consumo o el presidente de la Junta Arbitral territorial que dictó la resolución en el plazo de un mes desde la notificación del acuerdo que se impugna.

El plazo máximo para dictar y notificar la **resolución del recurso** es de 3 meses desde que se interpuso. Transcurrido este plazo sin que recaiga resolución, se podrá entender desestimado el recurso. La resolución de este recurso pone fin a la vía administrativa.

Iniciación del procedimiento: actuaciones previas Admitida la solicitud, se inicia el procedimiento. Al no apreciar la existencia de causas de inadmisión de la solicitud, el presidente de la junta arbitral procede de la siguiente forma: 5340
a) Si consta la **existencia de convenio arbitral válido** (en cualquiera de las formas previstas: ver nº 5310), acuerda la iniciación del procedimiento arbitral y ordena su notificación a las partes.
En la **resolución que acuerde el inicio** del procedimiento arbitral ha de constar expresamente:
- la admisión de la solicitud de arbitraje;
- la invitación a las partes para alcanzar un acuerdo a través de la mediación previa en los supuestos en que proceda (nº 5065), y;
- el traslado al reclamado de la solicitud de arbitraje para que, en el plazo de 15 días, formule las alegaciones que estime oportunas para hacer valer su derecho y, en su caso, presente los documentos que estime pertinentes o proponga las pruebas de que intente valerse.

b) Si **no consta la existencia de un convenio arbitral** previo o este no es válido, se da traslado de la solicitud de arbitraje al reclamado haciendo constar que ha sido **admitida a trámite**, dándole un plazo de 10 días para: 5342
- la aceptación del **arbitraje**;
- formular **alegaciones** y presentar **documentos o pruebas** que estime pertinentes.
En el mismo acto en que se pide la aceptación, se podrá invitar al empresario reclamado a **proponer una solución** que ponga fin al litigio.
Transcurrido dicho plazo **sin que el empresario acepte** el arbitraje por el reclamado, el presidente de la junta arbitral de consumo ordenará el **archivo de la solicitud**, notificándoselo al consumidor y dejando abierta la vía judicial.
Si el **empresario acepta** el arbitraje propuesto, se entenderá formalizado el convenio arbitral.
En el caso de que el empresario proponga una solución consensuada y esta sea aceptada por el consumidor, se procederá a elevar aquella a laudo conciliatorio, a no ser que exista constancia de que el acuerdo ya hubiera sido cumplido por las partes o estas, de común acuerdo, renuncien a dicha posibilidad.

Designación de árbitros Acordado el **inicio del procedimiento** arbitral, se procede a la designación del órgano arbitral que conocerá del litigio. 5345
Serán notificadas a las partes, de forma individual o conjunta, la resolución o resoluciones en las que se acuerden las siguientes **actuaciones**:
• La admisión a trámite de la solicitud si no hubiera sido notificada con anterioridad.
• El inicio del procedimiento arbitral.
• La designación del órgano arbitral.

Precisiones El presidente de la junta arbitral de consumo puede acordar la **acumulación de las solicitudes** presentadas frente a un mismo reclamado en las que concurra idéntica causa de pedir, para que sean conocidas en un único procedimiento por el órgano arbitral designado (RD 713/2024 art.37.1).

Trámites en el procedimiento El órgano arbitral dirige el procedimiento con sujeción a lo dispuesto en nº 5320 s. pudiendo instar a las partes a la **conciliación**. 5348
De todas las alegaciones escritas, documentos y demás instrumentos que una de las partes aporte a los árbitros se da traslado a la otra parte. Asimismo, se ponen a disposición de las partes los documentos, dictámenes periciales y otros instrumentos probatorios en los que el órgano arbitral pueda fundar su decisión.
Las partes son citadas a una **audiencia** con suficiente antelación y con advertencia expresa de que en ella pueden presentar las **alegaciones y pruebas** que estimen precisas para hacer valer su derecho. La audiencia a las partes puede ser escrita, utilizando la firma convencional o electrónica, u oral, ya sea presencialmente o a través de videoconferencias u otros medios técnicos que permitan la identificación y comunicación directa de los comparecientes.

En cualquier momento antes de la finalización del trámite de audiencia, las partes pueden modificar o ampliar la solicitud y la contestación, pudiendo plantearse **reconvención** frente a la parte reclamante. Planteada la reconvención, los árbitros la inadmiten si versa sobre una materia no susceptible de arbitraje de consumo o si no existiera conexión entre sus pretensiones y las pretensiones de la solicitud de arbitraje. Una vez **admitida**, se otorga al reclamante un **plazo** de 7 días hábiles para presentar alegaciones y, en su caso proponer prueba, procediendo a retrasar, si fuera preciso, la audiencia prevista. 5349

En dicha audiencia las partes pueden proponer **pruebas** en relación con los hechos objeto de arbitraje, resolviendo el órgano arbitral sobre su aceptación o rechazo, teniendo igualmente posibilidad de acordar de oficio la práctica de pruebas complementarias que consideren imprescindibles para la resolución del conflicto. El acuerdo del órgano arbitral sobre la práctica de la prueba es notificada a las partes con expresión de la fecha, hora y lugar de celebración, convocándolas a la práctica de aquéllas en las que sea posible su presencia. Una vez practicadas las pruebas, queda pendiente el dictado del correspondiente laudo.

5350 **Laudo arbitral** (RD 713/2024 art.44 s.; LArb) El laudo, que siempre ha de ser **motivado**, pone fin al procedimiento arbitral de consumo, y tiene la **eficacia** de «cosa juzgada», no pudiendo plantearse la misma cuestión de fondo, ni ante un órgano arbitral ni ante un tribunal de Justicia.
Si durante las actuaciones arbitrales las partes llegan a un **acuerdo** sobre el conflicto, el órgano arbitral da por terminado el procedimiento, incorporando el acuerdo adoptado al laudo, salvo que aprecie motivos para oponerse.
El **plazo** para dictar un laudo es de 90 días desde el día siguiente al inicio del procedimiento, pudiendo ser prorrogado por el órgano arbitral mediante decisión motivada, salvo acuerdo en contrario de las partes, por otros 90 días.

5355 Además, el órgano arbitral dará por terminadas sus actuaciones y dictará laudo poniendo fin al procedimiento arbitral, **sin entrar en el fondo** del asunto, quedando expedita la vía judicial cuando:
- no disponga de los elementos indispensables para la solución del litigio;
- las partes acuerden dar por terminadas las actuaciones;
- compruebe que la prosecución de las actuaciones resulta imposible o innecesaria; o
- el consumidor desista de su solicitud, a menos que el reclamado se oponga a ello y el órgano arbitral le reconozca un interés legítimo en obtener una solución definitiva del litigio.

5360 Excepcionalmente, el laudo puede **impugnarse** siempre que se cumplan los requisitos exigidos en la LArb art.40 s. Tanto para la impugnación del laudo como para su ejecución es competente el juez de primera instancia del domicilio del consumidor.
Una vez dictado el laudo, puede ser **ejecutado** por las partes de forma voluntaria y sin intervención de autoridad judicial alguna. Si es necesario acudir a la ejecución forzosa, las partes pueden obtener del juez, si bien hay que seguirse los trámites previstos para ello en la LEC (LArb art.45).

Precisiones Sobre la posibilidad de impugnar un laudo ante los tribunales, la decisión de los árbitros solo puede impugnarse mediante el ejercicio de la **acción de anulación** del laudo en el que se haya adoptado (LArb art.41). Por ello, es anulable el laudo, al ser contrario al orden público, debiendo entrar a conocer los árbitros del fondo de la cuestión sometida a arbitraje, con arreglo a las alegaciones efectuadas por las partes, y respetando los principios generales del procedimiento arbitral (AP Almería 10-6-11, EDJ 208796).

Anexos

 6000

Contratos

 6010

A. Compraventa de vivienda

En *«localidad»*, a *«día, mes y año»*. 6015

REUNIDOS

Si actúa en su propio nombre:
De un lado, la parte vendedora, *«Don/Doña nombre y apellidos»*, mayor de edad, *«estado civil y, en su caso, régimen económico matrimonial»*, con DNI nº *«núm. de DNI»* y domicilio en *«vía pública, número, piso, localidad, código postal»*, actuando en su propio nombre y derecho.

Si actúa en representación:
De un lado, la parte vendedora, *«Don/Doña nombre y apellidos»*, mayor de edad, *«estado civil y, en su caso, régimen económico matrimonial»*, con DNI nº *«núm. de DNI»* y domicilio en *«vía pública, número, piso, localidad, código postal»*, en nombre y representación de *«nombre y apellidos o razón social»*, provista de NIF *«núm. de NIF»*, según consta en la escritura de *«apoderamiento o nombramiento de cargo»* otorgada ante el Notario de *«localidad»*, *«Don/Doña nombre y apellidos»*, nº. de protocolo *«núm.»*, en fecha *«día, mes y año»*.

Si actúa en su propio nombre:
Y de otro, la parte compradora, *«Don/Doña nombre y apellidos»*, mayor de edad, con DNI nº *«núm. de DNI»* y domicilio en *«vía pública, número, piso, localidad, código postal»*, actuando en su propio nombre y derecho.

Si actúa en representación:
Y de otro, la parte compradora, *«Don/Doña nombre y apellidos»*, mayor de edad, con DNI nº *«núm. de DNI»* y domicilio en *«vía pública, número, piso, localidad, código postal»*, en nombre y representación de *«nombre y apellidos o razón social»*, provista de NIF *«núm. de NIF»*, según consta en la escritura de *«apoderamiento o nombramiento de cargo»* otorgada ante el Notario de *«localidad»*, *«Don/Doña nombre y apellidos»*, nº. de protocolo *«núm.»*, en fecha *«día, mes y año»*.
Ambas partes tienen y se reconocen la capacidad legal necesaria para el otorgamiento del presente contrato, y a tal fin

6015 (sigue)

EXPONEN

I.- Que la parte vendedora es dueña en pleno dominio del inmueble sito en *«vía pública, número, piso, localidad, código postal»*; según consta en escritura, de fecha *«día, mes y año»* otorgada ante el Notario de *«localidad»*, *«Don/Doña nombre y apellidos del notario»*, con el nº *«núm.»* de orden de su protocolo. Escritura cuya copia queda unida a este contrato.
Dicho inmueble figura inscrito en el REGISTRO DE LA PROPIEDAD Nº *«núm. de Registro»*, finca registral Nº *«núm. de finca»*, inscrita al libro *«núm. de libro»*, tomo *«núm. de tomo»*, folio *«núm. de folio»*. Su referencia catastral es *«indicar referencia catastral»*.

NOTA:
Se expresará la superficie del inmueble, su distribución y cuota de participación en los elementos comunes. En caso de que la finca cuente con anexos (plaza de garaje, trastero, etc.), se indicará y se insertará una breve descripción de los mismos.
«descripción de la finca»
II.- El expresado inmueble se encuentra en edificio en régimen de COMUNIDAD, regulada por la Ley de Propiedad Horizontal.
III.- La parte vendedora manifiesta que el citado inmueble se encuentra libre de cargas, así como de arrendatarios, ocupantes o precaristas.
IV.- La vivienda se encuentra al corriente en el pago de gastos de la comunidad de propietarios, según acredita la parte vendedora mediante certificado del secretario de la comunidad con el visto bueno del presidente, emitida conforme al art.9.1.e) de la Ley 49/1960, de Propiedad Horizontal.
V.- Expuesto cuanto antecede, las partes convienen en celebrar el presente contrato de compraventa de *-la vivienda- la vivienda junto con sus anexos* a que se refiere el expositivo primero conforme a las siguientes:

ESTIPULACIONES

PRIMERA.- Objeto
«Don/Doña nombre y apellidos» VENDE *-la vivienda- la vivienda junto con sus anexos* a que se refiere el expositivo primero a *«Don/Doña nombre y apellidos»*, quien a su vez acepta y COMPRA.
La venta se efectúa con cuantos derechos, usos, servicios y servidumbres le sean inherentes a la vivienda y anexos vendidos, incluida la parte proporcional que le corresponde en los elementos comunes del edificio y en las zonas comunes de la urbanización, libre de arrendatarios, ocupantes y cargas.

SEGUNDA.- Precio
Las partes acuerdan fijar el precio total de la compraventa en la cantidad de *«importe en letra»* EUROS (*«importe en número»* **€**).

NOTA:
En caso de venderse la vivienda con anexos, se desglosará el precio de la vivienda y de cada uno de estos.

TERCERA.- Forma de pago
En este acto *«Don/Doña nombre y apellidos»* entrega a *«Don/Doña nombre y apellidos»* la cantidad de *«importe en letra»* EUROS (*«importe en número»* **€**), a cuenta del precio total.
«Don/Doña nombre y apellidos» da por recibida la cantidad entregada en concepto de anticipo, otorgando carta de pago mediante este documento formal.
El resto de la cantidad convenida: *«importe en letra»* EUROS (*«importe en número»* **€**) se abonará en el acto de entrega de llaves y otorgamiento de escritura pública, mediante *«indicar forma de pago»*.

CUARTA.- Otorgamiento de escritura pública
Ambas partes se obligan a otorgar escritura pública de compraventa en el plazo de *«núm. de días»* días naturales.
La elección del notario autorizante corresponderá a la parte compradora.

QUINTA.- Entrega del inmueble
La parte vendedora se compromete a hacer entrega a la parte compradora de la posesión y de las llaves de *- la vivienda- la vivienda y anexos* en el acto de otorgamiento de escritura pública ante el notario elegido por la parte compradora.

SEXTA.- Pago de gastos e impuestos
Los gastos e impuestos consecuencia del otorgamiento de la escritura pública de compraventa serán por cuenta de cada parte conforme a lo establecido legalmente. En consecuencia, corresponden a la parte compradora los gastos de primera copia de la escritura y posteriores,

los de la inscripción de la escritura en el Registro de la Propiedad, el pago del Impuesto de Transmisiones Patrimoniales y del Impuesto de Actos Jurídicos Documentados derivado de la escritura de compraventa. A la parte vendedora le corresponde abonar los gastos de la escritura matriz y el pago del Impuesto sobre el Incremento del Valor de los Terrenos de Naturaleza Urbana. **6015** (sigue)

A partir de la entrega, vendrá obligada la parte compradora a pagar todos los gastos, impuestos, tasas y arbitrios que se refieran a la vivienda y anexos objeto de este contrato, así como los proporcionales a los elementos comunes que le correspondan.

También serán de cuenta de la parte compradora los gastos y tributos devengados desde la puesta a disposición de la vivienda y anexos si la entrega se demorase por causa que le sea imputable.

SÉPTIMA.- Comunidad de propietarios

La parte compradora, a partir del día en que se ponga a su disposición la vivienda, participará en la proporción que resulte de la aplicación de los coeficientes que le correspondan, en el mantenimiento de los gastos comunes del edificio y de la zona común de la urbanización.

En este acto, la parte vendedora hace entrega a la parte compradora de los Estatutos de la comunidad de propietarios, así como del Reglamento de Régimen Interior.

OCTAVA.- Fuero

Las partes se someten a los juzgados y tribunales de *«localidad»*, lugar donde radica la finca, para resolver cuantas divergencias pudieran surgir por motivo de la interpretación y cumplimiento de este contrato.

Leído el presente documento por ambas partes, y estando conformes con su contenido, lo firman por duplicado en todas las páginas en el lugar y fecha reseñadas en el encabezamiento.

EL COMPRADOR	EL VENDEDOR
«Don/Doña nombre y apellidos»	*«Don/Doña nombre y apellidos»*

B. Arrendamiento de vivienda

6020 En *«localidad»*, a *«día, mes y año»*.

REUNIDOS

De una parte, *«Don/Doña nombre y apellidos»*, mayor de edad, con DNI nº *«núm. de DNI»* y domicilio en *«vía pública, número, localidad, código postal»*; actuando en nombre propio como propietario/a y arrendador/a de la vivienda objeto del presente contrato (en adelante, el arrendador).
Y de otra parte, *«Don/Doña nombre y apellidos»*, mayor de edad, con DNI nº *«núm. de DNI»* y domicilio en *«vía pública, número, localidad, código postal»*; actuando en nombre propio como arrendatario/a (en adelante, el arrendatario).
Ambas partes tienen y se reconocen mutuamente plena capacidad para el otorgamiento del presente contrato, y a tal fin:

EXPONEN

PRIMERO.- Que *«Don/Doña nombre y apellidos»* es *«propietario/a»* de la finca urbana sita en *«localidad»*, *«vía pública, número, código postal»*; inscrita en el Registro de la Propiedad Nº *«núm. de Registro»*, finca registral Nº *«núm. de finca»*, inscrita al libro *«núm de libro»*, tomo *«núm de tomo»*, folio *«núm. de folio»*. Su referencia catastral es *«indicar referencia catastral»*.
SEGUNDO.- Que interesando a *«Don/Doña nombre y apellidos»*, arrendar dicho inmueble para satisfacer su necesidad permanente de vivienda, y previas conversaciones mantenidas al efecto, ambas partes llevan a cabo el presente CONTRATO DE ARRENDAMIENTO DE VIVIENDA, de conformidad con las siguientes:

CLÁUSULAS

PRIMERA.- Legislación aplicable
El presente contrato se regirá por lo previsto en la L 29/1994, de 24 de noviembre, de arrendamientos urbanos (en adelante, LAU) y por lo establecido en este contrato.
En defecto de norma o pacto expreso, se regirá por lo previsto en el Código Civil (en adelante, CC).

SEGUNDA.- Objeto
Es objeto de este arrendamiento la finca urbana sita en *«localidad»*, *«vía pública, número, código postal»*. Cuenta con una superficie construida de *«núm.»* m^2, y útil de *«núm»* m^2.

NOTA:
Se insertará la descripción de la finca: distribución, linderos, etc.
«descripción de la finca»
Fue adquirida por el arrendador mediante *«indicar título de adquisición P.e.: compraventa, donación, etc.»* en escritura autorizada por el Notario de *«localidad»*, *«Don/Doña nombre y apellidos del Notario»*, en fecha *«día, mes y año»*.
Se encuentra libre de cargas y gravámenes, arrendatarios y ocupantes, y al corriente en el pago de impuestos, según declara el arrendador bajo su personal responsabilidad.
El arrendatario declara conocer y aceptar el estado de la vivienda, recibiéndola en perfecto estado de conservación y con plena habitabilidad e idoneidad para servir al destino de vivienda permanente pactado en el presente contrato.

TERCERA.- Destino
La finca objeto del presente contrato se destinará única y exclusivamente a satisfacer la necesidad permanente de vivienda del arrendatario y su familia, excluyendo la posibilidad de instalar en ella o en parte de ella, comercio, industria, despacho profesional, oficina, hospedaje, o cualquier otra actividad distinta del fin para el cual se arrienda.
Será causa de resolución contractual la variación de dicho fin sin autorización escrita de la propiedad.

CUARTA.- Duración del contrato
El plazo de duración de este contrato es de UN AÑO, a contar desde el otorgamiento del presente contrato, prorrogable por periodos anuales sucesivos hasta cinco años en total, salvo que el arrendatario manifieste al arrendador, con treinta días de antelación como mínimo a la fecha de terminación del contrato o de cualquiera de las prórrogas, su voluntad de no renovarlo; conforme al régimen previsto en el art.9 LAU.

No obstante lo anterior, si el arrendador necesitase ocupar el inmueble arrendado antes del transcurso de los cinco años señalados en el art.9 LAU, a fin de destinarla para vivienda permanente para sí o para sus familiares en primer grado de consanguinidad o por adopción o para su cónyuge en los supuestos de sentencia firme de separación, divorcio o nulidad matrimonial, una vez transcurrido el primer año de duración del contrato, podrá darse este por finalizado. **6020** (sigue)

Para ejercer esta potestad de recuperar la vivienda, el arrendador deberá comunicar al arrendatario que tiene necesidad del inmueble arrendado, especificando la causa o causas entre las previstas en el apartado anterior, al menos con dos meses de antelación a la fecha en la que la vivienda se vaya a necesitar y el arrendatario estará obligado a entregar la finca arrendada en dicho plazo.

Si transcurridos tres meses a contar de la extinción del presente contrato o, en su caso, del efectivo desalojo de la vivienda, no hubieran procedido el arrendador o sus familiares en primer grado de consanguinidad o por adopción o su cónyuge en los supuestos de sentencia firme de separación, divorcio o nulidad matrimonial a ocupar esta por sí, según los casos, el arrendatario podrá optar, en el plazo de treinta días, entre ser repuesto en el uso y disfrute del inmueble arrendado por un nuevo período de hasta cinco años, respetando, en lo demás, las condiciones contractuales existentes al tiempo de la extinción, con indemnización de los gastos que el desalojo de la vivienda le hubiera supuesto hasta el momento de la reocupación, o ser indemnizado por una cantidad equivalente a una mensualidad por cada año que quedara por cumplir hasta completar cinco años, salvo que la ocupación no hubiera tenido lugar por causa de fuerza mayor, entendiéndose por tal, el impedimento provocado por aquellos sucesos expresamente mencionados en norma de rango de Ley a los que se atribuya el carácter de fuerza mayor, u otros que no hubieran podido preverse, o que, previstos, fueran inevitables.

QUINTA.- Desistimiento del arrendatario

El arrendatario podrá desistir del presente contrato, una vez que hayan transcurrido al menos seis meses, siempre que se lo comunique al arrendador con una antelación mínima de treinta días.

En caso de desistimiento, el arrendatario deberá indemnizar al arrendador con una cantidad equivalente a una mensualidad de la renta en vigor por cada año del contrato que reste por cumplir. Los períodos de tiempo inferiores al año darán lugar a la parte proporcional de la indemnización.

SEXTA.- Prórroga del contrato

De conformidad con el art.10 LAU, si llegada la fecha de vencimiento del contrato, o de cualquiera de sus prórrogas, una vez transcurridos como mínimo cinco años de duración de aquel, ninguna de las partes hubiese notificado a la otra, al menos con cuatro meses de antelación a aquella fecha en el caso del arrendador y al menos con dos meses de antelación en el caso del arrendatario, su voluntad de no renovarlo, el contrato se prorrogará obligatoriamente por plazos anuales hasta un máximo de tres años más, salvo que el arrendatario manifieste al arrendador con un mes de antelación a la fecha de terminación de cualquiera de las anualidades, su voluntad de no renovar el contrato.

Al contrato prorrogado le seguirá siendo de aplicación el régimen establecido en el presente contrato.

Finalizada la duración pactada y, en su caso, la de las prórrogas sucesivas, el arrendatario deberá abandonar el inmueble, sin necesidad de requerimiento expreso del arrendador, dejándolo en el mismo estado que tenía cuando lo ocupó, con la excepción del desgaste normal derivado del uso habitual de la vivienda.

NOTA:

Inmueble ubicado en una zona de mercado residencial tensionado

Conforme a la LAU art.10.3, si la vivienda arrendada se ubica en una zona de mercado residencial tensionado, a la finalización del periodo de prórroga obligatoria previsto en el art.9.1 LAU o el periodo de prórroga tácita previsto en el art.10, previa solicitud del arrendatario, podrá prorrogarse de manera extraordinaria el contrato de arrendamiento por plazos anuales, por un periodo máximo de tres años, durante los cuales se seguirán aplicando los términos y condiciones establecidos para este contrato.

SÉPTIMA.- Renta

La renta anual será de *«importe de la renta»* €, a pagar en plazos mensuales de *«importe»* €, por adelantado y dentro de los *«núm. de días»* primeros días de cada mes.

El abono de la renta se deberá verificar por el arrendador mediante transferencia bancaria, a la cuenta del arrendador cuyos datos son los siguientes:

Titular: *«indicar titular»*

Entidad: *«nombre de la entidad bancaria»*

6020 (sigue) Oficina: *«núm. o sede de la oficina»*
Cta/cte: *«núm. de cuenta»*
El resguardo de ingreso emitido por la entidad bancaria acreditará el pago de la renta salvo prueba en contrario.
El retraso en el pago de la renta será causa suficiente para la resolución del contrato, siendo de cuenta del arrendatario los gastos que ello origine, incluidos los derechos y honorarios de procurador y abogado, aunque su intervención no fuere preceptiva.

NOTA:
Inmueble ubicado en una zona de mercado residencial tensionado
Si la vivienda arrendada se ubica en una zona de mercado residencial tensionado, el arrendador debe indicar tal circunstancia e informar, con anterioridad a la formalización del arrendamiento, y en todo caso en el documento del contrato, de la cuantía de la última renta del contrato de arrendamiento de vivienda habitual que haya estado vigente en los últimos cinco años en la misma vivienda, así como del valor que le pueda corresponder atendiendo al índice de referencia de precios de alquiler de viviendas que resulte de aplicación (art.31.3 L 12/2023 del derecho a la vivienda).
La renta pactada al inicio del nuevo contrato no podrá exceder del límite máximo del precio aplicable conforme al sistema de índices de precios de referencia atendiendo a las condiciones y características de la vivienda arrendada y del edificio en que se ubique, pudiendo desarrollarse reglamentariamente las bases metodológicas de dicho sistema y los protocolos de colaboración e intercambio de datos con los sistemas de información estatales y autonómicos de aplicación (art.17.7 LAU).
Si sobre la vivienda no ha estado vigente ningún contrato de arrendamiento de vivienda vigente en los últimos cinco años, se aplica la misma limitación siempre que así se recoja en la resolución del Ministerio de Transportes, Movilidad y Agenda Urbana, al haberse justificado dicha aplicación en la declaración de la zona de mercado residencial tensionado.

OCTAVA.- Revisión de la renta
La renta será revisada anualmente de acuerdo con la variación porcentual experimentada por el Índice de Garantía de Competitividad en un período de doce meses inmediatamente anteriores a la fecha de cada actualización, tomando como mes de referencia para la primera actualización el que corresponda al último índice que estuviera publicado en la fecha de celebración del contrato, y en las sucesivas el que corresponda al último aplicado.
En todo caso, el incremento producido como consecuencia de la actualización anual de la renta no podrá exceder del resultado de aplicar la variación porcentual experimentada por el Índice de Precios al Consumo a fecha de cada actualización, tomando como mes de referencia para la actualización el que corresponda al último índice que estuviera publicado en la fecha de actualización del contrato.
Publicado el índice correspondiente al mes de la actualización, el arrendador comunicará al arrendatario de forma fehaciente su voluntad de actualizar la renta a partir del mes siguiente a la notificación conforme a lo establecido legalmente, expresando el porcentaje de alteración aplicado, y adjuntando, si el arrendatario lo exige, certificación del Instituto Nacional de Estadística.
La base sobre la que se efectuará la citada revisión será la renta que se pague el mes inmediatamente anterior a la fecha de revisión.

NOVENA.- Gastos
Serán de cuenta del arrendatario los gastos correspondientes a la comunidad de propietarios que se giren sobre la vivienda arrendada, así como la cuota del Impuesto sobre Bienes Inmuebles.
A tal efecto se expresa el importe anual de gastos que actualmente se gira a la vivienda, que es de *«importe»* €, según desglose:
«importe» €, en concepto de comunidad (*«importe»* €/mes).
«importe» €, en concepto de Impuesto sobre Bienes Inmuebles.
También serán de cuenta del arrendatario el gasto por consumo, instalación, reparación, contratación o ampliación de los servicios y suministros de agua, luz, gas y teléfono, así como cualquier otro susceptible de ser individualizado por medio de contador. A tal efecto, el arrendatario se compromete a dar de alta a su nombre tales servicios en las respectivas compañías suministradoras.

DÉCIMA.- Intereses de demora
En caso de impago de rentas o de las cantidades pactadas en este contrato y cuyo abono son a cargo del arrendatario, se establece que dichos impagos, si se produjeran, devengarán un interés equivalente al interés legal del dinero incrementado en *«núm.»* puntos porcentuales.

UNDÉCIMA.- Fianza 6020 (sigue)

A la firma del presente contrato el arrendatario hace entrega al arrendador de la cantidad de *«importe»* €, importe de una mensualidad de renta, en concepto de fianza legal arrendaticia, conforme establece el art.36.1 LAU.

El importe de dicha fianza será depositado en *«indicar Agencia de Vivienda Social u organismo de la comunidad autónoma encargado del depósito»*, según la norma *«citar norma»* de la Comunidad Autónoma de *«nombre de la comunidad autónoma»*, en relación con la disposición adicional 3ª LAU.

Esta cantidad queda sujeta a cubrir las posibles responsabilidades en que pueda incurrir el arrendatario con el arrendador por deterioros que se produzcan en el inmueble, salvo los que hayan podido acaecer como consecuencia del uso normal, impago de rentas o cualquier otra causa derivada de la relación arrendaticia que establece en el presente contrato.

Le será devuelta al arrendatario a la finalización del arriendo previa la constatación por parte del arrendador de que la finca se halla en perfecto estado de conservación y siempre que no concurra la responsabilidad expresada en el párrafo anterior.

Durante los cinco primeros años de duración del contrato, la fianza no se actualizará, pero cada vez que el arrendamiento se prorrogue, el arrendador podrá exigir que la fianza sea incrementada, o el arrendatario que disminuya, hasta hacerse igual a una mensualidad de la renta vigente al tiempo de la prórroga.

La actualización de la fianza durante el periodo en que el plazo de duración exceda de cinco años, se llevará a cabo conforme lo acordado sobre actualización de la renta.

Si procede:

DUODÉCIMA.- Aval bancario

El arrendatario entrega en este acto a favor del arrendador, aval bancario por importe de *«importe»* €, que garantiza el cobro de las rentas por la parte propietaria durante un año. El aval estará en vigor durante toda la vigencia del contrato más los siguientes doce meses.

«DECIMOTERCERA.-» **Conservación, mejora, obras y habitabilidad**

En todas estas materias, las partes se remiten a lo establecido en los art.21, 22, 23, 24 y 26 LAU.

Queda prohibida la realización de cualquier obra sin previa autorización escrita de la propiedad, aunque no se altere la configuración de la vivienda ni la resistencia de los materiales en ella empleados.

Las obras autorizadas quedarán en beneficio de la finca, sin derecho a reintegro alguno.

Serán de cuenta del arrendatario las pequeñas reparaciones que se deban realizar para mantener la vivienda en estado de servir al uso al que se destina.

El arrendatario declara encontrar el piso en estado de servir al destino pactado, haciéndose cargo de su conservación.

Asume la obligación de entregar la vivienda al término del arriendo, en las mismas condiciones en las que se lo encontró; sin otros desperfectos que los propios del uso normal de la vivienda conforme al fin descrito en el presente contrato.

«DECIMOCUARTA.-» **Derecho de adquisición preferente**

En caso de venta de la finca arrendada, el arrendatario dispondrá del derecho de adquisición preferente de la forma y en las condiciones establecidas en el art.25 LAU.

«DECIMOQUINTA.-» **Cesión y subarriendo**

Será aplicable el régimen establecido en el art.8 LAU.

«DECIMOSEXTA.-» **Comunidad de propietarios**

El arrendatario se compromete a cumplir lo dispuesto por los estatutos y normas de funcionamiento interno de la comunidad de propietarios del edificio en donde se encuentra la vivienda arrendada, que manifiesta conocer y aceptar.

«DECIMOSÉPTIMA.-» **Responsabilidad**

Además de las causas que se mencionan en los art.27 y 28 LAU, conforme a lo establecido en el art.1124 CC se establece expresamente que el arrendatario no podrá:

«... Se indicarán las causas que pueden dar lugar a la resolución del contrato, distintas de las causas reguladas en el art.27 LAU.»

Ello llevará a la resolución del contrato, o a la exigencia de cumplir lo pactado, según decisión unilateral del arrendador. Además, se considerará incumplimiento todo aquello que el arrendatario haga en contra de lo dispuesto por los Estatutos o normas de funcionamiento interno de la comunidad de propietarios del edificio en donde se encuentra la vivienda arrendada.

El arrendatario será responsable tanto de sus propios actos como de los que cometan los restantes ocupantes de la vivienda, aun siendo estos ocasionales, a efectos de la posible indem-

6020 (sigue) nización que por daños y perjuicios pueda derivarse de tales actos tanto a los efectos del párrafo anterior, como por cualquier daño ocasionado en el inmueble arrendado.

«DECIMOCTAVA.-» **Eficiencia energética**
En cumplimiento de lo dispuesto en el RD 390/2021, de 1 de junio, por el que se aprueba el procedimiento básico para la certificación de la eficiencia energética de los edificios, se pone a disposición del arrendatario en este acto el certificado de eficiencia energética, emitido por técnico competente.

«DECIMONOVENA.-» **Información al arrendatario**
Ambas partes convienen en que el arrendador ha cumplido con los deberes de información, en formato accesible y en soporte duradero, acerca de las condiciones de la operación y de las características de la vivienda y del edificio en el que se encuentra, tal y como establece el art.31 Ley 12/2023, por el derecho a la vivienda.

«VIGÉSIMA.-» **Formalización**
A instancia de cualquiera de las partes este contrato podrá ser elevado a escritura pública e inscrito en el Registro de la Propiedad.
Los gastos de gestión inmobiliaria y los de formalización del contrato serán a cargo del arrendador.

«VIGESIMOPRIMERA.-» **Fijación de domicilio a efectos de notificaciones**
Queda fijado el domicilio del arrendatario el que figura en el encabezamiento del presente contrato (lugar donde se halla la vivienda arrendada), todo ello a efectos de recibir cualquier notificación derivada del conjunto de derechos y obligaciones derivados de este contrato.

«VIGESIMOSEGUNDA.-» **Jurisdicción de los tribunales**
Las partes se someten por imperativo de la Ley a los juzgados y tribunales de *«localidad»*, lugar donde radica la finca.
Leído el presente documento por ambas partes, y estando conformes con su contenido, lo firman por duplicado en todas las páginas en el lugar y fecha reseñadas en el encabezamiento.

EL ARRENDADOR	EL ARRENDATARIO
«Don/Doña nombre y apellidos»	*«Don/Doña nombre y apellidos»*

C. Aprovechamiento por turnos de bien inmueble

En *«localidad»*, a *«día, mes y año»*. 6025

REUNIDOS

De una parte, *«Don/Doña nombre y apellidos»*, con domicilio en *«vía pública, número, letra, localidad, código postal»* y con DNI/NIF *«núm. de DNI»*, actuando en representación de *«denominación social»*, sociedad con domicilio en *«vía pública, número, letra, localidad, código postal»* y provista de NIF *«núm. de NIF»*; representación que ostenta en virtud de su condición de *«apoderado o cargo que ostenta en la sociedad»*, según consta en la escritura otorgada ante el Notario de *«localidad»*, *«Don/Doña nombre y apellidos del notario»*, en fecha *«día, mes y año»*, nº. de protocolo *«núm.»*, inscrita en el Registro Mercantil de *«localidad»*, Libro *«núm. de libro»*, Tomo *«núm. de tomo»*, Folio *«núm. de folio»*, hoja *«núm. de hoja»*.
Y de otra parte, *«Don/Doña nombre y apellidos»*, mayor de edad, *«estado civil»*, con domicilio en *«vía pública, número, letra, localidad, código postal»* y con DNI/NIF *«núm. de DNI»*.
Tienen y se reconocen mutuamente capacidad y legitimación para celebrar el presente contrato de APROVECHAMIENTO POR TURNO DE BIENES INMUEBLES, el cual llevan a efecto en este acto.

MANIFIESTAN

I.- Que *«denominación social»* es propietaria de la siguiente finca:

NOTA:
Se expresará la superficie de la finca, su ubicación, extensión y linderos.
«descripción de la finca»

TÍTULO.- La finca fue adquirida por *«indicar título de adquisición»* en escritura autorizada por el Notario de *«localidad»*, *«Don/Doña nombre y apellidos del notario»*, en fecha *«día, mes y año»*.

INSCRIPCIÓN. - Registro de la Propiedad nº *«núm.»* de *«localidad»*, Tomo *«núm. de tomo»*, Libro *«núm. de libro»*, Folio *«núm. de folio»*, Finca *«núm. de finca»*.

- **Si la construcción del inmueble no ha finalizado:**

II.- Que el inmueble descrito se encuentra actualmente en construcción, estando en fase de *«indicar fase»*, teniendo la fecha del *«día, mes y año»* como plazo límite para la terminación del inmueble.
Cuenta con la preceptiva Licencia de obra otorgada el *«día, mes y año»* por el excelentísimo Ayuntamiento de *«municipio»*.
Igualmente se encuentran en construcción, en fase de *«indicar fase»*, los servicios comunes con que cuenta el inmueble.
Se acompaña como anexo 1, suscrito por ambas partes, memoria de las calidades con que contará el alojamiento objeto del contrato.
«Denominación social» ha suscrito un seguro de caución con la entidad autorizada *«denominación de la aseguradora»* para garantizar la devolución de las cantidades entregadas a cuenta para la adquisición del derecho, actualizadas con arreglo al índice anual de precios al consumo, si la obra no ha sido finalizada en la fecha fijada o no se ha incorporado el mobiliario descrito en la escritura reguladora cuando el adquirente del derecho opte por la resolución del contrato en los términos previstos en el art.25.2. de la Ley 4/2012.
III.- El inmueble descrito tiene una superficie de *«núm. de metros»* metros cuadrados y consta de *«indicar dormitorios, cocina, y resto de estancias»*.
Estará completamente equipado con mobiliario, electrodomésticos e instalaciones necesarias para su disfrute en el turno concertado. Se acompaña como anexo 2, suscrito por ambas partes, descripción detallada del mobiliario y ajuar existente en el apartamento.
Se le ha atribuido un valor de *«importe en letra»* EUROS (*«importe en número»* €) a efectos del aval o del seguro a los que se refiere el art.25.2 de la Ley 4/2012.

- **Si la construcción del inmueble ha finalizado:**

II.- El inmueble descrito tiene una superficie de *«núm. de metros»* metros cuadrados y consta de *«indicar dormitorios, cocina, y resto de estancias»*.
Está completamente equipado con mobiliario, electrodomésticos e instalaciones necesarias para su disfrute en el turno concertado. Se acompaña como anexo 1, suscrito por ambas partes, descripción detallada del mobiliario y ajuar existente en el apartamento.

6025 (sigue) III.- Que *«denominación social»* ha obtenido de las autoridades competentes las licencias necesarias para ejercer la actividad turística, las de apertura, las necesarias para la primera ocupación de los alojamientos, zonas comunes y servicios accesorios que sean necesarias para el destino y la correspondiente cédula de habitabilidad. Documentación que se encuentra a disposición del adquirente.

IV.- Que dicho apartamento se encuentra adscrito al régimen de aprovechamiento por turno de bienes inmuebles.

• Opción A: si se opta por un derecho real:

V.- Que *«Don/Doña nombre y apellidos»* tiene interés en adquirir, y *«denominación social»*, en transmitir el derecho real de aprovechamiento sobre el inmueble descrito, correspondiente al turno que va del *«día, mes y año»*, a las *«indicar hora»* horas al día *«día, mes y año»*, a las *«indicar hora»* horas, por lo que ambas partes acuerdan otorgar el presente contrato de **APROVECHAMIENTO POR TURNO DE BIENES INMUEBLES**.

• Opción B: si se opta por un derecho obligacional:

V.- El presente contrato tiene por objeto la constitución de un derecho de uso del bien inmueble descrito en el expositivo del mismo, conforme al sistema de **aprovechamiento por turnos de bienes inmuebles de uso turístico** previsto en la Ley 4/2012, modificada por la LO 1/2025.
El derecho que se confiere lo es de naturaleza meramente obligacional, sin que se constituya como una forma de propiedad, ni como una cesión de la titularidad de una cuota del inmueble.

VII.- El adquirente indica el domicilio que figura en el presente contrato: *«vía pública, número, letra, localidad»*, para la notificación de la inscripción de la terminación de la obra y la fecha a partir de la cual se computará la duración del régimen.

VIII.- El contrato se otorga en base a las siguientes:

ESTIPULACIONES

PRIMERA.- Objeto

Por el presente contrato, *«denominación social»* transmite a *«Don/Doña nombre y apellidos»* el derecho real de aprovechamiento del apartamento anteriormente descrito.

NOTA:

La descripción del objeto deberá recoger la ubicación completa del mismo, su referencia catastral, la descripción precisa del edificio o edificios con referencia expresa a sus datos registrales, su composición y características.

• Si se concreta el turno:

Dicho derecho real de aprovechamiento viene referido al turno que va desde el «día, mes y año», a las «indicar hora» horas al día «día, mes y año», a las «indicar hora» horas.

• Si no se concreta el turno:

El usuario dispondrá del derecho a disfrutar del inmueble durante «indicar núm. de días» días al año. La determinación de los turnos se hará conforme a las normas de uso y asignación de turnos que establecen un sistema de «indicar si se trata de un sistema de sorteo, turno rotatorio, a través de una plataforma de reservas, etc.».
En ningún caso se transmite derecho de propiedad sobre el inmueble ni sobre parte de él.
La facultad de aprovechamiento no comprende derecho alguno a alterar la configuración ni el mobiliario del inmueble.

SEGUNDA.- Régimen jurídico

El presente contrato se regirá con carácter general por la Ley 4/2012, de 6 de julio, de contratos de aprovechamiento por turno de bienes de uso turístico, de adquisición de productos vacacionales de larga duración, de reventa y de intercambio con las modificaciones introducidas por la Ley Orgánica 1/2025..
Son normas legales aplicables al contrato las siguientes:
Artículo 12. Derecho de desistimiento del contrato:
1. En los contratos regulados en esta Ley, el consumidor tendrá derecho de desistimiento sin necesidad de justificación alguna.
En defecto de lo dispuesto en la presente Ley, el derecho de desistimiento se regirá por el texto refundido de la Ley General para la Defensa de Consumidores y Usuarios y otras leyes complementarias, aprobado por el Real Decreto Legislativo 1/2007, de 16 de noviembre.
2. El plazo para su ejercicio es de catorce días naturales y se computará:
a) A contar desde la fecha de celebración del contrato o de cualquier contrato preliminar vinculante, si en ese momento el consumidor recibió el documento contractual o, en otro caso, desde la recepción posterior de dicho documento.

b) Si el empresario no hubiere cumplimentado y entregado al consumidor el formulario de desistimiento previsto en el art.11.4, el plazo empezará a contar desde que se entregue al consumidor el formulario de desistimiento debidamente cumplimentado y vencerá, en cualquier caso, transcurrido un año y catorce días naturales a contar desde el de la celebración del contrato o de cualquier contrato preliminar vinculante o el de la recepción posterior del documento contractual. 6025 (sigue)
c) Si el empresario no hubiera facilitado al consumidor la información precontractual mencionada en el art.9, incluidos sus formularios, el plazo empezará a contar desde que se facilite dicha información y vencerá transcurridos tres meses y catorce días naturales a contar desde el de la celebración del contrato o de cualquier contrato preliminar vinculante si en ese momento el consumidor recibió el documento contractual o el de la recepción posterior de dicho documento.
3. Cuando el contrato de intercambio se ofrezca al consumidor junto con el contrato de aprovechamiento por turno de bienes de uso turístico y al mismo tiempo que éste, se aplicará a ambos contratos un único plazo de desistimiento de conformidad con las mismas reglas de los apartados anteriores.
4. El consumidor notificará de forma fehaciente al empresario el desistimiento por escrito en papel u otro soporte duradero, pudiendo utilizar el formulario previsto en el anexo V. La expedición o envío de la notificación deberá hacerse dentro del plazo legal y será eficaz cualquiera que sea la fecha de recepción por el empresario.
5. El ejercicio del derecho de desistimiento por el consumidor dejará sin efecto el contrato.
6. El consumidor que ejerza el derecho de desistimiento no soportará coste alguno ni tendrá que pagar ninguna contraprestación correspondiente al servicio que pudiera haberse llevado a cabo con anterioridad a la fecha del ejercicio de desistimiento.
7. Lo dispuesto en este artículo no obsta al ejercicio de las acciones de nulidad o resolución legal o contractual que procedan conforme a derecho, de acuerdo con lo previsto en el art.78 del texto refundido de la Ley General para la Defensa de los Consumidores y Usuarios y otras leyes complementarias, aprobado por el Real Decreto Legislativo 1/2007, de 16 de noviembre.
Artículo 13. Prohibición del pago de anticipos
1. En los contratos de aprovechamiento por turno de bienes de uso turístico, de producto vacacional de larga duración y de intercambio se prohíbe el pago de anticipos, la constitución de garantías, la reserva de dinero en cuentas, el reconocimiento expreso de deuda o cualquier contraprestación a favor del empresario o de un tercero y a cargo del consumidor, antes de que concluya el plazo de desistimiento.
2. Las mismas prohibiciones se establecen respecto a los contratos de reventa, antes de que la venta haya tenido efectivamente lugar o se haya dado por terminado el contrato por otras vías.
3. Los actos realizados en contra de esta prohibición son nulos de pleno derecho y el consumidor podrá reclamar el duplo de las cantidades entregadas o garantizadas por tales conceptos.
A los efectos oportunos, se entrega, como ANEXO 2/3 al presente contrato, un formulario de desistimiento normalizado.

TERCERA.- Plazo
El derecho se transmite por un plazo de *«núm. de años»* años, trascurrido el cual revertirá en *«denominación social»* o quien en ese momento ostente la titularidad del inmueble, sin que *«Don/Doña nombre y apellidos»* como adquirente del derecho de aprovechamiento tenga derecho a percibir compensación alguna.
Todo ello sin perjuicio de la facultad de desistir del contrato reconocida en la ESTIPULACIÓN SEGUNDA anterior.

NOTA:
En los contratos a en los que se transmitan o comercialicen derechos de aprovechamiento sujetos a regímenes anteriores al vigente, se regirán por los términos que resulten del régimen inscrito en el Registro de la Propiedad o en su título constitutivo. Eso afectará igualmente a la duración, la que, en los contratos sujetos a normativas anteriores a la derogada L 42/1998, podrá ser superior a 50 años o, incluso, indefinida.

CUARTA.- Precio
El precio de la transmisión queda fijado en la cantidad de *«importe en letra»* EUROS (*«importe en número»* €). Dicha cantidad es entregada por el comprador en este acto, sirviendo el presente documento como la más eficaz carta de pago.

QUINTA.- Servicios e instalaciones
Los servicios de mantenimiento y limpieza serán prestados por la empresa *«denominación social de la empresa de mantenimiento»* constituida en escritura pública otorgada ante el Notario de *«localidad»*, *«Don/Doña nombre y apellidos del notario»*, en fecha *«día, mes y año»*, nº. de protocolo *«núm.»* y que cuenta con NIF nº *«núm. de NIF»*.

6025 (sigue) Se acompaña como anexo 3/4 al contrato, suscrito por ambas partes, relación de servicios e instalaciones comunes que el adquirente tiene derecho a disfrutar y las condiciones para ese disfrute.

El promotor es responsable, frente a los titulares de derechos de aprovechamiento por turno, de la efectiva prestación de los servicios. En caso de incumplimiento por la empresa de servicios, el promotor deberá resolver el contrato y exigir el resarcimiento de daños y perjuicios. La acción de resolución corresponde al promotor. En todo caso, el titular del derecho de aprovechamiento por turno podrá reclamar del propietario la efectiva prestación de los servicios y las indemnizaciones que correspondan en el caso de que tal prestación no se efectúe.

SEXTA.- Pago de los servicios e instalaciones

Conforme a la escritura reguladora, el adquirente debe satisfacer anualmente a la empresa de servicios la cantidad de *«importe en letra»* EUROS (*«importe en número»* **€**), que se actualizará anualmente con arreglo al índice de precios al consumo que publica el Instituto Nacional de Estadística. Actualización que se comunicará al adquirente en el mes de diciembre de cada año.

SÉPTIMA.- Incumplimiento en el pago de los servicios e instalaciones

El propietario tendrá una facultad resolutoria en el caso de que el adquirente titular del derecho de aprovechamiento por turno, una vez requerido, no atienda al pago de las cuotas debidas por razón de los servicios prestados durante, al menos, un año.

El propietario podrá ejercer esta facultad de resolución, a instancia de la empresa de servicios, previo requerimiento fehaciente de pago al deudor en el domicilio registral o, en su defecto, en el que conste a tal fin en el contrato, bajo apercibimiento de proceder a la resolución del mismo si en el plazo de treinta días naturales no se satisfacen íntegramente las cantidades reclamadas.

Para llevar a cabo la resolución, el propietario deberá consignar, a favor del titular del derecho, la parte proporcional del precio correspondiente al tiempo que le reste hasta su extinción.

• **Si se incluye cláusula penal:**

Se pacta como cláusula penal para el caso de que el propietario ejercite dicha facultad de resolución, la pérdida de la parte proporcional del precio correspondiente al tiempo que le reste hasta la extinción que correspondería percibir al titular del derecho resuelto.

• **Si no se incluye cláusula penal:**

Para llevar a cabo la resolución, el propietario deberá consignar, a favor del titular del derecho, la parte proporcional del precio correspondiente al tiempo que le reste hasta su extinción.

El propietario que ejercite la facultad resolutoria quedará obligado a atender las deudas que el titular del derecho de aprovechamiento por turno tuviere pendientes con la empresa de servicios, salvo pacto en contrario con esta.

OCTAVA.- Formalización del contrato

El presente contrato podrá inscribirse en el Registro de la Propiedad, siempre que se haya formalizado mediante escritura pública a instancia de cualquiera de las partes.

NOVENA.- Seguros

La propiedad pone en conocimiento del adquirente que, conforme a lo establecido en el art.28 de la Ley 4/2012, de 6 de julio, tiene suscrita y en vigor una póliza de seguro con la compañía *«denominación de la aseguradora»* con el número: *«núm. de póliza»*, que cubre la responsabilidad civil en que puedan incurrir los ocupantes de los alojamientos derivada de la utilización de los mismos, así como de seguro de incendios y otros daños generales del edificio o del conjunto de sus instalaciones y equipos.

DÉCIMA.- Fuero

• **Si se someten a la jurisdicción de los tribunales:**

Para cualquier cuestión relativa a la interpretación o aplicación de lo aquí dispuesto, las partes se someten a la jurisdicción de los tribunales del lugar de domicilio de «Don/Doña nombre y apellidos».

• **Si se someten a arbitraje de consumo:**

Para cualquier cuestión relativa a la interpretación o aplicación de lo aquí dispuesto, las partes se someten a arbitraje de consumo, designando como institución que administrará el arbitraje «indicar junta o institución arbitral».

Y en prueba de conformidad con cuanto antecede, ambos comparecientes firman por duplicado tanto este contrato como sus anexos y documentación complementaria, en el lugar y fecha expresados.

LA PROPIEDAD	EL ADQUIRENTE
«Don/Doña nombre y apellidos»	*«Don/Doña nombre y apellidos»*

ANEXO 1 6025 (sigue)
MEMORIA DE CALIDADES
«Memoria de calidades del inmueble. Si su construcción no ha finalizado»
ANEXO - 1-2
DESCRIPCIÓN DE MOBILIARIO Y AJUAR DOMÉSTICO
«Descripción de mobiliario y ajuar doméstico»
ANEXO - 2-3
FORMULARIO DE DESISTIMIENTO
«Formulario de desistimiento normalizado»
ANEXO - 3-4
SERVICIOS E INSTALACIONES COMUNES
«Relación de servicios e instalaciones comunes»

D. Préstamo hipotecario entre particulares

6030 En *«localidad»*, a *«día, mes y año»*.

REUNIDOS

De una parte, *«Don/Doña nombre y apellidos»*, mayor de edad, con domicilio en *«vía pública, número, letra, localidad, código postal»* y con DNI/NIF *«núm. de DNI»*, actuando en representación de *«razón social»*, constituida el *«día, mes y año»* en escritura autorizada por el Notario de *«localidad»*, *«Don/Doña nombre y apellidos del notario»*, e inscrita en el Registro Mercantil de *«localidad»* en el Tomo *«núm. de tomo»*, Folio *«núm. de folio»*, hoja nº *«núm.»* y provista de NIF *«núm. de NIF»*; representación que ostenta en virtud de su condición de *«apoderado o cargo que ostenta en la sociedad»*, según consta en la escritura otorgada ante el Notario de *«localidad»*, *«Don/Doña nombre y apellidos del notario»*, en fecha *«día, mes y año»*, nº. de protocolo *«núm.»*.
Y, de otra parte, *«Don/Doña nombre y apellidos»*, mayor de edad, con domicilio en *«vía pública, número, letra, localidad, código postal»* y con DNI/NIF *«núm. de DNI»*, en su propio nombre y representación.
Las partes se reconocen la capacidad legal suficiente para contratar y obligarse en los términos previstos en el presente CONTRATO y

EXPONEN

I.- Que *«Don/Doña nombre y apellidos»* es dueño en pleno dominio de la siguiente finca:
URBANA:

NOTA:
Se identificará el inmueble y se insertará la descripción, su ubicación y linderos.
«descripción de la finca»
REFERENCIA CATASTRAL: *«núm. de ref. catastral»*
INSCRIPCIÓN: Inscrita en el Registro de la Propiedad inscrito en el Registro de la Propiedad nº *«núm.»* de *«localidad»*, Tomo *«núm. de tomo»*, Libro *«núm. de libro»*, Folio *«núm. de folio»*, Finca *«núm. de finca»*; según consta de la certificación registral que se adjunta como anexo I al presente contrato.
TÍTULO: Le pertenece en la forma expresada por *«indicar título de adquisición»* en virtud de escritura otorgada ante el notario de *«localidad»*, *«Don/Doña nombre y apellidos del notario»*, en fecha *«día, mes y año»*, bajo el número de protocolo *«núm.»*.
CARGAS Y SITUACIÓN ARRENDATICIA: La finca descrita se encuentra libre de cargas y gravámenes, así como de arrendatarios y ocupantes, según declara su propietario.

II.- Que la mercantil *«denominación social»*, en cuya representación actúa *«Don/Doña nombre y apellidos»*, consiente en conceder préstamo con garantía hipotecaria sobre la citada finca descrita en el Expositivo anterior.
III.- Que, de acuerdo con lo anterior, ambas partes en la representación que ostentan, acuerdan celebrar el presente contrato con arreglo a las siguientes

CLÁUSULAS

PRIMERA.- OBJETO DEL CONTRATO
Por el presente contrato la mercantil *«denominación social»*, como prestamista, presta a *«Don/Doña nombre y apellidos»*, en su calidad de prestatario, la cantidad de *«importe en letra»* EUROS (*«importe en número»* €) con garantía hipotecaria sobre la finca reseñada en el Exponendo I de este contrato.

SEGUNDA.- PRÉSTAMO
En el presente acto, la mercantil *«denominación social»* entrega a *«Don/Doña nombre y apellidos»*, que la acepta, la cantidad de *«importe en letra»* EUROS (*«importe en número»* €) en concepto de préstamo mediante *«indicar forma de pago»*.
«Don/Doña nombre y apellidos» se compromete a devolver el préstamo en las condiciones establecidas en el presente contrato.

TERCERA.- DURACIÓN
El préstamo se suscribe por un plazo de duración de *«núm. de años»* años, computándose dicho plazo a partir de la fecha del presente contrato, devengando durante este plazo un interés de *«indicar porcentaje»* % (anual), fijándose como fecha de vencimiento el día *«día, mes y año»*.

CUARTA.- FORMA DE PAGO 6030 (sigue)

El prestatario se obliga a amortizar dicho préstamo mediante cuotas mensuales por importe de *«importe en letra»* EUROS (*«importe en número»* €) hasta la fecha de vencimiento del préstamo. El pago mensual se efectuará en la cuenta corriente nº *«núm. de cuenta»* abierta a nombre del prestamista.
El pago mensual incluye principal más el interés de *«indicar porcentaje»* % pactado.
La falta de pago de cualquiera de las cuotas mensuales devengará, sin necesidad de requerimiento alguno, el interés de *«indicar porcentaje»* % hasta la fecha de su efectivo abono.

QUINTA.- GARANTÍA HIPOTECARIA

En garantía del préstamo y los intereses acordados en el presente contrato se constituye hipoteca a favor de la mercantil *«denominación social»*, sobre la finca descrita en el Exponendo I, extendiéndose la garantía sobre todos los elementos de la misma de conformidad con lo dispuesto en los art.109 y 110 de la Ley Hipotecaria, debiendo el deudor realizar las reparaciones y mejoras necesarias para mantener el valor de la finca hipotecada.

SEXTA.- VENCIMIENTO ANTICIPADO

El vencimiento anticipado del préstamo se producirá en los siguientes casos:
1. Falta de pago de «núm. de cuotas impagadas», si el incumplimiento se produce en la primera mitad de duración del contrato.
2. Falta de pago de «núm. de cuotas impagadas», si el incumplimiento se produce en la segunda mitad de duración del contrato.
3. La enajenación del bien hipotecado sin el consentimiento del prestamista.
4. El deterioro grave del bien hipotecado que ponga en riesgo la garantía.

SÉPTIMA.- TASACIÓN Y VALOR DE SUBASTA

Se incorpora a la presente escritura tasación de la finca, realizada por la entidad «denominación social de tasadora» por valor de «importe de valor de tasación en letra» EUROS («importe de valor de tasación en núm.» €). Dicho valor es el que fijan de común acuerdo las partes como valor de subasta a efectos de un proceso de ejecución.

OCTAVA.- NOTIFICACIONES

Salvo lo previsto de forma diferente en el presente contrato, cualquier notificación que deba efectuarse entre las partes como consecuencia del mismo se realizará mediante burofax, correo ordinario, fax o correo electrónico a las siguientes personas y direcciones:
• Por parte de *«denominación social»*:
«Don/Doña nombre y apellidos»
Domicilio: *«vía pública, número, letra, localidad, código postal»*.
Correo electrónico: *«indicar dirección de correo»*.
• Por parte de *«Don/Doña nombre y apellidos»*:
Domicilio: *«vía pública, número, letra, localidad, código postal»*.
Correo electrónico: *«indicar dirección de correo»*.

NOVENA.- ELEVACIÓN A ESCRITURA PÚBLICA

Las partes se obligan a elevar a escritura pública el presente contrato en el plazo de *«núm. de días»* días ante el Notario de *«localidad»*, *«Don/Doña nombre y apellidos del notario»* y a su inscripción inmediata en el Registro de la Propiedad de *«localidad»*.
Los gastos ocasionados por la elevación a escritura pública e inscripción deberán ser satisfechos por *«el prestamista y/o el prestatario»*.

OCTAVA.- SOMETIMIENTO A FUERO

Para la resolución de cualquier controversia relacionada con la interpretación o aplicación de este contrato, ambas partes acuerdan someterse a los juzgados y tribunales de *«localidad»*.
Y en prueba de conformidad, ambas partes firman el presente contrato, que se extiende en dos ejemplares, igualmente originales, en el lugar y fecha indicados en su encabezamiento.

Por EL PRESTAMISTA	EL DEUDOR HIPOTECARIO
«Don/Doña nombre y apellidos»	«Don/Doña nombre y apellidos»

ANEXO 1
CERTIFICACIÓN REGISTRAL
«Certificación registral de la finca descrita en el Expositivo I»
ANEXO 2
INFORME DE TASACIÓN
«Informe de tasación de la finca»

E. Contrato de crédito al consumo

6035 NOTA PRELIMINAR:

- Se trata de un contrato en virtud del cual una persona física o jurídica, en el ejercicio de su actividad, profesión u oficio, concede o se compromete a conceder a un consumidor un crédito bajo la forma de pago aplazado, préstamo, apertura de crédito o cualquier otro medio equivalente de financiación, para satisfacer **necesidades personales**, al margen de su actividad empresarial o profesional.
- Téngase en cuenta que ha habido **cambios legislativos** fundamentales en la materia, que han afectado tanto a la Ley de Crédito al Consumo, como a la Ley sobre ordenación, supervisión y solvencia de las entidades de crédito. Los últimos reseñables son el art.5 de la Ley 10/2014 por medio de la L 5/2019 y la L 18/2022.
- Téngase en cuenta que la L 5/2019 también ha modificado la Ley General para la Defensa de Consumidores y Usuarios estableciendo que son nulas de pleno derecho las **condiciones generales incorporadas de modo no transparente** en los contratos en perjuicio de los consumidores (LGDCU art.83).
- Tratándose de un contrato de una tarjeta «revolving», para que la operación crediticia pueda **ser considerada usuraria**, basta con que se den los **requisitos** previstos en el primer inciso del art.1 de la ley, esto es, «que se estipule un interés notablemente superior al normal del dinero y manifiestamente desproporcionado con las circunstancias del caso», sin que sea exigible que, acumuladamente, se exija «que ha sido aceptado por el prestatario a causa de su situación angustiosa, de su inexperiencia o de lo limitado de sus facultades mentales» (TS 25-11-15, EDJ 216418).
- La **Ley de Represión de la Usura** se configura como un límite a la autonomía negocial del art.1255 del Código Civil aplicable a los préstamos, y, en general, a cualesquiera operación de crédito «sustancialmente equivalente» al préstamo. Así lo ha declarado el Tribunal Supremo en anteriores sentencias, como las núm 406/2012, de 18 de junio, 113/2013, de 22 de febrero, y 677/2014, de 2 de diciembre (TS 25-11-15, EDJ 216418). En el caso concreto, **estimó usuario un tipo de interés del 24,6% TAE**.

Cuando un contrato de tarjeta de crédito contiene cláusulas de **intereses remuneratorios** que no superan el umbral de usura establecido por la jurisprudencia del Tribunal Supremo (diferencia superior a seis puntos porcentuales respecto al interés medio de mercado), pero dichas cláusulas carecen de transparencia suficiente para que el consumidor comprenda la carga económica y jurídica del contrato, dichas cláusulas deben ser declaradas nulas por abusivas, lo que conlleva la nulidad del contrato en su integridad si la eliminación de estas cláusulas afecta a elementos esenciales del contrato, como el precio del servicio, sin posibilidad de integración, y con restitución de prestaciones conforme al CC art.1303 (AP Madrid 12-12-23, EDJ 833053).

Cuando un contrato de crédito al consumo, formalizado conforme a la L 7/1995, **no incluye** en sus condiciones particulares la **Tasa Anual Equivalente** (TAE) ni una explicación clara y transparente del cálculo de las cuotas y costes asociados, se considera que no supera el control de transparencia, lo que determina la nulidad del contrato y la obligación de restitución conforme al CC art.1303, limitando al prestatario a devolver únicamente la suma recibida con el interés legal, sin intereses remuneratorios ni comisiones adicionales (AP Las Palmas 26-6-24, EDJ 692549).

En contratos de préstamo personal al consumo con **duración entre 1 y 5 años**, la **usura** debe valorarse comparando la TAE pactada con el tipo medio de interés publicado por el Banco de España para operaciones similares en el momento de la contratación; si la TAE supera notablemente (más del doble o en más de seis puntos porcentuales) dicho tipo medio, el contrato es nulo por usurario, con efectos de restitución de intereses pagados que no amortizan capital, salvo que la condena principal no haya sido recurrida y quede firme (AP Tarragona 10-4-25, EDJ 616852).

En contratos de préstamo al **consumo no *revolving***, para determinar la usura del interés remuneratorio, se debe comparar el TAE pactado con el tipo medio TEDR publicado por el Banco de España para operaciones similares en el momento de la contratación, ajustando el TEDR para incluir comisiones; si el TAE contractual está por debajo o no supera notablemente (más de 6 puntos porcentuales en contratos *revolving*) dicho índice, no existe usura, y además, el control de transparencia exige que las cláusulas sean claras y comprensibles para que el consumidor conozca las consecuencias económicas del contrato (AP Madrid 28-4-25, EDJ 603927).

En el caso de autos, se deduce que fue la academia proveedora del curso la que facilitó a la adquirente demandada la financiación con Financieros S.A., pues nunca contactó la adquirente consumidora directamente con la financiera sino que le fueron presentados los documentos de solicitud del préstamo y del contrato mismo por el personal de la proveedora y en las oficinas de ésta, lo que revela un acuerdo previo entre dicha entidad y la financiera, debiendo flexibilizarse el requisito de la exclusividad en el acuerdo previo en el sentido de hacer recaer sobre el financiador la carga de probar que no existe tal exclusividad, pues es obvio que el adquirente consumidor carece de la facilidad probatoria de la que goza la financiera, por otra parte interesada en ocultar el pacto de exclusividad, no siendo necesaria la concurrencia de ningún otro requisito más que los establecidos en los apartados a), b) y c) del art.15 de la Ley de Crédito al Consumo para estimar vinculados el contrato de financiación y el de consumo (AP Madrid 24-6-05, EDJ 115475). **6035** (sigue)

En contratos de préstamo al consumo con **interés remuneratorio pactado**, la nulidad por usura no procede si la TAE aplicada no supera en más de seis puntos porcentuales el tipo medio de interés de mercado específico para créditos al consumo de similar duración en la fecha de celebración del contrato, y si la cláusula de interés supera el doble control de incorporación y transparencia, siendo clara, legible y proporcionando al consumidor la información suficiente para comprender la carga económica del contrato (AP Madrid 26-6-25, EDJ 706519).

- El modelo presupone unas circunstancias determinadas que serán las más frecuentes. Si en el caso concreto existen circunstancias particulares no previstas, deberá completarse o modificarse el modelo, adaptándolo a las mismas.

Préstamo número: *«número de préstamo»*.
Entidad prestamista:
Sucursal: *«número de sucursal»*.
Domicilio: *«domicilio de la entidad»*.
Datos del titular/es:
Nombre: *«Don/Doña nombre y apellidos del titular/es»*.
Domicilio: *«domicilio del titular/es»*.
NIF: *«número de identificación del titular/es»*.
Datos del comercio: *«datos identificativos del comercio»*.
Datos del bien a financiar:
Identificación: *«especificar bien»*.
Precio: *«cuantía del bien»*.

• Si intervienen avalistas:
Datos de los avalistas:
Nombre: *«Don/Doña nombre y apellidos de los avalistas»*.
Domicilio: *«domicilio de los avalistas»*.
NIF: *«número de identificación de los avalistas»*.
CONDICIONES PARTICULARES:
- Importe del préstamo: *«importe del préstamo»*.
- Plazo: *«fecha de otorgamiento del préstamo»*.
- Vencimiento: *«fecha de vencimiento del préstamo»*.
- Moneda: *«medio de pago estipulado»*.
- Interés: *«especificar interés del préstamo»*.
- T.A.E.: *«cálculo de la TAE asignada»*.

NOTA:
El **incumplimiento** de los **requisitos de información** básicos de un contrato de crédito al consumo implica la anulabilidad del mismo. Si se mantiene la eficacia del contrato, entonces se integrará con las disposiciones existentes en materia de protección al consumidor (L 16/2011 art.7).

- Interés de demora: *«interés de demora»*.
- Comisión de apertura: *«tipo de comisión de apertura»*.
- Comisión cancelación total: *«tipo de comisión de cancelación total»*.
- Comisión cancelación parcial: *«tipo de comisión de cancelación parcial»*.

Periodo de carencia: durante este periodo se pagarán *«número de cuotas por carencia»* cuotas sucesivas comprensivas de intereses de *«intereses por carencia, en letra»* euros (*«intereses por carencia, en número»* €), con vencimiento el *«fecha de vencimiento inicial por carencia»*, y la última el *«fecha de vencimiento final por carencia»*.

Periodo de amortización: el presente préstamo se amortizará mediante *«número de cuotas por amortización»* cuotas sucesivas, comprensivas de capital e intereses de *«intereses por amortización, en letra»* euros (*«intereses por amortización, en número»* €) cada una, devengándose la primera de ellas el *«fecha del primer devengo»*, y la última el día del vencimiento fijado en este contrato.

6035 (sigue) CONDICIONES GENERALES:
Las presentes condiciones generales se aplicarán en lo no previsto en las condiciones particulares.

Primera.
El préstamo devengará a favor del **Banco** el tipo de interés que se establece en las condiciones particulares, efectuándose la liquidación y pago de los intereses de la siguiente forma:
Durante el periodo de carencia, el cálculo de los intereses, se efectuará diariamente multiplicando el principal pendiente del préstamo por el tipo de interés nominal establecido en este contrato dividiendo su resultado por 36.000. Los intereses a adeudar al final de cada periodo de liquidación serán la suma aritmética de los devengos producidos en cada uno de los días incluidos en dicho periodo.
Durante el periodo de amortización el cálculo de los intereses se efectuará mensualmente multiplicando el principal pendiente del préstamo por el tipo de interés nominal establecido en este contrato por el número de meses comprendido en cada periodo de liquidación y dividiendo el resultado por 1200.
Los intereses serán adeudados en la cuenta del **Prestatario**.
Este préstamo devengará a favor del **Banco** una comisión de apertura que se detalla en las condiciones particulares liquidable y pagadera en el mismo momento de la formalización por el **Prestatario**.
Como consecuencia de todo ello y a efectos informativos el tipo de interés efectivo anual equivalente (T.A.E.) es el reflejado en las condiciones particulares, no habiéndose incluido para su determinación los gastos que el **Prestatario** puede evitar en uso de las facultades que le concede el contrato, en particular y, en su caso, los gastos de transferencia de los fondos debidos, los gastos a abonar a terceros, en particular los corretajes, gastos notariales e impuestos; y los gastos por seguro o garantías. El cálculo para la determinación de la T.A.E. se ha realizado conforme a la Norma 13ª y Anejo 7 de la Circular 5/2012, de 27 de junio, del Banco de España, a entidades de crédito y proveedores de servicios de pago, sobre transparencia de los servicios bancarios y responsabilidad en la concesión de préstamos.

Segunda.
El préstamo se amortizará mediante el pago de las cuotas que se establecen en las condiciones particulares. Las citadas cuotas habrán de hacerse efectivas por el **Prestatario** sin necesidad de previo requerimiento ni aviso alguno. en las oficinas del **Banco**, precisamente el día señalado como vencimiento de cada una de aquellas o al día siguiente hábil si aquél fuese festivo. El **Prestatario** podrá optar por domiciliar el pago de dichas cantidades en el Banco/Caja de Ahorros que designe.
Sin perjuicio, en todo caso, del plazo máximo de duración previsto en las condiciones particulares y de las amortizaciones reseñadas en las mismas, el **Prestatario** podrá proceder anticipadamente a la amortización total o parcial del préstamo, sin que en ningún caso acredite derecho a devolución de comisión e intereses percibidos por el **Banco**. Se conviene expresamente que dichas entregas parciales anticipadas sean aplicadas, en primer lugar, a reintegro de las costas y gastos suplidos por el **Banco**; en segundo lugar, al pago de intereses de demora; en tercer lugar, al pago de los intereses del principal y, finalmente, a la amortización de capital prestado.
Los reembolsos parciales anticipados podrán ser aplicados. a opción de la parte prestataria a reducir el importe de las cuotas o a acortar el plazo de amortización del préstamo.
En el caso de cancelación total anticipada, los intereses devengados desde la fecha de la última liquidación hasta la fecha de cancelación, se calcularán diariamente multiplicando el principal pendiente del préstamo por el tipo de interés nominal establecido y dividiendo el resultado por 36.000.
En todos los supuestos de amortización voluntaria del préstamo, total o parcial, el **Banco** tendrá derecho a percibir la comisión prevista en las condiciones particulares sobre el importe de amortización, pagadera en el propio acto de la amortización.

NOTA:
El **consumidor** podrá reembolsar anticipadamente, de forma total o parcial y en cualquier momento de vigencia del contrato, las obligaciones derivadas del contrato de crédito. En tal caso, tendrá derecho a una reducción del coste total del crédito que comprenda los intereses y costes, incluso si éstos hubieran sido ya pagados, correspondientes a la duración del contrato que quede por transcurrir. En caso de reembolso anticipado del crédito, el **prestamista** tendrá derecho a una compensación justa y justificada objetivamente por los posibles costes directamente derivados del reembolso anticipado del crédito, siempre que el reembolso anticipado se produzca dentro de un período en el cual el tipo deudor sea fijo. Dicha compensación no podrá ser superior al 1 por 100 del importe del crédito reembolsado anticipadamente si el

período restante entre el reembolso anticipado y la terminación acordada del contrato de crédito es superior a un año. Si el período no supera un año, la compensación no podrá ser superior al 0,5 por 100 del importe del crédito reembolsado anticipadamente (L 16/2011 art.30). 6035 (sigue)

Sin perjuicio del derecho de la entidad Prestamista a dar por vencido, en su caso, anticipadamente el préstamo en los términos previstos en esta póliza. las cantidades adeudadas, por intereses y amortizaciones de principal, no satisfechas en las fechas estipuladas, devengarán desde el día siguiente de las mismas, el interés de demora pactado en las condiciones particulares, pudiendo el **Banco**, en cuanto intereses, considerarlos capital a estos efectos, de conformidad con el art.317 del Código de Comercio.

NOTA:
Anatocismo convencional.

Tercera.
No obstante lo previsto en la cláusula anterior, podrá el **Banco** dar por vencido el préstamo y exigir la devolución de la suma que por capital, gastos, intereses, y comisión le adeude el **Prestatario** si se diese alguna de las siguientes circunstancias:
a) Incumplimiento de cualquiera de las obligaciones contraías en virtud de este contrato.
b) Por comprobarse la inexactitud y ocultación de los datos facilitados al **Banco** con carácter previo a la concesión de este préstamo y que, a su juicio, hayan determinado una errónea o incompleta visión en el estudio del riesgo de la operación.
c) Que el titular del préstamo o alguno de sus fiadores realice actos que pongan en peligro o disminuyan notablemente su solvencia.
d) En caso de solicitud de quita y espera, celebración por el prestatario de convenio extrajudicial con sus acreedores, que implique indisponibilidad de sus bienes o cesión total o parcial de los mismos, como embargo o intervención administrativa o administración judicial de todos o parte de los bienes del prestatario.
e) Cuando concurriera cualquiera de las causas de vencimiento anticipado establecidas por el Derecho.

Cuarta.
Vencido el préstamo por llegada de su término o por cualquiera de las causas previstas en este contrato, si el **Prestatario** no hiciese pago de la suma adeudada en el mismo día de vencimiento o en el siguiente si aquel fuese festivo, el **Banco** podrá exigir su pago por la vía ejecutiva.
A efectos meramente procesales, y como mecanismo de mayor seguridad para el **Prestatario** la liquidación de intereses y demás conceptos adeudados que, sumados al débito por principal prestado determinaran la deuda ejecutivamente exigible, se practicará por el **Banco**, el cual expedirá la oportuna certificación que recoja el saldo pendiente el día del cierre. En su virtud, bastará para el ejercicio de la acción ejecutiva la presentación de esta póliza, juntamente con la certificación prevenida en el número 5º del art.517 de la Ley de Enjuiciamiento Civil y la legislación concordante, y la aportación de la documentación prevenida en el número 1 del art.573 de la misma Ley.

Quinta.
Serán de cuenta del **Prestatario** todos los gastos e impuestos que origine este préstamo durante su vigencia incluidos los gastos judiciales o extrajudiciales, comprendidos los de abogados y procuradores que pudiera ocasionar su ejecución y cobro, los que se satisfagan por la formalización tanto de este contrato como de los documentos a que se refieren las condiciones que preceden, así como los gastos de correo u otros medios de comunicación, de acuerdo con las tarifas postales y de comunicaciones vigentes en cada momento.

Sexta.
El/los **Fiador/es** que a efectos de citaciones, notificaciones y requerimientos designan como domicilio el indicado al principio de este documento, garantiza/n solidariamente entre sí y con el **Prestatario**, y en los mismos términos que este último, cuantas obligaciones se contraen en la presente póliza, aun cuando no aparezca/n expresamente nombrado/s en alguna de las presentes cláusulas y muy especialmente, al pago del principal, intereses y comisiones.
El hecho de que el Banco deje la obligación vencida, sin reclamar, no se estimara como prórroga a efectos de liberar los fiadores.

Séptima.
De intervenir en la póliza personas casadas, éstas se comprometen a no modificar su actual régimen económico matrimonial sin dejar expresamente a salvo las obligaciones contraídas con el **Banco** por razón del presente contrato y admitir que la contravención de este pacto no producirá efectos frente al **Banco**, aunque la modificación se inscriba en los Registros Civil y Mercantil.

6035 (sigue) **Octava.**

A efecto de las notificaciones de todo tipo previstas en la Ley, se entenderá como domicilio de cada uno de los intervinientes para efectuar las que fueran necesarias, el señalado en la presente póliza para cada uno de ellos y en todo caso, se entenderá por bien efectuada la notificación, cuando fuera intentada en dicho domicilio.

Los titulares de esta operación y sus avalistas, podrán modificar los domicilios en este documento señalados, siempre que el cambio sea notificado al **Banco**.

Novena.

En el caso de ser varios los prestatarios, todos ellos quedan obligados solidariamente frente al **Banco** al cumplimiento de las obligaciones derivadas de esta póliza.

Décima.

La financiación que se realiza por medio de este préstamo no tiene carácter exclusivo pudiendo el **Prestatario** efectuar el pago de los bienes adquiridos en el comercio al contado, acudiendo a la financiación de otras entidades de crédito o mediante la utilización de tarjetas u otras formas de crédito. En consecuencia, el **Banco** no asume ninguna responsabilidad por razón de la operación comercial o de los bienes que por medio de este préstamo sean adquiridos.

NOTA:

L 16/2011 art.12 y 13.

En *«localidad»* a *«fecha»*

PRESTATARIO/S - *AVALISTA/S* **BANCO**

F. Contrato de cuenta corriente

NOTA PRELIMINAR: 6040

- A la vista de las evidentes semejanzas entre la cuenta corriente y la libreta de ahorros resulta aconsejable la inclusión de un **único contrato base** que contenga las especialidades propias de cada tipo.

Téngase presente la modificación de la LGDCU art.19, en su redacción dada por la LO 1/2025 disp.final 16ª, según el cual, «en los procedimientos en que se ejerciten acciones promovidas por consumidores y usuarios, cuando el **empresario no contribuyera a una solución consensuada** de una controversia que tuviera su base en una cláusula de idéntica significación que otra ya declarada nula por abusiva por la jurisprudencia del Tribunal Supremo, o por sentencia firme que constara inscrita en el Registro de Condiciones Generales de la Contratación, o por sentencia del Tribunal de Justicia de la Unión Europea resolviendo específicamente sobre la materia, el órgano judicial que condene a la restitución de cantidades al empresario impondrá de oficio una indemnización por mora que consistirá en el pago de un interés anual igual al del interés legal del dinero vigente en el momento en que se devengue, incrementado en el 50 por 100. Estos intereses se considerarán producidos por días. A los efectos de este párrafo se entiende que una cláusula tiene idéntica significación a otra cuando su contenido y efectos sean iguales, pese a la existencia de diferencias no sustanciales en la redacción de las mismas. No obstante, transcurridos dos años desde la condena a la restitución de cantidades, el interés anual no podrá ser inferior al 20 por 100».

Téngase presente, asimismo, la **LO 10/2025**, de 26 de diciembre, por la que se regulan los **servicios de atención a la clientela**, por la que se regulan los niveles mínimos de calidad y de la evaluación de los servicios de atención a la clientela de las empresas que presten determinados servicios de carácter básico de interés general y de las grandes empresas. Dicha ley se aplica, entre otros, a las empresas establecidas en España o en cualquier otro Estado, que lleven a cabo la ejecución efectiva de servicios de carácter básico de interés general, ofrecidos o prestados en territorio español, y en concreto, los consistentes en servicios financieros.

- En relación a las **comisiones de reclamaciones de posiciones deudoras** en contratos de cuenta corriente, tiene por objeto el cobro de los costes en que ha incurrido la entidad al efectuar las reclamaciones necesarias para la recuperación de los saldos deudores de sus clientes. Ahora bien, solo puede ser posible si, además de aparecer recogida en el contrato, se acredita que: su devengo está vinculado a la existencia efectiva de gestiones de reclamaciones realizadas ante el cliente deudor (AP Asturias 7-6-18, EDJ 562687).

En la sentencia AP Asturias 17-7-15, EDJ 187290, al examinar un supuesto semejante al presente, en el que la controversia giraba en torno a una **comisión por descubierto**, se señaló que pese a que el cliente con el que el Banco había concertado el contrato no tenía la condición de consumidor, no podía por menos de considerarse a efectos interpretativos la doctrina proteccionista al estar en presencia de un contrato de adhesión, con cita de la sentencia AP Madrid 21-3-14, EDJ 45380, que declaró que ante la existencia de un descubierto en cuenta corriente no era factible, por un lado, percibir los intereses de demora y, por otro, repercutir una comisión propiamente injustificada, ya que en otro caso se vendría a producir una transferencia patrimonial sin causa, con manifiesta infracción del CC art.1.274 s., pues de exigir ambos conceptos se estaría reiterando la prestación de un servicio que no lo ha sido doblemente (AP Asturias 25-1-19, EDJ 524741).

- Se consideran en el ámbito de aplicación del control de abusividad previsto en LGDCU art.82.1 en relación con los art.1.1 LCGC y art.3 Dir 93/13/CEE, las comisiones fijadas por una entidad bancaria para sus servicios. La fijación en las tarifas generales de una comisión por un servicio prestado por una entidad financiera constituye una **cláusula no negociada individualmente** (TS 26-4-22, EDJ 551145).

En contratos de **cuenta corriente bancaria**, la entidad financiera está obligada a rendir cuentas al cliente mediante la presentación del histórico completo de movimientos desde la apertura de la cuenta, aplicándose las normas del mandato, pero no es procedente exigir rendición de cuentas aislada y desglosada respecto de los apuntes derivados del contrato de tarjeta de crédito cuando dicha cuestión ha sido objeto de procedimiento previo y está vinculada a litigio específico por nulidad por usura (AP Asturias 1-6-22, EDJ 668473).

En contratos bancarios con clientes que **no ostentan la condición de consumidores**, la entidad financiera puede cobrar comisiones por descubierto siempre que estas estén pactadas y correspondan a una verdadera facilidad crediticia, mientras que las comisiones por reclamación de posiciones deudoras solo son exigibles si la entidad acredita haber realizado gestiones efectivas para el cobro; la falta de prueba suficiente sobre dichas gestiones implica la devolución de las cantidades cobradas indebidamente (AP 24-10-23, EDJ 797870).

6040 (sigue) - No estamos ante un contrato de préstamo con interés, sino ante un contrato de cuenta corriente bancaria, en el marco del cual las comisiones previstas en la normativa bancaria ante **situaciones de descubierto** tienen una significación y virtualidad diferente, puesto que generalmente responden a la concesión implícita o encubierta de crédito (sobre las condiciones de validez de esta clase de comisiones y su diferenciación con las que estrictamente retribuyen los costes de reclamación, ver TS 13-3-20, EDJ 550183 (AP A Coruña 19-2-24, EDJ 541965).

- La sentencia TS 29-5-23, EDJ 575987, comienza precisando que no cabe una solución unívoca sobre el carácter abusivo o no de la **comisión de apertura**, exigiéndose un análisis individualizado de cada contrato. El TS subraya que, en la normativa sectorial aplicable (Anexo II apartado 4.1 de la OM 5-5-1994, sobre transparencia de las condiciones financieras de los préstamos hipotecarios), se establecían las exigencias a que hace referencia el Tribunal de Justicia, en el sentido de que la comisión de apertura ha de retribuir los gastos de estudio, concesión, o tramitación del préstamo hipotecario. El Tribunal fija también la pauta para considerar que el consumidor pueda entender la naturaleza de los servicios prestados en contrapartida a la comisión de apertura, para lo que se exige que la cláusula figure claramente en la escritura pública de préstamo, individualizada en relación con otros pactos y condiciones, y en particular respecto de otras comisiones, que retribuyan conceptos distintos, claramente diferenciados. Finalmente, el TS precisa la aplicación del criterio de la proporcionalidad de su cuantía, en el sentido fijado en la sentencia de Luxemburgo, teniendo en cuenta que, según las estadísticas del coste medio de comisiones de apertura en España, éste oscilaba entre un 0,25% y un 1,50%, de donde concluye que la comisión analizada en el caso no resultaba abusiva (AP Pontevedra 15-2-24, EDJ 542352).

- Debido a que aquí la comisión de 410 € se encuentra dentro del rango medio que el Tribunal Supremo indica, hemos de concluir que el cobro de dicha suma, por las **gestiones para testar la solvencia** de los contratantes, para evaluar el riesgo de la operación y demás trámites para la preparación de nuestro préstamo, es equitativo y proporcionado. En definitiva, la estipulación controvertida es válida, no produce un desequilibrio importante en los derechos y obligaciones que el contrato asigna a ambas partes y no es abusiva (AP Asturias 14-2-24, EDJ 541075).

La **comisión por descubierto** en cuenta corriente es válida y no nula cuando no se ha acreditado que su importe supere el **límite legal** de 2,5 veces el interés legal del dinero, no se aplica simultáneamente con intereses moratorios por el mismo periodo y concepto, y se ha cumplido con los deberes de información, incluso si no se aporta el contrato original, siempre que el extracto bancario no refleje cobro de intereses de demora y las comisiones correspondan a servicios efectivamente prestados (AP Asturias 5-2-25, EDJ 553614).

- El modelo presupone unas circunstancias determinadas que serán las más frecuentes. Si en el caso concreto existen circunstancias particulares no previstas, deberá completarse o modificarse el modelo adaptándolo a las mismas.

En *«localidad»* a *«fecha»*

Número de cuenta (CCC): *«número de cuenta»*.

Entidad: *«indicar nombre de la entidad, sucursal y domicilio»*.

Titular/es:

- Nombre: *«indicar datos identificativos del titular/es»*.
- Domicilio para correspondencia: *«domicilio a efectos de correspondencia»*.
- Régimen de disposición: *«especificar el régimen de disposición de los titulares»*.

NOTA:

El **criterio jurisprudencial** en relación con las cuentas de titularidad plural sostiene que las cuentas corrientes bancarias expresan siempre una disponibilidad de fondos a favor de quienes figuren como titulares de las mismas contra el Banco que los retiene, y el mero hecho de su apertura con titulares plurales no determina por sí un necesario condominio sobre los saldos, que viene precisado por las relaciones internas que medien entre los titulares bancarios conjuntos y más concretamente por la originaria pertenencia de los fondos (TS 6-2-91; 15-7-93, EDJ 7136; 19-12-95, EDJ 6686; 7-6-96, EDJ 3154; 29-9-97, EDJ 6816; 5-7-99, EDJ 19936; 14-3-03; 3-11-14, EDJ 279623).

CONDICIONES PARTICULARES:

- Interés haber: *«tipo de interés de haberes»* %.
- Interés de descubierto: *«tipo de interés de descubierto»* %.
- Comisión de descubierto: *«tipo de comisión de descubierto»* %. Mínimo: *«especificar cantidad, en letra»* euros (*«especificar cantidad, en número»* €).
- Comisión de mantenimiento y administración: *«importe de la comisión, en letra»* euros (*«importe de la comisión, en número»* €).

- Gastos por reclamación de posiciones deudoras: *«importe de los gastos, en letra»* euros (*«importe de los gastos, en número»* €). **6040** (sigue)
- Periodo de liquidación: *«periodo de liquidación»*.
- Forma de intervención: *«especificar la forma de intervención»*.
- Fechas de liquidación en caso de descubierto: *«fecha de liquidación»*.
- Tipo de cuenta:

• **Cuenta corriente:**
cuenta corriente

NOTA:
El contrato de cuenta corriente se define como «un contrato mercantil por el cual dos personas, por lo general comerciantes, en relación de negocios continuados, acuerdan temporalmente concederse **crédito recíproco** en el sentido de quedar obligadas ambas partes a ir sentando en cuenta sus remesas mutuas, como partidas de cargo y abono, sin exigirse el pago in mediato, sino el saldo, a favor de la una o de la otra, resultante de una liquidación por diferencia, al ser aquélla cerrada en la fecha convenida, lo que tiene esenciales diferencias con la cuenta corriente bancaria, de liquidaciones periódicas cualquiera que sea su estado, y que se caracteriza más por ser un contrato complejo, de depósito irregular con devengo de intereses y liquidaciones periódicas por el banco (sentencias de 23 de mayo de 1946 y 7 de marzo de 1974); y que ya la doctrina científica viene distinguiendo, entre los variados tipos de depósitos bancarios, aquel que comporta para el banco la obligación de devolver la suma depositada a petición del depositante y en el momento mismo en que éste lo exija, operación esta que ha venido en denominarse en la técnica mercantil y bancaria, «depósito en cuenta corriente» dado que las relaciones del banco con sus clientes se instrumentan y contabilizan en la forma expresada, dándose la circunstancia de que, cuando ese depósito es de cosas fungibles, se le autoriza para disponer del objeto del depósito, con obligación de devolver otro tanto de la misma especie y calidad, generando entonces la figura del depósito irregular, caracterizado por el hecho de que el depositario adquiere, desde el momento de la constitución de aquél, la propiedad de las cosas depositadas, y, por eso, en esta clase de depósito de cuenta corriente, la concesión de crédito no es del banco hacia el cliente, como ocurre en la simple «cuenta de crédito» sino del cuente hacia el banco» (TS 11-3-92, EDJ 2361).
En el contrato de cuenta corriente bancaria, el límite cuantitativo de las órdenes de pago vine dado por la cifra del «Haber» del cliente en el momento de la orden, y [...] cuando, de acuerdo con un práctica bancaria habitual, el Banco [...] permite libramientos de cheques por cuantía superior al expresado límite de la cuenta corriente respectiva, ello implica una **concesión encubierta de crédito** bajo la forma de descubiertos, de acuerdo con el artículo 4.º de la Orden 17 enero 1981, sobre «liberalización de tipos de interés y dividendos bancarios y financiación a largo plazo» que dispone que «los **descubiertos en cuenta corriente o excedidos en cuenta de crédito** se considerarán operaciones de crédito a todos los efectos» (AP Barcelona 17-2-22, EDJ 548312).

• **Libreta de ahorros:**
libreta de ahorros.

• **En caso de cuenta a plazo:**
- Duración: *«número de meses»* meses.

La **Entidad** y los **Titulares** convienen la formalización del presente contrato que se regirá por las condiciones particulares arriba indicadas y por las condiciones generales de contratación que los **Titulares** acepta expresamente.
En prueba de conformidad con lo estipulado en el presente contrato y en el folleto anexo de criterios de valoración y comisiones aplicables que los **Titulares** declaran expresamente conocer y recibir en este acto, lo firman las partes por duplicado ejemplar, uno de los cuales reciben los **Titulares**, en el lugar y fecha expresados en la antefirma de este documento.

LA ENTIDAD	LOS TITULARES
«denominación de la Entidad»	*«identificación de los titulares»*

6040 (sigue)

CONDICIONES GENERALES

Los **Titulares** suscriben con la **Entidad**, en adelante el **Banco**, el contrato de apertura de la cuenta expresada en las condiciones particulares, por tiempo indefinido, salvo que se trate de cuentas a plazo que lo será por el tiempo que figura en dichas condiciones particulares, y con las características indicadas en aquéllas y en las condiciones impresas que siguen:

1º. En esta cuenta se acreditarán las cantidades que los **Titulares**, o terceros entreguen para su abono y se adeudarán las disposiciones de fondos y órdenes de cargo aceptadas por el **Banco**, que efectúen los **Titulares** tanto personalmente, como a través de cajeros automáticos, datáfonos u otros aparatos, previo acuerdo formal con el **Banco**.

2º. Los **Titulares** podrán disponer de sus saldos mediante cheques, en el caso de cuentas corrientes a la vista, los cuales serán entregados por el **Banco**, u otros documentos propios debidamente autorizados.

En caso de que los **Titulares** optaran por una cuenta de ahorro o cuenta a plazo, el **Banco** facilitará una libreta personal e intransferible. La misma podrá ser solicitada por el **Banco** para realizar cualquier tipo de operación.

3º. Todos los abonos que se extiendan en la libreta no serán válidos si tienen enmiendas, raspaduras o carecen de la impresión mecánica que los autentiquen, o en su defecto, firma de apoderados del **Banco**.

El saldo que resulte de la contabilidad del **Banco** prevalecerá sobre cualquier otro.

Los cheques y la libreta en su caso se custodiarán en lugar seguro, y su robo o extravío se denunciará a las autoridades competentes y se comunicará de inmediato al **Banco**.

4º. El **Banco** no se obliga a cumplir órdenes de pago pasadas por telégrafo, teléfono; télex o teletipo, sin la clave de autenticidad convenida; y no se hace responsable de los daños y perjuicios derivados de las demoras o deficiencias de los servicios de comunicación implicados, o de otras causas de fuerza mayor.

5º. La valoración de los abonos y adeudas para el cálculo de intereses, se realizará de acuerdo con las normas establecidas por el **Banco** en cada momento, dentro de los límites permitidos por el Banco de España.

NOTA:
Véase la Circ BE 5/2012 Norma 13ª y Anejo 4º.

6º. Si el saldo resultara deudor, deberá ser reintegrado al **Banco** inmediatamente y con carácter solidario por los titulares, sin previo requerimiento.

En este caso, se aplicará el último tipo de interés nominal de descubiertos que el **Banco** tenga publicados al practicar cada liquidación, con la periodicidad y en las fechas señaladas en las condiciones particulares, más la comisión de descubierto indicada en dichas condiciones particulares; que será calculada sobre el mayor saldo descubierto contable que en la cuenta se haya producido en cada período de liquidación.

7º. El **Banco** podrá compensar con esta cuenta los saldos deudores que presenten otras cuentas de cualquiera de los titulares o las deudas que éstos tuvieran con el **Banco**.

8º. Si la cuenta es indistinta, todos los derechos y obligaciones relativos a la misma podrán ser ejercitados por, o exigidos a cualquiera de sus **Titulares** solidariamente, sin perjuicio de lo que dispongan las leyes. El **Banco** podrá abonar en las cuentas indistintas los ingresos realizados por o a favor de cada uno de los titulares individualmente.

9º. Salvo lo dispuesto en la condición 16º, en caso de que se trate de cuentas a plazo, este contrato podrá ser resuelto unilateralmente por cualquiera de las partes. Si es por voluntad de los titulares, bastará su manifestación en tal sentido. Si es por voluntad del **Banco**, tendrá que dar un preaviso de ocho días a cualquiera de los **Titulares**. Transcurrido dicho plazo, el saldo acreedor de la cuenta quedará a disposición de éstos, pero no devengará intereses.

Sea cual fuera el motivo de resolución del contrato, los **Titulares** se obligan a devolver al **Banco** los cheques no utilizados o la libreta y, en su caso, las tarjetas u otros medios de pago que les tenga facilitados.

10º. A efectos de notificaciones, el **Banco** considerará como domicilio el último dado a conocer por escrito por los **Titulares**.

11º. El **Banco** podrá modificar los tipos de interés aplicables a esta cuenta, así como las comisiones correspondientes. La modificación de los tipos de interés mencionada, incluye también la modificación, en su caso, de los tramos o la inclusión de los mismos, así como la relativa a la franquicia y las fechas y periodos de liquidación, señalados en las condiciones particulares. Estas modificaciones serán comunicadas a los titulares o publicadas en el diario *«especificar el diario»*, en ambos casos, con antelación razonable a su aplicación; tales comunicaciones podrán ser sustituidas en los contratos de duración indefinida, mediante su exposición en el tablón de anuncios de todas las oficinas del **Banco**, si bien en este caso no serán aplicables hasta que hayan transcurrido dos meses desde tal publicación.

NOTA: 6040 (sigue)

Véase Norma 13ª y Anejos 1 y 2 de la Circ BE 5/2012.

Si los **Titulares** mostraran su desacuerdo con las nuevas condiciones, y lo comunicaran al **Banco** antes de diez días desde la fecha de su aplicación, podrán resolver el presente contrato, aplicándose en tal caso las últimas condiciones aceptadas hasta la fecha en que hagan constar al **Banco** su disconformidad.

12º. El **Banco** remitirá periódicamente a los **Titulares** extracto de la cuenta, salvo que éstos hayan optado por la expedición de libreta, así como detalle de las liquidaciones que se entenderán conformes si no se reciben reparos de los titulares transcurridos dos meses desde su emisión.

NOTA:

Téngase en cuenta la Circ BE 5/2012 Norma 11ª y Anejos 1 y 4 -redacc Circ BE 3/2022-.

13º. Para las liquidaciones de intereses se utilizará la fórmula del interés simple (i = c.r.t.: 36.500), calculándose sobre los saldos mantenidos; siendo i: los intereses devengados, c: los saldos mantenidos, r: el tipo de interés nominal y t: los días de permanencia.

La comisión de mantenimiento se calculará en función del saldo medio acreedor en cada periodo de liquidación, a partir de la valoración de los apuntes asentados en la cuenta, aplicando la que corresponde con arreglo a los saldos indicados en las condiciones particulares.

La comisión de mantenimiento de cuenta inactiva se aplicará si la cuenta no tuviese más movimientos, durante dos años, que el derivado de liquidación de intereses. Esta comisión es incompatible con la comisión de mantenimiento.

Los apuntes derivados de ingresos de efectivo; adeudo de cheques, liquidación de intereses o de rectificación de errores, están exentos de comisión de administración.

Las comisiones se devengarán y adeudarán en las mismas fechas de liquidación periódica de la cuenta.

14º. La Tasa Anual Equivalente (T.A.E.) que, a efectos informativos, se consigna en este contrato, ha sido calculada de acuerdo con lo dispuesto en la Norma 13ª y la fórmula contenida en el Anejo 7 de la Circular 5/2012 del Banco de España.

15º. Todos los tributos y demás gastos judiciales o extrajudiciales que se originen como consecuencia de la formalización de este contrato, y del nacimiento, cumplimiento o extinción de las obligaciones derivadas del mismo serán de cuenta de los **Titulares** exclusivamente, ven particular los gastos por reclamación deposiciones deudoras; siendo exigibles desde la fecha en que se ocasionen devenguen. El reintegro de estos importes se hará mediante ingreso en la propia cuenta.

OTRAS CONDICIONES DE CUENTAS A PLAZO

16º. Las imposiciones que se realicen en este tipo de cuentas, no podrán ser retiradas por los **Titulares** hasta transcurrido el plazo por el que fueron formalizadas, que será para cada una de las imposiciones; el que figura en las condiciones particulares.

17º. Si antes del vencimiento de cada imposición, o de cualquiera de sus prórrogas, no se hubiera recibido por parte de los **Titulares** aviso para retirar su importe, el **Banco** la considerará prorrogada por otro periodo igual al vencido, manteniéndose las mismas condiciones. Iguales normas serán aplicables a cada vencimiento ulterior y prórrogas sucesivas.

En caso de que el **Banco** decida modificar el tipo de interés a las eventuales prórrogas y/o la periodicidad con que se practiquen las liquidaciones, deberá notificarlo a los **Titulares** con antelación razonable al vencimiento de la imposición, señalando el tipo de interés nominal, así como la T.A.E. a que está dispuesto a prorrogarla por igual plazo y la periodicidad con que se efectuarán las liquidaciones. Si antes del vencimiento de la imposición el **Banco** no hubiera recibido de los **Titulares** aviso en contra, se entenderá que éstos aceptan la mencionada prórroga con las nuevas condiciones. Si los **Titulares** rechazan antes del vencimiento las nuevas condiciones, llegado el mismo podrán retirar libremente el importe de la imposición.

18º. En la liquidación de intereses, para este tipo de cuentas, se utilizará la fórmula del interés simple (i: c. r. t.: 36000), considerando que cada mes del año tiene 30 días.

CUENTAS EN DIVISAS

19º. Estas cuentas se regirán por las disposiciones en materia de control de cambios y transacciones económicas con el exterior.

Las disposiciones de este tipo de cuentas no podrán realizarse por medio de cajeros automáticos, datáfonos u otros aparatos similares.

20º. Para este tipo de cuentas, en las liquidaciones de intereses se utilizará la fórmula del interés simple.

G. Contrato de tarjeta de crédito

6045 **NOTA PRELIMINAR:**

Téngase en cuenta la LGDCU art.19.1, en su redacción dada por la LO 1/2025 disp.final 16ª, según el cual, «en los procedimientos en que se ejerciten acciones promovidas por consumidores y usuarios, cuando el **empresario no contribuyera a una solución consensuada** de una controversia que tuviera su base en una cláusula de idéntica significación que otra ya declarada nula por abusiva por la jurisprudencia del Tribunal Supremo, o por sentencia firme que constara inscrita en el Registro de Condiciones Generales de la Contratación, o por sentencia del Tribunal de Justicia de la Unión Europea resolviendo específicamente sobre la materia, el órgano judicial que condene a la restitución de cantidades al empresario impondrá de oficio una indemnización por mora que consistirá en el pago de un interés anual igual al del interés legal del dinero vigente en el momento en que se devengue, incrementado en el 50 por 100. Estos intereses se considerarán producidos por días. A los efectos de este párrafo se entiende que una cláusula tiene idéntica significación a otra cuando su contenido y efectos sean iguales, pese a la existencia de diferencias no sustanciales en la redacción de las mismas. No obstante, transcurridos dos años desde la condena a la restitución de cantidades, el interés anual no podrá ser inferior al 20 por 100».

Téngase presente, asimismo, la LO 10/2025, por la que se regulan los **servicios de atención a la clientela**, por la que se regulan los niveles mínimos de calidad y de la evaluación de los servicios de atención a la clientela de las empresas que presten determinados servicios de carácter básico de interés general y de las grandes empresas. Dicha ley se aplica, entre otros, a las empresas establecidas en España o en cualquier otro Estado, que lleven a cabo la ejecución efectiva de servicios de carácter básico de interés general, ofrecidos o prestados en territorio español, y en concreto, los consistentes en servicios financieros.

- Es un **contrato atípico**, regido por las estipulaciones de las partes y por las normas generales de la contratación, y en virtud del cual la entidad bancaria se compromete a realizar los pagos por cuenta del cliente o usuario, o a facilitarle el efectivo que requiera, mientras que el cliente se compromete a reembolsar los pagos y anticipos en los periodos pactados, así como a abonar la comisión o cuota fijada. Es un **contrato de adhesión**, incluido en la categoría de contrato de crédito, caracterizado por la relación de confianza que se establece entre las partes (AP Ciudad Real 11-7-96, EDJ 6236).
- Se trata de un contrato de **tracto sucesivo** (AP Madrid, 28-2-17, EDJ 42539).
- En este tipo de contratos cobra especial importancia el error en la **prestación del consentimiento** y el **deber de información** que pesa sobre la entidad concedente de la tarjeta (TS 23-2-17, EDJ 12287).
- A efectos de **valoración de las operaciones**, véase el apartado 9 del Anejo 4 de la Circ BE 5/2012, así como Anejo 3 de la misma relativa a la **información precontractual** que se debe resaltar ante los clientes.

En casos de **operaciones de pago no autorizadas** mediante tarjeta de crédito, la entidad proveedora del servicio de pago es responsable de la devolución inmediata del importe, salvo que se demuestre que el titular actuó fraudulentamente o con negligencia grave en la custodia de los medios de seguridad o en la comunicación de la incidencia, y las cláusulas contractuales que permitan a la entidad retroceder unilateralmente abonos realizados durante la tramitación de incidencias son nulas por generar un desequilibrio contractual y contravenir la normativa de protección de pagos (AP Lleida 17-1-22, EDJ 533813).

- Entre las tarjetas de crédito constituye una especie las denominadas «**revolving**», que a través de un particular modo de pago el capital que debe reintegrarse a través de las cuotas que se abonan periódicamente vuelve a formar parte del crédito del que se puede disponer. Es una línea de crédito permanente que implica que sobre el capital se aplica un tipo de **interés pactado que generalmente es más elevado** que otras modalidades de préstamos. La amortización no suele fijarse previamente -aunque existe la modalidad de pago de una cantidad fija cada mes- al ser dependiente del componente variable de la cuota periódica a satisfacer, integrada por el capital pendiente y las disposiciones que se hayan realizado mediante el uso de la tarjeta (AP Cantabria 14-3-22, EDJ 550894).

Aunque el contrato no sea de préstamo, la jurisprudencia extiende del ámbito de la **Ley de Usura** (L 23-7-1908) a toda aquella operación que, por su naturaleza y características, responda a un contrato de crédito en cualquiera de sus modalidades, porque lo relevante, como indicaron las sentencias TS 18-6-12, EDJ 209070; 22-2-13, EDJ 24020; 2-12-14, EDJ 279620 y 25-11-15, EDJ 216418, no es que concurran todos los requisitos objetivos y subjetivos a que se refiere el art.1, sino que basta con que se den los previstos en el primer inciso (requisitos de carácter objetivo), esto es, que se estipule un interés notablemente superior al normal del dinero y manifiestamente desproporcionado con las circunstancias del caso. Por tanto, sin que ya sea de exigir que de forma clara se demuestre que ha sido aceptado por el prestatario a causa de su situación angustiosa, de su inexperiencia o de lo limitado de sus facultades mentales (TS 25-11-15, EDJ 216418). **6045** (sigue)

Recientemente, el TS ha considerado no usurario un contrato de tarjeta «revolving» celebrado en 2006, en el que se establecía una TAE del 24,5%, puesto que, de los datos obtenidos del Banco de España, el tipo de interés correspondiente a la categoría específica de las tarjetas de crédito y «revolving» aplicado por las entidades bancarias en esas fechas, era frecuentemente superior al 20% y también era habitual que superase el 23%, 24%, 25% y hasta el 26% anual (TS 4-5-22, EDJ 559950).

Nótese que, para los tribunales, la **declaración de usurario** de un tipo de interés aplicado en las denominadas tarjetas «revolving», no depende, en realidad, de que dicho tipo sea, objetivamente, más o menos elevado, sino de si se encuentra por encima del tipo de interés habitual correspondiente a este tipo de tarjetas en una **fecha concreta**. De ahí, que no pueda establecerse exactamente a priori por encima de qué tipo de interés se considera este usurario

- «(...) está claro que el juicio sobre el carácter usurario del interés remuneratorio convenido en este contrato de tarjeta de crédito en la modalidad revolving (...) ha de hacerse tomando, en primer lugar, como interés convenido de referencia la TAE (...). Además, la comparación debe hacerse respecto del interés medio aplicable a la categoría a la que corresponda la operación cuestionada, en este caso, el tipo medio aplicado a las operaciones de crédito mediante tarjetas de crédito revolving.

En relación con la determinación de este parámetro de comparación, para los contratos posteriores a que el boletín estadístico del Banco de España desglosara un apartado especial a este tipo de créditos, en junio de 2010, la jurisprudencia acude a la información suministrada en esta estadística para conocer cuál era ese interés medio en aquel momento en que se concertó el contrato litigioso.

El **índice analizado** por el Banco de España en esos boletines estadísticos no es la TAE, sino el TEDR (tipo efectivo de definición restringida), que equivale a la TAE sin comisiones; de manera que, si a ese TEDR se le añadieran las comisiones, el tipo sería ligeramente superior, y la diferencia con la TAE también ligeramente menor, con el consiguiente efecto respecto de la posibilidad de apreciar la usura. De tal forma que, en los contratos posteriores a junio de 2010, se puede seguir acudiendo al boletín estadístico del Banco de España, y al mismo tiempo permitir que el índice publicado se complemente con lo que correspondería a la vista de las comisiones generalmente aplicadas por las entidades financieras.

Respecto de los **contratos anteriores a junio de 2010**, a falta de un desglose especifico en los boletines estadísticos del Banco España, no cabe acudir (...) al índice correspondiente a los créditos al consumo, sino que ha de acudirse a la información específica más próxima en el tiempo. Esta es la que se ofreció en 2010. Según el boletín estadístico, el tipo medio TEDR ese año estaba en el 19,32. Lógicamente, la TAE, al agregar las comisiones, sería ligeramente superior (entre 20 y 30 centésimas, en los niveles de interés que nos movemos). Por lo que podemos partir de forma orientativa del índice de 2010 (19,32), con la corrección oportuna para adecuarlo a la TAE.

Y establecemos tanto para los **contratos anteriores al año 2010**, como para los **posteriores**, el margen admisible por encima del tipo medio de referencia, para que el interés no se considere notablemente superior al normal del dinero.

En la medida en que el criterio que vamos a establecer lo es sólo para un tipo de contratos, los de tarjeta de crédito en la **modalidad *revolving***, en los que hasta ahora el interés medio se ha situado por encima del 15% (...), consideramos más adecuado seguir el criterio de que la diferencia entre el tipo medio de mercado y el convenido sea superior a 6 puntos porcentuales» (TS 15-2-23, EDJ 513138; 22-2-24, EDJ 508393).

En **reclamaciones de deuda** derivadas de contratos de tarjeta de crédito, la aportación del contrato, certificado de saldo y extracto detallado de movimientos, junto con la ausencia de impugnación concreta y la recepción periódica de extractos sin reparos por parte del deudor, acreditan suficientemente la existencia de una deuda líquida, vencida y exigible, incluso si no se aportan justificantes individuales de cada operación y pese a la negación genérica de titularidad de algunas tarjetas, siempre que se demuestre la continuidad y renovación de las mismas en el tiempo (AP Jaén 2-3-23, EDJ 614296).

La Dir 93/13/CEE contempla una **exigencia de transparencia** para los profesionales que utilicen cláusulas contractuales no negociadas individualmente. Dicha exigencia se muestra en el hecho de que las cláusulas contractuales deban estar (redactadas) en un lenguaje claro y comprensible (Dir 93/13/CEE art.4.2 y 5) y en el requisito de que los consumidores deban tener la oportunidad real de conocer las cláusulas del contrato antes de la conclusión de este.

Con arreglo a la Dir 93/13/CEE, la exigencia de **transparencia** tiene **tres funciones**: a) las cláusulas que no estén redactadas de forma clara y comprensible se interpretarán de la forma más favorable para el consumidor; b) en virtud del artículo 4, apartado 2, el objeto principal o

6045 (sigue) la adecuación del precio y la retribución establecidos en el contrato están sujetos a una evaluación de conformidad con el artículo 3, apartado 1, siempre que dichas cláusulas se redacten de manera clara y comprensible; c) el incumplimiento de la exigencia de transparencia puede ser un elemento de la evaluación del carácter abusivo de una determinada cláusula contractual y puede ser un elemento indiciario (TJUE 26-4-12, asunto C- 472/10, apartados 30 y 31; 16-1-14, asunto C-226/12, Constructora Principado, apartado 27 y 28-6-16, asunto C-191/15, Verein für Konsumenten information/Amazon, apartados 65 a 71).

Para **evaluar** si una determinada **cláusula contractual es clara y comprensible** en el sentido de la Dir 93/13/CEE debe tenerse en cuenta los siguientes aspectos:

- Si el consumidor tuvo la **oportunidad real de familiarizarse** con una cláusula contractual antes de la celebración del contrato, lo que incluye la cuestión de si el consumidor pudo consultar y se le dio la oportunidad de leer la(s) cláusula(s) contractual(es). Si una cláusula hace referencia a un anexo o a otro documento, el consumidor debe poder consultar también dichos documentos.
- La comprensibilidad de las **cláusulas individuales**, a la luz de la claridad de su redacción y la especificidad de la terminología utilizada, así como, cuando sea pertinente, en combinación con otras cláusulas contractuales (TJUE 23-4-05, asunto C- 96/14, Van Hove, apartado 50).
- El **modo en el que se presentan** las cláusulas contractuales. Así: a) la claridad de la presentación visual, incluido el tamaño de la fuente, b) el hecho de si un contrato está estructurado de manera lógica y si a las estipulaciones importantes se les otorga la importancia que merecen y no se ocultan entre otras disposiciones, y c) si se trata de cláusulas propias de un contrato o contexto determinado, incluso en conjunto con otras cláusulas relacionadas, etc. (AP Ávila 21-2-24, EDJ 542470).

La cláusula de **interés remuneratorio** en contratos de tarjeta de **crédito *revolving*** debe ser redactada y presentada de forma clara y comprensible, incluyendo información detallada sobre el mecanismo de amortización *revolving*, los riesgos asociados como la recomposición constante del crédito, la duración indefinida o prorrogable, la cuota mínima y el anatocismo, para que el consumidor medio pueda valorar adecuadamente las consecuencias económicas; de no cumplirse esta exigencia de transparencia, la cláusula será considerada abusiva y, por tanto, nula (TS 30-1-25, EDJ 502666).

- El modelo presupone unas **circunstancias** determinadas que serán las **más frecuentes**. Si en el caso concreto existen circunstancias particulares no previstas, deberá completarse o modificarse el modelo adaptándolo a las mismas.

CONDICIONES PARTICULARES

- Tipo de Tarjeta: *«especificar el tipo de tarjeta»*.
- Número de contrato: *«número de contrato»*
- Depósito vinculado: *«especificar el depósito»*
- Fecha de alta: *«fecha de alta»*
- Caduca final: *«fecha de caducidad»*

TITULARES.

- Nombre: *«Don/Doña nombre y apellidos de los titulares»* NIF: *«NIF de los titulares»* Domicilio: *«domicilio de los titulares»*

LÍMITE.

- Límite para operaciones a crédito: *«límite del crédito, en letra»* euros (*«límite del crédito, en número»* €).
- Límite para operaciones a débito: *«límite del débito, en letra»* euros (*«límite del débito, en número»* €).
- Límite para operaciones con cargo al monedero electrónico: *«límite del monedero electrónico, en letra»* euros (*«límite del monedero electrónico, en número»* €).
- Tipo de interés por pago aplazado: *«especificar porcentaje»*
- TAE: *«TAE»*
- Forma de pago: *«medio de pago estipulado»*

COMISIONES.

«especificar comisiones».

CLÁUSULAS GENERALES:

NOTA:

El art.29 del RDL 19/2018 establece la obligación para el proveedor de servicios de pago de **facilitar al usuario de tales servicios**, de un modo fácilmente accesible para él, toda la información y condiciones relativas a la prestación de los servicios en cuestión.

Asimismo, señala que cuando una cuenta de pago se ofrezca como **parte de un paquete**, junto con otro producto o servicio no asociado a una cuenta de pago, el proveedor de servicios de pago informará al usuario de servicios de pago si es o no posible obtener la cuenta de pago sin adquirir el paquete y, en caso afirmativo, le facilitará por separado información sobre los costes y las comisiones asociadas a cada uno de los otros productos y servicios ofrecidos en ese paquete que pueda adquirirse por separado. **6045** (sigue)

Con respecto a las relaciones existentes entre la **entidad emisora** de la tarjeta con el usuario y con las **empresas suministradoras** ver AP Granada 6-5-00, EDJ 60743.

En cuanto a la **prueba de las operaciones** realizadas con tarjeta existe abundante «jurisprudencia menor», entre otras resoluciones judiciales ver AP Barcelona 28-1-00, EDJ 24694; 1-6-00, EDJ 54430. Resulta asimismo relevante la AP de Albacete 31-3-01, EDJ 54430 en la que se considera abusiva la cláusula del contrato de tarjeta en la que se pactaba que fuera prueba bastante de la compra realizada la certificación emitida por la entidad emisora, lo que obligaría al consumidor a probar algo tan difícil como la no adquisición de un bien.

La sentencia TS 4-3-20, EDJ 512653, ha fijado criterio jurisprudencial en orden a determinar que la referencia que ha de utilizarse como «**interés normal del dinero**» debe ser el tipo medio de interés, en el momento de celebración del contrato, correspondiente a la categoría a la que corresponda la operación crediticia cuestionada (AP Cantabria 7-3-22, EDJ 531647).

Es posible la apreciación de un **préstamo usurario** cuando el tipo de interés sea notablemente superior al normal del dinero, pues pese a todo la especialidad del segmento de las **tarjetas de crédito «revolving»** no excluye de suyo que puedan darse situaciones de usura, tanto más cuanto que, como razona el Tribunal Supremo, cuanto mayor es el interés remuneratorio de un contrato menor ha de considerarse su distancia con el interés normal del dinero para incurrir en la usura, siendo significativo que en la sentencia TS 4-3-20, EDJ 512653 citada se consideró usurario un crédito «revolving» con un TAE del 26,82 por ciento cuando el interés medio de esos créditos conforme a las estadísticas del Banco de España fue, a la fecha del contrato, algo superior del 20 por ciento según expresa la misma (AP Cantabria 22-2-22, EDJ 530485).

Recientemente, el TS ha considerado no usurario un contrato de tarjeta «revolving» celebrado en 2006, en el que se establecía una TAE del 24,5%, puesto que, de los datos obtenidos del Banco de España, el tipo de interés correspondiente a la categoría específica de las tarjetas de crédito y «revolving» aplicado por las entidades bancarias en esas fechas, era frecuentemente superior al 20% y también era habitual que superase el 23%, 24%, 25% y hasta el 26% anual (TS 4-5-22, EDJ 559950).

Nótese que, para los tribunales, la **declaración de usurario** de un tipo de interés aplicado en las denominadas tarjetas «revolving», no depende, en realidad, de que dicho tipo sea, objetivamente, más o menos elevado, sino de si se encuentra por encima del tipo de interés habitual correspondiente a este tipo de tarjetas en una **fecha concreta**. De ahí, que no pueda establecerse exactamente a priori por encima de qué tipo de interés se considera este usurario.

Primera. Objeto

La tarjeta a que se refiere el presente contrato (en lo sucesivo, la **Tarjeta**) es personal e intransferible. Permite a su **Titular** las operaciones que se detallan a continuación, siempre a través de la red de establecimientos, oficinas y cajeros automáticos integrados en los respectivos sistemas de utilización:

a) Pagar bienes o servicios.

b) Obtener dinero en efectivo, bien sea en oficinas de entidades de crédito y ahorro o bien en cajeros automáticos.

La **Entidad** queda al margen de las incidencias del **Titular** respecto a terceros, sin que se inmiscuya en el derecho que le corresponda de interponer las acciones que estime oportunas.

Segunda. Utilización de la Tarjeta en establecimientos mercantiles (TPV)

NOTA:

Véanse el RDL 19/2018 art.35 s., y téngase en cuenta los art.59 s. RDLeg 1/2007 para la **defensa de los consumidores** y usuarios, en especial, su art.112 relativo al pago mediante tarjeta.

Para satisfacer el pago de bienes o servicios el **Titular** queda obligado a

a) Presentar su **Tarjeta** debidamente firmada.

b) Acreditar su personalidad cuando le sea solicitado.

c) Firmar el comprobante (nota o factura) que, en su caso, se le presente.

Tercera. Utilización de la Tarjeta en cajeros automáticos

La operatoria se realizará mediante la introducción de la **Tarjeta** y de la pulsación de la clave personal numérica (PIN), secreta y conocida únicamente por el **Titular**; además el **Titular** habrá de seguir las instrucciones que le sean indicadas para la correcta utilización del cajero automático.

6045 (sigue) **Cuarta. Utilización de la función monedero electrónico**

Si la **Tarjeta** ofrece la función monedero electrónico podrá activarse recargándola (mediante adeudo directo y automático en la cuenta asociada), hasta los límites establecidos en cada momento con carácter general, en los cajeros automáticos de la **Entidad** que dispongan de tal función, así como en los de otras entidades que se hayan adherido al sistema. Para realizar esta operación es necesario pulsar el número secreto personal (PIN) una vez introducida la **Tarjeta**.

Para pagar bienes y servicios empleando la función de monedero electrónico, el **Titular** deberá introducir la **Tarjeta** en el dispositivo correspondiente y acreditar su personalidad si le fuese solicitado.

Cuando el **Titular** devuelva la **Tarjeta** a la **Entidad**, ésta le traspasará a la cuenta asociada el saldo disponible para uso general (no así el de uso telefónico, que no se reintegrará en ningún caso). Si el saldo a traspasar fuese ilegible por deterioro de la **Tarjeta** habrá de aguardarse treinta días desde la devolución de la **Tarjeta**, período necesario para la recepción de las últimas disposiciones realizadas.

Quinta. Custodia

El **Titular** adquiere el deber de custodia de la **Tarjeta**, que recibe en concepto de comodato, asumiendo la responsabilidad por el uso ilegítimo que pudiera hacerse de la misma hasta el momento en que comunique a la **Entidad** la incidencia ocurrida (pérdida, sustracción u otras anomalías).

No obstante, la responsabilidad del **Titular** por las operaciones fraudulentas realizada por terceros, anteriores a la notificación a la **Entidad**, se establece en 150 euros a menos que se haya actuado fraudulentamente, intencionadamente, negligentemente o no se hayan respetado las condiciones establecidas en el presente contrato para estos supuestos. En ese sentido, el **Titular** se obliga a custodiar razonablemente tanto la **Tarjeta** como el PIN.

NOTA:

Téngase presente el «**Código de Buena Conducta** del sector bancario europeo, relativo a los sistemas de pago mediante tarjeta», así como la «Recomendación de la Comisión Europea relativa a los sistemas de pago, y en particular, a las relaciones entre titulares y emisores de tarjetas» (Recomendación nº 88/590/CEE de 17 de noviembre de 1988) y la Recomendación 97/489/CE de la Comisión, de 30 de julio de 1997, relativa a las transacciones efectuadas mediante instrumentos electrónicos de pago, en particular las relaciones entre emisiones y titulares de tales instrumentos. El régimen de responsabilidad establecido libera al titular de la tarjeta del pago por disposiciones fraudulentas a través de la misma superiores a 150 euros, salvo que medie negligencia grave o uso fraudulento.

Hay numerosas **resoluciones judiciales** en las que, atendiendo a las circunstancias particulares de cada caso se analiza, ante un uso fraudulento de la tarjeta, el grado de diligencia exigible a los titulares tanto a la hora de custodiar la tarjeta o el número secreto (PIN) como en relación con la celeridad con la que se debe notificar la pérdida o sustracción de la misma. Ver supuestos en que se ha considerado que la actuación del titular había sido poco diligente: AP Ciudad Real 20-5-93, EDJ 12581; AP Barcelona 4-11-97, EDJ 16106; AP Asturias 15-7-99, EDJ 53917; AP Pontevedra 16-2-00, EDJ 8679; AP Madrid 7-12-00, EDJ 4863. Por su parte, y en sentido AP Baleares 26-2-97, EDJ 3925; 25-6-99; AP Madrid 8-4-99, EDJ 11630; AP Barcelona 21-6-99, EDJ 36352; AP Sevilla 3-12-99, EDJ 56417.

Según la TS 16-12-09, EDJ 327236, las cláusulas que **eximen de total responsabilidad a la entidad bancaria** de manera indiscriminada y sin matización o modulación alguna en relación con el uso de las tarjetas de crédito en caso de pérdida, robo o sustracción son abusivas, porque contradicen la buena fe objetiva con desequilibrio en el sinalagma contractual en perjuicio del consumidor.

Ello obligaría a que el titular de la tarjeta, para poder usarla, tuviera que estar solo mientras **marca su número secreto**, o colocado a una distancia tal que impidiera su visualización, lo cual, a juicio de esta Sala, va más allá de la diligencia exigible con arreglo al CC art.1101 (AP Guadalajara 9-3-21, EDJ 556854).

Téngase en cuenta el art.40.2 del RDL 19/2018 sobre posibilidad de que el proveedor de servicios de pago pueda **bloquear el instrumento de pago** ante la sospecha de uso fraudulento del mismo.

Sexta. Comunicaciones. Conformidad del Titular

Cuando la modalidad sea de crédito (pago diferido o aplazado), y si se hubieran realizado operaciones con la **Tarjeta**, la **Entidad** las comunicará al **Titular** agrupadamente, en el mes natural siguiente, en forma de extractos.

En cualquier caso (y ya se trate de tarjetas de crédito como de débito) la **Entidad**, al menos una vez al año, remitirá, en el mes correspondiente a la fecha de alta de servicio (que figura en las condiciones particulares), el justificante del adeudo de la cuota anual. **6045** (sigue)
En las comunicaciones a que se refieren los dos párrafos anteriores se notificarán al **Titular** las modificaciones del contrato que se hayan podido producir.

Séptima. Modalidades de pago
Se establecen las tres siguientes modalidades de pago para que el **Titular**, de acuerdo con la entidad y según el tipo de **Tarjeta**, se acoja a la que más le convenga.
a) Débito: adeudo directo y automático en la cuenta asociada.
b) Crédito-Pago diferido: adeudo mensual por el total de las cantidades dispuestas.
c) Crédito-Pago fraccionado: adeudas mensuales cuyo importe será como mínimo la décima parte del saldo deudor de la **Tarjeta**.
Para la operatoria de esta última modalidad se establece:
c.1) Los cargos periódicos serán como mínimo por el importe indicado en el cuadro de características, salvo que el saldo dispuesto con la **Tarjeta** sea menor, en cuyo caso el adeudo lo será por esta última cantidad.
c.2) Si en cualquier momento el saldo dispuesto por mediación de la **Tarjeta** sobrepasa el límite concedido se producirá automáticamente un cargo por el exceso dispuesto.

Octava. Límites de utilización
La utilización de la **Tarjeta** se ajustará a lo indicado como límites en el presente contrato sin perjuicio de su modificación, con arreglo a lo pactado.

Novena. Comisiones
Se establecen las siguientes comisiones a abonar por el **Titular** de la **Tarjeta**, cuyo importe será el que figura en el folleto de tarifas y comisiones que se acompaña:
- Cuota anual, a cobrar por anticipado.
- Comisión por disposiciones en efectivo, tanto en España como en el extranjero y distinguiéndose si lo son por ventanilla o en cajeros automáticos.

Décima. Intereses por pago fraccionado
Por las cantidades que resulten aplazadas se percibirá un interés mensual calculado porcentualmente sobre el saldo dispuesto a fin de mes, al tipo indicado en el cuadro de características.
A efectos informativos y de conformidad con lo establecido en la Circular 5/2012, del Banco de España, se hace constar que la Tasa Anual Equivalente correspondiente al tipo de interés mensual se determinará conforme a la fórmula establecida en la Norma 13ª y Anejo 4 y 7 de dicha Circular.

NOTA:
El Anejo 4 de la Circ BE 5/2012, ha modificado por Circ BE 3/2022.

Undécima. Modificación del contrato
La **Entidad** se reserva el derecho a modificar el tipo de interés y las comisiones establecidas en este contrato si se alteraran sustancialmente las condiciones del mercado financiero y que motivaron su celebración en las condiciones pactadas. Tales modificaciones se comunicarán previamente con una antelación de quince días. Dicho plazo podrá ignorarse si las condiciones fueran objetivamente más beneficiosas para el **Titular**.
Las modificaciones en los límites de utilización en la modalidad de monedero electrónico (justificadas por razones de seguridad o para que resulte operativo el sistema), que son de carácter general, se comunicarán previamente al **Titular** con la antelación razonable antes indicada.
Las modificaciones a que se refieren los dos párrafos anteriores se pondrán en conocimiento del **Titular** mediante una comunicación específica y además en las comunicaciones a que aluden los párrafos 2º (comunicación mensual en las tarjetas a crédito si se han realizado operaciones) y 3º (en cualquier caso) de la cláusula novena.
Los límites de utilización de carácter individual podrán reducirse por parte de la entidad si concurre cualquiera de las circunstancias expresadas en la cláusula decimocuarta.
Todas las modificaciones a que se refiere esta cláusula lo son siempre sin perjuicio de la facultad de resolución inmediata reconocida al **Titular** (cláusula decimoquinta) para el supuesto de que no fuera de su conveniencia seguir vinculado contractualmente a la entidad con los nuevos términos contractuales.

Duodécima. Operaciones en el extranjero
Para las operaciones realizadas en el extranjero se estará siempre a la legislación española en la materia. Las infracciones que el **Titular** pudiese cometer sobre disposiciones en efectivo serán de su exclusiva responsabilidad. Las cantidades dispuestas por el **Titular** en el extranjero por compras o disposiciones de efectivo serán convertidas a euros y cargadas en su cuenta

6045 (sigue) (bien de la **Tarjeta** o bien de la cuenta asociada, según la modalidad, de crédito o de débito, que figura en este contrato) de acuerdo con la cotización que rija en la fecha en que la entidad ejecute su propio proceso de cargo, de conformidad con las normas de compensación establecidas por los sistemas o acuerdos internacionales para la aceptación de tarjetas; se hace notar que si el tipo de **Tarjeta** fuera el de VISA (se excluyen los pagos utilizando la función de monedero electrónico), existe un diferimiento de fechas entre la transacción y la llegada del apunte a la entidad debido a la elaboración de los correspondientes procesos informáticos propios de la organización VISA.
Los gastos de télex o similares, producidos por las autorizaciones sobre operaciones, serán por cuenta del **Titular**.

Decimotercera. Ingresos en cajeros automáticos de la Entidad
Tales operaciones serán posibles empleando la **Tarjeta**, pulsando el PIN e introduciendo el dinero en el sobre que, en ese momento, facilite el cajero automático; el sobre, una vez cerrado, deberá ser colocado en el dispositivo del cajero colocado a tal fin. La máquina emitirá un resguardo meramente provisional cuya validez quedará en todo caso condicionada al recuento definitivo.
El ingreso en la cuenta asociada se realizará el siguiente día hábil bancario y por la cantidad que verifique unilateralmente la **Entidad**, la cual será la única válida a todos los efectos; a tal fin, el **Titular** autoriza a la **Entidad** para efectuar dicho recuento. No obstante, si el **Titular** no acepta el método anteriormente descrito y desea estar presente en la apertura del sobre y recuento de su contenido, deberá personarse en la oficina en la que se encuentre el cajero en el momento en que abra sus puertas al público por la mañana del siguiente día hábil bancario al del depósito.

Decimocuarta. Bloqueo de la Tarjeta y cambio de Crédito a Débito
La **Entidad** podrá bloquear inmediatamente el uso de la **Tarjeta** (con comunicación previa al **Titular**) si concurre cualquier circunstancia de las que se expresan a continuación:
a) Irregularidades graves o reiteradas del **Titular** en el uso de la **Tarjeta**.
b) Incumplimiento de cualquiera de las obligaciones asumidas por el **Titular** en este contrato.
c) En caso de que el **Titular** falleciera, solicitase o fuera declarado en estado de insolvencia temporal o definitiva (suspensión de pagos, quiebra o concurso de acreedores) o incurriera en alguna causa que disminuya o modifique su capacidad civil.
d) Si se alterase notoriamente la solvencia del **Titular** por incumplimiento de obligaciones económicas u otras circunstancias que supongan la interrupción de su normal actividad o hagan peligrar su unidad patrimonial.
e) Si el **Titular** se viese en la obligación de reembolsar anticipadamente cualquier crédito obtenido de otras instituciones financieras, sufriera embargo de sus bienes o incurriera en protesto de efectos mercantiles.
f) Falseamiento o inexactitud de la información facilitada por cualquier **Titular** a la **Entidad**.
g) Si se apreciara una reiterada falta de saldo en la cuenta asociada para hacer frente a los pagos dimanantes de este contrato.
Además, en cualquiera de los casos anteriores, la **Entidad** podrá cambiar por sí sola, sin necesidad de que concurra el consentimiento del **Titula**, la modalidad de pago de la **Tarjeta**, transformándola en tarjeta de débito; ello supondrá el vencimiento anticipado de las cantidades pendientes que pudieran existir en la **Tarjeta** y su adeudo automático en la cuenta asociada.
A los efectos de esta cláusula se entiende por **Titular** tanto el titular de la **Tarjeta** como cualquiera de los titulares de la cuenta asociada.

NOTA:
Téngase en cuenta el art.40.2 del RDL 19/2018 sobre posibilidad de que el proveedor de servicios de pago pueda **bloquear el instrumento de pago** ante la sospecha de uso fraudulento del mismo.

Decimoquinta. Vigencia y resolución
El presente contrato tendrá una duración determinada, expirando, juntamente con la **Tarjeta**, el día que figura en las condiciones particulares («caduca final») manteniendo, empero, sus efectos para las operaciones ya realizadas y aún pendientes de asentar en la cuenta. Sin embargo, si posteriormente el **Titular** concertará con la **Entidad** un nuevo contrato de **Tarjeta**, aquellas operaciones ya realizadas y aún pendientes de asentar en la cuenta, de subsistir, se regirían íntegramente por las condiciones del nuevo contrato (desde la misma activación de la nueva tarjeta) en lugar de las que figuraban en el contrato preexistente.
No obstante, el término pactado la **Entidad** podrá resolver anticipadamente este contrato previa comunicación al **Titular** cursada por cualquier medio con una antelación mínima de quince días si concurriera cualquiera de las circunstancias expresadas en la cláusula anterior.

Si la resolución anticipada podrá producirse también a instancia del **Titular**, en cualquier momento (sin necesidad de preaviso y sin necesidad de alegar causa alguna), previa la devolución de la **Tarjeta** a la entidad y la firma del correspondiente impreso de cancelación. 6045 (sigue)

La resolución anticipada supondrá el vencimiento anticipado de cualquier cantidad pendiente de asentar, mediante adeudo inmediato en la cuenta asociada, tan pronto como el apunte llegue a los registros de la **Entidad**.

Decimosexta. Remisión de propuesta contractual

Con una antelación de al menos un mes a la caducidad del contrato y de la **Tarjeta**, la **Entidad** queda autorizada expresamente por el **Titular** para poder remitir al domicilio de éste, sin otra solicitud adicional, una **Tarjeta** sin activar para que reemplace a la anterior. Junto con la **Tarjeta**, la **Entidad** remitirá una propuesta contractual actualizada para que sustituya al contrato hasta entonces en vigor así como el folleto de condiciones de valoración y comisiones aplicables.

Si, quedando quince días para que caduque la **Tarjeta**, el **Titular** no ha recibido la nueva **Tarjeta** junto a la propuesta contractual y el folleto, el **Titular** lo deberá manifestar con la mayor urgencia en cualquier oficina de la **Entidad** para que sea subsanada tal deficiencia.

Caso de ser de interés del **Titular** consentir el nuevo contrato podrá activar la **Tarjeta** y aceptar la propuesta en el plazo indicado en esta última. Para ello manifestará su consentimiento a través de los cajeros automáticos de la **Entidad**, introduciendo la nueva **Tarjeta** y pulsando el PIN, recibiendo a cambio, en el mismo acto, justificante de la operación; a tal fin las partes aceptan este método como medio idóneo para la celebración, modificación y resolución de este género de contratos.

Transcurrido el plazo indicado en la propuesta sin que se haya aceptado, ésta caducará totalmente y se tendrá por no emitida. Si el **Titular** no considerara conveniente este sistema de remisión de propuesta contractual y tarjeta lo deberá poner en conocimiento de la entidad, bien en este acto o bien en cualquier momento posterior. Si esta comunicación del **Titular** a la **Entidad** se verifica cuando ya se ha emitido una nueva propuesta contractual junto con la **Tarjeta** (aún no aceptadas por el **Titular**) se producirá automáticamente la anulación de ambas.

Y en prueba de ello y para cumplimiento de lo convenido, ambas partes contratantes firman el presente documento por duplicado.

EL TITULAR **LA ENTIDAD**

H. Contrato de viaje combinado

6050 **NOTA PRELIMINAR:**

- Ténganse presente el RDLeg 1/2007 art.150 a 158, por el que se aprueba el Texto Refundido de la Ley General para la Defensa de Consumidores y Usuarios y otras leyes complementarias. En dichos preceptos se regulan los **derechos de los consumidores** al contratar este tipo de viajes y el contenido mínimo exigible en los contratos que se concluyan al efecto.

En un contrato de viaje combinado, el organizador y el detallista son **responsables solidarios** frente al consumidor por daños derivados de la defectuosa prestación de servicios incluidos en el paquete, salvo que se demuestre que el defecto es imputable al consumidor, a un tercero ajeno, o se deba a fuerza mayor o circunstancias imprevisibles; la indemnización por daños materiales debe ajustarse a la parte efectivamente incumplida del contrato y no al precio total pagado, y procede indemnización por daños morales cuando se acrediten perjuicios de esta naturaleza (AP Madrid 24-1-17, EDJ 37360).

En contratos de viaje combinado, el organizador responde por **daños** derivados de la **ejecución deficiente del contrato**, incluyendo daños materiales como pérdida o deterioro de equipaje, y perjuicios morales derivados de la alteración de servicios contratados, debiendo indemnizar al consumidor conforme al artículo 162.2 de la LGDCU vigente a la fecha de contratación (AP Granada 31-10-19, EDJ 802311).

La Dir (UE) 2015/2302 art.12.2, relativa a los viajes combinados y a los servicios de viaje vinculados, debe interpretarse en el sentido de que, para determinar la concurrencia de «**circunstancias inevitables y extraordinarias**» que «afecten de forma significativa a la ejecución del viaje combinado o al transporte de pasajeros al lugar de destino», en el sentido de dicha disposición, procede tener en cuenta únicamente la situación existente en la fecha en que el viajero puso fin a su contrato de viaje (TJUE 29-2-24).

En los contratos de viaje combinado, cuando se producen **faltas de conformidad en la ejecución** del viaje que son subsanadas en plazos razonables por el minorista o el organizador, y dichas faltas no afectan sustancialmente a la ejecución del viaje, la indemnización reclamada debe corresponderse con el valor real de los servicios afectados y no puede ser desproporcionada respecto a las compensaciones ya otorgadas (Badajoz 10-4-23, EDJ 634714).

En los contratos de viajes combinados, el organizador responde solidariamente frente al viajero por el correcto cumplimiento de todos los servicios incluidos en el contrato, independientemente de que estos sean ejecutados por terceros, y el viajero tiene derecho a una reducción del precio e indemnización adecuada por incumplimientos o defectos en la prestación, sin que la carga de la prueba del retraso aéreo pueda recaer exclusivamente en el pasajero cuando el profesional dispone de mayor facilidad probatoria (AP Baleares 19-7-23, EDJ 687127).

- El Modelo presupone unas circunstancias determinadas. Si en el caso concreto existen **circunstancias particulares** no previstas, deberá completarse o modificarse el modelo adaptándolo a las mismas.

1. DATOS IDENTIFICATIVOS

Agencia de viajes organizadora:

«denominación de la agencia»

Domicilio: *«domicilio de la agencia»*

NIF: *«NIF de la agencia»*

Título-licencia: *«número de licencia de la agencia»*

Teléfono: *«número de teléfono de la agencia»*

Fax: *«número de fax de la agencia»*

Contratante principal:

«Don/Doña nombre y apellidos del Contratante»

Domicilio: *«domicilio del Contratante»*

N.I.F.: *«NIF del Contratante»*

Título-licencia: *«número de licencia del Contratante»*

Teléfono: *«número de teléfono del Contratante»*

Fax: *«número de fax del Contratante»*

2. DESCRIPCIÓN DEL VIAJE

Título del viaje o destino:

- **Si el itinerario no responde al indicado en el programa:**

«detallar el itinerario».

- **Según el itinerario que indica el programa:**

Según itinerario que indica el programa previamente recibido por el Cliente.

Fecha de salida: *«fecha de salida».* **Lugar:** *«lugar de salida convenido».* **Hora:** *«hora de salida convenida».*

Fecha de regreso: *«fecha de regreso».* 6050 (sigue)
Lugar: *«lugar de regreso convenido».*
Hora: *«hora de regreso convenida».*
Medios de transporte y características del mismo:
- **Si el medio de transporte no responde al indicado en el programa:**
«especificar el medio de transporte y describir sus características».
- **Según indica el programa:**
Según se indica en el programa previamente recibido por el Cliente.
Alojamiento, situación, características:
- **Si el alojamiento no responde al indicado en el programa:**
«especificar alojamiento, situación y características».
- **Según se indica en el programa:**
Según se indica en el programa previamente recibido por el Cliente.
Régimen alimenticio:
- **Si el régimen alimenticio no responde al indicado en el programa:**
«especificar el régimen alimenticio».
Incluye bebidas:
Se incluyen bebidas.
No incluye bebidas:
No se incluyen bebidas.
- **Según se indica en el programa:**
Según se indica en el programa previamente recibido por el Cliente.
Visitas y excursiones incluidas en el precio del viaje:
- **Si las visitas y excursiones no responden a lo indicado en el programa:**
«especificar las visitas y excursiones».
- **Según se indica el programa:**
Según se indica en el programa previamente recibido por el Cliente.
Número mínimo de personas exigido para la realización del viaje: *«número mínimo de personas».*

3. SEGURO DE ASISTENCIA
- **Incluido en el precio:**
Incluido en el precio.
- **No incluido en el precio:**
No incluido en el precio.
Suscripción voluntaria del seguro de asistencia:
Suscrito voluntariamente por el Cliente.
El cliente no suscribe el seguro de asistencia:
El Cliente manifiesta que no desea suscribir el seguro.

4. SEGURO DE GASTOS DE ANULACIÓN POR FUERZA MAYOR
- **Incluido en el precio:**
Incluido en el precio.
- **No incluido en el precio:**
No incluido en el precio.
Suscripción voluntaria del seguro de anulación:
Suscrito voluntariamente por el Cliente.
El cliente no suscribe el seguro de anulación:
El Cliente manifiesta que no desea suscribir el seguro.

5. PRECIO Y FORMA DE PAGO
Según factura y condiciones de financiación que adjunto se acompaña al presente contrato.
La Agencia informa al Cliente que puede verse obligado a satisfacer otros gastos adicionales relacionados con los servicios incluidos en el viaje, una vez en destino, tales como tasas de aeropuerto, visados de entrada, propinas, etc., cuyo importe exacto la Agencia desconoce.

6050 (sigue)

6. CONDICIONES PARTICULARES

Primera.
El presente contrato se suscribe al amparo de lo dispuesto en el Real Decreto Legislativo 1/2007, de 16 de noviembre, Texto Refundido de la Ley General para la Defensa de los Consumidores y Usuarios.

Segunda.
El Cliente reconoce haber recibido de la Agencia, previamente a la firma del contrato, el programa del viaje, del cual ha sido informado, aceptando las características y condiciones que rigen el mismo.

Tercera.
El número mínimo de personas exigido para la realización de este viaje es de *«número mínimo de personas»*. La Agencia se reserva el derecho a cancelar el contrato si no se cubriere el mínimo de plazas exigido, para lo cual informará al contratante principal con una antelación mínima de diez días a la fecha prevista de iniciación del viaje.

Cuarta.
El Cliente vendrá obligado a comunicar por escrito a la Agencia organizadora todo incumplimiento que observe en la ejecución del contrato, debiendo dejar constancia de tal incumplimiento a los prestadores de los servicios que conforman el viaje, tales como hoteles, restaurantes, empresas de transporte, etc.

Quinta.
El Cliente podrá formular sus reclamaciones según lo establecido en la cláusula anterior, en un plazo máximo de dos años a contar desde el día en que finalice el viaje.

Sexta.
Los precios establecidos en el presente contrato podrán ser revisados hasta veinte días inmediatamente antes de la fecha de salida del viaje, tanto al alza como a la baja, a fin de incorporar las variaciones del precio de los transportes, incluido el coste del carburante, tasas e impuestos relativos a determinados servicios, o bien por la fluctuación del tipo de cambio de la moneda aplicado al viaje organizado.

Séptima.
El usuario final podrá desistir del viaje concertado, teniendo derecho a la devolución de las cantidades que hubiese abonado, pero deberá indemnizar a la Agencia en las cuantías que a continuación se indican, salvo que tal desistimiento tenga lugar por causa de fuerza mayor.
Abonará:
- Los gastos de gestión de la reserva, siendo éstos de *«gasto de gestión de reserva, en letra»* euros (*«gasto de gestión de reserva, en número»* €).
- *Los gastos de cancelación de la reserva, siendo éstos de «gastos de cancelación, en letra» euros («gastos de cancelación, en número» €).*

Gastos de anulación:
- **Según los servicios contratados son: «gastos de anulación, en letra» euros («gastos de anulación, en número» €).**
- **Al no poder calcular el importe de los mismos previamente a la suscripción del contrato, la Agencia de viajes se reserva el derecho de repercutir al Cliente los que se produzcan y sean justificados por la propia organizadora o empresas proveedoras de la misma.**

Penalización por incumplimiento: consistente en el 5% del importe total del viaje, si el desistimiento se produce con más de diez y menos de quince días de antelación a la fecha del comienzo del viaje; el 15% entre los días tres y diez; y el 25% dentro de las cuarenta y ocho horas anteriores a la salida.
De no presentarse a la salida, el consumidor estará obligado al pago del importe total del viaje, abonando, en su caso, las cantidades pendientes de pago.

Octava.
A la firma del presente contrato, se ha producido la reserva del viaje.

Novena.
Las anteriores condiciones particulares son complementarias de las que figuran en el programa del viaje. En lo no previsto en las mismas, será de aplicación lo dispuesto en el Real Decreto Legislativo 1/2007, de 16 de noviembre, y en la Reglamentación de Agencias de Viajes de la Comunidad Autónoma.

7. CLÁUSULA DE REDUCCIÓN DE PRECIO E INDEMNIZACIÓN POR DAÑOS Y PERJUICIOS (RDLeg 1/2017 art.162). **6050** (sigue)

El viajero tendrá derecho a una reducción del precio adecuada por cualquier periodo durante el cual haya habido falta de conformidad, a menos que el organizador o el minorista demuestren que la falta de conformidad es imputable al viajero.

Sin perjuicio de la aplicación de lo dispuesto en el art.162 del Real Decreto Legislativo 1/2007, en la medida en que los convenios internacionales que vinculan a la Unión Europea limiten el alcance o las condiciones del pago de indemnizaciones por parte de prestadores de servicios de viaje incluidos en un viaje combinado, las mismas limitaciones se aplicarán a los organizadores y minoristas. En los demás casos, la indemnización que debe pagar el organizador o el minorista al viajero, en su caso, quedará limitada a la cantidad de *«cuantía de la indemnización»* €, excepto en lo que se refiere a los daños corporales o perjuicios causados de forma intencionada o por negligencia.

NOTA:

Téngase en cuenta que la limitación no podrá ser inferior al triple del precio total del viaje.

En *«localidad»*, a *«fecha»*.

LA AGENCIA ORGANIZADORA EL CLIENTE

Escritos

6100

A. Información sobre desistimiento

6105 Tiene usted derecho a desistir del presente contrato en un plazo de catorce/treinta (*) días naturales sin necesidad de justificación.

El plazo de desistimiento expirará a los catorce/treinta (*) días naturales del día (1).

Para ejercer el derecho de desistimiento, deberá usted notificarnos (2) su decisión de desistir del contrato a través de una declaración inequívoca (por ejemplo, una carta enviada por correo postal o correo electrónico). Podrá utilizar el modelo de formulario de desistimiento que figura a continuación, aunque su uso no es obligatorio (3).

Para cumplir el plazo de desistimiento, basta con que la comunicación relativa al ejercicio por su parte de este derecho sea enviada antes de que venza el plazo correspondiente.

Consecuencias del desistimiento:

En caso de desistimiento por su parte, le devolveremos todos los pagos recibidos de usted, incluidos los gastos de entrega (con la excepción de los gastos adicionales resultantes de la elección por su parte de una modalidad de entrega diferente a la modalidad menos costosa de entrega ordinaria que ofrezcamos) sin ninguna demora indebida y, en todo caso, a más tardar 14 días naturales a partir de la fecha en la que se nos informe de su decisión de desistir del presente contrato. Procederemos a efectuar dicho reembolso utilizando el mismo medio de pago empleado por usted para la transacción inicial, a no ser que haya usted dispuesto expresamente lo contrario; en todo caso, no incurrirá en ningún gasto como consecuencia del reembolso (4).

(5)

(6)

Instrucciones para su cumplimentación:

(1) Insértese una de las expresiones que aparecen entre comillas a continuación:

a) en caso de un contrato de servicios o de un contrato para el suministro de agua, gas o electricidad -cuando no estén envasados para la venta en un volumen delimitado o en cantidades determinadas-, de calefacción mediante sistemas urbanos o de contenido digital que no se preste en un soporte material: «de la celebración del contrato»;

b) en caso de un contrato de venta: «que usted o un tercero por usted indicado, distinto del transportista, adquirió la posesión material de los bienes»;

c) en caso de un contrato de entrega de múltiples bienes encargados por el consumidor y usuario en el mismo pedido y entregados por separado: «que usted o un tercero por usted indicado, distinto del transportista, adquirió la posesión material del último de esos bienes»;

d) en caso de entrega de un bien compuesto por múltiples componentes o piezas: «que usted o un tercero por usted indicado, distinto del transportista, adquirió la posesión material del último componente o pieza»;

e) en caso de un contrato para la entrega periódica de bienes durante un plazo determinado: «que usted o un tercero por usted indicado, distinto del transportista, adquirió la posesión material del primero de esos bienes».

(2) Insértese su nombre, su dirección completa, su número de teléfono y su dirección de correo electrónico.

(3) Si usted ofrece al consumidor y usuario en su sitio web la opción de cumplimentar y enviar electrónicamente información relativa a su desistimiento del contrato, insértese el texto siguiente: «Tiene usted asimismo la opción de cumplimentar y enviar electrónicamente el modelo de formulario de desistimiento o cualquier otra declaración inequívoca a través de

nuestro sitio web [insértese la dirección electrónica]. Si recurre a esa opción, le comunicaremos sin demora en un soporte duradero (por ejemplo, por correo electrónico) la recepción de dicho desistimiento».
(4) En caso de un contrato de venta en el que usted no se haya ofrecido a recoger los bienes en caso de desistimiento, insértese la siguiente información: «Podremos retener el reembolso hasta haber recibido los bienes, o hasta que usted haya presentado una prueba de la devolución de los mismos, según qué condición se cumpla primero».
(5) Si el consumidor y usuario ha recibido bienes objeto del contrato insértese el texto siguiente:
(a) insértese:
- «Recogeremos los bienes», o bien
- «Deberá usted devolvernos o entregarnos directamente los bienes o a... (insértese el nombre y el domicilio, si procede, de la persona autorizada por usted a recibir los bienes), sin ninguna demora indebida y, en cualquier caso, a más tardar en el plazo de 14 días naturales a partir de la fecha en que nos comunique su decisión de desistimiento del contrato. Se considerará cumplido el plazo si efectúa la devolución de los bienes antes de que haya concluido dicho plazo»;
(b) insértese:
- «Nos haremos cargo de los costes de devolución de los bienes»;
- «Deberá usted asumir el coste directo de devolución de los bienes»;
- En caso de que, en un contrato a distancia, usted no se ofrezca a hacerse cargo de los costes de devolución de los bienes y estos últimos, por su naturaleza, no puedan devolverse normalmente por correo: «Deberá usted asumir el coste directo de devolución de los bienes, ... euros (insértese el importe)»; o, si no se puede realizar por adelantado un cálculo razonable del coste de devolución de los bienes: «Deberá usted asumir el coste directo de devolución de los bienes. Se calcula que dicho coste se eleva a aproximadamente ... euros (insértese el importe) como máximo», o bien
- En caso de que, en un contrato celebrado fuera del establecimiento, los bienes, por su naturaleza, no puedan devolverse normalmente por correo y se hayan entregado ya en el domicilio del consumidor y usuario en el momento de celebrarse el contrato: «Recogeremos a nuestro cargo los bienes»;
(c) «Solo será usted responsable de la disminución de valor de los bienes resultante de una manipulación distinta a la necesaria para establecer la naturaleza, las características y el funcionamiento de los bienes».
(6) En caso de un contrato para la prestación de servicios o para el suministro de agua, gas o electricidad -cuando no estén envasados para la venta en un volumen delimitado o en cantidades determinadas-, o calefacción mediante sistemas urbanos, insértese lo siguiente: «Si usted ha solicitado que la prestación de servicios o el suministro de agua/ gas/ electricidad/ calefacción mediante sistemas urbanos (suprímase lo que no proceda) dé comienzo durante el período de desistimiento, nos abonará un importe proporcional a la parte ya prestada del servicio en el momento en que nos haya comunicado su desistimiento, en relación con el objeto total del contrato».

B. Modelo de desistimiento

(sólo debe cumplimentar y enviar el presente formulario si desea desistir del contrato) 6110
- A la atención de (aquí se deberá insertar el nombre del empresario, su dirección completa y su dirección de correo electrónico):
- Por la presente le comunico/comunicamos (*) que desisto de mi/desistimos de nuestro (*) contrato de venta del siguiente bien/prestación del siguiente servicio (*)
- Pedido el/recibido el (*)
- Nombre del consumidor y usuario o de los consumidores y usuarios
- Domicilio del consumidor y usuario o de los consumidores y usuarios
- Firma del consumidor y usuario o de los consumidores y usuarios (solo si el presente formulario se presenta en papel)
- Fecha

(*) Táchese lo que no proceda.

C. Información para contratos de viaje combinado con hiperenlaces

6115 La combinación de servicios de viaje que se le ofrece es un viaje combinado en el sentido del texto refundido de la **Ley General para la Defensa de los Consumidores y Usuarios** y otras leyes complementarias, aprobado por Real Decreto Legislativo 1/2007, de 16 de noviembre.

Por lo tanto, usted gozará de todos los derechos que se aplican en el marco de la UE a los viajes combinados. La(s) empresa(s) XY será(n) plenamente responsable(s) de la correcta ejecución del viaje combinado en su conjunto.

Además, como exige la legislación, la(s) empresa(s) XY está(n) cubierta(s) por una garantía para reembolsarle los pagos realizados y, si el transporte está incluido en el viaje, asegurar su repatriación en caso de que incurra(n) en insolvencia.

Más información sobre sus principales derechos con arreglo al texto refundido de la **Ley General para la Defensa de los Consumidores y Usuarios** y otras leyes complementarias, aprobado por Real Decreto Legislativo 1/2007, de 16 de noviembre (que se proporcionará mediante un hiperenlace).

Siguiendo el hiperenlace, el viajero recibirá la siguiente información:

Principales derechos en virtud del texto refundido de la **Ley General para la Defensa de los Consumidores y Usuarios** y otras leyes complementarias, aprobado por Real Decreto Legislativo 1/2007, de 16 de noviembre:

- Los viajeros recibirán toda la información esencial sobre el viaje combinado antes de celebrar el contrato.
- Siempre habrá como mínimo un empresario responsable de la correcta ejecución de todos los servicios de viaje incluidos en el contrato.
- Se proporcionará a los viajeros un número de teléfono de emergencia o los datos de un punto de contacto donde puedan contactar con el organizador o el minorista.
- Los viajeros podrán ceder el viaje combinado a otra persona, con un preaviso razonable y, en su caso, con sujeción al pago de gastos adicionales.
- El precio del viaje combinado solo se podrá aumentar si se producen gastos específicos (por ejemplo, en los precios de combustible) y está expresamente estipulado en el contrato, y en ningún caso en los últimos veinte días anteriores al inicio del viaje combinado. Si el aumento de precio excede del ocho por ciento del precio del viaje combinado, el viajero podrá poner fin al contrato. Si el organizador se reserva el derecho de aumentar el precio, el viajero tendrá derecho a una reducción del precio si disminuyen los gastos correspondientes.
- Los viajeros podrán poner fin al contrato sin pagar ninguna penalización y obtener el reembolso completo de todos los pagos realizados si se modifica significativamente alguno de los elementos esenciales del viaje combinado que no sea el precio. Si el empresario responsable del viaje combinado lo cancela antes de su inicio, los viajeros tendrán derecho al reembolso de los pagos realizados y, cuando proceda, a una compensación.
- En circunstancias excepcionales, por ejemplo en caso de que en el lugar de destino existan graves problemas de seguridad que puedan afectar al viaje combinado, los viajeros podrán poner fin al contrato antes del inicio del viaje combinado sin pagar ninguna penalización.
- Además, los viajeros podrán poner fin al contrato en cualquier momento antes del inicio del viaje combinado mediante el pago de una penalización por terminación, que sea adecuada y justificable.
- Si, después del inicio del viaje combinado, no pueden prestarse elementos significativos de este, deberán ofrecerse al viajero fórmulas alternativas adecuadas, sin coste adicional. Los viajeros podrán poner fin al contrato sin pagar ninguna penalización en caso de no ejecución de los servicios cuando ello afecte sustancialmente a la ejecución del viaje combinado y el organizador o, en su caso, el minorista no consigan solucionar el problema.
- Los viajeros también tendrán derecho a una reducción del precio y/o a una indemnización por daños y perjuicios en caso de no ejecución o ejecución incorrecta de los servicios de viaje.
- El organizador y el minorista deberán proporcionar asistencia al viajero en caso de que este se encuentre en dificultades.
- Si el organizador o el minorista incurren en insolvencia se procederá al reembolso de los pagos. En caso de que el organizador o, en su caso, el minorista incurran en insolvencia después del inicio del viaje combinado y este incluya el transporte, se garantizará la repatriación de los viajeros. XY ha suscrito una garantía de protección frente a la insolvencia con YZ [la entidad garante en caso de insolvencia -por ejemplo, un fondo de garantía o una compañía de seguros-]. Si se deniegan servicios debido a la insolvencia de XY, los viajeros podrán ponerse en contacto con dicha entidad o, en su caso, con la autoridad competente (datos de contacto, entre otros, nombre, dirección completa, correo electrónico y número de teléfono).

Texto refundido de la **Ley General para la Defensa de los Consumidores y Usuarios** y otras leyes complementarias, aprobado por Real Decreto Legislativo 1/2007, de 16 de noviembre (hiperenlace). **6115** (sigue)

B. Formulario de información normalizada para contratos de viaje combinado en supuestos distintos de los contemplados en la parte A

La combinación de servicios de viaje que se le ofrece es un viaje combinado en el sentido del texto refundido de la **Ley General para la Defensa de los Consumidores y Usuarios** y otras leyes complementarias, aprobado por Real Decreto Legislativo 1/2007, de 16 de noviembre.

Por lo tanto, usted gozará de todos los derechos que se aplican en el marco de la Unión Europea a los viajes combinados. La(s) empresa(s) XY será(n) plenamente responsable(s) de la correcta ejecución del viaje combinado en su conjunto.

Además, como exige la legislación, la(s) empresa(s) XY está(n) cubierta(s) por una garantía para reembolsarle los pagos realizados y, si el transporte está incluido en el viaje, asegurar su repatriación en caso de que incurra(n) en insolvencia.

Principales derechos en virtud del texto refundido de la **Ley General para la Defensa de los Consumidores y Usuarios** y otras leyes complementarias, aprobado por Real Decreto Legislativo 1/2007, de 16 de noviembre:

- Los viajeros recibirán toda la información esencial sobre el viaje combinado antes de celebrar el contrato de viaje combinado.
- Siempre habrá como mínimo un empresario responsable de la correcta ejecución de todos los servicios de viaje incluidos en el contrato.
- Se proporcionará a los viajeros un número de teléfono de emergencia o los datos de un punto de contacto donde puedan contactar con el organizador y, en su caso, con el minorista.
- Los viajeros podrán ceder el viaje combinado a otra persona, con un preaviso razonable y, en su caso, con sujeción al pago de gastos adicionales.
- El precio del viaje combinado solo se podrá aumentar si se producen gastos específicos (por ejemplo, en los precios de combustible) y está expresamente estipulado en el contrato, y en ningún caso en los últimos veinte días anteriores al inicio del viaje combinado. Si el aumento de precio excede del ocho por ciento del precio del viaje combinado, el viajero podrá poner fin al contrato. Si el organizador se reserva el derecho de aumentar el precio, el viajero tendrá derecho a una reducción del precio si disminuyen los gastos correspondientes.
- Los viajeros podrán poner fin al contrato sin pagar ninguna penalización y obtener el reembolso completo de todos los pagos realizados si se modifica significativamente alguno de los elementos esenciales del viaje combinado que no sea el precio. Si el empresario responsable del viaje combinado lo cancela antes de su inicio, los viajeros tendrán derecho al reembolso de los pagos realizados y, cuando proceda, a una compensación.
- En circunstancias excepcionales, por ejemplo en caso de que en el lugar de destino existan graves problemas de seguridad que puedan afectar al viaje combinado, los viajeros podrán poner fin al contrato antes del inicio del viaje combinado, sin pagar ninguna penalización.
- Además, los viajeros podrán poner fin al contrato en cualquier momento antes del inicio del viaje combinado mediante el pago de una penalización por terminación que sea adecuada y justificable.
- Si, después del inicio del viaje combinado, no pueden prestarse elementos significativos del mismo, deberán ofrecerse al viajero fórmulas alternativas adecuadas, sin coste adicional. Los viajeros podrán poner fin al contrato sin pagar ninguna penalización en caso de no ejecución de los servicios cuando ello afecte sustancialmente a la ejecución del viaje combinado y el organizador y, en su caso, el minorista no consigan solucionar el problema.
- Los viajeros también tendrán derecho a una reducción del precio y/o a una indemnización por daños y perjuicios en caso de no ejecución o ejecución incorrecta de los servicios de viaje.
- El organizador y el minorista deberán proporcionar asistencia al viajero en caso de que este se encuentre en dificultades.
- Si el organizador o el minorista incurren en insolvencia se procederá al reembolso de los pagos. En caso de que el organizador o, en su caso, el minorista incurran en insolvencia después del inicio del viaje combinado y este incluya el transporte, se garantizará la repatriación de los viajeros. XY ha suscrito una garantía de protección frente a la insolvencia con YZ [la entidad garante en caso de insolvencia -por ejemplo, un fondo de garantía o una compañía de seguros-]. Si se deniegan servicios debido a la insolvencia de XY, los viajeros podrán ponerse en contacto con dicha entidad o, en su caso, con la autoridad competente (datos de contacto, entre otros, nombre, dirección completa, correo electrónico y número de teléfono).

Texto refundido de la **Ley General para la Defensa de los Consumidores y Usuarios** y otras leyes complementarias, aprobado por Real Decreto Legislativo 1/2007, de 16 de noviembre (hiperenlace).

6115 (sigue) C. Formulario de información normalizada en caso de transmisión de datos por parte de un organizador a otro empresario de conformidad con el artículo 151.1.b).2.º v)

Si usted celebra un contrato con la empresa AB antes de que se cumplan veinticuatro horas de la recepción de la confirmación de la reserva enviada por la empresa XY, el servicio de viaje ofrecido por XY y AB constituirá un viaje combinado en el sentido del texto refundido de la **Ley General para la Defensa de los Consumidores y Usuarios** y otras leyes complementarias, aprobado por Real Decreto Legislativo 1/2007, de 16 de noviembre.

Por lo tanto, usted gozará de todos los derechos que se aplican en el marco de la UE a los viajes combinados. La empresa XY será plenamente responsable de la correcta ejecución del viaje combinado en su conjunto.

Además, como exige la legislación, la empresa XY está cubierta por una garantía para reembolsarle los pagos realizados y, si el transporte está incluido en el viaje, asegurar su repatriación en caso de que incurra en insolvencia.

Más información sobre derechos principales con arreglo al texto refundido de la **Ley General para la Defensa de los Consumidores y Usuarios** y otras leyes complementarias, aprobado por Real Decreto Legislativo 1/2007, de 16 de noviembre (que se proporcionará mediante un hiperenlace).

Siguiendo el hiperenlace el viajero recibirá la siguiente información:

Principales derechos en virtud del texto refundido de la **Ley General para la Defensa de los Consumidores y Usuarios** y otras leyes complementarias, aprobado por Real Decreto Legislativo 1/2007, de 16 de noviembre:

- Los viajeros recibirán toda la información esencial sobre los servicios de viaje antes de celebrar el contrato de viaje combinado.
- Siempre habrá como mínimo un empresario responsable de la correcta ejecución de todos los servicios de viaje incluidos en el contrato.
- Se proporcionará a los viajeros un número de teléfono de emergencia o los datos de un punto de contacto donde puedan contactar con el organizador y, en su caso, con el minorista.
- Los viajeros podrán ceder el viaje combinado a otra persona, con un preaviso razonable y, en su caso, con sujeción al pago de gastos adicionales.
- El precio del viaje combinado solo se podrá aumentar si se producen gastos específicos (por ejemplo, en los precios de combustible) y está expresamente estipulado en el contrato, y en ningún caso en los últimos veinte días anteriores al inicio del viaje combinado. Si el aumento de precio excede del ocho por ciento del precio del viaje combinado, el viajero podrá poner fin al contrato. Si el organizador se reserva el derecho de aumentar el precio, el viajero tendrá derecho a una reducción del precio si disminuyen los gastos correspondientes.
- Los viajeros podrán poner fin al contrato sin pagar ninguna penalización y obtener el reembolso completo de todos los pagos realizados si se modifica significativamente alguno de los elementos esenciales del viaje combinado que no sea el precio. Si el empresario responsable del viaje combinado lo cancela antes de su inicio, los viajeros tendrán derecho al reembolso de los pagos realizados y, cuando proceda, a una compensación.
- En circunstancias excepcionales, por ejemplo en caso de que en el lugar de destino existan graves problemas de seguridad que puedan afectar al viaje combinado, los viajeros podrán poner fin al contrato antes del inicio del viaje combinado sin pagar ninguna penalización.
- Además, los viajeros podrán poner fin al contrato en cualquier momento antes del inicio del viaje combinado mediante el pago de una penalización por terminación que sea adecuada y justificable.
- Si, después del inicio del viaje combinado, no pueden prestarse elementos significativos del mismo, deberán ofrecerse al viajero fórmulas alternativas adecuadas, sin coste adicional. Los viajeros podrán poner fin al contrato sin pagar ninguna penalización en caso de no ejecución de los servicios cuando ello afecte sustancialmente a la ejecución del viaje combinado y el organizador y, en su caso, el minorista no consigan solucionar el problema.
- Los viajeros también tendrán derecho a una reducción del precio y/o indemnización por daños y perjuicios en caso de no ejecución o ejecución incorrecta de los servicios de viaje.
- El organizador y el minorista deberán proporcionar asistencia al viajero en caso de que este se encuentre en dificultades.
- Si el organizador o el minorista incurren en insolvencia se procederá al reembolso de los pagos. En caso de que el organizador o, en su caso, el minorista incurran en insolvencia después del inicio del viaje combinado y este incluya el transporte, se garantizará la repatriación de los viajeros. XY ha suscrito una garantía de protección frente a la insolvencia con YZ [la entidad garante en caso de insolvencia -por ejemplo, un fondo de garantía o una compañía de seguros-]. Si se deniegan servicios debido a la insolvencia de XY, los viajeros podrán ponerse en contacto con dicha entidad o, en su caso, con la autoridad competente (datos de contacto, entre otros, nombre, dirección completa, correo electrónico y número de teléfono).

Texto refundido de la **Ley General para la Defensa de los Consumidores y Usuarios** y otras leyes complementarias, aprobado por Real Decreto Legislativo 1/2007, de 16 de noviembre (hiperenlace).

D. Reclamación de transporte aéreo

@ **Nota preliminar:** 6120

1) Véase la sentencia TJUE 7-9-17, asunto C-559/16, sobre el cálculo de la compensación por gran retraso o cancelación de vuelos con conexiones.

2) Este formulario responde a un **supuesto práctico real** cuyas circunstancias y argumentación jurídica pueden no guardar relación con las que concurren en el supuesto para el que va a utilizarse. Se ha optado por mantenerlas, para enriquecer el valor ejemplificador del formulario, sin perjuicio de que el usuario las elimine o modifique al personalizar el modelo para su utilización profesional.

3) Si la pretensión se funda exclusivamente en el Rgto (UE) nº 261/2004, de 11-2-2004, por el que se establecen normas comunes sobre compensación y asistencia a los pasajeros aéreos en caso de denegación de embargo, cancelación o gran retraso de los vuelos, la competencia objetiva para conocer del litigio corresponderá a las secciones civiles (o únicas) de los tribunales de instancia, no a las de lo mercantil (LOPJ art.87.6.a redacc LO 1/2025).

4) La LEC art.250 y 399 fue modificada por el RDL 6/2023 art.103, en relación con el ámbito material y cuantitativo del juicio verbal, fijando el umbral mínimo por razón de la cuantía litigiosa en (inferior a) 15.000 euros y con los compromisos que ha de asumir expresamente el demandante en el escrito de demanda en ciertos supuestos sobre actos de comunicación procesal. La reforma entró en vigor el 20-3-2024. La LEC ha sido, de nuevo, ampliamente modificada por la LO 1/2025 art.22, con efecto 3-4-25.

- **A LA SECCIÓN CIVIL (O ÚNICA) DEL TRIBUNAL DE INSTANCIA DE** «LOCALIDAD»- **A LA SECCIÓN DE LO MERCANTIL DEL TRIBUNAL DE INSTANCIA DE** «LOCALIDAD»- **AL JUEZ -PLAZA JUDICIAL- DE LA SECCIÓN CIVIL (O ÚNICA) DEL TRIBUNAL DE INSTANCIA DE** «LOCALIDAD» **AL QUE POR TURNO CORRESPONDA- AL JUEZ -PLAZA JUDICIAL- DE LA SECCIÓN DE LO MERCANTIL DEL TRIBUNAL DE INSTANCIA DE** «LOCALIDAD» **AL QUE POR TURNO CORRESPONDA**

• **Si se acredita con escritura de poder**:

«D/Dª nombre y apellidos del procurador», Procurador/a de los Tribunales (Col. número *«núm. de colegiado»*), y de *«Don/Doña nombre y apellidos»*, con DNI/NIF *«núm. de DNI/NIF»*, y domicilio en *«vía pública, núm, población, código postal»*, representación que acredito mediante escritura de poder que adjunto y señalo como documento número *«núm.»*, ante este - Tribunal de Instancia (Sección Civil o Única)- Tribunal de Instancia (Sección de lo Mercantil)- Tribunal de Instancia (Juez -Plaza Judicial- por reparto de la Sección Civil o Única)- Tribunal de Instancia (Juez -Plaza Judicial- por reparto de la Sección de lo Mercantil) comparezco con la asistencia del Letrado *«D/Dª nombre y apellidos del letrado»* (Col. número *«núm. de colegiado»*) y, como mejor en Derecho proceda, **DIGO**:

• **Si se acredita con apoderamiento electrónico «apud acta»:**

«D/Dª nombre y apellidos del procurador», Procurador/a de los Tribunales (Col. número *«núm. de colegiado»*), y de *«Don/Doña nombre y apellidos»*, con DNI/NIF *«núm. de DNI/NIF»*, y domicilio en *«vía pública, núm, población, código postal»*, representación que acredito en virtud de poder otorgado *apud acta* mediante comparecencia en la sede judicial electrónica según consta en el Registro Electrónico de Apoderamientos Judiciales y he acreditado mediante certificación del mismo aportada como documento número 1, ante este - Tribunal de Instancia (Sección Civil o Única)- Tribunal de Instancia (Sección de lo Mercantil)- Tribunal de Instancia (Juez -Plaza Judicial- por reparto de la Sección Civil o Única)- Tribunal de Instancia (Juez -Plaza Judicial- por reparto de la Sección de lo Mercantil) comparezco con la asistencia del Letrado *«D/Dª nombre y apellidos del letrado»* (Col. número *«núm. de colegiado»*) y, como mejor en Derecho proceda, **DIGO**:

• **Si se acredita con apoderamiento «apud acta» con comparecencia personal:**

«D/Dª nombre y apellidos del procurador», Procurador/a de los Tribunales (Col. número *«núm. de colegiado»*), y de *«Don/Doña nombre y apellidos»*, con DNI/NIF *«núm. de DNI/NIF»*, y domicilio en *«vía pública, núm, población, código postal»*, representación que acredito en virtud de poder otorgado *apud acta* mediante comparecencia presencial ante el Sr. Letrado de la Administración de Justicia, según consta en el Registro Electrónico de Apoderamientos Judiciales y he acreditado mediante certificación del mismo aportada como documento número 1, ante este - Tribunal de Instancia (Sección Civil o Única)- Tribunal de Instancia (Sección de lo Mercantil)- Tribunal de Instancia (Juez -Plaza Judicial- por reparto de la Sección Civil o Única)- Tribunal de Instancia (Juez -Plaza Judicial- por reparto de la Sección de lo Mercantil) comparezco con la asistencia del Letrado *«D/Dª nombre y apellidos del letrado»* (Col. número *«núm. de colegiado»*) y, como mejor en Derecho proceda, **DIGO:**

• **Se acreditará más adelante mediante apoderamiento «apud acta»:**

«D/Dª nombre y apellidos del procurador», Procurador/a de los Tribunales (Col. número *«núm. de colegiado»*), y de *«Don/Doña nombre y apellidos»*, con DNI/NIF *«núm. de DNI/NIF»*, y domicilio en *«vía pública, núm, población, código postal»*, representación que acredito mediante poder que se otorgará *apud acta* en el momento procesal oportuno o en cuanto seamos requeridos para ello, ante este - Tribunal de Instancia (Sección Civil o Única)- Tribunal de Instancia (Sección de lo Mercantil)- Tribunal de Instancia (Juez -Plaza Judicial- por reparto de la Sección Civil o Única)- Tribunal de Instancia (Juez -Plaza Judicial- por reparto de la Sección de lo

6120 (sigue) Mercantil) comparezco con la asistencia del Letrado *«D/Dª nombre y apellidos del letrado»* (Col. número *«núm. de colegiado»*) y, como mejor en Derecho proceda, **DIGO:**

Que por medio del presente escrito, y en nombre de mi representado, interpongo **DEMANDA DE JUICIO VERBAL** frente a la mercantil *«denominación social de la aerolínea»*, con NIF *«núm. de NIF»*, y domicilio social en *«vía pública, núm., población, código postal»*, en reclamación de daños y perjuicios por la cantidad de *«importe en letra»* euros (*«importe en cifra»* €), demanda que formulo sobre la base de los siguientes

HECHOS

«PRIMERO»

Mi representado, *«D/Dª nombre y apellidos»*, con fecha *«día, mes y año»* adquirió en -*el portal de internet «denominación» la web de la aerolínea demandada- «describir otro modo de adquisición del billete P.e., mostrador de la propia compañía en el aeropuerto, agencia de viaje, etc.»* un billete de avión para volar desde el aeropuerto de *«localidad origen»* a las *«hora»* horas, hasta el aeropuerto de *«localidad destino»* el día *«día, mes y año»*, a las *«hora»* horas.

El viaje que emprendía el actor se debía a razones -*familiares- profesionales- vacacionales- «describir otras razones»*.

Se aporta como documento número *«núm.»* copia de los billetes de avión emitidos por *«describir»*.

«SEGUNDO»

Como hemos indicado, el citado billete fue adquirido a través *«describir modo de adquisición»* por un importe de *«importe»* euros, que fue abonado con la tarjeta de crédito del demandante número *«núm.»*.

Se aporta como documento número *«núm.»* justificante de pago efectuado mediante *«describir»*.

«TERCERO»

• **En caso de retraso en el vuelo:**

Lo cierto es que presentados al embarque en el aeropuerto de *«localidad origen»* a las *«hora»* horas, el avión no salió a la hora *«hora»*, sino a la hora *«hora»*, por lo que tuvo un retraso de salida de *«núm»* horas.

• **En caso de cancelación del vuelo:**

Lo cierto es que presentados al embarque en el aeropuerto de *«localidad origen»* a las *«hora»* horas, el avión no salió a la hora *«hora»*, sino que fue objeto de cancelación por *«describir motivos argumentados por la aerolínea»*, según información de la compañía aérea *«denominación social de la aerolínea»*.

Inmediatamente se interpuso reclamación en *«lugar de interposición de la reclamación»*.

Se aporta como documento número *«núm»«justificante de la reclamación»*.

Puesto que la compañía aérea no proporcionó un transporte inmediato y comparable hasta el destino final, ni en una fecha posterior, solicito mediante la presente demanda:

1) El reembolso del billete no utilizado, por un importe de *«importe en letra»* euros (*«importe en cifra»* €).

2) En concepto de indemnización de daños y perjuicios por cancelación y sufridos a raíz del incumplimiento del contrato de transporte, un importe de *«importe en letra»* euros (*«importe en cifra»* €).

3) La compañía aérea no proporcionó la consiguiente asistencia *«asistencia a la que estaba obligada la aerolínea, pero no proporcionada»*, ocasionando unos gastos adicionales a mi representado consistentes en *«desglose de gastos adicionales P.e. alojamiento, días laborales, etc.»*. Se aportan como número *«núm»«justificantes de los gastos adicionales»*.

4) Adicionalmente, los intereses devengados desde, por un importe de *«importe en letra»* euros (*«importe en cifra»* €).

«CUARTO»

Que esta parte ha intentado llegar a un acuerdo (con los requisitos precisos para el cumplimiento del presupuesto de procedibilidad derivado de la LO 1/2025, conforme se indica más adelante) con la compañía aérea «denominación social de la aerolínea» mediante «describir», sin que hasta el momento se hayan satisfecho las pretensiones de mi representado, por lo que se ve obligado a presentar la presente demanda.

A los hechos expuestos, resultan de aplicación los siguientes

FUNDAMENTOS DE DERECHO JURÍDICO-PROCESALES

6120 (sigue)

-I- Jurisdicción

Potestad Jurisdiccional: La potestad jurisdiccional se ejerce por los juzgados y tribunales determinados por las leyes, según las normas de competencia y procedimiento que las misma establezcan (Const art.117.3).

Tribunales de orden civil: La LOPJ art.9.2 dispone: «Los juzgados y tribunales del orden civil conocerán, además de las materias que les son propias, de todas aquellas que no estén atribuidas a otro orden jurisdiccional» y el art.85.1 dispone que «los juzgados de primera instancia conocerán en el orden civil en primera instancia, de los juicios que no vengan atribuidos por esta Ley a otros juzgados o tribunales».

Conforme determina el LEC art.36, la extensión y límites de la jurisdicción de los tribunales civiles españoles se determinará por lo dispuesto en la LOPJ y en los tratados y convenios internacionales en los que España sea parte.

Para que los tribunales civiles tengan competencia en cada caso se requiere que el conocimiento del pleito les esté atribuido por normas con rango de Ley y anteriores a la incoación de las actuaciones de que se trate (LEC art.44).

-II- Competencia territorial y funcional

Atendiendo al caso concreto, es competente territorialmente el Juzgado al que tengo el honor de dirigirme, ya que la Sala de lo Civil del Tribunal Supremo tiene declarado que en estos supuestos si la reclamación de los perjuicios o compensaciones derivados de transporte aéreo de pasajeros es ejercitada por los propios consumidores/pasajeros, es doctrina recogida en el TS auto 14-2-18, EDJ 7510, y los que en el mismo se citan, que el fuero territorial viene determinado por las reglas imperativas de la LEC art.52.2, en cuya virtud:

a.- será fuero preferente, a elección del demandante, el lugar del domicilio del pasajero, que desplaza a los fueros de la LEC art.50 y 51;

b.- será fuero electivo por el pasajero, por la remisión a la LEC art.51 para demanda dirigida contra persona jurídica:

b.1.- el domicilio de la demandada;

b.2.- el lugar donde la situación o relación jurídica haya nacido [admitiéndose la vía telemática desde el domicilio de los pasajeros] o deba surtir efectos, siempre que y de modo acumulado a lo anterior, en dicho lugar tenga la demandada un establecimiento abierto al público o representante autorizado (TS auto 12-7-17, EDJ 150653 y 14-2-18, EDJ 7476);

b.3.- el lugar de origen o de destino contractualmente fijados [TJUE 9-7-09 (C-204/2008), del que se hace el TS auto 12-7-17, EDJ 150653].

Resulta de ello que en el caso se acredita que el demandante tiene su domicilio en *«población»*, como se recoge en el encabezamiento de este escrito de demanda. Y además dado que la compra de los billetes se realizó telemáticamente desde su domicilio en *«vía pública, núm., población, código postal»*, donde además la demandada tiene una oficina, por lo que la competencia territorial es en este caso indiscutible.

En cuanto a la competencia funcional, le corresponde a los Juzgados de Primera Instancia, por aplicación la norma de reparto competencial establecida en la LOPJ art.86 bis.1, siendo además aplicable al supuesto la normativa del transporte aéreo internacional, en concreto, el Convenio Montreal 28-5-1999 para la unificación de ciertas reglas para el transporte aéreo internacional, ratificado por España, publicado en BOE núm. 122, de 20 de mayo de 2004, que en su artículo 1, en relación el ámbito de aplicación, establece que «1. El presente Convenio se aplica a todo transporte internacional de personas, equipaje o carga efectuado en aeronaves, a cambio de una remuneración.

La L 48/1960 art.15, sobre Navegación Aérea: «A los efectos del presente capítulo se entenderá por daño en el transporte de viajeros el que sufran estos a bordo de la aeronave y por acción de la misma, o como consecuencia de las operaciones de embarque y desembarque». E igualmente Rgto (CE) nº 889/2002, por el que se modifica el Rgto (CE) nº 2027/97 sobre la responsabilidad de las compañías aéreas en caso de accidente, publicado en BOE núm 140, de 30 de mayo de 2002 que modifica el Rgto (CE) nº 2027/97 y da nueva redacción al art.3.1 establece que «La responsabilidad de una compañía aérea comunitaria en relación con el transporte de pasajeros y su equipaje se regirá por todas las disposiciones del Convenio de Montreal relativas a dicha responsabilidad».

-III- Capacidad y legitimación de las partes

Capacidad: Mi mandante es mayor de edad, y no precisa medidas de apoyo para el ejercicio de su capacidad jurídica, por lo que, conforme dispone la LEC art.6 y 7, tiene capacidad, por sí, para ser parte en este proceso y para comparecer en juicio. Asimismo, la aerolínea demandada, tiene capacidad para ser parte en este proceso y para comparecer en juicio, conforme disponen los artículos indicados en la referida LEC.

6120 (sigue) **• En caso de retraso en el vuelo:**

Legitimación: mi representado está legitimado activamente, como parte afectada por el retraso en la salida del vuelo y titular del billete aéreo, de conformidad a lo establecido en la LEC art.10; estando legitimada pasivamente en virtud de la misma disposición la mercantil demandada, por cuanto es la compañía operadora del vuelo contratado por mi mandante y la que debe responder del retraso del vuelo.

• En caso de cancelación del vuelo:

Legitimación: mi representado está legitimado activamente, como parte afectada por la cancelación del vuelo y titular del billete aéreo, de conformidad a lo establecido en la LEC art.10; estando legitimada pasivamente en virtud de la misma disposición la mercantil demandada, por cuanto es la compañía operadora del vuelo contratado por mi mandante y la que debe responder de la cancelación del vuelo.

-IV- Representación procesal y defensa técnica

La representación de mi mandante y la asistencia letrada en la presente demanda es la procedente conforme a la LEC art.399 s.

Procurador: La LEC art.23 establece que la comparecencia en juicio será por medio de procurador legalmente habilitado para actuar en el Tribunal que conozca del juicio.

Abogado: La LEC art.31 dispone así mismo que los litigantes serán dirigidos por abogado, sin que pueda proveerse ninguna solicitud que no lleva la firma de este profesional.

-V- Expresión de la cuantía de la demanda y clase de juicio

De conformidad con lo dispuesto en la LEC art.251.1, la cuantía de la presente demanda se fija en la cantidad de *«importe en letra»* euros, suma que se corresponde con la cantidad de dinero reclamada en concepto de principal.

En cuanto a la clase de juicio, el presente procedimiento deberá seguirse por las reglas del juicio verbal al disponerlo así la LEC art.250.2 redacc RDL 6/2023, conforme a la cual se decidirán en juicio verbal las demandas cuya cuantía no exceda de 15.000 euros y no se refiere a ninguna de las materias previstas en la LEC art.249.1, igualmente afectado por la referida disposición.

-VI- Cumplimiento del requisito de procedibilidad

• Opción A:

La presente demanda se interpone dentro del plazo de un año a contar desde la recepción por - la demandada- las codemandadas de la solicitud remitida por la parte ahora demandante de sumisión del conflicto a un medio adecuado de solución de controversias sin haber recibido respuesta alguna, por lo que ha de considerarse, desde la perspectiva temporal, cumplido el presupuesto de procedibilidad que dicha sumisión supone, de acuerdo con la Ley Orgánica 1/2025 art.7.3.

• Opción B:

La presente demanda se interpone dentro del plazo de un año a contar desde la finalización sin acuerdo de la negociación con - la demandada- las codemandadas a través de un medio adecuado de solución de controversias, por lo que ha de considerarse, desde la perspectiva temporal, cumplido el presupuesto de procedibilidad que dicha sumisión supone, de acuerdo con la Ley Orgánica 1/2025 art.7.3.

-VII- Fondo del asunto

Consideramos de aplicación la LGDCU art.8, 9, 19, 59 s., 128, 132, 147 y 148.

• En caso de retraso en el vuelo:

Consideramos de aplicación el Rgto (CE) nº 261/2004, por el que se establecen normas comunes sobre compensación y asistencia a los pasajeros aéreos en caso de denegación de embarque y de cancelación o gran retraso de los vuelos, y se deroga el Rgto (CEE) nº 295/91, y, en particular sus artículos 1, 6, 7, 8, 9, 12, 14 y 15 en relación con el CC art.1101 y la LEC art.576.

Pueden verse las sentencias TJUE 11-5-17, asunto C-302/16, y 7-9-17, asunto C-559/16.

• En caso de cancelación del vuelo:

Consideramos de aplicación el Rgto (CE) nº 261/2004, por el que se establecen normas comunes sobre compensación y asistencia a los pasajeros aéreos en caso de denegación de embarque y de cancelación o gran retraso de los vuelos, y se deroga el Rgto (CEE) nº 295/91, y, en particular sus artículos 1, 3, 5, 7, 8, 9, 12 y 14 a 17 en relación con el CC art.1089, 1091 y 1101 y LEC art.576.

Pueden verse el TJUE 31-1-13, asunto C-12/11; 11-5-17, asunto C-302/16 y la 7-9-17, asunto C-559/16.

• En su caso:

Consideramos de aplicación el Rgto (CE) nº 2027/97, sobre la responsabilidad de las compañías aéreas en caso de accidente, respecto al transporte aéreo de los pasajeros y su equipaje.

-VIII-

Principio *iura novit curia* y demás principios, jurisprudencia y legislación aplicables de general uso.

-IX- Costas 6120 (sigue)

De conformidad con lo dispuesto en el LEC art.394, las costas de la primera instancia habrán de imponerse a la parte que haya visto rechazadas todas sus pretensiones, en virtud del principio objetivo de vencimiento.

Por lo expuesto,

SUPLICO AL -TRIBUNAL DE INSTANCIA (SECCIÓN CIVIL O ÚNICA)- TRIBUNAL DE INSTANCIA (SECCIÓN DE LO MERCANTIL)- TRIBUNAL DE INSTANCIA (JUEZ POR TURNO DE REPARTO DE LA SECCIÓN CIVIL O ÚNICA)- TRIBUNAL DE INSTANCIA (JUEZ POR TURNO DE REPARTO DE LA SECCIÓN DE LO MERCANTIL): Que, teniendo por presentado este escrito, junto con sus documentos adjuntos - y copias (en su caso), se sirva admitirlos teniéndome por personado y parte en la representación acreditada de «D/Dª nombre y apellidos» y, por formulada DEMANDA DE JUICIO VERBAL en reclamación de cantidad contra «denominación social de la aerolínea» y, previos los trámites legales, incluido el recibimiento del pleito a prueba que desde este momento dejo interesado, se dicte la correspondiente sentencia por la que estimando la demanda condene a la demandada a abonar al demandante la cantidad de «importe en letra» euros («importe en núm.» €), más los intereses devengados desde la interposición de la demanda hasta su definitivo pago, y todo ello con expresa imposición de las costas procesales a la parte demandada.

OTROSÍ PRIMERO DIGO: Que al derecho de esta parte interesa el recibimiento a prueba del presente pleito, por lo que procede y

SUPLICO AL -TRIBUNAL DE INSTANCIA (SECCIÓN CIVIL O ÚNICA)- TRIBUNAL DE INSTANCIA (SECCIÓN DE LO MERCANTIL)- TRIBUNAL DE INSTANCIA (JUEZ POR TURNO DE REPARTO DE LA SECCIÓN CIVIL O ÚNICA)- TRIBUNAL DE INSTANCIA (JUEZ POR TURNO DE REPARTO DE LA SECCIÓN DE LO MERCANTIL), tenga por hecha la manifestación que antecede, y en el momento procesal oportuno acuerde el recibimiento del presente pleito a prueba.

OTROSÍ SEGUNDO DIGO: Que al amparo del art.231 LEC y, manifestando esta parte expresamente la voluntad de cumplir los requisitos exigidos por la Ley, cuide el - Juzgado- Tribunal de que puedan ser subsanados los defectos procesales en que pudiera haber incurrido esta parte.

SUPLICO AL -TRIBUNAL DE INSTANCIA (SECCIÓN CIVIL O ÚNICA)- TRIBUNAL DE INSTANCIA (SECCIÓN DE LO MERCANTIL)- TRIBUNAL DE INSTANCIA (JUEZ POR TURNO DE REPARTO DE LA SECCIÓN CIVIL O ÚNICA)- TRIBUNAL DE INSTANCIA (JUEZ POR TURNO DE REPARTO DE LA SECCIÓN DE LO MERCANTIL), tenga por efectuada la anterior manifestación a los efectos legales procedentes.

OTROSÍ TERCERO DIGO que se adjunta a la presente demanda la justificación documental correspondiente («identificación de los documentos»), conforme exige LEC art.264.4º en la redacción derivada de la Ley Orgánica 1/2025, relativa a la sumisión de esta parte al requisito o presupuesto de procedibilidad de haber participado, o solicitado su inicio, en un medio adecuado de solución de controversias, de acuerdo con lo establecido en la Ley Orgánica 1/2025 art.2 a 19 y disp.trans.9ª.1. En dicho medio - no se ha alcanzado acuerdo o avenencia entre esta parte y la/las demandada/codemandadas- no se ha recibido respuesta alguna de la/las demandada/codemandadas, dando ello lugar a la interposición del presente escrito de demanda.

AL LETRADO DE LA ADMINISTRACIÓN DE JUSTICIA formulo la siguiente **PETICIÓN**: que tenga por interesada la petición efectuada en el presente Otrosí.

Es Justicia que pido en *«localidad»*, a *«día, mes y año»*.

Firma del Letrado y número de colegiado	Firma del Procurador
Fdo. D/Dª nombre y apellidos del letrado	Fdo. *«D/Dª nombre y apellidos del procurador»*

E. Responsabilidad civil por producto defectuoso

6125 @ **Nota preliminar**
La LEC art.249 y 399 fue sido modificada por el RDL 6/2023 art.103, en relación con el ámbito material y cuantitativo del procedimiento ordinario, fijando el umbral mínimo por razón de la cuantía litigiosa en (superior a) 15.000 euros y con los compromisos que ha de asumir expresamente el demandante en el escrito de demanda en ciertos supuestos sobre actos de comunicación procesal. La reforma entró en vigor el 20-3-24. La reforma entró en vigor el 20-3-24. La LEC ha sido, de nuevo, ampliamente modificada por la LO 1/2025 art.22, con efecto 3-4-25.

A LA SECCIÓN - CIVIL O ÚNICA- CIVIL Y DE INSTRUCCIÓN DEL TRIBUNAL DE INSTANCIA DE «LOCALIDAD»

• **Si se acredita con escritura de poder:**
«D/Dª nombre y apellidos del procurador», Procurador/a de los Tribunales (Col. número *«núm. de colegiado»*), y de *«Don/Doña nombre y apellidos»*, con DNI/NIF *«núm. de DNI/NIF»*, y domicilio en *«vía pública, núm, población, código postal»*, representación que acredito mediante escritura de poder que adjunto y señalo como documento número *«núm.»*, ante este - Tribunal de Instancia (Sección Civil o Única)- Tribunal de Instancia (Sección de lo Mercantil)- Tribunal de Instancia (Juez -Plaza Judicial- por reparto de la Sección Civil o Única)- Tribunal de Instancia (Juez -Plaza Judicial- por reparto de la Sección de lo Mercantil) comparezco con la asistencia del Letrado *«D/Dª nombre y apellidos del letrado»* (Col. número *«núm. de colegiado»*) y, como mejor en Derecho proceda,

• **Si se acredita con apoderamiento electrónico «apud acta»:**
«D/Dª nombre y apellidos del procurador», Procurador/a de los Tribunales (Col. número *«núm. de colegiado»*), y de *«Don/Doña nombre y apellidos»*, con DNI/NIF *«núm. de DNI/NIF»*, y domicilio en *«vía pública, núm, población, código postal»*, representación que acredito en virtud de poder otorgado *apud acta* mediante comparecencia en la sede judicial electrónica según consta en el Registro Electrónico de Apoderamientos Judiciales y he acreditado mediante certificación del mismo aportada como documento número 1, ante este - Tribunal de Instancia (Sección Civil o Única)- Tribunal de Instancia (Sección de lo Mercantil)- Tribunal de Instancia (Juez -Plaza Judicial- por reparto de la Sección Civil o Única)- Tribunal de Instancia (Juez -Plaza Judicial- por reparto de la Sección de lo Mercantil) comparezco con la asistencia del Letrado *«D/Dª nombre y apellidos del letrado»* (Col. número *«núm. de colegiado»*) y, como mejor en Derecho proceda,

• **Si se acredita con apoderamiento «apud acta» con comparecencia personal:**
«D/Dª nombre y apellidos del procurador», Procurador/a de los Tribunales (Col. número *«núm. de colegiado»*), y de *«Don/Doña nombre y apellidos»*, con DNI/NIF *«núm. de DNI/NIF»*, y domicilio en *«vía pública, núm, población, código postal»*, representación que acredito en virtud de poder otorgado *apud acta* mediante comparecencia presencial ante el Sr. Letrado de la Administración de Justicia, según consta en el Registro Electrónico de Apoderamientos Judiciales y he acreditado mediante certificación del mismo aportada como documento número 1, ante este - Tribunal de Instancia (Sección Civil o Única)- Tribunal de Instancia (Sección de lo Mercantil)- Tribunal de Instancia (Juez -Plaza Judicial- por reparto de la Sección Civil o Única)- Tribunal de Instancia (Juez -Plaza Judicial- por reparto de la Sección de lo Mercantil) comparezco con la asistencia del Letrado *«D/Dª nombre y apellidos del letrado»* (Col. número *«núm. de colegiado»*) y, como mejor en Derecho proceda,

• **Se acreditará más adelante mediante apoderamiento «apud acta»:**
«D/Dª nombre y apellidos del procurador», Procurador/a de los Tribunales (Col. número *«núm. de colegiado»*), y de *«Don/Doña nombre y apellidos»*, con DNI/NIF *«núm. de DNI/NIF»*, y domicilio en *«vía pública, núm, población, código postal»*, representación que acredito mediante poder que se otorgará *apud acta* en el momento procesal oportuno o en cuanto seamos requeridos para ello, ante este - Tribunal de Instancia (Sección Civil o Única)- Tribunal de Instancia (Sección de lo Mercantil)- Tribunal de Instancia (Juez -Plaza Judicial- por reparto de la Sección Civil o Única)- Tribunal de Instancia (Juez -Plaza Judicial- por reparto de la Sección de lo Mercantil) comparezco con la asistencia del Letrado *«D/Dª nombre y apellidos del letrado»* (Col. número *«núm. de colegiado»*) y, como mejor en Derecho proceda,

«Nombre y apellidos del procurador», procurador/a de los Tribunales colegiado nº «núm. de colegiado», y de «nombre y apellidos de la representada», mayor de edad, con DNI número «núm. DNI» y domicilio en «localidad», cuya representación acredito con copia de poder que presento como documento número «número», actuando bajo la dirección técnica del letrado «nombre y apellido del letrado» colegiado nº «núm. de colegiado», ante el Juzgado comparezco y como más procedente sea en Derecho,

DIGO: 6125 (sigue)

Por medio del presente formulo demanda de juicio verbal/ordinario de reclamación de cantidad por responsabilidad civil, contra «denominación social», con CIF «número CIF demandada» y domicilio social en «localidad, calle, número», sobre la base de los siguientes,

HECHOS

PRIMERO.
La demandada «denominación social», es fabricante del producto «marca», extremo que resulta de su identificación en el etiquetado, embalaje y/o documentación comercial del propio producto, en los términos en que se comercializó al público, presentándose como productor al indicar su nombre, marca u otro signo distintivo..

SEGUNDO.
Mi representado/a «nombre y apellidos de la representada», adquirió mediante contrato de compraventa una unidad del producto descrito, fabricado por el demandado, en fecha «fecha» en el establecimiento comercial «establecimiento» sito en la «calle, número, localidad», obteniendo ticket/factura y demás documentación acreditativa de la adquisición, todo ello para su utilización como consumidor/a final conforme al uso ordinario y razonablemente previsible del producto.

TERCERO.
En fecha «fecha del siniestro», durante un uso razonablemente previsible del Producto y realizado con arreglo a las instrucciones de utilización, montaje, instalación y/o mantenimiento facilitadas por el fabricante, tuvo lugar el siguiente evento dañoso «descripción del hecho dañoso» produciéndose de manera súbita e inesperada un funcionamiento anómalo con resultado lesivo y/o dañoso para mi representado/a y/o para sus bienes.

CUARTO.
Aunque, en apariencia, para un profano, el producto nocivo no presentaba anomalía alguna; lo cierto es que el mismo fue empleado con toda la diligencia y de acuerdo con las instrucciones recibidas del fabricante y con lo que es ordinario en los bienes pertenecientes a su misma especie. De ello se deriva, de acuerdo con la lógica más elemental, que debía adolecer de algún defecto, que provocó en último término el acontecimiento dañoso del que fue víctima mi representado/a.

QUINTO.
Como consecuencia directa del evento descrito, mi mandante ha sufrido los daños y perjuicios siguientes: «descripción de los daños», incluyendo «gastos médicos, daño moral, etc.», todo ello valorado, a efectos de esta reclamación, en la suma total de «importe reclamado» euros, sin perjuicio de su mayor concreción y acreditación documental y pericial en el curso del procedimiento; existiendo una relación causal directa entre el defecto del producto (en cuanto falta de seguridad) y el daño efectivamente ocasionado.

SEXTO.
Con anterioridad a la interposición de la presente demanda, mi mandante dirigió a la demandada reclamación extrajudicial en fecha «fecha reclamación», interesando el resarcimiento de los daños y perjuicios sufridos, sin que la demandada haya atendido íntegramente la reclamación, habiendo contestado en fecha «fecha respuesta» en el sentido de «respuesta a la demanda»/ o, en su caso, guardando silencio.

SÉPTIMO.
Se fija la cuantía de la presente demanda, calculada de acuerdo con las normas contenidas en la regla primera de la LEC art.251, en la cantidad de «cuantía de la demanda» euros.

OCTAVO.
A los efectos de lo exigido en materia de negociación previa y/o acreditación del intento de medio adecuado de solución de controversias tras la reforma operada por la Ley Orgánica 1/2025, de 2 de enero, se hace constar que «describir intento de MASC o su exención y casusa», interesando se tenga por cumplido el presupuesto de procedibilidad cuando resulte exigible, o, alternativamente, por encontrarse el supuesto en alguno de los casos legalmente exceptuados.

6125 (sigue)

FUNDAMENTOS DE DERECHO

JURÍDICO-PROCESALES

I. CAPACIDAD PROCESAL Y REPRESENTACIÓN

Mi mandante es mayor de edad, en pleno disfrute de sus derechos civiles por lo que, conforme disponen la LEC art.6.1.1º y 7.1, tiene capacidad, por sí, para ser parte en este proceso y para comparecer en juicio.
Asimismo la demandada, tiene capacidad para ser parte en este proceso y para comparecer en juicio, conforme disponen los artículos indicados de la referida Ley.

II. POSTULACIÓN Y DEFENSA

El actor se encuentra representado por procurador habilitado para actuar en la demarcación de este Partido Judicial, representación que ha quedado acreditada con poder general para pleitos acompañado como documento nº 1 de la **demanda**, siendo redactada y firmada la misma por abogado ejerciente colegiado identificado en el encabezamiento de la presente, todo ello conforme dispone la LEC art.23 y 31.

III. LEGITIMACIÓN

Corresponde la legitimación activa a mi representado/a, «nombre y apellidos de la demandante» demandante, Mi mandante esta legitimado activamente por ser quien ha sufrido en su persona el daño expresado en los fundamentos fácticos tercero.
Ostenta la legitimación pasiva los demandados por ser los causantes del daño.

IV. JURISDICCIÓN

Conforme dispone la LOPJ art.9.2, los tribunales y juzgados del orden civil conocerán, además de las materias que le son propias, de todas aquellas que no le estén atribuidas a otro orden jurisdiccional.

V. COMPETENCIA OBJETIVA

El orden jurisdiccional civil es competente para conocer de la presente pretensión de resarcimiento derivada de responsabilidad civil por producto defectuoso, conforme al art.9.2 de la Ley Orgánica del Poder Judicial; y, en cuanto a la competencia objetiva, corresponde a los Juzgados de Primera Instancia el conocimiento en primera instancia de los asuntos civiles no atribuidos a otros órganos, de conformidad con el art.45 de la Ley de Enjuiciamiento Civil.

VI. COMPETENCIA TERRITORIAL

La competencia territorial corresponde al tribunal del domicilio de la demandada, al tratarse de persona jurídica, conforme al art.51.1 de la Ley de Enjuiciamiento Civil, sin perjuicio de que pudieran concurrir fueros alternativos en función del lugar de nacimiento o efectos de la relación jurídica cuando existan establecimiento abierto al público o representante autorizado en dicho lugar, extremo que, en su caso, se deja igualmente consignado a efectos de correcta determinación del fuero.

VII. PROCEDIMIENTO

De conformidad con lo dispuesto en la LEC art.251.1ª, en relación con la LEC art.253, se hace constar que la cuantía de esta demanda se cifra en la suma de «importe en letra» euros («importe en cifra» €), al ejercitarse una acción con importe cierto y líquido.
En cuanto a la clase de juicio, el presente procedimiento habrá de regirse por la reglas del

- **Si la cuantía no excede de 15.000 euros:**

juicio verbal, al disponer la LEC art.250.2, que se decidirán conforme a sus especialidades los asuntos cuya cuantía no exceda de 15.000 euros.

- **Si la cuantía excede de 15.000 euros:**

procedimiento ordinario, al disponer la LEC art.249.2, que se decidirán por este procedimiento las demandas cuya cuantía exceda de 15.000 euros.

VIII. JURÍDICO-MATERIALES

6125 (sigue)

El RD Leg 1/2007 art.128, por el que se aprueba el texto refundido de la Ley General para la Defensa de los Consumidores y Usuarios y otras leyes complementarias, establece que todo perjudicado tiene derecho a ser indemnizado en los términos establecidos en este Libro por los daños o perjuicios causados por los bienes o servicios.
El LGDCU art.135, establece que los productores serán responsables de los daños causados por los defectos de los productos que, respectivamente, fabriquen o importen
Es evidente que la demandada es la fabricante del producto «nombre»; pues así lo dispone el citado RD Leg 1/2007 art.5, cuando señala que es fabricante quien se presente como tal al indicar en el bien, ya sea en el envase, el envoltorio o cualquier otro elemento de protección o presentación, o servicio su nombre, marca u otro signo distintivo. Siendo ello así, para que la acción de responsabilidad frente al demandado prospere basta, de conformidad con la LGDCU art.139, con «probar el defecto, el daño y la relación de causalidad entre ambos».
Del ordinal segundo de los hechos de este escrito de **demanda** se deduce con toda claridad el carácter defectuoso del producto nocivo; pues es evidente que el mismo no ofrecía la seguridad que cabría legítimamente esperar «teniendo en cuenta todas sus circunstancias y, especialmente, su presentación, el uso razonablemente previsible del mismo y el momento de su puesta en circulación» (LGCU art.137). Téngase en cuenta a este respecto que el producto en todo momento fue utilizado de acuerdo con la naturaleza del mismo y en sintonía con las instrucciones editadas por el fabricante demandado.
Los daños relacionados en el hecho quinto de los incluidos en el presente escrito fueron todos ocasionados por el uso del producto «nombre» fabricado por el demandado. Así lo acreditan las siguientes circunstancias, documentos y certificados médicos, etc. «especificar».

IX. FUNDAMENTO JURISPRUDENCIAL

Conforme a reiterada doctrina jurisprudencial que recoge, entre otras, la «sentencia», los requisitos que tipifican la responsabilidad extracontractual, y que se dan en la conducta de los demandados, son: «nombres y apellidos».

X. PLAZO DE EJERCICIO

Esta acción de responsabilidad civil derivada de mala praxis, se ejercita dentro del plazo de tres años que establece la LGDCU art.143.

XI. COSTAS

Las costas han de imponerse a la demandada en virtud del principio objetivo de vencimiento, de conformidad con lo dispuesto por la LEC art.394.
Por lo expuesto,
SUPLICO AL TRIBUNAL DE INSTANCIA (SECCIÓN CIVIL O ÚNICA)- TRIBUNAL DE INSTANCIA (SECCIÓN CIVIL Y DE INSTRUCCIÓN): Tenga por presentado este escrito con los documentos acompañados y copias simples, lo admita, teniéndome por personado y parte en la representación acreditada de «nombre y apellidos» y, por formulada la **demanda de juicio ordinario** de reclamación de cantidad por responsabilidad civil contra «denominación social», acordando que se sustancie por los trámites del juicio ordinario, dictándose en su día sentencia por la que se declare la responsabilidad civil del demandado, de acuerdo con lo establecido en el RD Leg 1/2007, por el que se aprueba el texto refundido de la Ley General para la Defensa de los Consumidores y Usuarios, y se le condene a indemnizar al demandante los siguientes daños y perjuicios «descripción de los daños y perjuicios».
Todo ello con expresa imposición de costas a la parte demandada.

Es justicia que pido en «localidad», a «día, mes, año».

Firma del abogado y nº de colegiado Firma del Procurador

F. Escrito de las partes presentando alegaciones sobre el carácter abusivo de determinadas cláusulas incluidas en el título ejecutivo

6130 @ **Nota preliminar:**

1) Por aplicación de la reforma que en la LEC introdujo la L 1/2013, de medidas para reforzar la protección a los deudores hipotecarios, reestructuración de deuda y alquiler social, es posible que el Juez dicte auto, decretando la improcedencia del despacho de la ejecución. Para la aplicación de esta norma es precisa la concurrencia de los siguientes requisitos:

• Que el título ejecutivo sea de los citados en LEC art.557.1, es decir, cuando se despache ejecución por los títulos previstos en los números 4º, 5º, 6º y 7º, así como por otros documentos con fuerza ejecutiva a que se refiere el número 9º de la LEC art.517.2.

• Que el juez aprecie que el título ejecutivo contiene cláusulas abusivas.

En consecuencia, cuando el juez aprecia esta circunstancia, dictará el auto de despacho de la ejecución, en los términos previstos por la LEC art.561.1.3ª: «Cuando se apreciase el carácter abusivo de una o varias cláusulas, el auto que se dicte determinará las consecuencias de tal carácter, decretando bien la improcedencia de la ejecución, bien despachando la misma sin aplicación de aquellas consideradas abusivas».

En todo caso, las partes deberán ser oídas por plazo de 15 días antes de que el juez decrete la improcedencia de la ejecución, o bien, de que despache la misma sin aplicación de las cláusulas consideradas abusivas (LEC art.552.1).

Cuando la ejecución se fundamente en un contrato celebrado entre un empresario o profesional y un consumidor o usuario, y el tribunal en su examen de oficio apreciare que alguna de las cláusulas que constituyen el fundamento de la ejecución, o que hayan determinado la cantidad exigible, se aplica el mismo régimen, con la diferencia de que en este supuesto, una vez firme el auto que resuelva la controversia, el pronunciamiento sobre la abusividad tendrá eficacia de cosa juzgada -LEC art.552.4 y 561- (a diferencia del supuesto general de abusividad, en el que el acreedor podrá hacer valer sus derechos en el proceso ordinario correspondiente, si no obsta a este la cosa juzgada de la sentencia o resolución firme en que se hubiese fundado la demanda de ejecución).

2) La LEC art.552 y 561 fue modificada por el RDL 6/2023 art.103, en los términos expuestos en la nota precedente. La reforma entró en vigor el 20-3-24. La LEC ha sido ampliamente reformada, de nuevo, por la LO 1/2025, art.22, con efecto 3-4-25.

- A LA SECCIÓN CIVIL (O ÚNICA) DEL TRIBUNAL DE INSTANCIA DE «LOCALIDAD»**- A LA SECCIÓN CIVIL Y DE INSTRUCCIÓN DEL TRIBUNAL DE INSTANCIA DE** «LOCALIDAD»**- AL JUEZ PLAZA JUDICIAL NÚM.** «núm.» **DE LA SECCIÓN CIVIL (O ÚNICA) DEL TRIBUNAL DE INSTANCIA DE** «LOCALIDAD»**- AL JUEZ PLAZA JUDICIAL NÚM.** «núm.» **DE LA SECCIÓN «CIVIL Y DE INSTRUCCIÓN DEL TRIBUNAL DE INSTANCIA DE** «LOCALIDAD»

«Don/Doña nombre y apellidos», Procurador/a de los Tribunales y de «Don/Doña nombre y apellidos Cualquiera de los sujetos a quienes art.6 de la Ley de Enjuiciamiento Civil reconoce capacidad para ser parte y a quienes los art.538 a 544 de dicha Ley permiten instar el despacho de la ejecución», según tengo acreditado en los autos número «.....» que se tramitan ante este Órgano jurisdiccional, comparezco ante el mismo bajo la dirección técnica - del Letrado- de la Letrada del Ilustre Colegio de Abogados de «localidad», «Don/Doña nombre y apellidos», con despacho profesional en «localidad», a «día, mes y año», y como mejor proceda en Derecho **DIGO**:

Que, con fecha «día, mes y año» se ha notificado a esta parte «.....» por la que da traslado a esta parte por plazo de quince días, para que se pronuncie sobre el eventual carácter abusivo de determinadas cláusulas del título ejecutivo, y, en su caso, sobre las consecuencias de tal carácter en el despacho de la ejecución.

Que en la representación que ostento, mediante el presente escrito y dentro del término conferido, al amparo del art.552.1 de la Ley de Enjuiciamiento Civil, formulo las siguientes,

ALEGACIONES

Nota:

Se expresarán aquellas alegaciones fácticas y jurídicas que permitan poner de manifiesto:

a) El carácter abusivo de las cláusulas.

b) Las consecuencias jurídicas de la anterior declaración, que pueden ser tres:

- el despacho ordinario de la ejecución;
- el despacho de la ejecución sin la aplicación de las cláusulas; o
- la improcedencia de la ejecución.

Si se opta por la alegación sobre la naturaleza abusiva de las cláusulas, deberán invocarse LEC art.552.1, 557.1 y 561.1.

«PRIMERA».- «alegaciones». 6130 (sigue)

Por lo expuesto,

• **Si no se aprecia la existencia de cláusulas abusivas:**

SUPLICO AL - TRIBUNAL DE INSTANCIA (SECCIÓN CIVIL O ÚNICA)- TRIBUNAL DE INSTANCIA SECCIÓN CIVIL Y DE INSTRUCCIÓN- TRIBUNAL DE INSTANCIA (JUEZ PLAZA JUDICIAL NÚM. «núm.» **DE LA SECCIÓN CIVIL O ÚNICA)- TRIBUNAL DE INSTANCIA (JUEZ PLAZA JUDICIAL NÚM.** «núm.» **DE LA SECCIÓN CIVIL Y DE INSTRUCCIÓN)**: Que teniendo por presentado este escrito, junto con los documentos que se acompañan y copia de todo ello, se sirva admitirlo y se tengan por formuladas las alegaciones contenidas en el cuerpo de este escrito y, en su virtud y previos los trámites legales oportunos, se dicte auto despachando ejecución, mandando seguir la ejecución adelante e imponiendo al ejecutado las costas de la oposición.

• **Si se aprecian cláusulas abusivas, y la ejecución puede despacharse sin tenerlas en cuenta:**

SUPLICO AL - TRIBUNAL DE INSTANCIA (SECCIÓN CIVIL O ÚNICA)- TRIBUNAL DE INSTANCIA SECCIÓN CIVIL Y DE INSTRUCCIÓN- TRIBUNAL DE INSTANCIA (JUEZ PLAZA JUDICIAL NÚM. «núm.» DE LA SECCIÓN CIVIL O ÚNICA)- TRIBUNAL DE INSTANCIA (JUEZ PLAZA JUDICIAL NÚM. «núm.» DE LA SECCIÓN CIVIL Y DE INSTRUCCIÓN): Que teniendo por presentado este escrito, junto con los documentos que se acompañan y copia de todo ello, se sirva admitirlo y se tengan por formuladas las alegaciones contenidas en el cuerpo de este escrito y, en su virtud y previos los trámites legales oportunos, se dicte auto despachando ejecución sin tener en cuenta las siguientes cláusulas:

- «.....»

, mandando seguir la ejecución adelante-, «lo que proceda con relación a las costas»

• **Si se aprecian cláusulas abusivas, y se pretende que se declare la improcedencia de la ejecución:**

SUPLICO AL - TRIBUNAL DE INSTANCIA (SECCIÓN CIVIL O ÚNICA)- TRIBUNAL DE INSTANCIA SECCIÓN CIVIL Y DE INSTRUCCIÓN- TRIBUNAL DE INSTANCIA (JUEZ PLAZA JUDICIAL NÚM. «núm.» **DE LA SECCIÓN CIVIL O ÚNICA)- TRIBUNAL DE INSTANCIA (JUEZ PLAZA JUDICIAL NÚM.** «núm.» **DE LA SECCIÓN CIVIL Y DE INSTRUCCIÓN)**: Que teniendo por presentado este escrito, junto con los documentos que se acompañan y copia de todo ello, se sirva admitirlo y se tengan por formuladas las alegaciones contenidas en el cuerpo de este escrito y, en su virtud y previos los trámites legales oportunos, se dicte auto por el que declare abusivas las siguientes cláusulas:

- «.....»

, y decrete la improcedencia de la ejecución-, con expresa imposición de costas al ejecutante.

Es Justicia que solicito en «localidad», a «día, mes y año».

Firma del abogado y número de colegiado | Firma del procurador

Fdo. «nombre y apellidos» «número de colegiado» | Fdo. «nombre y apellidos»

G. Demanda de nulidad de cláusulas abusivas y usurarias en contrato de tarjeta de crédito. Tarjeta «revolving» con cláusulas abusivas y usurarias

6135 @ **Nota preliminar**

1) Por RDL 1/2021 se incorpora el concepto de **consumidor vulnerable** respecto de relaciones comerciales concretas, ubicado en situación de subordinación.

2) Este formulario responde a un **supuesto práctico real**, cuyas circunstancias y argumentación jurídica, obviamente, pueden no guardar relación con las que concurren en el supuesto para el que va a utilizarse. Se ha optado por mantenerlas, para enriquecer el valor ejemplificador del formulario, sin perjuicio de que el usuario las elimine o modifique al personalizar el modelo para su utilización profesional.

Se considera que la afirmada es una acción individual en materia de condiciones generales de la contratación, de conformidad con la legislación reguladora. De no entenderse así, el cauce de tramitación sería el procedimiento ordinario o el juicio verbal, en función de la cuantía litigiosa.

3) La LEC art.249 y 250 fue modificada por el RDL 6/2023 art.103, en relación con el ámbito material y cuantitativo del procedimiento ordinario y del juicio verbal, fijando el umbral divisorio por razón de la cuantía litigiosa en 15.000 euros y excluyendo del juicio ordinario las acciones individuales sobre condiciones generales de la contratación, que pasan a tramitarse por el juicio verbal. La reforma entró en vigor el 20-3-24. La LEC ha sido, de nuevo, ampliamente modificada por la LO 1/2025 art.22, con efecto 3-4-25.

Procedimiento ordinario número *«núm/año»*

A LA SECCIÓN - CIVIL (O ÚNICA) - CIVIL Y DE INSTRUCCIÓN DEL TRIBUNAL DE INSTANCIA DE •«LOCALIDAD»

• **Si se acredita con escritura de poder:**

«D/Dª nombre y apellidos del procurador», Procurador/a de los Tribunales (Col. núm *«núm de colegiado»*), y de *«D/Dª nombre y apellidos»*, con DNI/NIF *«núm de DNI/NIF»*, y domicilio en *«vía pública, núm, población, código postal»*, representación que acredito mediante escritura de poder que adjunto y señalo como documento número *«núm.»*, bajo la dirección letrada de *«Don/Doña nombre y apellidos»*, colegiado número *«núm. de colegiado»* del Ilustre Colegio de Abogados de *«localidad»*, con despacho abierto en *«vía pública, número, población, código postal»*, ante el - Tribunal de Instancia (Sección Civil o Única)- Tribunal de Instancia (Sección de lo Mercantil)- Tribunal de Instancia (Juez -Plaza Judicial- por reparto de la Sección Civil o Única)- Tribunal de Instancia (Juez -Plaza Judicial- por reparto de la Sección de lo Mercantil) comparezco y como mejor proceda en derecho, **DIGO**:

• **Si se acredita con apoderamiento electrónico «apud acta»:**

«D/Dª nombre y apellidos del procurador», Procurador/a de los Tribunales (Col. núm *«núm de colegiado»*), y de *«D/Dª nombre y apellidos»*, con DNI/NIF *«núm de DNI/NIF»*, y domicilio en *«vía pública, núm, población, código postal»*, representación que acredito en virtud de poder otorgado *apud acta* mediante comparecencia en la sede judicial electrónica según consta en el Registro Electrónico de Apoderamientos Judiciales y he acreditado mediante certificación del mismo aportada como documento número 1, bajo la dirección letrada de *«Don/Doña nombre y apellidos»*, colegiado número *«núm. de colegiado»* del Ilustre Colegio de Abogados de *«localidad»*, con despacho abierto en *«vía pública, número, población, código postal»*, ante el - Tribunal de Instancia (Sección Civil o Única)- Tribunal de Instancia (Sección de lo Mercantil)- Tribunal de Instancia (Juez -Plaza Judicial- por reparto de la Sección Civil o Única)- Tribunal de Instancia (Juez -Plaza Judicial- por reparto de la Sección de lo Mercantil) comparezco y como mejor proceda en derecho, **DIGO**:

• **Si se acredita con apoderamiento «apud acta» con comparecencia personal:**

«D/Dª nombre y apellidos del procurador», Procurador/a de los Tribunales (Col. núm *«núm de colegiado»*), y de *«D/Dª nombre y apellidos»*, con DNI/NIF *«núm de DNI/NIF»*, y domicilio en *«vía pública, núm, población, código postal»*, representación que acredito en virtud de poder otorgado *apud acta* mediante comparecencia presencial ante el Sr. Letrado de la Administración de Justicia, según consta en el Registro Electrónico de Apoderamientos Judiciales y he acreditado mediante certificación del mismo aportada como documento número 1, bajo la dirección letrada de *«Don/Doña nombre y apellidos»*, colegiado número *«núm. de colegiado»* del Ilustre Colegio de Abogados de *«localidad»*, con despacho abierto en *«vía pública, número, población, código postal»*, ante el - Tribunal de Instancia (Sección Civil o Única)- Tribunal de Instancia (Sección de lo Mercantil)- Tribunal de Instancia (Juez -Plaza Judicial- por reparto de la Sección Civil o Única)- Tribunal de Instancia (Juez -Plaza Judicial- por reparto de la Sección de lo Mercantil) comparezco y como mejor proceda en derecho, **DIGO**:

• Se acreditará más adelante mediante apoderamiento «apud acta»: 6135 (sigue)
«D/Dª nombre y apellidos del procurador», Procurador/a de los Tribunales (Col. núm *«núm de colegiado»*), y de *«D/Dª nombre y apellidos»*, con DNI/NIF *«núm de DNI/NIF»*, y domicilio en *«vía pública, núm, población, código postal»*, representación que acredito mediante poder que se otorgará *apud acta* en el momento procesal oportuno, bajo la dirección letrada de *«Don/Doña nombre y apellidos»*, colegiado número *«núm. de colegiado»* del Ilustre Colegio de Abogados de *«localidad»*, con despacho abierto en *«vía pública, número, población, código postal»*, ante el - Tribunal de Instancia (Sección Civil o Única)- Tribunal de Instancia (Sección de lo Mercantil)- Tribunal de Instancia (Juez -Plaza Judicial- por reparto de la Sección Civil o Única)- Tribunal de Instancia (Juez -Plaza Judicial- por reparto de la Sección de lo Mercantil) comparezco y como mejor proceda en derecho, **DIGO**:
Que por medio del presente escrito vengo a interponer demanda en **JUICIO VERBAL**, en ejercicio de **ACCIÓN DE NULIDAD DE TARJETA DE CRÉDITO POR CARÁCTER ABUSIVO Y NULO DE CLÁUSULA EN EL CONTRATO EN QUE SE FUNDA**, frente a *«denominación social de la entidad bancaria demandada»*, con NIF *«núm. NIF»*, pudiendo ser emplazada en *«vía pública, núm., población, código postal»*, y ello con razón a los siguientes:

HECHOS

PRIMERO.-
Mi representado, *«D/Dª nombre y apellidos del demandante»*, habida cuenta que estaba interesado en la adquisición de una tarjeta de crédito contra su cuenta corriente número *«núm. cuenta bancaria»*, solicitó de la entidad bancaria demandada y a través de la oficina de la que era cliente, la emisión de dicha tarjeta número *«núm. tarjeta revolving»*. A tal fin, acudió a la citada oficina bancaria, sucursal de esta ciudad en calle *«vía pública, núm., población, código postal»*, de la que era cliente, y se entrevistó con los responsables de la misma, manifestándoles el deseo de obtener de dicha entidad una tarjeta de crédito con las características *«argumentar»*. La entidad bancaria le ofreció la tarjeta *«denominación comercial de la tarjeta revolving»*, según manifestaron por ser la más adecuada por *«argumentar»*, dado que a criterio de la entidad bancaria *«argumentar»*.
La entidad bancaria procedió a informarle muy sucintamente de las condiciones, confiando mi representado en la referida sucursal bancaria de la que llevaba siendo cliente desde hacía aproximadamente unos *«núm.»* años.

SEGUNDO.-
Lo cierto es que sin existir oferta vinculante por parte del banco demandado, sin notificarle las condiciones del contrato que se iba a suscribir, sin efectuar el previo cuestionario y sin informarle en absoluto del condicionado del contrato que el banco preparó, es lo cierto que mi patrocinado firmó en ese mismo acto el contrato ante *«D/Dª nombre y apellidos de bancario»*, en fecha *«día, mes y año»*, al objeto de formalizarlo, resultando posteriormente que sobre el citado contrato se tuvieron que pagar por mi representado intereses por importe de *«importe en letra»* euros (*«importe en cifra»* €), con ocasión de la operación *«describir»*.
Mi mandante suscribió sin recibir ninguna explicación el contrato cuya copia acompaño bajo el número *«núm.»* de documentos, siendo de destacar los siguientes particulares:
«mención de los detalles del contrato de la tarjeta revolving»
Las citadas cláusulas establecen literalmente
«transcripción literal de la cláusulas abusivas y usurarias recogidas en el contrato de la tarjeta revolving»
Esto no obstante, mi representado no fue informado en modo alguno de lo que suponía la aceptación de las citadas cláusulas, *«argumentar»*.
El clausulado del contrato suscrito, no negociado individualmente como se ha reseñado, presenta un importante desequilibrio entre las obligaciones y derechos de las partes en contra de las exigencias de la buena fe.
Se adjunta como documento número *«núm.»* copia de *«fuente de información de los tipos de intereses medios del Banco de España, se puede encontrar fácilmente en internet el tipo del periodo que interese al caso concreto; y otros documentos de interés en la argumentación»*.

TERCERO.-
El reclamante tiene necesariamente la condición de **consumidor**, de conformidad con la definición establecida en el RD Leg 1/2007, por el que se aprueba el texto refundido de la Ley General para la Defensa de Consumidores y Usuarios y otras leyes complementarias (LGDCU).

6135 (sigue) Asimismo, resultaría de aplicación lo dispuesto en la L 7/1998, sobre condiciones generales de la contratación (LCGC), dado que, de conformidad con el texto de la citada Ley, podemos considerar las cláusulas litigiosas como **condiciones generales**, toda vez que vienen impuestas por una de las partes, la entidad bancaria demandada, estando incorporadas a una pluralidad de contratos, de conformidad con lo que más adelante se dirá y se ha recogido en la jurisprudencia reciente que alegaremos.
Igualmente, la LCGC art.8 declara nulas de pleno derecho las **condiciones generales abusivas** cuando el contrato se haya celebrado con un consumidor, como es el caso.
Pero es que además, las condiciones del contrato *«núm. de cláusulas abusivas y usurarias»* son **usurarias** siendo de aplicación lo dispuesto en la Ley General de Represión de la Usura, de 23 de julio de 1908.
Considerando el tipo de referencia en el contrato notablemente superior al interés del dinero y manifiestamente desproporcionado con las circunstancias del caso, la propia Ley General de Represión de la Usura permite determinar sus consecuencias, cual es la nulidad del contrato de préstamo que, una vez declarada, el prestatario estará obligado a entregar tan sólo la suma recibida; y si hubiera satisfecho parte de aquélla y los intereses vencidos, el prestamista devolverá al prestatario lo que, tomando en cuenta el total de lo percibido, exceda del capital prestado (Ley de Represión de la Usura art.1 y 3). Dicha nulidad se considera por el TS 14-7-09, EDJ 158034 y 25-11-15, EDJ 216418, como «radical, absoluta y originaria, que no admite convalidación confirmatoria, porque es fatalmente insubsanable, ni es susceptible de prescripción extintiva».

CUARTO.-
Esta parte ha intentado llegar a un acuerdo con la entidad bancaria, habiéndose dirigido en numerosas ocasiones a la misma, tal y como resulta de la documentación que se adjunta bajo los números «núm.», sin haber recibido respuesta satisfactoria de la mencionada entidad bancaria.
Se ha intentado sin éxito alcanzar una solución con todos los requisitos propios de los medios adecuados de solución de controversias regulados en la LO 1/2025 art.2 a 19 y disp.trans.9ª, lo que nos obliga a instar la presente demanda, a la que resultan de aplicación los siguientes.

FUNDAMENTOS DE DERECHO

I. Jurisdicción y competencia

La potestad jurisdiccional se ejerce por los jueces y tribunales determinados por las leyes, según las normas de competencia y procedimiento que las mismas establezcan (art.117.3 de la Constitución Española).
Conforme a art.85.1 y 87 de la Ley Orgánica 6/1985 del Poder Judicial -redacc LO 1/2025-, son los Tribunales de Instancia (Secciones Civiles o Únicas) los competentes para conocer de las acciones previstas en la legislación sobre condiciones generales de la contratación (en especial, la Ley General de Condiciones de la Contratación, Ley 7/1998, de 13 de abril -en adelante, LCGC-) y en la legislación sobre defensa de los consumidores y usuarios.

II. Procedimiento y cuantía

La presente demanda deberá sustanciarse por las normas del juicio verbal, a tenor de lo previsto en la LEC art.248, 249.1.5º y 250.1.14º, conforme a la redacción derivada del RDL 6/2023, al tratarse la ejercida de una acción individual relativa a la materia de condiciones generales de la contratación.
La cuantía del presente procedimiento, de conformidad con lo dispuesto en la LEC art.252, habrá que fijarla en *«importe en letra»* euros (*«importe en cifra»* €).
No obstante, el perjuicio total causado a la parte demandante, y por tanto la cantidad total abonada en exceso sólo se conocerá en una posible ejecución de sentencia estimatoria, puesto que se seguirán devengando cantidades durante la vigencia de la cláusula en cuestión, por lo que procede la aplicación de la LEC art.253.3, sin perjuicio de que puedan determinarse ya en este momento las bases para su cálculo, que se concretan en la suma de todas las cantidades abonadas de más a la entidad bancaria desde la fecha que se determine en Sentencia por aplicación del índice nulo por abusivo, incrementadas conforme al interés legal de dinero desde el momento de su percepción, en aplicación del CC art.1303, y la suma de todas las cantidades así calculadas hasta el momento de la sentencia determinará la cantidad reclamada final.

6135 (sigue)

III. Legitimación

Esta parte está legitimada activamente para la interposición de la presente demanda en virtud de lo dispuesto en la LEC art.6.1.1º.
Corresponde la legitimación pasiva a la demandada por ser la co ntraparte y comercializadora de los productos cuyos contratos se firmaron, en aplicación de la LEC art.6.1.3º.
Asimismo, tanto la legitimación activa de la parte actora y como la pasiva de la demandada vienen atribuidas por la LEC art.10, en relación con la LGDCU art.3 y 4 y LCGC art.9.
Por tanto, actor y demandada se encuentran legitimados activa y pasivamente para interponer y soportar el presente procedimiento, habida cuenta del vínculo contractual existente entre ellos y la naturaleza de la acción que se ejercita.

IV. Postulación y defensa

Conforme a la LEC art.23 y 31 se formula esta demanda a través de procurador de los tribunales y con dirección y firma de letrado habilitado ante el tribunal. Estos preceptos han de interpretarse conforme al principio de colegiación única (L 2/1074 art.3.3).

V. Cumplimiento del requisito de procedibilidad

Opción A:
La presente demanda se interpone dentro del plazo de un año a contar desde la recepción por - la demandada- las codemandadas de la solicitud remitida por la parte ahora demandante de sumisión del conflicto a un medio adecuado de solución de controversias sin haber recibido respuesta alguna, por lo que ha de considerarse, desde la perspectiva temporal, cumplido el presupuesto de procedibilidad que dicha sumisión supone, de acuerdo con la Ley Orgánica 1/2025 art.7.3.
Opción B:
La presente demanda se interpone dentro del plazo de un año a contar desde la finalización sin acuerdo de la negociación con - la demandada- las codemandadas a través de un medio adecuado de solución de controversias, por lo que ha de considerarse, desde la perspectiva temporal, cumplido el presupuesto de procedibilidad que dicha sumisión supone, de acuerdo con la Ley Orgánica 1/2025 art.7.3.

VI. Fondo del asunto

VI.I. Es clara la condición de consumidor y usuario del actor y la de empresario de la demandada conforme a lo dispuesto en la LGDCU art. 3 y 4.
Resulta por ello de aplicación lo dispuesto en la LGDCU art.1, 3, 10, 82 y demás concordantes.
Asimismo, resulta de aplicación también lo dispuesto en la LCGC, especialmente su art.8.
En especial resulta de aplicación la Ley General de Represión de la Usura, de 23 de julio de 1908.
VI.II. CC art.1261, siguientes y concordantes respecto a los requisitos esenciales que debe revestir el contrato para su validez, así como el CC art.1300, siguientes y concordantes.
VI.III. Muchas son las sentencias son las Sentencias que avalan nuestra posición.

> @ **NOTA**
> El Tribunal Supremo considera que, a falta de un criterio legal sobre el margen superior aceptable para no incurrir en usura, el interés establecido en una tarjeta «revolving» es «notablemente superior» cuando la diferencia entre el tipo medio y el pactado está por encima de los 6 puntos porcentuales (TS 15-2-23, EDJ 513138).

Por todas, puede verse la sentencia AP Madrid 7-2-19, EDJ 518768, que manifiesta:
«SEGUNDO: Sobre la nulidad del contrato de tarjeta de crédito, que en definitiva encierra un contrato de crédito revolvente o *revolving*.
En este punto el recurso debe ser estimado.
Según la Ley de Represión de la Usura art.1, será nulo todo contrato de préstamo en que se estipule un interés notablemente superior al normal del dinero y manifiestamente desproporcionado con las circunstancias del caso o en condiciones tales que resulte aquél leonino, habiendo motivos para estimar que ha sido aceptado por el prestatario a causa de su situación angustiosa, de su inexperiencia o de lo limitado de sus facultades mentales (...)

6135 (sigue) La doctrina contenida en el TS 15-11-15, EDJ 216418 es plenamente aplicable al supuesto de autos; y al respecto, señaló lo siguiente:

«(...) La flexibilidad de la regulación contenida en la Ley de Represión de la Usura ha permitido que la jurisprudencia haya ido adaptando su aplicación a las diversas circunstancias sociales y económicas. En el caso objeto del recurso, la citada normativa ha de ser aplicada a una operación crediticia que, por sus características, puede ser encuadrada en el ámbito del crédito al consumo».

Lo que la demandada sí viene a exigir para ello, era la concurrencia de los requisitos objetivos y los subjetivos que el citado precepto contempla, y lo que negaba sucediera en el supuesto de autos. Invocó a su favor en su escrito de contestación a la demanda las TS 18-6-12, EDJ 209070 y 2-12-14, EDJ 279620.

Pues bien, y por lo que se refiere a la exigencia de los requisitos subjetivos contemplados -aceptación de las condiciones usurarias de la operación crediticia por parte del prestatario a causa de su situación angustiosa, de su inexperiencia o de lo limitado de sus facultades mentales-, tal cuestión fue igualmente resuelta por el ya referido TS 15-11-15, EDJ 216418, y en un sentido negativo. Al respecto, expresó lo siguiente:

«En este marco, la Ley de Represión de la Usura se configura como un límite a la autonomía negocial del CC art.1255 aplicable a los préstamos, y, en general, a cualquier operación de crédito «sustancialmente equivalente» al préstamo. Así lo ha declarado esta Sala en anteriores sentencias, como las TS 18-6-12, EDJ 209070; 22-2-13, EDJ 24020; y 2-12-14, EDJ 279620.

3.- A partir de los primeros años cuarenta, la jurisprudencia de esta Sala volvió a la línea jurisprudencial inmediatamente posterior a la promulgación de la Ley de Represión de la Usura, en el sentido de no exigir que, para que un préstamo pudiera considerarse usurario, concurrieran todos los requisitos objetivos y subjetivos previstos en el art.1 de la ley. Por tanto, y en lo que al caso objeto del recurso interesa, para que la operación crediticia pueda ser considerada usuraria, basta con que se den los requisitos previstos en el primer inciso del art.1 de la ley, esto es, «que se estipule un interés notablemente superior al normal del dinero y manifiestamente desproporcionado con las circunstancias del caso», sin que sea exigible que, acumuladamente, se exija «que ha sido aceptado por el prestatario a causa de su situación angustiosa, de su inexperiencia o de lo limitado de sus facultades mentales».

Cuando en las sentencias TS 18-6-12, EDJ 209070 y 2-12-14, EDJ 279620, exponíamos los criterios de «unidad» y «sistematización» que debían informar la aplicación de la Ley de Represión de la Usura, nos referíamos a que la ineficacia a que daba lugar el carácter usurario del préstamo tenía el mismo alcance y naturaleza en cualquiera de los supuestos en que el préstamo puede ser calificado de usurario, que se proyecta unitariamente sobre la validez misma del contrato celebrado. Pero no se retornaba a una jurisprudencia dejada atrás hace más de setenta años, que exigía, para que el préstamo pudiera ser considerado usurario, la concurrencia de todos los requisitos objetivos y subjetivos previstos en el párrafo primero del art.1 de la Ley».

Por tanto, la única cuestión a resolver en relación con la posible nulidad del contrato de tarjeta de crédito interesada, es la de si se cumplen en el caso de autos los requisitos objetivos previstos en la Ley de Represión de la Usura art.1), que no son otros que el que se hubiere estipulado «un interés notablemente superior al normal del dinero y manifiestamente desproporcionado con las circunstancias del caso o en condiciones tales que resulte aquél leonino».

Tampoco existe discusión sobre cuál debe ser el interés de referencia a la hora de hacer la comparativa. Por un lado, es evidente que no se trata del interés nominal del dinero pagado, sino la TAE o Tasa Anual de Equivalencia; por otro, no es el legal, sino el habitual o normal del dinero en el momento de la suscripción del contrato. En este punto, el ya citado TS 15-11-15, EDJ 216418, fue clarificador (...)

La siguiente cuestión a dilucidar, y sobre la que realmente existe la discrepancia entre las partes, es la referente a cómo debe calcularse o qué debe entenderse por el interés normal del dinero. Y en este punto vuelve a dar la solución de una manera clara el citado TS 15-11-15, EDJ 216418. En este punto expresó lo siguiente:

«Para establecer lo que se considera «interés normal» puede acudirse a las estadísticas que publica el Banco de España, tomando como base la información que mensualmente tienen que facilitarle las entidades de crédito sobre los tipos de interés que aplican a diversas modalidades de operaciones activas y pasivas (créditos y préstamos personales hasta un año y hasta tres años, hipotecarios a más de tres años, cuentas corrientes, cuentas de ahorro, cesiones temporales, etc.). Esa obligación informativa de las entidades tiene su origen en el artículo 5.1 de los Estatutos del Sistema Europeo de Bancos Centrales y del Banco Central Europeo (BCE), que recoge la obligación de este último, asistido por los bancos centrales nacionales, de recopilar la información estadística necesaria través de los agentes económicos (...)».

(...) Esta Sala no puede compartir tales argumentaciones. Es evidente que no hay que llegar a tales inusitadas cifras para considerar a un préstamo o crédito como usurario. Y es que para realizar esa labor comparativa debe tomarse como referencia el interés medio ordinario establecido para las operaciones de crédito al consumo, puesto que en definitiva se trataba de una operación de dicho tipo, independientemente de que se articulara o se materializara mediante una tarjeta de crédito tipo *revolving*. **6135** (sigue)

En ese sentido se pronunció el tantas veces citado TS 15-11-15, EDJ 216418, haciendo suya esta Sala todas sus argumentaciones y conclusiones al respecto, y más en concreto, y por lo que se refiere a este punto, las contenidas en el apartado 5 a continuación transcrito: (...)

«(...) 5.- Para que el préstamo pueda ser considerado usurario es necesario que, además de ser notablemente superior al normal del dinero, el interés estipulado sea «manifiestamente desproporcionado con las circunstancias del caso».

(...)

TERCERO: Esta Sala ya tuvo ocasión de pronunciarse en términos similares en la AP Madrid 6-3-18, EDJ 41331, que enjuiciaba la nulidad por usurario de un contrato de tarjeta de crédito o crédito *revolving*:

La aplicación de dicha normativa de la Represión de la Usura, al supuesto aquí analizado es acertada y correcta, pues como señala el Tribunal Supremo, las previsiones que en dicha ley se establecen son de aplicación a operaciones de crédito sustancialmente equivalentes a los préstamos al consumo y la operación en que sustenta sus pretensiones la entidad demandante entra dentro de esas operaciones, tal como señalábamos en la sentencia de esta Sección de fecha 30 de diciembre de 2016 (recurso de apelación 725/2016) (...) por cuanto la contratación de la tarjeta es una forma de instrumentalizar el contrato de préstamo, que le sirve de base y soporte para su entrega y el Tribunal Supremo al considera aplicable la Ley de Represión de la Usura, con base en lo establecido en el artículo 9 de dicha ley, lo hace al interpretar esta ley conforme a las diversas circunstancias sociales y económicas concurrentes y la aplica a toda operación crediticia, que por sus circunstancias, pueda ser encuadrada en el ámbito del crédito al consumo, calificación que encaja en el supuesto aquí analizado desde el momento en que el primer paso para formalizar la relación contractual es cumplimentar la solicitud y una vez recibida esta, previa verificación crediticia, el Banco abre una nueva línea de crédito, luego a la vista de las condiciones de contratación y circunstancias personales del usuario es claro que nos encontramos ante una operación de crédito al consumo, consideración general que no se pierde por el hecho de que exista una disposición sucesiva de crédito, ni por la posibilidad de optar por el pago aplazado o porque este se efectúe a través de entidades que no sean las tenedoras de las cuentas a cuyo cargo se pagan (sistema *revolving*).

La aplicación de dicha normativa y criterio jurisprudencial, a operaciones contractuales como la aquí contemplada, ha sido admitida en resoluciones anteriores de esta sección, citadas por ambas partes y es reiteradamente admitida por numerosas resoluciones de diferentes Audiencias provinciales, entre las que cabe citar, a título de ejemplo, las AP Madrid 3-5-15, EDJ 168637; 10-3-17, EDJ 60327 o auto 11-5-17, EDJ 132350; así como las AP Asturias 30-6-17, EDJ 170159 o 21-12-17, EDJ 299550; AP Cáceres 9-11-17, EDJ 264052; 20-11-17, EDJ 272035; AP Barcelona 15-9-17, EDJ 250770».

VI.IV. Recientemente, la posición de esta parte se ha visto refrendada por el TS 4-3-20, EDJ 512653, que desestimó el recurso de casación interpuesto por una entidad financiera contra la sentencia que había declarado la nulidad de un contrato de crédito *revolving* mediante uso de tarjeta por considerar usurario el interés remuneratorio, fijado inicialmente en el 26,82% TAE y que se había situado en el 27,24% a la fecha de presentación de la demanda.

En el caso analizado considera el TS que resulta posible el control de la estipulación que fija el interés remuneratorio mediante los controles de transparencia, propio del control de las condiciones generales en contratos celebrados con consumidores. Por su parte, la demandante únicamente pidió la nulidad de la operación de crédito por su carácter usurario, es decir, fundándose en la Ley de Represión de la Usura de 1908.

El Tribunal Supremo considera en esta Sentencia que la referencia del «interés normal del dinero» que ha de utilizarse para determinar si el interés remuneratorio es usurario debe ser el interés medio aplicable a la categoría a la que corresponda la operación publicado por el Banco de España, así manifiesta:

«Para determinar la referencia que ha de utilizarse como «interés normal del dinero» para realizar la comparación con el interés cuestionado en el litigio y valorar si el mismo es usurario, debe utilizarse el tipo medio de interés, en el momento de celebración del contrato, correspondiente a la categoría a la que corresponda la operación crediticia cuestionada» (...)

«Y a esta cuestión debe contestarse que el índice que debió ser tomado como referencia era el tipo medio aplicado a las operaciones de crédito mediante tarjetas de crédito y *revolving* publicado en las estadísticas oficiales del Banco de España, con las que más específicamente comparte características la operación de crédito objeto de la demanda.»

6135 (sigue) «En consecuencia, la TAE del 26,82% del crédito *revolving* (que en el momento de interposición de la demanda se había incrementado hasta el 27,24%, ha de compararse con el tipo medio de interés de las operaciones de crédito mediante tarjetas de crédito y *revolving* de las estadísticas del Banco de España, que, según se fijó en la instancia, era algo superior al 20%, por ser el tipo medio de las operaciones con las que más específicamente comparte características la operación de crédito objeto de la demanda. No se ha alegado ni justificado que cuando se concertó el contrato el tipo de interés medio de esas operaciones fuera superior al tomado en cuenta en la instancia.»

También considera la sentencia que ha de tomarse en consideración las circunstancias concurrentes en este tipo de operaciones de crédito, como son el público al que suelen ir destinadas, particulares que no pueden acceder a otros créditos menos gravosos, y las propias peculiaridades del crédito *revolving*, en que el límite del crédito se va recomponiendo constantemente, los intereses y comisiones devengados se capitalizan para devengar el interés remuneratorio y las cuantías de las cuotas no suelen ser muy elevadas, en comparación con la deuda pendiente, pero alargan muy considerablemente el tiempo durante el que el prestatario sigue pagando las cuotas, hasta el punto de que puede convertirle en un deudor «cautivo».

A juicio del TS, no puede justificarse la fijación de un interés notablemente superior al normal del dinero por el riesgo derivado del alto nivel de impagos anudado a operaciones de crédito concedidas de modo ágil, porque la concesión irresponsable de préstamos al consumo a tipos de interés muy superiores a los normales, que facilita el sobreendeudamiento de los consumidores, no puede ser objeto de protección por el ordenamiento jurídico. Así manifiesta:

«Como dijimos en nuestra anterior TS 25-11-15, EDJ 216418, no puede justificarse la fijación de un interés notablemente superior al normal del dinero por el riesgo derivado del alto nivel de impagos anudado a operaciones de crédito al consumo concedidas de un modo ágil (en ocasiones, añadimos ahora, mediante técnicas de comercialización agresivas) y sin comprobar adecuadamente la capacidad de pago del prestatario, pues la concesión irresponsable de préstamos al consumo a tipos de interés muy superiores a los normales, que facilita el sobreendeudamiento de los consumidores, no puede ser objeto de protección por el ordenamiento jurídico. Por tanto, la justificación de esa importante diferencia entre el tipo medio aplicado a las tarjetas de crédito y *revolving* no puede fundarse en esta circunstancia.»

VII. Costas

De conformidad al LEC art.394, procediendo su imposición a la entidad bancaria demandada.

Por lo expuesto,

AL TRIBUNAL DE INSTANCIA - (SECCIÓN CIVIL O ÚNICA)- SECCIÓN CIVIL Y DE INSTRUCCIÓN formulo la siguiente **PETICIÓN:**

Que tenga por presentado este escrito y documentos que acompaña, se sirva admitirlos, me tenga por parte en la representación que ostento de *«D/Dª nombre y apellidos del demandante»* y, teniendo por deducida demanda de juicio ordinario en ejercicio de acción de nulidad de contrato de tarjeta de crédito por usuario, así como de reclamación de cantidades indebidamente satisfechas, contra *«denominación social de la entidad bancaria demandada»*, se sirva, previos los trámites oportunos, dictar en su día sentencia por la que, estimando íntegramente la demanda, declare la nulidad del contrato de emisión de tarjeta de crédito firmado con *«D/Dª nombre y apellidos de bancario»*, en fecha *«día, mes y año»*, así como condene a *«denominación social de la entidad bancaria demandada»*:

i. A restituir de manera inmediata la cantidad de *«importe en letra»* euros (*«importe en cifra»* €);

ii. A restituir los intereses indebidamente percibidos desde el día *«día, mes y año»* hasta la fecha;

iii. A restituir así como aquellos otros intereses que, con la aplicación del referido contrato cuya nulidad se solicita sean declarados en la sentencia, y perciba a partir de la presentación de esta demanda y hasta que se dicte sentencia;

iv. y todo ello con expresa imposición de las costas procesales al demandado.

OTROSÍ DIGO: Que al amparo de lo dispuesto en la LEC art.231, esta parte manifiesta su voluntad de corregir cualquier defecto de carácter procesal en que pudiera haber incurrido, a requerimiento del tribunal y del letrado de la Administración de Justicia.

SUPLICO AL TRIBUNAL DE INSTANCIA - (SECCIÓN CIVIL O ÚNICA)- SECCIÓN CIVIL Y DE INSTRUCCIÓN: Que tenga por hecha la anterior manifestación a los referidos efectos. **6135** (sigue)

SEGUNDO OTROSÍ DIGO que se adjunta a la presente demanda la justificación documental correspondiente «identificación de los documentos»), conforme exige LEC art.264.4º en la redacción derivada de la Ley Orgánica 1/2025, relativa a la sumisión de esta parte al requisito o presupuesto de procedibilidad de haber participado, o solicitado su inicio, en un medio adecuado de solución de controversias, de acuerdo con lo establecido en la Ley Orgánica 1/2025 art.2 a 19 y disp.trans.9ª.1. En dicho medio - no se ha alcanzado acuerdo o avenencia entre esta parte y la/las demandada/codemandadas- no se ha recibido respuesta alguna de la/las demandada/codemandadas, dando ello lugar a la interposición del presente escrito de demanda.

AL LETRADO DE LA ADMINISTRACIÓN DE JUSTICIA formulo la siguiente **PETICIÓN**: que tenga por interesada la petición efectuada en el presente Otrosí.

Es Justicia que pido en *«localidad»*, a *«día, mes y año»*.

Firma del Letrado y número de colegiado
Fdo. *«nombre y apellidos de abogado, núm de colegiado»*

Firma del Procurador
Fdo. *«nombre y apellidos de procurador»*

H. Demanda de nulidad de cláusulas suelo en préstamo hipotecario (particular)

6140 @ **Nota Preliminar:**

1) El presente modelo se ha adaptado a las reformas procesales derivadas de la LO 1/2025, si bien se refiere a cuestiones litigiosas anteriores a su vigencia, en la medida en que puede servir como ejemplo de reclamaciones a entidades bancarias semejantes en el futuro.

2) La LEC art.249 y 250 fue modificada por el RDL 6/2023 art.103, en relación con el ámbito material y cuantitativo del procedimiento ordinario y del juicio verbal, fijando el umbral divisorio por razón de la cuantía litigiosa en 15.000 euros y excluyendo del juicio ordinario las acciones individuales sobre condiciones generales de la contratación, que pasan a tramitarse por el juicio verbal. La reforma entró en vigor el 20-3-24. La LEC ha sido, de nuevo, ampliamente modificada por la LO 1/2025 art.22, con efecto 3-4-25.

AL TRIBUNAL DE INSTANCIA, SECCIÓN CIVIL, DE *«localidad»*

Si se acredita con escritura de poder:

«D/Dª nombre y apellidos del procurador», Procurador/a de los Tribunales (Col. núm «núm de colegiado»), y de «D/Dª nombre y apellidos», con DNI/NIF «núm de DNI/NIF», y domicilio en «vía pública, núm, población, código postal», representación que acredito mediante escritura de poder que adjunto y señalo como documento número «núm.», ante el Tribunal de Instancia (Sección Civil o Única) comparezco y, como mejor en Derecho proceda, **DIGO**:

• **Si se acredita con apoderamiento electrónico «apud acta»:**

«D/Dª nombre y apellidos del procurador», Procurador/a de los Tribunales (Col. núm «núm de colegiado»), y de «D/Dª nombre y apellidos», con DNI/NIF «núm de DNI/NIF», y domicilio en «vía pública, núm, población, código postal», representación que acredito en virtud de poder otorgado apud acta mediante comparecencia presencial ante el Sr. Letrado de la Administración de Justicia, según consta en el Registro Electrónico de Apoderamientos Judiciales y he acreditado mediante certificación del mismo aportada como documento número 1, ante el Tribunal de Instancia (Sección Civil o Única) comparezco y, como mejor en Derecho proceda, **DIGO**:

• **Si se acredita con apoderamiento «apud acta» con comparecencia personal:**

«D/Dª nombre y apellidos del procurador», Procurador/a de los Tribunales (Col. núm *«núm de colegiado»*), y de *«D/Dª nombre y apellidos»*, con DNI/NIF *«núm de DNI/NIF»*, y domicilio en *«vía pública, núm, población, código postal»*, representación que acredito en virtud de poder otorgado *apud acta* mediante comparecencia presencial ante el Sr. Letrado de la Administración de Justicia, según consta en el Registro Electrónico de Apoderamientos Judiciales y he acreditado mediante certificación del mismo aportada como documento número 1, ante el Tribunal de Instancia (Sección Civil o Única) comparezco y, como mejor en Derecho proceda, **DIGO**:

• **Se acreditará más adelante mediante apoderamiento «apud acta»:**

«D/Dª nombre y apellidos del procurador», Procurador/a de los Tribunales (Col. núm «núm de colegiado»), y de «D/Dª nombre y apellidos», con DNI/NIF «núm de DNI/NIF», y domicilio en «vía pública, núm, población, código postal», representación que acredito mediante poder que se otorgará apud acta en el momento procesal oportuno, ante el Tribunal de Instancia (Sección Civil o Única) comparezco y, como mejor en Derecho proceda, **DIGO**:

Que por medio del presente escrito formulo **DEMANDA DE JUICIO VERBAL EJERCITANDO ACCIÓN INDIVIDUAL DE NULIDAD DE CONDICIÓN GENERAL DE CONTRATACIÓN Y RECLAMACIÓN DE CANTIDAD** contra «sociedad demandada», en adelante «abreviatura sociedad demandada», con NIF número «núm. de NIF», domiciliada en «vía pública, número, población, código postal»; y con sucursal abierta en «vía pública, número, población, código postal» («Provincia»); todo ello de acuerdo con los siguientes:

HECHOS

PREVIO-. La presente demanda se dirige a la declaración de nulidad de la cláusula suelo abusiva incorporada unilateralmente y sin información alguna por la entidad bancaria «abreviatura sociedad demandada» en la Escritura de Compraventa con Subrogación de Hipoteca, que mi mandante firmó con la entidad financiera en el año «año», así como al recobro de las cantidades abonadas indebidamente y en exceso por mi cliente como consecuencia de la aplicación de dicha «cláusula suelo» considerada abusiva y nula de pleno derecho.

PRIMERO.-

Mi mandante, «Don/Doña nombre y apellidos», no tuvo oportunidad de negociar con la demandada «abreviatura sociedad demandada» las condiciones del préstamo, ya que estas le vinieron impuestas por la subrogación del Préstamo Hipotecario en Escritura Pública.Mi representada no tiene conocimientos financieros de ningún tipo más allá de los que puede tener cualquier ciudadano que contrata con su banco de confianza. Además, la firma de la

Escritura Pública no vino precedida por ninguna negociación entre mi mandante y los encargados de la sucursal hoy demandada, siendo impuesta directamente y sin ningún conocimiento anterior en la Escritura Pública de Compraventa con Subrogación de Hipoteca. **6140** (sigue)

La operación de subrogación de hipoteca se formalizó ante el Ilustre Notario de «localidad», «Don/Doña nombre y apellidos» con fecha «fecha», asignada al número «núm. de protocolo» de su Protocolo.

El importe de la hipoteca subrogada fue de «IMPORTE EN LETRA» euros («importe» €), fijándose un plazo de amortización de «núm. de años en letra» años y «núm. de cuotas en letra» cuotas mensuales, a razón de «importe» € mensuales el primer año. Además, se estipula un tipo de interés variable de EURIBOR más «porcentaje» puntos porcentuales, como se desprende de la Estipulación «núm. de estipulación» (Folio «núm. de folio») de la Escritura Pública, bajo la rúbrica de «indicar nombre de la estipulación».

Se adjunta copia de la Escritura de Compraventa con Subrogación de Hipoteca como documento número «núm.».

SEGUNDO.-

La entidad bancaria demandada decidió incorporar unilateralmente en el contrato de subrogación de hipoteca y sin dar ningún tipo de información a mi mandante, una «cláusula Suelo» que limitaba la variabilidad del tipo de interés, de forma que esta nunca podría resultar inferior al tipo mínimo que la propia entidad fijaba.

Durante las aclaraciones sobre la subrogación de la hipoteca llevadas a cabo en la entidad, jamás se habló de nada al respecto por lo que mi mandante nunca fue consciente de las consecuencias económicas y jurídicas de la inclusión de esta cláusula en el contrato.

Concretamente, nos referimos a la Estipulación «núm. de estipulación» (Folio «núm. de folio»), «indicar nombre de la estipulación» de la Escritura de Compraventa con Subrogación de la Hipoteca, en la que la parte demandada impuso unilateralmente:

«No obstante lo previsto en los apartados anteriores, se acuerda y pacta expresamente por ambas partes, que el tipo de interés nominal anual mínimo aplicable en este contrato será del «porcentaje» %».

En ningún momento la entidad demandada informó a mi representada de la inclusión ni dimensión de la referida cláusula en la Escritura de Subrogación de Hipoteca.

TERCERO.-

A lo largo de la vida del contrato, mi representada ha cumplido escrupulosamente con el abono de todas y cada una de las cuotas devengadas del préstamo, incluso cumpliendo con la cláusula suelo a favor de la entidad financiera, desconociendo totalmente el efecto de la citada cláusula suelo, que le impedía beneficiarse de lo pactado, esto es, unos intereses variables en base a la evolución del mercado reflejado a través del EURIBOR.

Se adjunta como documento número «núm.» el historial de amortización del Préstamo.

Como se puede comprobar, mi representada ha abonado hasta el día de hoy las cantidades mensualmente a la demandada, y parte de dicha cantidad indebidamente, como consecuencia de la ilícita aplicación de una cláusula abusiva, como es la cláusula suelo.

Sin embargo, con fecha «fecha» y en base a los hechos descritos, una vez comprobada la incorrección de las cuotas giradas, mi representada se dio cuenta de que la entidad bancaria había incorporado sin darle ningún tipo de información una cláusula que limitaba el tipo de interés en claro beneficio para ella. Fue entonces cuando comprobó que las mismas no se adecuaban a lo pactado en base a un interés variable sino que se estaba aplicando un límite mínimo de interés del «porcentaje» %, mi representada envió requerimiento extrajudicial a la entidad bancaria demandada, solicitando que:

«1) Declaren nula la «cláusula Suelo» incorporada en el Contrato de Préstamo Hipotecario, y proceda a su inmediata inaplicación al objeto de que la próxima cuota a satisfacer se calcule conforme al índice de referencia pactado en la escritura.

2) Recalculen las cuotas satisfechas en el préstamo, desde la fecha de la primera revisión hasta la última cuota abonada, aplicando el tipo de interés de referencia pactado en cada momento, y procedan a devolver y abonar en la cuenta en la que están domiciliadas las cuotas, las cantidades abonadas indebidamente en aplicación de la «cláusula suelo» nula, es decir, la diferencia entre la cantidad abonada por nuestros clientes conforme a esa cláusula de tipo mínimo de interés y la que realmente hubieran debido abonar.

3) Si transcurrida una semana desde la recepción de la presente no obtenemos respuesta en contrario por escrito suficientemente razonada, entenderemos que han aceptado la propuesta de inaplicación de la cláusula suelo, y si la próxima cuota no aparece calculada correctamente, esta parte recalculará el importe a ingresar conforme a la nulidad de la citada cláusula, ingresando únicamente el importe acordado para el préstamo conforme a lo pactado.»

Se adjunta dicho requerimiento como documento número «núm.».

No habiendo tenido noticias de la entidad bancaria demandada, mi mandante se ha visto compelida, adicionalmente al citado requerimiento, a intentar alcanzar una solución a través de un

6140 (sigue) medio adecuado de solución de controversias (LO 1/2025 art.2 a 19 y disp.trans.9ª). Sin éxito, se procede a interponer la presente demanda de juicio ordinario.

CUARTO.-

Con base en lo anteriormente expuesto y teniendo en consideración que la cláusula suelo incorporada en la Escritura de Compraventa con Subrogación de Hipoteca adjunto como documento número «núm.» no fue objeto de negociación individual, es decir, que la propia entidad la impuso incluyéndola sin otorgar información alguna a mi representada, es decir, que no cumplió en absoluto con los requisitos mínimos de transparencia e información previa, se solicita que, se declare nulo el apartado «indicar nombre de la estipulación» que se encuentra dentro de la cláusula «núm. de cláusula» de la Escritura Pública de Compraventa con Subrogación de Hipoteca y como consecuencia directa de dicha nulidad, se declare la retroactividad de los efectos de tal nulidad, y en consecuencia se condene a la demandada a la devolución de las cantidades que se han cobrado en exceso durante la vida del préstamo, más el interés legal desde la fecha de cada cobro hasta su completa satisfacción.

A los hechos expuestos resultan de aplicación los siguientes,

QUINTO.-

Se ha intentado resolver la controversia a través de uno de los medios adecuados de solución de controversias legalmente previstos, de acuerdo con lo establecido en la Ley Orgánica 1/2025 art.2 a 19 y disp.trans.9ª.1, sin que en dicho medio se haya alcanzado acuerdo o avenencia entre esta parte y la parte demandada (o no se ha recibido respuesta alguna de la parte demandada), dando ello lugar a la interposición de la presente demanda dentro del plazo legalmente previsto. - «describir el proceso de negociación previo llevado a cabo o la imposibilidad del mismo».

Se adjunta a la presente demanda la justificación documental correspondiente («identificación de los documentos»), conforme exige la LEC art.264.4º.

A los hechos anteriores son de aplicación los siguientes:

FUNDAMENTOS DE DERECHO

I.-

El art.85.1 de la Ley Orgánica del Poder Judicial, en la redacción dada por la LO 1/2025 determina que los Tribunales de Instancia (Secciones Civiles o Únicas conocerán en el orden civil, en primera instancia, de los juicios que no vengan atribuidos por esta ley a otros tribunales. En este caso, al encontrarnos con una acción individual para determinar la nulidad de una condición general de la contratación la competencia corresponderá al orden jurisdiccional civil, y en concreto al Tribunal de Instancia (Sección Civil o Única) de «localidad».

Además, dado que se pretende la declaración de nulidad de una condición general de la contratación y, como consecuencia de la misma, el reintegro de las cantidades indebidamente abonadas, es competente el órgano jurisdiccional al que me dirijo, conforme al art.52.1.14º de la LEC.

II.-

La presente demanda deberá sustanciarse por las normas del juicio verbal, a tenor de lo previsto en los art.248, 249.1.5º y 250.1.14º de la LEC, al tratarse la ejercida de una acción individual relativa a la materia de condiciones generales de la contratación.

III.-

Cumpliendo con lo previsto en el art.253.1 de la LEC, se hace constar que la cuantía de esta demanda es inestimable con arreglo al art.253.3 de la LEC, puesto que se trata de una declaración de nulidad de una cláusula del contrato de préstamo, cuyo impacto económico no es posible determinar en este momento.Por medio de esta demanda, y en virtud del art.339.2 de la LEC se anuncia por esta parte la solicitud de perito judicial ante este tribunal, para que, por medio del correspondiente informe, determine las cantidades que fueron indebidamente abonadas por mi representada, y que deberán ser reintegradas a esta parte.

IV.-

Las partes ostentan capacidad suficiente conforme establecen los art.6 y 7 de la LEC.

V.-

Se cumplen con las normas procesales de postulación y defensa ya que la presente solicitud se formula por medio de Procurador de los Tribunales legalmente habilitado y bajo la dirección de Letrado firmante de la misma, conforme a lo dispuesto en los art.23 y 31 de la LEC (ambos modificados por la LO 1/2025), ambos interpretados conforme al principio de colegiación única -L 2/1974 art.3.3-).

VI.-

• **Opción A:**

La presente demanda se interpone dentro del plazo de un año a contar desde la recepción por - la demandada- las codemandadas de la solicitud remitida por la parte ahora demandante de sumisión del conflicto a un medio adecuado de solución de controversias sin haber recibido respuesta alguna, por lo que ha de considerarse, desde la perspectiva temporal, cumplido el presupuesto de procedibilidad que dicha sumisión supone, de acuerdo con la Ley Orgánica 1/2025 art.7.3. **6140** (sigue)

• Opción B:

La presente demanda se interpone dentro del plazo de un año a contar desde la finalización sin acuerdo de la negociación con -la demandada- las codemandadas a través de un medio adecuado de solución de controversias, por lo que ha de considerarse, desde la perspectiva temporal, cumplido el presupuesto de procedibilidad que dicha sumisión supone, de acuerdo con la Ley Orgánica 1/2025 art.7.3.

VII.-

En lo que se refiere al fondo del asunto, la explicación se detalla mediante los siguientes apartados:

PRIMERO.- DE LA CONSIDERACIÓN DE CONSUMIDORA DE LA DEMANDANTE

Mi representada firmó la subrogación de la hipoteca vinculada a la adquisición de un inmueble referido en la parte fáctica de la presente Demanda como consumidor, en un ámbito ajeno a su actividad empresarial o profesional y por tanto se encuentra bajo la protección dispensada por el Real Decreto Legislativo n.º 1/2007, de 16 de noviembre, por el que se aprueba el Texto Refundido de la Ley General para la Defensa de los Consumidores y Usuarios y otras leyes complementarias, en adelante, la LGDCU, y ello conforme a lo establecido en el artículo 3 de la citada norma, que dispone lo siguiente.

«A efectos de esta norma y sin perjuicio de lo dispuesto expresamente en sus libros tercero y cuarto, son consumidores o usuarios las personas físicas que actúen con un propósito ajeno a su actividad comercial, empresarial, oficio o profesión.

Son también consumidores a efectos de esta norma las personas jurídicas y las entidades sin personalidad jurídica que actúen sin ánimo de lucro en un ámbito ajeno a una actividad comercial o empresarial».

SEGUNDO.- DE LA AUSENCIA DE NEGOCIACIÓN INDIVIDUAL DE LA CLÁUSULA SUELO

La cláusula impugnada no ha sido negociada de forma individual, sino que nos encontramos ante una cláusula impuesta y predispuesta por la entidad financiera, que unilateralmente ha incorporado la cláusula en la Escritura de Subrogación de Hipoteca, sin ofrecer ningún tipo de información a mi cliente y prescindiendo de cualquier negociación al respecto. Para la determinación de la imposición de una cláusula a una de las partes, resulta particularmente útil, como ha determinado el Tribunal Supremo, en la Sentencia de 9 de mayo de 2013, EDJ 53424 acudir al artículo 3.2 de la Directiva 93/13/CEE del Consejo, de 5 de abril de 1993, sobre las cláusulas abusivas en los contratos celebrados con consumidores, a cuyo tenor:

«Se considerará que una cláusula no se ha negociado individualmente cuando haya sido redactada previamente y el consumidor no haya podido influir sobre su contenido, en particular en el caso de los contratos de adhesión».

Así, en el presente supuesto la entidad demandada redactó unilateralmente la cláusula, y, sin alternativa alguna para mi representada, incluyó las cláusulas que consideró convenientes en la Escritura de Subrogación, a la que mi cliente, sin ninguna opción de negociar las cláusulas, no le quedó más opción que adherirse a las mismas.

De esta forma, la cláusula impugnada se impuso a mi cliente, sin haber sido objeto de negociación individual, desconociendo incluso su existencia. La cláusula se incorporó a la Escritura, sin que mi representada pudiera en absoluto, modificar dicho contenido obligacional, y sin que existiera, siquiera, una mínima negociación al respecto, al estar impuesta directamente en la Escritura. Extremo que define el elemento de imposición, tal y como se establece en la Sentencia del Tribunal Supremo, en Recurso de Casación nº 4854/12 de 9 de mayo de 2013, EDJ 53424:

«a) La prestación del consentimiento a una cláusula predispuesta debe calificarse como impuesta por el empresario cuando el consumidor no puede influir en su supresión o en su contenido, de tal forma que o se adhiere y consiente contratar con dicha cláusula o debe renunciar a contratar.

(...)

c) Tampoco equivale a negociación individual susceptible de eliminar la condición de cláusula no negociada individualmente, la posibilidad, cuanto menos teórica, de escoger entre diferentes ofertas de distintos empresarios.

d) La carga de la prueba de que una cláusula prerredactada no está destinada a ser incluida en pluralidad de ofertas de contratos dirigidos por un empresario o profesional a los consumidores, recae sobre el empresario».

Nos encontramos por lo tanto ante una cláusula que no ha sido negociada individualmente, en el sentido de los art.80 y 82 de la LGDCU, correspondiendo a la entidad financiera la carga de

6140 (sigue) la prueba de este extremo, conforme se establece en el artículo 82.2, párrafo segundo, de la LGDCU, a cuyo tenor:

«El empresario que afirme que una determinada cláusula ha sido negociada individualmente, asumirá la carga de la prueba».

TERCERO.- DE LA FALTA DE TRANSPARENCIA EN LA INCORPORACIÓN DE LA CLÁUSULA SUELO IMPUGNADA AL CONTRATO

Conforme a lo establecido en el art.5.5 de la Ley de Condiciones Generales de la Contratación (LCGC):

«La redacción de las cláusulas generales deberá ajustarse a los criterios de transparencia, claridad, concreción y sencillez».

Así, continúa el art.7 del mismo cuerpo legal:

«No quedarán incorporadas al contrato las siguientes condiciones generales:

c) Las que el adherente no haya tenido oportunidad real de conocer de manera completa al tiempo de la celebración del contrato o no hayan sido firmadas, cuando sea necesario, en los términos resultantes del artículo 5.

d) Las que sean ilegibles, ambiguas, oscuras e incomprensibles, salvo, en cuanto a esta últimas, que hubieren sido expresamente aceptadas por escrito por el adherente y se ajusten a la normativa específica que discipline en su ámbito la necesaria transparencia de las cláusulas contenidas en el contrato.»

No se ha dado cumplimiento en el presente supuesto a los citados requisitos de inclusión o incorporación de las cláusulas predispuestas. No se cumplen tampoco las exigencias del control de transparencia, teniendo en cuenta que, como ha determinado el Tribunal Supremo, en Sentencia de 9 de mayo de 2013, EDJ 53424:

«La transparencia de las cláusulas no negociadas, en contratos suscritos con consumidores, incluye el control de comprensibilidad real de su importancia en el desarrollo razonable del contrato».

Resulta aplicable a este respecto, el art.80 LGDCU, que dispone que:

«En los contratos con consumidores y usuarios que utilicen cláusulas no negociadas individualmente (...), aquellas deberán cumplir los siguientes requisitos: a) Concreción, claridad y sencillez en la redacción, con posibilidad de comprensión directa (...).

b) Accesibilidad y legibilidad, de forma que permita al consumidor y usuario el conocimiento previo a la celebración del contrato sobre su existencia y contenido.»

En ningún momento ha tenido mi mandante un conocimiento real y razonable de cómo juega o puede jugar en la economía del contrato la cláusula suelo impuesta por la entidad demandada. Ello se debe a que la cláusula aparece enmascarada entre información que dificulta su identificación.

En todo caso, como ha declarado el Tribunal Supremo en la citada Sentencia de 9 de mayo de 2.013:

«El cumplimiento de los requisitos de transparencia de la cláusula aisladamente considerada, exigidos por la LCGC para la incorporación a los contratos de condiciones generales, es insuficiente para eludir el control de abusividad de una cláusula no negociada individualmente, aunque describa o se refiera a la definición del objeto principal del contrato, si no es transparente».

CUARTO.- DEL CARÁCTER ABUSIVO DE LA CLÁUSULA DE LIMITACIÓN DE LA VARIABILIDAD DEL INTERÉS (CLÁUSULA SUELO)

Conforme al art.82.1 y 82.3 de la LGDCU son cláusulas abusivas:

«1. Se considerarán cláusulas abusivas todas aquellas estipulaciones no negociadas individualmente y toda aquellas prácticas no consentidas expresamente que, en contra de las exigencias de la buena fe causen, en perjuicio del consumidor y usuario, un desequilibrio importante de los derechos y obligaciones de las partes que se deriven del contrato.

3. El carácter abusivo de una cláusula se apreciará teniendo en cuenta la naturaleza de los bienes o servicios objeto del contrato y considerando todas las circunstancias concurrentes en el momento de su celebración, así como todas las demás cláusulas del contrato o de otro del que este dependa».

En aplicación de estos preceptos, la cláusula debe reunir dos requisitos para ser abusiva: causar un perjuicio al consumidor, consistente en un desequilibrio importante de los derechos y obligaciones que se deriven del contrato, y ser contraria a las exigencias de la buena fe.

En el presente caso, el desequilibrio es evidente, el existir una falta absoluta de información. La cláusula es absolutamente desproporcionada.

Realidad que debe aunarse, por mandato del art.82.3 LGDCU, con las especialidades del sector financiero (en el marco de los servicios prestados por la demandada), y el conocimiento que la entidad bancaria tiene de la devolución de los tipos de interés, tras realizar un cálculo de todas las variantes normales que pudieran concurrir y tenerse en cuenta. Conocimiento que debió traducirse en una obligación de informar de manera pormenorizada a mi mandante al respecto, antes de la firma subrogándose en la hipoteca. **6140** (sigue)

Recuérdese, en todo caso, el especial deber de información, que no significa negociación, que debe adornar la contratación bancaria, y la actuación de las entidades financieras en general, dotando de claridad y transparencia a las operaciones que se realizan en dicho sector de la actividad económica, por la especial complejidad del sector financiero. Y más, debe hacerse hincapié en el deber de información por parte de la demandada, al encontrarnos con una cláusula impuesta directamente en la subrogación de la hipoteca, que, careciendo de negociación alguna, también se omitió el deber de información de la misma, por lo que mi cliente, únicamente se pudo limitar a la firma de la misma, sin tener conocimiento alguno de dicha cláusula.

Con ello, se evidencia una falta absoluta de buena fe, por parte de la entidad bancaria, la cual omite información sobre una cláusula desequilibrada conscientemente a partir de sus especiales fuentes de conocimiento y que, nunca se negoció con mi representada.

En estos extremos han recaído numerosas Sentencias, al haberse generalizado este tipo de cláusulas en el mercado y al ser multitud los consumidores que, como mi mandante, recurren al auxilio de los tribunales para denunciar su imposición. De ellas son ejemplos las siguientes:

La Sentencia de la Audiencia Provincial de León (Sección 1ª) núm 12/2015 de 5 de febrero, EDJ 20666 determina que:

«Pero el hecho de estar obligado el vendedor (la promotora-vendedora) a dar a los compradores los datos relativos a la escritura de hipoteca, no elimina la obligación informativa del banco que la otorgó y que debe aceptar la subrogación de los nuevos deudores, y ello aunque no intervenga en la escritura que finalmente se firme, pues la subrogación lleva consigo un trámite previo a realizar en la oficina bancaria, en el que el cliente debe ser informado por los empleados del banco de las condiciones financieras de un préstamo hipotecario que en su día se concedió al promotor para construir, información comprensiva como mínimo del saldo pendiente de hipoteca, duración e intereses y en este caso especialmente si hay cláusula suelo/techo, y el cliente tras comprender, negociar tales condiciones y manifestar su conformidad, deberá facilitar los datos que le pidan para valorar su solvencia, y una vez se acepte la operación por el banco se le abrirá una cuenta donde cargarán las cuotas de amortización y se pasarán los datos a Notaría para otorgamiento de escritura.

(...)

Falta información suficientemente clara de que se trata de un elemento definitorio del objeto principal del contrato. A tal conclusión se puede llegar a partir de un control en abstracto por la propia redacción de la cláusula en la escritura de constitución de hipoteca de fecha 24 de mayo de 2000 en la que se subrogan los demandantes. La cláusula de limitación de la variación del tipo de interés no se distingue en modo alguno y consta dentro de la cláusula TERCERA BIS que se denomina «TIPO DE INTERÉS VARIABLE», ni siquiera en un apartado separado y destacado con referencia concreta a que esa cláusula que en realidad convierte el tipo de interés variable en tipo de interés fijo por debajo del límite inferior establecido. No ha sido objeto de un realce específico y diferenciable, en términos de la Sentencia del TS de 8 de septiembre de 2014, EDJ 180029. Es evidente que tal cláusula delimita el contenido económico del contrato de manera relevante, pero esa percepción no se traslada al prestatario de manera particular y transparente al no destacar la cláusula y ofrecer información particular sobre su trascendencia. (...) El deber de información de la entidad bancaria es mucho más exigente cuando se trata de consumidores y de préstamos sobre viviendas.»

La Sentencia de la Audiencia Provincial de Asturias (Sección 1ª) nº 2/2015 de 16 de enero, EDJ 14765 afirma que:

«No puede olvidarse que cuando tiene lugar la subrogación del prestatario en la hipoteca constituida por la vendedora o promotora, la exigencia a la entidad prestamista para que informe de los aspectos incluidos en la escritura previa se acrecienta, puesto que el consumidor se ve obligado en la práctica, si pretende la compra, a firmar lo que se le presenta, y tiene derecho a ser informado en particular de todas aquellas cláusulas que directamente le van a afectar a lo largo de la vida del contrato, teniendo la cláusula suelo una dimensión trascendente».

La Sentencia de la Audiencia Provincial de León (Sección 1ª) nº 228/2014 de 18 de noviembre, EDJ 262615 establece que:

«(...) Es necesario que el consumidor esté perfectamente informado del comportamiento previsible del índice de referencia cuanto menos a corto plazo, de tal forma que cuando el suelo estipulado lo haga previsible, esté informado de que lo estipulado es un préstamo a interés fijo mínimo, en el que las variaciones del tipo de referencia a la baja probablemente no repercutirán o lo harán de forma imperceptible en su beneficio. En efecto, siguiendo los argumentos de la sentencia del Tribunal Supremo de 9 de mayo de 2013, EDJ 53424, del examen de la escritura de préstamos hipotecario se extrae que para el actor se generó una apariencia de contrato a interés variable que ha resultado no ser tal en realidad, sin información suficiente sobre el

6140 (sigue) carácter definitorio de un elemento esencial del contrato, por lo que de acuerdo con la normativa y doctrina jurisprudencial antes trascrita no cabe sino estimar la pretensión declarativa de nulidad, por abusiva, de aquella».

La Audiencia Provincial de Vizcaya (Sección 4ª) en sentencia nº 524/2014 de 25 de septiembre, EDJ 221427 señala que:

«La cláusula suelo impugnada no cumple la exigencia de doble transparencia o transparencia reforzada y, en cuanto a que la falta de transparencia es una potencial causa de perjuicio al consumidor por desconocimiento de la significación de la onerosidad del contrato, es abusiva y procede declarar su nulidad conforme al art. 8.2 LGCU».

Como se puede observar, numerosas Sentencias de nuestros Tribunales han declarado la nulidad de las cláusulas suelo cuando, bajo la aparente y formal reciprocidad, se encubre una situación ventajosa únicamente para la entidad bancaria, máxime teniendo en cuenta que la misma posee mayor información acerca de cuál va a ser la evolución del Euribor.

Estas decisiones judiciales se han visto confirmadas en la Sentencia del Pleno de la Sala Primera del Tribunal Supremo, de 9 de mayo de 2013, EDJ 53424, que con estimación parcial del Recurso de Casación nº 485/2012, ha declarado nulas las denominadas «cláusulas suelo» en los contratos de préstamo hipotecario a interés variable celebrados entre profesionales y consumidores, cuando hay falta de transparencia, aceptando que en los casos de falta de transparencia en la información facilitada por el Banco a los clientes la cláusula es radicalmente nula. Esta sentencia estableció los parámetros que deben servir de base para observar la referida falta de transparencia:

«a) Falta de información suficientemente clara de que se trata de un elemento definitorio del objeto principal del contrato.

b) Se insertan de forma conjunta con las cláusulas techo y como aparente contraprestación a las mismas.

c) No existen simulaciones de escenarios diversos relacionados con el comportamiento razonablemente previsible del tipo de interés en el momento de contratar.

d) No hay información previa, clara y comprensible sobre el coste comparativo con otras modalidades de préstamo de la propia entidad, caso de existir, o advertencia de que al concreto perfil del cliente no se le ofertan las mismas».

La cuestión, por tanto, es saber si en el presente caso ha habido transparencia por parte de la entidad financiera. A dicha pregunta la respuesta negativa es más que evidente, pues se dan todos y cada uno de los requisitos exigidos por el Tribunal Supremo para la existencia de la falta de claridad, transparencia e información, puesto que en el presente caso, la entidad financiera no ha informado ni sobre la inclusión de la cláusula suelo a mi representada ni sobre las consecuencias de su incorporación, sin dar ningún tipo de información durante la firma de la Escritura de subrogación. En conclusión, no ha habido transparencia ni claridad en su incorporación, puesto que mi mandante desconocía su existencia.

No cabe duda que, la entidad financiera debe facilitar al cliente información específica sobre dicha cláusula, no siendo suficiente que la entidad financiera haga constar en la escritura de hipoteca la cláusula suelo. Y, en este caso, ni siquiera hace eso, pues sólo habla de «Límite a la variación del tipo de interés aplicable.- No obstante lo previsto en los apartados anteriores, se acuerda y pacta expresamente por ambas partes, que el tipo de interés nominal anual mínimo aplicable en este contrato será del «porcentaje» %».

QUINTO.- DE LA NULIDAD DE LAS CLÁUSULAS ABUSIVAS

Al tratarse la cláusula impugnada de una cláusula abusiva, procede su declaración de nulidad, de conformidad con los art.8.2 de la LCGC y 83 de la LGDCU.

La nulidad de la cláusula abusiva no conlleva la ineficacia del contrato, el cual puede subsistir sin la misma, con arreglo a lo dispuesto en los art.10 LCGC y 83.1 y 2 de la LGDCU. Y en este sentido, la integración es sencilla, tal y como previene el apartado segundo con remisión al art.1.258 del Código Civil, y los criterios que ofrece al respecto, la buena fe, el uso y la ley bajo el prisma de la propia naturaleza del contrato. A estos efectos, como determina el art.83.2 de la Ley General de Consumidores y Usuarios:

«A estos efectos, el Juez, previa audiencia de las partes, declarará la nulidad de las cláusulas abusivas incluidas en el contrato, el cual, no obstante, seguirá siendo obligatorio para las partes en los mismos términos, siempre que pueda subsistir sin dichas cláusulas».

El contrato, así pues, mantiene su vigencia, con eliminación de los límites, determinándose los intereses a partir de la fórmula, en este caso «EURIBOR más un margen de 1,25 PUNTOS PORCENTUALES» (cláusula «núm. de cláusula» del Préstamo Hipotecario, documento número «núm.»).

Así las cosas, es evidente, además, que en el caso que nos ocupa concurre la existencia de error y vicio en el consentimiento de mi mandante. Porque para que el consentimiento sea válido, ha de ser un consentimiento informado y consciente, y en este caso hubo un desconocimiento total de lo que realmente se estaba firmando con respecto a la cláusula suelo, imputable a la falta de información dada por parte de la entidad hoy demandada, a lo que resulta de aplicación lo establecido en los art.1265, 1266 y 1300 del Código Civil. **6140** (sigue)

En este sentido se pronuncia la Sentencia nº 19/2015 de la Audiencia Provincial de Asturias (Sección 5ª) de 26 de enero, EDJ 15865 que, al igual que en el presente caso, basándose en la falta de transparencia e información suministrada por la entidad bancaria, declara la nulidad de la cláusula suelo por error y vicio en el consentimiento, así como porque los hechos reúnen todos los requisitos para considerarla abusiva:

«Además del filtro de incorporación, conforme a la Directiva 93/13/CEE y a lo declarado por la STS 406/2012, de 18 de junio, EDJ 209070 el control de transparencia, como parámetro abstracto de calidez de la cláusula predispuesta, esto es, incluso dentro del ámbito de interpretación general del Código Civil del «error propio» o «error vicio», cuando se proyecta sobre los elementos esenciales del contrato tiene por objeto que el adherente conozca o pueda conocer con sencillez tanto la «carga económica» que realmente supone para él el contrato celebrado, esto es, la onerosidad o sacrificio patrimonial realizado a cambio de la prestación económica que se quiere obtener, como la carga jurídica del mismo, es decir, la definición clara de su posición jurídica tanto en los presupuestos o elementos típicos que configuran el contrato celebrado, como en la asignación o distribución de los riesgos de la ejecución o desarrollo del mismo.

Es preciso que la información suministrada permita al consumidor percibir que se trata de una cláusula que define el objeto principal del contrato, que incide o puede incidir en el contenido real y razonablemente completo de cómo juega o puede jugar en la economía del contrato. No pueden estar enmascaradas entre informaciones abrumadoramente exhaustivas que, en definitiva, dificultan su identificación y proyectan sombras sobre lo que considerado aisladamente sería claro. Máxime en aquellos casos en los que los matices que introducen en el objeto percibido por el consumidor como principal puede verse alterado de forma relevante».

Asimismo, y en relación a la consideración de abusiva de una cláusula suelo, se pronuncia, ente otras muchas, la Sentencia de la Audiencia Provincial de Vizcaya (Sección 4ª) nº 526/2014, de 26 de septiembre, EDJ 221424:

«(...) no ha quedado demostrado que el prestatario hubiera sido suficientemente informado de la cláusula antes de la firma del contrato.

De tales circunstancias se concluye que la cláusula suelo impugnada no cumple la exigencia de doble transparencia o transparencia reforzada y, en cuanto a que la falta de transparencia es una potencial causa de perjuicio al consumidor por desconocimiento de la significación de la onerosidad del contrato, es abusiva y procede declarar su nulidad conforme al art.82 LGDCU.

Declarada la nulidad de la cláusula suelo procede determinar los efectos de la nulidad. En concreto, procede la devolución de las cantidades obtenidas por la entidad bancaria por la aplicación de la cláusula del condicionado general declarada nula por abusiva».

Por último, es preciso citar la Sentencia del Juzgado de lo Mercantil nº 11 de Madrid, de fecha 7 de abril de 2016, EDJ 30148 que declara nulas las cláusulas suelo de numerosas entidades bancarias, y en concreto:

«denominación de entidad bancaria»

cláusula tercera. Punto 3.3. Límite a la variación del tipo de interés aplicable.- No obstante lo previsto en los apartados anteriores, se acuerda y pacta expresamente por ambas partes, que el tipo de interés nominal anual mínimo aplicable en este contrato será del 5,00%.

(...)

Se incluye en un subapartado de la cláusula 3. Intereses.

En concreto, en el punto 3.3. Límite a la variación del tipo de interés aplicable de la cláusula, tras la regulación en el punto 3.1 del Tipo de interés inicial, la variación del tipo de interés inicial en el punto 3.2. y sin un especial resalte o llamada de atención con respecto a los demás extremos regulados en la cláusula.

(...)

a) Se declara la nulidad de las cláusulas suelo contenidas en las condiciones generales de los contratos de préstamo hipotecario suscritos con consumidores idénticas a las transcritas en el punto 1.3 del primer fundamento jurídico de la presente resolución, por falta de transparencia.

b) Se condena a las entidades bancarias demandadas a eliminar las citadas cláusulas de los contratos en que se insertan y a cesar en su utilización de forma no transparente.

c) Se declara la subsistencia de los contratos de préstamo hipotecario en vigor suscritos por las entidades bancarias demandadas en los que se haya incluido las cláusulas cuya utilización se ordena cesar.

d) Se condena a las entidades bancarias demandadas a devolver a los consumidores perjudicados las cantidades indebidamente abonadas en aplicación de las cláusulas declaradas

6140 (sigue) nulas a partir de la fecha de publicación de la sentencia del TS de 9 de mayo de 2013, EDJ 53424, con los intereses que legalmente correspondan. Sin expresa condena en costas».
En definitiva, es manifiesto que la cláusula «núm. de cláusula» «denominación de la cláusula» de la Escritura de Subrogación de Hipoteca adjunto como documento número «núm.», es nula de pleno derecho y se debe tener por no puesta.

SEXTO.- DE LOS EFECTOS DE LA DECLARACIÓN DE NULIDAD

Como consecuencia de la declaración de nulidad, y en aplicación del art.1303 del Código Civil, procede la restitución íntegra e in natura de las cosas que se percibieron por razón de la cláusula contractual cuya nulidad e ineficacia se solicita, lo que en este caso equivaldría a la devolución por el banco de lo que cobró en exceso a mi mandante durante la aplicación de la cláusula suelo, en virtud de lo establecido en el artículo 1303 del Código Civil.
Se trata de una obligación ex lege, consecuencia directa e implícita de la nulidad de una cláusula contractual, siendo de alcance, no sólo a los contratos declarados nulos, sino también a las cláusulas contractuales nulas cuando los contratos puedan subsistir sin aquellas.
Aunque en teoría la restitución de las prestaciones debería ser recíproca, es evidente que no puede haber restitución en favor del banco demandado porque este jamás abonó ninguna liquidación a favor de mis representados.
«La consecuencia obligada de la nulidad que se declara no es otra que la restitución recíproca de las cosas que hubiesen sido materia del contrato, con sus frutos y el precio con los intereses (art.1303 del Código Civil). Lo que se trata, en definitiva, es de conseguir que las partes afectadas por la nulidad vuelvan a tener la situación personal y patrimonial anterior al efecto invalidador (Sentencia del Tribunal Supremo de 22 de abril de 2005, EDJ 55103, entre otras muchas)».
La cuantía a restituir es la resultante de aplicar la diferencia entre lo que mi mandante ha pagado en aplicación de la «cláusula suelo» nula desde la firma de la Escritura Pública en el año «año» hasta que este tribunal proceda a su declaración de nulidad y la entidad la deje sin efecto, y lo que debería de haber abonado si no se hubiera aplicado indebidamente la citada cláusula. A la cantidad que resulte de dicha operación deberá añadirse el interés legal desde la fecha de cada cobro hasta su completa satisfacción en virtud de lo dispuesto en los art.576 de la LEC y 1108 del Código Civil.
Son muchas las Sentencias que se han pronunciado sobre la consecuencia inmediata de la declaración de nulidad de una «cláusula suelo» nula de pleno derecho en el sentido de que la entidad bancaria tiene que devolver las prestaciones percibidas indebidamente en aplicación de la misma.
La jurisprudencia, en armonía con la doctrina, siempre ha declarado el efecto retroactivo absoluto de la declaración de nulidad (art.1.303 CC) como efecto propio y ex lege, no necesitado de petición expresa (STS de 22 de noviembre de 2.005, EDJ 225509, y así lo declara la Sentencia de 13 de marzo de 2012, EDJ 66882 que señala que se trata de un resultado natural de la propia nulidad como consecuencia de haber quedado sin validez el título de atribución que dio lugar al desplazamiento patrimonial.
Se citan a continuación algunas Sentencias de modo ilustrativo:
La Sentencia de la Audiencia Provincial de Álava de 9 de julio de 2013, EDJ 147421 dispone que:
«(...) El art.10 LCGC aclara que la nulidad no determina la ineficacia total del contrato. Supone, por el contrario, la nulidad de la cláusula afectada, nulidad que conforme al art.1303 CC obliga a la restitución recíproca de las prestaciones, que en este caso han sido realizadas sólo por el recurrente, puesto que sólo operó la cláusula suelo»; y que no hay razones para no aplicarlos en el caso concreto al no apreciarse trastornos graves para la economía ni para el Banco.
El fundamento es que ninguna de las partes se enriquezca sin causa a costa de otra, concluyendo en el caso que dado que la cláusula suelo sólo ha operado en beneficio del Banco y en perjuicio del cliente sin que nunca sucediera lo contrario no hay motivo para excluir la aplicación del art.1303 CC».
Asimismo y en relación directa con el caso que nos ocupa, es necesario hacer mención a que existen multitud de Sentencias que en general resuelven a favor de la retroactividad y devolución de las cantidades percibidas indebidamente en aplicación de una cláusula suelo.
En especial y para evitar reiteraciones innecesarias, citamos tres sentencias que resuelven favorablemente sobre la retroactividad ex lege de la nulidad prevista en el artículo 1303 del CC, estableciendo la retroactividad como regla general de los efectos de la nulidad de la cláusula suelo en circunstancias semejantes a la presente.

Son la Sentencia de la Audiencia Provincial de Jaén (Sección 1ª), nº 399/2014 de 10 de octubre, EDJ 260376, la Sentencia de la Audiencia Provincial de Asturias 10-12-14, EDJ 251555, y la Sentencia de la Audiencia Provincial de Murcia (Sección 4ª), nº 562/2014 de 2 de octubre, EDJ 223867, que entre otras muchas, disponen que: **6140** (sigue)

«Esta Sala entiende que procede declarar la retroactividad de la nulidad de la cláusula suelo. (...) la propia dicción del art. 1.303 del Código Civil otorga pleno fundamento a la procedencia de tal restitución económica. Dicha norma establece que, declarada la nulidad de una obligación, los contratantes deben restituirse recíprocamente las cosas que hubieren sido materia del contrato con sus frutos y el precio con los intereses.

Entendemos, por tanto, de acuerdo con reiterada jurisprudencia del Tribunal Supremo (Sentencias de 6 de julio de 2005, EDJ 113505 y 17 de junio de 2010, EDJ 152966 que la obligación de restitución es inherente y consecuencia directa de la propia acción de nulidad. En este caso, la declaración de nulidad de la denominada «cláusula suelo», por abusiva, aceptada por la entidad financiera, tiene como efecto jurídico inherente, la reintegración de los desplazamientos patrimoniales producidos por la misma. Concretamente, en el caso objeto de revisión por este Tribunal, la devolución por la entidad financiera de la cantidad de 15.707,82 € cobradas por aplicación de dicha cláusula abusiva, de acuerdo además con la regla clásica *quod nullum est nullum effectum producit* (lo que es nulo no produce ningún efecto)».

Por último, es necesario destacar la Sentencia de 17 de mayo de 2016 del Juzgado de lo Mercantil de Pamplona, núm 120/2016, procedimiento núm 284/2015, que considera que:

«La doctrina asentada durante más de 20 años por el Tribunal Supremo ha sido la de la producción de efectos *ex tunc* (desde siempre) de la nulidad, precisamente porque de no acordarse así, se estaría produciendo no solo un desequilibrio patrimonial, sino un enriquecimiento injusto de la parte beneficiada por la cláusula nula, en este caso XXX (...) de no ser así nos encontraríamos, por un lado, que XXX hasta mayo de 2013 habría obtenido unos ingresos derivados de una cláusula que se está declarando nula -y por ende inexistente- (es decir, habría obtenido un incremento patrimonial derivado del empobrecimiento de los que hoy demandan) y por otro lado, si la devolución de las cantidades indebidamente cobradas o ingresadas por «entidad financiera» se acordase sin ningún tipo de interés aplicable, resultaría que XXX se habría financiado al cero por ciento de interés a costa de sus clientes, que no olvidemos tienen la consideración de consumidores. La directiva europea de 5 de abril de 1993 impone con carácter imperativo que las cláusulas abusivas no vincularán al consumidor. Ello obliga a reemplazar el desequilibrio contractual por un equilibrio real entre los derechos y obligaciones de profesional y consumidor».

Por ello, se solicita que, como efecto derivado de la nulidad peticionada, se condene a la entidad bancaria a devolver a mi cliente las cantidades que han cobrado en exceso durante la vida del préstamo.

SÉPTIMO.- DE LOS INTERESES DEBIDOS

Los intereses debidos son los legales del dinero a partir de la reclamación judicial (art.1.101 y 1.108 del Código Civil), esto es, a partir de la interpelación judicial, sustituidos por los moratorios procesales a partir del dictado de la sentencia de primera instancia (art.576 de la Ley de Enjuiciamiento Civil).

OCTAVO.- EN CONCLUSIÓN

La cláusula «núm. de cláusula», «denominación de la cláusula» del contrato adjunto a la demanda como documento número «núm.», es nula de pleno derecho, ya que:

5) Fue impuesta de manera unilateral por la demandada con una absoluta falta de claridad y transparencia, sin ser objeto de negociación individual y sin informar a mi representada de los efectos y consecuencias que para la economía del préstamo suponía la inclusión de la misma.

6) No es transparente pues falta información suficientemente clara de que se trata de un elemento definitorio del objeto principal del contrato. Además, la cláusula se inserta de forma engañosa dentro de la cláusula relativa al instrumento de cobertura del resto de tipo de interés, sin definirla como tal: cláusula suelo. La demandada no dio simulaciones de escenario diversos relacionados con el comportamiento razonablemente previsible del tipo de interés en el momento de contratar y para ser más precisos, lo esencial es que no hubo información previa clara ni comprensible, sino que se omitió cualquier información al respecto en el momento de la firma de la Escritura.

7) La cláusula limitaba en claro perjuicio y desequilibrio para mi mandante la variabilidad del tipo de interés pactado, el cual no podría ser nunca inferior al «porcentaje» %, imposibilitándole beneficiarse de las bajadas del Euribor.

8) Mi mandante no tuvo conocimiento en ningún momento de la existencia de esta cláusula hasta bien avanzada la ejecución del contrato, cuando constató sus efectos.

En definitiva, la cláusula suelo es una «cláusula abusiva», de conformidad con lo dispuesto en los art.82 y 83 de la LGDCU.Así, es manifiesto que la cláusula «núm. de cláusula», «denominación de la cláusula» adjunto como documento número «núm.» es nula de pleno derecho.

6140 (sigue) -VIII-
Asimismo, de conformidad con el art.394 de la Ley de Enjuiciamiento Civil, en la redacción dada por la LO 1/2025, procede la imposición de las costas a la parte demandada por su más que evidente mala fe y temeridad, pues aun conociendo el pronunciamiento de nuestro Tribunal Supremo, se negó reiteradamente a la supresión de la cláusula suelo a pesar de ser requeridos extrajudicialmente, obligando a mi mandante a promover el presente procedimiento. Incluso en el caso de que no se dictara un pronunciamiento favorable a la reintegración de las cantidades indebidamente ingresadas por el consumidor, la condena en costas a la entidad financiera debe ser proclamada, pues el obligar a un consumidor a acudir al proceso civil, a sabiendas de la nulidad de la cláusula suelo, no es más que una nueva actitud y práctica abusiva por parte de la entidad demandada.
Por todo lo expuesto,
AL TRIBUNAL DE INSTANCIA - (SECCIÓN CIVIL O ÚNICA)- SECCIÓN CIVIL Y DE INSTRUCCIÓN formulo la siguiente **PETICIÓN**:
Que, teniendo por presentado este escrito, con los documentos adjuntos que acompaño - y copias (en su caso), se sirva de admitirlos, y tenga por formulada **DEMANDA DE JUICIO VERBAL** contra «abreviatura sociedad demandada», cuyos datos identificativos constan en el cuerpo del presente escrito para que, tras los trámites oportunos, se dicte Sentencia a través de la cual se declare nula la cláusula «núm. de cláusula», «denominación de la cláusula» y se condene a la demandada a devolver a «Don/Doña nombre y apellidos» la suma de las cantidades resultante de aplicar la diferencia entre lo que mi mandante ha pagado en aplicación de la «cláusula suelo» nula desde el inicio del Préstamo en el año «año» hasta que este Tribunal proceda a su declaración de nulidad y la entidad la deje sin efecto, y lo que debería de haber abonado si no se hubiera aplicado indebidamente la citada cláusula. A la cantidad que resulte de dicha operación deberá añadirse el interés legal devengado por esas cantidades desde las fechas en que las cobró indebidamente, así como aquellos que se generen hasta la fecha efectiva de pago, y con expresa imposición de costas a la parte demandante.
OTROSÍ DIGO: Que, a los efectos establecidos en el art.231 de la LEC, esta parte manifiesta su voluntad de cumplir los requisitos exigidos por la Ley, a los efectos de subsanación de los defectos de los actos procesales en que pueda incurrir esta parte.
SOLICITO AL TRIBUNAL DE INSTANCIA - (SECCIÓN CIVIL O ÚNICA)- SECCIÓN CIVIL Y DE INSTRUCCIÓN: Que tenga por hecha la anterior manifestación a los efectos oportunos.
SEGUNDO OTROSÍ DIGO: Que, subsidiariamente, en caso de no estimarse la devolución total de las cantidades indebidamente abonadas desde la firma del préstamo hipotecario, se devuelvan dichas cantidades indebidamente pagadas desde «año».
SOLICITO NUEVAMENTE AL TRIBUNAL DE INSTANCIA - (SECCIÓN CIVIL O ÚNICA)- SECCIÓN CIVIL Y DE INSTRUCCIÓN: Que tenga por hecha la anterior manifestación a los efectos oportunos.
TERCER OTROSÍ DIGO que se adjunta a la presente demanda la justificación documental correspondiente («identificación de los documentos»), conforme exige LEC art.264.4º en la redacción derivada de la Ley Orgánica 1/2025, relativa a la sumisión de esta parte al requisito o presupuesto de procedibilidad de haber participado, o solicitado su inicio, en un medio adecuado de solución de controversias, de acuerdo con lo establecido en la Ley Orgánica 1/2025 art.2 a 19 y disp.trans.9ª.1. En dicho medio - no se ha alcanzado acuerdo o avenencia entre esta parte y la/las demandada/codemandadas- no se ha recibido respuesta alguna de la/las demandada/codemandadas, dando ello lugar a la interposición del presente escrito de demanda.
AL LETRADO DE LA ADMINISTRACIÓN DE JUSTICIA formulo la siguiente **PETICIÓN**: que tenga por interesada la petición efectuada en el presente Otrosí.
Es justicia que respetuosamente pido, por principal y otrosíes, en «localidad», a «fecha».

«Firma del/de la letrado/a» *«Firma del/de la procurador/a»*

Tabla Alfabética

Los **números** reenvían a los párrafos del texto. La mención «s.» significa que el estudio de la cuestión se prolonga en el o en los números siguientes. Para orientar las **búsquedas**, las referencias se acompañan de una especificación o de una abreviatura.

A

B

C

D

E

F

G

H

I

J

K

L

M

N

O

P

Q

R

S

T

U

V

W

Notas

Notas

Notas

Notas

Notas

Notas

Notas

LEFEBVRE

Notas

Este libro se acabó de imprimir
en Abril de 2026
por Printing'94, S. L.
Carretera de Canillas, 138 – 28043 Madrid